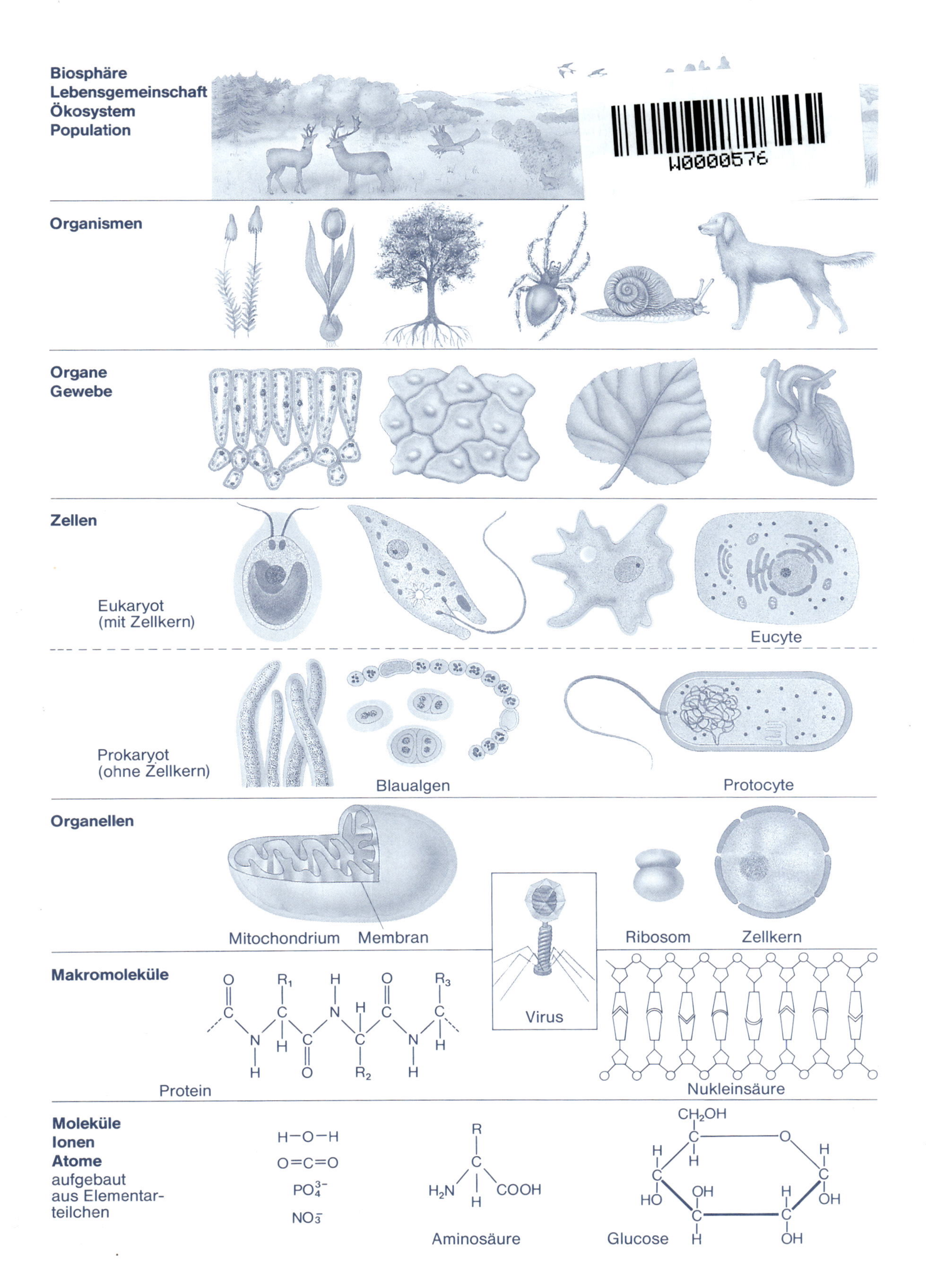
Biosphäre
Lebensgemeinschaft
Ökosystem
Population
W0000576
Organismen
Organe
Gewebe
Zellen
Eukaryot
(mit Zellkern)
Eucyte
Prokaryot
(ohne Zellkern)
Blaualgen
Protocyte
Organellen
Mitochondrium
Membran
Virus
Ribosom
Zellkern
Makromoleküle
Protein
Nukleinsäure
Moleküle
Ionen
Atome
aufgebaut
aus Elementar-
teilchen
H—O—H
O=C=O
PO_4^{3-}
NO_3^-
Aminosäure
Glucose

Linder Biologie

Lehrbuch
für die Oberstufe

20., neubearbeitete Auflage

von Horst Bayrhuber
und Ulrich Kull
zusammen mit Ulrich Bäßler
und Albert Danzer

Gesamtband

Schroedel Schulbuchverlag

Linder Biologie

Lehrbuch für die Oberstufe
20., neubearbeitete Auflage
begründet von Professor Dr. Hermann Linder, 1948

Gesamtband
herausgegeben von
Prof. Dr. Horst Bayrhuber und
Prof. Dr. Ulrich Kull

bearbeitet von
Prof. Dr. Ulrich Bäßler, Kaiserslautern
Prof. Dr. Horst Bayrhuber, IPN Kiel
Gymn.-Prof. Dr. Albert Danzer, Wiesloch
Prof. Dr. Ulrich Kull, Stuttgart

Zusätzlich gibt es einen Teilband mit den Kapiteln Zellbiologie/Ökologie (Best.-Nr. 2423) und einen Teilband mit den Kapiteln Zellbiologie/Genetik (Best.-Nr. 2424).

Inhaltlich-didaktische Ausarbeitung
der Illustrationen:
Dipl.-Biol. Uta Nellen, Hamburg
Graphische Darstellungen:
2 + 3 d design Renate Diener,
Wolfgang Gluszak, Düsseldorf,
und Grafik & Retusche Joachim Seifried,
Düsseldorf
Einband: Kurt Heger
Gestaltung: Ilse König
Redaktion: Gabriele Ernst

ISBN 3-507-02347-4

Schroedel Schulbuchverlag GmbH, Hannover

Druck A 16 15 14 13 12 / Jahr 03 02 01 00 99

Alle Drucke der Serie A sind im Unterricht parallel verwendbar.
Die letzte Zahl bezeichnet das Jahr dieses Druckes.
Druck: aprinta, Wemding

Vorwort zur 20. Auflage

Vor über 40 Jahren erschien dieses Lehrbuch zum erstenmal. Mit jeder neuen Auflage wurde es an die aktuelle Lehrplansituation und den Stand der Forschung angepaßt ohne modischen Strömungen nachzugeben. Diese im Vorwort zur 18. Auflage formulierten Prinzipien sind auch in der vorliegenden Neuauflage beibehalten worden. Der Stoff der Leistungskurse wurde zum Teil ausführlicher dargestellt und durch konsequente Verwendung von Kleindruck noch besser von jenem der Grundkurse abgehoben. In mehreren Kapiteln, z. B. der Genetik und der Immunbiologie, wurden bewußt auch Themen aus aktuellen Forschungsgebieten eingearbeitet, die zwar noch nicht überall Lehrstoff sind, aber eine so große allgemeine Bedeutung haben, daß sie als bildungsrelevant gelten dürfen. Der Inhalt des Buches läßt dem Lehrer die größtmögliche Freiheit in der Stoffauswahl. Die Bebilderung wurde nach den bewährten didaktischen Gesichtspunkten erweitert; sie ist als motivierendes Arbeitsmittel im Unterricht unentbehrlich.

Wir hoffen, daß das Lehrbuch die grundlegende Aufgabe zu erfüllen vermag, die ein solches Buch in der heutigen Zeit zunehmender Spezialisierung hat: das Ganze der Biologie als der Wissenschaft von der belebten Natur sichtbar sowie ihre Bedeutung für den einzelnen und die Gesellschaft deutlich zu machen und alle wichtigen Teilgebiete in verständlicher Weise darzustellen. Es kann damit für Schüler und andere Interessenten auch als Nachschlagewerk dienen.

Dem Verlag sei für den Aufwand, den beteiligten Verlagsmitarbeitern, allen voran Frau G. Ernst, für die aufgewandte Mühe herzlich gedankt.

Wir widmen diese 20. Auflage Herrn Prof. Dr. Hans Knodel, dem langjährigen Herausgeber, der das Lehrbuch über mehr als zwei Jahrzehnte im Geiste seines Begründers Hermann Linder weitergeführt hat.

Januar 1989 Horst Bayrhuber Ulrich Kull

Aus dem Vorwort zur 18. Auflage

Mit der Anpassung des Inhalts an den gegenwärtigen Stand wissenschaftlicher Erkenntnis wurden zugleich die fachdidaktischen Grundsätze überprüft, nach denen es angelegt ist. Erfreulicherweise sind die in den neuen curricularen Lehrplänen der Bundesländer genannten Lernziele schon bisher die Grundlagen dieses Lehrbuchs gewesen. Daher wurde sein bewährter didaktischer Aufbau nicht verändert, sondern nur den derzeitigen Erfordernissen entsprechend weiterentwickelt.

Die Lerninhalte sind wie seither nach dem System der Fachwissenschaft gegliedert und berücksichtigen sowohl sachlich wie auch in der Schwerpunktbildung voll die Forderungen der Lehrpläne. Da kein Sachgebiet fehlt, erhält der Lehrer die zu Recht gewünschte Freiheit in der Stoffwahl; was immer er auswählt, findet der Schüler im Lehrbuch [. . .]

März 1977 Hans Knodel

Aus dem Vorwort zur 10. Auflage

Die Forschung auf dem Gebiet der Biologie hat in den letzten Jahrzehnten außerordentliche Fortschritte gemacht; ihre Ergebnisse sind für den heutigen Menschen von grundlegender Bedeutung geworden. Trotzdem hat der Unterricht an den höheren Schulen in diesem Fach gerade für die Zeit, in welcher der heranreifende Mensch anfängt, sich eigene Gedanken zu machen, eine beträchtliche Kürzung erfahren, so daß es größter Anstrengung bedarf, um die Gefahr des Halbwissens zu bannen. Dem trägt jedoch der hie und da ausgesprochene Wunsch nach einer verkürzten Ausgabe des Lehrbuchs, die nur enthalten soll, was man im Unterricht »durchnehmen« kann und was der Schüler davon wissen muß, nicht Rechnung. Die weitaus überwiegende Zahl der Lehrer und Schüler lehnt deshalb mit guten Gründen ein reines »Lehrbuch« ab. Der Biologieunterricht darf nicht nur abfragbares Wissen übermitteln. Er muß bilden, d.h. den Schüler zum Verständnis der belebten Natur und der in ihr waltenden Gesetze führen, ihre Bedeutung für das menschliche Sein darlegen und sichere lebensgesetzliche Grundlagen für die geistige Auseinandersetzung unserer Zeit vermitteln. Das kann aber nicht durch einige aus dem Zusammenhang gelöste Kapitel, sondern nur aus einer Gesamtschau des Lebens heraus geschehen, die den Menschen in den Mittelpunkt stellt oder doch zu ihm hinführt. Wo der Unterricht aus Zeitmangel dazu nicht imstande ist, muß der Schüler sich selbst an Hand des Lehrbuches eine solche Gesamtschau verschaffen können.

Der Lehrer wird also nicht alles, was im Lehrbuch steht, auch unterrichtlich behandeln oder gar als Merkwissen verlangen.

März 1959 Dr. Hermann Linder

Bildquellennachweis

Umschlagbild: J. Lieder, Ludwigsburg; *16.1, 16.2, 17.1:* Carl Zeiss, Oberkochen; *18.1:* Carl Zeiss, Oberkochen/Dr. Möllring; *18.2, 19.1:* Dr. J. Wygasch, Paderborn; *19.2:* Carl Zeiss, Oberkochen; *20.2:* Jank-Ladwig, Tierärztliche Hochschule Hannover; *20.3:* Kessel/Shih: Scanning Electron Microscopy in Biology. Springer Verlag, Heidelberg, New York; *23.1:* Prof. Dr. H. Lehmann, Tierärztl. Hochschule, Hannover; *27.1:* Carl Zeiss, Oberkochen; *29.1:* Prof. Dr. U. Kull, Univ. Stuttgart; *33.3:* A. Hauck, Pfalzgrafenweiler; *33.4:* Carl Zeiss, Oberkochen; *35.1:* Volk und Wissen, Volkseigener Verlag, DDR-Berlin; *38.1, 40,1, 42.2 und 43.2:* J. B. Metzler (Dr. Haupt/Flintjer), Stuttgart; *50.2:* U. Bächle, Remshalden; *56.1:* Vorlage: USU, München; *61.4:* Prof.in Dr. M. Müller, Siegen; *63.1:* Bavaria-Verlag (Dr. Sauer), Gauting; *Teilbilder 70.1–70.4:* Dr. V. Dorka, Tübingen; *70.1:* Prof. Dr. F. Rüther, Univ. Bonn; *70.2:* Dr. V. Dorka, Tübingen; *70.3:* Prof. Dr. F. Rüther, Univ. Bonn; *70.4:* Prof. Dr. U. Kull, Univ. Stuttgart; *75.3:* Vorlage: Prof. Dr. H. Bayrhuber/E. R. Lucius, IPN Kiel; *79.1:* Prof. Dr. U. Kull/M. Kerawalla, Univ. Stuttgart; *80.1:* Xeniel-Dia (Schwammberger), Neuhausen; *80.2:* Bruce Coleman Ltd., Uxbridge/Middlesex; *85.1:* Prof. Dr. U. Kull, Univ. Stuttgart; *87.1:* Dr. G. Hartmann, Niedersächsische Forstliche Versuchsanstalt, Göttingen; *97.1:* links: J. B. Metzler, Stuttgart; rechts: J. Lieder, Ludwigsburg; *99.1:* H. Ellwanger, Grafik-Design, Ludwigsburg-Hoheneck; *99.2:* Prof. Dr. U. Kull, Stuttgart; *104.1:* J. B. Metzler (Gragnato), Stuttgart; *105.2:* Landesdenkmalamt Baden-Württemberg; *112.1:* Vorlage: Dr. R. Friedrich, Institut für Kernenergetik und Energiesysteme, Univ. Stuttgart; *116.1 a, b, c, e:* Prof. Dr. W. Baumeister, Univ. Münster; *116.1 d:* Prof. Dr. F. Rüther, Univ. Bonn; *118.2:* J. B. Metzler (Oria), Stuttgart; *122.2:* Prof. Dr. H. Ziegler, TU München; *122.3:* J. Baier, Esslingen; *125.1:* Dr. J. Wygasch, Paderborn; *125.2:* Inst. f. Pflanzenphys., Göttingen; *127.1:* J. B. Metzler (Marowski), Stuttgart; *137.1:* Prof. Dr. U. Kull, Univ. Stuttgart; *144.1:* Prof. Dr. F. Rüther, Univ. Bonn; *150.1 a, c:* J. Schweizer, Stuttgart; *150.1 b:* J. Lieder, Ludwigsburg; *152.1:* F. Schwäble, Esslingen; *152.2:* J. Schweizer, Stuttgart; *152.3:* Dr. V. Dorka, Tübingen; *153.1:* W. Häberle (nach Objekten aus dem Botanischen Garten der Univ. Stuttgart); *153.2:* A. Herbig, Stuttgart (Bot. Garten Stuttgart); *156.1, 156.7:* Prof. Dr. F. Rüther, Univ. Bonn; *156.2, 156.4:* F. Schwäble, Esslingen; *156.3, 156.5, 156.8:* Prof. Dr. U. Kull, Univ. Stuttgart; *156.6:* M. W. F. Tweedie, Rye; *158.1:* Prof. Dr. F. Rüther, Univ. Bonn; *158.2:* Prof. Dr. U. Kull, Univ. Stuttgart; *158.3:* Reinhard-Tierfoto, Heiligkreuzsteinach-Eiterbach; *158.4:* Xeniel-Dia, Neuhausen; *158.5:* Prof. Dr. U. Kattmann, Univ. Oldenburg; *158.6:* W. Häberle, Ostfildern; *158.7:* Prof. Dr. U. Kull, Univ. Stuttgart; *158.8:* Dr. V. Dorka, Tübingen; *159.1:* V-Dia-Verlag, Heidelberg; *161.1, 161.2, 161.5:* J. Schweizer, Stuttgart; *161.3:* Prof. Dr. U. Kull, Univ. Stuttgart; *161.4:* W. Häberle; *162.1:* J. Schweizer, Stuttgart; *170.1, 171.2:* Kessel/Shih: Scanning Electron Microscopy in Biology. Springer Verlag, Heidelberg, New York; *176.3:* Prof. Dr. J. E. Huhn, Berlin; *181.2:* Hoechst AG, Frankfurt; *186.2:* Prof. Dr. med. T. M. Fliedner, Univ. Ulm; *187.2:* Dr. G. Witzke, Ingelheim/Rhein; *187.3:* Kessel/Kardon: Tissue and Organs. A Text Atlas of Scanning Electron Microscopy. © 1979 by Freeman and Co., New York; *193.2:* Roebild, Frankfurt; *195.2, 205.1:* Prof. Dr. U. Bäßler, Univ. Kaiserslautern; *207.1:* J. Lieder, Ludwigsburg; *207.3:* Porter/Bonneville: Einführung in die Feinstruktur von Zellen und Geweben. Springer Verlag, Heidelberg, New York; *211.3:* Vorlage: Burrows/Rowell, J. comp. Physiol. 85 (1973); *212.1:* J. Lieder, Ludwigsburg; *212.2:* © Spektrum der Wissenschaft. Aus: Gehirn und Nervensystem, 9. Auflage. Reihe Verständliche Forschung. Spektrum der Wissenschaft, Heidelberg 1988; *221.1, 221.2:* J. Lieder, Ludwigsburg; *222.1:* Prof. Dr. K. Kirschfeld, Max-Planck-Institut für biologische Kybernetik, Tübingen; *222.2:* J. Lieder, Ludwigsburg; *224.1:* Porter/Bonneville: Einführung in die Feinstruktur von Zellen und Geweben. Springer Verlag, Heidelberg, New York; *228.1:* Bavaria-Verlag (Dr. Sauer), Gauting; *236.1:* J. Lieder, Ludwigsburg; *237.2:* Prof. Dr. G. Neuweiler, Univ. München; *238.2, 252.2:* J. Lieder, Ludwigsburg; *257.1:* Vorlage: Prof. Dr. U. Bäßler, Univ. Kaiserslautern; *258.1:* Prof. Dr. H. Bayrhuber, IPN Kiel; *259.1:* J. Lieder, Ludwigsburg; *262.1:* Prof. Dr. U. Bäßler, Kaiserslautern; *266.1:* Prof. Dr. U. Kull, Univ. Stuttgart; *277.1:* Bildagentur Mauritius, Mittenwald; *278.2:* Prof. Dr. U. Kattmann, Univ. Oldenburg; *284.1:* Vorlage: Prof. Dr. H. Bayrhuber/E. R. Lucius, IPN Kiel; *284.2:* Vorlage: Bayrhuber/Voßkämper, IPN Kiel; *291.1:* R. A. und B. T. Gardner. Aus: John W. Kimball: Biology. Addison-Wesley Publishing, Massachusetts 1983; *292.1:* Prof. Dr. D. von Holst, Bayreuth; *295.1:* Gruner & Jahr, Hamburg. Aus: Bruggaier/Kallus/Berck: Einführung in die Biologie. Biologie des Menschen. Sexualität. Diesterweg und Quelle & Meyer, Heidelberg 1972; *296.1:* Tierbilder Okapia, Frankfurt; *296.2:* Bildagentur Mauritius, Mittenwald; *297.1:* L. Contrael, Springe; *298.1, 298.2:* Prof. Dr. I. Eibl-Eibesfeldt, Seewiesen; *299.1, 300.1:* Bildagentur Mauritius, Mittenwald; *305.1:* Volk und Wissen, Volkseigener Verlag, DDR Berlin; *307.1:* J. Lieder, Ludwigsburg; *311.1:* Kessel/Shih: Scanning Electron Microscopy in Biology. Springer Verlag, Heidelberg, New York; *318.2:* J. B. Metzler, Stuttgart; *324.1:* Xeniel-Dia, Neuhausen; *326.1:* J. Lieder, Ludwigsburg; *327.1:* Kessel/Shih (s. 311.1); *327.3:* J. Lieder, Ludwigsburg; *S. 332:* Archiv für Kunst und Geschichte, Berlin; *334.3:* W. Häberle, Ostfildern (Objekt: Schlüter KG, Winnenden); *S. 340:* Archiv f. Kunst u. Geschichte, Berlin; *343.1:* oben: A. Hauck, Pfalzgrafenweiler (Präparat: J. Wech, Hohenheim); unten: Prof. Dr. W. Scheid/Prof. Dr. H. Traut, Univ. Münster; *344.1:* U. Bächle, Remshalden; *347.1:* K. Hirschel, Kornwestheim; *347.3:* Prof. Dr. F. Rüther, Univ. Bonn; *347.4:* Tierbilder Okapia, Frankfurt; *353.2:* Prof. Dr. U. Kull, Stuttgart; *354.2:* Prof. Kleinschmidt, Ulm; *357.1 d:* Leybold-Heraeus GmbH, Köln; *366.1:* Prof. O. L. Miller, Univ. Virginia (aus »Science« 169); *369.1:* Vorlage: Prof. Dr. U. Kull, Univ. Stuttgart; *370.1:* Calder: Das Lebensspiel. Hallwag Verlag, Bern; *371.2:* Dr. J. D. Bromhall, Oxford; *377.1:* Prof. Dr. U. Kull, Stuttgart; *377.3:* J. B. Metzler (W. Häberle, nach Objekten der Schlüter KG, Winnenden); *379.1:* Prof. Dr. Schnell, Institut für Pflanzenzüchtung, Hohenheim; *380.1:* Prof. Dr. F. Hoffmann, Univ. Irvine (USA); *386.1 e:* Dr. U. Zunke, Univ. Hamburg; *387.1:* aus »nature«, Dez. 1982; *388.1:* Akad. Verlagsges. Athenaion, Wiesbaden; *395.1:* J. Lieder, Ludwigsburg; *399.1:* links: Prof. Dr. I. H. Pawlowitzki, Univ. Münster; rechts: Dr. H.-D. Hager, Univ. Heidelberg; *401.1:* Vorlage: Spektrum der Wissenschaft, Heft 12/1985, S. 152; Foto: Dr. W. J. Gehring, Univ. Basel; *408.2:* nach: Ch. de Duve: Die Zelle. Expedition in die Grundstruktur des Lebens. Spektrum der Wissenschaft, Heidelberg; *421:* Bildarchiv Preußischer Kulturbesitz, Berlin und Deutsches Museum, München; *422:* Deutsches Museum, München; *430.1:* Natural History Photographic Agency (Tweedie); *431.1:* li. u. Mi.: F. Schwäble, Esslingen; re.: Prof. Dr. U. Kull, Univ. Stuttgart; *431.2:* J. B. Metzler, Stuttgart (Beratung durch Prof. Dr. E. Möhn, Staatl. Museum für Naturkunde, Ludwigsburg); *432.1, 432.2:* W. Häberle (nach Objekten des Staatl. Museums für Naturkunde, Ludwigsburg); *433.1:* li: Prof. Dr. U. Kull; re: Prof. Dr. H. F. Paulus, Univ. Freiburg; *435.1:* Prof. Dr. B. Ziegler, Staatl. Museum für Naturkunde, Stuttgart; *436.1:* Prof. Dr. U. Kull; *436.2:* Prof. Dr. W. Rauh, Univ. Heidelberg; *439.1 re:* Dr. H. Heuwinkel, Univ. Münster; *443.1:* J. B. Metzler, Stuttgart (Foto: Steiner); *433.2:* Dr. H. Ruhberg, Univ. Hamburg; *444.3:* Prof. Dr. U. Kull, Univ. Stuttgart; *446.1:* J. B. Metzler, Stuttgart (Foto: Steiner); *447.2:* Dr. C. Nielsen, Zoologisches Museum, Kopenhagen; *452.1:* Dr. G. Storch, Forschungsinstitut Senckenberg, Frankfurt; *454.2:* H. Rahmann: Die Entstehung des Lebendigen. Gustav Fischer Verlag, Stuttgart 1972; *459.1, 459.3:* J. B. Metzler, Stuttgart (Foto: Kull); *461.3:* Schaarschmidt, Paläobotanik; *462.3:* Naturkundliches Bildarchiv Dr. E. u. H. de Cuveland, Norderstedt; *462.4:* Prof. Dr. U. Kull; *463.1:* Prof. Dr. B. Ziegler, Staatl. Museum für Naturkunde, Stuttgart; *464.1, 465.1:* E. Probst: Deutschland in der Urzeit. Bertelsmann Verlag, München 1986; *466.1:* Museum für Naturkunde, DDR Berlin; *467.1:* Staatl. Museum für Naturkunde, Stuttgart; *469.1:* Prof. Dr. U. Kull; *471.3:* Senckenberg Naturmuseum, Frankfurt; *474.1, 475.1:* Prof. Dr. U. Kull; *476.1:* Dr. K. Herrmann, Erlangen; *477.1 o.:* Dr. H.-P. Schmid, Stuttgart; *477.1 u.:* J. B. Metzler, Stuttgart; *479.1, 479.2:* Tierbilder Okapia, Frankfurt; *482.2 o.:* G. Heberer, Gustav Fischer Verlag, Stuttgart; *483.1:* nach F. A. Kipp: Die Evolution des Menschen im Hinblick auf seine lange Jugendzeit. Verlag Freies Geistesleben, Stuttgart 1980; *486.1–4, 6:* J. B. Metzler, Stuttgart; *486.5:* Staatl. Museum für Naturkunde, Stuttgart; *489.1:* Dr. B. P. Kremer, Bonn; *494.1:* Daimler-Benz AG, Stuttgart.

Inhaltsverzeichnis

Einleitung

Die Natur umfaßt zwei große Bereiche, das Reich des Unbelebten und das Reich des Lebendigen. Mit dem Unbelebten, das sind die Stoffe und die Wechselwirkungen zwischen den Stoffen, beschäftigen sich Physik und Chemie. Die Biologie dagegen ist die Wissenschaft von den Lebewesen und den Lebenserscheinungen. Aber was ist lebendig? Die Antwort ist schwierig. Wir wissen sehr wohl, daß Kristalle, Feuer, Wasser oder Luft nicht lebendig sind. Wir wissen auch, daß Pflanzen, Tiere und Mensch Lebewesen sind. Was unterscheidet nun das Lebende vom Unbelebten? Wir werden bei der Suche nach einer Antwort feststellen, daß es nicht eine einzelne Eigenschaft allein ist, die Lebendes vom Unbelebten unterscheidet. Wachsen können z.B. auch Kristalle, und Bewegung findet man beim fließenden Wasser und bei der strömenden Luft ebenso wie bei Lebewesen. Was lebt, hat vielmehr eine ganze Gruppe von Eigenschaften, die gemeinsam vorhanden sein müssen – nur in ihrer Gesamtheit kennzeichnen sie ein Lebewesen. Um dies zu zeigen, wählen wir als Beispiel einen sehr einfach gebauten Organismus, nämlich den Einzeller *Euglena*. Die Lebensäußerungen dieses Organismus sind ohne besondere Schwierigkeiten zu beobachten; an ihm lassen sich die wesentlichen Merkmale sowohl der Pflanzen wie der Tiere erarbeiten, und er zeigt in überzeugender Weise, daß bereits eine einzelne Zelle Träger aller Lebensvorgänge sein kann. Diese Erkenntnis ist von zentraler Bedeutung für das Verständnis der Lebenserscheinungen: *die kleinste selbständige Lebenseinheit ist die Zelle.*

1. Kennzeichen von Lebewesen am Beispiel Euglena (Augentierchen)

Das »Augentierchen« *Euglena* kommt in Tümpeln vor, die reichlich organische Stoffe enthalten.

Aufbau. Die *Euglena* ist ein einzelliger Organismus. Mit dem Lichtmikroskop betrachtet, besteht ihr Körper aus Plasma, einer farblosen, durchsichtigen, schleimartigen Masse, in das ein meist kugeliges Gebilde, der *Zellkern,* eingebettet ist (s. Abb. 11.1). Der grüne Farbstoff der Zelle ist in linsenförmigen Gebilden, den *Chloroplasten,* enthalten. Der Zellkörper ist

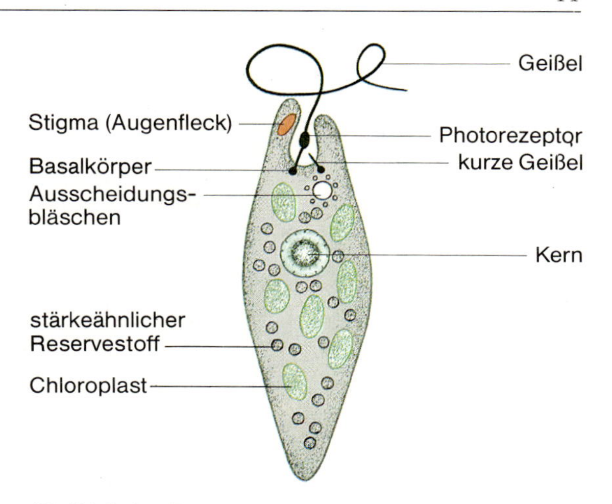

Abb. 11.1: Euglena (Augentierchen). Dargestellt sind einige größere im Lichtmikroskop erkennbare Zellbestandteile. Die größten Euglena-Arten werden bis zu 500 µm groß, die häufigsten Arten um 60 µm.

von einer dünnen, elastischen Schicht aus dichterem Plasma umhüllt; sie heißt *Pellikula*. Im Plasma verteilt liegen noch zahlreiche farblose Körner aus einem stärkeähnlichen Stoff, der als Nahrungsreserve dient. Die einzelnen Teile der Zelle haben wie die Organe mehrzelliger Lebewesen bestimmte Aufgaben. Man nennt sie daher *Zell-Organellen.*

Bewegung. *Euglena* weist am Vorderende eine körperlange *Geißel* auf. Durch den Geißelschlag bewegt sie sich mit dem Vorderende voran und dreht sich hierbei um ihre Längsachse. Die Geißel hat ihren Ursprung innerhalb der Zelle in einer basalen Verdikkung (*Basalkörper* oder Basalkorn). Eine weitere Verdickung der langen Geißel liegt im ampullenförmigen Hohlraum, in dem sich noch eine zweite, sehr kleine Geißel befindet (Abb. 11.1).

Nahrungsaufnahme, Verdauung, Wachstum. Im Licht sind die grünen Zellen nicht auf organische Nahrungsstoffe angewiesen. Unter Ausnutzung des Lichtes vermögen sie im Wasser gelöstes CO_2 in ihren Chloroplasten zu organischen Verbindungen umzusetzen (*Photosynthese,* s. Stoffwechsel der Pflanze 2.2). Im Dunkeln nehmen Euglenen gelöste organische Stoffe aus der Umgebung mit der ganzen Zelloberfläche als Nahrung auf. Es gibt jedoch auch *Euglena*-Zellen, die keine Chloroplasten besitzen. Ihnen fehlt die Fähigkeit zur Photosynthese, sie sind daher immer auf organische Nährstoffe aus der Umgebung angewiesen. Solche Euglenen nehmen auch feste Teilchen von verwesenden Tier- und Pflanzenstoffen oder auch Bakterien oder kleine Algen auf. Treffen solche Teilchen auf die Zelloberfläche, so bilden sich kleine Einstülpungen, die das Nahrungsteilchen allseitig mit Plasma umschließen. Es entstehen Bläschen *(Nahrungsvakuolen)*, in denen die Nahrung in einer vom Plasma abgegebenen Flüssigkeit schwimmt. Den Vorgang der Aufnahme fester Teilchen durch die Zelle nennt man *Phagocytose*. Die aufgenommene Nahrung wird in der Nahrungsvakuole verdaut und das Unverdauliche schließlich ausgeschieden, indem das Bläschen wieder die Zelloberfläche erreicht und sich nach außen entleert (s. 3.4).

Die organischen Stoffe, die *Euglena* als Nahrung aufnimmt, sind anders zusammengesetzt als ihre eigenen Körperstoffe. Sie können deshalb nicht unmittelbar als Plasmabestandteile verwendet werden, sondern müssen zunächst durch den Verdauungsvorgang in kleinere, lösliche Verbindungen zerlegt und dann noch weiter umgebaut werden. Ernährt sich *Euglena* aber ausschließlich durch Photosynthese, so werden die von der Zelle benötigten Bestandteile direkt hergestellt. *Euglena* kann sich im Licht wie eine grüne Pflanze ernähren. Sie kann aber auch wie ein Tier organische Stoffe aufnehmen und lebt bei dauerndem Lichtabschluß unter Verlust des Chlorophylls weiter, wenn sie organische Stoffe als Nahrung vorfindet. *Euglena* ist ein Organismus, der Eigenschaften von Pflanze und Tier aufweist.

Der Aufbau körpereigener Substanz durch Ernährung und Stoffwechsel vermehrt die Masse der *Euglena*-Zelle, d.h. sie wächst.

Energiebedarf und Atmung. Für ihre Lebenstätigkeiten braucht *Euglena* Energie. Diese erhält sie dadurch, daß sie einen Teil der verdauten Nahrung bzw. der Photosynthese-Produkte unter Aufnahme von Sauerstoff stufenweise oxidiert. Man bezeichnet solche Vorgänge als *Zellatmung* (vgl. Stoffwechsel der Pflanze 4). An der Aufnahme des Sauerstoffs aus dem umgebenden Wasser ist die gesamte Oberfläche beteiligt.

Ausscheidung. Beim Abbau von Nahrungsstoffen entstehen Substanzen, die für *Euglena* nicht weiter verwertbar oder giftig (NH_3) sind; sie werden ausgeschieden. Ein Teil der gelösten Abbaustoffe tritt durch die Zelloberfläche hindurch nach außen (s. 3.1). Ein anderer Teil wird aus dem Körper entfernt durch ein pulsierendes Bläschen *(pulsierende Vakuole)*, das sich regelmäßig mit Flüssigkeit füllt, die nach außen entleert wird. Die Menge der dadurch ausgeschiedenen Flüssigkeit ist so groß, daß es sich nicht ausschließlich um gelöste Abbaustoffe handeln kann. Den Verwandten von *Euglena*, die im Meer leben, fehlen solche pulsierende Bläschen. Bringt man sie in Süßwasser, quellen sie rasch auf und platzen nach wenigen Minuten. Offenbar dringt im Süßwasser ständig Wasser durch Osmose (s. 3.2) in die *Euglena*-Zelle ein, das dann durch das pulsierende Bläschen wieder aus dem Körper entfernt werden muß.

Stoffwechsel. Photosynthese, Aufnahme und Verdauung von Nahrung, Aufbau von körpereigenen aus fremden Stoffen, Abbau von Substanzen und Ausscheidung führen dazu, daß ständig ein Strom von Stoffen durch den Körper fließt. Trotz dieses Stoffwechsels bleiben Gestalt, Struktur und chemische Zusammensetzung der *Euglena*-Zelle weitgehend gleich, d.h. es wird ein Zustand aufrechterhalten, der auf dauerndem Stoffzufluß und -abfluß beruht; man nennt ihn *Fließgleichgewicht*. Fließgleichgewichte treten nur in Systemen auf, die Zu- und Abfluß haben, man spricht daher von *offenen Systemen*.

Durch die Stoffwechselvorgänge entstehen die zum Wachstum der Zelle erforderlichen Baustoffe *(Baustoffwechsel)*. Außerdem wird durch den Stoffwechsel die Energie freigesetzt, die für die Bewegung und den dauernden Stoffum- und -aufbau erforderlich ist *(Energiestoffwechsel)*. Sämtliche Stoffwechselvorgänge lassen sich als chemische Umsetzungen beschreiben.

Alle untersuchten einzelligen und vielzelligen Lebewesen weisen einen Stoffwechsel auf; er ist daher ein Kennzeichen des Lebendigen. Bei vielzelligen Organismen hat nicht nur der Organismus als Ganzes, sondern jede einzelne seiner Zellen einen Stoffwechsel. Jede Zelle, ebenso wie der ganze Vielzeller, befindet sich im Fließgleichgewicht.

Vermehrung. Keine *Euglena* kann über eine arttypische Größe hinauswachsen; ist diese erreicht, teilt sich die *Euglena*-Zelle (Abb. 12.1). Die Geißel wird abgebaut, anschließend teilt sich der Kern in zwei gleich große Tochterkerne. Dann schnürt sich der

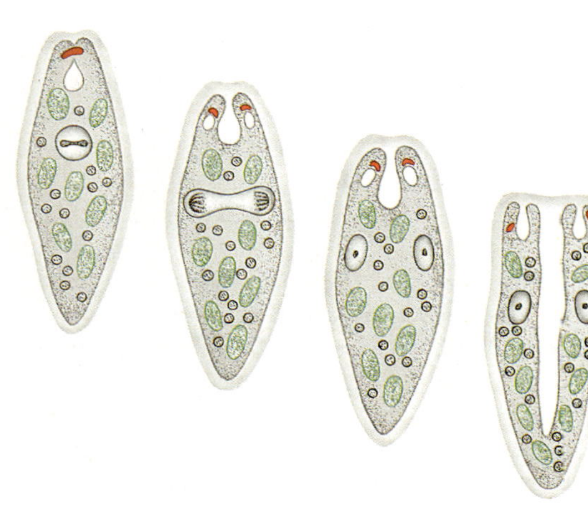

Abb. 12.1: Teilung einer Euglena.
Die Geißel ist abgebaut und die Zelle mit einer Schleimhülle umgeben.

Zelleib längs durch, so daß zwei neue, selbständige *Euglena*-Zellen entstehen. Sie bilden wieder Geißeln aus und wachsen heran. Bei dieser Vermehrung geht der Mutterorganismus restlos in den beiden Tochter-Euglenen auf. Wenn sie nicht durch äußere Einflüsse umkommt, stirbt *Euglena* nicht, sondern lebt in den Tochter-Organismen weiter.

Es kann bei der Teilung im Dunkeln gehaltener Euglenen vorkommen, daß eine Tochterzelle keine Chloroplasten erhält. Da diese nicht neu gebildet werden können, verhält sich *Euglena* dann auch im Licht wie ein Tier durch Aufnahme organischer Nahrung.

Daß der Zellkern für das Leben der Zelle unerläßlich ist, zeigt folgender Versuch: Schneidet man eine *Euglena* in zwei gleich große Teile, so geht der kernlose Teil stets zugrunde, während der kernhaltige Teil oftmals überlebt und wieder zu einer *Euglena* normaler Größe heranwächst.

Manche Euglenen vermehren sich gelegentlich auch auf andere Weise. Zwei *Euglena*-Zellen und ihre Kerne verschmelzen miteinander. Anschließend teilt sich diese Zelle und ihr Kern mehrmals, so daß mindestens vier Nachkommen entstehen. Diese *»geschlechtliche« Fortpflanzung* erfordert das Vorkommen von wenigstens zwei *Euglena*-Individuen der gleichen Art im Lebensraum. Tatsächlich treten Lebewesen selten einzeln auf, sondern meist zu mehreren oder in großer Zahl. Alle Individuen einer Art in einem bestimmten Lebensraum bilden zusammen eine *Population*. Wechselbeziehungen zwischen Individuen einer Population sind ein weiteres Kennzeichen des Lebendigen.

Reizbarkeit. Berührt man mit der Spitze eines Glasstäbchens das Vorderende einer umherschwimmenden *Euglena,* so verändert sie sehr rasch ihre Bewegungsrichtung durch eine Änderung des Geißelschlags. Auf diese Weise wird ein Hindernis umgangen. Anders ist das Verhalten, wenn im Wasser örtlich die CO_2-Konzentration erhöht wird. Die Euglenen bewegen sich dann zu den Orten höherer Konzentration hin und sammeln sich dort an. Euglenen reagieren also auch auf chemische Reize. Bei gleichmäßiger, einseitiger Lichteinstrahlung von nicht zu hoher Intensität schwimmen Euglenen auf die Lichtquelle zu und halten sich im hellsten Bereich auf. Dies ist – ebenso wie die Anhäufung im Bereich hoher CO_2-Konzentration – für die Ernährung durch Photosynthese vorteilhaft.

Genauere Untersuchungen haben gezeigt, daß die Aufnahme von Berührungsreizen und chemischen Reizen bei *Euglena* an der ganzen Oberfläche erfolgt; ein Lichtreiz hingegen wird nur an einer Stelle, der

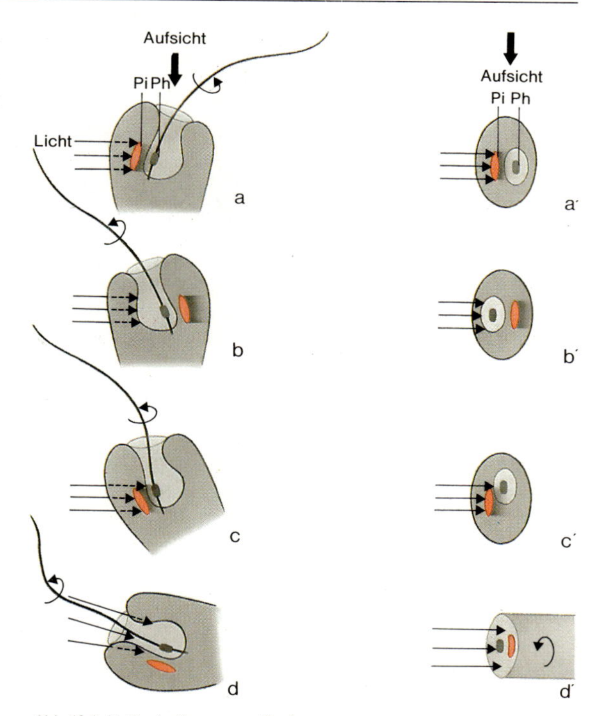

Abb. 13.1: Lichtorientierung von Euglena in Seitenansicht (a-d), Aufsicht (a' -c') und Schrägbild (d'). Euglena dreht sich bei der Fortbewegung fortwährend um ihre Längsachse. Bei seitlichem Lichteinfall (a und b bzw. a' und b') wird der Photorezeptor Ph bei jeder Umdrehung einmal durch den roten Pigmentfleck (Pi) kurz beschattet. Dies löst solange eine Drehung der Euglenazelle aus, bis das Licht von vorn in Richtung der Längsachse einfällt. Damit hört die periodische Beschattung des Photorezeptors auf; Euglena hat sich in Richtung des einfallenden Lichtes orientiert. Die kurze Geißel ist nicht gezeichnet.

lichtempfindlichen Geißelverdickung im Ampullen-Hohlraum aufgenommen. Dieses Gebilde ist der *Photorezeptor*. Außerdem ist noch der rotgefärbte, sogenannte *Augenfleck (Stigma)* beteiligt. Bei seitlichem Lichteinfall beschattet der Augenfleck den Photorezeptor (Abb. 13.1). Die *Euglena* dreht sich dann so lange, bis die Beschattung aufhört und das Licht von vorn kommt. Sie reagiert also auf die Richtung des auffallenden Lichts. *Euglena* vermag demnach Änderungen ihrer Umwelt wahrzunehmen, soweit diese als Reize auf sie einwirken. Sie kann auch zwischen verschiedenartigen Reizen unterscheiden und sie an anderer als der gereizten Stelle beantworten. *Euglena* ist »reizbar«, wobei man unter *Reizbarkeit* die Fähigkeit versteht, auf Einwirkungen aus der Umwelt (oder Veränderungen im Organismus) zu reagieren. Reizaufnahme und Reizbeantwortung sind Fähigkeiten jeder Zelle.

Euglena kann – nach Abbau der Geißel und Abrundung – eine feste, gallertige Hülle ausbilden und sich dadurch von der Außenwelt abschließen. In solchen *Zysten* überdauert sie ohne Schaden Nahrungsmangel, starke Abkühlung und Austrocknung des Wohngewässers.

Selbstregulation. *Euglena* sucht aktiv günstige Lichtverhältnisse auf. Vereinfacht dargestellt geschieht dies auf folgende Weise: Der Photorezeptor nimmt durch die Mitwirkung des Stigmas die ungefähre Richtung und die Intensität des Lichtes auf. Die durch den Reiz ausgelöste Erregung wird auf unbekannte Weise zum Basalkörper der Geißel geleitet. Dieser steuert die Geißelbewegung, die ihrerseits die Schwimmrichtung der *Euglena* und damit den Einfallswinkel des Lichts verändert. *Euglena* hat also die Fähigkeit, sich in einem günstigen Helligkeitsbereich zu halten. Diese Eigenschaft haben die Einzelelemente nicht für sich allein, sie entsteht erst aus dem Zusammenwirken von Photorezeptor, Basalkörper und Geißelschlag. *Euglena* antwortet auf störende Einflüsse (z.B. veränderter Lichteinfall) so, daß die Störung sich nicht auswirkt oder doch gering bleibt; sie besitzt die Fähigkeit zur **Regulation.**

Diese Regulation gilt auch für die Stoffwechselvorgänge; dadurch behält die Zelle eine weitgehend gleichbleibende Zusammensetzung. Diese »Konstanthaltung des inneren Milieus« im Organismus auch gegen störende äußere Einflüsse (wie z.B. das Eindringen von Wasser durch Osmose) bezeichnet man als **Homöostase.**

Kennzeichen des Lebendigen. *Euglena* erweist sich als durchaus selbständig und selbsterhaltungsfähig. Sie kann sich aus eigener Kraft und aus eigenem Antrieb (spontan) bewegen; sie baut ihren Körper aus fremden Stoffen auf, die sie der Körpersubstanz angleicht (=assimiliert); sie wächst bis zu einer bestimmten Größe und vermehrt sich dann durch Teilung; sie scheidet unbrauchbare Stoffe aus, und sie vermag Reize aus der Umgebung wahrzunehmen und in bestimmter Weise zu beantworten. Damit zeigt dieses einfach gebaute Lebewesen bereits alle Grunderscheinungen des Lebens, wie wir sie auch bei den komplizierter gebauten Organismen finden. Diese sind: *Stoffwechsel, Wachstum, Vermehrung, Reizbarkeit, Regulationsfähigkeit, Angepaßtheit, Beziehungen zu anderen Organismen, Stoff-* und *Energieaustausch mit der Umgebung* und oft auch *Bewegung.*

Da der geordnete Ablauf aller dieser Vorgänge an intakte Zellen gebunden ist, darf man die Zelle als die kleinste selbständige und dauernd funktionsfähige Lebenseinheit ansehen. Zellen können als offene und selbstregulierende Systeme beschrieben werden. Als komplizierte Systeme mit einer großen Zahl von Verknüpfungen zwischen einer Vielzahl von Zellbestandteilen haben Zellen Eigenschaften, die ihren Teilen (Elementen) nicht zukommen. »Das Ganze ist mehr als die Summe der Teile«. Ein System mit den bei *Euglena* geschilderten Eigenschaften wird als »lebend« bezeichnet.

2. Euglena als lebendes System

Ein Lichtreiz wird bei *Euglena* durch den Photorezeptor (unter Mitwirkung des roten Pigmentflecks) aufgenommen und wirkt sich auf die Geißelbewegung aus. Diese benötigt ihrerseits Energie, die durch Vorgänge im Energiestoffwechsel der Zelle bereitgestellt wird. Der Geißelschlag bewegt die Zelle; hierdurch verändert sich möglicherweise die einwirkende Lichtintensität, was wiederum die Photosynthese in den Chloroplasten beeinflußt. Mehrere räumlich getrennte Teile der Zelle stehen hier also in Beziehung zueinander. Ein solches Gebilde, das aus Teilen (Elementen), zusammengesetzt ist, die miteinander in Beziehung stehen, nennt man ein **System;** es kann belebt oder unbelebt sein. Es zeigt oft Eigenschaften, die an den einzelnen isolierten Teilen nicht zu beobachten sind. Systemeigenschaften entstehen erst durch die Wechselwirkungen zwischen den Teilen. Diese Tatsache sei an einem Beispiel aus der Physik belegt: hängt man einen Körper an eine Feder und dehnt die Feder, so beobachtet man nach dem Loslassen gedämpfte Schwingungen, d.h. allmählich abklingende Auf- und Abbewegungen des Körpers. Weder die Feder noch der angehängte Körper zeigen für sich allein solche Schwingungen; erst das System, das durch Verknüpfung dieser beiden Elemente entsteht, hat diese Eigenschaft. Auf *Euglena* bezogen, läßt sich sagen: Die einzelnen Teile, aus denen sich *Euglena* zusammensetzt (Moleküle, Organellen) sind nicht lebend. Wenn sie jedoch in einem »System«, d.h. in bestimmter Weise geordnet, zusammenwirken, entstehen durch ihre Wechselwirkungen neue Eigenschaften, die wir als Kennzeichen des Lebendigen kennen. Lebenserscheinungen sind demnach eine **Systemeigenschaft.**

Alle Zellen wie auch vielzellige Organismen stehen im Stoff- und Energieaustausch mit ihrer Umgebung; sie sind *offene Systeme* (s. 8.1). Selbst Zellorganellen können offene Systeme sein. Häufig bilden sich in offenen Systemen *Fließgleichgewichte* (s. 9.5).

Die Regulation von Vorgängen oder Zuständen in einem Lebewesen gleicht oft der Arbeitsweise eines technischen Regelkreises. So kann man z.B. die Lichtorientierung von *Euglena* (vgl. Abb. 13.1) als *Regelkreis* beschreiben und mit den Begriffen der Regeltechnik erläutern (Abb. 15.1): Die Lage der Zelle in bezug auf den Lichteinfall (konstant zu haltende Größe = *Regelgröße*) wird durch den Photorezeptor *(Fühler)* gemessen. Dieser meldet die augenblickliche Lage, den *Istwert,* an den Basalkörper der Geißel, den *Regler.* Dort wird der Istwert der Lage mit der von der Zelle eigentlich einzunehmenden Lage, dem *Sollwert,* verglichen. Weichen Istwert und Sollwert voneinander ab, so beeinflußt der Regler die Geißel, das *Stellglied.* Daraufhin ändert sich deren Bewegung so, daß der Istwert dem Sollwert angeglichen wird. Ein solches System, das eine Größe selbsttätig konstant hält, hier die Lage der Zelle relativ zum Licht, nennt man **Regelkreis.** Die durch die Geißelbewegung veränderte Lage der Zelle hat eine veränderte Einfallsrichtung des Lichtes zur Folge. Diese wirkt über den Photorezeptor so auf den Basalkörper zurück, daß die Abweichung vom Sollwert korrigiert wird. Deshalb spricht man auch von *Rückkoppelung.* Dabei handelt es sich um eine negative Rückkoppelung, weil jede Abweichung der Regelgröße vom Sollwert automatisch solche Vorgänge auslöst, die der Abweichung entgegenwirken. (Bei positiver Rückkoppelung wird die eingetretene Veränderung verstärkt.) Regelung ist Selbststeuerung eines Systems durch negative Rückkoppelung. Unbekannt ist bisher, wie in der *Euglena*-Zelle der Sollwert in den Erbanlagen festgehalten wird. Für die Regelkreis-Betrachtung selbst spielt dies jedoch keine Rolle.

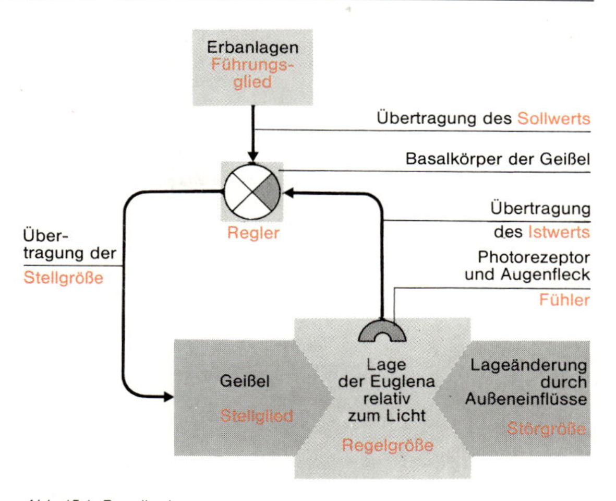

Abb. 15.1: Regelkreis:
Einhaltung der günstigen Helligkeit durch Einstellung der Bewegungsrichtung der Euglena-Zelle zum Licht. Der dunkle Sektor im Reglersymbol deutet an, daß eine hier eingehende Information eine Gegenreaktion hervorruft (negative Wirkung). Gehen Informationen in einen hellen Sektor ein (hier: Information über den Sollwert), haben sie eine gleichsinnige (positive) Wirkung. Der Fühler mißt die Richtung des einfallenden Lichts.

Das Beispiel der Selbstregulation bei *Euglena* zeigt, daß Lebewesen in ihrer natürlichen Umwelt in der Regel höchst zweckmäßig (d.h. lebensdienlich) reagieren. Woher rührt nun die Zweckmäßigkeit in Bau und Verhalten der Lebewesen? Eine einleuchtende naturwissenschaftliche Erklärung dafür liefert die Annahme, daß Organismen im Laufe von vielen Millionen Jahren an ihre jeweilige Umwelt angepaßt worden sind; man nennt diesen Vorgang **Evolution.**

Cytologie – Bau und Funktion der Zelle

1. Die Zelle als Grundeinheit der Lebewesen

1.1 Die Entdeckung der Zellen

Jahrhundertelang war der Mensch bei der Untersuchung des inneren Baus der Lebewesen nur auf seine Sinne und auf Messer und Pinzette als Hilfsmittel angewiesen. Es war daher ein großer Fortschritt, als ROBERT HOOKE (1635–1703) im Jahr 1667 mit einem einfachen Vergrößerungsgerät zunächst an Flaschenkork feststellte, daß sich pflanzliche Körper aus winzig kleinen Räumen aufbauen, die in ihrer Anordnung an die Zellen von Bienenwaben erinnern, und die er als »cells« beschrieb. ANTON VAN LEEUWENHOEK (1632–1723) erkannte wenig später mit dem unten abgebildeten Vergrößerungsapparat einzellige Tiere, Spermazellen, Rote Blutkörperchen und im Zahnbelag sogar Bakterien. Die ersten Vergrößerungsgeräte waren nur starke Lupen. Das eigentliche Mikroskop enthält stets zwei Linsensysteme, das Objektiv und das Okular.

Erst um 1840 wies MATHIAS SCHLEIDEN für pflanzliche, THEODOR SCHWANN für tierische Objekte nach, daß grundsätzlich alle Organismen aus Zellen aufgebaut sind und daß nicht die zuerst gesehenen Wände oder Hüllen der Zellen, sondern der Zellkörper (= Protoplast) Träger des Lebens ist. Damit war die **Zellenlehre** als grundlegende Theorie der Biologie begründet.

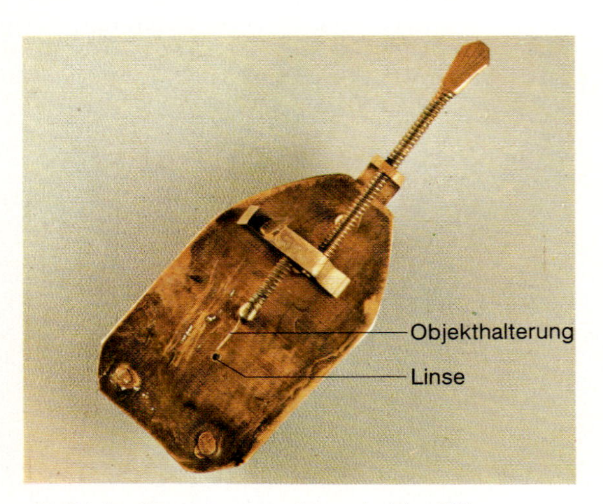

Abb. 16.1: Vergrößerungsapparat von Leeuwenhoek (um 1700) bestehend aus starker Lupe und Objekthalterung. Vergrößerung bis 275fach. Leeuwenhoek entdeckte damit Bakterien, Spermien, Einzeller und Rote Blutkörperchen.

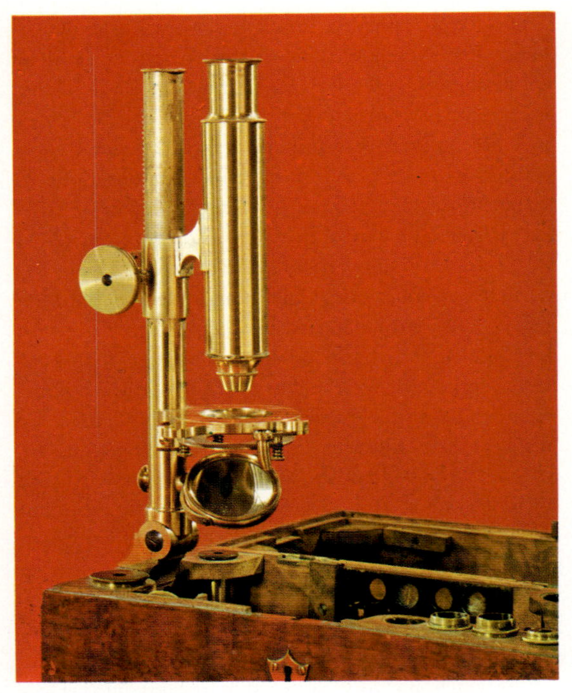

Abb. 16.2: Lichtmikroskop um 1840. Es besitzt einen Objekttisch und als Beleuchtungsapparat Spiegel und Blende. Das Linsensystem des Okulars vergrößert das Objektivbild.

Die Zellenlehre besagt:

- Alle Lebewesen – so verschieden sie auch sein mögen – sind aus Zellen und ihren Produkten aufgebaut.
- Alle Zellen stimmen in den Grundzügen ihres Baues überein.
- Die Leistungen der Lebewesen sind das Ergebnis der Leistungen ihrer Zellen.
- Zellen entstehen nur aus bereits vorhandenen Zellen.

Die Aussagen der Zellenlehre und die Tatsache, daß auch die vielzelligen Lebewesen aus einer einzigen Zelle entstehen, haben Untersuchungen zur Klärung folgender Fragen ausgelöst:

- Welches sind die Strukturen (Bauteile) der Zelle?
- Welche Funktionen haben sie?
- Wie arbeiten die Zellen im Organismus zusammen?

Die bisherigen Antworten der Zellforschung auf diese Fragen sind in den folgenden Kapiteln darge-

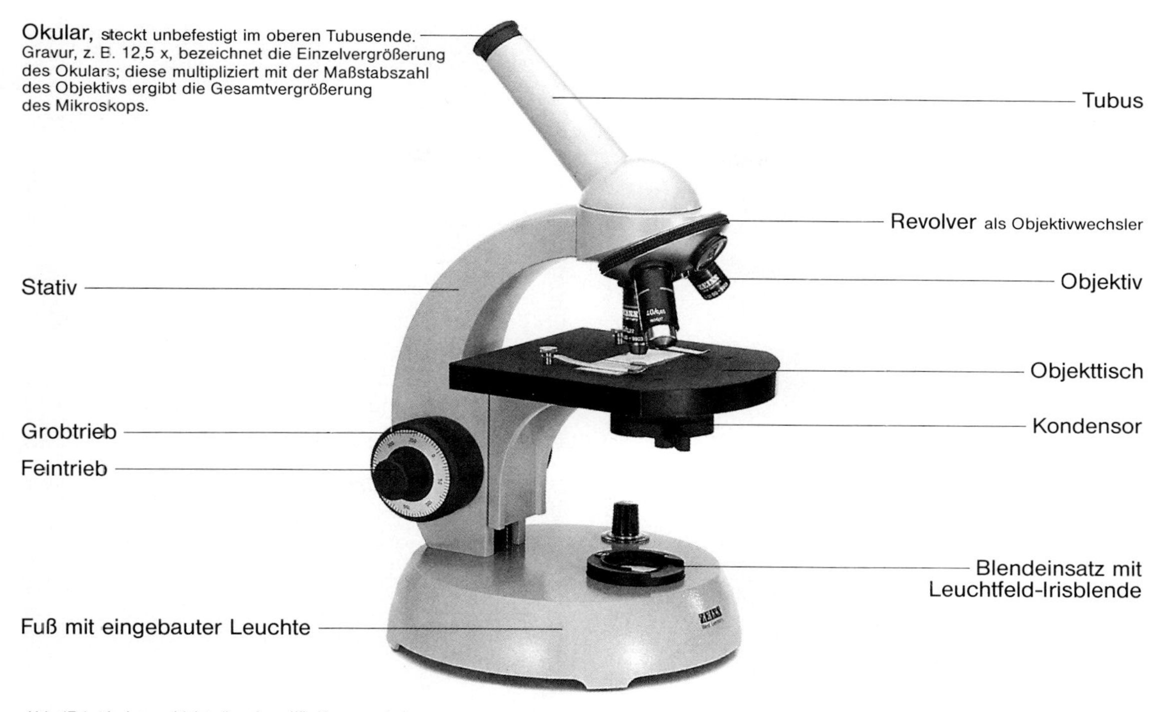

Abb. 17.1: Modernes Lichtmikroskop (für Kurszwecke). Es besitzt Linsensysteme mit fehlerarmer Abbildung, Beleuchtungseinrichtung und andere Verbesserungen.

stellt. Allerdings ist die Erforschung der Strukturen und der Funktionen der Zellbestandteile gegenwärtig keineswegs abgeschlossen; sie ist auch abhängig von den Fortschritten in der Untersuchungstechnik.

1.2 Das Lichtmikroskop

1872 entwickelte ERNST ABBÉ die physikalischen Grundlagen optischer Abbildungen. Dadurch ließen sich die Mikroskope weiter verbessern bis zur Grenze ihrer theoretischen Leistungsfähigkeit. Diese wird durch das **»Auflösungsvermögen«** bestimmt. Ein Beispiel soll diesen Begriff erläutern. Mit bloßem Auge kann man an einem weit entfernten Waldrand keine einzelnen Bäume unterscheiden. Auch auf einem Dia, hergestellt mit einem normalen Objektiv, ist dies nicht möglich. Selbst dann, wenn man das Dia auf einer Leinwand 100mal oder noch stärker vergrößert, gelingt es nicht, den Waldrand »aufzulösen« in Einzelheiten von Bäumen mit Ästen und Blättern. Dies wird erst möglich, wenn man statt des Normalobjektivs ein Teleobjektiv verwendet. Das Auflösungsvermögen des Lichtmikroskops (siehe Abb. 17.1) liegt bei 0,5 µm. Zwei Punkte in diesem Abstand erscheinen bei einer 2000fachen Vergrößerung im Abstand von 1 mm, der von unserem Auge leicht aufgelöst wird. Man kann daher im Lichtmikroskop zwei nebeneinanderliegende Objektpunkte getrennt voneinander sehen, wenn ihr Abstand nicht kleiner ist als etwa 0,5 µm. Mit dem Lichtmikroskop lassen sich z. B. Chloroplasten und Mitochondrien erkennen, nicht aber ihre innere Struktur.

Die Leistungsfähigkeit des Lichtmikroskops hängt vor allem vom Öffnungswinkel des Objektivs ab. Der Winkel zwischen der optischen Achse des Objektivs und dem äußersten Lichtstrahl, der gerade noch vom Objektiv erfaßt wird, ist der halbe Öffnungswinkel ($\alpha/2$). Als Maß für die Öffnung des Objektivs wird der Sinus-Wert des Winkels $\alpha/2$ angegeben; dies ist ein Zahlenwert, also ein *numerischer* Wert. Als **numerische Apertur** (A. von lat. apertus offen) bezeichnet man das Produkt aus diesem Zahlenwert und der Brechungszahl: numerische Apertur $A = n \cdot \sin \alpha/2$; n ist die Brechungszahl des Mediums, durch welches das Licht hindurch geht. Bei Luft ist $n = 1$, bei Immersionsöl (Öltropfen zwischen Deckglas und Objektiv) 1,515.

Die numerische Apertur bestimmt das Auflösungsvermögen eines Objektivs. Zwei Punkte können nur dann getrennt voneinander gesehen werden, wenn ihr Abstand nicht kleiner ist als die halbe Wellenlänge des benutzten Lichtes multipliziert mit $\frac{1}{A}$. Zur Untersuchung sehr kleiner Einzelheiten des Präparats muß man mit starken Objektiven

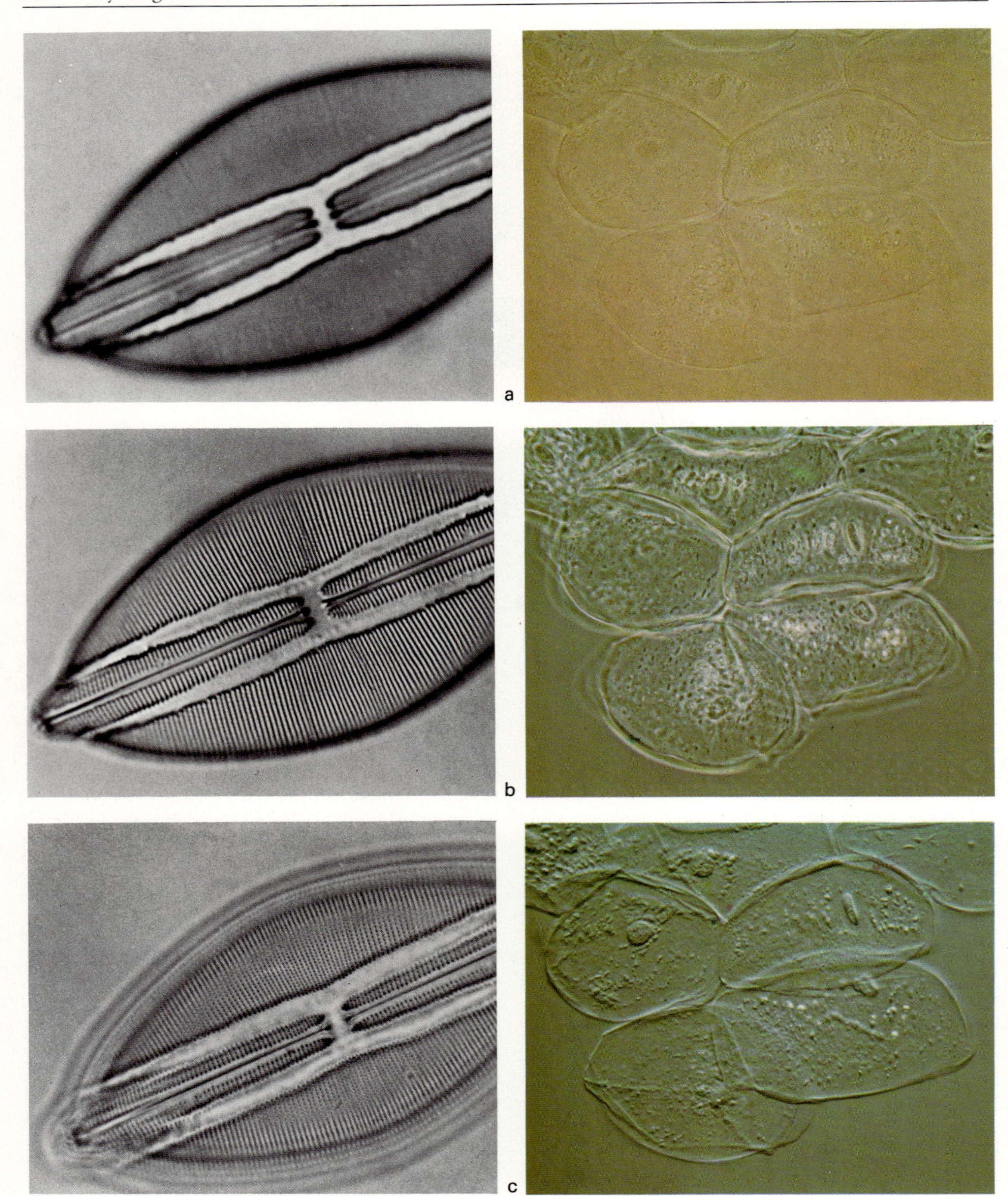

Abb. 18.1: Kieselalge Navicula; Vergrößerung 700fach. Trotz gleicher Vergrößerung zeigen a, b und c unterschiedlich viele Einzelheiten.
a Einfaches Objektiv, geringes Auflösungsvermögen, stark vergrößerndes Okular. Es werden nur die mit dem Objektiv erfaßten Zellwand-Strukturen stark vergrößert (leere Vergrößerung, s. Text).
b Normales Kurs-Mikroskop;
c hochwertiges Forschungsmikroskop (Objektiv Zeiss Plan-Neofluar 25/0,80).
c Zeigt wegen des hohen Auflösungsvermögens des Objektivs die meisten Einzelheiten.

Abb. 18.2: Ungefärbte Zellen aus der Mundschleimhaut (lebende Zellen) im Lichtmikroskop, Vergrößerung 400fach.
a Normales Hellfeld:
kontrastarme Abbildung.
b Phasenkontrast:
Die geringen Kontraste des Objekts werden verstärkt.
c Interferenzkontrast:
Die Strukturen treten durch das pseudoplastische Bild deutlich hervor.

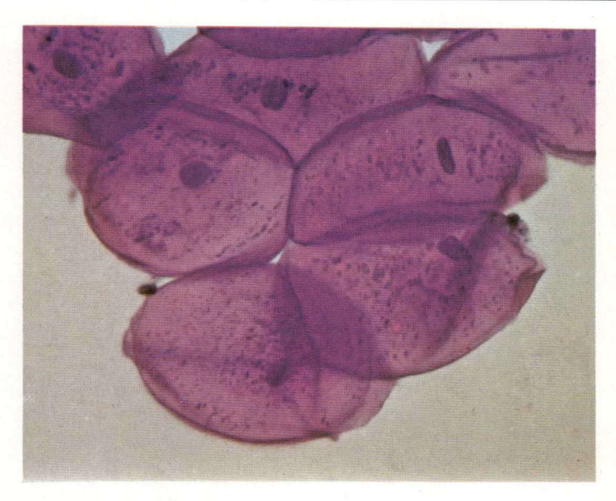

Abb. 19.1: Mundschleimhautzellen fixiert und gefärbt, daher abgetötet. Die Färbung macht die Strukturen auch im normalen Mikroskop deutlicher.

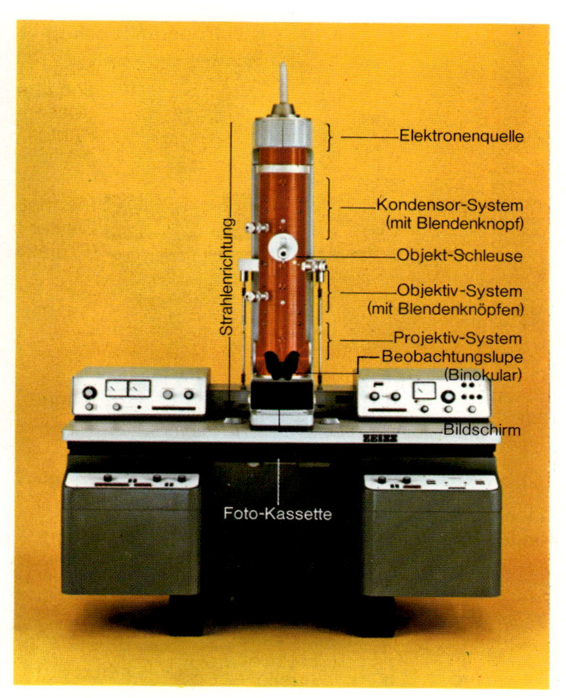

Abb. 19.2: Elektronenmikroskop

großer numerischer Apertur arbeiten. Die vom Objektiv eben noch aufgelösten Punkte müssen dann durch das Okular so vergrößert werden, daß sie für das Auge des Beobachters als getrennte Punkte erkennbar sind. (Mit freiem Auge kann der Mensch noch Strukturen unterscheiden, deren Abstand größer als 0,1 mm ist.) Die so erzielte Vergrößerung heißt *förderliche Vergrößerung*. Man kann mit einem Objektiv geringerer numerischer Apertur die gleiche Gesamtvergrößerung erreichen, indem man ein stärker vergrößerndes Okular benützt. Die Auflösung ist dann aber schlechter. In diesem Fall spricht man von *leerer Vergrößerung,* sie liefert keine neuen Einzelheiten.

In der Regel beobachtet man im Mikroskop Objekte, deren Teile das Licht unterschiedlich absorbieren. Je nachdem wie durchlässig sie für Licht sind, erscheinen die Teile heller oder dunkler. So wurden mit dem Lichtmikroskop in den Zellen der Kern und die Chloroplasten entdeckt. Mit besonderen Zusatzeinrichtungen kann man das unterschiedliche Brechungsvermögen einzelner Objektteile als verschiedene Helligkeitsstufen sichtbar machen. So arbeitet das *Phasenkontrast-* und das *Interferenzkontrast-*Verfahren. Mit diesen beiden Verfahren werden selbst kontrastarme, durchsichtige Strukturen in der Zelle sichtbar (s. Abb. 18.2 b und c). Helligkeits- und Farbunterschiede erhält man auch durch Anfärben der Objekte (s. Abb. 19.1), weil verschiedene Zellstrukturen bestimmte Farbstoffe unterschiedlich stark aufnehmen; so entdeckte man z. B. die Mitochondrien.

1.3 Das Elektronenmikroskop

Die Wellenlänge des sichtbaren Lichtes (ca. 400 bis 800 nm) begrenzt das Auflösungsvermögen der Lichtmikroskope. Zur Erforschung des Feinbaues der Zelle müssen Strahlen mit beträchtlich kürzerer Wellenlänge als der des Lichts verwendet werden. Solche Strahlen sind die Elektronenstrahlen, mit denen das 1934 von RUSKA erfundene Elektronenmikroskop arbeitet (Abb. 19.2). Die Wellenlänge der Elektronenstrahlen ist um so kürzer, je höher die Geschwindigkeit der Elektronen ist. Mit hoch beschleunigten Elektronen kann heute ein Auflösungsvermögen von 0,3 nm erreicht werden (normales Lichtmikroskop: 500 nm) (s. Tab. 20/1).

Die Technik der vergrößerten Abbildung von Objekten oder Strukturen ist derjenigen beim Lichtmikroskop ähnlich. Da Elektronenstrahlen von Glaslinsen nicht durchgelassen werden, benützt man an Stelle von Glaslinsen elektromagnetische Felder, die von Magnetspulen (elektromagnetische »Linsen«) erzeugt werden. Die "Linsen"-anordnung entspricht der des Lichtmikroskops (Abb. 20.1).

Da das menschliche Auge Elektronenstrahlen nicht wahrnimmt, läßt man diese Elektronenstrahlen auf eine photographische Platte oder einen Leuchtschirm fallen. Dieser enthält Stoffe, die aufleuchten, sobald sie von Elektronenstrahlen getroffen werden. Leuchtende Stellen auf dem Schirm zeigen daher an, daß hier die entsprechenden Teile des untersuchten Objekts für Elektronen durchlässig waren. Dunkle Stellen entsprechen den Teilen des Objekts, die nur wenig Elektronen durchlassen.

Im Inneren des Elektronenmikroskops herrscht ein Hochvakuum, da Luftmoleküle die Elektronen ab-

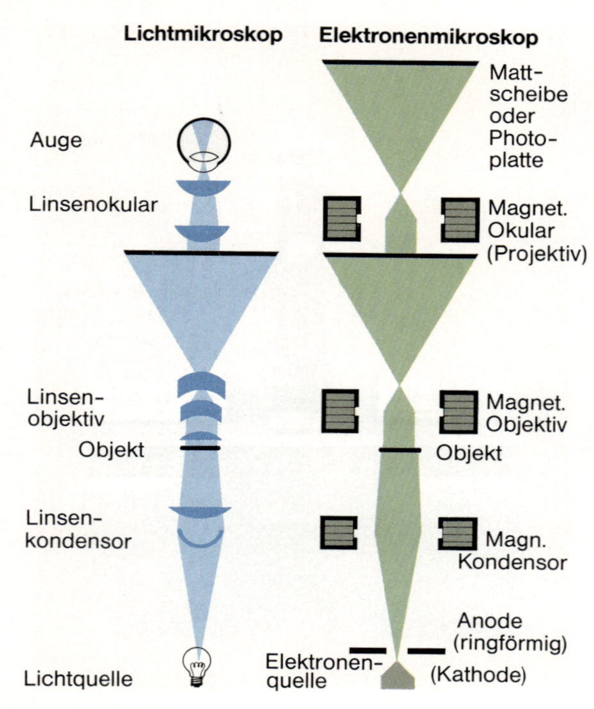

Abb. 20.1: Hauptteile und Strahlengänge im Lichtmikroskop (links) und Elektronenmikroskop (rechts). Das Elektronenmikroskop steht hier auf dem Kopf, so daß man den prinzipiell ähnlichen Bau beider Mikroskope erkennt. Die Anode im Elektronenmikroskop lenkt den Elektronenstrahl in eine bestimmte Richtung und beschleunigt die Elektronen.

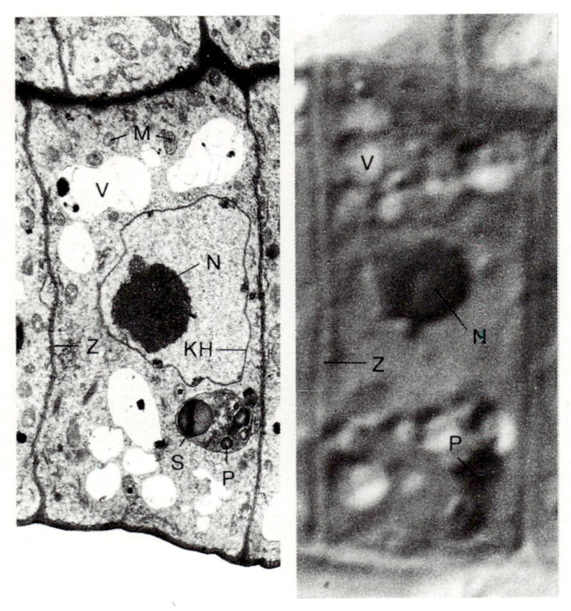

Abb. 20.2: Eine Zelle aus der Wurzelspitze einer Pflanze im Elektronenmikroskop (links) und im Lichtmikroskop mit Interferenz-Kontrast (rechts), beide 5000fach. Wegen der höheren Auflösung zeigt das Elektronenmikroskop eine größere Fülle von Zellstrukturen. M Mitochondrien, V Vakuole, Z Zellwand, N Nukleolus, KH Kernhülle, S Stärkekorn innerhalb der Plastiden, P Plastid

Tabelle 20/1: Auflösungsvermögen und Untersuchungsobjekte (vgl. vorderer Vorsatz des Buches)

Verfahren	Auflösungsvermögen	Untersuchungs-objekte
freies Auge	bis 0,1 mm = 100 000 nm	Lebewesen menschliche Eizelle
Licht-mikroskop	bis 0,0005 mm = 500 nm	Amöben Zellen aus Geweben Bakterien
Elektronen-mikroskop	maximal bis 0,000 000 3 mm = 0,3 nm	Zellorganellen Viren Makro-moleküle
Röntgen-analyse	0,000 000 01 mm = 0,01 nm	Moleküle

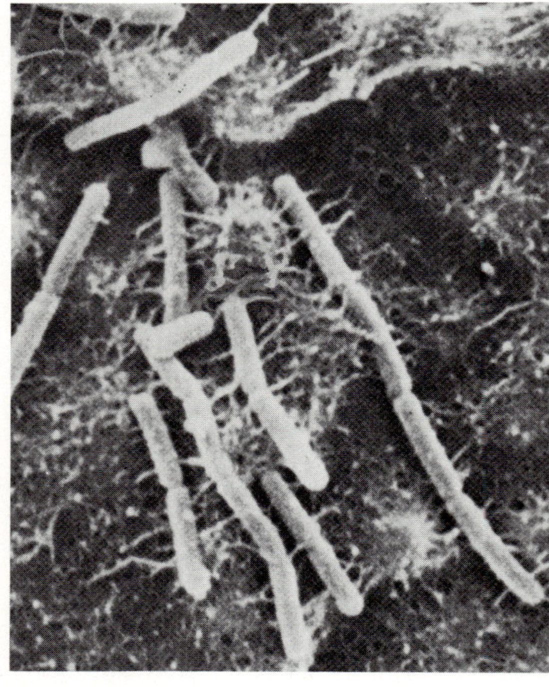

Abb. 20.3: Bakterien im Rasterelektronenmikroskop

bremsen würden. Daher muß man stets entwässerte, nichtlebende Objekte untersuchen. Im Hochvakuum würde das Wasser sofort verdampfen: eine Zerstörung der Objekte wäre die Folge. Auch bei der langsamen Entwässerung können jedoch Veränderungen der Objekte auftreten (vgl. 1.4).
Nach einem anderen Prinzip arbeitet das **Rasterelektronenmikroskop.** Die Oberfläche des zu untersuchenden Objekts wird zunächst mit einem Metall bedampft. Aus der dünnen Metallschicht werden bei der Bestrahlung Sekundärelektronen herausgeschlagen. Mißt man den Sekundärelektronenstrom an jeder Stelle des Objekts, so erhält man durch geeignete Verfahren ein Bild großer Tiefenschärfe und kann daher die Strukturen dreidimensional erkennen. Man läßt den Elektronenstrahl wie bei einer Fernsehröhre in Zeilen über das Objekt hinwegwandern und setzt die aus den Sekundärelektronenströmen gewonnenen Einzelbilder in Form eines Rasters zum Gesamtbild zusammen. Deshalb spricht man von Rasterelektronenmikroskopie (Beispiel: Abb. 20.3). Das Rasterelektronenmikroskop erlaubt nur die Darstellung von Objektoberflächen, liefert aber davon ein sehr plastisches Bild.

1.4 Herstellung licht- und elektronenmikroskopischer Präparate

Um den Aufbau biologischer Objekte unter dem Lichtmikroskop studieren zu können, müssen die Objekte vorbehandelt werden, man stellt von ihnen *Präparate* her. *Frischpräparate* werden durch Zerzupfen oder Quetschen des Materials erhalten. Bei Pflanzen können Frischpräparate als Handschnitte mit der Rasierklinge hergestellt werden. Frischpräparate ermöglichen eine Untersuchung der Zellen in lebendem Zustand, sind jedoch wenig kontrastreich und nicht haltbar. Bei der Herstellung von *Dauerpräparaten* werden die Objekte fixiert und gefärbt. *Fixiermittel* (Alkohol, Formaldehydlösung u. a.) sollen dafür sorgen, daß sich Gewebe und Zellen nach dem Abtöten nicht mehr verändern: sie fixieren die Zellstrukturen. Zum anschließenden *Färben* der Objekte werden Farbstoffe verwendet, welche die Zellstrukturen unterschiedlich anfärben und sie deshalb deutlicher hervortreten lassen.

Durch die Anwendung verschiedener Farbstoffe, die jeweils bestimmte chemische Verbindungen spezifisch anfärben, läßt sich nachweisen, daß zahlreiche verschiedene organische Verbindungen in den Zellen vorkommen; man kann sie auch lokalisieren (Verfahren der *Histochemie*).

Stets besteht bei der Herstellung von Präparaten die Gefahr, daß als Folge der Präparation Veränderungen in den Zellen eintreten *(Artefaktbildung)*. Es bedarf daher vorsichtshalber einer sorgfältigen vergleichenden Prüfung, ob die im Mikroskop erkennbaren Strukturen tatsächlich auch bei unbeeinflußten Zellen vorhanden sind.

Wenn tierische Objekte oder Handschnitte von Pflanzen für die lichtmikroskopische Untersuchung zu dick sind, müssen sie in dünne, etwa 10 µm starke Scheibchen geschnitten werden. Man benutzt dazu das **Mikrotom.** Bei diesem Gerät wird das Objekt gegen ein starkes, fein geschliffenes Messer bewegt. Das Messer schneidet eine dünne Scheibe ab, das Objekt wird zurückgezogen, um den Betrag der Schnittdicke angehoben und von neuem auf das Messer zugeführt. So läßt sich eine Serie von Schnitten hintereinander herstellen und untersuchen. Mikrotomschnitte zarter Objekte gelingen allerdings nur, wenn man die Objekte vor dem Schneiden verfestigt, entweder durch Einbetten in flüssig gemachtes Paraffin, das dann erhärtet, oder durch Tiefgefrieren.

Präparate für das Elektronenmikroskop müssen fixiert, wasserfrei, kontrastreich und sehr dünn sein. Die Objekte werden durch Einlegen in Glutaraldehyd, Permanganat oder andere Fixiermittel zunächst fixiert. Dabei werden die Proteine der Zelle denaturiert und vernetzt und so die Strukturen stabilisiert. Eine zusätzliche Behandlung mit einer Schwermetall-Verbindung (z. B. Osmiumtetroxid) erhöht den Kontrast. Schwermetall-Verbindungen binden an Proteine und machen diese dadurch weniger durchlässig für Elektronen. Sie wirken also wie die Farbstoffe in der Lichtmikroskopie. Anschließend werden die Objekte mit Alkohol entwässert und in ein Kunstharz eingebettet, das alle Strukturen durchdringt und den Platz einnimmt, den zuvor das Wasser innehatte. Zur Herstellung der außerordentlich dünnen Schnitte dient ein **Ultramikrotom** mit einem Glas- oder Diamantmesser; damit sind Schnittdicken von nur 50 nm (0,05 µm) möglich. Ein Objekt von der Dicke eines Blattes Papier (0,1 mm) könnte auf diese Weise in 2000 Scheiben geschnitten werden.

Erst nach der Konstruktion des Ultramikrotoms und der Entwicklung besonderer Präparations- und Kontrastierungsmethoden erhielt man brauchbare elektronenmikroskopische Bilder von Zellen. Deshalb dauerte es fast 15 Jahre von der Entdeckung des Elektronenmikroskops bis zu seiner Verwendung in der Biologie.

Die Fortschritte unserer Kenntnisse über den Bau der Zelle zeigen deutlich, daß der Erkenntnisstand der Wissenschaft wesentlich vom technischen Stand der Arbeitsmittel abhängt.

2. Der Feinbau der Zelle

2.1 Die Zelltypen Protocyte und Eucyte

Die Anwendung der elektronenmikroskopischen Untersuchungsmethoden zeigt, daß im Aufbau der Zellen von Bakterien und Blaualgen einerseits und aller übrigen Lebewesen andererseits grundlegende Unterschiede bestehen. Man unterscheidet daher zwei Zelltypen: die einfach gebaute Protocyte und

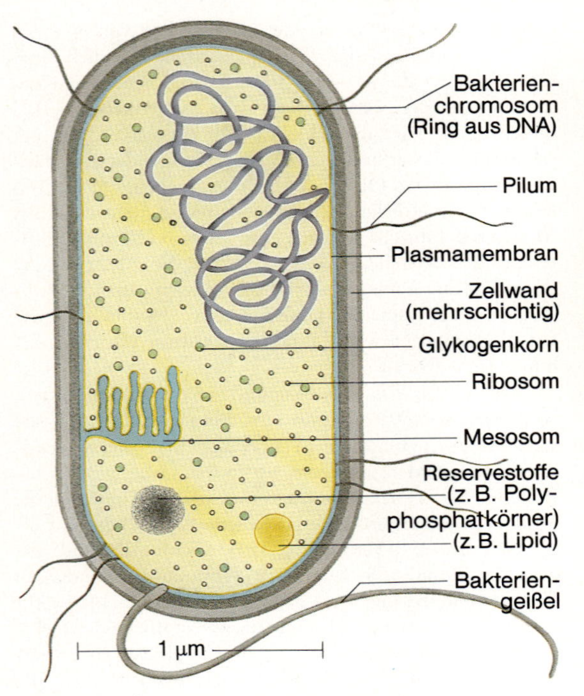

Abb. 22.1: Schema der Protocyte (Bakterienzelle).
Mesosom: Einfaltung der Zellmembran,
Pilum: Zellfortsatz zum Anheften der Zelle

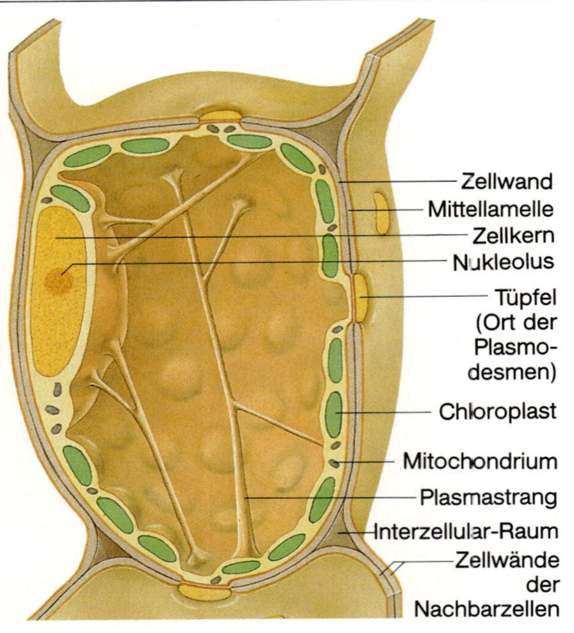

Abb. 22.2: Lichtmikroskopisches Bild einer ausgewachsenen Pflanzenzelle aus einem Blatt. Die Vakuole erfüllt den größten Teil der Zelle. Sie ist von einzelnen Plasmasträngen durchzogen. Unter den Zellorganellen sind die Chloroplasten am häufigsten.

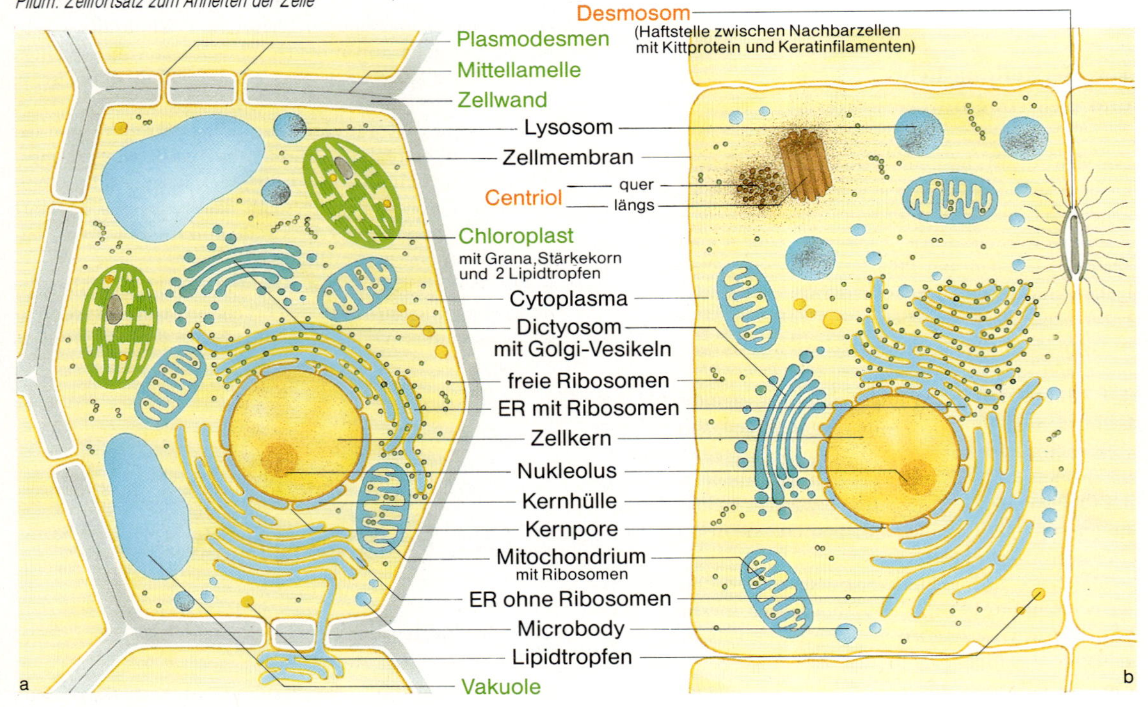

Abb. 22.3: a Schema der Pflanzenzelle (Eucyte) nach dem elektronenmikroskopischen Bild. Die Strukturen der Zelle sind nicht starr, sondern verändern sich ständig. Plasmatische Räume gelb, nichtplasmatische Räume blau. (Der nichtplasmatische Raum der Chloroplasten ist grün wiedergegeben.) b Schema der Tierzelle (Eucyte). Zellwand, Chloroplasten und große Vakuolen fehlen. Desmosomen sind Verknüpfungsstellen von benachbarten Zellmembranen. Die Verknüpfung geschieht durch Proteine mit Kohlenhydratketten. (Grüne Beschriftung: nur bei Pflanzen vorkommend, rote Beschriftung: nur bei Tieren vorkommend.)
ER Endoplasmatisches Reticulum

die kompliziertere Eucyte. Alle Zellen sind nach außen stets durch eine *Zellmembran* begrenzt.

Die *Protocyte* der Bakterien – zu denen man heute auch die Blaualgen zählt – besitzt keinen von einer Membran umschlossenen Zellkern (= Karyon). Man nennt die Bakterien daher auch *Prokaryoten*. Die Bakterienzelle ist meist nur 1–5 μm groß; sie enthält ein ringförmiges Desoxyribonukleinsäure (DNA-)-Molekül von etwa 1 mm Länge (200–1000fache Länge der Zelle), das in der Zelle stark verknäuelt vorliegt. Es wird als *Bakterien-Chromosom* bezeichnet. Umgeben ist die Zelle außerhalb der Zellmembran von einer meist mehrschichtigen Zellwand. Nach außen ragen häufig geißelartige Fortsätze *(Flagellen)*, die der Bewegung dienen (vgl. S. 11), sowie Strukturen zur Anheftung der Zellen (Pili, Sing. Pilum). In der Zelle liegen häufig Reservestoff-Körnchen. Fast alle anderen, von Zellen der Pflanzen und Tiere bekannten Zellorganellen (vgl. Abb. 22.3) sind nicht vorhanden.

Die anderen Organismen (Einzeller, mehrzellige Pflanzen und Tiere) besitzen einen deutlich abgegrenzten Zellkern. Man nennt diese Lebewesen daher *Eukaryoten* und ihren Zelltyp die *Eucyte* (Abb. 22.3 a, b). Sie wird im folgenden ausführlicher besprochen. Die Eucyte ist stark gegliedert durch viele besonders gestaltete Zellorganellen. Die Größe der Eucyte liegt in der Regel zwischen 5 und 50 μm. Große Pflanzen und Tiere haben nicht größere Zellen als kleine, sondern mehr Zellen als kleine Lebewesen.

Im Zellkörper der Eucyte sieht man im Lichtmikroskop den Zellkern und das Plasma (= *Cytoplasma* im weiteren Sinn). In Pflanzenzellen sind ferner die Chloroplasten leicht zu erkennen, weil sie die grünen Blattfarbstoffe (Chlorophylle) enthalten. Bei Anwendung des Phasenkontrastverfahrens (vgl. 1.2) sieht man im Cytoplasma weitere abgegrenzte Gebilde; es sind die Mitochondrien. Weitere Zellorganellen sind erst durch elektronenmikroskopische Untersuchung zu erkennen. Alle Organellen befinden sich in einem *Grundplasma* (= Cytoplasma im engeren Sinn). Es setzt sich hauptsächlich zusammen aus Proteinen, Wasser und Ionen (vor allem K^+, Na^+, Mg^{2+}, Ca^{2+}, Cl^-, HPO_4^{2-}, SO_4^{2-}) und aus löslichen Kohlenhydraten und Nukleinsäuren in wechselnden Mengen.

Die Zellen sind umschlossen von einer Zellmembran; bei Pflanzen wird diese auch Plasmalemma genannt. Auch die meisten Zellorganellen sind von Membranen umgeben und bilden daher eigene, vom Cytoplasma getrennte Reaktionsräume *(Kompartimente)*. Alle Membranen haben den gleichen Grundbauplan. Dieser wird zusammen mit den Aufgaben von Membranen vor der Besprechung der Zellorganellen betrachtet.

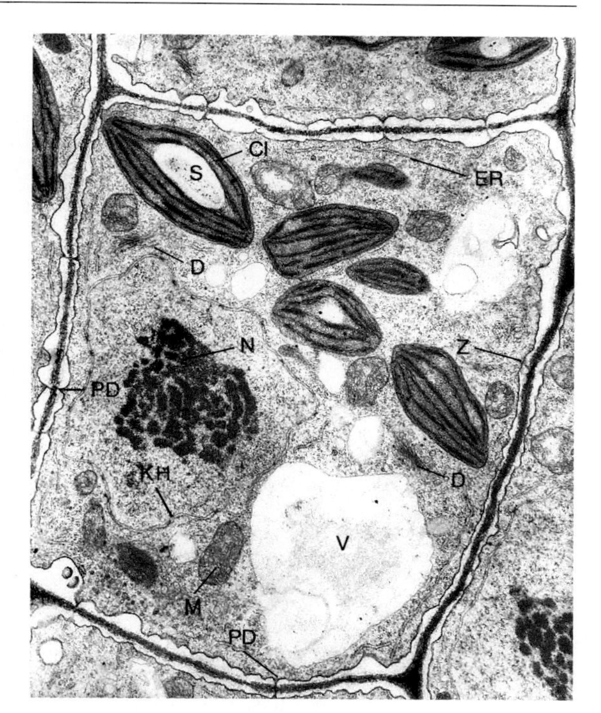

Abb. 23.1: Elektronenmikroskopisches Bild einer Pflanzenzelle, 7500fach, (Blättchen vom Moos Riella).
Cl Chloroplast, S Stärkekorn, ER endoplasmatisches Reticulum, PD Plasmodesmen, D Dictyosomen, N Nukleolus, Z Zellwand, KH Kernhülle, M Mitochondrien, V Vakuole

2.2 Membranen

Alle Membranen der Zelle bestehen aus einer Doppelschicht von Lipiden mit polaren Gruppen (»polare Lipide«, Abb. 24.1). In diese Doppelschicht sind Proteine *(Membranproteine)* eingelagert. Der Mengenanteil der Lipide und Proteine schwankt jeweils zwischen 30% und 70%. Membranen sind so dünn, daß man sie nur mit Hilfe des Elektronenmikroskops sichtbar machen kann (7–10 nm). Eine Membran ist kein starres »Häutchen«; vielmehr bewegen sich die Proteine in den weitgehend flüssigen Lipidschichten wie »Eisberge im Wasser«. Die Oberflächenspannung gibt der Membran dennoch eine hohe Stabilität.

Die Beweglichkeit der Membranbestandteile kann man zeigen, wenn man in Zellkulturen zwei Zellen unterschiedlicher Herkunft (z. B. eine Mäusezelle und eine menschliche Zelle) miteinander verschmilzt. Diese Bildung einer *Hybridzelle* gelingt, wenn sich die Zellmembranen über eine größere Fläche berühren. Nach der Verschmelzung verteilen sich die Membranproteine der beiden verschiedenen Ausgangszellen innerhalb kurzer Zeit über die ganze Membran der Hybridzelle. Sie sind durch eine unterschiedliche Reaktionsfähigkeit zu erkennen.

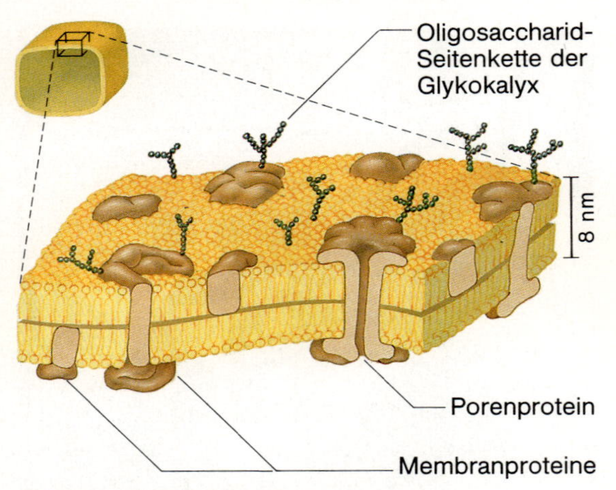

Abb. 24.1: Modell der biologischen Membran. Aus der Außenmembran tierischer Zellen ragen Ketten von Zuckermolekülen als Glykokalyx heraus. Die Zucker sind mit den Proteinmolekülen (braun) und den Lipidmolekülen (gelb) verbunden.

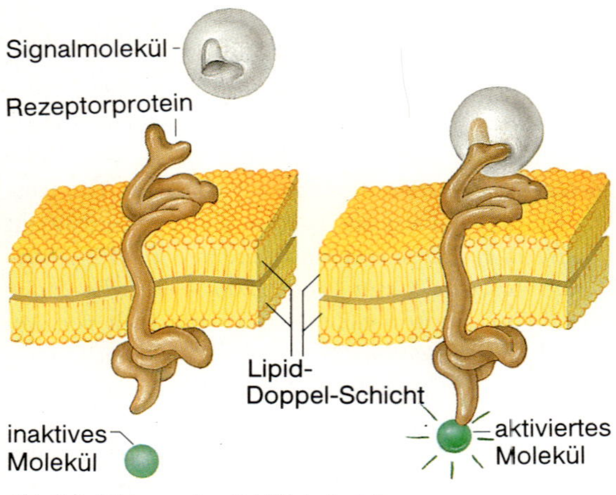

Abb. 24.2: Aktivierung eines Moleküls in der Zelle. Ein Signalmolekül erreicht ein Rezeptorprotein in der Zellmembran; das Rezeptorprotein wird durch Bindung des Signalmoleküls verändert und löst so eine Reaktion in der Zelle aus.

Membranen bilden Schranken für den Durchtritt von Stoffen. Sehr kleine Moleküle (z. B. von Wasser) können zwischen den großen Membranmolekülen hindurchgelangen; für solche Moleküle ist die Membran durchlässig. Größere, insbesondere hydrophile (wasserlösliche) Moleküle (z. B. Zucker) und Ionen können durch die Lipid-Doppelschicht nicht hindurchtreten. Da derartige Moleküle aber in die verschiedenen Reaktionsräume der Zelle gelangen müssen, gibt es für sie besondere Transport-Vorgänge durch die Membran. Diesen Transport führen Membranproteine durch. Diese sind zum Teil sehr spezifisch und transportieren nur ganz bestimmte Moleküle (z. B. Glucose) oder bestimmte Ionen.

Derartige *Transportproteine* bilden zum Teil feinste Poren, die durch die Membran hindurchreichen und sich öffnen und schließen können *(Porenproteine)*. Andere Transportproteine binden das zu transportierende Teilchen auf der einen Membranseite, bewegen es unter Gestaltveränderung des Proteins durch die Membran hindurch und geben es auf der anderen Seite ab. Durch solche Vorgänge erfolgt der Stofftransport zwischen der Zelle und ihrer Umgebung. Zwischen benachbarten Zellen besteht außerdem die Möglichkeit eines direkten Transports über Kanäle. Diese sind bei Tierzellen so beschaffen, daß zwischen mehreren Proteinmolekülen eine Pore entsteht, die eine Verbindung von Zelle zu Zelle herstellt. Alle Moleküle, die durch diese Pore hindurchpassen, können transportiert werden (vgl. 2.5, Abb. 28.1).

Je größer die Oberfläche einer Membran ist, um so mehr Transportproteine können tätig werden. Einer Oberflächenvergrößerung, die den Stoffaustausch der Zelle mit der Umgebung erheblich beschleunigt, dienen bei tierischen Zellen die *Mikrovilli* (z. B. bei Zellen der Dünndarmschleimhaut). Sie können die Zelloberfläche verzwanzigfachen.

Eine weitere wichtige Funktion von Membranproteinen besteht in der Weiterleitung von Signalen ins Innere der Zelle bzw. eines Organells. Durch Bindung eines von außen kommenden Stoffes an das Protein wird dessen räumliche Struktur so verändert, daß im Innern der Zelle eine Reaktion ausgelöst wird (Abb. 24.2). Das auslösende Molekül tritt dabei nicht in die Zelle ein. Proteine, die durch Bindung eines Moleküls eine Reaktion auslösen, nennt man *Rezeptorproteine;* sie spielen z. B. bei der Hormonwirkung eine wichtige Rolle.

Trotz des komplizierten Baus der Eucyte treten in ihr nur zwei grundsätzlich verschiedene Arten von Räumen auf. Die proteinreichen Räume nennt man »plasmatische« Räume. Die proteinärmeren (und daher wasserreichen) Räume heißen »nichtplasmatische« Räume, obwohl auch sie Bestandteile des Cytoplasmas sind. So enthalten z. B. die membranumschlossenen Nahrungsvakuolen im Inneren den nichtplasmatischen Raum, das sie umgebende Plasma ist der plasmatische Raum. An jede Membran grenzt auf der einen Seite ein plasmatischer Raum, auf der anderen ein nichtplasmatischer Raum. Bei Bedarf wird in der Zelle ein Teil einer bestehenden Membran abgetrennt und damit ein neuer Reaktionsraum gebildet. Dabei bleiben plasmatischer und nichtplasmatischer Raum stets getrennt. Eine neue Membran wird nur an einer bereits vorhandenen Membran durch Zusammenlagerung von Molekülen gebildet. Die stän-

Tabelle 25/1: Funktionen von Membranen

Abgrenzung von Zellen und Zellräumen (Organellen) Regelung des Stoffaustausches zwischen Zellen und ihrer Umgebung, desgleichen zwischen Organellen und dem Grundcytoplasma Einbau von Enzymen und anderen Proteinen in die Membran zum geordneten Ablauf von Reaktionsketten (s. Abb. 126.2 und 141.1) Aufbau elektrischer Potentiale (s. Neurobiologie 1.3) Erkennen von Nachbarzellen und fremden Zellen (Immunbiologie 1.) Erkennen von Hormonen durch bestimmte Membranproteine (= Rezeptorproteine, s. Hormone 4.)

dig in der Zelle sich vollziehende Neubildung, Verschmelzung und Formänderung von Membranen bezeichnet man als *Membranfluß* (s. auch Tab. 25/1).

Die Zellmembran der Tiere enthält zahlreiche Proteinmoleküle, an die Kohlenhydratketten gebunden sind. Auch an Lipide der Membran sind Zucker gebunden. Die Kohlenhydrate ragen nach außen; man nennt sie in ihrer Gesamtheit Glykokalyx. Sie dient dem Kontakt benachbarter Zellen. Bei tierischen Zellen können manche Proteinmoleküle aus einer Zellmembran in die benachbarte hineinragen und so die Zellen miteinander verbinden.

2.3 Übersicht über die Zellorganellen der Eucyte

Die Untersuchung von Zellen aus den verschiedenen Organismengruppen zeigte, daß bestimmte Organellen in allen Eukaryotenzellen vorkommen. Die einfachsten Organellen sind solche, die aus ihren Molekülbausteinen durch Zusammenlagerung (*Selbstaufbau,* self-assembly) entstehen. Dazu gehören die 15–25 nm großen *Ribosomen,* an denen die neuen Proteine gebildet werden. Sie bestehen ihrerseits aus Ribonukleinsäure- und Proteinmolekülen. Besonders wichtige Selbstaufbau-Systeme sind ferner fädige und röhrige Strukturen, welche die ganze Zelle durchziehen und bei tierischen Zellen die Gestalt festlegen. Man nennt sie zusammenfassend das *Cytoskelett.*

Weitere Organellen sind von *einer Membran* umgeben; in ihrem Innenraum (welcher dem nichtplasmatischen Reaktionsraum zugehört) finden bestimmte Stoffwechselreaktionen statt. Zu diesen Organellen gehören die Dictyosomen, Lysosomen und Microbodies. Ihre umhüllende Membran entsteht am Ort der Membranneubildung der Zelle, einem besonderen Organell, das als Netzwerk das Cytoplasma durchzieht und daher als *Endoplasmatisches Reticulum* (ER) bezeichnet wird. In der Membran des ER erfolgt die Fertigstellung neuer polarer Lipide und die Bildung von Proteinen ausgehend von Ribosomen, die auf der plasmatischen Seite der ER-Membran angelagert sind. Vom ER werden dann Bläschen (Vesikel) abgeschnürt, die zu *Dictyosomen* wandern. Dort werden Proteine zur Verteilung in verschiedene andere Zellkompartimente (z. B. Lysosomen) oder zum Transport aus der Zelle hinaus vorbereitet. Die Dictyosomen sind also gewissermaßen die »Packerei« der Zelle.

Die schon im Lichtmikroskop sichtbaren »großen« Zellorganellen sind der Zellkern und die Mitochondrien sowie bei Pflanzen die Plastiden. Sie sind von *zwei Membranen* umgeben und entstehen immer durch Teilung aus gleichen Organellen. Die Hülle des *Zellkerns* verschwindet bei der Kernteilung (vgl. 5.), bildet sich anschließend vom ER aus neu und steht daher häufig mit diesem in Verbindung. Sie besitzt Poren, durch die das Kerninnere mit dem Cytoplasma in unmittelbarer Verbindung steht. Diese Kernporen sind so groß, daß Makromoleküle hindurchtreten können. Mitochondrien und Plastiden hingegen besitzen zwei Membranen, die dauernd bestehen bleiben. Nur die äußeren Hüllmembranen enthalten Poren. Die *Mitochondrien* sind die Orte der energieliefernden Zellatmung und dadurch die »Kraftwerke« der Zelle. Die *Plastiden* kommen nur in Pflanzenzellen vor und dort meist in größerer Zahl. Man unterscheidet Chloroplasten, Leukoplasten und Chromoplasten. Die durch Chlorophyll grün gefärbten *Chloroplasten* dienen der Photosynthese (s. Abb. 125.1). Die farblosen *Leukoplasten* beteiligen sich am Aufbau der Reservestärke in den farblosen Pflanzenteilen (Knollen, Wurzelstöcke). Die roten oder gelben *Chromoplasten* färben viele Blüten und Früchte.

2.4 Struktur und Funktion von einzelnen Organellen

2.4.1 Organellen mit zwei Membranen (Hülle)

Zellkern (Nukleus, Karyon). Das Innere des Zellkerns zeigt nach Anfärbung ein wirr erscheinendes Fadenwerk *(Chromatin),* das aus einzelnen Einheiten besteht, die bei der Kernteilung zusammengezogen und dann als *Chromosomen* erkennbar werden. Das Chromatin besteht also strukturell aus den teilweise entschraubten Chromosomen (vgl. 5.). Chemisch ist es vor allem aus *Desoxyribonukleinsäure* (DNA) und mit dieser verknüpften *Proteinen* aufgebaut (vgl. Genetik 3.). Die DNA der Chromosomen enthält die Erbinformation, die alle Vorgänge des Stoffwechsels,

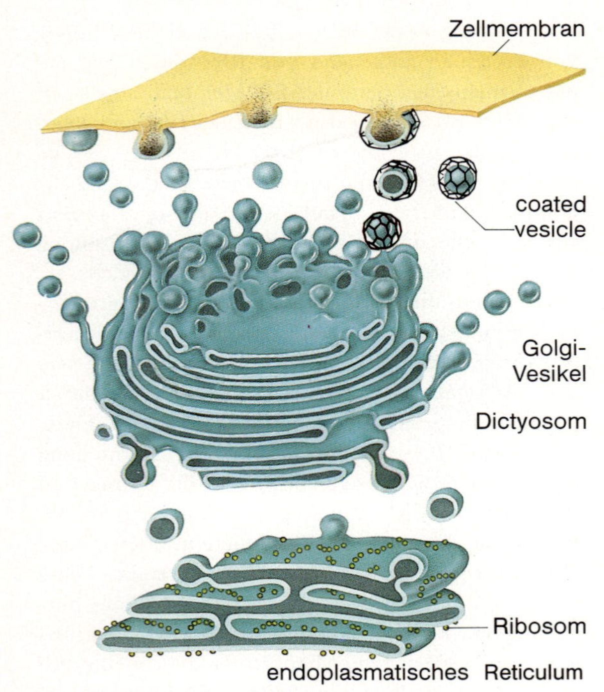

Abb. 26.1: Dictyosom mit anschließendem Membransystem des endoplasmatischen Reticulums und mit Golgi-Vesikeln, die zum Teil zur Zellmembran wandern. Golgi-Vesikel können von einem Proteingerüst umgeben sein (coated vesicles).

des Wachstums und der Entwicklung steuert. Sie ist je nach Art des Organismus verschieden. Im Zellkern liegen ferner (meist zwei) *Kernkörperchen* (Nukleoli, Sing. *Nukleolus*), die vorwiegend aus Ribonukleinsäuren bestehen.

Außerdem enthält der Zellkern Cytoskelett-Strukturen, die als *Kernskelett* bezeichnet werden. Dieses steht mit dem Chromatin in Verbindung: die Chromosomen sind gewissermaßen im Kernskelett aufgehängt. Die richtige Neubildung der Kernhülle nach der Kernteilung wird durch randlich gelegene Teile des Kernskeletts bestimmt.

Mitochondrien. Sie sind in Gestalt und Größe unterschiedlich (stäbchenförmig oder gekrümmt) und bis 10 µm lang (vgl. Abb. 140.1). Ihre innere Membran ist faltenförmig, schlauchförmig oder unregelmäßig eingestülpt in den plasmatischen Innenraum (Mitochondrien-Matrix). Die Einstülpungen vergrößern die Oberfläche der Membran, so daß an ihr mehr Reaktionen gleichzeitig ablaufen können (s. Stoffwechsel der Pflanze 4.). Die Zahl der Mitochondrien je Zelle hängt von der Intensität des Zellstoffwechsels und dessen Energiebedarf ab; eine Leberzelle enthält z. B. weit über 1000 Mitochondrien.

Plastiden. Der Aufbau und die Funktion der Plastiden werden im Kapitel Stoffwechsel der Pflanze, Abschnitt 2.2, genauer besprochen.

2.4.2 Organellen mit einfacher Membran

Endoplasmatisches Reticulum (ER). Es ist ein netzförmiges System membranumhüllter Kanälchen und Säckchen. Die Form der Kanälchen wechselt dauernd, weil die Membranen sich verändern und vom ER aus neue Membranen in Form von Bläschen (Vesikeln) abgegeben werden (Membranfluß, vgl. 2.2 und 2.3). Das ER dient außerdem dem Transport von Stoffen.

Dictyosomen. Sie sind Stapel flacher membranumgrenzter Räume, die am Ende Vesikel abschnüren *(Golgi-Vesikel)* und sich ihrerseits aus Vesikeln nachbilden, die vom ER angeliefert werden (Abb. 26.1). Die Gesamtheit aller in einer Zelle auftretender Dictyosomen wird als *Golgi-Apparat* (benannt nach dem Entdecker GOLGI, 1844–1926) bezeichnet. Was GOLGI beobachtet hatte, waren allerdings nur lichtmikroskopisch erkennbare Artefakte. In den Dictyosomen werden Proteine fertiggestellt, die dann in bestimmte Zellorganellen gelangen oder die Zelle verlassen. Bei Pflanzen werden auch Polysaccharide in Dictyosomen aufgebaut.

Der Transport der Stoffe zur Zelloberfläche erfolgt durch die Golgi-Vesikel. Die Vesikelmembran tritt dann mit der Zellmembran in Verbindung, so daß der Inhalt des Bläschens nach außen abgegeben wird. Die Vesikelmembran kann in der Zellmembran aufgehen; auf diesem Weg vergrößert sich bei wachsenden Zellen die neue Zellmembran. Gibt eine nicht mehr wachsende Zelle Proteine ab (z. B. eine Drüsenzelle), so darf dieser Vorgang sich nicht mehr fortsetzen, da die Zellmembran sonst zu groß würde. Die Vesikel sind in diesem Fall von einem Protein-Netz umgeben (und heißen daher *»coated vesicles«*). Nach ihrer Entleerung lösen sie sich wieder von der Zellmembran und wandern zurück zum Golgi-Apparat *(Membran-Recycling)*.

Microbodies. Es sind membranumgebene Zellräume, in denen ganz bestimmte Stoffwechselreaktionen ablaufen. Bei einigen Stoffwechselvorgängen entsteht das wegen seiner Reaktionsfähigkeit für die Zelle gefährliche Wasserstoffperoxid (H_2O_2). Diese Reaktionen erfolgen in den Microbodies und damit getrennt von der übrigen Zelle. Die Microbodies enthalten Enzyme, die Wasserstoffperoxid rasch abbauen.

Lysosomen. Sie werden ausgehend vom Golgi-Apparat gebildet, sind unterschiedlich groß und enthalten Enzyme, die Stoffe abbauen. Aus Lysosomen gehen die Verdauungsvakuolen hervor.

Stirbt die Zelle, so löst sich die Lysosomenmembran auf, und die freiwerdenden Enzyme verdauen die Zellstrukturen. Man nennt diesen Vorgang *Autolyse* (Selbstauflösung der Zelle).

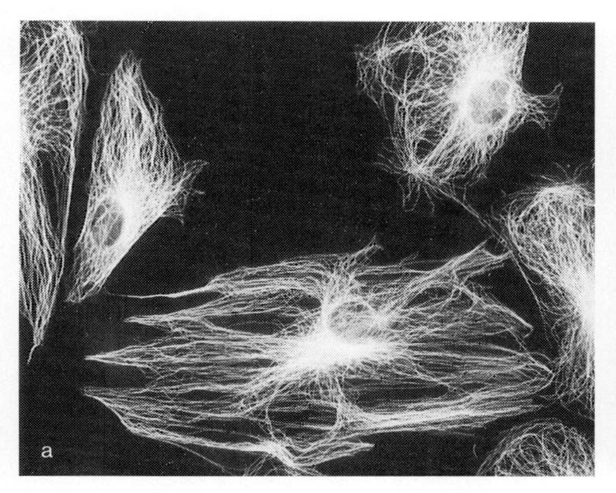

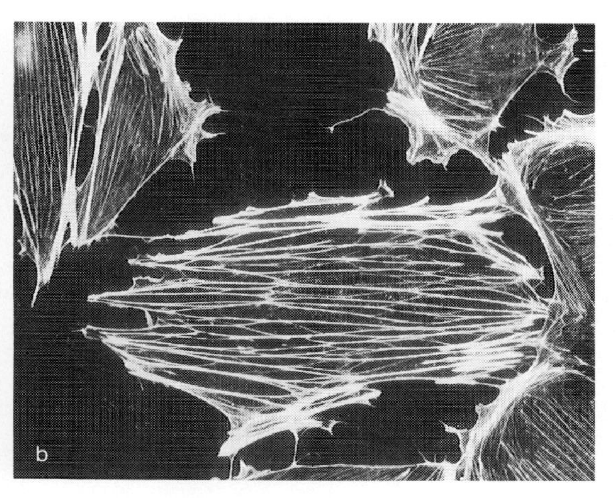

Abb. 27.1: Teil des Cytoskeletts (Nierenzellen). Es besteht aus Mikrofilamenten, Intermediären Filamenten und Mikrotubuli. Zur Darstellung jedes dieser Bestandteile benötigt man eine andere Färbemethode; mit verschiedenen Fluoreszenzfarbstoffen lassen sich aber die selben Zellen mehrfach anfärben. Abb. a zeigt die Mikrotubuli, b die Aktinfilamente. Die jeweils anderen Bestandteile des Cytoskeletts sind nicht zu erkennen.

Vakuolen. In Tierzellen sind es kleine, mit Flüssigkeit erfüllte Räume. In ausgewachsenen Zellen höherer Pflanzen fließen die Vakuolen oft zu einem einzigen großen Hohlraum zusammen, der den größten Teil der Zelle ausfüllt. Vakuolen dienen der intrazellulären Verdauung und der Speicherung von Stoffen. Den Inhalt der pflanzlichen Vakuolen nennt man Zellsaft; er besteht aus einer wäßrigen Lösung von Ionen und organischen Verbindungen (z.B. Zucker, Säuren, Farbstoffe).

2.4.3 Organellen ohne Membran

Sie bilden keine vom Cytoplasma getrennten Kompartimente. Die **Ribosomen** als Organellen der Proteinsynthese wurden bereits in 2.3 besprochen (vgl. auch Abb. 364.2). Sie bestehen aus Ribonukleinsäuren und Proteinen und gehören daher zu den Ribonukleoprotein-Partikeln (RNP). Von diesen gibt es noch weitere in der Zelle; ihre Funktionen sind nur zum Teil bekannt.

Cytoskelett. Es besteht aus drei verschiedenen Bestandteilen:

a) *Mikrotubuli:* Sie sind aus Molekülen des Proteins Tubulin als röhrenförmige Gebilde mit einem Durchmesser von 25 nm aufgebaut (vgl. Abb. 34.1). Mikrotubuli sind Bauelemente der Centriolen und Kernspindeln sowie der Geißeln und Wimpern (Cilien, vgl. 4.2).
b) *Mikrofilamente = Aktinfilamente:* Sie bestehen vorwiegend aus dem Protein Aktin und sind 6 nm dick. Häufig stehen sie mit Proteinen der Zellmembran in Verbindung und verankern dadurch das Cytoskelett.
c) *Intermediäre Filamente:* Sie haben einen Durchmesser von etwa 10 nm (also zwischen dem von Mikrofilamenten und dem von Mikrotubuli, daher der Name) und können je nach Zelltypus aus verschiedenen Proteinen bestehen. Zu den Proteinen der Intermediären Filamente gehört das *Keratin.* Es wird in einigen Zellen stark vermehrt und bildet dann nach Absterben der Zellen die Hornsubstanz (z.B. der Haare). Zellkeratin ist an den *Desmosomen* durch besondere Proteine in der Zellmembran verankert.

Mikrofilamente und Mikrotubuli können in der Zelle ziemlich rasch aus den Bausteinen neu gebildet und auch wieder zu diesen abgebaut werden. Hingegen sind die Intermediären Filamente weitgehend stabil. Sie stehen auch mit dem Kernskelett in Verbindung.

Während man die Strukturen des Cytoskeletts durch die Forschungen der letzten beiden Jahrzehnte recht gut kennt, sind seine Funktionen erst zum Teil geklärt. Neben der Festlegung der Zellgestalt (bei Zellen der Tiere) ist es für Bewegungsvorgänge (vgl. 4.1), für den Transport von Organellen in der Zelle und für Vorgänge der Signalübertragung in der Zelle verantwortlich.

Centriolen. Die Zellen der Tiere und mancher Pflanzen enthalten in der Regel zwei Centriolen. Diese bestehen aus Mikrotubuli. Von den Centriolen ausgehend, bildet sich bei der Zellteilung die Kernteilungsspindel. Die Centriolen teilen sich nicht, sondern vermehren sich so, daß an einem Centriol durch Anlagerung von Protein ein Tochter-Centriol aufgebaut wird. Die Basalkörper von Geißeln (s. Einleitung *Euglena*) haben einen ähnlichen Aufbau wie die Centriolen.

2.5 Verknüpfung von Zellen; Zellwand

Pflanzenzellen besitzen in der Regel eine *Zellwand,* deren Hauptbestandteil die Cellulose ist. Dadurch haben sie eine festgelegte Form. Die Cellulose wird vom Plasmalemma an dessen Außenseite gebildet. Bei den meisten Pilzen besteht die Zellwand vorwiegend aus Chitin.

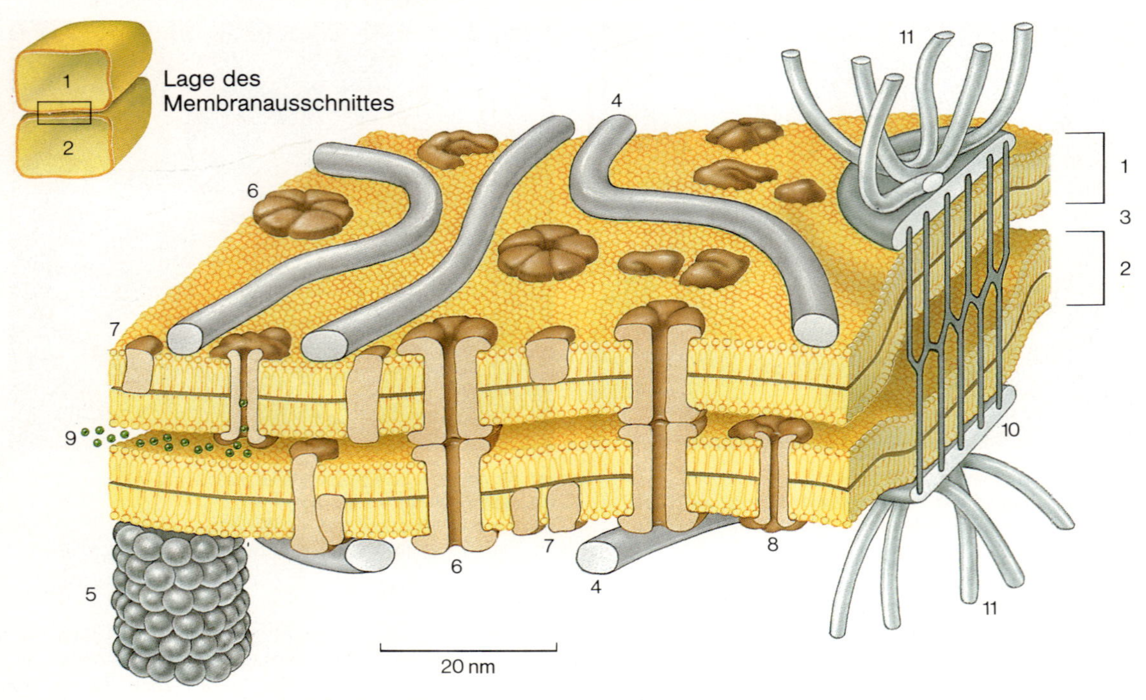

Abb. 28.1: Schema einer Verbindung von tierischen Zellen. Zwischen den Zellmembranen bleibt ein Spalt frei. Verbunden sind die benachbarten Zellen durch zahlreiche, 2 nm weite Kanäle, die von einer Gruppe von Proteinmolekülen gebildet werden (6). Den Ionentransport zwischen Zelle und Zwischenzellraum ermöglichen andere Proteine, die Poren ausbilden können.

1 Membran Zelle 1;
2 Membran Zelle 2;
3 Zwischenspalt;
4 Aktinfilamente;
5 Mikrotubulus;
6 Kanäle für Stoffaustausch;
7 Membranproteine;
8 Ionenpore für den aktiven Transport von Ionen;
9 hydratisierte K^+- und Na^+-Ionen;
10 Desmosom;
11 Tonofilamente

Tabelle 28/1: Organellen der Eucyte

	Durch Selbstaufbau (self-assembly) entstehen Organellen ohne Membran	Aus dem Endoplasmatischen Reticulum entstehen Organellen mit einfacher Membran	Durch Teilung entstehen Organellen mit Hülle (zwei Membranen)
Zellmembran Geißeln, Wimpern	Ribosomen Mikrofilamente Intermediäre Filamente Mikrotubuli Spindelfasern, Centriolen, Cytoskelett	Endoplasmatisches Reticulum Dictyosomen, Lysosomen, Microbodies (?) Golgi-Vesikel, Vakuolen	Kern, Mitochondrien, Plastiden (Chloroplasten, Chromoplasten, Leukoplasten)

Die Protocyte enthält nur Membranen und Ribosomen. Manche Prokaryoten haben auch Vakuolen und Pili sowie Flagellen. Protocyte und Eucyte sind aus den gleichen Grundstoffen aufgebaut; ihre grundlegenden Stoffwechselreaktionen (z. B. Atmung) verlaufen ähnlich.

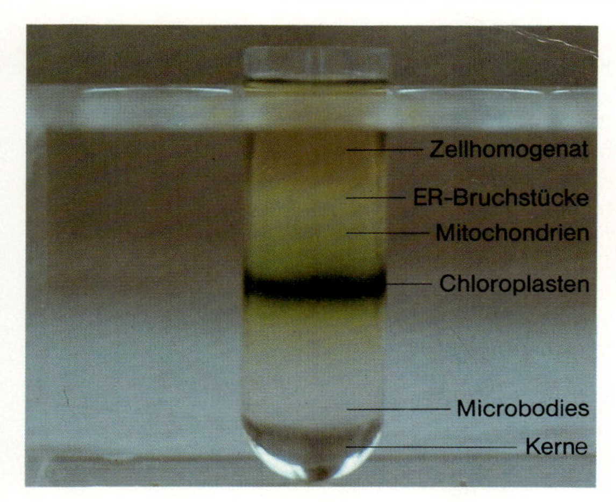

Abb. 29.1: Experimentelle Trennung von Organellen der Pflanzenzellen im Rohrzucker-Dichtegradienten.

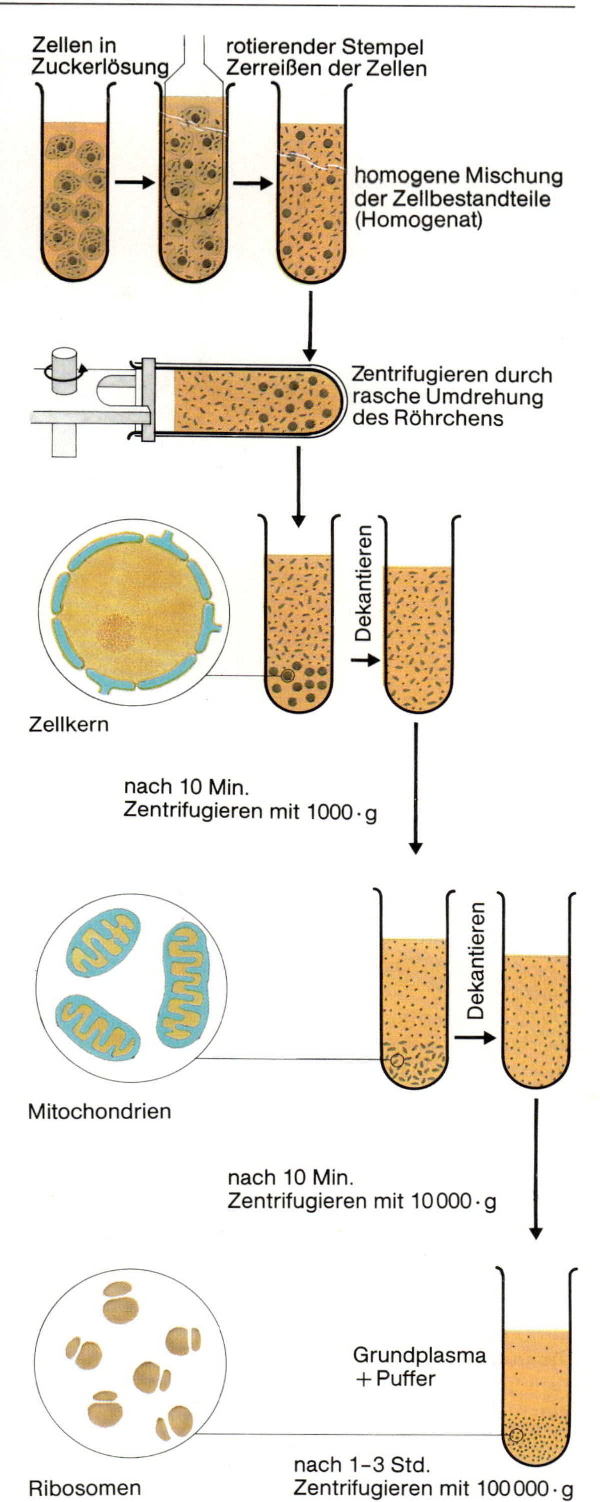

Abb. 29.2: Schema zur Trennung der Zellbestandteile durch Zentrifugieren. Beträgt die Beschleunigung in der Zentrifuge das 1000fache der Erdbeschleunigung, setzen sich die Zellkerne ab; beträgt sie das 100000fache, setzen sich auch die Ribosomen ab.

Dem Stoffaustausch von Pflanzenzelle zu Pflanzenzelle dienen die Plasmodesmen. Diese sind Poren in der Zellwand, die von Plasma durchzogen sind und oft auch Kanäle des Endoplasmatischen Reticulums enthalten. Durch die Plasmodesmen sind fast alle lebenden Zellen des Pflanzenkörpers trotz der Zellwände miteinander verbunden. Zellen von Tier und Mensch tauschen Stoffe über Kanäle der Zellmembran aus (s. Abb. 28.1). Sie entstehen durch Aneinanderlagerung von bestimmten Proteinen der Membranen benachbarter Zellen.

Manche Zellen von Tieren geben nach außen Proteine ab, die ein Netzwerk bilden und als *Kollagen* dem Zusammenhalt von Zellen und Geweben dienen. So entsteht das Bindegewebe, das Organe von Tier und Mensch einhüllt und verbindet.

Für die Verknüpfung von tierischen Zellmembranen sorgen langgezogene reißverschlußartig ineinander greifende Proteinstränge sowie an bestimmten Stellen (den *Desmosomen*) liegende Glykoproteine. Diese Verknüpfungen führen dazu, daß Epithelzellen (z. B. des Darms, Abb. 64.1 b) eine geschlossene Schicht bilden und keine Stoffe zwischen den Zellen hindurch in Körperhöhlen eindringen können.

2.6 Einige Methoden der Zellforschung

Neben der Elektronenmikroskopie haben auch andere wie zum Beispiel die nachfolgend erläuterten Verfahren wesentlich zum Verständnis des hochkomplizierten Feinbaus der Zelle beigetragen.

Isolierung von Zellorganellen. Um die Funktion der Zellorganellen erforschen zu können, muß man die Zellbestandteile voneinander trennen (s. Abb. 29.1 und 29.2). Dazu werden Gewebestücke in einem Mixer *(Homogenisator)* zerrissen und zu einem homogenen Brei verrieben. Der Zellinhalt wird dabei freigesetzt. Nun trennt man die Bestandteile durch *Zentrifugieren*. In der Zentrifuge wird die Erdbeschleunigung durch die Zentrifugalbeschleunigung ersetzt. Bei rascher Umdrehung des Zentrifugenröhrchens

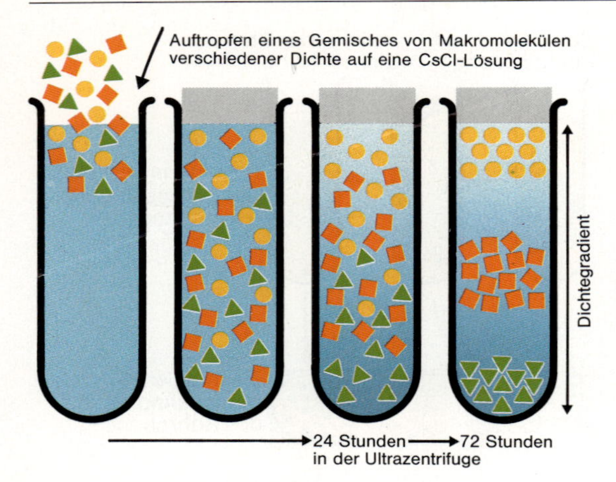

Abb. 30.1: Trennung von Teilchen unterschiedlicher Dichte durch Gleichgewichts-Dichtegradienten-Zentrifugation. Der Dichtegradient wird hier durch die langdauernde Zentrifugation erzeugt.

kann die Zentrifugalkraft ein Vieltausendfaches, bei der *Ultrazentrifuge* ein Vielhunderttausendfaches der Erdbeschleunigung betragen. Große und spezifisch schwere Teilchen setzen sich schon bei niedriger, kleine und leichte Teilchen erst bei hoher Drehzahl ab. In mehreren Zentrifugenläufen mit steigender Umdrehungszahl und längeren Laufzeiten *(fraktionierte Zentrifugation)*, lassen sich nacheinander z.B. Zellkerne, Mitochondrien, Membranstücke und Ribosomen isolieren. Die Zellorganellen können dann getrennt voneinander auf ihre Funktion untersucht werden.

Zur Verbesserung der Trennwirkung (z.B. zur Gewinnung einer reinen Ribosomen-Fraktion) führt man in der Ultrazentrifuge *Dichtegradienten-Zentrifugationen* durch. Man schichtet dazu in Zentrifugenröhrchen Rohrzuckerlösungen abnehmender Konzentration aufeinander. Durch Diffusion entsteht in der Flüssigkeitssäule ein Dichtegefälle *(Dichtegradient)*, d.h. die Dichte nimmt vom Boden des Röhrchens zur Oberfläche hin kontinuierlich ab. Tropft man auf die Flüssigkeitsoberfläche ein Gemisch von Zellbestandteilen, so werden bei geeigneter Zentrifugiergeschwindigkeit innerhalb von wenigen Stunden die Teilchen sehr viel besser und vollständiger getrennt als ohne den Dichtegradienten (Abb. 30.1). Die Trennung ist deshalb besser, weil aufgrund des Dichtegefälles die Teilchen in der Zone verbleiben, die ihrer eigenen Dichte entspricht.

Trennung von Makromolekülen. Die Dichtegradienten-Zentrifugation läßt sich aber auch dazu verwenden, in der Ultrazentrifuge Makromoleküle nach ihrer spezifischen Dichte und Gestalt voneinander zu trennen. So können reine Fraktionen von nur einer Art von Makromolekülen gewonnen werden (z.B. von Nukleinsäuren und Proteinen).

Unter bestimmten Voraussetzungen können isolierte Zellorganellen ihre Funktion sogar außerhalb der Zelle in den Geräten des Laboratoriums, also gewissermaßen im »zellfreien System«, ausüben. Nur bei solchen *»in vitro«* Untersuchungen im zellfreien System liegen genau bekannte Bedingungen vor, und man kennt alle beteiligten Komponenten. Sie sind daher für die Forschung von sehr großer Bedeutung.

Zellkulturen. Für manche Experimente braucht man einheitliche Zellen gleichen Alters. Man gewinnt solche Zellen aus Zellkulturen: Dem Organismus werden die zu kultivierenden Zellen steril entnommen und in ein geeignetes Nährmedium gebracht. Darin vermehren sich die Zellen. Die Zusammensetzung des Mediums richtet sich nach der Herkunft der Zellen. Bei den Zellen von Säugetieren und Mensch setzt man z.B. Blutserum von ungeborenen oder neugeborenen Kälbern zu. Das größte Problem bei der Zellkultur liegt in der Herstellung eindeutiger und wiederholbarer Kulturbedingungen. Die Handhabung der Kulturen erfordert ein völlig steriles Arbeiten, weil Mikroorganismen in den Nährmedien viel rascher wachsen würden als die zu kultivierenden Zellen.

3. Der Stofftransport in die Zelle und aus der Zelle

3.1 Diffusion

Die Zelle nimmt fortwährend Stoffe aus der Umgebung auf, setzt sie um und gibt Reaktionsprodukte wieder an die Umgebung ab. Sind die Teilchen der Stoffe sehr klein, so können sie zwischen den Molekülen, welche die Membran aufbauen, hindurchtreten und durch Diffusion ausgetauscht werden. Dies gilt z.B. für Wassermoleküle (vgl. 2.2). Lipidlösliche Moleküle können durch die bewegliche Lipid-Doppelschicht der Membran auch dann noch hindurchtreten, wenn sie größer sind. So dringt z.B. der Farbstoff Neutralrot in Zellen ein. Größere hydrophile Moleküle hingegen (z.B. Zucker, Aminosäuren) können nicht durch die Membran diffundieren.

Unterschichtet man in einem Standzylinder Wasser vorsichtig mit einer gesättigten Lösung von Kupfersulfat oder Zucker, so sind die beiden Flüssigkeiten zunächst deutlich voneinander getrennt. Allmählich tritt aber infolge der Eigenbewegung der Teilchen Vermischung ein, weil Ionen bzw. Zuckermoleküle in das Wasser und umgekehrt, Was-

Abb. 30.2: Versuch zur Diffusion von Gasen

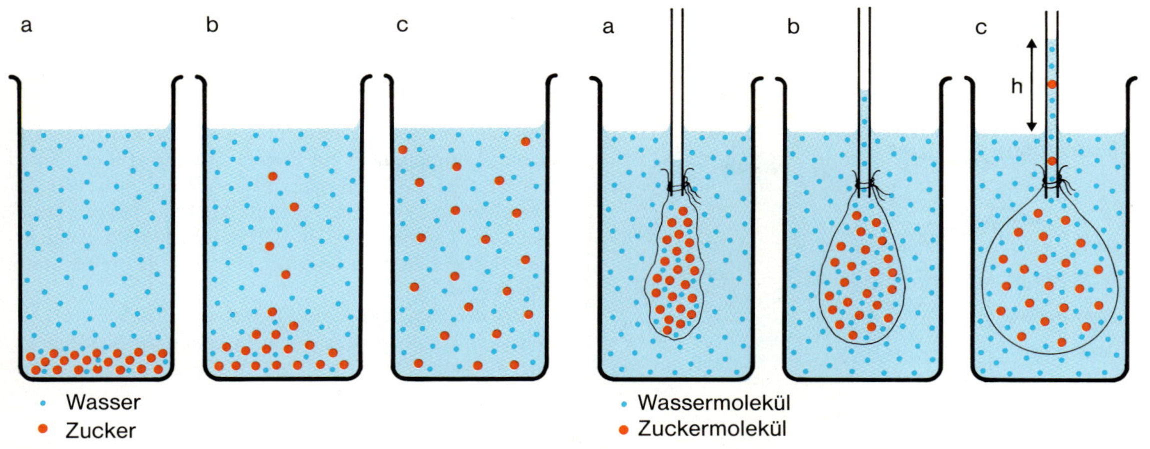

Abb. 31.1: Schema der Diffusion mit Phasen der Durchmischung von Lösungsmittel (Wasser) und gelöstem Stoff (Zucker) bis zur völlig gleichmäßigen Durchmischung. Die Diffusion hängt von der Wärmebewegung der Teilchen ab, verläuft also rascher mit steigender Temperatur.

Abb. 31.2: Schema der Osmose. Erklärung im Text. Im Stadium b und c sind eingedrungene Wassermoleküle angedeutet. In c ist die Höhe h der Wassersäule angegeben, durch deren Druck das Gleichgewicht zwischen ein- und ausströmendem Wasser erreicht wird. Dieser Druck ist gleich dem osmotischen Druck der Lösung.

serteilchen in die Lösung eindringen, bis schließlich in beiden Flüssigkeiten die gleiche Konzentration herrscht. Die durch die Eigenbewegung der Teilchen herbeigeführte Durchdringung bezeichnet man als Diffusion. Sie tritt überall da ein, wo zwischen mischbaren Stoffen ein Unterschied in der Konzentration, ein »Konzentrationsgefälle«, besteht, und sie hört erst auf, wenn dieser Unterschied ausgeglichen ist (Abb. 31.1).

Schneller als in Flüssigkeiten läuft die Diffusion in Gasen ab. In eine beiderseits verschließbare Glasröhre wird auf die eine Seite ein Schälchen mit Salzsäure, auf die andere ein Schälchen mit Ammoniakwasser geschoben (siehe Abb. 30.2). Nach kurzer Zeit bildet sich ein weißlicher Ring aus NH_4Cl. Er liegt auf der Seite der Salzsäure. Da die Molekülmasse von HCl größer ist als die von NH_3, muß die Diffusionsgeschwindigkeit also um so kleiner sein, je größer die Molekülmasse ist. Verwendet man eine doppelt so lange Glasröhre, so dauert es nicht doppelt so lang, sondern viel länger bis zum Auftreten des NH_4Cl-Ringes. Die Diffusionsgeschwindigkeit nimmt also mit der Entfernung ab. Der Grund hierfür liegt in der freien Beweglichkeit der Teilchen, die ihre Bahn durch Aufeinanderprallen ständig ändern. Die aus den Schälchen in das Rohr diffundierenden Moleküle bewegen sich deshalb ungeordnet, zum Teil also auch wieder rückwärts. Der Anteil der »Rückdiffusion« wird um so größer, je weiter die Moleküle von den Schälchen entfernt sind. Die Diffusion von Stoffen geht also rasch vor sich, wenn der Transportweg kurz ist und die bewegten Moleküle klein sind.

Die *Diffusionsgeschwindigkeit* ist abhängig von der Art des diffundierenden Stoffes, vom Konzentrationsgefälle und von der Temperatur. Aus diesem Grund ist ein Transport von Stoffen durch Diffusion innerhalb der winzigen Zelle in kurzer Zeit möglich, nicht aber über größere Strecken in alle Zellen des vielzelligen Organismus (s. Stoffwechsel und Energiehaushalt von Tier und Mensch, 5.3.1).

3.2 Osmose

Die Diffusion durch eine semipermeable Membran heißt Osmose. Sie ist zu beobachten, wenn eine wäßrige Lösung hoher Konzentration (z.B. eine Zuckerlösung) durch eine Membran von reinem Wasser getrennt ist und die Membranporen für Wasser leicht, für größere Moleküle dagegen nicht durchlässig sind. Man nennt solche Membranen halbdurchlässig oder *semipermeabel* (selektiv permeabel). In Abb. 31.2 ist ein Beispiel eines Osmosevorganges dargestellt.

Da die Konzentration der Wassermoleküle auf der Seite mit reinem Wasser größer ist als auf der Seite der Zuckerlösung, diffundieren in der gleichen Zeit mehr Wassermoleküle in die Lösung hinein als von dieser nach außen. Füllt man die Lösung in eine allseitig geschlossene, als semipermeable Wand wirkende Schweinsblase und hängt diese in reines Wasser, so entsteht in der Blase durch das Eindringen von Wasser ein zunehmender Überdruck, bis schließlich ein Gleichgewichtszustand erreicht ist, bei dem gleich viel Wasser ein- wie ausströmt. Man bezeichnet den als hydrostatischen Druck gemessenen Überdruck als osmotischen Druck einer Lösung; er steigt mit der Konzentration der gelösten Stoffe. Wenn im Innern einer Zelle die Konzentration der gelösten Stoffe höher ist als in ihrer Umgebung und die Zellmembran näherungsweise als semipermeabel angesehen werden darf, dringt durch Osmose Wasser ins Zellinnere.

Diffusion und Osmose gehören zu den passiven Transportvorgängen. Sie benötigen keinerlei Energiezufuhr, da sie infolge eines Konzentrationsgefälles ablaufen.

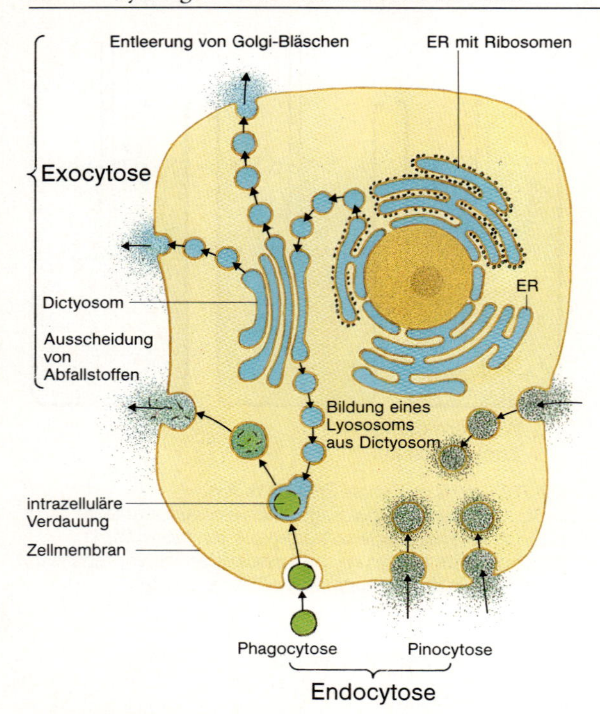

Abb. 32.1: Endocytose und Exocytose. Erklärung im Text

3.3 Aktiver Transport

Der Transport größerer Moleküle (Zucker, Aminosäuren) und von Ionen ist oft nur unter Aufwand von Energie möglich. Man spricht daher von einem »aktiven Transport«. Dieser wird von bestimmten Membranproteinen durchgeführt. Jedes transportierende Membranprotein befördert als Träger (carrier) nur ganz bestimmte Moleküle oder Ionen. Die Trägerproteine kann man vergiften; manche Gifte verhindern die Aufnahme nur einer ganz bestimmten Teilchensorte: sie wirken selektiv.

Aktiver Transport unter Energieaufwand kann auch gegen ein Konzentrationsgefälle erfolgen, so daß z. B. eine starke (weit über 100fache) Anreicherung bestimmter Ionen in der Zelle möglich ist, obwohl sie in der Umgebung der Zelle nur in geringerer Konzentration vorliegen. Auch Exkretstoffe können von der Zelle selbst dann noch abgegeben werden, wenn ihre Konzentration außen höher ist als in der Zelle. Dringen entsprechend dem Konzentrationsgefälle störende Ionen in die Zelle ein, werden sie durch aktiven Transport wieder nach außen befördert (siehe Neurobiologie, 2.).

In manchen Fällen werden durch aktiven Transport gegen ein Konzentrationsgefälle Ionen aus der Zelle heraus »gepumpt«, die dann im Konzentrationsgefälle wieder zurückwandern und dabei andere Teilchen „mitnehmen", die dadurch wiederum entgegen einem Konzentrationsgefälle in die Zelle gelangen können. Dieser Vorgang heißt sekundär aktiver Transport (s. Neurobiologie, 2.).

3.4 Endocytose

Flüssige und feste Stoffe (z. B. Nahrungspartikel), welche die Zellmembran erreichen, werden von ihr bläschenförmig umschlossen; bei der Entstehung des Bläschens bildet sich darum herum zumeist ein Protein-Netz, so daß ein coated vesicle (vgl. 2.4.2) entsteht. Dieses trennt sich von der Membran und wandert – geführt durch die fädigen Strukturen des Cytoskeletts – ins Zellinnere. Den Vesikeltransport flüssiger Stoffe nennt man *Pinocytose,* den fester Stoffe *Phagocytose*.

Bei der Phagocytose verschmilzt das Bläschen im Zellinnern in der Regel mit einem Lysosom, das Verdauungsenzyme enthält (vgl. Abb. 32.1). Aus dem Phagocytosebläschen ist dann eine Verdauungsvakuole geworden. Die Vesikel können ihren Inhalt auch von einer Zellseite zur andern transportieren und dort wieder nach außen entleeren. Auf diese Weise wird der Bläscheninhalt einfach durch die Zelle hindurch geschleust (z. B. Fetttröpfchen durch Zellen der Darmschleimhaut).

3.5 Exocytose

Die Dictyosomen schnüren Golgi-Vesikel ab (vgl. 2.4.2), die zur Zelloberfläche wandern. Der Inhalt der Bläschen wird dort nach außen abgegeben.

Durch die Membranflußmechanismen der Endo- und Exocytose, d. h. durch die Abtrennung einer Bläschenmembran von der Zellmembran oder die Wiederverschmelzung der beiden Membranen werden nicht Einzelmoleküle, sondern Lösungen oder auch größere geformte Partikel in die Zelle bzw. aus der Zelle transportiert, ohne daß diese die Zellmembran passieren müssen. Sie verbleiben in der Zelle im nichtplasmatischen Reaktionsraum; ein Übergang in den plasmatischen Raum erfordert stets einen Membrantransport.

4. Grundlagen der Bewegung und Reizbarkeit der Zelle

4.1 Plasmabewegung

In fast allen Zellformen sind Plasmabewegungen zu beobachten. Manche Einzeller, wie z. B. die Amöben (Abb. 33.1), kriechen durch Ausbildung von Scheinfüßchen (Pseudopodien) umher. Solche *amöboide Bewegungen* können auch Zellen im vielzelligen Organismus aufweisen, z. B. Weiße Blutkörperchen. Amöben wie Weiße Blutkörperchen nehmen durch Umfließen auch feste Teilchen auf (Phagocytose). Viele Pflanzenzellen zeigen Plasmaströmung: das Cytoplasma bewegt sich ständig und transportiert dabei Zellorganellen in der Zelle umher.

Die Plasmabewegung kommt zustande durch eine Wechselwirkung der Aktinfilamente des Cytoskeletts (vgl. 2.4.3)

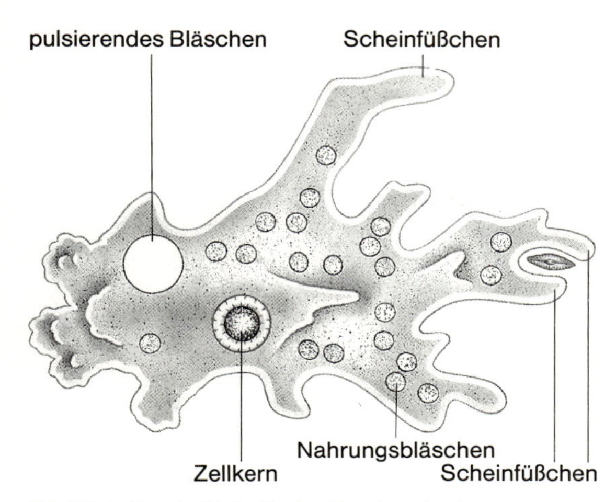

Abb. 33.1: Amöbe oder Wechseltierchen (Amoeba proteus), etwa 200fach vergrößert. Ortsveränderung durch Plasmabewegung. Scheinfüßchen umfließen eine Kieselalge.

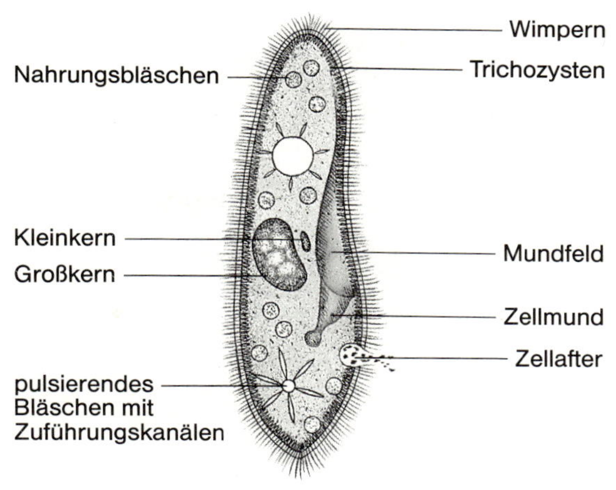

Abb. 33.2: Pantoffeltierchen (Paramaecium caudatum), 200fach. Fortbewegung durch Wimpern. Trichozysten sind ausschleuderbare Gebilde, die möglicherweise zur Abwehr von Feinden dienen.

mit Myosinfilamenten des Cytoplasmas. Die einzelnen Myosinfilamente sind 6–8 nm dick und bestehen aus dem Protein Myosin, das die Verbindung Adenosintriphosphat (ATP, vgl. 8.3) spalten kann. Dieser Vorgang liefert die Energie für eine Verschiebung der Aktinfilamente gegeneinander; so wird die Bewegung hervorgerufen.

In den Muskelzellen, die bei vielzelligen Tieren der Bewegung einzelner Körperteile und der Ortsbewegung dienen, findet man ebenfalls Myosin als ATP-spaltendes Protein, das dort aber 15 nm dicke Filamente bildet. Es tritt ebenso mit Aktinfilamenten in Wechselwirkung (vgl. Neurobiologie, 9.4). Die Bewegung in Muskelzellen wird also nach dem gleichen Prinzip erzeugt, nur sind diese auf die Bewegungsfunktion spezialisiert.

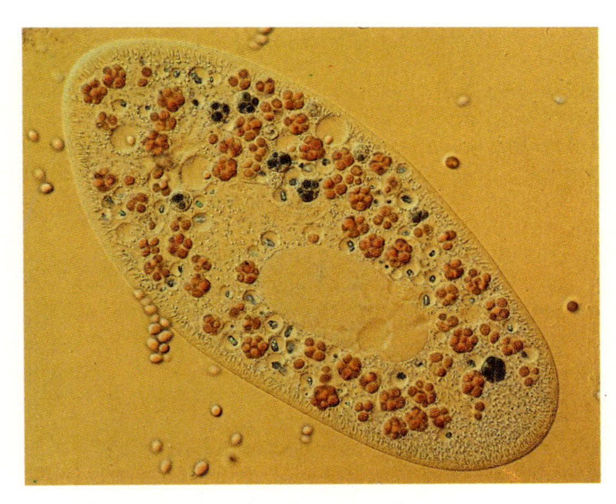

Abb. 33.3: Paramaecium caudatum im Interferenzkontrast mit Nahrungs- bzw. Verdauungsvakuolen. Die Blaufärbung einiger mit Kongorot gefärbter Hefezellen zeigt saures Milieu an, in dem die Verdauungsenzyme ihr Wirkungsoptimum entfalten können. Vergrößerung ca. 120fach

4.2 Bewegung der Geißeln und Wimpern

Viele Einzeller (z.B. *Euglena*) besitzen *Geißeln* als Bewegungsorganellen. Auch die Spermazellen der Tiere und vieler Pflanzen (Grünalgen) haben Geißeln. Sie enthalten *Mikrotubuli* als wichtigste Bauelemente. Auffallenderweise sind alle Geißeln von Eukaryotenzellen gleich aufgebaut: 9 randliche Gruppen aus je 2 zusammengebauten Tubuli umgeben 2 zentrale, aber voneinander getrennte Tubuli (Abb. 33.4, 34.1). Ebenso wie die Geißeln – nur meist kleiner – sind die Wimpern *(Cilien)* gebaut (s. Pantoffeltierchen, Abb. 33.2). Bei vielzelligen Tieren und beim Menschen findet man Wimpern in Schleimhautzellen von Atmungs-, Verdauungs-, Ausscheidungs- und Fortpflanzungsorganen (beim Menschen in Bronchien und Eileitern). Der Schlag der Wimpern sorgt für den Stofftransport. Man bezeichnet solche bewimperten Schleimhaut-Zellschichten als *Flimmerepithelien*.

Die Mikrotubuli der Wimpern und Geißeln enthalten ein ATP-spaltendes Protein; die freiwerdende Energie läßt

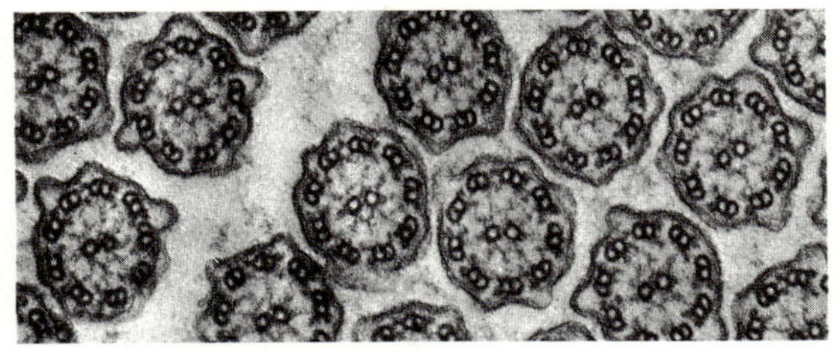

Abb. 33.4: Cilienquerschnitte. Diese Strukturen finden sich bei allen cilien- und geißelartigen Fortsätzen vom Einzeller bis zum Menschen (Flimmerepithel der Bronchien und Eileiter, Spermienschwanz).

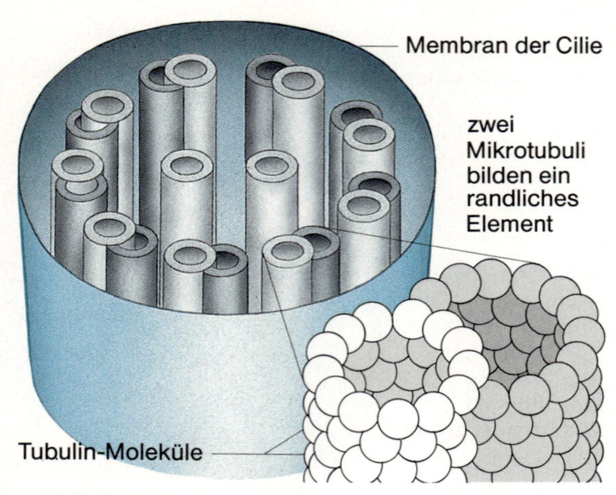

Abb. 34.1: Aufbau einer Cilie.
Sie enthält 9 Paare Mikrotubuli randlich und zwei im Bereich der Achse.
Jeder Mikrotubulus ist eine elastische Röhre
aus kugelförmigen Tubulin-Molekülen.
Die Abbildung soll zeigen,
wie sich ein Organell aus einzelnen Molekülen aufbaut.

die Mikrotubuli aneinander vorbeigleiten: die Wimper bzw. Geißel bewegt sich.

Die Bewegung mancher Organellen und Vesikel in bestimmten Zellen (z.B. im Axon von Nervenzellen) erfolgt in ähnlicher Weise entlang von Mikrotubuli derart, daß durch ein ATP-spaltendes Protein die Organellen dem Mikrotubulus entlang gleitend transportiert werden.

Alle Bewegungsvorgänge sind also letztlich dadurch hervorgerufen, daß ATP-spaltende Proteine mit Strukturen des Cytoskeletts in Verbindung treten und gleitende Bewegungen auslösen.

Einen ganz anderen Bewegungsmechanismus haben die Flagellen (»Geißeln«) der Bakterien. Die Basis dieser Flagellen ist in der Zellmembran verankert. Sie dreht sich wie ein Rad mit Kugellager und bewegt so das starre Flagellum. Den Antrieb für die Drehung der Flagellenbasis liefert im Gegensatz zur Wimperbewegung nicht eine ATP-Spaltung; vielmehr bauen Ionen-Transportvorgänge eine elektrische Spannung auf, die ihrerseits unmittelbar in Bewegungsenergie umgesetzt wird. Auf der Umwandlung von elektrischer Spannung in Bewegung beruht in der Technik z.B. der Elektromotor.

4.3 Membranpotential und Reizbarkeit der Zelle

Elektrische Spannungen treten bei allen lebenden Zellen auf. Sticht man eine Elektrode in die Zelle und taucht eine zweite Elektrode in die jede Zelle umgebende Flüssigkeit (Außenmedium), so kann man eine elektrische Spannung (Potentialdifferenz) zwischen den beiden Elektroden messen. Das Cytoplasma ist gegenüber dem Außenmedium negativ geladen. Man bezeichnet diese an eine intakte Zellmembran gebundene Spannung als Membranpotentialdifferenz oder kürzer als *Membranpotential*. Das Membranpotential von ruhenden (nicht gereizten) Zellen beträgt −50 bis −200 mV. Über die Ursachen des Membranpotentials s. Kapitel Neurobiologie.

Jede Zelle ist reizbar, d.h. sie ist fähig, auf Veränderungen der Umwelt zu reagieren. Wird eine Zelle gereizt (mechanisch, chemisch, elektrisch oder durch Licht- oder Temperaturänderungen), so verändert sich bei den meisten Zellen das Membranpotential. In der Regel geht es um so mehr gegen Null, je höher die Reizintensität ist.

5. Vermehrung der Zellen durch Teilung. Mitose

Noch nie hat man beobachtet, daß eine Zelle aus ungeformten Stoffen neu entsteht. Neue Zellen werden gebildet, indem sich eine bereits vorhandene Zelle in zwei Tochterzellen teilt, die dann zur Größe der Ausgangszelle heranwachsen. Auf diese Weise vermehren sich die Einzeller (vgl. *Euglena*). Auch der vielzellige Organismus beginnt mit einer einzelnen Zelle – einer befruchteten Eizelle oder einer Spore – und wächst, indem er seine Zellen durch Teilung vermehrt. Die Zellteilung ist daher ein Grundvorgang des Weiterbestehens und der Entwicklung von Lebewesen (s. Abb. 36.1).

Bei allen Eukaryoten läuft die normale Zellteilung grundsätzlich auf gleiche Weise ab. Der Teilung der Zelle geht die Teilung des Zellkerns voraus. *Die Kernteilung heißt* **Mitose**.

Zu Beginn der Zellteilung kontrahieren sich die DNA-haltigen Chromosomen und werden dadurch sichtbar (*Prophase,* vgl. Abb. 35.1). Jedes Chromosom besteht vor der Mitose aus zwei identisch gebauten Strängen, den *Chromatiden,* die sich vollständig voneinander trennen und nur noch durch das *Centromer* (oder *Kinetochor*) zusammengehalten werden. Am Centriol hat sich spätestens zu diesem Zeitpunkt ein zweites gebildet. Beide wandern an entgegengesetzte Seiten des Kerns; zwischen ihnen entsteht die *Kernteilungsspindel,* die hauptsächlich aus Mikrotubuli besteht. Gleichzeitig lösen sich Kernhülle und Kernkörperchen auf. Die Chromosomen (bzw. ihre Chromatiden) werden schraubenförmig verkürzt und verdickt *(Spiralisation).* Dann ordnen sie sich in der Mitte der Kernspindel, der Äquatorebene, zu einer sternförmigen Figur, der *Äquatorialplatte,* an. In diesem Stadium – der *Metaphase* – können die verschiedenen Chromosomen nach Form und Größe deutlich unterschieden werden (s. auch Herstellung eines Karyogramms

Abb. 35.1: Mikroaufnahmen von der Mitose in den Zellen der Wurzelspitzen der Königslilie.

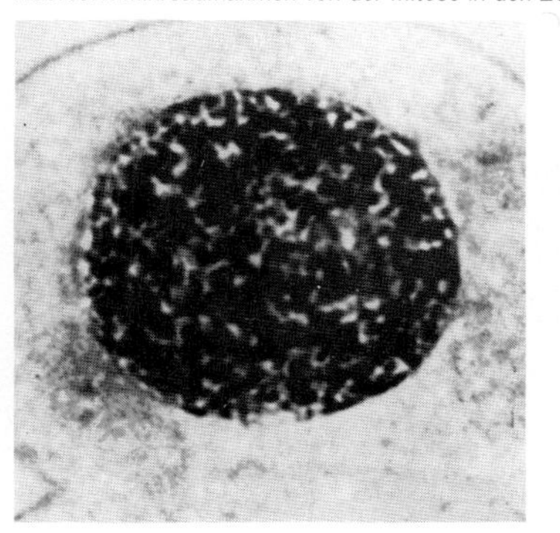
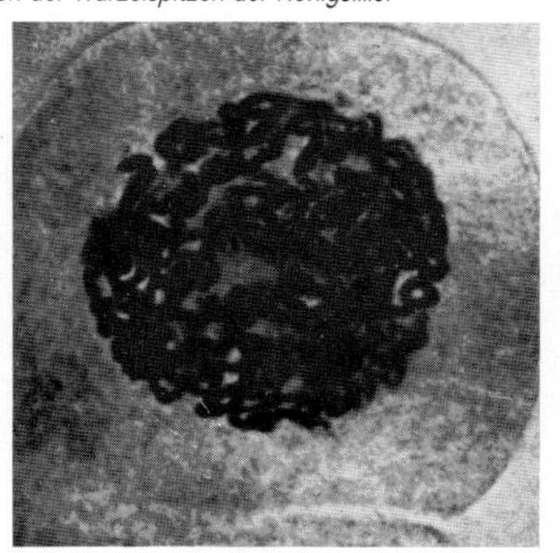
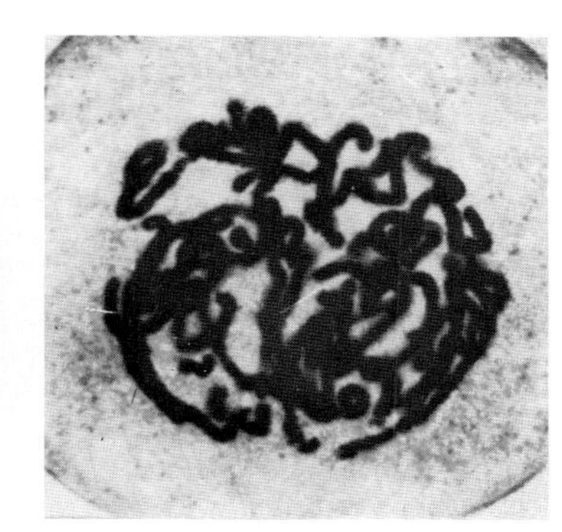

Kern vor der Teilung, Chromosomen werden sichtbar;

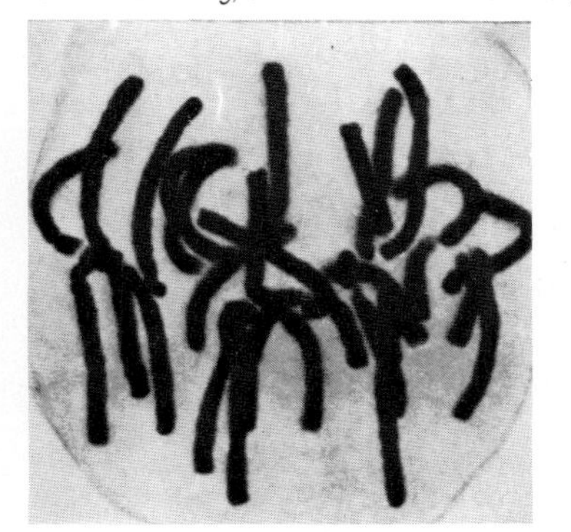
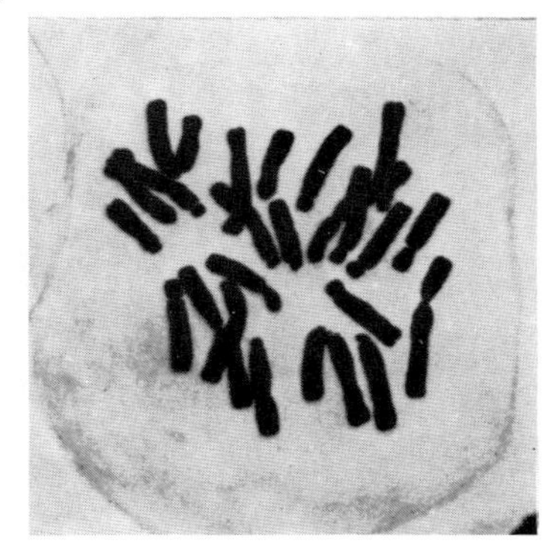
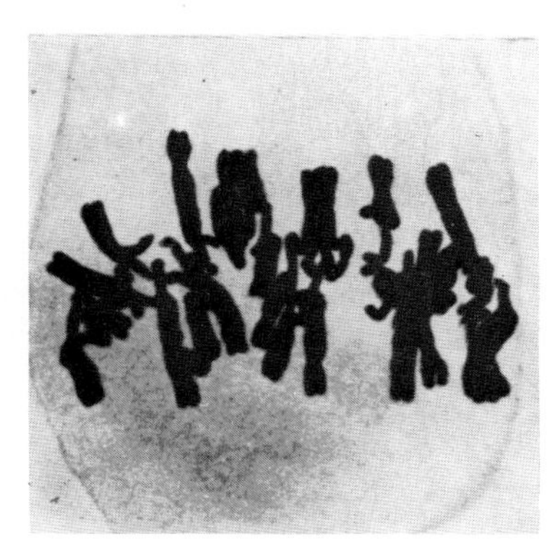

Die Chromosomen sind kontrahiert, die Längsspaltung in zwei Chromatiden wird sichtbar. Im Bereich des Centromers weisen die Chromosomen eine Einschnürung auf, da hier die Chromatiden noch nicht getrennt sind;

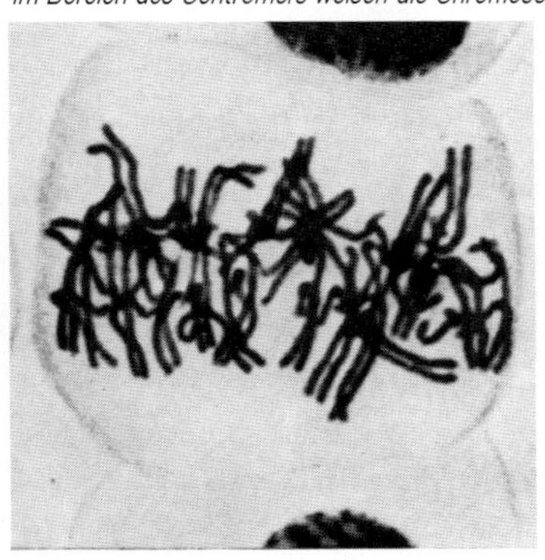
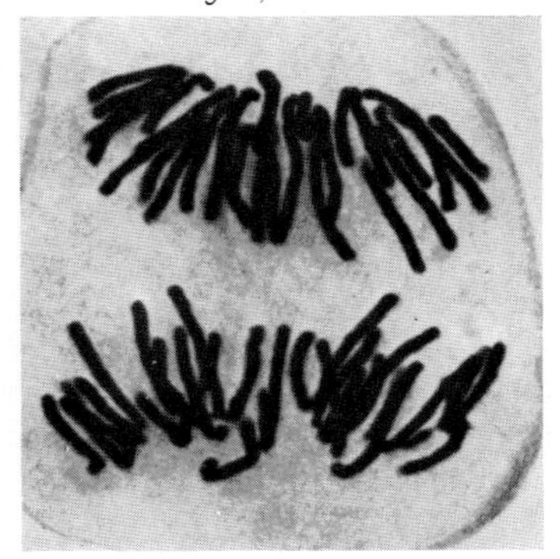
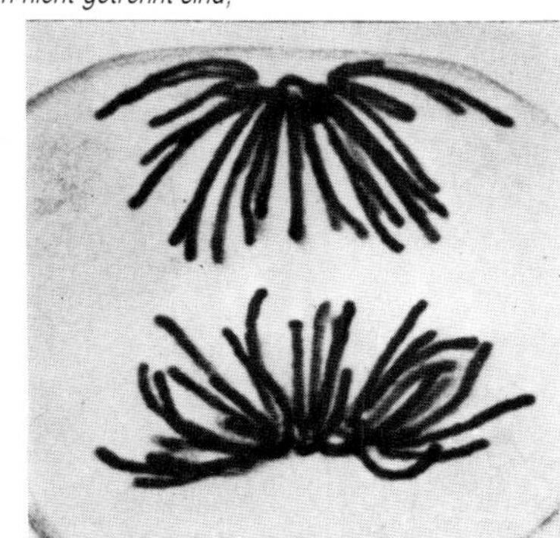

Die Schwesterchromatiden trennen sich und wandern zu entgegengesetzten Polen;

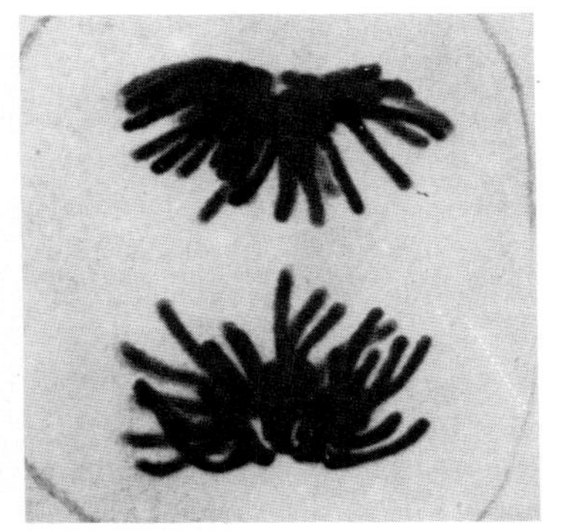
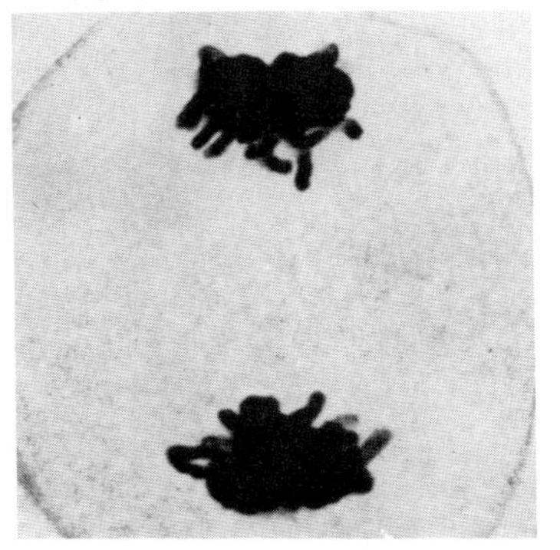
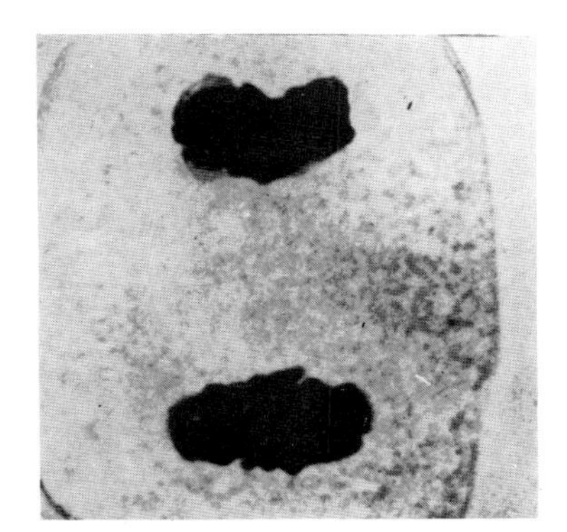

Die Chromatiden entschrauben sich, und die beiden Tochterkerne umgeben sich mit Kernhüllen; die Kernteilung ist beendet.

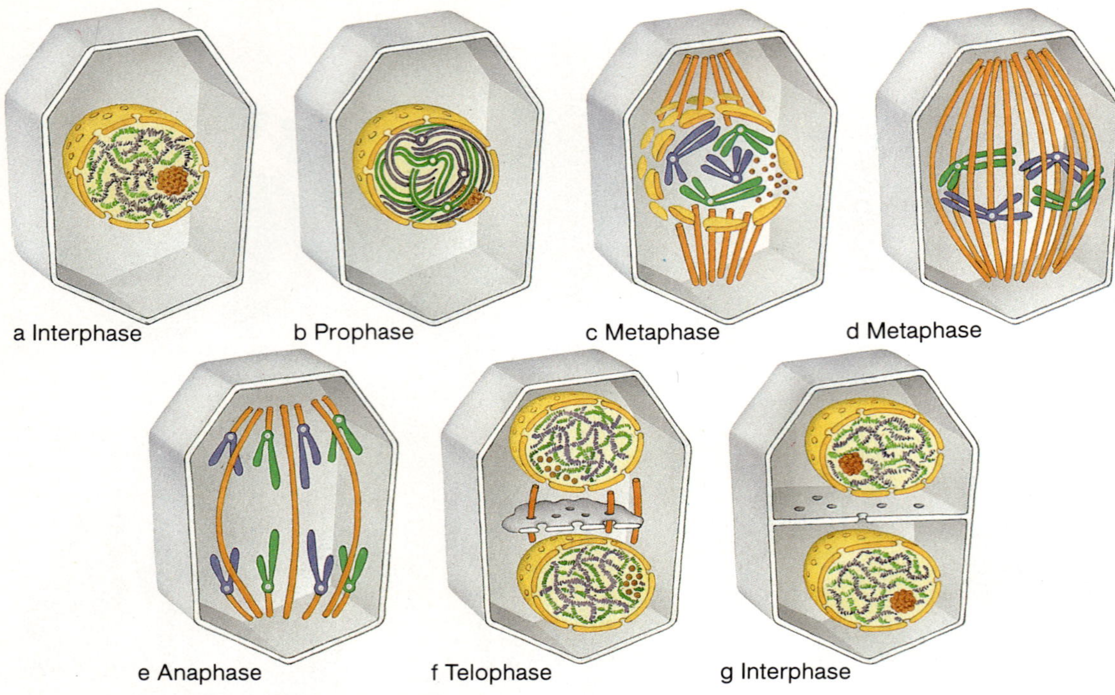

*Abb. 36.1: Schema der Kern- und Zellteilung (Pflanzenzelle).
a Zelle vor der Teilung, Kern mit Chromatingerüst und Nukleolus;
b Chromosomen ziehen sich stark zusammen
und werden dadurch sichtbar.
Jedes Chromosom besteht aus 2 Chromatiden,
die am Centromer verbunden sind;
c Kernhülle und Nukleolus verschwinden;
der Spindelapparat entsteht
(Spindelfasern aus Mikrotubuli);
d Chromosomen ordnen sich in der Äquatorialplatte an,
die Centromere teilen sich
und Spindelfasern setzen an den Centromeren an.
e Nun wandert jeweils die eine Chromatide zum einen Spindelpol
und die Schwesterchromatide zum anderen Spindelpol;
f beginnende Bildung der neuen Zellwand;
in den Tochterzellen je ein neuer Kern mit Kernhülle und Nukleolus,
die Spindel wird aufgelöst;
g die aus einer Chromatide bestehenden Chromosomen der Tochterkerne
formen wieder ein Chromatingerüst, indem sie sich zu langen,
dünnen Fäden auflockern.*

im Kapitel Genetik, 11.1). Nun treten Spindelfasern mit dem Centromer in Verbindung, das zur Anheftungsstelle der Spindelfasern an den Chromatiden wird. Anschließend trennen sich die beiden Schwester-Chromatiden eines Chromosoms voneinander und wandern an die entgegengesetzten Pole der Spindel *(Anaphase)*. Dadurch erhält jeder Pol einen vollständigen Satz von Chromatiden. (Bei der Mitose wandern niemals die beiden Schwester-Chromatiden an denselben Pol.) Anschließend verschwindet die Kernspindel, da die Mikrotubuli abgebaut werden. Die Chromatiden der Tochterkerne lockern sich in lange, dünne Fäden auf, so daß sie im Lichtmikroskop nicht mehr einzeln erkennbar sind *(Telophase)*. Jede Tochterzelle hat nach der Zellteilung dieselbe Zahl von Chromosomen, wie sie die Zelle vor der Teilung besaß. Diese Chromosomen bestehen aus einer Chromatide. Kernkörperchen und Kernhülle werden wieder ausgebildet: Aus dem alten Kern sind zwei neue entstanden. Der Zellkörper schnürt sich im Äquator durch oder bildet dort eine Quermembran aus; so entstehen zwei neue Zellen, die zur Größe der Mutterzelle heranwachsen. Bei der Durchschnürung werden auch die Mitochondrien (und, soweit vorhanden, die Chloroplasten) auf die beiden Tochterzellen verteilt. Diese Organellen teilen sich unabhängig von der Mitose. Mit der Entschraubung der Chromosomen nimmt ihre Stoffwechselaktivität wieder zu: in der Zeit bis zur nächsten Kernteilung verdoppeln sie sich, jedes Chromosom besteht dann aus zwei Chromatiden. Dazu ist die Synthese neuer DNA-Moleküle und der Chromatiden-Proteine nötig. Die Chromatiden bzw. Chromosomen werden aber erst bei der nächsten Teilung wieder sichtbar. Die Vorgänge vom Abschluß der Mitose, bei der die Tochterzellen gebildet werden, bis zum Abschluß der folgenden Mitose, bezeichnet man als *Zellzyklus* (in Abb. 37.1 dargestellt).

Der komplizierte Mitosevorgang sichert die gleichmäßige Aufteilung der Chromatiden auf die beiden Tochterkerne. Dadurch wird die vollständige Weitergabe der in den Chromatiden enthaltenen Erbanlagen von Zelle zu Zelle gewährleistet. – Eine Mitose dauert zumeist zwischen einer halben Stunde und zwei Stunden.

Die *Chromosomen* sind winzige Gebilde, die gewöhnlich nur eine Länge von wenigen µm aufweisen. Sie enthalten aber in jeder Chromatide ein DNA-Molekül, das mehrere cm lang, also etwa 10 000 mal länger ist. Dies ist nur möglich, weil die DNA mehrfach verschraubt (ähnlich einer Glühlampenwendel) vorliegt (vgl. Genetik, 8.3).

Die Anzahl der Chromosomen ist in teilungsfähigen Zellen bei jeder Pflanzen- und Tierart konstant; ihre Anzahl ist für jede Art charakteristisch und kann selbst bei nahverwandten Arten verschieden sein (Tabelle über die Zahl der Chromosomen von verschiedenen Organismenarten s. Genetik). Körperzellen der Tiere, des Menschen und die meisten Zellen der Blütenpflanzen besitzen einen doppelten Chromosomensatz, d.h. von den Chromosomen sind in der Regel je zwei in Form und Größe gleich (*homologe Chromosomen*). Man nennt solche Zellen *diploid*. Die Keimzellen hingegen sind *haploid*, besitzen also nur den einfachen Chromosomensatz. Die einzelnen Chromosomenpaare unterscheiden sich meist schon in der Gestalt voneinander. Die Chromosomen entstehen stets durch Selbstverdoppelung aus bereits vorhandenen Chromosomen (s. Genetik). Über die Keimzellen gelangen sie von einer Generation zur nächsten.

Die Übereinstimmung der Zellteilungsvorgänge bei Pflanzen und Tieren zeigt, daß zwischen beiden Organismenreichen trotz aller Verschiedenheit in Bau und Lebensweise ihrer Vertreter doch eine Verwandtschaft besteht. Diese Gemeinsamkeit zwischen Pflanzen und Tieren weist auf eine Abstammung von gemeinsamen Vorfahren hin (s. Evolution).

Die Größe des Zellkerns steht in Beziehung zur Menge des ihn umgebenden Plasmas *(Kern-Plasma-Relation)*. Eine Vermehrung des Plasmas durch Wachstum ändert diese Relation; sie wird als eine der Ursachen angesehen, welche die Zellteilung auslösen.

Die Zellteilung der kernlosen Protocyte, also der Bakterien- und Blaualgenzelle, verläuft sehr viel einfacher. Ihr ringförmiges, aus einem einzigen DNA-Molekül bestehendes Chromosom haftet an der Zellmembran. Nach der Verdoppelung des Chromosoms stülpt sich die Zellmembran zwischen den beiden Chromosomen vom Rand her ringförmig ein und schnürt den Zellkörper durch. Auf diese Weise erhält jede Tochterzelle eines der beiden identischen Chromosomen.

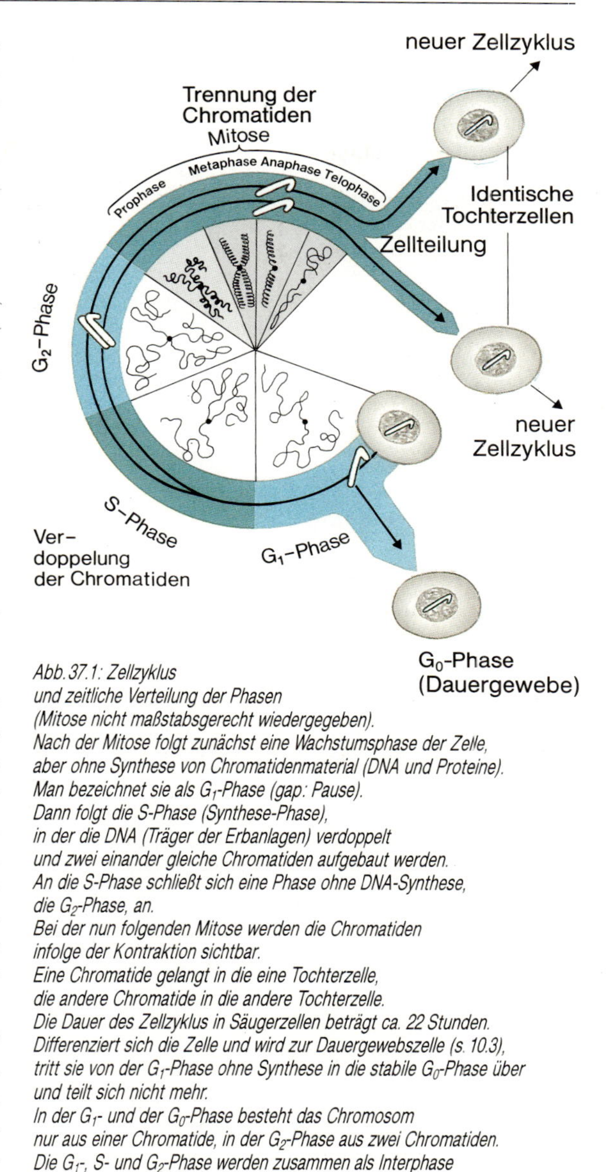

Abb. 37.1: Zellzyklus und zeitliche Verteilung der Phasen (Mitose nicht maßstabsgerecht wiedergegeben). Nach der Mitose folgt zunächst eine Wachstumsphase der Zelle, aber ohne Synthese von Chromatidenmaterial (DNA und Proteine). Man bezeichnet sie als G_1-Phase (gap: Pause). Dann folgt die S-Phase (Synthese-Phase), in der die DNA (Träger der Erbanlagen) verdoppelt und zwei einander gleiche Chromatiden aufgebaut werden. An die S-Phase schließt sich eine Phase ohne DNA-Synthese, die G_2-Phase, an. Bei der nun folgenden Mitose werden die Chromatiden infolge der Kontraktion sichtbar. Eine Chromatide gelangt in die eine Tochterzelle, die andere Chromatide in die andere Tochterzelle. Die Dauer des Zellzyklus in Säugerzellen beträgt ca. 22 Stunden. Differenziert sich die Zelle und wird zur Dauergewebszelle (s. 10.3), tritt sie von der G_1-Phase ohne Synthese in die stabile G_0-Phase über und teilt sich nicht mehr. In der G_1- und der G_0-Phase besteht das Chromosom nur aus einer Chromatide, in der G_2-Phase aus zwei Chromatiden. Die G_1-, S- und G_2-Phase werden zusammen als Interphase der Mitose gegenübergestellt.

6. Chemische Grundlagen der Reaktionen im Organismus

(Ein Text zum Nachschlagen)

Chemische Untersuchungen hatten schon früh erwiesen, daß in den Zellen der ganz verschiedengestaltigen Pflanzen und Tiere immer wieder gleichartige Stoffe vorkommen. Sie sind aus Elementen aufgebaut, die wir auch in der nichtlebenden Natur finden. Zahlreiche biologische Vorgänge lassen sich aus Bau, Eigenschaften und Reaktionsweisen dieser Stoffe deuten, und alle Erscheinungen des Lebens wie Stoffwechsel, Wachstum, Entwicklung, Bewegung, Reizbarkeit und Vererbung haben ihre molekularen Grundlagen, deren Kenntnis für das Verständnis der Lebensvorgänge unerläßlich ist. Mit ihnen beschäftigt sich daher ein besonderer Zweig der Biologie, die *Molekularbiologie*. Mit den in den Organismen vorkommenden Stoffen und ihren Reaktionen beschäftigt sich aber auch ein Zweig der Chemie – die *Biochemie*.

Im folgenden erläutern wir zunächst kurz die chemische Bindung. Sie erklärt den Bau und viele Eigenschaften der Moleküle, aus denen die Stoffe aufgebaut sind. Anschließend gehen wir auf die Frage ein, wie Stoffe miteinander reagieren. Für die Reaktionen im Organismus gelten die gleichen physikalischen und chemischen Gesetzmäßigkeiten wie außerhalb von Lebewesen.

6.1 Chemische Bindung

In chemischen Verbindungen werden Atome durch Bindungskräfte zusammengehalten. Diese chemischen Bindungskräfte sind stets auf Wechselwirkungen von *Valenz-* oder *Bindungs-Elektronen* zurückzuführen. Jede Bildung oder Veränderung eines Atomverbandes ist ein chemischer Vorgang; er ist stets von Energieänderungen begleitet.

6.1.1 Atombindung oder kovalente Bindung

Eine Bindung zwischen zwei Atomen kommt dadurch zustande, daß sich Valenzelektronen (negative Ladung) bevorzugt zwischen den beiden Atomrümpfen (positive Ladung) aufhalten und von beiden gleichermaßen angezogen werden. Zur Verringerung des Abstandes der beiden Atome müßte Energie aufgewendet werden, da die Abstoßungskräfte zwischen den positiv geladenen Kernen größer würden. Zur Vergrößerung des Atomabstandes wäre ebenfalls Energie erforderlich, um die Anziehung zwischen den Valenzelektronen und beiden Atomrümpfen zu überwinden. Daher bleiben die beiden Atome bzw. Atomrümpfe in einem weitgehend konstanten Abstand, dem Bindungsabstand. Bindungen, die in dieser Weise durch gemeinsame Elektronen zustande kommen, heißen *kovalente Bindungen* oder *Atombindungen*. Die Zahl der gemeinsamen Elektronen einer Bindung ist in den allermeisten Fällen eine gerade Zahl, man spricht daher von gemeinsamen *Elektronenpaaren*. Kommt die Bindung durch ein gemeinsames Elektronenpaar zustande, so wird sie im Formelbild durch einen Bindungsstrich dargestellt. Auch die nicht an der Bindung beteiligten Valenzelektronen gibt man in der Formel oft durch einen Strich für je ein Elektronenpaar an,

z. B. Chlor Cl_2: $|\overline{\underline{Cl}} - \overline{\underline{Cl}}|$.

Wird eine Bindung durch zwei gemeinsame Elektronenpaare hergestellt, so spricht man von *Doppelbindung*,

z. B. Kohlenstoffdioxid CO_2: $\langle O = C = O \rangle$.

Drei gemeinsame Elektronenpaare bilden eine *Dreifachbindung* aus,

z. B. Stickstoff N_2: $|N \equiv N|$.

Durch die Ausbildung von kovalenten Bindungen entstehen Moleküle. Ihre Neigung, andere Moleküle anzuziehen, ist sehr gering. Die »zwischenmolekularen Kräfte« sind also meist schwach; sie heißen nach ihrem Entdecker VAN-DER-WAALS-*Kräfte*. Da sie zwischen den einzelnen Atomen der Moleküle wirksam sind, können sie bei sehr großen Molekülen (Makromolekülen) ziemlich stark werden.

Die gemeinsamen Elektronen (Bindungselektronen) befinden sich im zeitlichen Mittel nur dann genau in der Mitte zwischen den beiden Atomen, wenn die positiven Ladungen der Kerne (bzw. der Atomrümpfe) gleich groß sind. Dies trifft für alle Moleküle zu, die aus gleichen Atomen aufgebaut sind (z. B. Cl_2, N_2).

Betrachten wir nun das Wassermolekül H_2O (Abb. 38.1). Es ist gewinkelt gebaut:

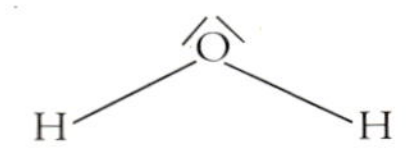

Der Sauerstoff-Atomrumpf zieht die gemeinsamen Elektronen der beiden H-O-Bindungen stark an. Die Bindungselektronen halten sich im zeitlichen Mittel näher beim Sauerstoff als beim Wasserstoff auf. Der Sauerstoff hat daher einen Überschuß an negativer Ladung, während die H-Atome infolge Elektronenmangels positiv geladen erscheinen. Die Bindungen sind polar. Das Wassermolekül als Ganzes ist elektrisch neutral, aber die elektrische Ladung ist innerhalb des Moleküls ungleichmäßig verteilt. Das Molekül hat einen positiven und einen negativen Pol, es ist ein *Dipol*. Die elektrischen Ladungspole im Molekül werden oft durch die Symbole $\delta+$ und $\delta-$ angegeben.

Als vereinfachtes Symbol für den Dipol wird das Zeichen (– +) verwendet. Infolge des Dipolcharakters wirken zwischen Wassermolekülen (ebenso zwischen anderen Dipolmolekülen) stärkere Kräfte (Dipolkräfte) als die VAN-DER-WAALS-Kräfte. Deshalb kann das Wasser andere Stoffe lösen, die ebenfalls polar gebaut sind (Ionengitter, vgl. 6.1.2 oder polare Moleküle wie z. B. Zucker).

Polare Bindungen sind oft sehr reaktionsfähig.

6.1.2 Ionenbindung

Ist die Fähigkeit eines Atoms, Elektronen anzuziehen groß, die eines andern Atoms dagegen gering, werden die Bindungselektronen ganz zum einen Partner hingezogen. Es entstehen positiv und negativ geladene Ionen. Metallatome sowie der Wasserstoff bilden positiv geladene oder *Kationen*. Nichtmetalle bilden negativ geladene oder *Anionen*.

Abb. 38.1: Strukturformel des Wassermoleküls. Das Kalottenmodell (Mitte) gibt die Größe der Atome, also die äußere Form des Moleküls wieder.

Beispiel: Natrium hat 1 Valenzelektron: Na·
Chlor hat 7 Valenzelektronen: |$\overline{\text{Cl}}$·
Ausbildung
von Ionen Na · ⌒→ · |$\overline{\text{Cl}}$| → Na^+ |$\overline{\text{Cl}}$|$^-$
Kation Anion

Kationen und Anionen ziehen einander infolge der gegensätzlichen Ladung an, es entsteht eine *Ionenbindung*. Diese Anziehungskräfte haben keine besondere Richtung, sondern wirken gleichmäßig nach allen Raumrichtungen (elektrostatische Anziehung). Daher entstehen keine Moleküle, vielmehr wird ein dreidimensionaler Kristall aus Ionen aufgebaut. Der Kristall als Ganzes ist elektrisch neutral. Verbindungen dieses Typs nennt man Salze oder *salzartige Verbindungen*. Während die räumliche Struktur im Kristall (Ionengitter) hohe Bindungskräfte besitzt, ist die einzelne Ionenbindung nur schwach.

In wäßriger Lösung sind die Ionen stets von einer Wasserhülle umgeben, sie sind *hydratisiert*. Dadurch sind die Anziehungskräfte zwischen den gegensätzlich geladenen Ionen so stark verringert, daß sie sich frei in der Lösung bewegen können. Eine derartige Lösung leitet den elektrischen Strom. Durch die Hydrathülle sind die freien Ionen sehr viel größer als die Ionen im Kristall (vgl. Abb. 39.1).

6.1.3 Wasserstoffbrücken

Zwischen Dipolmolekülen herrschen starke zwischenmolekulare Kräfte. Besonders ausgeprägt sind diese, wenn ein Wasserstoff-Atom an ein stark elektronegatives Atom (Fluor, Sauerstoff, Stickstoff) gebunden ist. Das positiv polarisierte H-Atom kann dann mit einem negativ polarisierten Atom in Wechselwirkung treten. Wenn aufgrund der Größe und der räumlichen Struktur der Moleküle ein geeigneter Bindungsabstand möglich ist, entstehen Verknüpfungen, die man als *Wasserstoffbrücken* bezeichnet. Wasserstoffbrücken werden z. B. zwischen Wassermolekülen ausgebildet:

```
        0,27 nm
        <--->
|O̅ – H ····· |O̅ – H ····· |O̅ – H
 |            |            |
 H            H            H
 :            :
|O̅ – H ····· |O̅ – H ·····
 |            |
 H            H
 :            :
```

Die Bindungsenergie einer Wasserstoffbrücke beträgt weniger als $^1/_{10}$ derjenigen einer einfachen Atombindung. Die Wasserstoffbrücke kann entsprechend leichter gelöst werden. *Ionenbindungen, Wasserstoffbrücken* und VAN-DER-WAALS-*Kräfte sind schwache Bindungen. Sie sind mitbestimmend für die chemischen Umsetzungen in der Zelle* und werden fortgesetzt mit hoher Geschwindigkeit gelöst und wieder neu geknüpft. Die Wasserstoffbrücken sind vor allem für die Löslichkeit vieler organischer Verbindungen in Wasser und für die Stabilität von großen Molekülen *(Makromolekülen)* verantwortlich. Auch für die Wechselwirkung von Molekülen untereinander sind sie sehr wichtig (vgl. Genetik 8.3–8.7).

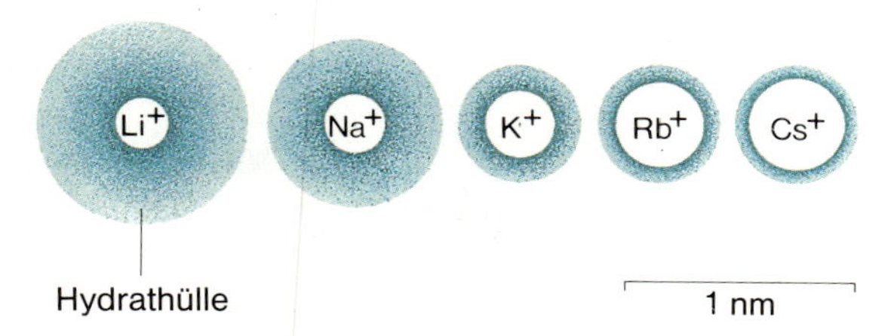

Abb. 39.1: Hydrathülle einiger Ionen.
Die Oberfläche des kleinen Lithiumions hat eine hohe Ladungsdichte und daher eine große Hydrathülle.
Mit zunehmender Ionengröße nimmt bei gleichbleibender Ladung die Ladungsdichte und entsprechend die Größe der Hydrathülle ab.

6.2 Eigenschaften des Wassers und ihre Bedeutung für die Lebewesen

Wassermoleküle können untereinander mehrere Wasserstoffbrücken bilden. Deshalb ist ihre Bindung aneinander ziemlich fest, so daß aus einer größeren Anzahl von Wassermolekülen Aggregate entstehen, die man *Cluster* nennt.

Im Eis liegt ein regelmäßiges Kristallgitter mit großen Hohlräumen vor; bricht dieses beim Schmelzvorgang zusammen, bilden sich die Cluster. Da die Hohlräume zwischen den Molekülen, wie sie im Kristall vorhanden waren, kleiner werden, nimmt die Dichte des Wassers von 0° bis + 4 °C zu *(Dichteanomalie)*. Bei weiterem Temperaturanstieg vergrößert die zunehmende Wärmebewegung der Moleküle die durchschnittlichen Abstände zwischen den Molekülen und die Dichte nimmt ab.

Die Bindung der Wassermoleküle aneinander ist, verglichen mit ähnlichen Molekülen (z. B. NH_3, H_2S), besonders stark. Die Folge ist: Wasser hat einen höheren Schmelz- und Siedepunkt als diese Stoffe, eine große Oberflächenspannung, eine hohe Schmelzwärme und eine hohe spezifische Wärme (= Wärmekapazität). Die ersten Lebewesen entstanden im Wasser. Noch heute ist jede tätige Zelle auf Wasser angewiesen, insbesondere

- als Lösungsmittel für Stoffumsetzungen in der Zelle,
- als Transportmittel für gelöste Stoffe,
- als Reaktionspartner bei Stoffwechselreaktionen,
- als Mittel zur Regelung der Temperatur (hohe Wärmekapazität).

Infolge der Dichteanomalie des Wassers frieren Gewässer von oben her zu; dies ist für die Lebewesen von großer Bedeutung. Weil das Wasser bei + 4 °C am schwersten ist, herrscht im Tiefenwasser diese Temperatur. Kälteres und wärmeres Wasser ist leichter und steigt nach oben. Zu den Auswirkungen dieser Zirkulation s. Ökologie 4.3. und 4.5.

6.3 Eigenschaften des Kohlenstoffs und ihre Bedeutung für die Lebewesen

Außer Wasser und freien, stets hydratisierten Ionen findet man in der Zelle nur organische Verbindungen, d. h. Verbindungen des Kohlenstoffs. Der Kohlenstoff ist vierbindig, d. h. er besitzt vier reaktionsfähige Elektronen, die Bin-

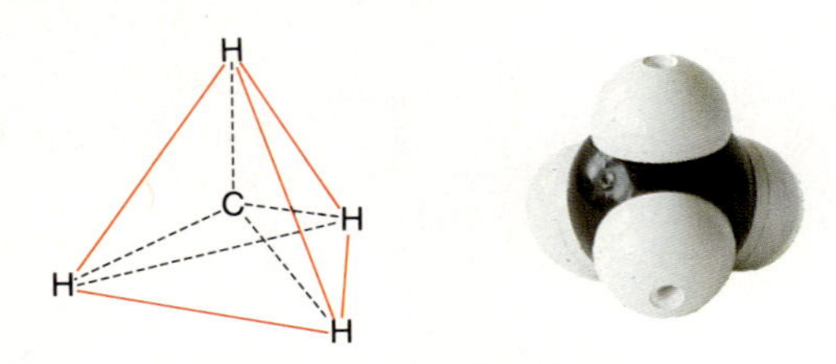

Abb. 40.1: Raumstruktur und Kalottenmodell des Methans

dungen ausbilden. Eine Bindung zwischen zwei C-Atomen ist sehr stabil. Die einfachen Atombindungen, die von einem C-Atom ausgehen, sind gegen die Ecken eines Tetraeders gerichtet (Abb. 40.1). Räumliche Störungen treten in der Regel deshalb auch dann nicht auf, wenn viele C-Atome aneinander gebunden werden.

Die stabilen Bindungen zwischen den C-Atomen lassen Ketten- oder Ringstrukturen zu.

Alle die genannten Eigenschaften zusammen sind die Ursache für die außerordentliche Vielfalt an Kohlenstoffverbindungen. Die Organismen haben sich diese Vielfalt in ihrer Entwicklung zunutze gemacht, alle wichtigen Stoffe im Organismus sind Kohlenstoffverbindungen.

6.3.1 Funktionelle Gruppen

Die Bindungen zwischen Kohlenstoff und Wasserstoff sind nur wenig polar und daher auch wenig reaktionsfähig. Organische Verbindungen können jedoch noch andere Atome enthalten, z. B. Sauerstoff- oder Stickstoff-Atome. Weil diese elektronegativer sind als der Kohlenstoff, bilden sie polare Bindungen aus. Diese aber sind reaktionsfähig und deshalb spielen sich die chemischen Reaktionen solcher Stoffe fast stets an den polaren Bindungen ab. Eine Atomgruppe im Molekül, die dessen Reaktionen weitgehend bestimmt, nennt man eine *funktionelle Gruppe*. Gleiche funktionelle Gruppen bedingen gleichartige chemische Eigenschaften und Reaktionen. Man teilt deshalb die organischen Verbindungen nach diesen funktionellen Gruppen ein (s. Tab. 41/1).

Wegen der Bedeutung der funktionellen Gruppen in organischen Verbindungen genügt bei ihnen die Angabe einer Summenformel nicht, wie dies für anorganische Moleküle üblich ist (z. B. Cl_2, CO_2, H_2SO_4). Sie gibt ja nur die im Molekül enthaltenen Atome an. Die Strukturformel (s. z. B. die Formeln in 7.4) hingegen läßt die Verknüpfung der Atome im Molekül erkennen und zeigt so die funktionelle(n) Gruppe(n). Dagegen ist aus der Strukturformel die räumliche Anordnung der Atome i. a. nicht zu entnehmen. Diese kann man aber mit räumlichen Molekülmodellen (z. B. Abb. 42.2) wiedergeben.

6.4 Bindungsverhältnisse organischer Verbindungen

Die einfachsten organischen Verbindungen sind die Kohlenwasserstoffe (Kohlenstoffhydride). Der einfachste Kohlenwasserstoff ist das Methan CH_4 (Abb. 40.1); die H-Atome umhüllen hier das C-Atom weitgehend.

Wird zwischen zwei C-Atomen eine einfache Atombindung ausgebildet, können sich diese C-Atome samt den an sie gebundenen Atomgruppen um die Bindungsachse frei drehen. Wenn zwischen zwei Kohlenstoffatomen eine Doppelbindung ausgebildet wird, ist aus Gründen der räumlichen Verteilung der Bindungselektronen keine freie Drehbarkeit vorhanden; außerdem liegen die beiden C-Atome und die an sie gebundenen Atome in einer Ebene.

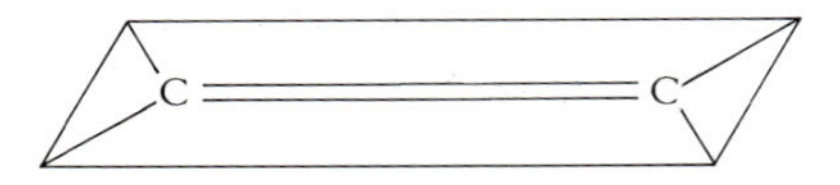

Die Elektronen einer der beiden Bindungen der Doppelbindung heißen π-Elektronen. Sie treten leicht mit anderen Molekülen in Wechselwirkung; daher sind Moleküle mit Doppelbindungen reaktionsfähiger.

Besondere Bindungsverhältnisse liegen beim Benzol und seinen Abkömmlingen, den *aromatischen* Kohlenwasserstoffen vor. Die Struktur läßt sich weder durch die linke noch durch die rechte Strukturformel zureichend wiedergeben:

In Wirklichkeit sind alle Bindungen im Benzol völlig gleichwertig, weil sich die π-Elektronen der Doppelbindungen gleichmäßig über den Benzolring verteilen. Man schreibt daher die Formel des Benzols oft vereinfacht so:

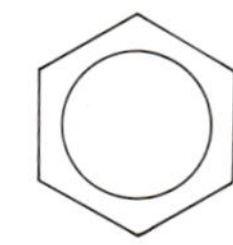

Optische Aktivität. Sind an einem Kohlenstoffatom vier verschiedene Atome oder Atomgruppen gebunden, so können diese in zwei verschiedenen Raumstrukturen angeordnet sein, d. h. die Moleküle treten in zwei spiegelbildlichen Formen auf (Abb. 43.2). Diese unterscheiden sich in ihren chemischen Eigenschaften nicht, verhalten sich aber gegenüber polarisiertem Licht unterschiedlich. Die eine Molekülsorte dreht die Schwingungsebene des polarisierten Lichts nach rechts, die andere um denselben Betrag nach links. Moleküle mit dieser Eigenschaft heißen *optisch aktiv;* die Ursache liegt im räumlichen Bau der Moleküle. Optisch aktive Verbindungen gibt es stets in zwei spiegelbildlichen Formen. Diese lassen sich nicht miteinander zur Deckung bringen, sie entsprechen einander ebenso wie eine rechte und eine linke Hand. Ein Atom, das vier verschiedene Gruppen trägt, heißt *asymmetrisch,* das Molekül nennt man *chiral.* Als Beispiel wählen wir die Verbindung Alanin, eine

Tabelle 41/1: Wichtige funktionelle reaktive Gruppen

Name und Formel	Eigenschaften	Verbindungsklasse
Hydroxylgruppe $-OH$	polare Bindung $\delta^+ \mid \delta^-$ $-C-O-H$ reaktionsfähig	Alkohole (Alkanole)
Carbonylgruppe $>C=O$	stark polare Bindung $\delta^+ \quad \delta^-$ $>C=\overline{O}$ sehr reaktionsfähig	Aldehyde (Alkanale) Ketone (Alkanone)
Carboxylgruppe $-C(=O)-OH$	Durch die stark polare C=O-Bindung wird die –O–H-Bindung zusätzlich polarisiert, der Wasserstoff wird leicht als Proton abgegeben, das entstehende Anion ist durch delokalisierte Elektronen (Mesomerie) stabilisiert; die Carboxylgruppe reagiert sauer.	Carbonsäuren
Aminogruppe $-NH_2$	polare Bindung $-\overline{N}^{\delta^-}(H)_2^{\delta^+}$ freies Elektronenpaar am N kann (wie bei Ammoniak NH_3) Protonen binden, die Aminogruppe reagiert daher als Base.	Amine bzw. Aminoverbindungen (z.B. Aminosäuren)

Aminosäure (vgl. Abb. 43.2). Die beiden spiegelbildlichen Moleküle bezeichnet man als D-Form (von dexter = rechts) und als L-Form (von lat. laevus = links). Der Drehsinn des polarisierten Lichtes wird mit (+) für rechtsdrehend und (–) für linksdrehend angegeben. In der Zelle finden wir nur L-Aminosäuren. Auch viele andere wichtige Zellinhaltsstoffe sind optisch aktiv, so die Zucker und einige Säuren (z.B. Milchsäure).

7. Bau- und Inhaltsstoffe der Zellen

Die Zahl der in einer Zelle durchschnittlicher Größe enthaltenen Moleküle wird auf $2 \cdot 10^{14}$ geschätzt; die Anzahl unterschiedlicher Stoffe liegt bei einfach gebauten Bakterienzellen bereits bei 3000–6000.

Durchschnittlicher Gewichts-Anteil der Stoffe in einer tierischen Zelle: Eiweißstoffe (Proteine) 14%, Fette und andere Lipide 2%, Nukleinsäuren 3%, Kohlenhydrate 1%, Mineralsalze 3%, Wasser 77%.

7.1 Alkohole (Alkanole)

Alkohole leiten sich von den Kohlenwasserstoffen ab, indem ein H-Atom oder mehrere durch je eine OH-Gruppe ersetzt sind (z.B. Ethanol, Glycerin, vgl. Abb. 42.1). Sie bilden in Wasser jedoch keine OH^--Ionen und wirken nicht basisch. Stoffe mit 2 bzw. 3 alkoholischen OH-Gruppen heißen zweiwertige bzw. dreiwertige Alkohole.

7.2 Carbonsäuren

Sie sind durch die Carboxylgruppe –COOH gekennzeichnet. Zu den Carbonsäuren mit einer Carboxylgruppe gehören:

Essigsäure (Ethansäure) CH_3-COOH
Brenztraubensäure $CH_3-CO-COOH$
Milchsäure $CH_3-CHOH-COOH$

sowie die in Fetten vorkommenden höheren Fettsäuren.

Mit Alkohol bilden Carbonsäuren unter Wasserabspaltung Ester:

$$H_3C{-}CH_2{-}OH + HO{-}\overset{\overset{\displaystyle O}{\|}}{C}{-}CH_3 \rightarrow H_3C{-}CH_2{-}O{-}\overset{\overset{\displaystyle O}{\|}}{C}{-}CH_3 + H_2O$$

Ethanol (Ethylalkohol) + Ethansäure (Essigsäure) → Essigsäureethylester + Wasser

Die meisten Carbonsäuren sind schwache Säuren, d.h. sie haben nur eine geringe Tendenz, den Wasserstoff der Carboxylgruppe als Proton (H^+) abzuspalten (Protolyse):

$$HX + H_2O \rightleftharpoons H_3O^+ + X^-$$

Je ausgeprägter die Protolyse-Reaktion einer Säure ist, um so stärker ist die Säure. Als Maß für die H_3O^+-Ionen-Konzentration in wäßriger Lösung dient der pH-Wert; er ist der negative Zehnerlogarithmus der H_3O^+-Ionen-Konzentration.

$$\begin{array}{l} H_2C-OH + HO-\overset{O}{\overset{\|}{C}}-C_{15}H_{31} \\ HC-OH + HO-\overset{O}{\overset{\|}{C}}-C_{15}H_{31} \\ H_2C-OH + HO-\overset{O}{\overset{\|}{C}}-C_{15}H_{31} \end{array} \rightleftharpoons \begin{array}{l} H_2C-O-\overset{O}{\overset{\|}{C}}-C_{15}H_{31} + H_2O \\ HC-O-\overset{O}{\overset{\|}{C}}-C_{15}H_{31} + H_2O \\ H_2C-O-\overset{O}{\overset{\|}{C}}-C_{15}H_{31} + H_2O \end{array}$$

Glycerin + Palmitinsäure (Alkohol) (Fettsäure) → Veresterung (Fettsynthese) → Palmitin + Wasser (Fett)

Palmitin + Wasser (Fett) → Fetthydrolyse (Verseifung) → Glycerin + Palmitinsäure

Abb. 42.1: Esterbildung

Ionendipol H2O-Hülle Linolensäurerest

Cholinrest, Phosphatrest, Glycerinrest, hydrophil, hydrophob, Palmitinsäurerest

Kurzsymbol

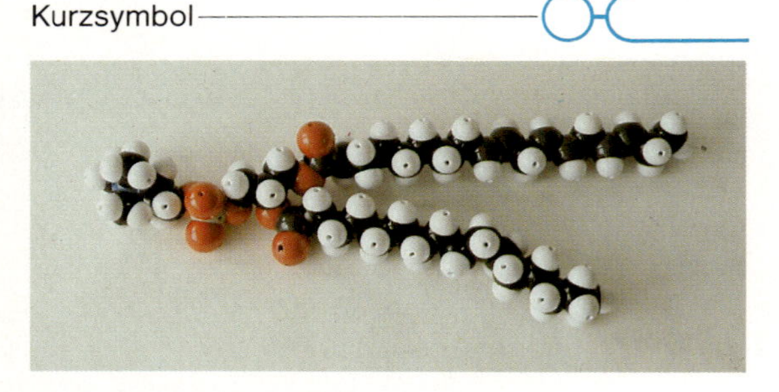

Abb. 42.2: Molekülmodell eines polaren Lipids.
Die Molekülgestalt wird durch das Kalottenmodell wiedergegeben.
Das zweite Kalottenmodell zeigt (für dasselbe Molekül), wie durch Drehung um C-C-Einfachbindungen eine Struktur zustande kommt, die mehr Platz braucht.

Beispiel pH 7: H_3O^+-Ionen-Konzentration = 10^{-7}mol/l.

In wäßrigen Lösungen eines Gemisches einer schwachen Säure und eines Salzes dieser Säure mit einer starken Base ändert sich bei Zugabe von H_3O^+ oder OH^--Ionen der pH-Wert zunächst kaum. Dasselbe gilt für Gemische aus Salzen starker Säuren mit schwachen Basen zusammen mit der zugehörigen freien Base. Man nennt derartige Gemische **Puffer**. Sie sind von großer Bedeutung, um bei Reaktionen den pH-Wert konstant zu halten (z.B. $CH_3COO^-Na^+$ /CH_3COOH).

7.3 Lipide

Fette sind Ester des dreiwertigen Alkohols Glycerin mit verschiedenen Fettsäuren (s. Abb. 42.1)

Mehrfach ungesättigte Fettsäuren (mit mehr als einer Doppelbindung) sind die Linolsäure $C_{17}H_{31}COOH$ mit zwei und die Linolensäure $C_{17}H_{29}COOH$ mit drei Doppelbindungen.

In der langen C-Kette liegen nur C-C- und C-H-Bindungen vor. Diese sind unpolar (unpolare C-Kette). Daher sind alle längerkettigen Fettsäuren in Wasser unlöslich.

Außer den Fetten stellt man auch solche Stoffe zu den Lipiden, welche die gleichen Löslichkeitseigenschaften haben wie die Fette und auch aus den gleichen Ausgangsstoffen aufgebaut werden. *Lipide* kann man *nachweisen* durch ihre Löslichkeit in unpolaren Lösungsmitteln und ihre Anfärbbarkeit durch unpolare Farbstoffe (z. B. Sudan-Rot).

Polare Lipide sind wichtige Bausteine aller biologischen Membranen. Polar heißen sie, weil das eine Molekül-Ende eine Atomgruppe mit polaren Bindungen trägt. Solche Atomgruppen treten mit Wassermolekülen in Wechselwirkung und bilden eine Wasser-(Hydrat-) Hülle um sich; man nennt sie daher *hydrophil* (wasserliebend). Die Kohlenwasserstoffketten der Fettsäurereste (in Abb. 42.2 rot) haben unpolare Bindungen; sie bilden keine Wasserhülle und heißen *hydrophob* (wassermeidend). Es liegen Ester von Glycerin mit zwei langkettigen Fettsäuren vor, die dritte OH-Gruppe des Glycerins trägt die polare Gruppe (z.B. bei Lecithinen). Besonders hoch ist der Anteil an mehrfach ungesättigten Fettsäuren. Hierdurch erhalten die biologischen Membranen ihre weitgehend flüssige Beschaffenheit.

Um die C-C-Einfachbindung der Fettsäurereste besteht freie Drehbarkeit, nicht dagegen an den Doppelbindungen. Bewegungen um die C-C-Einfachbindungen führen zu sperrigen Strukturen der Lipidmoleküle, was die Festigkeit der Membran vermindert. Je nach Änderung der Membranfestigkeit wird der Stoffdurchtritt erleichtert oder erschwert (s. 2.2).

Zu den Lipiden gehören auch die Steroide. Sie treten als Membranbausteine auf (z.B. Cholesterin = Cholesterol), aber auch als Hormone (Nebennierenrinden- und Sexualhormone, Insektenhormone).

7.4 Aminosäuren und Proteine (Eiweißstoffe)

Proteine (Eiweißstoffe) sind die Hauptbestandteile des Cytoplasmas. Es sind Makromoleküle, die durch Verknüpfung von Aminosäuren entstehen.

Aminosäuren. Alle in Proteinen eingebauten Aminosäuren haben die gleiche Grundstruktur (s. Abb. 43.1):

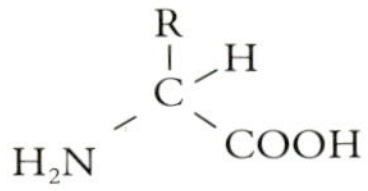

R
C — H
H_2N — C — COOH

Sie unterscheiden sich nur im Aufbau des Restes R.
Beispiele:

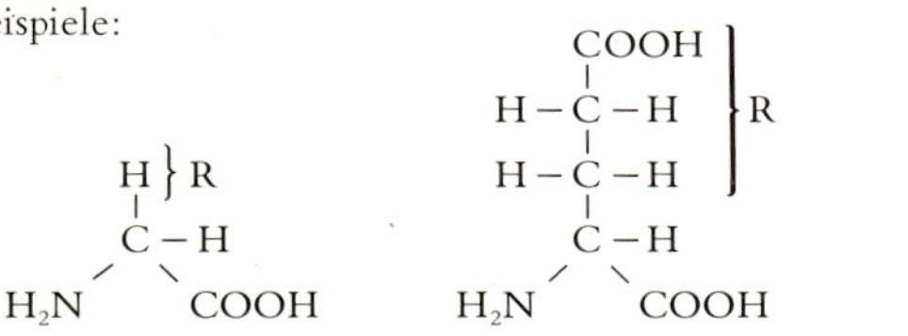

H } R
C – H
H_2N COOH
R:– H Glycin
(Aminoessigsäure)

COOH
H – C – H } R
H – C – H
C – H
H_2N COOH
R:– CH_2 – CH_2 – COOH
Glutaminsäure

Da Aminosäuren sowohl die basische Aminogruppe wie auch die saure Carboxylgruppe tragen, tritt ein Protonenübergang innerhalb des Moleküls auf:

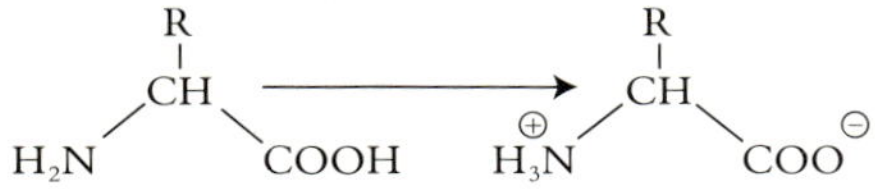

H_2N–CH(R)–COOH ⟶ $H_3N^{\oplus}$–CH(R)–$COO^{\ominus}$

Die Aminosäuremoleküle tragen deshalb sowohl positive wie negative Ladungen *(Zwitterionen)*. Durch Verändern des pH-Wertes der Lösung kann man die Ladungen verändern:

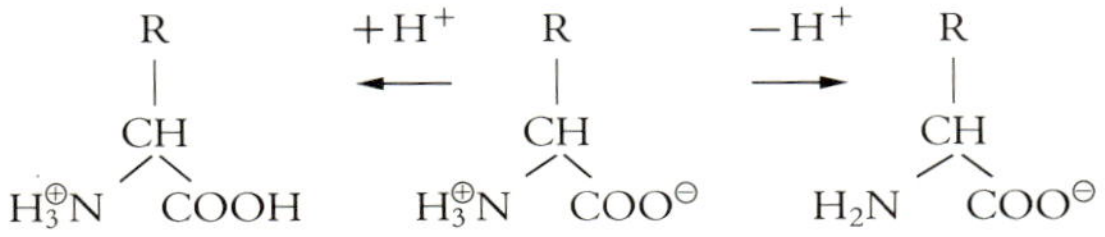

$H_3N^{\oplus}$–CH(R)–COOH ⟵ ($+H^+$) $H_3N^{\oplus}$–CH(R)–$COO^{\ominus}$ ($-H^+$) ⟶ H_2N–CH(R)–$COO^{\ominus}$

pH erniedrigen pH erhöhen

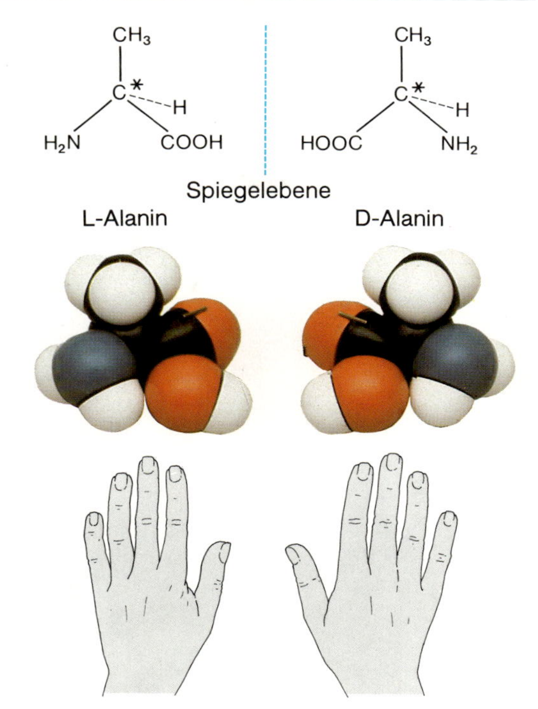

Abb. 43.2: Raumstruktur und Kalottenmodell des Alanins. Das Alanin existiert in zwei zueinander spiegelbildlichen Formen. C: asymmetrisches Kohlenstoffatom. Das Kalottenmodell gibt die für biologische Vorgänge wichtige Gestalt des Moleküls an (z. B. Ineinanderpassen von Enzym und Substrat). Das Modell sagt nichts darüber aus, wie die Bindung zwischen den Atomen zustande kommt.*

Es hängt von der Säure- und Basenstärke der Aminosäure ab, bei welchem pH-Wert die Aminosäure vollständig als Zwitterion vorliegt. Dann wandert sie bei Anlegen einer Spannung im elektrischen Feld nicht mehr. Man nennt diesen pH-Wert den *isoelektrischen Punkt*.

Peptide. Die COOH-Gruppe einer Aminosäure kann sich mit der NH_2-Gruppe einer anderen Aminosäure unter Wasseraustritt verbinden, dabei entsteht ein Dipeptid (s. Abb. 43.1). Bei Anlagerung einer weiteren Aminosäure bildet sich ein Tripeptid usf. Setzt sich dieser Vorgang fort, so entstehen lange Ketten von peptidisch verknüpften Aminosäuren; man nennt sie *Polypeptide*.

Die Peptidbindung ist infolge einer Elektronendelokalisierung eine Eineinhalbfach-Bindung und deshalb eben gebaut (C- und N-Atom sind nicht gegeneinander drehbar). An den C-Atomen, welche die Reste R_1, R_2 ... tragen, besteht hingegen freie Drehbarkeit um die Bindungsachse. Die Ebenen zweier benachbarter Peptidbindungen könnten also theoretisch recht unterschiedliche Positionen zueinander einnehmen. In Wirklichkeit kommen jedoch nur solche Lagen vor, bei denen die Atome der Aminosäurereste sich gegenseitig räumlich nicht stören.

Proteine. Erreicht eine Peptidkette eine gewisse Länge, so kommt es innerhalb des Moleküls zur Ausbildung zusätzli-

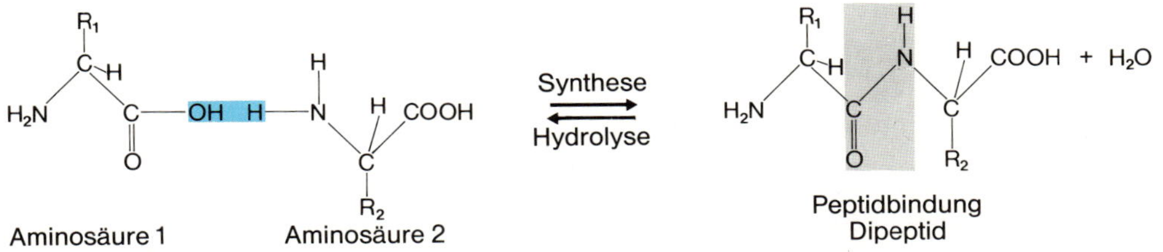

R_1 C H H_2N C OH H N H COOH C O R_2
Aminosäure 1 Aminosäure 2

Synthese ⇄ Hydrolyse

R_1 H C H N H COOH + H_2O H_2N C C O R_2
Peptidbindung
Dipeptid

Abb. 43.1: Verknüpfung von zwei Aminosäuren zu einem Dipeptid.

Die Atome der Peptidbindung –C(=O)–N(H)– liegen in einer Ebene (Peptidebene).

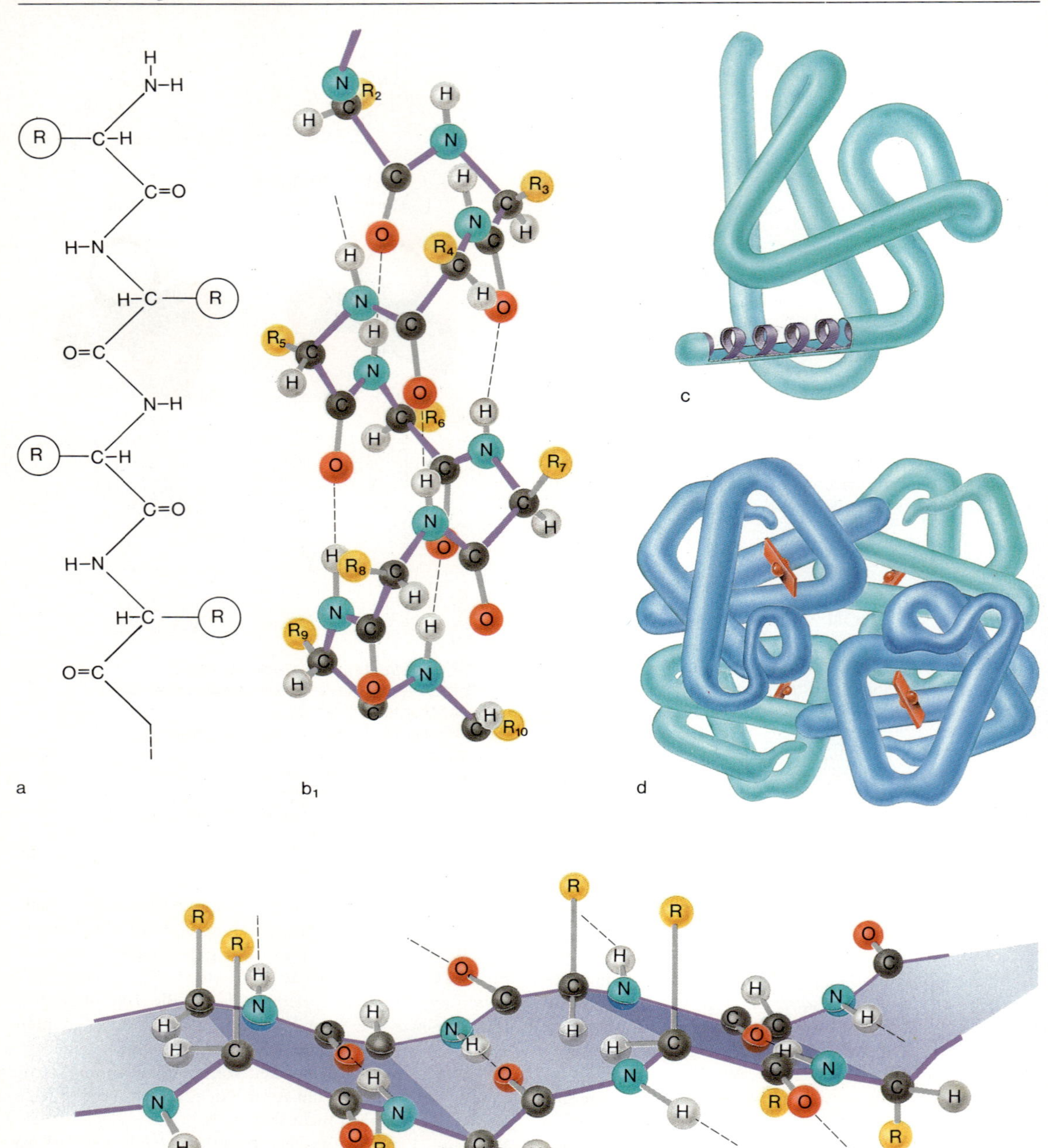

Abb. 44.1: Die Struktur eines Proteins.
a Primärstruktur: Spezifische Reihenfolge der Aminosäuren in einer Polypeptidkette.
b Sekundärstruktur: α-Helix-Struktur und β-Faltblattstruktur als Beispiele. Bei der Helix-Struktur (b_1) sind die Wasserstoffbrücken intramolekular zwischen der NH- und der CO-Gruppe ausgebildet; dies stabilisiert eine schraubenförmige Anordnung der Aminosäuren.
Bei der Faltblattstruktur (b_2) sind die Wasserstoffbrücken zwischen gefalteten Kettenteilen (oder auch zwischen verschiedenen Polypeptidketten) ausgebildet.
c Tertiärstruktur: räumliche Anordnung der Polypeptidkette am Beispiel des Myoglobins (ohne die Hämgruppe).
d Quartärstruktur am Beispiel des Hämoglobins: α-Ketten hell, β-Ketten dunkel, Hämgruppen rot.

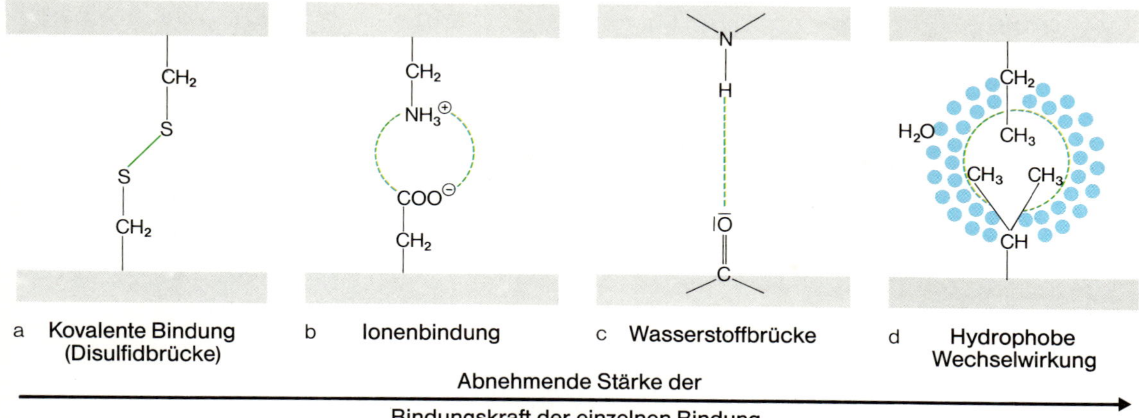

Abb. 45.1: Bindungsmöglichkeiten zwischen Aminosäuren innerhalb der Aminosäurenkette eines Proteins. Solche Bindungen legen die Tertiärstruktur des Proteins fest. a Disulfidbrücke zwischen den Schwefelatomen von zwei Seitenketten der Aminosäure Cystein. b Ionenbindung zwischen den Seitenketten einer basischen und einer sauren Aminosäure. c Wasserstoffbrücke. d Hydrophobe Wechselwirkung (van-der-Waals-Kräfte) zwischen Kohlenwasserstoff-Seitenketten von zwei Aminosäuren (s. Text). Für die Tertiärstruktur sind vor allem die »schwachen« Kräfte nach c und d verantwortlich. Die Tertiärstruktur ist daher leicht veränderbar, was für die Eigenschaften von Enzymen, Bindegewebsfasern u. a. Proteinen von Bedeutung ist.

cher schwacher Bindungen, die Polypeptidkette nimmt eine bestimmte räumliche Gestalt an. Man spricht dann von *Proteinen* (»Eiweiß«, weil Bestandteile des Eiklars). In den Proteinen treten 20 verschiedene Aminosäuren auf *(proteinogene Aminosäuren)*. Die verschiedenen Proteine unterscheiden sich durch Anzahl und Reihenfolge *(Sequenz)* der verknüpften Aminosäuren. Dabei sind die Möglichkeiten ihrer Anordnungen unvorstellbar groß. Ist ein Protein aus nur 100 Aminosäuren aufgebaut, ergeben sich bereits $20^{100} = 10^{130}$ Möglichkeiten für die Anordnung der Aminosäuren. (In den Weltmeeren sind etwa $4 \cdot 10^{46}$ Wassermoleküle enthalten.)

Die *Reihenfolge der Aminosäuren in einer Polypeptidkette heißt Aminosäuresequenz oder* **Primärstruktur.** Die Aminosäurekette besitzt ein Ende mit freier Aminogruppe und ein Ende mit freier Carboxylgruppe, das Polypeptid hat somit eine Richtung. Unter den Bedingungen der Zelle bestimmt die Primärstruktur die nachfolgend beschriebene räumliche Struktur.

Wie bei der Entstehung von Peptidbindungen beschrieben, können nur wenige Stellungen der Peptidbindungsebenen zueinander eine stabile Struktur ergeben. Eine solche Struktur liegt in der α-Helix vor (Abb. 44.1), bei der die Polypeptidkette schraubig angeordnet und durch Wasserstoffbrücken stabilisiert ist.

Die *α-Helixstruktur* ist z.B. beim Haarkeratin verwirklicht. Eine andere stabile Struktur der Polypeptidkette ergibt sich bei der »Faltblatt«-Anordnung der Peptidebenen. Eine *Faltblatt-Struktur* findet man u.a. beim Seidenfaserprotein der Seidenraupe. Im Proteinmolekül wechseln häufig unregelmäßig gebaute Abschnitte mit solchen *sich wiederholenden Strukturelementen* ab. Letztere nennt man **Sekundärstrukturen** der Polypeptidkette. Durch weitere chemische Wechselwirkungen erhält die Polypeptidkette eine *spezifische Raumgestalt* – die **Tertiärstruktur** des Proteins. Von besonderer Bedeutung für die Ausbildung der räumlichen Anordnung der Kette ist die Tatsache, daß unpolare (hydrophobe) Aminosäure-Seitenketten eine enge Nachbarschaft zueinander bevorzugen und sich dabei vor allem im Molekülinneren anordnen. Sie verhalten sich ähnlich wie zwei auf Wasser schwimmende Öltröpfchen, die zu einem größeren zusammenfließen. Dadurch drängen sie gewissermaßen die Wassermoleküle der das Proteinmolekül umgebenden wäßrigen Lösung aus dem Innern des Proteinmoleküls heraus. Man bezeichnet diese Erscheinung als *»hydrophobe Wechselwirkung«*.

Auch eine Art von kovalenten Bindungen ist für die Bildung von Tertiärstrukturen wichtig: Kommen die SH-Gruppen von 2 Resten der Aminosäure Cystein einander nahe und erfolgt eine Oxidation durch Abspaltung der Wasserstoffe, so entsteht eine *Disulfid-Brücke*.

Viele Proteine bestehen aus mehreren Polypeptidketten (s. Abb. 44.1). So ist z.B. das Hämoglobin des Menschen aus vier Polypeptidketten aufgebaut, wovon je 2 identisch sind (2α- und 2β-Ketten), und an jede ist ein Porphyrinring (Häm) gebunden. Die Struktur, die durch Wechselwirkung zwischen mehreren Polypeptidketten eines Proteinmoleküls zustandekommt, bezeichnet man als **Quartärstruktur.**

Die Proteine zeigen charakteristische Eigenschaften, die allen Makromolekülen zukommen. Es sind dies: (1) der Aufbau aus ähnlichen Baueinheiten (Monomeren, hier Aminosäuren); (2) die Verknüpfung der Monomeren durch einen bestimmten Bindungstypus (hier Peptidbindung); (3) die Festlegung der Struktur durch mindestens drei Strukturprinzipien: die Abfolge (Sequenz) der Monomeren (Primärstruktur), die wiederkehrenden räumlichen Bauelemente (Sekundärstruktur) und die Raumgestalt des Makromoleküls (Tertiärstruktur).

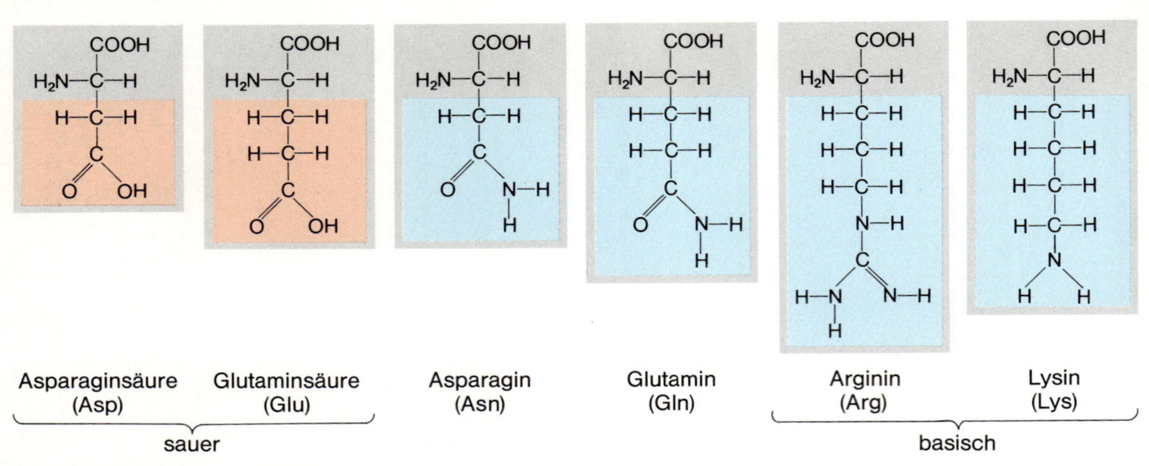

Abb. 46.1: Saure und basische Aminosäuren. Erklärung im Text. Blau und rot Aminosäurereste

Proteine (s. Abb. 46.1) enthalten stets die Aminosäuren Glutaminsäure und Asparaginsäure, deren Seitenkette eine weitere Carboxylgruppe aufweist. Diese kann ein Proton abgeben (sauer reagieren); man bezeichnet solche Aminosäuren daher als saure Aminosäuren. Ebenso gibt es in den Proteinen stets Aminosäuren mit einer zusätzlichen Aminogruppe in der Seitenkette (z.B. Lysin, Arginin). Diese vermag ein Proton aufzunehmen (basisch zu reagieren). Die entsprechenden Aminosäuren nennt man basische Aminosäuren. Deshalb kann vor allem die Oberfläche eines Proteinmoleküls sowohl positive als auch negative Ladungen ($-NH_3^+$, $-COO^-$) tragen. Die Zahl der Ladungen hängt vom pH-Wert der umgebenden Lösung ab. Bei einem bestimmten pH-Wert wird die Zahl der positiven und der negativen Ladungen gleich. Dieser Zustand ist daran zu erkennen, daß sich das Protein im elektrischen Feld nicht mehr bewegt. Man nennt diesen pH-Wert wie bei den Aminosäuren den isoelektrischen Punkt. Bei diesem pH-Wert weist ein Protein die geringste Löslichkeit auf.

Proteine mit Überschuß an basischen Aminosäuren nennt man basische Proteine, solche mit einem Überschuß an sauren Aminosäuren saure Proteine. Zu den basischen Proteinen gehören die Histone, die im Zellkern an Desoxyribonukleinsäure gebunden sind. Zu den sauren Proteinen gehören viele Enzyme.

Erwärmt man Proteine auf eine Temperatur von über 60 °C, so wird infolge der starken Wärmebewegung die Tertiär- und z.T. auch die Sekundärstruktur zerstört. Das Protein ist damit denaturiert.

Wichtige Proteine sind die wasserlöslichen Albumine (z.B. Serumalbumine im Blut, Samenalbumine aus Pflanzen) und die in Wasser unlöslichen Globuline (z.B. der Blutgerinnungsstoff Fibrinogen, Immunoglobuline).

Sind Proteine kovalent mit einem anderen Molekül verknüpft, so drückt man dies in der Bezeichnung durch eine entsprechende Vorsilbe aus. Bindung an Kohlenhydrate = *Glykoprotein*, Bindung an Lipid = *Lipoprotein*. Früher wurden solche Verbindungen auch als Proteide bezeichnet.

7.5 Kohlenhydrate

Kohlenhydrate sind die wichtigsten Energiequellen der meisten Zellen, ferner dienen sie als Reservestoffe und als Stützsubstanzen. Viele Kohlenhydrate sind Verbindungen mit der Summenformel $C_x(H_2O)_y$. Die einfachen Kohlenhydrate schmecken häufig süß, sie werden deshalb oft auch als »Zucker« bezeichnet.

Die Baueinheiten (Monomeren) aller Kohlenhydrate sind die Monosaccharide (Einfachzucker).

Monosaccharide sind Verbindungen, die ein Kohlenstoffgerüst von 3, 4, 5, 6 oder 7 C-Atomen enthalten. Sie werden nach der Zahl der C-Atome Triosen, Tetrosen, Pentosen, Hexosen, Heptosen genannt. Es sind stets Polyalkohole, sie enthalten also mehrere Hydroxylgruppen im Molekül und sind daher sehr gut wasserlöslich (Abb. 47.1).

Die Struktur der Monosaccharide sei am Beispiel des Traubenzuckers *(Glucose)* betrachtet. Er hat die Summenformel $C_6H_{12}O_6$, ist also eine Hexose. Das Molekül besitzt 5 Hydroxylgruppen sowie eine Aldehydgruppe und enthält 4 asymmetrische C-Atome (C_2-C_5). Der natürlich vorkommende Traubenzucker ist die D-Glucose. Im Kristall und bei der Verknüpfung mit anderen Zuckern liegt das Glucose-Molekül in Form eines Sechserrings vor, der durch Reaktion der Carbonylgruppe mit der OH-Gruppe am fünften C-Atom entsteht (Abb. 47.2).

Genauere Betrachtung zeigt, daß zwei verschiedene Ringstrukturen möglich sind, weil beim Ringschluß am ersten C-Atom die OH-Gruppe nach oben oder nach unten angeordnet sein kann (Abb. 47.1). Man unterscheidet sie als α- und β-Glucose. In einer wäßrigen Lösung liegen alle drei Formen im Gleichgewicht vor.

Eine weitere Hexose ist der Fruchtzucker *(Fructose)*. Er trägt die Carbonylgruppe in der Kettenform am zweiten C-Atom, daher entsteht bei der Ringbildung meist ein Fünferring (s. Abb. 47.3).

Pentosen sind z.B. die *Ribose* und die sauerstoffärmere *Desoxyribose*. Sie sind Bestandteile der Nukleinsäuren.

Kettenform

Ringform

Abb. 47.1: Strukturformel der D-Glucose. Entstehung der Ringform aus der Kettenform

Abb. 47.2: Links α- und rechts β-Form der Glucose

Abb. 47.3: Fructose (Ketten- und Ringform)

Glucose + Glucose

Synthese

Hydrolyse

Maltose (Malzzucker) + Wasser

Abb. 47.4: Aufbau des Malzzuckers (Maltose)

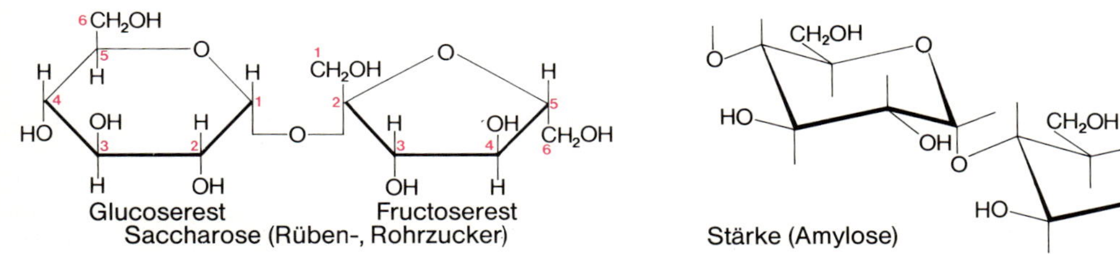

Abb. 47.5: Struktur des Rohrzuckers (Saccharose)

Abb. 47.6: Ausschnitt aus dem Kettenmolekül der Amylose, Primärstruktur

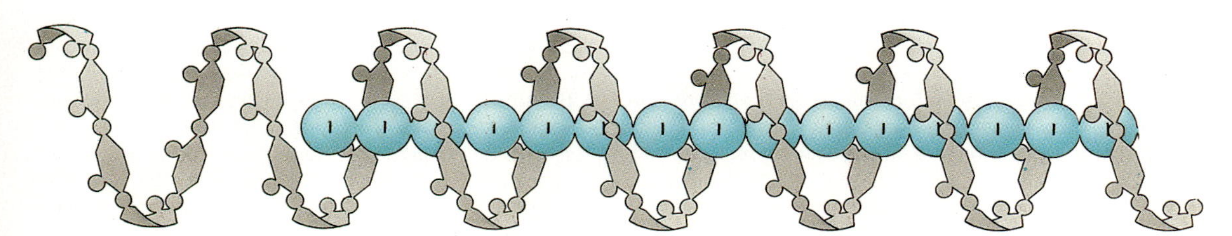

Abb. 47.7: Sekundärstruktur des Kettenmoleküls der Amylose. Die Helixstruktur ist durch Wasserstoffbrücken stabilisiert. Beim Nachweis von Stärke mit Iod entsteht eine blaue Färbung; sie kommt durch Einlagerung von Iodatomen in den inneren Hohlraum (Kanal) des schraubigen Amylose-Moleküls zustande.

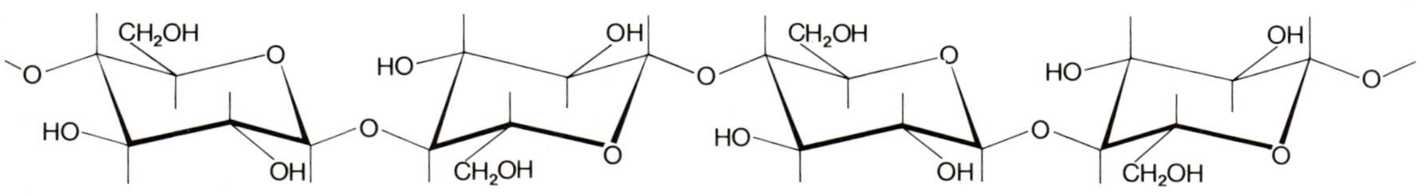

Abb. 47.8: Ausschnitt aus dem Kettenmolekül der Cellulose: Verknüpfung von β-Glucose-Einheiten in 1⟶4-Bindung. Durch die β 1⟶4-Verbindung entsteht eine gestreckte Struktur des Cellulose-Moleküls, während die α 1⟶4-Bindung bei Amylose zur Helix-Struktur führt.

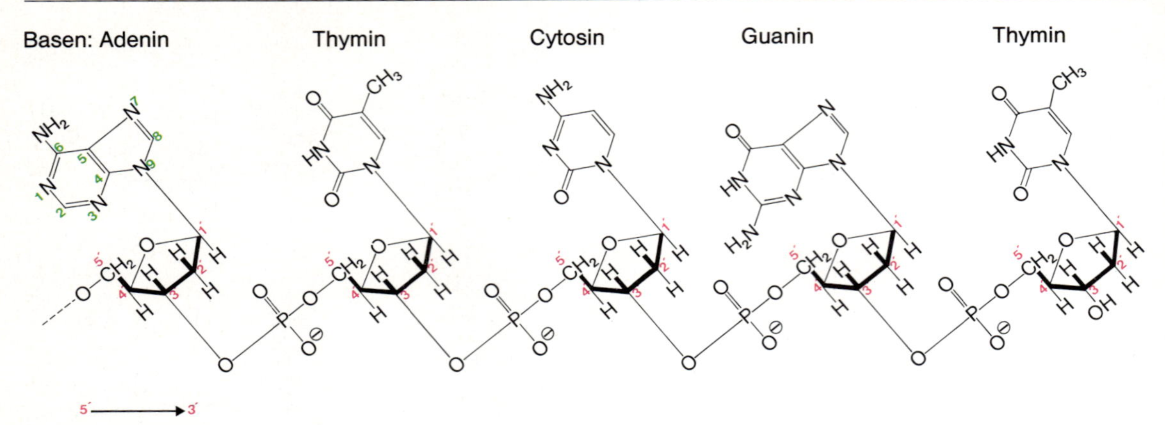

Abb. 48.1: Aufbau einer Polynukleotid-Kette, hier der Desoxyribonukleinsäure (DNA von Desoxyribonucleic acid).

Zahlen mit Strich (rot) bezeichnen die C-Atome der Pentose, Zahlen ohne Strich (grün) die C-Atome der Base.

Disaccharide. Sie entstehen durch Zusammenlagerung von zwei Monosaccharid-Molekülen unter Wasserabspaltung. Geht man von zwei Glucose-Einheiten aus, so kann sich z. B. eine Reaktion wie in Abb. 47.4 abspielen.

Dabei wird eine Bindung zwischen dem ersten C-Atom des einen Glucose-Moleküls und dem vierten C-Atom des anderen Moleküls ausgebildet. Das reagierende erste C-Atom trägt eine α-ständige, nach unten angeordnete OH-Gruppe; die gebildete glykosidische Bindung ist somit eine α-1,4-Bindung. Der entstehende Doppelzucker ist das Disaccharid *Maltose* (Malzzucker).

Rohrzucker *(Saccharose)* (Abb. 47.5) ist aus einer Glucose- und einer Fructose-Einheit mit 1,2-Verknüpfung aufgebaut; er kommt in allen höheren Pflanzen vor.

Polysaccharide. Die Polysaccharide (Vielfachzucker) sind makromolekulare, aus zahlreichen Monosacchariden aufgebaute kettenförmige Moleküle. Sie sind in kaltem Wasser meist nicht löslich, aber quellbar. Alle Polysaccharide können durch Hydrolyse (z. B. durch Enzyme oder mit Säuren) in ihre Bausteine (Monomeren) zerlegt werden. Zu den Polysacchariden gehören:

Stärke, der wichtigste pflanzliche Reservestoff, ist aus Tausenden von Glucosemolekülen aufgebaut. Sie besteht aus Amylose (unverzweigte Glucoseketten) (Abb. 47.6 und 47.7) und Amylopektin (sehr große verzweigte Kettenmoleküle). Die Glucoseeinheiten sind, wie bei der Maltose, durch α-1,4-Bindung verknüpft. Mit Jodlösung färbt sich Stärke blau.

Glykogen, der Reservestoff der Pilze und der Tiere, ist stärkeähnlich aufgebaut.

Cellulose, der Hauptbestandteil der pflanzlichen Zellwand, ist die häufigste organische Verbindung. Die Glucoseeinheiten (Abb. 47.8) sind in der Cellulose durch β-1,4-Bindungen verknüpft.

Chitin, ein stickstoffhaltiges Polysaccharid, bildet die Wand der Pilzhyphen und die Gerüstsubstanz im Außenskelett der Gliederfüßler. Sein Aufbau ähnelt dem der Cellulose.

7.6 Nukleotide und Nukleinsäuren

Nukleinsäuren sind Träger der Erbinformation. Es sind unverzweigte, kettenförmige Makromoleküle. Ihre Monomeren heißen Nukleotide, daher sind die Nukleinsäuren *Polynukleotide.* Den Namen verdanken die Nukleinsäuren ihrem Vorkommen in allen Zellkernen (Kern = Nukleus).

Nukleotide. Sie bestehen aus je einem Molekül einer Pentose, einem Phosphorsäurerest und einer stickstoffhaltigen organischen Ringverbindung, die man wegen ihrer schwach basischen Reaktion auch kurz als Base bezeichnet (s. Abb. 48.1). In Nukleinsäuren finden sich hauptsächlich die folgenden fünf Basen: **Adenin** und **Guanin** mit einem Doppelringsystem (*Purin*-Ring) sowie **Cytosin, Thymin** und **Uracil** mit einem einfachen Ringsystem (*Pyrimidin*-Ring).

Man unterscheidet zwei Arten von Nukleinsäuren: die *Ribonukleinsäuren* (RNS oder RNA von engl. ribonucleic-acid) mit dem Zucker *Ribose* und die *Desoxyribonukleinsäuren* (DNA) mit dem Zucker *Desoxyribose.* DNA enthält die 4 Basen Adenin, Guanin, Cytosin und Thymin. Ribonukleinsäuren enthalten statt Thymin fast stets Uracil.

Die Verknüpfung der Bausteine zum Nukleotid geschieht immer nach demselben Prinzip: die Base ist über eines ihrer N-Atome an das erste C-Atom des Zuckers gebunden; das fünfte C-Atom des Zuckers trägt den Phosphorsäurerest.

Bei der Desoxyribose trägt das zweite C-Atom keinen Sauerstoff (daher die Bezeichnung).

Nukleinsäuren. In den Nukleinsäuren sind die Nukleotide linear in einer Kette angeordnet und durch Phosphorsäure-Brücken vom 5′-C-Atom des einen Zuckerrestes zum 3′-C-Atom des nächstfolgenden Zuckerrestes verknüpft. Base und Zucker ohne Phosphorsäure werden als *Nukleosid* bezeichnet. Für die Nukleoside (und häufig ungenauerweise auch für die Basen allein) verwendet man als Symbole die Anfangsbuchstaben der jeweils beteiligten Basen: A, C, G, T, U.

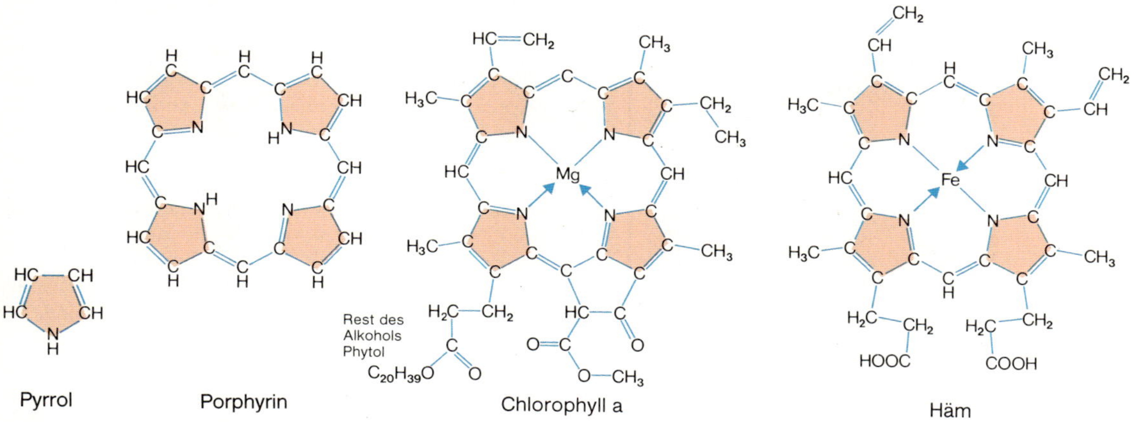

Pyrrol Porphyrin Chlorophyll a Häm

Rest des Alkohols Phytol

Abb. 49.1: Die Porphyrin-Ring-Systeme Chlorophyll und Häm und ihre Bausteine Pyrrol und Porphyrin.
↑: Bindung durch freie Elektronenpaare des Stickstoffs.

Aufgrund des geschilderten Aufbaus einer Polynukleotidkette hat diese stets ein 5'- und ein 3'-Ende, ihre Richtung ist dadurch festgelegt (vgl. Abb. 48.1).

7.7 Porphyrine

Die Porphyrine sind Farbstoffe, deren Moleküle das aus vier Pyrrolringen zusammengesetzte Porphyringerüst besitzen. Zu ihnen gehören das *Chlorophyll* (Blattgrün) mit dem Zentralatom Magnesium und das *Häm* mit dem Zentralatom Eisen (s. Abb. 49.1). Häm ist der farbige Bestandteil sowohl des Hämoglobins in den roten Blutkörperchen als auch des Myoglobins in den Muskelzellen und der *Cytochrome* (Proteine der Zellatmung). Eine Reihe von Porphyrinen sind Bestandteile von Enzymen.

Das Eisen wird durch Abgabe eines Elektrons zu Fe^{3+} oxidiert bzw. durch Aufnahme eines Elektrons zu Fe^{2+} reduziert. Cytochrome sind daher Elektronenüberträger und bilden Redoxsysteme (s. 8.4). Im Hämoglobin bindet das Fe^{2+} des Häm-Systems den Sauerstoff ohne Oxidation am Eisen (s. 8.4)!

7.8 Untersuchungsverfahren der Biochemie

Zur Untersuchung der einzelnen in den Zellen enthaltenen Verbindungen muß man diese voneinander trennen und reinigen. Einige besonders wichtige Verfahren seien hier geschildert: Lösliche Stoffe können aus dem Gewebe mit einem geeigneten Lösungsmittel herausgelöst und dann durch *Chromatographie* getrennt und isoliert werden. Für Aminosäuren und Zucker ist die Methode der *Papierchromatographie* geeignet. Der wäßrige Zellextrakt wird dabei am Ende eines saugfähigen Papiers (Chromatographiepapier) an einem Startpunkt aufgetropft. Nach dem Trocknen taucht man das Papier in ein geeignetes »Laufmittel«, das im Papier wandert und die Stoffe des Extraktes verschieden weit mit sich führt. Anschließend werden die aufgetrennten Verbindungen durch chemische Reaktionen, bei denen farbige Verbindungen entstehen, sichtbar gemacht. Für alle biologischen Stoffgruppen gibt es solche spezifische Farbreaktionen. Untersucht man ein unbekanntes Stoffgemisch, so kann man neben dessen Auftropfstelle auch bekannte Substanzen der entsprechenden Verbindungsgruppe (z. B. Aminosäuren) auftragen. Stoffe, die gleich weit wandern wie die bekannten Substanzen, werden als mit ihnen identisch angenommen.

Zur Trennung komplexer Gemische und zur besseren Unterscheidung der Stoffe bedient man sich oft zweidimensionaler Chromatographie. Dazu wird nach der Auftrennung des Stoffgemisches in einer Richtung der Chromatographiestreifen um 90° gedreht und dann in ein zweites Laufmittel gehängt (Abb. 50.1).

Die Papierchromatographie gestattet die Trennung und Bestimmung von Stoffgemischen, in denen Mengen von ungefähr $^1/_{1000}$ mg vorliegen. Etwa ums Zehnfache empfindlicher und rascher durchzuführen ist die prinzipiell ähnliche *Dünnschichtchromatographie* (vgl. Abb. 127.1). Bei diesem Verfahren wird die Trennung auf einer dünnen Schicht von Kieselgel, Cellulose o.ä. (der Trägersubstanz) vorgenommen, die auf Glas oder einer Kunststoff-Folie aufgebracht ist.

In der Forschung werden noch andere chromatographische Verfahren angewandt; so bestimmt man z. B. verdampfbare Stoffe durch *Gaschromatographie* oder man trennt Stoffe nach der Molekülgröße in einem Polysaccharid-Gel durch *Gelchromatographie*.

Um die chromatographische Trennung zu beschleunigen, wendet man erhöhte Drucke an und preßt das Laufmittel durch ein dünnes Stahlrohr, in dem sich eine Trägersubstanz befindet, an der die Auftrennung erfolgt. Dieses Verfahren heißt *Hochdruckflüssig-Chromatographie*.

Proteine sind meistens elektrisch geladen. Deshalb kann man sich zu ihrer Trennung der *Elektrophorese* bedienen (Abb. 50.2).

Ein mit Salzlösung getränkter Filtrierpapierstreifen wird zwischen zwei Elektroden ausgespannt und das zu untersuchende Substanzgemisch (z.B. Eiweiß) auf die Streifenmitte aufgetragen. Nach Anlegen einer Gleichspannung wandern negativ geladene Teilchen zur Anode, positiv geladene zur Kathode. Sie wandern verschieden schnell, je nach Ladung, Größe und Gestalt der Moleküle. Die Unterschiede in der Wanderungsgeschwindigkeit führen zu einer Trennung der Stoffe, die dann durch Farbreaktionen erkannt werden können. Die Elektrophorese wird heute überwiegend mit Kunststoffgelen durchgeführt *(Gel-Elektrophorese)*.

Ein wichtiges Verfahren zur Aufklärung von Stoffwechselwegen ist die *Isotopenmarkierung (Tracer-Methode)*. So kann man z.B. mit Hilfe des radioaktiven Kohlenstoffisotops ^{14}C feststellen, welche Stoffe bei der CO_2-Assimilation der Pflanze gebildet werden, indem man dem CO_2-Gas eine geringe Menge radioaktiv markiertes CO_2 beimischt (vgl. dazu Stoffwechsel und Energiehaushalt der Pflanze, 2.2.7).

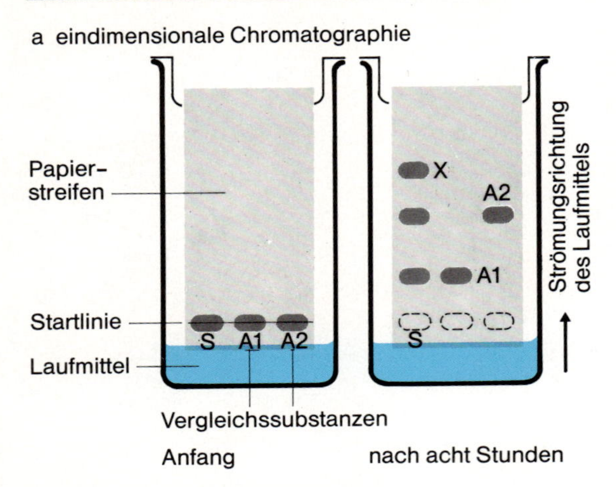

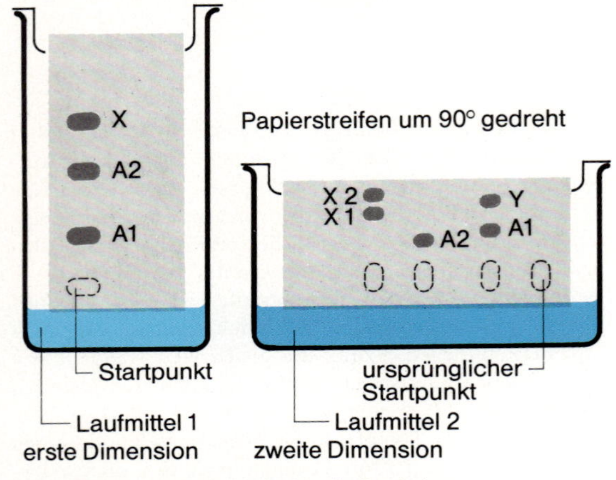

Abb. 50.1: Papierchromatographie eines Stoffgemisches.
a Eindimensionale Chromatographie. S Stoffgemisch am Startpunkt; A 1 und A 2 reine Aminosäuren als Vergleichsstoffe.
Die Chromatographie zeigt, daß das Stoffgemisch die Aminosäuren A 1, A 2 sowie den noch nicht identifizierten Stoff X enthält.
b Zweidimensionale Chromatographie.
In der ersten Dimension erhält man das von a bekannte Ergebnis.
In der zweiten Dimension zeigt sich, daß X in zwei Stoffe X_1 und X_2 aufspaltet; ebenso ist neben der Aminosäure A 1 noch ein unbekannter Stoff Y zu erkennen, der in der ersten Dimension die gleiche Laufstrecke wie A 1 aufweist und daher durch eindimensionale Chromatographie nicht zu erkennen ist.

8. Energiehaushalt der Zelle

8.1 Chemisches Gleichgewicht

Die Umsetzungen von Stoffen in der Zelle sind chemische Reaktionen. Jede chemische Reaktion ist mit Energieumwandlungen verknüpft und läuft mit einer bestimmten Geschwindigkeit ab. Die meisten chemischen Vorgänge sind umkehrbar.

Eine solche umkehrbare Reaktion bei organischen Stoffen ist z.B. die Umsetzung von Säure und Alkohol zum Ester:

$$CH_3-\underset{\underset{O}{\|}}{C}-OH+HO-CH_2-CH_3 \underset{\text{Hydrolyse}}{\overset{\text{Synthese}}{\rightleftharpoons}} CH_3-\underset{\underset{O}{\|}}{C}-O-CH_2-CH_3+H_2O$$

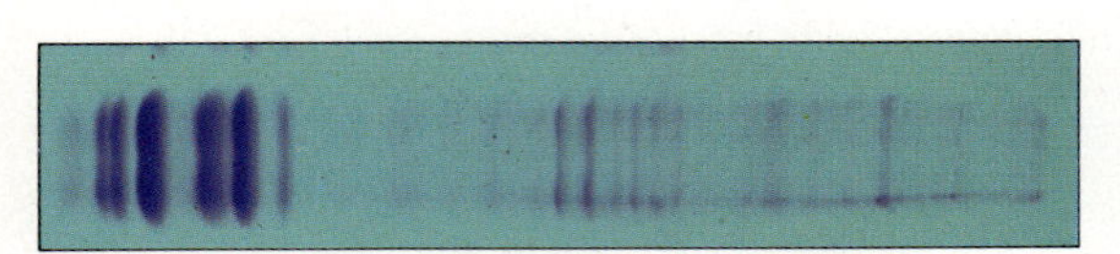

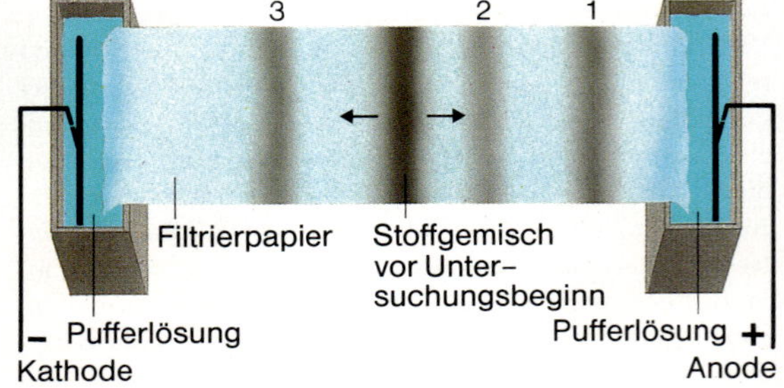

Abb. 50.2: Trennung eines Stoffgemisches durch Elektrophorese.
Die Stoffe 1 und 2 (im rechten Bild) sind negativ geladen und wandern verschieden rasch zur Anode.
Stoff 3 ist positiv geladen und wandert zur Kathode.
Das Papier taucht an beiden Seiten in eine Pufferlösung von bestimmtem pH-Wert.

Führt man die Reaktion in einem abgeschlossenen Gefäß aus, so entsteht aus den Ausgangsstoffen unter Wasserbildung eine bestimmte Menge Ester; daneben bleiben aber auch Alkohol und Säure in bestimmter Menge erhalten. Es stellt sich (bei gegebener Temperatur) ein Endzustand ein, in dem alle vier Stoffe in bestimmten Mengen vorliegen. Der gleiche Endzustand läßt sich erreichen, wenn man reinen Ester mit Wasser vermischt. Es werden dann Alkohol und Säure durch Esterspaltung (Hydrolyse) gebildet. Den – bei Verwendung gleicher Konzentration der Ausgangsstoffe – stets gleichen Endzustand nennt man den **Zustand des chemischen Gleichgewichts.** Die Geschwindigkeit der Hin- und Rückreaktion ist dabei gleich.

In diesem Gleichgewichtszustand scheint die Reaktion stillzustehen, weil die Umsetzungen in beiden Richtungen gleich rasch verlaufen.

Wenn man hingegen aus dem chemischen System fortwährend einen der Stoffe entnimmt (im Beispiel unten etwa das Wasser ständig entfernt), so kann sich das Gleichgewicht nicht einstellen und die Reaktion läuft immer weiter in einer Richtung ab (bis die Ausgangsstoffe vollständig umgesetzt sind). Infolge der fortgesetzten Entnahme einer Komponente aus der Reaktion liegt kein geschlossenes System mehr vor, sondern ein *offenes System. In offenen Systemen stellen sich chemische Gleichgewichte nicht ein,* wenn Stoffe zugeführt oder entnommen werden.

8.2 Energieumsatz

Chemische Reaktionen, also auch Stoffwechselreaktionen, sind mit einem Energieumsatz verbunden (s. Abb. 51.1). Entweder wird bei der Reaktion Energie freigesetzt oder es muß zum Ablauf der Umsetzung Energie aufgenommen werden. Die Energieveränderungen bei chemischen Reaktionen sind am einfachsten zu erkennen an der **Reaktionswärme** (= Wärmetönung der Reaktion). Sie ist für viele Reaktionen direkt meßbar im Kalorimeter (Abb. 165.1). Reaktionen, bei denen Reaktionswärme abgegeben wird, heißen **exotherm;** Reaktionen, bei denen Wärmeenergie zugeführt werden muß, heißen **endotherm.** Durch eine Reaktion ändert sich der Energieinhalt eines chemischen Systems. Das Ausmaß dieser Änderung ist über den Wärmegewinn oder -verlust quantitativ meßbar. Die Reaktionswärme bei der Verbrennung von Traubenzucker (Glucose) wird bestimmt, indem man 1 Mol Glucose (180 g) in Gegenwart von reinem Sauerstoff im Kalorimeter vollständig verbrennt; man erhält 2820 kJ:

$$C_6H_{12}O_6 + 6\ O_2 \rightarrow 6\ CO_2 + 6\ H_2O \quad \Delta H = -2820\ \text{kJ}$$

Die Wärmeenergie, die hierbei an die Umgebung abgegeben wird, ist gleich der Differenz des Energieinhalts (innere Enthalpie) der Ausgangsstoffe und der Endprodukte der Reaktion. Sie heißt **Enthalpieänderung** ΔH. Die molare Enthalpieänderung der

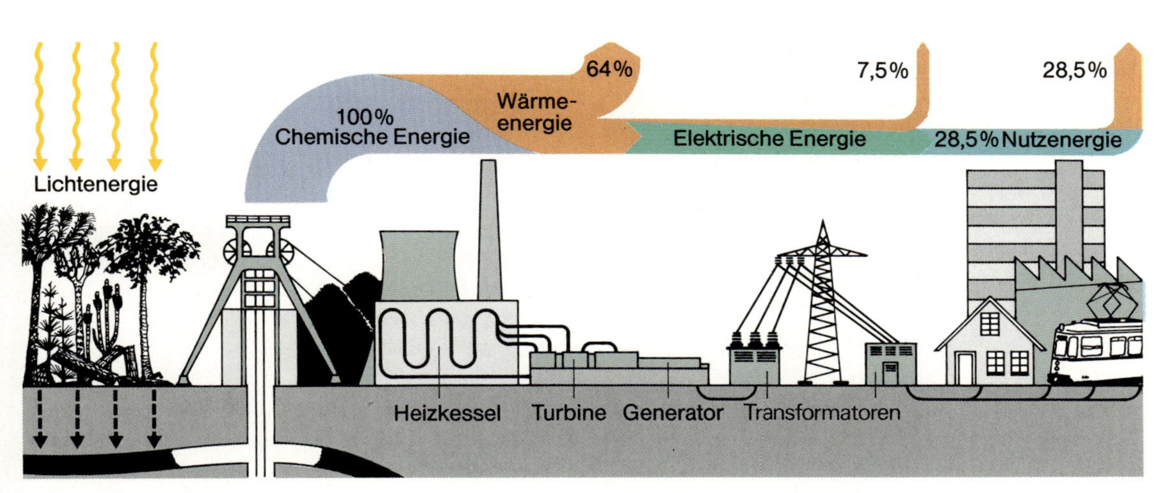

Abb. 51.1: Beispiel für Energieumsetzungen, das den Verlust nutzbarer Energie durch Entstehen von Wärmeenergie zeigt. Das Sonnenlicht liefert Energie, die von Pflanzen zum Aufbau organischer Stoffe genutzt wird. Die aus den Pflanzen entstandenen Kohlen werden vom Menschen zur Herstellung von Elektrizität verwendet (Nutzeffekt ca. 36%). Die elektrische Energie wird zum Betrieb von Maschinen, zur Beleuchtung und zur Beheizung genutzt und dabei letzten Endes restlos in Wärme verwandelt. Über 60% der in Kohlen, Erdöl usw. erhaltenen Energie gehen durch Umwandlungsverluste ungenutzt verloren. Die Verluste sind besonders hoch beim Betrieb von Wärmekraftmaschinen. Hier muß durch technische Weiterentwicklungen Wandel geschaffen werden.

Verbrennung von Glucose beträgt also $\Delta H = -2820$ kJ. Das negative Vorzeichen sagt aus, daß Energie bei der Verbrennung an die Umgebung abgegeben und damit dem chemischen System entzogen wird.

In den Zellen der Lebewesen erfolgen die Energieumsetzungen bei konstantem Volumen und weitgehend konstantem Druck. Daher ist eine Meßgröße für die Energie vorteilhaft, die angibt, welcher Energiebetrag unter diesen Bedingungen für die Verrichtung von Nutzarbeit (maximal) zur Verfügung steht. Diese Größe nennt man die **freie Enthalpie** (= freie Gibbs-Energie; oft kurz – aber nicht ganz richtig – freie Energie genannt). Sie ist bei einer Reaktion stets nur als *Änderung der freien Enthalpie* ΔG feststellbar. Diese ist ein Maß für die *Triebkraft der Reaktion,* d.h. die Energie, welche die Reaktion maximal für andere Vorgänge liefert.

Die Größe ΔG ist für Lebewesen insofern von Bedeutung, als sie angibt, welchen Energiebetrag eine bestimmte Zuckermenge im Körper bzw. in der Zelle zur Verrichtung von Arbeit maximal zur Verfügung stellen könnte, wenn keine Wärmeverluste einträten.

Bei der Verrichtung von Arbeit in Zellen spielt Wärmeenergie keine Rolle. Wärmeenergie kann nämlich nur dann Arbeit verrichten, wenn ein Temperatur- und Druckgefälle besteht. Dies zeigen die Wärmekraftmaschinen (Dampfmaschine), bei denen ein Teil der Wärmeenergie in mechanische Arbeit umgewandelt wird.

Bei Reaktionen, die unter Energiefreisetzung ablaufen, erhält ΔG ein negatives Vorzeichen, weil die Energie vom System abgegeben wird. Man nennt solche Reaktionen **exergonische Reaktionen.** Diese laufen »freiwillig« ab. Umsetzungen, die der Energiezufuhr bedürfen, nennt man **endergonisch;** ihr ΔG-Wert ist positiv. Die bei einer exergonischen Reaktion freiwerdende Energie kann allerdings nur zum Teil zur Verrichtung von Arbeit genutzt werden (z.B. zum Aufbau neuer Stoffe oder für die mechanische Arbeit der Muskeln). Der Rest wird als Wärme abgegeben und ist somit nicht mehr nutzbar.

Bei nahezu jeder Energieumwandlung wird Energie anderer Formen zu Wärmeenergie. Die Wärme wird an die Umgebung abgegeben. Der Tendenz der Energieumwandlungen, so abzulaufen, daß Wärmeenergie entsteht, muß man durch Einführung einer Größe Rechnung tragen, welche die Verteilung (den Ordnungsgrad) der Energie angibt. Diese Größe ist die **Entropie S.** Wärmeenergie beruht auf der ungeordneten Bewegung von Teilchen. Je weitgehender die mittlere Bewegungsenergie der Teilchen in einem System gleich ist, um so weniger vermag diese Wärmeenergie Arbeit zu verrichten; um so weniger »wert« ist diese Energie und um so größer ist die Entropie. Kurz: je größer die Unordnung durch die Wärmebewegung, um so größer ist die Entropie.

Eine größere Unordnung im System ist wahrscheinlicher als ein höherer Ordnungszustand. Jede Zunahme von Ordnung erfordert einen bestimmten Energieaufwand, jede Abnahme setzt Energie frei. Zum Aufbau des organischen Moleküls Glucose aus den einfachen Molekülen CO_2 und H_2O ist aus zwei Gründen Energie erforderlich: Einerseits haben CO_2 und H_2O eine geringere innere Enthalpie als Glucose, andererseits besitzt das aus ihnen aufgebaute Produkt Glucose eine hochgeordnete räumliche Struktur. Beim Abbau der Glucose entstehen viele einfachere Moleküle in gasförmigem Zustand mit geringerem Ordnungsgrad; entsprechend wird Energie frei.

Die Entropie ist ein Maß für den Grad der Unordnung eines Stoffes oder Systems. Der Unterschied zwischen der Entropie der Ausgangs- und der Endstoffe einer Umsetzung wird ΔS genannt. Ist ΔS positiv, so nimmt die Unordnung zu, ist ΔS negativ, so nimmt der Ordnungsgrad zu. Die Energie, die zur Herstellung von Ordnung aufzuwenden ist, bzw. bei der Entstehung von Unordnung frei wird, hängt von der Temperatur T ab.

Bringt man zwei Körper verschiedener Temperatur zusammen, so erfolgt ein Temperaturausgleich. Dieser Vorgang ist nicht umkehrbar (irreversibel), d.h. Wärme geht nicht von selbst von einem kälteren auf einen wärmeren Körper über, obwohl dies nach dem Energieerhaltungssatz möglich wäre. Ebenso sind Diffusionsvorgänge (vgl. 3.1) irreversibel. Auch dieser Nicht-Umkehrbarkeit von Reaktionen trägt die Entropiegröße Rechnung: sie nimmt bei irreversiblen Reaktionen stets zu.

Die Reaktionswärme (Änderung der inneren Enthalpie) einer chemischen Reaktion ist zusammengesetzt aus der maximalen Nutzarbeit, die verrichtet werden kann (Änderung der freien Enthalpie) und dem (temperaturabhängigen) Energieanteil, der zur Entropiezunahme führt:

$$\Delta H = \Delta G + \mathrm{T} \cdot \Delta S,$$

oder

$$\Delta G = \Delta H - \mathrm{T} \cdot \Delta S$$

Betrachten wir das Beispiel der Verbrennung von Glucose: Hier entstehen aus dem Molekül $C_6H_{12}O_6$ viele einfachere Moleküle ($6\ CO_2$ und $6\ H_2O$), die Unordnung nimmt also zu. Die Zunahme der Entropie treibt die Reaktion zusätzlich in Richtung der einfacheren Moleküle. Die Größe $\mathrm{T} \cdot \Delta S$ beträgt bei Zimmertemperatur $+55$ kJ. Es gilt also nach der Formel:

$$\begin{aligned} \Delta G &= \Delta H - \mathrm{T} \cdot \Delta S \\ \Delta G &= -2820\ \mathrm{kJ} - (+55\ \mathrm{kJ}) \\ &= -2875\ \mathrm{kJ} \end{aligned}$$

Ein Mol Glucose vermag also (maximal) mehr Arbeit zu verrichten, als aufgrund der Reaktionswärme bei Verbrennung zu erwarten wäre. Die ΔG-Werte bezieht man üblicherweise auf einmolare Konzentration der Ausgangs- und Endprodukte (auf »Standardbedingungen«).

Die Entropie nimmt bei allen Reaktionen zu, aber diese Zunahme muß nicht im reagierenden System selbst erfolgen, sondern kann auch durch Abgabe der Entropie in die Umgebung stattfinden. Durch die Stoffwechselreaktionen kommt es nicht zur Entropiezunahme im Organismus, sondern es wird Ordnung erhalten. Wenn ein Lebewesen durch Vermehrung der Zahl der Zellen (mit geordneter Struktur) wächst, wird die Ordnung sogar vermehrt. Die Entropiezunahme erfolgt in der Umgebung, da die Lebewesen Energie des Sonnenlichts oder der organischen Nahrung nutzen und in der qualitativ »schlechteren« Energieform der Wärme abgeben. *Lebewesen bauen ihre Ordnung auf, indem sie die Entropie in der Umgebung vermehren.*

Wie ein Wagen sich von allein nur bergab, also in Richtung niederer potentieller Energie in Bewegung setzt, so verlaufen auch chemische Reaktionen freiwillig nur in die Richtung, in der die gebildeten Stoffe einen geringeren Energieinhalt besitzen als die Ausgangsstoffe, d.h. als exergonische Reaktion. Je größer die Differenz im Energieinhalt zwischen Ausgangsstoffen und Endprodukten ist, desto größer ist die Tendenz zur Bildung der Endprodukte.

Nun weiß man aber, daß in der Zelle auch endergonische Reaktionen ablaufen. Wie ist dies möglich? Will man erreichen, daß sich ein Wagen ohne eigene Energie (ohne Verwendung eines Motors) bergauf in Bewegung setzt, so muß man ihn mit einem Seil über eine Rolle mit einem zweiten, bergab rollenden Wagen verbinden (Seilbahn). Wegen der Reibung muß dieser Wagen schwerer sein als der erste. Entsprechend kann auch im Organismus eine endergonische Reaktion nur dann ablaufen, wenn sie mit einer exergonischen gekoppelt ist, die mehr Energie liefert als die endergonische benötigt. Die Energiebilanz beider Reaktionen muß also exergonisch sein. Die überschießende Energie wird als Wärme frei. Das folgende Beispiel 1 soll dies erläutern (s. unten).

Die Reaktion (1) ist endergonisch und verläuft nicht spontan. Die Reaktion (2) ist exergonisch und verläuft bei Anwesenheit des entsprechenen Enzyms spontan. Auch bei Koppelung beider Reaktionen (3) ist der Prozeß noch exergonisch und läuft somit spontan ab. Der überschüssige Energiebetrag wird als Wärme frei, die insgesamt zur Verfügung stehende Energie wird also nicht maximal genutzt. Allgemein läßt sich die Koppelung von Aufbau- und Abbauvorgängen durch das untenstehende Beispiel 2 ausdrücken.

Beispiel 1:

(1) Glucose + Phosphorsäure	→ Glucose ~ Phosphat + H_2O	Energiezufuhr:	$\Delta G = 13$ kJ/mol
(2) ATP + H_2O	→ ADP + Phosphorsäure	Energieabgabe:	$\Delta G = -30$ kJ/mol
(3) Glucose + ATP	→ Glucose ~ Phosphat + ADP	Energieüberschuß:	$\Delta G = -17$ kJ/mol

Beispiel 2:

Exergonischer Vorgang:
Abbau von A zu B
unter Freisetzung von Energie

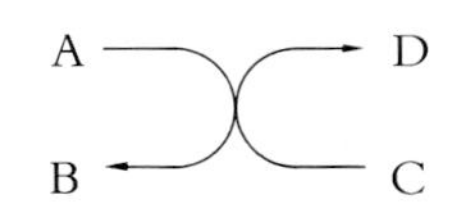

Endergonischer Vorgang:
Aufbau von D aus C unter Aufnahme der beim exergonischen Vorgang freigesetzten Energie

Beispiel 3:

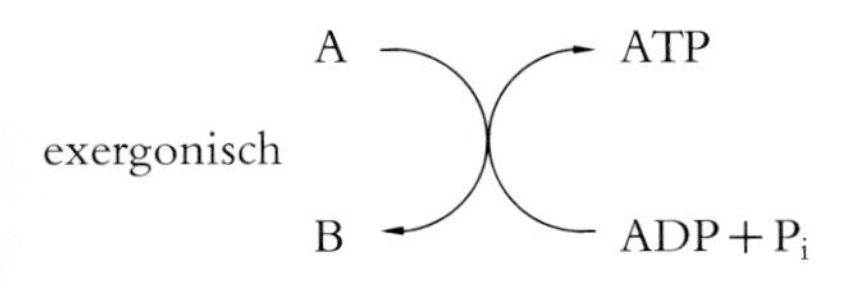

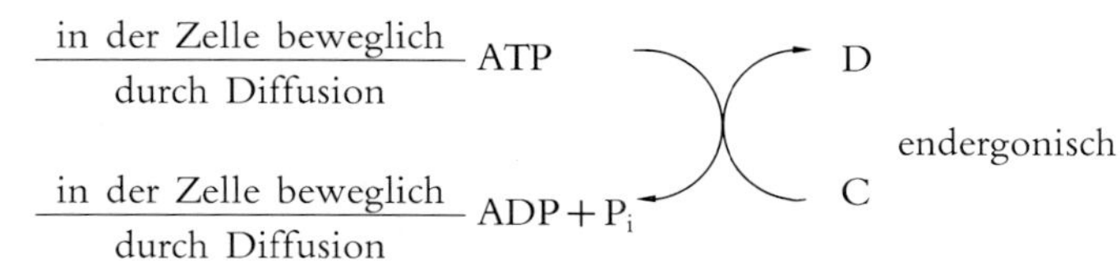

1 g Glucose — liefert bei Verbrennung → 16 kJ Verbrennungswärme

1 g Glucose — liefert bei Durchführung der Reaktionen der Zellatmung unter Standardbedingungen (einmolare Konzentration) → 6 kJ chem. Energie (zur Bildung von ATP)
10 kJ Wärme (geht an Umgebung verloren)

1 g Glucose — liefert beim Abbau in der Zelle unter den Konzentrationsverhältnissen der Zelle → 8–10 kJ chem. Energie (zur Bildung von ATP)
6– 8 kJ Wärme (geht an Umgebung verloren)

8.3 ATP als Energieüberträger

Für alle Lebensvorgänge braucht die Zelle Energie. Für den Stoffaufbau ist chemische Energie, für die Aufrechterhaltung der Körpertemperatur ist Wärme notwendig, die Muskelzellen erzeugen mechanische Energie und die Nervenzellen elektrische Energie. Auch für die Zelle gilt der Satz von der Erhaltung der Energie. Die von ihr benötigte Energie erhält sie durch Umsetzung chemischer Verbindungen, die ihr mit der Nahrung zugeführt werden oder die sie bei Besitz von Chloroplasten durch Photosynthese aus Lichtenergie gewinnt.

Die exergonische Reaktion des Abbaus von Glucose liefert die Energie für endergonische Reaktionen. Nun laufen diese aber (z.B. der Neuaufbau eines Stoffes) in der Zelle nicht genau dort ab, wo Glucose abgebaut wird. Zwischen der exergonischen Glucose-Abbau-Reaktion und einer ganz bestimmten endergonischen Reaktion läßt sich aber eine Kopplung herstellen. Dazu muß beim Abbau der Glucose ein Zwischenprodukt entstehen, das beweglich ist und an die Orte des Bedarfs transportiert werden kann. Dort kann die bei der Bildung des Stoffes aufgenommene Energie durch Abbau des energiereichen Stoffes wieder freigesetzt werden. Für die Kopplungsreaktion benutzt die Zelle in den meisten Fällen die Bildung von Adenosintriphosphat (ATP) aus Adenosindiphosphat (ADP) und einem Phosphorsäurerest (P_i, i steht für inorganic = anorganisch, s. Abb. 54.1). Diese Reaktion ist endergonisch und nimmt in der Zelle freiwerdende Energie auf. Die umgekehrte Reaktion $ATP \rightarrow ADP + P_i$ ist nach dem Gesetz der Energieerhaltung exergonisch: $\Delta G = -30$ kJ/mol (Standardwert bei einmolarer ATP-Lösung; unter den tatsächlichen Konzentrationsverhältnissen der Zelle ist ΔG noch stärker negativ).

Die exergonische Reaktion kann mit irgendeiner endergonischen Reaktion (z.B. Bindung von Phosphorsäure an Glucose, obiges Beispiel) verknüpft werden und ermöglicht deren Ablauf (s. Beispiel 3).

Bei der Verbrennung wird keine Nutzarbeit verrichtet. Bei der Zellatmung werden mindestens 6 kJ von insgesamt 16 kJ freiwerdender Energie zur ATP-Bildung genutzt (= 38%). Die theoretisch höchstmögliche Nutzbarkeit ist durch den ΔG - Wert (16 kJ/g Glucose = 2875 kJ/mol) gegeben.

In Formeln der Biochemie wird die Phosphorsäure mit dem Zeichen P_i, ein gebundener Phosphorsäurerest häufig durch Ⓟ ausgedrückt. Das Zeichen ~ gibt eine **energiereiche Bindung** an. Es weist darauf hin, daß die so gebundenen Atomgruppen leicht mit anderen Stoffen unter Freiwerden von Energie reagieren und dabei endergonische Reaktionen ermöglichen.

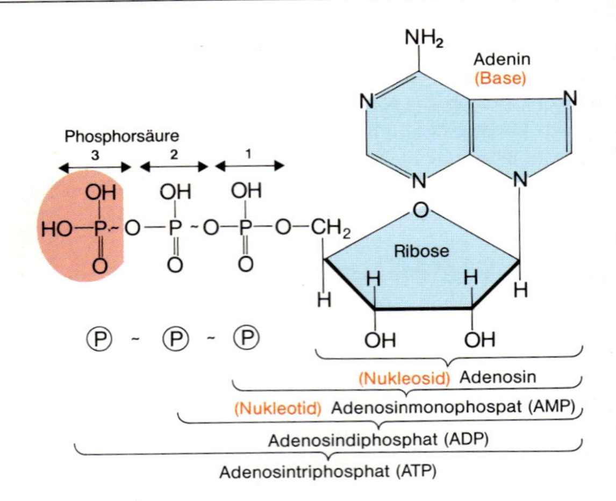

Abb. 54.1: Aufbau des ATP. Vgl. hierzu auch Abb. 132.1

Die Bezeichnung »energiereiche Bindung« meint allerdings nicht, daß die Energie ausschließlich in einer chemischen Bindung stecke und bei der Spaltung dieser Bindung freigesetzt würde. Sie drückt nur aus, daß zwischen dem Energiegehalt der reagierenden Substanz ATP und dem Energiegehalt der Reaktionsprodukte ADP und P_i eine verhältnismäßig hohe Energie-Differenz besteht.

Weil sich ATP bei Energiezufuhr leicht aufbauen und unter Freisetzung dieser Energie auch leicht wieder abbauen läßt, ist die Verbindung geeignet, Energie von einer Reaktion auf die andere zu übertragen oder bei exergonischen Reaktionen freigewordene Energie vorübergehend zu speichern oder auch dazu, eine Energieform in eine andere zu verwandeln. ATP ist in allen Zellen vorhanden; seine Konzentration in der Zelle liegt bei 0,5–2,5 mg/ml Gewebe.

Die Lebensdauer eines einzelnen ATP-Moleküls ist sehr kurz. Beim Abbau der durchschnittlichen Nahrungsmenge, die der Mensch in einem Tag aufnimmt, wird so viel Energie freigesetzt, daß damit 85 kg ATP gebildet werden könnten. Da der menschliche Körper zu jedem Zeitpunkt aber nur 35 g ATP enthält, müssen seine ATP-Moleküle täglich etwa 2400mal aus ADP aufgebaut und wieder zu ADP abgebaut werden. Das ATP hat eine hohe Umsatzrate (turn-over).

Adenosintriphosphat ist ein Nukleotid, das aus der Base Adenin, dem Zucker Ribose und drei Phosphorsäureresten aufgebaut ist (s. 7.6 und Abb. 54.1). Die bei der Verknüpfung von Phosphorsäure und Adenosin aufgenommene Energie macht ATP zu einer energiereicheren Verbindung. Ebenso wie Adenosin werden auch viele andere am Zellstoffwechsel beteiligten Stoffe (z.B. alle Monosaccharide) mit Phosphorsäure verestert; man nennt dies *Phosphorylierung*. Die dafür aufzuwendende Energie macht die phosphorylierten Verbindungen energiereicher und reaktionsbereit. Die Stoffe werden durch Phosphorylierung »aktiviert«.

8.4 Redoxreaktionen

Oxidation ist die Abgabe, Reduktion die Aufnahme von Elektronen. Eine Oxidation ist stets mit einer Reduktion verknüpft, da bei der Abgabe von Elektronen durch ein Teilchen ein anderes vorhanden sein muß, das Elektronen aufnimmt; man spricht deshalb von *Redoxreaktionen*. Der Reaktionspartner, der reduziert, bildet zusammen mit dem Reaktionspartner, der oxidiert, ein Redoxsystem. Redoxreaktionen sind im Stoffwechsel des Organismus sehr zahlreich (s. Stoffwechsel der Pflanze 2. und 4.).

Je leichter die Oxidation eines Stoffes (also die Elektronenabgabe) erfolgt, desto erschwerter ist die Reduktion der oxidierten Form (also die Elektronenaufnahme) und umgekehrt. Ein Stoff, der leicht Elektronen abgibt, kann viele andere Stoffe reduzieren. Er wird dabei oxidiert und wirkt als Reduktionsmittel. Umgekehrt ist ein Stoff, der leicht Elektronen aufnimmt, ein gutes Oxidationsmittel, weil er anderen Teilchen Elektronen entziehen kann. Die allermeisten Stoffe können aber sowohl oxidierend als auch reduzierend wirken. Redoxpartnern von geringerer Oxidationskraft entziehen sie Elektronen, an Partner mit höherer Oxidationskraft geben sie Elektronen ab. Je größer der Unterschied der Oxidationskräfte (»Redoxpotential«) ist, desto größer ist der Energiebetrag, der bei der Redox-Reaktion frei wird. Man mißt das *Redoxpotential* in Volt, der Spannungseinheit des elektrischen Stromes, bei dem ebenfalls Elektronenbewegungen auftreten (vgl. Stoffwechsel der Pflanze 2. und 4.). Die Redoxpotential-Differenz ist zugleich ein Maß für die Änderung der freien Enthalpie ΔG, also ein Maß für die Triebkraft der Redoxreaktion.

8.5 Reaktionsgeschwindigkeit

Eine bestimmte Reaktionsfähigkeit, gemessen als negativer ΔG-Wert einer Reaktion, sagt nichts über die Geschwindigkeit dieser Reaktion aus. Er bedeutet nur, daß die Umsetzung unter Freisetzung von Energie möglich ist. Die Geschwindigkeit, mit der die Reaktion abläuft, ist von den Energieverhältnissen unabhängig.

Organische Stoffe können in Gegenwart von Sauerstoff zu einfachen anorganischen Verbindungen (CO_2, H_2O) oxidiert werden. Diese Reaktionen sind stark exergonisch, das Gleichgewicht liegt also bei Zimmertemperatur völlig auf der Seite der niedermolekularen anorganischen Verbindungen. Da aber organische Verbindungen in Gegenwart von Sauerstoff existieren können, muß die Geschwindigkeit, mit der sich das Gleichgewicht einstellt, bei Zimmertemperatur außerordentlich gering sein. Obwohl sich bei den normalen Temperaturen unserer Umwelt der Gleichgewichtszustand noch nicht eingestellt hat, bleibt die Reaktion mit Sauerstoff aus; die Verbindungen sind *metastabil*. Nur deshalb können Lebewesen, die ja vorwiegend aus organischen Verbindungen bestehen (also metastabile Systeme sind), überhaupt existieren. Erst, wenn man einen gewissen Energiebetrag, die *Aktivierungsenergie* (z.B. durch Anzünden) zuführt, reagieren diese organischen Stoffe mit Sauerstoff.

Die Reaktionsgeschwindigkeit chemischer Reaktionen nimmt mit steigender Temperatur zu. Als Faustregel (Reaktionsgeschwindigkeit-Temperatur-Regel: *RGT-Regel*) gilt, daß sich die Reaktionsgeschwindigkeit bei einer Temperaturzunahme um 10 °C etwa verdoppelt. Wenn man ein metastabiles System (eine organische Verbindung in Gegenwart von Sauerstoff) örtlich erhitzt (Anzünden), so kommt die Reaktion an dieser Stelle in Gang. Da die Reaktion selber Energie liefert, erhält sie sich und läuft vollständig ab. Die aufzuwendende Aktivierungsenergie bestimmt also die Reaktionsgeschwindigkeit. Ist der Bedarf an Aktivierungsenergie so gering, daß die Zimmertemperatur ausreicht, läuft die Reaktion sofort ab.

Durch *Katalysatoren* kann man den Aufwand an Aktivierungsenergie für eine bestimmte Reaktion herabsetzen (s. Abb. 55.1), weil Katalysatoren die be-

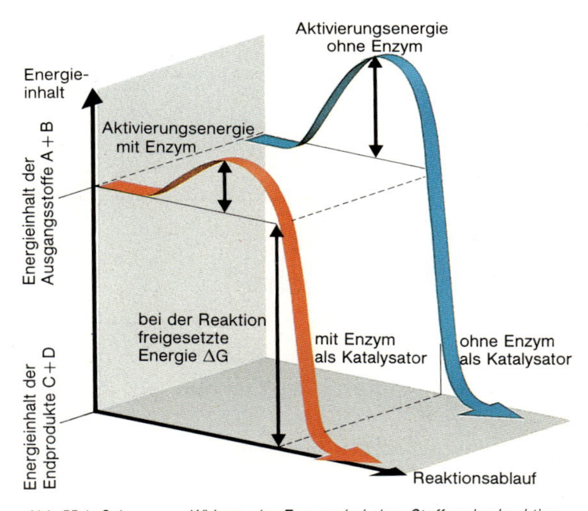

Abb. 55.1: Schema zur Wirkung des Enzyms bei einer Stoffwechselreaktion. Durch das Enzym wird die Aktivierungsenergie der Reaktion so weit verringert, daß die Energie der Zimmertemperatur ausreicht, um die Reaktion in Gang zu setzen. Sie läuft dann als exergonischer Vorgang (Δ G negativ) rasch ab.

teiligten Moleküle (die Substratmoleküle) in einen reaktionsbereiten Zustand versetzen. Die Lage des Gleichgewichts und die Triebkraft der Reaktion können sie nicht verändern, sondern nur deren Geschwindigkeit. Da Katalysatormoleküle nach der Umsetzung der Substratmoleküle wieder zur Verfügung stehen, können relativ geringe Mengen eines Katalysators große Substratmengen umsetzen.

Ein Stück Würfelzucker läßt sich auch mit Hilfe einer Bunsenbrennerflamme nicht entzünden. Bestreut man es mit etwas Asche, so ist dies möglich. In der Asche sind Stoffe enthalten, welche die Umsetzung des Zuckers zu CO_2 und H_2O katalysieren.

Die chemischen Umsetzungen im Organismus und damit der Ablauf des Stoffwechsels sind entsprechend der RGT-Regel stark von der Temperatur abhängig. Oberhalb 45 °C machen sich allerdings Veränderungen der Proteinstruktur der Enzyme bemerkbar. Bei weiterer Erhöhung der Temperatur steigt dann die Reaktionsgeschwindigkeit nicht mehr an, sondern fällt ab. Den Faktor, um den sich die Geschwindigkeit eines bestimmten Prozesses bei einer Temperaturerhöhung um 10 °C steigert, nennt man Q_{10}-Wert. Physikalische Prozesse (z.B. Diffusion) haben Q_{10}-Werte in der Nähe von 1,3, chemische Prozesse in der Nähe von 2. Die Bestimmung des Q_{10} spielt überall da eine wichtige Rolle, wo man zwischen physikalischen und chemischen Prozessen unterscheiden möchte. Hat z.B. ein bestimmter Transportvorgang durch eine Membran hindurch einen Q_{10} von 1,1, so sind aktive Transportvorgänge nicht wesentlich beteiligt. Bei aktivem Transport (chemischer Vorgang) mißt man einen wesentlich höheren Q_{10}.

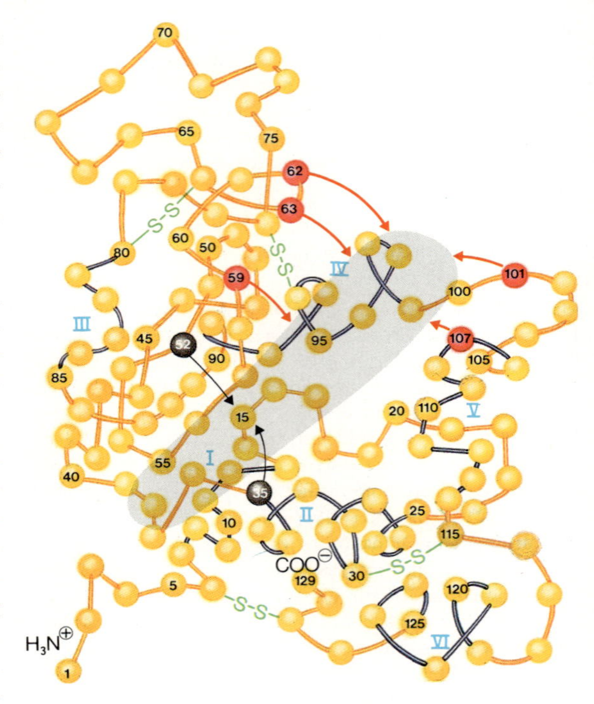

Abb. 56.1: Raumstruktur des Lysozym-Moleküls. Sie wird deutlich, wenn man die Kette der Aminosäuren von 1 bis 129 verfolgt. Helix-Abschnitte sind durch die blau gehaltenen Bindungen und beigesetzte römische Zahlen hervorgehoben. Schwefelbrücken sind grün gekennzeichnet. Das spaltförmige aktive Zentrum ist grau getönt. Es werden nur solche Substratmoleküle umgesetzt, die in das aktive Zentrum hineinpassen. Um die Lage der Atome zu verdeutlichen, verwendet man ein Stäbchenmodell statt eines Kalottenmodells. Die Kugeln entsprechen Aminosäuren. Rot gezeichnet (mit Pfeilen) sind die an der Bindung des Substrats beteiligten Aminosäuren. Die Katalyse geht vor allem von den Aminosäuren Nr. 35 und Nr. 52 aus (schwarz).

9. Enzymkatalyse und Zellstoffwechsel

9.1 Bau und Wirkung der Enzyme

Da sich die chemischen Umsetzungen in der Zelle in der Regel an metastabilen Verbindungen abspielen, müssen sie durch Katalysatoren beschleunigt werden. Diese Katalysatoren der Organismen nennt man *Enzyme* (s. Abb. 56.1), die von ihnen umgesetzten Stoffe heißen *Substrate*. Ein einziges Enzymmolekül kann im Mittel in der Minute etwa 100 000 Moleküle (Katalase bis zu 5 Millionen) seines Substrates umsetzen. Die Anzahl der je Minute von einem Enzymmolekül umgesetzten Substratmoleküle nennt man *Wechselzahl*; sie ist ein Maß für die Aktivität des Enzyms.

Enzyme werden durch die Endung -ase gekennzeichnet. Für einige sehr lange bekannte Enzyme sind oft noch alte Namen im Gebrauch, die meist auf -in enden, z.B. Ptyalin des Speichels, Pepsin des Magens, Emulsin der bitteren Mandel.

Harnstoff ist bei Raumtemperatur metastabil. Er zersetzt sich erst bei Erhitzen auf etwa 100 °C (Aktivierungsenergie!), wobei unter anderem Ammoniak entsteht. Fügt man aber einer 10%igen Harnstofflösung eine Spur des käuflichen Enzyms Urease hinzu, so wird der Harnstoff schon bei Raumtemperatur in Ammoniak und Kohlenstoffdioxid gespalten. Der

Aufwand an Aktivierungsenergie wurde herabgesetzt. Das entstehende Ammoniakwasser färbt zugesetztes Phenolphthalein rot. Die Harnstoffspaltung unterbleibt, wenn keine Urease zugesetzt wird, aber auch, wenn die Urease vor dem Zusatz erhitzt wurde. Die Urease hat sich bereits durch schwaches Erhitzen verändert. Da dies sonst nur bei Eiweißstoffen zu beobachten ist, liegt die Vermutung nahe, daß Enzyme ebenfalls Proteine sind. Die chemische Analyse der Enzyme bestätigt dies. *Enzyme sind Proteine.* Manche Enzyme haben noch eine niedermolekulare Nicht-Proteinverbindung an ihr Molekül gebunden, die bei der Katalyse mitwirkt. Man nennt sie *Coenzym,* wenn die Verbindung nur lose gebunden ist. Ist sie dagegen so fest gebunden, daß sie nicht ohne Strukturveränderung des Enzyms abtrennbar ist, bezeichnet man sie als *prosthetische Gruppe.* Sie ist im einfachsten Fall nur ein Ion, das ans Enzymprotein gebunden werden muß, um dessen volle Aktivität herzustellen. Solche aktivierenden Ionen sind je nach Enzym: Ca^{++}, Mg^{++}, Fe^{++}, Zn^{++} oder Cu^{++}. Die entscheidende katalytische Funktion kommt aber stets dem Protein zu. Enzymkatalysierte Reaktionen im Organismus bilden und lösen kovalente Bindungen. Schwache Bindungen (Ionenbindungen, Wasserstoffbrükken) werden ohne Mitwirkung von Enzymen ausgebildet oder gelöst.

Bis vor einigen Jahren galt streng der Satz: Alle Enzyme sind Proteine. Mittlerweile hat man aber einige Enzyme gefunden, die aus Ribonukleinsäuremolekülen bestehen (vgl. Genetik 8.14). Man nennt sie *Ribozyme.*

Enzyme arbeiten normalerweise bei Temperaturen unter 50 °C, bei etwa 60 °C setzt die Protein-Denaturierung ein. Daher können Zellen bei höherer Temperatur (von wenigen Lebewesen in heißen Quellen abgesehen) nicht existieren.

9.2 Wirkungsspezifität und Substratspezifität

In einer nicht spezialisierten Zelle laufen sehr viele (oft über 1000) verschiedene Reaktionen ab, die alle durch Enzyme katalysiert werden. Es nimmt daher nicht wunder, daß eine bestimmte Verbindung auf verschiedene Weise umgesetzt werden kann. So kann eine Aminosäure z.B. unter Abspaltung von NH_3 zur Ketosäure oxidiert oder CO_2 von ihr abgespalten oder ihre NH_2-Gruppe auf Oxalessigsäure übertragen werden, je nachdem, welches Enzym an der Umsetzung beteiligt ist (s. Abb. 57.1). *Enzyme sind* also *reaktionsspezifisch (wirkungsspezifisch).*

Aminosäure-Decarboxylase und Aminotransferase haben das gleiche Coenyzm. Die Reaktionsspezifität hängt also allein vom Enzymprotein ab. Sowohl die Aminosäure-Decarboxylase als auch die Aminotransferase katalysieren die angegebene Reaktion nicht bei allen Aminosäuren. Nur bestimmte Aminosäuren sind für sie Substrate; *Enzyme sind substratspezifisch.*

Bei der Reaktion eines Enzyms mit seinem Substrat tritt ein Teil des Enzymproteins mit dem Substratmolekül in enge Wechselwirkung. Diesen Molekülteil des Enzyms nennt man *aktives Zentrum.* Bei vielen Enyzmen liegt dieses in einer Vertiefung des Enzymproteins. In ihr wird das Substratmolekül (oder ein Teil davon) gebunden; so entsteht ein *Enzym-Substrat-Komplex* (vgl. Abb. 56.1 und 58.1). Die Bindung des Substratmoleküls erfolgt über Ionenbindungen, Dipolkräfte und Wasserstoffbrücken.

9.3 Hemmung der Enzymwirkung

Da das Enzymprotein aus Aminosäuren aufgebaut ist, sitzen im aktiven Zentrum an der Oberfläche des Proteins zahlreiche verschiedene Aminosäure-Seiten-

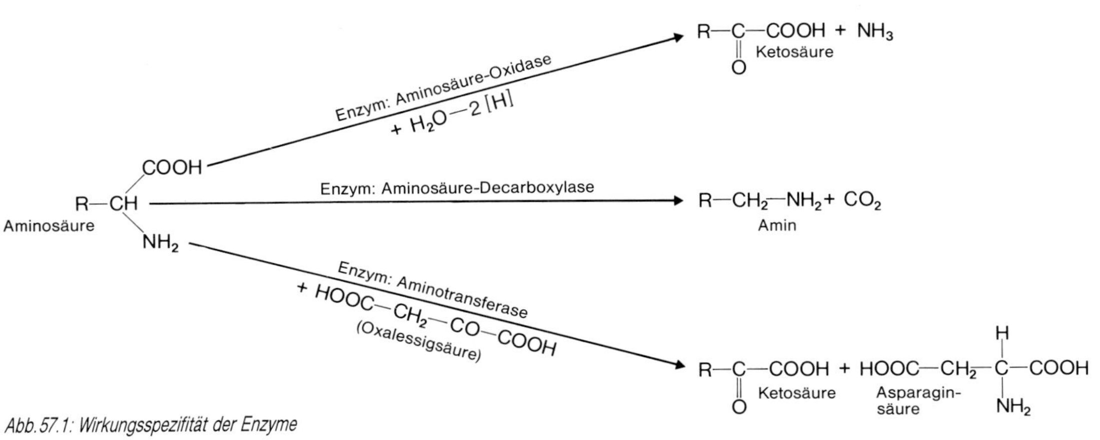

R—CH(COOH)(NH2) Aminosäure
Enzym: Aminosäure-Oxidase + H2O−2[H] → R—C(=O)—COOH + NH3 Ketosäure
Enzym: Aminosäure-Decarboxylase → R—CH2—NH2 + CO2 Amin
Enzym: Aminotransferase + HOOC—CH2—CO—COOH (Oxalessigsäure) → R—C(=O)—COOH Ketosäure + HOOC—CH2—CH(NH2)—COOH Asparaginsäure

Abb. 57.1: Wirkungsspezifität der Enzyme

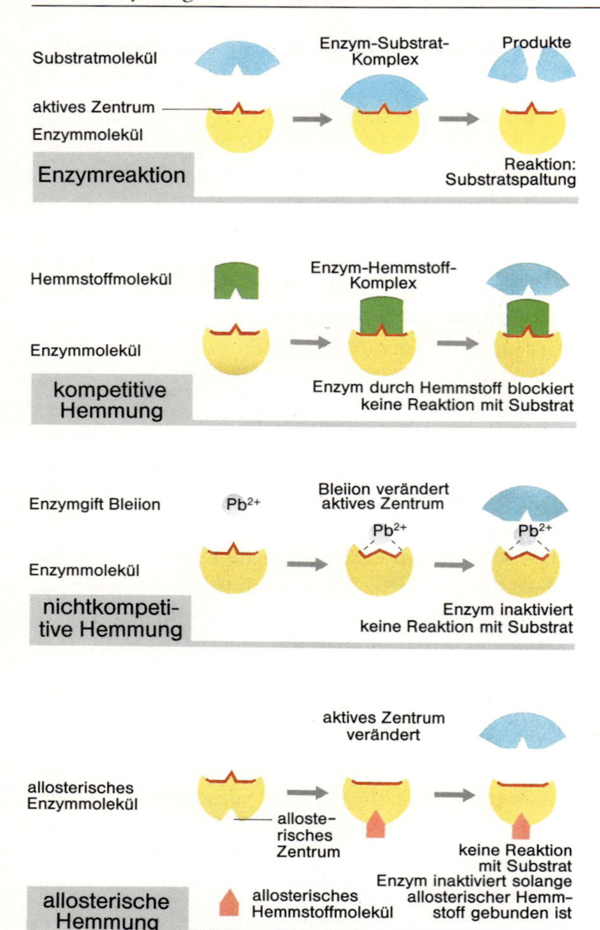

Abb. 58.1: Modell einer Enzymreaktion und Möglichkeiten ihrer Hemmung. Der Bereich des Enzymes, an dem das Substratmolekül gebunden wird, heißt »aktives Zentrum«. Dargestellt ist eine Substratspaltung. Bei Synthesen werden zwei Substratmoleküle ans aktive Zentrum gebunden und verknüpft.

ketten (zum Teil mit Ladungen), die ein spezifisches Muster ausbilden. Auf dieses von Enyzm zu Enzym wechselnde Muster paßt jeweils nur ein entsprechend gebautes Substratmolekül (s. Abb. 58.1). Durch die Gestalt des aktiven Zentrums und das spezifische Aminosäure- und Ladungs-Muster ist die *Spezifität des Enzyms* festgelegt. Schon bei geringen Abweichungen in der Struktur einer Verbindung kann sie oft nicht mehr vom Enzym als Substrat gebunden und umgesetzt werden. Wenn andererseits die Struktur einer Verbindung dem Substrat sehr ähnlich ist, wird das Molekül zwar ans Enzym gebunden, aber nicht umgesetzt. Das betreffende Enzymmolekül ist dann für Substratmoleküle blockiert, somit sind weniger Moleküle dieses Enzyms in der Zelle aktiv und seine Wirksamkeit ist herabgesetzt (**kompetitive Hemmung** = Hemmung durch eine mit dem Substrat konkurrierende Verbindung).

Außer solchen spezifischen, nur bei einem Enzym wirksamen Hemmstoffen gibt es auch weniger spezifische. Dazu gehören Schwermetall-Ionen (z. B. Hg^{++}, Pb^{++}); sie binden an viele Enzymproteine und inaktivieren sie dadurch irreversibel **(nicht kompetitive Hemmung).** Die von diesen Enzymen katalysierten Stoffwechselreaktionen fallen dann aus; deshalb sind Schwermetalle für den Organismus giftig.

Bei der Enzymreaktion wirken mehrere der Seitenketten verschiedener Aminosäuren im aktiven Zentrum auf das Substrat ein; die Aktivierungsenergie wird verringert und die Reaktion läuft ab. Das gleichzeitige Eingreifen mehrerer Aminosäure-Seitenketten ist für Enzymwirkungen charakteristisch; man spricht von *multifunktioneller Katalyse.* Nach der Umsetzung lösen sich die Reaktionsprodukte vom Enzymmolekül, so daß neues Substrat gebunden werden kann. Eine stärkere Veränderung des pH-Werts verursacht Veränderungen im Ladungsmuster (s. 6.4). Die Reaktionsfähigkeit des Enzyms verringert sich dadurch oder hört sogar ganz auf. Jedes Enzym hat ein bestimmtes pH-Optimum, bei dem es seine stärkste Wirksamkeit entfaltet (s. Abb. 59.1).

Aus Mikroorganismen und Pflanzen gewonnene Enzyme werden heute auch technisch verwendet. Vor allem proteinabbauende Enzyme (Proteasen) spielen eine wichtige Rolle in der Lebensmittelindustrie (z. B. als Fleisch-Zartmacher) und in der Waschmittelindustrie (»biologischer« Abbau von Eiweißresten auf Textilien).

9.4 Regulierbarkeit der Enzymwirkung

Manche der zahlreichen Enzyme einer Zelle sind regulierbar, weil sich ihre Wirkungsfähigkeit als Katalysator durch Bindung eines bestimmten Stoffes verändern läßt. Dadurch ändert sich bei gleichbleibender Substratkonzentration auch die Reaktionsgeschwindigkeit. Den wirksamen Stoff bezeichnet man als *Effektor.* Er ist ein beim Stoffwechsel entstehender Stoff. Wird die Reaktionsgeschwindigkeit durch Bindung von Effektormolekülen herabgesetzt, so spricht man von *Hemmung;* nimmt die Reaktionsgeschwindigkeit dagegen zu, so liegt eine *Aktivierung* vor. Die Effektoren können eine völlig andere Struktur als das Substrat haben; sie werden nicht am aktiven Zentrum, sondern an einer besonderen Bindungsstelle gebunden, die in ihrer Struktur an den spezifischen Effektor angepaßt ist. Diese Bindungsstelle nennt man allosterisches (anders gestaltetes) Zentrum, die ganze Erscheinung **Allosterie.** In der Regel kommt es dabei zu kleinen Gestaltveränderungen des Proteinmoleküls und damit auch des aktiven Zentrums. Im Falle einer Hemmung der Enzymwirkung spricht man von *allosterischer Hemmung.* Nur bestimmte Enzyme zeigen diese Art von Regulation ihrer Wirksamkeit, man nennt sie kurz allosterische Enzyme.

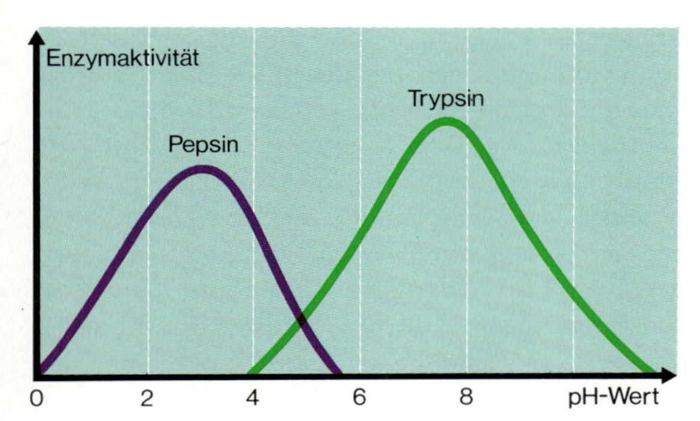

Abb. 59.1: Enzymaktivitäten sind vom pH-Wert abhängig. Pepsin (aus dem Magen) ist in stark saurem Milieu optimal wirksam, Trypsin (aus dem Bauchspeichel) bei schwach alkalischen Bedingungen.

Am Abbau der Glucose in der Zelle ist das Enzym Phosphofructokinase beteiligt. Dieses Enzym wird durch Bindung von ATP allosterisch gehemmt. Bei ATP-Überschuß in der Zelle wird daher der Glucose-Abbau gehemmt, bei ATP-Mangel dagegen gefördert, so daß infolge des Abbaus die ATP-Menge ansteigen kann.

9.5 Stoffwechselketten und Fließgleichgewicht

Wenn bei einer chemischen Reaktion

$$A + B \rightleftharpoons C + D$$

im Gleichgewicht 75% Produkte C + D und 25% Ausgangsstoffe A + B vorliegen, so läßt sich durch fortlaufende Entnahme von C und D dennoch ein vollständiger (100%iger) Umsatz von A und B erzielen. Ein Reaktionsgleichgewicht tritt in einem solchen Falle nicht ein.

Der Aufbau, Umbau und Abbau der Stoffe in der Zelle verläuft in Form aufeinanderfolgender Reaktionsschritte, wobei die Produkte einer Reaktion die Ausgangsstoffe für eine oder mehrere anschließende Reaktionen sein können. Die Stoffwechselreaktionen bilden also ganze Ketten.

$$A \xrightarrow[\text{Enzym 1}]{B \searrow \nearrow D} C \xrightarrow[\text{Enzym 2}]{} E \xrightarrow[\text{Enzym 3}]{F \searrow \nearrow H} G \rightarrow X$$

A, B, C ... sind die an den Reaktionen beteiligten Stoffe. Jedes Produkt der Stoffwechselkette wird weiter umgesetzt. Allerdings hat jede Stoffwechselkette einen Anfang und ein Ende. Die Reaktionskette beginnt dann, wenn die Zelle aus ihrer Umgebung Stoffe aufnimmt, und sie endet, wenn sie Endprodukte der Reaktionsfolge an die Umgebung abgibt. Soweit die Ausgangsstoffe A und B ständig von außen nachfließen und die Endprodukte andauernd abgegeben werden, entsteht ein Gleichgewichtszustand, der durch die Geschwindigkeit von Zu- und Abfluß der Stoffe und der Geschwindigkeit der Teilreaktionen bestimmt wird (s. S. 12). Man nennt diesen Zustand ein **Fließgleichgewicht** *(steady state)* (vgl. Abb. 59.2).

In den Stoffwechselketten ist die Geschwindigkeit jeder Teilreaktion abhängig von der Konzentration des sie steuernden Enzyms. In einem Fließgleichgewicht ist deshalb die Konzentration der einzelnen Reaktionspartner eine Funktion der Enzymkonzentration im Gegensatz zu einem geschlossenen System, wo sie unabhängig von der Enzymkonzentration ist.

Einzelne Enzymreaktionen lassen sich mit isolierten Enzymen im Reagenzglas *(in vitro)* durchführen und auf diese Weise untersuchen; oft gelingt dies sogar für ganze Stoffwechselketten. Die Untersuchung von Vorgängen in der lebenden Zelle *(in vivo)* ist dagegen meist schwierig, da infolge der vielfachen Stoffwechselbeziehungen (Stoffwechselvernetzung) über Zwischenstoffe praktisch »jedes auf alles«

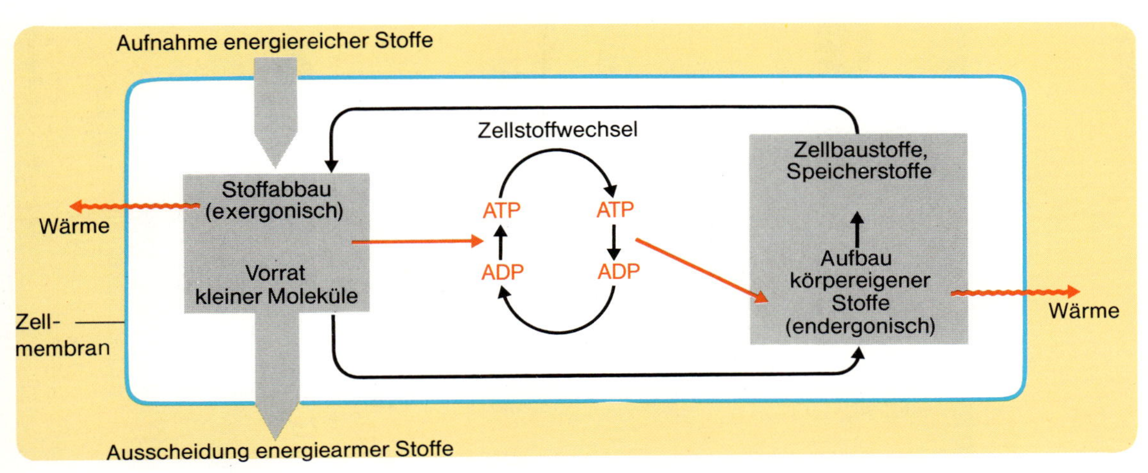

Abb. 59.2: Die Zelle ist ein offenes System. Ständige Stoffaufnahme und Stoffausscheidung halten sie in einem Fließgleichgewicht. Die beim Stoffabbau entstehenden kleineren Moleküle sind Bausteine für den Aufbau körpereigener Stoffe. Zur Bildung dieser Stoffe wird die beim Stoffabbau freigesetzte Energie verwendet. Chlorophyllhaltige Zellen können als Energiequelle unmittelbar die Lichtenergie benutzen und damit Kohlenhydrate aufbauen. Alle anderen Zellen bedürfen als Energiequelle der Zufuhr organischer Stoffe.

wirkt. Wenn z.B. bei einem bestimmten Vorgang Energie oder gewisse Zwischenstoffe benötigt werden, fehlen sie bei anderen gleichzeitig ablaufenden Prozessen, was diese zwangsläufig beeinfußt. Werden Zellen (oder Zellorganellen) zur besseren Untersuchung aus ihrer natürlichen Umgebung herausgenommen, kann sich indes ihr Verhalten ändern. Daher lassen sich so gewonnene Ergebnisse auf die natürlichen Verhältnisse im Organismus nur mit Vorsicht übertragen.

10. Differenzierung der Zelle

Alle Zellen sind aus den beschriebenen Grundbestandteilen aufgebaut. Doch beobachten wir deutliche Unterschiede in der Gestalt und Struktur der Zellen, je nachdem, welche Funktion sie im Organismus haben. Offensichtlich ist ihr Bau der spezifischen Leistung angepaßt. Wir sprechen deshalb von einer funktionsspezifischen Differenzierung der Zellen. Bei der Spezialisierung entstehen meistens keine neuartigen Strukturen, doch werden diejenigen Strukturen vermehrt ausgebildet, mit denen die Zelle ihre besondere Aufgabe bewältigt. So ist z.B. die zusammenziehbare Muskelzelle langgestreckt und hat viele Mitochondrien zur Bereitstellung von Energie, andererseits hat die Drüsenzelle vermehrt Dictyosomen zur Speicherung von Sekreten. Die Grundfunktionen des Lebens im vielzelligen Organismus werden so auf verschiedene Zelltypen verteilt. Die Abb. 60.1 und 60.2 zeigen Beispiele für die Umwandlung undifferenzierter Zellen in differenzierte Zelltypen.

10.1 Differenzierung der Pflanzenzelle bei Grünalgen. Arbeitsteilung der Zellen

Die ersten Anfänge einer Zelldifferenzierung begegnen uns schon bei den Einzellerkolonien der Grünalgen. Während die im Teichwasser vorkommende Form *Chlamydomonas* (Abb. 61.1) stets nur als einzelliges Wesen lebt, bildet der ihr nah verwandte Geißelträger *Gonium* plattenförmige Kolonien aus meist 16 gleichartigen Einzelzellen, die durch eine Gallerthülle miteinander verbunden sind (s. Abb. 61.2).

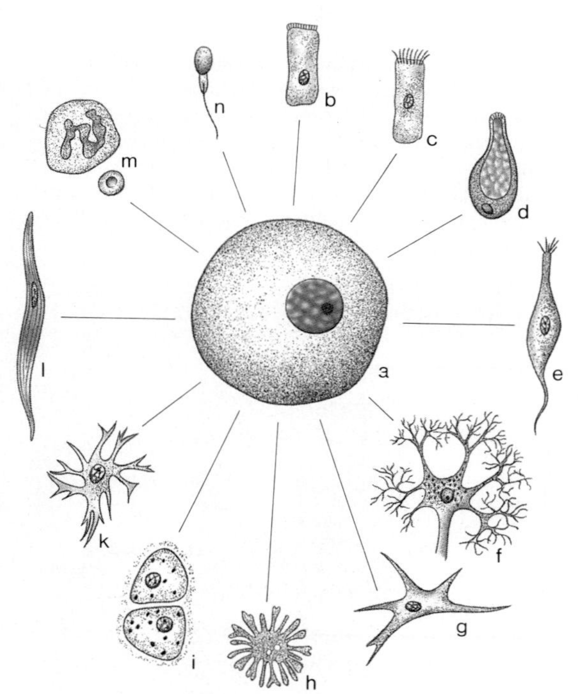

Abb. 60.1: Beispiele für die Differenzierung tierischer Zellen.
a Eizelle, b Epithelzelle, c Wimpernepithelzelle, d Drüsenzelle, e Sinneszelle, f Nervenzelle, g Bindegewebszelle, h Farbstoffzelle, i Knorpelzellen, k Knochenzelle, l glatte Muskelzelle, m Blutzellen, n Spermium (Samenzelle). Der Durchmesser der Eizelle (1/10 mm) entspricht der Größe eines i-Punktes dieser Legende. Gewebezellen haben Größen von ungefähr 1/10 der Eizelle.

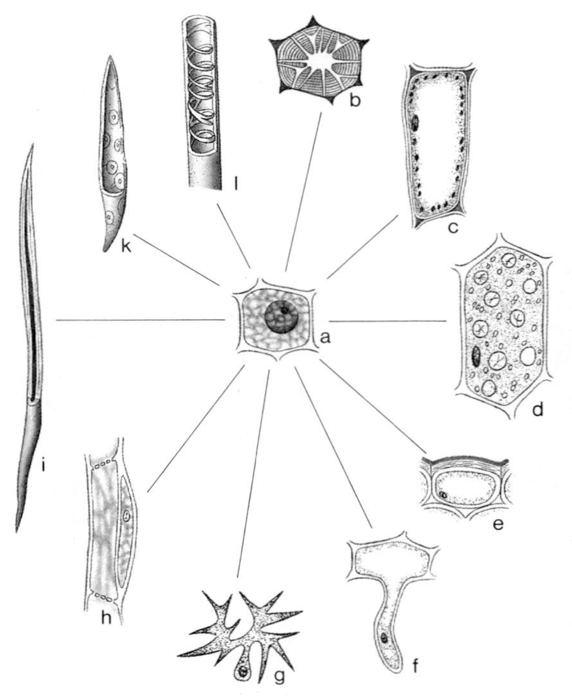

Abb. 60.2: Beispiele für die Differenzierung pflanzlicher Zellen.
a Undifferenzierte Zelle, b Steinzelle, c Assimilationszelle (ca. 200 µm groß), d Speicherzelle, e Epidermiszelle (50 µm groß), f Wurzelhaarzelle, g Sternhaar, h Siebröhrenzelle mit Geleitzelle, i Bastfaser (5 cm lang), k Tracheide (10 mm lang), l Trachee (b, i, k und l sind tote Zellen).

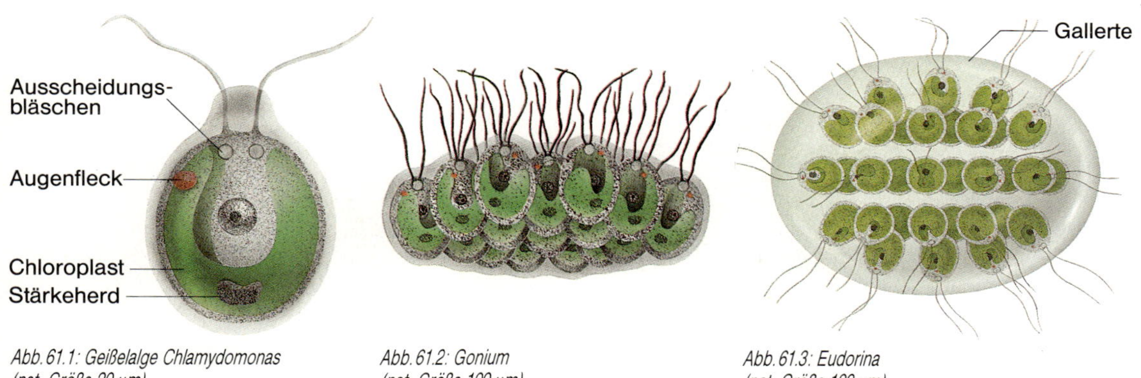

Abb. 61.1: Geißelalge Chlamydomonas (nat. Größe 20 µm)

Abb. 61.2: Gonium (nat. Größe 100 µm)

Abb. 61.3: Eudorina (nat. Größe 100 µm)

Bei der Vermehrung entsteht in jeder Zelle durch je vier Teilungsschritte eine kleine Kolonie von Einzelzellen. Durch Zerfall der alten werden die jungen Kolonien frei. Die einzelnen Zellen lassen sich auch voneinander trennen und erweisen sich dann als völlig selbständig.

Die Form *Eudorina* (Abb. 61.3) bildet kugelförmige Kolonien aus 32 gleichartigen Zellen, die in die dicke Wandung einer Gallerthohlkugel eingelagert wird. Alle Einzelzellen können durch Teilung neue Kolonien liefern.

Noch weiter fortgeschritten ist die Koloniebildung bei der Kugelalge *Volvox* (Abb. 61.4). Sie besteht aus sehr vielen (bis zu 20 000) Einzelzellen, die in regelmäßigen Abständen in der Wandung einer Gallerthohlkugel stecken und ihre zwei Geißeln nach außen kehren. Jede Einzelzelle ist mit den benachbarten durch Plasmabrücken verbunden (Abb. 61.5). Die Fortbewegung besorgt der gemeinsame Geißelschlag aller Zellen. Die vorn gelagerten Zellen sind lichtempfindlicher als die Zellen in der Nähe des hinteren Poles. Zur ungeschlechtlichen Vermehrung sind nur noch wenige Zellen am Hinterende der Kolonie befähigt. Sie sind größer als die übrigen und werden bei ihrer Teilung ins Innere der Kugel gedrängt. Dort wachsen sie zu neuen Kolonien heran, welche durch Aufplatzen der Mutterkolonie frei werden; die Mutterkolonie selbst geht zugrunde.

Schon die enge Verbindung der einzelnen Zellen durch Plasmabrücken, die Stoffaustausch und Erregungsleitung ermöglichen, erhebt die Art *Volvox* über die Stufe der gewöhnlichen Zellkolonien und kennzeichnet sie als *Zwischenglied zwischen den Ein- und Vielzellern*. Noch stärker zeigt sich dieser Fortschritt in der Arbeitsteilung zwischen den einzelnen Zellen. Nach ihrer Leistung muß man zwischen der großen Masse der den Körper aufbauenden und die Bewegung, Ernährung und Orientierung besorgenden *Körperzellen* und den wenigen, allein zu weiterer Teilung befähigten *Fortpflanzungszellen* unterscheiden. Nur diese liefern durch ihre Teilung neue Kolonien, in denen sie gewissermaßen weiterleben und die wiederum durch Ausbildung von Fortpflanzungszellen neue Lebewesen erzeugen. Die Körperzellen dagegen haben nur noch beschränkte Lebensdauer; sie sterben auch ohne äußere Ursachen ab. Dieser *Alterstod*, der hier beim Zusammenschluß von Einzelzellen zu Verbänden auftritt, erscheint als unabwendbare Folge der eingetretenen Arbeitsteilung. Der Körper *muß* sterben; nur die Keimzellen vermögen neues Leben zu erzeugen.

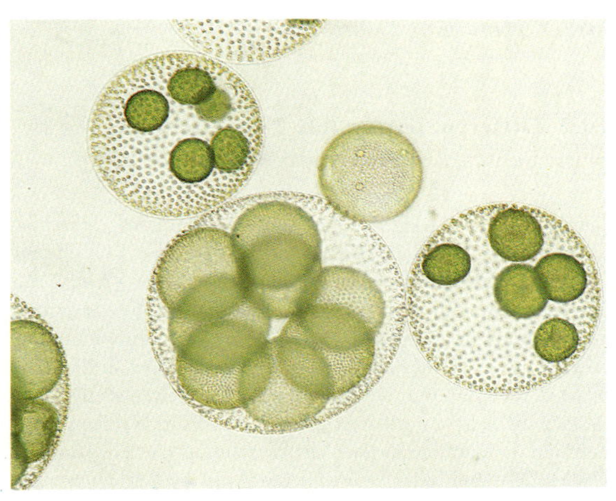

Abb. 61.4: Volvox mit Tochterkolonien (nat. Größe bis 0,8 mm). Tochterkolonien werden durch Aufplatzen der Mutterkolonien frei.

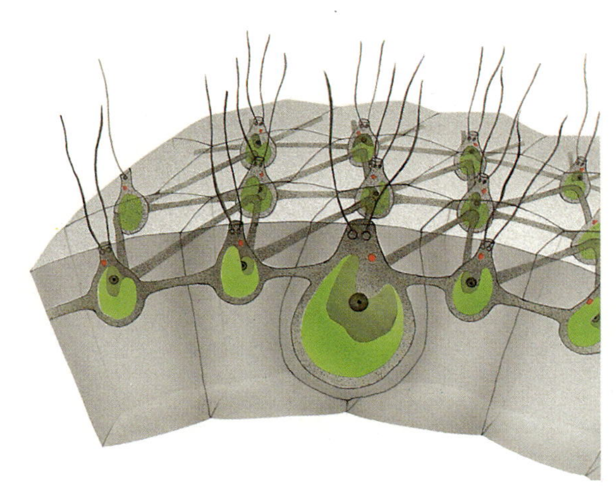

Abb. 61.5: Ausschnitt aus der Wand der Kugel von Volvox, die Plasmabrücken zwischen den einzelnen Zellen zeigend. Die größere Zelle ist vermehrungsfähig.

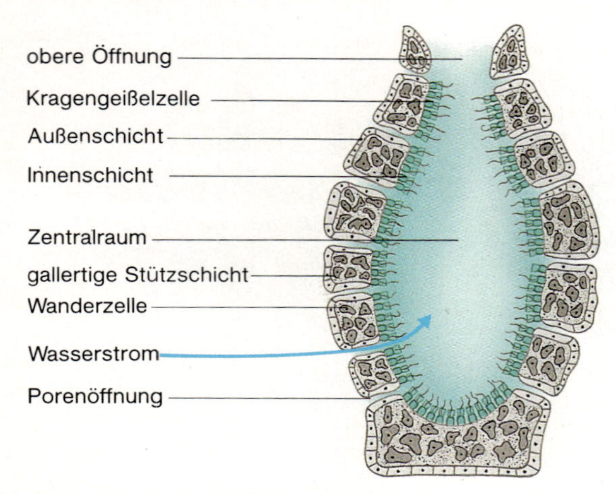

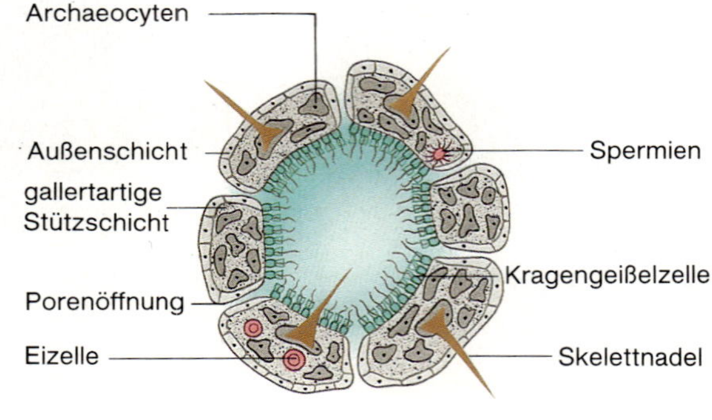

Abb. 62.1: Schema vom Aufbau eines Schwammes

10.2 Differenzierung der Tierzelle beim Schwamm und beim Süßwasserpolyp

Volvox ist ein Modell für eine Zwischenform zwischen pflanzlichem Einzeller und Vielzeller. Auch bei den Tieren gibt es Zwischenformen; die wichtigsten sind die **Schwämme:** Sie sind wasserbewohnende Lebewesen mit kugelförmigem Körper (s. Abb. 62.1). Die Körperwandung wird aus zwei Zellschichten gebildet. Die innere Zellschicht dient der Verdauung; sie besteht aus begeißelten Zellen, die Wasser ins Schwamminnere strudeln und die Nahrung aufnehmen. Die äußere Zellschicht besteht aus plattenförmigen Deckzellen (Epithelzellen) und amöboid beweglichen Zellen, die Nahrungsstoffe transportieren und sowohl Keimzellen als auch Zellen für die ungeschlechtliche Fortpflanzung ausbilden. Diese *Archaeocyten* sind also sehr wenig differenziert. Zwischen beiden Zellschichten liegt eine gallertige Stützschicht, in welche besondere Zellen der äußeren Zellschicht ein Stützskelett aus Hornfasern, Kiesel- oder Kalknadeln ausscheiden. Muskel-, Nerven- und Sinneszellen, die für alle anderen mehrzelligen Tiere charakteristisch sind, besitzen die Schwämme nicht.

Der **Süßwasserpolyp** (Abb. 63.1) weist gegenüber dem Schwamm eine weitergehende Differenzierung der Zellen auf sowie eine größere Anzahl unterschiedlicher Zellformen. Bei ihm ist die Körperwand aus drei Schichten aufgebaut, der Außenschicht *(Ektoderm)* und der Innenschicht *(Entoderm)*. Dazwischen liegt eine gallertige Stützschicht mit vereinzelten Zellen, so daß ein Stoffaustausch zwischen den beiden Schichten möglich ist (Abb. 63.2).

Das Ektoderm enthält *Hautmuskelzellen,* welche die Bewegung und Gestaltveränderung des Körpers ermöglichen, außerdem kompliziert gebaute, Gift enthaltende *Nesselzellen* zum Beutefang sowie *Sinneszellen* zur Reizaufnahme. An der Basis der Sinneszellen entspringen lange Fasern, die zu den auf der Stützschicht liegenden, vielfältig verästelten Nervenzellen führen, die in ihrer Gesamtheit ein den ganzen Körper durchziehendes *Nervennetz* bilden.

Im Entoderm lassen sich *Drüsenzellen* und *Freßzellen* unterscheiden. Die Drüsenzellen scheiden Verdauungssäfte in den Körperhohlraum aus, durch welche die Nahrung weitgehend verdaut wird. Die Freßzellen nehmen die vorverdaute Nahrung durch Phagocytose auf und verdauen sie in ihrem Innern zu Ende. Das Verdaute wird dann an die übrigen Zellen durch Diffusion weitergegeben. Männliche und weibliche *Keimzellen* dienen der Erhaltung der Art (Abb. 63.2).

An bestimmten Stellen des Körpers kann sich durch Teilung von Ektoderm- und Entodermzellen eine *Knospe* bilden, aus der sich ein Tochtertier entwickelt. Trennen sich die Tochtertiere nicht vom Muttertier, entstehen Tierstöcke aus vielen zusammenhängenden Einzeltieren (z. B. bei Verwandten des Süßwasserpolyps oder bei Korallen).

10.3 Gewebe- und Organbildung

Beim Süßwasserpolypen sind es einzelne Zellen, die eine bestimmte Funktion übernehmen. Bei den höher entwickelten Tieren und Pflanzen spezialisieren sich viele Zellen einheitlich auf eine bestimmte Leistung. Derartige, *aus Zellen gleicher Gestalt und Leistung bestehende Zellverbände bezeichnet man als* **Gewebe.**

Die Gewebe entstehen aus jungen, noch nicht spezialisierten Zellen, die sich ihrer künftigen Funktion entsprechend umwandeln. Damit verlieren die Zellen in der Regel die Fähigkeit, sich durch Teilung zu vermehren. Gewebe aus solchen differenzierten Zellen heißen *Dauergewebe*. Doch bleiben im Organismus stets auch einzelne wenig differenzierte Zellen oder ganze Gewebe aus solchen teilungsfähigen Zellen erhalten. Höhere Pflanzen besitzen lebenslang undifferenzierte Bildungsgewebe (z. B. an Sproß- und Wurzelspitzen) und wachsen daher auch lebenslang weiter. Allerdings sind lebende Zellen auch von tausend

Abb. 63.1: Süßwasserpolyp (nat. Größe bis 3 cm) mit drei Tochterpolypen

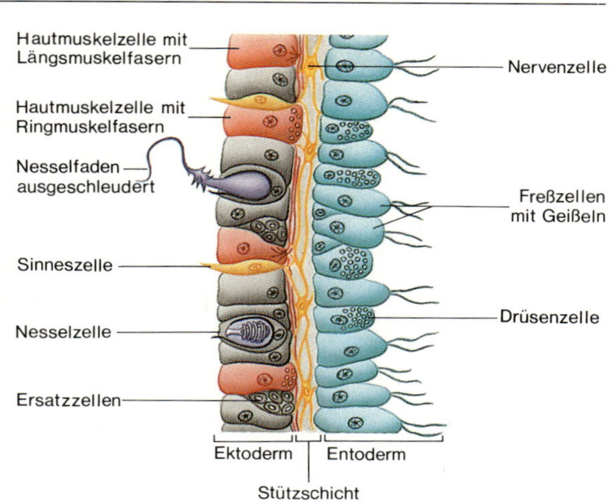

Abb. 63.3: Längsschnitt durch die Körperwand des Süßwasserpolypen, stark vergrößert

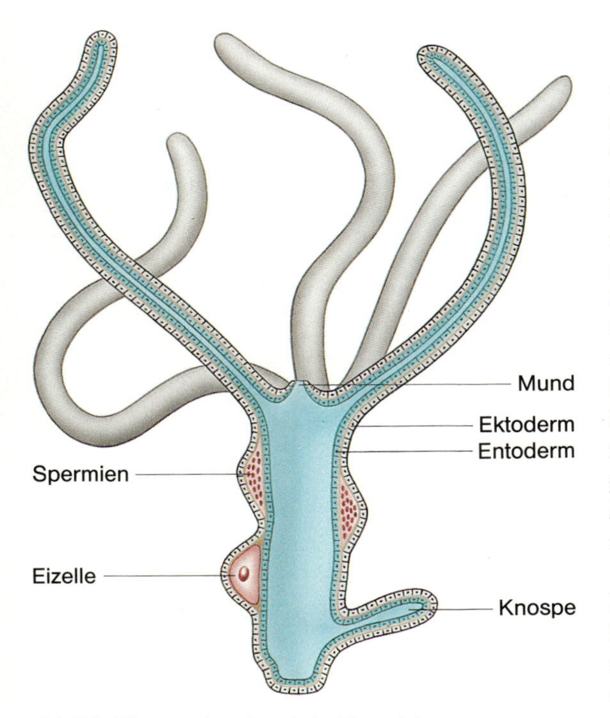

Abb. 63.2: Süßwasserpolyp, schematischer Längsschnitt

Jahre alten Bäumen nicht älter als 30–40 Jahre (seit ihrer Entstehung durch Zellteilung).

Bei den höheren Tieren sind schon im Keimstadium die noch nicht differenzierten Zellen – die sogenannten **Stammzellen** – in ihrer künftigen Entwicklung weitgehend festgelegt. Die Zellen sind determiniert und das Wachstum der Tiere ist begrenzt. Von diesen Stammzellen geht das Körperwachstum und der Ersatz für gealterte, funktionsuntüchtige Gewebeteile aus. Man unterscheidet bei höheren Tieren *labile Gewebe,* bei denen Bildung und Abbau von Zellen rasch erfolgen (Deckgewebe, Schleimhaut, Knochenmark. – Das Knochenmark eines Erwachsenen bildet in jeder Minute 70 Millionen neue Zellen!), *stabile Gewebe* mit langsamem Zellumsatz (Muskelgewebe, Leber) und *permanente Gewebe,* bei denen absterbende Zellen nicht mehr ersetzt werden können (Nervengewebe). Durch Muskeltraining kann die Zahl der Muskelzellen allmählich vermehrt werden; Nervenzellen werden jedoch nicht mehr nachgebildet und sind so alt wie der Organismus. Die übrigen Zellen sind, ähnlich wie die Zellen der Bäume, meist viel jünger als der Organismus.

Die Dauergewebe zeichnen sich durch gesteigerte Leistungsfähigkeit aus, sind aber einseitig in ihren Funktionen, so daß mehrere, verschieden differenzierte Gewebe zur Arbeit zusammentreten. Dadurch entstehen **Organe,** die als deutlich abgegrenzte Teile des Pflanzen- und Tierkörpers eine ganz bestimmte Aufgabe zu erfüllen haben. Solche Organe sind z. B. die Wurzeln, Blätter und Blüten der Pflanzen oder die Sinnesorgane, Atmungsorgane und Muskeln der Tiere. Ein Organ besteht also aus verschiedenen Geweben. Als Beispiel eines Organs ist in Abb. 65.3 die aus mehreren Geweben bestehende menschliche Haut dargestellt. Die Stammzellen der Oberhaut bilden die Keimschicht, bei ihrer Differenzierung entsteht in den Zellen Keratin. Schließlich sterben die differenzierten, keratinisierten Zellen ab und bilden eine Hornschicht an der Hautoberfläche.

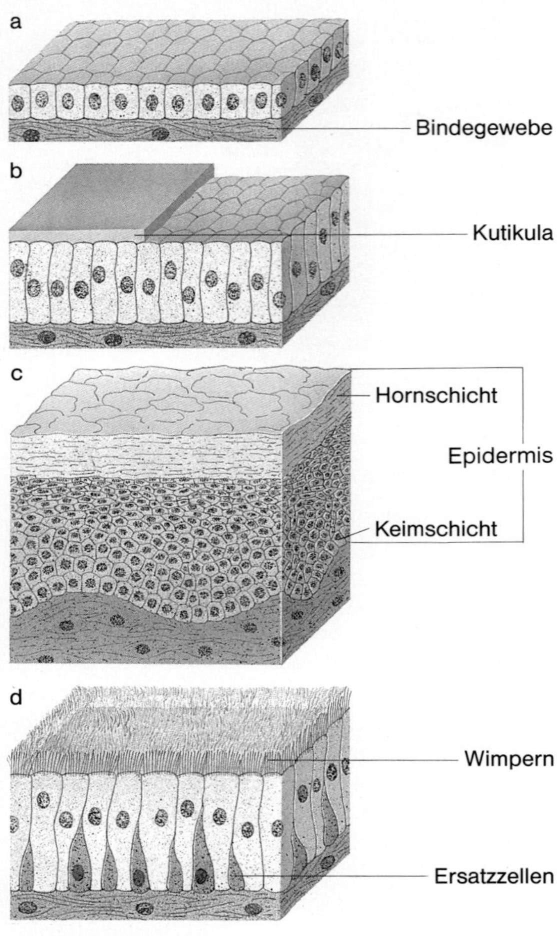

Abb. 64.1: Deckgewebe.
a Pflasterepithel (in vielen Drüsen),
b Zylinderepithel (Auskleidung des Magen-Darm-Kanals),
c vielschichtiges Epithel der menschlichen Haut,
d Flimmerepithel (Auskleidung der Luftröhre).

Im Pflanzenkörper unterscheiden wir neben dem aus wenig differenzierten Zellen bestehenden Grund- und Speichergewebe (Abb. 60.2 a, d sowie 150.1) vor allem das Leitgewebe mit Siebröhren und Wasserleitgefäßen (Abb. 60.2 h, k, l), das Festigungsgewebe mit wandverdickten, oft langgestreckten, häufig toten Zellen (Abb. 60.2 b, i) und das Abschlußgewebe (Epidermis, oft mit Haaren besetzt, Abb. 60.2 e, g).

Im Tierkörper findet man die folgenden Gewebegruppen: Deck (Epithel-), Binde-, Muskel- und Nervengewebe. Hinzu kommen die freien Zellen in der Körperflüssigkeit und die Fortpflanzungszellen.

Das **Deckgewebe** bildet die abschließende und schützende Hülle des Körpers. Bei wirbellosen Tieren besteht das Deckgewebe aus einer einzigen Lage von Zellen, die nach außen häufig ein festes Häutchen, die *Cuticula,* abscheiden. Durch Einlagerung von Kalk in die Cuticula entsteht daraus die Kalkschale der Muscheln und Schnecken, durch Abscheidung des widerstandsfähigen Chitins der Panzer der Insekten und Krebse. Die Deckgewebe der Wirbeltiere sind mehrschichtig. Bei den Landwirbeltieren verhornen die Zellen der äußeren Schichten (Schuppenbildung, Hornpanzer der Kriechtiere). Besonders geformte Hornbildungen sind Nägel, Krallen und Hufe. Das Deckgewebe ist auch an der Bildung der Federn, Haare und Hörner beteiligt.

Auch Körperhohlräume (Darm, Lunge) sind mit meist einschichtigem Deckgewebe, der Schleimhaut, ausgekleidet (s. Abb. 64.1). Eine Sonderform der Deckgewebezellen sind die Drüsenzellen, von denen oft eine große Zahl zu einem Drüsengewebe vereinigt ist; sie bilden Schleim, Speichel, Milch, Galle, Schweiß, Gifte. Viele Drüsen sind mit Bindegewebe, Blutgefäßen und Nerven zu Drüsenorganen zusammengeschlossen (Bauchspeicheldrüse, Leber, Niere, Brustdrüse).

Das **Bindegewebe** (s. Abb. 65.2) dient zur Stützung des Körpers, zur Verbindung von Organen und zur Ausfüllung von Zwischenräumen. Knorpel, Knochen und Fettgewebe sind Formen des Bindegewebes. Bindegewebezellen scheiden nach außen **Faserproteine** ab, die entscheidenden Einfluß auf die Funktion des Bindegewebes haben. Sie verbinden hohe Zugfestigkeit und Stabilität mit hoher Elastizität.

Das wichtigste Faserprotein ist das *Kollagen*. Es besteht aus Molekülen, die sich aus drei schraubigen Peptidketten zusammensetzen. Die Ketten sind umeinander gewunden und durch Wasserstoffbrücken verknüpft. Der Molekülaufbau gleicht also dem eines Seiles. Die einzelnen Moleküle sind ebenfalls durch leicht verschiebbare Wasserstoffbrükken aneinander gebunden; das Bindegewebe ist deshalb elastisch. Zwischen den Proteinmolekülen werden jedoch auch kovalente Bindungen ausgebildet. Ihre Zahl nimmt mit dem Alter zu und die Elastizität des Bindegewebes verringert sich entsprechend. (Muskel- und Nervengewebe werden in Verbindung mit ihrer Funktion besprochen; vgl. Neurobiologie 2. u. 9.).

11. Der Organismus als System

Der aus einer Zelle oder aus vielen Zellen bestehende Organismus ist ein System mit all den typischen Eigenschaften, die am Beispiel von *Euglena* besprochen und als Kennzeichen lebender Systeme herausgestellt wurden (s. S. 14). Ein lebendes System ist immer ein offenes System, seine Strukturen und Funktionen werden durch Fließgleichgewichte aufrechterhalten. Es strebt unabhängig von den Anfangsbedingungen einem konstanten (stationären) Zustand zu, der gegen Störungen von außen (aus der Umwelt des Organismus) aufrechterhalten wird **(Homöostase).** Allerdings kann nicht jedes offene System, das sich im Fließgleichgewicht befindet, seinen Zustand gegenüber äußeren Störungen aufrechterhalten und die

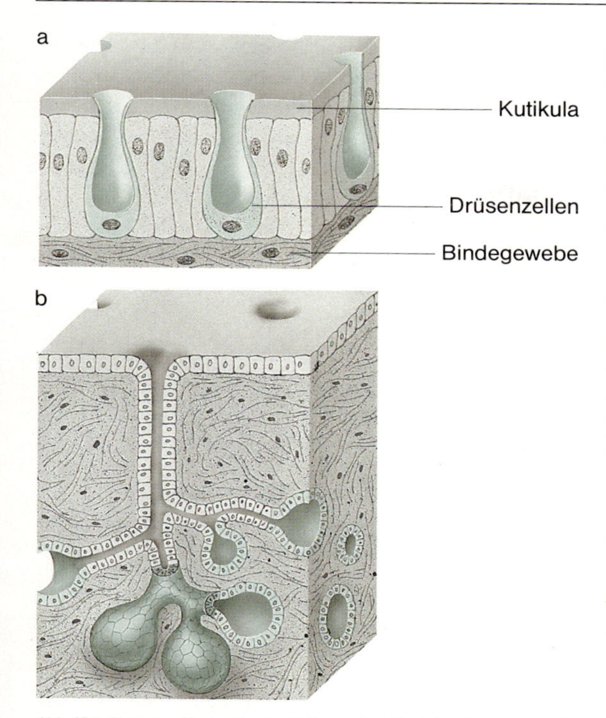

Abb. 65.1: Drüsen. a Becherförmige Drüsenzellen (Haut des Regenwurmes), b zusammengesetzte Drüse (Talgdrüse)

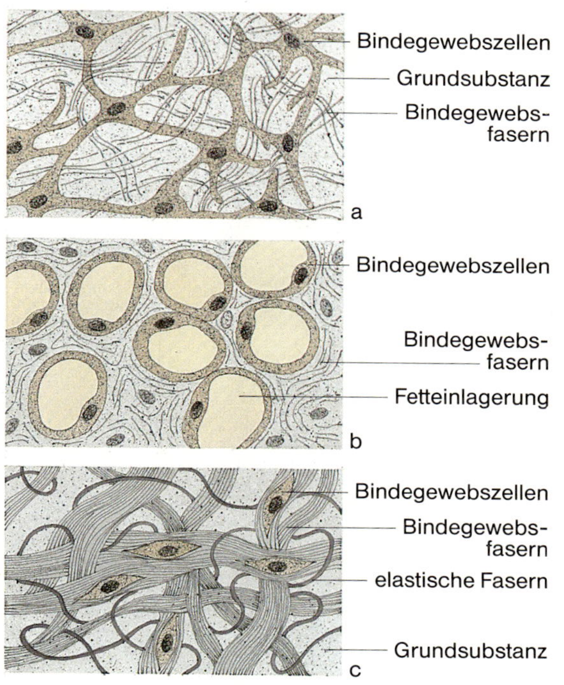

Abb. 65.2: Bindegewebe. a Gallertgewebe, b Fettgewebe, c faseriges Bindegewebe

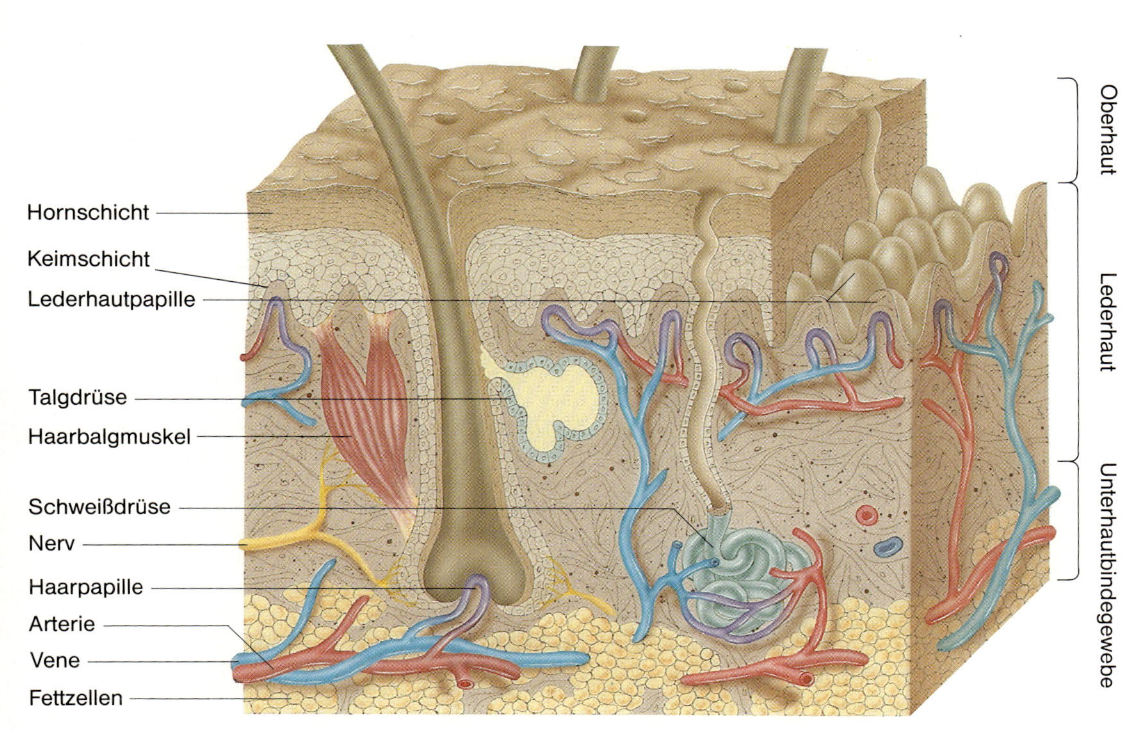

Abb. 65.3: Die Haut des Menschen als Beispiel eines Organs. Die Oberfläche beträgt etwa 2 m², die Masse (Unter- und Oberhaut) etwa 20 kg (= ein Viertel des Körpergewichts).

1 cm² Haut enthält im Mittel 1 m Blutgefäße mit Kapillaren, 4 m Nerven, 15 Talgdrüsen, 18 Haare, 100 Schweißdrüsen, 200 Schmerzpunkte, 3 Millionen Körperzellen.

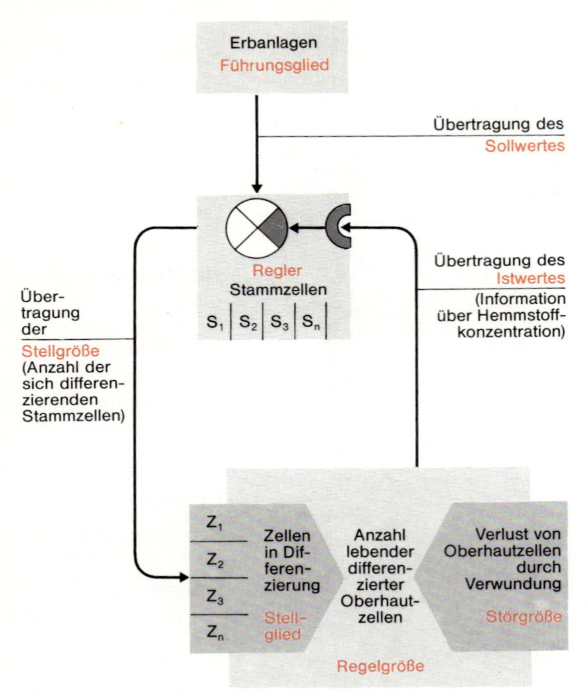

Abb. 66.1: Regelkreis der Erhaltung des Oberhautgewebes.
Die Hemmstoffkonzentration meldet den Ist-Wert an die Stammzellen.
Steigt der Ist-Wert über den im Organismus erblich festliegenden Soll-Wert, wird er über die Stellgröße wieder erniedrigt.
Sinkt der Ist-Wert unter den Soll-Wert, wird er über die Stellgröße erhöht.
Diese negative Rückkopplung wirkt der Störung entgegen und hat zur Folge, daß der Ist-Wert auf der Höhe des Soll-Werts gehalten wird.
Fühler sind die Hemmstoffrezeptoren in der Membran der Stammzellen.
Die Rezeptoren sind Proteinmoleküle.
Je mehr Hemmstoff entsteht, desto weniger Stammzellen teilen sich.
Differenzieren Stammzellen zu Oberhautzellen, geht ihre Anzahl zurück.
Dies aber regt die Teilung der Stammzellen an, ihre Zahl nimmt wieder zu.
Die Regelbegriffe sind rot eingetragen.
Größen des Regelkreises sind meßbar (z.B. Anzahl, Konzentration);
Glieder des Regelkreises sind materielle Gegenstände (Zellen, Rezeptoren).
Die Anzahl der sich differenzierenden Stammzellen ist als Stellgröße, die sich differenzierenden Stammzellen sind als Stellglied anzusehen.

Eigenschaft der Homöostase zeigen. Der Wasserstand in einem Brunnentrog, der einen Zufluß und einen Abfluß hat, ist z.B. von der Zufluß- und Abflußgeschwindigkeit abhängig. Im offenen System »Brunnentrog« bleibt der Wasserstand ohne äußeren Einfluß konstant. Wird er durch Herausschöpfen von Wasser (äußere Störung) abgesenkt, so stellt sich im Laufe der Zeit der ursprüngliche Wasserstand von allein wieder ein, weil der Abfluß infolge geringeren Drucks der Wassersäule zunächst geringer ist und durch den Anstieg des Wasserspiegels wieder auf den ursprünglichen Wert steigt. Ein Meßsystem ist in diesem Fall nicht erforderlich. Das geschilderte System bezeichnet man in der Technik als **Regelkreis** (s. auch Abb. 66.1). Ein solcher Regelkreis wurde bei *Euglena* bereits beschrieben. Die in großer Zahl in allen Zellen und Organismen vorhandenen Regelkreise sind die Ursache der Systemeigenschaft Homöostase. Hinzu kommt, daß diese Regelkreise nicht unabhängig voneinander sind, sondern viele Stoffe und alle Organellen sich in der Zelle an vielen Regelkreisen beteiligen: Die Regelkreise sind *vermascht*.

Viele Reaktionsketten des Zellstoffwechsels laufen in Regelkreisen ab. Auch viele Vorgänge im vielzelligen Organismus sind Regelkreise, z.B. die Regelung des Blutdrucks (vgl. Abb. 182.1), der Körpertemperatur und der Muskellänge (s. Abb. 254.1) sowie der Pupillenreflex (Abb. 223.1). In Regelkreisen liegt immer eine **negative Rückkoppelung** vor. Es treten dabei Wirkungen auf, die den äußeren Störungen entgegengesetzt sind und diese aufheben.

Positive Rückkoppelungen hingegen führen zu Verstärkungen einmal eingeleiteter Veränderungen. Sie spielen z.B. bei der Differenzierung von Zellen eine Rolle. Jedoch sind auch in solchen Fällen Regelkreise mit negativer Rückkoppelung von Bedeutung.

Betrachten wir einen Regelkreis am Beispiel der Ausbildung von Oberhautzellen im Organ Haut (Abb. 65.3 und 66.1). Die Bildung neuer Oberhautzellen geht von den teilungsfähig gebliebenen *Stammzellen* der Oberhaut aus. Die Gesamtheit dieser Stammzellen bezeichnet man als Keimschicht der Oberhaut. Wenn sich eine Stammzelle teilt, bleibt eine Tochterzelle weiterhin Stammzelle. Die andere Tochterzelle differenziert sich, d.h. sie verhornt, stirbt dann ab und bildet mit gleichartigen Zellen die Hornschicht der Oberhaut. Die noch lebenden aber bereits differenzierten Oberhautzellen erzeugen einen Stoff, der die Teilung von Stammzellen hemmt. Je mehr differenzierte Zellen nun vorhanden sind, desto höher ist die Konzentration des Hemmstoffs und desto mehr wird die Teilung von Stammzellen und die nachfolgende Differenzierung verhindert. Sinkt dagegen die Anzahl lebender, differenzierter Zellen durch Verhornung und Absterben, so sinkt auch der Hemmstoffgehalt, und die Stammzellen bilden wieder neue, sich differenzierende Zellen nach. Auf diese Weise wird die Anzahl lebender Zellschichten und damit die Dikke der Oberhaut weitgehend konstant gehalten, obwohl an der Hautoberfläche dauernd tote Zellen abgeschilfert werden.

Das Fließgleichgewicht zwischen Bildung und Verlust von Zellen muß nicht nur in der Oberhaut, sondern im gesamten Organ Haut einschließlich der Unterhaut aufrechterhalten werden, sonst wäre die Funktionsfähigkeit der Haut beeinträchtigt. Die Oberhaut wird ja durch die Unterhaut versorgt und am Leben erhalten. Auch in der Unterhaut sterben Zellen ab, sie werden aufgelöst und durch neue ersetzt, die durch Teilung von Bindegewebszellen der Unterhaut entstehen. Die Zellmenge des Unterhautgewebes wird dabei in ähnlicher Weise geregelt, wie dies für die Oberhaut geschildert wurde. Die Beziehungen zwischen Oberhaut und Unterhaut kommen durch Stoffaustausch und durch Kontakt der Oberhaut-Stammzellen mit den darunterliegenden Unterhautzellen zustande. Der Regelkreis der Oberhaut ist deshalb mit dem der Unterhaut »vermascht«; beide regulieren in gleichem Maße Zellteilungen und Zellwachstum.

Wird die Oberhaut örtlich verletzt, sinkt die Hemmstoffkonzentration an dieser Stelle stark ab. Die der Wunde benachbarten Stammzellen teilen sich vermehrt, die neuen Zellen differenzieren sich und regenerieren die Oberhaut: die Wunde heilt. Allerdings dauert die Differenzierung (Verhornung) der neu gebildeten Zellen etwa 1–2 Tage. Die Störung wird also nicht sofort, sondern erst einige Zeit später ausgeglichen. Man nennt die Zeit zwischen dem Beginn der störungsbedingten Änderung der Regelgröße (= Menge der Stammzellen) und dem Beginn der Wirkung der Stellgröße (= Zahl der neu gebildeten sich differenzierenden Zellen) die *Totzeit*. Sie kommt dadurch zustande, daß die Informationsübertragung innerhalb der Regelkreise Zeit benötigt. Eine auftretende Störung kann also erst eine gewisse Zeit später beantwortet werden.

Totzeiten von Regelsystemen im Zellstoffwechsel betragen meist nur Bruchteile von Sekunden. Bei langer Totzeit kann sich die Korrektur erst auswirken, wenn die Störung beendet ist. Dann steigt der Istwert der Regelgröße über den Sollwert hinaus an oder fällt unter der Sollwert – eine Gegenkorrektur setzt ein. Dies führt zu Schwankungen der Regelgröße um einen Mittelwert. Der Regelkreis gerät ins *Schwingen*.

Ist die Totzeit lang oder die auftretende Korrektur sehr groß, so kann ein Regelkreis instabil werden. Der Istwert schwingt dann hin und her. Biologische Regelkreise sind allerdings zumeist so aufgebaut, daß Schwankungen der Regelgröße nur in geringem Umfang oder überhaupt nicht zu beobachten sind. In machen Fällen, z. B. bei starker Alkoholeinwirkung, kann jedoch die Totzeit verlängert und das Ausmaß der Korrektur verstärkt sein. Deshalb zeigen Betrunkene im torkelnden Gang deutlich die Schwankungen bei der Regelung der aufrechten Körperhaltung.

Welche Eigenschaften ein bestimmtes System hat, kann man nur erkennen, wenn sowohl die Eigenschaften der beteiligten Elemente (ihre Strukturen: Moleküle, Organellen, Zellen ...) als auch die Art ihrer Verknüpfung (ihre Funktionen: allosterische Regulationen, Transportvorgänge, Steuerungen durch Hormone sowie durch Hemmstoffe und Nerven ...) bekannt sind. Dann kann man das System mit einem Computer nachbilden *(simulieren)*, um so seine Eigenschaften herauszufinden. Bei den meisten biologischen Systemen sind aber weder die Eigenschaften der Elemente noch die Art ihrer Verknüpfung genau bekannt.

Im Organismus gibt es Regelungssysteme auf sehr verschiedenen Ebenen. Der Regelkreis »Erhaltung der Oberhaut« regelt ein System auf der Ebene der Gewebe. Zur Regelung von Bau und Funktion des Organs Haut muß der Regelkreis Oberhaut mit dem Regelkreis Unterhaut verbunden sein; die beiden Regelkreise sind selbst Teile eines übergeordneten Regelungssystems auf der Ebene des Organs. Auf jeder Organisationsstufe treten neue Systemeigenschaften auf, die mehr sind als die Summe der Eigenschaften der darunterliegenden Stufe. Im Beispiel Haut sind solche Systemeigenschaften: die Aufrechterhaltung eines vollständigen Abschlusses des Körpers nach außen sowie die begrenzte Dicke der Haut. Die Eigenschaften der Zelle sind mehr als die Eigenschaften ihrer Organellen. Vereinigen sich Zellen zu Organen, so treten wiederum neue Systemeigenschaften auf. Entsprechendes gilt beim Übergang vom Organ zum Organismus, vom Organismus zur Population und von der Population zur Biozönose.

Ökologie – Wechselbeziehungen zwischen den Organismen und ihrer Umwelt

Alle Lebewesen sind von ihrer Umwelt abhängig und beeinflussen sie ihrerseits. Mit diesen Wechselbeziehungen beschäftigt sich die **Ökologie.**

Ein Hase z.B. braucht Gras und Kräuter als Nahrung und Wasser zum Trinken. Er benötigt einen Unterschlupf, um sich zu verstecken oder Junge zur Welt zu bringen. Er paart sich mit Artgenossen und ist in seiner Lebensweise abhängig vom Klima. Fuchs und Habicht stellen ihm nach, und in seinem Fell sitzen Läuse. So ist der Hase in vielerlei Weise mit seiner belebten und unbelebten Umwelt verbunden. Gleiches gilt für jedes andere Lebewesen, so auch für den Menschen.

Man bezeichnet Einflüsse der unbelebten Umwelt auf einen Organismus als **abiotische Faktoren;** dazu zählen Licht, Temperatur, Luft, Boden. **Biotische Faktoren** nennt man Einflüsse, die von anderen Lebewesen ausgehen. Solche Faktoren sind z.B. Wirkungen von Feinden oder Parasiten, der Wettbewerb mit anderen Artgenossen um Nahrung und Lebensraum sowie der Schutz durch gemeinsame Abwehr von Feinden.

In einem bestimmten Lebensraum (Wiese, Wald, Teich), dem **Biotop,** bilden Pflanzen und Tiere eine **Lebensgemeinschaft,** die **Biozönose.** Die Einheit von Lebensraum und Lebensgemeinschaft mit allen Wechselbeziehungen bezeichnet man als **Ökosystem.**

Die Ökologie wirft folgende grundlegende Fragen auf:

– Wie sind Pflanzen und Tiere von den abiotischen und biotischen Faktoren ihrer Umwelt abhängig?
– Woher beziehen die Organismen eines Ökosystems ihre Nährstoffe und ihre Energie?
– Wie hat der Mensch die Ökosysteme verändert und welche Folgen hat dies für ihn? Wie kann er nachteilige Veränderungen vermeiden?

1. Wechselbeziehungen zwischen den Pflanzen und ihrer Umwelt

1.1 Einfluß abiotischer Faktoren

Eine Pflanze kann sich nicht aussuchen, wo sie sich ansiedelt; aber wohin auch ihr Samen fällt, sie wächst nur dort, wo die Umwelt ihr Gedeihen ermöglicht. Die Umwelt der Pflanze wird bestimmt vom **Klima** und **Boden** ihres Wuchsortes: Unter Klima verstehen wir den durchschnittlichen Witterungsverlauf (Tem-

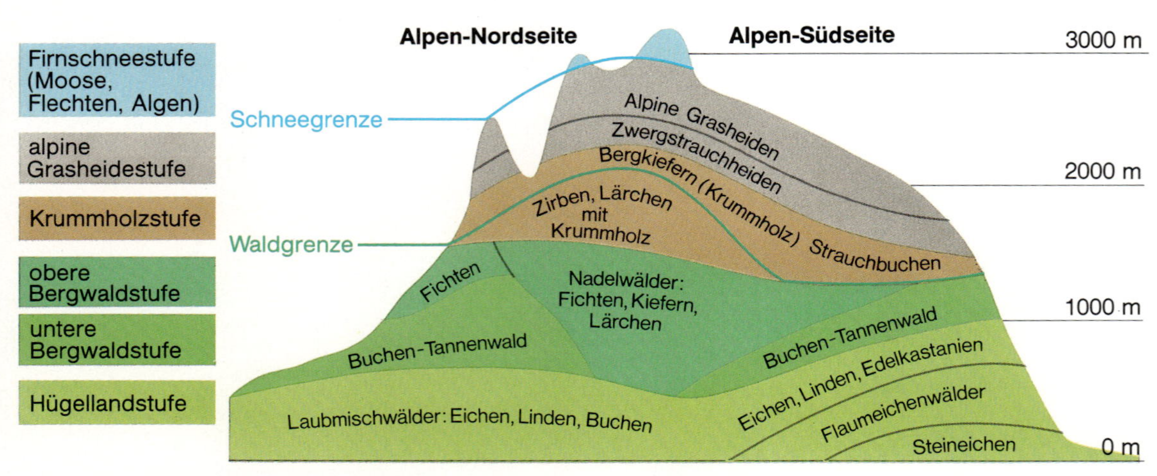

Abb. 68.1: Höhenstufen der Pflanzenwelt auf der Alpennord- und -südseite. Von unten nach oben nimmt die jährliche Dauer der Vegetationszeit ab; diese entspricht etwa der schneefreien Zeit und ist gekennzeichnet durch ein Tagesmittel der Temperatur von mehr als 5° C. Außerhalb der Vegetationszeit nehmen die Pflanzen kein Wasser auf, so daß sie bei mangelndem Verdunstungsschutz vertrocknen (Frosttrocknis). Im Hochgebirge ist Schnee ein guter Verdunstungsschutz. Bei kurzer Vegetationszeit können Bäume nicht gedeihen, weil die Stoffproduktion (s. 5.1) nicht mehr ausreicht, um die Lebensvorgänge während des ganzen Jahres und weiteres Wachstum des Baumes zu sichern. Bei noch kürzerer Vegetationszeit ist die Stoffproduktion für das Wachstum von Sträuchern und großwüchsigen Kräutern zu gering.

peratur- und Lichtverhältnisse, Niederschläge, Luftbewegung während des Jahres) in einer Landschaft (Tab. 71/1).

Innerhalb desselben Klimabereiches gibt es recht unterschiedliche Lokalklimate. Dies äußert sich dann auch in unterschiedlicher Vegetation (s. Abb. 70.1–70.4). So findet man in Mitteleuropa an Nordhängen häufig Wald, während Südhänge Trockenrasen oder Weinberge tragen. Oft hat sogar der Wuchsort der einzelnen Pflanze sein eigenes Kleinklima, das etwa bezüglich der Temperatur oder der Luftfeuchtigkeit vom Großklima abweichen kann. Daß die Ansprüche der Pflanze an das Klima sehr verschieden sind, zeigt sich schon beim Anbau von Nutzpflanzen im Garten. Wärmeliebende Pflanzen wie Tomate, Gurke, Bohne erfrieren schon beim ersten Frost; kälteharte wie Lauch und Krauskohl überwintern meist ungeschädigt.

Lichtpflanzen verlangen volles Sonnenlicht: Salat, Gurke. Andere Pflanzen ertragen auch Halbschatten: Lauch, Sellerie.

Die in der Nacht sich abkühlende Bodenluft fließt bei geneigtem Gelände talwärts und bildet in Senken und Tälern Kaltluftseen. Diese schädigen den Anbau vieler Kulturpflanzen (Wein, Obst). In kaltluftgefährdeten Gebieten müssen daher besondere Frostschutzmaßnahmen ergriffen werden (Heizung, Ventilation, künstliche Beregnung).

Beim Klima wirken zahlreiche Einzelfaktoren zusammen. Das Jahresmittel der Temperatur und die winterlichen Tiefstwerte wirken sich besonders stark aus. Roggen hält eine Temperatur von $-25\,°C$ aus, Mais nur $0\,°C$. Bei welligem Gelände bestimmen Gefälle und Sonnenlage die Wärme- und Lichtmenge, die zu einer Pflanze gelangen. Am Südhang sind die wärmebedürftigsten Pflanzen zu Hause, da er durch direkte Sonnenbestrahlung eine weit größere Strahlenmenge als der Nordhang erhält.

Auch die Bodenbeschaffenheit beeinflußt das Pflanzenwachstum. Unter **Boden** versteht man die oberste Schicht der Erde. Sie besteht aus den Verwitterungsprodukten des darunterliegenden Gesteins (Kies, Sand, Lehm, Ton) vermengt mit Humus. Dieser bildet sich bei der Zersetzung abgestorbener Pflanzen und ist durchsetzt mit Mikroorganismen und Bodentieren. Von großer Bedeutung ist die Wasserführung des Bodens. Lockerer Sandboden trocknet z. B. leicht aus und erwärmt sich daher rascher. Manche Pflanzenarten gedeihen auf solchen Böden besonders gut, andere gar nicht. Schwerer, stark wasserbindender Tonboden erwärmt sich wegen der hohen spezifischen Wärme des Wassers dagegen langsam; er wird daher von wärmeliebenden Pflanzen gemieden. Noch mehr gilt dies für den Moorboden. Der Humusgehalt und die Art und Menge der mineralischen Nährstoffe beeinflussen das Vorkommen der Pflanzen ebenfalls. Jede Pflanze ist auch auf eine bestimmte H-Ionenkonzentration (pH-Wert) des Bodenwassers eingestellt. Es gibt Arten, die nur auf saurem Boden (Heidekraut), und andere, die nur auf neutralem oder leicht alkalischem Boden (Huflattich, Leberblume) gedeihen.

Unterschiedliche Ansprüche an die Bodenbeschaffenheit zeigen auch unsere Kulturpflanzen. Mineralstoffreiche Böden (und daher Düngung) verlangen z. B. Kohl, Tomate, Weizen; andere Arten entwickeln sich in nährstoffärmeren Böden ebenso gut: Bohne, Möhre, Zwiebel. Manche Pflanzen stellen ganz bestimmte Ansprüche an die Außenbedingungen, die nur innerhalb enger Grenzen schwanken dürfen. Man kann sie als **Zeigerpflanzen** (s. Tab. 69/1) benutzen und nach ihrem Auftreten die Standorteigenschaften (Nährsalz-, Wasser-, Temperatur-, Lichtverhältnisse) beurteilen. Vgl. auch Stoffwechsel und Energiehaushalt der Pflanze, Abschnitte 6.3 und 8.

Tabelle 69/1: Zeigerpflanzen

Lichtzeiger	Klette, Hundsrose, Wacholder
Tiefschattenzeiger	Sauerklee
Trockenheitszeiger	Zypressenwolfsmilch, Wundklee, Kleiner Wiesenknopf
Feuchtigkeitszeiger	Sumpfdotterblume, Sumpfehrenpreis, Wasserminze
Stickstoffzeiger	Brennessel, Bärenklau, Weiße Taubnessel
Stickstoffmangelzeiger	Preiselbeere, Arnika, Zittergras
Kalkzeiger	Küchenschelle, Leberblümchen, Silberdistel
Kalkmangel- und zugleich Säurezeiger	Heidekraut, Besenginster, Heidelbeere
Salzzeiger	Queller, Strandaster, Strandnelke, Strandflieder

Abb.70.1: Borealer Nadelwald in Nordeuropa (Fichten, Kiefern, vereinzelt Birken). Im Unterwuchs Zwergsträucher aus der Familie der Erika-Gewächse (Heidelbeere, Heidekraut, Bärentraube); sie haben auf den nährstoffarmen Böden Wettbewerbsvorteile infolge ihrer Mykorrhiza.

Abb.70.3: Mitteleuropäischer Laubwald (z.B. Eichen-Hainbuchen-Buchen-Wald). Krautschicht aus Schattenpflanzen (z.B. Sauerklee) und Frühblühern (z.B. Waldschlüsselblume, Anemone). Vgl. auch Abb.85.1.

Abb.70.2: Mediterraner Hartlaubwald (Korkeichenwald in Spanien). Laub der Korkeichen graugrün. Die Stämme erscheinen braun, wo der Kork abgeschält wurde. Im Unterwuchs z.B. Cistrosen, Mäusedorn, Stechwinden

Abb.70.4: Tropischer Regenwald. Üppigste Vegetationsform der Erde. Sehr artenreich, viele Lianen und Epiphyten (Farne, Orchideen). Stockwerkaufbau mit mehreren Baumschichten, wie sie von einer Lichtung aus zu erkennen sind. Viele Bäume mit Brettwurzeln

Tabelle 71/1: Waldtypen in Anpassung ans Klima

	nordeuropäischer Nadelwald (borealer Nadelwald)	mitteleuropäischer Laubwald	mediterraner Hartlaubwald	tropischer Regenwald
Temperatur	kühle Sommer, aber mittlere Temperatur des wärmsten Monats über 10 °C kalte, lange Winter mit dauerndem Frost	warme Sommer Winter nicht streng, aber mit regelmäßigen Frösten	heiße Sommer kühle Winter, nur gelegentlich kurzzeitige Fröste	ganzjährig nie unter 18 °C, tageszeitliche Temperaturschwankungen größer als jahreszeitliche
Feuchtigkeit	Sommer feucht Winter trocken (da Wasser gefroren im Boden)	Sommer feucht Winter mit Trockenzeiten	Sommer trocken (Dürrezeit) Winter feucht	ganzjährig sehr feucht
Vegetationszeit	4–6 Monate, unterbrochen durch Winterkälte	mehr als 6 Monate, unterbrochen durch Winterkälte	unterbrochen durch Sommerdürre	ganzjährig
Klima	kalt-gemäßigt	gemäßigt	warm-gemäßigt (Etesien-Klima)	warm und feucht (tropisch)
Anpassung ans Klima	immergrüne Nadelblätter mit hoher Frosthärte; mit Beginn der Vegetationszeit sofortige Stoffproduktion	winterlicher Laubabfall, Blätter müssen zu Beginn der Vegetationszeit neu gebildet werden	immergrüne Hartlaubblätter mit hoher Dürreresistenz (durch Festigungsgewebe harte Blätter)	immergrünes Laub, dauernde Stoffproduktion, reich an Epiphyten

1.2 Einfluß biotischer Faktoren

1.2.1 Wettbewerb zwischen den Pflanzen

Pflanzen, die ähnliche Ansprüche an Boden und Lokalklima stellen, kommen zusammen vor; sie sind miteinander vergesellschaftet. In einer derartigen Pflanzengesellschaft herrscht ein ständiger Wettbewerb. An einen bestimmten Standort können Samen vieler Pflanzenarten gelangen. Wenn sie auskeimen, konkurrieren bereits die Keimlinge um Licht, Wasser und Nährsalze. Solche, die rascher wachsen, nutzen das Licht voll aus und beschatten andere, die dadurch gehemmt werden oder gar zugrunde gehen.

Die Konkurrenzfähigkeit einer Art ist durch Erbanlagen und die Umweltverhältnisse bedingt. Erblich festgelegt sind Vermehrungsfähigkeit, Ausbreitungsfähigkeit und Behauptungsfähigkeit. Zu den Umweltfaktoren gehören Licht, Temperatur, Wasserversorgung, Bodenreaktion.

Die **Vermehrungsfähigkeit** hängt von der Anzahl der Samen ab; diese ist weit größer als die Abgänge durch Absterben artgleicher Individuen. Es gibt Arten, bei denen die Samenzahl einer Pflanze eine Million übersteigen kann (z. B. Weißer Gänsefuß).

Die **Ausbreitungsfähigkeit** einer Art bemißt sich danach, wie weit sich die Samen ausbreiten können. Je leichter die Samen verfrachtet werden und je zahlreicher sie sind, desto größer ist die Wahrscheinlichkeit, daß einige einen geeigneten Wuchsort finden; bevorzugt sind dabei diejenigen, die vom Wind verbreitet werden, z. B. Löwenzahn.

Die **Behauptungsfähigkeit** der Arten äußert sich darin, wie lange sie ihren Siedlungsraum besetzen können. Einjährige Arten vermögen dies nur für eine einzige Vegetationsperiode; viele von ihnen keimen im Frühling und sterben im Herbst ab. Bestenfalls geben sie den Platz an ihre Nachkommen weiter. Ausdauernde Arten dagegen überwintern und halten ihren Siedlungsraum durch Jahrzehnte, Holzgewächse durch Jahrhunderte besetzt (vgl. Evolution 4.10).

Weitere biotische Faktoren für die Pflanzen sind auch Tiere, die von ihnen leben, die sie bestäuben oder die ihre Früchte und Samen verbreiten.

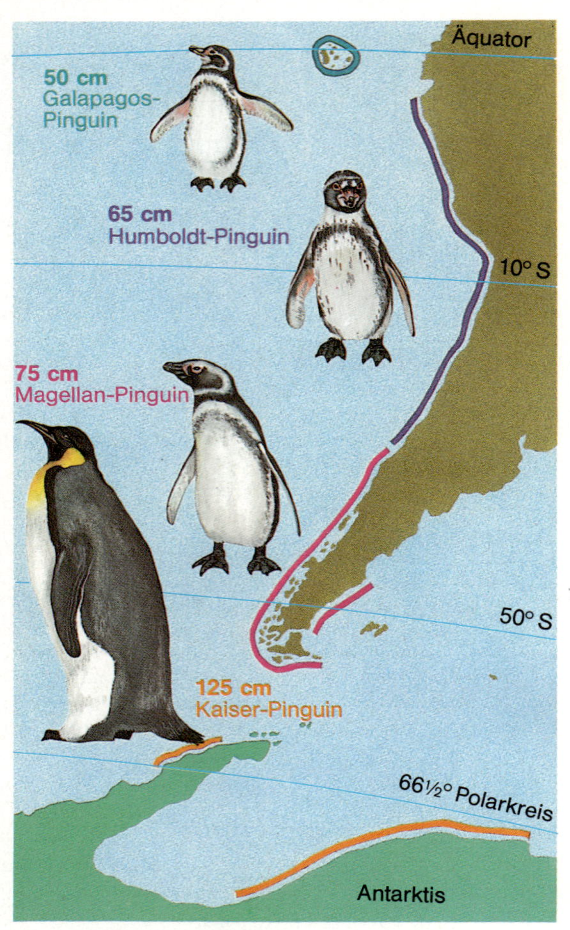

Abb. 72.1: Größenvergleich und Verbreitungsgebiete von vier Pinguinarten

Abb. 72.2: Köpfe von Füchsen aus dem heißen Wüstengürtel Nordafrikas (Fenek), der gemäßigten Zone (Rotfuchs) und der arktischen Zone (Polarfuchs, im Sommer braun, im Winter weiß). Beachte die Größe der Ohren!

2. Wechselbeziehungen zwischen den Tieren und ihrer Umwelt

So wie Pflanzen nur an ihnen zusagenden Standorten gedeihen, leben auch Tiere nur an Orten, die ihre von Art zu Art wechselnden Ansprüche an abiotische und biotische Faktoren wie Klima, Nahrung, Schutz, Brutmöglichkeiten u.a. erfüllen.

Viele Tierarten können nur innerhalb bestimmter **Temperatur**bereiche ihre Lebenstätigkeit voll entfalten. Säuger und Vögel sind durch ihre Fähigkeit zur Temperaturregulation weniger temperaturabhängig. Diese gleichwarmen *(homöothermen)* Tiere benötigen zur Aufrechterhaltung ihrer Körpertemperatur jedoch eine größere Nahrungsmenge als wechselwarme; deshalb begrenzt die verfügbare Nahrung das Vorkommen solcher Tierarten.

Für die Wärmeabgabe ist die Oberfläche der Tiere maßgebend, während der Stoffwechsel und damit die Wärmeproduktion vom Volumen der Tiere abhängen. Bei Größenzunahme steigt das Volumen in der dritten Potenz, die Oberfläche aber nur im Quadrat an. Darum geben größere Tiere mit ihrer im Verhältnis zum Volumen kleineren Oberfläche relativ weniger Wärme ab; sie sind dadurch in kälterem Klima begünstigt. Innerhalb eines Verwandtschaftskreises findet man deshalb bei Säugern und Vögeln in kälteren Gebieten oft größere Arten (oder Rassen einer Art) als in wärmeren (BERGMANNsche Regel). So kommen die größeren Pinguinarten (Kaiserpinguin, über 1 m) in der Antarktis vor, die kleinste Art (Galapagos-Pinguin, rd. 50 cm) in der Nähe des Äquators (s. Abb. 72.1). Die Größe von Fuchs, Reh oder Wildschwein nimmt von Skandinavien über Mitteleuropa bis zu den Mittelmeerländern deutlich ab.

Abstehende Körperteile (s. Abb. 72.2), die leicht auskühlen (lange Ohren, Schwänze), sind bei Arten kalter Gebiete meist kleiner ausgebildet als bei verwandten Arten wärmerer Zonen (ALLENsche Regel). Wechselwarme Tiere haben nur bei hoher Außentemperatur eine hohe Stoffwechselintensität. Für sie sind die Temperaturverhältnisse der Tropen besonders günstig. Deshalb findet man sie dort in viel größerer Artenzahl (Insekten, Reptilien) und mit größerem Wuchs (Riesenkäfer, Krokodile, Riesenschlangen). Auf die Bedeutung der abiotischen Faktoren Wasser und Sauerstoffgehalt sowie der biotischen Faktoren Nahrungspflanzen, Beutetiere, Feinde, Parasiten wird in den folgenden Abschnitten 3.1 und 3.2 sowie bei der Betrachtung von Ökosystemen eingegangen. Den Bereich eines Umweltfaktors (z.B. der Temperaturbereich), innerhalb dessen eine Art gedeihen und sich fortpflanzen kann, bezeichnet man als ihre *ökologische Potenz* (Gedeihfähigkeit) gegenüber dem Umweltfaktor. Sie kann eng oder weit sein. Euryök (weite ökologische Potenz) bezüglich der Temperatur und der Nahrung sind z.B. Ratte und Bär. Stenök (enge ökologische Potenz) bezüglich der Temperatur ist z.B. die Bachforelle, die im kühlen Wasser der Bergbäche lebt. Stenök bezüglich der Nahrung ist der Koala-Bär, der nur von Eukalyptus-Blättern lebt. Die Zahl der Individuen einer Art wird durch die ungünstigen Umweltfaktoren begrenzt. Ihre Häufigkeit wird von dem Faktor bestimmt, der am weitesten vom Optimum entfernt ist *(Wirkungsgesetz der Umweltfaktoren oder Pessimum-Gesetz)*.

In der Natur leben die meisten Arten nicht im Optimum bezüglich der für sie wichtigen Umweltfaktoren (s. Abb. 73.1). Daher können bereits geringe Veränderungen eines Umweltfaktors (verursacht z.B. durch den Menschen) eine Art verdrängen oder ausrotten.

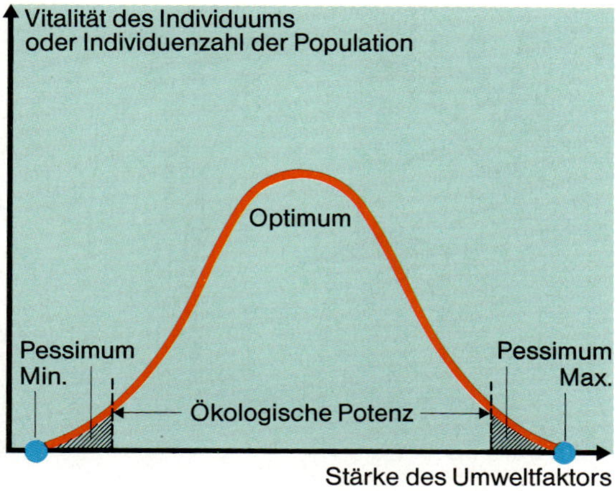

Abb. 73.1: Kardinalpunkte (blau) der Reaktion einer Art auf Einflüsse von Umweltfaktoren (schematisch). Die ökologische Potenz ist gekennzeichnet durch denjenigen Bereich eines Umweltfaktors, in dem sich die Art noch fortpflanzt. Optimum: Bereich, in dem eine Art am besten gedeiht; hier herrscht die günstigste Kombination der Umweltfaktoren. Pessimum: Extrembereich, in dem die Art gerade noch zu existieren vermag. Minimum bzw. Maximum: Grenzpunkte, unterhalb bzw. oberhalb kann die Art nicht mehr leben.

3. Lebensraum und Population

3.1 Die ökologische Nische und die Einnischung

Tiere nützen in ihrem Lebensraum nur wenige der vorhandenen Möglichkeiten für ihre Ernährung, zur Anlage ihres Brutplatzes, für ein Versteck oder für andere Lebensbedürfnisse aus. Auf demselben Baum können Ringel- und Hohltauben nisten, erstere im Geäst, letztere in einer Spechthöhle. Die Ringeltaube frißt vorwiegend in der Nähe ihres Nestes Früchte, Raupen, Würmer und Schnecken, die Hohltaube dagegen sucht in weitem Umkreis nach Früchten verschiedener Art. Dieses Beispiel zeigt, daß die Tierarten zwar im gleichen Lebensraum auftreten, ihn aber ganz unterschiedlich nutzen. Auf diese Weise konkurrieren die Arten nur wenig miteinander. Es ist gewissermaßen so, als ob jede Art in einer eigenen Nische des gemeinsamen Lebensraumes lebte. Man bezeichnet die Gesamtheit aller biotischen und abiotischen Umweltfaktoren, die für die Existenz einer bestimmten Art wichtig sind, als *ökologische Nische* der Art (Abb. 74.1). Die ökologische Nische ist also kein Raum, dieser Begriff beschreibt vielmehr diejenigen Faktoren der Umwelt, welche die Art nutzt; dies ist nur ein Teil aller Gegebenheiten der Umwelt. Die Umwelt wird gewissermaßen auf verschiedene Arten aufgeteilt.

Möglichkeiten der Einnischung durch unterschiedliche Nutzung des gleichen Lebensraums

1. Einnischung durch Verlegung der Hauptaktivität auf verschiedene Tageszeiten: z.B. Greifvögel-Eulen.
2. Einnischung bezüglich der Nahrung:
   a) Unterschiedliche Größe der Nahrung (häufig bei verwandten Raubtierarten): Die unterschiedliche Größe der Raubtiere bedingt unterschiedlich große Beutetiere, z.B.
   Fuchs (klein) – Wolf (groß)
   Sperber (klein) – Habicht (groß).
   b) Unterschiedlicher Ort der Nahrungssuche: z.B. Kohlmeise sucht ihre Nahrung am Boden und im Inneren der Baumkronen, Blaumeise im Bereich der Astspitzen.
   c) Spezialisierung von Parasiten auf bestimmte Körperteile des Wirts: z.B. Kopflaus–Kleiderlaus–Schamlaus (Filzlaus) beim Menschen.
3. Einnischung bezüglich der Temperatur: z.B. die Strudelwürmer *Planaria alpina* im Bachoberlauf und *Planaria gonocephala* im Mittel- und Unterlauf des Baches.
4. Einnischung bezüglich des Fortpflanzungsverhaltens: Verschiedene Zeiten für Fortpflanzung und Brutpflege, z.B. bei verschiedenen Seeschwalbenarten.

Würden zwei Arten eines Gebietes dieselbe ökologische Nische besetzen, so müßte zwischen ihnen

*Abb. 74.1: Nahrungsnischen einiger Vögel der Teiche.
Die beiden Rohrsänger und ebenso Tafel- und Reiherente zeigen die unterschiedliche Einnischung von Arten einer Gattung.
Rauchschwalbe und Flußseeschwalbe haben bei ähnlicher Lebensweise sehr ähnliche Gestalt (Konvergenz); ihre Nahrungsnischen sind jedoch deutlich verschieden.
1 Drosselrohrsänger sucht Insekten auf der Wasseroberfläche.
2 Teichrohrsänger sucht Nahrung im Schilf und in der Luft.
3 Graureiher sucht Tiere im Flachwasser.
4 Bachstelze sucht Insekten im Bereich Land-Wasser.
5 Schwimmente gründelt im Flachwasser nach Pflanzennahrung.
6 Tafelente taucht im tiefen Wasser nach Pflanzennahrung.
7 Reiherente taucht im tiefen Wasser nach Bodentieren.
8 Haubentaucher taucht nach Kleinfisch.
9 Flußseeschwalbe fängt kleine Fische durch Stoßtauchen.
10 Rauchschwalbe jagt im Luftraum über dem Wasser nach Insekten.*

totale Konkurrenz herrschen. Die unter den gegebenen Umweltbedingungen jeweils lebenstüchtigere Art würde die andere schließlich völlig verdrängen. Das *Konkurrenzausschlußprinzip* führt dazu, daß in einem bestimmten Lebensraum nie zwei Arten mit völlig gleichen Ansprüchen, d.h. gleichen ökologischen Nischen vorkommen. Dies läßt sich experimentell überprüfen (s. Abb. 75.1). Arten, die in geographisch getrennten Gebieten leben, können hingegen sehr ähnliche ökologische Nischen ausbilden und in Anpassung an diese viele Ähnlichkeiten in Gestalt und Lebensweise aufweisen. Man nennt diese Erscheinung **Konvergenz** (s. Abb. 75.2). Die Kolibris von Südamerika, die Nektarvögel von Afrika und die Honigfresser von Australien sind gestaltlich sehr ähnliche, nektarsaugende Vögel; sie sind aber nicht miteinander verwandt. Die Kakteen in amerikanischen, Wolfsmilchgewächse in afrikanischen und Schwalbenwurzgewächse in afrikanischen und asiatischen Trockengebieten haben alle einen ähnlichen Wuchs; es sind *Sukkulenten* (s. Stoffwechsel und Energiehaushalt der Pflanze, 8.).

3.2 Populationswachstum

Bakterien sollen in einer Kulturflüssigkeit, die genügend Nahrung enthält, vermehrt werden. Jedes von ihnen teilt sich innerhalb von 20 Minuten; das gleiche gilt für die Tochterzellen. In jeder Generation verdoppelt sich also die Anzahl der Individuen, vorausgesetzt, keines von ihnen geht zugrunde **(exponentielles Wachstum):**

Generation	0	1	2	3
Anzahl Bakterien = N	$1 = 2^0$	$2 = 2^1$	$4 = 2^2$	$8 = 2^3$

Generation	4	5	6	n
Anzahl Bakterien = N	$16 = 2^4$	$32 = 2^5$	$64 = 2^6$	2^n

Auch wenn laufend ein Teil der Bakterien stirbt, verläuft das Wachstum exponentiell, wenngleich der Zuwachs dann etwas geringer ist.

Die *Zuwachsrate* ergibt sich aus der Differenz von Geburtenrate und Sterberate. In unserem Beispiel ist die Geburtenrate gleich 1, weil pro 1000 Bakterien in jeder Generation 1000 weitere entstehen $\frac{1000}{1000} = 1$. Angenommen, es sterben pro 1000 Bakterien nach der Teilung jeweils 100,

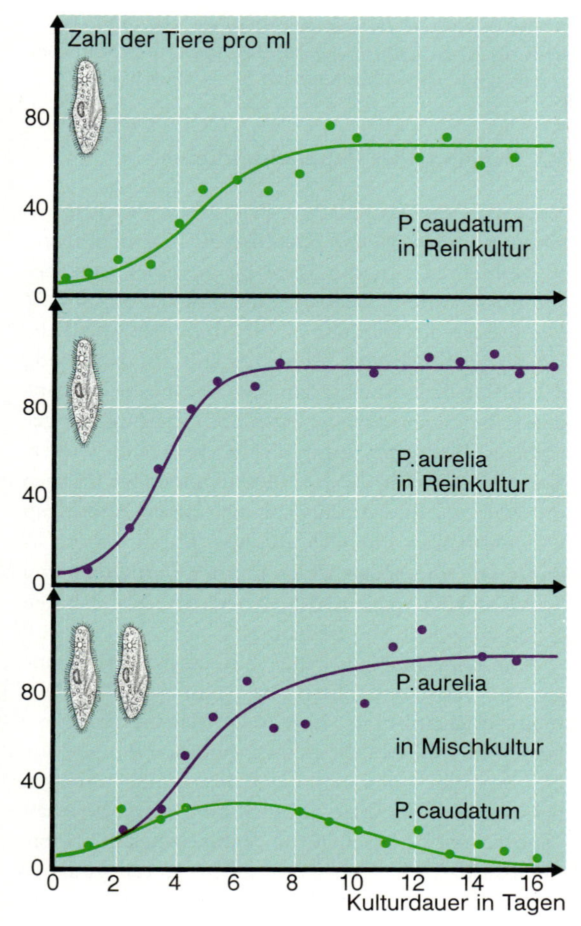

Abb. 75.1: Zwei Arten von Pantoffeltierchen in getrennter und in gemeinsamer Kultur. Der waagerechte Teil der beiden oberen Kurven gibt die Größe der Population an, von der ab eine weitere Zunahme infolge innerartlicher Konkurrenz um Nahrung und Sauerstoff nicht mehr möglich ist. Wenn sich beide Arten unter bestimmten Bedingungen gemeinsam in einer Kultur befinden, wird Paramaecium caudatum im Lauf der Zeit völlig durch Paramaecium aurelia verdrängt und stirbt aus. In der Natur leben die beiden Arten in verschiedenen ökologischen Nischen.

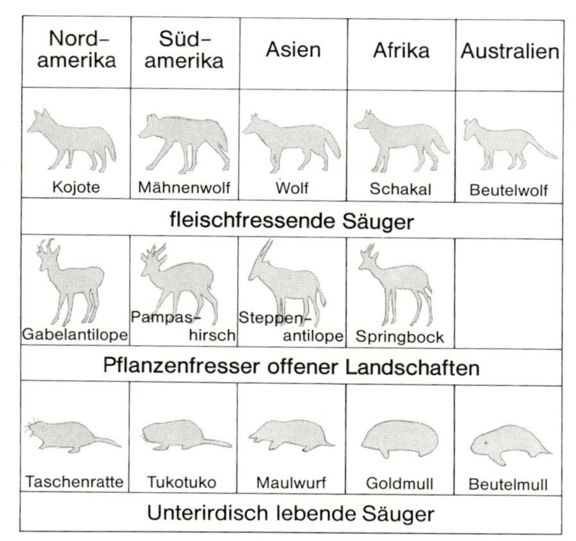

Abb. 75.2: Einander entsprechende (äquivalente) ökologische Nischen haben in verschiedenen Erdteilen ähnliche Lebensformen hervorgebracht.

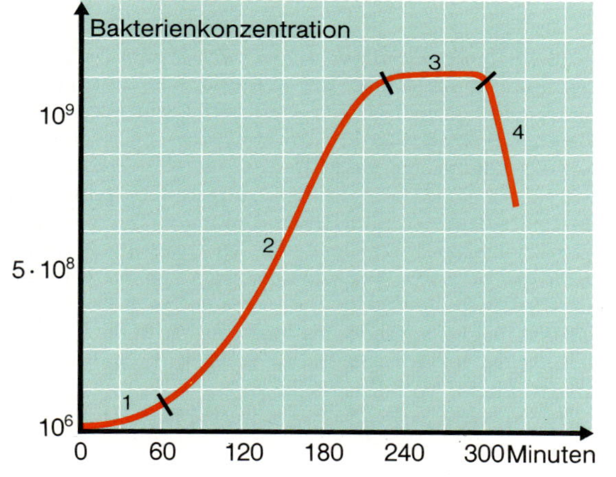

Abb. 75.3: Wachstum einer Population des Bakteriums Vibrio natrigenes. 1: Anlaufphase; die Zellen bereiten sich auf die erste Teilung vor, z. B. durch Aufnahme von Nährstoffen und Enzymsynthese. 2: Vermehrungsphase; die Population wächst exponentiell. 3: Stationäre Phase; die Anzahlen der neu entstehenden und der absterbenden Bakterien halten sich die Waage. 4: Absterbephase; es sterben mehr Bakterien ab als neu gebildet werden.

so liegt eine Sterberate von $\frac{100}{1000} = 0{,}1$ vor. Unter dieser Bedingung beträgt die Zuwachsrate 0,9. Der tatsächliche Zuwachs (dN) an Individuen pro Verdopplungszeit (dt = 20 min) ergibt sich also aus dem Produkt der Anzahl vorhandener Bakterien (N) und der Zuwachsrate (r):

$$\frac{dN}{dt} = r \cdot N$$

In der nächsten Generation sind also $N + N \cdot r = N(1 + r)$, in der zweiten Generation sind $N(1 + r) + N(1 + r) \cdot r = N\ (1 + r)^2$ und in der n-ten Generation $N(1 + r)^n$ Individuen vorhanden. Die Gleichung beschreibt das Gesetz des exponentiellen Wachstums, das der englische Wirtschaftswissenschaftler MALTHUS im vorigen Jahrhundert entdeckt hat (vgl. S. 423). Den explosionsartigen Zuwachs bei exponentiellem Wachstum kann man sich anhand des folgenden fiktiven Beispiels klarmachen: Ein Bakterium hätte bei einer konstanten Verdopplungszeit von 20 min nach 44 Stunden (= 132 Generationen) 2^{132} ($= 5 \cdot 10^{39}$) Nachkommen. 10^{12} Bakterien wiegen ungefähr 1 g. Demnach brächten jene Bakterien etwa die Masse der ganzen Erde ($= 5{,}973 \cdot 10^{27}$ g) auf die Waage.

Das Wachstum einer realen Bakterienpopulation (s. Abb. 75.3) wird allerdings nur am Anfang durch eine expo-

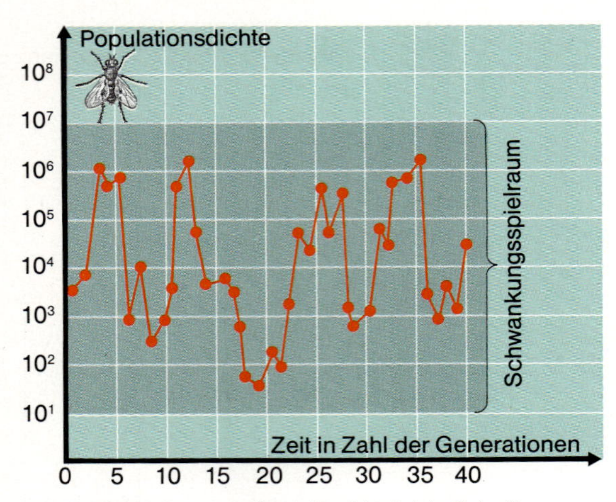

Abb. 76.1: Schwankungen der Populationsdichte bei der Stubenfliege (in einem begrenzten Lebensraum) durch Konkurrenz unter Artgenossen (innerartliche Konkurrenz). Ursachen der Schwankungen sind Veränderungen der Fruchtbarkeit und der Sterblichkeit sowie der Ein- und Auswanderung von Tieren.

nentielle Kurve beschrieben. Im weiteren Verlauf des Populationswachstums nimmt die Wachstumsrate dauernd ab und erreicht schließlich den Wert Null. Nun besteht ein Gleichgewichtszustand, bei dem die Sterberate so groß ist wie die Geburtenrate. Ursachen dafür sind die Verknappung der Nahrung und die Anhäufung giftiger Stoffwechselprodukte der Bakterien in der Kulturflüssigkeit. Der Wert der Populationsgröße in diesem Gleichgewichtszustand heißt die *Kapazität K* der Population. Er hängt von der Umwelt ab: Gießt man die Bakteriensuspension in ein größeres Gefäß und fügt neue Nährlösung hinzu, so wächst die Population weiter, bis sich ein neuer Gleichgewichtszustand mit einem höheren Wert K einstellt.

Der Zuwachs hängt also davon ab, wie weit sich die Anzahl der Individuen (N) dem Wert K angenähert hat. Dem trägt die folgende erweiterte Wachstumsgleichung Rechnung:

$$\frac{dN}{dt} = r \cdot N \cdot \left(\frac{K-N}{K}\right).$$

Liegt N nahe 0, so gilt $\frac{K-N}{K} = \frac{K-0}{K} = 1$, es erfolgt exponentielles Wachstum. Nimmt aber N den Wert von K an, so gilt $\frac{K-N}{K} = \frac{0}{K} = 0$, es liegt Gleichgewichtszustand vor, in dem kein Zuwachs erfolgt. In der Natur kann N auch über den Wert von K ansteigen. In diesem Fall erhält der Faktor $\frac{K-N}{K}$ ein negatives Vorzeichen: Die Population »wächst« negativ, d.h. die Anzahl der Individuen nimmt laufend ab. Dies ist z.B. dann der Fall, wenn Schmetterlingsraupen in so großen Massen auftreten, daß sie die Nahrungspflanzen kahlgefressen haben und sterben, bevor die meisten von ihnen zur Verpuppung gelangt sind. Die wenigen, die sich zum Schmetterling entwickeln können, erzeugen die viel kleinere Folgepopulation.

Das Wachstum der Menschheit ist in Abb. 113.1 dargestellt. Es ist zu befürchten, daß die Anzahl der Menschen bereits höher ist als ihre Kapazität in der Biosphäre.

3.3 Regelung der Populationsdichte

Setzt man einer Kultur von Pantoffeltierchen täglich eine bestimmte Menge Bakterien als Nahrung hinzu, so vermehren sich die Tiere bis zu einer ganz bestimmten Anzahl (Kapazität der Population, s. 3.2). Die Menge der Nahrung ist hier der wichtigste dichtebegrenzende Faktor. Ähnliches gilt für Raubtiere, deren Populationsdichte von der Anzahl der vorhandenen Beutetiere abhängt. Aber auch das Angebot geeigneter Brutplätze kann dichtebegrenzend wirken. Das trifft z.B. für die in Höhlen brütenden Meisen im Wald zu. Ihre Anzahl läßt sich durch Anbringen von Nistkästen erheblich erhöhen. Da sie als Insektenfresser eine große Rolle bei der Vertilgung von Schadinsekten spielen, haben derartige Maßnahmen große wirtschaftliche Bedeutung.

Eine hohe Bestandsdichte kann auch zu Änderungen des Verhaltens führen und dadurch die Vermehrung einschränken (s. Abb. 76.1). Manche Nagetiere fressen in solchen Fällen einen Teil ihrer Jungen auf. Der Streß dichten Zusammenlebens kann Störungen bei der Eireifung oder Abbruch der Schwangerschaft verursachen; sie beruhen auf Veränderungen im Hormonhaushalt. Die Populationsdichte unterliegt andererseits auch Einflüssen, die von der Populationsgröße unabhängig sind (z.B. winterliche Kälte).

Alle dichtebegrenzenden Faktoren wirken sich über die Anzahl der Nachkommen und die Anzahl der Zugrundegehenden sowie über Zu- und Abwanderung (s. auch Abb. 77.1) aus. Die jeweilige Größe einer Population wird durch das Zusammenwirken aller dichtebegrenzenden Umweltfaktoren bestimmt.

3.4 Bevölkerungspyramiden

Die Schwankung der Größe und Dichte einer Population äußert sich auch in der unterschiedlichen Individuenzahl bei verschiedenen Altersgruppen einer Population. Die Altersverteilung kann man durch **Bevölkerungspyramiden** (Alterspyramiden, wie in Abb. 77.2) darstellen. Aus ihrer Gestalt läßt sich ersehen, ob eine Population wächst (breite Basis), stabil ist oder abnimmt (schmale Basis). Die Wachstumsrate einer Population ergibt sich aus der Differenz von Geburtenrate und Sterberate (Anzahl der Geburten bzw. der Todesfälle pro 1000 Individuen der Population im Jahr). Um künftige Veränderungen der Popu-

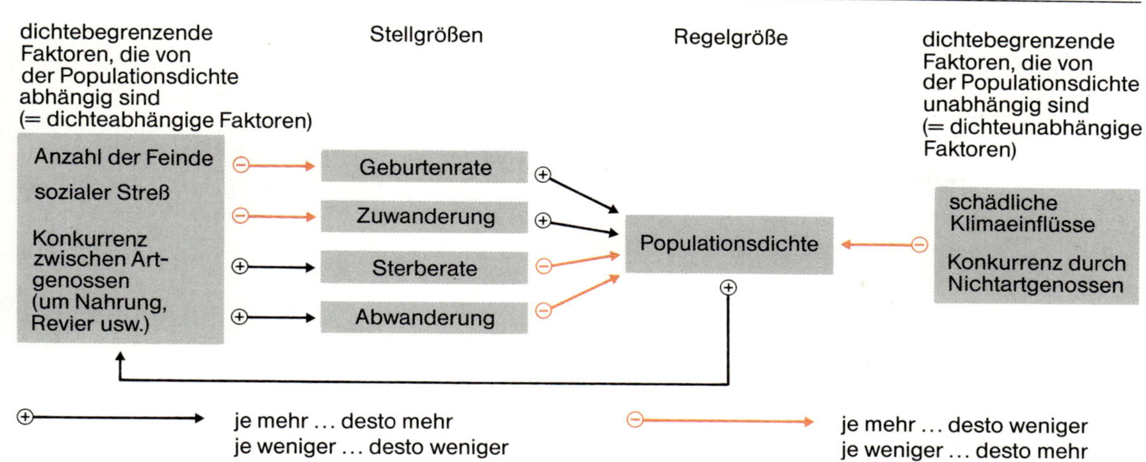

Abb.77.1: Regelung der Populationsdichte einer Tierart. Wie bei physiologischen Regelkreisen liegt eine negative Rückkopplung vor (rote Pfeile). Beispielsweise verstärkt eine Erhöhung der Populationsdichte die innerartliche Konkurrenz. Diese erniedrigt die Populationsdichte wieder. Das Regelkreisschema von S. 15 kann hier nicht verwendet werden, weil es zur Beschreibung der viel einfacher gebauten physiologischen Regelungssysteme entwickelt wurde. Den Wirkungen eines Reglers entsprechen die dichtebegrenzenden, von der Populationsdichte abhängigen Faktoren. Den »Sollwert« bestimmen die von der Regelgröße unabhängigen dichtebegrenzenden Faktoren. Der Sollwert kann sich ändern. Beispielsweise kann günstiges Wetter das Nahrungsangebot erhöhen und dadurch die innerartliche Konkurrenz vermindern, so daß die mittlere Populationsdichte erhöht wird.

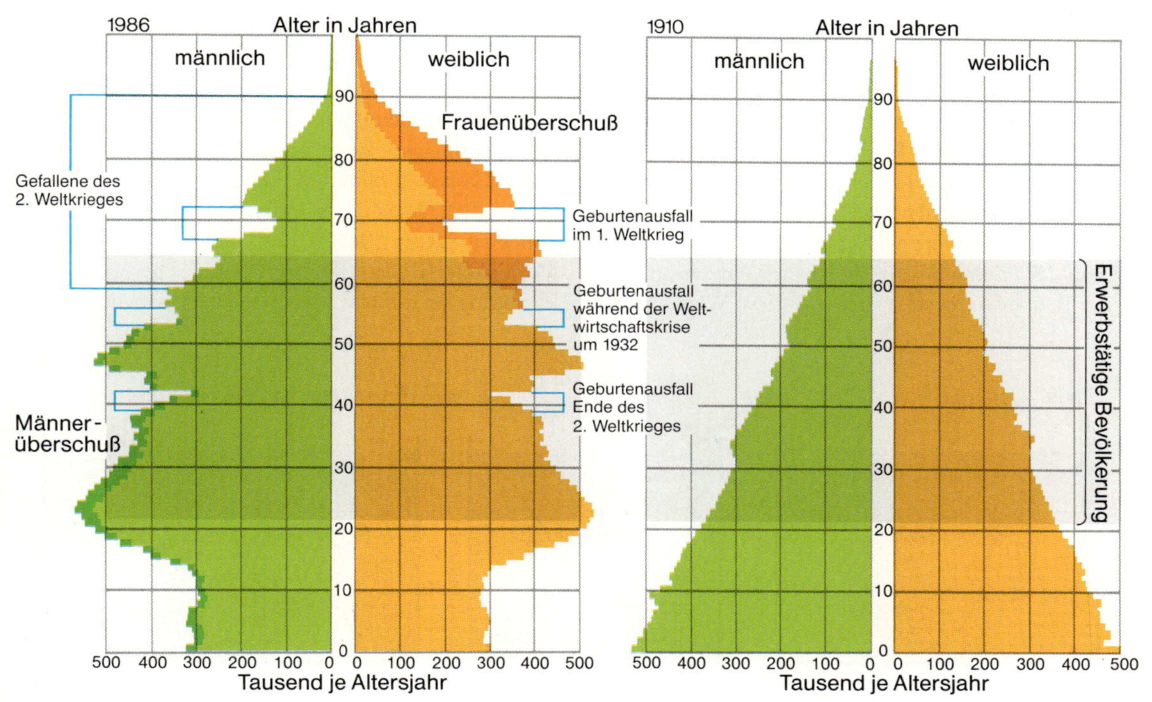

Abb.77.2: Bevölkerungspyramiden verschiedener menschlicher Populationen. Links ist jeweils die Anzahl der Männer, rechts die Anzahl der Frauen, bezogen auf die Gesamtbevölkerung, wiedergegeben. So läßt sich das Zahlenverhältnis der Geschlechter erkennen. a Bundesrepublik Deutschland 1986: Stabile Population mit abnehmender Tendenz. Die starken Unregelmäßigkeiten sind Folgen der Kriege. Die dunklen Farben kennzeichnen jeweils den Frauen- bzw. Männerüberschuß. b Deutsches Reich 1910: Ungestörte Pyramide einer wachsenden Population. Einen entsprechenden Aufbau haben die Bevölkerungspyramiden für Österreich. Pyramidenformen wie bei b finden sich heute in Entwicklungsländern. Es ist dann ein starkes Anwachsen der Population zu erwarten.

lation aus der Bevölkerungspyramide ablesen zu können, muß allerdings die Gestalt der Pyramide für eine stabile Population der betreffenden Art, d.h. für den Zustand des Fließgleichgewichts (Geburtenrate = Sterberate), bekannt sein. Ist z.B. von Speisefischen die natürliche Populationspyramide bekannt, so kann man aus festgestellten Veränderungen der Pyramide Schlüsse auf etwaige Übernutzung ziehen und unter Umständen durch Vorschriften über die Maschengröße der Netze den Fang auf ältere Individuen beschränken.

Um die Ursachen der Bevölkerungsdynamik menschlicher Gesellschaften (Staaten) zu ermitteln, werden die wichtigsten Einflüsse (Geburten und Todesfälle, Anzahl der jährlichen Eheschließungen, jährliche Wanderungsgewinne und -verluste und Anzahl der Frauen im gebärfähigen Alter) statistisch untersucht. Als Folge der Senkung der Sterblichkeit durch humanere Arbeitsbedingungen, hygienische und ärztliche Maßnahmen steigt die Bevölkerung in den Entwicklungsländern stark an.

3.5 Populationsdynamik

Ernährt sich eine Tierart (Räuber) vorwiegend von einer *einzigen* anderen Art (Beute) desselben Lebensraumes und wandern weder Tiere zu noch ab, dann steigt die Anzahl der Räuber, wenn die Anzahl der Beutetiere zunimmt. Je mehr Nahrung, desto mehr Nachkommen können die Räuber aufziehen. Die Anzahl der Beutetiere wirkt sich also positiv auf die Anzahl der Räuber aus. Je länger die Generationsdauer der Räuber ist, desto später tritt diese Wirkung ein. Die Zunahme der Räuber setzt also erst einige Zeit nach der Zunahme der Beutetiere ein. Da aber mehr Räuber auch mehr Beutetiere fressen, mindert die Anzahl der Räuber die Anzahl der Beutetiere (negative Rückwirkung). Auch hierbei beobachtet man eine gewisse Verzögerung (Totzeit) in der Änderung der Individuenzahl. Die Wechselwirkung der Populationsdichten von Beutetier und Räuber kann als Regelkreis beschrieben werden.

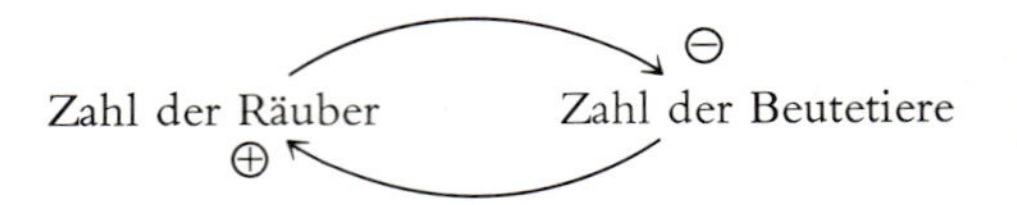

Regelsysteme mit langen Verzögerungen (Totzeiten) können ins Schwingen geraten (vgl. Cytologie, 11.). Dies zeigt sich in dem künstlichen Räuber-Beute-System der Abb. 78.1 in wiederkehrenden Schwankungen der Populationsdichte.

Auch in der Natur beobachtet man phasenverschobene Schwingungen der Populationsdichten von Räuber und Beute. Die gegenseitige Abhängigkeit von Tierarten kann so gesetzmäßig sein, daß sie rechnerisch zu erfassen ist. Die Berechnungen der Mathematiker GAUSE und VOLTERRA wurden nicht nur im Experiment, sondern auch in der Natur bei den Populationsschwankungen von Marienkäfern, welche Zitrusschildläuse jagen, sowie von Schlupfwespen und Käferlarven bestätigt.

Wird die Anzahl der Individuen einer Population von Blattläusen (Beute) und einer Population von Marienkäferlarven (Räuber) durch chemische Bekämpfung prozentual gleich reduziert, so erholt sich

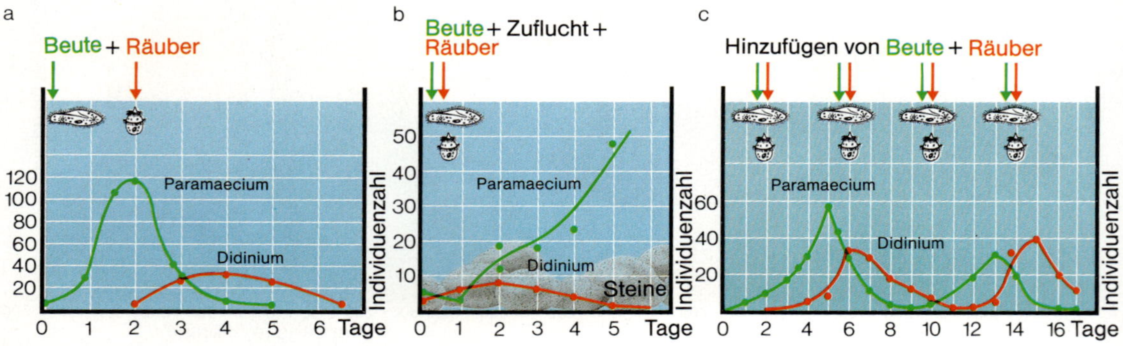

Abb. 78.1: Populationsschwankungen als Ausdruck von Räuber-Beute-Beziehungen.
a Hält man in einem Kulturgefäß Parmaecium und setzt den räuberischen Einzeller Didinium hinzu, so vernichtet der Räuber seine Beute; der Räuber verhungert dann.
b Befinden sich im Kulturgefäß Steine mit Poren, kann sich ein Teil der Paramaecien dem Räuber entziehen, dieser stirbt mangels Nahrung aus.
c Setzt man im Abstand von jeweils 3 Tagen Individuen beider Arten neu ins Kulturgefäß, treten Populationswellen auf.
Die Kurven von a und b entsprechen den Berechnungen von Gause, die Ergebnisse von c stimmen mit den Berechnungen von Volterra überein.
Der Zusatz der Tiere ins Kulturgefäß simuliert die Zuwanderung in natürlichen Populationen.
Bei der Wechselwirkung der Populationsdichten handelt es sich um negative Rückkopplung.

meist die Beutepopulation, die erneut Schäden verursacht. Die Zahl der Räuber nimmt zunächst noch weiter ab. Dieses Phänomen ist eine Folge der Phasenverschiebung der Schwingungen der Populationsdichten von Räuber und Beute (vgl. auch Abb. 78.1 c, Tage 8–12). Allein aus dem Auftreten derartiger Schwingungen darf man jedoch nicht auf einen bestimmenden Einfluß des Räubers auf die Beutepopulation schließen. Dies ergab z. B. die Analyse des Räuber-Beute-Systems Nordluchs-Schneeschuhhase in Kanada; denn dort, wo der Nordluchs ausgerottet ist, beobachtet man weiterhin Schwankungen der Hasenpopulation. Auf dem Höhepunkt der **Populationswelle** übersteigt die Sterberate die Geburtenrate aufgrund von sozialem Streß, so daß die Gesamtzahl der Hasen abnimmt.

Besonders auffällig sind Populationswellen bei Lemmingen, Hasen, Wühlmäusen, Schnee- und Rebhühnern; bei ihnen erscheint alle drei bis vier Jahre ein deutliches Maximum. Auch bei diesen Arten kann sozialer Streß eine hohe Populationsdichte senken. Forstwirtschaftlich bedeutsam ist z. B. die Massenentwicklung des Borkenkäfers oder der Nonne (Schmetterling). Weitere Beispiele sind in 3.7 aufgeführt.

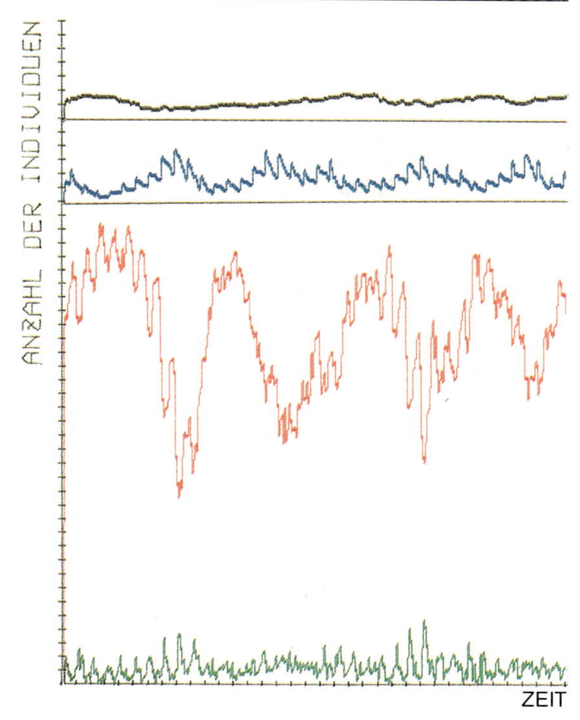

Abb. 79.1: Computer-Simulation der zeitlichen Populationsschwankungen in einer Nahrungskette (Ausschnitt): Wasserpflanzen (grün) ⟶ Krebse (Pflanzenfresser, rot) ⟶ Fische (Räuber, blau) ⟶ Haie (Gipfelraubtier, schwarz). Um die Kurven voneinander zu trennen, wurden die Veränderungen für die Fische und die Haie in getrennten Schaubildern dargestellt. In der Rechnung wurde von großen Wasserpflanzen ausgegangen. Würde man - wirklichkeitsnäher - von Phytoplankton ausgehen, so wäre die grüne Kurve in der Ordinatenrichtung stark gedehnt (größere Individuenzahl, stärkere Schwankungen).

3.6 Das biologische Gleichgewicht

Ernährt sich eine Tierart vorwiegend von mehreren Arten Beutetieren oder Nahrungspflanzen, dann schwankt die Populationsdichte beim Ausfall der bevorzugten Nahrung nur geringfügig, da ja auf andere Nahrung ausgewichen werden kann. Im allgemeinen bestehen in der Natur sogar recht vielfältige Abhängigkeitsbeziehungen, und die Vermehrung einer Art wird von vielen anderen Arten begrenzt. Dadurch verschwinden die Schwankungen der Individuenzahl fast ganz. Die gegenseitige Abhängigkeit der Arten voneinander führt zu einem als **biologisches Gleichgewicht** bezeichneten Zustand. Dieses Gleichgewicht ist ein Fließgleichgewicht, das durch ständigen Zugang und Abgang von Individuen aufrechterhalten wird. Populationen sind also ebenso wie andere biologische Systeme (Zellen, Organismen) *offene Systeme* (vgl. Cytologie, 5.1).

Es gilt die Regel: Je artenreicher eine Lebensgemeinschaft ist und je vielfältiger die Lebensbedingungen sind, desto weniger Populationsschwankungen treten auf. Solche Ökosysteme sind in vielen Fällen weniger störanfällig (Ausnahme: tropischer Regenwald, der trotz seines Artenreichtums für Störungen sehr anfällig ist). Der Ausfall einer Art wirkt sich bei Artenvielfalt kaum aus, und dem Überhandnehmen einer Art sind durch konkurrierende Arten enge Grenzen gesetzt. Das biologische Gleichgewicht beruht auf *Selbstregulation*.

3.7 Veränderungen und Störungen des biologischen Gleichgewichts

Das biologische Gleichgewicht kann verändert werden, wenn Klimaänderungen für bestimmte Arten vorteilhaft oder nachteilig sind. Dann stellt sich nach einiger Zeit ein neues Gleichgewicht auf der Grundlage einer höheren oder niedrigeren Populationsdichte der betroffenen Arten ein. Im tropischen Regenwald ist die ökologische Potenz der meisten Arten sehr eng, so daß sich schon geringe Klimaschwankungen stark auswirken. Kurzzeitige Ungleichgewichte treten auf, wenn vorübergehend günstige Umweltbedingungen eine Massenvermehrung in sonst stabilen Populationen auslösen. Die darauffolgende Überbevölkerung des Lebensraums führt bei manchen Tierarten zur Auswanderung in andere Gebiete. Die *Berglemminge* Skandinaviens vermehren sich nach trockenen Wintern im zeitigen Frühjahr statt erst im Hochsommer. Die starke Zunahme der Population verändert das Verhalten der Tiere. Die sonst einzeln lebenden Lemminge scharen sich zu großen Gruppen und wandern aus.

Wanderheuschrecken leben normalerweise vereinzelt. Unter günstigen Bedingungen können sie sich jedoch so stark vermehren, daß der Nahrungsraum schließlich übervölkert ist. Der enge Kontakt der Tiere untereinander ändert den Hormonhaushalt; es entstehen Tiere, die in Gestalt, Körperfarbe und Verhalten abweichen. Ihre Nachkommen (Schwarmformen) gehen gruppenweise auf Wanderschaft. Durch Zusammenschluß vieler Wandergruppen entstehen Riesenschwärme mit Millionen Tieren. Bei ihren Wanderungen über Tausende von Kilometern hinweg verursachen sie verheerende Fraßschäden an der Vegetation. Man bekämpft daher schon das erste Auftreten kleiner Wandergruppen.

Wird in einen Lebensraum eine neue Tier- oder Pflanzenart eingeführt oder wandert sie zu, so kann sie sich dort anpassen, ohne daß eine andere Art verdrängt wird. Der Neuling besetzt eine freie ökologische Nische und bewirkt nur eine geringe Änderung des biologischen Gleichgewichts. Dies gilt z.B. für die Einführung von Amerikanischer Roteiche, Douglasie, Fasan, Damwild, Bisam. Letzterer war erst 1905 in Prag ausgesetzt worden und breitete sich seitdem in alle Richtungen aus. Der Bisam (Abb. 80.1) wurde durch seine Wühlarbeiten an Flußufern und Dämmen allerdings in Mitteleuropa zu einem gefährlichen Schädling.

Beansprucht die neu hinzugekommene Art aber die Nische einer vorhandenen, dann wird eine der beiden Arten aufgrund der heftigen Konkurrenz entweder ausgerottet (s. Abb. 75.1) oder zumindest weitgehend verdrängt. Beispielsweise breitet sich die Wasserhyazinthe *(Eichhornia)*, heute in Flüssen und Seen aller Tropengebiete aus und verdrängt die einheimische Wasserflora. Sie stammt aus Südamerika und wurde vom Menschen verschleppt.

Auch die Einführung eines zusätzlichen Räubers in eine Lebensgemeinschaft kann das biologische Gleichgewicht empfindlich stören. Ein Beispiel dafür ist die Einführung des *Mungo* (Abb. 80.2), eines in Ostindien heimischen Raubtieres von Mardergröße, nach Jamaika. Er sollte die von Schiffen eingeschleppten Ratten vertilgen, weil sie an Zuckerrohrpflanzungen großen Schaden anrichteten. Die 1872 eingeführten Tiere vermehrten sich stark und verminderten die Zahl der Ratten. Mit deren Abnahme ging der Mungo aber dazu über, auch andere Tiere zu fressen: Wild, Geflügel, Kleinvögel und ihre Eier, Eidechsen, Schlangen und Lurche. Durch das Vertilgen von Insektenfeinden nahmen Schadinsekten verheerend zu, und 1890 war der Schaden durch den Mungo schon viel größer als sein Nutzen. Jetzt wurde die Verfolgung freigegeben, worauf sich allmählich ein neuer Gleichgewichtszustand einstellte; doch war dieser von anderer Art als zuvor.

Werden Organismenarten in einer Region stark zurückgedrängt oder verschwinden sie ganz (z.B. durch chemische Schädlingsbekämpfung, Zerstörung

Abb. 80.1: Bisam. Körperlänge 35 cm (ohne Schwanz)

Abb. 80.2: Mungo. Körperlänge 50 cm (ohne Schwanz)

des natürlichen Lebensraumes, Überfischung oder zu starkes Bejagen), so pendelt sich zwischen den noch verbleibenden Arten meist ein neuer Gleichgewichtszustand ein. Je mehr Arten verschwinden, desto labiler wird das Gleichgewicht. Wegen der Komplexität von Ökosystemen kann man nicht vorhersagen, wann ein biologisches Gleichgewicht instabil wird.

4. Ökosysteme

4.1 Der Aufbau eines Ökosystems am Beispiel des Teiches

Im Teich leben vielerlei Organismenarten. Im Wasser schwebende Algen bilden das Phytoplankton, einzellige Tiere, Rädertierchen und Kleinkrebse gehören zum Zooplankton. Auf dem Teichboden wurzeln Wasserpflanzen (s. auch Abb. 83.1), finden sich Insektenlarven, Wasserschnecken, Würmer und Muscheln sowie Pilze und Massen von Bakterien.

Die chlorophyllhaltigen Wasserpflanzen treiben Photosynthese, d.h. sie bauen aus anorganischen Stoffen (Kohlenstoffdioxid, Wasser und Mineralsalze) hochmolekulare organische Stoffe auf. Von diesen Stoffen ernähren sich die Tiere: die Pflanzenfresser unmittelbar und die Tiere, die andere als Beute fressen, mittelbar. Die grünen Pflanzen sind die **Produzenten** der Biomasse, welche die Tiere verbrauchen. Die Tiere sind die **Konsumenten.** Die Ausscheidungen der Tiere, ihre Leichen und die abgestorbenen Pflanzenteile bauen Bakterien und Pilze zu einfachen, anorganischen Stoffen ab (Kohlenstoffdioxid, Wasser und Mineralsalze). Man bezeichnet Bakterien und Pilze daher als **Destruenten** (Reduzenten). Die durch ihre Tätigkeit entstandenen anorganischen Stoffe stehen dann für das Wachstum der Pflanzen wieder zur Verfügung. Zwischen den grünen Pflanzen, den Tieren und den Mikroorganismen findet also ein dauernder Kreislauf der Stoffe statt (s. Abb. 82.1); Abbauprozesse in den Tieren und Mikroorganismen sowie Aufbauprozesse in den grünen Pflanzen halten sich die Waage (biologisches Gleichgewicht). Die Menge der umgesetzten Stoffe wird durch die von den Produzenten (Algen und höhere Pflanzen) erzeugte organische Substanz bestimmt. Ihre Produktion ist abhängig von der CO_2-Konzentration, der eingestrahlten Lichtmenge, der Temperatur und vor allem von der Konzentration der Mineralsalze. Je höher diese Werte, desto stärker vermehren

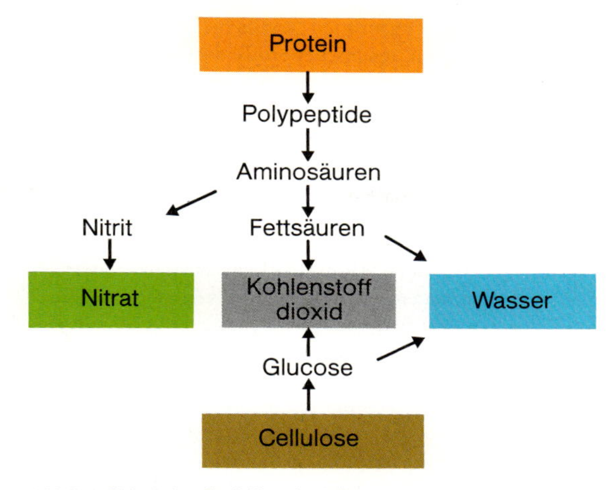

Abb. 81.1: Biologischer Stoffabbau durch Destruenten

sich die Produzenten und damit die Masse der produzierten organischen Substanz. Um so mehr steigt auch die Anzahl der Konsumenten und Destruenten.

Der Teich ist ein stofflich und energetisch offenes System. Das einfallende Sonnenlicht liefert Energie für die Photosynthese der Wasserpflanzen. Zuflüsse schwemmen z.B. aus angrenzenden Wiesen und Wäldern Mineralsalze und verwesende Pflanzenteile ein. Stechmücken und Frösche leben als Larven im Teich, erwachsen aber auf dem umgebenden Land. Vögel und Insekten aus der Umgebung des Teiches holen Nahrung daraus. Doch bleiben in ihm Zahl und Art der Individuen innerhalb gewisser Grenzen konstant. Eine kurzzeitig verstärkte Nährstoffzufuhr von außen fördert zwar das Wachstum der Algen und der Wasserpflanzen am Teichgrund, aber dann vermehren sich auch die Tiere im Teich, denen die Pflanzen als Nahrung dienen. Die Menge der Pflanzen nimmt daraufhin wieder ab und anschließend auch die Anzahl der Tiere. Der Teich hat also die Fähigkeit zur *Selbstregulation,* d.h. Anzahl und Art seiner Organismen bleiben nahezu gleich (Fähigkeit zur Homöostase). Die Lebensgemeinschaft des Teiches ist gegenüber äußeren Einflüssen in gewissen Grenzen stabil.

Von *ökologischer Stabilität* eines ökologischen Systems spricht man, wenn sich das System nicht spontan selbst verändert, sich auch durch kurzdauernde äußere Störungen nicht verändern läßt oder nach einer Veränderung wieder in die Ausgangslage zurückkehrt.

Ein Aquarium kann als Modell des Ökosystems Teich angesehen werden. Eine einmalige Zufuhr organischer Stoffe (Fischfutter, Kondensmilch) führt zu kurzzeitiger Erhöhung der Zahl der Destruenten und Konsumenten, da die Entwicklung dieser Organismen vorübergehend nicht mehr von der Produktion organischer Stoffe durch die Produzenten begrenzt ist. Nach Abbau der organischen Substanz stellt sich der alte Zustand wieder ein *(biologische Selbstreinigung)*, es sei denn, die Nährsalzkonzentration hat sich wesentlich erhöht. Führen wir unserem Aquarium regelmäßig organische Stoffe zu (wie z.B. einem mit Fischen besetzten Aquarium durch die ständige Fütterung), so bleibt die Zahl der Konsumenten und Destruenten dauernd erhöht. Die Produzenten erzeugen dann allerdings weniger Sauerstoff als die Konsumenten und Destruenten verbrauchen. Daher muß man einem dicht besetzten Aquarium mit entsprechend hoher Zufütterung auch dauernd Sauerstoff zuführen. Ohne Belüftung würde der Sauerstoffgehalt zunächst nur langsam abnehmen, weil der steigende CO_2- und Mineralsalzgehalt des Wassers das Pflanzenwachstum fördert und folglich auch mehr Sauerstoff erzeugt wird. Entsteht aber an einer Stelle eine sauerstofffreie Zone, so siedeln sich dort anaerobe Bakterien an (s. S. 142). Sie zersetzen organische Substanzen zu übelriechenden Stoffen, die zum Teil giftig sind (Schwefelwasserstoff!) und die anderen Organismen des Aquariums schädigen oder töten. Dadurch steigt die Menge des freien organischen Materials zusätzlich an und gleichzeitig verringert sich, weil auch die grünen Pflanzen in Mitleidenschaft gezogen werden, die Sauerstoffproduktion weiter: Das Aquarium *»kippt um«*. Je weiter sich die Fäulnis ausgebreitet hat, desto schneller erfaßt sie weitere Bereiche. Das Umkippen erweist sich als ein Vorgang, der sich lawinenartig steigert (positive Rückkopplung).

Gelangen Abwässer in den Teich, werden die organischen Stoffe von den Bakterien und Pilzen im Teich abgebaut. Diese Fähigkeit zur **Selbstreinigung** ist eine wichtige Grundlage für die Reinhaltung der Gewässer. Bei dauernder Zufuhr von Abwässern erhöht sich im Teich die Nährsalzkonzentration infolge der beim Abbau der organischen Stoffe freigesetzten Mineralstoffe, es tritt eine *Eutrophierung* ein. Das Wachstum der Pflanzen wird weiter gefördert, und der ursprüngliche Gleichgewichtszustand stellt sich nicht wieder ein. Der anfänglich *nährstoffarme* (oligotrophe) Teich geht in einen *nährstoffreichen* (eutrophen) Zustand über. Dieser unterscheidet sich in seinen Organismenarten und Individuenzahlen vom vorherigen Zustand. Unterbindet man die weitere Abwasserzufuhr völlig, so geht der Teich auch bei Abnahme der Nährstoffe nicht sofort wieder in einen nährstoffarmen Zustand über. Vielmehr nimmt diese Rückkehr mehrere Jahre in Anspruch.

Bei sehr hoher Zufuhr organischer Stoffe in den Teich vermehren sich die davon lebenden Bakterien und Pilze so stark, daß durch ihre Atmung das Wasser sauerstoffarm wird. Die daraufhin beginnende Entwicklung der anaeroben Bakterien führt schließlich zum Umkippen des Teiches.

Ein Ökosystem kann also eine kurzzeitige oder mäßig hohe Belastung zunächst relativ gut abfangen. Ist aber eine bestimmte Belastungsschwelle überschritten, bricht es schnell zusammen. Wo diese Schwelle liegt, läßt sich bisher meist nicht vorhersagen.

4.2 Gliederung und Wechselbeziehungen im Ökosystem

Jedes Ökosystem (s. Abb. 82.1) besteht in der Regel aus folgenden Grundbestandteilen:

1. **Biotop** (abiotische Umwelt): Dazu gehört der Raum des Ökosystems mit Licht-, Wärme- und Wasserverhältnissen sowie dem Gehalt an Mineralstoffen, Sauerstoff und Kohlenstoffdioxid.
2. **Biozönose** (Lebensgemeinschaft): Sie gliedert sich in

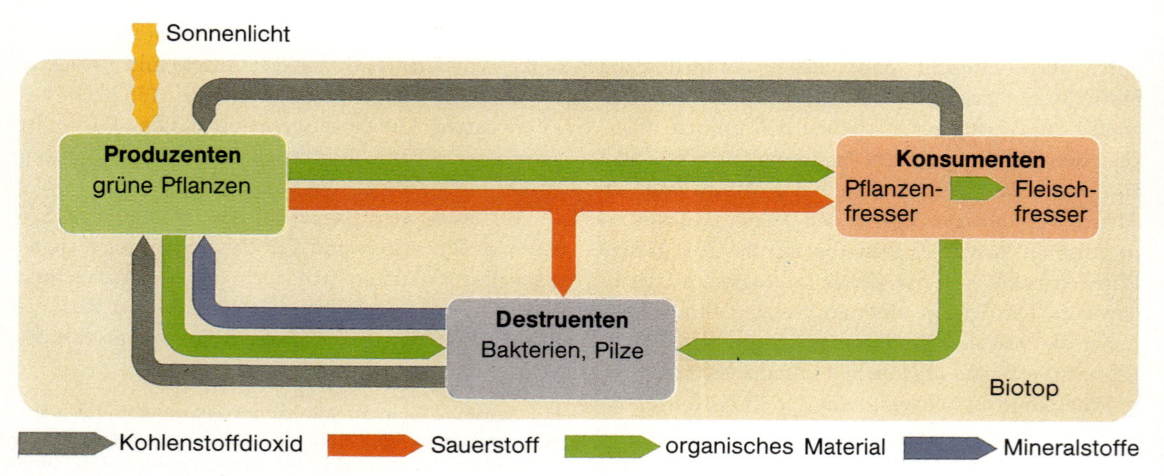

Abb. 82.1: Gliederung eines Ökosystems (=Biozönose+Biotop)

a) **Produzenten (Erzeuger):** Grüne Pflanzen und wenige autotrophe Bakterienarten (s. S. 132), die organische Substanz (Biomasse) aus anorganischen Stoffen aufbauen. Von dieser Biomasse leben alle anderen Organismen eines Ökosystems.

b) **Konsumenten (Verbraucher):** Tiere und der Mensch. Die Pflanzenfresser bezeichnet man als *primäre Konsumenten,* die kleineren Fleischfresser als *sekundäre Konsumenten.* Großraubtiere, die kleinere Raubtiere (sekundäre Konsumenten) fressen, sind *tertiäre Konsumenten.* In einem Ökosystem können nur so viele Konsumenten existieren, wie dies die Produktion der Produzenten ermöglicht.

c) **Destruenten (Zersetzer oder Reduzenten):** Organismen, welche die organische Substanz toter Lebewesen zu einfacheren Stoffen und schließlich zu Wasser, CO_2 und Mineralstoffen abbauen. Diese anorganischen Stoffe werden wieder zu Bestandteilen der abiotischen Umwelt. Man unterscheidet Abfallfresser (Saprophage) und Mineralisierer. *Abfallfresser* sind viele Würmer und andere Kleintiere des Bodens, *Mineralisierer* sind Bakterien und Pilze. Destruenten sind zur Aufrechterhaltung des Kreislaufes der Stoffe unerläßlich (vgl. Abb. 85.2 sowie 93.1 und 93.2).

4.3 Der See

Der See ist in verschiedene Lebensräume gegliedert. Man unterscheidet eine Zone *freien Wassers* (Pelagial) vom *Seeboden* (Benthal). Die *Uferzone* (Litoral) des Seebodens ist der Bereich, in dem das Licht bis zum Grund reicht, so daß der Boden von grünen Pflanzen bewachsen ist (Abb. 83.1). Der randliche Schilfgürtel beherbergt eine charakteristische Tierwelt (Rohrdommel, Rohrsänger, Schilfkäfer, Wasserfrosch) und die Nistplätze verschiedener Wasservögel. In etwas tieferem Wasser folgt die Zone der Pflanzen mit Schwimmblättern; dort findet man Teichhühner und eine Vielzahl von Insekten. In der Zone der untergetauchten Wasserpflanzen leben Armleuchteralgen, einige Fadenalgen und das Brachsenkraut. Im freien Wasser treffen wir vor allem Wasserflöhe, Hüpferlinge, Wassermilben, Rädertierchen, Fische und Fischbrut verschiedenen Alters sowie Planktonalgen. Im ganzen Litoralbereich sind Libellenlarven, Eintagsfliegen und andere Wasserinsekten, Flohkrebse, Wasserasseln, Schlammschnecke und Posthornschnecke, Süßwasserpolyp und Süßwasserschwamm zu finden.

In größeren Seen liegt im Sommer eine warme *Deckschicht* (Epilimnion) über einer kalten *Tiefenschicht* (Hypolimnion). Beide sind durch die wenige Meter mächtige *Sprungschicht* (Metalimnion) getrennt (s. Abb. 84.1). In ihr sinken Sauerstoffgehalt und Temperatur sprunghaft ab. Das Wasser der Deckschicht wird ständig durchmischt durch vom Wind verursachte Wellen und durch Absinken von Oberflächenwasser, das sich in der Nacht abkühlt. Aus diesem Grund hat das Wasser der Deckschicht eine ziemlich einheitliche Temperatur. In der Tiefenschicht beträgt die Temperatur nur wenig über 4 °C. Dort hat das Wasser seine größte Dichte (s. Cytologie 3.2). Zu merklichen Zirkulationen kommt es im Sommer also nur in der Deckschicht, mit der Tiefenschicht wird kaum Wasser ausgetauscht *(Sommerstagnation).* Im Herbst kühlt sich das Wasser der Deckschicht ab. Wird es kälter als das Tiefenwasser, sinkt es nach unten, und das etwas wärmere (also leichtere) Tiefenwasser steigt an die Oberfläche. Mit dem Tiefenwasser gelangen die durch Zersetzung des abgesunkenen organischen Materials freigewordenen Mineralstoffe nach oben. Diese *Herbstzirkulation* durchmischt das Wasser des ganzen Sees und endet erst, wenn alles Wasser im See eine Temperatur von etwas unter 4 °C erreicht hat. Unterhalb 4 °C ist das Wasser wieder leichter, so daß sich im Winter über einem Tiefenwasser von 4 °C eine kältere Deckschicht bildet, die von Eis bedeckt ist *(Winterstagnation).* Im Frühjahr tritt eine erneute

Abb. 83.1: Gürtelung des Pflanzenwuchses in einem See (schematisch)

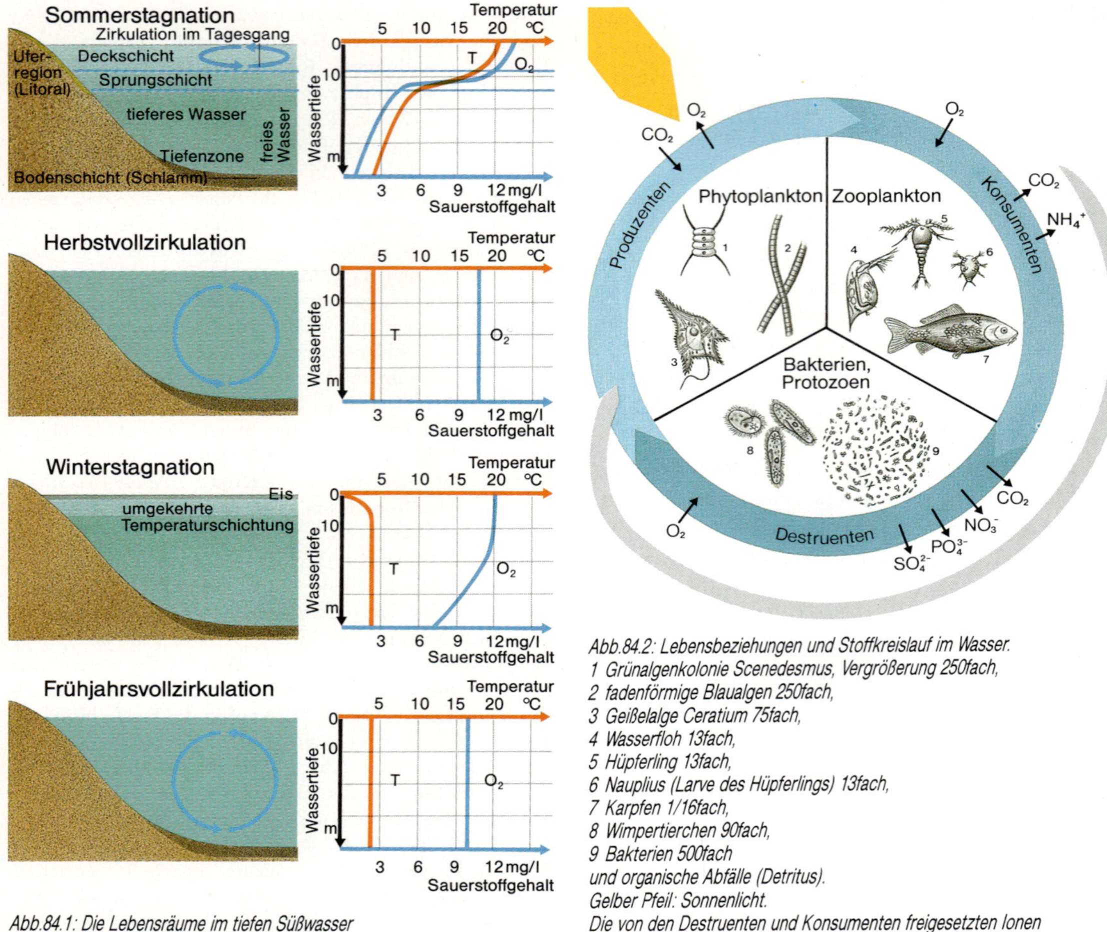

Abb. 84.1: Die Lebensräume im tiefen Süßwasser und die Vertikalbewegungen des Wassers

Abb. 84.2: Lebensbeziehungen und Stoffkreislauf im Wasser.
1 Grünalgenkolonie Scenedesmus, Vergrößerung 250fach,
2 fadenförmige Blaualgen 250fach,
3 Geißelalge Ceratium 75fach,
4 Wasserfloh 13fach,
5 Hüpferling 13fach,
6 Nauplius (Larve des Hüpferlings) 13fach,
7 Karpfen 1/16fach,
8 Wimpertierchen 90fach,
9 Bakterien 500fach
und organische Abfälle (Detritus).
Gelber Pfeil: Sonnenlicht.
Die von den Destruenten und Konsumenten freigesetzten Ionen stehen den Produzenten zum Aufbau der Biomasse zur Verfügung.

Umwälzung *(Frühjahrszirkulation)* ein. Mit ansteigenden Temperaturen wird das Oberflächenwasser zunächst wieder schwerer und sinkt ab. Das Absinken hört wieder auf, wenn die Temperatur des Oberflächenwassers 4 °C überschreitet. Heftige Wellenbewegungen durch den Wind übernehmen die weitere Durchmischung.

Im Sommer ist die Deckschicht des Sees die am stärksten besiedelte Zone. Hier lebt die Hauptmasse des *Planktons,* das sind die im Wasser schwebenden Algen und Kleintiere. Als *Nekton* bezeichnet man die sich aktiv fortbewegenden Wasserorganismen (Fische). Da die Lichtintensität mit der Wassertiefe abnimmt, sind die Produzenten nahezu ausschließlich auf die Deckschicht beschränkt (s. Abb. 84.1). Deren Sauerstoffgehalt ist relativ hoch. Die Tiefenschicht ist von der Atmosphäre abgeschlossen, sauerstofferzeugende Organismen fehlen darin, die dort lebenden Konsumenten und Destruenten zehren von der durch die Frühjahrszirkulation zugeführten Sauerstoffreserve. Ihre eigene Nahrung finden sie in den aus der Deckschicht ständig nach unten sinkenden toten Pflanzen und Tieren *(Detritus).* Je nach Tiefe des Sees erreichen diese den Boden in mehr oder weniger abgebautem Zustand. Deshalb unterscheidet sich die Lebensgemeinschaft der *Bodenzone (Benthos)* von tiefen und flachen Seen sehr stark. In tiefen Seen ist das Nahrungsangebot am Boden gering, die Besiedlungsdichte und die Sauerstoffzehrung ebenfalls. In flacheren Seen dagegen setzt sich die Fäulnis der abgestorbenen Organismen am Grunde fort. Hohe Besiedlungsdichte mit starkem Sauerstoffschwund ist die Folge. Bei eutrophen Seen fehlt der Sauerstoff am Grunde sogar völlig (erkennbar an der Faulschlammbildung).

4.4 Der Wald

4.4.1 Der mitteleuropäische Laubwald

Der Wald stünde an nahezu allen Standorten Mitteleuropas als Laubmischwald, hätte der Mensch ihn nicht gerodet. Zwar sind die mitteleuropäischen Wälder fast ausnahmslos Kulturwälder (Forsten), dennoch sind zumindest die Mischwälder noch relativ naturnahe Ökosysteme. Der Pflanzenbestand eines Hochwaldes ist aus mehreren Schichten aufgebaut. In der Baumschicht wölben sich die Kronen der Bäume zu einem Blätterdach. Zur Strauchschicht zählt der Nachwuchs der Bäume. Darunter folgt die Krautschicht mit den krautigen Waldpflanzen. Eine dem Boden unmittelbar auflagernde Moosschicht fehlt, weil Moose eine Überdekkung durch den herbstlichen Laubfall nicht ertragen. Moose findet man daher nur auf Baumstümpfen und auf Steinen. Auch einjährige Pflanzen fehlen fast ganz. Der Boden, den sich die Wurzeln der verschiedenen Schichten ebenfalls stockwerkartig teilen, führt außerdem die Pilzschicht.

Der Stockwerksbau entspricht den Lichtbedürfnissen und der Lichtversorgung (s. Abb. 85.1). Die Baumschicht empfängt das Sonnenlicht unmittelbar, die anderen Schichten erhalten nur das vom Laubwerk durchgelassene Licht. Schattenertragende Arten geben sich auch mit einem anspruchslosen Platz zufrieden; sie entfalten sich aber gleich den Sträuchern und verschiedenen Kahlschlagpflanzen beim Verschwinden der Baumschicht sofort üppig. Schattenbedürftige Pflanzen wie der Sauerklee gehen dagegen im vollen Sonnenlicht zugrunde. Die Frühlingsblüher des Waldes (Scharbockskraut, Buschwindröschen) nutzen die kurze Zeit vor der Belaubung zu einem großen Teil ihrer Entwicklung aus, da nach der Laubentfaltung nur noch eine geringe Lichtmenge den Boden erreicht. Reservestoffe in Knollen, Zwiebeln oder Wurzelstöcken ermöglichen, daß sie rasch heranwachsen und Blätter ausbilden können.

Das Maximum der pflanzlichen Stoffproduktion verschiebt sich im Laubwald während des Jahres in Abhängigkeit von den Lichtverhältnissen. Es liegt im Winter bei den Moosen, im Frühjahr in der Krautschicht, im Sommer in der Strauch- und Baumschicht. Nur durch diese periodische Verlagerung der Stoffproduktion wird die Existenz so vieler Pflanzenarten ermöglicht, von denen wiederum eine reiche Fauna abhängig ist (s. auch Abb. 85.2).

Der Waldboden wird von einer großen Menge tierischer Kleinlebewesen bewohnt (s. Tab. 85/1). Amöben, Rädertiere, Fadenwürmer, Milben, Spinnen, Insekten, Insektenlarven und Schnecken nehmen durch Ernährung, Verdauung und Atmung an der Zerkleinerung und Umsetzung (Mineralisierung) der organischen Stoffe teil (s. Abb. 86.1). Regenwürmer, aber auch Mäuse oder Wildschweine, lagern die Stoffe durch ihr Wühlen und Graben um und mischen sie bis in tiefere Schichten. Dieses Bodenleben lockert und durchlüftet den Boden und schafft damit günstige Verhältnisse für die Wurzeln der höheren Pflanzen.

Tabelle 85/1: Durchschnittliche Zahl von Bodentierchen in Wald- und Wiesenböden Mitteleuropas pro Liter

Tiergruppe	Anzahl
Einzeller (Urtierchen und Algen)	1 000 000 000
Räder- und Bärtierchen	500
Fadenwürmer	30 000
Springschwänze	1000
Milben	2000
Kleine Spinnen, Krebse, Tausendfüßler, Insekten	100
Borstenwürmer	50
Regenwürmer	2

Abb. 85.1: Naturgemäßer Mischwald: Baum-, Strauch- und Krautschicht. Baumschicht: Eichen (noch nicht belaubt), Hainbuchen, eingepflanzte Fichten. Strauchschicht: Jungwuchs von Buchen, Hainbuchen und Fichten. Krautschicht: Sternmiere und Gräser.

Wasser
Verdunstung und Atmung
Atmung
Kohlenstoffdioxid
Photosynthese
Sauerstoff
Bodenatmung
Atmung
Bodenatmung
Niederschläge
Moospolster als Wasserspeicher
Zersetzung organischer Abfälle durch Bakterien und Pilze, Humusbildung
Stickstoffbakterien
Mineralstoffe
Grundwasser
Grundwasser

Abb. 85.2: Die Lebensbeziehungen und der Kreislauf der Stoffe im Wald. Mit dem Kreislauf des Kohlenstoffs und des Sauerstoffs ist auch der des Wassers verknüpft.

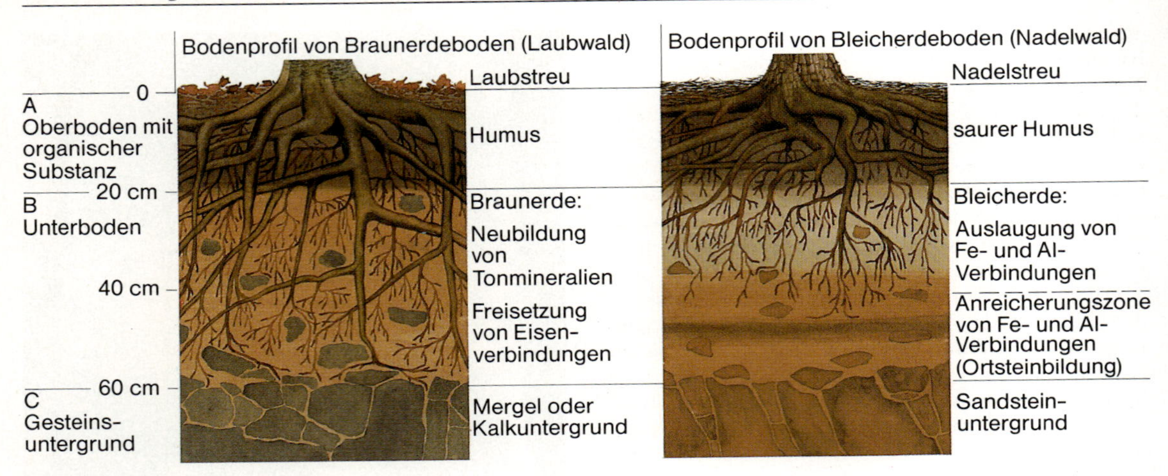

Abb. 86.1: Bodenprofile.
Die Wurzeln durchziehen vor allem den Ober- und Unterboden. Wenige Wurzeln dringen in den zum Teil zerklüfteten Gesteinsuntergrund ein. Der Oberboden enthält den Humus, dieser besteht aus teilweise abgebauten Resten von pflanzlicher und tierischer Substanz, die von Pilzen und Bakterien weiter abgebaut wird. Die bei der Humuszersetzung entstehenden Mineralstoffe werden von den Wurzeln aufgenommen. Andererseits scheiden die Wurzeln manche im Stoffwechsel der Pflanze sich bildende, nicht benötigte Stoffe aus. Die Verwitterung setzt Eisen- und Manganverbindungen aus dem Gesteinsuntergrund frei, ihre Oxidation färbt den Boden braun. Bleicherde entsteht durch Auslaugung von Eisen- und Aluminiumverbindungen, in der Anreicherungsschicht werden sie abgelagert, dabei können sie diese Schicht zu »Ortstein« verfestigen. (Nadelwald steht nicht nur auf Bleicherde.)

Zwischen den Pflanzen und Tieren des Waldes bestehen auch Beziehungen, die beiden Teilen Vorteile bringen. Viele Pflanzen werden durch Tiere vermehrt und verbreitet. Die Bestäubung erfolgt bei den meisten Waldbäumen Mitteleuropas zwar durch den Wind, doch werden manche Baumarten auch durch Insekten bestäubt (z. B. Linde, Vogelkirsche). Viele krautige Arten, die vor der Belaubung der Baumkronen blühen, locken mit auffallenden Farben Insekten zur Bestäubung an. Samen nahrhafter Früchte werden von Tieren oft unverdaut ausgeschieden. Stachlige und klebrige Früchte und Samen bleiben an vorbeistreifenden Tieren hängen.

Auch innerhalb der Tierwelt des Waldes herrschen Konkurrenz- und Abhängigkeitsbeziehungen. Raubinsekten vernichten andere Insekten: So sind Ameisen Verbündete des Menschen gegen Schadinsekten. Schlupfwespen legen ihre Eier in die Larven anderer Insekten und töten diese dadurch. Am stärksten wird die Insektenwelt von den Singvögeln und den Spinnen in Schranken gehalten; Greifvögel, Eulen und Raubsäuger wie Marder und Fuchs ernähren sich wiederum von Vögeln und von den Kleinsäugern des Waldes.

4.4.2 Weltweites Waldsterben

Von Natur aus wären zwischen 50 und 60% der Landoberfläche der Erde von Wäldern und waldähnlicher Vegetation bedeckt. Infolge der menschlichen Eingriffe ist es heute nur noch knapp ein Drittel. Von dieser Waldfläche sind nur 15% Wirtschaftswald, alles übrige ist Naturwald, der aber großenteils durch Entnahme von Bäumen genutzt wird. Große Naturwaldgebiete sind vor allem die tropisch-subtropischen Wälder sowie die Nadelwälder der nordischen Gebiete, die in Sibirien als Taiga bezeichnet werden. Derzeit findet weltweit eine sehr starke Abnahme der Waldfläche statt; sie hat drei Ursachen: Raubbau tropischer Wälder, Waldschädigung in Europa und anderen industrialisierten Gebieten (»neuartige Waldschäden«) und Ersatz von Wäldern durch Holzplantagen in allen Teilen der Erde, bei uns z. B. durch Pflanzungen schnellwüchsiger Pappeln. Von der Fläche des tropischen Waldes verschwinden derzeit jährlich zwischen 0,8 und 2%; in jeder Minute sind dies mehr als 10 ha! Hält diese Entwicklung an, so werden die tropischen Wälder bis zum Jahr 2030 bis auf kleine Reste verschwunden sein. Sie bedecken heute noch 7% der Erdoberfläche; darin leben aber mehr als ⅓ aller Tier- und Pflanzenarten der Erde.

Ursachen des Raubbaus sind die Bevölkerungsexplosion, die größere landwirtschaftliche Nutzflächen erfordert, wobei die Landwirtschaft vielfach im Wanderfeldbau betrieben wird, sowie die übermäßige Entnahme wertvoller Hölzer, die vor allem für den Export in die Industriestaaten bestimmt sind (40% davon gehen nach Europa).

4.4.3 Neuartige Waldschäden

Eine Schädigung von Pflanzen durch Luftverschmutzung ist schon lange aus der Umgebung von Industrieanlagen bekannt. Seit Anfang der siebziger Jahre ist in Mitteleuropa aber eine zunehmende großflächige Schädigung der Wälder zu erkennen, die sich vor allem in industriefernen Lagen und Gebirgsbereichen stark auswirkt und nicht einer bestimmten Schadstoffquelle zugeordnet werden kann. Diese neuartigen Waldschäden betreffen bevorzugt Waldgebiete, die schon von Natur aus ungünstigen Bedingungen ausgesetzt sind (steile Hanglagen, wie z. B. in den Alpen und den Mittelgebirgen; saure oder nährstoffarme Böden; besonders trockene und andere klimatisch extreme Standorte). Eine ursächliche Beziehung zur Luftverschmutzung besteht zweifellos, aber die kausale Abfolge der Ereignisse, die zur Schädigung der Bäume führen, ist trotz umfangreicher Forschungsprogramme nicht klar. Bereits unter Streß stehende Pflanzen werden durch eine zusätzliche Belastung häufig irreversibel geschädigt. Hinzu kommt, daß solche Pflanzen besonders leicht von Parasiten (Pilzen, Viren) befallen werden und dieser Sekundärschaden dann oft das erste äußerlich sichtbare Zeichen der Erkrankung ist. Auch das Absterben der Bäume ist vielfach durch solche Sekundäreffekte verursacht.

Flächenschäden wurden zuerst bei der Weißtanne beobachtet. Bei dieser Art hat man aber Massensterben auch schon in früheren Zeiten gelegentlich beobachtet und daher sein abermaliges Auftreten nicht als Zeichen für eine allgemeine Schädigung von Waldbäumen erkannt. Seit etwa 1976 folgten großflächige Schäden bei Fichte und Kiefer und danach auch bei Laubbäumen (Abb. 87.1).

Die Luftverschmutzung (vgl. Abb. 112.1) kann in dreierlei Weise auf die Pflanzen einwirken:

1. Der Schadstoff gelangt in den Boden und schädigt das Wurzelsystem direkt oder wirkt so, daß andere Stoffe schädigen können.
2. Der Schadstoff beeinflußt die Menge an Nährstoffen (Ionen) im Boden und führt zu Mangelerkrankungen oder zu Folgeschäden infolge zu starker einseitiger Nährstoffzufuhr.
3. Der Schadstoff wird direkt aus der Luft aufgenommen und wirkt in der Pflanze sofort oder nach einer Anhäufung bei Überschreiten eines Schwellenwerts.

Als Ursachenkomplexe der neuartigen Waldschäden spielen eine Rolle:

1. **Saurer Regen.** Allein durch den CO_2-Gehalt der Luft hat Regenwasser einen pH-Wert um 5. Sind in der Atmosphäre die Schadgase SO_2 und NO_2/NO (allgemein: NO_x) zugegen, die mit Wasser unter Bildung von Säure reagieren, so sinkt der pH-Wert weiter ab. Dies kann in sauren Böden zu einer Auswaschung von Ca-, Mg- und möglicherweise K-Ionen führen und gleichzeitig Al- und Schwermetall-Ionen aus Bodenmineralien verstärkt freisetzen. Dadurch werden von den Pflanzen zu viele Al- und Schwermetall-Ionen aufgenommen, die dann giftig wirken. Da die Waldschäden auch auf Böden mit basischer Reaktion auftreten, kann dieser Ursachenkomplex allein keine Erklärung bieten.
2. **Stickstoff-Zufuhr.** Durch die Stickstoff-Oxide (NO_x) erfolgt eine weitflächige einseitige N-Düngung des Bodens. Diese stört die Mykorrhiza-Symbiose (vgl. Stoffwechsel und Energiehaushalt der Pflanze 9.4) der Waldbäume: das Wachstum des Pilzes wird gehemmt. Hierdurch aber wird die Aufnahme der erforderlichen anderen Ionen herabgesetzt, und Ernährungs- und Stoffwechselstörungen der Bäume sind die Folge. Durch künstliche Düngung mit den erforderlichen Ionen können die Schäden zurückgedrängt werden; jedoch führt dies zu einer generellen Überdüngung im Wald und ist daher nachteilig. Überdies nimmt die Frostresistenz und der Widerstand gegen Parasitenbefall bei Stickstoffüberschuß ab. Dieser erleichtert also das Auftreten von Sekundärschäden.
3. **Unmittelbare Wirkung der Schadstoffe der Luft.** SO_2 verhindert die Schließbewegungen von Spaltöffnun-

*Abb. 87.1: Neuartige Waldschäden:
oben Fichte, unten Rotbuche mit deutlichen Kronenverlichtungen.
Bei der Fichte sind die Äste häufig nur noch an der Spitze benadelt.
Das Herabhängen der Seitenzweige (»Lamettasyndrom«)
ist hingegen kein Zeichen für eine Schädigung,
sondern erblich festgelegt.
Bei der Rotbuche ist der jährliche Längenzuwachs sehr gering,
kleine beblätterte Seitenzweige brechen häufig ab,
so daß Teile des Laubs vorzeitig verlorengehen.*

gen und macht die Pflanzen somit gegen Trockenheit empfindlicher. In höheren Konzentrationen schädigt es Enzyme. NO_2 reagiert mit dem Luftsauerstoff unter Bildung von Ozon (O_3), das in höheren Konzentrationen stark oxidierend wirkt und in verschmutzter Luft am Licht zur Entstehung von Peroxyacetylnitrat (PAN) führt. Dieses wirkt nun seinerseits auf pflanzliche Gewebe oxidierend; es gehört zu den »Photo-oxidantien« (am Licht entstehende Oxidationsmittel). Diese werden infolge ihrer hohen Reaktionsfähigkeit allerdings nicht über sehr große Strecken verbreitet, sondern wirken in der Nähe des Bildungsortes. Blei wird von Pflanzen nur in Form von gasförmigen Abbauprodukten des Blei-tetraethyl (aus bleihaltigem Benzin) durch die Spaltöffnungen aufgenommen und schädigt die Zellen. Diese Abbauprodukte werden offenbar weit verbreitet; die Aufnahme erfolgt auch in sogenannten Reinluftgebieten.

Eine Schädigung der Blätter oder Nadeln kann die Mykorrhiza-Symbiose beeinträchtigen, wodurch der Baum weiter geschwächt wird (Aufschaukelung).

Vermutlich kann jeder dieser Ursachenkomplexe der entscheidende Streßfaktor sein. Da sie alle eng mit der Luftverschmutzung verknüpft sind, spielt die Verringerung der Emissionen als Gegenmaßnahme die wichtigste Rolle.

4.5 Das Meer

Das Meer bedeckt rund 71% der Erdoberfläche und ist damit der größte Lebensraum der Erde. Seine Besonderheiten liegen in der großen Tiefe, der Ausdehnung und den dadurch sehr weiträumigen Nahrungsbeziehungen, seinem in engen Grenzen konstant hohen Gehalt an anorganischen Ionen und den großräumigen horizontalen und vertikalen Wasserströmungen. Die Fauna des Meeres ist artenreicher als die des Süßwassers, da es mehr ökologische Nischen gibt. Auch im Meer sind die ökologischen Grundtypen Plankton und Nekton zu finden.

Zwei große Lebensbereiche, der *Meeresboden* (Benthal) und das *freie Wasser* (Pelagial) haben in Abhängigkeit vom Untergrund und der Tiefe ihr eigenes Gepräge (s. Abb. 88.1). Der Meeresboden gliedert sich in die *Küstenzone* (Litoral) und den *Tiefseeboden*. Das Litoral reicht von der Küste bis dorthin, wo noch photosynthetisch wirksames Licht bis zum Boden eindringt. Häufig fällt diese Grenze

Abb. 88.1: Lebensräume im Ozean.
1 Seegras, 2 Muscheln, 3 Ringelwurm, 4 Braun- und Rotalgen, 5 Phytoplankton mit Kieselalgen und Panzergeißelalgen, 6 Zooplankton mit Kleinkrebsen (z. B. Krill), Quallen, 7 Flügelschnecken, Pfeilwürmer, Rippenquallen, 8 Hai, 9 Makrelen, 10 Blauwal, 11 Pottwal, 12 Delphin, 13 Seehund, 14 Thunfisch, 15 Tintenfisch, 16 Anglerfisch, 17 Seesterne, 18 Seelilien, 19 Schwämme. Die Organismen sind in unterschiedlichen Maßstäben dargestellt.

mit dem Ende des Kontinentalsockels (Schelf) in etwa 200 m Tiefe zusammen. Beim Pelagial werden das durchlichtete Gebiet (euphotische Zone, Epipelagial) und die Tiefsee mit einer Dämmerungszone (Bathyal; etwa bis 1000 m Tiefe) und einer lichtlosen Zone (aphotische Zone, Abyssal) unterschieden. Die für die Stoffproduktion im Meer ausschlaggebende durchlichtete Zone gliedert sich in den vom Kontinent beeinflußten Bereich der Flachsee und den ozeanischen Bereich *(Hochsee)*. Obwohl die Flachsee nur etwa 10% der gesamten Meeresfläche umfaßt, enthält sie etwa 50% der Biomasse des Meeres. Die Produzenten werden von den einmündenden Flüssen mit Nährstoffen versorgt.

In den Ozeanen außerhalb der Tropenzone entstehen im Spätwinter und Frühjahr Auf- und Abwärtsströmungen mit Temperaturausgleich ähnlich den Umschichtungen in einem See. Dabei werden aus den Tiefzonen Mineralsalze in die obere Wasserschicht geführt; sie stammen aus dem bakteriellen Abbau der in die Tiefe sinkenden organischen Substanz. Dadurch entsteht ein Frühjahrsmaximum beim Phytoplankton, dem ein Maximum beim Zooplankton (Kleinkrebse, Larven) folgt. Das Zooplankton dient seinerseits den größeren Tieren als Hauptnahrung. In tropischen Ozeanen fehlt die Umschichtung des Wassers. Trotz günstiger Lichtverhältnisse gibt es daher keine Massenentfaltung von Plankton, das Wasser ist klar und blau. Nur dort, wo kalte, nährstoffreiche Meeresströmungen in die Tropen vorstoßen (Westränder der Südkontinente), gibt es reiches Planktonleben. Diese Meeresströmungen sind gleichzeitig die für die menschliche Ernährung so wichtigen Fischfanggründe.

Der Regen absinkender toter Organismen (Detritus) ist die einzige primäre Nahrungsquelle für die Tiefsee. Diese ist daher ein unvollständiges oder abhängiges Ökosystem. In der Tiefsee herrscht in der Regel Nahrungsmangel und deshalb Individuenarmut. Druckschwankungen und Wellenbewegungen fehlen; die Organismen sind zart gebaut, ihre Skelettelemente und Lichtsinnesorgane rückgebildet. Nur die Dämmerungszone bevölkern Fische und Tintenfische mit riesigen Augen und Leuchtorganen.

An vielen Stellen der Tiefsee gibt es Schwefelquellen. Dort leben Schwefelbakterien als Produzenten; von ihnen ernähren sich Kleinkrebse und Würmer, die zum Teil eine Symbiose mit den Bakterien eingegangen sind. Einer direkten Beobachtung sind Teile der Litoralzone zugänglich. Im Strandbereich liegt ein Streifen, der infolge des regelmäßigen Gezeitenwechsels periodisch trockenfällt (Eulitoral); auch herrscht häufig Brandung. Die hier lebenden Organismen müssen daher einen starken Wasserdruck aushalten können. An der Felsküste treten derbe Grün- und Braunalgen (z.B. *Fucus*) sowie Seepocken, Napfschnecken und dickschalige Muscheln auf. Im Bereich flacher Sandstrände findet man in der Spritzwasserzone Blaualgen, in der Gezeitenzone die Gesellschaften des **Wattenmeeres.** Der Wattboden besteht aus Schlick, der etwa 10% organische Substanz enthält, oder aus Schill (hoher Gehalt an Schalentrümmern), Sand und Kies. Das ablaufende Wasser sammelt sich in Prielen, die auch bei Niedrigwasser nie ganz trokkenfallen. Die meisten Tiere des Watts leben im Boden (viele Würmer, z.B. der Sandwurm *Arenicola,* Salzkäfer, Schlickkrebs). Die Wattbewohner bieten Nahrung für eine reiche Vogelwelt (Möwen, Austernfischer, Strandläufer). In den Prielen gibt es Miesmuschelbänke, in denen auch Polypen und Seerosen vorkommen. Daneben findet man See- und Schlangensterne, Seeigel, Krabben, Seepocken, Einsiedlerkrebse und Bohrmuscheln. Auf festem, schlickfreiem Boden können sich Austernbänke entwickeln. Diese sind mit Seepocken und Polypen bewachsen.

Im Zusammenhang mit der Untersuchung von Austernbänken prägte MÖBIUS im Jahre 1877 den Begriff der Lebensgemeinschaft.

5. Produktivität und Energiefluß in Ökosystemen

5.1 Biologische Stoffproduktion

Um den Stoff- und Energiehaushalt eines Ökosystems zu erfassen, muß man quantitative Untersuchungen durchführen. Dazu ist es zunächst erforderlich, die Masse aller Organismen (die **Biomasse**) zu bestimmen. Man mißt sie am einfachsten als Lebend- und Trockenmasse in Kilogramm. Da organisches Material verbrannt werden kann und hierbei eine bestimmte Wärmemenge je Gewichtseinheit freigesetzt wird, kann man den Energieinhalt der Biomasse in Joule angeben. So entsprechen 16 500–21 000 J 1 g pflanzlicher Trockenmasse, 1 g tierischer Trokkenmasse 20 500–25 000 J. Neue Biomasse wird nur durch die Produzenten gebildet, man bezeichnet sie als Primärproduktion. Die Stoffproduktion durch Photosynthese ist die *Bruttoprimärproduktion.* Von der auf die Pflanzen auftreffenden Sonnenenergie werden hierzu etwa 1–3% verwendet. Ein Teil der pflanzlichen Produktion wird von der Pflanze selbst veratmet, da sie die dabei frei werdende Energie für ihre Lebensvorgänge benötigt. Das Verbleibende dient dem Zuwachs der Pflanze oder der Speicherung. Dieser Teil der insgesamt erzeugten pflanzlichen Biomasse ist die *Nettoprimärproduktion.* Sie ist die primäre Nahrungsquelle der Konsumenten. Die gesamte jährliche Nettoprimärproduktion der Erde beträgt ca. $1{,}54 \cdot 10^{11}$ t Trockenmasse an pflanzlicher Biomasse (Tab. 90/1). Die Nettoproduktion ist besonders hoch bei rasch wachsenden einjährigen Arten.

Ein Hektar Laubwald mit 275 Tonnen Biomasse erzeugt jährlich etwa 24 Tonnen neue organische Substanz. Von dieser Bruttoproduktivität des Pflanzenbestandes wird die Hälfte von den Pflanzen selbst wieder durch Atmung abgebaut. Die Nettoproduktivität dieses Waldes beträgt also 12 Tonnen jährlich, nämlich 4 Tonnen Laub, 5 Tonnen

Tabelle 90/1: Bruttoprimärproduktionsrate in g Trockenmaterial je m² und Tag

Freies Meer	bis 0,5
Grasfluren, Kontinentalschelf, Gebirgswälder	0,5–3,0
Feuchtwälder, Ackerbau	3–10
Intensiver Ackerbau (während der Hauptproduktionszeit)	10–25

Tabelle 90/2: Verschiedene Ebenen für die Betrachtung von Nahrungsbeziehungen

Nahrungskette	Beispiel	Ernährungsebene
Pflanze	Luzerne	Produzent
↓	↓	↓
Pflanzenfresser	Rind	Konsument 1. Ordnung
↓	↓	↓
Fleischfresser	Mensch	Konsument 2. Ordnung

Holz, 1 Tonne Gräser, Kräuter und Moose und 2 Tonnen Wurzeln (alle Angaben in Trockenmasse). In 12 Tonnen Biomasse sind nahezu 230 Millionen kJ chemisch gespeichert, das entspricht 0,5% des jährlichen Lichteinfalls auf einen Hektar Fläche.

5.2 Nahrungskette und Nahrungsnetz

Von der als Nettoprimärproduktion verbleibenden Biomasse ernähren sich die primären Konsumenten oder die Destruenten. Indirekt ist sie auch die Nahrungsquelle für Konsumenten höherer Ordnung. Die durch Produktion und Konsum von Biomasse miteinander verknüpften Organismen bilden eine Nahrungskette (Tab. 90/2).

Eine Nahrungskette mit 5 Gliedern bilden z. B.:
Apfelbaum → Blattlaus → Marienkäfer (Larve) → Mönchsgrasmücke → Elster (Nesträuber).

Von Parasiten abgesehen ernährt sich eine Art in der Regel nicht nur von einer einzigen anderen, sondern von mehreren oder gar vielen Arten, wie man z. B. durch Untersuchung des Mageninhalts oder des Kotes der Tiere ermitteln kann. Dadurch entsteht ein komplexes Netzwerk von Nahrungsketten, ein Nahrungsnetz (Abb. 90.1). In einfachen Fällen ließen sich die Nahrungswege im Netz mit Hilfe radioaktiver Markierung erkennen. Dabei bediente man sich des ^{32}P, der, von Pflanzen aufgenommen, in jedem folgenden Glied der Kette nachweisbar ist.

In der Nahrungskette nimmt das Gewicht des Fressenden nur um etwa $\frac{1}{10}$ der aufgenommenen Nahrungsmenge zu. Mit 10 000 kg Planktonalgen können etwa 1000 kg Planktontiere heranwachsen, und diese liefern den Zuwachs von 100 kg Kleinfischen. Die Kleinfische dienen dem Thunfisch als Nahrung und erhöhen seine Körpermasse um 10 kg. Der Verlust von einer Nahrungsebene zur nächsten beträgt deshalb rund 90%. Für diesen Verlust gibt es drei Gründe: 1. Ein großer Teil der Nahrung wird nicht zum Körperbau, sondern als Energiequelle verwendet (also veratmet); 2. ein anderer Teil der Nahrung wird als unverdaulich (nicht verwertbar) wieder ausgeschieden, und schließlich wird 3. nicht die ganze verfügbare Biomasse einer Stufe von Angehörigen der nächsten Stufe gefressen (*Ökologische Pyramiden* s. Abb. 91.1, 91.2 und 91.3).

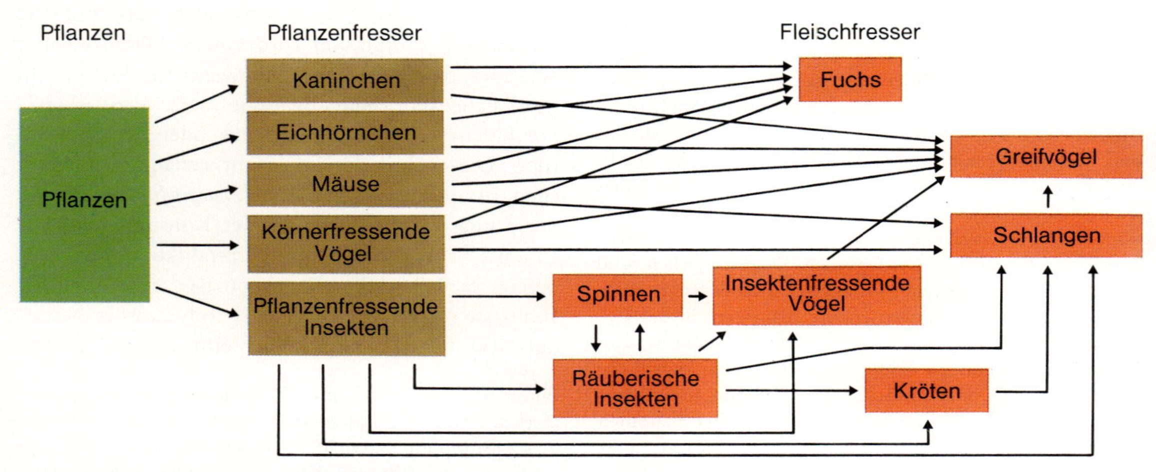

Abb. 90.1: Beispiele von Nahrungsketten in einem Waldrandgebüsch. Mehrere Ketten führen zum gleichen Endorganismus (Fuchs, Greifvögel, Schlange). Die Querverbindungen zwischen den Nahrungsketten lassen ein Nahrungsnetz entstehen.

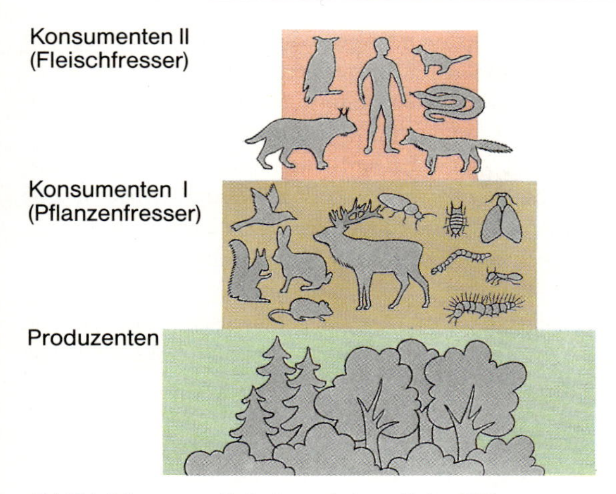

Abb. 91.1: Nahrungspyramide in einem mitteleuropäischen Wald

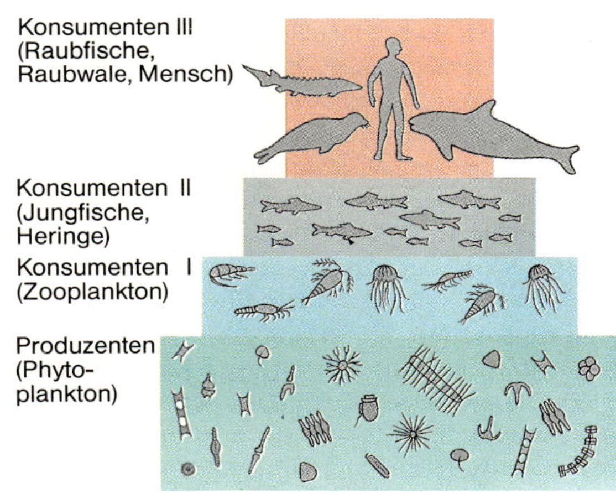

*Abb. 91.2: Nahrungspyramide im Meer.
Ein Buckelwal frißt pro Tag ungefähr 5000 Heringe.
Ein Hering ernährt sich pro Tag
teilweise direkt, teilweise über kleinere Fische
von 6000 Ruderfußkrebschen.
Ein Ruderfußkrebschen verzehrt insgesamt 130000 Kieselalgen.
Ein Buckelwal lebt also pro Tag
von 400 Milliarden Kieselalgen.*

5.3 Energiefluß im Ökosystem

Die im Körper aus der Nahrung aufgebaute organische Substanz enthält weniger Energie als in der Nahrung enthalten war, da bei jeder Energieumformung unvermeidbar ein gewisser Anteil in nicht nutzbare Wärmeenergie verwandelt wird. Sie kann von homöothermen Tieren zur Aufrechterhaltung der Körperwärme genutzt werden. Sonst ist die beim Stoffwechsel entstehende Wärme eine für Lebewesen nicht verwertbare Energieform; sie wird an die Umgebung abgegeben. Weil Energie über die Nahrungskette von Glied zu Glied weitergegeben wird, spricht man von einem Energiefluß. Im Gegensatz dazu werden die Stoffe in ständigem Kreislauf gehalten (Abschnitt 5.4). In der Nahrungskette nimmt die mit der Nahrung weitergereichte Energiemenge von jeder Stufe zur nächsten auf etwa $\frac{1}{10}$ ab. Bei der Bildung der Biomasse durch Pflanzen wird sogar nur ca. $\frac{1}{100}$ der Strahlungsenergie der Sonne ausgenutzt. Eine lange Nahrungskette ist somit mit großen Energieverlusten verbunden (siehe die Energiepyramide in Abb. 91.3).

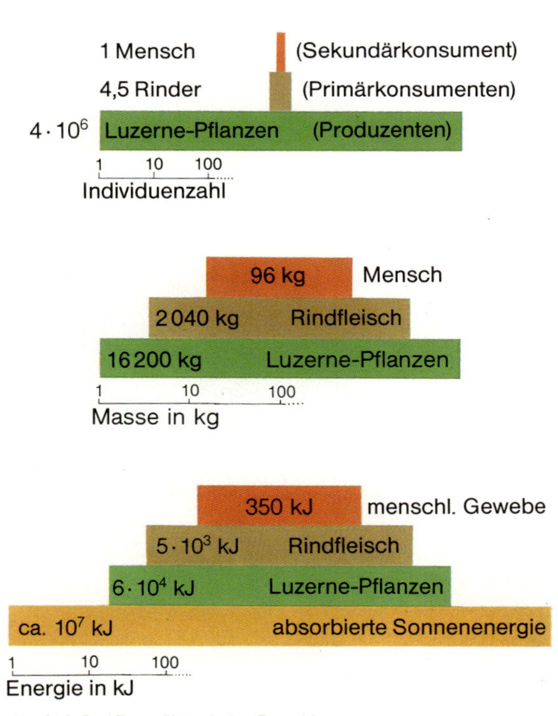

*Abb. 91.3: Drei Typen ökologischer Pyramiden
in schematischer Darstellung für eine Nahrungskette.
Der Maßstab ist logarithmisch.
Oben: Pyramide der Individuenzahl,
Mitte: Pyramide der Biomasse,
unten: Energiepyramide.*

5.4 Stoffkreislauf in der Biosphäre

Während die Energie von den Organismen im Nahrungsnetz fortlaufend in die wertlose Form der Wärme übergeführt wird und nur dauernde Energiezufuhr in Form der Sonnenstrahlung das Fließgleichgewicht aufrechterhält, sind die Stoffe in einem fortgesetzten Kreislauf. Die Elemente durchlaufen die Nahrungsnetze in Form von vielerlei Verbindungen und gelangen nach Mineralisierung wieder in den abiotischen Bereich. Von dort werden sie erneut durch pflanzliche Organismen aufgenommen. Zusammen mit lebensnotwendigen Elementen sind auch Stoffe in die Kreisläufe einbezogen, die entweder keine biologische Funktion haben oder sogar schaden können. Werden solche Elemente im Ökosystem angereichert (z. B. Quecksilber, Blei), so gelangen sie auch in größerer Menge in die Organismen und können über die Nahrungskette Vergiftungen hervorrufen. Manche Elemente sind nur in sehr geringer Menge in den Organismen anzutreffen, aber lebensnotwendig. Das völlige Fehlen eines solchen Mikronährstoffelements (z. B. Co, Mo) wirkt sich auf die Produktionsrate in einem Ökosystem genauso aus wie Mangel an einem Makronährstoffelement (z. B. K, Ca, N). Der jeweils im Minimum befindliche Stoff begrenzt die Produktion (LIEBIGsche Regel; vgl. Stoffwechsel und Energiehaushalt der Pflanze 1.).

Betrachten wir als Beispiel den Kreislauf des Kohlenstoffs (Abb. 93.1). Die Pflanzen nutzen zur Produktion organischer Verbindungen als C-Quelle das Kohlenstoffdioxid der Luft. Die gebildeten organischen Stoffe treten in die Nahrungskette ein. Durch die Atmung der Organismen wird CO_2 direkt wieder der Atmosphäre zugeführt. Ein anderer Teil des Kohlenstoffs erreicht in Form der organischen Verbindungen über die Konsumentenkette schließlich die Destruenten und wird hier durch deren Gärung oder Atmung wieder zu CO_2 umgesetzt. Bei der Bildung von Torf, Kohle, Erdöl und Erdgas wird Kohlenstoff in Form organischer Verbindungen aus dem Kreislauf ausgeschieden und abgelagert. Die in früheren Erdepochen gebildeten Brennstoffe werden heute wieder der Erdkruste entnommen und dienen der Energieerzeugung. Das dabei entstehende CO_2 gelangt in die Atmosphäre. Es wird von den Pflanzen wieder in organischen Verbindungen fixiert. Allerdings beobachtet man seit Jahrzehnten eine ständige Zunahme des CO_2-Gehaltes der Atmosphäre. Dies kann auf die Dauer eine Erhöhung der Durchschnittstemperatur der Atmosphäre und damit Klimaänderung zur Folge haben (s. 6.4.3).

Die Kreisläufe von Kohlenstoff, Sauerstoff und Stickstoff (Abb. 93.2) enthalten gasförmige Stoffe, die sich in der Atmosphäre befinden und auch in den Ozeanen gelöst sind. Diese Vorräte wirken als Puffer, die lokale Störungen großräumig ausgleichen. Beispielsweise wird in den großen Städten dauernd mehr Sauerstoff verbraucht als von den dort lebenden grünen Pflanzen erzeugt wird, so daß eine ständige Zufuhr von außerhalb stattfindet.

Die Kreisläufe von Phosphor und Metallen (z. B. Mg, Ca, Fe) enthalten keine gasförmigen Verbindungen; daher ist die Atmosphäre an ihnen nicht beteiligt. Solche **Ablagerungskreisläufe** verlaufen ohne Eingreifen des Menschen viel langsamer. Das aus Mineralien durch Verwitterung freigesetzte Phosphat wird an Land von Lebewesen aufgenommen und z. B. in die Erbsubstanz DNA (Abb. 357.1) oder in ATP (Abb. 54.1) eingebaut. Über die Nahrungskette und die Destruenten gelangt es wieder in den Boden, ein kleiner Kreislauf ist geschlossen. Ein Teil davon erreicht aber lau-

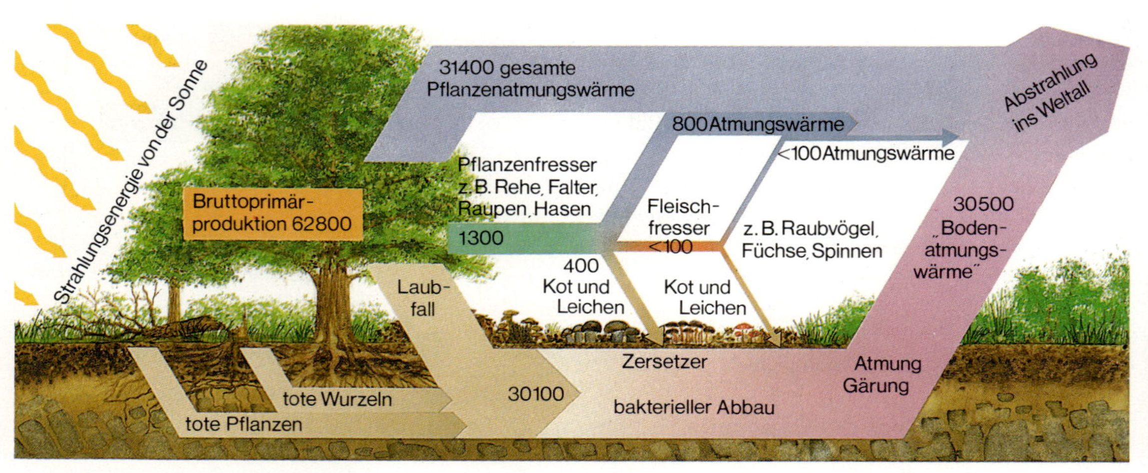

Abb. 92.1: Energiefluß durch die Biozönose des mitteleuropäischen Laubwaldes. Von der auf die Pflanze auftreffenden Sonnenenergie wird nur 1/100 durch die Photosynthese ausgenützt, und die mit der Nahrung weitergereichte Energie nimmt von jeder Stufe zur nächsten auf rund 1/10 ab (beim Übergang Pflanze/Pflanzenfresser wird nur 1/50 genutzt). Zahlenangaben in kJ/m² Blattfläche und Jahr. Durch Sonneneinstrahlung gelangen täglich global $6{,}7 \cdot 10^{18}$ kJ Energie auf die Erdoberfläche. Davon werden durch Photosynthese 0,12% in chemische Energie umgewandelt.

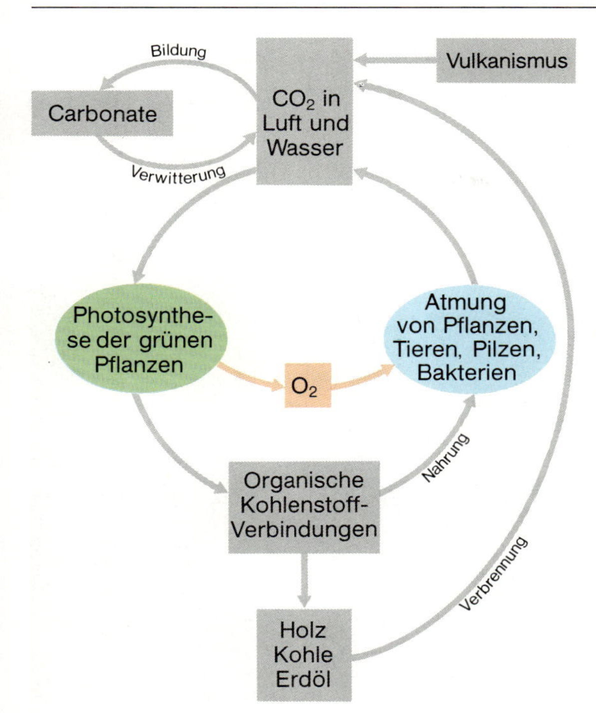

Abb. 93.1: Kohlenstoffkreislauf (graue Pfeile) und Freisetzung sowie Bindung von Sauerstoff (rote Pfeile) sind über die Atmung miteinander verknüpft.

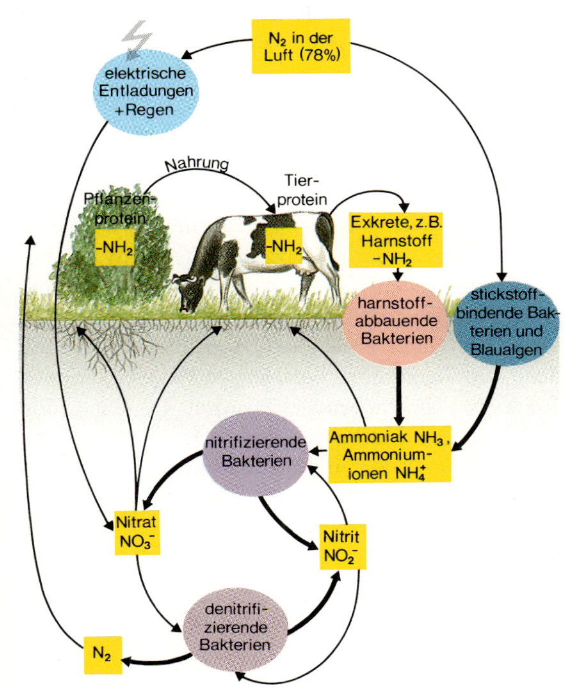

Abb. 93.2: Der Stickstoffkreislauf in der Natur. Gelb: Stickstoff-Verbindungen, farbige Pfeile: bakterielle Prozesse. Vgl. auch Stoffwechsel und Energiehaushalt der Pflanze 3.

fend die Fließgewässer, wo es auch in einen weiteren Kreislauf über Wasserlebewesen eingehen kann, bevor es in einen großen Binnensee oder ins Meer gelangt. Mit den Fischen, die dem Menschen oder auch den Seevögeln (z. B. Kormorane, Pelikane) zur Nahrung dienen, erfolgt die Rückführung relativ großer Phosphatmengen aufs Land. So werden die aus Exkrementen von Vögeln entstandenen Guano-Lagerstätten auf Inseln vor der peruanischen Küste sogar bergmännisch abgebaut, das Guano wird als phosphat- und nitrathaltiger Dünger in alle Welt exportiert. Ein Teil des Phosphats der Weltmeere wird allerdings in Sedimenten abgelagert und erreicht erst nach Hebung von Meeresboden zu einem Gebirge im Laufe von Millionen von Jahren wieder die Erdoberfläche und ist erneut der Verwitterung ausgesetzt. Den so entstandenen Lagerstätten entnimmt der Mensch gegenwärtig 100 Millionen Tonnen Phosphat pro Jahr, das er als Dünger auf die Felder bringt oder zur Herstellung von Industrieprodukten (z. B. Waschmitteln) verwendet. Der auf etwa 75 Milliarden Tonnen geschätzte Vorrat wird also in 750 Jahren erschöpft sein, wenn die heutige Abbaurate beibehalten wird. Diese bedeutet zugleich eine massive Störung des langfristigen globalen Phosphatkreislaufs.

5.5 Sukzession und Klimax

In einer Biozönose können sich durch die Tätigkeit der Organismen abiotische und biotische Faktoren verändern. Daraufhin kann sich auch die Biozönose ändern. Dies läßt sich gut an einem Heuaufguß beobachten, den man aus Heu mit Tümpelwasser herstellt. Solches Wasser enthält Einzeller, Rädertierchen und Kleinkrebse. Zunächst entwickeln sich Bakterien im Aufguß. Ihnen folgen Geißeltierchen, die Bakterien fressen. Etwas später treten Pantoffeltierchen auf. Im Verlauf einiger Tage oder Wochen nimmt dann die Zahl der Grünalgen, Rädertierchen, Kleinkrebse und Amöben stark zu. Man findet aber weiterhin vereinzelte Exemplare der anfangs herrschenden Organismenarten. Schließlich kann sich ein Endzustand einstellen, in dem die gesamte von den Algen erzeugte Nettoprimärproduktion von den heterotrophen Organismen verzehrt wird. Dann befinden sich Organismenarten und Individuenzahlen weitgehend im Gleichgewicht. Man bezeichnet die Aufeinanderfolge verschiedener Organismengruppen als *Sukzession* (lat. successus Aufeinanderfolge) und den Endzustand als *Klimaxgemeinschaft* (oder Zustand der Klimax). Die Klimaxgemeinschaft ist bei gleichbleibenden Umweltbedingungen stabil. Ein Beispiel aus der Natur ist die Verlandung eines Sees (Abb. 94.1).

Unter den klimatischen Verhältnissen Mitteleuropas ist der stabile *Endzustand stets der Wald.* Nur Hochgebirge, Felskanten, Moore und Meeresstrände sind von Natur aus waldfrei. Heute aber ist in Mitteleuropa nur noch etwa ein Viertel des Bodens waldbe-

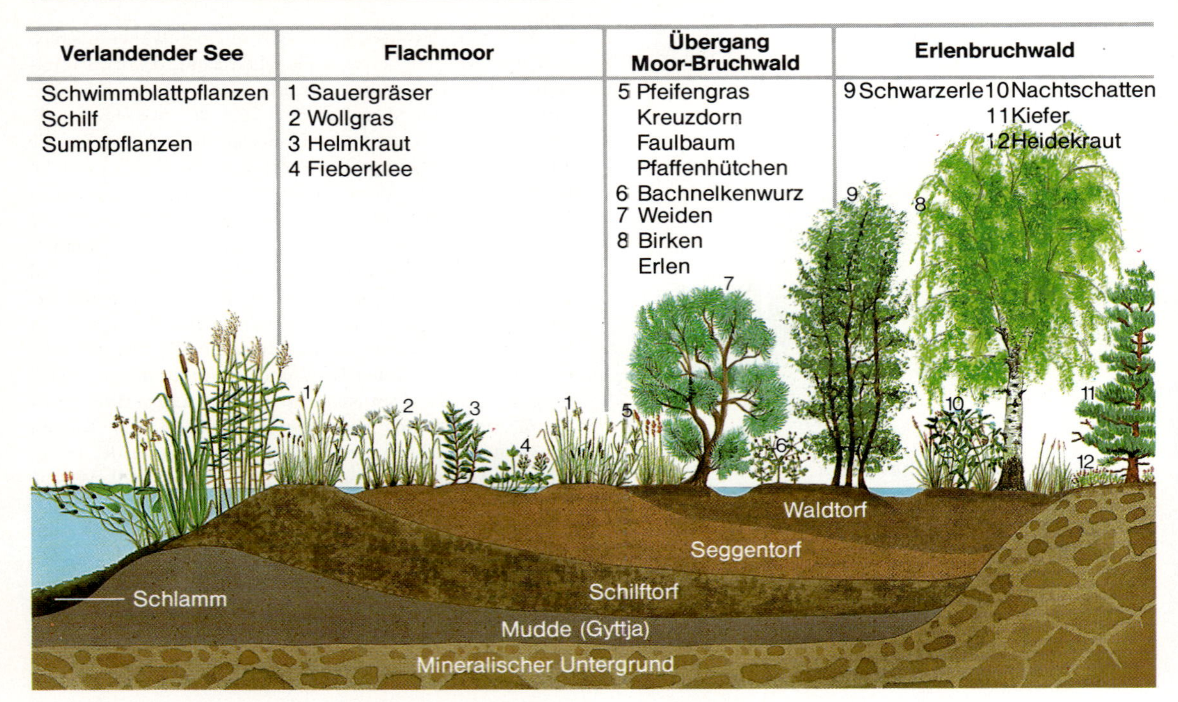

Abb.94.1: Beispiel einer Sukzession: Stufen der Verlandung eines Sees. Bildung der Klimax-Gesellschaft Bruchwald. Einige kennzeichnende Pflanzenarten sind genannt. Die Verlandung des Sees hängt von seiner Tiefe und der Materialzufuhr durch Zuflüsse ab. Auch die Zeitdauer der nachfolgenden Entwicklung ist außerordentlich unterschiedlich. Mudde: faulschlammhaltige Ablagerung.

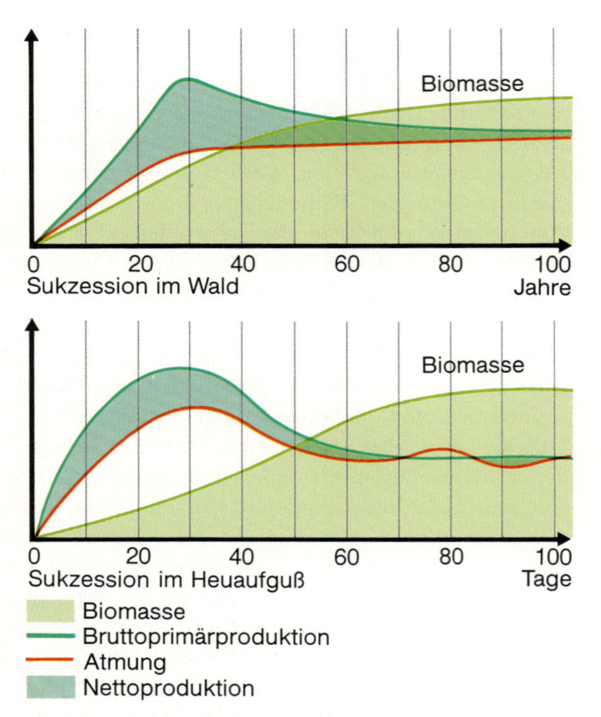

Abb.94.2: Vergleich der Stoffproduktion im Verlauf der Sukzession zum Wald (100 Jahre) und im Heuaufguß (100 Tage). Näheres siehe Text.

deckt; dies ist ausschließlich auf die Tätigkeit des Menschen zurückzuführen. Für die Lüneburger Heide und die Wacholderheiden der Schwäbischen Alb oder für die steppenartigen Gebiete in Ostösterreich gilt dasselbe. Ohne Einfluß des Menschen würde das Land in verhältnismäßig kurzer Zeit wieder vom Wald erobert werden.

Auch von Natur aus kommt es immer wieder zu Abweichungen vom Klimaxzustand (siehe Waldbrände, Sturmschäden, Überflutung), dem sich der gestörte Bereich durch Sukzession wieder annähert. Selbst das Absterben eines einzigen Baumes setzt auf dem von ihm bisher beschatteten Waldboden eine Sukzession lichtliebender Pflanzen in Gang. Ein großräumiges natürliches Ökosystem ist mosaikartig aufgebaut aus Gebieten im Klimaxzustand und Bereichen, in denen Sukzessionen ablaufen, die sich in verschiedenen Stadien befinden.

5.6 Sukzession und Stoffproduktion im Ökosystem

Bei Sukzessionen zum Wald und im Heuaufguß beobachtet man eine vergleichbare Entwicklung der Stoffproduktion, obwohl der Klimaxzustand nach höchst unterschiedlichen

Zeiten erreicht wird (Abb. 94.2). Zu Beginn nimmt die Stoffproduktion durch Photosynthese *(Bruttoprimärproduktion P_B)* rasch zu. Auch der Stoffabbau durch *Atmung (A)* von Pflanzen und Tieren weitet sich laufend aus, wenngleich weniger schnell als P_B. Daher ergibt sich ein Produktionsüberschuß *(Nettoproduktion $P_N = P_B - A$)*, der die Biomasse rasch anwachsen läßt. Er wird mit der Zeit von den heterotrophen Organismen allerdings immer besser genutzt, bis schließlich im Klimaxstadium der gesamte Stoffabbau praktisch so groß ist wie die Stoffproduktion durch Photosynthese. Dann nimmt auch die Biomasse nicht mehr zu.

Nutzt der Mensch ein Ökosystem, so entnimmt er einen Teil der Nettoprimärproduktion als Nahrungs- oder Energiequelle. Dabei erzielt er die höchsten Erträge in frühen Stadien der Sukzession (vgl. das Umpflügen der Äcker vor der Aussaat). Gerade diese Stadien werden aber besonders leicht geschädigt, z.B. durch lang anhaltende Trockenheit oder Überflutung. Um das ökologische Gleichgewicht im Großen zu erhalten, ist es deshalb erforderlich, auch stabilere klimaxnahe Ökosysteme zu bewahren, wenn deren wirtschaftlicher Ertrag auch verhältnismäßig gering ist oder ganz entfällt. Aus dem Dilemma zwischen Ökonomie und Ökologie kann nur ein Kompromiß herausführen. Für diesen gibt es zwei Möglichkeiten:

a) Auf der ganzen Anbaufläche wird ein Ausgleich zwischen Ertragshöhe und ökologischer Qualität des Lebensraums geschaffen.
b) Die vorhandene Fläche wird in hochproduktive und erhaltende Bereiche aufgeteilt. Die letzteren sind bei uns die Naturschutzgebiete (s. S. 111). Um aber ein Ökosystem mit seinem großräumigen Klimaxzustand zu erhalten, müßte das zu schützende Gebiet so groß sein, daß es auch viele kleine Bereiche mit den verschiedenen Sukzessionsstadien umfaßt. Nur so könnte die vollständige Artenvielfalt geschützt werden.

6. Die Belastung von Ökosystemen durch Eingriffe des Menschen

In den letzten Jahrzehnten haben sich die Eingriffe des Menschen in die natürlichen Ökosysteme außerordentlich verstärkt. Die Belastung und Verschmutzung der Umwelt ist drastisch angestiegen, so daß die nachteiligen Folgen sich immer deutlicher zeigen. Davon ist anschließend die Rede.

6.1 Monokulturen und Schädlingsbekämpfung

Monokulturen. Den Anbau nur einer einzigen Pflanzenart auf einer Nutzfläche bezeichnet man als Monokultur. Eine derartige Gleichförmigkeit der Vegetation auf den Äckern oder im reinen Fichtenforst löscht viele ökologische Nischen aus, die in der Naturlandschaft vorhanden waren. Mit diesen Nischen verschwinden auch die an sie angepaßten Organismenarten. In artenarmen Biozönosen neigen die Populationen aber zu Populationswellen, d.h., auf den massenhaften Anbau von Nutzpflanzen folgt die massenhafte Vermehrung derjenigen Organismen, die sich von diesen ernähren. Sie werden dadurch zu Schädlingen. Die Reinkultur nur einer Pflanzenart nützt außerdem den Boden einseitig aus und zwingt zum ständigen Wechsel der Nutzpflanzenart beim Anbau. Die verlorengegangenen Nährsalze müssen durch Düngung ersetzt werden. Beim *Kahlschlag* eines mit gleichaltrigen Bäumen bestandenen Fichtenforstes führen Wind und Regen den Humus weg, und Besonnung und Austrocknung schädigen die Bodenorganismen.

Schädlingsbekämpfung. Monokulturen machen zwangsläufig eine dauernde Bekämpfung von Schädlingen und Unkräutern notwendig.

Die hauptsächlich verwendeten Mittel gegen Schädlinge *(Biozide* oder *Pestizide)* sind *Insektizide* (gegen Insekten), *Nematizide* (gegen Fadenwürmer), *Fungizide* (gegen Pilze) und *Herbizide* (gegen Unkräuter).

Schädlingsbekämpfungsmittel vernichten aber nicht nur Schädlinge, sondern auch viele unschädliche oder nützliche Lebewesen, u.a. die Bodenfauna, deren Tätigkeit für Humusbildung und Bodenlockerung bedeutsam ist. Sie verringern also die Artenzahl weiter, so daß die Wahrscheinlichkeit von Populationswellen steigt und folglich weiterer Biozideinsatz erforderlich ist. Zudem werden manche Biozide erst nach längerer Zeit mikrobiell abgebaut, zum Teil zu gesundheitlich nicht unbedenklichen Endprodukten. Weil die Biomasse von einem Glied der Nahrungskette zum nächsten ständig abnimmt, reichern sich alle diejenigen Schadstoffe in der Nahrungskette an, die vom Organismus nicht zersetzt oder ausgeschieden werden können. Dazu gehörten z.B. auch das früher verwendete DDT und das Quecksilber. Im Endglied der Nahrungskette – das ist oft der Mensch – erreichen solche Schadstoffe ihre höchste Konzentration. Da aber Schädlingsbekämpfung notwendig ist, um die ständig wachsende Menschheit zu ernähren, muß die Verwendung der chemischen Mittel nach Möglichkeit auf rasch abbaubare, selektiv nur den Schädling betreffende Stoffe beschränkt werden. Solche Stoffe senken die Artenzahl des Ökosystems nicht.

Integrierter Pflanzenschutz ist eine Kombination von biologischer Bekämpfung, von Pflegemaßnahmen (Düngung, Bodenbedeckung, Baumschnitt) zur Verbesserung der Widerstandsfähigkeit, Züchtung und Anbau schädlingsresistenter Sorten sowie chemischer Bekämpfung (s. Abb. 96.1). Biologische Bekämpfung und Pflegemaßnahmen haben Vorrang, so daß die chemische Bekämpfung auf das notwendige Maß beschränkt wird. Der biologischen Bekämpfung dient der Schutz und die Vermehrung der natürlichen Feinde der Schädlinge, so z.B. durch Anpflanzen von Hek-

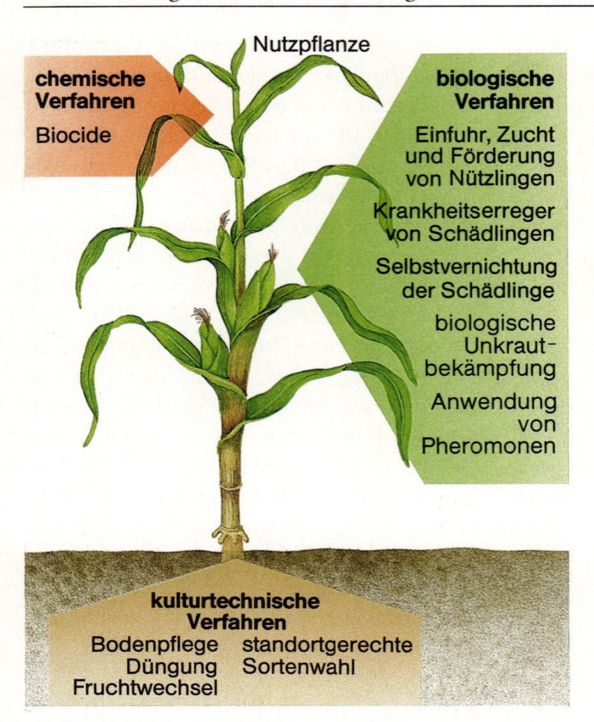

Abb.96.1: Wichtige Mittel und Methoden des integrierten Pflanzenschutzes

ken als Lebensraum für maus- und insektenfressende Säuger und Vögel, durch Aussetzen von Raubinsekten, Schlupfwespen, Raupenfliegen und durch Aussetzen gezüchteter Krankheitserreger (Viren, Bakterien und Parasiten, Pilze, Protozoen, Nematoden). Als Beispiel sei die Bekämpfung der San-José-Schildlaus genannt. Sie wurde aus Kalifornien eingeschleppt und ist heute ein gefürchteter Schädling in allen gemäßigten Zonen der Erde, da die von ihr befallenen Kernobst- und Steinobstbäume absterben können. Eine 0,8 mm große Zehrwespe (Schlupfwespe) legt ein Ei unter den Schild der Laus, und die sich daraus entwikkelnde Larve frißt sie auf. Auf Kürbissen oder Melonen vermehrte Schildläuse ermöglichen die Zucht der nützlichen Zehrwespe.

Chemische Mittel werden beim integrierten Pflanzenschutz erst dann verwendet, wenn der zu erwartende landwirtschaftliche Schaden die Kosten für die chemische Bekämpfung übersteigt. Bis zur Erreichung dieser Schadensschwelle werden die Schädlinge biologisch bekämpft.

Ein biologisches Selbstvernichtungsverfahren ist der Großeinsatz von herangezüchteten und durch Bestrahlung sterilisierten Männchen der Schadinsekten. Jedes von einem sterilen Männchen begattete Weibchen legt seine Eier unbefruchtet, also nicht entwicklungsfähig ab. Dadurch wird die Population drastisch vermindert. So verfährt man z.B. gegen die Schraubenwurmfliege, deren Made im südlichen Nordamerika unter der Haut der Rinder schmarotzt. Die Rinder leiden unter den Parasiten, der Fleischzuwachs geht zurück, und die Haut läßt sich nicht zu Leder verarbeiten, weil sie von den ausschlüpfenden Insekten durchlöchert wird.

Auch das folgende Verfahren zur Bekämpfung von Schadinsekten verspricht Erfolg: Besondere Duftdrüsen der Weibchen erzeugen artspezifische Signalduftstoffe (Pheromone). Schon in Nanogramm-Mengen locken diese die Männchen aus größeren Entfernungen an. Man kann nun reusenartige Insektenfallen mit den Duftstoffen bestimmter Schädlinge beködern und so die Männchen aus weitem Umkreis anlocken und fangen. Die Schädlingspopulation geht daraufhin stark zurück. Auf diese Weise werden z.B. Borkenkäfer bekämpft. Entsprechende Fallen wurden auch zur Bestimmung der Dichte einer Schädlingspopulation eingesetzt. Gegen Maikäfer-Engerlinge und Larven des Kartoffelkäfers hat man die Sporen gezüchteter parasitischer Pilze ausgesprüht. Die infizierten Larven wurden vom Pilz durchwuchert und gingen zugrunde. *Bacillus thuringiensis* wird eingesetzt z.B. gegen Raupen des Kohlweißlings, der Gespinstmotte und des Eichenwicklers. Der Giftstoff von *Bacillus thuringiensis* ist für Bienen ungefährlich. Er kann nach Übertragung des ihm zugrunde liegenden Gens durch die Gentechnologie (s. Genetik 10.3) auch von Pflanzen selbst gebildet werden. Diese werden dadurch gegen pflanzenfressende Insekten resistent. Zur Bekämpfung der Kaninchenplage in Australien verwendete man das *Myxomatose*-Virus, das bei Kaninchen eine tödlich verlaufende Krankheit erzeugt und durch stechende Insekten übertragen wird. Das europäische Kaninchen war 1788 mit den ersten Siedlern nach Australien gekommen, hatte sich dort mangels natürlicher Feinde massenhaft ausgebreitet und verursachte durch Auffressen der Feldkulturen verheerende Schäden. Man züchtete deshalb auf Hühnerembryonen das *Myxomatose*-Virus und ließ es durch künstlich infizierte Kaninchen in die Wildpopulation einschleppen. Die Bekämpfung 1950 bis 1952 war mit 90% Sterblichkeit ein durchschlagender Erfolg. Durch Überlebende, gegen das Virus immune Kaninchen erholten sich die Kaninchenbestände zwar wieder, aber nach Erreichen einer gewissen Populationsdichte breitete sich die Seuche erneut aus. Man beobachtete nämlich in den Folgegenerationen der immunen Kaninchen eine abnehmende Virusimmunität, andererseits aber bei den Viren auch eine abnehmende *Virulenz* (krankmachende Aktivität). Als Endzustand in Australien ist ein Wirt-Erreger-Gleichgewicht zwischen Kaninchen und Virus zu erwarten. Die Kaninchenpopulation wird dann kleiner sein als vor der Einführung des als regulierender Begrenzungsfaktor wirkenden Virus.

6.2 Die Bedrohung der Pflanzen- und Tierwelt durch Änderung von Biotopen

In einer ursprünglichen Landschaft bestehen zwischen den verschiedenen Biotopen gleitende Übergänge. Eine derartige **Vernetzung** von Biotopen beobachtet man z.B. beim Übergang des Biotops eines eutrophen Sees über einen Schilfröhricht-Biotop in einen Erlenbruchwald-Biotop. Solche ineinander übergehenden Biotope haben viele Organismenarten gemeinsam. Einige Arten nützen Übergangszonen (z.B. eine Gebüschnische) zum Wechsel zwischen zwei gleichartigen Biotopen (z.B. zwei Waldstücke). Der Verbund von Biotopen trägt wesentlich zur Stabilität des biologischen Gleichgewichts bei (s. 3.7). Eingriffe in die Landschaft wie z.B. beim Straßenbau, bei der Regulierung von Wasserläufen, bei der Flurbereinigung oder bei der Bebauung zerschneiden den Verbund der Lebensräume vieler Tier- und Pflanzenarten. Zugleich werden Teile der Biotope ganz vernichtet, so daß ursprüngliche Lebensräume heute auf kleine Reste geschrumpft sind. So gab es in Niedersachsen und in Schleswig-Holstein noch vor 100–200 Jahren 5000 ha große Moore, die heute infolge von Torfabbau, Entwässerung und Urbarmachung eine Fläche von nur 10–30 ha besitzen. Die etwa 10000 schutzwürdigen Biotope Schleswig-Holsteins sind durchschnittlich 5 ha groß. Diese Flecken sind in einer Landschaft zerstreut, die von 5000 km versiegelter Straßen durchzogen ist: Das Vernetzungssystem menschlicher Siedlungen zerschneidet den ursprünglichen Verbund von Biotopen und trägt mit dazu bei, daß Organismenarten aussterben.

Mit dem Aussterben einer Pflanzen- oder Tierart geht ein in seiner Eigenart einmaliger Organismus unwiederbringlich verloren. Sicher enthält ein Teil der verschwindenden Pflanzenarten auch Arzneistoffe oder sonstige, in ihrem Nutzen noch gar nicht erkannte Stoffe (s. Genetik 9.3). Außerdem ist unbekannt, wieviele Organismenarten ein Ökosystem verlieren kann, ohne sich tiefgreifend zu verändern. Jedes Aussterben einer Art bedeutet also eine nicht wieder gut zu machende Gefährdung ihres Ökosystems, denn dessen Stabilität nimmt dadurch ab. Die Auslöschung nur einer einzigen Pflanzenart kann eine Vielzahl weiterer Arten gefährden. So leben von der Ackerdistel, deren Bestand durch Herbizide dezimiert wird, etwa 100 Insektenarten. Von ihr ernähren sich auch Rebhuhn, Wachtel, Distelfink und indirekt insektenfressende Vögel. Die Verunreinigung des Wassers hat die Fischbestände stark dezimiert und wertvolle Speisefische stellenweise ganz ausgerottet. Wild, Igel und Vögel fallen dem Straßenverkehr zum Opfer. In Mitteleuropa sind in ihrer Existenz bedroht: 50% aller Säugetierarten, 35% der Vogelarten, 60% der Lurch- und Kriechtierarten, 30% der Fischarten, 30% der Großschmetterlingsarten sowie fast 40% der Arten von Blütenpflanzen und Farnen. Die Sorge um den Artentod war der Anlaß für die Aufstellung von *Roten Listen;* sie geben einen Überblick über den Grad der Gefährdung unserer Pflanzen- und Tierarten, und sie sind die Grundlage für Maßnahmen zum Schutz der gefährdeten Arten, der heute vor allem ein Schutz ihrer Biotope sein muß.

6.3 Biologische Folgen von Flußregulierung und Bachbegradigung

Da der Wildlauf des Rheins in der Oberrheinischen Tiefebene bis ins vorige Jahrhundert immer wieder schwere Überschwemmungen verursachte, begann man 1817 mit der Rheinkorrektion. Zwar erzielte man die beabsichtigte Vertiefung der Flußsohle, und die Hochwasser blieben aus; aber sehr rasch sank der Grundwasserspiegel bis zu sieben Metern ab, so daß große Teile der Rheinauewälder abstarben. Schließlich kam es sogar zur Versteppung von Ackerland. Zusätzliche Schäden durch weitere Grundwassersenkung entstanden mit dem Ausbau des Rheinseitenkanals;

*Abb.97.1: Natürlicher Zustand eines Fließgewässers und begradigter Lauf.
Natürlich: schlingenreicher Lauf, Gebüsch schützt und festigt die Ufer und bietet einer reichhaltigen Tierwelt Lebensmöglichkeiten, hohe selbstreinigende Kraft und Fischreichtum infolge langsamerer Flußgeschwindigkeit.
Begradigt: abnehmende Fähigkeit zur Selbstreinigung, Verlust der Uferbiotope.*

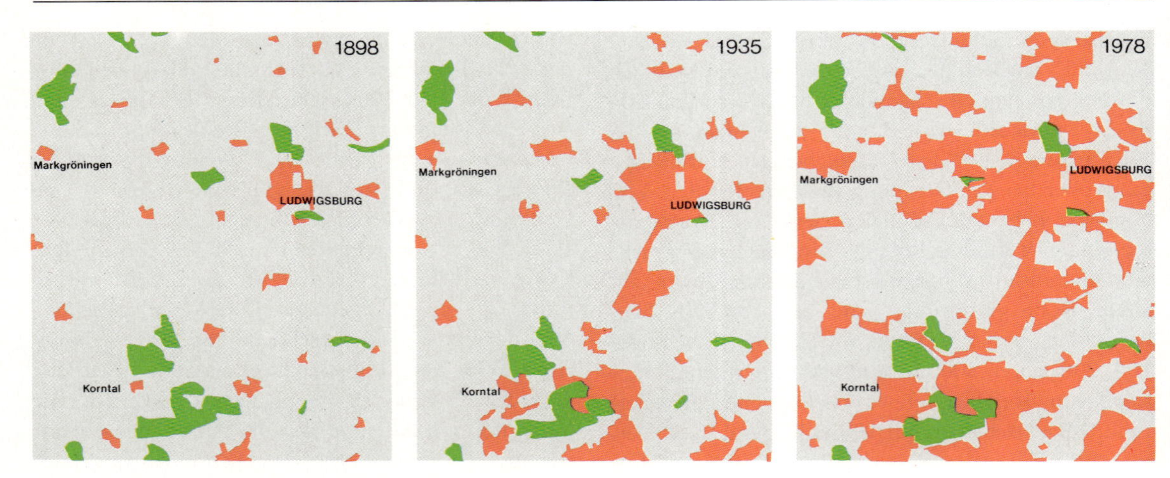

Abb.98.1: Zunahme des Siedlungsraumes im Norden von Stuttgart seit der Wende zum 20. Jahrhundert. Siedlungs- und Verkehrsflächen rot, Wald grün.

man versucht sie durch den Bau von Staustufen zu beheben oder wenigstens zu verringern. Ähnliche Folgen zeigte die Regulierung der Donau im Wiener Becken.

Trotz dieser warnenden Beispiele werden bis heute kleinere Flüsse begradigt, um verhältnismäßig kleine Flächen, wie etwa die Wiesen der Talauen, hochwasserfrei zu machen. Abgesehen von der Vernichtung wertvoller naturnaher Ufer-Biotope (s. Abb. 97.1) hat diese Maßnahme einen rascheren Abfluß des Niederschlags zur Folge, der im Unterlauf zu erhöhter Hochwassergefahr führt. Daher macht die Begradigung nach einiger Zeit den Bau von zahlreichen Staubecken im Ober- und Mittellauf erforderlich. Im Staubereich ist jedoch infolge geringerer Strömung der Sauerstoffgehalt erniedrigt und die Selbstreinigung erschwert.

6.4 Umweltbelastung

6.4.1 Die Belastung des Bodens

Seit 1981 wurden in der Bundesrepublik Deutschland jährlich im Durchschnitt 44 000 ha Landschaft mit Wohnhäusern, Industrieanlagen und Gewerbebetrieben bebaut bzw. für die Neuanlage oder Verbreiterung von Verkehrswegen genutzt (s. Abb. 98.1). Das entspricht einem Landschaftsverbrauch von 216 Fußballfeldern pro Arbeitstag. Dieser geht vor allem zu Lasten landwirtschaftlicher Nutzflächen, aber auch von naturnahen Biotopen wie Heide, Moor und Ödland.

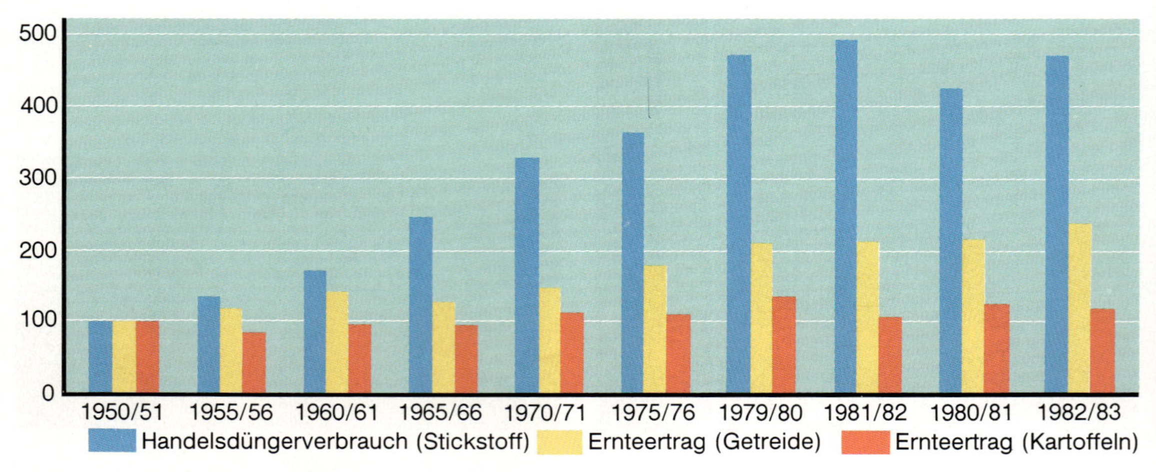

Abb.98.2: Verbrauch an Handelsdünger (Stickstoff) in der Landwirtschaft im Verhältnis zu den erzielten Ernteerträgen bei Getreide und Kartoffeln. Der Düngerverbrauch von 25,6 kg je Hektar im Jahre 1950 sowie der Ernteertrag von 23,2 dt Getreide und 244,9 dt Kartoffeln je Hektar im selben Jahr wurden gleich 100 gesetzt.

Mit der Versiegelung des Bodens nimmt die Belastung der angrenzenden Areale zu. So können Schadstoffe aus Kraftfahrzeugen (z.B. Kohlenstoffmonooxid, Stickoxide, Ölreste, Reifenabrieb) noch in einer Entfernung von 100 m vom Straßenrand den Boden merklich belasten. Auch beeinflußt die relativ starke Erwärmung der dunklen Teerstraßen bei Sonneneinstrahlung das Kleinklima am Boden bis auf eine Entfernung von 40 m. Die Belastung der Straßenrandzonen steigt mit der Dichte des Verkehrs.

Etwa die Hälfte der Fläche der Bundesrepublik wird landwirtschaftlich genutzt. In einigen Regionen (z.B. in Ostholstein, südlich von Hannover, am Niederrhein, an der Donau, in Niederbayern) ist die Intensität der Bodenbewirtschaftung besonders hoch. Dort hat die Spezialisierung der Betriebe deutlich zugenommen, werden mehr Handelsdünger und Pflanzenschutzmittel verwendet. Für die letzten 10% Ertragssteigerung müssen 40% mehr Düngemittel eingesetzt werden (Abb. 98.2)! Zwar schädigen hohe Düngemittelgaben den Boden nicht direkt, mit einigen Phosphatdüngern wird allerdings Cadmium in geringen Mengen verstreut, das sich im Boden anreichert. Überschüssige Düngemittel können aber mit dem Regenwasser ins Grundwasser gelangen und das Trinkwasser verseuchen. Wildpflanzen, die an nährstoffarme Böden angepaßt sind, wird durch Überdüngung die Lebensgrundlage entzogen. Der Einsatz von Herbiziden trägt allgemein zum Rückgang von Wildkräutern bei.

Die meisten Pflanzenbehandlungsmittel werden im Boden schnell abgebaut, wobei Mikroorganismen eine wichtige Rolle spielen. Manche der Abbauprodukte werden allerdings fest an Bodenteilchen gebunden. Das Risiko dieser Rückstände ist schwierig abzuschätzen. Ein Teil der Mittel ist nur schwer abbaubar und wurde mittlerweile bereits im Grundwasser gefunden.

In Gegenden, in denen einer großen Anzahl von Masttieren nur eine verhältnismäßig geringe Anbaufläche gegenübersteht, werden die Böden durch die anfallenden Exkremente erheblich belastet. Rindermast, die sich vorwiegend auf Silomais stützt, begünstigt überdies die Bodenerosion. Junge Maispflanzen wachsen in relativ großen Abständen voneinander heran, so daß die Ackerkrume lange Zeit Wind und Wetter direkt ausgesetzt bleibt. Boden kann dann leicht fortgeschwemmt oder weggeblasen werden. Der Verlust ist praktisch unersetzlich, weil die Neubildung durch Verwitterung des Grundgesteins viel langsamer erfolgt (vgl. Abb. 100.1).

Auf großen, gleichartig bewirtschafteten Flächen lassen sich die Maschinen des Landwirts rationeller

Abb. 99.1: Ausgeräumte Landschaft zur Verbesserung der maschinellen Bearbeitung. Der Wind trocknet den Boden aus, verhindert Taubildung und verweht den Humus.

Abb. 99.2: Naturnahe Landschaft als Mosaik aus Monokulturen und dazwischenliegenden Biotopen mit artenreichen Lebensgemeinschaften, z.B. schlingenreicher Bachlauf, Auen, Hecken, Sumpfwiesen.

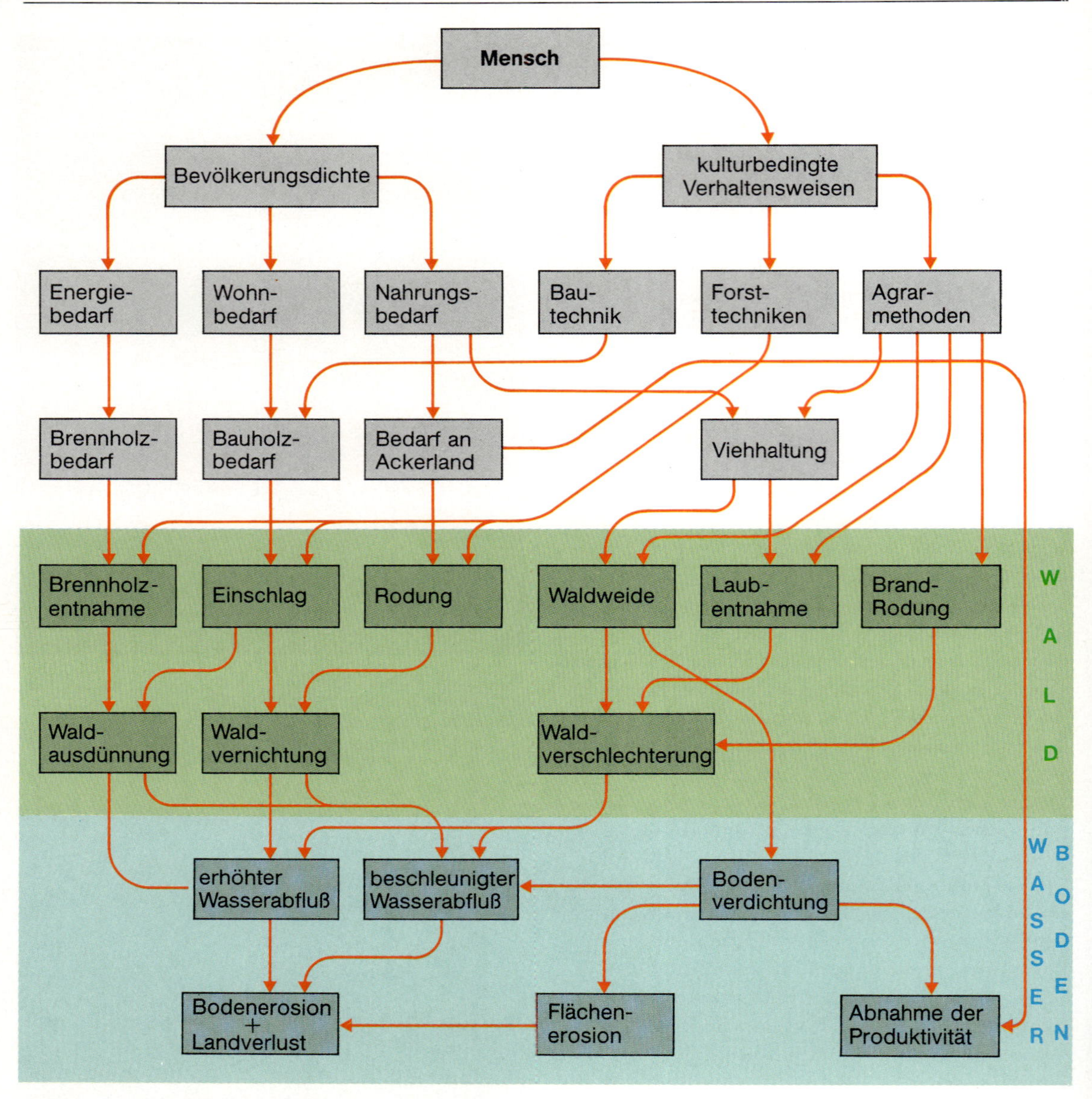

Abb. 100.1: Verkettung vielfältiger Ursachen bei der durch den Menschen bewirkten Erosion, früher im Mittelmeergebiet, heute in Entwicklungsländern.

einsetzen als auf kleinen Parzellen. Auch einheitlich große Felder, gerade Feldränder und parallele Ackergrenzen dienen der Wirtschaftlichkeit der Produktion (s. Abb. 99.1 und 99.2). Solchen Rationalisierungsmaßnahmen fallen oft Hecken, Raine, Feldgehölze, Böschungen, Anbauterrassen zum Opfer. Dadurch geht nicht nur der Verbund verschiedenartiger Biotope verloren, die Feldflur wird auch stärker der Erosion ausgesetzt. Die Terrassen (z. B. in den Weinbaugebieten) hatten das Hanggefälle und damit das Abschwemmen von Boden verringert, die Schutzhecken den abgespülten Boden aufgefangen und die Wirkung des Windes vermindert. Auch ebene, weiträumig gleichartig bewirtschaftete und vor dem Wachstum der Feldfrucht bloßliegende Ackerflächen sind ungeschützt dem Bodenabtrag durch Wasser und Wind ausgeliefert. Dabei wird gerade die wertvolle oberste Bodenschicht (s. Abb. 86.1), der humushaltige, belebte Mutterboden, weggeführt; die Folge ist eine Ertragsminderung.

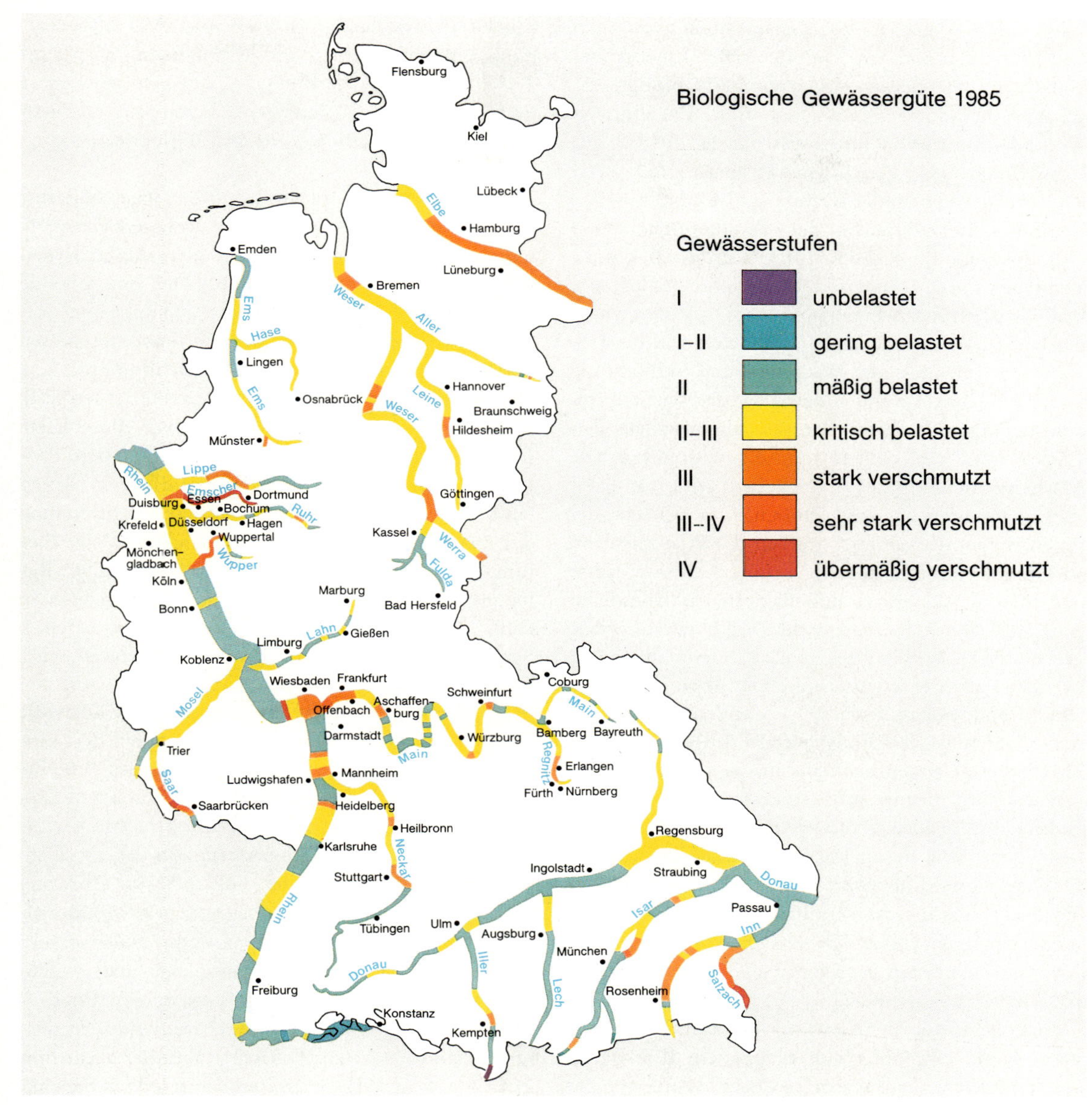

Abb. 101.1: Auszug aus der Gewässergütekarte der Bundesrepublik Deutschland 1985. Nicht erfaßt wird die Vergiftung der Flüsse durch Ablagerungen schwermetallhaltiger Schlämme.

Ein ernstes Problem stellt heute auch die Belastung des Bodens mit Umweltchemikalien, u.a. mit Schwermetallen, dar (s. 6.4.7).

6.4.2 Die Belastung des Wassers

Wie im Abschnitt 4.1 ausgeführt, besitzen Gewässer die Fähigkeit zur biologischen Selbstreinigung. Bei Zufuhr organischer Schmutzstoffe durch Abwasser vermehren sich die Destruenten im Wasser (Bakterien, Urtierchen, Insektenlarven und Würmer) so stark, daß diese Stoffe verhältnismäßig rasch abgebaut werden. Allerdings verbrauchen die Destruenten dabei viel Sauerstoff.

Heute sind viele Flüsse und Seen durch *Fremdstoffe* verschiedener Qualität verschmutzt (Abb. 101.1). Fäkalien und Speisereste können von Bakterien abgebaut werden. Mäßig abbaubare Verunreinigungen (z. B. Waschmittel, Emulgatoren) stammen aus der Industrie und aus Haushalten. Nicht abbaubar sind

Schwermetalle wie sie aus Galvanisierungsanstalten und Beizereien anfallen. Vor allem Blei, Quecksilber und Cadmium reichern sich über die Nahrungskette an. Von besonderer Beständigkeit in der Umwelt sind auch chlorierte Kohlenwasserstoffe, die z.B. zur Herstellung von Pestiziden, Lösungsmitteln und Kunststoffen verwendet werden (s. 6.4.7).

Eine weitere Ursache der Verunreinigung von Grundwasser, Wasserläufen und Seen ist der hohe Verbrauch von Düngemitteln zur Steigerung der landwirtschaftlichen Erzeugung. Durch Auswaschung des Mineraldüngers gelangen Teile davon in die Gewässer und begünstigen Wachstum und Vermehrung von Phytoplankton und anderen Wasserpflanzen. Aus dem ursprünglich nährstoffarmen (oligotrophen) Gewässer wird ein nährstoffreiches (eutrophes). Die Massenvermehrung der Algen äußert sich oft in einer starken Grünfärbung und Trübung des Wassers, der sogenannten Wasserblüte. Sterben die Pflanzen dann ab, mindern die erhöhten aeroben Abbauprozesse den für die Wassertiere und Bakterien notwendigen Sauerstoff. Eutrophierend wirkende Phosphate gelangen durch Waschmittel sowie durch menschliche und tierische Ausscheidungen in die Gewässer. Die in der Land- und Forstwirtschaft verwendeten Insekten- und Unkrautbekämpfungsmittel (Insektizide und Herbizide) gelangen ebenfalls in die Gewässer, wirken auf Organismen giftig und erreichen über die Nahrungskette auch den Menschen (vgl. Abb. 107.1). Leitet man Wasser mit hohem Nährsalzgehalt in einen See, so wird der See immer stärker eutroph. Um die Eutrophierung zu vermindern, werden Ringabwasserleitungen gebaut. Diese sammeln das geklärte Abwasser und leiten es in den Fluß, der aus dem See abfließt.

Eine Belastung der Gewässer (s. auch Abb. 103.1) ist auch die Einleitung von erwärmtem Kühlwasser aus den Kraftwerken. Warmes Wasser nimmt weniger Sauerstoff auf; zudem beschleunigt es die Vermehrung der Bakterien vor allem in den Sommermonaten so stark, daß der noch vorhandene Sauerstoff zu schnell verbraucht wird. Die thermische Belastung mindert die biologische Selbstreinigungskraft der Gewässer.

Neuerdings hat die *Biotechnologie* Verfahren zur Beseitigung von Schadstoffen gefunden, z.B. erdölfressende Bakterien und solche mit künstlich veränderten Eigenschaften zum Abbau von Phenol und Plastik-Stoffen (s. Genetik 10.3).

Das Einleiten von Fremd- und Schadstoffen aus Haushalt, Industrie und Gewerbe hat unsere Gewässer in so hohem Maße verunreinigt, daß die biologische Selbstreinigungskraft infolge des eintretenden Sauerstoffmangels überschritten wird. Was die Selbstreinigungskraft nicht mehr leisten kann, wird zum Teil in aufwendigen Reinigungsanlagen vorweggenommen. Diese Kläranlagen ahmen auf kleinem Raum den natürlichen Reinigungsvorgang nach (Abb. 103.2).

Das Abwasser wird in der Kläranlage zunächst durch Grob- und Feinrechen von gröberen Verunreinigungen befreit. Im anschließenden Absetzbecken setzen sich Schwebestoffe ab. Der entstehende Schlamm wird in einen Faulraum gepumpt und dort einer Methangärung unterworfen. Das mechanisch vorgeklärte Abwasser gelangt in Belüftungsbecken. Dort wird es entweder über große Oberflächen (z.B. Koks) verrieselt, oder es wird direkt Luft eingeblasen. Dabei entstehen Schlammflocken aus Bakterien, Protozoen und organischen Schmutzstoffen, in denen ein intensiver Abbau stattfindet. Diese Intensivierung des Schmutzabbaus durch Luftzufuhr und Anreicherung aerober Kleinlebewesen bezeichnet man als Belebungsverfahren. Die entstandenen Flocken werden dann im Nachklärbecken abgeschieden, dessen Schlamm ebenfalls in den Faulraum gepumpt wird. Das jetzt geklärte Abwasser wird in einen Vorfluter (Bach, Fluß) geleitet. Es enthält allerdings noch die ursprünglich vorhandenen sowie die durch den biologischen Abbau entstandenen Mineralsalze. Um eine Überdüngung (Eutrophierung) der natürlichen Gewässer zu vermeiden, wird häufig noch eine chemische Reinigungsstufe nachgeschaltet, in der vor allem Phosphate entfernt werden. Giftstoffe im Abwasser schädigen die in der Kläranlage tätigen Mikroorganismen und setzen deren Reinigungswirkung erheblich herab. Den Abwasserschlamm läßt man ausfaulen. Die bakterielle Zersetzung kann eine Selbsterhitzung bis 70 °C verursachen; dabei werden Infektionserreger und die Eier parasitischer Würmer vernichtet. Häufig enthält der Abwasserschlamm jedoch bedenkliche Mengen an Cadmium, Blei, Quecksilber oder anderen Giften: Er ist dann als Dünger nicht verwendbar.

Gewässerverschmutzung und Infektionsgefahr. Alle Abwässer mit menschlichen oder tierischen Ausscheidungen sind infektiös – auch dann, wenn sie die Reinigungsstufen üblicher Kläranlagen durchlaufen. Außer krankheitserregenden Bakterien und Viren können sich darin auch Eier von Spulwurm, Peitschenwurm und Bandwurm befinden. Bäche und Flüsse, in die solche Gewässer gelangen, sind also seuchengefährlich. Dies schließt nicht nur das Baden darin aus, sondern auch die Verwendung des Wassers zur Fischzucht oder zur Bewässerung.

Die Überlebensdauer von Infektionserregern in Freilandgewässern hängt von der Temperatur, der Besonnung, dem Sauerstoffgehalt und dem Einfluß anderer Wasserorga-

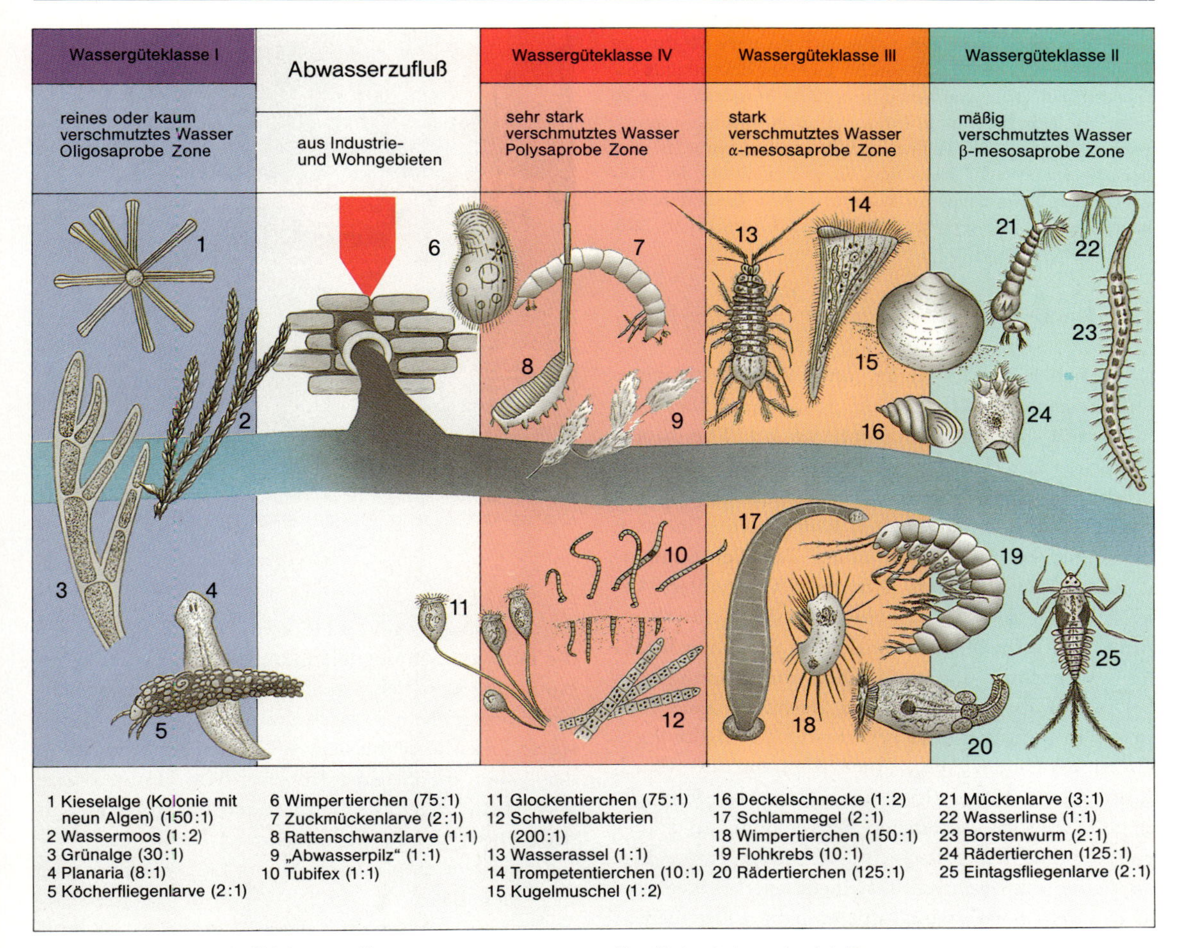

Abb. 103.1: Auswirkungen der Einleitung von Abwasser in ein Fließgewässer. Die Verschmutzung nimmt durch Selbstreinigung und Verdünnung allmählich ab.

Verschieden stark verschmutzte Zonen enthalten kennzeichnende Organismenarten (Saprobien). Sie lassen den Grad der Verschmutzung und damit die Wassergüte erkennen (biologische Wasseranalyse).

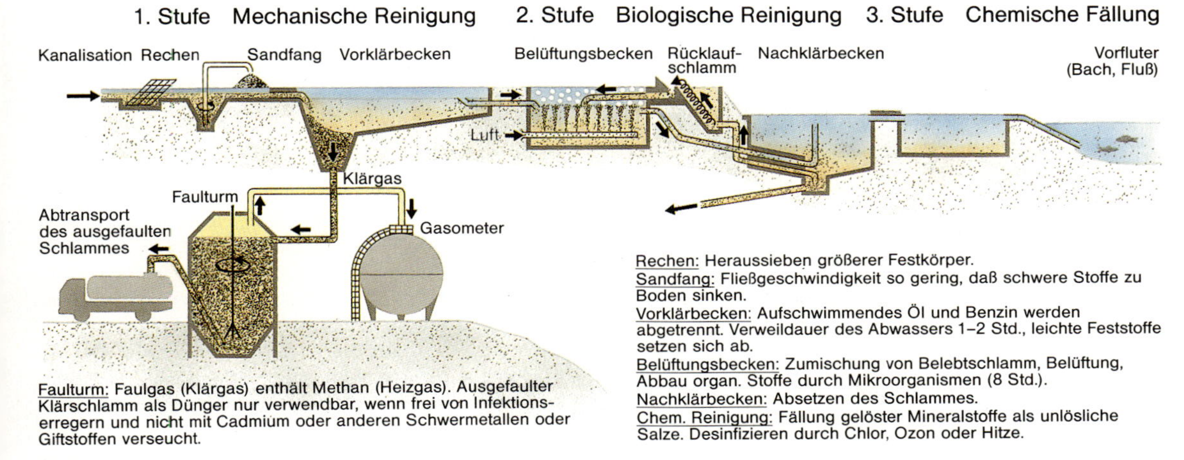

Abb. 103.2: Schema einer Kläranlage

nismen ab. Manche Erreger halten sich mehrere Monate im Wasser. Nicht jede Infektion führt zu einer Erkrankung. Sie tritt erst dann auf, wenn eine bestimmte Mindestmenge an Erregern – die minimale Infektionsdosis – aufgenommen wird. Sie beträgt bei Typhus und Paratyphus etwa 10^5 und bei Cholera etwa 10^8 Bakterien. Eine Vernichtung der Erreger in den Kläranlagen ist nur durch eine besondere Behandlung des Wassers mit Hitze oder Chemikalien (z.B. Chlor, Ozon) möglich.

6.4.3 Die Belastung der Luft

Der Mensch macht täglich etwa 26000 Atemzüge. Dies zeigt augenfällig, welche große gesundheitliche Bedeutung die Luftverschmutzung hat. Die hauptsächlichen Luftverunreiniger sind der Verkehr, die Industrie, die Kraftwerke und die Haushaltheizung.

Die über Ballungsgebieten häufig sich bildenden Dunstglocken absorbieren einen Teil der Sonnenstrahlung und besonders stark deren Ultraviolett-Anteil. Mangel an UV-Strahlen führt durch Herabsetzung ihrer keimtötenden Wirkung zu erhöhter Infektionsgefährdung und setzt auch die Bildung von Vitamin D in der Haut herab. Besonders gefährlich ist der in industrie- und verkehrsreichen Ballungsgebieten drohende *Smog*, eine Mischung aus Rauch (smoke) und Nebel (fog). Smog kann bei winterlichen Hochdruckwetterlagen auftreten, wenn entgegen der üblichen Luftschichtung leichte warme Luft über einer schweren Kaltluftschicht lagert (Inversion), so daß kein Luftaustausch mit höheren Luftschichten stattfinden kann. Dann reichern sich bei längerer Dauer der Inversionswetterlage die Schadstoffe der Abgase aus Autos, Heizungen und Industriekaminen in gesundheitsgefährdenden Konzentrationen an. Zugleich ist in den betroffenen Gebieten die Sterblichkeit an Herz-, Kreislauf- und Atmungserkrankungen erhöht. Ein Überschreiten des für einen Schadstoff festgelegten Grenzwertes in der Luft führt deshalb zu »Smogalarm«: Je nach Stärke des Smogs werden der Autoverkehr und die Industrieproduktion für die Dauer der ungünstigen Wetterlage eingeschränkt oder verboten. Die in Smog-Phasen vorherrschenden Schadstoffe sind bei uns SO_2 und Schwebstaub.

Sehr stark ist die Gesundheit durch Tabakrauch in der Atemluft gefährdet; er schädigt auch den, der selbst nicht raucht (s. auch S. 184).

Die Luftverschmutzung muß am Ort des Entstehens bekämpft werden: Entgiften der Motorenabgase durch Einbau von Katalysatoren unter Verwendung von bleifreiem Benzin (s. Abb. 104.1), Kontrolle und Verbesserung der Verbrennungsvorgänge in den Heizungsanlagen, Filtereinrichtungen zum Auffangen von Stäuben und schädlichen Abgasen der Industrie.

Abb. 104.1: Die Konzentration der Luftverunreinigungen ist am stärksten in »Kinderhöhe« (g/t = Gramm pro Tonne Luft).

Schutzpflanzungen von Hecken und Gehölzen filtern die Luft von Schmutzteilchen (Abb. 105.1). Einer Ansammlung von Schadstoffen in der Luft des Stadtkerns begegnet man durch von der Bebauung ausgesparte Frischluftschneisen. Aus hohen Kaminen führt der Wind die Schadstoffe zwar vom Emissionsort weg, doch gehen sie dann andernorts mit Niederschlägen wieder zur Erde nieder.

Besonders empfindlich gegen Luftverschmutzung sind auch Bäume (s. 4.4.3). Wegen der weiten Verfrachtung der Schadstoffe durch Windströmung müssen sich alle Länder an der Beseitigung der Luftverschmutzung beteiligen.

Im folgenden einige Angaben über Herkunft und Wirkung wichtiger Schadstoffe in der Luft:

Schwefeldioxid (SO_2) entsteht bei der Verbrennung von Kohle und Erdöl. Durch Oxidation von S zu SO_2 und SO_3 bildet sich mit dem Wasserdampf der Luft Schwefelsäure, die mit dem Regen niederfällt (Saurer Regen):

$$2\,SO_2 + O_2 + 2\,H_2O \rightarrow 2\,H_2SO_4$$

$$H_2SO_4 + CaCO_3 \rightarrow CaSO_4 + H_2O + CO_2$$

Die Schwefelsäure setzt Kalk in Mauersteinen und Putz zu Gips um, der ein größeres Volumen beansprucht und sich leichter in Wasser löst als Kalk. Dies führt zu Zersetzung von Steinen und Mauerwerk (Abb. 105.2) (z.B. Kölner Dom, Akropolis von Athen). Die Schwefelsäure zersetzt auch Metallteile.

Kohlenstoffmonooxid (CO) entsteht bei unvollständiger Verbrennung in Kraftfahrzeugen und Heizungen. Es verbindet sich mit Hämoglobin und blockiert den Sauerstoff-Transport, deshalb schon bei geringen Konzentrationen Beeinträchtigung der Organfunktionen.

Stickstoffoxide (NO, NO_2) entstehen bei allen Verbrennungsvorgängen, hauptsächlich beim Kraftfahrzeugverkehr

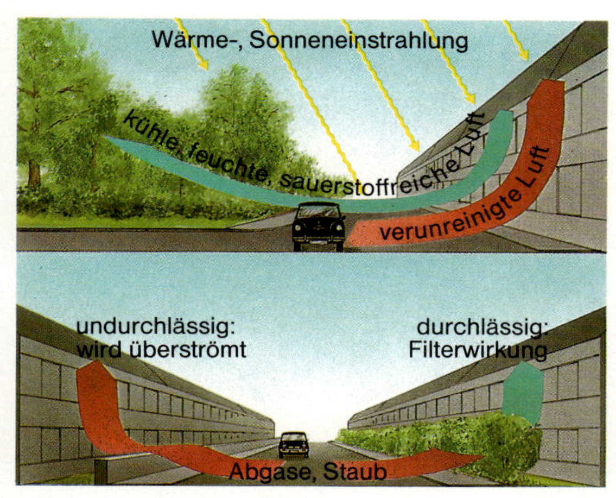

Abb. 105.1: Die günstige Wirkung von Grünanlagen im Stadtgebiet. Bäume, Sträucher und Grasflächen reinigen die Luft von Staubteilchen und schädlichen Abgasen, dämpfen den Lärm, entnehmen der Luft durch Photosynthese CO_2 und geben O_2 zurück. Die Wasserverdunstung der Pflanzen feuchtet die Luft an. An heißen, windstillen Tagen entsteht durch die Grünanlagen eine Luftzirkulation, die verunreinigte Luft aus den Häusermassen abführt und Frischluft zuführt. Eine Schutzhecke zwischen Häusern und Straße filtert einen beträchtlichen Teil der Staubteilchen (Bleistaub, Gummiabrieb) vom Straßenverkehr aus. Die im Laub gebundenen Schadstoffe gelangen durch Regen und Laubfall ins Erdreich. Eine kompakte Mauer wird dagegen von der Schadstoffe führenden Luft einfach überströmt.

Abb. 105.2: Aufnahmen von derselben Figur aus Sandstein (Esslinger Frauenkirche) aus den Jahren 1880 (links) und 1980 (rechts). Die Fotografie zeigt eine schwere Beschädigung des Kunstwerkes, die auf die Wirkung von Schadstoffen in der Luft zurückgeht.

(vgl. Abb. 112.1) und beim Heizen, wirken oxidierend und können mit Wasserdampf Salpetersäure bilden. Stickoxide schädigen die Atmungsorgane, sind Nervengifte und tragen zum Waldsterben bei.

Stäube entstehen aus Flugasche der Kamine oder bei industrieller Verarbeitung von Stoffen. Sie enthalten giftige Metalle (Quecksilber, Cadmium, Blei), Ruß, Gummiabrieb, Asbest u.a., schädigen Augen, Atmungsorgane (Staublunge, Krebsgefahr) und Haut (Ausschläge).

Kohlenwasserstoffe (z.B. Benzpyren, Dioxine) entstehen bei unvollständiger Verbrennung in Kraftfahrzeugen und Heizungen oder als chemische Zwischenverbindungen. Sie können Erbschäden und Krebs erzeugen.

Chlor-Fluorkohlenwasserstoffe werden als Treibmittel in Sprühdosen verwendet. Sie tragen zur Schädigung der Ozonschicht der oberen Atmosphäre bei, welche die von der Sonne kommende schädliche UV-Strahlung größtenteils von der Erde abhält. Über der Antarktis bildet sich im Frühjahr aufgrund der Zerstörung der Ozonschicht nun regelmäßig ein offenes »UV-Fenster« (Ozon-Loch).

Schwefeldioxid, Stickstoffoxide und Stäube mindern die Produktionsleistung von Nutztieren sowie den Zuwachs bei Pflanzen und erhöhen deren Anfälligkeit gegen Schädlinge und Frost. Vor allem die Schadgase werden von den vorherrschenden Luftströmungen oft Hunderte, ja, Tausende von Kilometern weit verfrachtet. So ist jeden Winter in der Arktisluft eine hohe Schwefeldioxid-Menge nachweisbar, die von den Industriezentren Nordamerikas und Japans stammt. Saure Niederschläge (z.B. in Skandinavien und Mitteleuropa) säuern den Boden und das Wasser der Seen in den Grundgebirgsregionen an, soweit dort der Kalk zur Neutralisierung fehlt.

Kohlenstoffdioxid-Anreicherung in der Atmosphäre. Der Kohlenstoffdioxid-Gehalt der Atmosphäre hat sich im letzten Jahrhundert von 0,029% auf gegenwärtig 0,033% erhöht und steigt weiter an. Eine der Ursachen ist die Verbrennung von Kohle, Erdöl und Erdgas. Diese Energieträger sind im Verlauf der Erdgeschichte in einem Zeitraum von mehr als 500 Millionen Jahren aufgrund der Photosynthese entstanden. Nun verbraucht sie der Mensch in wenigen hundert Jahren. Für den Kohlenstoffdioxid-Anstieg mit verantwortlich ist auch die weltweite Abholzung großer Waldgebiete. Wälder nehmen durch Photosynthese viel Kohlenstoffdioxid aus der Luft und legen es in der Biomasse der Vegetation, aber auch des Bodenhumus fest. Daher enthalten Wälder etwa 90% des gesamten Kohlenstoffs der Vegetation unserer Erde. Seit 1950 werden im Durchschnitt jährlich fast 1% der riesigen tropischen Wälder geschlagen. An die Stelle des langzeitigen Kohlenstoff-Speichers Wald treten landwirtschaftlich genutzte Gebiete. Die Photosynthese der Nutzpflanzen und damit die in ihnen gebundene Menge Kohlenstoffdioxid ist weit geringer als diejenige der Wälder.

Kohlenstoffdioxid läßt zwar die von der Sonne kommende kürzerwellige Strahlung (Licht) durch, hält jedoch die von der Erde reflektierte Wärmestrahlung in der Atmo-

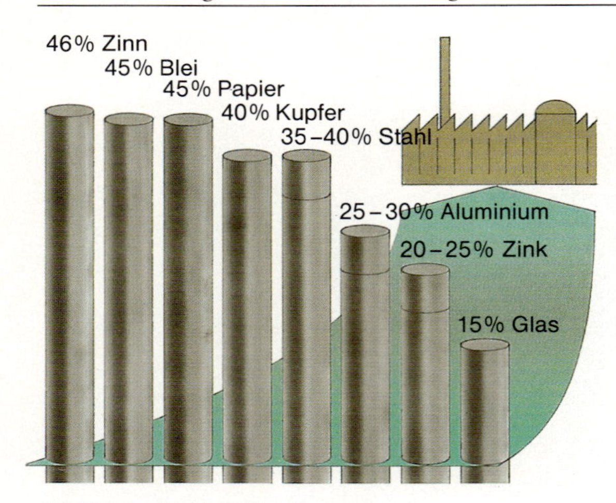

Abb. 106.1: Anteil der im Abfall enthaltenen Rohstoffe, der sich wiedergewinnen und in den Produktionsprozeß zurückführen läßt.

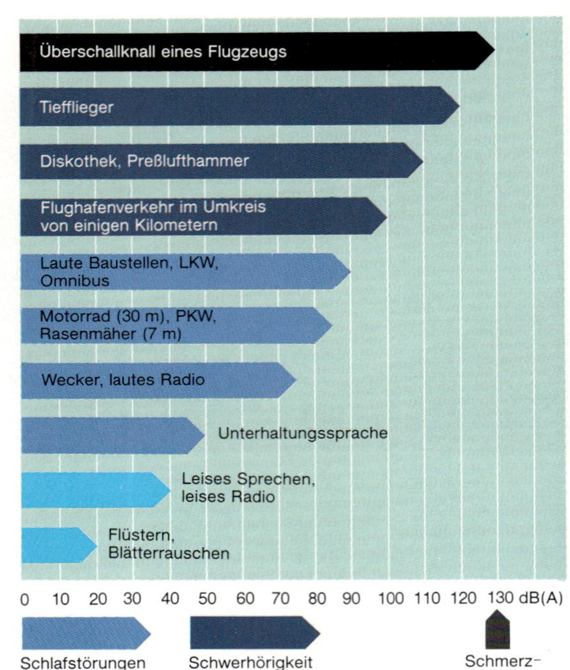

Abb. 106.2: Schallstärke von Alltagsgeräuschen in dB (A). Ein Dezibel (dB) ist der zehnte Teil eines Bel (nach dem Erfinder Bell) und ein akustisches Maß (A) für die Schallstärke. Jede Zunahme um 10 dB (A) entspricht einer Verdoppelung der Lautstärke.

sphäre zurück. Die Wirkung ist also ähnlich wie bei einem Treibhausglas. Man befürchtet eine Erwärmung der Erde mit noch unklaren klimatischen Folgen (möglicherweise Ausdehnung der Trockengebiete und Rückgang der landwirtschaftlich nutzbaren Gebiete, Anstieg des Meeresspiegels).

6.4.4 Die Belastung durch Müll (feste Abfälle)

In der Bundesrepublik Deutschland fallen jährlich ca. 1300 kg Müll pro Einwohner an (z.B. Hausmüll, Sperrmüll, Straßenkehricht, Autowracks, Altreifen, Bauschutt, Industriemüll). Bei seiner Beseitigung muß die Belastung der Umwelt so gering gehalten werden wie dies technisch möglich ist. Drei Wege der Müllbeseitigung werden heute beschritten:

1. Die wichtigste Entsorgungsmethode ist die Ablagerung in einer geordneten Deponie, welche die Umgegend nicht belästigt und wo durch Abdichtung des Untergrunds und Reinigung des ablaufenden Wassers dafür gesorgt ist, daß das Grundwasser nicht verschmutzt wird.
2. Die Müllkompostierung zur Humusgewinnung spielt eine untergeordnete Rolle. Nach dieser Methode wird Hausmüll von 2,5 Millionen Einwohnern (4%) entsorgt. Wegen des Gehaltes an unerwünschten bzw. schädlichen Stoffen (z.B. Glas, Plastik, Schwermetalle) ist der Absatz der Komposte erschwert. Künftig soll die Kompostqualität dadurch verbessert werden, daß nur spezielle Abfallstoffe entsorgt werden, z.B. organische Küchenabfälle.
3. Die Müllverbrennung und Lagerung der Verbrennungsrückstände in einer geordneten Deponie. Verbrannt werden auch Sonderabfälle, das sind gesundheitsschädliche oder in der Natur nicht abbaubare Abfälle (z.B. Altöl, Altreifen, Giftstoffe, Tierkörper). Jährlich wird der Hausmüll von 21 Millionen Einwohnern (37%) verbrannt. In großen Städten liefert die Müllverbrennung immerhin 10–17% des Stroms, der von privaten Haushalten verbraucht wird.

6.4.5 Abfallverwertung (Recycling)

Bei der Herstellung und beim Verbrauch von Waren wird kein dazu verwendeter Grundstoff (z.B. Metall, Glas, Papier) vernichtet. Das ursprünglich eingesetzte Material muß sich in den Abfällen wiederfinden, die bei der Herstellung und beim Verbrauch der Güter anfallen. Es ist deshalb eine wichtige Aufgabe der Technik, die verwendeten Rohstoffe aus den Abfällen zurückzugewinnen, um die begrenzten Naturreserven zu schonen. Man bezeichnet die Abfallverwertung und die Wiederverwendung der darin enthaltenen Grundstoffe als *Recycling* (s. Abb. 106.1). Allerdings läßt sich nur ein Teil des Abfalls mit vertretbarem Aufwand an Zeit und Kosten wieder aufbereiten.

Sieht man von Bauschutt und Boden ab, so handelt es sich gegenwärtig um rund ein Drittel des Abfalls (etwa 25 Millionen Tonnen pro Jahr). Das ideale Ziel der Abfallbeseitigung, nämlich die Entwicklung geschlossener Rohstoff-Kreisläufe ähnlich den natürlichen Stoffkreisläufen, ist nicht erreichbar.

6.4.6 Die Belastung durch Lärm

Lärm ist eine Folge der Bevölkerungsverdichtung und der fortschreitenden Technisierung (Verkehr, Maschinen). Ob die Stärke der Geräusche störend, also als »Lärm« empfunden wird, ist individuell verschieden; es hängt von Lebensalter, Gesundheitszustand, abstumpfender Gewöhnung oder zunehmender Empfindlichkeit ab. Von Bedeutung für die Geräuschempfindlichkeit ist auch die innere Einstellung zur Geräuschquelle. Von anderen verursachte Geräusche stören mehr als selbsterzeugte; Naturgeräusche (Wind, Regen, Vogelgezwitscher) stören weniger als Motorengeräusche. Messen läßt sich nicht die subjektive Empfindung »Lärm«, sondern nur der Druck der Schallschwingungen. Doch gibt Abb. 106.2 an, von welcher Lautstärke ab der Schalldruck Gesundheitsschäden befürchten läßt. Maßnahmen gegen Lärm liegen deshalb im Interesse der Gesundheit aller. Solche sind: Konstruktion leiser Motoren und Maschinen, Geräuschdämmung in Betrieben, Lärmschutzwälle vor Hauptverkehrsstraßen. Jeder Lärmerzeuger (durch Rundfunkgeräte und Musikinstrumente, Haus- und Gartengeräte, Motorfahrzeuge und Baumaschinen) sollte sich bewußt sein, daß er auch Lärmbetroffener ist.

6.4.7 Belastung durch schädliche Stoffe in der Umwelt

Die Industrie erzeugt eine Fülle chemischer Verbindungen, die in der Technik, im Haushalt, in der Landwirtschaft oder in der Medizin Verwendung finden (z.B. Lacke, Farben, Konservierungsmittel, Arzneimittel, Schädlingsbekämpfungsmittel, Zusätze zur Behandlung von Holz, Papier, Kunststoffen, Metallen, Leder, Baustoffen). Mit dem Abfall gelangen solche Stoffe auch in die Umwelt, man nennt sie daher »Umweltchemikalien«. Werden sie nicht in Boden und Wasser zersetzt, nehmen Pflanzen und Tiere sie auf (z.B. Schwermetalle). So gelangen sie mit der Nahrung und dem Trinkwasser unbeabsichtigt und durchaus unerwünscht auch in den menschlichen Körper (Abb. 107.1). Hier reichern sie sich an, bis schließlich Gesundheitsschäden auftreten. Die Konzentrationen chlorierter Kohlenwasserstoffe (vgl. 6.4.2) in der Muttermilch überschreiten bei einer verhältnismäßig großen Zahl von stillenden Frauen die zulässigen Höchstmengen für Trinkmilch, so daß heute empfohlen wird, die Stillzeit auf vier Monate zu begrenzen. Gesetzliche Bestimmungen legen die Höchstmengen fest, die für Umweltchemikalien als noch nicht gesundheitsgefährlich gelten. Allerdings ist es schwierig, ihre Giftigkeit oder krebserregende Wirkung festzustellen. Man prüft sie an Versuchstieren. Weil aber Giftigkeit und Toleranzdosis artspezifisch sind, liefern die Ergebnisse nur Hinweise und keine genauen Angaben über die für Menschen maximal verträgliche Menge solcher Stoffe: Möglicherweise liegt die verträgliche Menge auch sehr viel

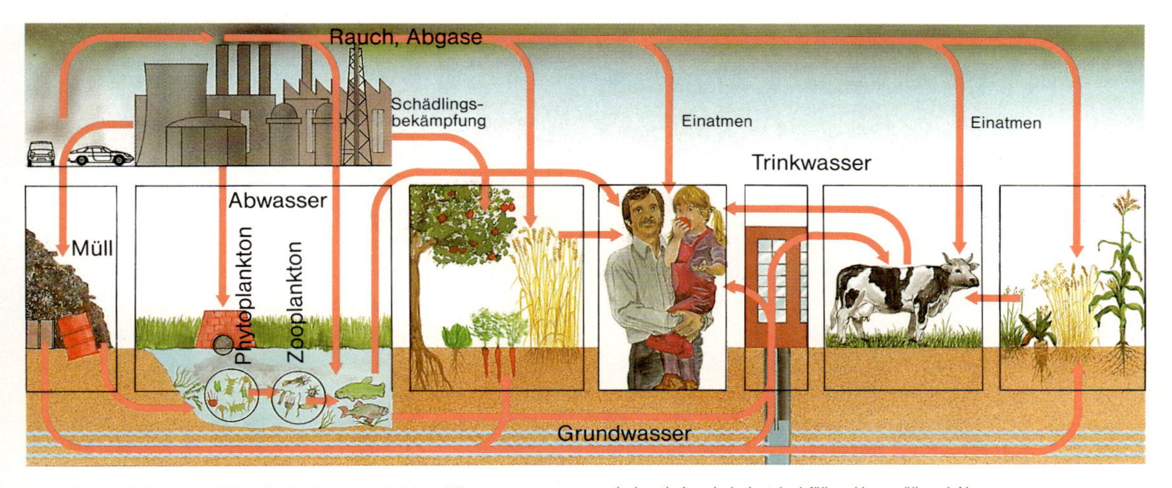

Abb. 107.1: Aufnahme von Giftstoffen in den menschlichen Körper über Nahrungsketten.
Giftige Umweltchemikalien (z.B. Schwermetalle) sind enthalten in Industrieabfällen, Hausmüll und Abgasen (Kraftwerke, Hausbrand, Motorabgase).
Zu den Umweltchemikalien zählen auch die Schädlingsbekämpfungsmittel.

niedriger als bisher angenommen wurde, zumal man wenig über die Langzeitwirkung von Schadstoffen weiß, die in geringer Menge im Körper verbleiben.

6.4.8 Die Belastung durch Strahlung

Lebewesen sind ständig der kosmischen Höhenstrahlung und der Bodenstrahlung von natürlichen radioaktiven Stoffen ausgesetzt (z. B. der Strahlung natürlicher Radionuklide von Kalium, Calcium, Uran und seinen Zerfallsprodukten, u. a. Radon). Künstliche, vom Menschen geschaffene Strahlenquellen sind Kernexplosionen, Kernreaktoren sowie die in Technik, Medizin und Forschung verwendeten Röntgengeräte und radioaktiven Substanzen. Die Strahlenquellen können Teilchen-Strahlung oder elektromagnetische Wellen oder beides aussenden. Zur Teilchen-Strahlung zählen die α-Strahlen (Heliumkerne), β-Strahlen (Elektronen), Protonen- und Neutronen-Strahlen. Zur elektromagnetischen Strahlung gehören die Röntgen- und die γ-Strahlen (sowie UV-Strahlen). Die gefährliche Wirkung der Strahlen beruht auf einer Schädigung der DNA und anderer Moleküle in den Zellen; dies kann zum Zelltod oder zur Umwandlung in Krebszellen führen.

Die Wirkung der Strahlung beruht auf der Ionisierung von Molekülen in den Zellen. Dadurch können Mutationen auftreten, die Zellen können daran aber auch zugrunde gehen. Die Strahlenbelastung wird mit Hilfe verschiedener Größen beschrieben.

- Die *Aktivität* einer radioaktiven Substanz wird in Becquerel (Bq) angegeben. 1 Bq ist gleich einem Kernzerfall je Sekunde.
- Strahlung kann als Energiestrom aufgefaßt werden. Unterschiedliche Atomkerne geben beim Zerfall die Strahlung allerdings mit sehr unterschiedlicher Energie ab. Absorbiert ein Körper der Masse 1 kg eine Strahlungsenergie von 1 Joule, so beträgt die *Energiedosis* der Strahlung $\frac{1\ \text{J}}{1\ \text{kg}}$.
- Die Wirkung von Strahlung auf Lebewesen hängt jedoch nicht allein von der je Masseneinheit absorbierten Energie ab, sondern auch von der Art der Strahlung bzw. dem absorbierenden Organ. Beispielsweise hat eine bestimmte Energiedosis an α-Strahlung die gleiche Wirkung auf Zellen wie eine höhere Energiedosis an β-Strahlung (biologische Äquivalenz). Dem wird durch einen Bewertungsfaktor Rechnung getragen. Die *Äquivalentdosis* ist das Produkt aus Energiedosis und Bewertungsfaktor, sie wird in Sievert (Sv) gemessen. Für Röntgenstrahlen und γ-Strahlen wurde der Bewertungsfaktor gleich 1 gesetzt.

Tabelle 108/1: Strahlenbelastung durch verschiedene Strahlenquellen. Die maximal zugelassene Dosis beträgt für strahlenexponierte Personen 50 mSv/Jahr.

Stollen im Kohle- oder Erzbergwerk	1–20 $\frac{\text{mSv}}{\text{Jahr}}$
Bildschirme, Industrieprodukte	ca. 10 $\frac{\mu\text{Sv}}{\text{Jahr}}$
Leuchtziffern von Armbanduhren	bis 0,3 $\frac{\mu\text{Sv}}{\text{Jahr}}$
mehrstündiger Flug in großer Höhe	ca. 20 μSv
Umgebung von Kernkraftwerken	0,2 $\frac{\mu\text{Sv}}{\text{Jahr}}$
Arbeitsbereich innerhalb von Kernkraftwerken	2 $\frac{\mu\text{Sv}}{\text{Jahr}}$

Zur wirksamen Strahlenbelastung durch natürliche Strahlungsquellen trägt die Belastung durch die Umgebung etwa ¼, die Belastung durch Strahlen, die in den Körper aufgenommen sind (insbesondere Radon und Kalium), ¾ bei. Aufgenommene Radionuklide verteilen sich im Körper unterschiedlich. K und Co werden gleichmäßig verteilt, Iod wird von der Schilddrüse angereichert und dort bei der Hormonbildung eingebaut, Sr wird anstelle des chemisch sehr ähnlichen Ca im Knochen eingebaut und beeinflußt daher das besonders strahlenempfindliche Knochenmark, Rn wird mit der Atemluft aufgenommen und in der Lunge angereichert. Das Radon gelangt aus dem Boden, dem Wasser und dem Baumaterial der Häuser in die Atemluft. Wünschenswerte Energiesparmaßnahmen durch Abdichten von Häusern erhöhen die Strahlendosis durch Rn. Bergarbeiter in Kohle- und Erzbergwerken sind einer deutlich erhöhten Rn-Strahlung ausgesetzt (Tab. 108/1).

Die **biologische Wirkung der Strahlen** beruht auf einer Schädigung von Molekülen in den Zellen. Diese kann unterschiedlich sein. Sofern die betroffenen Zellen nicht mehr teilungsfähig sind, stirbt die Zelle entweder ab oder die Störung ist nur vorübergehend (Röntgenkater). Werden teilungsfähige Zellen betroffen, so kann eine Schädigung der DNA eintreten und zu einer Mutation führen. Mutationen in teilungsfähigen Körperzellen (Stammzellen anderer Zellen) führen zur Schädigung aller Tochterzellen. Im Knochenmarkgewebe führt dies zur Schädigung von Zellen des Blutes und damit der Roten Blutkörperchen, der Thrombozyten und der Zellen des Immunsystems.

Zu den Folgen gehört eine verminderte Sauerstoffzufuhr zu den Geweben und eine Schwächung der Immunabwehr (s. Immunbiologie 1.). Im Darm wird durch ein Absterben von Stammzellen die Regeneration der Schleimhaut, welche etwa 10 Tage lang dauert, verhindert. Durchfall und Blutungen der jetzt schutzlosen Innenseite des Darms können schließlich zum Tod führen. Dies sind die Hauptsymptome der *Strahlenkrankheit*. Sie entsteht bei kurzfristiger Belastung mit einer Dosis von 1–2 Sv, bei 2–6 Sv verläuft sie in vielen Fällen, ab 6 Sv in den meisten Fällen tödlich.

Bei menschlichen Embryonen führt die Abtötung von Zellen, aus denen die Extremitäten entstehen, zu körperlichen Mißbildungen (s. S. 314). Eine Mutation in Körperzellen (somatische Mutation) kann eine Umwandlung zu Krebszellen bewirken. Die Krebserkrankung selbst wird dann erst Jahre später erkennbar. Bei einer Entstehung von Krebszellen sind auch Strahlendosen wirksam, die keinerlei akute Organstörungen hervorrufen. Dasselbe gilt für Mutationen in Keimzellen, die zu einer Schädigung des Erbgutes der Nachkommen führen, aber bei der strahlenbelasteten Person selbst gar nicht zu erkennen sind. Für berufsmäßig mit Röntgenstrahlen und Radionukliden beschäftigte Personen gelten daher strenge Vorsichtsmaßnahmen. Die meisten Untersuchungen über Strahlenwirkung wurden bei hohen Strahlendosen durchgeführt, bei denen deutliche Wirkungen zu beobachten sind. Dadurch entsteht die Frage, in welchem Maß sehr schwache Strahlung wirkt. Eine einfache Übertragung der Befunde (lineare Extrapolation) ist problematisch. Dies kann man am Lungenkrebs zeigen, der sowohl durch Strahlung wie auch durch Rauchen verursacht wird. Von 200 Personen, die 1 Päckchen Zigaretten pro Tag rauchen, stirbt – statistisch gesehen – eine Person pro Jahr an Lungenkrebs. Ob aber bei Personen, die 1 Zigarette pro Jahr rauchen, auf 1,6 Millionen Individuen auch ein durch Rauchen verursachter Lungenkrebsfall kommt, kann nicht festgestellt werden. So wissen wir auch nicht, ob sehr schwache Strahlung Erbschäden auslöst oder ob es einen Schwellenwert gibt, unterhalb dessen sie nicht auftreten.

7. Umweltschutz

7.1 Allgemeines

Unter »Umweltschutz« verstehen wir alle Maßnahmen, die dem Menschen eine ihm dienliche Umwelt sichern. Hierin eingeschlossen ist auch der Schutz der Pflanzen- und Tierwelt. Umweltschutz bedeutet zugleich Schutz der Gesundheit, denn Umwelteinflüsse gehören zu den wichtigsten Krankheitsursachen. Einige umweltbedingte Krankheitsfaktoren sind eindeutig zu erfassen, nämlich die Umweltgifte, die radioaktive Strahlung und die Krankheitserreger. Schwieriger in der Wirkung zu beurteilen sind Krankheitsauslöser der sozialen Umwelt: übermäßiger Streß durch Aufregungen, Fehlernährung, Süchte, Bewegungsmangel. Die Zuordnung einer Erkrankung zu einer ganz bestimmten Ursache scheitert in solchen Fällen (Streß, siehe Hormone, 2.2).

Eine große Zahl gesetzlicher Bestimmungen bezweckt den Schutz unserer Umwelt. Allgemein gilt: Wer einen Umweltschaden verursacht, muß ihn auch beseitigen *(Verursacherprinzip)*. Entscheidend für die Erhaltung einer menschenwürdigen Umwelt sind jedoch Wissen und Einsicht in das richtige persönliche Verhalten jedes einzelnen; *Umweltschutz ist jedermanns Sache*. Schließlich nimmt jeder Mensch täglich 3 kg »Umwelt« als Nahrung, Getränke und Atemluft zu sich. Es kann ihm nicht gleichgültig sein, in welcher Beschaffenheit er sie erhält. Der Wunsch des Menschen, den erreichten Lebensstandard zu erhalten und zu verbessern und nach Belieben zu konsumieren, stößt auf den gleichfalls vorhandenen Wunsch, in einer sauberen, gesunden Umwelt ohne Gefahren, Nachteile und Belästigungen zu leben.

7.2 Naturschutz – Landschaftspflege – Freizeit – Erholung

Der Naturschutzgedanke entstand in der ersten Hälfte des vorigen Jahrhunderts aus der Einsicht in die zerstörerischen Folgen naturwidrigen Verhaltens. Er war zunächst dem Schutz der *Heimat* verpflichtet und stellte sich die Aufgabe, Naturdenkmale wie z. B. alte Baumgestalten (Femeiche von Erle in Westfalen) zu erhalten. Auch dem Schutz von auffälligen wildlebenden Pflanzen und Tieren galt die Sorge der Naturschützer (Edelweiß, Orchideenarten, Igel, Storch). Naturschutzgebiete wurden ursprünglich mit der Absicht geschaffen, kommenden Generationen zu zeigen, wie die heimatliche Naturlandschaft einst aussah. Die relativ kleinen Areale milderten in der Folgezeit den Rückgang gerade solcher Arten, die heute vom Aussterben bedroht sind.

Der Schutz auffälliger Arten hat seine Bedeutung bis heute nicht verloren. Gezielten Schutzmaßnahmen, z. B. der *Aufzucht* und *Auswilderung* von Organismenarten in früheren Verbreitungsgebieten (siehe Uhu), sind allerdings Grenzen gesetzt. Auch kann die große Anzahl von Arten – in Deutschland gibt es ca. 40 000 Tier- und 2700 Blütenpflanzenarten – unmöglich durch Einzelprogramme geschützt werden. Es ist zudem schwer zu entscheiden, welche Arten als schutzwürdig anzusehen und welche als nicht besonders schutzwürdig einzustufen sind. Eine solche Zuordnung liefe auch dem Hauptziel des heutigen Naturschutzes entgegen, den Gesamtbestand der Organismenarten in seiner Mannigfaltigkeit zu erhalten.

Die wichtigste Aufgabe des Naturschutzes ist demnach der *Schutz naturnaher Biotope*. Denn die Erhaltung des Lebensraumes dient allen darin vorkommenden Arten. Veränderung oder Zerstörung von Biotopen sind die entscheidenden Ursachen für das Verschwinden von Arten. Dazu führt vor allem die intensive Flächennutzung in der Landwirtschaft: Es verschwinden die Raine in der Feldflur, Trockenmauern und Böschungen werden beseitigt, Teiche werden zugeschüttet und Weg- und Waldränder schmäler gemacht, so daß vor allem Übergangszonen zwischen unterschiedlich genutzten Flächen und Sonderstandorte von Pflanzen verlorengehen. Selbst wenig ertragreiche Flächen (z. B. Schaftriften, Magerrasen, die nur einmal im Jahr gemäht werden), werden intensiv genutzt. Von der Entwässerung sind vor allem Moore, Feuchtwiesen und Naßwälder betroffen. Zum Verlust des Artenreichtums tragen weiterhin die Einebnung von Senken und die Aufschüttung von Boden bei, die vor allem beim Bau von Brücken, Bahndämmen, Siedlungen und Industrieanlagen vorgenommen werden.

Die Veränderung oder die Zerstörung von Biotopen hat noch einschneidendere Folgen als direkte Eingriffe in Lebensgemeinschaften (z. B. Tritt, Sammeln von Organismen, Pestizidanwendung, Abbrennen von Feldern). Dem Verlust der Artenvielfalt aufgrund ertragssteigernder Eingriffe wirkt der Staat heute entgegen, indem extensive, zu geringerem Ertrag führende Bewirtschaftung von bisher intensiv genutzten Flächen finanziell unterstützt wird. Weitere Programme erhalten z. B. unproduktive Restflächen und Übergangszonen zwischen Nutzflächen.

Als besonders schutzbedürftig gelten *seltene* Lebensräume sowie solche, die für eine Landschaft besonders typisch *(»repräsentativ«)* sind. Sie müssen allerdings ausreichend groß sein, damit sich stabile Populationen erhalten. Zwischen solchen Biotopen müssen Verbindungen bestehen (s. 6.2, »Vernetzung«), so daß ein Genaustausch stattfinden kann. Wie Abb. 110.1 zeigt, haben die bisherigen Bemühungen und Konzepte von Naturschützern und Gesetzgebern in den letzten 150 Jahren dem Artensterben nicht Einhalt gebieten können.

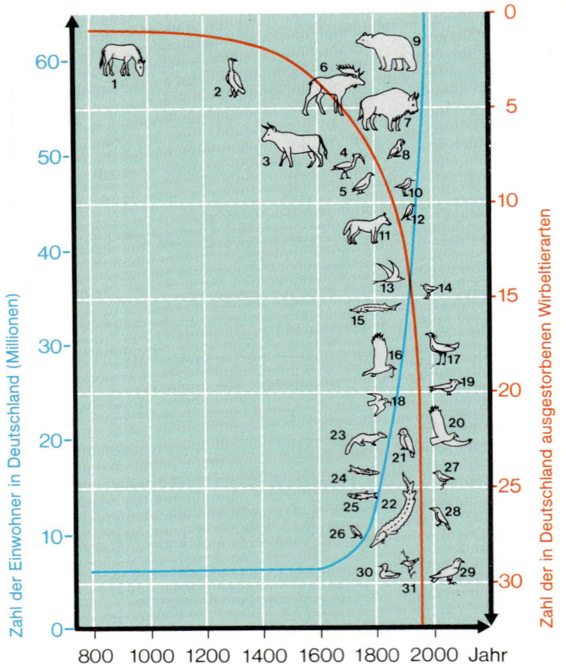

Abb. 110.1: Mit dem Bevölkerungswachstum (blaue Kurve), das zu immer stärkerer Landnutzung führte, beschleunigte sich das Aussterben von Wirbeltieren in Deutschland. Die rote Kurve gibt die Summe ausgestorbener Wirbeltierarten zum jeweiligen Zeitpunkt an. Das Jahr bzw. das Jahrhundert des Aussterbens steht in Klammern neben dem jeweiligen Artnamen. 1 Wildpferd (9. Jhd.), 2 Gänsegeier (13. Jhd.), 3 Auerochse (15. Jhd.), 4 Waldrapp (17. Jhd.), 5 Rothuhn (17. Jhd.), 6 Elch (18. Jhd.), 7 Wisent (18. Jhd.), 8 Papageitaucher (1830), 9 Braunbär (1835), 10 Mornellregenpfeifer (1875), 11 Wolf (1888), 12 Steinrötel (1890), 13 Rosenseeschwalbe (19. Jhd.), 14 Steinwälzer (19. Jhd.), 15 Sterlett (19. Jhd.), 16 Schlangenadler (1911), 17 Großtrappe (1925), 18 Doppelschnepfe (1926), 19 Raubseeschwalbe (1928), 20 Schreiadler (1928), 21 Habichtskauz (1930), 22 Stör (20. Jhd.), 23 Nerz (20. Jhd.), 24 Schnäpel (20. Jhd.), 25 Sichling (20. Jhd.), 26 Steinsperling (1944), 27 Triel (1954), 28 Blaurake (1955), 29 Fischadler (1963), 30 Moorente (1970), 31 Seggenrohrsänger (1972). (Nach Erz)

Die in den einzelnen Bundesländern geltenden Naturschutzbestimmungen sind im **Naturschutzgesetz** zusammengefaßt. Es dient dem Schutz und der Pflege der heimatlichen Natur in allen ihren Erscheinungen, insbesondere auch dem Schutz der wildwachsenden Pflanzen und wildlebenden Tiere, ihrer Entwicklungsformen, Lebensräume und Lebensgemeinschaften als Teil des Naturhaushalts. Es fordert des weiteren die Bereitstellung von Flächen, die für den in Natur und Landschaft Erholung suchenden Menschen besonders geeignet sind.

Das Naturschutzgesetz verlangt auch die Aufstellung einer **Artenschutzliste** (vgl. Rote Liste), die fortlaufend zu ergänzen ist. Als Bedingungen für besonders zu schützende Pflanzen und Tiere gelten:

1. Seltenheit oder Bestandsgefährdung,
2. wissenschaftliche, naturgeschichtliche oder landeskundliche Gründe,
3. Nutzen oder Bedeutung für den Naturhaushalt,
4. Erhaltung von Vielfalt, Eigenart oder Schönheit der Natur.

Das Gesetz sieht als *Gebietsschutz* vor: Naturschutzgebiete, Nationalparks, Landschaftsschutzgebiete und Naturparks; sowie als *Objektschutz:* Naturdenkmale (d.h. erhaltenswerte Naturgebilde wie Felsen, Höhlen, Quellen, Wasserfälle, Moore, geologische Aufschlüsse, alte oder seltene Bäume) und geschützte Landschaftsbestandteile (z.B. Alleen, Parks, Gebüschgruppen, Raine, Hecken). Etwa 40000 Naturdenkmale sind in der Bundesrepublik Deutschland unter Schutz gestellt.

Naturschutzgebiete sind naturnahe Gebiete, in denen »ein besonderer Schutz von Natur und Landschaft in ihrer Ganzheit oder in einzelnen Teilen zur Erhaltung von Lebensgemeinschaften oder Biotopen bestimmter wildlebender Tier- und Pflanzenarten aus wissenschaftlichen, naturgeschichtlichen oder landeskundlichen Gründen oder wegen ihrer Seltenheit, besonderen Eigenart oder hervorragenden Schönheit erforderlich ist« (BNatSchG, § 13, 1). Nutzung und Betreten dieser Gebiete sind eingeschränkt. Dadurch soll eine Zerstörung, Beschädigung oder Veränderung des Gebietes verhindert werden.

Die **Landschaftsschutzgebiete** sind landschaftlich reizvolle und wegen ihres wenig gestörten Charakters erhaltenswerte Gebiete, in denen »ein besonderer Schutz von Natur und Landschaft zur Erhaltung und Wiederherstellung der Leistungsfähigkeit der Naturgüter wegen der Vielfalt, Eigenart und Schönheit des Landschaftsbildes oder wegen ihrer besonderen Bedeutung für die Erholung erforderlich ist« (BNatSchG, § 15, 1).

Für Landschaftsschutzgebiete gelten nicht so strenge Schutzbestimmungen wie für Naturschutzgebiete; ihre bisherige land- und forstwirtschaftliche Nutzung bleibt bestehen. Alle neuen Eingriffe in die Landschaft (z.B. Errichtung von Bauten, Anlagen von Straßen) bedürfen jedoch einer besonderen amtlichen Genehmigungsprüfung, um Schädigungen oder Verunstaltungen der Natur auszuschließen.

Naturparke sind großräumige Gebiete, die »sich für die Erholung besonders eignen und ... für die Erholung und den Fremdenverkehr vorgesehen sind« (BNatSchG, § 16, 1).

Nationalparke sind Gebiete, die »großräumig und von besonderer Eigenart sind, im überwiegenden Teil ihres Gebietes die Voraussetzungen eines Naturschutzgebietes erfüllen, sich in einem vom Menschen nicht oder wenig beeinflußten Zustand befinden und vornehmlich der Erhaltung eines möglichst artenreichen heimischen Pflanzen- und Tierbestandes dienen« (BNatSchG, § 14, 1). Sie sollten so groß sein, daß sich ihr Komplex an Ökosystemen selbst im biologischen Gleichgewicht erhalten kann. Bis jetzt gibt es in der Bundesrepublik Deutschland die Nationalparke Bayerischer Wald, Schleswig-Holsteinisches Wattenmeer, Berchtesgaden und Niedersächsisches Wattenmeer.

Die Landschaftspflege versucht einen Ausgleich zwischen der Leistungs- und Belastungsfähigkeit der Natur zu schaffen, d.h. zwischen den Erfordernissen ihrer Ökosysteme einerseits und den Lebensbedürfnissen des Menschen andererseits. Dabei kommen einer naturgemäßen und menschenwürdigen Umwelt existentielle Funktionen (Lebenserhaltung und Gesundheit), soziale Funktionen (Erholung, zwischenmenschlicher Kontakt) und ästhetische Funktionen (Erlebnis der Natur und ihrer Schönheiten) zu. 1985 gab es in der Bundesrepublik Deutschland 2101 Naturschutzgebiete (=2,0% der Fläche) und 63 Naturparke (=21,6% der Fläche). Die vier Nationalparke haben einen Flächenanteil von 2,3%; 25% der Fläche des Bundesgebietes stehen unter Landschaftsschutz.

7.3 Der Widerstreit der Interessen beim Umweltschutz

Das Anwachsen der Bevölkerung und das Streben jedes einzelnen nach befriedigenden Lebensumständen führt zu einer ganzen Reihe von Interessenkonflikten; einige Beispiele dafür zeigt Tabelle 112/1.

7.4 Kosten der Umweltzerstörung

Umweltschäden wirken sich auf die gesamte Volkswirtschaft aus, so daß in die Berechnung der Kosten der Umweltzerstörung auch der Aufwand für *Folgewirkungen* einbezogen werden muß. Beispielsweise führt das Waldsterben nicht nur bei der Forstwirtschaft zu finanziellen Einbußen, auch die Holzwirtschaft nimmt Schaden, es werden Investitionen für Hochwasserschutz, Lawinen- und Bodenerosionsschutz erforderlich. Der Verlust von Freizeit- und Erholungswert der engeren Heimat aufgrund von Waldsterben bringt für den einzelnen Bürger, der ein weitentferntes Feriengebiet aufsucht und dort übernachtet, höhere Kosten mit sich. So gesehen kostet das Waldsterben in der Bundesrepublik Deutschland jährlich 5,5 Milliarden Mark. Die Luftverschmutzung

Tabelle 112/1: Einige drängende, typische Interessenkonflikte.
Sie entstehen durch das Anwachsen der Bevölkerung und das Streben nach befriedigenden Lebensumständen.

Notwendigkeit bzw. Vorteil	Folgen
Mehr Nahrungsmittel zur Linderung des Hungers in der Welt	Umwandlung von Waldgebieten in Ackerflächen mit Anstieg des CO_2-Gehalts der Atmosphäre und Klimaänderungen Herstellung und Anwendung von Dünger und Schädlingsbekämpfungsmitteln sowie Motorisierung der Landwirtschaft, dadurch hoher Energieverbrauch und Umweltverschmutzung
Auto als Beförderungsmittel von Personen und Waren zu jeder Zeit an jeden Ort	Hoher Energieverbrauch, Umweltverschmutzung durch Abgase, Ölabfälle, Reifenabrieb, Streusalz, Lärm; Verbrauch von Boden für Straßen und Parkplätze; Unfälle
Flugzeug zur Beförderung von Personen und Gütern über weite Strecken in kürzester Zeit	Hoher Energieaufwand, Umweltverschmutzung durch Lärm und Abgase
Kunststoffe als vielseitig anwendbare Materialien	Verbrauch fossiler Energieträger, kein Recycling möglich, Umweltverschmutzung
Umweltschutz	Maßnahmen gegen Boden-, Wasser- und Luftverschmutzung sowie gegen Lärm müssen finanziert werden durch höhere Steuern und Verteuerung der Lebenshaltung.

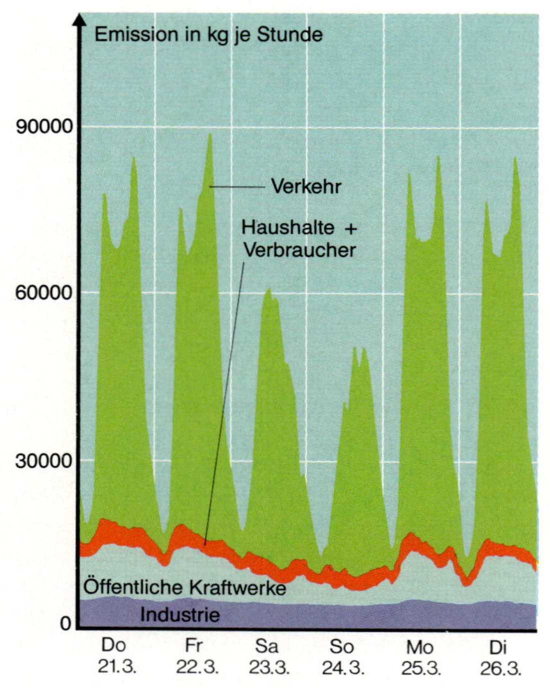

*Abb. 112.1: Emission von Stickstoffoxiden in Baden-Württemberg vom 21.–26.3. 1985.
Den größten Anteil liefert der Kraftfahrzeug-Verkehr; die Spitzen zu den Hauptverkehrszeiten und die geringere Belastung am Wochenende (weniger Lastverkehr!) sind gut zu erkennen.
Die Gesamt-Emission wurde durch Hochrechnung auf der Grundlage eines umfangreichen Meßprogramms im März 1985 ermittelt.*

als Ursache des Waldsterbens wirkt sich auch auf die Gesundheit von Mensch und Tier und vor allem der Nutzpflanzen aus. (Abb. 112.1 zeigt den hohen Anteil des Verkehrs an der Belastung durch Stickstoffoxide, deren Schadwirkung in 4.4.3 und 6.4.3 erörtert wurde.) Sie verursacht außerdem große Materialschäden, insbesondere an Gebäuden. Bezieht man diese Schadwirkungen mit ein, dann ergibt sich ein jährlicher Schaden von 48 Milliarden Mark.

Der Aufwand für die Luftreinhaltung, um eine nur mäßig belastete Luft zu erreichen (z. B. durch Entschwefelung und Entstickung der Kraftwerke, Entgiftung der Kfz-Abgase, Mitfinanzierung von Maßnahmen in Nachbarländern) beträgt insgesamt 80 Milliarden Mark. Durch diesen einmaligen Aufwand sollte der *jährliche* Schaden von 48 Milliarden Mark schnell behoben oder deutlich verringert werden.

8. Bevölkerungswachstum und seine Folgen

8.1 Die Ernährung der Weltbevölkerung

Wegen der Abnahme der nutzbaren Energie von einem Glied der Nahrungskette zum nächsten nützt der Mensch bei pflanzlicher Ernährung die Primär-

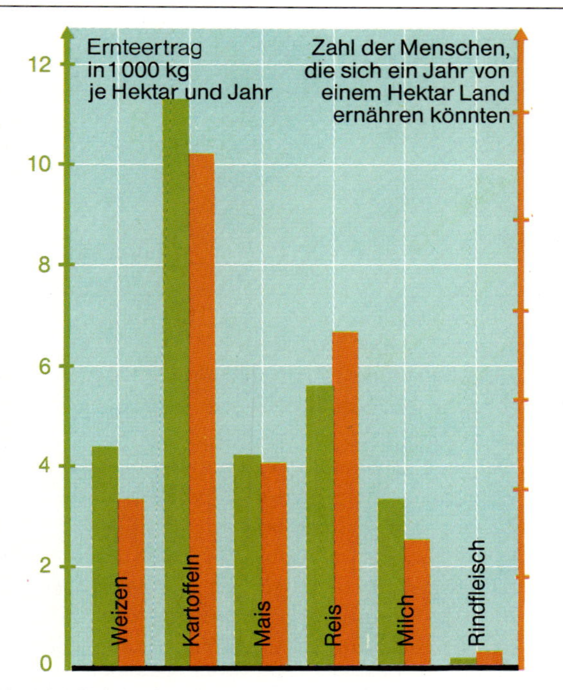

Abb. 113.1: Ein Hektar Land bringt unterschiedliche Erträge, je nachdem, wie es genutzt wird. Grüne Säulen: Jahreserträge. Rote Säulen: Anzahl der Menschen, die sich von den erzeugten Nahrungsmitteln ernähren könnten (wenn es nur auf deren Energiegehalt ankäme). Nicht berücksichtigt ist der Arbeitsaufwand beim Anbau der verschiedenen Nutzpflanzen; er ist z. B. beim Reis viel höher als beim Weizen.

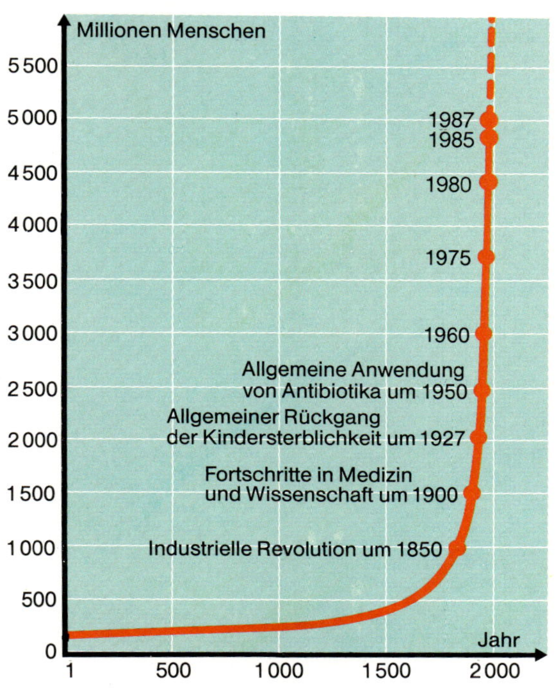

Abb. 113.2: Das Wachstum der Weltbevölkerung seit dem Jahre 1. Die Fortschritte der Wissenschaft nutzten der Landwirtschaft, der Pflanzen- und Tierzüchtung, der Nahrungsmittelerzeugung sowie der Technik zur Verbesserung der Lebensverhältnisse. Zur Schätzung der Bevölkerungszahl früherer Zeiten zieht man die Siedlungsdichte von Primitivkulturen heran sowie archäologische Funde über Zahl und Ausdehnung von Siedlungen in einer bestimmten Zeitepoche. Nach heutiger Schätzung wird das Wachstum erst bei mindestens 10 Milliarden Menschen zum Stillstand kommen. Darauf müssen wir uns mit den Vorausplanungen einstellen.

produktion am günstigsten aus; Nutztiere verbrauchen den größten Teil der aufgewendeten Biomasse selbst. Fleischnahrung ist also energetisch betrachtet aufwendig. Der ärmere Teil der Weltbevölkerung lebt vorwiegend von pflanzlicher Nahrung. Zur Produktion einer Ernährungseinheit Fleisch wird das Vielfache an pflanzlicher Produktion benötigt. Eine ausreichende Fleischversorgung der ganzen Welt erforderte also eine Vervielfachung der landwirtschaftlichen Nutzfläche (s. auch Abb. 113.3) oder eine entsprechende Ertragssteigerung des Ackerbaus. Beides ist nicht möglich. Bei ausschließlich pflanzlicher Ernährung besteht allerdings die Gefahr, daß der Mensch zu wenig Eiweiß erhält. Diese »Proteinlücke« ist ein Welternährungsproblem. Dazu kommt, daß in vielen pflanzlichen Proteinen bestimmte Aminosäuren, die der menschliche Körper nicht selbst aufbauen kann, nicht in ausreichender Menge enthalten sind (vgl. S. 168).

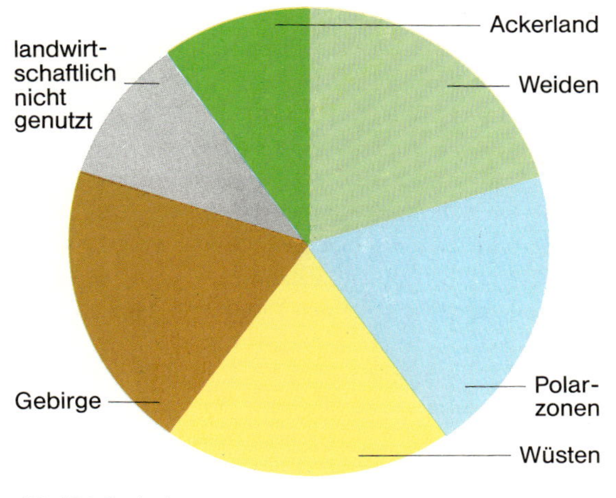

Abb. 113.3: Festlandsnutzung. Etwa 60% des Festlandes sind Flächen mit geringer biologischer Produktivität. Die nicht landwirtschaftlich genutzten Flächen sind größtenteils Wälder; sie stabilisieren den CO_2-Haushalt und das Klima.

Tabelle 114/1: Beziehungen zwischen Futterbedarf und Gewichtszunahme

Tiere	1 Rind	300 Kaninchen
Gesamtkörpermasse bei Versuchsende	600 kg	600 kg
Futterverbrauch je kg Körpermasse	0,0125 kg/Tag	0,05 kg/Tag
1 Tonne Heu reicht	130 Tage	33 Tage
Wärmeverlust je kg Körpermasse	140 kJ/Tag	560 kJ/Tag
Tägliche Zunahme der Körpermasse	0,9 kg	3,6 kg
Massenzunahme je Tonne Heu	120 kg	120 kg

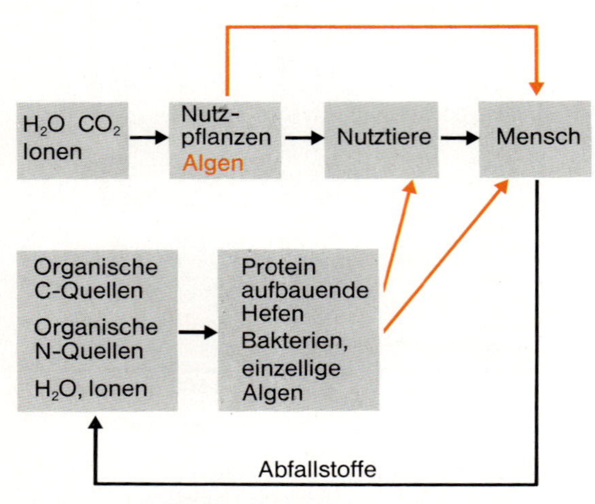

Abb. 114.1: Für den Menschen wichtig werdende Nahrungsketten.
Eine organische Kohlenstoffquelle ist z.B. Erdöl.
Organische Stickstoffquellen sind z.B. Klärschlamm und Jauche.

8.2 Produktionsökologie in der Landwirtschaft

Ein natürliches Ökosystem bezieht seine Energie von der Sonne und die Stoffe zum Aufbau seiner Organismen vom Ökosystem selbst (s. 5.). Wird ein natürliches Ökosystem vom Menschen in ein Nutz-Ökosystem umgewandelt (z.B. in einen Acker zum Anbau von Nutzpflanzen), so bedeutet dies ökologisch:

1. Beschränkung der Biozönose auf wenige oder nur auf einen Produzenten (z.B. Weizen, Kartoffel). Nicht nutzbare Produzenten (Unkräuter) und Konsumenten (Schädlinge, Parasiten) werden möglichst ausgeschaltet, weil sie den angebauten Produzenten schädigen.
2. Ständige Entnahme von Biomasse aus dem Ökosystem durch die Ernte.

Wegen der geringen Artenzahl und der Klimax-Ferne (vgl. 5.6) ist ein Nutz-Ökosystem meist instabil. Um es zu erhalten, sind erforderlich:

1. Düngung zum Ausgleich der Stoffentnahme,
2. Zufuhr von Energie. Sie wird benötigt für die Herstellung und das Ausbringen von Dünger, Unkraut- und Schädlingsbekämpfungsmitteln sowie für Herstellung und Betreiben der Maschinen zur Bodenbearbeitung, zum Bewässern oder Entwässern. Energie wird auch benötigt für die landwirtschaftliche Forschung und Züchtung. Mit steigendem Hektarertrag (s. auch Abb. 113.1) durch den Anbau ertragreicher, aber empfindlicher Hochzuchtsorten wird das Verhältnis von Düngeraufwand zu Ernteertrag immer ungünstiger (s. Abb. 98.2). In der hochentwickelten Landwirtschaft ist der Energieaufwand größer als der Energieinhalt der Ernteprodukte.

Auch bei der Nutztierhaltung sind produktionsökologische Betrachtungen von Bedeutung. Steht eine bestimmte Menge pflanzlicher Nahrung zur Verfügung, so wird bei Haltung von Kleinvieh in kürzerer Zeit eine bestimmte Biomasse (Nutzfleisch) erzeugt als bei der Haltung von Großvieh (vgl. Tab. 114/1). Kleinere Tiere benötigen infolge ihres höheren Grundumsatzes und ihres rascheren Wachstums relativ mehr Energie und somit Nahrung als größere. Auch ist bei ihnen die Körperoberfläche bezogen auf die Körpermasse größer und daher ihr Wärmeverlust je kg höher. Dies wird dadurch ausgeglichen, daß es beim Großvieh länger dauert, bis 1 kg Masse zuwächst. Daher ist der Wärmeverlust je kg Körpermasse bezogen auf die tägliche Massenzunahme gleich:
Großvieh: 140 kJ/0,9 kg = 155 kJ/kg,
Kleinvieh: 560 kJ/3,6 kg = 155 kJ/kg.

Stoffwechsel und Energiehaushalt der Pflanze

Pflanzen gedeihen am Licht in einer Nährsalzlösung, die frei von organischen Bestandteilen ist. Sie können also die zu ihrem Wachstum erforderlichen organischen Verbindungen selbst bilden. Daraus ergeben sich die Grundfragen der Stoff- und Energiegewinnung der Pflanzen:

- Welche Stoffe muß die Pflanze aufnehmen?
- Wie wird das Licht zum Neuaufbau organischer Stoffe genutzt und wie stellt sie alle übrigen Stoffe ihres Körpers her?
- Wie gewinnt die Pflanze die notwendige Energie für ihre Lebensvorgänge?
- Welche Bedeutung haben Pflanzenstoffe für Tier und Mensch?
- Wie decken die Landpflanzen ihren Wasserbedarf und wie sind sie dabei an die sehr unterschiedlichen Wasserverhältnisse ihres Standorts angepaßt?

Aufnahme, Umbau und Abbau von Stoffen im Organismus bezeichnet man als **Stoffwechsel** (Metabolismus). Er umfaßt die Gesamtheit aller chemischen Vorgänge in Lebewesen. Der Stoffwechsel liefert nicht nur die Bausteine für den Aufbau des Organismus, sondern auch die benötigte Energie. Nach seiner Funktion kann man den Stoffwechsel gliedern in:

Assimilation: Umwandlung der aufgenommenen körperfremden Stoffe in körpereigene. Assimilationsvorgänge sind aufbauende (= anabolische) Reaktionen. Sie erfordern Energie. Die grüne Pflanze erhält diese Energie aus dem Sonnenlicht.

Dissimilation: Abbau energiereicher Stoffe in energieärmere unter Freisetzung von Energie, die für Lebensvorgänge des Organismus genutzt wird. Dissimilationsvorgänge sind abbauende (= katabolische) Reaktionen.

Autotrophe Organismen nehmen anorganische energiearme Stoffe auf und wandeln sie in organische energiereiche Stoffe um. Benützen sie dazu die Lichtenergie, nennt man den Vorgang Photosynthese (vgl. 2), verwenden sie chemische Energie, spricht man von Chemosynthese.

Heterotrophe Organismen versorgen sich mit Energie durch Aufnahme von Nahrung. Diese enthält energiereiche Stoffe, die von anderen Organismen gebildet wurden (vgl. S. 9., S. 154).

Beide Gruppen von Organismen machen die in den energiereichen Stoffen enthaltene Energie dadurch nutzbar, daß sie die Stoffe abbauen (Dissimilation).

Bei all diesen Stoffwechselvorgängen wird ein Teil der umgesetzten Energie in Wärme umgewandelt und geht dem Organismus verloren. Der Organismus benötigt zur Aufrechterhaltung des Zustandes der lebenden Zellen ständigen Nachschub an Energie.

Dient der Stoffwechsel vor allem dem Neuaufbau von Zellsubstanz und damit dem Wachstum des Organismus, so spricht man von **Baustoffwechsel.** Dient er in erster Linie dem Auswechseln von Zellmaterial ohne dessen Vermehrung, so spricht man von **Betriebsstoffwechsel** oder Erhaltungsstoffwechsel. Betriebs- und Baustoffwechsel gehen fließend ineinander über.

Stoffwechselvorgänge, die der Lieferung nutzbarer Energie (z.B. durch Aufbau von ATP) dienen, faßt man als **Energiestoffwechsel** zusammen. Er ist Voraussetzung für Betriebs- und Baustoffwechsel und daher von diesen Vorgängen nicht zu trennen.

1. Die Nährstoffe der Pflanze

Eine hiebreife Eiche liefert viele Tonnen Holz. Der Baum ist hervorgegangen aus einer wenige Gramm schweren Eichel. Die Pflanze hat also während ihres Lebens ihre Masse millionenfach vermehrt. Die Stoffe dazu muß sie ihrer Umgebung entnommen haben. Welche Elemente die Pflanze mit ihrer Nahrung aufnimmt, zeigt die *chemische Analyse* des Pflanzenkörpers.

Wiegt man Pflanzen zunächst in frischem, danach in getrocknetem Zustand, stellt man fest: Krautige Pflanzen enthalten 70–90% Wasser, Holz enthält etwa 50%; selbst in ganz harten Früchten und Samen lassen sich noch durchschnittlich 10% Wasser nachweisen. Im Durchschnitt liegt der Wassergehalt der Pflanze zwischen 60 und 90%.

Beim Verbrennen einer abgewogenen Menge getrockneter Pflanzen entstehen Asche und beträchtliche Mengen Kohlenstoffdioxid. Aus der gebildeten CO_2-Menge kann man errechnen, wie hoch der Kohlenstoffgehalt des Ausgangsmaterials war: er macht etwa 40–50% der Trockenmasse aus.

Das Gewicht der Asche beträgt in der Regel unter 10% der Trockenmasse. Die Asche besteht aus anorganischen Verbindungen.

Um festzustellen, welche der in der Asche nachweisbaren chemischen Elemente für die Pflanze un-

Abb. 116.1: Kulturversuche, bei denen jeweils ein bestimmter Nährstoff gefehlt hat. Versuchspflanze: Mais.
a Freilandkultur.
Links ohne Stickstoff, rechts Kontrolle mit Stickstoff.
Stickstoffmangel hemmt das Wachstum,
Blätter werden hellgrün infolge unzureichender Chlorophyllbildung.
b–e Hydrokultur:
b Nährlösung ohne Kalium. Blätter werden schlaff und welken.
c Links Nährlösung ohne Eisen, rechts volle Nährlösung mit Eisen.
Eisenmangel verursacht Chlorose
(Blätter gelblich; Pflanzen kümmern).
Eisen ist zur Synthese von Chlorophyll erforderlich,
sein Fehlen führt zu Chlorophyll-Mangelchlorose.
d Nährlösung ohne Calciumionen.
Pflanzen bleiben klein, Blätter kümmern und werden bräunlich.
e Nährlösung ohne Magnesiumionen.
Blatt chlorotisch, da Magnesium zur Chlorophyllbildung notwendig.
Kümmern die Pflanzen auf einem bestimmten Boden,
läßt sich an der Art der Mangelsymptome erkennen,
welche Nährelemente fehlen und durch Düngung zugeführt werden müssen.
(Abb. d und e haben verschiedene Maßstäbe.)

Tabelle 116/1: Beispiele für Zusammensetzung von Nährlösungen für Pflanzen

	Nährlösung nach v. d. CRONE	Beispiel für heutzutage übliche Nährlösung
Wasser als Lösungsmittel	1 l dest. Wasser	1 l dest. Wasser
Stickstoff	10^{-2} mol/l NO_3^-	$2 \cdot 10^{-3}$ mol/l NO_3^-
Kalium	10^{-2} mol/l K^+	10^{-3} mol/l K^+
Calcium	$5 \cdot 10^{-3}$ mol/l Ca^{2+}	10^{-3} mol/l Ca^{2+}
Magnesium	$2 \cdot 10^{-3}$ mol/l Mg^{2+}	$4 \cdot 10^{-4}$ mol/l Mg^{2+}
Phosphor	$3 \cdot 10^{-3}$ mol/l PO_4^{3-}	$6 \cdot 10^{-5}$ mol/l PO_4^{3-}
Eisen	$2 \cdot 10^{-3}$ mol/l Fe^{2+}	$4 \cdot 10^{-6}$ mol/l Fe-Komplexsalz
Bor	Spurenelemente waren früher	$8 \cdot 10^{-6}$ mol/l BO_3^{3-}
Kupfer	in ausreichender Menge	$2 \cdot 10^{-7}$ mol/l Cu^{2+}
Zink	als Verunreinigung	$2 \cdot 10^{-7}$ mol/l Zn^{2+}
Mangan	in den verwendeten	$5 \cdot 10^{-8}$ mol/l Mn^{2+}
Molybdän	Chemikalien enthalten.	$14 \cdot 10^{-7}$ mol/l MoO_4^{2-}
Schwefel	$5 \cdot 10^{-3}$ mol/l SO_4^{2-}	10^{-3} mol/l SO_4^{2-}

entbehrlich sind, zieht man Pflanzen anstatt in Erde in Nährlösungen (s. Abb. 116.1).

Zahlreiche Versuche haben gezeigt, daß zum Gedeihen der Pflanze die 10 Elemente C, H, O, N, S, P, K, Ca, Mg, Fe notwendig sind (s. Tab. 116/1). Wenn nur ein einziges dieser für die Ernährung grundlegenden **Makronährelemente** fehlt, kommt es zu einer Mangelerscheinung, selbst wenn alle übrigen reichlich vorhanden sind. Zusätzlich werden geringe Mengen **Mikronährelemente** *(Spurenelemente)* benötigt. Wichtige Mikronährelemente (in Form von Ionen) sind: Mn, Zn, Co, Cu, Mo, Na, B, Cl und Si. Einige davon sind Bestandteile von Enzymen. (Zur Funktion der Nährstoffe s. auch Cytologie 9.1).

Makro- und Mikronährelemente außer Kohlenstoff nehmen Pflanzen mit den Wurzeln auf und zwar in folgender Form:
- H und O als Wasser,
- N als Nitrat- oder Ammonium-Ion oder als Harnstoff (Düngung),
- S und P als Sulfat- und Phosphationen,
- K, Mg, Ca, Fe und die meisten Mikronährelemente als Kationen,
- Cl als Chloridion.

Das Gedeihen der Pflanze richtet sich nach dem Nährstoff, der ihr am wenigsten zur Verfügung steht. Dieses von Liebig entdeckte *Gesetz des Minimums* (s. auch Abb. 117.1) ist für die Bodendüngung wichtig. Nur durch Zufuhr der im Boden unzureichend vorhandenen Nährstoffe werden von der Pflanze auch die reichlich vorhandenen voll ausgenützt, und der Ertrag steigert sich.

In Europa war der entscheidende Minimumfaktor bis zum 19. Jahrhundert das Phosphat. Durch bergmännischen Phosphatabbau und durch Phosphatrückstände bei der Stahlherstellung stand dann P-Dünger zur Verfügung (vgl. Ökologie 5.4). Dadurch geriet der im Boden enthaltene Stickstoff ins Minimum, bis man durch Erfindung der Ammoniak-Synthese reichlich N-Dünger herstellen konnte. Heute besteht die Gefahr einer zu hohen N-Zufuhr infolge der Luftverschmutzung mit Stickoxiden.

Abb. 117.2: Einige Versuche Priestleys: Tier und Pflanze getrennt in abgeschlossenem Luftraum gehen zugrunde; sie haben einen lebensnotwendigen Bestandteil der Luft verbraucht. Sind Tier und Pflanze gemeinsam im abgeschlossenen Luftraum, ersetzt der eine Organismus den Bestandteil der Luft, den der andere verbraucht.

2. Die Photosynthese

2.1 Grundlagen der Photosynthese

2.1.1 Die Entdeckung der Photosynthese

Der Engländer Joseph Priestley hatte beobachtet, daß gewöhnliche Luft in einem abgeschlossenen Behälter durch eine brennende Kerze oder eine lebende Maus verändert wurde. Die Kerze erlosch nach einer Weile, und die Maus starb. Nun brachte er eine brennende Kerze in den Behälter der toten Maus und stellte fest, daß die Flamme sofort ausging. Die Maus und die Flamme zerstörten oder verbrauchten offenbar den gleichen Bestandteil der Luft. Da aber auf der ganzen Erde alle Lebewesen fortwährend atmen, müßte eines Tages der Teil der Luft, der Leben und Feuer erhält, verbraucht sein – zumindest müßte er unablässig abnehmen. Dieses Problem bereitete Priestley einiges Kopfzerbrechen – bis er eine neue, interessante Entdeckung machte: »... am 17. August 1771 brachte ich einen Minzezweig in eine Luftmenge, in der eine Wachskerze erloschen war, und fand, daß am 27. desselben Monats eine neue Kerze gut darin brannte.« Daraus folgerte Priestley, daß die Pflanze die »verbrauchte Luft« wieder in »gute Luft« verwandelt hatte (Abb. 117.2).

Der holländische Arzt Jan Ingenhousz zeigte 1779, daß nur die grünen chlorophyllhaltigen Teile der Pflanze in der

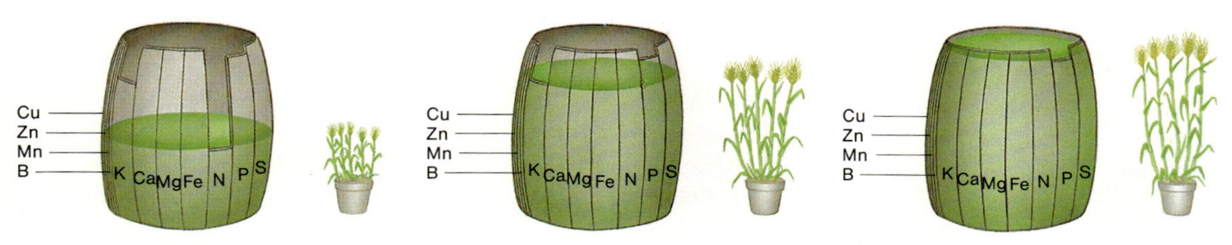

Abb. 117.1: Gesetz des Minimums: Der Pflanzenertrag (Füllung des Fasses) wird von dem am wenigsten verfügbaren Nährstoff (kürzeste Daube) bestimmt. Der größtmögliche Ertrag wird erreicht, wenn alle Nährstoffe in optimaler Menge vorhanden sind.

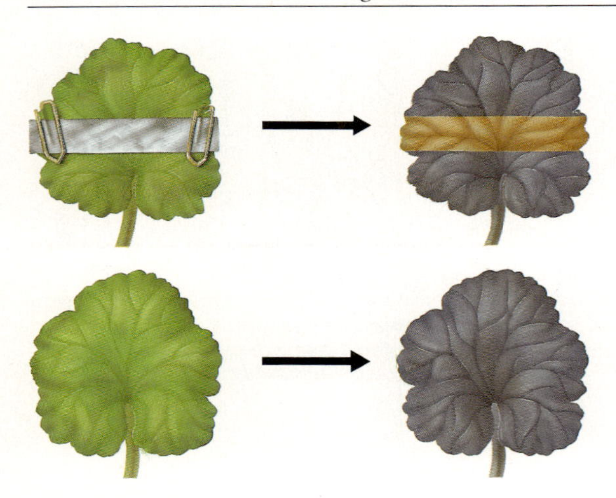

Abb. 118.1: Photosynthese eines teilweise verdunkelten und eines nicht verdunkelten Pelargonienblattes. Stärkenachweis durch Blaufärbung mit Iod-Iodkaliumlösung nach Extraktion der Blattfarbstoffe.

Abb. 118.2: Stärkenachweis nach Photosynthese in einem panaschierten Blatt

Lage sind, die Umwandlung zu vollziehen, und daß dazu immer Licht erforderlich ist. Bald darauf erkannte der französische Chemiker LAVOISIER, daß der entscheidende Anteil der »verbrauchten Luft« das Kohlenstoffdioxid ist und derjenige der »guten Luft« der Sauerstoff. 1783 bestätigte der Schweizer JEAN SENEBIER, daß grüne Pflanzen CO_2 aufnehmen.

Im Jahr 1804 beobachtete der Schweizer DE SAUSSURE, daß die Pflanze durch die Aufnahme des Kohlenstoffdioxids ihren Kohlenstoffgehalt vergrößert, also an Substanz zunimmt und dabei auch Wasser beteiligt ist, und endlich konnte 1862 der deutsche Botaniker JULIUS SACHS zeigen, daß sich bei diesem Vorgang in den Chloroplasten Stärke bildet. 1940 wurde erstmalig nachgewiesen, daß der bei der Photosynthese abgegebene Sauerstoff aus dem Wasser stammt.

2.1.2 Der Vorgang der Photosynthese

Die grüne Pflanze besitzt die Fähigkeit, aus Kohlenstoffdioxid und Wasser Kohlenhydrate aufzubauen und dabei Sauerstoff auszuscheiden. Weil zu diesem Vorgang Licht notwendig ist, bezeichnet man ihn als **Photosynthese.**

Folgende Versuche bestätigen dies: Man verdunkelt ein Blatt teilweise mit einer Schablone aus Aluminiumfolie und belichtet dann dieses Blatt einige Stunden lang (s. Abb. 118.1). Danach entfernt man das Blatt von der Pflanze und löst die Blattfarbstoffe heraus (z.B. mit Aceton oder Methanol). Setzt man nun eine Iod-Iodkaliumlösung hinzu, so färbt sich die gebildete Stärke blau. Eine Blaufärbung erfolgt nur an den vorher belichteten Stellen.

Belichtet man Stengel der Wasserpest in einem mit Wasser gefüllten Versuchsgefäß, so treten an den Schnittstellen Gasblasen aus (s. auch Abb. 119.1). Diese sammeln sich in einem geschlossenen Gefäß an. Mit einem glimmenden Span läßt sich darin Sauerstoff nachweisen. Während der Sauerstoffentwicklung entsteht in den Blättern auch Stärke. Diese wird nicht aus freier Glucose, sondern aus Glucose-Phosphat aufgebaut. Da sich aber das Glucose-Phosphat (s. Cytologie 7.5) auch zu anderen Zuckern umsetzen kann, gibt man in vereinfachten Reaktionsgleichungen als Photosyntheseprodukt Glucose an. Da aus Kohlenstoffdioxid und Wasser bei Energiezufuhr durch Belichtung Zucker und Sauerstoff entstehen, läßt sich der Vorgang der Photosynthese durch folgende Gleichung beschreiben:

$$6\ CO_2 + 6\ H_2O \xrightarrow{\text{Licht}} C_6H_{12}O_6 + 6\ O_2$$

$$\Delta G = +2875\ \text{kJ}$$

ΔG gibt den Energiebetrag an, der zum Aufbau von einem Mol Traubenzucker aus CO_2 und H_2O erforderlich ist (vgl. Cytologie 8.2).

Abb. 119.1: Nachweis der Abhängigkeit der Photosynthese (Kohlenstoff-Assimilation) von Licht und Kohlenstoffdioxid. Wasserpest als Versuchspflanze.

Nun sind sowohl CO_2 als auch H_2O niedermolekulare energiearme Verbindungen, während Zucker eine höhermolekulare Verbindung größeren Energieinhalts ist: Zucker verbrennt mit Sauerstoff zu Kohlenstoffdioxid und Wasser unter Freisetzung von Wärme. Von dieser Überlegung ausgehend, stellte der Heilbronner Arzt ROBERT MAYER als erster (1842) die These auf, daß bei der Photosynthese Lichtenergie in chemische Energie umgewandelt und in der von der Pflanze erzeugten organischen Substanz gespeichert wird: »Die Pflanzenwelt bildet ein Reservoir, in welchem die flüchtigen Sonnenstrahlen fixiert und zur Nutznießung geschickt niedergelegt werden.« Die Photosynthese verläuft in ihren Grundzügen bei allen Pflanzen gleich.

Der Engländer BLACKMAN untersuchte 1905 bei konstanter Temperatur die Wirkung verschiedener Lichtstärken auf die Photosynthese (s. Abb. 119.2). Wie erwartet, stieg anfänglich die Photosyntheseleistung mit wachsender Lichtintensität an, überschritt jedoch bei hohen Intensitäten einen bestimmten Höchstwert nicht. Man nennt diesen höchsten erreichbaren Wert der Photosynthese den Lichtsättigungspunkt. Nun untersuchte BLACKMAN die Wirkung der Temperatur (s. Abb. 119.3). Sie wirkt sich ganz verschieden aus, je nach der Stärke des Lichtes, dem die Pflanze ausgesetzt ist: Im Schwachlicht hat die Temperatur nur geringen Einfluß, bei starkem Licht steigt die Syntheserate dagegen mit der Temperatur an.

Nun steigt bei den lichtunabhängigen chemischen Reaktionen die Reaktionsgeschwindigkeit bei einer Temperaturerhöhung um 10 °C etwa auf das Doppelte an *(RGT-Regel)*. Reaktionen, bei denen das Licht unmittelbar chemische Vorgänge auslöst (*photochemische Reaktionen*, z.B. Belichtung eines Films), sind dagegen nahezu temperaturunabhängig. Dadurch lassen sich beide Arten von Prozessen voneinander unter-

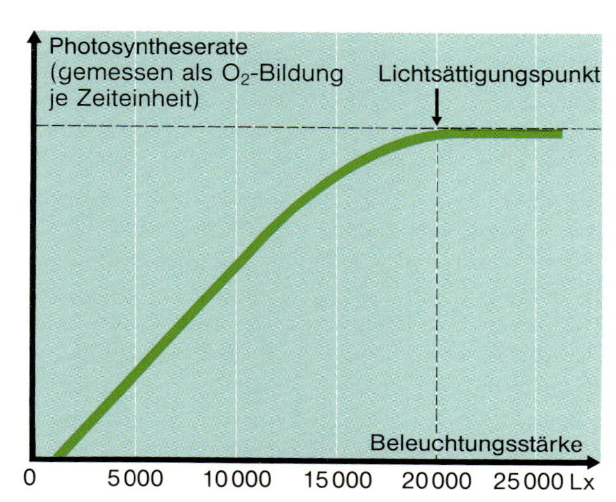

Abb. 119.2: Einfluß verschiedener Lichtstärken auf die Photosynthese

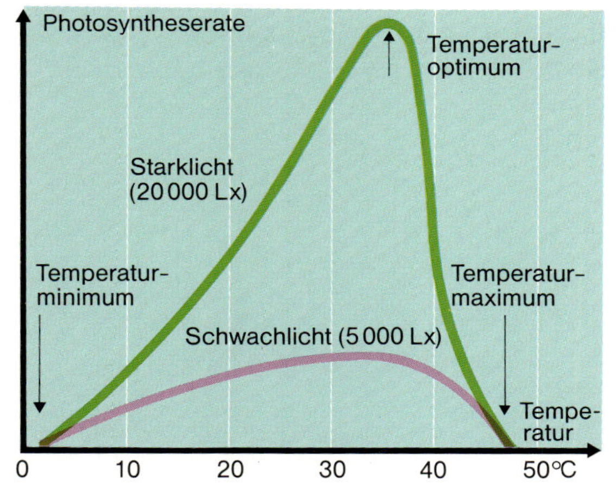

Abb. 119.3: Einfluß der Temperatur auf die Photosyntheserate bei niedriger und hoher Beleuchtungsstärke

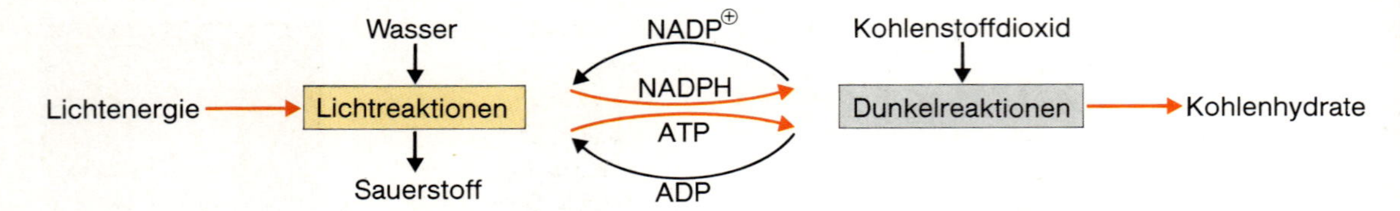

scheiden. BLACKMAN zog deshalb schon 1905 aus seinen Beobachtungen den Schluß, daß die Photosynthese aus zwei Reaktionsfolgen besteht: einer lichtabhängigen, jedoch temperaturunabhängigen Reaktion *(Lichtreaktion)* und einer weiteren, lichtunabhängigen, jedoch temperaturabhängigen Reaktion *(Dunkelreaktion)*. Aus der Annahme einer Licht- und einer Dunkelreaktion lassen sich die Kurven der Abbildungen 119.2 und 119.3 erklären. Die in der Lichtreaktion gebildeten Stoffe sind für die Dunkelreaktion notwendig. Bei niedriger Lichtintensität wird in der Lichtreaktion nur eine geringe Stoffmenge gebildet. Diese wird schon bei niedriger Temperatur in der Dunkelreaktion vollständig umgesetzt. Bei Temperaturerhöhung stehen keine zusätzlichen Stoffe für die Dunkelreaktion zur Verfügung; die Photosyntheserate bleibt daher bei Temperaturzunahme fast gleich. Bei hohen Lichtintensitäten läuft die Lichtreaktion dagegen in voller Stärke ab, so daß genügend Ausgangsstoffe für die nachfolgende Dunkelreaktion zur Verfügung stehen. Der Stoffumsatz bei der Dunkelreaktion steigt deshalb mit zunehmender Temperatur so lange an, bis die beteiligten Enzyme wegen zu hoher Temperatur unwirksam werden.

Weitere Untersuchungen ergaben, daß eine ganze Folge von Reaktionen durch das Licht ausgelöst wird, man spricht daher heute von **Licht- oder Primärreaktionen.** Der anschließende Stoffumsatz erfolgt ebenfalls in einer Reaktionskette (deren Ablauf kein Licht erfordert), den **Dunkel- oder Sekundärreaktionen.** Auch diese laufen aber normalerweise nur bei Licht ab, weil sie die Produkte der Lichtreaktionen benötigen.

In den Lichtreaktionen werden Chlorophyllmoleküle durch Lichtenergie angeregt, d.h. sie werden energiereicher (vgl. 2.2.4). Angeregte Chlorophyllmoleküle können Elektronen über mehrere Überträgerstoffe an die Substanz $NADP^+$ (vgl. 2.2.4) abgeben. Diese wird durch Aufnahme von 2 Elektronen reduziert und bindet dann $1\,H^+$ zu NADPH. Die Chlorophyllmoleküle holen sich für die abgegebenen Elektronen auf einem komplizierten Weg wieder Elektronen zurück. Dabei werden letztlich dem Wasser Elektronen entzogen und so die Wassermoleküle gespalten *(Photolyse des Wassers)*; Sauerstoff wird freigesetzt. Es liegt also eine Elektronentransportkette vor (s. unten).

Die in den angeregten Chlorophyllmolekülen enthaltene Energie dient außerdem auch zur Bildung von ATP *(Photophosphorylierung)*.

In der lichtunabhängig verlaufenden Kette von Dunkelreaktionen wird aus dem aufgenommenen Kohlenstoffdioxid und dem Wasserstoff des NADPH Zucker ($C_6H_{12}O_6$) aufgebaut. Die dafür notwendige Energie liefert das bei den Lichtreaktionen gebildete ATP.

2.1.3 Bedeutung und Stoffumsatz der Photosynthese

Von den Pflanzen ernähren sich direkt oder indirekt alle übrigen Organismen, auch der Mensch. Die Photosynthese ist demnach die Existenzgrundlage für nahezu alle Lebewesen (eine Ausnahme bilden nur wenige Bakterienarten, s. 3).

Der Verbrauch an Kohlenstoffdioxid durch die assimilierenden Pflanzen ist gewaltig. Schätzungsweise

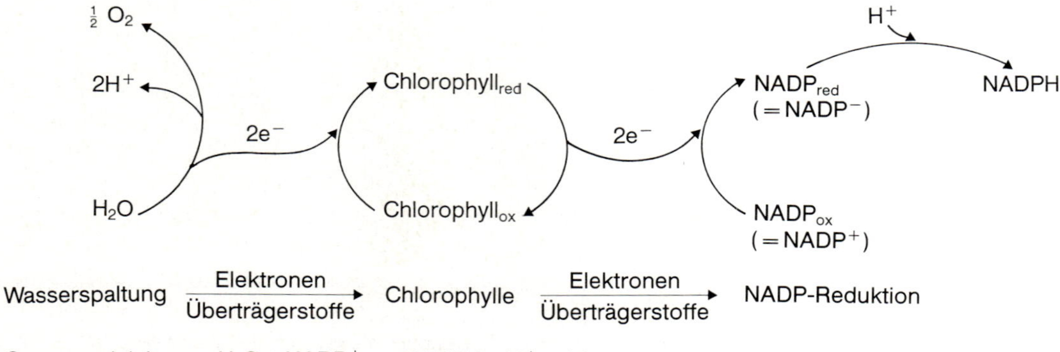

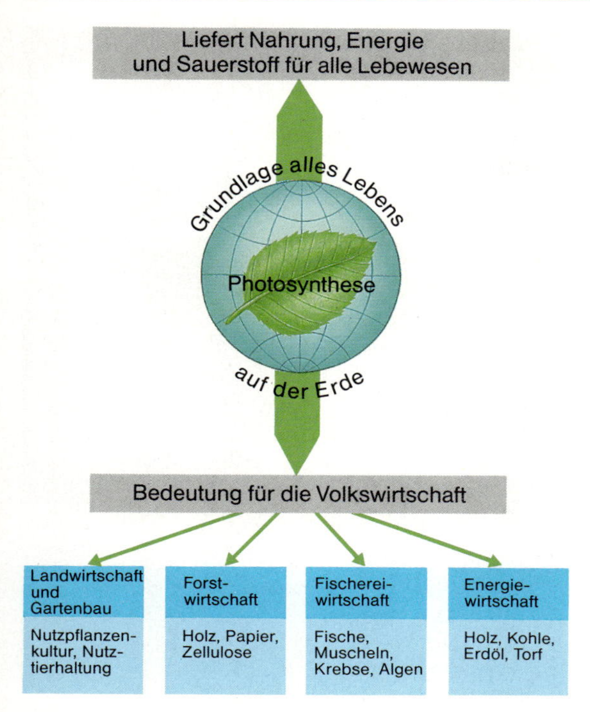

Abb. 121.1: Die Photosynthese ist die Lebensgrundlage aller Organismen (außer den wenigen Chemosynthese treibenden Bakterienarten, s. 3). Dem Menschen liefert die Photosynthese nicht nur Sauerstoff, Nahrungsmittel und Energie, sondern auch Ausgangsstoffe für Arzneimittel, Genußmittel und viele Produkte der Technik.

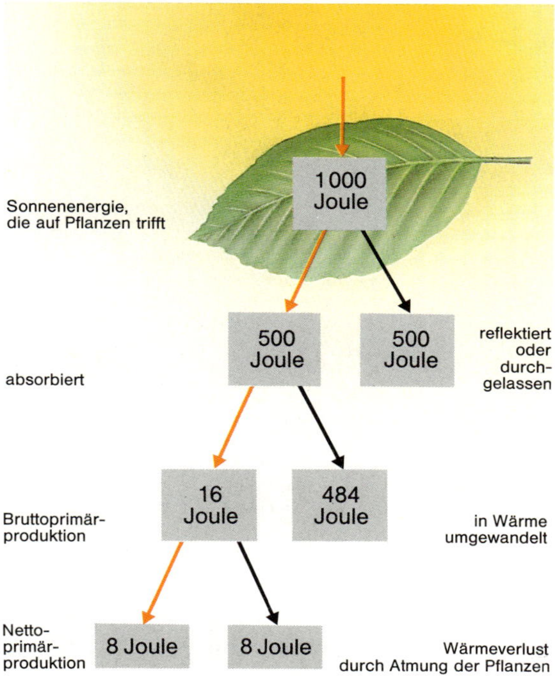

Sonnenenergie, die auf Pflanzen trifft
1000 Joule
absorbiert
500 Joule
500 Joule
reflektiert oder durchgelassen
Bruttoprimärproduktion
16 Joule
484 Joule
in Wärme umgewandelt
Nettoprimärproduktion
8 Joule
8 Joule
Wärmeverlust durch Atmung der Pflanzen

Abb. 121.2: Ausnutzungsgrad des auf grüne Pflanzen auftreffenden Sonnenlichts. Nur 50% davon werden von den Pflanzen absorbiert und von diesen nur 3% zur Photosynthese verwendet.

werden jährlich 600 Milliarden Tonnen Kohlenstoffdioxid und 250 Milliarden Tonnen Wasser durch die Photosynthese mit einem Energieaufwand von 10^{18} kJ in 400 Milliarden Tonnen Kohlenhydrate umgewandelt; dabei entstehen 450 Milliarden Tonnen Sauerstoff. 1 m^2 Blattfläche (die Blattfläche einer mittelgroßen Sonnenblume) erzeugt stündlich etwa $\frac{1}{2}$ g Stärke.

Der Kohlenstoffdioxidvorrat der Luft wäre in wenigen Jahrzehnten erschöpft, wenn er nicht ständig durch Atmung und Gärung ergänzt würde (vgl. Abb. 135.1).

2.1.4 Das Blatt als Organ der Photosynthese

In allen chlorophyllhaltigen Geweben kann Photosynthese ablaufen. Bei den meisten höheren Pflanzen übernehmen aber besonders ausgebildete Organe mit großer Oberfläche, die Laubblätter, den Hauptanteil an der Photosynthese.

Ein Querschnitt durch ein Blatt zeigt, daß die oberste Schicht, die *Epidermis,* in der Regel nur aus einer einzigen Lage lebender, meist chlorophyllfreier Zellen besteht, die lückenlos zusammenschließen. Ihre Außenwände sind stark verdickt und von der *Kutikula*, einer wasserundurchlässigen Schutzschicht, überzogen. Darunter folgen eine oder mehrere Lagen langgestreckter Zellen, die senkrecht zur Oberfläche stehen: das *Palisadengewebe*. Sie enthalten reichlich Chlorophyll. Das Palisadengewebe ist der Hauptort der Photosynthese. Das darunterliegende *Schwammgewebe* enthält große Hohlräume und dient der Durchlüftung des Blattes. Den unteren Abschluß des Blattes bildet eine Schicht Epidermiszellen, die von zahlreichen schlitzförmigen Poren, den *Spaltöffnungen,* durchbrochen ist (Abb. 122.3). Sie stehen mit dem Hohlraumsystem im Blattinneren *(Interzellularsystem)* in Verbindung und vermitteln den Gasaustausch. Das Blatt ist von dem reichverzweigten Netz der Blattadern *(Leitbündel)* durchzogen, die auch seine Fläche versteifen.

Die Anordnung der Blätter an der Sproßachse erfolgt so, daß jedes Blatt zu möglichst hohem Lichtgenuß gelangt. Daher beobachtet man häufig schraubige Blattstellungen.

Änderung der Spaltöffnungsweite. Die Spaltöffnungen verbinden das Interzellularsystem mit der Außenluft. Sie

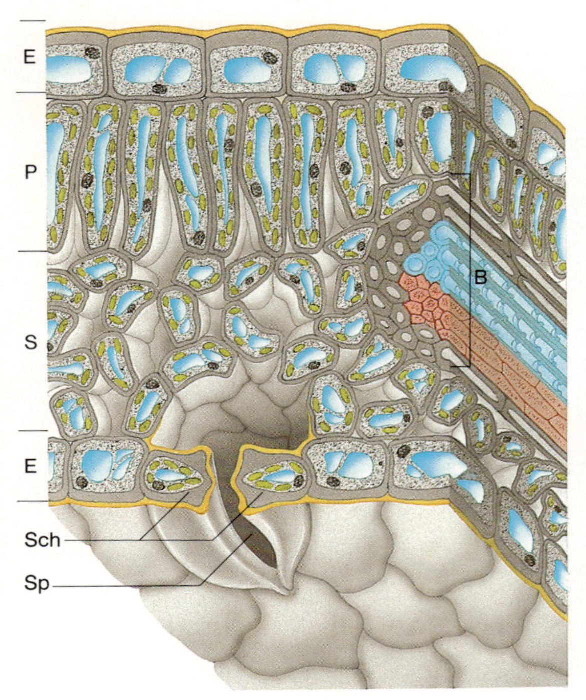

Abb. 122.1: Bau eines Blattes. B Blattader (Leitbündel), E Epidermis mit Kutikula, P Palisadengewebe, S Schwammgewebe, Sch Schließzellen, Sp Spalt der Spaltöffnung. Die zusammenhängenden Hohlräume im Blattinnern (Interzellularsystem) dienen dem Gasaustausch.

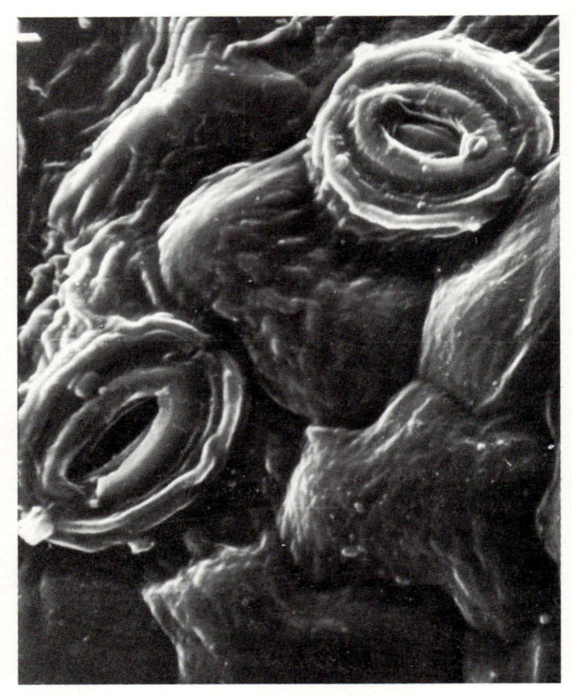

Abb. 122.3: Spaltöffnungen auf der Blattunterseite des Ahorns. Rasterelektronenmikroskopische Aufnahme, Vergrößerung 1800fach.

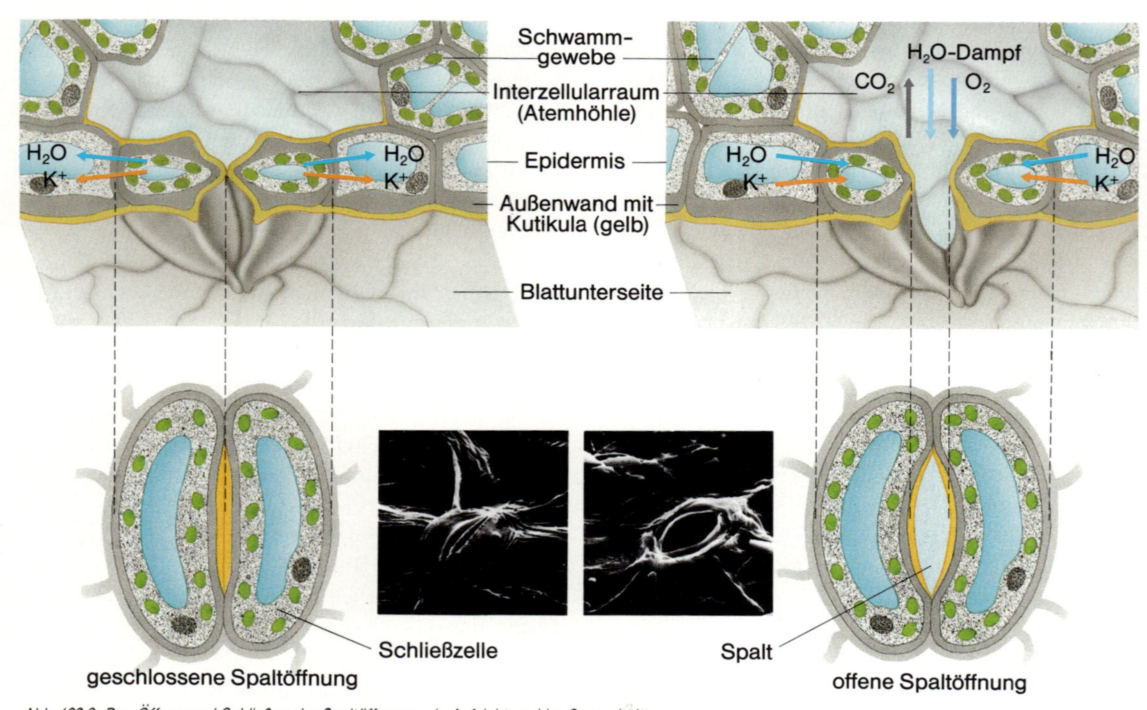

Abb. 122.2: Das Öffnen und Schließen der Spaltöffnungen in Aufsicht und im Querschnitt

liegen zwischen zwei Schließzellen. Diese enthalten Chloroplasten im Unterschied zu den andern (chloroplastenfreien) Epidermiszellen. Die Wände der Schließzellen sind ungleichmäßig verdickt (Abb. 122.2), die Außen- und Innenwände sind dick, die Wände zu den Nachbarzellen dagegen dünn. Bei Belichtung wird in den Schließzellen durch Photophosphorylierung viel ATP gebildet. Mit dessen Energie werden K^+-Ionen durch aktiven Transport entgegen dem Konzentrationsgefälle aus den Nachbarzellen in die Schließzellen gepumpt. Die Anhäufung dieser Ionen läßt den osmotischen Wert der Schließzellen ansteigen. Daher strömt aus den Zellwänden und den Nachbarzellen Wasser nach, der Innendruck der Schließzellen steigt und ihre dünnen Wände wölben sich: der Spalt zwischen den Schließzellen öffnet sich.

Nach Eintritt der Dunkelheit hört die Photosynthese auf; es wird viel weniger ATP gebildet und die K^+-Ionen wandern entsprechend dem Konzentrationsgefälle wieder in die Nachbarzellen. Infolgedessen sinkt der osmotische Wert der Schließzellen, Wasser wird an die andern Zellen abgegeben und die zuvor prall gefüllten Schließzellen erschlaffen: der Spalt schließt sich. Bei großer Trockenheit erschlaffen die Schließzellen infolge Wasserverlustes und der Spalt schließt sich ebenfalls, was die Wasserabgabe der Pflanze hemmt. Der Öffnungszustand wird außerdem reguliert durch die CO_2-Konzentration in den Interzellularen. Niedrige CO_2-Konzentration führt zur Öffnung, hohe zum Verschließen der Spaltöffnung. Wird tagsüber durch Photosynthese das CO_2 verbraucht, so bleiben die Spalten (bei guter Wasserversorgung) offen. Hört bei Eintritt der Dunkelheit die Photosynthese auf, so steigt die CO_2-Konzentration und der Spalt schließt sich.

Zusammenhang von Bau und Funktion des Blattes. Die flächenhafte Ausbreitung begünstigt die Lichtabsorption. Bei der geringen Dicke der Blätter liegen die Spaltöffnungen nahe am assimilierenden Gewebe. Außerdem bewirken die lockere Anordnung der assimilierenden Zellen und das weitverzweigte Hohlraumsystem im Blattinneren, daß ein beträchtlicher Teil der Zellwände direkt mit Luft in Berührung kommt, wodurch der Gasaustausch gefördert wird.

Während der Photosynthese findet im Blattinnern ein ununterbrochener Transport von Stoffen statt. Die Wasserleitungsbahnen in den Blattadern liefern Wasser an und geben es an alle Zellwände ab, aus denen es ins Zellinnere gelangt. Aus den Zellwänden geht das Wasser durch Verdunstung auch als Wasserdampf in das Hohlraumsystem über und tritt – ebenso wie der bei der Photosynthese gebildete Sauerstoff – durch die Spaltöffnungen aus. Gleichzeitig diffundiert durch die Spaltöffnungen Kohlenstoffdioxid in das Hohlraumsystem des Blattes ein und gelangt ebenfalls in die Zellen. Hauptsächlich bei Nacht verwandelt sich Stärke wieder in Zucker zurück, der über die Siebteile der Leitbündel in andere Teile der Pflanze transportiert wird.

Durch die außerordentlich große Anzahl von Spaltöffnungen auf der Unterseite eines Laubblattes ist eine ausreichende Zufuhr von Kohlenstoffdioxid gesichert (s. auch Tab. 123/1). Auf die Fläche von 1 mm^2 kommen durchschnittlich 50–500 Spaltöffnungen.

Bei den blutfarbenen Laubblättern (Blutbuche, Bluthasel) wird das Chlorophyll von den im Zellsaft gelösten Anthocyanfarbstoffen überdeckt. Die Färbung des Herbstlaubes entsteht durch Abbau des Chlorophylls, so daß die in den Blattzellen ebenfalls vorhandenen gelben bis rötlichen Farbstoffe (Carotinoide) sichtbar werden. Manche Arten bilden im Herbst noch zusätzlich Anthocyan. Die Abbaustoffe des Chlorophylls sind braun.

2.1.5 Die Abhängigkeit der Photosynthese von Außeneinflüssen

Einfluß des Lichtes. Die Ansprüche an das Licht sind nicht bei allen Pflanzen gleich. Die *Sonnenpflanzen* brauchen volles Licht und sterben bei Beschattung allmählich ab. *Schattenpflanzen* gedeihen im Streulicht, wogegen längerzeitige volle Bestrahlung für sie tödlich ist.

Bei Sonnenpflanzen finden wir häufig kleinere, aber dicke, derbe Blätter mit mehrschichtigem Palisadengewebe. Oft haben sie noch Überzüge von Wachs oder von toten Haaren, durch welche die Strahlung stärker reflektiert wird und damit die Verdunstung abgeschwächt wird.

Schattenpflanzen besitzen meist dünne, zarte, oft recht große Blätter, die sich flach ausbreiten, um möglichst viel von dem spärlichen Licht aufzufangen. Das Palisadengewebe ist einschichtig und niedrig, das Schwammgewebe lokker. Beide enthalten reichlich Chlorophyll.

Tabelle 123/1: Photosynthese-Leistung eines Laubbaumes

Eine 100jährige Buche hat:	• 600 000 Blätter • 1200 m^2 Blattfläche mit 120 000 000 000 Spaltöffnungen • 10^{14} Chloroplasten mit 180 g Chlorophyll und • 15 000 m^2 innere Oberfläche des Blatt-Hohlraumsystems zum Gasaustausch
An einem Sonnentag werden	• 9400 l CO_2 assimiliert; dazu sind 36 000 000 l Luft erforderlich; • 9400 l O_2 erzeugt, das entspricht dem Sauerstoffgehalt von $\frac{9400 \cdot 100}{21}$ = 45 000 l Luft (Bedarf von etwa 10 Menschen); • 400 l Wasser verdunstet; • 12 kg Kohlenhydrate gebildet.

Abb. 124.1: Schattenblatt (a) und Lichtblatt (b) der Buche

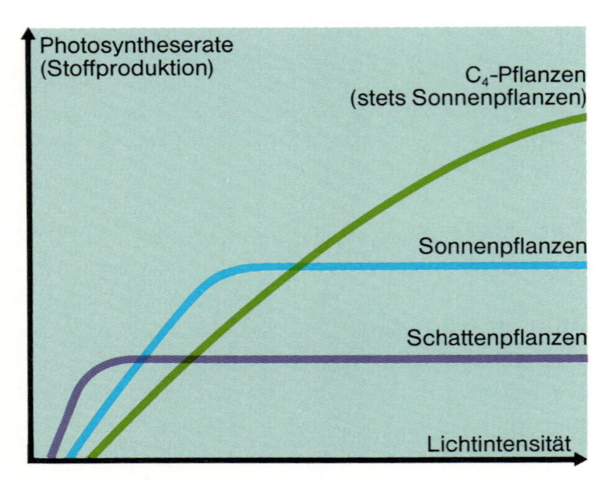

Abb. 124.2: Abhängigkeit der Photosyntheserate von der Lichtintensität bei verschiedenen Pflanzengruppen (zu C_4 - Pflanzen vgl. 2.2.7)

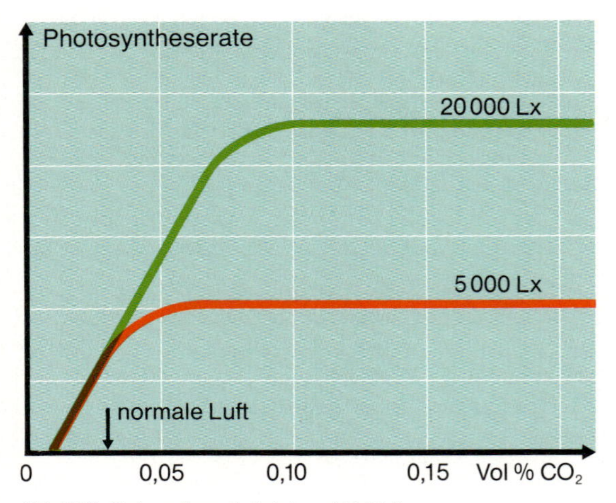

Abb. 124.3: Photosyntheserate bei einem Lichtblatt in Abhängigkeit von der CO_2-Konzentration und der Lichtintensität. Zunächst steigt die Photosynthese mit zunehmendem CO_2-Angebot, dann jedoch begrenzt die herrschende Lichtintensität die Photosynthese. Dies ist ein Beispiel dafür, daß sich die Außenfaktoren in ihrer Wirkung wechselseitig beeinflussen.

Beide Blattformen können an ein und derselben Pflanze vorkommen (so z.B. bei der Buche). Die der Sonne ausgesetzten äußeren Blätter der Buche sind klein, dick und derb, die inneren »Schattenblätter« dagegen groß, dünn und viel zarter gebaut (Abb. 124.1 a und b).

Die Sonnenpflanzen haben die höchste Photosyntheserate nur bei vollem Lichtgenuß, wo sie den Schattenpflanzen weit überlegen sind, während die Schattenpflanzen auch unter recht dürftigen Lichtverhältnissen noch mehr produzieren, als sie für ihren Betriebsstoffwechsel benötigen (Abb. 124.2).

Bei einer bestimmten Lichtintensität verbraucht eine Pflanze bei der Photosynthese genausoviel Kohlenstoffdioxid wie sie bei der Atmung bildet. Der Verlust organischer Stoffe infolge der Atmung wird durch die Stoffproduktion bei der Photosynthese gerade ausgeglichen (kompensiert). Die Lichtintensität, bei der diese Bedingung erfüllt ist, heißt *Lichtkompensationspunkt* der Photosynthese. Er wird bei Sonnenpflanzen erst bei höherer Lichtintensität erreicht als bei Schattenpflanzen.

Einfluß der Temperatur. Wie schon dargestellt (vgl. Abb. 119.3) sind die Dunkelreaktionen der Photosynthese temperaturabhängig. Die Photosynthesevorgänge setzen bei einer Mindesttemperatur ein (bei frostharten Pflanzen etwa bei −1 °C), nehmen mit steigender Temperatur an Geschwindigkeit zu und nach Erreichen eines Optimums wieder ab. Die Photosynthese hört schließlich bei einer maximalen Temperatur ganz auf. Die Minimum-, Optimum- und Maximum-Temperatur der Photosynthese ist artverschieden. Bei der Kultur einer Nutzpflanze in Gewächshäusern kann ihr *Temperatur-Optimum* eingestellt werden.

Einfluß des Kohlenstoffdioxids. Die Photosyntheseleistung wird bei hinreichender Lichtintensität durch eine Erhöhung des CO_2-Gehaltes der Luft verbessert (Abb. 124.3). Düngung mit Stallmist und Kompost reichert die bodennahe Luftschicht mit CO_2 an, weil die organischen Stoffe dieser Dünger durch Mikroorganismen (Destruenten) zersetzt werden. Bei Intensivkulturen in Gewächshäusern ist eine CO_2-Düngung (aus CO_2-Gasflaschen) möglich.

Einfluß des Wassers. Bei Trockenheit schließen sich die Spaltöffnungen; dadurch sinkt die Aufnahme von CO_2 und damit die Photosyntheseleistung. Künstliche Bewässerung in Trockenzeiten erhöht die Luftfeuchtigkeit in Kulturen, dadurch die Spaltöffnungsweite und somit auch die Stoffproduktion.

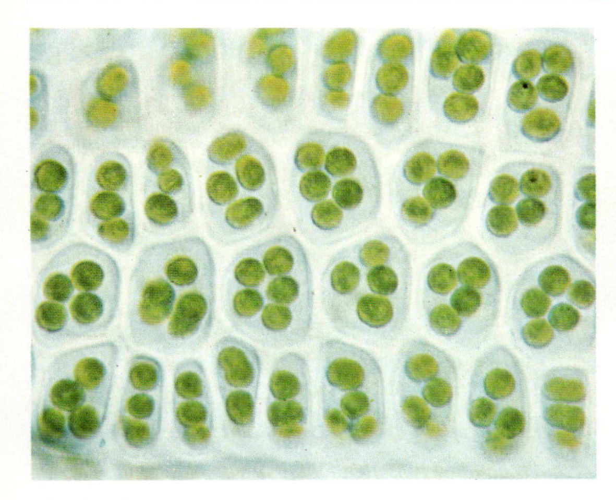

Abb. 125.1: Chloroplasten in Blattzellen des Mooses Mnium

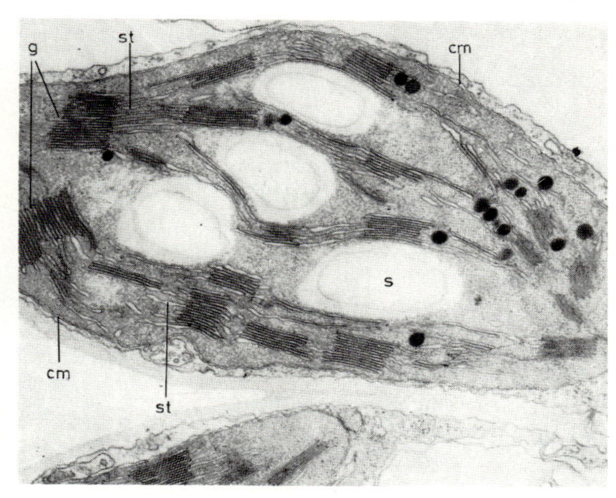

Abb. 125.2: Chloroplast (elektronenmikroskopisch). Vergrößerung etwa wie Abb. 126.1, ca. 150000fach. cm Hülle, g Granum, s Stärkekorn, st Matrix-Thylakoid

In der Natur sind die erwähnten Faktoren stets gemeinsam wirksam. Die Stoffproduktion einer Pflanze hängt deshalb immer von demjenigen Faktor ab, der im Minimum vorhanden ist (vgl. 1.).

2.2 Die Photosynthese als physikalischer und chemischer Vorgang

2.2.1 Der Chloroplast als Organell der Photosynthese

Die Photosynthese beginnt mit der Absorption von Licht durch bestimmte Blattfarbstoffe, die im Membransystem der Chloroplasten liegen (s. Abb. 126.1). In diesen Membranen laufen auch die Reaktionen ab, durch welche die Lichtenergie in chemische Energie umgewandelt wird.

Der Bau der Chloroplasten. Chloroplasten sind bei den Blütenpflanzen linsenförmige Organellen von 2–8 µm Länge, die oft zu Hunderten in einer Zelle liegen. Sie sind von einer Hülle (aus zwei Membranen) begrenzt. Die innere Hüllmembran bildet zahlreiche, lamellenartige, flachgedrückte Membransäckchen (Thylakoide) im Innenraum des Chloroplasten aus (s. Abb. 125.2, 126.1 und 126.2). Sie sind oft wie Münzen in einer Geldrolle gestapelt. Diese Thylakoidstapel heißen *Grana* (Einzahl *Granum*), sie liegen in der Grundsubstanz des Chloroplasten, der *Matrix* (= *Stroma*). In den Membranen liegt das *Chlorophyll*.

Isolierte Chloroplasten erzeugen bei Belichtung Sauerstoff und Kohlenhydrate, können also auch außerhalb der Zelle noch photosynthetisch aktiv sein. Sie enthalten demnach alle für die Photosynthese benötigten Enzyme.

2.2.2 Die Lichtabsorption durch die Blattfarbstoffe

Die von der Sonne ausgehenden Lichtstrahlen lassen sich als elektromagnetische Wellen auffassen. Manche Eigenschaften des Lichtes werden allerdings besser verständlich, wenn man Lichtstrahlen als einen Strom winziger Energieteilchen betrachtet; man nennt diese Teilchen Lichtquanten oder Photonen.

Die Vorstellung vom Licht als Strom von Lichtquanten erweist sich für die Untersuchung der Lichtabsorption durch Moleküle als vorteilhaft. Die Energie eines Lichtquants ist von der Frequenz und damit auch von der Wellenlänge des Lichtes abhängig; sie wird durch die Gleichung

$$W = h \cdot f = \frac{h \cdot c}{\lambda} \quad (c = f \cdot \lambda)$$

ausgedrückt (h = Plancksches Wirkungsquantum, Proportionalitätsfaktor, c = Lichtgeschwindigkeit, f = Frequenz des Lichts, λ = Wellenlänge des Lichts). Daraus folgt, daß Quanten des kurzwelligen Lichtes energiereicher sind als Quanten des langwelligen Lichtes.

Die Bedeutung der **Blattfarbstoffe** für die Photosynthese ergibt sich aus folgendem Versuch: Man belichtet ein panaschiertes (weiß-grün-geflecktes) Blatt einige Stunden lang und extrahiert anschließend die Blattfarbstoffe (s. Abb. 127.1). Dann legt man das Blatt in eine Iodlösung; sie färbt die durch die Photosynthese gebildete Stärke blau. Dabei stellt man

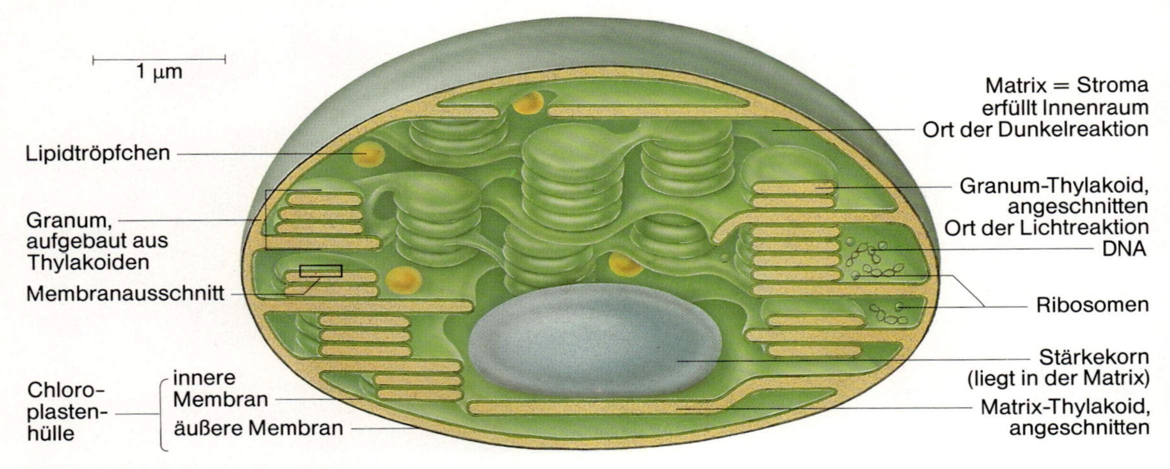

Abb. 126.1: Schema des Chloroplastenaufbaus. Der eingezeichnete Membranausschnitt ist vergrößert wiedergegeben in Abb. 126.2.

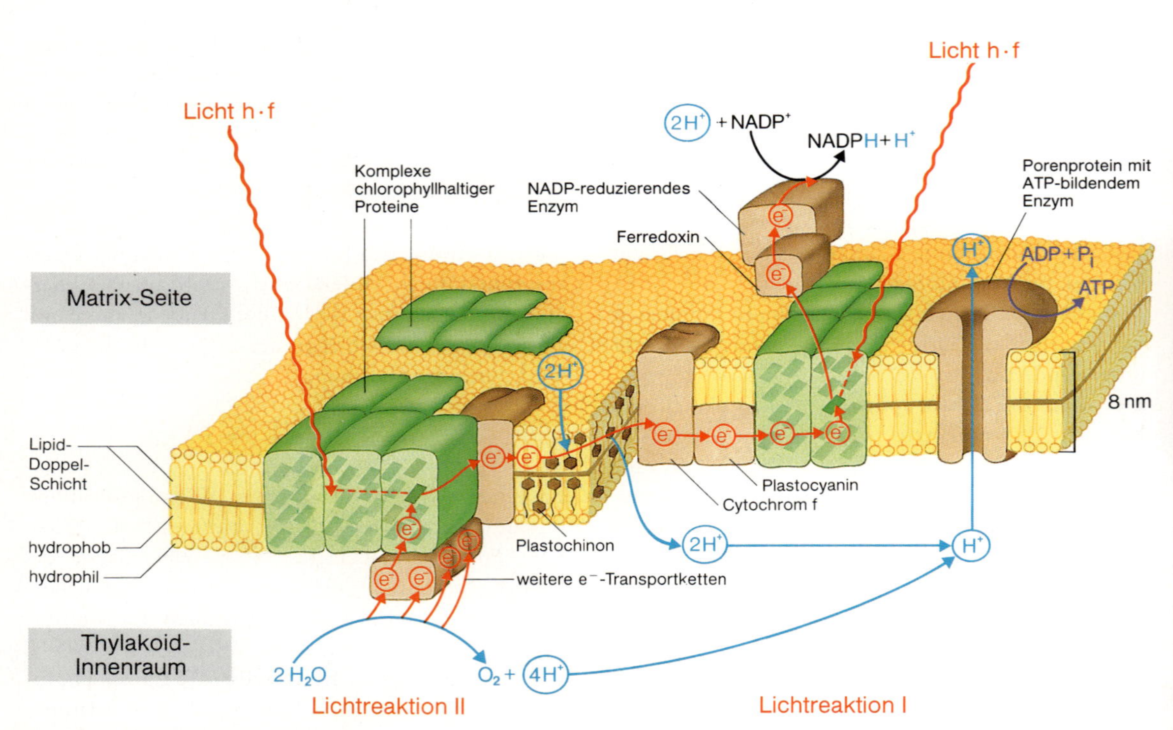

Abb. 126.2: Ausschnitt aus der Thylakoidmembran. Vorgänge bei den Lichtreaktionen. ATP kann nur gebildet werden, wenn durch ein Porenprotein H^+ hindurchwandert, im Innern des Thylakoids muß sich deshalb zuvor H^+ anreichern (z. B. durch Wasserspaltung).

Bei der Atmungskette entsteht ATP auf gleiche Weise. Das Bild zeigt eindrucksvoll, wie kompliziert selbst mikroskopisch kleine Gebilde (hier eine Membran) im Organismus zusammengesetzt sind und wie geordnet auch im Mikrobereich verwickelte Vorgänge ablaufen.

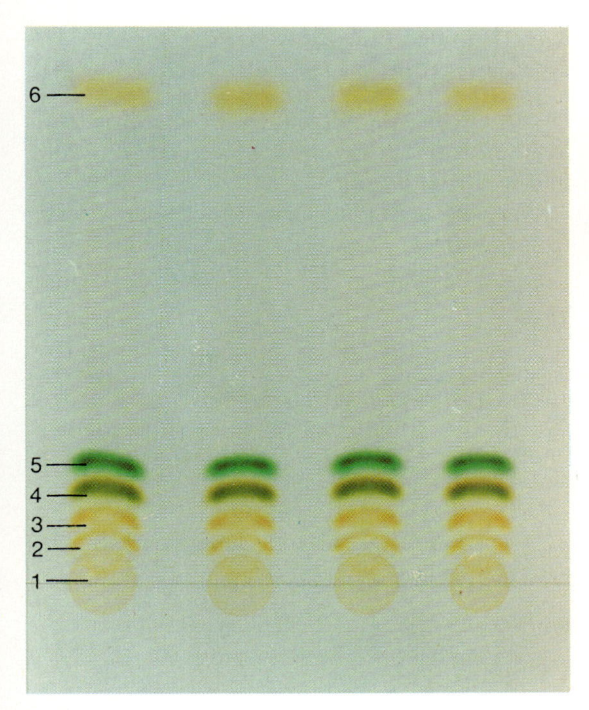

Abb. 127.1: Chromatogramm der Blattfarbstoffe. 1-3 Xanthophylle, 4 Chlorophyll b, 5 Chlorophyll a, 6 Carotine (Kieselgel-Dünnschichtplatte, Laufmittel: Petrolether-Aceton 7:3)

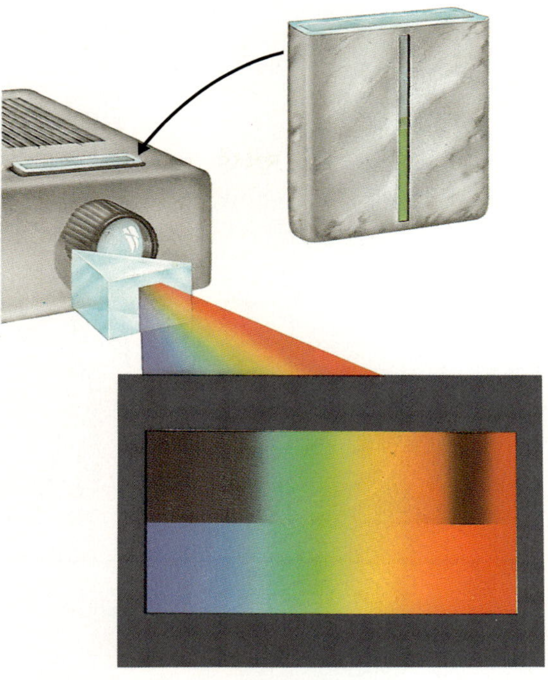

Abb. 127.2: Demonstration des Absorptionsspektrums der Blattfarbstoffe. Die Küvette ist zur Hälfte mit Blattfarbstoffextrakt gefüllt. Im Spektrum erkennt man, welche Bereiche absorbiert werden. Infolge der Umkehr im Strahlengang ist das Spektrum des Lichts, das den Extrakt durchlief, oben zu sehen.

fest, daß sich Stärke nur an den vorher grünen Stellen gebildet hat. Zur Untersuchung der Blattfarbstoffe müssen diese in reiner Form gewonnen werden. Man extrahiert sie mit einem geeigneten Lösungsmittel aus den Blättern und trennt sie dann durch *Dünnschichtchromatographie* voneinander (vgl. Cytologie 7.8).

Im Chromatogramm erkennt man *Chlorophyll a* und *b* sowie mehrere rötlich bis gelb gefärbte *Carotinoide* (Carotine und Xanthophylle) (Abb. 127.1). Ihr Absorptionsvermögen bei den verschiedenen Wellenlängen läßt sich ermitteln, indem man das Licht spektral zerlegt und die einzelnen Anteile des Spektrums durch eine Lösung der Blattfarbstoffe schickt. So erhält man ein *Absorptionsspektrum* für jeden Farbstoff. Die Abb. 127.2 zeigt, daß die Blattfarbstoffe vor allem im blauen und roten Bereich des Spektrums absorbieren. Weil sie blaue und rote Strahlung absorbieren, grüne aber reflektieren, erscheinen Chlorophylle und chlorophyllhaltige Pflanzenteile grün.

Licht verschiedener Wellenlänge ist für die Photosynthese unterschiedlich wirksam. Dies konnte ENGELMANN schon im vergangenen Jahrhundert durch einen Versuch mit Bakterien (Abb. 128.1) nachweisen. Er projizierte ein durch ein Prisma erzeugtes Spektrum auf einen Algenfaden. Je stärker die photosynthetische Wirksamkeit eines bestimmten Spektralbereiches war, desto mehr Sauerstoff entstand an diesem Abschnitt durch die Photosynthese. Zugesetzte sauerstoffliebende Bakterien sammelten sich besonders dort an, wo Sauerstoff durch Photosynthese reichlich gebildet wurde. Die Menge der Bakterien diente also als Maß für die Photosyntheseleistung.

Vergleicht man die Bereiche, in denen sich die meisten Bakterien sammelten, mit dem Absorptionsspektrum von Chlorophyll, so erkennt man, daß die Bereiche hoher photosynthetischer Aktivität mit den Absorptionsmaxima von Chlorophyll im Rot- und Blaubereich zusammenfallen. Blaue Strahlung ist – obwohl kurzwellig und somit energiereicher – photosynthetisch nicht stärker wirksam als rote Strahlung.

Bestrahlt man Pflanzen mit Licht verschiedener Wellenlänge und bestimmt aus der gebildeten Sauerstoffmenge die Photosyntheserate für jede Wellenlänge, so erhält man das *Wirkungsspektrum der Photosynthese*. Es stimmt mit dem Absorptionsspektrum der Chlorophylle weitgehend überein. Dies beweist, daß Chlorophylle die wichtigsten Farbstoffe der Photosynthese sind. *Stets ist die Übereinstimmung des Absorptionsspektrums eines Farbstoffs mit dem Wirkungsspektrum einer Reaktion der wichtigste Hinweis auf eine Funktion des Farbstoffs bei dieser Reaktion.*

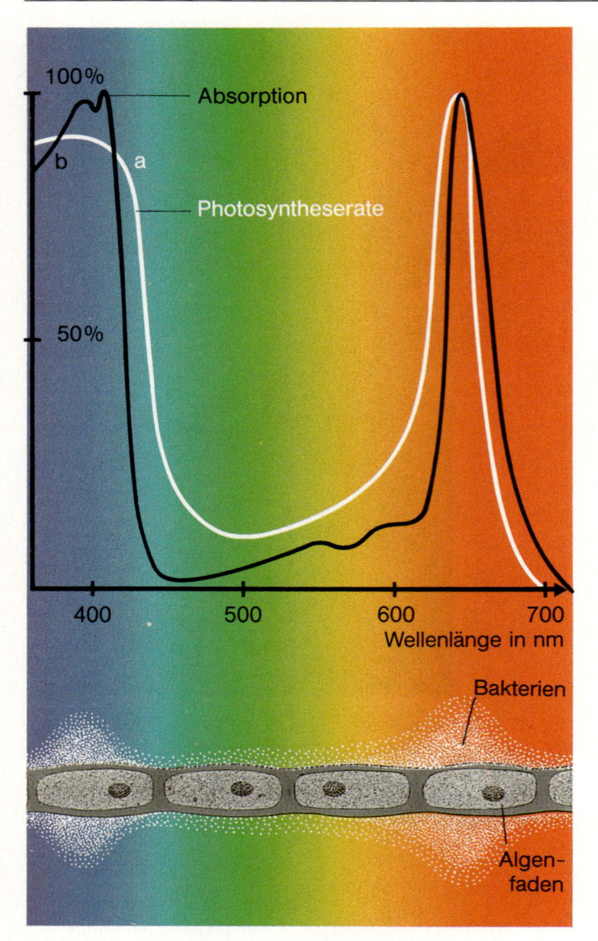

Abb. 128.1: Kurve a Photosyntheserate bei den verschiedenen Wellenlängen - Wirkungsspektrum der Photosynthese. Die Photosyntheserate entspricht der Menge des freigesetzten Sauerstoffs. Kurve b Absorptionsspektrum von Chlorophyll a. Unten: ENGELMANNscher Bakterienversuch. Man sieht, daß die Hauptabsorptionsbereiche des Chlorophylls a photosynthetisch besonders wirksam sind (Wellenlänge in nm).

Im Bereich zwischen 450 und 500 nm weichen Wirkungsspektrum der Chlorophylle und Absorptionsspektrum voneinander ab. In diesem Bereich absorbieren die Farbstoffe aus der Gruppe der Carotinoide. Davon tragen einige zur Photosynthese bei, indem sie die Energie auf Chlorophyll a übertragen. Auch Chlorophyll b überträgt die Energie des absorbierten Lichts auf Chlorophyll a.

Bei Wellenlängen über 690 nm absorbiert Chlorophyll a noch erheblich, die Photosynthese-Leistung ist aber gering. Die Untersuchung dieser Abweichung zeigte, daß am Ablauf der Lichtreaktion zwei verschiedene Chlorophylle a beteiligt sind, wovon nur eines bei Wellenlängen über 690 nm absorbiert. Man unterscheidet sie als Chlorophyll a_I und Chlorophyll a_{II}. Erst das Zusammenspiel beider erbringt die volle Photosyntheseleistung. Diese erfordert also zwei miteinander verknüpfte Lichtreaktionen.

2.2.3 Licht- und Dunkelreaktionen der Photosynthese

Der Nachweis von Licht- und Dunkelreaktionen sowie die Bilanzgleichung der Photosynthese (s. 2.1.2) führen zu zwei Fragen:
- Wie wird die Lichtenergie in chemische Energie umgewandelt?
- Wie geht der Aufbau der Kohlenhydrate (Zucker, Stärke) vor sich?

Sie konnten mit Hilfe des Hauptversuchsobjektes der Photosyntheseforschung, der einzelligen, kugeligen Grünalge der Gattung *Chlorella* (vgl. Abb. 129.1) geklärt werden. *Chlorella* vermehrt sich rasch durch Zellteilung, so daß in kurzer Zeit große Mengen untereinander gleicher Zellen für Experimente verfügbar sind.

2.2.4 Die Primärreaktionen (Lichtreaktionen) der Photosynthese

Primärreaktionen wandeln Lichtenergie in chemische Energie um. Dies geschieht durch Reaktionen, die in den Membranen der Chloroplasten ablaufen. Bei diesen wird: 1. Wasser gespalten **(Photolyse des Wassers)**, 2. ATP gebildet **(Photophosphorylierung)**.

Die Absorption von Lichtenergie versetzt Chlorophyllmoleküle in einen energiereicheren *angeregten* Zustand, weil ein Elektron des Moleküls vom energetischen Grundzustand auf ein höheres Energieniveau gehoben wird (s. Abb. 129.2). Die Rückkehr dieses Elektrons in den Grundzustand (innerhalb 10^{-9} s) setzt die aufgenommene Energie wieder frei. Diese dient entweder als »Triebkraft« einer endergonischen chemischen Reaktion oder wird als Wärmeenergie oder aber in Form von Fluoreszenzstrahlung frei. Die Energieabgabe durch Fluoreszenzstrahlung zeigt sich bei Belichtung einer Chlorophyll-Lösung mit Blaulicht; die Lösung erscheint dann leuchtend rot.

Wasserspaltung. Bei der Photosynthese entsteht Sauerstoff. Dieser kann theoretisch aus CO_2 oder aus H_2O stammen. Einen ersten Hinweis geben Beobachtungen an purpurfarbenen Schwefelbakterien. Sie verwenden bei der Photosynthese neben CO_2 nicht H_2O, sondern H_2S als Ausgangssubstanz und bilden Schwefel. Ihre Photosynthese läuft nach folgender Gleichung ab:

$$6\,CO_2 + 12\,H_2S \xrightarrow{\text{Licht}} C_6H_{12}O_6 + 12\,S + 6\,H_2O$$

Im übrigen läuft aber die Photosynthese bei den Schwefelbakterien genau so ab wie bei grünen Pflanzen. Man darf daher vermuten, daß letztere das Was-

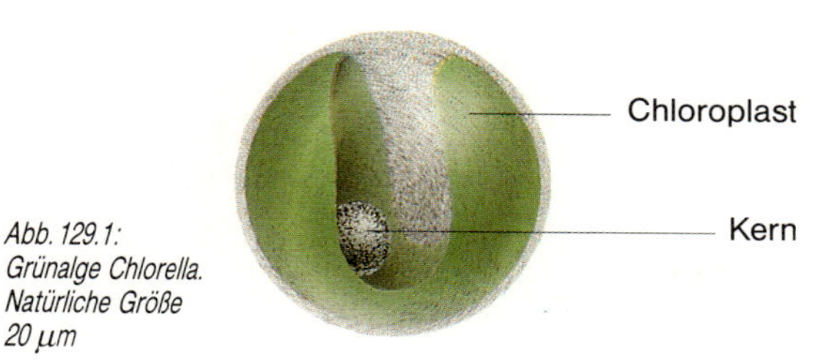

Abb. 129.1: Grünalge Chlorella. Natürliche Größe 20 µm

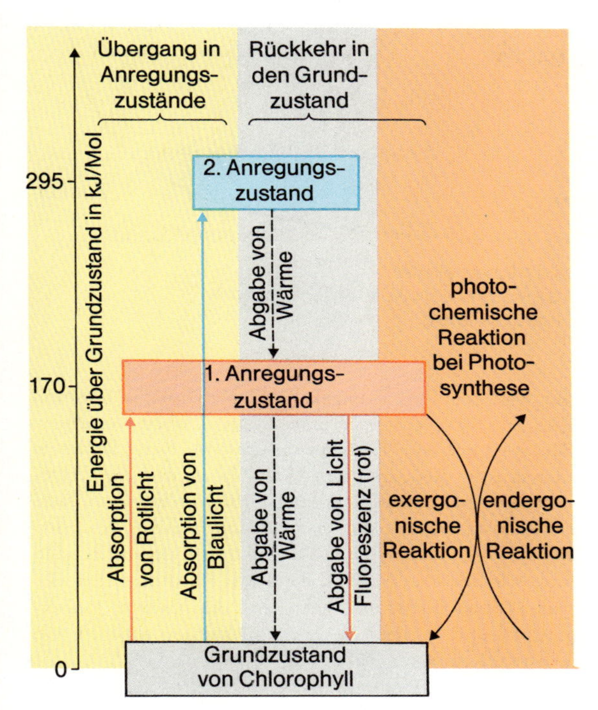

Abb. 129.2: Grundzustand und Anregungszustände von Chlorophyll. Durch Absorption von Rotlicht wird ein Elektron auf ein höheres Energieniveau (den ersten Anregungszustand) gehoben. Die Rückkehr des Elektrons in den Grundzustand ist eine exergonische Reaktion, die bei der Photosynthese mit einer endergonischen Redoxreaktion gekoppelt ist. Ohne Kopplung wird Energie als Wärme oder Fluoreszenzstrahlung frei. Durch Absorption von Blaulicht erreicht das Elektron einen noch höheren Energiezustand (zweiter Anregungszustand), entsprechend mehr Energie wird bei der Rückkehr in den Grundzustand frei. Der Mehrbetrag gegenüber dem ersten Anregungszustand ist aber für die Photosynthese nicht nutzbar, da er stets als Wärme frei wird.

ser spalten, analog zur Spaltung von H_2S bei den Schwefelbakterien. Um diese Vermutung zu prüfen, stellte man Pflanzen Wasser mit dem schweren Sauerstoffisotop ^{18}O zur Verfügung, also $H_2{}^{18}O$. Der bei der Photosynthese dann ausgeschiedene Sauerstoff bestand tatsächlich größtenteils aus ^{18}O, stammte also aus dem Wasser. Man nennt diese lichtabhängige Wasserspaltung auch *Photolyse des Wassers.* Die Photolyse darf nicht verwechselt werden mit der Dissoziation (Protolyse) des Wassers in H^+- und OH^--Ionen; dieser Vorgang verläuft nämlich ohne nennenswerten Energieaufwand. Hingegen kann die Wasserspaltung nur mit Hilfe der Lichtenergie erfolgen, welche die Elektronentransportkette in Gang setzt. Zwei Elektronen reduzieren in der intakten Zelle ein Molekül Nikotinamid-Adenin-Dinukleotid-Phosphat ($NADP^+$). Dadurch geht dieses in $NADP^-$ über und reagiert sofort mit H^+ zu NADPH. Bei der Wasserspaltung sind $2H^+$ freigesetzt worden, so daß in der Gesamtbilanz nach der NADP-Reduktion noch $1H^+$ frei vorliegt. – Eine Suspension isolierter Chloroplasten kann auch verschiedene von außen zugefügte Stoffe reduzieren (z.B. Chinon und Eisen(III)-Komplexe), wobei ebenfalls Wasser gespalten wird (HILL-*Reaktion*).

Da der ausgeschiedene Sauerstoff vom Wasser stammt, muß die Grundgleichung der Photosynthese lauten:

$$6CO_2 + 12H_2O \rightarrow C_6H_{12}O_6 + 6H_2O + 6O_2.$$

Das auf der rechten Seite der Gleichung stehende H_2O wird durch einen bei den Dunkelreaktionen zu beschreibenden Vorgang gebildet.

Zur Vereinfachung schreibt man auch die oxidierte Form $NADP^+$ oft als NADP und die reduzierte Form $NADPH + H^+$ als $NADPH_2$; dabei wird der oxidierten und der reduzierten Form je ein Elektron hinzugerechnet. (Statt NAD^+ wird auch NAD und statt $NADH + H^+$ auch $NADH_2$ geschrieben.)

Bildung von ATP. Neben der Wasserspaltung findet eine weitere Reaktion statt, bei der die Energie, die in den angeregten Chlorophyllmolekülen steckt, in chemische Energie umgewandelt wird.

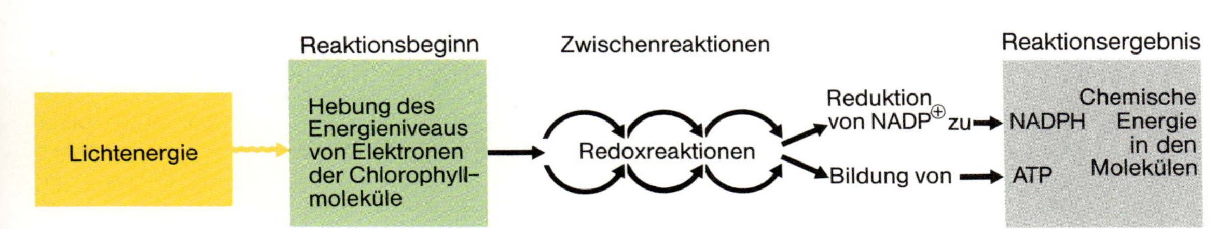

Abb. 129.3: Primärreaktionen der Photosynthese

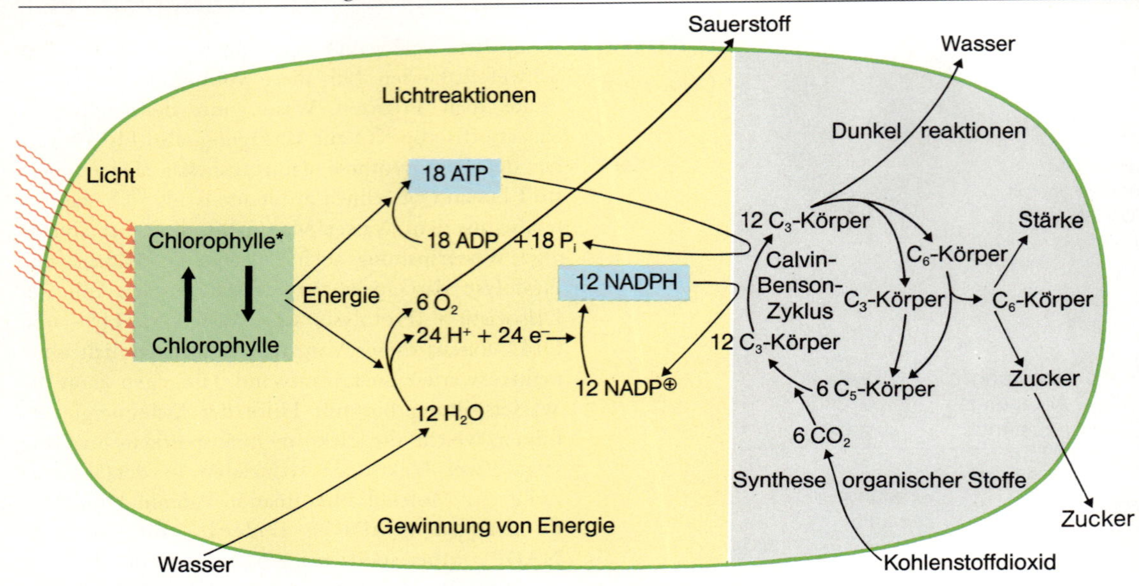

*Abb. 130.1: Vereinfachtes Schema der Reaktionsfolge bei der Photosynthese im Chloroplasten. Blau: Produkte der Lichtreaktionen. NADPH liefert den Wasserstoff für die Reduktion des CO_2 bei den Dunkelreaktionen und ATP liefert die Energie für die Dunkelreaktionen. *Angeregter Zustand.*

Es bildet sich ATP nach der Gleichung

$$ADP + P_i \longrightarrow ATP.$$

ARNON konnte dies an *isolierten Chloroplasten* nachweisen. Sie erzeugen bei Belichtung ATP, wenn der Chloroplastensuspension ADP und anorganisches Phosphat (P_i; vgl. Cytologie 8.3) zugefügt werden, Kohlenstoffdioxid aber fehlt. Fügt man zu isolierten Chloroplasten bei Dunkelheit CO_2, ATP und NADPH hinzu, so bilden sie Zucker. Fehlt eine von diesen Verbindungen, so entsteht im Dunkeln kein Zucker. Die Lichtreaktionen können also durch ATP + NADPH ersetzt werden; diese Stoffe sind die Endprodukte der Primärreaktionen. In ihnen ist die vom Chlorophyll absorbierte Lichtenergie nun als chemische Energie enthalten. Die Energie des NADPH kommt in seiner hohen Reduktionskraft (starkes Reduktionsmittel, somit negatives Redoxpotential, vgl. Cytologie 8.4) zum Ausdruck; ATP besitzt energiereiche Bindungen (vgl. Cytologie 8.3).

Zusammenfassend lassen sich die Energieumwandlungen bei den Primärreaktionen der Photosynthese wie in Abb. 130.1 darstellen.

Ablauf der chemischen Primärreaktionen. Die Wasserspaltung erfordert Energie. Der Chemiker kann diese Reaktion bei Zimmertemperatur durch die Elektrolyse von Wasser ausführen; die Energie stammt dann aus der angelegten elektrischen Spannung und dem resultierenden Stromfluß. Ebenso wie in diesem Fall eine chemische Reaktion ausgelöst wird, kann auch umgekehrt eine chemische Reaktion eine Spannung erzeugen und dadurch Arbeit verrichten. Dies zeigt z.B. eine Taschenlampenbatterie. Darin läuft eine exergonische Redoxreaktion freiwillig ab und die freigesetzte Energie wird als Spannung verfügbar. Energieumsätze bei Redoxreaktionen können als Redoxpotentiale gemessen werden (vgl. Cytologie 8.4). Da Elektronen negativ geladen sind, schreibt man Stoffen, die leicht Elektronen aufnehmen können (Elektronen anziehen), ein positives Redoxpotential und solchen, die leicht Elektronen abgeben, ein negatives Redoxpotential zu.

Systeme mit einem negativen Potential haben bei Elektronenüberschuß, d.h. in reduzierter Form, die Tendenz, Elektronen an oxidierte Systeme mit positivem Potential abzugeben. Sollen nun Elektronen von einer Verbindung mit positiverem Potential zu einer solchen mit negativerem Potential übergehen, so muß Energie zugeführt werden. Genau dies geschieht bei der Wasserspaltung in der Photosynthese. Hierbei werden Elektronen vom Wasser (Verbindung mit positivem Potential) abgegeben und auf $NADP^+$ (Verbindung mit negativem Potential) übertragen. Die dazu erforderliche Energie wird vom Licht geliefert.

Die Umwandlung von Lichtenergie in chemische Energie beruht darauf, daß ein Chlorophyll-Molekül im angeregten Zustand viel leichter ein Elektron abgeben und dabei zu $Chlorophyll^+$ oxidiert werden kann als im energetischen Grundzustand. Der angeregte Zustand entsteht durch Aufnahme von Lichtenergie. Das angeregte Chlorophyll reduziert nun durch Elektronenabgabe Stoffe, die Chlorophyll im Grundzustand nicht zu reduzieren vermag. Diese reduzierbaren Stoffe sind Elektronenakzeptoren der Lichtreaktionen am Chlorophyll. Das $Chlorophyll^+$ muß von einem elektronenliefernden Stoff, dem Elektronendonator, wieder ein Elektron zurückerhalten, damit es bei einer erneuten Anregung wieder ein Elektron abgeben kann. Die räumliche Anordnung der Reaktionspartner in der Thylakoidmembran der Chloroplasten (Abb. 126.2) verhindert, daß die Elektronen vom Akzeptor (mit negativerem Potential) zum Donator (mit positiverem Potential) zurückkehren.

An der Spaltung eines Moleküls Wasser sind *zwei Anregungsreaktionen vom Chlorophyll a* beteiligt (vgl. 2.2.2). Die beiden Reaktionen werden als **Lichtreaktion I** und **Lichtreaktion II** unterschieden, die zugehörigen Chlorophylle heißen aI (oder P700 = Pigment mit Absorption bei 700 nm) und aII (oder P680; vgl. Abb. 132.1). Beide Lichtreaktionen laufen in Proteinkomplexen der Thylakoidmembran ab, in denen die Chlorophyllmoleküle mit den zugehörigen Elektronendonator- und Akzeptor-Systemen verbunden sind. Für die Klärung der Raumstruktur eines solchen Komplexes erhielten drei deutsche Forscher 1988 den Nobelpreis für Chemie. Für die Lichtreaktion I ist das eisenhaltige Protein Ferredoxin der Akzeptor und das Cu-haltige Protein Plastocyanin der Donator. Der Elektronendonator für die Lichtreaktion II ist ein Protein, das seinerseits dem Wasser Elektronen entzieht, welches dadurch gespalten (zu Sauerstoff oxidiert) wird. Dieser Vorgang erfolgt an der inneren Oberfläche der Thylakoidmembran (Abb. 126.2); dabei entstehen neben freiem Sauerstoff auch H^+-Ionen. Die vom Wasser gelieferten Elektronen beheben den Elektronenmangel von Chlorophyll aII^+. Der Elektronenakzeptor der Lichtreaktion II, der Elektronen vom Chlorophyll a II erhält, gibt diese seinerseits an die Substanz Plastochinon ab, die in großer Menge in der Lipidschicht der Membran enthalten ist. Reduziertes Plastochinon kann die Elektronen über eine Zwischenverbindung an den Donator der Lichtreaktion I abgeben; dadurch werden die beiden Lichtreaktionen miteinander verknüpft.

Bei jeder erneuten Anregung der Chlorophyllmoleküle durch Licht wiederholen sich diese Vorgänge. Der **Elektronentransport** verläuft also über eine ganze Reihe von Stoffen, die fortgesetzt oxidiert und wieder reduziert werden (*Elektronentransportkette* über Redoxsysteme). Er endet mit Abgabe von Elektronen an $NADP^+$, das dadurch reduziert wird und deshalb sofort mit H^+-Ionen zu NADPH reagiert. Dieser Vorgang läuft an der äußeren Membranoberfläche ab. Dort tritt infolgedessen ein H^+ (Protonen-)-Mangel ein, während im Thylakoid-Inneren durch die Freisetzung von H^+ bei der Wasserspaltung ein Protonenüberschuß auftritt. Ein weiterer Vorgang verstärkt diesen Effekt: das Plastochinon reagiert bei Elektronenaufnahme mit H^+-Ionen an der äußeren Oberfläche der Membran, gibt aber bei der Elektronenabgabe die H^+ dann ins Thylakoid-Innere ab. So entsteht ein erheblicher Konzentrationsunterschied *(Gradient)* an Protonen zwischen Außenraum mit geringer Protonenkonzentration und Thylakoid-Innenraum mit hoher Protonenkonzentration. Er ist durch den Elektronentransport über die Redoxsysteme verursacht. Dieser *Protonengradient* enthält Energie, die nun zur Bildung von ATP genutzt wird. Bestimmte Proteine der Thylakoidmembran erlauben nämlich die Wanderung von H^+-Ionen entsprechend dem Konzentrationsgefälle nach außen; dabei erfolgt der Aufbau von ATP (vgl. auch 4.4.5). Mit der Wasserspaltung ist daher stets eine ATP-Bildung verbunden, die *nichtzyklische Photophosphorylierung* (s. Abb. 132.1).

Daneben besteht auch die Möglichkeit, daß ein Elektron vom Ferredoxin über andere Redoxsysteme und das Plastochinon direkt zum Chlorophyll aI zurückkehrt. In diesem Fall läuft nur die Lichtreaktion I ab, eine Wasserspaltung (O_2-Freisetzung) und somit auch eine NADP-Reduktion unterbleibt. Es kann aber die bei der Rückkehr der Elektronen zum Chlorophyll aI freiwerdende Energie in gleicher Weise zur ATP-Bildung dienen: *zyklische Photophosphorylierung*.

2.2.5 Die Sekundärreaktionen (Dunkelreaktionen) der Photosynthese

Erst im Anschluß an die Primärreaktionen werden anorganische Stoffe in organische Stoffe umgewandelt, denn die in den Primärreaktionen gebildeten Produkte ATP und NADPH dienen dazu, aus CO_2 Kohlenhydrate aufzubauen (Dunkelreaktionen). Den Weg von der Aufnahme des CO_2 bis zum fertigen Kohlenhydrat hat der Amerikaner CALVIN als erster untersucht. Er »fütterte« *Chlorella*-Algen mit CO_2 des radioaktiven Isotops ^{14}C. Nimmt die Pflanze diese Verbindung auf, so sind alle Zwischenprodukte (Metaboliten) auf dem Weg zum Kohlenhydrat durch dieses ^{14}C markiert und durch Autoradiographie erkennbar (Abb. 131.1). Man kann nun den Vorgang der Photosynthese durch Zugabe von siedendem Alkohol zu jedem beliebigen Zeitpunkt unterbrechen, einen *Chlorella*-Extrakt herstellen und chromatographisch nach den bis dahin gebildeten Zwischenprodukten suchen.

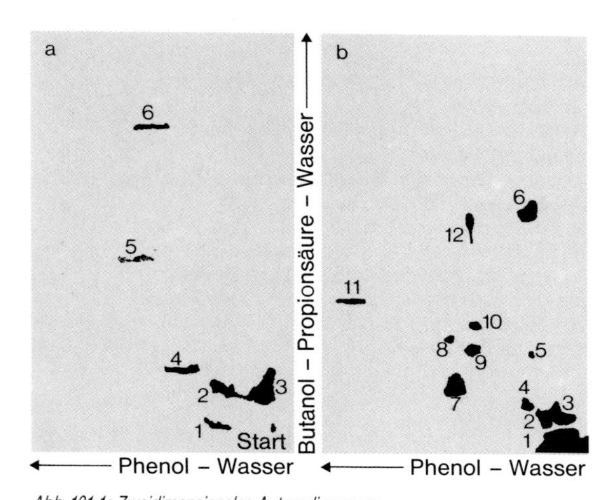

Abb. 131.1: Zweidimensionales Autoradiogramm eines Papierchromatogramms von Chlorella-Extrakten. a 5s, b 30s nach Beginn der Photosynthese, Laufzeit bei b kürzer. 1 Zuckerphosphate, 2 Zuckermonophosphate, 3 Phosphoglycerinsäure, 4 Triosephosphate, 5 Asparaginsäure (A), 6 Äpfelsäure, 7 Saccharose, 8 Glycin (A), 9 Serin (A), 11 Alanin (A), 12 Glykolsäure. A = Aminosäuren.

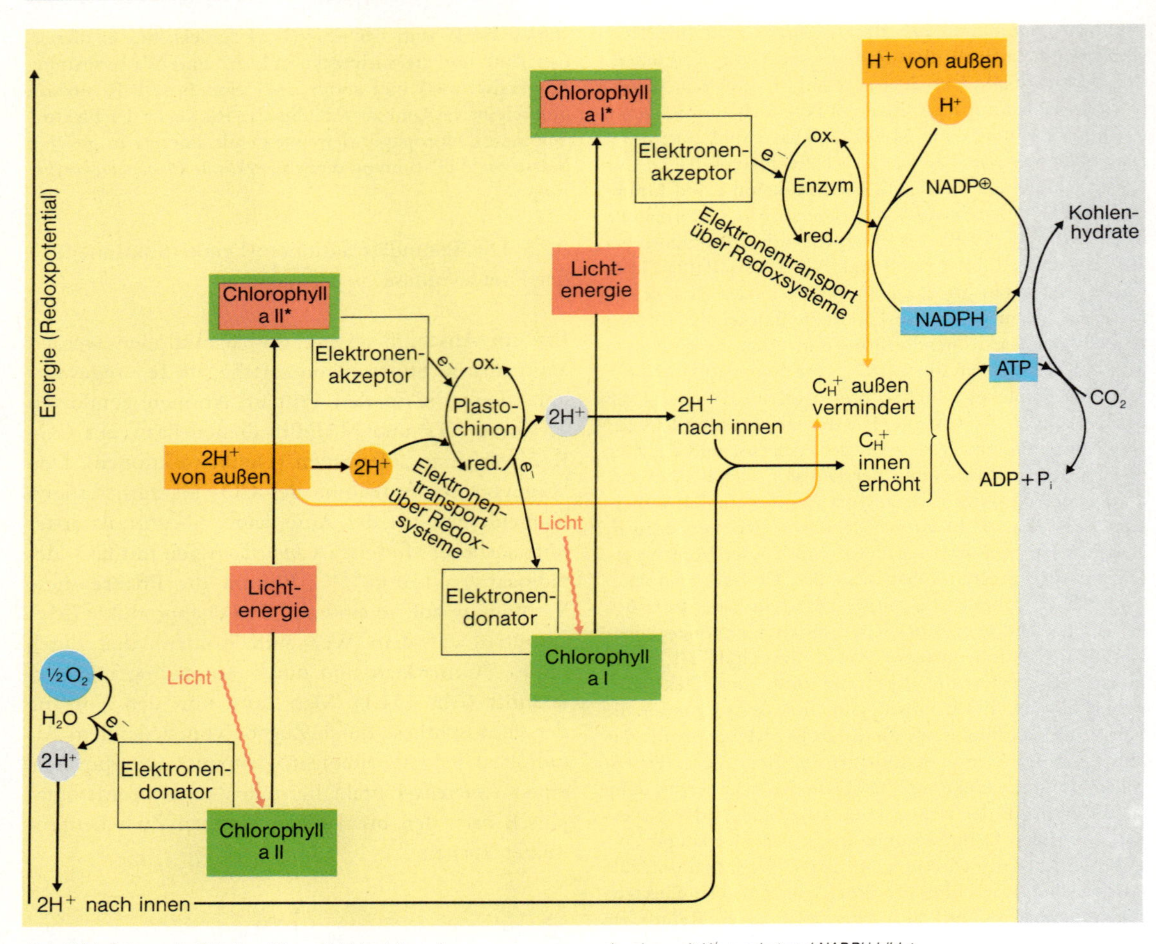

Abb. 132.1: Schema der Primärreaktionen (Lichtreaktionen) der Photosynthese. Bei den Lichtreaktionen werden Chlorophylle angeregt; die angeregten Moleküle geben jeweils ein Elektron an einen Elektronenakzeptor ab. Sie gehen dann wieder in den Grundzustand über und erhalten das fehlende Elektron von einem Elektronendonator. Bei der Lichtreaktion II entzieht dieser Elektronendonator dem Wasser Elektronen; dadurch wird das Wasser gespalten und es entsteht Sauerstoff. Vom Elektronenakzeptor der Lichtreaktion I wandert das Elektron zum $NADP^+$, das dann mit H^+ reagiert und NADPH bildet. Der Elektronenakzeptor der Lichtreaktion II ist mit dem Elektronendonator der Lichtreaktion I durch weitere Überträgerstoffe (Redoxsysteme) verbunden; so entsteht eine Elektronentransportkette. Der Transport von Elektronen im Energiegefälle ist mit einem Transport von H^+-Ionen durch die Membran verbunden; (vgl. Abb. 126.2); dadurch entsteht ein elektrisches Feld und ein pH-Gefälle; beider Energie dient der ATP-Bildung. Zur Vereinfachung ist in der Abbildung der Transport nur eines Elektrons dargestellt; zur Reduktion von $NADP^+$ werden tatsächlich 2 Elektronen benötigt.

Das aufgenommene CO_2 reagiert zunächst mit Ribulose-bisphosphat, einer Verbindung des Zuckers Ribulose, an dessen beiden Molekülenden jeweils ein Phosphatrest gebunden ist. Die Ribulose ist eine Pentose, hat also 5 C-Atome (C_5-Körper). Durch die Reaktion mit CO_2 müßte aus dem C_5-Körper ein C_6-Körper gebildet werden. Vom Enzym werden aber 2 Moleküle des C_3-Körpers Glycerinsäurephosphat (= Phosphoglycerinsäure) freigesetzt. Diese Verbindung wird unter Zufuhr von Energie (ATP) mit dem Wasserstoff des aus den Lichtreaktionen stammenden NADPH zu Glycerinaldehydphosphat (Triosephosphat) reduziert. Mit diesem C_3-Zuckerphosphat ist die Stufe der Kohlenhydrate erreicht.

Die C_3-Zuckerphosphate müssen nun so umgesetzt werden, daß zum weiteren Fortgang der Reaktion der C_5-Körper Ribulose-bisphosphat zurückgebildet wird. So entsteht ein Stoffwechselzyklus, der nach den Entdeckern CALVIN-BENSON-Zyklus heißt. Zunächst reagieren 2 Moleküle Triosephosphat zum C_6-Körper Fructose-bisphosphat. Von diesem wird ein Phosphatrest abgespalten. Das Fructosephosphat kann dann in mehreren Schritten mit weiteren Triosephosphaten reagieren. Letztlich entstehen C_5-Zucker, die alle mit ATP zu Ribulose-bisphoshat umgesetzt werden (Abb. 133.1). Werden 6 Moleküle CO_2 gebunden, so entstehen im Zyklus wieder 6 C_5-Körper; ein Fructosephosphat bleibt übrig und wandelt sich in Glucosephosphat um. Die

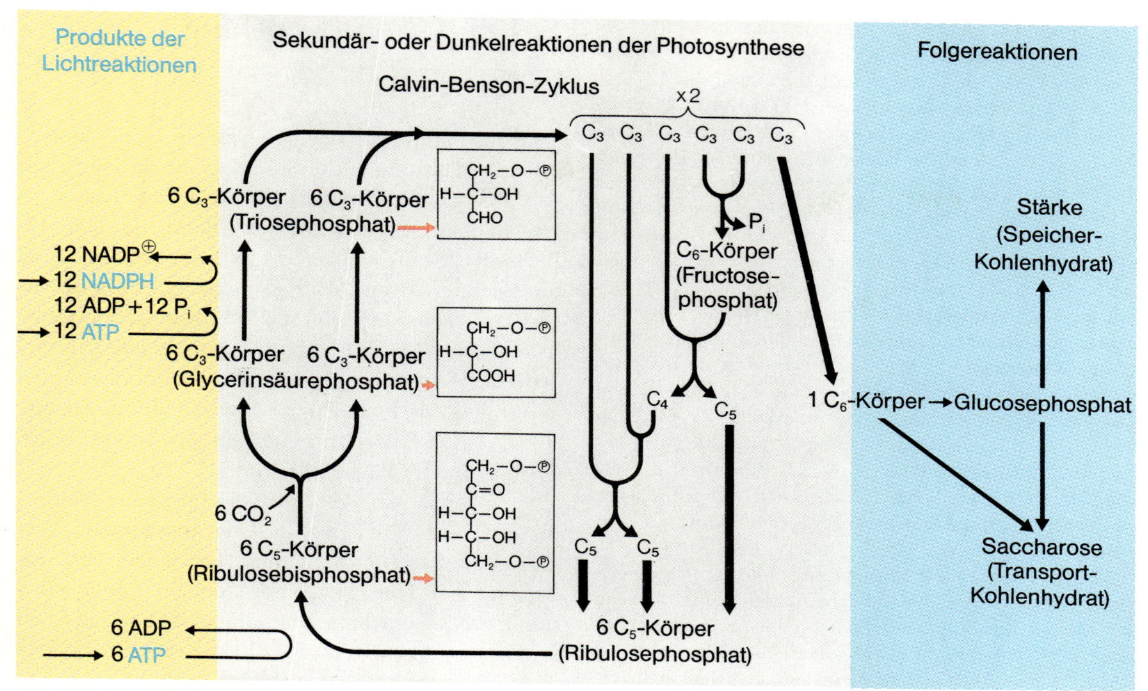

Abb. 133.1: Schema der Dunkelreaktionen (Sekundärreaktionen) der Photosynthese und des Aufbaus von Zucker und Stärke. Die Beteiligung von H_2O bei den Umsetzungen im Zyklus ist nicht angegeben. P_i=anorganisches Phosphat

Enzyme der Dunkelreaktionen liegen in der Matrix des Chloroplasten. Der Nutzeffekt der Energieumwandlung bei der Photosynthese beträgt etwa 30%; d.h. von der zur Photosynthese genutzten Lichtenergie befinden sich schließlich 30% in den Kohlenhydraten.

2.2.6 Photosyntheseprodukte

Die bei der Photosynthese entstehenden Zuckerphosphate (Fructosephosphat und Glucosephosphat) sind Ausgangsmaterial für die Bildung der anderen organischen Stoffe in der Pflanzenzelle (Abb. 143.1); für einen Teil dieser Stoffe werden auch noch die über die Wurzeln aufgenommenen Ionen benötigt (s. 5.1).

In den Chloroplasten bildet sich aus Glucosephosphat oft unlösliche Stärke, die sich dort als mikroskopisch sichtbare Körnchen ablagert. Nachts wird die Stärke wieder in gut lösliche Zucker abgebaut, die zu den chlorophyllfreien Zellen sowie zu den Orten starken Wachstums transportiert werden. Der wichtigste Transportzucker ist die Saccharose (Rohrzucker). In Speicherorganen (Wurzeln, Knollen, Früchte, Samen) entsteht aus den löslichen Zuckern wieder Stärke. Zuckerrübe und Zuckerrohr speichern Saccharose. Sie wird gebildet aus Fructosephosphat und Glucosephosphat im Cytoplasma der Zellen, also außerhalb der Chloroplasten. Zum Ausgleich des Phosphatverlustes in den Chloroplasten beim Austreten dieser Stoffe wird anorganisches Phosphat ($PO_4^{3-} = P_i$) wieder eingeschleust.

Zunächst hat man viele Experimente nur an isolierten Chloroplasten ausgeführt und damit nicht das komplexe natürliche System ganzer Zellen untersucht. Erst durch Messungen an ganzen Zellen oder an Gewebe einer großen Zahl verschiedener Pflanzenarten fand man, daß ein Teil (oft etwa 30%) der gebildeten Photosyntheseprodukte in einer mit der Photosynthese eng verknüpften besonderen Reaktionskette sofort wieder zu CO_2 abgebaut wird. Bei dieser *Lichtatmung (Photorespiration)* wird kein ATP gebildet, also keine Energie gewonnen. Welche Bedeutung die Lichtatmung für die Pflanze hat, ist noch nicht endgültig geklärt.

2.2.7 Besondere Formen der CO_2-Fixierung bei der Photosynthese

Bei verschiedenen Pflanzenarten weist der chemische Ablauf der Photosynthesevorgänge Abweichungen auf, durch die sie an besondere Standorte angepaßt sind. So gibt es eine Reihe von Arten (z.B. Mais, Zuckerrohr), deren Chloroplasten im Palisadengewebe keine Stärke, sondern große Mengen von Carbonsäuren (zumeist Äpfelsäure) bilden. Erst in den Chloroplasten besonderer Zellen, die kranzförmig um die Blattbündel herum angeordnet sind, entstehen Zucker und Stärke. Bei diesen Arten wird das CO_2 an einen C_3-Körper gebunden, wobei nach Reduktion die C_4-Verbindung Äpfelsäure entsteht. Daher nennt man Pflanzen mit dieser Form der CO_2-Bindung **C_4-Pflanzen.** Die Äpfelsäure wird in die Kranzzellen transportiert, dort wieder gespalten und das CO_2 über den CALVIN-BENSON-Zyklus gebunden. Der Vorteil der doppelten Fixierung des CO_2 liegt darin, daß die Reaktion von CO_2 mit dem C_3-Körper bei viel geringerer CO_2-Konzentration ablaufen kann, als sie für die Bindung an Ribulose-bisphosphat nötig ist. Somit wird das verfügbare CO_2 besser ausgenutzt; selbst bei nahezu geschlossenen Spaltöffnungen und deshalb herabgesetzter Wasserabgabe und CO_2-Aufnahme ist noch Photosynthese möglich. Außerdem zeigen die C_4-Pflanzen kaum Lichtatmung. Andererseits ist zur doppelten CO_2-Bindung mehr ATP erforderlich, das durch die Primärreaktionen bereitgestellt werden muß. Daher sind C_4-Pflanzen stets Sonnenpflanzen, die bei hoher Lichtintensität viel assimilieren und daher eine hohe Stoffproduktion erzielen; sie wachsen dann rasch.

Manche Pflanzen wie Mauerpfeffer- und Hauswurzarten sowie Kakteen haben eine andere Anpassung an trockene und sonnige Standorte entwickelt. Sie binden während der Nacht CO_2 unter Bildung von Äpfelsäure. Dazu muß die Energie durch Abbau tagsüber gebildeter Stärke geliefert werden. Am Tag wird dann die Äpfelsäure wieder gespalten und das dabei entstehende CO_2 nun durch Photosynthese zu Zucker und Stärke umgesetzt. So können die Spaltöffnungen am Tag lange Zeit geschlossen bleiben, was die Wasserabgabe der Pflanze herabsetzt. Die Äpfelsäure dient als Speicher für das CO_2. Auch diese Pflanzen brauchen zu der zweifachen CO_2-Fixierung eine große Menge ATP. Da sie aber die Äpfelsäure nachts aufbauen, wenn keine Photosynthese abläuft, müssen sie gespeicherte Stoffe zum Energiegewinn abbauen. Sie haben daher selbst bei hoher Lichtintensität nur eine geringe Stoffproduktion, wachsen langsam, kommen aber mit sehr geringen Wassermengen aus.

3. Die Chemosynthese

Setzt man eine Spur Ackererde zu einer rein anorganischen Nährlösung, die Stickstoff nur in Form von Ammoniumsalzen enthält, und stellt diese Kultur im Dunkeln auf, so entwickeln sich darin Bakterien. Da Licht als Energiequelle nicht in Frage kommt, muß die Energie für die Synthese organischer Stoffe aus anorganischen Stoffen in der Nährlösung selbst enthalten sein. Es fällt auf, daß jene Bakterien viel Sauerstoff verbrauchen und die Ammoniumionen allmählich verschwinden, dafür aber Nitrationen auftreten. Diese Bakterien gewinnen also offensichtlich Energie durch Oxidation von NH_4^+ zu NO_3^-.

Eine solche Art des Aufbaus organischer Verbindungen bezeichnet man als **Chemosynthese.** Verschiedene Bakterienarten sind zur Chemosynthese befähigt. Sie leben auch im Dunkeln völlig autotroph, d.h. sie ernähren sich selbständig und brauchen im Gegensatz zu den übrigen Bakterien keine organischen Verbindungen als Nahrung.

Die Chemosynthese verläuft (wie die Photosynthese) in zwei Stufen:

1. Gewinnung von Energie, hier durch Oxidation anorganischer Verbindungen. Mit dieser Energie wird ATP aus ADP und P_i aufgebaut und $NADP^+$ zu NADPH reduziert. Sonnenlicht ist also nicht erforderlich. Viele chemosynthetisch tätige Bakterien verwenden NAD statt $NADP^+$.
2. Aufbau von Kohlenhydraten durch Reduktion von CO_2 (vgl. Abb. 133.1).

Tabelle 134/1: Chemosynthetisch arbeitende Bakterien

Bezeichnung	Reaktionsgleichung	Energiebilanz
Nitrifizierende Bakterien Nitritbakterien Nitratbakterien	 $2NH_4^+ + 3O_2 \rightarrow 2NO_2^- + 2H_2O + 4H^+$ $2NO_2^- + O_2 \rightarrow 2NO_3^-$	 $\Delta G = -544$ kJ $\Delta G = -151$ kJ
farblose Schwefelbakterien (in Schwefelquellen, Kläranlagen usw.)	$2H_2S + O_2 \rightarrow 2H_2O + 2S$ $2S + 3O_2 + 2H_2O \rightarrow 2SO_4^{2-} + 4H^+$	$\Delta G = -420$ kJ $\Delta G = -988$ kJ
Eisenbakterien (bilden Raseneisenerz, in Fe^{2+}-haltigem Wasser)	$4Fe^{2+} + O_2 + 6H_2O \rightarrow 4FeO(OH) + 8H^+$	$\Delta G = -268$ kJ
Methan abbauende Bakterien (oxidieren Methan, das z.B. bei der Cellulosevergärung entsteht)	$CH_4 + 2O_2 \rightarrow CO_2 + 2H_2O$	$\Delta G = -892$ kJ
Methanbildende Bakterien (Methanbakterien)	$CO_2 + 4H_2 \rightarrow CH_4 + 2H_2O$	$\Delta G = -131$ kJ

Die verschiedenen chemosynthetisch tätigen Bakterienarten oxidieren unterschiedliche Stoffe zur Gewinnung von Energie (s. Tabelle 134/1).

Die Nitritbakterien oxidieren Ammoniumionen zu Nitritionen und die Nitratbakterien oxidieren die Nitritionen zu Nitrationen. Die Tätigkeit dieser im Boden weitverbreiteten *»nitrifizierenden Bakterien«* ist für den Kreislauf des Stickstoffs von großer Bedeutung, weil sie das Entweichen des bei der Eiweißzersetzung entstehenden Ammoniaks verhindert und den Stickstoff in Form von Ionen bindet, die von den Pflanzen wieder aufgenommen werden können.

Die methanbildenden Bakterien gehören zu einer besonderen Gruppe von Prokaryoten, den **Archaebakterien** (vgl. Evolution 4.6). Sie leben dort, wo durch unvollständigen Abbau organischer Stoffe durch andere Mikroorganismen Wasserstoff entsteht, so z.B. in besonders großer Zahl in Kläranlagen. Das von ihnen gebildete Methan wird als *»Biogas«* z.B. in die Gasnetze der Städte eingespeist. Die Kläranlage einer Stadt von 100 000 Einwohnern liefert täglich etwa 2 Mill. l Methan.

Wirtschaftlich wichtig ist auch die Tätigkeit der farblosen Schwefelbakterien. Sie oxidieren das bei der Fäulnis von Eiweiß entstehende H_2S und unterstützen dadurch die Selbstreinigung der Gewässer (s. Ökologie 6.4.2) und die Klärung des Abwassers in den Kläranlagen.

4. Stoffabbau und Energiegewinnung durch Atmung und Gärung

4.1 Grundvorgänge der Atmung

Aus den bei der Photosynthese in Chloroplasten neu gebildeten organischen Verbindungen (vor allem Zucker) baut die Pflanze eine große Zahl anderer organischer Stoffe auf (z. B. Proteine, Nukleinsäuren, Membranlipide). Die dazu nötige Energie gewinnt sie durch Abbau der bei der Photosynthese gebildeten organischen Stoffe, und zwar vor allem der Kohlenhydrate. Verläuft der Abbau vollständig, so ist hierzu wie bei der Atmung von Mensch und Tier Sauerstoff erforderlich, und Kohlenstoffdioxid wird abgegeben. Deshalb bezeichnet man diesen Vorgang auch bei der Pflanze als **Atmung.**

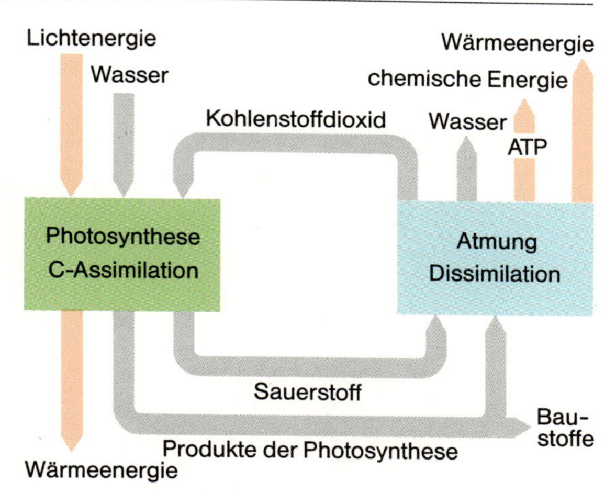

Abb. 135.1: Zusammenhang zwischen Photosynthese und Atmung. Die grüne Pflanze veratmet ihre eigenen Photosyntheseprodukte. Das Tier nimmt die Photosyntheseprodukte als Nahrung auf. Durch Photosynthese verbrauchen die Pflanzen jährlich etwa 9% des CO_2-Gehaltes der Atmosphäre. Trotzdem steigt der CO_2-Gehalt der Atmosphäre (ca. 0,03%) laufend leicht an (s. Ökologie 6.4.3).

Die chemischen Reaktionen der Atmung sind Oxidationsvorgänge, sie laufen in den Zellen ab: man nennt sie **Zellatmung.** Die Zellatmung verläuft bei Pflanzen und Tieren in gleicher Weise. Als äußere Atmung bezeichnet man bei Tieren die Aufnahme von Sauerstoff und die Abgabe von CO_2 durch besondere Atmungsorgane (Lunge, Kiemen, Haut).

Der Ablauf der Veratmung von Zucker in der Pflanzen- oder Tierzelle entspricht der Summengleichung:

$$C_6H_{12}O_6 + 6O_2 \rightarrow 6CO_2 + 6H_2O \qquad \Delta G = -2875 \text{ kJ}$$

Von der je Mol Zucker freigesetzten Energie von 2875 kJ sind 35–60% für chemische Umsetzungen verfügbar, der Rest wird als Wärme frei. Da normalerweise bei der Photosynthese täglich mehr Stoffmasse gebildet als im Verlauf von 24 Stunden veratmet wird, legen die Pflanzen in den Photosyntheseprodukten eine große Energiemenge fest (s. Nettoprimärproduktion S. 89), die zum Wachstum und der Speicherung von Reservestoffen dient.

Außer Zucker (Abb. 136.1) können Pflanzen und Tiere auch andere Stoffe veratmen, namentlich Speicherstoffe wie Stärke und Fette. Auch Proteine werden laufend abgebaut. In großem Umfang geschieht dies jedoch nur bei hungernden Tieren und Menschen, deren Kohlenhydrat- und Fettvorräte erschöpft sind. Die Pflanze atmet ununterbrochen bei Tag und Nacht, wogegen die Photosynthese nur bei Tag möglich ist.

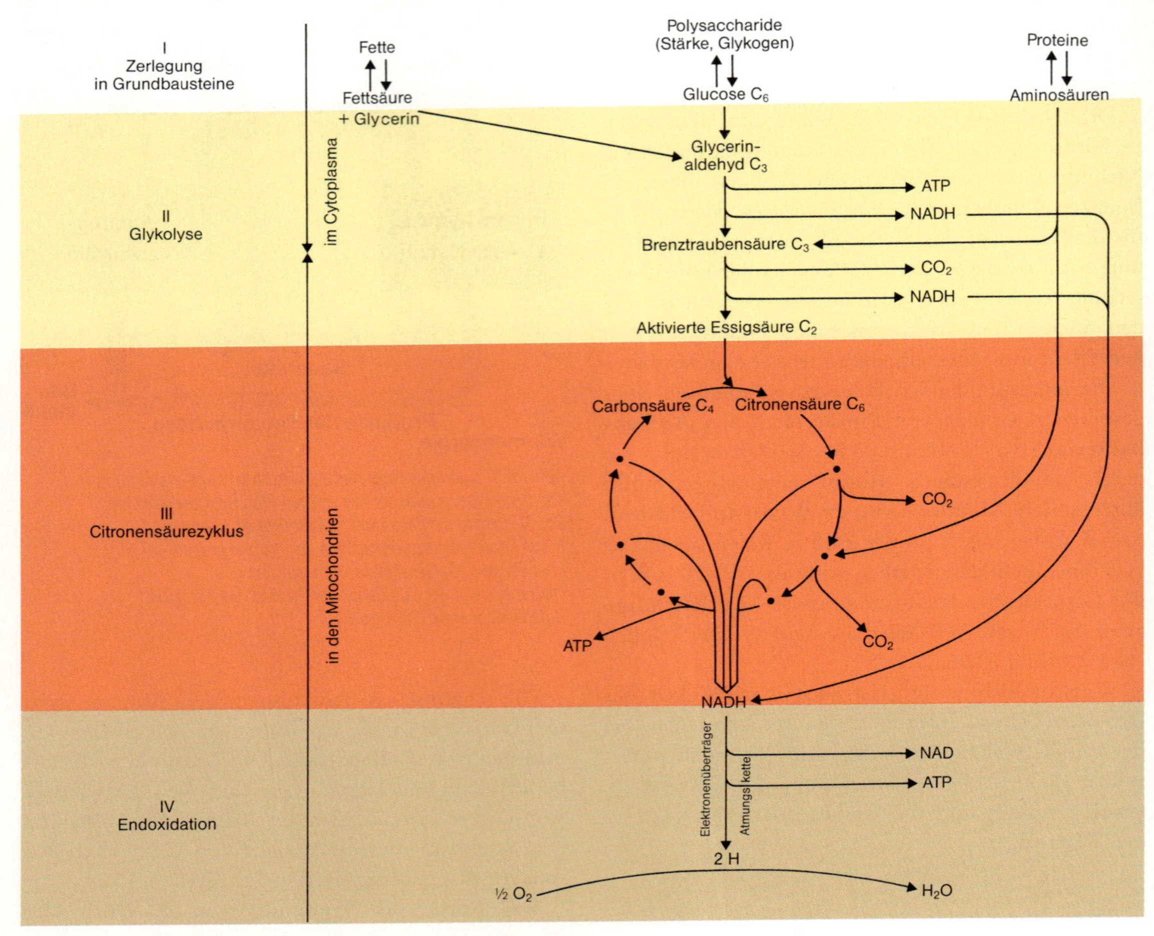

Abb. 136.1: Übersicht über die Vorgänge beim Stoffabbau (Dissimilation). Atmungskette = Kette hintereinandergeschalteter Elektronenüberträger (Redoxsysteme)

Die Grundvorgänge des Stoffabbaus laufen in den Zellen aller Lebewesen in auffallend gleicher Weise ab. Man kann mehrere aufeinanderfolgende Prozesse unterscheiden; allerdings treten nicht bei jedem Abbauvorgang alle anschließend geschilderten Prozesse auf (s. Abb. 136.1).

1. **Abbau makromolekularer Stoffe** in ihre Grundbausteine (z.B. Stärke in Glucose, Proteine in Aminosäuren).
2. **Glykolyse,** bei der in einer Kette von Reaktionen Zucker (Monosaccharide) aufgespalten werden und zum Schluß unter Abgabe von CO_2 »aktivierte Essigsäure« entsteht. Im Verlauf dieser Reaktionen wird der Stoff NAD (Nikotinamid-Adenin-Dinukleotid) zu NADH reduziert und außerdem ATP gebildet.
3. **Citronensäurezyklus,** in dem die »aktivierte Essigsäure« an eine C_4-Verbindung angelagert und zu Citronensäure umgesetzt wird. Bei den nun folgenden Abbaureaktionen entstehen wiederum CO_2 und NADH neben verschiedenen Carbonsäuren. Abschließend bildet sich die C_4-Verbindung zurück. An sie kann sich neue »aktivierte Essigsäure« anlagern und zu Citronensäure umsetzen, worauf sich die Abbaureaktionen wiederholen. Weil am Ende der Reaktionskette die gleiche C_4-Verbindung wieder entsteht, die am Anfang in die Reaktionskette eingetreten ist, spricht man von einem Zyklus *(Citronensäurezyklus* oder *Tricarbonsäurezyklus).*
4. **Endoxidation,** bei welcher NADH durch Sauerstoff zu Wasser oxidiert wird. Mit der dabei freiwerdenden Energie wird ATP aufgebaut. Das ATP steht als Energiequelle für weitere Stoffwechselreaktionen zur Verfügung. Der Vorgang der Endoxidation ist neben der Photosynthese die wichtigste

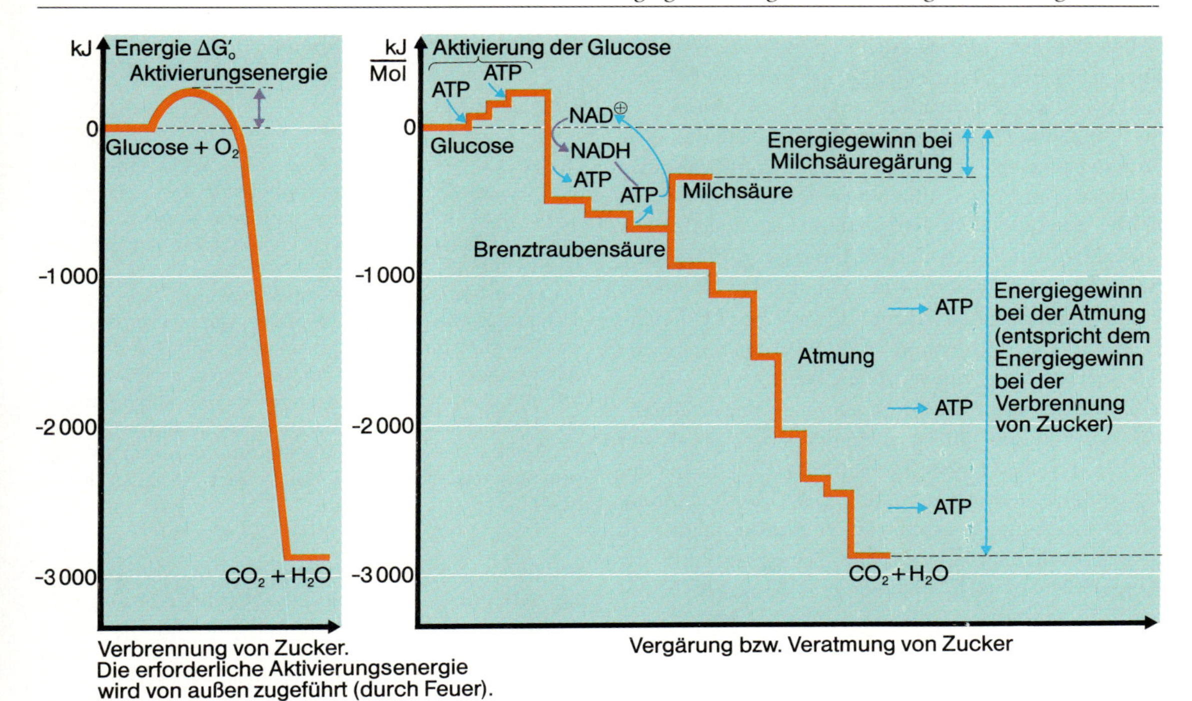

Abb. 137.1: Energieverhältnisse bei der Verbrennung von Zucker sowie bei der Gärung und Atmung. Um die Energieabnahme (negative Werte) oder Energiezunahme (positive Werte) der Glucose bei Aktivierung und Abbau darzustellen, wird der Energiegehalt von Glucose als Bezugspunkt = 0 gesetzt.

Energiequelle der grünen Pflanzenzelle. In nichtgrünen Pflanzenzellen und in den Zellen der Tiere ist die Endoxidation sogar die hauptsächliche Energiequelle (s. Abb. 136.1 und 141.1).

4.2 Sauerstoffaufnahme und Wärmeentwicklung bei der Atmung

Wasserpflanzen nehmen Sauerstoff durch ihre ganze Oberfläche auf, Landpflanzen auch durch die Spaltöffnungen, am verholzten und mit Rinde versehenen Stengel durch Rindenporen und an den Wurzeln durch Oberhaut-(Rhizodermis-)zellen. In luftarmem Lehm- oder Tonboden wachsen daher Pflanzen nur schlecht und zum Gedeihen der Kulturpflanzen trägt eine gute Durchlüftung des Bodens durch regelmäßiges Auflockern wesentlich bei (Pflügen, Graben, Tätigkeit der Regenwürmer). Die Sumpfpflanzen, deren Wurzeln im schlammigen Untergrund nicht genügend Sauerstoff finden, weisen im Innern ihrer Blätter und Stengel große lufterfüllte Hohlräume auf, die bis zu den Wurzeln hinabreichen und sie mit Luft versorgen (s. Abb. 137.2).

*Abb. 137.2: Mangrove (Bäume des tropischen Wattenmeeres) bei Niedrigwasser.
Mitte: Kleiner Avicenniabaum mit senkrecht in die Luft wachsenden Luftwurzeln; sie leiten in großen Zwischenzellräumen Luft in die im sauerstoffarmen Schlamm liegenden Wurzeln.
Links und hinten rechts: Rhizophorabäume mit Stelzwurzeln zur besseren Befestigung im Schlamm; sie werden bei Flut überschwemmt.
Die Mangrove-Bäume sind Salzpflanzen (vgl. 6.3).*

Die bei der Atmung nicht im ATP gespeicherte Energie wird als Wärme frei. Sie ist jedoch bei Pflanzen in der Regel nicht fühlbar, da sie rasch wieder an die Umgebung abgegeben wird. Doch können sich Frühlingspflanzen mit Hilfe dieser Atmungswärme geradezu einen Weg durch den Schnee schmelzen. Leicht nachweisbare Temperaturerhöhungen treten bei keimenden Samen und im Innern von Blüten auf. Besonders viel Wärme wird von kräftig atmenden Pilzen und Bakterien erzeugt. Darauf beruht die Erwärmung im Misthaufen und Mistbeet sowie die Selbstentzündung von feuchtem Heu.

Die Atmungsintensität ist sehr stark temperaturabhängig; von Einfluß ist auch der Wassergehalt der Zellen und der Sauerstoffgehalt der Luft. Um bei der Lagerung von Ernteprodukten (Getreide, Kartoffeln, Obst) die Substanzverluste durch Atmung gering zu halten, muß man für niedrige Temperatur und bei Körnerfrüchten auch für niedrigen Wassergehalt sorgen.

4.3 Untersuchung des Stoffabbaus

Der Abbau von Kohlenhydraten verläuft als eine Kette aufeinanderfolgender Reaktionen. Jede dieser Reaktionen muß von einem bestimmten Enzym katalysiert werden, weil sie andernfalls unmeßbar langsam ablaufen würde. Es liegt also eine Reaktionsfolge vor, die von dem folgenden Schema beschrieben wird:

$$A \xrightarrow{\text{Enzym 1}} B \xrightarrow{\text{Enzym 2}} C \xrightarrow{\text{Enzym 3}} D \xrightarrow{\text{Enzym 4}} E$$

Der Ausgangstoff A wird über eine Reihe von Zwischenstufen in das Endprodukt oder die Endprodukte E verwandelt. Um festzustellen, welche Stoffe den Zwischenstufen B, C, D, usw. entsprechen, verwendet man folgende Verfahren:

1. Man bietet der Zelle radioaktiv markiertes A an. Alle in der Zelle gefundenen radioaktiven Stoffe müssen dann aus A entstanden sein (vgl. 2.2.5).
2. Vermutet man ein Zwischenprodukt X, so setzt man einen Stoff zu, der mit X reagiert. Entsteht nun eine neue Verbindung, die nicht weiter umgesetzt werden kann, so häuft sie sich an. Das vermutete Zwischenprodukt läßt sich auf diese Weise identifizieren. Daß der gebundene Stoff tatsächlich ein Zwischenprodukt auf dem untersuchten Stoffwechselweg ist, zeigt sich am Ausfall des Endprodukts.
3. Man hemmt ein bestimmtes Enzym (z.B. Enzym 3), dann häuft sich das Substrat dieses Enzyms (die Substanz C) an und läßt sich identifizieren.
4. Man isoliert die einzelnen Enzyme oder Enzymkomplexe aus der Zelle, untersucht deren Fähigkeiten und läßt nach Zusammenfügen der erforderlichen Enzyme ganze Reaktionsketten in vitro ablaufen (vgl. Cytologie 9.5).

4.4 Ablauf des Stoffabbaus

4.4.1 Glykolyse

Der Abbau von Zucker beginnt mit einer Reaktionskette ohne Sauerstoffverbrauch im Cytoplasma, der *Glykolyse*.

Aus den Monosacchariden entstehen zunächst Zuckerphosphate durch Bindung von Phosphat, das vom ATP geliefert wird.

Bei der Spaltung von Saccharose und von Stärke werden ebenfalls Zuckerphosphate gebildet. Die Zuckerphosphate wandeln sich dann zu Fructosephosphat um. Dieses wird in einer weiteren Reaktion zu Fructose-bisphosphat umgewandelt und dann in zwei Triosephosphate (C_3-Körper) gespalten. Anschließend erfolgt über mehrere Zwischenstufen unter Wasserstoffabspaltung eine Oxidation, die zur Bildung von *Brenztraubensäure* führt. Der Wasserstoff bindet sich an NAD^+:

$$NAD^+ + 2\,[H] \longrightarrow NADH + H^+$$

Bei der Oxidation wird so viel Energie frei, daß außerdem aus ADP und anorganischem Phosphat (P_i) ATP aufgebaut werden kann. Auch im NADH steckt Energie, denn dessen Wasserstoff kann in der Endoxidation zu Wasser oxidiert werden, wobei ATP entsteht. Während aber aus dem ATP die in ihm enthaltene Energie durch eine einfache Phosphatabspaltung frei wird, kann NADH (und NADPH) nur Energie liefern, wenn die Reaktion mit Sauerstoff abläuft (Abb. 141.1). Die Glykolyse kann erst ablaufen, wenn NAD^+ zur Aufnahme von Wasserstoff verfügbar ist. Daher muß das gebildete NADH zu NAD^+ oxidiert werden. Dies geschieht durch Sauerstoff (Endoxidation) oder z.B. durch Reduktion von Brenztraubensäure zu Milchsäure (Gärung).

4.4.2 Oxidative Decarboxylierung

Die Brenztraubensäure wandert in die Mitochondrien (s. Abb. 136.1 und 140.1). Dort entsteht zunächst unter Abspaltung von einem Molekül CO_2 ein C_2-Körper, der nach Oxidation und Reaktion mit *Coenzym A* die energiereiche »aktivierte Essigsäure« *(Acetyl-Coenzym A)* bildet.

4.4.3 Citronensäurezyklus oder Tricarbonsäurezyklus (TCC)

Bei der nun anschließenden, ebenfalls in den Mitochondrien verlaufenden Reaktionsfolge wird der Acetylrest der aktivierten Essigsäure (C_2-Verbindung) an die C_4-Verbindung Oxalessigsäure gebunden unter Freisetzung von Coenzym A (s. Abb. 139.1). Dabei entsteht die C_6-Verbindung Citronensäure mit drei Carboxylgruppen (Tricarbonsäure). Aus ihr wird über eine Reihe von Zwischenstufen unter Abspaltung von Wasserstoff und Kohlenstoffdioxid Oxalessigsäure zurückgebildet, die damit wieder zu erneuter Reaktion mit Acetyl-Coenzym A zur Verfügung steht. Dieser Teil des Stoffabbaus bildet also einen Zyklus; er heißt Citronensäurezyklus *(Citratzyklus)* oder Tricarbonsäurezyklus (TCC) und wurde 1937 von KREBS entdeckt. Durch den Citronensäurezyklus wird ein vollständiger Stoffabbau erreicht, denn ebenso viele C-Atome, wie in Form von aktivierter Essigsäure in ihn eintreten, werden durch Abspaltung als Kohlenstoffdioxid freigesetzt.

4.4.4 Endoxidation

Der im Citronensäurezyklus und in der Glykolyse abgespaltene Wasserstoff bindet sich an NAD^+. Das gebildete NADH muß nun wieder zu NAD^+ oxidiert werden, da sonst die Oxidationsvorgänge der Glykolyse und des Citronensäurezyklus zum Erliegen kämen. NADH gibt seinen Wasserstoff an Enzyme in der inneren Mitochondrienmembran ab. Sie bilden eine Kette hintereinandergeschalteter Redox-Systeme *(Atmungskette)* ähnlich der Elektronentransportkette bei der Photosynthese (s. Abb. 141.1).

In der Elektronentransportkette der Atmung werden die Elektronen vom NADH über mehrere Zwischenstoffe weitergegeben. Das letzte Enzymsystem überträgt Elektronen auf den von außen aufgenommenen Sauerstoff, dieser wird reduziert und reagiert mit H^+-Ionen zu Wasser. Insgesamt liegt also die Umkehrung der Photolyse des Wassers vor:

Photolyse des Wassers
$$\left.\begin{matrix}\tfrac{1}{2}O_2\\ H_2O\end{matrix}\right) \begin{matrix}\xrightarrow{2e^-}\\ \xrightarrow{2H^+}\end{matrix} \left(\begin{matrix}NADPH\\ NADP^{\oplus}\end{matrix}\right.$$

Die Elektronentransportkette der Photosynthese gegen das Energiegefälle erfordert Lichtenergie.

Atmungskette
$$\left.\begin{matrix}NADH\\ NAD^{\oplus}\end{matrix}\right) \begin{matrix}\xrightarrow{2e^-}\\ \xrightarrow{2H^+}\end{matrix} \left(\begin{matrix}\tfrac{1}{2}O_2\\ H_2O\end{matrix}\right.$$

Die Elektronentransportkette der Atmung im Energiegefälle setzt Energie frei für die ATP-Bildung.

Durch die Hintereinanderschaltung der verschiedenen Redoxsysteme wird erreicht, daß die beträchtliche bei der Oxidation von Wasserstoff zu Wasser (Knallgasreaktion) freiwerdende Energie nur stufenweise freigesetzt wird. Die auf jeder Stufe freiwerdende Menge von Energie ist so klein, daß sie für die Zelle unschädlich ist. Mit der Energie wird ATP gebildet. Zu den an der Atmungskette beteiligten Redoxsystemen gehören die eisenhaltigen *Cytochrome*.

4.4.5 Die ATP-Bildung

ATP wird nach einem einfachen und im Zellgeschehen mehrfach verwendeten Prinzip gebildet (vgl. 2.2.4, Photophosphorylierung). Beim Transport der Elektronen durch die Atmungskette reagieren verschiedene der beteiligten Redox-Systeme bei Elektronenaufnahme mit Protonen (H^+) des Mitochondrien-Innenraums (Matrix). Protonen sind in der Matrix aufgrund der Dissoziation von Wasser ($H_2O \rightleftharpoons H^+ + OH^-$) stets vorhanden. Geben die Redox-Systeme die Elektronen wieder ab, wandern die Protonen nicht zurück in den Innenraum. Sie können aufgrund der räumlichen Struktur dieser Redox-Systeme und ihrer Anordnung in der Membran nur nach außen in den Raum zwischen den beiden Mitochondrien-Membranen (»Außenraum«) abgegeben werden. Auf diese Weise kommt es einerseits zu einer Anhäufung von Protonen zwischen den

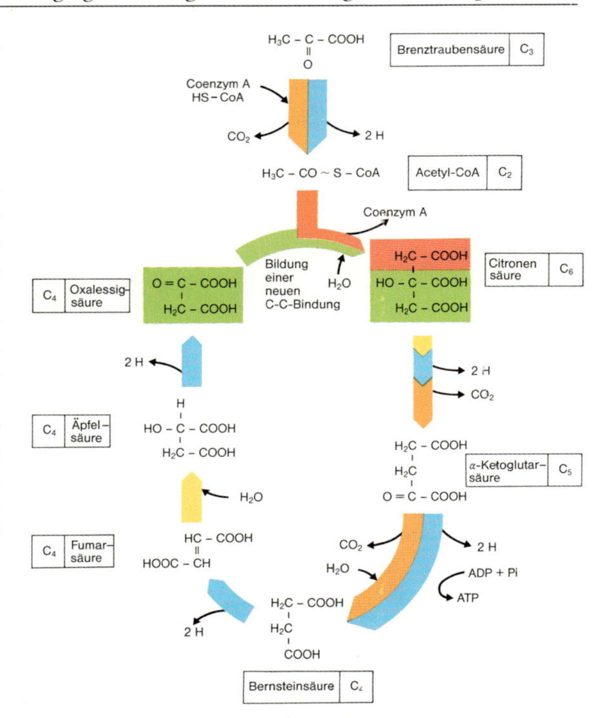

Abb. 139.1: Der Citronensäurezyklus (= Tricarbonsäurezyklus, TCC). Die Reaktionen des Stoffwechsels sind allgemein bekannte Reaktionen der organischen Chemie: Redoxreaktionen: blau, Decarboxylierungen: braun. Bildung einer neuen C-C-Bindung: grün/rot, andere Reaktionen: gelb. Die Oxalessigsäure wird im Citronensäurezyklus ständig regeneriert.

beiden Membranen und andererseits zu einer Anhäufung von Anionen (z. B. OH^- aus der Dissoziation des Wassers) im Matrix-Raum (s. Abb. 141.1). Diese Trennung der Ladungen führt zum Aufbau einer elektrischen Spannung quer zur Mitochondrien-Innenmembran (elektrisches Feld). Darin steckt Energie. Weil aber H^+-Ionen das Feld aufbauen, entsteht gleichzeitig ein pH-Gefälle zwischen dem Matrixraum (hoher pH-Wert infolge Überwiegens von OH^--Ionen) und dem Raum zwischen den beiden Membranen (niedriger pH-Wert infolge vieler H^+-Ionen). In diesem pH-Gefälle steckt ebenfalls Energie. Dies zeigt die Neutralisationsreaktion, bei der diese Energiemenge als Wärme frei wird. In der inneren Mitochondrien-Membran befinden sich besondere Enzymkomplexe, durch die H^+-Ionen wieder in den Matrixraum zurückwandern können. Dabei findet ATP-Bildung statt. Die in dem elektrischen Feld (Ladungsgefälle) und dem pH-Unterschied enthaltene Energie wird zur ATP-Bildung verwendet. Man kann diese Art der Energiegewinnung vergleichen mit Wasser, das den Berg herabstürzt und eine Turbine treibt. ATP bildet sich, so lange H^+-Ionen in den Matrix-Raum wandern. Voraussetzung dafür ist, daß durch den Elektronentransport fortlaufend H^+-Ionen wieder in den Außenraum gebracht werden und deshalb das Ladungs- und pH-Gefälle bestehen bleibt.

Die ATP-Bildung bei der Photosynthese erfolgt nach dem gleichen Prinzip. Auch in umgekehrter Richtung wird dieses Verfahren benutzt. Ebenso, wie man mit elektri-

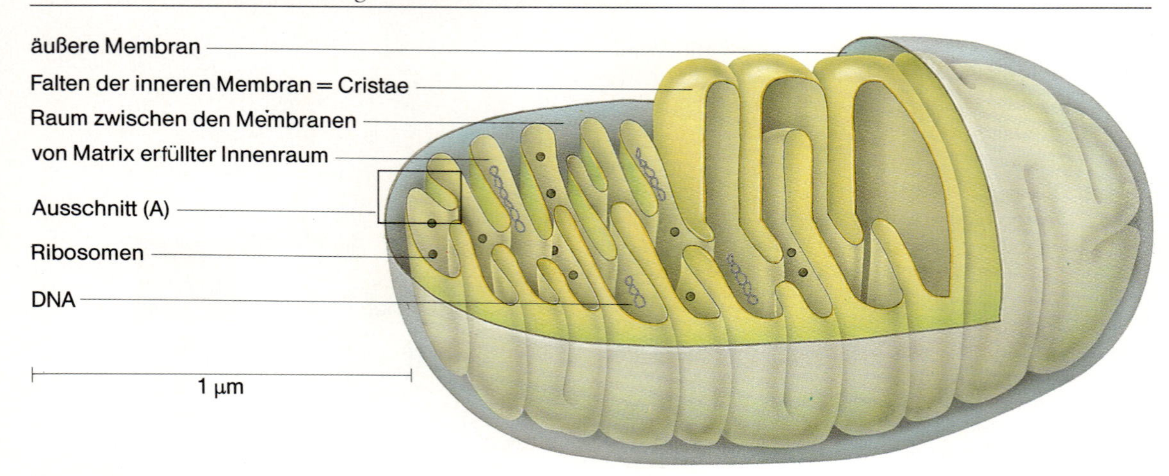

Abb. 140.1: Bau des Mitochondriums. Äußere Membran durchsichtig gezeichnet. Außenseite der inneren Membran gelb.

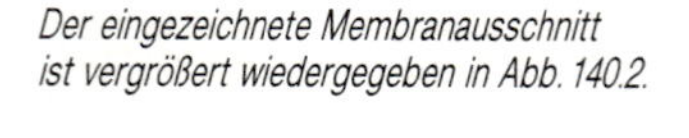
Der eingezeichnete Membranausschnitt ist vergrößert wiedergegeben in Abb. 140.2.

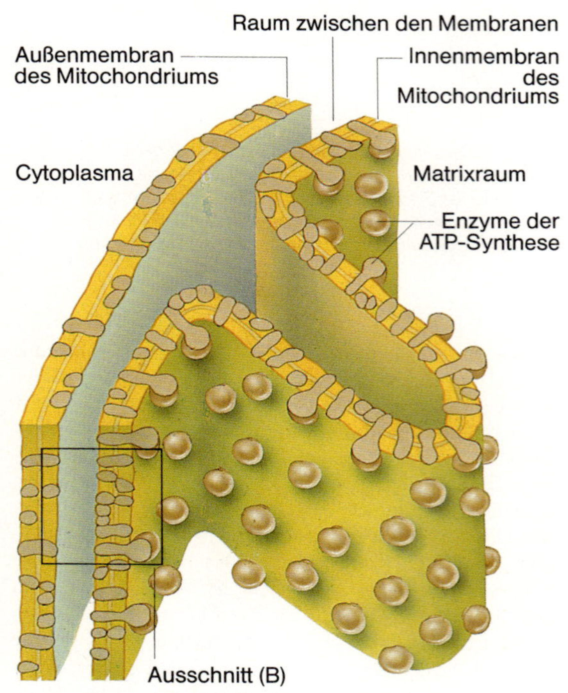

Abb. 140.2: Schema einer Mitochondrienfalte (Crista); Ausschnitt A. In die Matrix hinein ragen die der inneren Membran aufgelagerten Enzyme der ATP-Synthese. (Zu Ausschnitt (B) siehe Abb. 141.1.)

schem Strom die Turbine als Pumpe betreiben und Wasser wieder hochpumpen kann, so ist es auch möglich, durch Spaltung von ATP verschiedene Ionen (z.B. H^+-Ionen, K^+- und Na^+-Ionen) durch eine Membran gegen ein Konzentrationsgefälle zu transportieren. Man spricht dann von *aktivem Ionentransport* (vgl. Neurobiologie 2.2.2: Na-K-Pumpe der Nervenzelle).

Bedeutung von Struktur und Funktion. Alle zum Citronensäurezyklus, der Atmungskette und einigen anderen Reaktionsketten gehörenden Enzyme finden sich in den Mitochondrien räumlich vereinigt, so daß die Zwischenprodukte ohne längere Wege von Enzym zu Enzym wandern und weiter umgesetzt werden können. Da ein wesentlicher Teil des Stoffabbaus und der Energiegewinnung der Zellen in den Mitochondrien abläuft, enthalten diese Organellen sehr wichtige Reaktionsräume (Kompartimente, vgl. Cytologie 2.1). Nur infolge der Kompartimentierung (Aufgliederung in getrennte Reaktionsräume) ist es möglich, daß in einer Pflanzenzelle gleichzeitig Photosynthese und Atmung getrennt ablaufen können.

Energiebilanz. Die beim Zuckerabbau freigesetzte Energie wird zum Aufbau von ATP aus ADP und anorganischem Phosphat P_i verwendet. Beim Abbau eines Moleküls Traubenzucker zu CO_2 und H_2O werden 36–38 Moleküle ATP aus ADP gebildet. Da jede neu gebildete P-Bindung mindestens 29 kJ/mol speichert, beträgt der Wirkungsgrad der Atmung, d.h. das Verhältnis zwischen gespeicherter und freigesetzter Energie $(36 \cdot 29) : 2875 = 0{,}37$ oder etwa 37%. Der Wirkungsgrad einer Dampfmaschine beträgt rund 10% und der eines Verbrennungsmotors rund 35%. Der Rest der Energie wird als Wärme frei.

4.4.6 Fettabbau

Der Abbau der Fette spielt bei der Samenkeimung von Pflanzen (und bei Tieren) eine wichtige Rolle, da viele Samen als Nährstoffe vorwiegend Fette enthalten. Der Abbau beginnt mit einer Hydrolyse; aus dem Fett entstehen freie Fettsäuren und Glycerin. Das Glycerin wird als C_3-Körper in die Glykolyse (4.4.1) einbezogen. Die Fettsäure-Moleküle werden nach Bindung an Coenzym A stufenweise abgebaut. In jeder Reaktionsstufe spaltet sich ein Acetyl-Coenzym A ab. Dabei wird die Fettsäure jeweils um 2 C-Atome kürzer, bis sie schließlich vollständig zerlegt ist. Die entstandenen Acetyl-Coenzym A-Moleküle treten dann wie geschildert in den TCC ein.

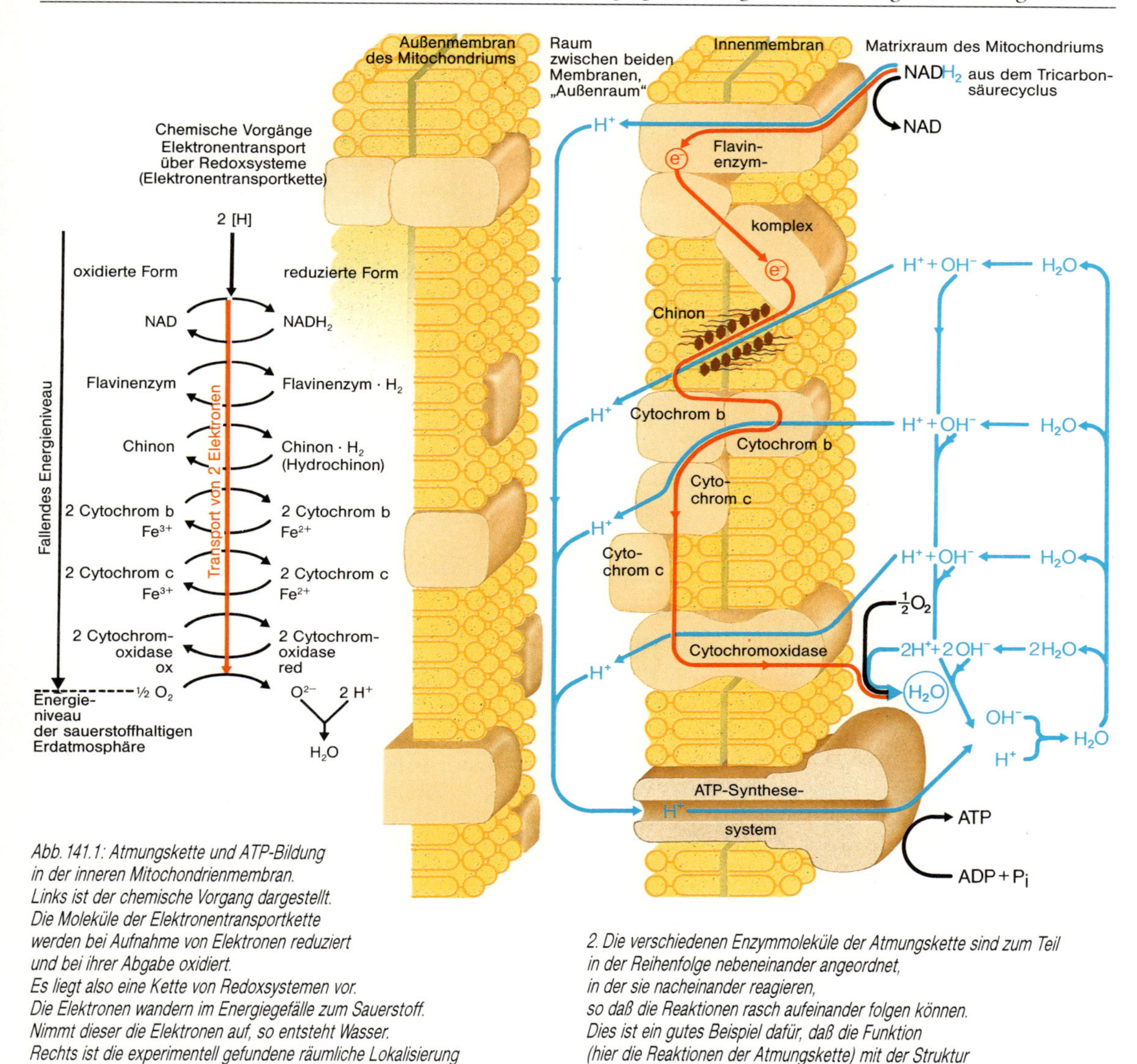

Abb. 141.1: Atmungskette und ATP-Bildung in der inneren Mitochondrienmembran. Links ist der chemische Vorgang dargestellt. Die Moleküle der Elektronentransportkette werden bei Aufnahme von Elektronen reduziert und bei ihrer Abgabe oxidiert. Es liegt also eine Kette von Redoxsystemen vor. Die Elektronen wandern im Energiegefälle zum Sauerstoff. Nimmt dieser die Elektronen auf, so entsteht Wasser. Rechts ist die experimentell gefundene räumliche Lokalisierung der Glieder der Elektronentransportkette (orange) und das ATP-Synthesesystem angegeben. Die Elektronen werden ausschließlich in der Membran transportiert. Das Bild soll folgendes deutlich machen:
1. Das Ergebnis der chemischen Untersuchungen über den Ablauf der Teilreaktionen und die Anordnung der Elektronentransportkette stimmt mit dem Ergebnis der cytologischen Untersuchung der inneren Mitochondrienmembran überein.
2. Die verschiedenen Enzymmoleküle der Atmungskette sind zum Teil in der Reihenfolge nebeneinander angeordnet, in der sie nacheinander reagieren, so daß die Reaktionen rasch aufeinander folgen können. Dies ist ein gutes Beispiel dafür, daß die Funktion (hier die Reaktionen der Atmungskette) mit der Struktur (hier der Mitochondrienmembran, in der Reaktionen ablaufen) übereinstimmt. Der Elektronentransport ist mit einem Transport von H^+-Ionen verbunden. Dadurch entsteht ein elektrisches Feld und ein pH-Gefälle, beider Energie dient in gleicher Weise wie bei der Photosynthese der ATP-Bildung (chemiosmotische Theorie). Zur ATP-Bildung müssen die Enzymsysteme in der Membran mit den angrenzenden Reaktionsräumen zusammenwirken.

4.4.7 Der Citronensäurezyklus als zentraler Umschlagplatz des Stoffwechsels (»Stoffwechseldrehscheibe«)

Beim Abbau von Proteinen durch Hydrolyse entstehen Aminosäuren. Diese werden nach Abspaltung der Aminogruppe NH_2 zu Verbindungen umgesetzt, die sich auch bei der Glykolyse oder dem Citronensäurezyklus bilden. Ihr weiterer Abbau verläuft dann in der dort beschriebenen Weise. Umgekehrt werden Bausteine für die Bildung der Aminosäuren, der Cytochrome, der Chlorophylle und anderer Stoffe aus dem Citronensäurezyklus entnommen (vgl. Abb. 143.1). Der Citronensäurezyklus ist daher als »zentraler Umschlagplatz und Sammelbecken des Stoffwechsels« zu betrachten, in das ständig Stoffe aus dem Abbau einströmen und dem wiederum Reaktionsprodukte für den Aufbau entnommen werden. Nur so ist es verständlich, daß aus Zukkern so viele verschiedene organische Moleküle hervorgehen.

4.5 Gärung als Energiequelle ohne Sauerstoff

Ohne Sauerstoff kann die Zelle organische Verbindungen (z.B. Zucker) nur unvollständig abbauen. Man spricht dann von **Gärung,** auch sie ist ein Vorgang der Dissimilation. Die bei der Gärung gebildeten Endprodukte sind noch verhältnismäßig energiereich. Der Energiegewinn durch Gärung ist deshalb viel geringer als der durch Atmung, bei der nur die energiearmen Stoffe Kohlenstoffdioxid und Wasser entstehen.

Bringt man Hefepilze in eine verdünnte Zuckerlösung und schließt diese von Luftsauerstoff ab, gedeihen sie trotzdem darin, ja sie vermehren sich sogar (s.Abb.142.1). Der Zucker wird dabei in großem Umfang zu Ethanol und CO_2 umgesetzt nach der Summengleichung:

$$C_6H_{12}O_6 \rightarrow 2\ C_2H_5OH + 2CO_2 \qquad \Delta G = -234\ kJ$$

Diesen Vorgang nennt man **alkoholische Gärung.**

Wenn jedoch die Hefepilze freien Sauerstoff zur Verfügung haben, können sie, wie die Zellen anderer Organismen, den Zucker auch vollständig oxidieren. Sie vermögen also sowohl durch Atmung wie durch Gärung Energie zu gewinnen. Auf diese Weise erschließen sich die Hefepilze eine besondere ökologische Nische, in der dauernd sauerstoffbedürftige Organismen nicht existieren können. Übersteigt das bei der Gärung entstehende Ethanol die Konzentration von 15%, gehen die Hefepilze im eigenen Ausscheidungsprodukt zugrunde.

Die zuvor genannte Summengleichung gibt nur die Ausgangs- und Endprodukte der alkoholischen Gärung an. Die dazwischen liegenden Reaktionen sind bis zur Brenztraubensäure die gleichen wie die der Glykolyse. Da kein Sauerstoff zur Verfügung steht, kann der Wasserstoff des NADH nicht wie bei der Endoxidation zu Wasser oxidiert werden. Der Wasserstoff geht auf Zwischenprodukte des Stoffabbaus über und reduziert diese. Im Fall der alkoholischen Gärung in den Hefezellen spaltet sich von der Brenztraubensäure zunächst CO_2 ab. Das so entstandene Ethanal (Acetaldehyd) wird dann durch NADH zu Ethanol (Ethylakohol) reduziert.

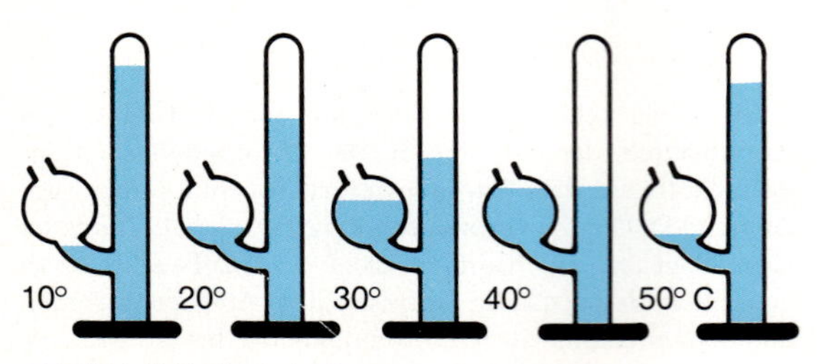

Abb. 142.1: Abhängigkeit der Gärung von der Temperatur, gezeigt an der Ansammlung von CO_2 im oberen Teil des Glaszylinders. In den Gärröhrchen befindet sich eine mit Hefe beimpfte Zuckerlösung.

Auch viele Bakterien können Energie gewinnen, ohne daß sie dazu Sauerstoff benötigen. Sie wandeln wie die Hefen energiereiche Moleküle in energieärmere um und benützen die dadurch frei werdende Energie für ihre Lebensvorgänge.

Die Milchsäurebakterien gewinnen Energie, indem sie Zuckermoleküle zu Milchsäure abbauen:

$$C_6H_{12}O_6 \rightarrow 2CH_3 \cdot CHOH \cdot COOH \qquad \Delta G = -218\ kJ$$

Bei dieser **Milchsäuregärung,** die auch im arbeitenden Muskel bei ungenügender Sauerstoffversorgung abläuft, wird der im Verlauf der Glykolyse freigesetzte Wasserstoff auf die Brenztraubensäure übertragen und diese dadurch zu Milchsäure reduziert.

Die Fähigkeit der Hefen und mancher Bakterienarten, Zukker zu vergären, wird auf vielerlei Weise wirtschaftlich genutzt. **Bäckerhefe** vergärt im Teig den darin enthaltenen Zucker. Das entstehende Kohlenstoffdioxid treibt den Teig auf und lockert ihn. Das ebenfalls sich bildende Ethanol verdampft in der Backhitze. Im Sauerteig wirken neben den Hefen auch Milchsäurebakterien.

Bierhefe vergärt beim Brauen den im Malz enthaltenen Zucker. Malz entsteht aus angekeimten und danach getrockneten Gerstenkörnern, welche die Enzyme zum Stärkeabbau enthalten. Beim Keimen der Gerste wird die Stärke durch Enzyme in Maltose und Glucose gespalten (vgl. dazu Abb. 47.4). In der Weinkellerei vergären **Weinhefen** die Zucker des Traubensaftes. Sprit entsteht durch enzymatischen Abbau (Verzuckerung) von Kartoffel- oder Getreidestärke und anschließende Vergärung mit Hefe.

Milchsäurebakterien werden genutzt, um Nahrungsmittel haltbar zu machen, weil Milchsäure die Entwicklung von Fäulnisbakterien hemmt. Sie wirken mit bei der Herstellung von Sauermilch, Käse, Sauerkraut und Silofutter.

Für manche Gärungserreger ist freier Sauerstoff geradezu schädlich. Zu ihnen gehört die Gruppe der **Buttersäurebakterien;** sie gewinnen Energie, indem sie Kohlenhydrate zu Buttersäure und anderen Stoffen vergären. Bei Anwesenheit von Sauerstoff gehen die Organismen zugrunde.

An der als *Fäulnis* bezeichneten Eiweißzersetzung sind neben atmenden **(aeroben)** auch gärende **(anaerobe)** Mikroorganismen beteiligt. Sie bauen die Aminosäuren, in die das Eiweiß zunächst zerlegt wird, weiter ab, wobei unter anderem stets CO_2, NH_3 und H_2S entstehen.

Die sogenannte **Essigsäuregärung** ist keine echte Gärung; bei ihr wird durch verschiedene Arten von Essigbakterien Ethanol zur energieärmeren Essigsäure oxidiert; dazu ist freier Sauerstoff notwendig:

$$C_2H_5OH + O_2 \rightarrow CH_3COOH + H_2O \qquad \Delta G = -490\ kJ$$

Unter *Verwesung* versteht man im Gegensatz zur Fäulnis die Zersetzung organischer Substanz unter ungehindertem Luftzutritt. Unter Einwirkung aerober Bakterien entstehen dabei CO_2 und NH_3.

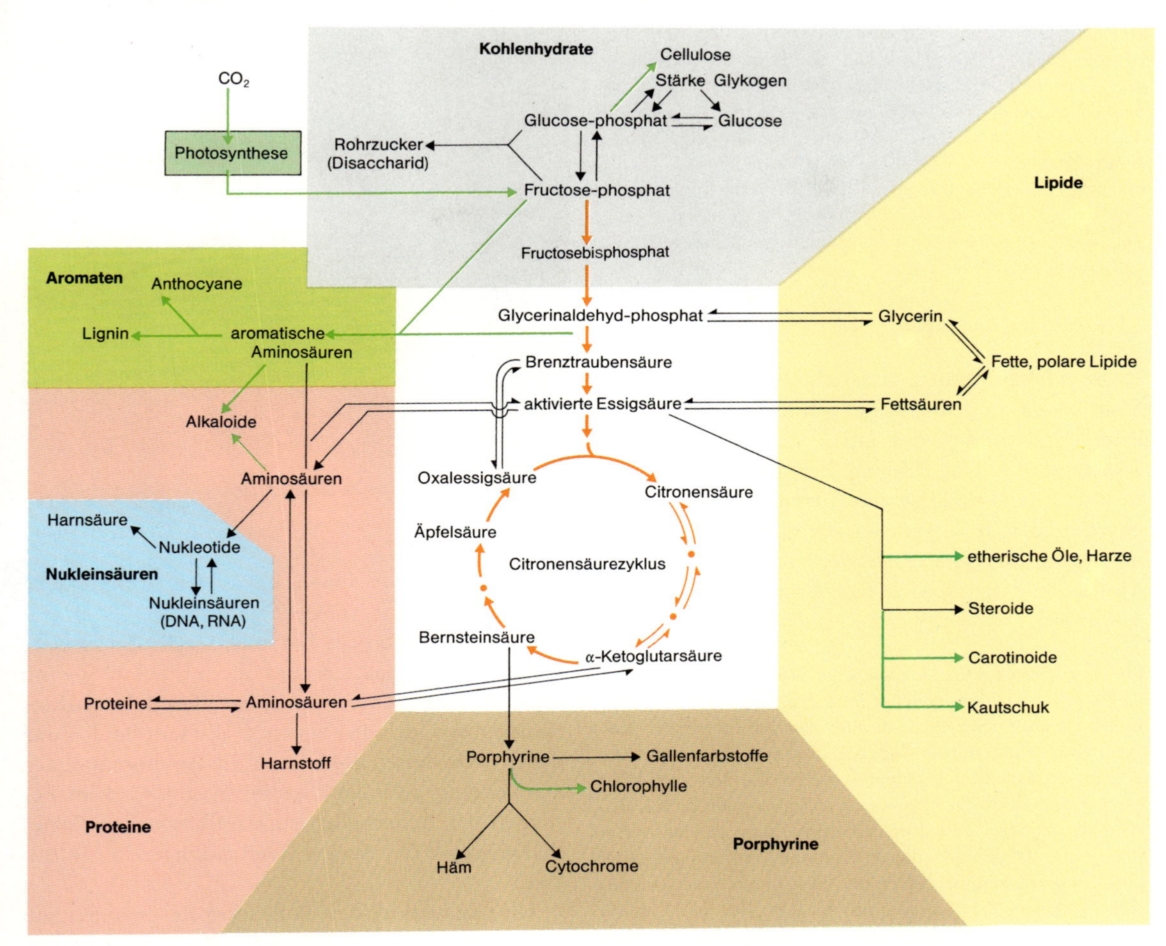

Abb. 143.1: Schema der Stoffwechselwege und des Zusammenhangs der im Stoffwechsel der Zelle von Tier und Pflanze aufgebauten und abgebauten Stoffe.

Der Abbau der Kohlenhydrate durch die Glykolyse und die Umsetzung der entstehenden aktivierten Essigsäure im Citronensäurezyklus ist mit roten Pfeilen dargestellt. Grüne Pfeile kennzeichnen Reaktionsketten, die nur in der Pflanze ablaufen.

5. Stoffaufbau, Stoffumwandlung und Stoffspeicherung

Bei der Photosynthese entstehen zunächst Zucker und Stärke. Daraus müssen anschließend die zahlreichen Verbindungen aufgebaut werden, die in Pflanzenzellen auftreten. Außer weiteren Kohlenhydraten sind dies vor allem Proteine, Nukleinsäuren, Lipide und die sekundären Pflanzenstoffe (s. 5.2). Zu ihrem Aufbau verwenden die Zellen oft Zwischenprodukte, die bei der Glykolyse oder im Citronensäurezyklus entstehen (vgl. Abb. 143.1). Stoffaufbau und Stoffabbau sind also eng miteinander verknüpft. Die aufeinanderfolgenden Reaktionen beim Stoffauf- und -abbau bezeichnet man als *Stoffwechselwege*.

5.1 Aufbau der Zell-Bausteine

5.1.1 Bildung der Kohlenhydrate

Neben der Stärke spielen unter den pflanzlichen Polysacchariden vor allem die Baustoffe der Zellwand eine große Rolle. Es sind dies neben dem Hauptbestandteil Cellulose die Hemicellulosen und die Pektinstoffe. Die verschiedenen Zuckerbausteine dieser Polysaccharide bilden sich durch Umwandlung von Zuckerphosphaten.

Durch Umbau von Fructosephosphat entsteht beispielsweise Glucosephosphat, das die Glucosebausteine zum Aufbau von Stärke und Cellulose liefert. Die Bildung der Polymeren erfordert Energie, daher werden die Zucker durch Bindung des Zuckerphosphats an ein Nukleotid energiereicher gemacht; es entstehen Zuckernukleotide. So wird z.B. aus

ATP und Glucosephosphat eine Verbindung von ADP mit Glucose (ADP-Glucose) gebildet; sie dient als energiereicher Glucose-Lieferant für das stärkebildende Enzym in den Chloroplasten und Leukoplasten. Andere Nukleotide der Glucose sind Glucose-Lieferanten für das cellulosebildende Enzym in der Zellmembran (Plasmalemma). Da an unterschiedlichen Orten unterschiedliche Enzyme mit unterschiedlichen Glucose-Lieferanten vorliegen, kann eine Zelle aus Glucosephosphat-Bausteinen gleichzeitig Stärke und Cellulose aufbauen.

5.1.2 Bildung der Lipide

Polare Lipide werden als wichtige Bausteine aller Membranen in jeder Zelle gebildet. In Form der Fette (Triglyceride) sind Lipide außerdem wichtige Speicherstoffe. Die Bildung der Fette umfaßt die Synthese der Fettsäuren und deren Veresterung mit Glycerin, dessen Vorstufe aus der Glykolyse entnommen wird. In *polare Lipide* werden noch hydrophile Molekülteile (phosphathaltige Gruppe oder Zucker) eingebaut.

Die Fettsäuren bilden sich aus C_2-Körpern, die als Acetyl-Coenzym A in energiereicher Form vorliegen. Die Synthese erfolgt an einem Aggregat aller dazu erforderlichen Enzyme, die so angeordnet sind, daß die entstehende Fettsäure von einem Enzym zum anderen weiter wandert und dabei immer an den *»Multi-Enzymkomplex«* gebunden bleibt, also niemals vor ihrer endgültigen Fertigstellung frei wird. Bei den grünen Pflanzen ist dieser Multi-Enzymkomplex in die Chloroplasten eingeschlossen und besteht aus 7 verschiedenen Proteinen, die sich zusammenlagern. Bei den Säugern befindet sich der Komplex frei im Cytoplasma; er besteht hier aus einem einzigen Protein, das alle 7 Enzymfunktionen innehat. Auch für andere Reaktionsketten des Stoffwechsels ist nachgewiesen worden, daß die beteiligten Enzyme zu einem Multi-Enzymkomplex zusammengefaßt sind.

5.1.3 Bildung der Aminosäuren und Proteine

Aus Stickstoffverbindungen, vor allem Nitrat- und Ammoniumionen, deckt die höhere Pflanze ihren Stickstoffbedarf für die Bildung der Aminosäuren und der daraus aufgebauten Proteine. Ammoniumionen werden über eine Zwischenstufe an α-Ketoglutarsäure gebunden, die im Citronensäurezyklus entsteht. Dadurch wird Glutaminsäure gebildet. Diese kann ihre Aminogruppe auf andere Kohlenstoff-Verbindungen zur Bildung verschiedener Aminosäuren übertragen. Da Ammoniumionen in größerer Menge für die Zelle giftig sind und ihre Aufnahme durch die Wurzeln in manchen Böden auch erschwert ist, nehmen viele höhere Pflanzen bevorzugt Nitrationen auf. Diese werden in der Zelle unter Energieaufwand zu Ammoniumionen reduziert. Tiere können nur einen Teil der von ihnen benötigten Aminosäuren selbst bilden (vgl. S. 165).

Abb. 144.1: Wurzelknöllchen der Lupine (s. Text)

Einige Bakterien des Erdbodens (z. B. *Azotobacter*), verschiedene Blaualgen und die in Symbiose mit Schmetterlingsblütlern lebenden **Knöllchenbakterien** können auch den Stickstoff der Luft binden und dabei nach dessen Reduktion zu Ammoniumionen Aminosäuren aufbauen (Symbiose vgl. 9.4). Beim Absterben der freilebenden stickstoffbindenden Bakterien gelangen ihre Stickstoffverbindungen in den Boden.

Die Reduktion des Luftstickstoffs erfordert zur Aktivierung des chemisch sehr trägen N_2-Moleküls einen hohen Energieaufwand, der durch Atmungsvorgänge gedeckt werden muß. Die symbiontischen Stickstoff-Binder entnehmen ihrer Wirtspflanze daher sehr viel Kohlenhydrate.

Die Knöllchenbakterien *(Rhizobium)* der Schmetterlingsblütler (Erbse, Bohne, Linse, Soja, Lupine, Klee usw.) kommen auch frei im Boden vor, können dann aber keinen Stickstoff reduzieren. Sie dringen in die Rindenzellen der Wurzeln ein und lösen Gewebswucherungen in Form von *Wurzelknöllchen* aus (Abb. 144.1). Der von den Knöllchenbakterien gebundene Stickstoff kommt auch der Wirtspflanze zugute. Daher gedeihen Schmetterlingsblütler selbst auf ungedüngtem, stickstoffarmem Boden. Durch die Symbiose werden etwa 200–300 kg Stickstoff je ha und Jahr gebunden. Man verwendet Schmetterlingsblütler zur Gründüngung auf magerem Boden, indem man ihre oberirdischen Teile in den Boden einpflügt. Die Tätigkeit der symbiontischen Bakterien ist von großer Bedeutung für den Menschen, weil die Schmetterlingsblütler proteinreiche Samen bilden, die hochwertige Nahrungs- und Futtermittel liefern.

Sanddorn und Erle stehen in einer ähnlichen Symbiose mit stickstoffbindenden Bakterien aus der Gruppe der sog. *Strahlenpilze*. Sie dienen ebenso wie Schmetterlingsblütler als Pionierpflanzen bei der Kultivierung humusarmer Sand- und Rohböden.

Die jährliche Produktion von Stickstoffverbindungen durch N_2-bindende Organismen schätzt man für die Erde auf über 180 Millionen t; die Weltproduktion von Stickstoffdünger liegt bei 40 Millionen t.

5.1.4 Bildung der Nukleotide

Die Nukleotide sind die Bausteine der Nukleinsäuren (s. Cytologie 7.6). Ihre Bildung geht aus von Ribosephosphat (aus dem Zuckerstoffwechsel) und von Aminosäuren, welche die Bausteine für die Basen liefern.

Beim Abbau von Nukleotiden werden die Basen freigesetzt. Die Basen Guanin und Adenin können im Tierkörper zu Harnsäure oxidiert werden. In manchen Pflanzen (Kakao, Tee, Kaffee) werden diese Basen zunächst teilweise oxidiert und anschließend Methylgruppen eingebaut; so entstehen Theobromin, Theophyllin und *Coffein* (vgl. 5.2).

5.2 Sekundäre Pflanzenstoffe

Außer den im Grundstoffwechsel gebildeten und in allen Organismen vorkommenden Stoffen treten in vielen Pflanzen noch zahlreiche andere Stoffe auf. Manche davon schützen vor übermäßigem Tierfraß (»Fraßschutzstoffe«), die Bedeutung anderer ist unbekannt. Man nennt sie *sekundäre Pflanzenstoffe* und faßt ihre Stoffwechselwege als **Sekundärstoffwechsel** zusammen. Aus dem Lipidstoffwechsel entstehen die *Terpenoide* (etherische Öle, Harze, Kautschuk) und die *Wachse*. Aus dem Aminosäurestoffwechsel stammen die Bausteine der stickstoffhaltigen *Alkaloide*. *Glykoside* enthalten Zuckerbausteine. Vom Kohlenhydratstoffwechsel geht auch die Bildung von *aromatischen Verbindungen* aus. Diese vermag nur die Pflanze aufzubauen, Tiere können es nicht. Sogar die aromatischen Aminosäuren für den Aufbau von Proteinen müssen Tier und Mensch aus Pflanzen über die Nahrungskette beziehen.

Aromatische Glykoside sind die *Anthocyane;* sie bilden rote und blaue Blütenfarbstoffe. Auch die meisten *Gerbstoffe* zählen zu den aromatischen Verbindungen.

Eine große Zahl der sekundären Pflanzenstoffe nutzt der Mensch: Pflanzen mit etherischen Ölen liefern *Gewürze* (Petersilie, Kümmel, Anis, Rosmarin, Zimt, Lorbeer, Ingwer und viele andere), *Duftstoffe* (Lavendel) oder *Arzneimittel* (Pfefferminze, Kamille). Als Arzneimittel werden auch zahlreiche Alkaloide verwendet, z.B. Morphin und Codein aus dem Milchsaft des Schlafmohns, Atropin aus der Tollkirsche, Coffein aus dem Samen des Kaffeestrauchs. Alkaloide sind ferner einige *Genuß-* und *Rauschgifte:* Nikotin (Tabak), Opium (Schlafmohn), Cocain (Cocastrauch), Haschisch und Marihuana (indischer Hanf). Glykoside des Fingerhuts *(Digitalis)* sind wichtige Herzarzneimittel. Technisch von Bedeutung ist der aus dem Milchsaft des Kautschukbaumes gewonnene *Kautschuk*.

Gewinnung von Arzneimitteln durch Biotechnologie. Einige Arzneimittel liefernde Pflanzen-Arten sind selten oder lassen sich wegen besonderer Klima- oder Bodenansprüche nicht in größerer Menge anbauen. Aus solchen Pflanzen werden Zellkulturen angelegt (s. Genetik 10.) und die Zellen in Kulturgefäßen im Großbetrieb vermehrt. Unter geeigneten Bedingungen erzeugen die Zellen dann die als Arzneimittel verwendeten Inhaltsstoffe. Durch veränderte Kulturbedingungen lassen sich auch andere wertvolle Stoffe gewinnen, die in der intakten Pflanze nur in ganz geringen Mengen vorkommen; eine Isolierung dieser Stoffe aus angebauten Pflanzen wäre daher nicht lohnend.

5.3 Die Speicherung von Stoffen

Was von den Assimilaten nicht sofort verbraucht wird, lagert die Pflanze in Form von Speicherstoffen ab. Zur Speicherung dienen bei ausdauernden krautigen Pflanzen die großen Füllgewebszellen in Sproßachsen und Wurzeln. Oft werden besondere Speicherorgane gebildet: Sproß- und Wurzelknollen, Rüben, Zwiebeln (vgl. Abb. 508.1,2). Bei Holzpflanzen erfolgt die Speicherung in den lebenden Zellen der randlichen Teile des Stammes, vor allem in den Markstrahlen und dem Rindengewebe (vgl. Abb. 327.3). Außerdem rüsten die Pflanzen ihre Samen mit einem Nahrungsvorrat aus, der dem Keimling zur Bildung der Keimwurzel und der ersten Blätter dient.

Einer der häufigsten Speicherstoffe ist die *Stärke*. Sie ist in Form von Körnern, deren Gestalt und Schichtung bei jeder Pflanzenart verschieden ist, in Plastiden der Zellen eingelagert. *Rohrzucker* wird insbesondere von Zuckerrübe (bis zu 21%) und Zuckerrohr gespeichert. *Fette* und Öle finden sich besonders reichlich in Samen.

Tabelle 145/1: Gehalt an Speicherstoffen in Prozent des Frischgewichts

Stärke	
Kartoffel	20%
Weizenkorn	67%
Roggenkorn	71%
Fett	
Olive, Fruchtfleisch	40–56%
Sojabohne	17–19%
Sonnenblumenkern	25–35%
Leinsamen	33–40%
Rapssamen	30–45%
Erdnußkern	46%
Mohnsamen	50%
Ölpalme (Fruchtfleisch)	65–72%
Eiweiß	
Kartoffel	2%
Roggenkorn	9%
Weizenkorn	12%
Erbse	16%
Sojabohne	23%

6. Aufnahme des Wassers und der Ionen durch die Pflanze

Während untergetaucht lebende Wasserpflanzen Wasser und Nährsalze durch die gesamte Oberfläche aufnehmen, haben die Landpflanzen dafür in den Wurzeln besondere Aufnahmeorgane entwickelt. Zur Erläuterung der Wurzeltätigkeit sei zunächst die Wasseraufnahme durch eine einzelne Pflanzenzelle geschildert. (Zur Bedeutung des Wassers für den Organismus s. Cytologie 6.2).

6.1 Wasserhaushalt der Zelle

Zum Verständnis der Vorgänge bei der Wasseraufnahme durch die Zelle dient folgender Versuch: Man legt ein Stückchen des Hautgewebes aus einer Küchenzwiebel oder einen Algenfaden in eine konzentrierte Salz- oder Zuckerlösung. Nach kurzer Zeit löst sich das Protoplasma von der Zellwand ab: es tritt **Plasmolyse** ein. Bringt man nun dasselbe Präparat in Leitungswasser, so legt sich das Protoplasma wieder an die Zellwand an. Das Volumen des Zellsaftraumes (der *Vakuole*) ist demnach abhängig von der Konzentration des Außenmediums (s. Abb. 146.1). Der Plasmolyse muß also ein *osmotischer Vorgang* zugrunde liegen (vgl. Cytologie 3.2). Wasser tritt aus der Vakuole der Zelle in die konzentriertere *(hypertonische)* Außenlösung über. Dadurch schrumpft die Vakuole und ihr Zellsaft konzentriert sich. Der Wasseraustritt hört auf, wenn die Zellsaft-Konzentration in der Vakuole genau so groß ist wie die Konzentration der Außenlösung (*isotonische* Lösungen). Ist dagegen die Außenlösung gegenüber dem Zellsaft von geringerer Konzentration *(hypotonisch)*, dringt Wasser in die Vakuole ein. Bei der Osmose handelt es sich um eine Diffusion durch eine halbdurchlässige Membran. Da sich beim Schrumpfen der Vakuole das Protoplasma von der Zellwand abhebt, muß die halbdurchlässige Membran das Plasmalemma sein. Dagegen ist die Zellwand sowohl für Wasser als auch für darin gelöste Stoffe durchlässig, wie man mit Farbstoffen leicht zeigen kann.

Durch Plasmolyse läßt sich die Konzentration des Zellsaftes der Vakuole bestimmen. Man legt die zu untersuchenden Zellen in Lösungen verschiedener Konzentration. Der Zellsaft derjenigen Zellen, bei denen gerade keine Plasmolyse mehr eintritt, hat dann die Konzentration der betreffenden Außenlösung.

Normalerweise ist die Konzentration der Außenlösung, die sich in den Kapillarräumen der Zellwand befindet, geringer als die Konzentration des Zellsaftes. Daher ist die Vakuole prall gefüllt und der Zellsaft übt einen beträchtlichen Druck aus, so daß das Cytoplasma gegen die Zellwand gepreßt wird **(Turgordruck).** Diese wird dadurch elastisch gedehnt, bis der Gegendruck der gedehnten Wand (= Wanddruck) ebenso groß ist, wie der Turgordruck. Dann verhindert der Wanddruck eine weitere Volumenzunahme der Vakuole und damit einen Einstrom von Wasser. Da die Konzentration der Außenlösung sehr gering ist, hängt der Turgordruck bei guter Wasserversorgung der Zelle nur von der Konzentration des Zellsaftes ab. Dieser kann als **osmotischer Druck** (vgl. Cytologie 3.2) gemessen werden. Wenn der Turgordruck (oder Wanddruck) ebenso groß ist wie der osmotische Druck des Zellsaftes, vermag die Zelle auch bei weiterer Dehnbarkeit der Zellwand kein Wasser mehr aufzunehmen. Man sagt, ihre Saugspannung sei Null. Ist dieser Zustand nicht erreicht, so wird aus den Hohlräumen der Zellwand Wasser aufgenommen; in der Zelle besteht eine **Saugspannung.** Die Saugspannung hängt direkt von der Konzentration des Zellsaftes, also von dessen osmotischem Druck O ab. Der Saugspannung entgegen wirkt der jeweils vorhandene Wanddruck.
Es gilt:

Saugspannung der Zelle	=	osmotischer Druck des Zellsaftes	–	Turgordruck (Wanddruck)
S	=	O	–	W

Durch den Turgordruck werden krautige Pflanzen versteift; Mangel an Wasser läßt sie welken.

Ist die Stabilität der Zellwände nicht groß genug und die Saugspannung der Zellen hoch, können Gewebe bei Wasseraufnahme zerreißen. So platzen Süßkirschen bei Regen, weil Wasser in die zuckerreichen Vakuolen der Zellen eindringt. Der umgekehrte Vorgang läßt sich beim Salat beobachten. Er fällt einige Zeit nach dem Anrichten zusammen, weil die Sauce konzentrierter ist als der Zellsaft der Salatblätter; sie entzieht den Zellen Wasser.

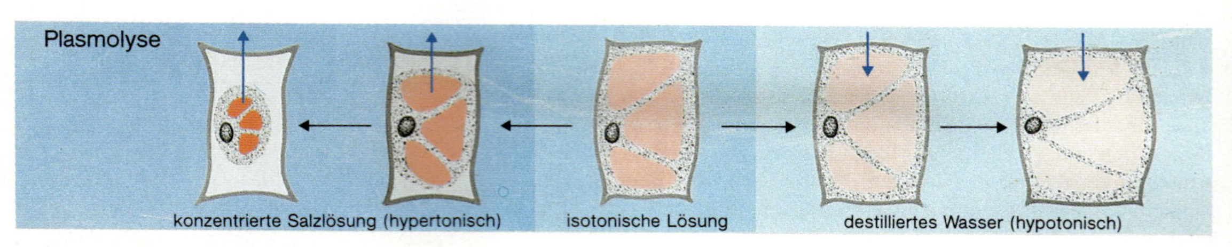

Abb. 146.1: Plasmolyseversuche mit einer einzelnen Blattzelle

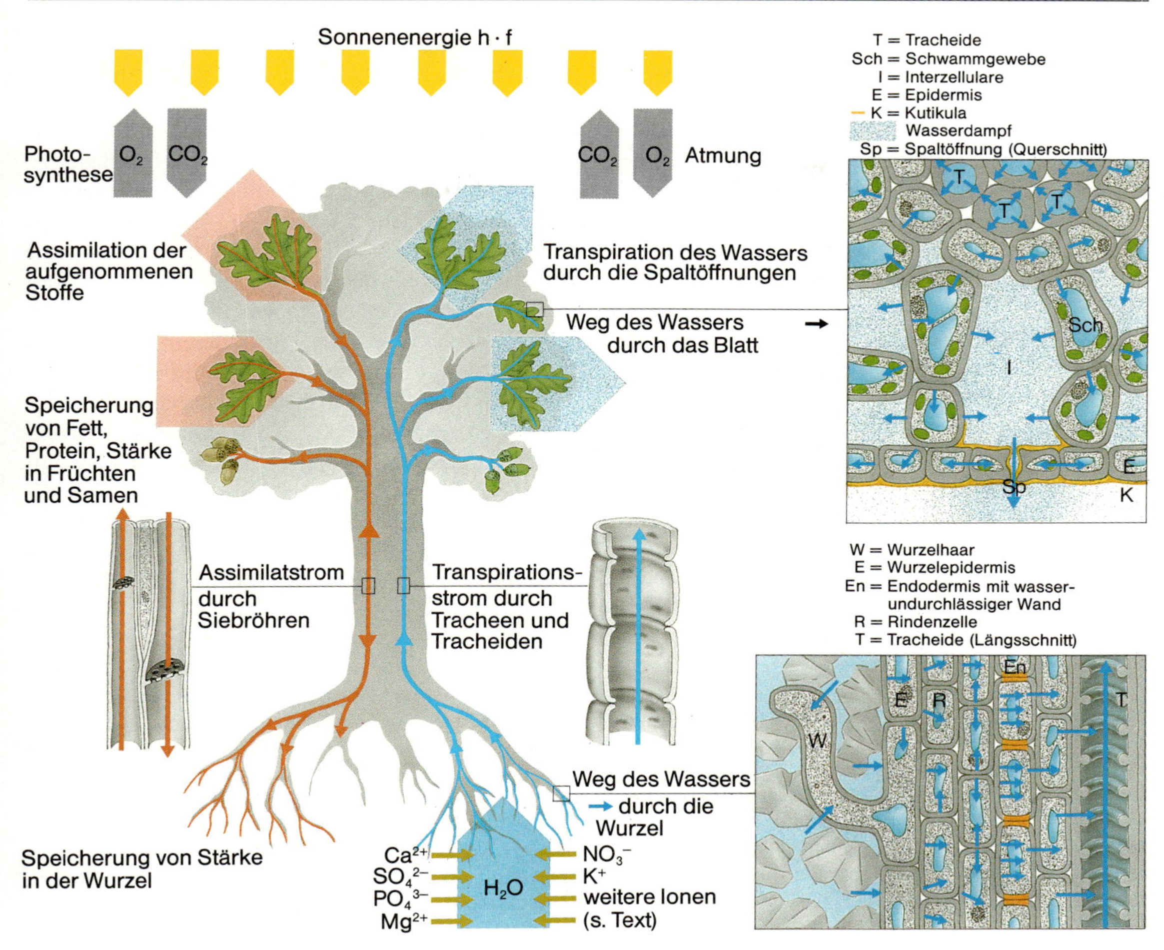

Abb. 147.1: Aufnahme von Wasser und Mineralstoffen durch die Wurzel und ihr Transport in der Pflanze

6.2 Die Wurzel als Organ der Wasser- und Ionenaufnahme

Die Wurzel nimmt Wasser und Ionen aus dem Boden auf, verankert die Pflanze im Boden und speichert auch Assimilate. So sammeln viele Pflanzen im ersten Wachstumsjahr Nährstoffe für die Bildung von Sprossen, Blüten und Früchten im zweiten Jahr (Zucker- und Futter-Rübe, Möhre).

6.2.1 Bau der Wurzel

Das Wurzelsystem ist je nach Pflanzenart und Bodenbeschaffenheit sehr verschieden ausgebildet. Viele Pflanzen haben eine Pfahlwurzel (Kiefer), andere treiben mehrere gleich starke Wurzeln nach unten (Buche). Bei wieder anderen verkümmert die Hauptwurzel, dafür bilden sich kräftige Seitenwurzeln flach im Boden (Fichte, einkeimblättrige Pflanzen). Durch vielfache Verzweigung entsteht ein Wurzelsystem von oft erstaunlicher Gesamtlänge. An einer einzigen frei stehenden Getreidepflanze beträgt die Gesamtlänge des Wurzelsystems, mit dem sie einen Bodenraum von 4 bis 5 m^3 im Umkreis von 1,5 m durchzieht, etwa 80 km.

Die Wurzeln wachsen nur an der Spitze (Abb. 150.1). Hierbei wird der zarte Vegetationskegel durch eine Wurzelhaube geschützt, die wie ein Fingerhut auf der Wurzelspitze sitzt und aus verschleimenden Zellen besteht, welche das Vorwärtsdringen der Wurzelspitze im Boden erleichtern. Dicht hinter der Wurzelspitze wächst ein Teil der Oberhautzellen zu schlauchförmigen, wenige Millimeter langen, dünnwandigen *Wurzelhaaren* aus. Diese zwängen sich in die Lücken des Bodens ein und verkleben dabei mit den Bodenteilchen. Da sie sehr zahlreich sind (beim Mais bis zu 400 Haare auf 1 mm^2), vergrößern sie die aufnehmende Oberfläche beträchtlich. Die Haare werden nur einige Tage alt; doch entstehen hinter der wachsenden Wurzelspitze ständig neue, welche dann mit frischen Bodenteilchen in Berührung kommen. Auf diese Weise »durchpflügt« die Pflanze den Boden. Hinter der Zone der Wurzelhaare sterben die Oberhautzellen ab. Die Rindenzellen verkorken darunter und werden undurchlässig, so daß die Aufnahme des Wassers und der Ionen im wesentlichen auf eine kurze Zone hinter der Wurzelspitze begrenzt ist.

6.2.2 Die Wasseraufnahme durch die Wurzel

Das Wasser tritt zunächst in die winzigen Hohlräume der Zellwände der Wurzelhaare ein. In diesen Zellwand-Hohlräumen wird das Wasser durch die Wurzelrinde bis zu deren innerster Schicht geleitet. Wasser kann auch osmotisch in die Zellen aufgenommen und von Zelle zu Zelle weitergegeben werden, weil die Konzentration der gelösten Stoffe in der Vakuole der Wurzelhaar- und Wurzelrindenzellen höher ist als im umgebenden Boden und in der Wurzelrinde nach innen zunimmt.

Die innerste Zellschicht der Wurzelrinde heißt *Endodermis*. Ihre seitlichen Zellwände sind durch Einlagerung korkähnlicher Stoffe wasserundurchlässig. Hier kann daher das Wasser nicht mehr in den Wänden weiterwandern, sondern muß jetzt in die Endodermiszellen aufgenommen werden. Sie geben es dann an die wasserleitenden Gefäße weiter. Über die Endodermiszellen regelt die Pflanze die Aufnahme des Wassers, in dem auch viele Ionen und Moleküle enthalten sind.

6.2.3 Ionenaufnahme durch die Wurzel

Die Ionen sind im Boden in der Regel in geringerer Konzentration vorhanden als in den Wurzelhaarzellen (s. Abb. 147.1). Offenbar werden sie durch aktive, energieverbrauchende Transportvorgänge entgegen dem Konzentrationsgefälle aufgenommen. Aktive Transportvorgänge sind substrat-spezifisch, d. h. gewisse Stoffe werden bevorzugt transportiert, andere überhaupt nicht. Dies macht die unterschiedliche Zusammensetzung der Aschensubstanz verschiedenartiger Pflanzen verständlich, auch wenn sie in demselben Boden wurzeln. Es erklärt auch die Anreicherung gewisser Stoffe in der Pflanze und zwar auch dort, wo sie in der Umgebung nur in sehr geringer Menge vorkommen (z. B. Iod in Meeresalgen, Lithium in Tabakpflanzen).

6.3 Pflanze und Boden

Der *Boden* besteht hauptsächlich aus *mineralischen Bestandteilen,* die durch Verwitterung aus Gestein entstehen. Außerdem enthält er mehr oder weniger *Humus* und wird von zahlreichen Kleinlebewesen bewohnt, die man in ihrer Gesamtheit *Edaphon* nennt. Der bei der Zersetzung toter Pflanzen und Tiere entstehende Humus besteht vorwiegend aus großen Molekülen, deren Oberflächen Ladungen tragen. Diese Moleküle können also Ionen aus dem umgebenden Wasser anlagern (adsorbieren). Auch an die Oberflächen der winzigen Kristalle der Tonmineralien können Ionen gebunden werden. Durch diese Vorgänge werden lösliche Salze (z. B. Düngemittel) festgehalten. Die Pflanze kann die angelagerten Ionen dadurch freisetzen, daß sie andere Ionen an den Boden abgibt *(Ionenaustausch)*. Zur Aufnahme von Kationen werden H^+-Ionen, zur Aufnahme von Anionen HCO_3^--Ionen von der Pflanze abgegeben.

Das Gedeihen der Pflanzen ist mit den physikalischen und chemischen Eigenschaften des Bodens aufs engste verbunden. Als wichtigste seien genannt die Krümelstruktur des Bodens, sein Wassergehalt und seine Wasserdurchlässigkeit, die Durchlüftung und Erwärmbarkeit, der Nährstoffgehalt und der pH-Wert (s. auch Ökologie 1.1).

Die Unterschiede in der Zusammensetzung des Pflanzenkleides auf Böden verschiedener Eigenschaften verraten, daß die Pflanzen recht verschiedene Ansprüche an die Bodenbeschaffenheit stellen. Zwar kommen viele Pflanzen fast auf jedem Boden vor. Daneben aber gibt es sogenannte *bodenstete Pflanzen,* die nur auf einer ganz bestimmten Bodenart wachsen, so daß sie geradezu als **Bodenanzeiger** dienen können (s. Ökologie 1.1). Manche Pflanzen verlangen besonders viel Stickstoff und siedeln sich mit Vorliebe auf Ödstellen, Schuttplätzen und Wegrändern an, die mit stickstoffhaltigen Abfällen gedüngt werden (Brennessel, Gänsefußarten). Mit Jauche überdüngte Wiesen kann man am reichlich vorkommenden Bärenklau erkennen. *Salzpflanzen* (z. B. Queller, Salzmiere) ertragen bis zu 17% Kochsalz im Boden und halten deshalb am Meer und in der Salzsteppe aus, wo andere nicht mehr gedeihen. Auch Mangroven (s. Abb. 137.2) sind Salzpflanzen. Besonders auffallend sind die Unterschiede auf Böden mit verschiedenem Kalkgehalt. Auf kalkreichen Böden gedeihen Leberblümchen, Seidelbast, Silberdistel oder in den Alpen die Behaarte Alpenrose. Auf kalkarmen Böden (Sandstein, Grundgebirge) sind die Heidelbeere, das Heidekraut, der rote Fingerhut, der Besenginster und in den Alpen die Rotblättrige Alpenrose kennzeichnend. Jedoch ist für die meisten Arten weniger der Kalkgehalt als vielmehr der Säurezustand des Bodens ausschlaggebend. Kalkarme Böden pflegen sauer, kalkreiche Böden neutral oder schwach alkalisch zu reagieren. Die *kalkliebenden Pflanzen* verlangen neutrale oder alkalische Böden, während die *kalkfliehenden Pflanzen* nur bei einem gewissen Säuregrad des Bodens gedeihen können, obwohl auch sie das Calcium unbedingt zum Leben brauchen. Vom pH-Wert des Bodens abhängig ist auch die Fähigkeit der Pflanzen zur Aufnahme von Schwermetallionen (z. B. von Fe^{3+}). In alkalischen Böden ist sie erschwert, umgekehrt kann es in sauren Böden bei Vorliegen großer Ionenmengen zu einer zu starken Aufnahme kommen.

Tabelle 149/1: Nährstoffentnahme in kg je ha. Die Menge der als Ionen aufgenommenen Elemente ist hier, wie bei Düngerangaben üblich, auf Oxide berechnet.

	N	P_4O_{10}	K_2O	CaO
Weizen	140	70	130	20
Gerste	140	60	120	25
Zuckerrüben	200	65	275	140
Kartoffeln	140	55	250	75
Heu	200	100	300	130

Unter natürlichen Verhältnissen bleiben die abgestorbenen Pflanzen an Ort und Stelle und werden dort zersetzt, so daß die Ionen wieder in den Boden zurückkehren. Den Kulturböden dagegen entzieht die Ernte alljährlich beträchtliche Mengen anorganischer Ionen, die durch die Aufbereitung ungelöster Bodenbestandteile nicht so rasch wieder ersetzt werden. Infolgedessen verarmt der Boden allmählich an Ionen, er wird »erschöpft«. Um ihn ertragsfähig zu halten, muß man die fehlenden Stoffe künstlich zuführen. Dies geschieht durch **Düngung** mit Mineraldünger und durch organische Dünger wie Kompost oder Stallmist, die zugleich Humus liefern. Die Zusammensetzung des Mineraldüngers wählt man nach dem unterschiedlichen Nährstoffbedürfnis der verschiedenen Kulturpflanzen (vgl. Tabelle 149/1) und den Bodenbedingungen.

7. Wasser- und Stofftransport in der Pflanze

7.1 Leitgewebe

Da die Diffusionsgeschwindigkeit mit zunehmender Entfernung rasch kleiner wird (vgl. Cytologie 3.1), ist der Transport von Wasser, Ionen und organischen Stoffen von Zelle zu Zelle nur bei kleinen Pflanzen (viele Algen, Pilze) oder innerhalb von Geweben höherer Pflanzen (Wurzelrinde, Blattgewebe) ausreichend. Für die Fernleitung sind bei Farn- und Blütenpflanzen besondere Leitgewebe ausgebildet. Zur Wasserleitung dienen tote, langgestreckte, hintereinandergereihte oder zu Röhren verschmolzene Zellen, die man als **Tracheiden** bzw. **Gefäße (Tracheen)** bezeichnet. Zum Transport organischer Stoffe sind lebende Zellstränge ausgebildet, deren Zellen **Siebröhren** genannt werden.

Die *Tracheiden* bestehen aus einzelnen Zellen, die durch besondere Öffnungen, die *Tüpfel,* leitend miteinander verbunden sind. Die *Gefäße* oder Tracheen sind weite Röhren; sie werden von Zellen gebildet, deren Querwände zum Teil oder ganz aufgelöst sind. Die Röhren erreichen oft beträchtliche Längen; bei Eichen sind sie 10 cm bis 1 m lang. Die Wände der Tracheen und Tracheiden sind verholzt und durch allerlei Verdickungen versteift (Netz-, Ring-, Spiralgefäße, vgl. Abb. 150.1). Die Versteifung schützt vor dem Zusammengedrückt-Werden, da durch Transpiration ein Unterdruck (= Transpirationssog) in den Wasserleitgefäßen entsteht; auch können Gefäße als tote Zellen keinen Turgordruck aufbauen. Die Weite der Gefäße schwankt zwischen 0,25 mm (Eiche) und 0,006 mm (Linde). Die Querwände der Siebröhren sind siebartig durchbrochen (Siebplatte); durch die Löcher verlaufen Plasmastränge von Zelle zu Zelle. Siebröhren dienen zur Leitung von Zuckern (besonders Rohrzucker), Aminosäuren und anderen kleinen organischen Molekülen.

Die *Leitgewebe* sind bei den Blütenpflanzen zu bündelförmigen Strängen, den **Leitbündeln,** vereinigt. Ein Leitbündel besteht aus dem wasserleitenden *Holzteil (Xylem)* und dem die Assimilate leitenden *Siebteil (Bastteil, Phloem)* mit den Siebröhren. Beide enthalten in der Regel auch noch dünnwandige, lebende Zellen. Der Siebteil liegt im Stengel stets außen, in den Blättern unten. Häufig sind die Leitbündel noch von Festigungsgewebe aus dickwandigen, stark verholzten Zellen *(Sklerenchymfasern)* umgeben. Sklerenchymfasern sind so zug- und biegefest wie Stahldraht, den sie aber an Elastizität übertreffen. Lange Sklerenchymfasern in den Stengeln von Flachs, Ramie (Nesselart), Hanf und Jute eignen sich ebenso wie die Fasern in den Blättern der Sisalagave zur Herstellung von Textilgeweben. Sklerenchymzellen an der Oberfläche der Baumwollsamen (die »Samenhaare«) liefern die Baumwolle. Zwischen Holz- und Siebteil befindet sich bei den Nadelhölzern und den zweikeimblättrigen Pflanzen noch eine Schicht teilungsfähigen Gewebes, das **Kambium,** das beim Dickenwachstum der Holzpflanzen eine Rolle spielt (s. Abb. 150.1).

In den Wurzeln liegen die Leitbündel im Zentralzylinder vereinigt. Im Stengel sind sie bei den Nadelhölzern und den *Zweikeimblättrigen* im Kreis angeordnet, bei den *Einkeimblättrigen* dagegen über den ganzen Stengel-Querschnitt verteilt. Zwischen den Leitbündeln liegen die Markstrahlen. Sie bestehen aus Grundgewebe mit dünnwandigen Zellen und besorgen den Stoffaustausch zwischen Mark und Rinde. In den Blättern bilden Leitbündel zusammen mit Festigungsgewebe die Blattadern oder -nerven, die bei den Einkeimblättrigen zumeist parallel verlaufen, bei den Zweikeimblättrigen aber ein Netzwerk bilden.

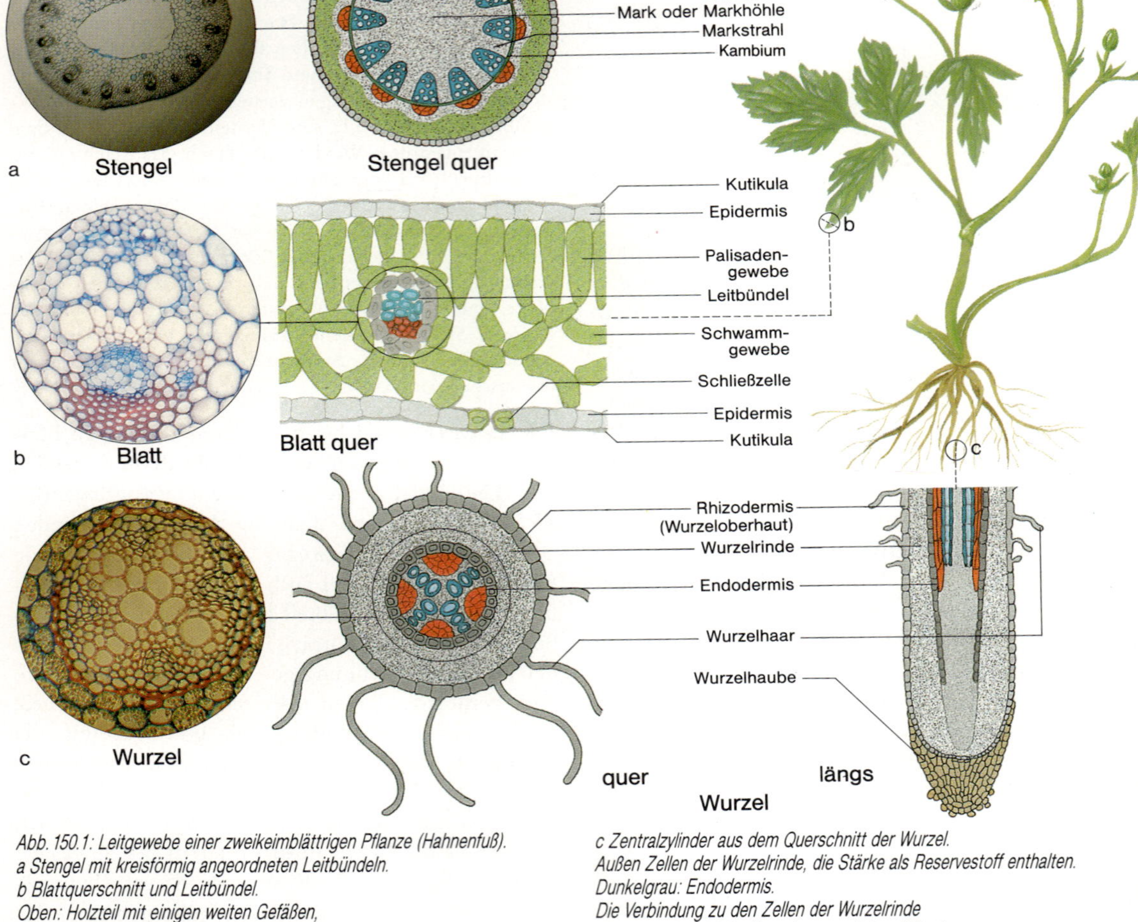

Abb. 150.1: Leitgewebe einer zweikeimblättrigen Pflanze (Hahnenfuß).
a Stengel mit kreisförmig angeordneten Leitbündeln.
b Blattquerschnitt und Leitbündel.
Oben: Holzteil mit einigen weiten Gefäßen,
darunter: der Siebteil mit Siebröhren und Geleitzellen.
Der Siebteil ist von einer Scheide dickwandiger Zellen umgeben, sie dienen der Festigung.
c Zentralzylinder aus dem Querschnitt der Wurzel.
Außen Zellen der Wurzelrinde, die Stärke als Reservestoff enthalten.
Dunkelgrau: Endodermis.
Die Verbindung zu den Zellen der Wurzelrinde vermitteln Durchlaßzellen mit unverdickten Wänden.
Im Zentralzylinder strahlig angeordnete Gefäße des Holzteils der Leitbündel: Zwischen diesen Strahlen liegen die kleinen Zellen des Siebteils.

7.2 Transpiration und Wassertransport

Die als **Transpiration** bezeichnete Wasserdampfabgabe durch Spaltöffnungen ist um so beträchtlicher, je trockener die umgebende Luft und je größer die Blattfläche ist, welche mit der Luft in Berührung kommt. Die für die Photosynthese notwendige Ausbildung einer großen Gesamtfläche gefährdet daher die Pflanze durch beträchtliche Wasserverluste, wenn nicht ständig aus dem Boden Wasser nachgesogen wird. So entsteht ein Wasserstrom, der die Pflanze durchfließt und zugleich dem Ionentransport dient. Denn mit dem Transpirationsstrom gelangen auch die aus dem Boden aufgenommenen Ionen zu den Blättern, wo sie durch die Verdunstung des Wassers angereichert werden (s. Abb. 151.1 und Abb. 151.2). Zugleich wirkt die Verdunstung abkühlend und verhindert dadurch eine gefährliche Überhitzung der Pflanze bei Sonneneinstrahlung.

Eine mannshohe Sonnenblume gibt täglich über 1 l Wasser ab. Eine größere, freistehende Birke verdunstet an einem heißen und trockenen Sommertag 300–400 l. Jeder Hektar Buchenhochwald entzieht dem Boden durchschnittlich an jedem Tag 20 000 l Wasser. Dies entspricht im Jahr der Verdunstung eines Niederschlags von 360 mm Höhe, was den Einfluß des Waldes auf das Klima verständlich macht.

Die Bedeutung des Wassers für den Pflanzenertrag zeigt folgendes Beispiel: Für die Erzeugung von einer Tonne Körner benötigen Getreidepflanzen etwa

500 Tonnen Wasser. In den Kohlenhydraten der Körner sind nur 0,6 Tonnen Wasser fixiert. Die für die Bildung von 1 kg Trockenmasse benötigte Wassermenge ist bei verschiedenen Pflanzen unterschiedlich (z.B. bei Weiden doppelt so hoch wie beim Spitzahorn). Dies ist bedeutsam, um für Trockengebiete die richtigen Nutzpflanzen auszuwählen und die erforderliche Bewässerung zu bemessen.

Bei Wassermangel kann die Pflanze die Wasserabgabe durch Verschluß der Spaltöffnungen vorübergehend stark einschränken (s. 2.1.4). Hält jedoch der Wassermangel längere Zeit an, dann welkt die Pflanze schließlich doch.

Da die Leitbündel von den Wurzeln durch den Stengel oder Stamm bis hin zu den Zweigen und Blättern ununterbrochene Stränge ausbilden, ist ein Wasser- und Stofftransport in alle Pflanzenteile gewährleistet.

Wasser wird in der Pflanze über die toten Zellen der Leitbündel und über die kleinen Hohlräume in den Zellwänden transportiert. Nur die Endodermiszellen machen hier eine Ausnahme; sie kontrollieren den Einstrom von Wasser und darin gelösten Stoffen in der Wurzel. Der Transport organischer Stoffe erfolgt durch lebende Zellen der Leitbündel und von Zelle zu Zelle durch die **Plasmodesmen.** Der Transport von Gasen in der Pflanze geschieht durch Diffusion in den **Interzellularen,** einem lufterfüllten Hohlraumsystem zwischen den Zellen.

Die Geschwindigkeit des in den Holzteilen aufsteigenden Wasserstroms schwankt zwischen 1 m (bei der Buche) und 43 m (bei der Eiche) in der Stunde. Viel langsamer (beim Zuckerrohr mit einer Geschwindigkeit von 42–96 cm/h) bewegt sich der in den Siebröhren wandernde Strom der Assimilate.

Ursachen des Wassertransports. In Bäumen wird das Wasser entgegen dem Zug der Schwerkraft bis zu einer Höhe von 100 m und mehr emporgehoben (Mammutbäume, Eukalyptusbäume). Es ist in erster Linie die *Sogwirkung der transpirierenden* (wasserverdunstenden) *Blätter,* welche die *durch Kohäsionskräfte zusammengehaltenen Wasserfäden* in den toten Leitungsbahnen *hochzieht,* ohne daß die Pflanze dafür Energie aufzuwenden braucht.

Die Interzellularräume der Blätter verlieren infolge der Transpiration durch die Spaltöffnungen hindurch fortlaufend Wasserdampf. Aus den Zellwänden verdunstet daher Wasser ins Interzellularsystem. Die Zellwände im Blatt sind aber alle miteinander verbunden und treten im Bereich der Leitbündel mit den Wasserleitungsbahnen in Verbindung. Durch die Sogwirkung der Verdunstung entsteht deshalb ein Wasserstrom in den Kapillaren der Zellwände vom Leitbündel zum Interzellularsystem. In den Tracheiden und Gefäßen bildet sich dadurch ein Unterdruck, der sich bis in die Wurzel fortsetzt.

Auch der *Wurzeldruck* spielt im Frühling, wenn verdunstende Blätter noch nicht entfaltet sind, eine Rolle. Er ist meist gering, beträgt aber z.B. bei der Birke etwa 200 KPa. Für den Wurzeldruck sind aktive Transportvorgänge in der Wurzel verantwortlich: Die Endodermiszellen transportieren Ionen in den Zentralzylinder, so daß Wasser osmotisch nachströmt. Der Wurzeldruck ist leicht zu beobachten: Schneidet man eine Pflanze, die reichlich Wasser zur Verfügung hat, dicht über dem Boden ab, dann sieht man aus dem Stumpf Saft austreten. Bekannt ist diese Erscheinung von Reben und Birken, wo sie als Bluten bezeichnet wird.

Abb. 151.1: Ringelungsversuch.
Zunächst bleibt die Pflanze frisch, stirbt aber später ab, da die Wurzeln nicht mehr mit Assimilaten versorgt werden.

Abb. 151.2: Saugwirkung eines Zweigs.
Quecksilber wird hochgezogen.
Die Saugwirkung entsteht durch Transpiration.

Abb. 152.1: Guttation: Ausscheidung von Wassertropfen am Blattrand des Frauenmantels

Der ausgepreßte Saft ist kein reines Wasser, sondern enthält Ionen und im Frühling auch reichlich Zucker gelöst. Eine Birke liefert im Frühjahr täglich bis 5 l Blutungssaft mit 1½% Zuckergehalt, der amerikanische Zuckerahorn insgesamt 50–150 l Saft mit etwa 3 kg Zucker.

Bei manchen Pflanzen (Erdbeeren, Frauenmantel, Getreidekeimlingen) werden gelegentlich aus Wasserspalten der Blätter Wassertropfen ausgepreßt, welche dann wie Tautropfen an den Blattspitzen hängen. Es geschieht dies jedoch nur, wenn bei wasserdampfgesättigter Luft die Transpiration aufhört und wenn der Pflanze genügend Bodenwasser zur Verfügung steht. Diese Abgabe flüssigen Wassers wird durch den Wurzeldruck verursacht, man nennt diesen Vorgang *Guttation*.

8. Abhängigkeit der Pflanze von Wasserführung und Temperatur des Standorts

Die Anpassung der Pflanze an die Wasser- und Temperaturverhältnisse ihres Standorts ist besonders auffällig und prägt sich im Aussehen der Einzelpflanze wie in der Zusammensetzung des Pflanzenbewuchses am Standort aus. Für einen ausgeglichenen Wasserhaushalt der Pflanze ist weniger die Gesamtmenge des zur Verfügung stehenden Wassers als das Verhältnis von Wasserabgabe zu Wasseraufnahme wichtig, die sich etwa entsprechen müssen.

Pflanzen trocken-warmer Standorte müssen vorübergehende starke Wasserverluste ohne bleibende Schäden ertragen können. Man bezeichnet sie als **dürreresistent.** Unter ihnen gibt es Arten, die sich gegen den Wasserverlust kaum schützen; sie gehen in eine Trockenstarre über (Flechten, Moose, manche Algen, wenige Arten von Blütenpflanzen in Wüsten und an Felsen). Die meisten höheren Pflanzen regulieren ihren Wasserhaushalt über die Transpiration; bei zu starkem Wasserverlust gehen sie zugrunde.

Abb. 152.2: Blattform von Wasserpflanzen am Beispiel des wurzellosen Tausendblattes

Die untergetaucht lebenden **Wasserpflanzen (Hydrophyten)** nehmen Wasser samt den darin gelösten Ionen mit der ganzen Oberfläche auf. Wurzeln dienen daher nur noch zum Festhalten oder sind ganz rückgebildet. Oft ist die Körperoberfläche durch feine Zerteilung der Blattflächen (Tausendblatt, Unterwasserblätter von Wasserhahnenfuß) oder durch Ausbildung langer, bandförmiger, meist sehr zarter Blätter (Seegras, *Vallisneria*) vergrößert (s. Abb. 152.2). Auch das Kohlenstoffdioxid, das den Unterwasserpflanzen über die Hydrogencarbonat-Ionen (HCO_3^-) zur Verfügung steht, wird mit der gesamten Oberfläche aufgenommen; Spaltöffnungen fehlen in der Regel.

Abb. 152.3: Alpendost als Beispiel eines typischen Hygrophyten (s. Text)

Abb. 153.1: Blattsukkulenten.
Ganz vorne Lithops (lebende Steine; mit nur 2 Blättern, Südafrika), dahinter links Fetthenne (Sedum: Afrika, Amerika, Europa), daneben Agave (Amerika), rechts davon Haworthia (Afrika), ganz rechts Aloe (Afrika). Hinten mit rötlichen Blattschöpfen Aeonium (Hochrosetten; vorwiegend Kanar. Inseln).

Abb. 153.2: Stammsukkulenten.
Von links: Wolfsmilch (Euphorbia; Kanar. Inseln), Stapelie (Südafrika), Pachypodium (Madagaskar; mit Blättern), Alluaudia (Madagaskar; mit kleinen Blättchen), Kaktus (Cereus; Amerika). Der Blütenbau zeigt, daß sie zu ganz verschiedenen Pflanzenfamilien gehören.

Die **Pflanzen feuchter Standorte (Hygrophyten),** die Bewohner der schattigen Laubwälder, der Sümpfe, Ufer und der tropischen Regenwälder leiden selten unter Wassermangel, eher noch wegen der hohen Luftfeuchtigkeit an zu geringer Transpiration. Zur ausreichenden Versorgung mit Ionen muß also die Verdunstung erhöht werden. Diese Pflanzen haben daher meist dünne, große Blätter mit zarter Oberhaut. Die Spaltöffnungen sind oft über die Oberfläche des Blattes emporgehoben (Abb. 154.1). Die großen Blätter können das Licht gut ausnützen (s. Abb. 152.3). Da meist feuchter und schattiger Standort zusammenfallen, ist dies wichtig. Feuchtpflanzen welken bei Wassermangel rasch.

Dagegen vermögen **Pflanzen trockener Standorte (Xerophyten)** zeitweise oder dauernd starke Trockenheit des Bodens und der Luft auszuhalten. Sie bewohnen Felsen und sonnige Hügel mit durchlässigem Untergrund. Das Wurzelwerk ist bei den meisten Trockenpflanzen sehr stark entwickelt. Es reicht oft in große Tiefen oder verbreitet sich in weitem Umkreis unter der Bodenoberfläche, so daß es rasch viel Wasser vom seltenen Regen aufnimmt. Die Wasserverdunstung durch die Oberhaut wird durch Verkleinerung der Blätter herabgesetzt. Die Assimilationsintensität ist infolge der starken Sonnenbestrahlung ohnehin hoch.

Hartlaubblätter mit verdickter Oberhaut und viel Festigungsgewebe gegen Schlaffwerden bei Wasserverlust trifft man häufig bei Pflanzen aus dem Mittelmeergebiet (Ölbaum, Myrte). Die Zahl der Spaltöffnungen je mm^2 Fläche ist bei den Trockenpflanzen in der Regel nicht geringer, sondern eher größer als bei Feuchtigkeit liebenden Pflanzen. Auch können sie weit geöffnet werden, so daß bei ausreichender Wasserversorgung der Gasaustausch und damit die gesamte Lebenstätigkeit der Trockenpflanzen sehr rege ist. Dagegen sind die Spaltöffnungen häufig eingesenkt oder in Vertiefungen untergebracht und werden oft noch durch Falten und Einrollen der Blätter vor dem austrocknenden Wind besonders geschützt. Auch ein dichter Haarfilz auf den Blättern ist ein guter Verdunstungsschutz (z. B. Königskerze).

Auf eigenartige Weise regeln die **Sukkulenten** der Steppen und Wüstengebiete ihre Wasserversorgung. Sie nehmen in der kurzen Regenzeit reichlich Wasser auf, speichern es im Innern und geben es während der Trockenzeit nur sehr sparsam wieder ab. Für alle kennzeichnend ist die weitgehende Verkleinerung der verdunstenden Oberfläche. Wo die Blätter die Wasserspeicherung übernehmen, sind sie ungewöhnlich dick und fleischig *(Blattsukkulenten)* (s. Abb. 153.1). Bei den *Stammsukkulenten* (Abb. 153.2) fehlen oft die Blätter. Der dicke Stamm ist sowohl Wasserspeicher als auch Organ der Photosynthese. Blattsukkulenten sind der einheimische Mauerpfeffer und die Hauswurz sowie die Aloe- und Agavenarten. Die bekanntesten Stammsukkulenten sind die Kakteen Amerikas und die in der Gestalt oft ganz ähnlichen Wolfsmilchgewächse Afrikas. Erstaunlich ist, daß unter gleichen Daseinsbedingungen Pflanzen aus ganz verschiedenen Familien so gleichartig geformt sind *(Konvergenz)*.

An **wechselfeuchten Standorten** finden wir neben Trockenpflanzen eine Gruppe von Pflanzen, die man **Tropophyten** nennt. Zu ihnen gehören zahlreiche holzige und krautige Steppen- und Wüstenpflanzen, die in der Regenzeit ihre Assimilationsorgane entwickeln. Während der Trockenzeit werfen Holzpflanzen die Blätter ab, bei krautigen Pflanzen vergehen oft alle oberirdischen Teile (s. Abb. 154.2). Sie überdauern die Dürre als *Knollen, Zwiebeln* oder *Wurzelstöcke (Erdpflanzen)* oder mit Knospen, die unmittelbar an der Erdoberfläche liegen *(Oberflächenpflanzen)*. Ähnlich verhält sich die Mehrzahl unserer einheimischen Pflanzen; sie nehmen im Winter so gut wie kein Wasser auf. Als Schutz gegen Transpiration sind sie ähnlich wie die Trockenpflanzen mit Hartlaubblättern ausgerüstet (Nadelhölzer, Efeu) oder sie werfen die Blätter ab.

Langanhaltender Frost und dadurch verhinderte Wasseraufnahme kann zu Trockenschäden führen. Diese *Frosttrock-*

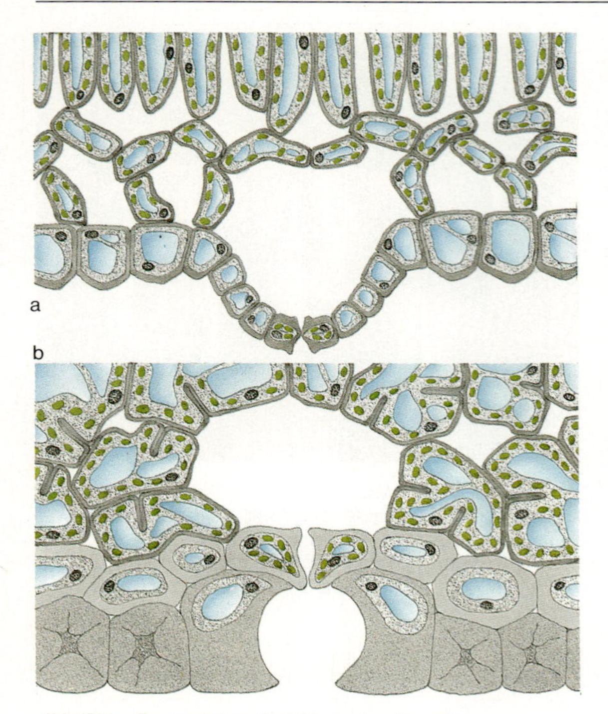

Abb. 154.1: a Emporgehobene Spaltöffnung eines Hygrophyten (der tropischen Schattenpflanze Ruellia), b eingesenkte Spaltöffnung eines Xerophyten (Kiefer). Das Assimilationsgewebe besitzt ins Zellinnere ragende Versteifungsleisten. Sie verleihen Formbeständigkeit auch bei unzureichendem Wassernachschub und mangelndem Turgordruck.

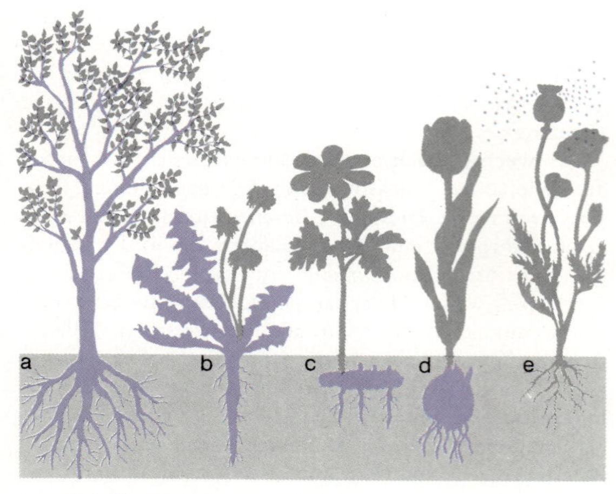

Abb. 154.2: Überwinterung der Tropophyten. Die überwinternden Teile sind violett gezeichnet; a Bäume und Sträucher, b Oberflächenpflanzen, c und d Erdpflanzen, e Einjährige.

nis verursacht die meisten Frostschäden bei Pflanzen Mitteleuropas (s. auch Ökologie 1.1).

Frostresistenz wird von den ausdauernden Pflanzen in Gebieten mit Winterfrost als Schutz vor dem Erfrieren ausgebildet. Eisbildung in den Zellen würde ihre hochgeordneten Strukturen (Membran, Organellen) zerstören. Als Schutz dienen Verringerung des Wassergehalts der Gewebe, Erhöhung der Konzentration des Zellsafts (wodurch dessen Gefrierpunkt herabgesetzt wird) sowie eine besondere Frosthärtung, die mit Veränderungen in der Zusammensetzung von Membranen verknüpft ist. Wird Eis gebildet, so erfolgt dies im Hohlraumsystem der Gewebe und kann keine Zellen zerstören.

Für manche Arten ist eine winterliche Schneedecke wichtig. Unter dem Schnee weisen die Temperaturen wesentlich geringere Schwankungen auf und sinken nicht so stark ab. Im Hochgebirge gibt es zahlreiche *Zwergsträucher,* die nicht über die mittlere Schneehöhe emporwachsen (z. B. Alpenrose). Damit unterliegen sie nicht der Frosttrocknis. Sie bilden die Zwergstrauchheiden.

9. Besondere Ernährungsarten. Heterotrophie

Die grüne Pflanze ist in ihrer Ernährung von anderen Lebewesen unabhängig, sie ist *autotroph*.

Es gibt aber nicht wenige Pflanzen, die kein Chlorophyll besitzen und nicht zur Photosynthese fähig sind, nämlich die **Saprophyten** und die **Parasiten.** Diese müssen sich wie die Tiere von organischen Stoffen ernähren; sie sind *heterotroph*.

9.1 Moderpflanzen oder Saprophyten

Zu den Saprophyten gehört die Masse der Bakterien (s. Abb. 155.1) und der Pilze, die von den Ausscheidungen lebender und den Überresten abgestorbener Pflanzen und Tiere leben. Sie greifen nahezu alle organismischen Stoffe an und bauen sie enzymatisch in immer einfachere Verbindungen bis zu den anorganischen Ausgangsstoffen ab. Daraus ergibt sich ihre außerordentliche Bedeutung als Destruenten im Kreislauf der Stoffe (vgl. Ökologie 4.2).

9.2 Schmarotzer oder Parasiten

Die Schmarotzer befallen lebende Pflanzen und Tiere und entziehen ihnen Nährstoffe. Dadurch schädigen sie ihren »Wirt«. Man kann verschiedene Stufen der

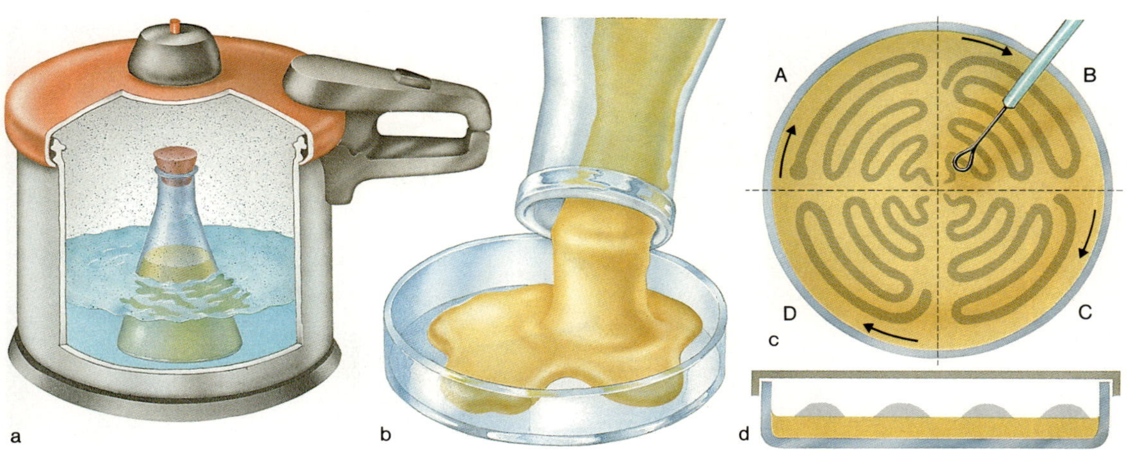

Abb. 155.1: Züchtung von Bakterien auf künstlichem Nährboden (z. B. destilliertes Wasser mit Zusatz von Fleischextrakt und Agar): a Sterilisieren des Nährbodens im Dampfdrucktopf bei 120° C; b Ausgießen des noch flüssigen Nährbodens in sterile Petrischalen und Abdecken der Schale; c Beimpfen des festgewordenen Nährbodens (Plattenaufsicht mit Impföse). Probenentnahme von bakterienhaltigem Material (z. B. faulende Stoffe) mit steriler Glasnadel oder ausgeglühter Platindrahtöse und zickzackförmiges Ausstreichen auf Nährbodenteil A. Erneutes Ausglühen der Impföse und Verteilung einer Probe von A auf dem Nährboden B. Entsprechende Wiederholung bei C und D zur steigenden Verdünnung der Bakterienprobe; d Nach Bebrütung im Brutschrank bei etwa 30° C zeigen sich auf Ausstrich D Einzelkolonien, die aus je einem Bakterium durch Teilung hervorgegangen sind (Reinkultur).

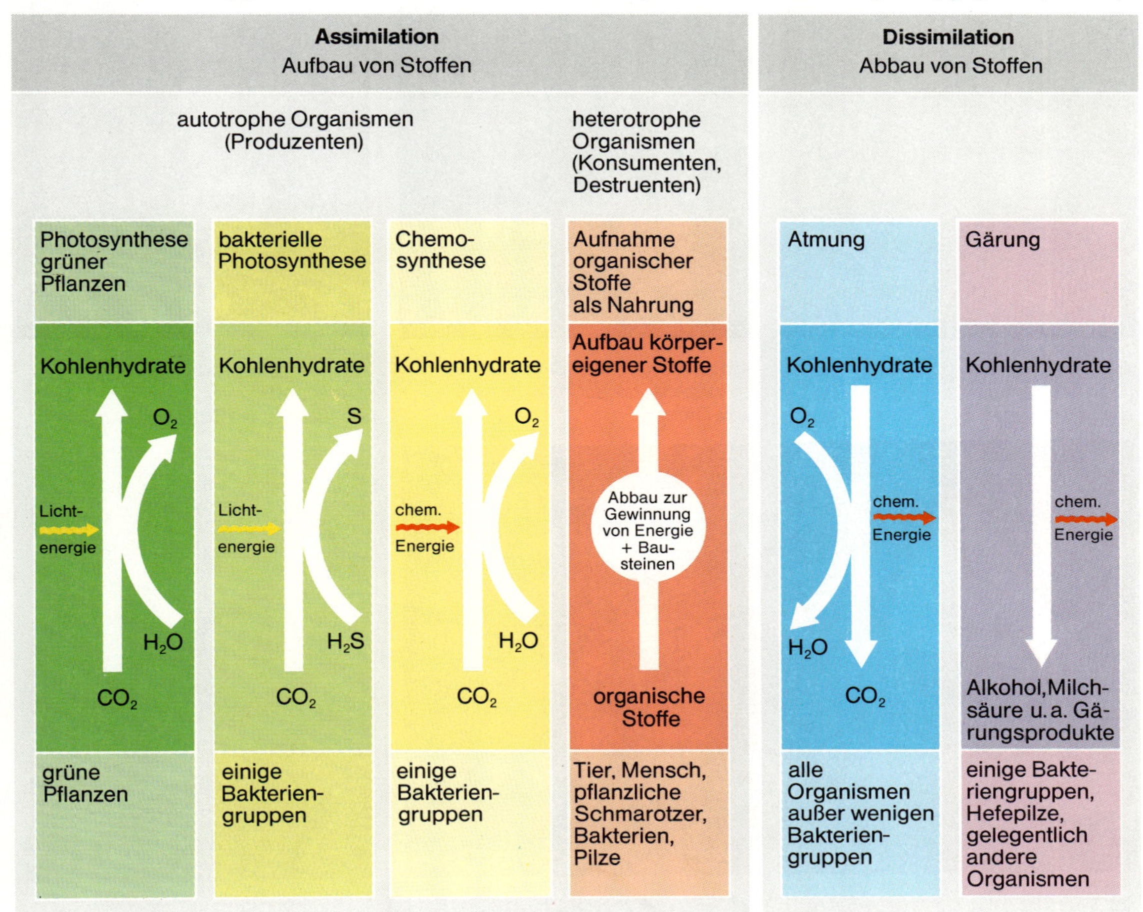

Abb. 155.2: Wege der Organismen zur Energiegewinnung

Abb. 156.1: Links: Mistel,
rechts: Senker der Mistel im Holzkörper ihrer Wirtspflanze.

Abb. 156.2: Großer Klappertopf (Rhinanthus alectorolophus, Halbschmarotzer).
Schmarotzt auf den Wurzeln von Wiesengräsern.

Abb. 156.3: Läusekraut
(Pedicularis recutita),
ein Halbschmarotzer.

Abb. 156.4: Sommerwurz (Orobanche)
ein Vollschmarotzer (auf Trockenwiesen),
ohne Chlorophyll.

Abb. 156.5: Schuppenwurz (Lathraea).
Vollschmarotzer;
schmarotzt auf den Wurzeln von Holzpflanzen.

Abb. 156.6: Blüte des Vollschmarotzers Rafflesia.
Größte bekannte Blüten (über 1 m);
schmarotzt in den Wurzeln von Lianen.

Abb. 156.7: Thymian-Seide auf Goldaster,
ohne Chlorophyll und Wurzeln;
am Stengel Blattschüppchen und Blütenknäuel.

Abb. 156.8: Mutterkorn auf Roggen (giftig).
Das Hyphengeflecht
entwickelt sich im Fruchtknoten.

parasitischen Lebensweise feststellen, je nachdem, ob sie teilweise oder ausschließlich auf Kosten anderer Organismen leben.

Die grünen **Halbschmarotzer** wie Augentrost *(Euphrasia),* Wachtelweizen *(Melampyrum),* Läusekraut (*Pedicularis,* Abb. 156.3), Klappertopf (*Rhinanthus,* Abb. 156.2) und Bergflachs *(Thesium),* haben zwar noch wohlentwickelte grüne Blätter, ihr Wurzelsystem ist jedoch verkümmert. Sie heften sich mit kleinen knopfähnlichen *Saugwarzen (Haustorien)* an die Wurzeln anderer Pflanzen an. Durch diese Verbindung dringen dann Leitungsbahnen des Parasiten in die Leitungsbahnen des Wirtes hinein und zapfen ihm Wasser und Ionen ab. Ähnlich die *Mistel* (s. Abb. 156.1); sie wächst auf den Ästen und Zweigen von Pappeln, Obstbäumen und Nadelhölzern, wo sie ihre zu Senkern umgewandelten Wurzeln in die Wasserbahnen des Wirtes treibt.

Die nichtgrünen **Vollschmarotzer** leben ausschließlich von fremder organischer Substanz. Viele Parasiten haben sich ganz einseitig an bestimmte Wirte angepaßt, ohne die sie nicht leben können. Sie sind meist blattlos und können auch an lichtschwachen Standorten wachsen. Viele leben im Erdboden oder gar im Innern ihres Wirtes, und nur ihre Fortpflanzungsorgane erscheinen zur Ausbreitung der Samen oder Sporen an der Oberfläche.

Zu den Vollschmarotzern gehören ein Teil der echten Pilze und der Bakterien sowie einige Blütenpflanzen. Die Seiden (*Cuscuta,* Abb. 156.7) umwinden mit ihren blassen, fadenartigen Stengeln die Sprosse der Wirtspflanzen. Saugwarzen wachsen bis in die Gefäßbündel hinein und entziehen diesen organische Stoffe. Als Schädlinge gefürchtet sind besonders Flachs-, Hopfen- und Kleeseide. Die Schuppenwurz (*Lathraea,* Abb. 156.5) schmarotzt auf den Wurzeln von Holzpflanzen und die Sommerwurz (*Orobanche,* vgl. Abb. 156.4) auf vielen Arten von Wiesenpflanzen. Beide Wurzelschmarotzer schicken nur ihre chlorophyllfreien gelben oder braunen Blütentriebe über die Erdoberfläche. Die in den Tropen wachsenden *Rafflesia*-Arten bilden außerhalb ihres Wirtes nur noch Blüten aus (Abb. 156.6).

Zahlreiche Pilze befallen lebende Pflanzen. Ihr Myzel wuchert auf der Oberfläche oder im Innern des Wirts, die Hyphen dringen in die lebenden Zellen ein und entziehen diesen die nötigen Stoffe. Zu ihnen gehören die gefürchteten Schädlinge unserer Kulturpflanzen. Das Getreide wird von *Rostpilzen, Brand-* und *Mutterkornpilzen* befallen (s. Abb. 156.8), die in Mitteleuropa alljährlich ein Zehntel der Ernte vernichten.

In den Blättern und Früchten unserer Obstbäume leben die Erreger der *Schorfkrankheit* und der *Fruchtschimmel* (s. Abb. 158.1) und vernichten mindestens den zehnten Teil der Ernte. Am Weinstock verursachen Mehltaupilze (z. B. *Peronospora*) Schäden im Umfang von einem Fünftel des Ertrages. Einige Pilzarten verursachen Krankheiten *(Mykosen)* bei Tier und Mensch. Insbesondere die Haut (z. B. Fußpilz) und Schleimhäute werden von Pilzen befallen; eine Infektion kann sich aber, insbesondere bei verminderten Abwehrkräften, auch über den Körper ausbreiten.

9.3 Insektenfressende Pflanzen

Einen Übergang zu heterotropher Lebensweise bilden die tierfangenden Blütenpflanzen, welche in fast 500 Arten über die ganze Erde verbreitet sind. Sie vermögen durch Enzyme Gewebe ihrer Opfer, zumeist Insekten, aufzulösen. Die dabei entstehenden Peptide und Aminosäuren sowie Ionen werden aufgenommen und zum Aufbau des Körpers verwendet. Alle insektenfressenden Pflanzen besitzen Chlorophyll und Wurzeln und ernähren sich vorwiegend autotroph. Da sie aber zumeist an Standorten leben, an denen die Aufnahme von Nitrat-, Ammonium- und anderen Ionen erschwert ist oder Mangel daran besteht, ist dieser zusätzliche Erwerb von Stickstoffverbindungen und Ionen für ein gutes Gedeihen erforderlich.

Bei dem in den Mooren vorkommenden Sonnentau *(Drosera)* trägt die Oberseite der Blätter zahlreiche Drüsenhaare, deren rote Köpfchen einen klebrigen Schleim ausscheiden (s. Abb. 158.2). Sie locken damit Insekten an, die festkleben und bei ihren vergeblichen Befreiungsversuchen immer neue Drüsenköpfchen berühren. Diese Berührung löst eine Bewegung der Drüsenstiele aus, welche ihre Köpfchen über das gefangene Insekt beugen; bei starker Reizung krümmt sich auch die Blattfläche, so daß das Insekt schließlich ganz eingehüllt wird. Dann sondern die Drüsenköpfchen reichlich enzymhaltige Flüssigkeit ab, die in wenigen Tagen die Eiweißsubstanz auflöst, so daß nur noch die Chitinteile übrigbleiben. Die gelösten Aminosäuren und die Ionen werden dann von dem Köpfchen aufgenommen.

Beim Fettkraut *(Pinguicula),* das auf feuchtem, torfigem Boden wächst, ist die Oberseite der dickfleischigen Blätter mit winzigen Drüsen dicht besetzt, die einen zähen Schleim absondern (s. Abb. 158.3). Hat sich auf diesem ein Insekt gefangen, rollen sich die Blattränder über das gefangene Tier. Durch enzymhaltigen Schleim wird das Körpereiweiß in kurzer Zeit abgebaut und resorbiert.

Die Venusfliegenfalle *(Dionaea)* Nordamerikas fängt Insekten durch rasches Zusammenklappen ihrer Blattflächen (s. Abb. 158.4). Der als Fangapparat eingerichtete Teil des Blattes ist am Rande mit langen Zähnen besetzt und trägt auf jeder Blattfläche drei Borsten, bei deren Berührung die Blattflächen fast augenblicklich zusammenklappen. Dann wird von kleinen Drüsen auf der Blattfläche eine Verdauungsflüssigkeit abgesondert.

Eine Art Fallgrube findet sich bei den Kannenpflanzen *(Nepenthes),* die in den feuchten Wäldern der ostasiatischen Tropen auf Bäumen als *Epiphyten (Überpflanzen)* leben

Abb. 158.1: Fruchtschimmel (Monilia) auf Apfel. Das Myzel bildet ringförmige Sporenlager; Befall über eine Wunde.

Abb. 158.2: Sonnentau (Drosera rotundifolia)

Abb. 158.3: Fettkraut (Pinguicula vulgaris)

Abb. 158.4: Venusfliegenfalle (Dionaea muscipula)

Abb. 158.5: Kannenpflanze (Nepenthes)

Abb. 158.6: Nestwurz (Neottia nidus-avis, heterotrophe Orchidee)

Abb. 158.7: Zymbelkraut (Cymbalaria muralis)

Abb. 158.8: Krustenflechte auf Stein (Caloplaca elegans)

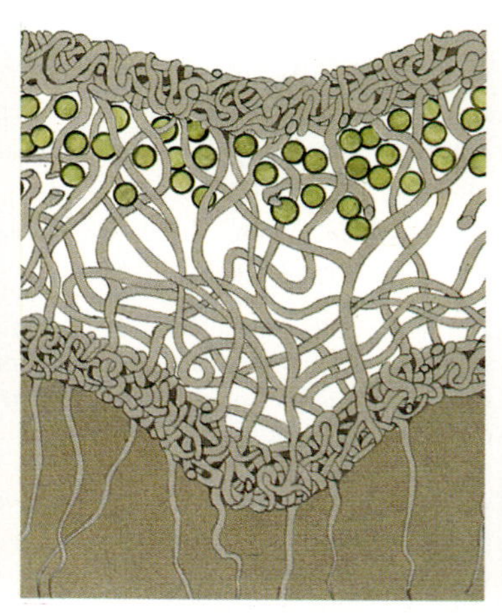

Abb. 158.9: Querschnitt durch den Körper (Thallus) einer Flechte

(s. Abb. 158.5). Der Blattstiel bildet eine Ranke, an deren Ende die Blattfläche zu einem kannenförmigen, von einem Deckel überwölbten Gebilde umgestaltet ist. Der Rand der Kanne leuchtet in bunten Farben. An ihrem Innenrand wird reichlich Nektar ausgeschieden, und ihre Innenseite ist so glatt, daß Insekten den Halt verlieren und in die Kanne hinabgleiten, wo sie in einer verdauenden Flüssigkeit ertrinken.

9.4 Symbiosen

Symbiose nennt man das Zusammenleben verschiedener Arten, wobei in der Regel jeder Partner von diesem Zusammenleben Vorteile hat. Doch gibt es zahlreiche Übergänge von einer ausgeglichenen Symbiose bis zur überwiegenden oder völlig einseitigen Ausnutzung des einen Partners; letzteres führt zum reinen Schmarotzertum. Wir können bei der Symbiose alle Stufen der Vergesellschaftung vom lokkeren Zusammenschluß bis zur Entstehung ganzheitlicher Lebensformen beobachten.

Das bekannteste Beispiel einer Pflanzensymbiose sind die *Flechten* (s. Abb. 158.8 und Abb. 158.9). Durch die innige Vereinigung von kugel- oder fadenförmigen Algen mit dem Fadengeflecht von Pilzen entstehen einheitliche, neuartige Lebensformen. Der Pilz bildet das Gerüst der Flechte, in das die Algen eingelagert sind. Die Algen erzeugen organische Stoffe, auf die der Pilz angewiesen ist. Der Pilz dagegen liefert den Algen sein Atmungskohlenstoffdioxid und Wasser. Ionen können durch abgeschiedene Flechtensäuren aus dem Untergrund gelöst werden. Flechten siedeln sich auch dort an, wo Pilze und Algen für sich allein nicht gedeihen könnten, wie z. B. in der arktischen Tundra, in Wüsten oder auf nackten Geröll- und Gesteinsfluren.

Eine weitere Form der Symbiose ist die *Mykorrhiza* (s. Abb. 159.1). Bei vielen Waldbäumen (Buche, Eiche, Birke, Lärche, Kiefer u. a.), Orchideen und den Heidekrautgewächsen sind die Wurzelenden der obersten humusreichen, aber nährsalzarmen Bodenschichten mit einem Filz von Pilzfäden umgeben, die auch in die Wurzeln eindringen. Dafür fehlen an diesen Stellen die Wurzelhaare. Ihre Aufgabe übernehmen die Pilze. Sie zerlegen mit Hilfe von Enzymen die stickstoffreichen organischen Humusstoffe des Bodens in Verbindungen, die von den Baumwurzeln aufgenommen werden können. Auch versorgen sie die Bäume mit Wasser und Ionen. Andrerseits beziehen die Pilze von den Wurzeln Kohlenhydrate.

Durch starke Stickstoffdüngung wird die Mykorrhiza oft geschädigt. Schon die Stickstoffoxide aus Emissionen (vgl. Ökologie 6.4.3) können die Ursache dafür sein.

Die bleichfarbenen Moderorchideen (s. Abb. 158.6) (Nestwurz, Korallenwurz, Widerbart) lassen sich sogar ganz von den Pilzen ernähren und können daher auch im dichtesten Waldschatten leben.

Zu besonderen Anpassungen haben die *symbiontischen Beziehungen zwischen Blüten und ihren Bestäubern* geführt. Viele Blüten locken ihre Bestäuber durch Duft, Farbe und Form an und bieten ihnen Nektar und Pollen als Nahrung. Bei dem an Mauern wachsenden Zymbelkraut (*Cymbalaria muralis,* Abb. 158.7) sehen die beiden gelblichen Flecken auf dem unteren Blütenblatt (Lippe) den von außen nicht sichtbaren Pollensäcken ähnlich und locken dadurch Blütenstaub sammelnde Insekten zur Blüte; sie wird dabei bestäubt.

Abb. 159.1: Unten Mykorrhiza (Pilzwurzel) der Kiefer: von Pilzfäden umsponnene, verdickte und korallenartig verzweigte Seitenwurzeln; oben Schema

Zur Sicherung der Bestäubung sind die Blüten häufig für den Besuch ganz bestimmter Insekten eingerichtet (Fliegen-, Bienen-, Hummel-, Tagfalter-, Schwärmerblumen), die ihrerseits nur durch die Ausbildung besonderer Einrichtungen, namentlich von Rüsseln, zur Nahrung gelangen. Ähnliche Anpassungen bestehen auch zwischen Kolibris, Honigvögeln sowie tropischen Fledermäusen und röhren- und glockenförmigen Blüten tropischer Pflanzen, aus denen sie Nektar saugen.

10. Reizerscheinungen bei Pflanzen

Zimmerpflanzen stellen die Blätter so ein, daß ihre Fläche senkrecht vom Licht getroffen wird. Eine geschlossene Tulpenblüte, aus der Kälte ins warme Zimmer gebracht, öffnet sich alsbald. Die Fiederblättchen der Feuerbohne senken sich, wenn es Abend wird, am Morgen heben sie sich wieder. Diese Beobachtungen zeigen, daß auch Pflanzen auf Reize ansprechen.

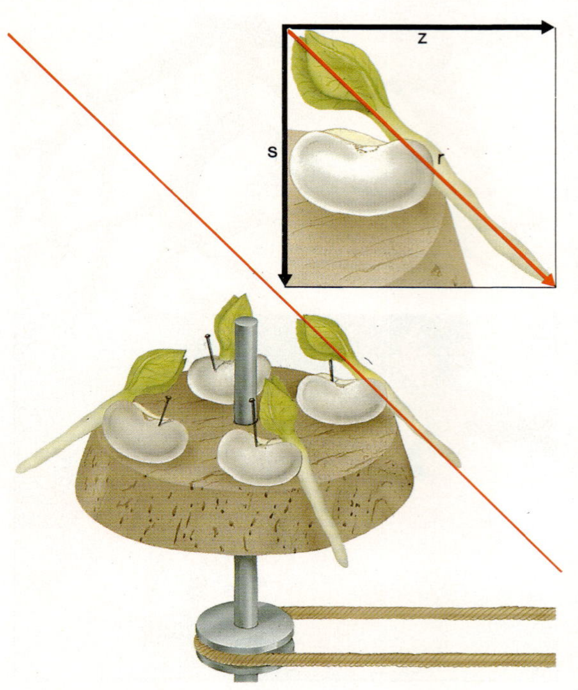

Abb. 160.1: Zentrifugalapparat mit rotierenden Keimpflanzen der Bohne. Die Wurzeln wachsen schräg nach unten auswärts, die Sprosse schräg nach oben und innen, in Richtung der Resultanten r im Kräfteparallelogramm aus Zentrifugalkraft z und Schwerkraft s.

Reize, auf die Pflanzen reagieren, sind Licht-, Schwerkraft-, Temperatur- und Feuchtigkeitsänderungen sowie chemische und Berührungsreize.

Ist die Richtung der Bewegung von der Richtung des einwirkenden Reizes abhängig, so spricht man von **Tropismen,** (z.B. Zuwendung junger Sprosse zum Licht).

Als **Nastie** bezeichnet man eine Bewegung, bei der die Bewegungsrichtung des Pflanzenteils schon durch dessen Bau festgelegt ist, also nicht von der Einwirkungsrichtung des Reizes abhängt (z.B. Blütenblattbewegungen der Tulpe).

Taxien nennt man die durch Reize gerichteten Ortsveränderungen frei beweglicher Pflanzen und Tiere (z.B. Bewegung von *Euglena* zum Licht).

Die Energie für die Bewegungsvorgänge wird durch den Stoffwechsel der Pflanze geliefert.

10.1 Reizung durch Licht

Einseitig wirkendes Licht löst eine einseitige Wachstumsbewegung aus, welche als **Phototropismus** bezeichnet wird. Der junge Sproß wendet sich dem Lichte zu, er ist *positiv phototropisch*. Die Wurzeln dagegen sind *negativ phototropisch* eingestellt und werden so zu den Nährstoffen des Bodens hingeleitet. Ein Versuch mit seitlich beleuchteten Pflanzen in einer Wasserkultur zeigt dieses Verhalten deutlich (Abb. 161.1). Sauerklee (s. Abb. 161.3) und Robinie breiten in zerstreutem Licht ihre Fiederblättchen flach aus, im Sonnenlicht dagegen nehmen sie vor zu starker Bestrahlung durch Senken eine Schutzstellung ein. Es liegt also *Photonastie* vor. Bei manchen Kleearten, der Mimose u.a., wechseln die Fiederblättchen zwischen »Tag- und Nachtstellung«, d.h., sie senken sich am Abend und heben sich am Morgen. Daß es sich dabei in erster Linie um eine Einwirkung des Lichtes handelt, geht daraus hervor, daß das Zusammenfalten der Fiederblättchen auch am Tage durch Verdunkelung erzwungen werden kann.

10.2 Reizung durch die Schwerkraftrichtung

Da bei Ausschaltung des Lichtreizes eine keimende Pflanze ihre Wurzel stets senkrecht nach unten, den Sproß dagegen senkrecht nach oben schickt, liegt die Vermutung nahe, daß die *Wachstumsrichtung* durch die *Schwerkraftrichtung* beeinflußt wird. Wenn man Keimpflanzen am Außenrand einer sich rasch drehenden Scheibe befestigt, beobachtet man nach wenigen Tagen, daß die Sprosse der Achse zu, die Wurzeln jedoch in der entgegengesetzten Richtung wachsen (s. Abb. 160.1). Die Fliehkraft hat die gleiche Wirkung wie die Schwerkraft. Die Fähigkeit, unter dem Einfluß der Schwerkraft gerichtete Bewegungen ausführen zu können, wird als **Geotropismus** bezeichnet (s. auch Abb. 161.2 und 161.4).

10.3 Reizung durch chemische Stoffe

Manche Teile von Pflanzen reagieren auf chemische Reize. Die männlichen Keimzellen zahlreicher Algen sowie der Moose und Farne werden durch chemische Stoffe zu den Eizellen gelockt; ebenso wird die Wachstumsrichtung des Pollenschlauchs von der Narbe zur Eizelle durch chemische Reize gelenkt. Für die Faserwurzeln ist der **Chemotropismus** von größter Bedeutung. Sie werden durch die Feuchtigkeit, den Ionengehalt und wohl auch durch den Sauerstoff im Boden beeinflußt, so daß sie zur Nahrung hinwachsen. Besonders gut ist die chemische Reizwirkung an den Drüsenhaaren der Blätter vom Sonnentau zu beobachten. Diese reagieren schon bei $\frac{1}{2500}$ mg eines eiweißhaltigen Stoffes mit einer Einkrümmung der Drüsenhaare.

10.4 Reizung durch Berührung

Berührungsreize spielen beim Klettern mit Ranken (Kürbis, wilder Wein, Zaunrübe, Zaunwicke, Clematis) eine Rolle. Die fadenförmigen Ranken führen

Abb. 161.1: Positiver Phototropismus der Blätter und negativer Phototropismus der Wurzeln. Lichteinfall von rechts (Fleißiges Lieschen)

Abb. 161.2: Geotropische Krümmung der Stengel einer umgekehrten Pflanze

Abb. 161.3: Sauerklee im Schatten (links) und im Sonnenlicht (rechts)

Abb. 161.4: Durch Bodenrutschen schiefgestellte Bäume richten sich unter Bildung eines Baumknies wieder auf.

Abb. 161.5: Ranken der Passionsblume. Nach Umschlingen der Stütze rollt sich die Ranke spiralig ein und zieht dadurch die Pflanze näher an die Stütze heran.

Abb. 162.1: Mimose ungereizt (links) und gereizt (rechts)

kreisende Suchbewegungen aus, bis sie einen festen Gegenstand berühren (s. Abb. 161.5). Auf diesen Reiz hin krümmen sie sich durch ungleiches Wachstum verhältnismäßig rasch auf die Seite der Berührung und umschlingen dadurch den Gegenstand, der so zur Stütze wird. Auffallend sind die große Empfindlichkeit und das Unterscheidungsvermögen der Ranken. Auftropfender Regen oder gallertige Stoffe üben keine Wirkung aus, dagegen vermögen schon die feinen Druckunterschiede bei Berührung mit einer rauhen Baumwollfaser einen Reiz auszulösen.

Am auffallendsten ist die *Reizbarkeit der gefiederten Blätter der Mimose* (s. Abb. 162.1). Wird ein äußeres Fiederblättchen grob berührt, dann klappen die übrigen Fiederblattpaare in der Reihenfolge von außen nach innen rasch aufwärts zusammen, worauf sich der Blattstiel ruckartig herabsenkt. Daraufhin ist das Blatt für einige Minuten nicht mehr reizbar. Die gleiche Wirkung hat ein Hitzereiz (vorsichtige Annäherung einer Flamme). Läßt man aus einer Pipette einen kleinen Wassertropfen aus wenigen Millimetern Höhe auf ein Fiederblättchen der Mimose fallen, tritt keine Reaktion ein. Erst wenn der Tropfen aus größerer Höhe fällt, klappen die Blättchen nach oben. Unterhalb einer gewissen Reizintensität, der sog. *Reizschwelle,* wird also der Reiz nicht beantwortet. Nach einem starken Reiz kann die Bewegung auch auf die benachbarten Blätter übergreifen, die sich zunächst senken und dann ihre Fiederchen von innen nach außen fortschreitend zusammenklappen. Nach einiger Zeit »erholt« sich die Pflanze, und die Blätter nehmen wieder ihre frühere Stellung ein.

10.5 Der Ablauf einer Reizreaktion

Wie eine Reizreaktion abläuft, soll an einem besonders gut untersuchten Beispiel gezeigt werden.

Belichtet man im Dunkeln aufgezogene Haferkeimlinge durch seitlich einfallendes Licht, dann krümmen sie sich nach der Seite des Lichteinfalls hin (Abb. 163.1). Diese Krümmung tritt auch ein, wenn man den unteren Teil des Keimlings verdunkelt. Sie erfolgt jedoch nicht, wenn nur die Spitze durch ein aufgesetztes Hütchen verdunkelt wird (b). Daraus folgt, daß die Spitze besonders lichtempfindlich ist und daß offenbar eine Information über den Reiz von der Spitze zu der Stelle gelangt, an welcher sich der Keimling krümmt, also der Reiz beantwortet wird. Diese Informationsübertragung bezeichnet man auch als *Erregungsleitung*. Weitere Versuche geben über die Art der Erregungsleitung Auskunft. Wenn man sofort nach der Belichtung die Spitze des Keimlings abschneidet, erfolgt keine Krümmung. Sie tritt aber ein, wenn man die abgeschnittene Spitze wieder aufsetzt (c). Es muß also eine Erregungsleitung, die von der Spitze ausgeht, über die Schnittstelle hinweg stattfinden. Trennt man aber Spitze und Stumpf durch ein undurchlässiges Aluminiumplättchen, dann unterbleibt die Krümmung, während ein dazwischengeschobenes Gelatineplättchen die Erregungsleitung nicht behindert (d). Nun läßt Gelatine Flüssigkeiten hindurchdiffundieren; es muß daher an der Erregungsleitung ein in Wasser gelöster Stoff beteiligt sein, welcher von der Spitze zur Basis wandert. Durch Aufsetzen von abgeschnittenen Keimlingsspitzen auf Agarplättchen gelang es, einen Stoff, der in den Agar hineindiffundierte, abzufangen. Ein weiterer Versuch bestätigte, daß dieser Stoff die Reizbeantwortung auslöst. Befestigt man nämlich ein Agarblöckchen, das den Stoff in sich aufgenommen hat, seitlich an im Dunkeln aufgewachsenen Keimlingen, denen die Spitze abgeschnitten wurde (e), so tritt ohne vorherige Belichtung eine Krümmung ein. Dieser Stoff ist nicht spezifisch, denn er wirkt auch bei anderen Pflanzen (f). Es handelt sich dabei um das pflanzliche Hormon *Auxin* (vgl. Fortpflanzung und Entwicklung 2.5).

Man kann also im Ablauf der Reizreaktion deutlich zwischen **Reizaufnahme, Erregungsleitung** und **Reizbeantwortung** unterscheiden.

Bewegungen von Pflanzen sind häufig entweder die Folge von Wachstum, von Änderungen des Turgordrucks in den Zellen oder von Änderungen des Quellungszustandes von Zellwänden.

Wachstumsbewegungen (Bsp. Abb. 163.1) verlaufen langsam und sind zum Teil durch Hormone hervorgerufen (s. Kapitel Fortpflanzung und Entwicklung 2.5). Wendet sich z. B. ein Blatt zum Licht, liegt das daran, daß der Blattstiel an der Außenseite der Krümmung stärker wächst. Richtung und Stärke des Streckungswachstums sind zumeist von der örtlichen Konzentration des Pflanzenhormons *Auxin* im Gewebe abhängig. Nimmt die Auxinkonzentration zu, wächst die Pflanze schneller, sehr hohe Auxinkonzentrationen hemmen allerdings das Wachstum. Das Auxin erreicht seine Wirkungsorte durch Wanderung von Zelle zu Zelle. Zu den Wachstumsbewegungen gehören die meisten geo-, photo- und chemotropischen Bewegungen.

Turgorbewegungen verlaufen oft rasch. Sie verursachen z. B. die Blattbewegungen bei der Mimose. Bei vielen Pflanzen (Mimose, Bohne) werden die Bewegungen durch besondere Gelenkpolster auf der Unterseite des Blattstielansatzes ausgeführt, deren locker gelagerte Zellen rasch Wasser in die Interzellularräume zwischen den Zellen abgeben. Dadurch läßt ihre Spannung nach, und der Blattstiel senkt sich. Die Mimose reagiert nicht nur auf Berührung, sondern auch auf elektrische Reize und Hitzereize.

Hygroskopische Bewegungen entstehen durch einseitiges Quellen oder Eintrocknen von Zellwänden (zumeist toter Zellen). In feuchter Luft sind die Schuppen der Kieferzapfen geschlossen. Bei Trockenheit krümmen sie sich nach unten, weil die Zellwände auf der Unterseite der Schuppen mehr Wasser verlieren als die Zellwände der Oberseite. Auf diese Weise öffnet sich der Zapfen und die auf den Schuppen liegenden Samen wirbeln im Wind davon. Bei feuchtem Wetter schließen sich die Schuppen wieder, weil die Zellwände der Unterseite stärker quellen als die der Oberseite.

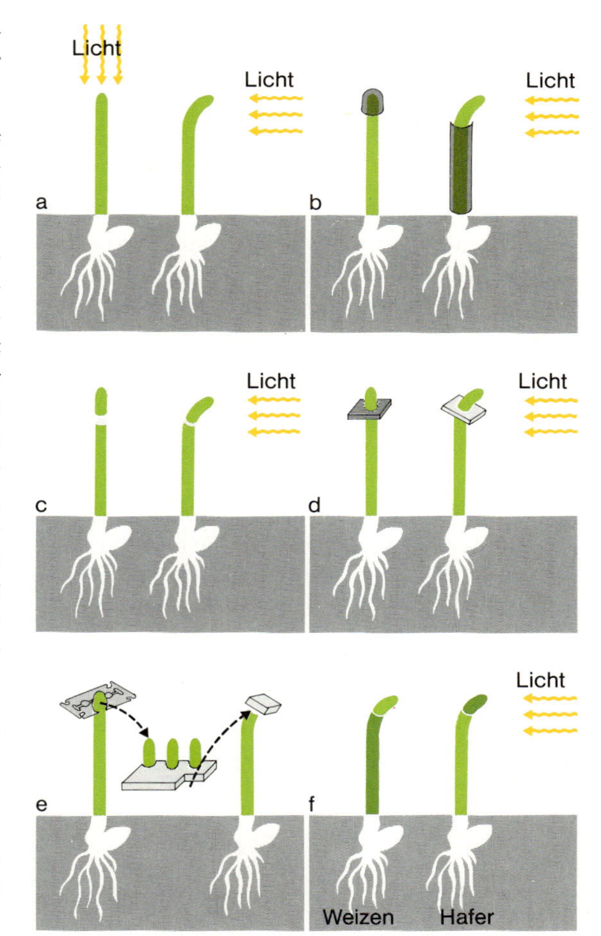

Abb. 163.1: Reizleitungsversuche mit Haferkeimlingen (Erklärung im Text)

Stoffwechsel und Energiehaushalt bei Tier und Mensch

Die Tiere und der Mensch können nicht wie die grüne Pflanze aus anorganischen Stoffen organische Substanz aufbauen, sondern müssen den Bedarf an Baustoffen, Betriebsstoffen und Energie direkt oder indirekt aus den von der Pflanze hergestellten organischen Stoffen decken. Teilvorgänge des Stoffwechsels sind die Ernährung, der Stofftransport im Blut, die Atmung, der Energie- und Wärmehaushalt sowie die Ausscheidung von Abfallstoffen. Es stellen sich u. a. folgende Fragen:

1. Welche Stoffe braucht der Organismus, wie gewinnt, verändert und verteilt er sie im Körper?
2. Wie ist das Blut zusammengesetzt und welche Aufgaben hat es außer dem Stofftransport?
3. Welche Mechanismen bewirken den Gasaustausch?
4. Wie sind Ausscheidungsorgane gebaut und wie funktionieren sie?
5. Wie schützen sich Landtiere und Meerestiere vor Austrocknung, wie Süßwassertiere vor übermäßigem Wassereinstrom in den Organismus?

1. Die Ernährung

Zur Ernährung gehören Nahrungsbeschaffung, Nahrungsaufnahme, Verdauung und Resorption.

Beispiele für Nahrungsbeschaffung sind das Suchen, Aufstöbern und Fangen einer Beute sowie das Aufsuchen einer Wasserstelle oder eines Weidegrundes. Bei der Nahrungsaufnahme wird feste Kost oft mechanisch zerkleinert. Bei der Verdauung wird die Nahrung chemisch in ihre Bausteine zerlegt und so wasserlöslich gemacht. Durch Resorption werden Produkte der Verdauung in die Zellen der Darmwand aufgenommen, aus denen sie in die Körperflüssigkeit gelangen. Unverdauliches wird an die Umgebung zurückgegeben.

1.1 Wichtige Bestandteile der Nahrung

Die meisten Tiere und der Mensch könnten ihren Energiebedarf allein durch den Abbau von Glucose decken. Dennoch sind sie auch auf andere Kohlenhydrate sowie auf Proteine (Eiweißstoffe), Fette, anorganische Salze, Wasser und Vitamine angewiesen. Wozu werden diese Stoffe verwendet?

Kohlenhydrate sind die bevorzugte Energiequelle vieler Organismen. Wenn Tiere oder Menschen laufen, essen oder eine andere Arbeit verrichten, nutzen sie meist die Energie, die in den Einfachzuckern (Monosaccharide) steckt. Pflanzen liefern Kohlenhydrate vor allem in Form von *Zuckern, Stärke* oder *Cellulose*. Mensch und Tier können Disaccharide und Stärke chemisch zerlegen, nicht aber Cellulose. In der Ernährung des Menschen hat aber Cellulose eine wichtige Funktion als *»Ballaststoff«*. Ballaststoffe wie die Cellulose werden im Darm von Mikroorganismen (»Darmflora«) abgebaut, allerdings nicht in vollem Umfang. Der Mensch gewinnt daraus aber immerhin 7% seiner verfügbaren Energie. Die hohe Wasserbindefähigkeit der Ballaststoffe führt zu einer Volumenvergrößerung des Darminhaltes und regt so die Bewegungen des Enddarmes an.

Die Proteine dienen hauptsächlich zum Aufbau des Körpereiweißes. Sie werden auch nach Abschluß des Wachstums gebraucht, da alle Teile des Körpers ständig verändert werden. Im Verlauf eines Jahres wird die Substanz des menschlichen Körpers zu über 90% erneuert.

Pro Tag setzt ein 70 kg schwerer Mensch etwa 400 g Eiweißstoffe um. Bis zu 100 g der dabei entstehenden freien *Aminosäuren* werden unter Abspaltung des gebundenen Stickstoffs zu CO_2 oxidiert, ein Teil wird auch in Glucose umgewandelt. Selbst wenn ein Mensch eine vollkommen eiweißfreie Kost zu sich nimmt, scheidet er täglich zunächst etwa 5 g Stickstoff in Form von Harnstoff aus. Daraus kann man schließen, daß etwa 30 g körpereigenes Eiweiß abgebaut wurden. Da der Körper Proteine kaum speichern kann, darf Eiweiß in der täglichen Kost nicht fehlen (s. Tab. 164/1).

Als Energiequelle spielen Proteine eine verhältnismäßig geringe Rolle. Ausnahmen beobachtet man bei

Tabelle 164/1

100 g Nahrungseiweiß bezogen aus	Daraus aufgebautes Körpereiweiß in g durch	
	Ratte	Mensch
Hühnerei	95	91
Kuhmilch	88	74
Rindfleisch	72	67
Erdnuß	60	56
Weizenmehl	59	41

einseitiger Ernährung mit Proteinen, anhaltendem Hungern, bei körperlichen Höchstleistungen oder Stoffwechselkrankheiten wie z.B. Diabetes (s. Hormone 3.1).

In Proteinen werden regelmäßig 20 verschiedene Aminosäuren gefunden. Der menschliche Organismus kann 12 von ihnen selbst herstellen. Die übrigen müssen ihm mit der Nahrung zur Verfügung gestellt werden. Fehlt auch nur eine dieser unentbehrlichen oder *essentiellen Aminosäuren* auf Dauer, so stellen sich schwere Gesundheitsschäden ein, weil viele Proteine nicht mehr hergestellt werden können. Nahezu alle Proteine enthalten mehrere essentielle Aminosäuren. Wichtige essentielle Aminosäuren sind z.B. Lysin, Phenylalanin, Tryptophan, Methionin.

Nahrungseiweiß ist nur dann vollwertig, wenn die essentiellen Aminosäuren etwa dieselbe prozentuale Häufigkeit aufweisen wie im menschlichen Körpereiweiß. In dieser Hinsicht ist alles Eiweiß in Nahrungsmitteln tierischer Herkunft, wie Fleisch, Eier, Milch und Käse, sowie das Eiweiß der Kartoffel und der Sojabohne vollwertig. Weniger wertvoll sind trotz ihres hohen Eiweißgehalts Hülsenfrüchte, da sie von einigen essentiellen Aminosäuren zu wenig enthalten. Um den Bedarf des Körpers zu decken, muß man also größere Mengen dieser Proteine zu sich nehmen. Die im Überschuß aufgenommenen Aminosäuren dienen vorwiegend als Energiequelle.

Die Fette sind die energiereichsten Nahrungsstoffe. Wir beziehen sie aus dem Tier- und Pflanzenreich. Tierische und pflanzliche Fette werden vom Körper gleich gut verwertet, doch werden flüssige Fette (Öle) besser ausgenützt. Bei übermäßiger Kohlenhydratzufuhr (Kuchen, Süßspeisen, Süßigkeiten) speichert der Körper Fette. Er kann also Kohlenhydrate in Fette umwandeln. Trotzdem können Kohlenhydrate Fette nicht voll ersetzen, da die fettlöslichen Vitamine A und D nur zusammen mit Fett aufgenommen werden können. Außerdem braucht der Körper einige ungesättigte Fettsäuren, die er nicht selbst herstellen kann *(essentielle Fettsäuren)*. Er nimmt sie vor allem mit Pflanzenfetten auf (s. unten, Vitamin F).

Zusammen mit den Fetten findet man meistens andere **Lipide** (fettähnliche Stoffe, z.B. Lecithin, s. Cytologie 7.3). Sie sind unter anderem am Aufbau der Zellmembranen beteiligt.

Die bei der vollständigen Oxidation der Nährstoffe freiwerdende Energie läßt sich im Kalorimeter bestimmen (s. Abb. 165.1). Fett liefert 39 kJ/g, Kohlenhydrate und Eiweiß liefern dagegen nur 17 kJ/g.

Unser Körper besteht zu zwei Dritteln aus **Wasser**. Täglich werden etwa 3 l Wasser durch Nieren, Darm, Lunge und Haut ausgeschieden, die wieder ersetzt werden müssen. Das geschieht zum größten Teil schon mit der festen, reichlich Wasser enthaltenden Nahrung. Auch entstehen durch die Oxidation der Nährstoffe im Körper selbst täglich etwa 300 ml Wasser.

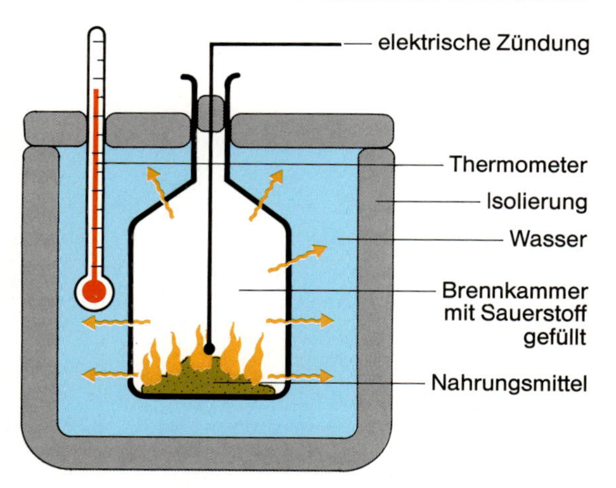

Abb. 165.1: Schema eines Kalorimeters. Die bei der Verbrennung freiwerdende Wärme erwärmt das umgebende Wasser. Eine Temperaturerhöhung um 1° C je l Wasser entspricht 1 kcal (Name!) = 4,19 kJ.

Die **anorganischen Salze** stehen in ihrer Bedeutung den Hauptnährstoffen nicht nach, obwohl sie keine Energie liefern. Der menschliche Körper enthält davon etwa 3 kg. Als Baustoffe sind sie unentbehrlich. Es gibt keine organische Körpersubstanz, die frei von anorganischen Salzen ist. Am höchsten ist ihr Anteil in den Knochen (60%) und in den Zähnen (Zahnbein mit 72%, Schmelz mit 90% anorganischen Bestandteilen).

Manche anorganische Ionen sind Bestandteile von Enzymen und Hormonen. Viele Enzyme arbeiten nur bei Anwesenheit bestimmter anorganischer Ionen. Andere Ionen sorgen für ein konstantes Säure-Basen-Verhältnis (pH-Wert). Wieder andere erzeugen einen osmotischen Druck in den Geweben und Körperflüssigkeiten und sind auch am Stoffaustausch durch die Zellmembran sowie an Erregungsbildung und -leitung im Nervensystem beteiligt. Der normale Ablauf des Zellgeschehens hängt daher weitgehend von der Konzentration und dem richtigen Verhältnis der anorganischen Ionen ab. Da auch die anorganischen Bestandteile des Körpers ständig ausgetauscht und ausgeschieden werden, würde eine völlig salzfreie Kost in kurzer Zeit zum Tode führen.

In größeren Mengen kommen die folgenden Elemente in Ionenform im Körper vor: Na, K, Ca, Mg, S, P und Cl; sie bilden zusammen 99% der anorganischen Körperbestandteile. Von den restlichen ebenfalls unentbehrlichen Elementen seien genannt: Fe, Cu, Zn, Mn, Co, Mo, J, F, Si.

Die meisten von ihnen finden sich nur in winzigen Mengen im Körper.

Viele Schwermetalle sind schon in nur wenig größeren Mengen giftig, weil sie an zelleigene Proteine binden und dadurch deren Funktion stören (s. Cytologie 9.3).

Die Vitamine sind für den Ablauf der Lebensvorgänge unentbehrlich und in sehr kleinen Mengen wirksam. Ihr Name wurde gebildet aus Vita (=Leben) und Amin, weil man zunächst der Auffassung war, sie seien Amine. Ihr chemischer Bau ist jedoch recht unterschiedlich.

Da sie trotz ihrer geringen Menge so große Wirkung entfalten, liegt die Vermutung nahe, daß diese katalytischer Natur ist. Tatsächlich konnte für eine Reihe von Vitaminen nachgewiesen werden, daß sie entweder selbst Coenzyme sind oder zum Aufbau von Coenzymen benötigt werden. Nur ein Teil der Coenzyme muß mit der Nahrung aufgenommen werden, andere können vom Körper selbst gebildet werden und haben deshalb keinen Vitamincharakter. Welche Coenzyme Vitamincharakter haben, kann von Tierart zu Tierart verschieden sein.

Der Begriff »Vitamin« bedeutet also, daß der betreffende Stoff unentbehrlich ist, aber nur in geringen Mengen benötigt wird. Der Begriff ist in zweierlei Hinsicht nicht sauber abgegrenzt. Einmal ist der Tagesbedarf mancher essentieller Aminosäuren nicht wesentlich höher als der des Vitamins C; sie werden aber nicht als Vitamin bezeichnet. Zum anderen kann eine bestimmte Substanz von einer Tierart selbst synthetisiert werden, während sie eine andere Tierart oder der Mensch mit der Nahrung aufnehmen muß. So kann z.B. das Vitamin C von der Ratte, aber nicht vom Menschen synthetisiert werden. Diese Substanz ist also beim Menschen ein Vitamin, nicht dagegen bei der Ratte. Die Eigenschaft, Vitamin zu sein, gilt für einen Stoff nicht allgemein; er hat diese Eigenschaft nur für solche Tier- oder Bakterienarten, die ihn nicht synthetisieren können.

Der Vitaminbedarf hängt vom Alter, von der Art der Ernährung, der körperlichen und geistigen Beanspruchung und vom Gesundheitszustand ab. Der Bedarf ist im jugendlichen und vorgerückten Alter, bei schwerer körperlicher Arbeit und bei vielen Erkrankungen besonders groß. Ausgesprochene Vitaminmangelkrankheiten *(Avitaminosen)* kommen bei vernünftiger Ernährung bei uns kaum mehr vor. Mengenmäßig liegt der Tagesbedarf des Menschen für alle Vitamine unter 10 mg, nur von Vitamin C werden etwa 75 mg je Tag benötigt.

Vitaminmangelkrankheiten hat es bei einseitiger Ernährung von jeher gegeben. Der *Skorbut* (Scharbock; Mangel an Vitamin C) war früher der Schrecken der Seefahrer. VASCO DA GAMA verlor dadurch während seiner Weltreise 55 Mann. Alte Heilmittel gegen Skorbut waren rohes Sauerkraut, Zwiebeln, Zitronensaft und frische Kiefernnadeln. *Rachitis* (Mangel an Vitamin D) trat hauptsächlich im Winter auf. Gegen die Krankheit halfen Lebertran und Sonne. Doch waren die Ursachen dieser Krankheiten unbekannt. Erst 1895 begann ein holländischer Arzt mit der Untersuchung einer in Ostasien weit verbreiteten Krankheit, der *Beriberi* (d.h. große Schwäche; Mangel an Vitamin B_1). Er fand, daß sie mit der Einführung »moderner« Schälverfahren, welche beim Reis das Silberhäutchen entfernten, in Zusammenhang stand. Beriberi konnte geheilt werden, wenn man dem geschälten Reis wieder Reiskleie zufügte. Damit setzte die Vitaminforschung ein, hauptsächlich durch Ernährungsversuche mit Tieren. Man bezeichnete die damals bekannten Vitamine zunächst mit Buchstaben, die jedoch nach dem heutigen Wissensstand meist mehrere Vitamine mit verschiedenartiger Wirkung umfassen. Auch ihr chemischer Bau ist gut bekannt, so daß man viele synthetisch herstellen kann. Sie werden am einfachsten in *fettlösliche und wasserlösliche Vitamine* eingeteilt. Die fettlöslichen Vitamine A, D, E und K kommen vorwiegend in fetthaltigen Nahrungsmitteln vor. Die wasserlöslichen Vitamine umfassen die B-Gruppe und das Vitamin C. Sie sind gegen Kochen empfindlich (deshalb sind Konserven daran meist relativ arm), auch gehen sie infolge ihrer Wasserlöslichkeit leicht ins Kochwasser über (s. auch Tab. 167/1).

Notwendige (essentielle) Nahrungsbestandteile sind auch die ungesättigten Fettsäuren Arachidonsäure, Linolsäure und Linolensäure. Man hat sie auch als *Vitamin F* (**F**ettsäuren) bezeichnet. Aus ihnen bildet der Körper unter anderem Prostaglandine (s. Hormone 1.) und Membranbaustoffe.

1.2 Die Ernährung des Menschen

1.2.1 Die Grundlagen einer richtigen Ernährung

Eine *vollwertige Kost* muß dem Körper alle Nährstoffe in ausreichender Menge und im richtigen Verhältnis zueinander zuführen. Der wachsende Mensch braucht eine anders zusammengesetzte Nahrung als der Erwachsene. Je nach Schwere der Arbeit setzt man 125–210 kJ je kg Körpergewicht als Tagesbedarf des erwachsenen Menschen an.

Der *Proteinanteil* der Nahrung soll beim Erwachsenen etwa 15% der Tagesenergiemenge ausmachen, mindestens aber 1 g für das kg Körpergewicht betragen. Der Zehnjährige braucht das Doppelte, der Sechzehnjährige das 1½fache. Vollwertige und zugleich billige Eiweißspender sind Milch, Quark, Käse und Seefische.

Der *Kohlenhydratanteil* der Nahrung soll etwa 50% der Tagesenergiemenge betragen und weitgehend in Form von Stärke (Getreideerzeugnisse, Kartoffeln) gedeckt werden.

Vollkornbrot enthält auch den an Eiweiß, Fett, anorganischen Salzen und Vitaminen reichen Keim sowie Ballaststoffe. Weißbrot und aus Weißmehl bereitete Speisen sind leicht verdaulich, jedoch fast reine Energieträger. Die Kartoffel enthält neben der gut aufschließbaren Stärke auch Vitamin B und C.

Der *Fettanteil* soll etwa 35% der Tagesenergiemenge betragen. Von den tierischen Fetten liefern uns Milch und Butter zugleich fettlösliche Vitamine. Pflanzliche Fette enthalten essentielle Fettsäuren.

Tabelle 167/1: Übersicht über die für den Menschen wichtigsten Vitamine

Bezeichnung, Eigenschaften, bisher bekannte Bedeutung	Mangelerscheinungen	Vorkommen
Vitamin A *(Retinol)* Fettlöslich, dient zum Aufbau des Sehpurpurs, spielt eine Rolle im Stoffwechsel der Haut.	Austrocknung und Verhornung von Haut und Schleimhäuten; Augendürre. Nachtblindheit. Verlangsamung des kindlichen Wachstums.	Als Vorstufe (Carotin) in Pflanzen (Möhre, Spinat, Salat, Petersilie, Kohlarten). Als Vitamin in Leber, Fisch- und Wal-Lebertran, Fischen, Eigelb. In Milch und Butter nur zur Zeit der Grünfütterung.
Vitamin B_1 *(Thiamin)* Wasserlöslich, Bestandteil des Coenzyms der Brenztraubensäuredecarboxylase (verwandelt Brenztraubensäure in aktivierte Essigsäure, s. Stoffwechsel und Energiehaushalt der Pflanze 4.4) und einiger anderer Enzyme.	Beriberi (Nervenerkrankung, Lähmung und Schwund der Gliedmaßenmuskulatur. Tod durch Herzmuskelschwäche).	Alle B-Vitamine kommen gemeinsam in pflanzlichen und tierischen Stoffen vor: Hefe, Randschichten und Keime der Getreidekörner (Vollkornbrot), frische Gemüse, Leber, Niere, Schweinefleisch, Ei. Einige B-Vitamine werden auch durch Darmbakterien erzeugt.
Vitamin B_2-Gruppe Wasserlöslich. *Riboflavin* ist Bestandteil einiger Enzyme der Endoxidation. *Nikotinsäure* ist Bestandteil der wasserstoffübertragenden Coenzyme NAD und NADP. *Pantothensäure* ist Bestandteil des Coenzyms A (vgl. Stoffwechsel und Energiehaushalt der Pflanze 4.4)	B_2-Mangel verursacht u.a. Augen-, Haut-, Darm- und Leberkrankheiten; Wachstumsstörungen beim Kleinkind	
Vitamin B_6 *(Pyridoxin)* Wasserlöslich, Bestandteil des Coenzyms der Transaminasen (übertragen NH_2-Gruppen von Aminosäuren auf Ketosäuren) und der Aminosäuredecarboxylasen (spalten CO_2 von Aminosäuren ab)	B_6-Mangel verursacht Haut- und Nervenkrankheiten.	
Vitamin B_{12} *(Cobalamin)* Wasserlöslich, spielt eine Rolle beim Nukleinsäurestoffwechsel, enthält Kobalt	B_{12}-Mangel verursacht u.a. die bösartige Blutarmut (perniziöse Anämie): Störungen bei der Bildung der Roten Blutkörperchen.	
Vitamin C *(Ascorbinsäure)* Wasserlöslich	Skorbut: Blutungen in der Haut und Muskulatur. Entzündungen und Blutungen des Zahnfleisches, Lockerung der Zähne, Muskelschwund, Tod durch Herzschwäche. Frühjahrsmüdigkeit, Anfälligkeit für Infektionskrankheiten.	Kartoffeln (500 g decken den Tagesbedarf). Kohlarten, auch rohes Sauerkraut. Früchte, bes. schwarze Johannisbeeren, Hagebutten, Sanddorn, Zitronen, Orangen.
Vitamin D *(Calciferol)* Fettlöslich, spielt eine Rolle im Mineralhaushalt. Entsteht aus der in grünen Pflanzen vorkommenden Vorstufe (Ergosterin) in der Haut unter der Einwirkung ultravioletter Strahlen (Sonnenlicht, Höhensonne).	Rachitis: Störungen im Ca- und P-Stoffwechsel und im Wachstum, Verkrümmungen des Knochengerüstes (krumme Beine, Trichterbrust) und mangelhafte Zahnbildung infolge ungenügender Kalkeinlagerung, Knochenerweichung bei Erwachsenen. In ihrer schweren Form seit Einführung von Vitamin-D-Präparaten (1927) fast ganz verschwunden.	In Großstädten wird seine Bildung wegen der Abschwächung der Sonnenstrahlen durch die Dunstglocke beeinträchtigt. Fertiges Vitamin in Fischlebertran, Säugetierleber, Eidotter.

Die wichtigsten *Mineralsalz- und Vitaminträger* sind Milch und Milcherzeugnisse, Gemüse und Früchte aller Art, Kartoffeln, Vollkornbrot, Leber, Fisch und Eier. Konservieren durch Erhitzen und langes Kochen beeinträchtigen den Gehalt an Vitaminen und Aromastoffen. Eine die Inhaltsstoffe schonende Haltbarmachung der Lebensmittel erzielt man durch Tiefgefrieren.

1.2.2 Die heutige Ernährungssituation des Menschen

Ungefähr ein Viertel der Menschheit hat reichlich Nahrung zur Verfügung (Bewohner der Industrieländer, Begüterte in den Entwicklungsländern), dagegen haben drei Viertel der Menschen zu wenig zu essen (Arme in den Entwicklungsländern, insbesondere in den ärmsten Ländern der Welt). Wer zu viel ißt, setzt sich dem Risiko aus, krank zu werden. Zu den ernährungsbedingten *»Zivilisationskrankheiten«* gehören bestimmte Formen der Zuckerkrankheit, Erkrankungen der Gallenblase, Darmkrebs sowie Herz- und Gefäßerkrankungen. Von ihnen werden meist Erwachsene, vor allem aber alte Menschen befallen. Bei Nahrungsmangel treten andere Krankheiten häufiger auf: Erblindung wegen Vitamin-A-Mangel, Blutarmut aufgrund von Eisenmangel, Eiweißmangelkrankheiten. Diese Krankheiten kommen bereits in jungen Jahren zum Ausbruch. An ihnen leiden zwischen 500 Millionen und 1 Milliarde Menschen.

Eigentlich könnte der Getreideanbau für die Ernährung der ganzen Menschheit ausreichen. Dies ergibt sich aus der folgenden Rechnung: Im Erntejahr 1986 wurden auf der Erde 1867 Millionen Tonnen Getreide produziert, so daß auf jeden der lebenden 4900 Millionen Menschen im Durchschnitt 1,0 kg Getreide pro Tag entfallen wäre. Diese Menge enthält genügend Energie (14240 kJ), Eiweiß (ca. 110 g, s. Tab. 168/1), anorganische Salze, Vitamine und essentielle Fettsäuren für die Ernährung eines Menschen.

Tabelle 168/1: Durchschnittliche Eiweißversorgung der Menschheit pro Kopf und Tag (bezogen auf Reinprotein)

	pflanzliches Eiweiß	tierisches Eiweiß
gesamte Welt	45 g	24 g
Industrieländer	44 g	54 g
Entwicklungsländer	45 g	12 g
ärmste Länder	44 g	7 g

Eiweißbedarf: bei leichter körperlicher Tätigkeit (Sekretärin) ca. 75 g, bei mittelschwerer Tätigkeit (Briefträger) ca. 85 g, bei schwerer Tätigkeit (Müllwerker) ca. 105 g pro Kopf und Tag.

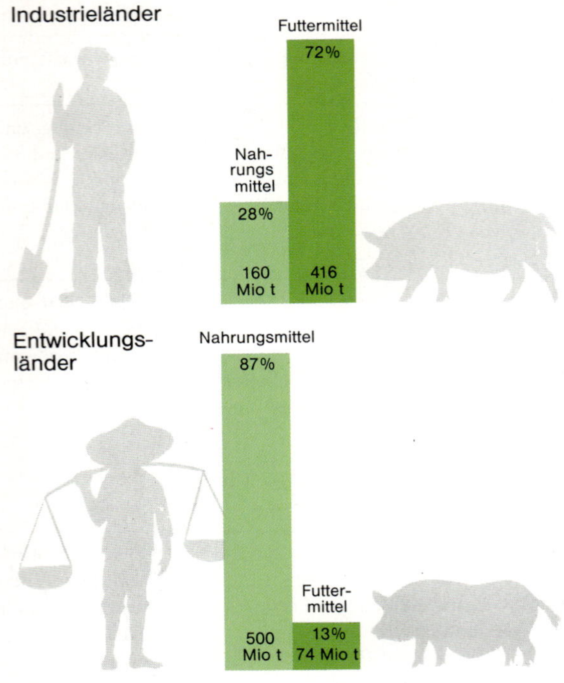

Abb. 168.1: Verwendung von Getreide als Nahrungsmittel und als Futtermittel (s. hierzu auch Ökologie 5.2, 5.3, Energieverlust in der Nahrungskette)

Eine Gleichverteilung der Getreideernte kommt aber aus politischen und wirtschaftlichen Gründen nicht zustande. Eine wichtige Ursache der Ungleichverteilung ist die Verfütterung von Getreide an Haustiere in Industrieländern (Abb. 168.1). Bei einem Verzicht auf Getreide als Futtermittel würde die Fleischproduktion in den Industrieländern jedoch drastisch zurückgehen. Dies hätte natürlich erhebliche Auswirkungen auf die Struktur und die Rentabilität der landwirtschaftlichen Betriebe. Weiterhin müßten sehr viele Menschen ihre Eßgewohnheiten ändern, sie hätten weniger Fleisch zur Verfügung und müßten mehr Nahrungsmittel pflanzlichen Ursprungs verzehren.

1.3 Verdauung und Resorption

1.3.1 Die Verdauung als enzymatischer Vorgang

Der Körper kann die einverleibte Nahrung erst verwerten, wenn sie durch die Zellmembran hindurch in das lebende Plasma gelangt ist. Nun sind aber die meisten in der Nahrung enthaltenen Stoffe hochmolekular und können nicht unmittelbar in eine Zelle

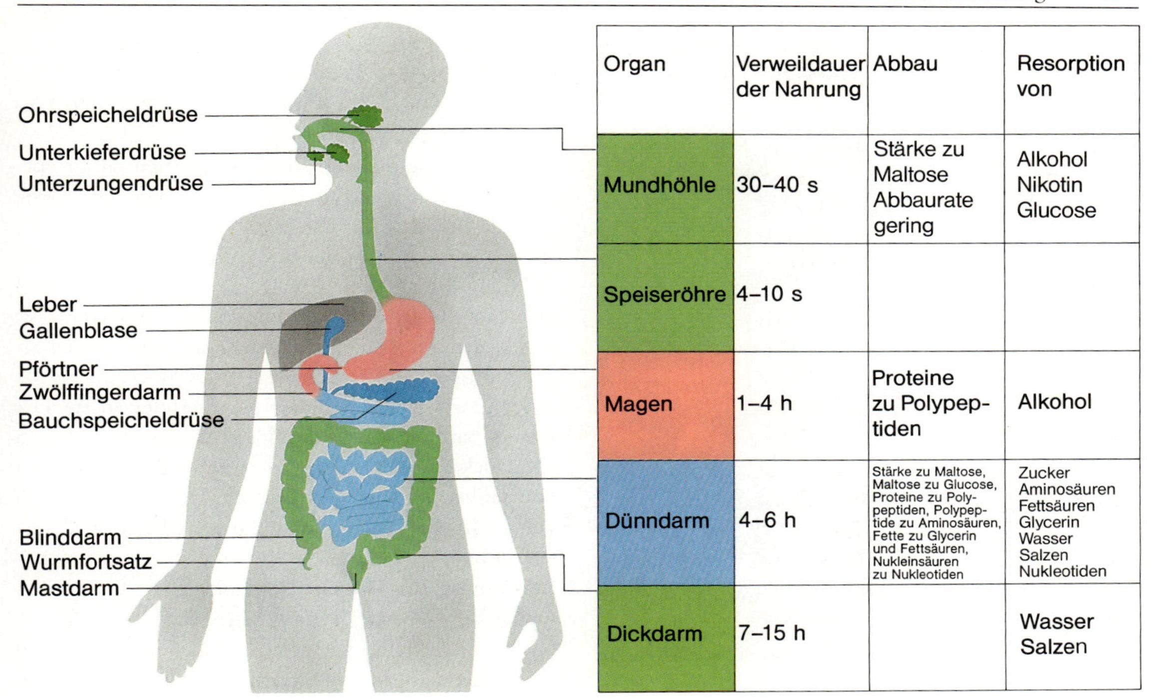

Organ	Verweildauer der Nahrung	Abbau	Resorption von
Mundhöhle	30–40 s	Stärke zu Maltose Abbaurate gering	Alkohol Nikotin Glucose
Speiseröhre	4–10 s		
Magen	1–4 h	Proteine zu Polypeptiden	Alkohol
Dünndarm	4–6 h	Stärke zu Maltose, Maltose zu Glucose, Proteine zu Polypeptiden, Polypeptide zu Aminosäuren, Fette zu Glycerin und Fettsäuren, Nukleinsäuren zu Nukleotiden	Zucker Aminosäuren Fettsäuren Glycerin Wasser Salzen Nukleotiden
Dickdarm	7–15 h		Wasser Salzen

Abb. 169.1: Verdauung beim Menschen. Die Farben kennzeichnen die Reaktion der Verdauungssäfte. Grün neutrale, rot saure, blau alkalische Reaktion

aufgenommen werden. Außerdem ist in artfremdem Eiweiß die Anordnung der Aminosäuren in den Proteinmolekülen anders als in arteigenem Eiweiß. Durch die Verdauung werden die makromolekularen Nährstoffe mittels Hydrolyse in ihre niedermolekularen Bausteine aufgespalten. Dies hat zur Folge, daß sie

1. ihre artspezifische Struktur verlieren und
2. von der Darmwand aufgenommen werden können und zum Weitertransport in Blut und Lymphe gelangen.

Durch die enzymatische Spaltung bei der Verdauung werden die *Proteine* zu *Aminosäuren*, die *Fette* zu *Glycerin* und *Fettsäuren*, die *Kohlenhydrate* zu *Monosacchariden* und die *Nukleinsäuren* zu *Nukleotiden* abgebaut. Wasser, Vitamine und die meisten anorganischen Ionen werden dagegen unverändert aufgenommen (s. Abb. 169.1).

Die Reaktionen beim Aufspalten der Makromoleküle in ihre Bausteine sind zwar exergonisch, erfordern aber dennoch eine hohe Aktivierungsenergie. Deshalb laufen sie nur bei Anwesenheit von Enzymen mit nennenswerter Geschwindigkeit ab. Die dafür erforderlichen Enzyme werden in den Verdauungsdrüsen gebildet.

1.3.2 Verdauung und Resorption bei verschiedenen Tiergruppen

Die Verdauungsorgane sind bei den verschiedenen Tiergruppen trotz gleichartiger Funktion unterschiedlich ausgebildet (siehe Anhang, Baupläne). Hohltiere und niedere Würmer haben einen blind endigenden Darm. In ihm wird die Nahrung durch Enzyme so weit abgebaut, daß sie von Zellen der Darmwand durch Phagocytose aufgenommen und zu Ende verdaut werden kann. In der Wand findet man daher Freßzellen und Drüsenzellen.

Bei den höherentwickelten Wirbellosen und allen Wirbeltieren ist der Verdauungsvorgang ganz in den Hohlraum eines besonderen Verdauungstraktes verlegt. Verdaut wird also außerhalb der Zellen, *extrazellulär*. Die Zellen müssen jetzt nur noch die Verdauungssäfte herstellen und die verdauten Nahrungsbestandteile resorbieren. Hand in Hand damit geht die Ausbildung eines *durchgehenden Darmrohres*. Dadurch ist die Möglichkeit gegeben, Nahrung aufzunehmen, ehe die vorausgegangene Mahlzeit vollständig verarbeitet ist. Auch wirken die Enzyme jetzt nacheinander auf den Nahrungsstrom ein. Durch diese »Fließbandarbeit« wird die Leistungsfähigkeit des Verdauungssystems erheblich gesteigert. Der Darmkanal, der bei den Ringelwürmern den Körper noch als ein einfaches Rohr durchzieht, wird bei den höherentwickelten Tieren stärker differenziert. Durch Zusammenlagerung von Drüsenzellen entstehen Drüsenorgane, die zum Teil vom Darm weg in die Leibes-

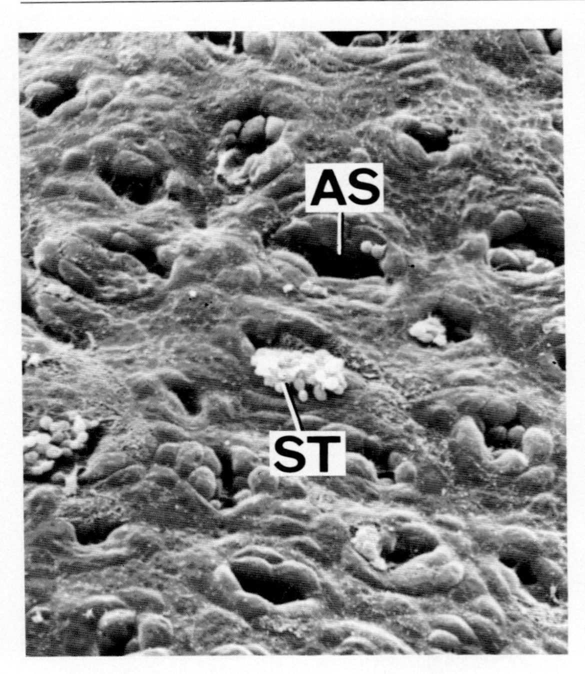

Abb. 170.1: Rasterelektronenmikroskopische Aufnahme der Magenschleimhaut (615fach). AS Ausführgang für Magensaft, ST Schleimtröpfchen

höhle verlagert werden. Diese *Verdauungsdrüsen* können sich weiter spezialisieren und nur noch ganz bestimmte Enzyme liefern. Auch im Bereich des Darmkanals ist eine Arbeitsteilung zu beobachten. Bei den Wirbeltieren übernimmt der vordere Abschnitt die mechanische Zerkleinerung, die Speicherung und die Vorverdauung. Der mittlere Teil ist der Ort der Hauptverdauung und der Resorption, während der Endabschnitt die Resorption beendet und den Kot formt. Der Darm ist durch Schlingenbildung verlängert und seine resorbierende Oberfläche durch Ausbildung von Falten und Zotten beträchtlich vergrößert.

1.3.3 Verdauung und Resorption beim Menschen

Der Darm des Menschen ist etwa 3,5 m lang. An die *Mundhöhle* schließt die *Speiseröhre* an. Sie durchzieht die Brusthöhle, führt durch das Zwerchfell und mündet in den *Magen*. Dann folgt der *Dünndarm*. Sein Anfangsteil heißt *Zwölffingerdarm*. Hier münden die wichtigsten Verdauungsdrüsen, die *Leber* und die *Bauchspeicheldrüse,* ein. Der Dünndarm setzt sich in den kürzeren und wesentlich weiteren *Dickdarm* fort, der in kleinen Abständen ringförmig eingeschnürt ist. Er beginnt mit dem *Blinddarm* und dessen Anhang, dem *Wurmfortsatz*. Der Darm endet mit dem *Mastdarm*.

Verdauung im Mund. Im Mund wird die Nahrung durch Kauen und Einspeicheln für die Verdauung vorbereitet. Die tägliche Menge von etwa 1,5 l *Mundspeichel* wird in zahlreichen kleinen Drüsen in den Wänden der Mundhöhle und der Zunge, vor allem aber in drei Paar großen Speicheldrüsen, den *Ohrspeicheldrüsen,* den *Unterkieferdrüsen* und den *Unterzungendrüsen,* bereitet.

Der Speichel reagiert in der Regel neutral. Er enthält Schleim, das Enzym *Ptyalin* und Salze. Die Menge und die Zusammensetzung des erzeugten Speichels hängt stark von der Beschaffenheit der Nahrung ab. Beim Kauen von Zwieback fließt 12mal soviel Speichel wie beim Kauen von Äpfeln. Bei schmackhaften Speisen ist die Speichelabsonderung größer als bei reizlosen. Die Hauptaufgabe des Speichels ist das Durchfeuchten und Schlüpfrigmachen der Speise. Das Ptyalin baut einen Teil der Stärke über Dextrin bis zu Malzzucker ab. Ptyalin arbeitet optimal im neutralen und schwach alkalischen Bereich. Durch die Magensäure wird die Stärkeverdauung im Magen bald unterbrochen.

Verdauung im Magen. Die zerkleinerte und eingespeichelte Nahrung gleitet beim Schlucken in die Speiseröhre. Durch peristaltische Wellen wird sie an den Mageneingang transportiert und schließlich in den Magen gedrückt. Eine *peristaltische Welle* entsteht, wenn sich die Ringmuskulatur an einer Stelle kontrahiert. Dadurch wird das Innere der Speiseröhre stark eingeengt. Die Kontraktionswelle wandert über die Speiseröhre in Richtung Magen und schiebt dabei die Speise vor sich her.

Der Magen ist der weiteste Teil des Darmkanals. Zu den zwei Muskelschichten, die für den ganzen Darmkanal kennzeichnend sind (Ring- und Längsmuskeln), kommt in der Magenwand noch eine innerste Schrägmuskellage. Die Ringmuskelschicht bildet am Mageneingang und besonders am Magenausgang (Pförtner) dicke *Schließmuskeln*. Der Magen dient als Vorratsspeicher, der die Nahrung ansammelt und nur allmählich in kleinen Mengen an den Darm abgibt. Das erlaubt es dem Menschen, mit wenigen großen Mahlzeiten am Tage auszukommen.

Die Magenschleimhaut ist sehr reich an kleinen, schlauchförmigen *Drüsen* (s. Abb. 170.1). In diesen Drüsen finden sich vor allem Hauptzellen und Belegzellen.

Die *Belegzellen* erzeugen *Salzsäure*. Die *Hauptzellen* sondern im wesentlichen *Pepsinogen,* eine Vorstufe des *Pepsins,* ab. Im Pepsinogen ist das aktive Zentrum des Pepsins durch ein Stück der Peptidkette abgedeckt. Dieses Stück wird unter Einwirkung von Salzsäure sehr langsam abgespalten. Bereits gebildetes Pepsin katalysiert diese Abspaltung zusätzlich. Im frisch gebildeten Magensaft entsteht also zunächst nur unter der Einwirkung von Salzsäure – langsam – Pepsin, das dann seinerseits – rasch – weiteres Pepsinogen in Pepsin verwandelt. Durch die Abscheidung des Pepsins in inaktiver Form wird verhindert, daß es seine Wirkung schon in der Zelle entfaltet und dadurch die Zelle zerstört.

Der Magensaft (2 l pro Tag) reagiert durch seinen Gehalt an freier Salzsäure (0,2–0,5%) stark sauer. Diese wirkt desinfizierend auf die Nahrung. Sie denaturiert außerdem die darin enthaltenen Proteine und stellt das optimale pH-Milieu für die Wirkung des Pepsins her.

Das Pepsin baut in saurem Milieu fast alle Proteine zu wasserlöslichen Peptiden ab. Besonders rasch wird das Bindegewebe aufgelöst, das die Muskelfasern umhüllt. Deshalb zerfällt Fleisch im Magen schnell zu Brei. Der verflüssigte Mageninhalt wird durch die starke *Peristaltik* des unteren Magenabschnitts portionsweise in den *Zwölffingerdarm* gedrückt.

Die Selbstverdauung der Magen- und Darmwände durch die eiweißspaltenden Enzyme wird wahrscheinlich dadurch verhindert, daß die Zellen durch einen Schleimbelag geschützt sind und die eiweißspaltenden Enzyme in inaktiver Form abgeschieden werden. Nach dem Tode bleiben die Verdauungssäfte zunächst noch wirksam und greifen dann die Magenwände an. Aus dem Grad ihrer Zersetzung kann z.B. der Gerichtsmediziner schließen, wann der Tod eingetreten ist.

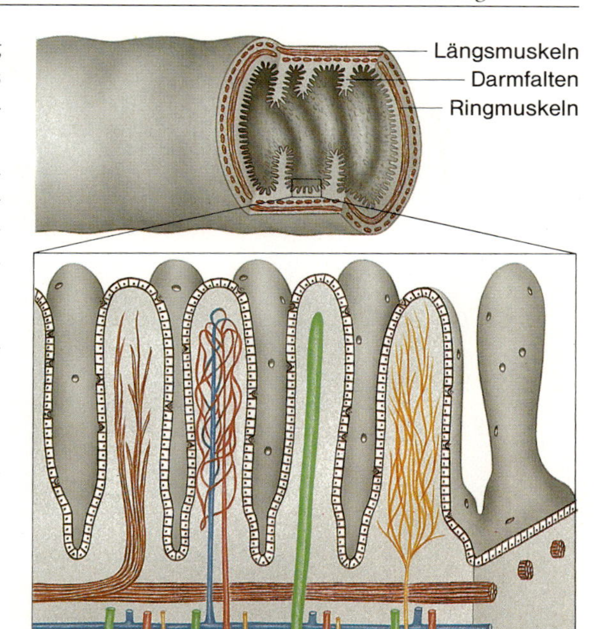

Abb. 171.1: Oben: Ausschnitt aus dem Dünndarm. Die Muskelschicht wird außen von Bindegewebe umhüllt.
Unten: Darmzotten stark vergrößert.
Braun: glatte Muskelfasern,
rot: Arterie und Kapillaren,
blau: Vene,
grün: Lymphgefäß,
gelb: Nervenfasern.
Bei den Vertiefungen in der Zottenoberfläche handelt es sich um die Öffnungen der schleimerzeugenden Becherzellen.

Verdauung im Darm. Die Innenseite des Darmes wird von der einschichtigen Darmschleimhaut bedeckt. Sie wird ständig erneuert. Die abgestoßenen Zellen bilden einen Teil des Kotes. Querfalten der Darmwand vergrößern die Oberfläche. Im Bereich des Zwölffinger- und Dünndarmes ist sie außerdem noch mit Darmzotten besetzt, 1 mm langen, zapfenförmigen Ausstülpungen der Schleimhaut, die dicht gedrängt beieinander stehen (bis zu 30 je mm^2, im ganzen 4 bis 6 Millionen). Jede Zotte enthält ein Lymphgefäß und Blutgefäße. Die Darmzotten vergrößern die Dünndarmoberfläche auf 40–50 m^2. In noch viel stärkerem Maße tut dies ein Besatz feinster Plasmafortsätze *(Mikrovilli)* an der Oberfläche der resorbierenden Zellen (200 Mill./mm^2). Durch sie erreicht die der Stoffaufnahme dienende Fläche des Dünndarmes eine Größe von über 2000 m^2 (s. Abb. 171.1).

Dünndarm. Sobald saurer Speisebrei vom Magen in den Dünndarm gelangt, scheidet die Dünndarmschleimhaut (s. Abb. 171.2) den *Darmsaft* ab. Er reagiert infolge seines Bikarbonatgehaltes alkalisch und enthält außerdem *Erepsine* (Proteasen, die Polypeptidketten von ihren Enden her abbauen), mehrere kohlenhydratspaltende Enzyme und *Enterokinase* (aktiviert das Trypsin des Bauchspeichels, s. unten).

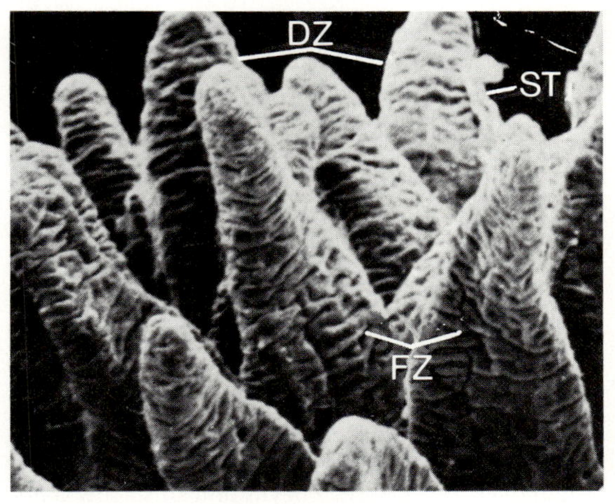

Abb. 171.2: Rasterelektronenmikroskopisches Bild der Dünndarmschleimhaut (260fach).
DZ Dünndarmzotten,
ST Schleimtröpfchen,
FZ Falten der Zottenoberfläche

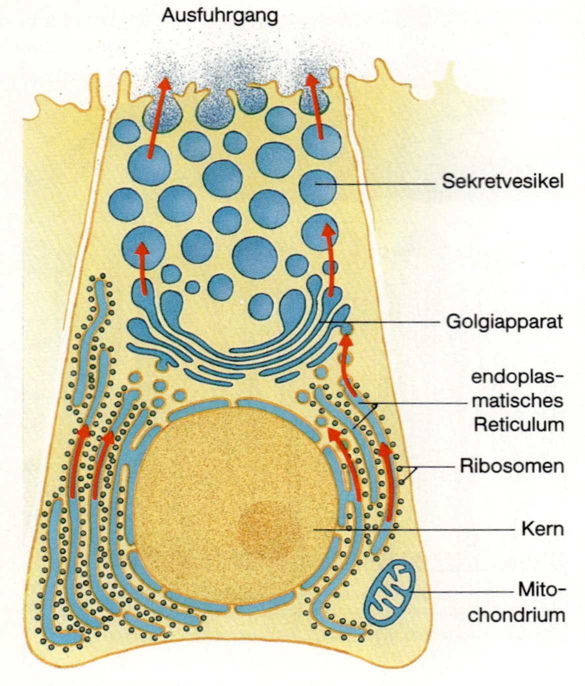

Abb. 172.1: Drüsenzelle der Bauchspeicheldrüse. An den Ribosomen des endoplasmatischen Reticulums werden die Verdauungsenzyme gebildet, im Golgiapparat gesammelt und in den Sekretvesikeln ausgeschieden. Vergrößerung etwa 20000fach

Außerdem entleeren die Bauchspeicheldrüse und die Leber ihre Säfte in den Dünndarm.

Die hinter dem Magen liegende **Bauchspeicheldrüse** ist die zweitgrößte Drüse unseres Körpers. Sie liefert den alkalisch reagierenden Bauchspeichel, der alle zur Verdauung notwendigen Enzyme enthält. Das elektronenmikroskopische Schema einer der *Drüsenzellen* (s. Abb. 172.1) steht stellvertretend für alle enzymabscheidenden Zellen. Auffällig ist die starke Entwicklung des mit Ribosomen besetzten endoplasmatischen Reticulums. Die Ribosomen sind die Orte der Proteinsynthese.

Im Bauchspeichel findet man ein Gemisch folgender Enzyme: Trypsine und Erepsine, Nukleasen, Lipasen, mehrere kohlenhydratspaltende Enzyme; auch kommen Alkalikarbonate darin vor. *Trypsin* spaltet Eiweiß. Es muß jedoch erst durch das Enzym Enterokinase des Darmsaftes »aktiviert«, d.h. wirksam gemacht werden (ähnlich wie Pepsin, nur daß hier das den aktiven Bereich des Enzymmoleküls abdeckende Peptid durch die Enterokinase abgespalten wird). Die *Erepsine* bauen Peptide zu Aminosäuren ab. Pepsin und Trypsin greifen die Aminosäureketten der Eiweiße in der Mitte an und zerlegen sie in größere Bruchstücke, die Erepsine spalten die Aminosäuren Stück um Stück am Ende der Ketten ab. Nukleasen spalten die Nukleinsäuren der Zellkerne in Nukleotide. *Amylase* überführt Stärke in Malzzucker, *Maltase* spaltet diesen in Glucose. Die *Lipase* zerlegt Fette in Glycerin und freie Fettsäuren.

Zwischen das Drüsengewebe der Bauchspeicheldrüse eingestreute Zellhaufen, die LANGERHANS*schen Inseln,* sondern die wichtigen Hormone *Insulin* und *Glucagon* ab (s. Hormone 3.1).

Die **Leber** ist die größte Drüse im menschlichen Körper. Die Leberzellen ordnen sich zu kleinen, fingerförmigen Gebilden, den Leberläppchen an. Diese werden von den feinsten Verzweigungen der *Pfortader* durchzogen. Die Pfortader sammelt das Blut, das von Magen, Darm und Milz kommt und mit Nährstoffen beladen worden ist, und führt es zur Leber. (Alles Blut, das von den Verdauungsorganen kommt, muß die Leber durchlaufen!) Ein zweites Kapillarnetz, das von der *Leberarterie* ausgeht, versorgt die Leberzellen mit Sauerstoff. Ein drittes System, die *Gallenkanälchen,* sammelt die in der Leber dauernd sich bildende *Gallenflüssigkeit* und führt sie zur *Gallenblase*. Dort wird sie eingedickt und nach Bedarf in den Darm gepreßt (s. auch Tab. 172/1). Die bittere, alkalisch reagierende Flüssigkeit enthält keine Enzyme. Die in ihr enthaltenen Gallensäuren können Fett in feinste Tröpfchen aufteilen (emulgieren) und wirken auch bei der Lösung der sonst nicht wasserlöslichen Fettsäuren mit. Die Galle ist also sehr wichtig für die Verdauung der Fette.

Ihre grünlichgelbe Farbe rührt von den *Gallenfarbstoffen* her, die von den Leberzellen aus dem Farbstoff abgebauter Roter Blutkörperchen gebildet werden, also Ausscheidungsprodukte darstellen. Umgewandelte Gallenfarbstoffe verursachen auch die Braunfärbung des Kotes und die Gelbfärbung des Harns.

Die Leber ist an fast allen Stoffwechselvorgängen wesentlich beteiligt. Sie entzieht dem Blut Giftstoffe und baut verbrauchte Rote Blutkörperchen ab. Sie baut aus Glucose das Reservekohlenhydrat Glykogen auf und speichert es, baut Körperprotein aus Aminosäuren auf und synthetisiert Fett, wandelt Zucker in

Tabelle 172/1: Pro Tag abgesonderte Verdauungssäfte

Mundspeichel	1–2 l
Magensaft	1½–2 l
Bauchspeichel	1 l
Darmsaft	3 l
Galle	¾ l

Fett um, bildet aus den Proteinabbaustoffen NH_3 und CO_2 Harnstoff und Harnsäure. Durch erhöhten Stoffwechsel in den Leberzellen kann Wärme erzeugt und die Körpertemperatur erhöht werden. Man kann die Leber daher als »chemische Zentrale« des Körpers bezeichnen.

Die Vorgänge im Dickdarm. Der Dünndarm mündet seitlich in den 5–8 cm weiten Dickdarm ein. Ein Schließmuskel sowie zwei in das Innere des Dickdarms vorspringende Hautfalten verhindern das Zurücktreten von Dickdarminhalt in den Dünndarm. Am Übergang vom Dünndarm in den Dickdarm schließt sich der *Blinddarm* mit dem *Wurmfortsatz* an. Der Wurmfortsatz ist ein Teil des Immunsystems und deshalb besonderer Infektionsgefahr ausgesetzt (s. S. 405) (»Blinddarmentzündung«). Die meisten Säuger haben einen wohlentwickelten Blinddarm. Bei den höheren Affen und beim Menschen dagegen ist er zurückgebildet.

Die Drüsen der Dickdarmschleimhaut liefern nur Schleim, aber keine Enzyme. Der Dickdarm ist von zahlreichen Bakterien (z. B. *Escherichia coli*) besiedelt (s. auch 1.1). Sie erzeugen unter anderem Vitamine (B, K). Einseitige Ernährung und Arzneimittel können die Zusammensetzung der *Darmflora* ungünstig beeinflussen. Dem dünnflüssigen Darminhalt wird im Dickdarm Wasser entzogen, so daß der Körper einen großen Teil der Flüssigkeit wieder zurückgewinnt. Wird zu wenig Wasser entzogen, entsteht der Durchfall (Diarrhoe). Als Kot gelangt der Darminhalt schließlich in den *Mastdarm*. Der Kot besteht aus den unverdaulichen und nicht verdauten Resten der Nahrung sowie aus abgestoßenen Darmzellen und Darmbakterien, die bis zu einem Drittel der Kotmenge ausmachen. Der Mastdarm wird durch die starken Schließmuskeln des Afters abgeschlossen und ist gewöhnlich leer. Tritt Kot in ihn ein, so löst dies das Gefühl des Stuhldranges aus.

Resorption. Die verdauten Nahrungsstoffe werden überwiegend im Dünndarm resorbiert. Die meisten Stoffe werden aktiv aufgenommen. Da die Zellen für diese Tätigkeit viel Energie benötigen, findet man in ihnen zahlreiche Mitochondrien (s. Cytologie 2.3 und 2.4).

Die Aminosäuren, die Monosaccharide und die kurzkettigen, wasserlöslichen Fettsäuren (z. B. Buttersäure) werden in die Blutgefäße der Darmzotten befördert.

Glycerin und langkettige Fettsäuren vereinigen sich nach Aufnahme in die Darmzellen zum Teil wieder zu Fetten, die – an Proteine gekoppelt – in die Lymphgefäße der Zotten gelangen. Fetttröpfchen können auch in Pinocytose-Bläschen durch die Darmzellen hindurch direkt in die Lymphgefäße geschleust werden.

Die Lymphgefäße der Darmwand vereinigen sich zum *Lymphbrustgang*, der in die linke Schlüsselbeinvene einmündet. So gelangt das Fett schließlich doch in den Blutkreislauf. Aus dem Blut nehmen Körperzellen Fett auf, welches sie dann speichern. Ein Teil davon wird früher oder später zur Energiegewinnung oxidiert; das übrige bleibt als Vorrat im Körper.

Die Glucose und die Aminosäuren kommen mit dem Darmblut durch die *Pfortader* in die Leber. Dort wird ein Teil der Glucose zurückgehalten und als *Glykogen*, eine der Stärke ähnliche Verbindung, in den Leberzellen gespeichert. Nach Bedarf wird es wieder in Glucose zerlegt und an das Blut abgegeben. Die Leber kann bis zu 18% ihrer Masse an Glykogen speichern. Auch in anderen Körperzellen, besonders reichlich in den Muskeln, wird Glykogen gelagert. Die Aminosäuren gelangen unverändert ins Blut und werden erst in den Zellen zu Proteinen zusammengefügt.

1.4 Steuerung der Nahrungsaufnahme und der Verdauungsvorgänge

Beginn und Ende der Nahrungsaufnahme werden beim Menschen durch das Hungergefühl bzw. das Gefühl der Sättigung beeinflußt. Hungergefühl und Sättigungsgefühl hängen vom Füllungszustand des Magens und vom Glucosegehalt des Blutes ab. Auf den Füllungszustand des Magens reagieren Sinneszellen der Magenwand, auf den Blutzuckergehalt sprechen Rezeptoren des Hypothalamus an (s. Neurobiologie 8.2.3).

Ein Verdauungssystem arbeitet dann besonders wirkungsvoll, wenn die Tätigkeit der einzelnen Organe an die jeweiligen Bedürfnisse angepaßt ist. Daß dies zutrifft, ergibt sich aus folgenden Beobachtungen:

Schon der Anblick einer leckeren Speise oder der Geruch, der von ihr ausgeht, ruft eine *Absonderung von Speichel* hervor, ja selbst beim bloßen Gedanken an eine Lieblingsspeise »läuft uns das Wasser im Mund zusammen«. Bekanntlich macht davon die Werbung reichlich Gebrauch. Besonders lebhaft aber wird der Speichelfluß, wenn beim Kauen die Nahrung auf die Sinnesorgane der Mundhöhle einwirkt.

Wenn man eine Kanüle in den Ausführgang einer der Ohrspeicheldrüsen des Hundes einfügt und so eine künstliche Verbindung nach außen herstellt, läßt sich die Speichelabsonderung unmittelbar beobachten. Es zeigt sich dann, daß der Speichel schon zu fließen beginnt, wenn der Hund das Fleisch nur riecht, und daß beim Anblick des Fleisches ein vermehrter Speichelfluß einsetzt. Noch stärker aber wird er, wenn der Hund das Fleisch im Mund hat und zu den »Fernreizen« Geruch und Anblick noch Tast- und Geschmacksreize hinzukommen. Wird beim Füttern stets eine bestimmte Lichtquelle gezeigt oder eine Glocke angeschla-

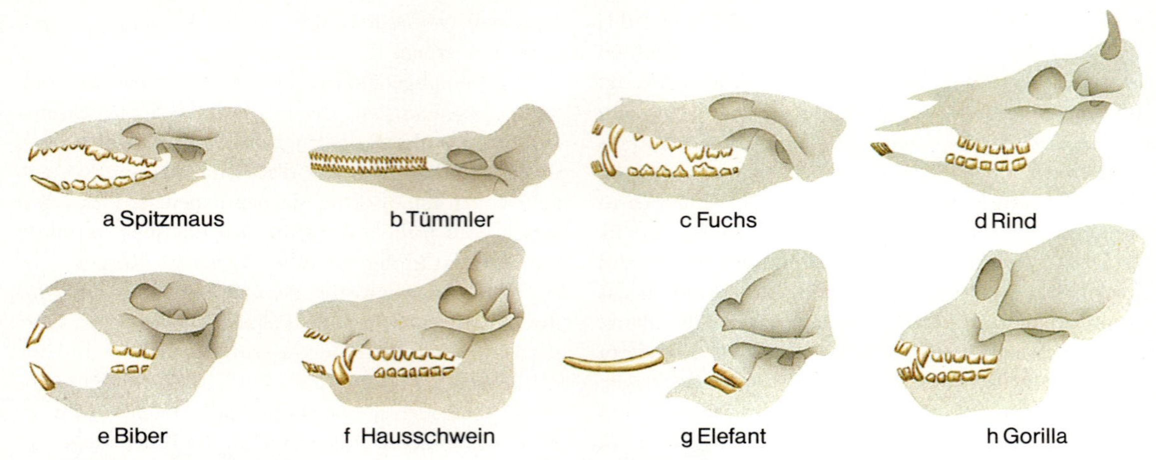

Abb. 174.1: Die Gebißtypen der Säuger entsprechen der vorherrschenden Nahrung.
a Insektenfressergebiß: Zähne spitzkegelig oder mit spitzen Höckern, in Gestalt und Größe wenig verschieden.
b Fanggebiß: Zahlreiche nach hinten gerichtete Zähne zum Festhalten und Zerreißen der Beute.
c Fleischfressergebiß: Scharfe Schneidezähne, dolchförmige Eckzähne, Backenzähne mit scharfschneidenden Kanten.
d Pflanzenfressergebiß: Eckzähne oft fehlend, Backenzähne breitkronig, mit Schmelzfalten durchsetzt, die eine rauhe Kaufläche bewirken (Mahlzähne).
e Nagetiergebiß: 2 wurzellose Schneidezähne, die ständig wachsen (Nagezähne); Eckzähne fehlen, Backenzähne bilden geschlossene Kaufläche, die beim Bewegen des Unterkiefers von vorn nach hinten wie eine Raspel wirkt.
f und h Allesfressergebisse (stehen zwischen Fleischfresser- und Pflanzenfressergebiß).
g umgewandeltes Pflanzenfressergebiß. Obere Schneidezähne als Stoßzähne, in jeder Kieferhälfte ein einziger Backenzahn.
Säugetiere haben in der Regel ein Milchgebiß und ein Erwachsenengebiß. Bei Fischen, Lurchen, Kriechtieren werden verlorengegangene Zähne ständig ersetzt.

gen, dann genügt nach einiger Zeit schon das Aufleuchten oder der Ton allein, um den Speichel zum Fließen zu bringen (*bedingter Reflex;* PAWLOW 1926).

Die Versuche zeigen, daß der Speichel ohne Beeinflussung durch unseren Willen rein reflektorisch auf bestimmte, von der Nahrung ausgehende Reize hin abgesondert wird *(unbedingter Reflex).* Ja schon das Lesen der Speisekarte, das Geklapper der Teller oder der Anblick eines schön gedeckten Tisches kann die Speicheldrüsen in Tätigkeit setzen *(bedingter Reflex).*

In ganz ähnlicher Weise wird die *Absonderung der Magensäfte* angeregt, wie ebenfalls durch Tierversuche erwiesen ist. Auf alle Reize (Anblick, Geruch, Geschmacksempfindungen), die den Speichel zum Fließen bringen, setzt auch die Abscheidung von Magensaft ein, und zwar schon ehe die Speise im Magen ist. Auch die im Magen eingetroffene Speise regt die Sekretion an, vor allem über die beim Proteinabbau entstehenden Peptide. Die gleiche Wirkung haben auch Fleischextrakt, Fleischbrühe und Gewürze.

Auch die *Absonderung des Bauchspeichels* setzt bereits auf Reize von Sinnesorganen in der Mundschleimhaut ein, noch bevor die Speise den Magen erreicht. Wie beim Magen wird die Sekretion aber nicht nur über das Nervensystem in Gang gebracht, sondern auch durch chemische Einwirkung. Die Epithelzellen des Zwölffingerdarmes scheiden nach Einwirkung von Säure *Sekretin* (ein Gewebshormon) ab, das auf dem Blutweg zur Bauchspeicheldrüse gelangt und dort die Sekretion auslöst. Es gibt noch viele andere Gewebshormone, welche die Tätigkeiten der verschiedenen Verdauungsorgane aufeinander abstimmen.

1.5 Ernährungsformen der Säugetiere

Bei allen Wirbeltieren ist der Verdauungsapparat nach demselben Grundplan gebaut. Seine mannigfaltigen Abwandlungen erlauben recht unterschiedliche Arten der Ernährung (s. auch Abb. 174.1).

a) **Fleischfressende Säugetiere.** Fleischnahrung ist nährstoffreich und leicht verdaulich. Die Fleischfresser haben einen entsprechend kurzen Darm, der wenig Raum beansprucht.

b) **Pflanzenfressende Säugetiere.** Pflanzenkost enthält im allgemeinen wenig Nährstoffe, die außerdem noch von festen Zellwänden umschlossen sind. Der verwertbare Proteinanteil ist gering. Deshalb müssen die Pflanzenfresser große Nahrungsmengen aufnehmen: eine 600 kg schwere Milchkuh benötigt täglich 50–60 kg Gras. Der Darm der Pflanzenfresser ist meist lang und mit besonderen Vorratsräumen, Gärkammern und langen Blinddärmen ausgerüstet (s. Tab. 174/1).

Tabelle 174/1: Verhältnis von Körperlänge zu Darmlänge

Fledermaus	1:1,9
Wolf	1:4
Hund	1:5
Pferd	1:10
Rind	1:20
Schaf	1:25

Die *Wiederkäuer* nützen Pflanzennahrung optimal aus. Ihr Magen dient sowohl der Celluloseverdauung als auch dem Aufbau von Protein aus einfachen Stickstoffverbindungen. Zu den Wiederkäuern gehören wichtige Nutztiere (Rind, Schaf, Ziege). Ihr Magen besteht aus vier Abschnitten: *Pansen, Netzmagen, Blättermagen, Labmagen* (s. Abb. 175.1). Im Pansen und im Netzmagen wird das mit Speichel getränkte Futter gespeichert. Bakterien verschiedener Arten zerlegen die Cellulose zunächst in Glucose, dann weiter in relativ energiereiche Substanzen, vor allem Essigsäure, Buttersäure und Propionsäure (s. Cytologie 7.2). Diese stellen die wichtigste Energiequelle der Wiederkäuer dar. Außerdem entstehen Kohlenstoffdioxid und *Methan,* die durch den Mund an die umgebende Luft abgegeben werden. Mit dem Methan geht ein Teil der freien Energie der Glucose ungenutzt verloren. Eine Kuh, an die täglich 5 kg Heu verfüttert werden, produziert 191 l Methan pro Tag. In dieser Menge stecken mehr als 10% der im Futter enthaltenen Energie.

Bestimmte *Wimpertierchen* und *Bakterien,* die in Massen im Pansen leben und sich rasch vermehren, sind zur *Proteinsynthese* aus einfachen Stickstoffverbindungen wie Ammoniumsalzen und Harnstoff befähigt. Der von den Wimpertierchen und Bakterien zur Proteinsynthese verwendete Harnstoff stammt aus dem Blut des Tieres. Er wird also nicht wie bei anderen Tierarten in vollem Umfang durch die Niere ausgeschieden, sondern auf diesem Umweg in ökonomischer Weise erneut in die Körpersubstanz eingebaut.

Die Wimpertierchen stellen besonders hochwertige Proteine her; sie fressen auch einen Teil der Bakterien.

Die gegorene Nahrung wird aus dem Netzmagen in kleinen Portionen in den Mund zurückgetrieben und nochmals gekaut und eingespeichelt. Sie gelangt dann über eine aus zwei Hautfalten bestehende Schlundrinne in den Blättermagen, zum Teil aber wieder in den Netzmagen zurück. Im Blättermagen wird der Nahrung Wasser entzogen. Eine Kuh produziert pro Tag 100–190 l Speichel. Bei dieser Menge kann es sich um die Hälfte des ganzen Körperwassers handeln. Der leicht alkalische Speichel schafft für die Mikroorganismen ideale Lebensbedingungen.

Zuletzt wird der Speisebrei in den Labmagen gedrückt, wo Bakterien und Wimpertierchen abgetötet und verdaut werden. Das von ihnen erzeugte Protein wird auf diese Weise genutzt. Erst in diesem Magenabschnitt beginnt die Verdauung mit Hilfe eigener Enzyme des Wiederkäuers, die schließlich im Dünndarm fortgesetzt wird.

Wiederkäuer können von eiweißarmem, minderwertigem Futter leben, wenn Harnstoff beigemengt ist, und sogar Papierabfälle verdauen. Es wird dazu synthetischer Harnstoff verwendet, der bei der Erdölverarbeitung oder Kohleveredelung anfällt.

Bei anderen Pflanzenfressern erfolgt der Celluloseabbau durch Mikroorganismen vor allem in dem oft riesigen oder paarig ausgebildeten *Blinddarm.* In diesem laufen Gärungsvorgänge ab wie im Pansen. Das Futter wird jedoch in geringerem Maß ausgenutzt als bei Wiederkäuern, weil es weniger stark mechanisch zerkleinert wird (vgl. Pferdekot und Kuhkot). Auch bereitet die Resorption der von den Mikroorganismen produzierten Aminosäuren Schwierigkeiten, weil der Blinddarm ja am Ende des Dünndarms abzweigt. Viele Nagetiere und Hasen vermeiden diese Nachteile dadurch, daß sie den im Blinddarm erzeugten Kot auffressen und erst nach erneuter Passage durch das Verdauungssystem an die Umgebung abgeben.

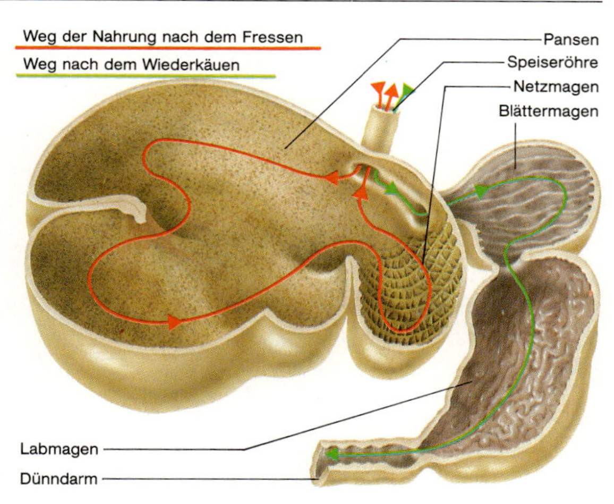

Abb. 175.1: Bau des Wiederkäuermagens

1.6 Tierische Schmarotzer

Schmarotzer oder Parasiten sind im Tierreich weit verbreitet. Sie entnehmen ihre Nahrung anderen lebenden Wesen, die sie dadurch schädigen, aber meist nicht töten. Auf diese Weise unterscheidet sich der Schmarotzer vom Raubtier. Doch bestehen keine scharfen Grenzen, wie es auch gleitende Übergänge zur Symbiose gibt. Alle Parasiten stammen von freilebenden Vorfahren ab und haben sich in Bau und Lebensweise allmählich zu Schmarotzern verändert. Dies hat in manchen Fällen zu einer so weitgehenden Umgestaltung des Körpers geführt, daß die verwandtschaftliche Zugehörigkeit kaum mehr festzustellen ist. Die meisten Schmarotzer haben sich auf einzelne Organe ganz bestimmter Tierarten spezialisiert, außerhalb derer sie nicht leben können. Die Schwierigkeit, das geeignete Opfer zu erreichen, hat dazu geführt, daß die Schmarotzer zur Erhaltung der Art eine ungeheure Anzahl von Eiern erzeugen; das ist aber nur bei dem Überfluß an hochwertiger Nahrung möglich. Die Schmarotzer schädigen ihren »Wirt« durch Nahrungsentzug, Beeinträchtigung der Organfunktion und durch giftige Ausscheidungen. Bei gut angepaßten Parasiten hält sich die Schädigung im allgemeinen in Grenzen, denn ein Parasit kann nur einem voll lebenstüchtigen Wirt genügend Nahrung entziehen. Nur ein schlecht angepaßter Parasit schädigt den Wirt zu stark oder führt gar dessen Tod herbei. Solche an bestimmte Wirte schlecht angepaßten Parasiten sind an einen anderen Wirt besser angepaßt, den sie wenig schädigen. Trichinen führen bei Nagetieren selbst bei starkem Befall nicht zum Tod. Für den Menschen sind sie lebensgefährlich.

Die meisten Schmarotzer leben dauernd mit ihrem Wirt zusammen, entweder auf dessen Außenseite (Außenschmarotzer) oder in seinem Innern (Innenschmarotzer).

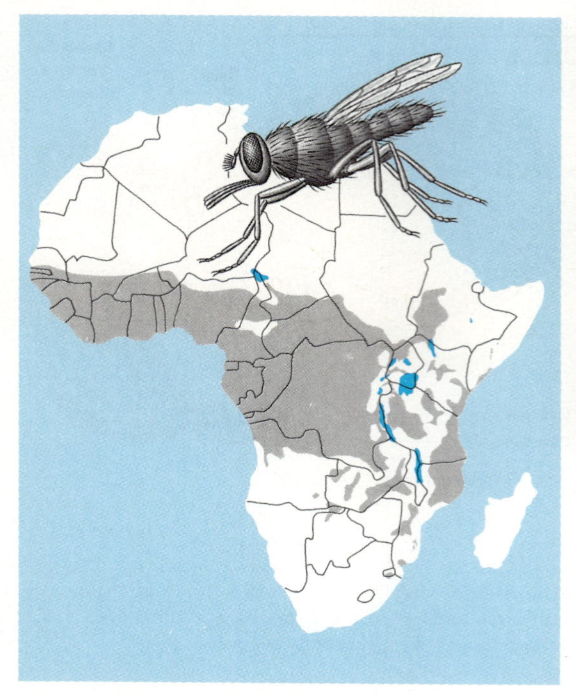

Abb. 176.1: Verbreitung der Tsetse-Fliege in Afrika. Sie überträgt Trypanosomen, die beim Menschen Schlafkrankheit und bei Rindern die Nagana-Seuche hervorrufen.

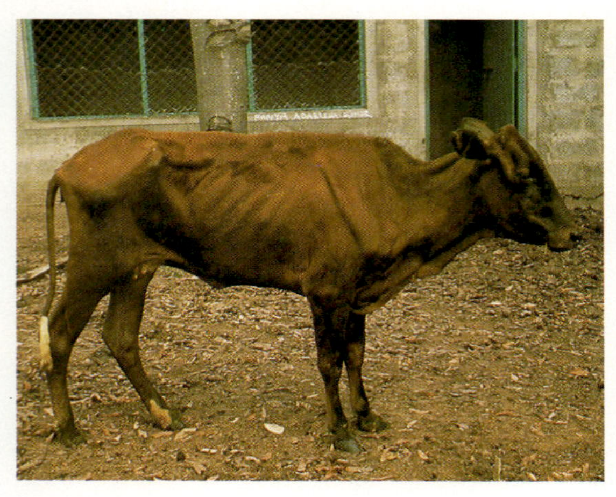

Abb. 176.3: Von der Nagana-Seuche (Trypanosomiasis) befallenes afrikanisches Zebu-Rind

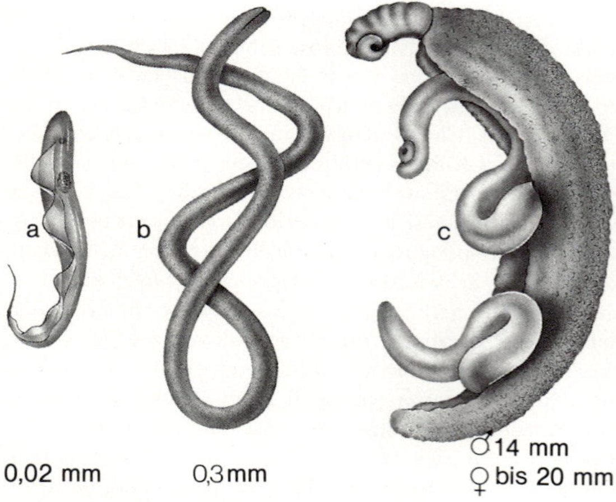

Abb. 176.2: Blutschmarotzer des Menschen.
a Geißeltierchen Trypanosoma gambiense, der Erreger der Schlafkrankheit,
b Larve von Wuchereria bancrofti;
die erwachsenen Fadenwürmer (♂ 49 mm, ♀ bis 80 mm)
leben in Lymphgefäßen und Lymphknoten und erzeugen die Filariakrankheit (unförmige Anschwellung im Bereich der Beine aufgrund eines Rückstaus von Lymphe),
c Saugwurm Schistosoma haematobium, der Erreger der Bilharziakrankheit, einer der häufigsten Tropenkrankheiten (Nieren-, Blasen-, Leber- und Darmstörungen);
das fadenförmige Weibchen liegt in der Bauchfalte des Männchens (»Pärchenegel«).

Bekannte *Außenschmarotzer* sind z.B. *Tierläuse,* die sich mit Klammerbeinen an den Haaren oder Federn ihres Wirts festhalten und ihm mit ihrem Saugrüssel Blut entziehen.

Innenschmarotzer kommen in allen Teilen des Körpers vor, besonders häufig im Darm und im Blut. In der *Blutflüssigkeit* des Menschen können die als Erreger der Schlafkrankheit bekannten *Trypanosomen,* die Larven eines winzigen *Fadenwurms* und ein *Saugwurm* vorkommen. Sie ernähren sich von Blutplasma, haben alle stromlinienförmige Körpergestalt und bewegen sich schlängelnd fort (Abb. 176.2).

Der Befall von Rindern mit Trypanosomen (Nagana-Seuche), die wie die Erreger der Schlafkrankheit des Menschen von der Tsetse-Fliege übertragen werden, behindert in Afrika erheblich die Steigerung der Fleisch- und Milchproduktion. Auf fast der Hälfte der für die Rinderhaltung nutzbaren Fläche (7 von 15 Millionen km^2) kommt die Tsetse-Fliege vor. Dort leben nur etwa 20 Millionen Rinder, in den von Tsetse-Fliegen freien Gegenden aber ca. 140 Millionen. Der Mangel an Fleisch und Milch in den betroffenen Gebieten trägt entscheidend zu Proteinmangelkrankheiten bei, die für Kinder sehr gefährlich sind.

Der *Darmkanal* wird vorwiegend von schmarotzenden Einzellern und Würmern bewohnt. Eine Amöbe *(Entamoeba histolytica)* zerstört die Zellen der Darmschleimhaut und ruft beim Menschen die tropische Amöbenruhr hervor. *Spul-* und *Bandwürmer* leben vom Darminhalt. Die Bandwürmer sind mit Saugnäpfen oder einem Kranz von Haken am Vorderende des Körpers versehen, mit denen sie sich festhalten. In den *Geweben* des Körpers entwickeln sich die *Muskeltrichinen* und die *Jugendformen* (Finnen) von *Bandwürmern.*

Nervensystem und Sinnesorgane sind bei den Innenschmarotzern im Gegensatz zu den Außenschmarotzern stark zurückgebildet und wenig leistungsfähig. Da sie in fertig verdauter Nahrung leben, ist auch der Darm der Innenschmarotzer sehr einfach gebaut oder wie bei den Bandwürmern ganz verschwunden. Diese nehmen die Nahrung

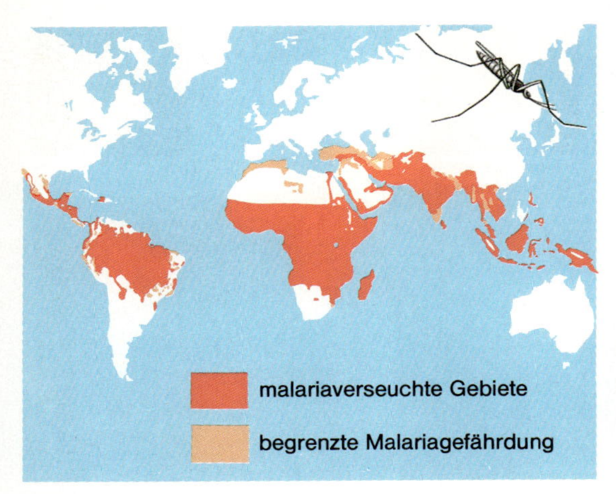

Abb. 177.1: Verbreitung der Malaria; Fiebermücke Anopheles

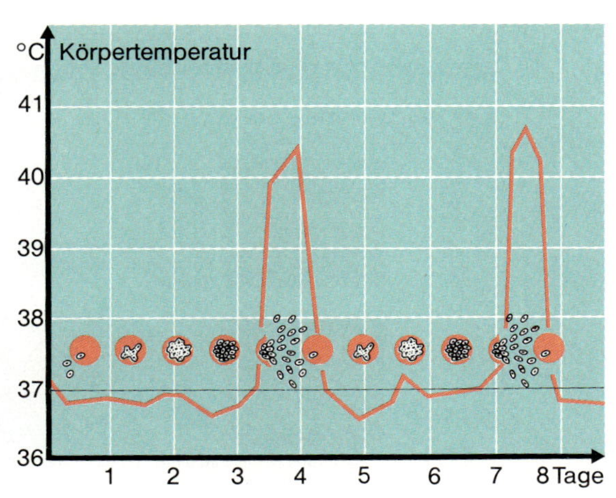

Abb. 177.2: Entwicklungsgang des Malariaerregers im Blut des Menschen, mit Fieberkurve (Malaria quartana). Der regelmäßig wiederkehrende Fieberanfall beginnt nach einer Inkubationszeit von 23-42 Tagen.

mit der Körperoberfläche auf, welche wegen der flachen Form der zahlreichen Glieder besonders groß ist. Die Darmschmarotzer gewinnen mangels Luftsauerstoff Energie durch Gärung; vor Verdauungsenzymen sind sie geschützt. Die Larven vieler Innenschmarotzer parasitieren in Zwischenwirten (Wirtswechsel).

Die **Malaria** wird durch das einzellige Sporentierchen *Plasmodium* erzeugt und durch die Fiebermücke *Anopheles* auf den Menschen übertragen. Beim Blutsaugen gelangen die spindelförmigen Erreger mit dem Speichel der Mücke in den Körper, wo sie sich zunächst in Leberzellen vermehren. Schließlich gelangen sie in die Blutbahn, dringen in Rote Blutkörperchen ein und vermehren sich darin durch Teilung. Dann sprengen die Nachkömmlinge aller von einer Ansteckung stammenden Parasiten nahezu gleichzeitig ihre Blutkörperchen, schwärmen ins Blut aus und dringen einzeln in neue Blutkörperchen ein. Stoffwechselendprodukte der Erreger bewirken einen Fieberanfall. Dieser Vorgang wiederholt sich je nach Art des Erregers alle 2 oder 3 Tage, wobei jedesmal Fieber auftritt. Nach einiger Zeit entstehen zusätzlich Geschlechtsformen, die sich im Blut des Menschen nicht weiterentwickeln können, sondern bei einem erneuten Stich in den Darm einer Fiebermücke kommen müssen. Von dort gelangen die Erreger nach einer komplizierten Entwicklung in die Speicheldrüsen und beim Stechen erneut ins Blut des Menschen.

Die Eier des im menschlichen Darm lebenden **Rinderbandwurms** kommen mit dem Kot nach außen. Ein Teil von ihnen verläßt unbeschädigt die Kläranlagen und gelangt auf die Felder (Überschwemmung, Beregnung mit Flußwasser). In besonderem Maße sind die Umgebung von Autobahnparkplätzen und Eisenbahnschienen mit Bandwurmeiern verseucht (1% der Bevölkerung ist Träger des Rinderbandwurms). Die Eier müssen vom grasenden Rind gefressen werden, in dessen Muskelfleisch sie sich zu Finnen entwickeln. Durch Genuß ungenügend gekochten oder gebratenen Fleisches gelangen dann die noch lebenden Finnen wieder in den Darm des Menschen (Abb. 178.1). Bei dem nur 3–6 mm langen *Hundebandwurm* und dem ähnlichen *Fuchsbandwurm* sind der Mensch und das Schaf Zwischenwirte. Die Finne entwickelt sich in ihrer Leber und teilt sich dort oftmals. Dadurch entstehen bis kindskopfgroße Blasen, die eine lebensgefährliche Erkrankung darstellen.

Der **kleine Leberegel** schmarotzt in den Gallengängen der Leber von Wiederkäuern (v. a. Schafen). Seine Eier gelangen mit dem Kot nach außen. Werden sie von bestimmten Landschnecken aufgenommen, entstehen dort Zwischenformen, die sich im Körper der Schnecke vermehren und schließlich in großer Zahl in Schleimballen aus der Atemhöhle abgegeben werden. Bestimmte Ameisen fressen Schleimballen und Zwischenformen. Eine dieser Zwischenformen wandert in das Unterschlundganglion, die anderen in die Leibeshöhle der Ameise. Die in das Unterschlundganglion eingedrungene Zwischenform erzeugt einen Krampf in der Kiefermuskulatur, so daß sich das Tier in Grasstengel verbeißt, wo es von Wiederkäuern abgeweidet werden kann (Abb. 178.2).

2. Der Stofftransport im Körper (Blut und Blutkreislauf)

Blut befördert Nährstoffe und Sauerstoff zu den verbrauchenden Zellen. Abfallprodukte des Zellstoffwechsels schafft es zu den Organen der Ausscheidung, und Wärme bringt es an die Körperoberfläche, wo sie abgegeben wird. Außerdem transportiert es Hormone, die der Steuerung des Organismus dienen,

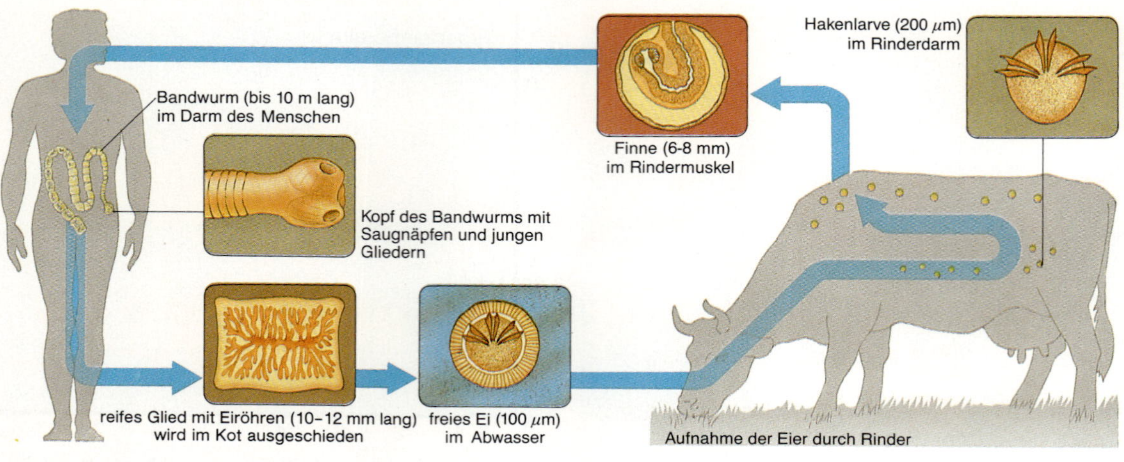

Abb. 178.1: Entwicklung des Rinderbandwurms des Menschen

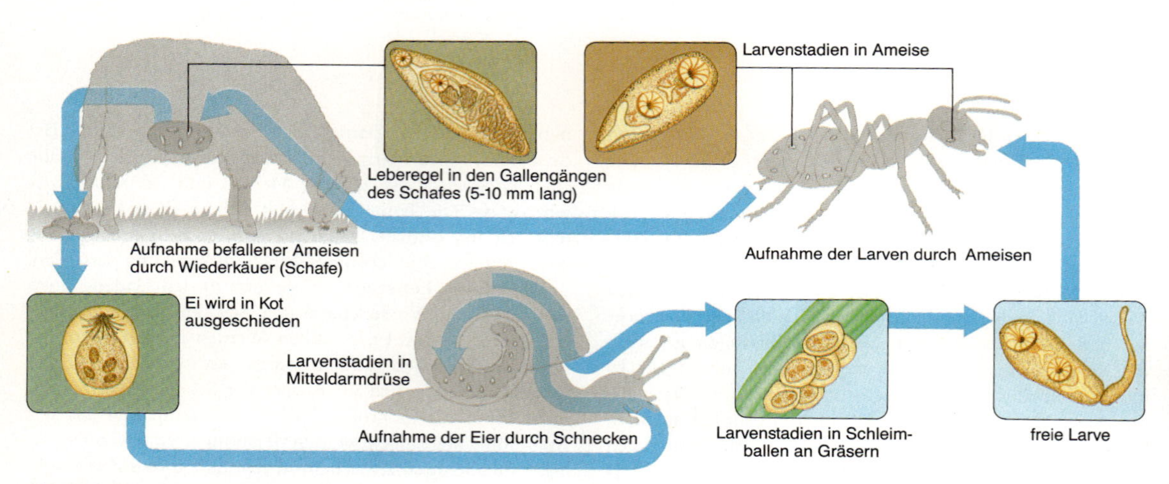

Abb. 178.2: Entwicklung des kleinen Leberegels

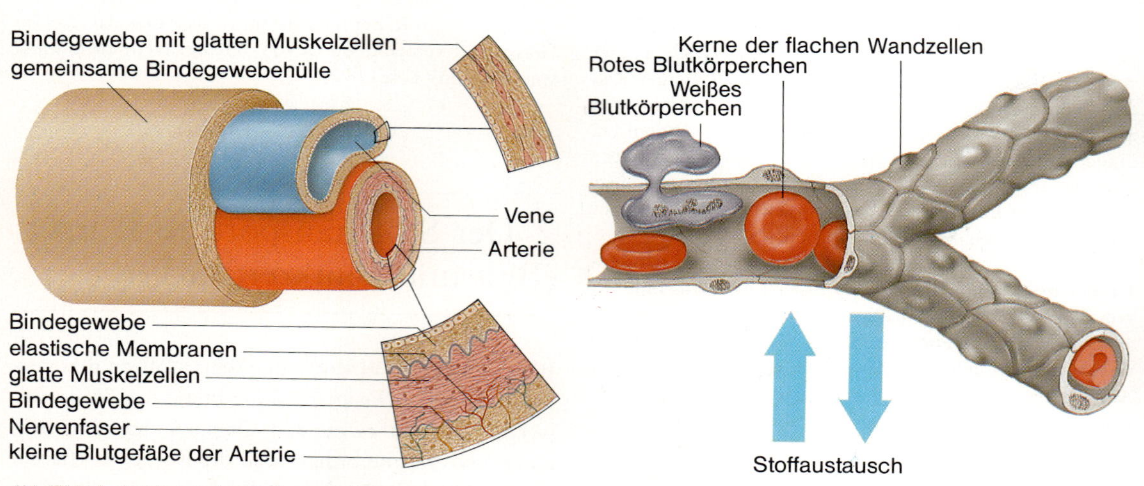

Abb. 178.3: Große Arterie und große Vene, gemeinsam verlaufend (Querschnitt)

Abb. 178.4: Kapillare mit Blutkörperchen. Ein Weißes Blutkörperchen verläßt eben das Blutgefäß.

und andere Stoffe. Zu den weiteren Aufgaben des Blutes zählen die Herstellung von Abwehrstoffen gegen Infektionserreger (s. Immunbiologie) und die Bildung von Gerinnungsstoffen. Lebewesen benötigen zirkulierende Körperflüssigkeiten wie das Blut immer dann, wenn der Stofftransport durch reine Diffusion, also durch die Eigenbewegung der Teilchen, nicht schnell genug erfolgen kann. Weil die Diffusionsgeschwindigkeit mit steigender Entfernung rasch abnimmt (s. Cytologie 3.1), ist dies bei allen größeren Tieren der Fall.

Bei den *Hohltieren* und *Plattwürmern* fehlt ein besonderes Transportsystem. Ihr Darm ist ziemlich groß und blind geschlossen. Er durchzieht den ganzen Körper und tritt dadurch nahe an alle verbrauchenden Zellen heran. Bei größeren Tieren ist er im allgemeinen stark verästelt. Die Diffusionswege sind hier dadurch abgekürzt, daß die Nährstoffe gleichmäßig im Darm verteilt werden. Sie können dann überall aus dem Darm resorbiert und den unmittelbar benachbarten Zellen zugeführt werden. Diese Art des Stofftransports setzt voraus, daß alle Teile des Darms zur Resorption fähig sind.

Bei den *Fadenwürmern* mit durchgehendem Darm erfolgt der Transport durch die *Leibeshöhlenflüssigkeit,* die den Hohlraum zwischen Darm und Körperwand ausfüllt. Sie erhält vom Darm die Nährstoffe, von der Haut den Sauerstoff, und nimmt die von den arbeitenden Zellen abgeschiedenen Abfallstoffe auf. Die Stoffe in der Leibeshöhle werden durch die Körperbewegungen des Tieres allerdings nur ungeordnet verteilt.

Tiere mit Blutkreislaufsystem besitzen ebenfalls Leibeshöhlen. Die Bedeutung der Leibeshöhlenflüssigkeit für den Stofftransport ist aber dann, gemessen an der des Blutkreislaufsystems, gering.

Im Tierreich findet man **geschlossene** und **offene Blutgefäßsysteme** (siehe Anhang, Baupläne). In einem *geschlossenen Kreislaufsystem* fließt das Blut stets innerhalb von Gefäßen, die sich in den Geweben in feinste Röhrchen, die *Kapillaren,* verzweigen. Der Blutfluß durch den Körper kann in einem solchen System sehr genau gesteuert und ein verstärkt arbeitendes Organ gezielt mit Blut versorgt werden.

In *offenen Blutgefäßsystemen* fließt das Blut, das aus dem Herzen gepumpt wird, nur über eine kurze Strecke in Gefäßen, die offen enden. Es strömt dann in Spalten zwischen den Geweben und Organen weiter, ohne daß es gezielt zum Herzen zurückgeführt würde. In offenen Blutgefäßsystemen herrscht ein sehr niedriger Blutdruck, das Blut fließt langsamer als in geschlossenen und die Blutverteilung ist weniger gut steuerbar.

2.1 Der Blutkreislauf der Wirbellosen

Bei den Ringelwürmern (Regenwurm) findet sich ein geschlossenes Blutgefäßsystem (s. Anhang, Baupläne). Es besteht aus einem Rücken- und einem Bauchgefäß, die in den einzelnen Abschnitten durch ringförmig den Darm umgebende Gefäßschlingen verbunden sind. In der Haut ist zur Aufnahme des Sauerstoffes ein Hautblutgefäßnetz entwikkelt. Ein Darmblutgefäßnetz versorgt den Darm mit Sauerstoff und empfängt von ihm die Nährstoffe. Den Antrieb besorgen das Rückengefäß sowie einige als »Herzen« ausgebildete stärkere Gefäßschlingen. Sie treiben das Blut im Rückengefäß von hinten nach vorn, im Bauchgefäß nach hinten. In einem solchen geschlossenen Blutkreislaufsystem ist das in den Blutgefäßen kreisende Blut von der Leibeshöhlenflüssigkeit getrennt.

Bei den Insekten ist das Blutgefäßsystem sehr einfach gebaut (s. Anhang, Baupläne). Es besteht nur aus einem dem Rückengefäß der Ringelwürmer entsprechenden langgestreckten Herzschlauch. Das Blut tritt im Hinterleib durch ventilartige Öffnungen aus der Leibeshöhle in das Herz ein. Das Herz kontrahiert sich rhythmisch und treibt dadurch das Blut in den Kopf. Von dort strömt es durch Lücken zwischen den Organen wieder nach hinten. Das Blut fließt also frei in der Leibeshöhle (offenes Blutgefäßsystem). Blut und Leibeshöhlenflüssigkeit sind nicht getrennt. Offene Blutgefäßsysteme haben auch Krebse, Spinnen und Weichtiere (s. Anhang, Baupläne).

2.2 Der Blutkreislauf der Wirbeltiere

Bei den Wirbeltieren ist das Blutkreislaufsystem geschlossen. Man kann bei ihnen also ebenfalls zwischen dem *Blut* und der *Leibeshöhlenflüssigkeit* unterscheiden. Dazu kommt als dritte Körperflüssigkeit noch die *Lymphe.* Als Lymphe bezeichnet man die Flüssigkeit zwischen den einzelnen Zellen und in den Gewebespalten. Blut und Lymphe stehen über den Lymphbrustgang miteinander in Verbindung.

Ein bauchwärts gelegenes *Herz* treibt das Blut an. Die vom Herzen ausgehenden Gefäße (s. Abb. 178.3) bezeichnet man als *Arterien* (Schlagadern, Pulsadern). Ihre starken Wände sind elastisch dehnbar. Glatte Muskelzellen verleihen den Gefäßen die Fähigkeit, sich zu verengen. Gefäße, die das Blut wieder dem Herzen zuführen, heißen *Venen.* Sie haben nur wenig Druck auszuhalten, ihre Wände sind dünn und wenig elastisch. Sie kollabieren bei Entleerung. Taschenartige *Klappen* im Innern der Venen verhindern das Zurückfließen des Blutes.

Der Stoffaustausch spielt sich in den *Kapillaren* ab (s. Abb. 178.4), den letzten Verzweigungen der Arterien. Sie bilden ein feinstes Netzwerk sehr enger Röhrchen mit sehr großer Oberfläche, das alle Organe und Gewebe durchzieht. Die Kapillaren vereini-

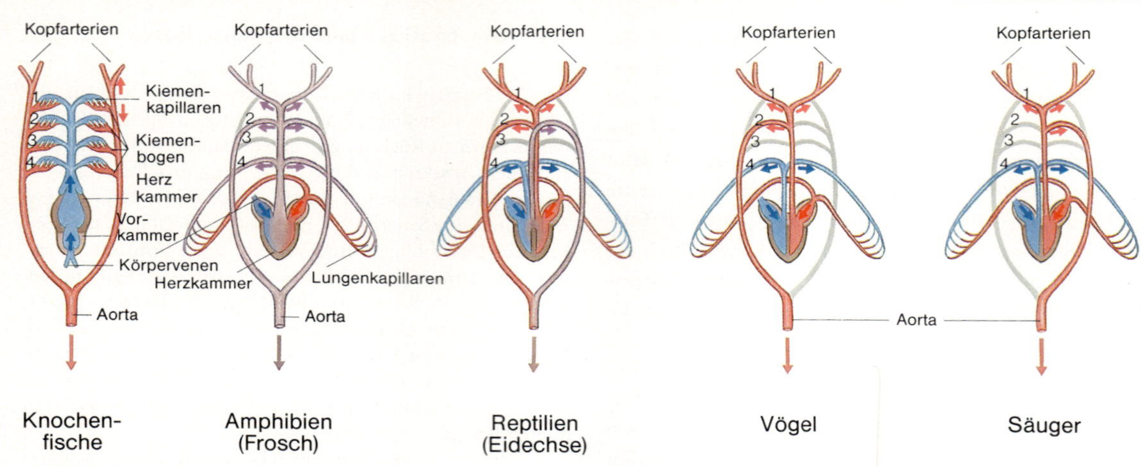

Abb. 180.1: Schematische Darstellung des Herzens und der herznahen Gefäße bei den Wirbeltieren.

Sauerstoffreiches Blut rot, sauerstoffarmes Blut blau. Mischblut violett. Grau dargestellte Gefäße werden bei der Keimesentwicklung angelegt und dann zurückgebildet.

gen sich wiederum zu den Venen. Die Wände der Kapillaren bestehen nur aus einer einzigen Schicht flacher Zellen und ermöglichen dadurch einen raschen und ausgiebigen Stoffaustausch (s. 2.7).

Das Herz der Knochenfische besteht aus einer Vor- und einer Herzkammer. Das CO_2-haltige, sauerstoffarme Körperblut wird von der Vorkammer angesaugt und von der Herzkammer in die *Kiemenschlagader* gepumpt. Von dort gelangt es in 4 Paar Kiemenarterien (= *Arterienbögen*) und von da in die Kiemenkapillaren. Aus diesen sammelt sich das sauerstoffreich gewordene Blut in den paarigen *Aortenwurzeln*, die sich zur großen Körperschlagader (= *Aorta*) vereinigen; sie führt das Blut wieder dem Körper zu **(einfacher Kreislauf)**. Das Herz enthält nur sauerstoffarmes Blut (Abb. 180.1).

Mit dem Übergang zur Lungenatmung wird der Blutkreislauf wesentlich umgestaltet. Das Blut kehrt nämlich nach dem Verlassen der Atmungsorgane zunächst wieder zum Herzen zurück und erhält dort einen neuen Antrieb. So entsteht ein **doppelter Kreislauf**. Die Trennung der beiden Kreisläufe durch Ausbildung einer Scheidewand in der Herzkammer ist bei Lurchen und Reptilien unvollkommen.

Erst bei den Vögeln und Säugetieren kommt es zu einer völligen Trennung der beiden Herzhälften und damit der beiden Kreisläufe. Auf diese Weise gelangt in den Körper nur sauerstoffreiches, in die Lunge nur sauerstoffarmes Blut.

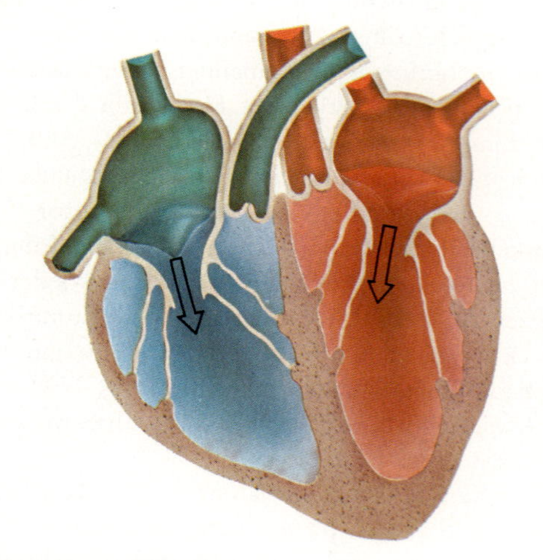

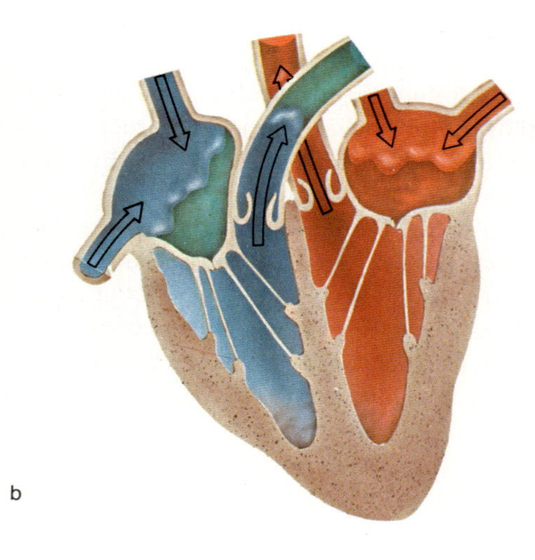

Abb. 180.2: Die Tätigkeit des Herzens.
a Zusammenziehen der Vorkammern, Erschlaffen (Diastole) der Herzkammern,
b Zusammenziehen (Systole) der Herzkammern, Erschlaffen und Erweitern der Vorkammern

2.3 Der Blutkreislauf beim Menschen

Überblick (s. Abb. 181.1). Aus der linken Herzkammer entspringt die große Körperschlagader, die *Aorta*. Sie führt den Organen sauerstoffreiches Blut zu. Aus den Darmkapillaren sammelt die *Pfortader* das sauerstoffarm gewordene und jetzt mit Nährstoffen beladene Blut und leitet es zur Leber. Dort verzweigt sie sich in Kapillaren. Durch die untere Hohlvene fließt das Blut dann in das Herz zurück. Eine besondere Arterie versorgt die Leber unmittelbar mit sauerstoffreichem Blut. Nach dem Durchlaufen der Körperkapillaren wird das sauerstoffarm gewordene Blut wieder gesammelt und der rechten Vorkammer zugeführt *(großer Kreislauf)*, die es an die rechte Herzkammer weitergibt. Diese pumpt das Blut durch die Lungenarterien in das Kapillarnetz der Lungen. Dort nimmt es Sauerstoff auf und gibt CO_2 ab. Es kehrt durch die Lungenvenen zur linken Vor- und Herzkammer zurück *(kleiner Kreislauf)*. Die linke Herzhälfte enthält also nur sauerstoffreiches, die rechte nur sauerstoffarmes Blut. Sauerstoffreiches Blut wird auch als arterielles, sauerstoffarmes als venöses Blut bezeichnet. Damit wird aber *nicht* zum Ausdruck gebracht, in welchem Gefäßtyp das Blut fließt.

Bau und Tätigkeit des Herzens. Das Herz ist ein kräftiger Hohlmuskel (s. auch Abb. 180.2). Es schlägt bei einer Lebensdauer von 70 Jahren etwa 2,5 milliardenmal und pumpt insgesamt 180 Millionen Liter Blut. Die beiden Herzhälften sind vollständig getrennt, so daß das Herz aus zwei nebeneinanderliegenden Pumpen besteht. Jede Hälfte ist aus einer *Vor-* und einer *Herzkammer* aufgebaut. Zwischen Vor- und Herzkammer liegen ventilartig wirkende *Segelklappen*. Sie verschließen beim Zusammenziehen der Herzkammer die Öffnung zur Vorkammer. *Taschenförmige Klappen* am Ursprung der aus den Herzkammern abzweigenden Arterien verhindern den Rückfluß des Blutes in die sich erweiternden Herzkammern (Abb. 180.2).

Beide Herzhälften arbeiten gleichzeitig, wobei sich die Herzkammern bzw. Vorkammern abwechselnd zusammenziehen **(Systole)** und erweitern **(Diastole)**. Zunächst kontrahieren die Vorkammern und geben ihr Blut an die erschlaffenden Herzkammern ab. Dann ziehen sich die Herzkammern zusammen und drücken das Blut in die Schlagadern. Gleichzeitig erweitern sich die Vorkammern und nehmen dadurch neues Blut aus den Venen auf. Darauf folgt eine kurze Ruhezeit.

Die bei einem Herzschlag von jeder Herzhälfte beförderte Blutmenge (Schlagvolumen) beträgt etwa 70 cm^3. Da das Herz beim ruhenden Erwachsenen in der Minute 70 bis

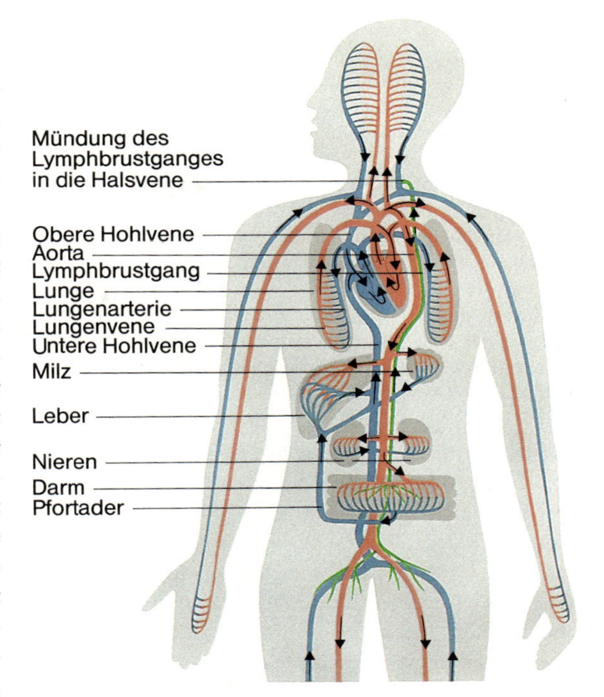

Abb. 181.1: Blutkreislauf beim Menschen mit Lymphbrustgang, schematisch. Sauerstoffreiches Blut rot, sauerstoffarmes Blut blau, Lymphe grün

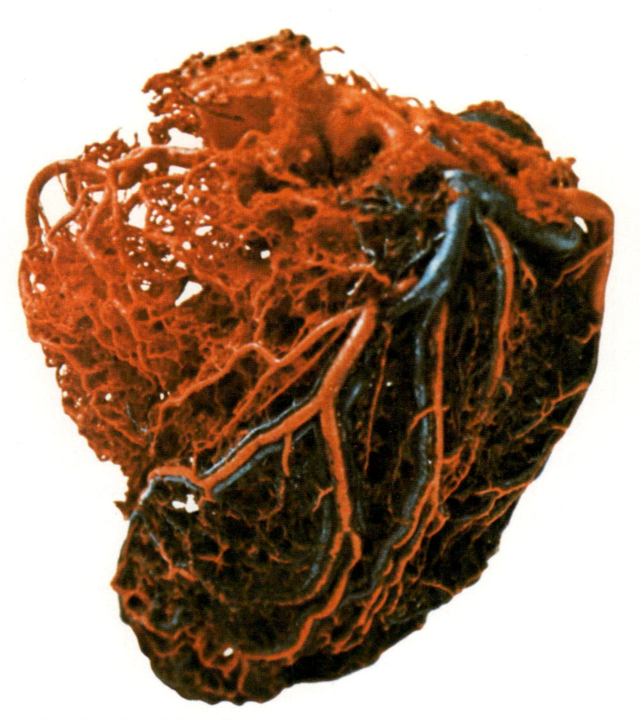

Abb. 181.2: Menschliches Herz. Ausgußpräparat der Herzkranzarterien, -arteriolen und -venen. Zur Herstellung wird flüssiges Kunstharz in die Gefäße gepreßt. Nach Erstarren wird die organismische Substanz enzymatisch aufgelöst. Das fertige Präparat gibt nur den Hohlraum der Gefäße wieder.

80mal schlägt, strömen in dieser Zeit 5 bis 6 l Blut *(Herzminutenvolumen)* durch jede der beiden Herzhälften. Dies entspricht der gesamten Blutmenge (vgl. 2.6). Zur Überwindung des Reibungswiderstandes in den Gefäßen sind hohe Drücke nötig. Der *Blutdruck* in der linken Herzkammer beträgt während der Systole etwa 16 kPa (120 mmHg), der in der rechten ca. 4 kPa (30 mmHg). Die Drücke in den Vorkammern weisen nur etwa ein Zehntel dieser Werte auf. Der unterschiedlichen Beanspruchung entsprechend ist die Muskelschicht der linken Herzkammer etwa dreimal so dick wie die der rechten.

Wie alle tätigen Muskeln erzeugt auch das Herz elektrische Impulse *(s. Elektrokardiogramm, EKG)*. Aus dem EKG können Rückschlüsse auf krankhafte Veränderungen am Herzen gezogen werden.

Das Blut wird vom Herzen stoßweise bewegt. Beobachtet man dagegen Blutkörperchen in den Kapillaren, so sieht man, daß dort eine gleichmäßige Strömung herrscht. Welche Vorgänge verwandeln die stoßweise Bewegung in ein gleichmäßiges Strömen? Wegen ihrer großen Oberfläche setzen die Kapillaren und kleinen Arterien (Arteriolen) dem Blut einen starken Reibungswiderstand entgegen. Das Blut kann daher während einer Systole nicht ungehindert abfließen. Deshalb erzeugt die Herzkontraktion eine Druckerhöhung in der Aorta, die sich als Druckwelle über die Arterien fortpflanzt. Diese Druckwelle ist als *Pulsschlag* fühlbar. Sie weitet die elastischen Wände der Arterien. Nach der Systole üben die nun gedehnten Wände der Arterien einen Druck auf das Blut aus. Dieser Wanddruck sorgt auch nach dem Ende der Systole für einen erhöhten Innendruck in den Gefäßen: das Blut strömt weiter.

In der Oberarmarterie beträgt der systolische Blutdruck beim Zwanzigjährigen ca. 16 kPa (120 mmHg) in Ruhe, der diastolische Blutdruck etwa 10,7 kPa (80 mmHg). (Luftdruck im Fahrradschlauch: ungefähr 150 kPa).

Der mittlere Blutdruck, also der Druck, der beim Bluttransport tatsächlich wirksam wird, nimmt von der Aorta über das Kapillargebiet bis zu den Hohlvenen dauernd ab. In der Aorta beträgt der *Mitteldruck* etwa 13,3 kPa (100 mmHg), in den Hohlvenen fast 0 kPa.

In einer Röhre mit elastischer Wandung nimmt der Druck beim Durchströmen ab, weil ein Teil der Energie für die elastische Dehnung der Wandung verwendet wird. Die Höhe des Druckabfalls pro cm Rohrlänge ist dabei in weiten Röhren geringer als in engen. Deshalb ist der Druckabfall im Bereich der kleinsten Arterien besonders groß.

Das Blutvolumen, das durch eine Arterie pro Zeiteinheit fließt, ist nach den Gesetzen der Strömungslehre proportional zu r^4 (r = Radius dieser Arterie). Eine geringfügige Veränderung des Arteriendurchmessers führt also zu einer erheblichen Änderung des hindurchströmenden Blutvolumens und damit der Blutversorgung der Organe. Der Durchmesser verändert sich aufgrund von Kontraktion oder Erschlaffung der glatten Muskelzellen in der Arterienwand.

2.4 Steuerung des Herzens und der Gefäße

Ein Herz (z. B. ein Froschherz) schlägt unter geeigneten Bedingungen auch außerhalb des Körpers weiter. Die Kontraktion wird also vom Herzen selbst ausgelöst. Beim Froschherz ist die Einmündungsstelle der Venen in die rechte Vorkammer als deutliche Erweiterung abgesetzt *(Sinus venosus)*. Schnürt man die Erweiterung vom Herzen ab, hört es auf zu schlagen. Die Erregung für die Herzkontraktion scheint demnach an dieser Stelle gebildet zu werden. Durch anatomische und elektrophysiologische Untersuchungen wurde eine besondere Stelle gefunden **(Sinusknoten)**, von der im lebenden Organismus elektrische Impulse im Rhythmus des Herzschlags ausgehen. Beim Menschen liegt der Sinusknoten in der Wand der rechten Vorkammer.

Wird der Sinusknoten vom Herzen getrennt, bleibt das Herz trotzdem nicht dauernd stehen. Vielmehr setzen die Kontraktionen nach einiger Zeit wieder ein, allerdings mit einer wesentlich niedrigeren Frequenz. Als Ort dieser langsameren Erregungsbildung kann mittels Abschnüren oder Abtasten mit feinen Elektroden eine Stelle zwischen Vor- und Hauptkammer **(Atrio-Ventrikular-Knoten)** ermittelt werden. Unter normalen Bedingungen gewinnt das *Erregungsbildungszentrum* mit der höheren Eigenfrequenz – das ist der Sinusknoten – die Vorherrschaft. Der Atrio-Ventrikular-Knoten hat dann nur

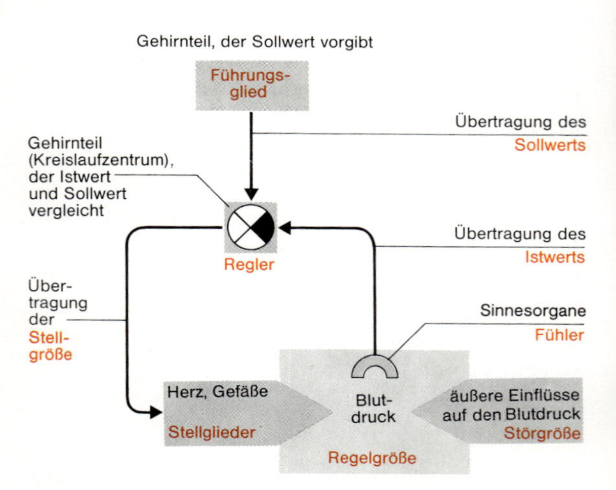

Abb. 182.1: Regelkreis zur Aufrechterhaltung des Blutdrucks. (Näheres zum Regelkreisschema s. S. 66)

die Aufgabe der Erregungsübermittlung. Seine Eigenfrequenz tritt erst in Erscheinung, wenn der Sinusknoten ausfällt. In der Regel ist dann ein Herzschrittmacher erforderlich.

Das Herzminutenvolumen kann den wechselnden Bedürfnissen angepaßt werden. Das Erregungsbildungszentrum muß also von außen zu beeinflussen sein. An das Herz treten sowohl Fasern des sympathischen wie des parasympathischen Nervensystems heran. Reizt man die sympathischen Fasern elektrisch, beobachtet man eine Beschleunigung der Herzfrequenz und eine Erhöhung der Kontraktionsstärke. Künstliche Reizung der parasympathischen Fasern bewirkt das Gegenteil. Das Nervensystem beeinflußt also die Tätigkeit des Erregungsbildungszentrums im Herzen, kann aber bei Ausfall dieses Zentrums keine Kontraktionen auslösen.

Der *arterielle Blutdruck* wird durch einen **Regelkreis** (s. Abb. 182.1) konstant gehalten. Dieser ist folgendermaßen aufgebaut: In der Wand der Aorta und der Kopfschlagadern befinden sich kleine druckempfindliche Sinnesorgane *(Fühler)*. Sie geben eine Meldung über den jeweiligen Wert *(Istwert)* des Blutdrucks *(Regelgröße)* an das Gehirn *(Regler)*. Das Gehirn kann Herz und Gefäße *(Stellglieder)* in der Weise beeinflussen, daß Abweichungen des Istwerts vom Sollwert des Blutdrucks kompensiert werden. Die Erhöhung der Herzfrequenz und des Schlagvolumens sowie die Verengung der kleinen Arterien (Arteriolen) wirken blutdrucksteigernd, die Erniedrigung von Herzfrequenz und Schlagvolumen sowie die Erweiterung der kleinen Arterien dagegen blutdrucksenkend. Das Gehirn steuert das Herz über Sympathikus und Parasympathikus, die Gefäße über den Sympathikus.

Bei einem Versuchstier kann man denjenigen Teil der Kopfschlagader, der die Drucksinneszellen enthält, abschnüren. Führt man dann in den abgeschnürten Teil eine Kanüle ein, läßt sich durch Einpressen von physiologischer Salzlösung dessen Innendruck beliebig verändern, ohne daß sich die Druckänderungen direkt auf den Blutdruck im restlichen Kreislauf auswirken können. Während der Druckänderung im abgeschnürten Teil registriert man den Blutdruck im übrigen Kreislaufsystem. Sobald der Druck im abgeschnürten Teil steigt, fällt entsprechend der arterielle Blutdruck im übrigen Kreislauf. Außerdem sinkt die Pulsfrequenz. Wenn der Druck im abgeschnürten Teil sinkt, steigt der arterielle Blutdruck und erhöht sich die Herzfrequenz (Abb. 183.1).

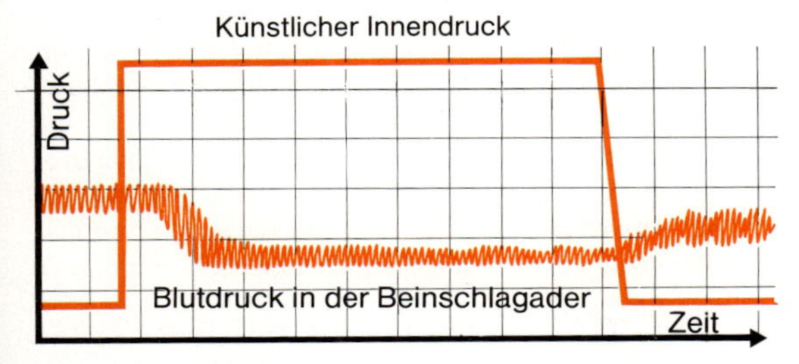

Abb. 183.1: Versuche am Hund in Narkose. Gleichzeitige Registrierung des künstlichen Innendrucks im abgeschnürten Arterienteil (durchgezogene Linie) und des Blutdrucks der Beinschlagader (vgl. Text)

Normalerweise wird der Blutdruck vom Gehirn geregelt. Die Gefäßweite wird allerdings auch durch *Hormone* beeinflußt. Das Hormon *Adrenalin* des Nebennierenmarks wirkt wie die Überträgerstoffe des Sympathikus gefäßverengend (vgl. Neurobiologie 8.2.1), CO_2 und manche Stoffwechselprodukte wirken dagegen gefäßerweiternd. Da die lebenden Zellen bei ihrer Tätigkeit auch CO_2 erzeugen, vermag bereits der Zellstoffwechsel die Versorgung der Zellen mit Nahrung und O_2 sowie die Beseitigung der Stoffwechselprodukte zu steuern. Eine Zunahme der Stoffwechselintensität führt zur Erhöhung der Durchblutung, eine Abnahme zur Erniedrigung.

Bei der Regelung des Blutdrucks spielen auch die *Nieren* eine entscheidende Rolle, da sie das Blutvolumen konstant halten. Eine erhebliche Senkung des Blutvolumens, z. B. durch großen Blutverlust, kann zu einer lebensgefährlichen Abnahme des Blutdrucks führen.

2.5 Risikofaktoren für Kreislaufkrankheiten

Fast die Hälfte aller Todesfälle geht in der Bundesrepublik Deutschland auf eine Erkrankung des Kreislaufsystems zurück. Der Verschluß einer Herzarterie führt zum Herzinfarkt, einer Arterie des Gehirns zum Hirnschlag und einer Beinarterie z. B. zum Absterben von Zehen. Starkes *Rauchen, Übergewicht, hoher Blutdruck* und erhöhte *Harnsäurekonzentration* im Blut sind die wichtigsten Risikofaktoren für arterielle Verschlußkrankheiten.

Bei **hohem Blutdruck** ist das Herz viel stärker belastet als bei niedrigem. Bei Übergewicht ist der *Blutfett-* und *Cholesteringehalt* erhöht. In die Aderwände können sich Fette, fettähnliche Substanzen (z. B. Cholesterin), Mineralsalze und Harnsäurekristalle einlagern (»Arterienverkalkung« = *»Arteriosklerose«*). Die Gefäßwände werden dadurch hart und unelastisch und die Gefäße enger. Dadurch geht die Durchblutung der Organe immer mehr zurück und der Blutdruck steigt an, weil der Druck in unelastischen Röhren weniger schnell abnimmt als in elasti-

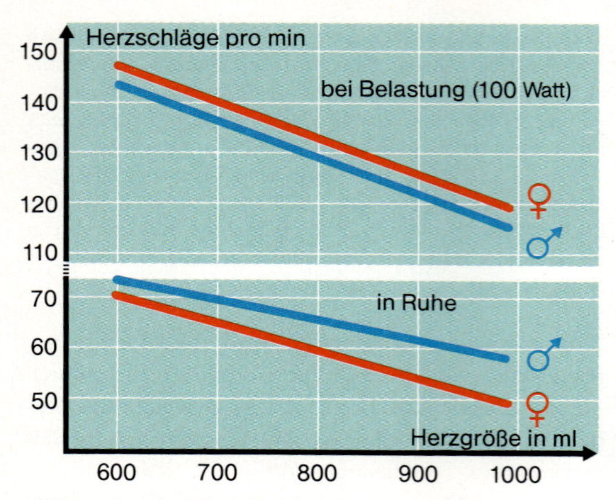

Abb. 184.1: Abnahme der Herzfrequenz in Ruhe und bei Belastung im Laufe einer längeren Trainingsperiode, in der die Herzgröße zunimmt (♀ Frauen, ♂ Männer; Durchschnittswerte).

schen. In einem Gefäß mit sklerotisch veränderter Wand kann sich ein Blutgerinnsel bilden, das den Blutfluß in der Ader schlagartig unterbindet.

Die Herzkranzgefäße neigen in besonderem Maße zu »Verkalkung«. Sie zweigen direkt von der Aorta ab, so daß das Blut mit einem verhältnismäßig hohen Druck durch die Gefäße gepreßt wird. Besonders bei Bluthochdruck können die Blutstöße zu kleinen Verletzungen des inneren Gefäßepithels führen, an denen sklerotische Einlagerungen ihren Anfang nehmen können.

Rauchen führt sowohl zu einer Erhöhung der Herzfrequenz als auch zur Verengung von Arterien und damit zu Blutdruckerhöhung. Rauchen verschlechtert die Nährstoff- und Sauerstoffversorgung der Arterien, weil es auch die Arteriolen, die die Muskeln der Arterienwand versorgen (Blutgefäße der Blutgefäße), verengt. Durch starkes Rauchen werden nicht selten die Arterien der Beine geschädigt *(»Raucherbein«)*. Starke Schmerzen, die besonders beim Gehen auftreten, veranlassen die Betroffenen häufig zum Stehenbleiben. In schlimmen Fällen stirbt ein Teil des Beines ab.

Ob man auch Streß in Form psychischer Dauerbelastung als Risikofaktor für Kreislaufkrankheiten anzusehen hat, ist noch umstritten. Streß führt über eine Aktivierung des Sympathikus zur Erhöhung des Blutdrucks. Es ist aber nicht sicher, ob die Blutdruckerhöhung von Dauer ist. Bei Streß wird u.a. das Hormon *Cortisol* der Nebennierenrinde (s. Hormone 2.2) freigesetzt, das die Blutgerinnung fördert und daher zur Bildung von Blutpfropfen beitragen kann. Cortisol begünstigt auch die Abgabe von Fetten aus den Fettdepots des Körpers ins Blut.

2.6 Herzarbeit und Ausdauertraining

Das Herzminutenvolumen kann von 5 l/min in Ruhe auf etwa 25 l/min bei schwerer Muskelarbeit ansteigen. Die Mehrarbeit wird durch eine Steigerung der Schlagfrequenz oder auch des Schlagvolumens erreicht. Beim Training vergrößern sich die Muskelzellen des Herzens, so daß sich das Herz kräftiger zusammenziehen kann. Die Herzfrequenz wird geringer, das Schlagvolumen höher.

Das Herz arbeitet um so wirkungsvoller, je niedriger die Herzfrequenz und je höher das Schlagvolumen ist (der Energiebedarf für die Förderung eines bestimmten Herzminutenvolumens wird geringer). Außerdem wird das Herz bei einer niedrigeren Frequenz besser durchblutet als bei einer höheren, also besser mit Nährstoffen und Sauerstoff versorgt. Dies liegt an den längeren Ruhepausen des Herzens bei niedrigen Frequenzen. Bei der Kontraktion des Herzens werden nämlich die Kapillaren, die die Muskelzellen des Herzens versorgen, fast vollständig zusammengepreßt, so daß kein Blut mehr durchfließt.

Ein tägliches Training, bei welchem dem Körper mindestens 10 Minuten lang etwa 50–75% seiner Leistungsfähigkeit abgefordert werden (130–150 Pulsschläge pro Minute), trägt ganz wesentlich zur Gesunderhaltung des Herzens bei (Dauerlauf, Radfahren, Schwimmen oder andere Ausdauersportarten).

2.7 Die Vorgänge in den Körperkapillaren

Die Lymphe. In den Kapillaren steht dem Blut für den Stoffaustausch eine riesige Oberfläche zur Verfügung. Allein in der Muskulatur des Menschen wird die Gesamtlänge der Kapillaren auf 100 000 km, ihre Oberfläche auf über 2000 m^2 geschätzt. Der Gesamtquerschnitt aller aus einer Arterie hervorgehenden Kapillaren ist wesentlich größer als der Arterienquerschnitt. So hat die Aorta des Menschen eine Querschnittsfläche von ca. 4 cm^2, die durch sie gespeisten Kapillaren haben eine Gesamtquerschnittsfläche von etwa 3000 cm^2. Entsprechend beträgt die mittlere Strömungsgeschwindigkeit des Blutes in den Kapillaren nur etwa den sechshundertsten Teil (0,03 cm/s) der Geschwindigkeit in der Aorta (s. auch Abb. 185.1). Dadurch verlängert sich die Verweildauer des Blutes in den Kapillaren, was den Stoffaustausch mit dem umgebenden Gewebe begünstigt (s. Abb. 178.4).

Die Wände der Kapillaren sind durchlässig für niedermolekulare Stoffe und Wasser, aber undurchlässig für die meisten Proteine. Aufgrund des Blutdrucks werden laufend Wasser und darin gelöste Stoffe aus den Kapillaren ausgepreßt. Dem Austritt der Flüssigkeit sind allerdings Grenzen

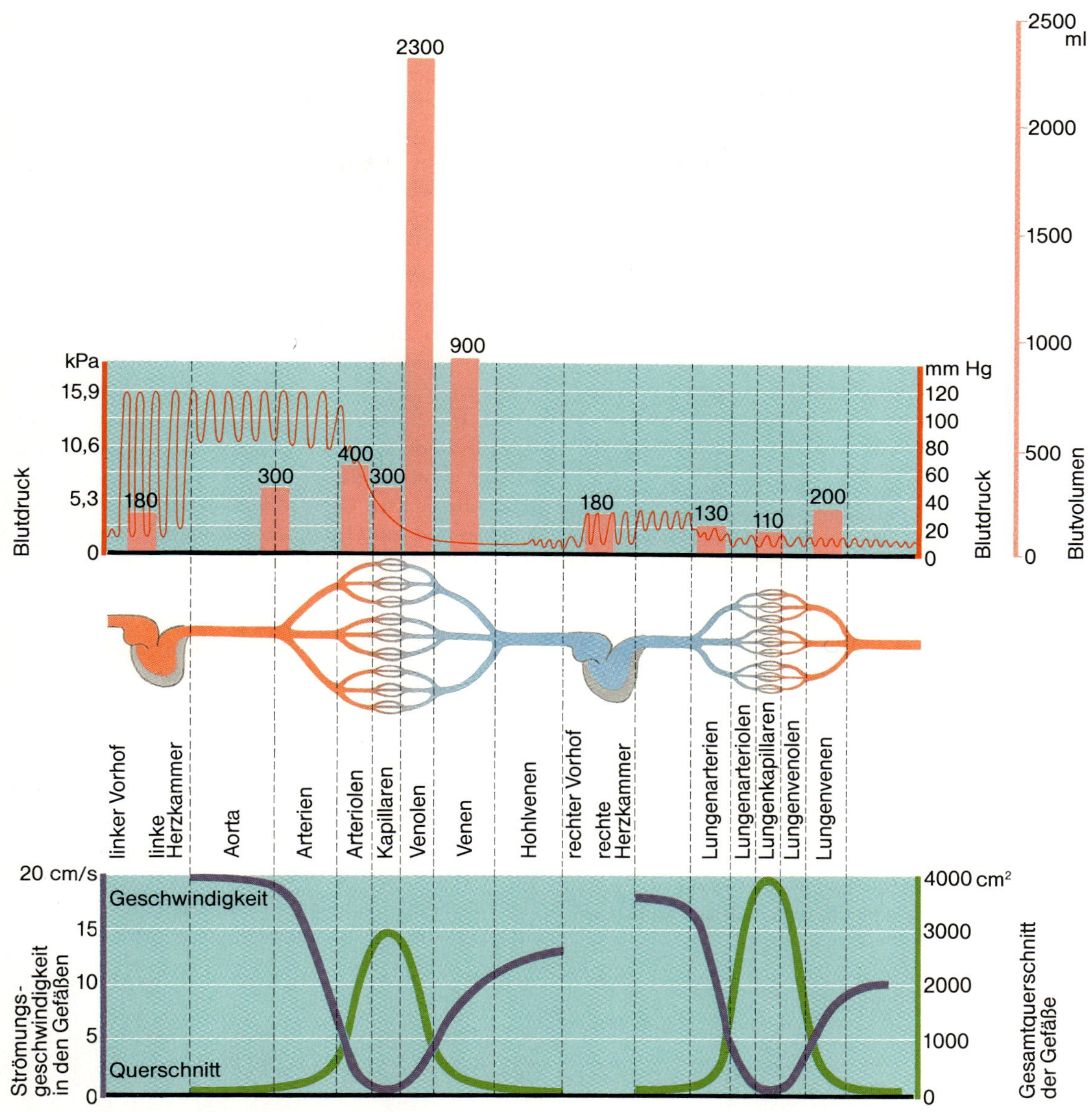

Abb. 185.1: Blutdruck und Strömungsgeschwindigkeit des Blutes in verschiedenen Abschnitten des menschlichen Kreislaufsystems sowie Gesamtquerschnitt und Blutvolumina gleichartiger Blutgefäße

gesetzt, und zwar vor allem aus folgendem Grund. Im Blut findet man Proteine in hoher Konzentration, die in der ausgepreßten Flüssigkeit nahezu völlig fehlen. Diese Proteine erzeugen im Innern der Kapillare einen gewissen osmotischen Druck, der beim Menschen 3,3 kPa beträgt. Im Anfangsteil der Kapillare ist der Blutdruck noch höher als der von den Proteinen erzeugte osmotische Druck, so daß Flüssigkeit durch die Kapillarwand gepreßt wird **(Filtration)**. Im Endabschnitt der Kapillare ist dagegen der von den Proteinen erzeugte osmotische Druck größer als der Blutdruck. Deshalb nimmt die Kapillare in diesem Bereich Flüssigkeit aus dem Gewebe auf **(Resorption)**. In der Summe überwiegt der Einfluß des Blutdrucks, so daß insgesamt etwas mehr Flüssigkeit aus der Kapillare ausgepreßt als aufgenommen wird (Netto-Ausstrom). Die Flüssigkeit, die sich in den Gewebespalten sammelt, bezeichnet man als *Lymphe* (=Zwischenzellflüssigkeit, Gewebsflüssigkeit). Ihre Zusammensetzung entspricht der Zusammensetzung des Blutes ohne Blutkörperchen und Proteine. Der Austausch zwischen Blut und Lymphe erfolgt rasch; innerhalb einer Minute werden 70% der Blutflüssigkeit mit der Lymphflüssigkeit ausgetauscht. Deshalb führt eine rasche Wasseraufnahme ins Blut (z.B. nach starkem Trinken) nur zu einer verhältnismäßig geringfügigen Zunahme des Blutvolumens.

Die Lymphe umspült alle Zellen. Aus ihr entnehmen die Zellen die benötigten Stoffe und scheiden ihre Abfallstoffe dorthin ab. Die Lymphe wird dauernd aus den Kapillaren gespeist. Sie fließt aus den Gewebespalten über die im Gewebe blind endenden Lymphkapillaren ab, deren Wand für die Lymphe stark durchlässig ist. Diese vereinigen sich zu Lymphgefäßen und schließlich zum Lymphbrustgang. In diesen münden auch die vom Darm kommenden, mit dem resorbierten Fett beladenen Lymphgefäße. Der Lymphbrustgang ergießt seinen Inhalt in die linke Schlüsselbeinvene; auf diese Weise gelangt die Lymphe dann wieder in den allgemeinen Blutkreislauf zurück.

Der Abtransport der Gewebsflüssigkeit durch die Lymphgefäße ist beschränkt. Tritt bei bestimmten Krankheiten mehr Flüssigkeit aus den Kapillaren aus als normal, kann diese Flüssigkeit nicht schnell genug abtransportiert werden. Sie läßt dann das Gewebe anschwellen *(Ödem)*. Beispielsweise entsteht ein Lungenödem, wenn es aufgrund einer Schwächung der linken Herzhälfte zu einem Blutstau im kleinen Kreislauf kommt (s. 2.3). Die Betroffenen können an ihrer eigenen Lymphe »ertrinken«, die sich in den Lungenbläschen sammelt. Im Bereich einer entzündeten Körperstelle werden die Kapillarwände für Proteine durchlässig, so daß die Antikörper passieren können. Weil daraufhin der von den Proteinen erzeugte osmotische Druck entfällt, schwillt die Stelle an. Mechanische Einwirkungen oder Verbrennungen können die Kapillarwände verletzen, wodurch es ebenfalls zu Schwellungen oder Blasenbildung kommt. Nimmt der Proteingehalt des Blutes als Folge einer Mangelernährung ab, so sinkt der von den Proteinen erzeugte osmotische Druck, und es kommt ebenfalls zu einem Ödem (Hungerödem).

Die größeren Lymphgefäße haben wie die Venen Taschenklappen und treiben die Lymphe durch peristaltische Bewegungen weiter. Zahlreiche in die Lymphgefäße eingeschaltete Lymphknoten reinigen die Lymphe vor ihrem Eintritt in die Blutbahn von Bakterien, Bakteriengiften und anderen Fremdstoffen (s. Immunbiologie 1.2).

2.8 Das Blut

Das Blut der Wirbeltiere besteht aus dem flüssigen Blutplasma und den darin schwimmenden festen Bestandteilen, den Blutkörperchen (s. Tab. 187/1). Beim erwachsenen Menschen, auf dessen Blut sich die folgende Beschreibung bezieht, beträgt die gesamte Blutmenge 5–6 l. Das ist verhältnismäßig wenig im Vergleich zur Lymphe (etwa 10 l) und zur intrazellulären Flüssigkeit (etwa 30 l). Die Zusammensetzung des Blutes ist in Abb. 187.1 beschrieben.

Die Roten Blutkörperchen (Erythrocyten). Unter den festen Bestandteilen stehen die Roten Blutkörperchen der Menge nach an erster Stelle (Abb. 186.2, 187.2 und 187.3). Es sind scheibenförmige, im Umriß runde, an beiden Flächen eingedellte Zellen. Infolge ihrer elastischen Verformbarkeit können sie selbst die engsten Kapillaren passieren. Rote Blutkörperchen sind mit Hämoglobin vollgefüllt. Mitochondrien und Zellkern sind im Anfangsstadium der Entwicklung zwar vorhanden, werden aber im Laufe der Reifung abgebaut.

Jedes Hämoglobinmolekül hat vier Sauerstoffbindungsstellen. Das gesamte Blut eines Menschen enthält rund 750 g Hämoglobin. 1 g Hämoglobin kann 1,34 ml O_2 binden (Näheres s. 3.1.2 und Cytologie 7.4).

Die Roten Blutkörperchen entstehen im roten Knochenmark. Der Mensch besitzt etwa 5 Millionen davon in 1 mm^3 Blut. Durch Anwendung radioaktiv markierter Elemente konnte festgestellt werden, daß ihre mittlere Lebensdauer beim Menschen 100 bis 120 Tage beträgt. Sie werden hauptsächlich in der

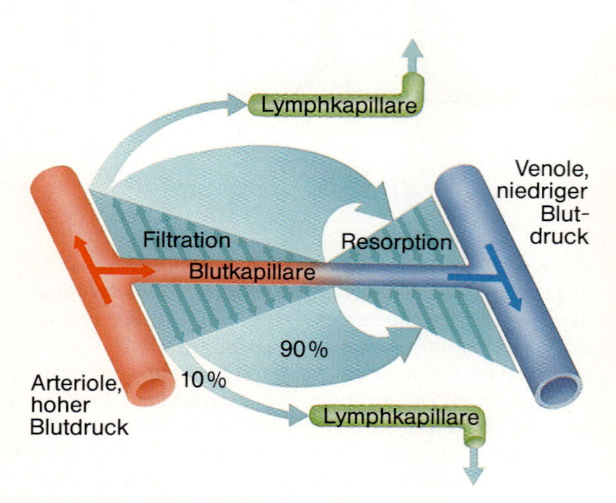

Abb. 186.1: Flüssigkeitsströme durch die Wand von Blut- und Lymphkapillaren (s. Text)

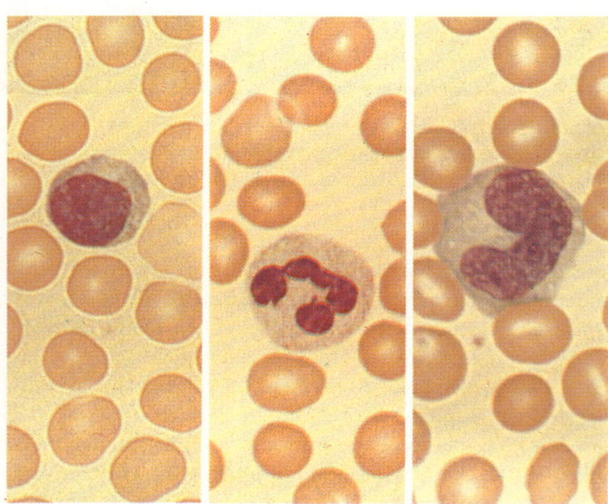

Abb. 186.2: Blut vom Menschen, Ausstrichpräparat (600fach), angefärbt. Kernlose, Rote Blutkörperchen und verschiedenartige Weiße Blutkörperchen

Tabelle 187/1: Rote und Weiße Blutkörperchen

	Rote Blutkörperchen	Weiße Blutkörperchen
Anzahl/mm^3	4,5–5 Millionen	5000–10 000
Gesamtzahl	25 Billionen	35 Milliarden
Gesamtoberfläche	3000–3500 m^2	–
Verhältnis von Weißen zu Roten Blutkörperchen 1 : 600–800		

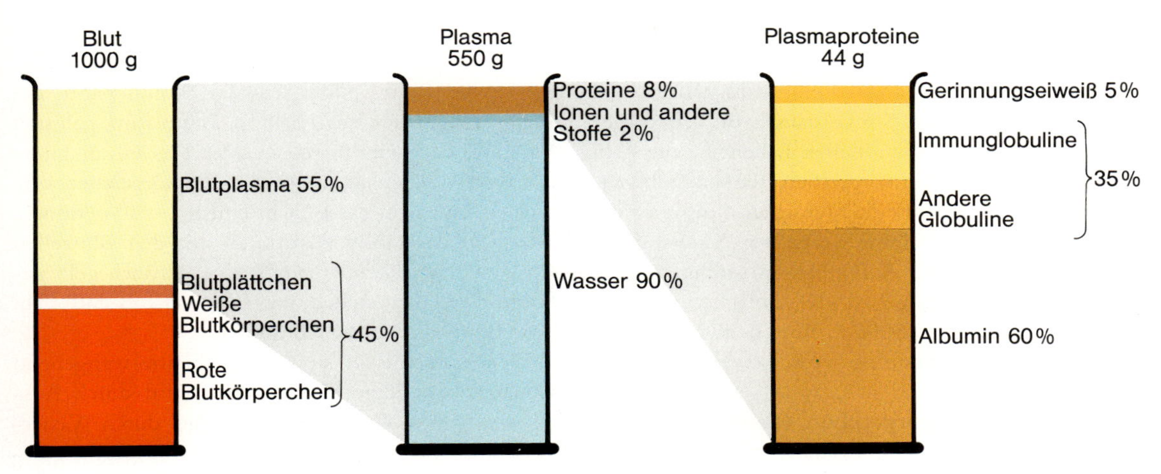

Abb. 187.1: Zusammensetzung des Blutes

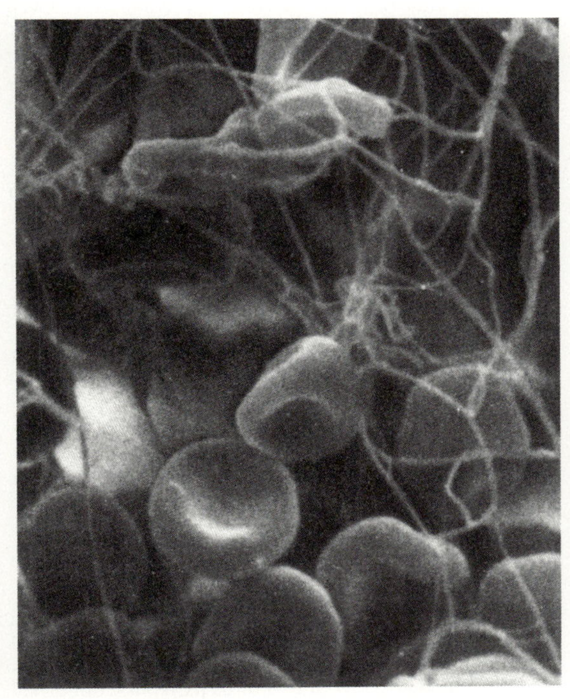

Abb. 187.2: Rote Blutkörperchen (Durchmesser 7 µm, Dicke 2 µm) im Fibrinnetz. Rasterelektronenmikroskopische Aufnahme

Abb. 187.3: Rasterelektronenmikroskopische Aufnahme des Blutes des Menschen (3000fach). R Rotes Blutkörperchen, W Weißes Blutkörperchen, P Blutplättchen

Milz und der Leber abgebaut (s. 1.3.3). Täglich müssen also rund 1% neu gebildet werden.

Form und Größe der Roten Blutkörperchen sind bei den Wirbeltieren recht verschieden. Die größten weisen die Molche auf (bis 77 µm), die kleinsten besitzt das Moschustier (2,5 µm). Im allgemeinen nimmt ihre Größe mit zunehmender Organisationshöhe ab, ihre Anzahl je mm^3 jedoch zu; damit steigt auch die Gesamtoberfläche der Blutkörperchen. Große Rote Blutkörperchen können nur weite Kapillaren passieren. Die Verkleinerung der Roten Blutkörperchen erlaubt deshalb auch dünnere Kapillaren und damit einen rascheren Stoffaustausch im Kapillargebiet. Während des individuellen Lebens ist die Zahl der umlaufenden Blutkörperchen starken Schwankungen unterworfen. Beim Menschen nimmt sie bei intensivem Körpertraining (erhöhter Sauerstoffbedarf) oder auch beim Aufenthalt in größerer Höhe (geringerer Sauerstoffgehalt der Luft) zu (bis auf 8 Mill. in 1 mm^3 bei 5000 m über dem Meer). Das wird beim Höhentraining von Leistungssportlern ausgenützt.

Die Weißen Blutkörperchen (Leukocyten). Im Gegensatz zu den Roten Blutkörperchen haben die kernhaltigen Weißen Blutkörperchen keine feste Form. Sie sind zu amöboider Eigenbewegung befähigt.

Man kann verschiedene Formen Weißer Blutkörperchen mit jeweils spezifischer Funktion unterscheiden (s. Immunbiologie 2.2). Während die Roten Blutkörperchen an die Blutgefäße gebunden sind und darin passiv vom Blutstrom mitgeschwemmt werden, können die Weißen Blutkörperchen die Adern verlassen und in die Gewebe einwandern. Durch radioaktive Markierung von Leukocyten wurde festgestellt, daß sich wahrscheinlich nur etwa 5% aller im Körper befindlichen Weißen Blutkörperchen im strömenden Blut aufhalten. Dies hängt mit ihrer Funktion zusammen: Einige sind am Abbau der Gewebe beteiligt bzw. phagocytieren eingedrungene Fremdkörper, andere bilden Antikörper gegen körperfremde Stoffe. Ihre Hauptbildungsstätten sind Lymphdrüsen und Knochenmark.

Die Blutplättchen (Thrombocyten) sind keine echten Zellen, sondern Bruchstücke von Knochenmarksriesenzellen. Sie sind farblos, scheiben- bis spindelförmig und recht klein (0,5–2,5 µm). Ihre Lebensdauer beträgt nur wenige Tage. An Wunden ballen sie sich zusammen. Der dadurch gebildete Pfropf kann zu einem vorläufigen Wundverschluß führen. Die Blutplättchen enthalten außerdem mehrere Enzyme, die wesentlich an der Blutgerinnung beteiligt sind. Beim Verlassen der Blutgefäße zerfallen sie rasch (s. 2.9).

Tabelle 188/1: Die häufigsten Bestandteile des Blutplasmas (Mittelwerte)

Wasser	90%
Proteine	8%
Fette und andere Lipide	0,5–0,8%
Glucose	0,1%
Kochsalz	0,6%

Das Blutplasma. Es besteht aus 90% Wasser und 10% darin gelösten Stoffen (s. Tab. 188/1). Beim Gerinnen des Blutes bildet sich der Blutfaserstoff, das *Fibrin*. Er entsteht aus einer im Blutplasma gelösten Vorstufe, dem Fibrinogen (s. 2.9). Das Fibrin bildet ein Netzwerk, in dem sich die Blutkörperchen verfangen. Läßt man das Blut in einem Gefäß gerinnen, setzt sich das Fibrin zusammen mit den Blutzellen am Boden ab. Darüber bleibt eine schwach gelb gefärbte Flüssigkeit stehen: das *Blutserum*. Es entspricht dem Blutplasma ohne Fibrinogen.

Der Wassergehalt des Blutes bleibt weitgehend gleich. Übermäßige Wasserzufuhr wird durch Ausscheidung von Wasser, Wassermangel durch Wasserabgabe aus den Geweben an das Blut ausgeglichen (s. 2.7 und 5.2).

Die gelösten Bestandteile sind Proteine, Fette, andere Lipide, 0,1% Glucose, Stoffwechselendprodukte wie CO_2, Harnstoff und Milchsäure sowie anorganische Salze (Näheres zum CO_2-Transport s. 3.1.2).

Die **Serumproteine** lassen sich in die Gruppen der *Albumine* und der *Globuline* (s. Cytologie 7.4) einteilen. Die Auftrennung der Eiweißstoffe in verschiedene Albumin- und Globulinfraktionen ist klinisch bedeutsam, da sich die Zusammensetzung der Serumproteine bei bestimmten Krankheiten ändert. Die Auftrennung wird mit Hilfe der Elektrophorese durchgeführt (vgl. Cytologie 7.8).

Die Funktionen der Serumproteine sind vielfältig. Ein Teil ist lediglich eine osmotisch wenig wirksame Transportform für Aminosäuren. Diese Proteine können im Kapillargebiet aufgespalten werden. Die entstehenden niedermolekularen Peptide und die Aminosäuren vermögen die Kapillarwand und die Zellmembran zu durchdringen. Manche Proteine können wasserunlösliche Stoffe wie Lipide anlagern und so deren Transport ermöglichen. Aber auch andere Stoffe werden an Proteine gebunden transportiert. Einige Globuline dienen der Abwehr von Krankheitserregern.

Tropft man verdünnte Salzsäure oder Natronlauge in ein Gefäß mit einigen Kubikzentimetern Blut oder Serum, ändert sich die Reaktion (der pH-Wert) der Blutprobe kaum: das Blut ist stark *gepuffert*. Für diese Eigenschaft sind neben Phosphaten und Carbonaten vor allem die Serumproteine und das Hämoglobin verantwortlich. Jedes Proteinmolekül hat an seiner Oberfläche viele positiv ($-NH_3^+$) oder negativ ($-COO^-$) geladene Gruppen. Dort können überschüssige OH^- oder H^+-Ionen angelagert werden.

Der Gehalt des Blutes an löslichen Salzen wird zur Aufrechterhaltung des osmotischen Drucks konstant gehalten. Er wird durch die Nieren reguliert (s. 5.2).

2.9 Die Gerinnung des Blutes

Bei Verletzung gerinnt das Blut zu einer gallertartigen Masse, die nach einigen Stunden fest wird. Das Gerinnsel verstopft die Wunde und schützt dadurch den Körper vor übermäßigem Blutverlust. Abb. 189.1 stellt den Ablauf der Blutgerinnung in Grundzügen dar. Tatsächlich sind viele weitere enzymatisch wirkende Blutfaktoren beteiligt. So ist z.B. Thrombokinase das Endprodukt zahlreicher chemischer Reaktionen im Blutplasma.

Am Ende der komplizierten Gerinnungsreaktionen wird das im Blutplasma enthaltene *Fibrinogen* zum *Fibrin* umgesetzt. Das Fibrin bildet ein Netzwerk aus feinsten Fäden, das Blutkörperchen festhält und auch dem Blutserum den Austritt aus der Wunde erschwert. So entsteht eine zusammenhängende Kruste, der Wundschorf, unter dessen Schutz sich dann die Wunde durch Neubildung von Zellen wieder schließt. Bei krankhaften Zuständen oder nach schweren Operationen können sich derartige Gerinnsel *(Thrombus)* auch innerhalb der Gefäße bilden (s. 2.5). Man spricht dann von einer *Thrombose*. Wird ein Thrombus vom Blut weggeführt, so bezeichnet man ihn als *Embolus*. Er kann als Fernwirkung der Thrombose an einer anderen Stelle des Gefäßsystems zu lebensgefährlicher Verstopfung der Blutwege führen *(Embolie)*.

Bei der am häufigsten vorkommenden Bluterkrankheit fehlt ein bestimmtes Globulin (Faktor VIII), so daß das Blut nur sehr langsam gerinnt. Selbst verhältnismäßig kleine Wunden können dann schon zum Verbluten führen. Dieses Globulin läßt sich heute sowohl aus Blut gesunder Personen als auch aus gentechnisch veränderten Bakterien (s. S. 383) gewinnen.

3. Die Atmung

Die Atmung läuft bei Mensch und Tier ohne Unterbrechung das ganze Leben lang ab. Der Mensch kann z.B. wochenlang ohne Nahrung existieren, einige Tage lang ohne Wasser, aber nur wenige Minuten ohne Sauerstoff.

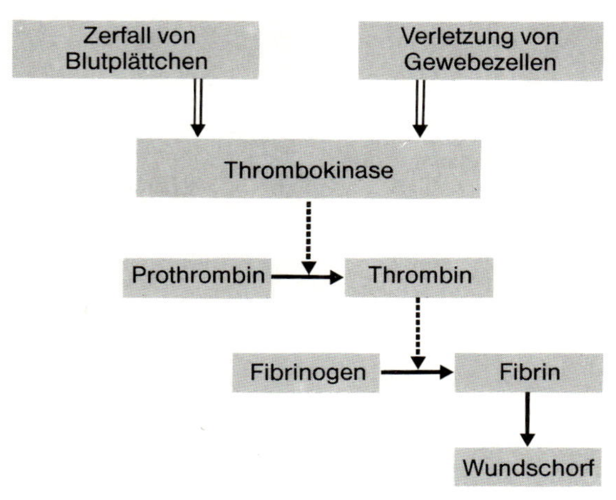

Abb. 189.1: Schema der Blutgerinnung.
⇨ Freisetzung, - - -→ Katalyse, ⟶ Umwandlung

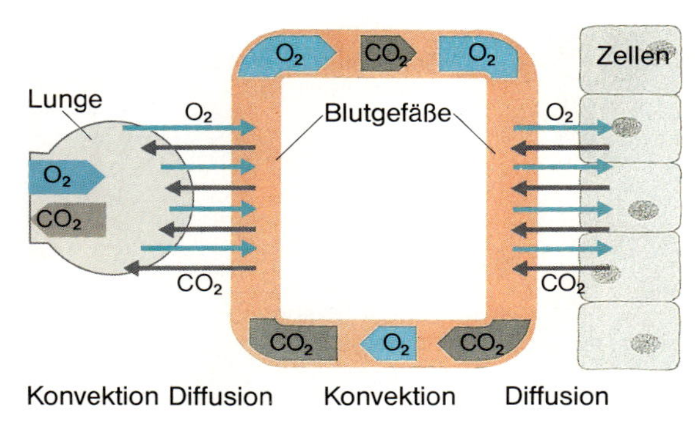

Abb. 189.2: Wechsel von aktiven Strömungsvorgängen (Konvektion) und Diffusion beim Transport der Atemgase

Durch Oxidation energiereicher Nahrungsstoffe gewinnt der Körper die erforderliche Energie. Dies erfolgt im Innern der lebenden Zellen (Zellatmung, **innere Atmung**). Den dazu nötigen Sauerstoff entnehmen die Zellen ihrer Umgebung. Was man gewöhnlich unter Atmung versteht, ist nur ein äußerer Vorgang, der dazu dient, Sauerstoff in den Körper aufzunehmen und das entstehende Kohlenstoffdioxid daraus zu entfernen (**äußere Atmung**). Die ausgeschiedene Kohlenstoffdioxidmenge ist ein Maß für die Intensität der Atmung eines Organismus.

3.1 Mechanismen des Gasaustausches

Atemgase werden im Körper des Menschen durch *Diffusion* und durch *gerichtete Strömung* bewegt (s. Abb. 189.2). Sauerstoff gelangt durch Diffusion aus der Lungenluft ins Blut und aus dem Blut in die Ge-

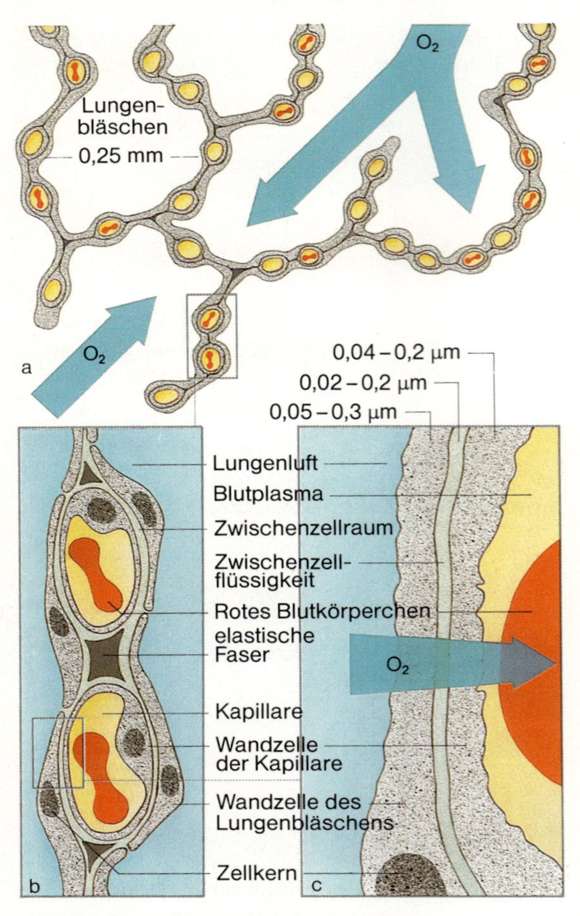

Abb. 190.1: Sauerstofftransport in der Lunge des Menschen.
a Schnitt durch einige Lungenbläschen,
b Wand eines Lungenbläschens mit Kapillaren,
c Weg des Sauerstoffs aus dem Lungenbläschen ins Blut.
Beachte die kurze Diffusionsstrecke Lungenluft/Blutplasma!
(Übersichtsbild Lunge s. Abb. 194.1)

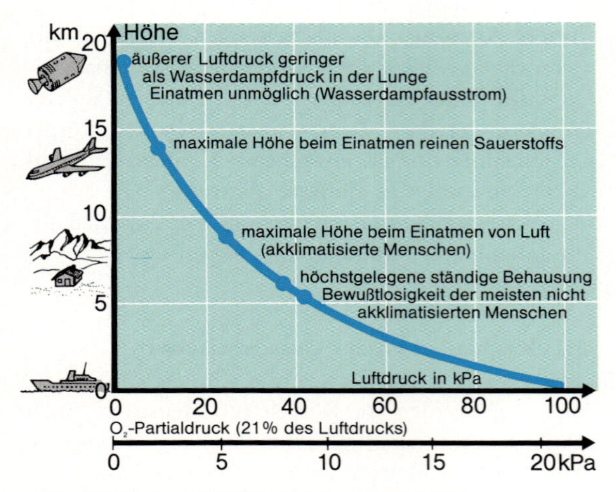

Abb. 190.2: Abnahme des Luftdrucks mit zunehmender Höhe

webezellen (s. Abb. 190.1). Auch der Übertritt von Kohlenstoffdioxid aus den Zellen ins Blut und aus dem Blut in die Lungenluft erfolgt durch Diffusion. Bei der Strömung *(Konvektion)* wird das Medium, in dem sich die Gasmoleküle befinden, transportiert (Atemluft, Blut). Hierfür muß Energie eingesetzt werden. Sie wird von *vier Pumpen* bereitgestellt: dem Zwerchfell, dem Brustkorb mit der Rippenmuskulatur, der linken und der rechten Herzhälfte.

Weil Diffusion nur über Bruchteile eines Millimeters in verhältnismäßig kurzer Zeit abläuft, sind alle größeren Tiere auch auf Strömung angewiesen. Bis ein Konzentrationsausgleich erreicht ist, benötigt z. B. Sauerstoff zur Diffusion im Wasser für 1 µm 0,1 ms, für 1 mm bereits ca. 100 s und für 1 m etwa 3 Jahre. Tiere, bei denen Sauerstoff allein durch Diffusion befördert wird, sind normalerweise sehr klein oder aber flach und langgestreckt (z. B. Einzeller, Plattwürmer), haben also eine große sauerstoffaufnehmende Oberfläche im Vergleich zur Körpermasse.

Verschließt man ein luftgefülltes Gefäß bei einem Luftdruck von 101 kPa (Normaldruck) und entfernt den gesamten Sauerstoff durch chemische Bindung an ein Reduktionsmittel, so sinkt der Druck in dem Gefäß auf etwa 80 kPa. Die Sauerstoffmoleküle hatten also vor ihrer Entfernung aus der Gasphase mit 21 kPa zum Luftdruck beigetragen. Den Anteil eines Luftgases am Luftdruck nennt man **Partialdruck** (Teildruck). Dieser hängt – bei gleicher Temperatur – nur von der *Anzahl* der Moleküle in dem gegebenen Volumen ab, nicht aber von der Art des Gases. Er ist deshalb ein indirektes Maß für die Konzentration des Gases in einem Gasgemisch. Besteht ein Partialdruckgefälle, so diffundieren Gasmoleküle von den Orten des höheren Partialdrucks zu den Orten des niedrigeren. Ein Partialdruckgefälle für Sauerstoff liegt beispielsweise in der Lunge vor (zwischen Lungenluft und Plasma des Lungenblutes) sowie in allen übrigen Geweben des Körpers (zwischen sauerstoffreichem Blut und Zellinnerem). Was hat man aber unter dem Partialdruck eines Gases in einer Flüssigkeit, z. B. im Blutplasma, zu verstehen?

Befindet sich Luft über einer gasfreien Flüssigkeit, so lösen sich darin die einzelnen Luftgase entsprechend ihrem Partialdruck in der Gasphase. Man kann sagen, sie werden aufgrund ihres Partialdrucks in die Flüssigkeit »gedrückt«. Bereits gelöste Moleküle üben einen Gegendruck aus. Wenn der Gegendruck eines Gases gleich seinem Partialdruck in der Luft ist, nimmt die gelöste Gasmenge nicht mehr zu; es verlassen dann ebenso viele Moleküle die Flüssigkeit wie in sie eindringen. Einen solchen Zustand zeigt beispielsweise das Blutplasma kurz vor dem Verlassen der Lunge, es ist fast vollständig mit Sauerstoff gesättigt. Bei Gleichheit der Partialdrücke sind in einem Liter Flüssigkeit aber keineswegs gleich viele Moleküle gelöst, wie in einem Liter der darüber befindlichen Luft enthalten sind. Beispielsweise lösen sich bei einer Temperatur von 0° C und einem Luftdruck von 101,3 kPa in 1 l Meerwasser maximal 7,97 ml Sauerstoff. 1 l Luft enthält dagegen 209,5 ml Sau-

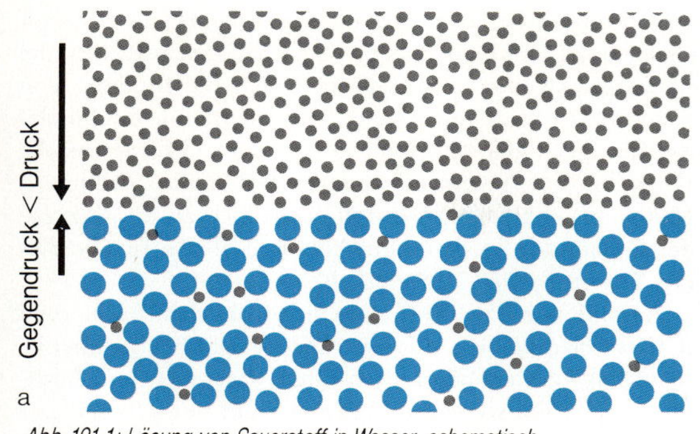

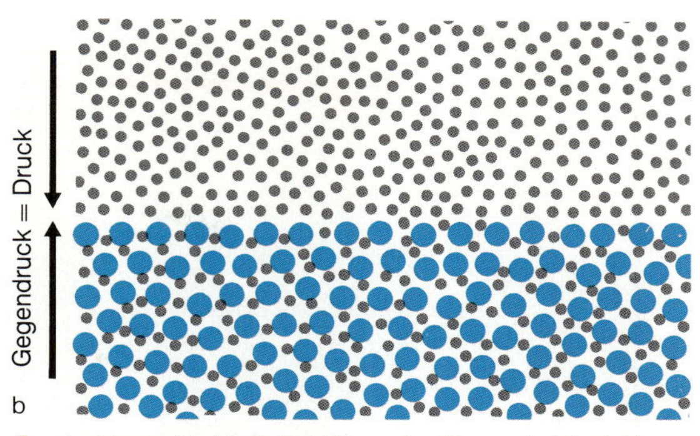

Abb. 191.1: Lösung von Sauerstoff in Wasser, schematisch (reine Sauerstoffatmosphäre). Grau: O_2-Moleküle, blau: H_2O-Moleküle. a Nur wenige O_2-Moleküle haben sich bisher gelöst. Der Druck in der Gasphase ist viel höher als der Gegendruck des gelösten Sauerstoffs. Deshalb dringen in der Folge insgesamt mehr O_2-Moleküle ins Wasser ein als aus ihm herausschießen. b Der Druck in der Gasphase und der Gegendruck sind inzwischen gleich hoch. Es entweichen gleich viele O_2-Moleküle aus dem Wasser wie darin eindringen. Das Wasser ist an Sauerstoff gesättigt, wobei sich aber außen sehr viel mehr O_2-Moleküle befinden als im gleichen Volumen Wasser. Befindet sich Sauerstoff nicht in Reinform, sondern in einem Gasgemisch über dem Wasser, so ist Sättigung dann erreicht, wenn der Partialdruck des Sauerstoffs in der Gasphase gleich ist dem O_2-Partialdruck (Gegendruck) im Wasser. Der Übergang von H_2O-Molekülen in die Gasphase (Dampfdruck!) ist nicht dargestellt.

Tabelle 191/1: Zusammensetzung der Luft in der Atmosphäre und in der Lunge

	Atmosphärenluft (wasserfrei)		Luft in der Lunge (Mittelwerte)	
	Zusammensetzung in Volumen-%	Partialdruck in kPa (Meereshöhe)	Partialdruck in kPa (Meereshöhe)	Partialdruck in kPA (5330 m ü. M.)
Sauerstoff	20,95	21,22	14,0	6,0
Kohlenstoffdioxid	0,03	0,03	5,3	3,3
Stickstoff u. Edelgase	79,02	80,05	75,7	36,0
Wasser	–	–	6,3	6,3

Die Volumenanteile der Luftgase bleiben bis auf etwa 100 km ü. M. konstant. Normaler Luftdruck auf Meereshöhe: 101,3 kPa, auf 5330 m ü. M.: 51,6 kPa

erstoff. Sinkt der Luftdruck, so entweicht Sauerstoff aus dem Meerwasser in die Luft, obwohl doch in einem Liter Wasser fast 30 mal weniger Sauerstoffmoleküle enthalten sind als in einem Liter Luft.

3.1.1 Diffusionsströme in Atmungsorganen

Die Atmungsorgane (Lungen, Kiemen) bieten optimale Bedingungen für die Diffusion von Gasen. Die Epithelien des Gasaustausches sind großflächig und dünnwandig. So hat beispielsweise das Lungenepithel des Menschen mit 50–80 m^2 die Fläche einer Dreizimmerwohnung (Hautfläche: weniger als 2 m^2). Die Wanddicke der Lungenbläschen beträgt nur etwa 1 µm, so daß die Diffusionsstrecke der Atemgase äußerst klein ist. Je größer aber die Diffusionsfläche und je kleiner die Diffusionsstrecke, desto größer ist das Ausmaß der Diffusion.

3.1.2 Physikalische Lösung und chemische Bindung der Atemgase im Blut

In einem Liter Blut*plasma* lösen sich maximal 3 ml Sauerstoff. Dennoch transportiert das Blut sehr viel mehr Sauerstoff. Beim Einfließen in die Lunge enthält es pro Liter etwa 150 ml O_2, beim Verlassen der Lunge jedoch 200 ml O_2. Dies liegt daran, daß Sauerstoff im Blut nicht nur physikalisch gelöst, sondern auch chemisch gebunden wird. Das gleiche gilt für Kohlenstoffdioxid, von dem etwa 40 ml pro Liter Venenblut transportiert werden, obwohl die Sättigungskonzentration von Wasser bei 4 ml CO_2/l liegt.

Der Transport des Sauerstoffs im Blut. Sauerstoff reagiert mit dem Hämoglobin der Roten Blutkörperchen (s. 2.8):

$$\text{Hämoglobin} + \text{Sauerstoff} \rightleftharpoons \text{Oxyhämoglobin}$$

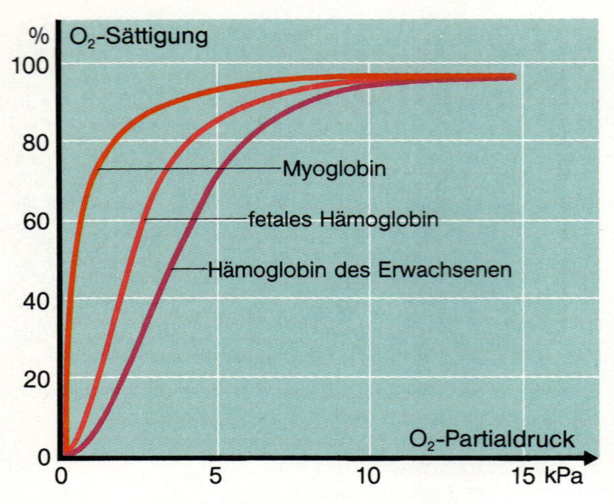

Abb. 192.1: Sauerstoffbindungskurven vom Hämoglobin des Erwachsenen und des Fetus, sowie von Myoglobin (Normalwerte)

Während das Blut durch die Lungenkapillaren fließt, überwiegt die Hinreaktion. Dem Blutplasma wird durch Hämoglobin Sauerstoff entzogen, so daß der Partialdruckunterschied zwischen Blut*plasma* und Lungenluft relativ lange erhalten bleibt. Wegen der chemischen Bindung ans Hämoglobin gelangt also viel mehr Sauerstoff ins Blut, als aufgrund reiner Diffusion zu erwarten wäre.

In den Kapillaren der übrigen Körpergewebe, die auf Grund der inneren Atmung sauerstoffarm sind, überwiegt die Rückreaktion. Bindungen zwischen Sauerstoff- und Hämoglobinmolekülen werden gelöst, und Sauerstoff diffundiert ins Gewebe. Das Ausmaß der chemischen Bindung von Sauerstoff an Hämoglobin hängt vom Partialdruck des Sauerstoffs im Blutplasma ab (Abb. 192.1).

Der rechte Teil der **Sauerstoffbindungskurve des Hämoglobins** (oberhalb 7 kPa) zeigt, daß auch bei relativ niedrigen O_2-Partialdrücken im Blutplasma fast alle verfügbaren Bindungsorte des Hämoglobins mit Sauerstoff beladen werden. Deshalb führt auch eine verhältnismäßig starke Abnahme des Sauerstoffgehaltes der Lungenluft nicht zu lebensbedrohender Sauerstoffarmut in Geweben. Der Kurvenverlauf links (unterhalb 5 kPa) macht deutlich, daß Hämoglobin schon bei einer geringen Abnahme des O_2-Partialdrucks in den Körpergeweben relativ viel Sauerstoff abgibt. Die geschwungene Kurvenform kann so gedeutet werden, daß ein von einem Hämoglobinmolekül gebundenes O_2-Molekül die Bindungsfähigkeit der noch freien Sauerstoffbindungsstellen erhöht (4 Bindungsstellen; s. Cytologie 7.4). Die O_2-Bindungskurve des Hämoglobins eines Säugerfetus liegt im Vergleich zur Mutter weiter links (Abb. 192.1). So wird die Übernahme des Sauerstoffs vom Blut der Mutter zu dem des Kindes in der Plazenta erleichtert. In Abb. 192.1 ist auch die Sauerstoffbindungskurve des *Myoglobins* (roter Farbstoff des Muskels) eingetragen. Myoglobin nimmt bei allen Partialdrücken mehr Sauerstoff auf als Hämoglobin, besonders viel aber bei Partialdrücken, die in Körpergeweben vorherrschen. Durch die Bindung von Sauerstoff setzt Myoglobin die Konzentration des in der Zellflüssigkeit gelösten Sauerstoffs herab und fördert so die Diffusion des Sauerstoffs aus dem Blut ins Zellinnere. Myoglobin gibt den Sauerstoff schließlich an die Enzyme der Zellatmung in den Mitochondrien ab. Es ist überdies ein *Sauerstoffspeicher* des Muskels.

Anstelle von Sauerstoff kann sich Kohlenstoffmonooxid (CO) an Hämoglobin anlagern. CO entsteht bei der unvollständigen Verbrennung z. B. in Öfen, Zigaretten und Automotoren. Schon wenn die Einatmungsluft nur 0,05% dieses geruchlosen und nicht sichtbaren Gases enthält, werden 90% der O_2-Bindungsorte des Hämoglobins mit CO besetzt (»Garagenvergiftung«). Bei starken Rauchern sind dauernd mindestens 3% der Bindungsorte blockiert, bei Nichtrauchern nur etwa 1%. Bei einer Untersuchung des Blutes von Taxifahrern fand man 20% des Hämoglobins mit Kohlenstoffmonooxid beladen.

Der Transport des Kohlenstoffdioxids im Blut erfolgt zu 10% in physikalischer Lösung. Etwa 30% der CO_2-Moleküle sind an Hämoglobin angelagert, allerdings an anderen Stellen als die O_2-Moleküle. Ungefähr 60% reagieren mit Wasser unter Bildung von Kohlensäure:

$$CO_2 + H_2O \rightleftharpoons H^+ + HCO_3^-$$

Die Erzeugung von Kohlensäure erfolgt fast ausschließlich innerhalb der Roten Blutkörperchen. Diese enthalten das Enzym Carboanhydrase, das die Reaktion stark beschleunigt. Kohlensäure liegt dissoziiert in H^+- und HCO_3^--Ionen vor. Ein großer Teil der HCO_3^--Ionen diffundiert (im Austausch gegen Cl^--Ionen) ins Blutplasma. H^+-Ionen werden von verschiedenen Puffern des Blutes abgefangen. Dadurch wird eine Übersäuerung des Blutes verhindert. Auch das Hämoglobin bindet einen Teil der H^+-Ionen, wobei allerdings sein O_2-Bindungsvermögen sinkt. Daher fördert das aus den Geweben ins Blut einströmende Kohlenstoffdioxid die Sauerstofffreisetzung. In den Lungen laufen die genannten Reaktionen in umgekehrter Richtung ab. Die CO_2-Konzentration des Blutplasmas steigt, und Kohlenstoffdioxid diffundiert in die Lungenluft.

3.2 Die Kiemenatmung der Fische

Die Kiemen der Fische sind in Bau und Funktion an die Sauerstoffarmut des Wassers angepaßt. Sie entziehen dem Atmungswasser etwa 80–90% des Sauerstoffs. Ein Liter Wasser enthält etwa 10 ml Sauerstoff. Da pro Liter Kiemenblut etwa 15 l Wasser durch die Kiemen gepumpt werden, nimmt ein Liter Blut des Fisches 10 ml · 15 · 80% = 120 ml Sauerstoff auf. Im Vergleich dazu saugt der Mensch je Liter

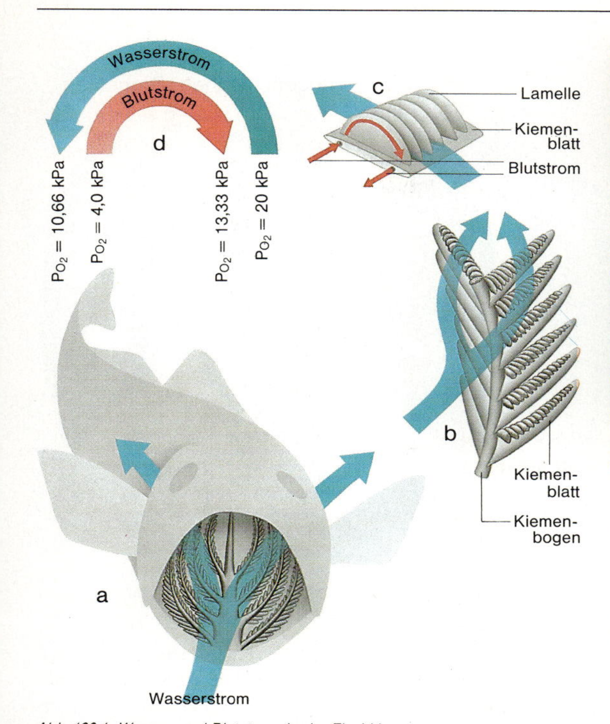

Abb. 193.1: Wasser- und Blutstrom in der Fischkieme.
a Lage der Kiemenbögen im Mundraum.
b Kiemenbogen mit Kiemenblättern und Kiemenlamellen.
c Gegenstrom von Wasser und Blut.
d Erhaltung des Unterschiedes der O_2-Konzentration zwischen Wasser und Blut durch Gegenstromaustausch

Abb. 193.2: Australischer Lungenfisch (Neoceratodus), Länge bis 1¾ m

Lungenblut nur 1 l Atemluft in die Lunge, das heißt ca. 200 ml Sauerstoff. Bei einer Ausbeute von 25% steigt der Sauerstoffgehalt des Lungenblutes nur um 50 ml pro Liter. Die Fischkieme erreicht ihren hohen Wirkungsgrad vor allem durch Anwendung des Gegenstromprinzips. Wasser und Blut fließen in entgegengesetzter Richtung aneinander vorbei (Abb. 193.1). Beim Einfließen in die Kieme trifft sauerstoffreiches Wasser auf nur wenig sauerstoffärmeres Blut. Doch selbst der geringe Partialdruckunterschied bewirkt eine Diffusion von Sauerstoff aus dem Wasser ins Blut. Kurz vor dem Verlassen der Kieme hat das Wasser schon sehr viel Sauerstoff abgegeben. Das Blut, an dem es jetzt vorbeifließt, ist aber immer noch sauerstoffärmer und nimmt daher weiter Sauerstoff auf. Das die Kieme verlassende Blutplasma hat aufgrund der Gegenstromeinrichtung einen höheren Sauerstoffpartialdruck als das Wasser, das die Kieme verläßt. Flössen Blut und Wasser parallel zueinander, so wären die O_2-Partialdrücke am Ende bestenfalls gleich.

Das Atmungswasser wird in äußerst dünnen Schichten durch die Kieme gepumpt. Die Schlitze zwischen zwei Kiemenlamellen, durch die das Wasser hindurchgeführt wird, haben eine Breite von nur 20–50 μm (Abb. 193.1). Innerhalb der dünnen Wasserfilme ist der *Diffusionsweg* des Sauerstoffs äußerst kurz. Auch dies erhöht den Wirkungsgrad.

Das Wasser wird durch Erweiterung des Mund- und Kiemenraums in den Mund eingesogen. Aufeinanderfolgende Verengung des Mund- und Kiemenraumes preßt es durch die Kiemenspalten wieder aus. Schnelle Schwimmer (Makrele, Thunfisch) erzeugen diesen Wasserstrom durch Offenhalten des Mundes beim Schwimmen, auch haben sie je Gramm Körpergewicht eine viel größere Kiemenoberfläche als träge auf dem Meeresgrund liegende Fische (Beispiel: Schollen).

Im Vergleich zum Transport von Atemluft erfordert die Beförderung von Atmungswasser viel mehr Energie. Ein Liter Wasser wiegt nämlich 1000mal mehr als ein Liter Luft. Hiermit dürfte zusammenhängen, daß Atmungswasser nicht erst in einen Hohlraum aufgenommen und aus ihm wieder ausgestoßen wird, wie dies mit der Atemluft bei einer Lunge geschieht.

Bei den altertümlichen *Lungenfischen* (Abb. 193.2) ist die Innenwand der Schwimmblase wabenartig vergrößert und reichlich durchblutet. Mit dieser »Lunge« können sie Luft atmen und so das sommerliche Austrocknen der Gewässer im Schlamm überstehen; im Wasser atmen auch Lungenfische nur mit Kiemen.

Bei den *Lurchen* atmen die Larven noch durch Kiemen. Nach der Umwandlung verschwinden die Kiemen, und mit dem Verlassen des Wassers übernehmen die Lungen und die Haut ihre Aufgabe.

Die im Wasser lebenden *wirbellosen Tiere* können Kiemen an den verschiedensten Stellen des Körpers tragen (s. Anhang Baupläne).

3.3 Die diffuse Hautatmung

Sie findet sich bei kleinen Wassertieren, deren Oberfläche im Verhältnis zur Masse noch sehr groß ist. Der Sauerstoff wird mit der gesamten Körperoberfläche aufgenommen. Alle Einzeller, die Schwämme, die Hohltiere und die Strudelwürmer atmen auf diese Weise. Neben anderen Atmungsweisen bleibt die Hautatmung bei allen weichhäutigen Tieren bestehen. So decken z. B. die Frösche während ihrer Winterruhe im Schlamm der Gewässer ihren gesamten Sauerstoffbedarf durch die Haut.

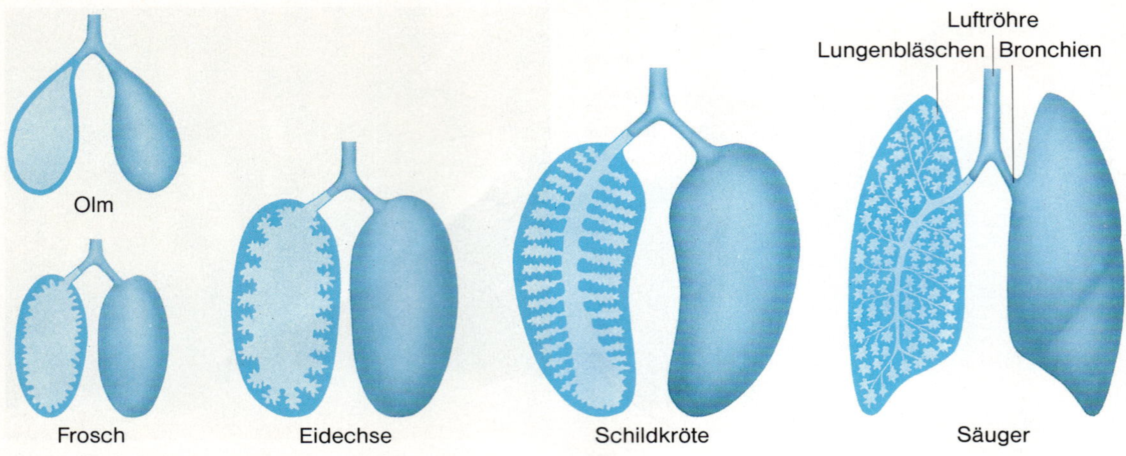

Abb. 194.1: Schemata des Lungenbaus in der Wirbeltierreihe, die zunehmende Vergrößerung der inneren Oberfläche zeigend.

3.4 Die Lungenatmung der Wirbeltiere

Die Lungen (s. Abb. 194.1) sind bei den *Molchen* noch einfache, glattwandige Säcke. Bei den *Fröschen* ist die Innenwand durch vorspringende Falten wabenartig gekammert und erreicht dadurch zwei Drittel der Körperoberfläche. Bei den Eidechsen sind diese Falten in sich noch einmal gefältelt, und bei den *Krokodilen* und *Schildkröten* ist der ganze Innenraum in zahlreiche Kammern, Nischen und Bläschen aufgeteilt, so daß in der Mitte nur noch ein enger Gang, der *Bronchus,* übrigbleibt, durch welchen die Luft in die Kammern geleitet wird. In der *Säugetierlunge* teilt sich dieser Luftweg in mehrere Äste, die *Nebenbronchien,* auf, die sich weiter verzweigen. Ihre letzten Verästelungen enden in zahlreichen feinen Bläschen, den *Lungenbläschen.* Diese sind mit einem engmaschigen Blutgefäßnetz umsponnen, so daß hier der Gasaustausch vor sich gehen kann.

Bei *Erneuerung der Atemluft* beim Menschen fördert ein gewöhnlicher, ruhiger Atemzug nur etwa ½ l Luft. Bei stärkster Ein- und Ausatmung können jedoch bis zu 6 l gewechselt werden *(Vitalkapazität).* Dabei bleiben immer noch rund 1200 cm^3 Luft in der Lunge zurück *(Residualluft),* so daß niemals die gesamte Luft erneuert wird. Da die eingeatmete Luft sich mit der zurückgebliebenen mischt, hat die Lungenluft, die wir gewöhnlich veratmen, einen geringeren Sauerstoffgehalt und einen höheren Gehalt an Kohlenstoffdioxid als die Frischluft (Tab. 194/1).

Das Maß für die Belüftung ist das *Atemzeitvolumen,* d.h. das je Minute eingeatmete Luftvolumen. Es ist das Produkt aus Atemfrequenz/min und dem je Atemzug aufgenommenen Luftvolumen. Das Atemzeitvolumen steigt mit der körperlichen Belastung, beim Menschen von 5–8 l/min in Ruhe auf 90–120 l/min bei starker Muskeltätigkeit, etwa bei sportlichen Hochleistungen.

Besondere Verhältnisse herrschen in großen Höhen. Hier ist der Luftdruck und damit auch der Sauerstoffpartialdruck geringer. Deshalb wird das Hämoglobin nicht mehr in vollem Umfang oxidiert; den Zellen steht zu wenig Sauerstoff zur Verfügung. Der Körper sucht sich dem Sauerstoffmangel durch verstärkte Atmung, Beschleunigung des Herzschlags, Umstellen aller sonstigen Tätigkeiten auf »Schongang« und bei längerem Aufenthalt durch Vermehrung der Roten Blutkörperchen anzupassen. Trotzdem kann es in Höhen über 4000 m zu der gefürchteten *Höhenkrankheit* kommen (Müdigkeit, Schwindel, Entschlußunfähigkeit, Bewußtseinsstörungen); in Höhen um 7000 m besteht Lebensgefahr, die durch Sauerstoffzufuhr gebannt werden kann (Abb. 190.2).

Die Druckverhältnisse im Wasser setzen dem Menschen beim Tauchen Grenzen. Bei Verwendung eines Schnorchels kann man ab einer Tiefe von 112 cm nicht mehr atmen, weil der Druck des Wassers auf den Brustkorb den Innendruck der Lunge zu sehr übersteigt. Erhöht man den Innendruck in der Lunge (Taucheranzug, Atemgerät), kann man auch in größere Tiefen vordringen. Die Partialdrücke der Atemgase steigen allerdings mit dem Luftdruck an. Deshalb lösen sich alle Atemgase in größerer Menge im Blutplasma als beim Atmen an der Luft. Stickstoff entweicht bei schnellem Auftauchen aus dem Blutplasma in Form von Gasbläschen, ähnlich wie Kohlenstoffdioxid aus Selterswasser beim

Tabelle 194/1: Kohlenstoffdioxidgehalt der Lungenluft und Heftigkeit der Atmung beim Menschen

CO_2-Partialdruck der Lungenluft	Atemzeitvolumen
5,3 kPa (normal)	7/min
8 kPa (stark CO_2-haltige Luft)	65/min
10 kPa	abnehmend bis Atemstillstand

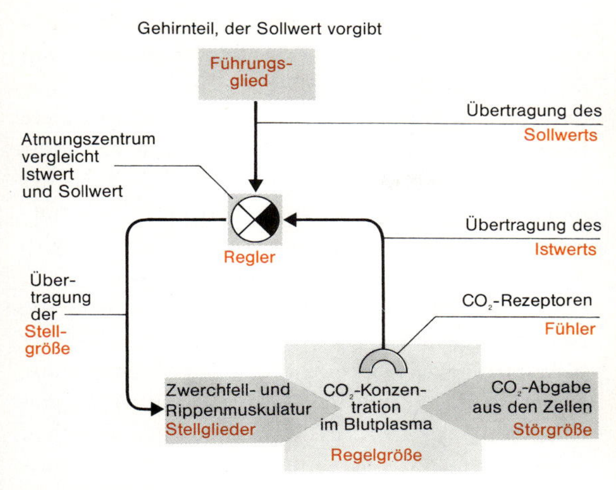

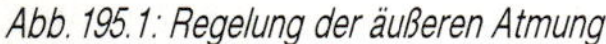
Abb. 195.1: Regelung der äußeren Atmung

Abb. 195.2: Tracheen aus dem Darm eines Insekts, mit Kupfersulfid (CuS) gefärbt (85fach)

Öffnen der Flasche. Die Gasbläschen versperren dem Blut in kleinen Gefäßen den Weg. Es entsteht die lebensgefährliche *Taucherkrankheit* mit Schmerzen im ganzen Körper und Benommenheit. Die betroffenen Taucher müssen in einer Druckkammer einem höheren Luftdruck ausgesetzt werden, der nach und nach gesenkt wird. Die Taucherkrankheit kann durch sehr langsames Auftauchen (»Austauchen«) vermieden werden, weil dann der überschüssige Stickstoff nach und nach mit der Atemluft ausgeschieden wird.

Tief tauchende Tiere, z.B. Wale, haben relativ kleine Lungen, deshalb kann sich beim Tauchen nur eine relativ geringe Menge Stickstoff im Blut lösen. Sie besitzen aber ein verhältnismäßig großes Blutvolumen, so daß sie eine große Menge Sauerstoff in die Tiefe mitnehmen können.

3.5 Regelung der äußeren Atmung des Menschen

Die rhythmischen Pumpbewegungen der Atmungsmuskeln im Zwerchfell und zwischen den Rippen werden von Nervenzellen des Rückenmarks gesteuert. Diese Neuronen werden im gleichen Zeittakt von anderen Nervenzellen erregt, die im Atmungszentrum des Nachhirns liegen (s. Neurobiologie 8.2.6). Die Erregung hängt von verschiedenen Faktoren ab. Die Hauptrolle bei der Regelung der Atmung spielt der Kohlenstoffdioxidgehalt des Blutplasmas (s. Abb. 195.1). Dieser wird von Sinneszellen *(CO_2-Rezeptoren)* in den Halsschlagadern und in der Aorta bestimmt. Steigt der CO_2-Gehalt des Blutplasmas in diesen Arterien, so verstärkt das Atmungszentrum die Ventilation der Lunge. Ein Abfallen des CO_2-Gehaltes hat die gegenteilige Wirkung. Atmet man längere Zeit so schnell und so tief wie möglich *(Hyperventilation)*, so kann es danach ebenfalls zum Stillstand der Atmung kommen, weil das Blut so stark an Kohlenstoffdioxid verarmt, daß der Antrieb für das Atmungszentrum fehlt. Hyperventilation kann für Taucher lebensgefährlich sein. Denn wenn der Sauerstoffvorrat beim Aufenthalt unter Wasser zur Neige geht, kann Bewußtlosigkeit eintreten, bevor der normale CO_2-Spiegel des Blutplasmas erreicht ist.

Ein weiterer Faktor bei der Regelung der Atmung ist der Sauerstoffgehalt des Blutplasmas. Dieser wird von *O_2-Rezeptoren* in den Halsschlagadern und in der Aorta gemessen, die ebenfalls mit dem Atmungszentrum in Verbindung stehen. Bei einer Kohlenstoffmonooxidvergiftung kommt es nicht zu einer Verstärkung der Atemtätigkeit, da die O_2-Rezeptoren nur den physikalisch gelösten Sauerstoff im Blut registrieren. Kohlenstoffmonooxid besetzt die Bindungsorte des Sauerstoffs im Hämoglobin und verändert nicht die O_2-Konzentration des Plasmas (s. 3.1.2). Zur Verstärkung der Atmung führt dagegen Sauerstoffmangel in der Lungenluft, der u.a. beim Aufenthalt in großen Höhen oder bei einer krankhaften Verengung der Luftwege (z.B. bei Asthma) auftritt. Auch andere Faktoren wie Sprechen, Singen und Erregung haben Einfluß auf das Atemzentrum.

Eine Erhöhung des Atemzeitvolumens führt nur dann zu einer erhöhten Aufnahme von O_2, wenn gleichzeitig auch die Lungendurchblutung gesteigert wird. Diese Angleichung der Lungendurchblutung an die Lungenbelüftung macht ein Zusammenspiel von Atmungszentrum und Kreislaufzentrum notwendig.

3.6 Die Tracheenatmung der Insekten

Insekten führen Luft durch ein weitverzweigtes Röhrensystem unmittelbar den sauerstoffverbrauchenden Zellen zu.

Diese Luftröhren oder *Tracheen* beginnen in jedem Körperabschnitt links und rechts mit je einem Atemloch oder *Stigma*. Die Hauptstämme verzweigen sich im Innern des Körpers stark und umspinnen alle Organe (s. Abb. 513.2). Ihre blind geschlossenen Verästelungen endigen zwischen den einzelnen Zellen, zum Teil sogar im Innern von Zellen (s. Abb. 195.2).

Die Zufuhr von O_2 und die Abgabe von CO_2 erfolgt im einfachsten Fall durch reine Diffusion. Viele Insekten unterstützen die Diffusion durch aktive Atembewegungen der Brust und des Hinterleibs. Dabei werden die relativ starren Tracheen zusammengedrückt (aktives Ausatmen) und dehnen sich von selbst wieder aus (passives Einatmen). Der Transport der Atemgase kann auf diese Weise allerdings nur über verhältnismäßig kurze Strecken erfolgen. Deshalb sind alle Insekten relativ klein.

4. Der Energie- und Wärmehaushalt

4.1 Allgemeines

Alle Lebensvorgänge benötigen Energie. Diese Energie wird in den Zellen des Organismus gewonnen. Die sich dabei abspielenden Vorgänge bezeichnet man als *Zellatmung* (s. Abb. 196.1). Sie verlaufen in der gleichen Weise wie bei Pflanzen (Glykolyse, Citronensäurezyklus, Endoxidation). Die hierbei freiwerdende Energie wird auch in tierischen und menschlichen Zellen im ATP gespeichert und an die Orte befördert, wo Energie gebraucht und in andere Energieformen umgewandelt wird. Selbst bei völliger äußerer Untätigkeit muß für die Erhaltung der inneren Organ- und Gewebsfunktionen Energie aufgewendet werden. Den dazu notwendigen Energieumsatz bezeichnet man als **Grundumsatz**.

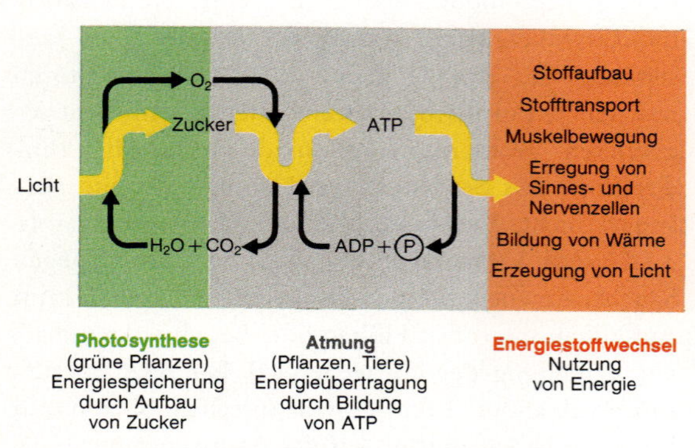

Abb. 196.1: Schema vom Energieumsatz in Organismen. Die Energie wird durch den Abbau energiereicher Stoffe (Kohlenhydrate, Fette, Proteine) in der Zelle freigesetzt. Pflanzen verwenden dazu Assimilate, Tiere die aufgenommene Nahrung. Mit der ständigen Aufnahme und Abgabe von Stoffen (Materiefluß) ist ein Energiefluß verbunden, der die Lebensfunktionen aufrechterhält. Auf- und Abbau von Fetten und Proteinen sowie Gärung wurden in dem Schema weggelassen.

Um ihn bestimmen zu können, muß man die Nährstoffe kennen, die veratmet werden. Welcher Nährstoff jeweils bevorzugt zur Energiegewinnung benützt wird, erkennt man am sogenannten *Respiratorischen Quotienten*. Als Respiratorischer Quotient bezeichnet man das Verhältnis des Volumens des ausgeatmeten Kohlenstoffdioxids zum verbrauchten Sauerstoff ($CO_2 : O_2$). Bei alleiniger Oxidation von Kohlenhydraten ist er gleich 1, weil die Kohlenhydrate so viel Sauerstoff im Molekül enthalten, wie zur Oxidation ihres Wasserstoffs nötig ist. Der eingeatmete Sauerstoff dient also ganz zur Oxidation des Kohlenstoffs:

$$C_6H_{12}O_6 + 6\ O_2 \rightarrow 6CO_2 + 6\ H_2O$$

Fette enthalten weniger Sauerstoff. Bei ihrer Oxidation bindet deshalb ein Teil des eingeatmeten Sauerstoffs an Wasserstoff unter Bildung von Wasser. Es kann demnach nicht so viel Kohlenstoffdioxid entstehen, wie Sauerstoff aufgenommen wird. Der Respiratorische Quotient ist also kleiner als 1. So würde die Oxidation von Palmitinsäure nach der Gleichung

$$C_{15}H_{31}COOH + 23\ O_2 \rightarrow 16\ CO_2 + 16\ H_2O$$

den Respiratorischen Quotienten $CO_2 : O_2 = 16 : 23 = 0{,}7$ ergeben. Der Respiratorische Quotient gibt daher Auskunft, aus welchen Stoffarten der Körper hauptsächlich seine Energie gewinnt. Weiß man, welche Stoffe oxidiert wurden, kann man aus der Höhe des Sauerstoffverbrauchs oder der CO_2-Bildung den Energieumsatz bestimmen.

Der *Grundumsatz* ist beim jugendlichen Organismus höher als beim erwachsenen, bei lebhaften Tieren größer als bei ruhigen, bei Gleichwarmen erheblich größer als bei Wechselwarmen. Für den erwachsenen Menschen beträgt der Grundumsatz etwa 4 kJ je kg Körpergewicht und Stunde. Jede darüber hinausgehende Leistung verlangt einen höheren Energieaufwand. Dieser zusätzliche Energieumsatz heißt **Leistungszuwachs**. Er hängt von dem Ausmaß der verrichteten Arbeit ab und ist bei Muskelarbeit am größten, bei geistiger Arbeit am geringsten. Leichte körperliche Arbeit erfordert beim Menschen an Ergänzung zum Grundumsatz etwa 200 kJ/h, mäßige körperliche Arbeit etwa 400 kJ/h und schwere Arbeit 800 kJ/h. Reicht die zugeführte Nahrungsmenge nicht aus, greift der Körper auf die in Form von Glykogen und Fett gespeicherten Energievorräte zurück. Das Glykogen kann verhältnismäßig schnell zu Glucose abgebaut werden und deshalb einen plötzlich auftretenden erhöhten Energiebedarf kurzzeitig dekken. Die Fettreserven lassen sich nicht so schnell mobilisieren. Sie dienen also mehr der Überbrückung eines längerfristigen erhöhten Energiebedarfs oder eines länger dauernden Hungerzustandes. Sind die Vorräte erschöpft, dann werden auch die Proteine der Körperorgane angegriffen, zuletzt das Herz und das Nervensystem. Niedere Tiere können dabei über 90% (Hydra 99,5%!), Fische drei Viertel, Säuger bis zur Hälfte des Körpergewichts verlieren, bevor sie zugrunde gehen.

4.2 Wärmehaushalt der Wechselwarmen

Außer bei den Vögeln und Säugern ändert sich die Körpertemperatur der Tiere mit der Außentemperatur. Deshalb bezeichnet man solche Tiere als *wechselwarm (poikilotherm)*. Wechselwarme können nur bei günstiger Außentemperatur ihre volle Lebenstätigkeit entfalten, bei Abkühlung werden sie träge. Ihr aktives Leben ist daher in unseren Breiten sehr stark eingeschränkt und großen tages- und jahreszeitlichen Schwankungen unterworfen. Der Verbreitung der Wechselwarmen über die Erde sind dadurch Grenzen gesetzt.

4.3 Wärmehaushalt der Gleichwarmen

Nur ein Teil der Energie, die bei exergonischen chemischen Reaktionen frei wird, kann in ATP gespeichert werden. Der Rest wird als Wärme frei. Am günstigsten ist die Energieausnützung bei der Muskelarbeit, wo nahezu 30% der in der Nahrung gespeicherten Energie in mechanische Arbeit umgewandelt werden. Das entspricht dem Wirkungsgrad der besten Maschinen. Bei wechselwarmen Tieren wird ein großer Teil der beim Stoffwechsel entstehenden Wärme sofort nach außen abgeführt. Bei den *gleichwarmen (homoiothermen)* Säugern und Vögeln dagegen vermindern Fettschichten in der Unterhaut sowie das im Haar- oder Federkleid steckende wärmedämmende Luftpolster die Wärmeabgabe nach außen. Deshalb liegt die Körpertemperatur wesentlich über der Umgebungstemperatur. Nervöse Regulationsvorgänge halten die Körpertemperatur konstant (Neurobiologie 8.2.3). »Gleichwarme« oder »eigenwarme« Tiere (etwa 1% der gesamten Tierwelt) können daher unabhängig von der Außentemperatur zu allen Zeiten ihre volle Aktivität entfalten und als »Warmblütler« auch die kalten Lebensräume der Erde bewohnen. Allerdings wird diese biologische Überlegenheit der Gleichwarmen dadurch eingeschränkt, daß sie schon zur Erhaltung der Körperwärme der ständigen Zufuhr von Nahrung bedürfen. Sie erhöhen in kalter Umgebung den Grundumsatz, wobei die Leber einen besonderen Anteil an der Wärmeerzeugung hat. Bei Wechselwarmen wird mit sinkender Temperatur der gesamte Stoffwechsel stark herabgesetzt. Deshalb können sie bei Kälte ohne Schaden viel länger hungern als Gleichwarme.

4.4 Winterschlaf und Winterruhe

Unter den Säugern gibt es einige Tierarten, die zeitweise die Konstanz der Körpertemperatur aufgeben: die Winterschläfer (s. Tab. 197/1). Es handelt sich dabei zumeist um Nagetiere (Murmeltier, Hamster, Haselmaus, Siebenschläfer). Sie mästen sich im Sommer und beziehen mit Einbruch des Winters ein frostsicheres Versteck, wo sie in Winterschlaf verfallen. In diesem Zustand ist der gesamte Stoffwechsel stark herabgesetzt. Die Körpertemperatur fällt bis nahe an 0° C; bei Fledermäusen kann sie sogar bis auf etwa −4° C sinken. Der Blutzuckergehalt vermindert sich; Atmung, Herztätigkeit und Blutumlauf werden stark verlangsamt. Droht jedoch bei hohen Kältegraden eine zu starke Abkühlung des Körpers, dann erwacht das Tier und erzeugt unter verstärkter Atem- und Herztätigkeit Eigenwärme. In den Kaltzonen fehlen die Winterschläfer, sie würden durch die niedrigen Umwelttemperaturen zu häufig geweckt. Während des Winterschlafs wird der Stoffwechsel lediglich durch Oxidation von Fett aufrechterhalten. Der Winterschlaf tritt ein, wenn die Außentemperatur einen kritischen Wert unterschreitet. Dieser ist bei den einzelnen Tierarten unterschiedlich hoch. Beim Erwachen steigt die Körpertemperatur in kurzer Zeit auf das Normale. Lange Kälteperioden und alle Störungen, die zum Erwachen führen, zehren stark am Energievorrat und haben daher häufig den Tod des Tieres zur Folge.

Bär und Dachs sind keine Winterschläfer. Sie können wohl eine wochenlange Winterruhe einlegen, doch tritt dabei der für die echten Winterschläfer so charakteristische Temperaturabfall nicht ein.

Tabelle 197/1: Änderung der Lebensfunktionen im Winterschlaf beim Murmeltier

	wach	Winterschlaf
Körpertemperatur	36 °C	3 °C
Herzschläge	80/min	4–5/min
Atemzüge	25–30/min	0,2/min
Energieverbrauch	1700 kJ/d	113 kJ/d

4.5 Lichterzeugung

Eine kleine, aber auf nahezu alle Tierstämme verteilte Gruppe von Lebewesen vermag Energie auch in Form von Licht freizusetzen. Die meisten »leuchtenden« Tiere sind Meeresbewohner. Besonders bekannt ist das von begeißelten Einzellern verursachte *Meeresleuchten*. Zu den wenigen leuchtenden Landtieren gehört unser Glühwürmchen *(Leuchtkäfer)*. Das flügellose Weibchen trägt wie das geflügelte Männchen besondere Leuchtorgane auf der Unterseite der letzten Hinterleibsringe. Das Licht entsteht meist durch Oxidation besonderer Leuchtstoffe (die unabhängig von ihrer chemischen Struktur *Luciferin* genannt werden) mit Hilfe eines Enzyms *(Luciferase)*. Das aus dem amerikanischen Leuchtkäfer *Photinus* gewonnene, käufliche Luciferin-Luciferase-Gemisch leuchtet im Dunkeln auf, wenn ATP in Anwesenheit von Magnesiumionen hinzugefügt wird. Die Intensität des entstehenden Lichtes hängt von der ATP-Konzentration ab und läßt sich mit einer Photozelle messen. Dies ist der einfachste quantitative Nachweis für ATP.

5. Die Ausscheidung

Im Energie- und Baustoffwechsel entstehen fortwährend *Abbaustoffe* (Stoffwechselendprodukte). Sie sind für den Körper wertlos oder gar schädlich und müssen deshalb ausgeschieden werden (Exkrete). Die Ausscheidung ist also ein natürlicher Teilvorgang im allgemeinen Stoffwechselgeschehen. Kohlenhydrate und Fette werden zu CO_2 und H_2O oxidiert. Als Endprodukte des Eiweißabbaues entstehen CO_2, H_2O und NH_3. Das Kohlenstoffdioxid wird zumeist durch die Atmungsorgane aus dem Körper entfernt. Das giftig wirkende Ammoniak ist leicht wasserlöslich und kann nur von Wassertieren über die Atmungsorgane und die Körperoberfläche ausgeschieden werden. Viele Tiere, vor allem die landlebenden, verwandeln Ammoniak in den leicht löslichen Harnstoff oder in die fast unlösliche Harnsäure. Beide Stoffe werden, ebenso wie andere Exkrete, nicht nur durch die Haut, sondern auch durch besondere Organe, die *Ausscheidungs-* oder *Nierenorgane,* aus dem Körper entfernt.

5.1 Die Ausscheidungsorgane

Bei den Wirbellosen findet man drei Typen von Ausscheidungsorganen.

Die **Protonephridien** der Plattwürmer (s. Abb. 198.1) sind ein verzweigtes, blind geschlossenes Röhrensystem. Die einzelnen Röhrchen beginnen mit *Wimpernflammenzellen*. Durch den Schlag der Wimpern, die in den Anfang der Röhren hineinragen, entsteht ein leichter Unterdruck, so daß Gewebeflüssigkeit durch reusenartige Teile der Zelle angesaugt wird.

Viele höhere Wirbellose, die eine Leibeshöhle besitzen, haben als Ausscheidungsorgane **Nephridien**. Diese sind ebenfalls röhrenförmig, beginnen aber offen in der Leibeshöhle mit einem Wimperntrichter. Auch der schleifenförmige Ausscheidungskanal ist teilweise bewimpert (Abb. 198.2). In das Ausscheidungsorgan gelangt die Leibeshöhlenflüssigkeit. Im ausgeschiedenen Harn sind allerdings nur noch solche Stoffe enthalten, die der Körper nicht mehr verwerten kann. Daraus kann man schließen, daß die Zellen des Ausscheidungskanals die noch verwertbaren Stoffe der Leibeshöhlenflüssigkeit dem Kanalinhalt wieder entziehen können.

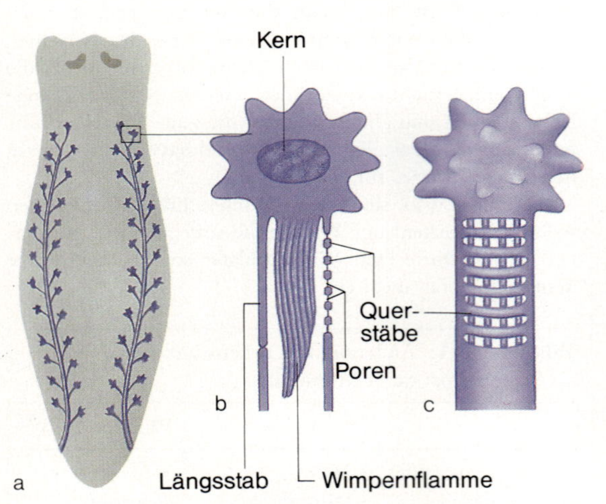

Abb. 198.1: Protonephridien eines Plattwurms. a Lage im Körper, b Anfangszelle eines Protonephridiums mit Reuse im Längsschnitt, c in Aufsicht; Gitter aus Quer- und Längsstäben mit Poren

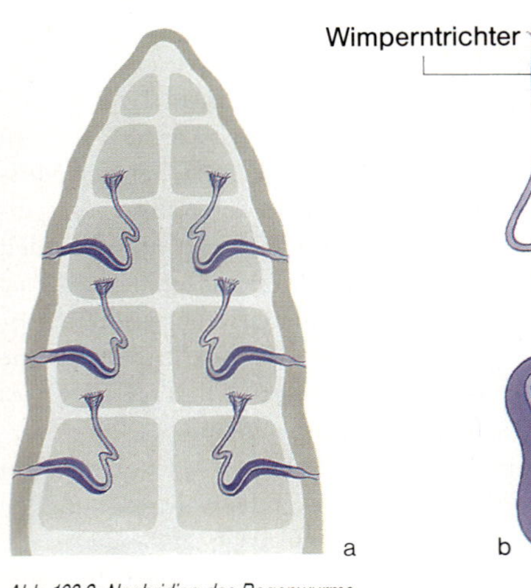

Abb. 198.2: Nephridien des Regenwurms, a Lage im Körper, b Schema des Baus

Die Ausscheidungsorgane der luftlebenden Gliederfüßler, die **Malpighischen Gefäße**, sind dünne, schlauchförmige, geschlossene Nierenorgane, die in den Enddarm münden. Die Ausscheidung der Abbaustoffe aus der umspülenden Leibeshöhlenflüssigkeit durch ihre Wandzellen bestätigt folgender Versuch:

Injiziert man einem Insekt (z.B. einer Stabheuschrecke) eine kleine Menge 0,15%iger Indigokarminlösung (blauer Farbstoff) in die Leibeshöhle, so sind nach 1–2 Stunden nur die Malpighischen Gefäße dunkelblau gefärbt. Nach weiteren 1–2 Stunden erscheint der Farbstoff im Kot.

Das Ausscheidungsorgan der Wirbeltiere ist die **Niere**. Sie ist trotz ihres komplizierten Baus funktionell und anatomisch an die Nephridien der Ringelwürmer anzuschließen.

5.2 Bau und Funktion der Niere des Menschen

Beim Menschen liegen die Nieren zu beiden Seiten der Wirbelsäule an der hinteren Wand der Bauchhöhle (s. Abb. 199.1). Ein langer, enger Schlauch, der *Harnleiter,* führt den Harn zur Harnblase ab. Starke Blutgefäße versorgen die Nieren reichlich mit Blut: die Nieren gehören zu den am stärksten durchbluteten Organen des Körpers. Obwohl sie nur etwa 1% des Körpergewichts ausmachen, werden sie von 20–25% des Blutes durchflossen, das aus der linken Herzkammer gepumpt wird.

Im Schnitt erkennt man einen inneren Hohlraum, das *Nierenbecken*. Aus ihm entspringt der *Harnleiter*. Die dicke Wand besteht aus der äußeren gekörnelten *Rindenschicht* und der inneren, radial gestreiften *Markschicht*. Aus der Markschicht springen 10–15 kegelförmige *Nierenpyramiden* gegen das Nierenbecken vor. Der eigentliche Ausscheidungsapparat wird von den **Nephronen** (über 1 Million) gebildet (siehe Abb. 199.2). Jedes Nephron besteht aus einem Nierenkörperchen und dem daraus abgehenden Nierenkanälchen.

In jedes Nierenkörperchen führt eine kleine Arterie *(Arteriole)*. Sie verzweigt sich innerhalb der doppelwandigen *Bowmanschen Kapsel* zu einem Knäuel von Kapillaren *(Glomerulus)*. Diese vereinigen sich wieder zu einer Arteriole, die aus dem Nierenkörperchen herausführt und sich erneut in Kapillaren aufteilt. Diese bis zu 4 cm langen Kapillaren begleiten das Nierenkanälchen und münden in eine kleine Vene *(Venole)*.

Das Nierenkanälchen ist in der Rindenschicht aufgeknäuelt, geht in einer Schleife *(Henlesche Schleife)* gerade durch die Markschicht und wieder zurück in die Rinde. Dort knäuelt es sich erneut und endet in einem *Sammelkanälchen,* das auf der Spitze der Nierenpyramide in das Nierenbecken mündet. Die Wand der Nierenkanälchen ist nur eine Zellage dick.

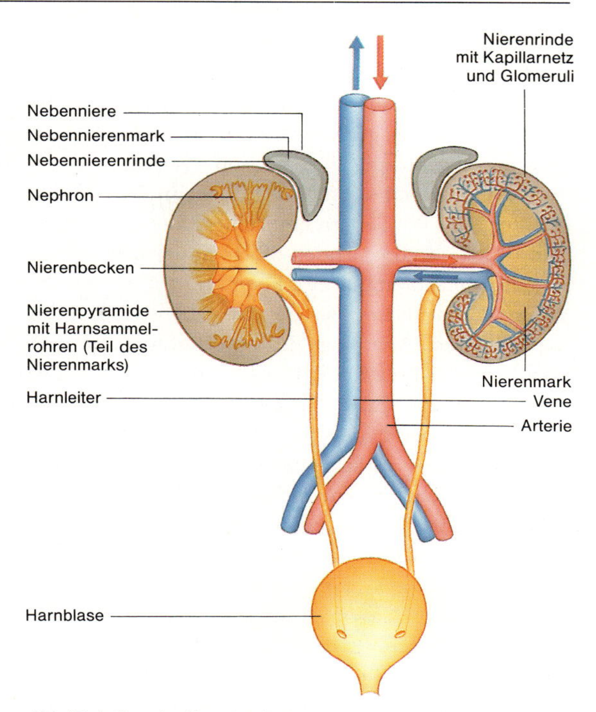

Abb. 199.1: Niere des Menschen (Nebenniere s. Hormone 2.2). Links sind nur harnableitende Kanäle dargestellt, rechts nur Blutgefäße.

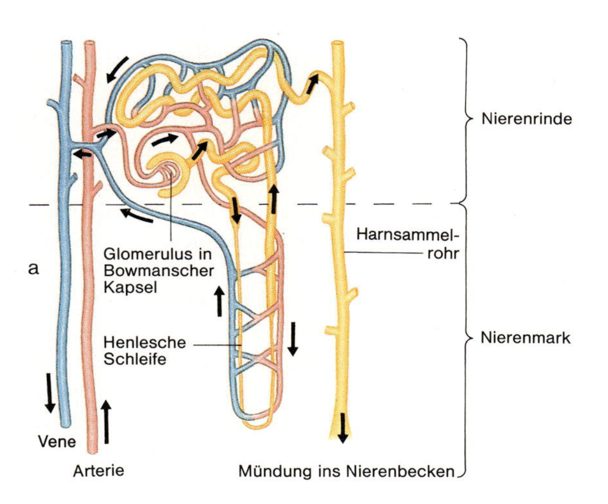

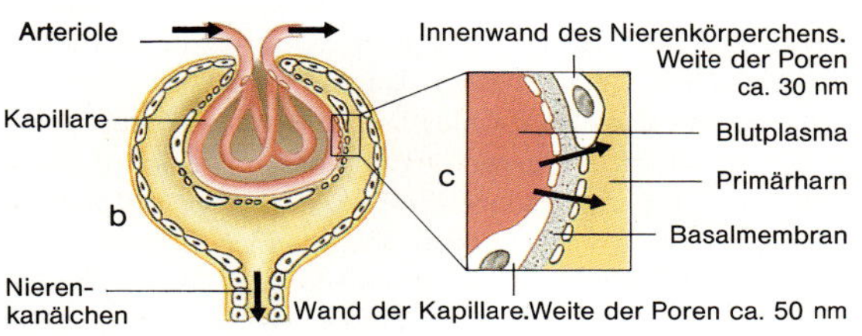

Abb. 199.2: a Einzelnes Nephron,
b Nierenkörperchen: Bowmansche Kapsel mit Kapillaren;
c Poren in der Kapillarwand und der Innenwand der Bowmanschen Kapsel

Durch die Wand der Kapillaren und die angrenzende Wand der Bowmanschen Kapsel wird Flüssigkeit *(Primärharn)* aus dem Blutplasma ins Innere des Nierenkanälchens gepreßt. Blutzellen und die meisten Proteinmoleküle sind zu groß, als daß sie durch die feinen Poren dieser Wände gedrückt werden könnten. Der Primärharn enthält aber alle anderen im Blutplasma vorkommenden Stoffe in der dort vorliegenden Konzentration. Er scheint also auf die gleiche Weise zu entstehen wie die Gewebeflüssigkeit im Kapillargebiet. Allerdings ist der Blutdruck in den Kapillaren des Nierenkörperchens höher als in anderen Kapillargebieten, weil die zuführende Arterie und die Arteriolen besonders weit und kurz sind (s. 2.3).

Da Proteine zurückgehalten werden, steigt der durch sie hervorgerufene osmotische Druck des Blutplasmas beim Durchströmen des Nierenkörperchens immer mehr an. Dies hat eine Sogwirkung zur Folge, die dem Blutdruck beim Auspressen der Flüssigkeit entgegenwirkt. Deshalb gelangen nur etwa 20% des durch die Nieren fließenden Plasmawassers in die Nierenkanälchen. Dennoch bilden Erwachsene pro Tag ca. 180 l Primärharn (s. Abb. 201.1). Während des Abflusses durch die erste Aufknäuelung des Nierenkanälchens werden dem Primärharn vor allem durch aktive Transportvorgänge die verwertbaren Stoffe wieder entzogen, sie gelangen dadurch in die Gewebeflüssigkeit der Niere. Infolge des Stoffentzugs sinkt der osmotische Druck des Harns unter den des umgebenden Gewebes, so daß auf osmotischem Wege (also passiv) ein großer Teil des Wassers ebenfalls in die Gewebeflüssigkeit ausströmt. Es werden auch Stoffe über die Wandzellen der Nierenkanälchen in den Primärharn abgesondert (u. a. Drogen, Medikamente). Bis zum Erreichen der Henleschen Schleife verliert der Primärharn bereits 75% des Wassers. Ein weiterer Wasserentzug findet in der *Henleschen Schleife,* in dem *geknäuelten Endabschnitt* des Nierenkanälchens und in den *Sammelrohren* statt. Eine wichtige Rolle spielt dabei ein Konzentrationsgefälle im Nierengewebe, das von den Henleschen Schleifen erzeugt wird. Sie wenden das *Gegenstromprinzip* an.

Der absteigende Schenkel der Haarnadelschleife ist wasserdurchlässig, der aufsteigende aber wasserdicht. Aus dem aufsteigenden Schenkel wird dauernd aktiv NaCl in den Außenraum (Zwischenzellflüssigkeit) gepumpt. Auf diese Weise erhöht sich die osmotisch wirksame Kochsalzkonzentration der Zwischenzellflüssigkeit. Daher diffundiert Wasser aus dem benachbarten absteigenden Schenkel der Henleschen Schleife. Wegen der dauernden Wasserabgabe nimmt die Konzentration der Flüssigkeit im absteigenden Schenkel bis zur Haarnadelbiegung kontinuierlich zu. Je konzentrierter sie aber wird, desto weniger Wasser kann in die Zwischenzellflüssigkeit ausströmen. Deshalb nimmt auch die Konzentration der Zwischenzellflüssigkeit an Ionen zum Nierenbecken hin ständig zu. Auf ihrem Weg durch den aufsteigenden Schenkel nimmt andererseits die Ionenkonzentration der Schleifenflüssigkeit ab, weil laufend Cl^-- und Na^+-Ionen abgegeben werden. Die Gegenstromanordnung führt also zu einem Konzentrationsgefälle vom Nierenbecken zur Nierenrinde (Abb. 201.1).

Wie werden aber Wasser und Kochsalz aus der Zwischenzellflüssigkeit des Nierengewebes entfernt? Wie entsteht aus der verdünnten Schleifenflüssigkeit des aufsteigenden Schenkels konzentrierter Harn? Die Wände der Kapillaren, die an den Henleschen Schleifen entlangziehen, sind durchlässig für Wasser und Ionen. Der hohe, durch Proteine verursachte osmotische Druck des Blutplasmas (s. o.) bewirkt einen Einstrom von Wasser in die Kapillaren und damit eine Rückführung von Wasser ins Blutgefäßsystem. Auch Ionen diffundieren daraufhin ins Blutplasma, weil sie dort schließlich in geringerer Konzentration vorliegen. Die Erzeugung des konzentrierten Harns erfolgt endgültig in den Sammelrohren. Diese sind durchlässig für Wasser. Wegen des Konzentrationsgefälles im Nierengewebe verläßt Wasser auf seinem Weg zum Nierenbecken die Sammelrohre auf ihrer ganzen Länge. Es wird von den Kapillaren im Bereich der Henleschen Schleifen, aber auch im Bereich der zweiten Aufknäuelung aufgenommen und wegtransportiert. Auch ein Teil des Harnstoffs folgt dem Wasser in Richtung Gewebeflüssigkeit, wo er zur Erhaltung des Konzentrationsgefälles beiträgt.

Der Endharn, der aus den Sammelrohren ausfließt, verändert seine Zusammensetzung auf dem Weg durch Harnleiter, Blase und Harnröhre nicht mehr. Wieviel Wasser aus den Nierenkanälchen zurückgewonnen wird, welche Konzentration der Harn also annimmt, wird durch ein Hormon der Hypophyse *(Adiuretin)* bestimmt. Je mehr Adiuretin im Blut ist, desto mehr Wasser diffundiert aus den Sammelrohren in die Zwischenzellflüssigkeit des Nierengewebes zurück und von da ins Blutplasma, desto konzentrierter wird der Endharn (geringer Wasserverlust des Körpers). Bei abnehmendem Adiuretingehalt des Blutplasmas diffundiert dagegen immer weniger Wasser aus den Sammelrohren, es wird ein schwach konzentrierter Endharn erzeugt (hoher Wasserverlust des Körpers).

Die Adiuretinabgabe aus der Hypophyse wird geregelt. Besondere Sinneszellen *(Fühler)* im Zwischenhirn *(Regler)* bestimmen den osmotischen Wert der Zwischenzellflüssigkeit (Lymphe). Je höher der osmotische Wert ist, desto mehr Adiuretin wird abgegeben, je niedriger, desto weniger. Die Sammelrohre sind die *Stellglieder* des Regelkreises, der bewirkt, daß der Salzgehalt *(Regelgröße)* der Körperflüssigkeiten weitgehend konstant bleibt. (Zum Regelkreis s. Abb. 66.1 und Abb. 182.1).

Die Regelung des Salzgehaltes der Körperflüssigkeiten erfordert eine ausreichende Wasserzufuhr. Bei

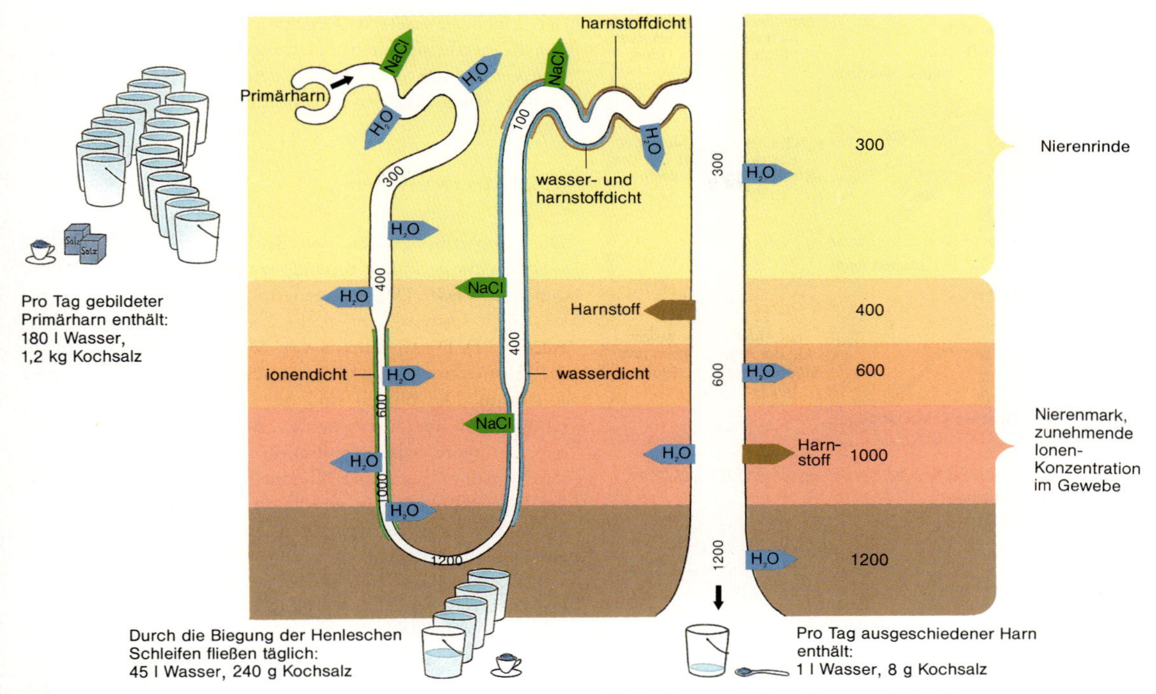

Abb. 201.1: Stofftransport durch die Wand von Nephronen und Sammelrohren sowie Erzeugung eines Konzentrationsgefälles (s. Text).

Die Angaben zum täglichen Wasser- und Kochsalztransport gelten für beide Nieren eines erwachsenen Menschen zusammen. Die Zahlen bedeuten Konzentrationen in mmol/l.

Wassermangel kommt es zu einer Erregung des *»Durstzentrums«,* das ebenfalls im Zwischenhirn liegt. Schon bei einem Wasserverlust von 0,5% des Körpergewichts (z.B. von 250 ml bei 50 kg) entsteht beim Menschen Durst. Die empfindliche Reaktion des Durstzentrums ist zweckmäßig, weil der Mensch bereits bei einer Wasserabgabe von 15–20% des Körpergewichts verdurstet. Bei mäßiger Außentemperatur ist dies ohne Trinken nach 10–20 Tagen der Fall, in der Tropensonne aber wegen der hohen Schweißabgabe schon nach einigen Stunden.

5.3 Wasserhaushalt und Salzhaushalt

Die ersten Lebewesen entstanden im Meer. Noch heute sind lebende Zellen auf den Kontakt mit einer wäßrigen Salzlösung angewiesen. Bei vielzelligen Tieren ist diese jedoch meist auf einen dünnen Flüssigkeitsfilm zwischen den Zellen beschränkt. Die Zwischenzellflüssigkeit steht sowohl mit den wäßrigen Lösungen innerhalb der Zellen als auch mit der Blutflüssigkeit, bei Wassertieren auch mit dem umgebenden Wasser, im Stoffaustausch.

Wenn die Zwischenzellflüssigkeit eine geringere Ionen-Konzentration aufweist als das Zellplasma, dringt durch Osmose Wasser in die Zelle ein. Bei Pflanzenzellen verhindert die Zellwand eine stärkere Ausdehnung. Die meisten tierischen Zellen würden unter diesen Bedingungen platzen (Ausnahme: Einzeller mit kontraktiler Vakuole). Deshalb ist ein vielzelliges Tier nur lebensfähig, wenn die Salzkonzentration der Zwischenzellflüssigkeit in engen Grenzen konstant gehalten wird. Hierbei haben Süßwassertiere, Meerestiere und Landtiere ganz unterschiedliche physiologische Leistungen zu erbringen. Die Fähigkeit, das »innere Milieu« des Körpers auch in osmotisch ungünstigen Umwelten weitgehend konstant zu halten, kann als Grundvoraussetzung für die Besiedlung des Süßwassers und des Landes angesehen werden.

5.3.1 Süßwassertiere

Die Körperflüssigkeiten aller Süßwassertiere weisen eine höhere Konzentration an gelösten Stoffen auf als das umgebende Wasser. Deshalb dringt in den Organismus Wasser durch Osmose ein und diffundieren Ionen anorganischer Salze nach draußen.

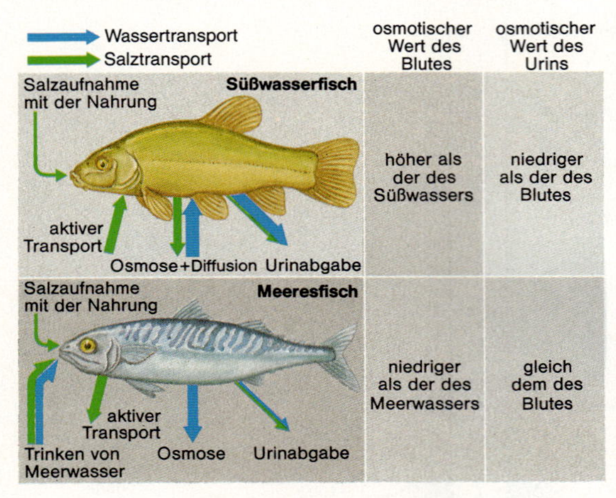

Abb. 202.1: Wasser- und Salzhaushalt bei Süßwasser- und Meeresfischen. Blaue Pfeile: Wassertransport; grüne Pfeile: Salztransport

Die Haut der Fischkieme ist besonders wasserdurchlässig. Die Gewebe der Süßwasserfische enthielten zu viel Wasser, wenn diese Tiere nicht ständig große Mengen Urin abgäben (s. Abb. 202.1). Die Masse des Urins, den Süßwasserfische täglich erzeugen, kann bis zu einem Drittel ihres Körpergewichts betragen. Durch die hohe Urinproduktion gehen Ionen verloren; denn im Urin sind immer auch Ionen anorganischer Verbindungen gelöst. Soweit sich der Ionenbedarf nicht aus der Nahrung decken läßt, werden dem umgebenden Wasser durch aktiven Transport Ionen entzogen. Dies ist bei Knochenfischen und bei Fröschen der Fall. Fische nehmen die Ionen über die Kiemen durch aktiven Transport ins Körperinnere auf, Frösche durch die Haut.

Bei der Salzversorgung des Organismus kommt es allerdings nicht nur darauf an, die Anzahl der verlorengegangenen Ionen zu ersetzen (Regelung des osmotischen Wertes der Körperflüssigkeiten), es müssen auch die Konzentrationsverhältnisse der verschiedenen Ionenarten gewahrt bleiben (Regelung der Zusammensetzung der Körperflüssigkeiten).

5.3.2 Meerwassertiere

Die Körperflüssigkeiten von Knochenfischen des Meeres weisen eine geringere Ionenkonzentration auf als das umgebende Wasser. Deshalb verlieren diese Tiere ständig Wasser durch Osmose, vor allem über das Kiemenepithel (s. Abb. 202.1). Durch Trinken von Meerwasser verhindern sie die Austrocknung. Sie nehmen dabei aber große Mengen Ionen auf. Die Nieren sind nicht in der Lage, alle überschüssigen Ionen auszuscheiden, denn der Urin hat immer eine geringere Salzkonzentration als die Körperflüssigkeiten. So nähme bei reiner Nierentätigkeit die Konzentration der Körperflüssigkeiten ständig zu. Dazu kommt es jedoch nicht, weil Ionen durch aktiven Transport über die Kiemen ausgeschieden werden.

Haifische brauchen kein Meerwasser zu trinken, weil der osmotische Wert ihrer Körperflüssigkeiten durch gelösten Harnstoff den des Meerwassers übersteigt. Daher dringt ständig etwas Wasser in den Körper ein. Der Harnstoff wird in den Nieren resorbiert. Die gleiche Harnstoffkonzentration wäre für den Menschen tödlich.

Wegen der unterschiedlichen Mechanismen des Wasser- und Salztransports können die wenigsten Meeresfische ins Süßwasser wechseln oder Süßwasserfische ins Meer. Ausnahmen sind Aale und Lachse, die diesen Wechsel im Laufe ihrer Entwicklung zweimal vollziehen. Aale kommen in der Sargassosee nahe der amerikanischen Ostküste zur Welt. Von dort wandern sie in Flüsse Nordamerikas und Westeuropas. Zur Fortpflanzung ziehen sie wieder in das Meeresgebiet, aus dem sie kamen. Beim Übergang in eine andere Wasserart wechselt die Richtung des aktiven Ionentransportes in den Kiemen.

Tabelle 202/1: Vergleich der Wasserbilanz von Känguruh-Ratte und Mensch

Wasserbilanz bei der Känguruh-Ratte (Wüstentier; Verzehr von 100 g Gerstenkörnern im Laufe von ca. 4 Wochen)			
Wasserzufuhr	ml	Wasserabgabe	ml
Trinken	0	Urin	13,5
in fester Nahrung (adsorbiertes Wasser)	6,0	Kot	2,6
Oxidationswasser	54,0	Verdunstung	43,9
Bilanzsumme	60,0		60,0
Tägliche Wasserbilanz beim erwachsenen Menschen (Durchschnittswerte) (bei der Oxidation von 1 g Kohlenhydrat entstehen 0,6 ml, von 1 g Fett 1,09 ml und von 1 g Eiweiß 0,44 ml Wasser)			
Wasserzufuhr	ml	Wasserabgabe	ml
Trinken	1200	Urin	1400
in fester Nahrung	900	Kot	100
Oxidationswasser	300	Verdunstung (Atemluft, Schweiß)	900
Bilanzsumme	2400		2400

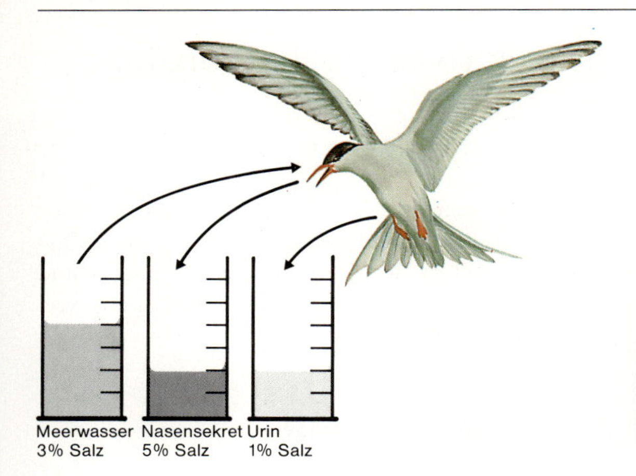

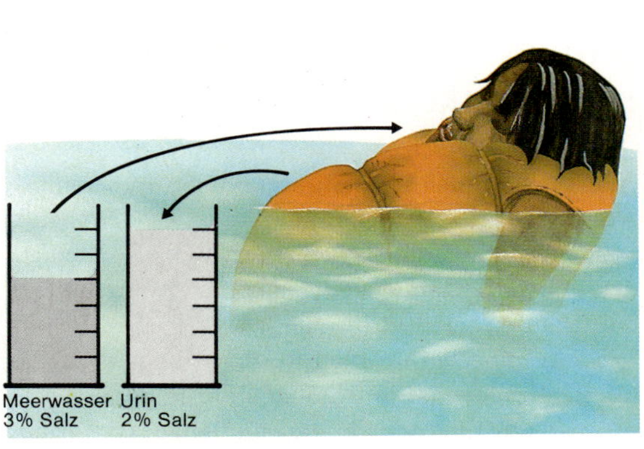

Abb. 203.1: Salz- und Wasserausscheidung bei Meeresvögeln und beim Menschen nach Aufnahme von Meerwasser. Mit 100 ml Meerwasser nimmt der Mensch etwa 3 g Salz auf, in 100 ml stark konzentriertem Urin sind dagegen nur ca. 2 g Salz enthalten. Zur Ausscheidung der 3 g Salz benötigt der Mensch also eine größere Menge Wasser als er getrunken hat (Verlust von Körperwasser).

Die meisten wirbellosen Tiere des Meeres, z. B. Quallen, Würmer, Muscheln, Krabben, können den osmotischen Wert ihrer Körperflüssigkeiten nicht regulieren. Dieser gleicht vielmehr dem des Meerwassers. Die Tiere überleben selbst geringe Konzentrationsänderungen des umgebenden Wassers normalerweise nicht (*stenohaline Arten;* s. Ökologie 2.). Eine Ausnahme bilden viele Krabben-Arten. Sie sind zur Regulation des osmotischen Wertes der Körperflüssigkeiten befähigt und können auch im Brackwasser leben.

5.3.3 Landtiere und Mensch

Landtiere und Mensch schränken die Wasserverdunstung durch weitgehend wasserundurchlässige Körperbedeckungen und durch Verlagerung der feuchten Flächen des Gasaustausches ins Innere des Körpers (in die Lungen) ein.

Bei weichhäutigen Tieren finden sich Schleimhüllen um die Haut; Insekten besitzen Chitinpanzer; Landwirbeltiere haben eine verhornende Oberhaut. Bei den Lurchen ist der Verdunstungsschutz noch wenig wirksam; als »Feuchtlufttiere« sind sie daher in der Auswahl ihres Lebensraums beschränkt. Die Haut der Kriechtiere und Vögel verliert mit zunehmender Verhornung ihre Drüsen und wird für den Wasseraustausch bedeutungslos.

Landtiere und der Mensch scheiden auch verhältnismäßig wenig Wasser im Urin und Kot aus. Das gilt insbesondere für Wüstentiere (s. Tab. 202/1), soweit sie ihren Wasserbedarf ausschließlich aus fester pflanzlicher Nahrung decken. Das Konzentrieren des Harns erfolgt auf verschiedene Weise: (1) Insekten, Kriechtiere und Vögel scheiden statt Harnstoff Harnsäure aus. Harnsäure ist kaum wasserlöslich. Sie erzeugt also kaum einen osmotischen Druck und kann deshalb in hoher Konzentration im Harn ausgeschieden werden. Bei diesen Tiergruppen münden die Ausscheidungsorgane in den Endteil des Darmes ein, so daß Kot und Harn gemeinsam ausgeschieden werden. (2) Säugetiere besitzen mit der Henleschen Schleife die Möglichkeit, einen harnstoffhaltigen Harn zu konzentrieren.

Landtiere und Mensch verlieren Salze im Urin und im Schweiß. Sie ersetzen diese ausschließlich aus der Nahrung. Meeresvögel nehmen mit der Nahrung Salz im Überschuß auf. Sie besitzen im Nasenraum Salzdrüsen, die eine konzentrierte Salzlösung abscheiden (Abb. 203.1).

Neurobiologie

Sinnesorgane, Nervensystem und Muskulatur

Alle Tiere können auf bestimmte Reize reagieren. Als *Reiz* bezeichnet man eine physikalische oder chemische Einwirkung, die Zellen erregt. Reize können aus der Umwelt stammen oder aber im Körperinneren entstehen.

Schon Einzeller nehmen Reize auf und beantworten sie. Besondere Einrichtungen für die Reizaufnahme, die Erregungsleitung und die Reizbeantwortung treten bei den Vielzellern auf. Beim Süßwasserpolypen ist die Reizaufnahme an Sinneszellen gebunden. Diese geben die Erregung an *Nervenzellen* weiter, welche für die Weiterleitung zu den Hautmuskelzellen sorgen (vgl. Abb. 240.1).

Bei den höherentwickelten Tieren treten die Sinneszellen zu *Sinnesorganen* zusammen. Die Zellkörper der Nervenzellen vereinigen sich an bestimmten Stellen des Körpers zu Ganglien, und ihre zu Bündeln zusammengefaßten Fortsätze besorgen als »Nerven« die Informationsübertragung im Organismus. Die leitenden und schaltenden Organe bilden das *Nervensystem*. Viele einzelne Muskelzellen treten zu Muskeln zusammen.

Das Nervensystem und die damit verbundenen Sinnesorgane und Muskeln ermöglichen es den Tieren, rasch auf unterschiedliche Reize zu reagieren und sich schnell und gezielt zu bewegen. Es ist damit das Organsystem, das den vielzelligen Tieren ihre charakteristischen Eigenschaften verleiht.

Dieses Kapitel beschäftigt sich mit folgenden Fragen:

1. Welche elektrochemischen Vorgänge spielen sich an lebenden Zellen ab?
2. Wie ist eine Nervenzelle gebaut, wie funktioniert sie und wie wirken sich Nervengifte auf ihre Tätigkeit aus?
3. Wie sind Sinneszellen und Sinnesorgane gebaut, wie funktionieren sie, und wie arbeiten sie mit dem Nervensystem zusammen?
4. Aus welchen Teilen bestehen Nervensysteme, und welche Aufgaben haben die einzelnen Teile?
5. Wie ist das Gehirn des Menschen aufgebaut und welche Aufgaben erfüllen die einzelnen Teile?
6. Wie entstehen Bewegungen und wie werden sie vom Gehirn gesteuert?
7. Wie sind die Muskeln gebaut und wie wird ihre Arbeit vom Nervensystem gesteuert?

1. Elektrochemische Vorgänge an Zellen

Alle Zellen zeigen *elektrische Eigenschaften* (s. Cytologie 4.3). Aber nur Sinneszellen, Nerven- und Muskelzellen sind in der Lage, diese zu verändern und zur Aufnahme, Weiterleitung und Verarbeitung von Informationen zu nutzen.

1.1 Ionen als Ladungsträger

Alle elektrischen Vorgänge sind an das Vorhandensein beweglicher Ladungsträger gebunden. In Metallen sind dies Elektronen. In Salzlösungen bewegen sich positiv und negativ geladene Ionen. Jedes Ion ist von einer Wasserhülle umgeben (s. Cytologie 6.1.2). Viele elektrische Erscheinungen in Organismen beruhen auf der Beweglichkeit und der unterschiedlichen Verteilung von Ionen in wäßrigen Lösungen, d.h. in der Flüssigkeit in und zwischen den Zellen. Es handelt sich um positiv geladene Kationen (z.B. Na^+, K^+, Ca^{2+}) und negativ geladene Anionen (z.B. Cl^-, HCO_3^-, organische Säurereste oder Proteine, die negative Ladungen tragen).

1.2 Ionen-Transport durch die Zellmembran

Bei allen Lebewesen kommen die meisten Ionen innerhalb und außerhalb der Zellen in ganz unterschiedlichen Konzentrationen vor. So weisen bei Tieren die positiv geladenen Kaliumionen (K^+) im Innern der Zellen eine relativ hohe, in der Zwischenzellflüssigkeit und dem Blutplasma (also im Außenmedium der Zellen) aber eine relativ niedrige Konzentration auf. Die Konzentration der positiv geladenen Natriumionen (Na^+) ist dagegen im Außenmedium wesentlich höher als im Innern der Zellen.

Die unterschiedliche Verteilung dieser Ionen wird durch einen aktiven Transportmechanismus erzeugt. Man nennt ihn *Natrium-Kalium-Pumpe*. Ihr wichtigster Bestandteil ist ein membrangebundener Proteinkomplex, der bei wahrscheinlich allen tierischen und mindestens bei einem Teil pflanzlicher Zellen vorhanden ist. Unter ATP-Spaltung werden von der Natrium-Kalium-Pumpe K^+-Ionen nach innen und gleichzeitig Na^+-Ionen nach außen transportiert. Bei manchen Zellen werden in der Zeiteinheit genau so viele Na^+-Ionen nach außen wie K^+-Ionen nach innen geschafft. Dann bleibt die *Anzahl* der positiv ge-

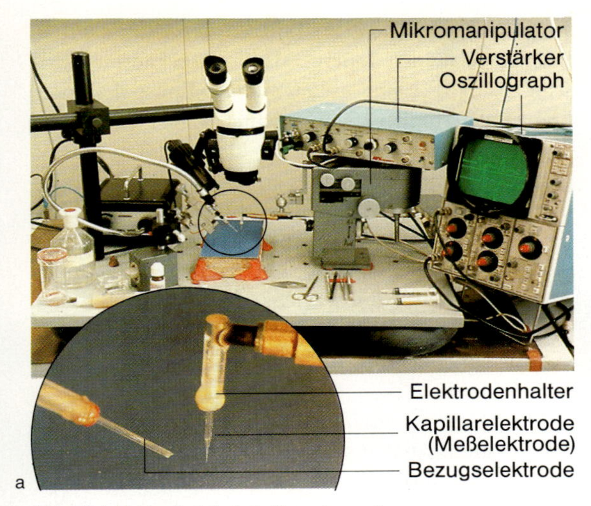

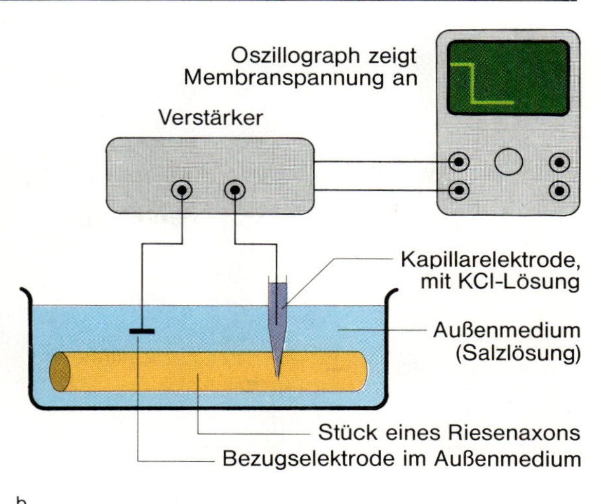

Abb. 205.1: Elektrophysiologische Versuchsanordnung zur intrazellulären Ableitung (a), b Schema. Auf dem Oszillographenschirm ist der Spannungsverlauf beim Einstechen der Kapillarelektrode in die Zelle (Riesenaxon) zu sehen. Mit dem Mikromanipulator können sehr feine Bewegungen ausgeführt werden. Das Absinken der grünen Linie beim Eindringen der Kapillarelektrode in die Zelle zeigt an, daß das Zellinnere negativ geladen ist.

ladenen Ionen beiderseits der Membran gleich. Es steigt jedoch die *Konzentration* der Na^+-Ionen außen und die der K^+-Ionen innen. In vielen Fällen werden aber pro Molekül ATP drei Na^+-Ionen nach außen und $2K^+$-Ionen nach innen transportiert. Die Erhöhung der Konzentration erfordert Energie, die vom ATP geliefert wird (20% des ATP-Umsatzes eines Säugetieres). Demgemäß ist die ungleiche Ionenkonzentration selbst eine Energiequelle, und zwar für fast alle elektrischen Erscheinungen an Zellen (s. z.B. 1.3.2 und 2.2.2) und für manche aktive Transportvorgänge.

Aktive Transportvorgänge können diese Energiequelle z.B. folgendermaßen nutzen: Ein in Darm und Niere vorkommendes membrangebundenes Protein transportiert Na^+-Ionen und Glucose immer gleichzeitig und in gleicher Richtung durch die Zellmembran hindurch. Fehlt eine der Komponenten, werden beide Stoffe nicht befördert. Der Transport verläuft immer von Orten, an denen die Summe der beiden Konzentrationen größer ist, zu Orten, an denen diese Summe kleiner ist. Nun liegen die Na^+-Ionen außerhalb der Zelle in sehr viel höherer Konzentration vor als innerhalb der Zelle. Deshalb erfolgt der Transport der beiden Stoffe auch dann in Richtung Cytoplasma, wenn die Glucose-Konzentration in der Zelle deutlich über der Konzentration im Außenmedium liegt. Solche Transportvorgänge sind wahrscheinlich weit verbreitet. Sie beziehen ihre Energie nicht direkt vom ATP, sondern von der ungleichen Ionenverteilung innerhalb und außerhalb der Zelle, die allerdings ihrerseits unter ATP-Verbrauch hergestellt wird. Bei Pflanzen treten oft H^+-Ionen an die Stelle von Na^+-Ionen. Die H^+-Ionen werden zuvor mit Hilfe von ATP aus der Zelle heraustransportiert.

1.3 Das Membranpotential

1.3.1 Die Messung des Membranpotentials

Zwischen dem Inneren einer Zelle und der sie umspülenden Zwischenzellflüssigkeit (Außenmedium) liegt eine elektrische Spannung. Diese läßt sich mit Hilfe zweier Elektroden messen (s. Abb. 205.1). Dabei taucht eine von ihnen in das Außenmedium ein. Die zweite, sehr feine Elektrode wird mit Hilfe eines Mikromanipulators in das Innere der Zelle geführt. Sie besteht normalerweise aus einer Glaskapillare (ausgezogene Glasröhre) mit einem Spitzendurchmesser von weniger als 0,5 µm. Eine solche *Kapillarelektrode* ist mit einer Salzlösung (oft KCl) gefüllt. Beim Einstich legt sich die Zellmembran so dicht an die Elektrode an, daß kein Stoffaustausch mit der Umgebung durch die Einstichstelle möglich ist. Die beiden Elektroden sind über einen Verstärker mit einem Oszillographen verbunden. Der Oszillograph zeichnet den Spannungsverlauf in Abhängigkeit von der Zeit auf.

Solange beide Elektroden in das Außenmedium eintauchen, tritt keine Spannung zwischen ihnen auf. Beim Einstechen der Kapillarelektrode in die Zelle zeigt der Oszillograph jedoch eine Spannung zwischen den beiden Elektroden an: sie beträgt je nach Zelltyp zwischen −30 und −150 mV (Abb. 205.1 b). Das negative Vorzeichen vor den Spannungswerten zeigt an, daß die Innenseite negativ geladen ist, also einen Überschuß an negativ geladenen Ionen auf-

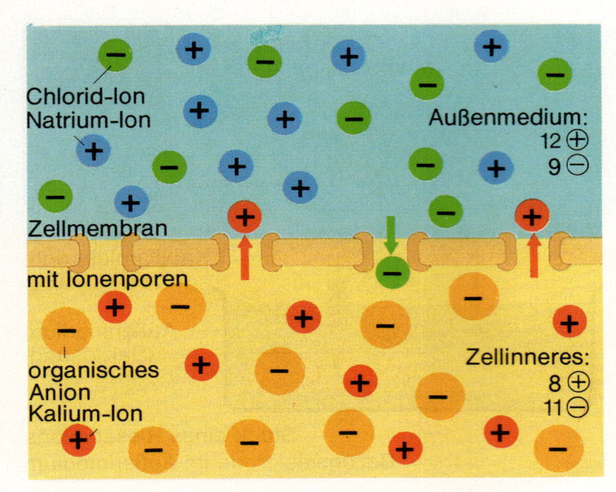

Abb. 206.1: Schema zur Entstehung des Membranpotentials (s. Text). Ursprünglich seien im Inneren des Axons 10 K^+-Ionen (rot) und 10 organische Anionen (z. B. Proteine, gelb), außerhalb der Zelle 10 Na^+-Ionen (blau) und 10 Cl^--Ionen (grün) vorhanden. Wegen der unterschiedlichen Ionen-Durchlässigkeit der Membran entsteht im Außenmedium ein Überschuß an positiven, im Inneren der Zelle ein Überschuß an negativen Ionen (Summen s. Rand).

weist. Die Außenseite ist positiv geladen; sie enthält demnach mehr Ionen mit positiver Ladung.

Beim weiteren Vorschieben der Elektrodenspitze ins Zellinnere ändert sich die Spannung nicht mehr. Positive und negative Ladung sind also nur durch die Zellmembran getrennt. Daher bezeichnet man diese Spannung als Membranspannung oder als *Membranpotential*.

1.3.2 Ursachen des Membranpotentials

Die Natrium-Kalium-Pumpe erzeugt keine Membranspannung, wenn für jedes K^+-Ion, das nach innen gelangt, ein Na^+-Ion nach außen befördert wird (vgl. 1.2). Als Anionen kommen im Außenmedium hauptsächlich Cl^--Ionen, im Zellinneren vor allem negativ geladene Proteinmoleküle vor.

Die Tätigkeit der Natrium-Kalium-Pumpe schafft die Voraussetzung für die Entstehung des Membranpotentials, und zwar aus folgendem Grund: In der Zellmembran befinden sich »Membranporen« (Ionenkanäle) (Abb. 206.1 und 24.1). Durch diese können K^+-Ionen diffundieren. Auch für Cl^--Ionen ist die Zellmembran geringfügig durchlässig. Für Na^+-Ionen und Proteinmoleküle ist die Membran praktisch undurchlässig. Wegen ihrer hohen Konzentration im Zellinneren diffundieren K^+-Ionen durch die Membranporen laufend ins Außenmedium. Cl^--Ionen, die im Außenmedium in hoher Konzentration vorliegen, diffundieren in geringerem Umfang nach innen. So entsteht im Außenmedium der Überschuß an positiv geladenen, im Inneren der Überschuß an negativ geladenen Ionen. Das so aufgebaute elektrische Feld (Pluspol außen und Minuspol innen) bremst den nach außen gerichteten K^+-Strom und verhindert schließlich, daß der Überschuß an positiv geladenen Ionen außen und an negativ geladenen Ionen innen immer weiter zunimmt (Ionen, die gleichartige Ladung tragen, stoßen sich ab!). Es bildet sich ein Gleichgewichtszustand zwischen der nach außen gerichteten Diffusionstendenz und der nach innen gerichteten elektrischen Anziehung für K^+-Ionen aus. In umgekehrter Richtung gilt das gleiche für Cl^--Ionen.

Der Ionen-Überschuß ist winzig klein. Bei einem Membranpotential von -90 mV befinden sich pro μm^2 Membranfläche nur ca. 5000 positiv geladene Ionen mehr im Außenmedium als im Innenmedium. Ein μm^3 Außen- oder Innenmedium enthält aber über 100 Millionen Ionen mit positiver Ladung.

Sinnes-, Nerven- und Muskelzellen können das Membranpotential aktiv verändern (Erregung). Bei diesen Zellen bezeichnet man das Membranpotential im unerregten Zustand als *Ruhepotential* oder Ruhespannung.

2. Bau und Funktion der Nervenzelle

2.1 Bau einer typischen Nervenzelle

Der Grundbaustein des Nervensystems ist die Nervenzelle *(Neuron)*. Ihre typischen Eigenschaften sollen an einer motorischen Nervenzelle (α-Motoneuron) des Rückenmarks beschrieben werden (s. Abb. 207.1). Motorische Nervenzellen steuern die Kontraktion von Muskeln. Ein α-Motoneuron besteht aus dem bis zu 0,25 mm großen *Zellkörper* und mehreren Fortsätzen verschiedener Form und Länge (s. Abb. 207.2). Die *Dendriten* sind kurz und stark verästelt. Sie gehen aus dem Zellkörper hervor. Einer der Fortsätze kann sehr lang sein (beim Menschen über 1 m). Er heißt *Nervenfaser, Neurit* oder *Axon*. Axone dienen der Weitergabe von Erregung an andere Zellen.

Die Axone sind oft von besonderen Zellen, den *Schwannschen Zellen*, umgeben. Diese sind in der Regel viel kürzer als ein Axon. Deshalb werden Axone in ihrem Verlauf meist von vielen hintereinanderlie-

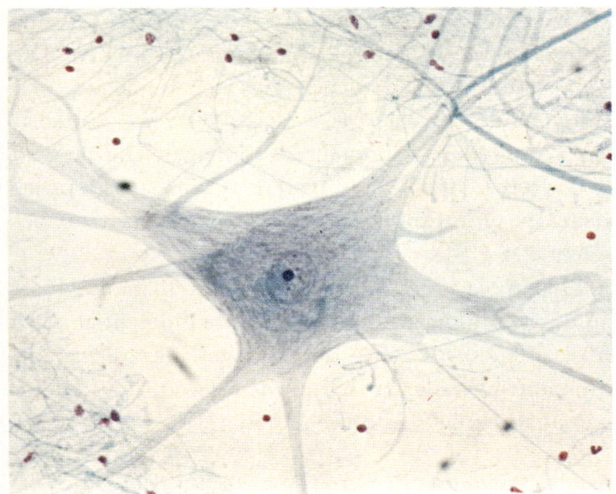

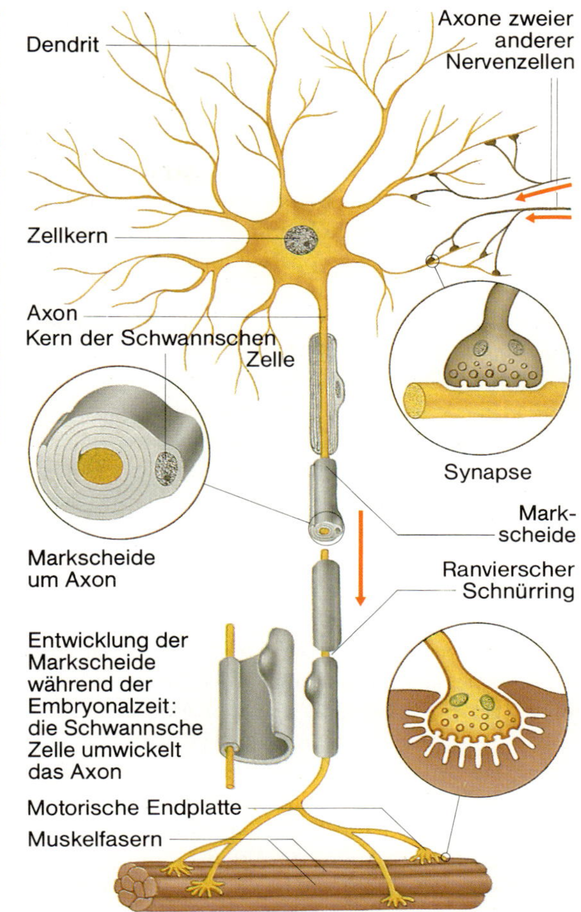

Abb. 207.1: Isolierte motorische Nervenzelle aus dem Rückenmark des Rindes (200fach) aus einem gefärbten Quetschpräparat. Deutlich sind Zellkern, Zellfortsätze und die polygonale Form des Zellkörpers zu erkennen.

Abb. 207.2: Motoneuron im Rückenmark, schematisch. Durchmesser des Axons 5 bis 20 µm. Die roten Pfeile zeigen die Richtung des Erregungsflusses an (vgl. Abb. 212.1 und Abb. 212.2).

*Abb. 207.3: Ausschnitt aus einem peripheren Nerv der Maus (20900fach, Einschaltbild 87200fach). Im linken Bildteil eine rasch leitende Nervenfaser, von einer Markscheide (Schwannschen Scheide) umgeben. Im Einschaltbild wird der lamellenartige Aufbau dieser Scheide deutlich. Im rechten Bildteil langsam leitende Nervenfasern (NF), von einer Schwannschen Zelle umgeben. Bei * faltet sich die Plasmamembran der Schwannschen Zelle von der Oberfläche aus und umgibt die Faser. Bei ◄ ist eine tieferliegende Faser durch einen engen Kanal mit der Oberfläche verbunden. BG stützendes Bindegewebe*

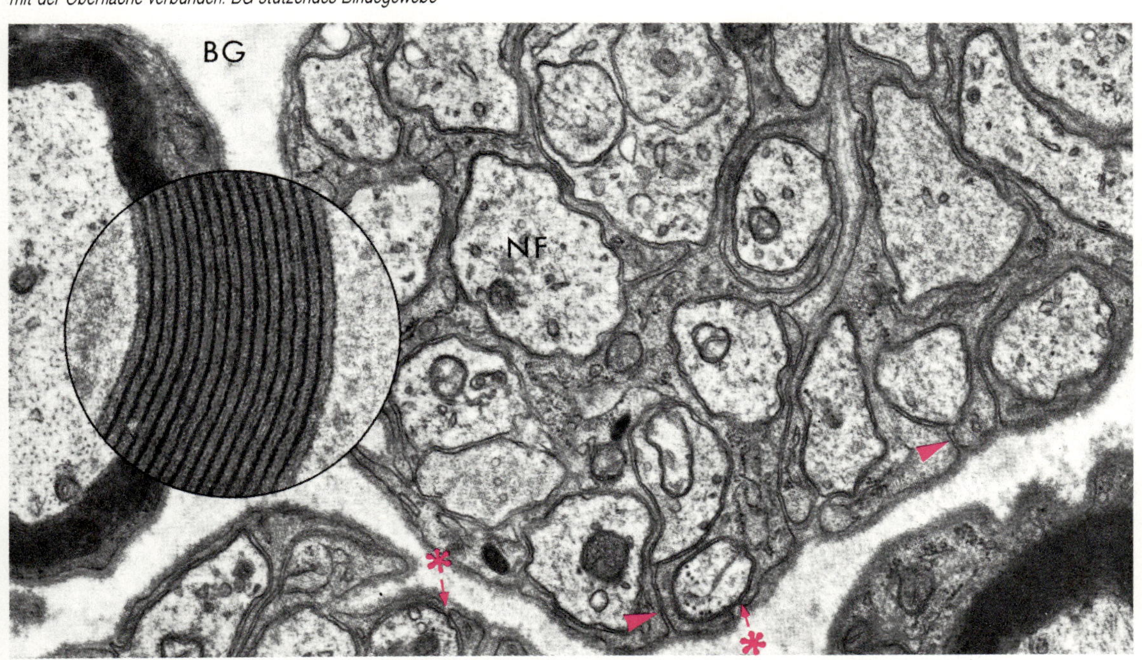

genden Schwannschen Zellen umhüllt. Nicht alle Neuriten haben jedoch eigene Schwannsche Zellen. Oft ist nämlich ein ganzes Bündel von Axonen in eine Reihe von Schwannschen Zellen eingebettet (gilt für die meisten Axone der wirbellosen Tiere und für manche Axone der Wirbeltiere; s. Abb. 207.3). Bei Wirbeltieraxonen mit eigenen Schwannschen Zellen (bei Säugetieren etwa die Hälfte aller Axone) wickeln sich diese in der Embryonalzeit mehrmals um die Axone, so daß eine Hülle von lamellenartigem Aufbau entsteht. Man bezeichnet sie als *Markscheide, Schwannsche Scheide* oder *Myelinscheide* (s. Abb. 207.2 und 207.3, Einschaltbild). Im Elektronenmikroskop kann man erkennen, daß die Axonmembran dort, wo zwei Schwannsche Zellen zusammentreffen, ein Stück freiliegt. Diese Stellen tragen nach ihrem Entdecker die Bezeichnung *Ranviersche Schnürringe,* weil sie im Lichtmikroskop als Einschnürungen der Markscheide erscheinen. Zwei hintereinanderliegende Ranviersche Schnürringe haben einen Abstand von 1 bis 2 mm. Man nennt Axone mit Markscheide auch *markhaltige Nervenfasern,* solche ohne Scheide *marklose Nervenfasern.* Von markhaltigen Axonen wird Erregung viel schneller geleitet als von marklosen (s. 2.3).

Die zahlreichen Berührungsstellen zwischen zusammengeschalteten Nervenzellen sowie zwischen Nervenzellen und Muskelfasern oder Drüsenzellen heißen *Synapsen.* Sie übertragen Erregung von einer Zelle auf die andere. Ein *Nerv* besteht aus Bündeln parallel laufender Neuriten. Die einzelnen Bündel und der ganze Nerv sind von Bindegewebszellen umhüllt. Die Gesamtheit aller Nervenzellen wird zusammen mit den umgebenden Zellen und Geweben als *Nervensystem* bezeichnet.

2.2 Erregungsleitung im Axon ohne Markscheide

2.2.1 Das Aktionspotential

Für das Studium der Erregungsleitung im Axon haben sich die *Riesenfasern (Axone)* von Tintenfischen besonders bewährt. Sie sind nur von äußerst dünnen Schwannschen Zellen umhüllt und außerordentlich dick (Durchmesser etwa 0,6 mm). Im unerregten Zustand besitzen sie ein Membranpotential **(Ruhepotential)** von ca. −90 mV (s. Abb. 205.1).

Das Membranpotential kann man experimentell durch Anlegen einer schwachen Spannung verändern. Dazu sticht man in der Nähe der Meßelektrode zusätzlich eine Reizelektrode in die Faser ein und bringt eine zweite Bezugselektrode ins Außenmedium. Die beiden zuletzt genannten Elektroden werden an eine Spannungsquelle (Reizgenerator) angeschlossen. Die Reizspannung wird auf dem zweiten Kanal des Oszillographen registriert (s. Abb. 209.1). Eine Erniedrigung des Membranpotentials unter den Ruhewert (z. B. von −90 mV auf −50 mV) wird als **Depolarisation**, eine Erhöhung als **Hyperpolarisation** bezeichnet.

Hyperpolarisiert oder depolarisiert man die Faser nur geringfügig, kehrt das Membranpotential nach Abschalten der Reizspannung im Verlauf einiger Millisekunden wieder zu seinem Ruhewert, dem Ruhepotential, zurück (Abb. 209.2).

Bei den ersten drei Reizen in Abb. 209.2 verändert sich das Membranpotential nicht genau so schnell wie die Reizspannung. Es vergeht vielmehr eine gewisse Zeit, bis der neue Spannungswert eingestellt ist. Auch nach Abschalten der Reizspannung wird das Ruhepotential erst einige Zeit später wieder erreicht. Die Ursache dafür liegt in den *Kondensatoreigenschaften* der *Membran.* Die Leitfähigkeit der Membran ist wesentlich geringer als diejenige von Außen- und Innenmedium. Eine Anordnung, in der zwei elektrische Leiter (intra- und extrazelluläre Flüssigkeit) durch eine dünne Schicht schlecht leitenden Materials (die Zellmembran) getrennt sind, ist ein Kondensator. Je geringer der Abstand der Leiter und je größer die Fläche ist, mit der sie an den Nichtleiter stoßen, desto größer ist die Kapazität des Kondensators, d. h. sein Fassungsvermögen für elektrische Ladungen. Dicke Axone haben wegen ihrer großen Membranfläche also eine große Kapazität, dünne Axone eine kleine. Ein Kondensator braucht eine gewisse Zeit, bis er be- oder entladen ist, genau so, wie es bei der Nervenzelle zu beobachten ist.

Aus der Abb. 209.2 ist weiter zu entnehmen: Je höher die angelegte Spannung, desto stärker ändert sich das Membranpotential. Verringert man experimentell das Membranpotential an einer Stelle unter einen bestimmten Wert *(Schwellenwert),* so kehrt sich die Ladungsverteilung an der Membran kurzzeitig um. Die Membran wird an dieser Stelle kurzzeitig außen negativ und innen positiv. Diese plötzliche Spannungsänderung von etwa 1 ms Dauer wird als *Aktionspotential, spike* oder *Impuls* bezeichnet. Ein Aktionspotential entsteht nur dann, wenn der Schwellenwert erreicht wird; es unterbleibt, wenn er nicht erreicht wird *(Alles-oder-Nichts-Gesetz).* Im übrigen ist die Höhe eines Aktionspotentials unabhängig von der Höhe und Dauer der angelegten Reizspannung. Das Aktionspotential wandert, wenn es in der Mitte des Axons ausgelöst wird, nach beiden Seiten über das Axon. Unter natürlichen Bedingungen entstehen Aktionspotentiale an der Stelle, wo das Axon aus dem Zellkörper hervorgeht und wandern nur in Richtung Axonende.

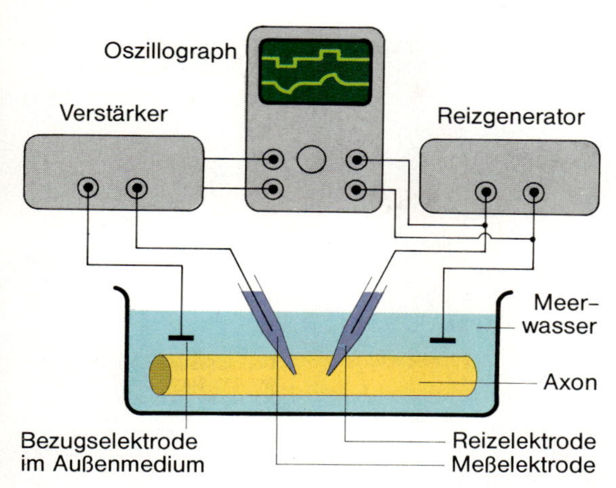

Abb. 209.1: Versuchsanordnung zur gleichzeitigen intrazellulären Reizung und Ableitung von einem Axon (nur ein Stück des Axons ist gezeichnet). Ein Zweistrahloszillograph zeichnet mit dem oberen Strahl die Reizspannung und mit dem unteren Strahl den Verlauf des Membranpotentials auf. Eine solche Messung ist in Abb. 209.2 wiedergegeben.

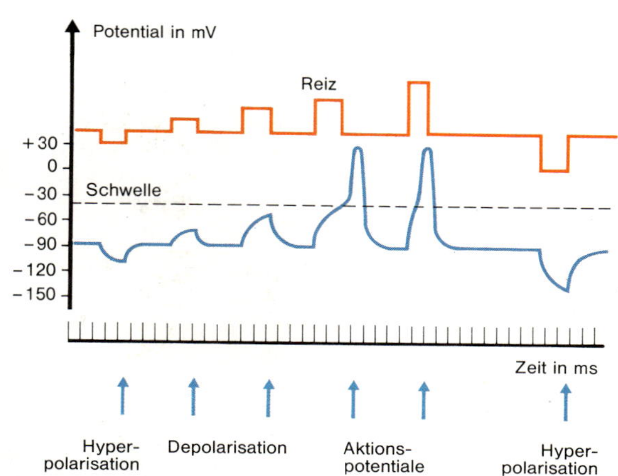

Abb. 209.2: Reizung einer Nervenfaser mit steigender Reizspannung (obere Linie): Die blaue Linie zeigt das Membranpotential der Faser. Durch den ersten Reiz wird das Membranpotential erhöht, durch die übrigen Reize erniedrigt. Nur dann, wenn der Reiz das Membranpotential unter den Schwellenwert erniedrigt, entsteht ein Aktionspotential. Die Amplitude der Aktionspotentiale ändert sich auch bei einer weiteren Erhöhung der Reizspannung nicht. Versuchsanordnung s. Abb. 209.1.

Der Begriff »Potential« wird in der Elektrophysiologie manchmal entgegen der physikalischen Definition und außerdem doppeldeutig benützt. Ruhepotential bzw. Membranpotential bedeuten aus physikalischer Sicht eine Potentialdifferenz oder Spannung, Aktionspotential bezeichnet eine Änderung der Spannung in der Zeit.

2.2.2 Ursachen des Aktionspotentials

In der Membran der Nervenfaser befinden sich besondere *Membranporen,* und zwar solche, die nur Na^+-Ionen und solche, die nur K^+-Ionen durchlassen. Im Gegensatz zu den Membranporen bei normalen Zellen (s. 1.3.2), beim Dendriten und beim Zellkörper von Nervenzellen ist die Durchlässigkeit der Membranporen des Axons vom Membranpotential abhängig. Man spricht deshalb hier von *spannungsgesteuerten* Natrium- und Kaliumporen. Beim Ruhepotential sind die Natriumporen geschlossen, nur ein Teil der Kaliumporen ist offen. Wird das Axon etwas depolarisiert, öffnen sich einige Natriumporen. Es sind aber immer noch weniger Natriumporen offen als Kaliumporen. Erreicht jedoch die Depolarisation den Schwellenwert, öffnen sich alle Natriumporen, während die Anzahl der offenen Kaliumporen zunächst unverändert bleibt. Deshalb strömen zu Beginn eines Aktionspotentials pro Zeiteinheit mehr Na^+-Ionen nach innen als K^+-Ionen nach außen. Dadurch entsteht im Innern des Axons ein Überschuß an positiver Ladung. Die Membran ist also gegenüber dem Ruhezustand gerade umgekehrt geladen (s. Abb. 210.1).

Die Natriumporen bleiben nur 1–2 ms lang offen. Dann schließen sie sich wieder, auch wenn die Zelle stark depolarisiert bleibt. Etwa zur gleichen Zeit öffnen sich alle noch geschlossenen Kaliumporen. Infolge des erhöhten K^+-Ausstroms kehrt das Membranpotential rasch wieder zum Ruhewert zurück (kurzzeitig wird dieser sogar überschritten). Der steile Anstieg eines Aktionspotentials wird also vom Na^+-Einstrom, die flachere Rückkehr zum Ausgangszustand vom erhöhten K^+-Ausstrom erzeugt. Gemessen an der Gesamtzahl der vorhandenen Na^+- und K^+-Ionen fließen bei einem Aktionspotential außerordentlich wenige Ionen durch die Zellmembran (s. auch 1.3.2). Ein Aktionspotential verändert also die Ionenkonzentrationen nicht in meßbarer Weise.

Depolarisiert man das Axon unmittelbar nach einem Aktionspotential erneut an der gleichen Stelle, öffnen sich die Natriumporen nicht: das Axon ist an dieser Stelle unerregbar *(refraktär).* Erst nach einer absoluten *Refraktärzeit* von 1–2 ms öffnen sich die Natriumporen erneut bei einer Depolarisation. Zunächst ist der Schwellenwert für die Auslösung eines weiteren Aktionspotentials noch sehr hoch, weil sich die Natriumkanäle erst bei einer sehr starken Depolarisation öffnen, so daß in dieser Zeit (relative Refraktärzeit) nur sehr starke Erregungen ein Aktionspotential auslösen. Die relative Refraktärzeit endet allmählich und zwar erst mehrere Millisekunden nach der absoluten Refraktärzeit.

Unsere Kenntnisse über die Struktur und die Funktion der verschiedenen Ionenkanäle verdanken wir unter anderem bestimmten Giften, die jeweils bestimmte Kanäle selektiv beeinflussen. So blockiert z. B. *Tetrodotoxin,* das Gift eines ostasiatischen Kugelfisches, die spannungsgesteuerten Natriumkanäle. Dadurch können keine Aktionspotentiale mehr gebildet werden. Mittel zur lokalen Betäubung *(Lokalanästhetika)* blockieren für eine gewisse Zeit ebenfalls die Natriumkanäle. Andere Gifte (z. B. von Skorpionen und Seeanemonen) verzögern das Schließen der Natriumkanäle.

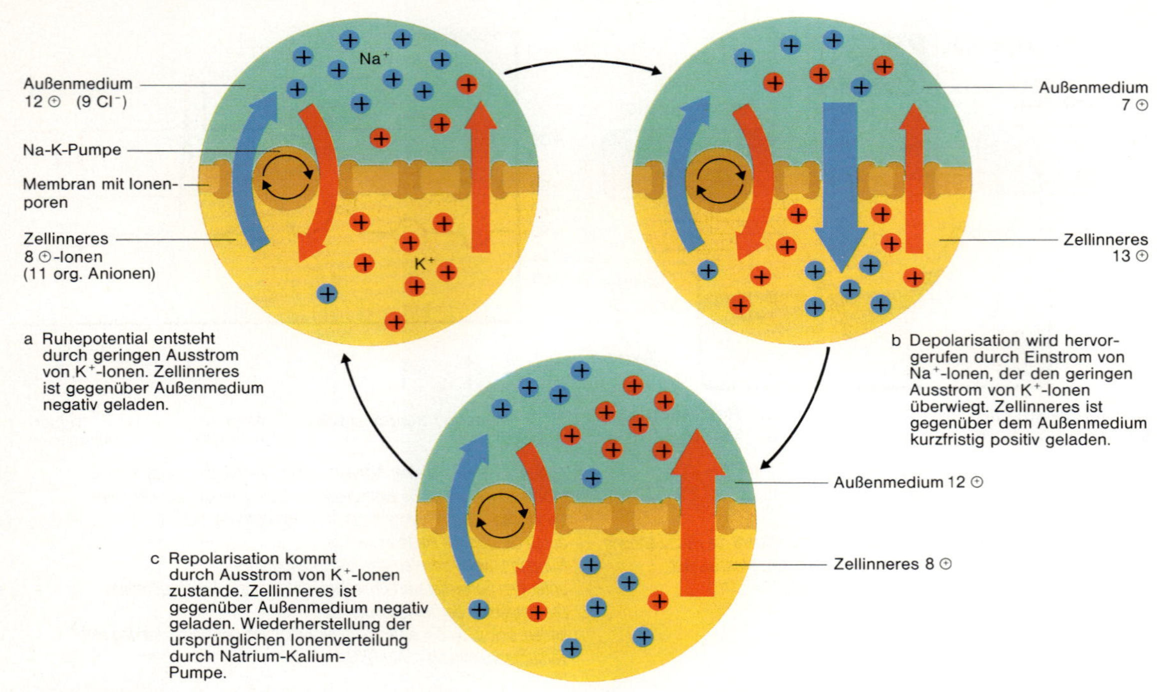

Abb. 210.1: Richtung und Stärke der Kationenströme beim Ruhe- und Aktionspotential, schematisch (Verteilung der Anionen s. Abb. 206.1). Die Natrium-Kalium-Pumpe erzeugt im Zellinneren eine relativ hohe Konzentration an K^+-Ionen und im Außenmedium eine relativ hohe Konzentration an Na^+-Ionen. Ihre Tätigkeit ändert aber nichts an der Spannung über der Membran, wenn sie für jedes Na^+-Ion, das sie nach außen schafft, ein K^+-Ion nach innen befördert. Zum Anstieg des Aktionspotentials (Depolarisation) führt ein starker Na^+-Einstrom ins Zellinnere (b), den Abfall des Aktionspotentials (Repolarisation) bewirkt ein starker K^+-Ausstrom ins Außenmedium (c). Das Ruhepotential wird durch einen schwachen K^+-Ausstrom (und Cl^--Einstrom) erzeugt (a). Rot K^+-Ionen, blau Na^+-Ionen. Im Gegensatz zu der Schemazeichnung verändert ein Aktionspotential die Ionenkonzentration innerhalb und außerhalb der Zelle so geringfügig, daß die Änderung nicht direkt meßbar ist.

2.2.3 Weiterleitung des Aktionspotentials

Die Weiterleitung des Aktionspotentials vollzieht sich so: Wenn durch Reizung einer bestimmten Stelle (A) ein Aktionspotential entsteht, grenzen an dieser Stelle positive und negative Ladungen ohne trennende Membran aneinander. Da sich gegensätzliche Ladungen anziehen, entstehen *Ionenströme* (Ausgleichsströmchen). Diese erniedrigen das Membranpotential der benachbarten Stellen. Ist die Nachbarstelle unter den Schwellenwert depolarisiert, entsteht auch hier ein Aktionspotential (s. Abb. 211.2).

Bei dicken Axonen wird der Schwellenwert früher erreicht als bei dünnen, weil der elektrische Widerstand des Innenmediums von dicken Axonen geringer ist. Deshalb leiten dicke Axone Aktionspotentiale schneller als dünne.

Die neu entstandenen Aktionspotentiale erniedrigen ihrerseits wieder das Membranpotential der benachbarten Stellen, aber auch der ursprünglichen Reizstelle A, an der die alte Membranpolarität wieder hergestellt ist. Diese Stelle ist jedoch noch unerregbar, so daß hier kein Aktionspotential auftreten kann.

Häufig werden Aktionspotentiale nicht durch in die Faser eingestochene Kapillarelektroden gemessen (intrazelluläre Ableitung; s. 1.3.1), sondern durch zwei außen in einem gewissen Abstand an die Faser angelegte Elektroden (*extrazelluläre Ableitung*, s. Abb. 211.2). Bei ruhender Faser tritt dann keine Spannung zwischen den Elektroden auf. Läuft ein Aktionspotential über die Faser, erreicht es zunächst die eine Elektrode, die damit gegenüber der zweiten negativ wird, weil die Außenseite des Axons bei Erregung negative Ladung trägt. Kurze Zeit später erreicht die Erregung die zweite Elektrode, die dann gegenüber der ersten negativ wird. Bei extrazellulärer Ableitung zeigt das Aktionspotential einen Verlauf wie in Abb. 211.3. Die Form des registrierten Bildes des Aktionspotentials hängt also von den Ableitbedingungen ab.

Die Entstehung des Aktionspotentials ist an jeder neuen Stelle ein aktiver, d.h. Energie erfordernder Vorgang. Die Energie stammt aus der ungleichen Io-

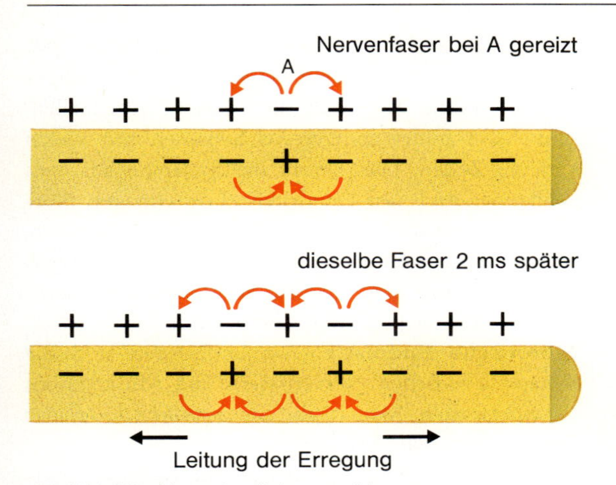

Abb. 211.1: Weiterleitung eines Aktionspotentials am marklosen Axon, schematisch. Rote Pfeile: Ausgleichsströmchen

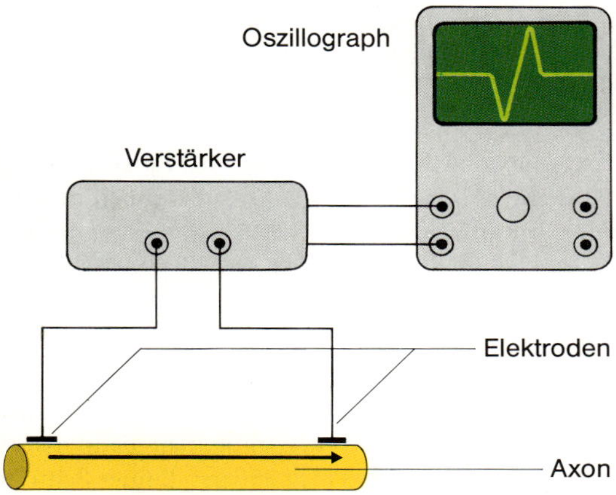

Oszillograph
Verstärker
Elektroden
Axon

Abb. 211.2: Extrazelluläre Ableitung von Aktionspotentialen, schematisch. Es ist nur ein Stück eines Axons gezeichnet. Auf dem Oszillographenschirm ist ein Aktionspotential abgebildet.

nenverteilung, die von der Natrium-Kalium-Pumpe unter ATP-Verbrauch erzeugt wird. Bei der elektrischen Informationsweitergabe durch metallische Leiter in der Technik wird nur an einer Stelle Energie zugeführt. Dieses Prinzip kann im Axon nicht angewendet werden, weil die Widerstände der Salzlösungen beiderseits der Zellmembran sehr viel höher sind als die von Metallen. Das liegt daran, daß die Ionen mit ihrer Wasserhülle wesentlich größer als Elektronen und deshalb nur schwer beweglich sind; der Ionenstrom würde sich schon nach wenigen mm abschwächen (vgl. 1.1).

2.3 Erregungsleitung im Axon mit Markscheide

Alle Nervenfasern, die von einfachen *Schwannschen Zellen* umhüllt sind, leiten die Erregung nach den gleichen Prinzipien wie die bisher besprochenen Riesenfasern der Tintenfische. Besitzen sie dickere Schwannsche Zellen als diese, so haben sie lediglich eine höhere Leitungsgeschwindigkeit.

Im Axon mit *Markscheide* wird die Erregung anders geleitet. An den Abschnitten mit Markscheide findet man nämlich keine spannungsgesteuerten Natriumporen. An diesen Teilen der Axonmembran können also keine Aktionspotentiale entstehen, sie bilden sich nur an den Schnürringen (s. Abb. 211.4). Ist an einem Schnürring ein Aktionspotential entstanden, entstehen Ausgleichsströmchen zum nächstfolgenden Schnürring, so daß auch dieser depolarisiert wird. Die mit der Markscheide umhüllten Stellen haben eine sehr geringe Membrankapazität, weil der

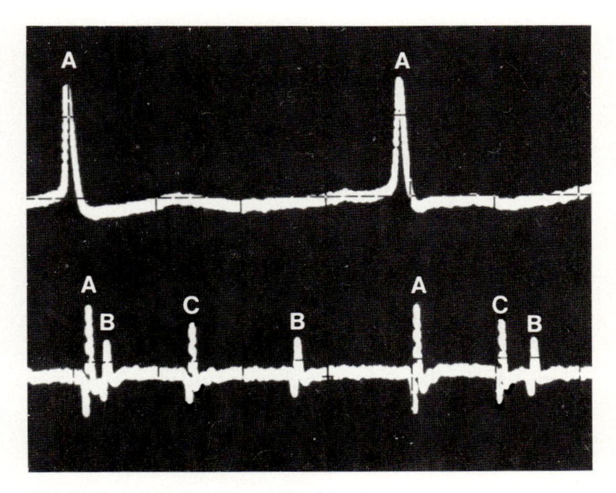

Abb. 211.3: Gleichzeitige intrazelluläre (oben) und extrazelluläre (unten) Ableitung von einem Motoneuron (A) der Stabheuschrecke (vgl. Abb. 205.1 und 211.2). Intra- und extrazelluläre Elektroden waren ein Stück weit voneinander entfernt. Bei der extrazellulären Ableitung vom Nerv erscheinen die Aktionspotentiale von zwei weiteren Neuronen B und C.

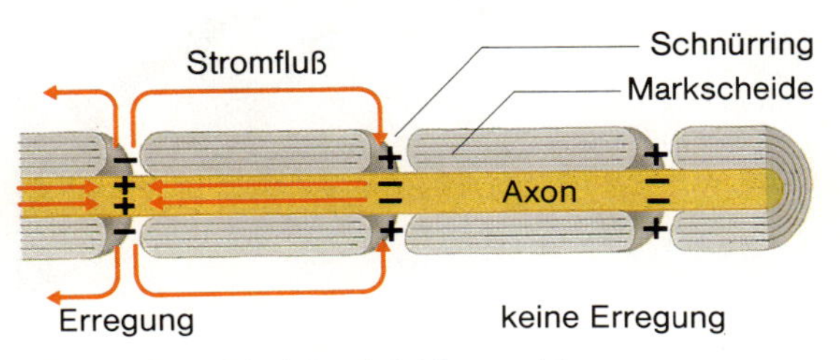

Abb. 211.4: Sprunghafte (saltatorische) Erregungsleitung in einer Nervenfaser mit Markscheide (s. Text)

Abstand zwischen Innen- und Außenmedium sehr groß ist (s. 2.2.1). Deshalb kann dieser Teil des Axons außerordentlich schnell entladen werden. Die Erregung pflanzt sich deshalb mit hoher Geschwindigkeit fort (maximal 120 m/s). An den Schnürringen ist der Abstand zwischen Innen- und Außenmedium gering. Hier laufen also die gleichen Vorgänge wie in marklosen Axonen ab. Die Erregung »springt« von Schnürring zu Schnürring *(saltatorische Erregungsleitung)*.

Rasch leitende Axone ohne Markscheide müssen einen großen Durchmesser haben. Eine Leitungsgeschwindigkeit von 25 m/s mißt man beim Riesenaxon des Tintenfisches (mit äußerst dünner Schwannscher Zelle) bei einem Durchmesser von etwa 600 μm, beim Regenwurm (mit dicker Schwannscher Zelle) bei einem Durchmesser von 100 μm und beim Frosch (mit Markscheide) bei einem Durchmesser von 10 μm. Eine Markscheide bietet demnach die folgenden Vorteile: raschere Erregungsleitung, erhebliche Materialersparnis und geringerer Energieverbrauch.

2.4 Die Vorgänge an den Synapsen. Funktion von Dendriten und Zellkörper

Die Enden eines Axons sind oft sackartig erweitert. Diese »Endknöpfe« legen sich an den Zellkörper oder die Dendriten eines anderen Neurons oder auch an eine Muskelfaser an. Es entsteht eine *Synapse*. Zwischen dem Endknopf eines Axons und der Membran der folgenden Nerven- oder Muskelzelle ist ein schmaler flüssigkeitsgefüllter Spalt (*synaptischer Spalt* von etwa 20 nm). An einem Neuron enden im allgemeinen Axone außerordentlich vieler Nervenzellen, sein Axon bildet andererseits Synapsen mit vielen anderen Zellen. Die Anzahl der Synapsen auf dem Zellkörper und den Dendriten einer einzigen Nervenzelle kann im Wirbeltiergehirn 500 000 betragen. Man unterscheidet an einer Synapse den *präsynaptischen Teil* (dieser liegt vor dem Spalt) und den *postsynaptischen Teil* (er liegt hinter dem Spalt).

Motorische Endplatte. Am einfachsten sind die Synapsen zwischen Nervenfasern und Muskelfasern zu untersuchen. Man nennt sie *motorische Endplatten* oder *neuromuskuläre Synapsen*.

Sie sind wesentlich größer als die Synapsen zwischen zwei Neuronen, aber grundsätzlich gleich gebaut. Abb. 212.2 zeigt einen Querschnitt durch eine solche Endplatte. Besonders auffallend sind am Ende des Axons die vielen synaptischen Bläschen. Sie enthalten Acetylcholin.

In der Membran des Endknopfes gibt es spannungsgesteuerte Calciumporen. In der Ruhe sind sie geschlossen und das Zellinnere ist relativ arm an Ca^{2+}-Ionen. Erreicht ein Aktionspotential den Endknopf, öffnen sich die Calciumporen kurzzeitig, Ca^{2+}-Ionen können in das Zellinnere strömen. Der kurzzeitige Anstieg der Ca^{2+}-Ionen-Konzentration bewirkt, daß ein Teil der synaptischen Bläschen mit der Zellmembran verschmilzt (s. Abb. 213.1). Ihr Inhalt wird dadurch in den synaptischen Spalt entleert. Die Ca^{2+}-Ionen werden schnell chemisch gebunden, so daß ihre Konzentration rasch wieder absinkt und keine weiteren synaptischen Bläschen mehr ihren Inhalt ausschütten können. Diese Prozesse dauern nur so lange wie die Depolarisation (wenige Millisekunden).

Abb. 212.1: Motorische Innervierung der Muskulatur. Die Nervenfasern spalten sich auf und bilden am Ende die Endknöpfe der motorischen Endplatten (Vergrößerung 800fach).

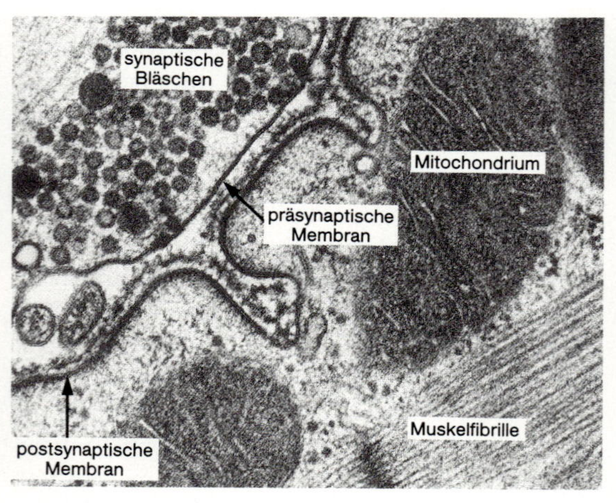

Abb. 212.2: Querschnitt durch eine motorische Endplatte eines Frosches. Präsynaptische Membran und postsynaptische Membran begrenzen den synaptischen Spalt.

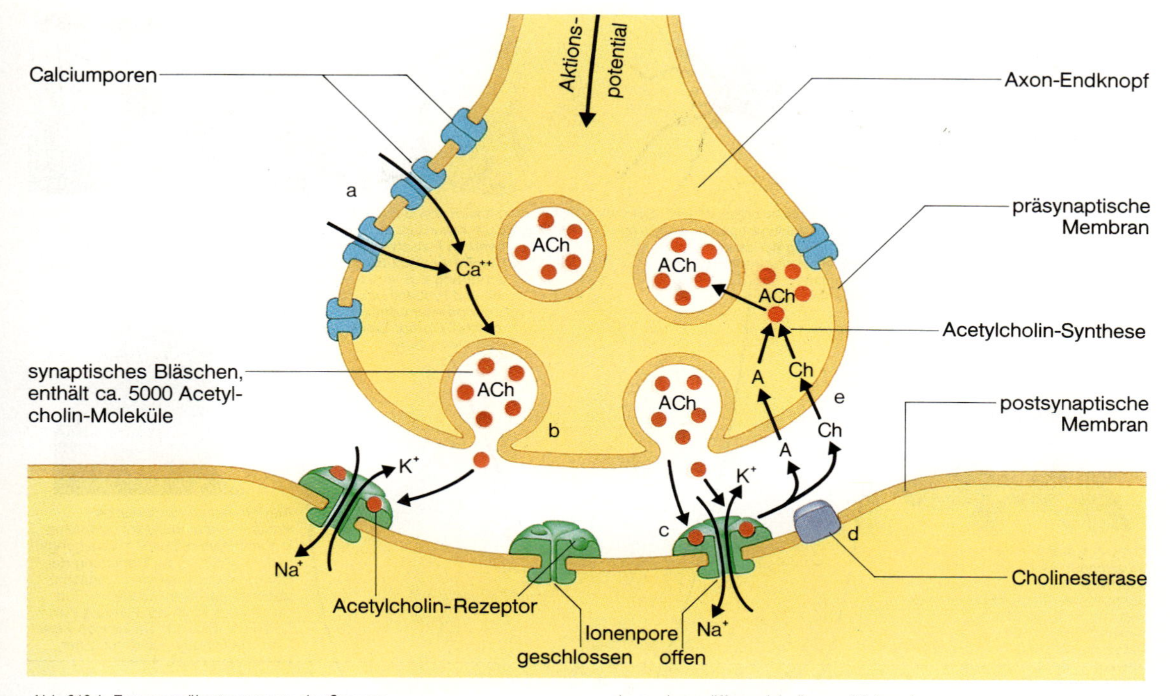

Abb. 213.1: Erregungsübertragung an der Synapse einschließlich des Acetylcholinkreislaufs (schematisch).
a Ein ankommendes Aktionspotential bewirkt den Einstrom von Ca^{2+}-Ionen in den Axon-Endknopf,
b Synaptische Bläschen verschmelzen mit der präsynaptischen Membran und Acetylcholin wird in den synaptischen Spalt entleert.
c Acetylcholinmoleküle besetzen ca. 1 ms lang Rezeptoren in der postsynaptischen Membran, ebenso lange öffnen sich die zugehörigen Ionenporen, Na^+-Ionen strömen ins Zellinnere, vergleichsweise wenige K^+-Ionen nach außen.
d Acetylcholinmoleküle besetzen das Enzym Cholinesterase und werden in Acetat-Ionen und Cholin gespalten.
e Acetat-Ionen und Cholin werden in den Endknopf aufgenommen; dort wird neues Acetylcholin gebildet.

Acetylcholin wird aus den synaptischen Bläschen freigesetzt und diffundiert in etwa 0,1 ms über den Spalt. Man bezeichnet Acetylcholin als den *Überträgerstoff (Transmitter)* dieser Synapse.

Die Muskelfaser hat wie die Nervenfaser ein Ruhepotential. Der unter dem synaptischen Spalt liegende Teil ihrer Membran (die *postsynaptische Membran*) besitzt Poren. In Abwesenheit von Acetylcholin sind sie geschlossen. Wird Acetylcholin an der Außenseite der Membran an Rezeptoren gebunden, öffnen sie sich: Na^+-Ionen strömen ein, vergleichsweise wenige K^+-Ionen aus. Dadurch verringert sich das Membranpotential an der postsynaptischen Membran (Depolarisation s. 2.2.1). Die Differenz zwischen dem Ruhepotential und dem erniedrigten Membranpotential bezeichnet man als *Endplattenpotential.*

Acetylcholinmoleküle bewegen sich im synaptischen Spalt gleich Pingpongbällen hin und her und können mehrere Ionenporen hintereinander öffnen. Sobald sie aber an das Enzym *Cholinesterase* binden, werden sie sofort in Acetat-Ionen und Cholin gespalten. Dies verhindert eine Dauererregung. Beide Stoffe werden wieder in die Nervenendigung aufgenommen, wo sich aus ihnen erneut Acetylcholin bildet. Dieses wird in den synaptischen Bläschen gespeichert.

Erreicht das Endplattenpotential den Schwellenwert, so löst es in der Umgebung der Endplatte ein normales Aktionspotential aus. Dieses breitet sich über die Muskelfaser aus und veranlaßt sie zur Kontraktion. Das Aktionspotential wird in der Muskelfaser auf die gleiche Weise weitergeleitet wie in der Nervenfaser.

Erregende interneurale Synapsen: Die Synapsen zwischen zwei Nervenzellen *(interneurale Synapsen)* arbeiten grundsätzlich wie die motorische Endplatte. Als Überträgerstoffe findet man neben *Acetylcholin* noch *Noradrenalin, γ-Aminobuttersäure, Dopamin, Serotonin* und andere Stoffe. Enzyme bauen auch hier die Überträgerstoffe in äußerst kurzer Zeit wieder ab und verhindern dadurch eine Dauererregung. Die Erregungsübertragung in einer Synapse kann an verschiedenen Stellen gestört werden (Abb. 214.1).

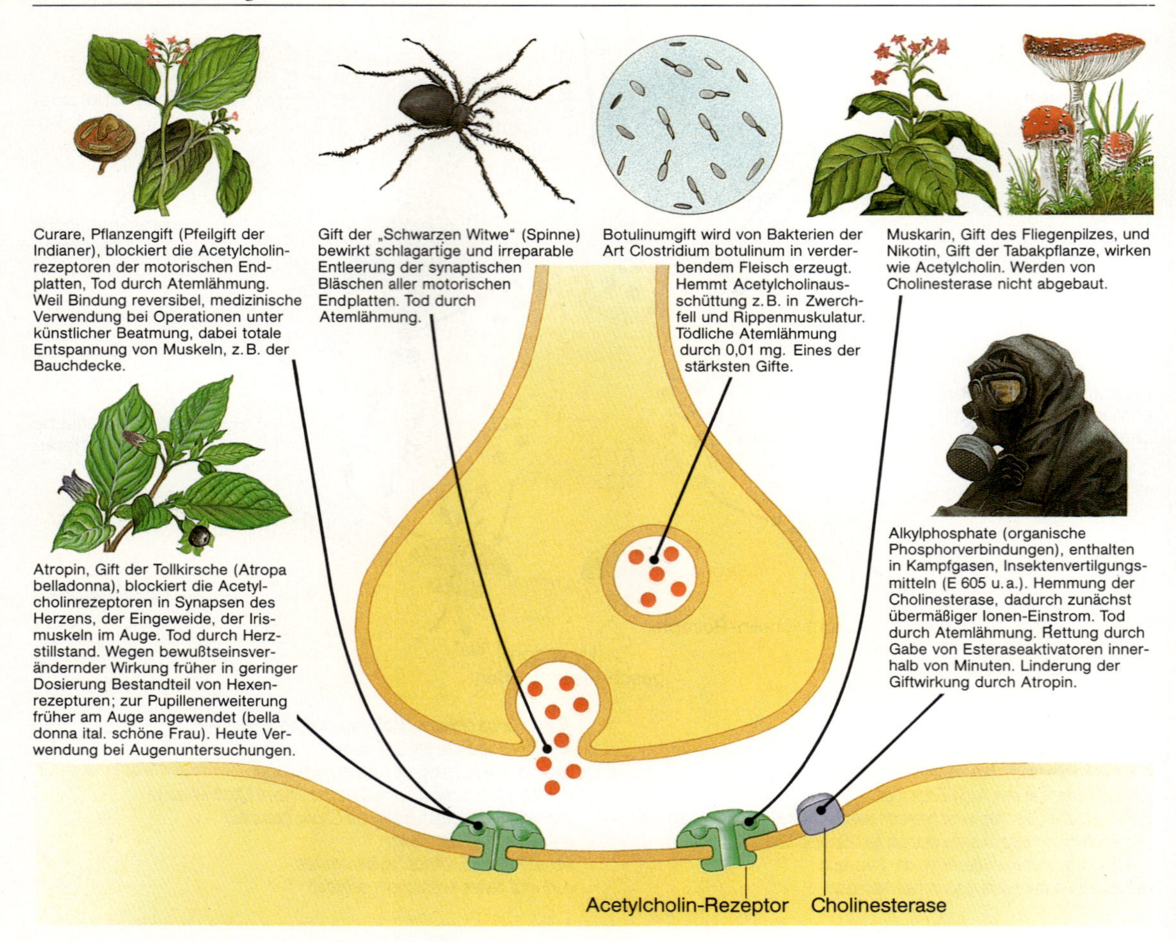

Abb. 214.1: Wirkung von Synapsengiften (Überträgersubstanz Acetylcholin)

Hemmende interneurale Synpasen. Im Nervensystem gibt es neben den erregenden Synapsen auch hemmende Synapsen. Die Überträgerstoffe dieser hemmenden Synapsen erhöhen das Membranpotential der nachfolgenden Nervenzelle, indem sie weitere Kaliumporen in der postsynaptischen Membran öffnen (Hyperpolarisation s. 2.2.1). Damit erschweren sie die Auslösung eines Aktionspotentials am Ursprung des Axons. *Tetanustoxin* (Gift des Tetanusbazillus) verhindert die Freisetzung des (hemmenden) Transmitters an gewissen hemmenden Synapsen im Rückenmark. Diese Erscheinung führt zu Starrkrampf.

Ein Aktionspotential, das an einer erregenden Synapse ankommt, erzeugt in der postsynaptischen Zelle eine kurzzeitige Depolarisation *(erregendes postsynaptisches Potential = EPSP)*. Das EPSP entspricht dem Endplattenpotential an der motorischen Endplatte der Muskelfaser. An einer hemmenden Synapse erzeugt ein Aktionspotential dagegen eine kurzzeitige Hyperpolarisation der Folgezelle *(inhibitorisches postsynaptisches Potential = IPSP)*.

Ein Neuron hat Synapsen, die Informationen auf eine andere Zelle übertragen (Ausgangs-Synapsen), im allgemeinen nur am Axonende. Synapsen, über die die Zelle Informationen erhält (Eingangssynapsen), liegen bevorzugt an den Dendriten und am Zellkörper. Selten findet man sie auch am Ende des Axons kurz vor den synaptischen Endknöpfen. Eingangssynapsen am Axon können hemmend oder erregend sein. Sie verändern die Höhe der Aktionspotentiale, bevor diese den Endknopf erreichen, und damit die Menge des freigesetzten Überträgerstoffes (s. 2.7).

Informationsverarbeitung. In einer Nervenzelle tritt sowohl im Zellkörper und in den Dendriten als auch im Axon ein Ruhepotential auf. Aktionspotentiale bilden sich aber nur im Axon, weil nur hier die spannungsgesteuerten Natrium- und Kaliumporen vorhanden sind (s. 2.2.2). Spannungsänderungen, die an den Synapsen der Dendriten und des Zellkörpers erzeugt werden, müssen sich also durch Ausgleichsströmchen über die ganze Zelle bis zum Ursprung des Axons ausbreiten. Dabei schwächen sie sich ab.

Im allgemeinen kann die Tätigkeit einer einzigen erregenden Synapse das Membranpotential von Zellkörper und Dendriten nur geringfügig verändern und auch das Membranpotential des Axonursprungs nicht bis zum Schwellenwert erniedrigen. Nun enden aber an einer Nervenzelle viele Axone mit erregenden Synapsen. Wird eine größere Zahl dieser Synapsen gleichzeitig erregt, summieren sich ihre Wirkungen. Dadurch sinkt das Membranpotential des Zellkörpers und damit auch des Axonursprungs stark ab. Bei Erreichen des Schwellenwertes am Axonursprung entsteht dort ein Aktionspotential, das über das Axon wandert. Jedes Aktionspotential, das an einer Synapse ankommt, setzt eine bestimmte Menge Überträgerstoff frei. Ist die Frequenz der Aktionspotentiale (d. h. die Zahl der Impulse pro Zeiteinheit) hoch, wird viel Überträgerstoff abgegeben und dadurch das Membranpotential der Folgezelle stark herabgesetzt. Je höher die Impulsfrequenz, desto stärker ist die Wirkung auf die Folgezelle (s. Abb. 215.1). Auch die Wirkung der Einzelimpulse wird also summiert.

An den Dendriten und dem Zellkörper eines Neurons liegen außer den erregenden auch hemmende Synapsen in großer Zahl. Die Wirkungen beider Synapsentypen auf das Membranpotential dieser Zelle überlagern sich. Die »erregenden« Aktionspotentiale werden addiert und die »hemmenden« Aktionspotentiale subtrahiert. Überschreitet die Summe den Schwellenwert, entstehen am Axon dieses Neurons ebenfalls Aktionspotentiale. Ihre Frequenz ist um so höher, je weiter die Schwelle überschritten ist. Die Abhängigkeit der Aktionspotentialfrequenz vom Membranpotential kann folgendermaßen erklärt werden: Nach Bildung des ersten Aktionspotentials befindet sich der Axonursprung zuerst in der absoluten und dann in der relativen Refraktärzeit. Während der relativen Refraktärzeit sinkt die Schwelle für das Auslösen eines Aktionspotentials allmählich ab. Erreicht sie das gerade vorhandene Membranpotential, entsteht das nächste Aktionspotential. Dieses bildet sich also um so früher, je stärker die Zelle depolarisiert ist. Der Zellkörper »verrechnet« also die an den verschiedenen Synapsen einlaufenden Impulsfrequenzen miteinander durch *Summation*.

Es kann auch sein, daß die ersten an einer Synapse eintreffenden Aktionspotentiale die Wirkung nachfolgender Aktionspotentiale erhöhen. In einem solchen Fall spricht man von *Bahnung* (die vorausgegangenen Aktionspotentiale bahnen den Weg für die folgenden).

Das Nervensystem ist wie ein Computer ein informationsverarbeitendes System. In der Technik unterscheidet man zwei Arten von Computern: Digitalcomputer und Analogcomputer. Im heute überwiegend verwendeten Digitalcomputer werden die Informationen im digitalen Zahlensystem (Einsnullsystem) codiert, im Analogcomputer aber durch eine kontinuierlich veränderbare Größe (z. B. eine elektrische Spannung). Digitalcomputer sind leichter zu programmieren, arbeiten aber meist seriell, d. h. sie führen die einzelnen Operationen eine nach der anderen, allerdings mit sehr hoher Geschwindigkeit durch. Sollen mehrere Operationen gleichzeitig erledigt werden (parallele Datenverarbeitung), besitzt der Analogcomputer deutliche Vorteile. Im Nervensystem werden Informationen entweder durch den Abstand zweier Aktionspotentiale oder durch die Veränderung des Membranpotentials codiert. Beide Größen sind kontinuierlich veränderbar. Die Nervenzelle ist demnach mit einem technischen Analogcomputer zu vergleichen. Die Informationsverarbeitung erfolgt gleichzeitig in außerordentlich vielen Nervenzellen. Das Nervensystem läßt sich daher nicht mit derzeit verwendeten digitalen Computern vergleichen.

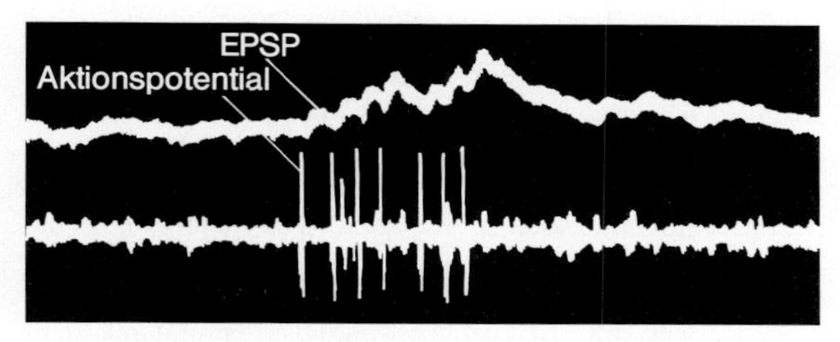

Abb. 215.1: Gleichzeitige Messung von Aktionspotentialen (untere Linie) und den von diesen ausgelösten erregenden postsynaptischen Potentialen (EPSP, obere Linie). Die obere Linie wurde durch intrazelluläre Ableitung von einem Motoneuron der Heuschrecke gewonnen, die untere durch gleichzeitige extrazelluläre Ableitung von einem auf dem Motoneuron endigenden Axon. Jedes Aktionspotential des präsynaptischen Neurons erzeugt ein EPSP im Motoneuron. Am Anfang ist Summation zu beobachten.

Ein Axon kann Impulse nach beiden Seiten leiten. Da die Informationsübertragung in Synapsen aber nur in einer Richtung erfolgt, leiten auch Axone unter natürlichen Bedingungen Impulse immer nur in eine Richtung: Synapsen wirken als *Gleichrichter*. Man kann deshalb im Körper **afferente (sensible) Nervenfasern** von **efferenten Fasern** unterscheiden. Die afferenten Fasern leiten die Erregung von den Sinnesorganen zum Zentralnervensystem, die efferenten umgekehrt vom Zentralnervensystem zu den peripheren Organen (Muskeln, Drüsen, s. Abb. 207.2). Die zu den Muskeln ziehenden efferenten Fasern werden auch als *motorische Fasern* bezeichnet.

Neben den bisher besprochenen *chemischen Synapsen* gibt es auch (jedoch selten) *elektrische Synapsen*, bei denen ein Transmitter fehlt. In diesen sind die präsynaptische und postsynaptische Membran verschmolzen, so daß die Aktionspotentiale ungehindert von einer Zelle zur anderen gelangen können. Elektrische Synapsen können Aktionspotentiale nur dann übertragen, wenn die postsynaptische Zelle gleich groß oder kleiner als die präsynaptische Zelle ist. Ist die postsynaptische Zelle aber wesentlich größer, ist ihre Membrankapazität auch wesentlich größer (s. 2.2.1). Ein Kondensator mit kleiner Kapazität (präsynaptische Zelle) kann aber bei einem Kondensator mit großer Kapazität (postsynaptische Zelle) die Ladung kaum verändern. Deshalb ist z.B. eine elektrische motorische Endplatte nicht möglich (die Muskelfaser ist wesentlich dicker als die Nervenfaser).

2.5 Neuromodulatoren, Neurosekretion

Synaptische Transmitter sind nicht die einzigen Stoffe, welche die Tätigkeit einer Nervenzelle beeinflussen können. Es gibt zusätzlich hormonartige Stoffe, deren Wirkung nicht auf die Synapsenregion beschränkt ist, sondern sich über größere Bereiche des Neurons erstreckt. Oft werden ganze Gruppen von Nervenzellen auf einmal von ihnen beeinflußt. Solche Stoffe heißen *Neuromodulatoren*. Viele Neuromodulatoren sind Peptide. Wahrscheinlich kann ein und dieselbe Substanz sowohl in eng umschriebenen Synapsen als Transmitter, als auch über gewisse Entfernungen als Neuromodulator wirken.

Endorphine und **Enkephaline** sind Polypeptide mit neuromodulatorischer Wirkung. Sie werden im Gehirn bei starken Schmerzen freigesetzt und vermindern nach Bindung an spezifische Rezeptoren die Schmerzempfindung. Die Tatsache, daß Schwerverletzte unmittelbar nach dem Unfall keine Schmerzen empfinden, führt man auf die Wirkung dieser Substanzen zurück. Opiate (Opium, Morphin) können an die Rezeptoren für die Endorphine und Enkephaline binden, obwohl sie chemisch mit diesen nicht verwandt sind. Sie wirken daher schmerzstillend.

Jede Nervenzelle ist auch eine Art sekretorische Zelle, da sie aus ihren synaptischen Endknöpfen Transmittersubstanzen freisetzen kann. Bei manchen Nervenzellen ist diese Eigenschaft besonders entwickelt. Ihre Axone enden dann oft nicht an anderen Nervenzellen, sondern an Blutkapillaren oder frei im Gewebe. Die ausgeschiedenen Stoffe sind Gewebshormone (s. Hormone 1.). Man bezeichnet solche Zellen als *neurosekretorische Zellen*.

Neurosekretorische Zellen transportieren die von ihnen ausgeschiedenen Stoffe ans Axonende. Dort werden sie auf die gleiche Weise wie der Transmitter einer normalen Nervenzelle freigesetzt, wenn ein Aktionspotential über das Axon gelaufen ist. Beispiele für neurosekretorische Zellen s. 8.2.3. Die Neuromodulatoren werden wahrscheinlich ebenfalls von neurosekretorischen Zellen produziert.

2.6 Elektrizitätserzeugung

Einige Fische (z.B. Zitterrochen, südamerikanischer Zitteraal, afrikanischer Zitterwels) können Elektrizität erzeugen. Die elektrische Spannung entsteht in Organen, die aus der Muskulatur gebildet worden sind. Beim Zitteraal, dem Fisch mit der größten Fähigkeit zur Stromerzeugung, machen diese elektrischen Organe ⅓ des Körpergewichts aus. Es wurden kurzzeitig Spannungen bis zu 800 V und Stromstärken bis zu 1 A gemessen. Die dabei erzeugten elektrischen Schläge sind so stark, daß sie als Abwehrmittel wie auch zum Erwerb der Nahrung eingesetzt werden. Viele Fische können schwache elektrische Impulse aussenden und deren Rückkehr registrieren. So erkennen sie Beute und Hindernisse und verständigen sich auf diese Weise auch mit Artgenossen. Die Spannungen werden auf die gleiche Weise wie in motorischen Endplatten gebildet. Ein elektrisches Organ besteht aus einer mehr oder weniger großen Zahl von Säulen. Jede Säule ist aus vielen Platten aufgebaut, die umgewandelte Muskelzellen darstellen. Jede Platte arbeitet wie eine besonders große motorische Endplatte. Die Platten einer Säule sind wie hintereinander geschaltete Batterien angeordnet. Dadurch addieren sich die von den einzelnen Platten erzeugten Spannungen. Beim Zitteraal kann eine Säule bis zu 8000 Platten enthalten (je höher die Zahl der Platten, desto höher die Spannung). Je mehr Säulen vorhanden sind, um so größer ist die Stromstärke der Entladungen.

2.7 Veränderung von Synapseneigenschaften

Die Eigenschaften einer Synapse können sich kurz- oder längerfristig ändern. Solche Veränderungen wurden vor allem an der Meeresschnecke *Aplysia* untersucht. Berührt man die Atemröhre dieses Tieres, so zieht es seine Kiemen in die Mantelhöhle zurück (*Kiemenrückziehreflex,* Abb. 217.2). Dieser Reaktion liegen die folgenden Vorgänge zugrunde: Der Reiz wird von einer größeren Zahl von Sinneszellen aufgenommen. Diese sind über erregende Synapsen mit den Motoneuronen des Kiemenrückziehmuskels verbunden. Eine Reizung der Sinneszellen erzeugt Aktionspotentiale, die wiederum erregende postsynaptische Potentiale (EPSP) in den Motoneuronen hervorrufen und so eine entsprechende Reaktion auslösen.

Bei wiederholter Reizung der Atemröhre wird die Reaktion immer schwächer und hört nach 10–15 Berührungsreizen ganz auf. Man bezeichnet dies als *Habituation* (Gewöhnung). Die Ursache dafür ist eine verminderte Ausschüttung des Transmitters aus den Endknöpfen der sensiblen Fasern, weil sich der Ca^{2+}-Ionen-Einstrom in den synaptischen Endknopf verringert. Dadurch werden die in den Motoneuronen entstehenden EPSP kleiner. Nach einer Stunde tritt die Reaktion in abgeschwächter Form wieder auf und erreicht ihre volle Höhe nach ungefähr 24 Stunden.

Koppelt man das Berühren der Atemröhre mit einem schmerzhaften Reiz am Kopf, verstärkt *Aplysia* den Kiemenrückziehreflex *(Sensibilisierung)*. An den Axonen der Sinneszellen endet kurz vor der Synapse mit dem Motoneuron der Neurit einer weiteren Nervenzelle, die mit Sinneszellen des Kopfes in Verbindung steht. Dieser bewirkt

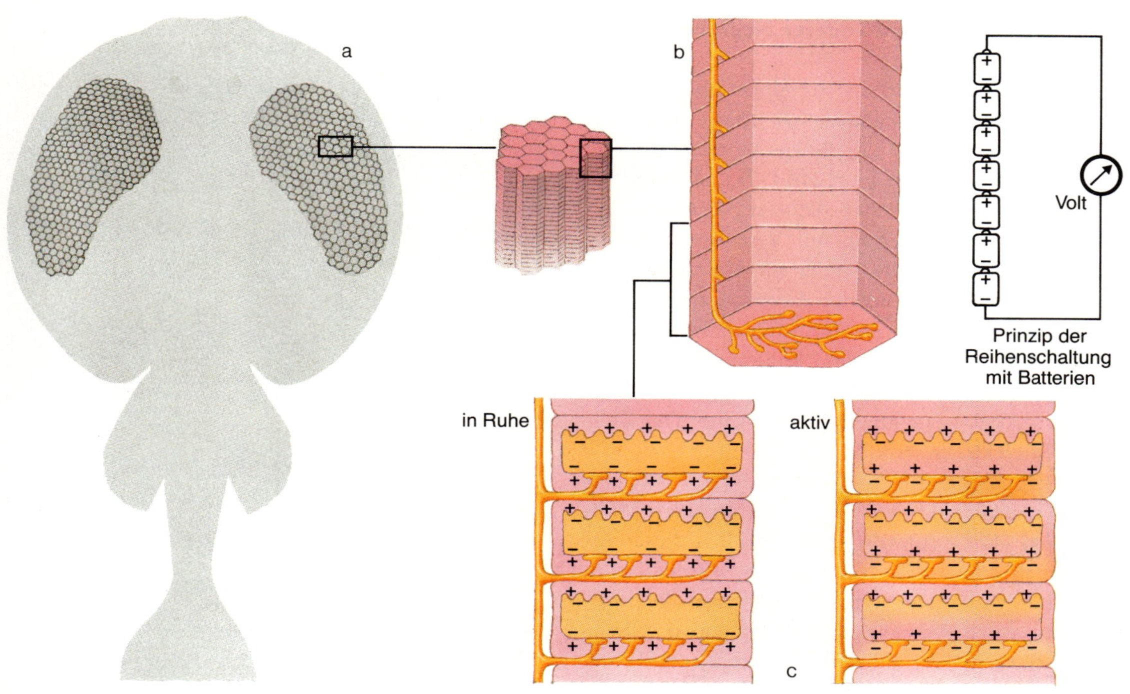

Abb. 217.1: Elektrisches Organ des Zitterrochens.
a Lage des Organs.
Es besteht aus etwa 600 senkrechten Säulen.
b Einzelne Säule. Jede Säule besteht aus etwa 350 Platten.
Jede Platte ist nur auf der Unterseite innerviert.
c Schnitt durch eine Platte.
Das Innere der umgewandelten Muskelzellen (gelb) ist in Ruhe (links) negativ geladen.
Im aktiven Organ (rechts) bleibt der obere Teil der umgewandelten Muskelzellen negativ.
Der untere (innervierte) Teil wird dagegen positiv und das ihm unmittelbar anliegende Außenmedium negativ.

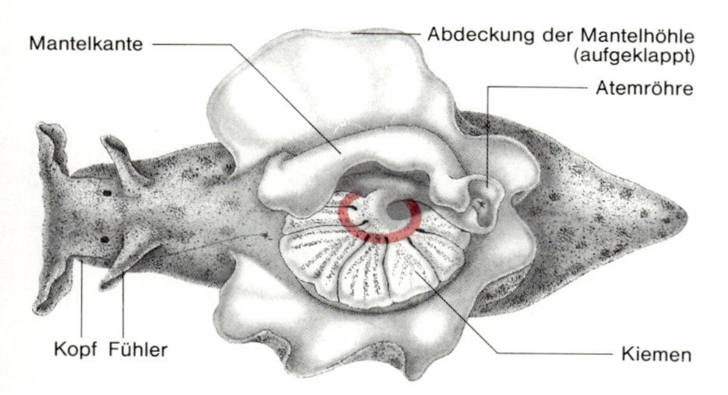

Abb. 217.2: Die Meeresschnecke Aplysia (»Seehase«, Länge bis 40 cm, Aufsicht) und vereinfachtes Schema des Kiemenrückziehreflexes (rechts). Auf mechanische Reizung der Atemröhre hin werden die Kiemen bis in Höhe des roten Kreises zurückgezogen. Monosynaptischer Reflexbogen rot, Sensibilisierung nach zusätzlichem Schmerzreiz am Kopf mittels Interneuron (blau). Näheres siehe Text

die Sensibilisierung. Er scheidet in seinen Endknöpfen den Transmitter Serotonin aus. Die Bindung von Serotonin an ein Rezeptormolekül des Axons der Sinneszelle löst eine Kette von Reaktionen aus, die dazu führt, daß mehr Transmitter von den Endknöpfen der Sinneszellen ausgeschüttet wird. Dadurch vergrößern sich die EPSP in den Motoneuronen. Die Reaktionskette besteht aus folgenden Teilen: Die Bindung von Serotonin an ein Rezeptormolekül regt die Synthese von cAMP (s. Hormone 4.1) in der Sinneszelle an. cAMP aktiviert ein bestimmtes Enzym, das seinerseits spannungsgesteuerte Kaliumporen inaktiviert. Dadurch verringert sich der Kaliumausstrom am Ende eines Aktionspotentials und das Aktionspotential im Axon der Sinneszelle dauert länger.

Habituation und Sensibilisierung halten nur verhältnismäßig kurze Zeit an. Daneben gibt es längerfristige Veränderungen der Aktivität von Synapsen, deren Ursachen in strukturellen Veränderungen der Synapsenregion liegen.

2.8 Bau und Funktion anderer Nervenzellen

Nicht alle Nervenzellen sind so gebaut wie das unter 2.1 beschriebene Motoneuron im Rückenmark der Wirbeltiere (s. Abb. 207.2). Beispielsweise folgt bei Neuronen des Typs der Abb. 218.1, b und c (die bei Wirbellosen vorherrschende Art von Neuronen), auf eine »dendritische« Region mit Verzweigungen direkt das Axon. Die Stelle, an der ein Aktionspotential entsteht (also der Beginn des Axons), ist mikroskopisch nicht erkennbar. An ihr sind erstmalig spannungsgesteuerte Natrium- und Kaliumporen vorhanden. In der dendritischen Region fehlen diese, so daß dort kein Aktionspotential auftreten kann. Der Zellkörper ist elektrisch inaktiv.

Es gibt auch Neuronen, die keine Aktionspotentiale bilden, also funktionell kein Axon besitzen *(Neuronen ohne Aktionspotential)*. Nervenzellen dieser Art findet man z. B. in der Netzhaut der Wirbeltiere (s. 4.4). Neuronen dieses Typs transportieren die Erregung nur durch Ausgleichsströmchen und ihre Synapsen schütten kontinuierlich Überträgerstoff aus. Dabei hängt die pro Zeiteinheit ausgeschüttete Menge von der Höhe des Membranpotentials an der präsynaptischen Membran ab.

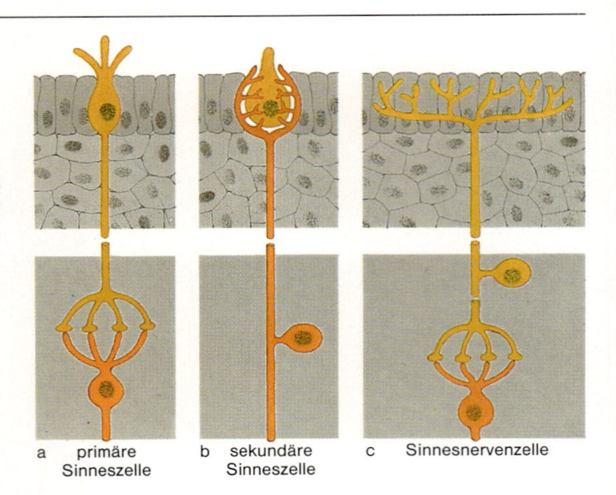

Abb. 218.1: Schema der Sinneszellen. a Primäre Sinneszelle. Sie nimmt den Reiz auf und leitet auch die Erregung weiter. b Sekundäre Sinneszelle. Die Erregung wird durch eine gesonderte Nervenzelle abgeleitet. c Sinnesnervenzelle. Der Zellkörper liegt in einem Ganglion (z. B. Spinalganglion) und ist an der Erregungsleitung nicht beteiligt. Die Dendriten gehen unmittelbar in das Axon über. Sinneszellen gelb, Nervenzellen orange

3. Grundsätzliches zur Aufnahme und Verarbeitung von Sinnesreizen

Der Organismus nimmt Informationen über die Umwelt und über den Zustand des eigenen Körpers mit seinen Sinneszellen auf. Sie sind in der Lage, Reize in Nervenerregung umzuwandeln. Dabei reagieren sie auf bestimmte *Arten von Reizen* (z. B. grünes und rotes Licht, hohe und tiefe Töne, süße und bittere Stoffe), verschiedene *Reizstärken* (z. B. grelles und schwaches Licht, laute und leise Töne, durchdringender und schwacher Geruch) und auf verschiedene *Einwirkungszeiten*.

Eine Sinneszelle spricht nur auf eine ihr gemäße, *»adäquate«* Reizart an. So reagieren die Sinneszellen der Netzhaut auf Licht und Tastsinneszellen der Haut auf Druck. Wenn Sinneszellen durch andere Reizarten überhaupt erregbar sind, dann nur bei sehr hoher Reizintensität (z. B. bei einem Schlag auf das Auge, der eine Lichtempfindung auslöst). Für jede Reizart gibt es also einen bestimmten, spezifischen Sinneszelltyp. Reize, für die es adäquate Sinneszellen nicht gibt, werden vom Organismus nicht wahrgenommen (z. B. radioaktive Strahlung).

Dem Bau nach unterscheidet man **primäre** und **sekundäre Sinneszellen** sowie **Sinnesnervenzellen** (Abb. 218.1). Sekundäre Sinneszellen kommen fast nur bei Wirbeltieren vor.

Wird die Sinneszelle von einem adäquaten Reiz getroffen, sinkt ihr Membranpotential ab. Man bezeichnet die Differenz zwischen Ruhepotential und Membranpotential nach Reizung als *Rezeptorpotential*. Je stärker der Reiz, desto größer ist das Rezeptorpotential der Sinneszelle. *Bei vielen Sinneszellen ist es proportional zum Logarithmus der Reizintensität*. Es gibt aber auch Fälle, in denen es nahezu proportional zur Reizintensität ist.

Selbst bei großem Rezeptorpotential entsteht im Zellkörper der *primären Sinneszelle* kein Aktionspotential. Aktionspotentiale können erst im Axon entstehen, weil nur dort spannungsgesteuerte Membranporen vorhanden sind. Deshalb breitet sich das Rezeptorpotential von der gereizten Stelle her durch Ausgleichsströmchen über den Zellkörper bis zum Beginn des Axons aus. Ist es dort noch so hoch, daß das Membranpotential unter den Schwellenwert erniedrigt wird, entsteht ein Aktionspotential, das über das Axon wandert. Die primäre Sinneszelle verhält sich also wie eine normale Nervenzelle.

Die Frequenz der weitergeleiteten Aktionspotentiale (d.h. Zahl der Impulse pro Zeiteinheit) ist proportional zum Rezeptorpotential und damit meistens proportional zum Logarithmus der Reizintensität (s. auch 2.4). Die Information über die Reizstärke wird also zunächst in die Höhe des Rezeptorpotentials und schließlich in die Frequenz der Aktionspotentiale übersetzt (Codierung).

Sekundäre Sinneszellen bilden keine Aktionspotentiale. Sie verhalten sich also wie Neuronen ohne Aktionspotentiale (s. 2.8). An ihrem unteren Ende besitzen sie Ausgangssynapsen, deren Transmitterausschüttung eine Funktion des Rezeptorpotentials ist. Diese depolarisieren die nachfolgende Nervenzelle.

Das Rezeptorpotential und die Frequenz der Aktionspotentiale sind bei den meisten Sinneszellen nicht nur eine Funktion der Reizintensität, sondern auch der Zeit. Man kann verschiedene Typen von Sinneszellen unterscheiden (s. Abb. 219.2). Bei den *phasischen Sinneszellen* fällt die Impulsfrequenz bei gleichbleibender Reizung schließlich auf Null ab. *Tonische Sinneszellen* ändern bei Dauerreizung ihre Impulsfrequenz fast gar nicht. Bei den *phasisch-tonischen Sinneszellen* (dem häufigsten Typ) ist die Impulsfrequenz zu Beginn eines Reizes hoch. Sie fällt dann im Verlauf mehrerer Sekunden bei gleichbleibender Reizintensität auf einen niedrigeren, jetzt konstant bleibenden Wert ab. Das Rezeptorpotential ändert sich entsprechend, es ist ja die Ursache der Aktionspotentiale. (Zur Bedeutung der verschiedenen Zelltypen beim Tastsinn s. 5.1).

Alle Reize führen zu gleichartigen Aktionspotentialen in den weiterleitenden Nervenfasern, völlig unabhängig davon, ob es sich um Licht-, Ton-, Geschmacks- oder andere Reize handelt. Welche Empfindungen die Aktionspotentiale auslösen, hängt davon ab, an welcher Stelle im Gehirn sie eintreffen. Eine Empfindung entsteht also erst durch das Zusammenwirken der Sinneszellen mit den ihnen zugeordneten Gehirnzentren. Sinnesorgan, Sinnesnerv und Gehirnzentrum gehören als *»Sinnessystem«* zusammen. Daraus wird verständlich, daß z.B. eine Lichtempfindung auftritt, einerlei ob eine normale Lichtreizung des Auges, ein elektrischer Reiz oder ein Schlag auf das Auge die Ursache war. Ebenso führt eine elektrische Reizung im Ohr zu einer Geräuschempfindung, an der Zunge zu einer Geschmacksempfindung, an der Haut je nach Art der aufnehmenden Sinneszellen zu einer Wärme-, Kälte-, Berührungs- oder Schmerzempfindung.

Ein Reiz führt nur dann zur Weiterleitung einer Erregung, wenn das von ihm ausgelöste Rezeptorpotential am Axonursprung ein Aktionspotential erzeu-

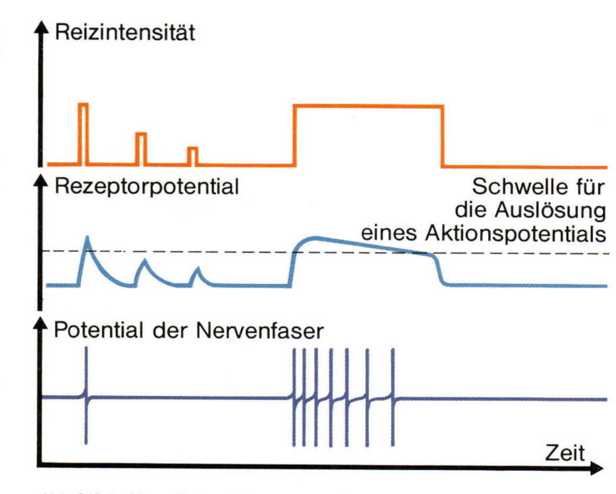

Abb. 219.1: Obere Reihe: Reizung einer Sinneszelle mit Reizen verschiedener Intensität und Dauer; 2. Reihe: die von den Reizen erzeugten Rezeptorpotentiale (intrazelluläre Ableitung aus der Sinneszelle), Schwelle gestrichelt; 3. Reihe: Aktionspotentiale in der Nervenfaser (extrazelluläre Ableitung von der zugehörigen Nervenfaser). Schematisch

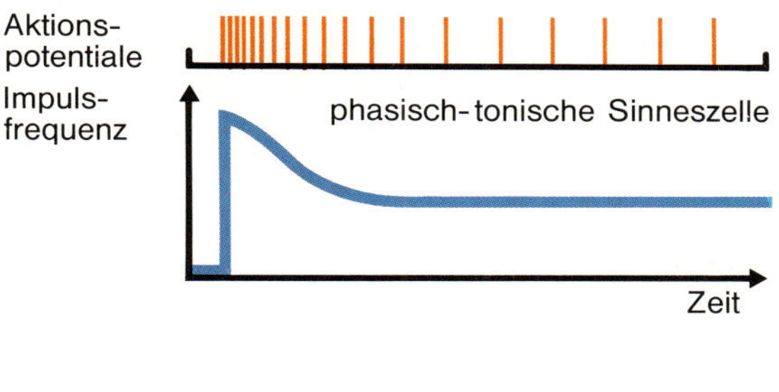

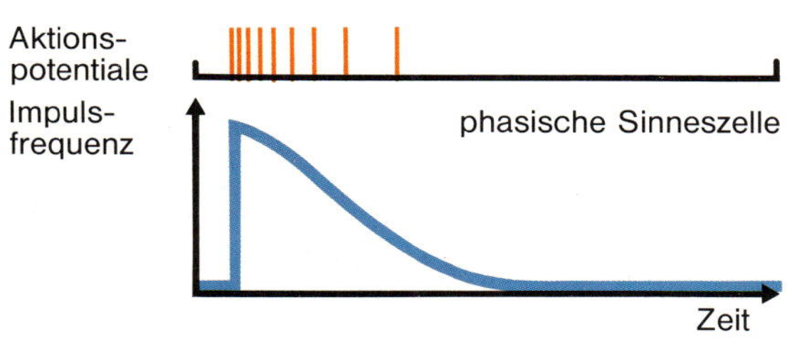

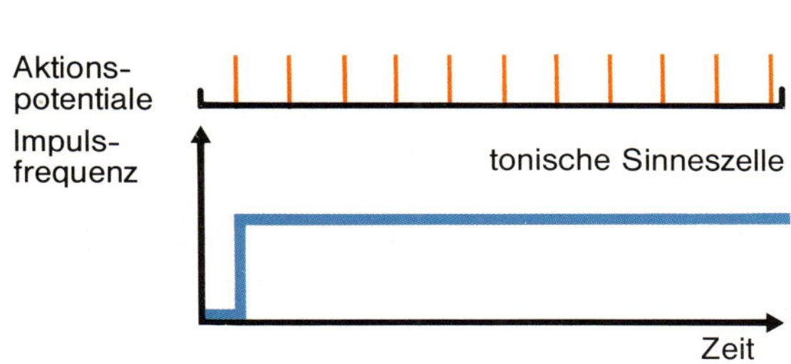

Abb. 219.2: Reaktion verschiedener Typen von Sinneszellen auf einen konstanten Reiz. Rot: einzelne Aktionspotentiale (Erklärung im Text, Beispiele s. Abb. 232.1)

gen kann. Man bezeichnet die Reizintensität, die gerade ein Aktionspotential auslöst, als *Reizschwelle der Sinneszelle*. Geringere Reizintensitäten werden nicht wirksam, sie sind unterschwellig.

Sinneszellen können sehr niedrige Reizschwellen haben. So kann man schon mit Lichtblitzen der Energie 10^{-17} Ws in Ganglienzellen der Netzhaut (Abb. 223.2) Aktionspotentiale auslösen. Wie winzig diese Energiemenge ist, zeigt folgende Überlegung. Die Welt besteht seit etwa 20 Milliarden Jahren, das sind ca. $6 \cdot 10^{17}$ Sekunden. Hätte eine Energiequelle seit Beginn der Welt laufend eine Leistung von 10^{-17} Watt erbracht, dann hätte sie bis heute nur 6 Ws Energie abgegeben. Diese Energiemenge würde aber gerade dazu ausreichen, ein 6-Watt-Glühbirnchen 1 Sekunde lang leuchten zu lassen.

Die Energie für die Entstehung des Rezeptorpotentials und für das Entstehen und Weiterleiten der Aktionspotentiale wird nicht der Reizenergie entnommen, sondern stammt aus dem Stoffwechsel der betreffenden Zelle (s. 1.2 und 2.2.2). Das ist vergleichbar dem Einschalten einer elektrischen Lampe. Auch hier erscheint die mechanische Energie, die zum Betätigen des Schalters benötigt wird, nicht in der von der Lampe ausgestrahlten Energie, sondern wird an Ort und Stelle in Wärme umgewandelt. Man kann auch sagen: Der Reiz *steuert* die Entstehung und die Frequenz der Aktionspotentiale, genauso wie der Druck des Fingers auf den Schalter die Lichtquelle steuert.

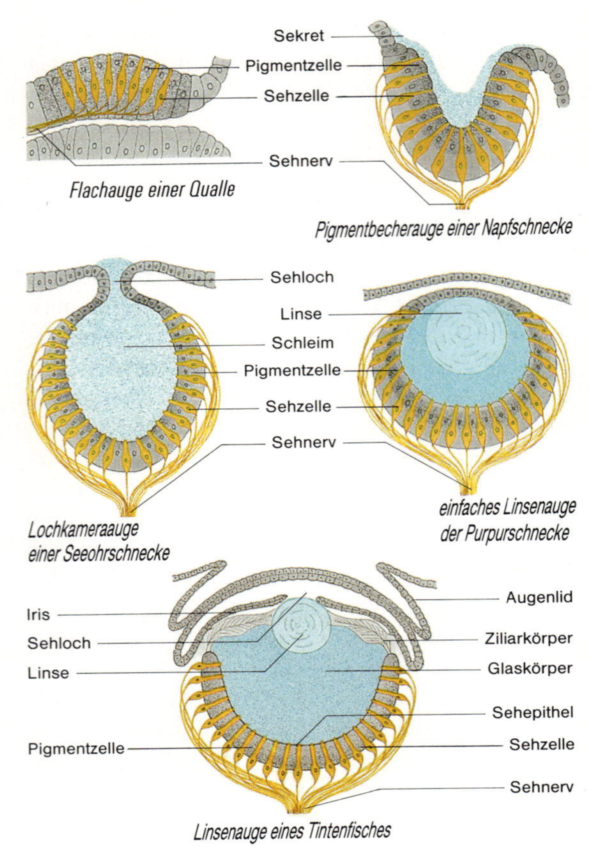

Abb. 220.1: Lichtsinnesorgane wirbelloser Tiere

4. Der Lichtsinn

Bei vielen Einzellern ist das ganze Cytoplasma empfindlich für Licht. Vielzeller bilden besondere Zellen mit erhöhter Lichtempfindlichkeit, die *Sehzellen,* aus. Im einfachsten Fall sind die Sehzellen einzeln in die Haut eingelagert und über den ganzen Körper verstreut (z.B. beim Regenwurm). Derartige zerstreut liegende Lichtsinneszellen ermöglichen Helldunkelsehen. In den eigentlichen Lichtsinnesorganen treten zu den Sehzellen Pigmentzellen. Sie schirmen die Sehzellen einseitig ab. Optische Apparate (Linsen, Blenden usw.) sorgen für eine Abbildung der Umwelt auf den Sinneszellen.

Bei vielen Tieren enthält das Auge auch Nervenzellen. Sie verarbeiten die Erregungen der Sinneszellen schon im Auge, so daß das Gehirn eine »vorverarbeitete« Information erhält (s. 4.3.3, 4.5 und 4.7).

4.1 Einige Typen von Lichtsinnesorganen

Die **Flachaugen** (bei Quallen, Seesternen, Ringelwürmern) enthalten relativ wenige Sehzellen (s. Abb. 220.1). Weil ein optischer Apparat fehlt, können solche Augen nur die ungefähre Richtung des einfallenden Lichtes bestimmen. Bei anderen Tieren, wie den Strudelwürmern, manchen Ringelwürmern und Schnecken senkt sich der pigmentumhüllte Sehfleck becherförmig ein **(Pigmentbecherauge)**. Dadurch wird zwar das »Sehfeld« verkleinert, aber dafür kann die Richtung einer Lichtquelle besser festgestellt werden. Das Pigmentbecherauge kann auch eine ungefähre Vorstellung von der Helldunkelverteilung in der Umgebung vermitteln.

Vom Becherauge leitet sich das **Grubenauge** ab (primitive Tintenfischarten, manche Arten von Würmern und Schnecken). Es entsteht, wenn die Einsenkung Blasenform annimmt und die Öffnung sich bis auf ein kleines Loch verengt (s. Abb. 220.1). Ein solches Auge entwirft dann wie eine Lochkamera ein Bild auf dem Augenhintergrund (deshalb auch als *Lochkameraauge* bezeichnet). Das Bild ist lichtschwach und nicht besonders scharf. Je enger das Sehloch, desto lichtschwächer, aber auch schärfer, ist das Bild. Der Vergleich der verschiedenen Augenformen bei Ringelwürmern und Weichtieren zeigt, wie wir uns die stammesgeschichtliche Entwicklung vom lichtschwachen Grubenauge zum höchstentwickelten Lichtsinnesorgan, dem **Linsenauge**, denken können. Im Hohlraum in der Nähe der Sehöffnung bildete sich eine Linse. Die Sehöffnung erweiterte sich, und das Auge wurde mit einer lichtdurchlässigen Haut abgeschlossen. Je größer die Sehöffnung, um so mehr Licht konnte in das Auge fallen, um so lichtstärker war also das auf den Sinneszellen entstehende Bild. Bei der Höherentwicklung der Augen wurde bis zum Grubenauge die Schärfe des Bildes auf Kosten der Lichtstärke erhöht. Erst das Linsenauge erzeugte ein gleichzeitig scharfes und lichtstarkes Bild. Seine Leistungsfähigkeit stieg weiter mit der Fähigkeit, den optischen Apparat auf verschiedene Entfernungen einzustellen, mit der Ausbildung einer veränderlichen Blende sowie der Vermehrung der Sehzellen und der Vergrößerung sowohl des Auges als auch der zugehörigen Zentren im Gehirn.

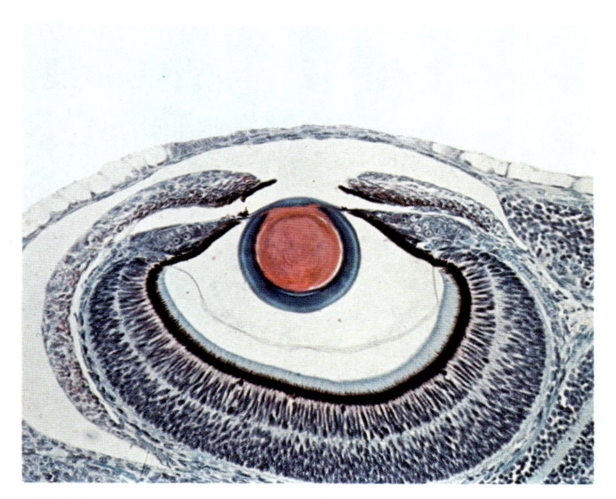

Abb. 221.1: Tintenfischauge, Längsschnitt

4.2 Das Facettenauge

Bei den *Facettenaugen* (Komplexaugen) der Gliederfüßler sind zahlreiche, optisch voneinander isolierte Einzelaugen zu einem zusammengesetzten Auge vereinigt (s. Abb. 221.2). Das Einzelauge *(Ommatidium)* besteht aus einem Lichtbrechungsapparat, Pigmentzellen zur Abschirmung von anderen Einzelaugen und Sinneszellen. Bei den Insekten hat das Einzelauge meist acht Sinneszellen. Die optischen Achsen nebeneinander liegender Einzelaugen weichen voneinander ab, jedes Einzelauge »blickt« also in eine andere Richtung. Damit bildet jedes Einzelauge einen anderen Ausschnitt aus der Umgebung ab. Das von den Einzelaugen entworfene Gesamtbild ist aufrecht und setzt sich mosaikartig aus so vielen Bildpunkten zusammen, wie es Einzelaugen gibt. Die Bildschärfe des Facettenauges hängt daher von der Anzahl der Einzelaugen ab.

Alle Sinneszellen eines Ommatidiums bilden einen gemeinsamen Sehstab *(Rhabdom)* (s. Abb. 221.3). Deshalb werden alle Sinneszellen eines Ommatidiums vom Licht desselben Leuchtpunktes getroffen; es entsteht im Einzelommatidium kein »Bildchen«, sondern nur ein einheitlicher Bildpunkt. Ein Einzelauge hat nur eine winzige Sehöffnung. Deshalb ist die Helligkeit des Bildpunktes, der von einer punktförmigen Lichtquelle (z. B. von einem Stern) erzeugt wird, nur sehr gering. Ein einzelnes Ommatidium bildet aber eine relativ große Fläche der Umwelt ab, so daß sich die Intensitäten vieler Bildpunkte addieren. Daher haben die meisten von gut ausgebildeten Facettenaugen erzeugten Bilder etwa die gleiche Lichtstärke wie die von Linsenaugen.

Auch die Bildschärfe gut ausgebildeter Facettenaugen entspricht etwa der von gleich großen Linsenaugen. Vergrößert man nun in Gedanken diese kleinen Linsen- und Facettenaugen, so nimmt aus physikalischen Gründen, bei gleichbleibender Lichtstärke, die Bildschärfe beim Linsenauge wesentlich schneller zu als beim Facettenauge. Für kleine Augen gibt es also zwei etwa gleichwertige optimale Lösungen: das Linsenauge und das Facettenauge. Bei großen Augen ist dagegen das Linsenauge weit überlegen (Abb. 222.1).

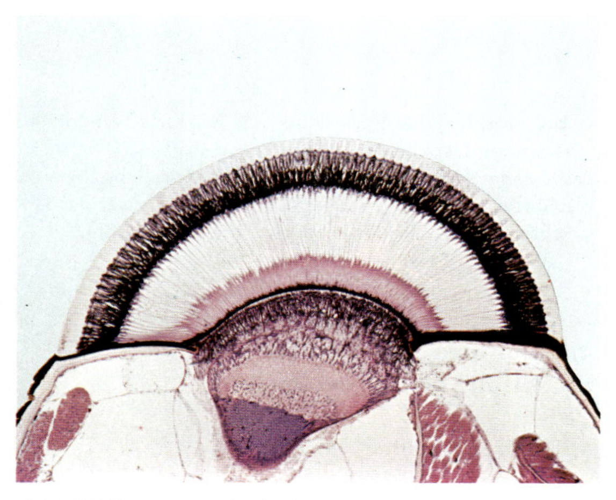

Abb. 221.2: Facettenauge eines Insekts. Die einzelnen Ommatidien sind längs geschnitten, unterhalb des Auges sind Teile des Gehirns zu sehen.

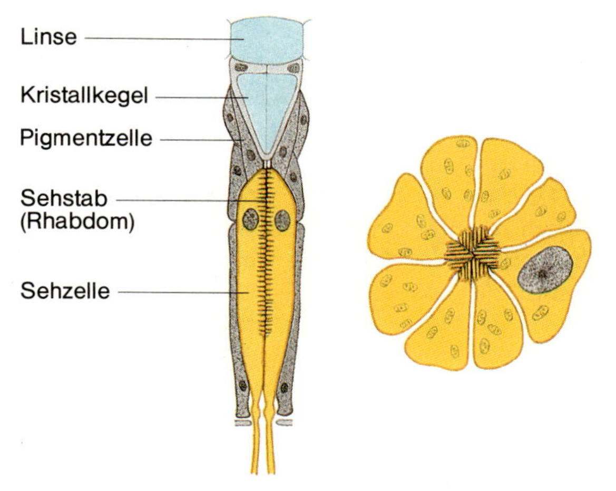

Abb. 221.3: Links Längsschnitt durch ein Ommatidium. Chitinlinse und Kristallkegel als Lichtbrechungsapparat; Sehzellen mit lichtempfindlichem Sehstab; Pigmentzellen zur Abschirmung gegen schräg einfallendes Licht. Rechts Querschnitt

Abb. 222.1: Verkehrte Welt. Ein Mensch mit Facettenaugen und eine Fliege mit Linsenaugen jeweils gleicher Leistungsfähigkeit wie die wirklichen Augen.

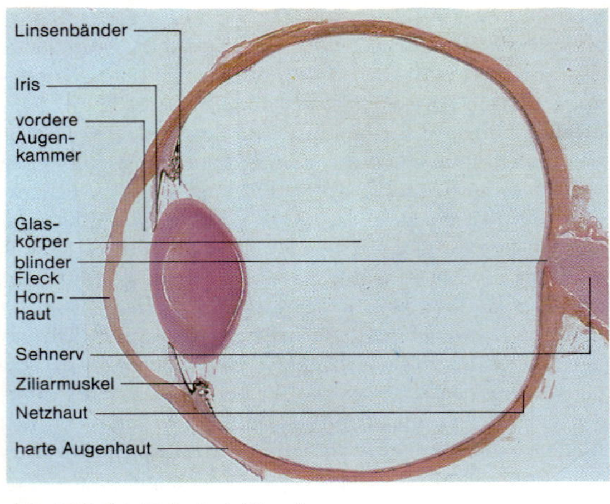

Abb. 222.2: Schnitt durch ein Säugetierauge. Der gelbe Fleck liegt außerhalb der Schnittebene in der Höhe des blinden Flecks.

Bei manchen nächtlich lebenden Insekten wandert bei schwachem Licht der isolierende Farbstoff nach vorn, so daß schräg einfallendes Licht auch zu den Sehstäben der Nachbaraugen gelangen kann. Dadurch wird zwar das Bild unschärfer, die Lichtstärke jedoch wesentlich erhöht.

4.3 Das menschliche Auge als Beispiel eines Linsenauges

4.3.1 Übersicht über den Bau

Die Wand des Auges (s. Abb. 222.2) wird von der *harten Augenhaut* gebildet. Es folgen nach innen die *Aderhaut* und die *schwarze Pigmenthaut*. Der dunkle Farbstoff (Pigment) verhindert die Reflexion des eingefallenen Lichts. Die innerste Schicht ist die Netzhaut oder *Retina*. Sie ist von einem eigenen Blutgefäßnetz überzogen. Der Hohlraum des Auges wird von dem durchsichtigen *Glaskörper* ausgefüllt.

Den vorgewölbten und durchsichtigen Teil der harten Augenhaut nennt man *Hornhaut*. Die Regenbogenhaut oder *Iris* liegt vorn der *Linse* auf. Sie umschließt eine kreisförmige Blendenöffnung, die *Pupille*. Die Pupille wird enger, wenn sich die Lichtintensität erhöht, und weiter, wenn die Lichtintensität absinkt. Die Pupille regelt also den Lichteinfall in das Auge (Regelkreis des Pupillenreflexes) (s. Abb. 223.1).

Die Netzhaut enthält die Sinneszellen. Zwei Stellen fallen in ihr besonders auf: der *gelbe* und der *blinde Fleck*. Der gelbe Fleck ist eine flache Einsenkung in der Mitte des Augenhintergrundes. Man nennt ihn auch *Sehgrube* oder *Fovea centralis*. Er ist die Stelle des schärfsten Sehens. Hier stehen die Sinneszellen besonders dicht.

Der blinde Fleck liegt an der Austritts-Stelle des Sehnervs. Dort fehlen die Sinneszellen. Trotzdem haben wir kein »Loch« in unserem Gesichtsfeld, denn der fehlende Bildteil wird im Gehirn aus der Umgebung ergänzt.

4.3.2 Die Bilderzeugung

Die Lichtstrahlen, die von einem Gegenstand in das Auge einfallen, werden durch den optischen Apparat so gesammelt, daß auf der Netzhaut ein umgekehrtes und verkleinertes Bild entsteht. An der Lichtbrechung sind Hornhaut und Linse beteiligt. Die *Brechkraft* der Hornhaut ist größer als diejenige der Linse, da ihre Vorderseite an Luft grenzt. Sie beträgt 43 Dioptrien.

Eine *Dioptrie* (= 1 D) entspricht der Brechkraft einer Linse von 100 cm Brennweite. Eine Linse von 2 D hat eine Brennweite von 100 : 2 = 50 cm, eine solche von 60 D eine Brennweite von 100 : 60 = 1,67 cm. Je größer die Dioptrienzahl, desto kleiner ist die Brennweite.

Die Linse wird durch den *Ciliarkörper* in ihrer Lage festgehalten. Sie ist kein starres Gebilde. Vielmehr kann die Krümmung besonders der vorderen Linsenfläche und damit die Brechkraft ziemlich stark verändert werden. Die Brechkraft schwankt zwischen 19 D bei Ferneinstellung und 33 D bei Naheinstellung. Die Einstellung erfolgt mit Hilfe des Ciliarkörpers. Er besteht aus dem Ciliarmuskel, der die Linse ringförmig umgibt. Von seiner Innenseite ziehen feine Fasern, die Linsenbänder, zum Rande der Linse. Sie zerren bei der Ferneinstellung des Auges ringsum an der Linse und flachen sie ab. Zum Betrachten naher Gegenstände *»akkomodiert«* das Auge. Dabei kontrahieren sich die Fasern des Ciliarmuskels. Dadurch werden die Linsenbänder entspannt, und die Linse kann sich, ihrer natürlichen Elastizität folgend, der Kugelform nähern. Dieser Vorgang vergrößert ihre Brechkraft.

Der nächste Punkt, den man *ohne* Akkomodation scharf sieht, liegt 5–6 m vom Auge entfernt. Mit zunehmendem Alter verliert die Linse an Elastizität, so daß der nächste Punkt, der *mit* Akkomodation scharf gesehen wird, der Nahpunkt, immer weiter vom Auge abrückt. Bei Siebzigjährigen ist die Linse meist starr und kann sich nicht mehr auf Nahsehen einstellen.

Kurzsichtigkeit beruht meist auf einer Verlängerung des Augapfels. Deshalb entsteht das Bild entfernter Gegenstände bereits vor der Netzhaut und ist daher unscharf, während das Bild naher Gegenstände auf die Netzhaut fällt. Bei der angeborenen *Weitsichtigkeit* ist der Augapfel zu kurz. Daher werden nahe Gegenstände unscharf gesehen.

Im Linsenauge wird auf der Netzhaut ein Bild der Umwelt erzeugt. Dieses Bild wird durch die Sinneszellen in einzelne Bildpunkte zerlegt: es wird aufgerastert. Im Facettenauge dagegen wird das Umweltbild schon durch den optischen Apparat in einzelne Bildpunkte zerlegt. Auf der Ebene der Sinneszellen ist dann das Bild beim Facetten- wie beim Linsenauge »aufgerastert«, so daß keine prinzipiellen Unterschiede mehr bestehen.

4.3.3 Der Bau der Netzhaut

In der Netzhaut liegen die *Sinneszellen* am weitesten vom Glaskörper entfernt (dem Licht abgewandt). In Richtung Augenmitte folgen mehrere Schichten von Nervenzellen, welche die Lichtreize schon in der Netzhaut verarbeiten (Abb. 223.2). Die Sehzellen treten in der Säugetiernetzhaut mit *Bipolarzellen* in Verbindung. Im allgemeinen hat jede Bipolarzelle mit mehreren Sinneszellen Kontakt. Mehrere Bipolarzellen werden wieder von einer *Ganglienzelle* zusammengefaßt. Außerdem bestehen Querverbindungen auf der Ebene der Sinneszellen über die *Horizontalzellen* und auf der Ebene der Ganglienzellen über die *amakrinen Zellen*. Jede Nervenzelle erhält also Meldungen von einer größeren Zahl von Sinneszellen. In der Regel leitet aber auch jede Sinneszelle auf mehrere Nervenzellen ab. In der Sehgrube liegen genauso viele Ganglienzellen wie Sinneszellen; nur wenige Sehzellen sind mit einer Ganglienzelle verbunden. In

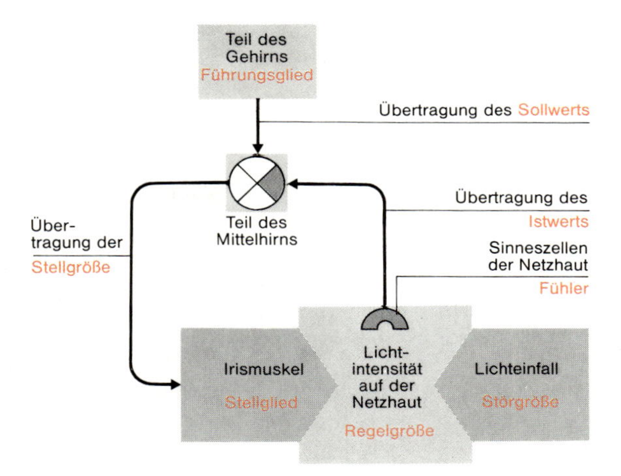

Abb. 223.1: Der Regelkreis des Pupillenreflexes. Bei Steigerung der Lichtintensität wird die Pupille kleiner. Der Regelkreis hält den Lichteinfall auf die Netzhaut nicht völlig konstant. Er verringert nur die in der Umgebung herrschenden Beleuchtungsunterschiede.

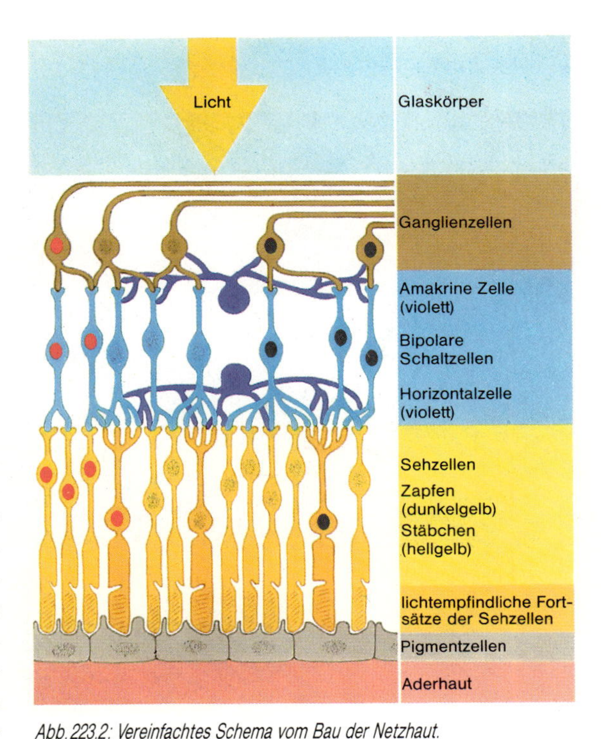

Abb. 223.2: Vereinfachtes Schema vom Bau der Netzhaut. Am weitesten außen liegen die Sehzellen, in Richtung Augenmitte folgen mehrere Lagen von Nervenzellen. Das Licht muß die Nervenzellschichten durchdringen, bevor es die lichtempfindlichen Fortsätze der Sehzellen erreicht. Auf der linken Seite ist dargestellt, wie eine einzelne Ganglienzelle Meldungen von vier Sehzellen erhält (rote Kerne). Auf der rechten Seite sieht man, wie eine einzelne Sehzelle Informationen an zwei Ganglienzellen weitergibt (schwarze Kerne).

den anderen Teilen der Netzhaut ist die Zahl der Ganglienzellen wesentlich kleiner als die Zahl der Sinneszellen.

Diese unterschiedliche Art der Verknüpfung hat folgende Bedeutung: Je weniger Sehzellen zusammengeschaltet sind, desto mehr Bildpunkte werden getrennt wahrgenommen, desto größer ist also die Sehschärfe. Je mehr Sehzellen auf eine Ganglienzelle geschaltet sind, desto mehr Erregungen laufen in der Ganglienzelle ein, desto lichtempfindlicher ist also die Netzhaut an dieser Stelle (zum Zusammenhang zwischen Sehschärfe und Lichtstärke s. 4.1, 4.2).

Die Neuriten (Axone) der Ganglienzellen bilden den *optischen Nerv*. Insgesamt führen etwa 1 Million Neuriten von der Netzhaut zum Gehirn.

4.4 Die Vorgänge in den Sehzellen

Reizaufnahme. Die Sehzellen bestehen im allgemeinen aus dem eigentlichen Zellkörper und einem Abschnitt, der sich aus dichten, geordneten Membranpaketen zusammensetzt. Der letztere dient der Aufnahme des Lichtreizes.

Im Facettenauge der Gliederfüßler werden die Membranstapel von Fortsätzen (Mikrovilli) der Sehzellmembran gebildet. Die Mikrovilli stehen seitlich an der langgestreckten Sehzelle. Die einzelne Sinneszelle hat also die Form einer Bürste, wobei der Bürstengriff dem Zellkörper, die Borsten den dicht gepackten Mikrovilli entsprechen. Meist sind die Mikrovilli in das Innere des Einzelauges hinein gerichtet. Die Mikrovilli aller Sehzellen eines Ommatidiums bilden dann einen gemeinsamen Sehstab (Rhabdom).

Bei Wirbeltieren bilden entsprechende Membranpakete das sogenannte Außenglied (Abb. 224.1). Es liegt ganz außen, der Aderhaut am nächsten. In der Säugetiernetzhaut dienen der Reizaufnahme zwei Arten von Sehzellen, die **Stäbchen** und die **Zapfen**. Die Stäbchen sind schlank zylinderförmig, die Zapfen dickbauchig und etwas kürzer. Auf einen Zapfen kommen beim Menschen 18 Stäbchen. Auf jedem Quadratmillimeter der Netzhaut sitzen durchschnittlich 400 000 Sehzellen, in der ganzen Netzhaut etwa 125 Millionen. Stäbchen und Zapfen sind nicht gleichmäßig über die Netzhaut verteilt. *Im gelben Fleck kommen nur Zapfen vor.* In seiner Umgebung

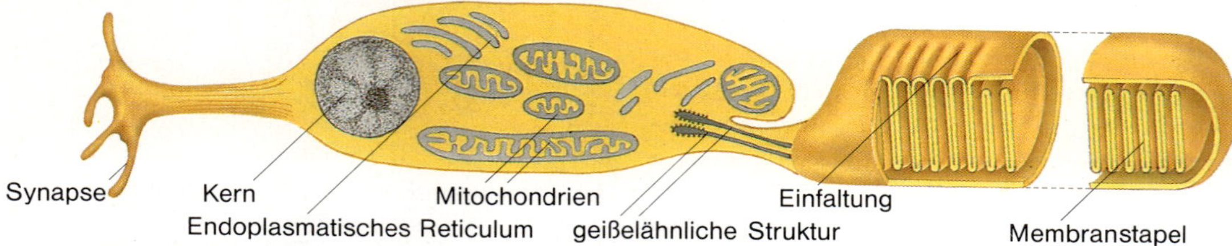

Abb. 224.1: Oben: elektronenmikroskopisches Bild von Sinneszellen der Wirbeltierretina (22000fach). Rechts das Außenglied, das in seinen dicht gepackten Membranstapeln den Sehfarbstoff trägt. Das Außenglied ist über eine geißelähnliche Struktur (Bildmitte) mit dem eigentlichen Zellkörper (links) verbunden. Dieser enthält den Kern (im Bild nicht zu sehen), zahlreiche Mitochondrien und das endoplasmatische Reticulum. Das Licht kommt in der Abbildung von links. Unten: schematische Darstellung des elektronenmikroskopischen Bildes einer Sehzelle (Stäbchen) der Wirbeltierretina. Außenglied räumlich, geöffnet, Zellkörper im Längsschnitt. Die Membranstapel sind im unteren Abschnitt des Außengliedes Einfaltungen der Zellmembran; diese ist übertrieben dick gezeichnet.

sind Stäbchen und Zapfen durchmischt. Die Randteile der Netzhaut enthalten fast nur Stäbchen. Die Stäbchen sind sehr viel lichtempfindlicher als die Zapfen. Da es nur eine Sorte von Stäbchen gibt, ist das »Stäbchen-Sehsystem« farbenblind. Von den Zapfen gibt es drei verschiedene Typen, die von jeweils unterschiedlichen Wellenlängen erregt werden. Das »Zapfen-Sehsystem« kann also Farben unterscheiden. Die Zapfen sprechen wegen ihrer geringen Lichtempfindlichkeit in der Dämmerung nicht mehr an. Im Mondlicht kann man also keine Farben erkennen. Im hellen Licht sehen wir dagegen fast ausschließlich mit den Zapfen.

Erregung. Licht löst eine Erregung aus, wenn es von einem Farbstoff absorbiert wird. Der lichtempfindliche Farbstoff der Stäbchen wird *Sehpurpur* (Rhodopsin) genannt. Rhodopsin ist ein Chromoprotein, das aus *Retinal* (Aldehyd des Vitamins A) und dem Protein *Opsin* besteht. Das Molekül des Retinal kann in mehreren verschiedenen Raumstrukturen vorkommen. Nur eine dieser Formen, das 11-cis-Retinal, kann sich mit dem Opsin verbinden. Wird Licht absorbiert, so geht das 11-cis-Retinal durch eine Änderung der Raumstruktur in das all-trans-Retinal über (Abb. 225.1); dabei wird es vom Opsin abgespalten. Das freie Opsin wird als Enzym wirksam und löst wahrscheinlich die folgende Reaktionskette aus.

Freies Opsin aktiviert ein anderes Enzym. Ein einziges Opsin-Molekül, das durch Absorption eines Photons freigesetzt wurde, kann etwa 500 Moleküle dieses Enzyms aktivieren. Das nun aktivierte Enzym löst die Aktivierung eines dritten Enzyms aus, das seinerseits die Verbindung cyclisches Guanosinmonophosphat (cGMP) spaltet. Das cGMP hält die Natriumkanäle der Zellmembran offen. Durch seine Spaltung schließen sich diese, und das Membranpotential ändert sich daher. Je Sekunde kann ein Enzymmolekül etwa 4000 cGMP-Moleküle spalten. Durch ein absorbiertes Photon wird also eine lawinenartige Reaktionsfolge, die *Seh-Kaskade,* ausgelöst, und es entsteht ein Rezeptorpotential. Nach kurzer Zeit ändert aber das durch freies Opsin aktivierte Enzym seine Funktion und verursacht dann seinerseits die Hemmung des cGMP-spaltenden Enzyms. Dadurch wird der Dunkelzustand wieder erreicht.

Die Stäbchen und Zapfen haben im ungereizten Zustand ein sehr niedriges Ruhepotential, weil viele Natriumkanäle offen sind. Wird die Zelle gereizt, schließt sich ein Teil der Natriumkanäle. Deshalb steigt (im Gegensatz zu anderen Sinneszellen) das Membranpotential, d.h. es entsteht ein hyperpolarisierendes Rezeptorpotential. Die Zelle bildet keine Aktionspotentiale, ist also eine sekundäre Sinneszelle (s. 3.). Die Bipolar- und Horizontalzellen sind ebenfalls Neurone ohne Aktionspotentiale (s. 2.8). Erst in den Ganglienzellen entstehen Aktionspotentiale.

Die Sehzellen der Insekten bilden normale depolarisierende Rezeptorpotentiale und in ihren Axonen Aktionspotentiale. Sie sind also primäre Sinneszellen.

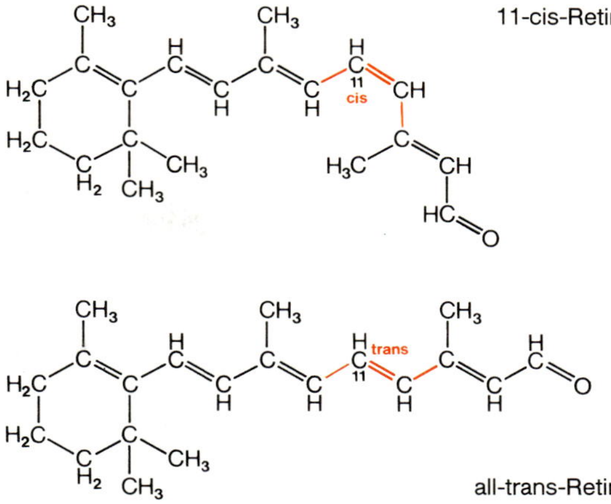

11-cis-Retinal

all-trans-Retinal

Abb. 225.1: Strukturformel von 11-cis-Retinal und all-trans-Retinal

Zeitliches Auflösungsvermögen. Ein kurzer Lichtblitz erzeugt ein Rezeptorpotential, das den Reiz eine Zeitlang überdauert. Bei rasch aufeinanderfolgenden Lichtblitzen verschmelzen die Rezeptorpotentiale sowie die Potentiale der nachgeschalteten Zellen ohne Aktionspotentiale, so daß ein einheitlicher Eindruck entsteht. Beim Menschen ist dies oberhalb von 16 Bildern pro Sekunde der Fall. Bei einer Filmvorführung müssen deshalb pro Sekunde mehr als 16 Bilder geboten werden.

Bei manchen Insekten liegt diese Verschmelzungsfrequenz bei 200–300 Bildern pro Sekunde. Solche Tiere könnten in einem Kamerafilm die einzelnen Bilder getrennt wahrnehmen, wogegen sie aus der Sicht des Menschen ineinanderfließen.

Bei sehr starken Reizen kann die Empfindung den Reiz viele Sekunden überdauern. Schaut man z.B. in eine Lampe und danach auf eine einheitliche Fläche, »sieht« man dort scheinbar die Lampe *(positives Nachbild).* Wird ein Verkehrsteilnehmer von einem Auto geblendet, kann er darauf keine dunklen Konturen erkennen, weil sich das positive Nachbild der Blendung den wesentlich schwächeren späteren Reizen überlagert.

Adaptation. Betritt man an einem strahlenden Sommertag einen Filmvorführraum, so erscheint der Gang zunächst stockdunkel. Erst nach einiger Zeit nimmt man seine geringe Helligkeit wahr und kann zum Platz gehen. Begibt man sich nach der Vorführung ins Freie, ist man geblendet. Es dauert wieder eine Weile, bis man sehen kann. Unser Auge paßt sich also an unterschiedliche Helligkeit erst nach und nach an. Man bezeichnet diesen Vorgang als *Adaptation*.

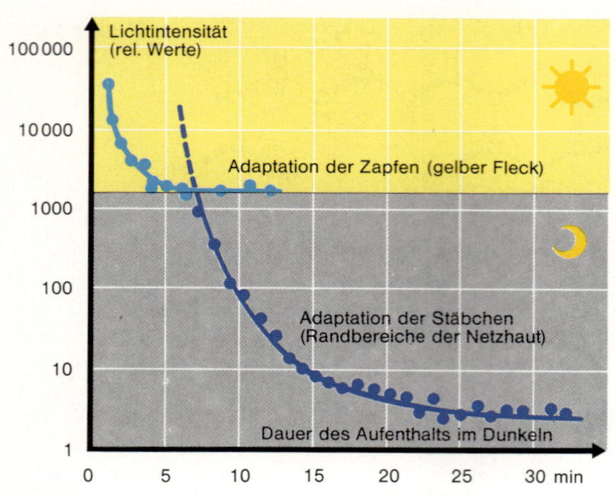

Abb. 226.1: Verlauf der Dunkeladaptation beim Menschen. Die absolute Sehschwelle (Stäbchen) ist gleich 1 gesetzt. Sie wird erst nach ca. 2 Stunden erreicht. Etwa beim 2000fachen Wert der absoluten Sehschwelle ist bereits die Sehschwelle der Zapfen erreicht. Gelber Bereich: Lichtintensitäten des Tageslichtes; grauer Bereich: Lichtintensitäten der Dämmerung (Näheres s. Text)

Abb. 226.1 zeigt den Verlauf der Dunkeladaptation beim Menschen. Die Versuchsperson mußte einige Zeit auf einen großen, gleichmäßig und sehr hell ausgeleuchteten Leuchtschirm blicken. Danach wurde das Licht abgeschaltet, und sie bekam auf dem Leuchtschirm einen regelmäßig aufblitzenden Lichtpunkt zu sehen, dessen Leuchtstärke aber schrittweise verringert wurde. Es wurde immer wieder festgestellt, bei welcher Leuchtstärke der Lichtpunkt gerade noch zu sehen war (Schwellenleuchtstärke). Im Laufe der Dunkeladaptation waren immer geringere Leuchtstärken erforderlich. Die Ergebnisse sind in zwei Kurven dargestellt. Die Kurve oben links ergab sich, wenn die Lichtpunkte fixiert, d.h. mit dem gelben Fleck betrachtet wurden (Zapfensehen!), die zweite Kurve, wenn sie mit der Randzone der Netzhaut angesehen wurden (Stäbchensehen!). Mit Stäbchen kann man demnach bei gleichem Adaptationszustand Licht von viel geringerer Intensität wahrnehmen als mit Zapfen. Deshalb »verschwinden« z.B. schwach leuchtende Sterne, wenn man sie fixiert. Ebenfalls aus diesem Grund kann man in der Dämmerung Tiere am ehesten beobachten, wenn man an ihnen ein wenig vorbeischaut. Die Dunkeladaptation erfordert u.a. deshalb eine gewisse Zeit, weil Rhodopsin neu synthetisiert werden muß. Nach einem starken Lichtreiz sind praktisch alle Rhodopsinmoleküle zerfallen. Es dauert etwa 30 min, bis alles Rhodopsin wieder aufgebaut ist. Auch der Pupillenreflex sowie Wanderungen des Pigments, das die Sehzellen umgibt, tragen zur Adaptation des Auges bei.

Einzelne Bereiche des Auges können getrennt adaptieren. Fixiert man z.B. einen Punkt der Abb. 230.1 einige Sekunden lang, adaptieren die Bereiche der Netzhaut, auf denen die hellen »Straßen« abgebildet werden, stärker als die Bereiche, auf welche die dunklen Quadrate fallen. Schaut man danach auf eine einheitliche Fläche, erscheinen die vorher dunklen Quadrate hell *(negatives Nachbild)*, weil hier die Lichtstrahlen auf weniger stark adaptierte Netzhautbereiche fallen.

4.5 Das Farbensehen

Weißes Licht, z.B. das Sonnenlicht, läßt sich mit Hilfe eines Prismas in die Regenbogenfarben *(Spektralfarben)* zerlegen. Das Licht einer bestimmten Farbe ist durch seine Wellenlänge charakterisiert. Das für den Menschen sichtbare *Spektrum* ist der Wellenlängenbereich von rund $\lambda = 400$ nm (Violett) bis $\lambda = 700$ nm (Rot). Licht, das nur eine bestimmte Wellenlänge hat, bezeichnet man als spektralrein.

Man kann nun spektralreine Lichter verschiedener Farben mischen, indem man sie übereinanderprojiziert *(additive Farbmischung)*. Die wichtigsten Ergebnisse solcher additiver Farbmischungen sind: Eine Mischung aller Spektralfarben ergibt den Eindruck »Weiß«. Den Eindruck Weiß erhält man aber auch durch die Mischung von nur drei spektralreinen Farben, nämlich Rot, Grün und Blau. Man nennt diese Farben *Grund- oder Primärfarben*. Die Mischung zweier Grundfarben ergibt eine neue Farbe, die sich mit der dritten Grundfarbe zu Weiß ergänzt. Zwei Farben, die sich zu Weiß ergänzen, heißen *Ergänzungs- oder Komplementärfarben*. So ist zum Beispiel Purpur die Komplementärfarbe zu Grün und Grünblau zu Rot. Durch Mischung verschiedener Anteile der drei Grundfarben läßt sich jeder beliebige Farbeindruck herstellen. Davon macht z.B. das Farbfernsehen Gebrauch. Das Vorhandensein von Komplementärfarben oder die Tatsache, daß jede beliebige Farbe durch Mischen der drei Grundfarben herzustellen ist, läßt sich physikalisch nicht begründen, sondern kommt durch Besonderheiten unseres Sehsystems zustande.

Aus den geschilderten Versuchen stellte der Physiker YOUNG schon 1801 die Hypothese auf, daß unser Auge alle Farbempfindungen aus drei Grundfarben zusammensetze. HELMHOLTZ folgerte 1852, daß dementsprechend in der Netzhaut drei verschiedene Sorten von Zapfen vorhanden sein müßten. Sie ließen sich tatsächlich nachweisen. Außerdem fand man dreierlei Farbstoffe, die bei Belichtung ähnlich wie der Sehpurpur zerfallen. Jede Zapfensorte ist mit einem dieser drei Farbstoffe ausgestattet. Die Farbstoffe sind ähnlich wie Rhodopsin gebaut, sie unterscheiden sich durch ihr unterschiedliches Absorptionsspektrum voneinander (Abb. 227.1). Ein spektralreines Licht von 400 nm Wellenlänge erregt nur den »Blaurezeptor« unter den Zapfen. Ein solches von 450 nm erregt den »Blaurezeptor« stark und den Grünrezeptor sehr schwach. Licht von 500 nm Wellenlänge läßt alle drei Zapfensorten ansprechen. Die einzelnen Farbeindrükke werden also durch unterschiedliche Erregungsstärken der einzelnen Zapfensorten ausgelöst. Gleiche Erregung aller Zapfen führt zum Eindruck Weiß.

Aus der Theorie von YOUNG und HELMHOLTZ ist das Vorhandensein von Komplementärfarben nicht zu erklären. Das führte HERING 1874 zur Aufstellung der *Gegenfarbentheorie*. Weil sich Komplementärfarben zu Weiß ergänzen, forderte er drei jeweils antagonistisch organisierte Vorgänge und zwar je einen für die Farbenpaare Blau-Gelb und Grün-Rot sowie einen für Schwarz-Weiß. Solche antagonistischen Prozesse konnten inzwischen schon auf der Ebene der Horizontal- und Bipolarzellen nachgewiesen werden. Es gibt Zellen, die bei der Belichtung des Auges mit Grün mit einer Erhöhung des Membranpotentials, bei Belichtung mit Rot aber mit einer Erniedrigung des Membranpotentials antworten. Andere Zellen antworten entsprechend auf das Farbenpaar Blau-Gelb. Die HERING'sche Theorie beschreibt demnach die Vorgänge in den nachgeschalteten Neuronen, die YOUNG-HELMHOLTZ'sche Theorie aber die Vorgänge in den Sinneszellen selbst.

Die Unfähigkeit, Farben zu sehen oder zu unterscheiden, wird als **Farbenblindheit** bezeichnet. Bei der sehr seltenen totalen Farbenblindheit können keine Farben mehr unterschieden werden, sondern nur Graustufen (wie bei einem Schwarzweißfilm). Häufig kommt eine teilweise Farbenblindheit, besonders die *Rotgrünsehschwäche*, vor. Rot und Grün sind dann nur noch an ihrer unterschiedlichen Helligkeit, aber nicht mehr als Farben unterscheidbar. Viel seltener ist die *Blaugelbsehschwäche*.

Die drei Zapfensorten sprechen nicht nur auf verschiedene Wellenlängen des Lichts, sondern auch auf verschiedene Lichtintensitäten in unterschiedlicher Weise an. Bei gleichem Adaptationszustand sind die Blaurezeptoren am empfindlichsten. Daß blaues Licht abends relativ heller erscheint als rotes, liegt aber am Absorptionsspektrum des Rhodopsins, das für blaues Licht eine hohe, für rotes Licht dagegen nur eine sehr geringe Empfindlichkeit zeigt. Deshalb erscheinen beispielsweise blaue Kleider in der Dämmerung heller als rote.

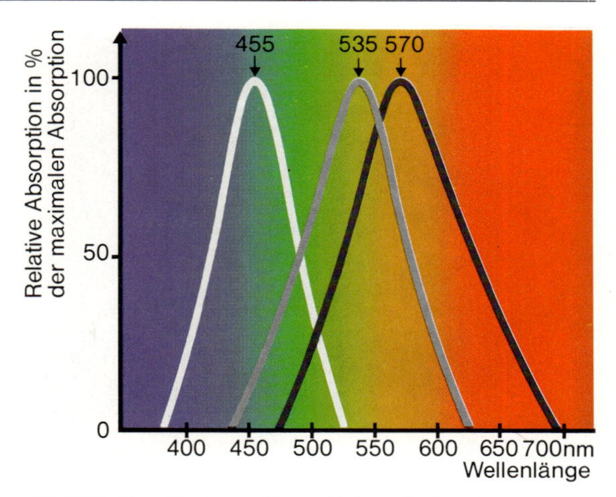

Abb. 227.1: Absorptionskurven der verschiedenen Zapfensorten, schematisiert. Jede Zapfensorte hat einen anderen lichtempfindlichen Farbstoff. Die Zahlen und Pfeile über den Absorptionskurven markieren das Absorptionsmaximum.

4.6 Das räumliche Sehen

Wir sehen einen Gegenstand, den wir mit beiden Augen betrachten, einfach, obwohl zwei etwas verschiedene Bilder entstehen. Das ist dadurch zu erklären, daß sich die Gesichtsfelder beider Augen weitgehend überdecken und die Augen so eingestellt werden, daß die gleichen Bilder auf einander entsprechende Netzhautstellen fallen. Solche Stellen sind der gelbe Fleck, aber auch alle Stellen, die in beiden Augen in derselben Richtung und Entfernung vom gelben Fleck liegen. Bilder dieser Art lösen im Gehirn eine einheitliche Empfindung aus. Entstehen die Bilder jedoch nicht auf den einander entsprechenden Stellen der Netzhaut, dann werden zwei Bilder

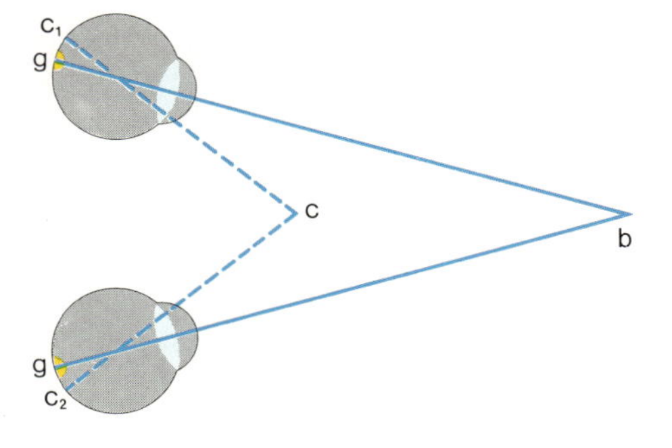

Abb. 227.2: Einfach- und Doppeltsehen. Wenn b fixiert wird, fallen in beiden Augen die Bilder auf den gelben Fleck g, b wird deshalb einfach gesehen. Die Bilder c_1 und c_2 von c fallen dann nicht auf einander entsprechende Netzhautstellen (Deckstellen), so daß c doppelt gesehen wird.

Abb. 228.1: Pfeilschwanzkrebs (Limulus), Größe 30 cm

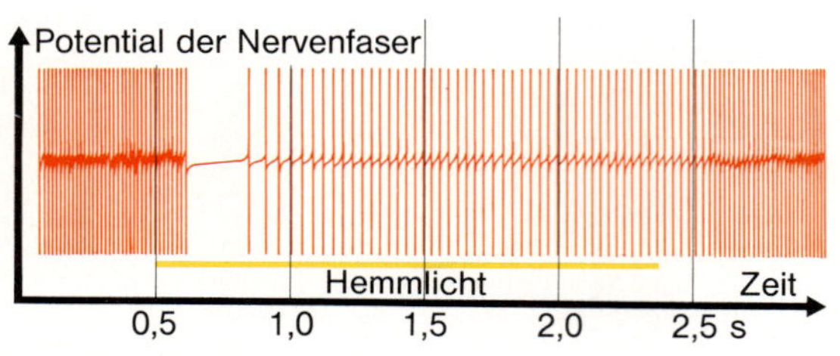

Abb. 228.2: Nachweis der gegenseitigen Hemmung von Einzelaugen des Pfeilschwanzkrebses.
Oben: schematische Darstellung der Versuchsanordnung, unten: Aktionspotentiale aus der Nervenfaser des Ommatidiums 1. Dieses Einzelauge wurde während der gesamten Meßzeit mit Licht gleicher Intensität beleuchtet.
»Hemmlicht« bedeutet das zusätzliche Belichten der benachbarten Ommatidien.
Unter seinem Einfluß fällt die Impulsfrequenz der getesteten Nervenfaser zunächst auf Null ab und steigt dann allmählich wieder auf einen niedrigeren Wert an.
Nach Abschalten des Hemmlichtes steigt die Impulsfrequenz wieder auf den anfänglichen Wert an.

wahrgenommen. Dies ist z.B. der Fall, wenn ein Daumen ganz an die Nase gehalten wird. Mit dem zweiäugigen Sehen hängen das räumliche Sehen und die Tiefenwahrnehmung zusammen. Da das linke Auge den Gegenstand mehr von links, das rechte ihn mehr von rechts sieht, entsprechen sich die beiden Bilder nicht völlig. Dies wird deutlich, wenn man den Daumen in Armeslänge von der Nase weghält und abwechselnd mit dem linken und dem rechten Auge betrachtet. Der Unterschied zwischen dem Links- und dem Rechtsbild löst den Eindruck des Körperlichen aus; er ist bei nahen Gegenständen größer als bei entfernten. Das Gehirn berücksichtigt weiterhin: den Winkel zwischen den Achsen beider Augen, den Akkomodationszustand der Linse, ferner, daß Gegenstände, die andere Dinge teilweise verdekken, sich vor diesen befinden müssen, und daß alle Objekte mit zunehmender Entfernung vom Auge in der Perspektive auch zunehmend verkleinert erscheinen.

4.7 Die Auswertung optischer Informationen

Man könnte annehmen, daß ein Gegenstand so vom Gehirn eines Tieres wahrgenommen wird, wie er sich als Erregungsmuster in den Sehzellen abbildet. Die Erregung der Sehzellen wird aber nicht einfach ins Gehirn »projiziert«. Es ist also nicht so, daß der Erregung einer Sehzelle jeweils die Erregung einer Nervenzelle genau entspricht. Es finden nämlich bereits in der Netzhaut Auswerteprozesse statt, die bestimmte Gestaltmerkmale von Gegenständen erfassen oder wenigstens hervorheben. Im folgenden sind einige leicht überschaubare Auswerteprozesse dargestellt.

4.7.1 Das Prinzip der gegenseitigen Hemmung

In einem Facettenauge kann nur dann ein scharfes Bild entstehen, wenn sich die Blickfelder der Einzelaugen nicht wesentlich überschneiden. Dann fällt das Licht eines Bildpunktes ausschließlich in ein Einzelauge. Überraschenderweise stellte man jedoch fest, daß das Licht einer punktförmigen Lichtquelle in mehrere Einzelaugen gelangt. Ein Tier mit Facettenauge müßte demzufolge ein recht unscharfes Bild von seiner Umgebung erhalten. Man prüfte deshalb die Sehschärfe einiger Insekten durch Verhaltensexperimente und fand sie wesentlich größer, als es die unscharfe Abbildung erwarten läßt. Die sich widersprechenden Befunde lassen einen nervösen Mechanismus vermuten, der die unscharfe Abbildung zum Teil wieder korrigiert.

Dieser nervöse Vorgang wurde am Pfeilschwanzkrebs *(Limulus)* näher untersucht (s. Abb. 228.1). Das Tier besitzt Facettenaugen. Aus jedem Einzelauge führen zwar mehrere

Nervenfasern zum Gehirn, doch können bei Belichtung nur in einer dieser Fasern Aktionspotentiale registriert werden (s. Abb. 228.2). Zwischen den Nervenfasern verschiedener Ommatidien findet man kurz nach dem Austritt aus dem Ommatidium zahlreiche Querverbindungen. Dann vereinigen sich die Einzelfasern zum optischen Nerv, der zum Gehirn zieht.

In einem ersten Versuch wurde nur ein Einzelauge belichtet. Die benachbarten Ommatidien blieben dunkel. Gleichzeitig wurden die Aktionspotentiale von der Nervenfaser abgeleitet, die zu dem belichteten Ommatidium gehört. Es zeigte sich ein typisches phasisch-tonisches Verhalten der Sinneszellen (s. 3.).

Bei Dauerlicht beobachtete man eine bestimmte (von der Lichtintensität abhängige) Impulsfrequenz (Abb. 228.2 unten, erster Teil). Wurden dann zusätzlich auch die benachbarten Einzelaugen beleuchtet, so sank in der Nervenfaser des zuerst belichteten Einzelauges die Impulsfrequenz zunächst auf Null ab. Sie stieg dann allmählich wieder an, allerdings nur bis zu einem Wert, der erheblich unter der früheren Frequenz lag. Während der ganzen Zeit hatte sich die Belichtung des ersten Einzelauges nicht geändert. Seine Erregung mußte also von den benachbarten Einzelaugen gehemmt worden sein (Abb. 228.2 unten, zweiter Teil).

Die Nervenfasern der anschließend belichteten Nachbaraugen hatten zunächst eine hohe Impulsfrequenz, die dann allmählich sank und auf einem niedrigeren Wert konstant blieb (phasisch-tonische Sinneszellen) (s. Abb. 219.2). Die Nachbaraugen hemmen also das erste Einzelauge um so stärker, je höher ihre eigene Impulsfrequenz ist.

Die Hemmung wird in den Fasern des optischen Nervs beobachtet. Sie muß also über Nervenbahnen erfolgen, die noch innerhalb des Auges verlaufen. Die weiteren Versuche bestätigten, daß jedes Einzelauge seine Nachbarn hemmt, umgekehrt aber auch von allen Nachbarn gehemmt wird *(gegenseitige Hemmung* oder *laterale Inhibition)*. Je stärker das hemmende Einzelauge belichtet wird, desto stärker ist seine Hemmwirkung. Demgemäß hemmt bei dem in Abb. 229.2 dargestellten Versuch das intensiv belichtete mittlere Einzelauge die schwächer belichteten Nachbaraugen erheblich, während umgekehrt die schwächer belichteten Einzelaugen das stark belichtete nur schwach hemmen. Die laterale Inhibition vergrößert also den Unterschied zwischen stark und schwach belichteten Einzelaugen. Das ist nichts anderes als eine Verschärfung der zunächst unscharfen Abbildung. Der

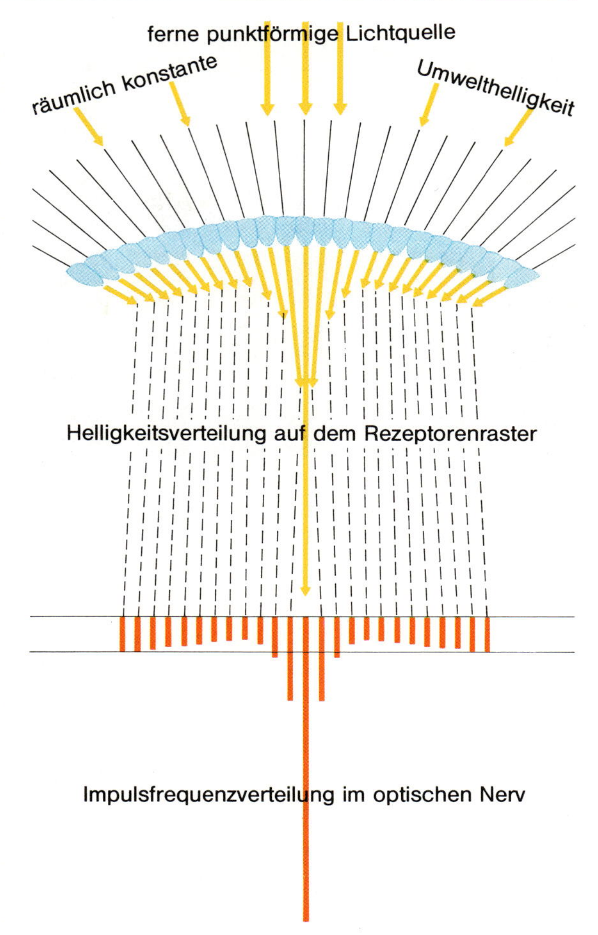

Abb. 229.2: Abbildung eines Lichtpunktes (oben) auf dem Raster der Sinneszellen und Wirkung der gegenseitigen Hemmung im Auge des Pfeilschwanzkrebses (unten). Die Länge der Balken symbolisiert die Frequenz der Aktionspotentiale in den ableitenden Nervenfasern. Die Blickrichtung jedes Ommatidiums im oberen Bildteil ist durch eine schwarze Linie angegeben.

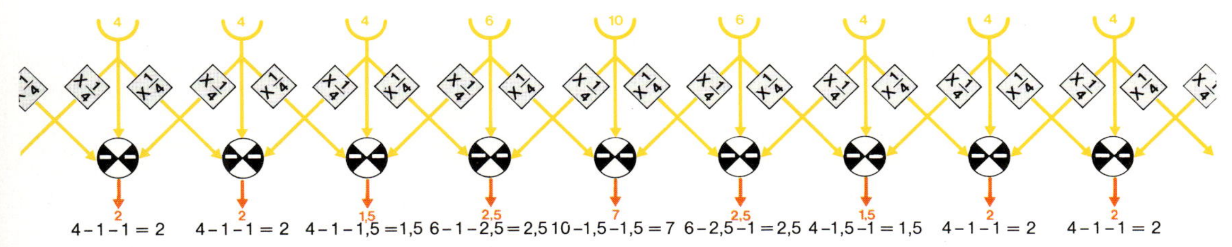

Abb. 229.1: Schema der gegenseitigen Hemmung mit Zahlenbeispiel. Von jeder Bahn, die von einer Sinneszelle zum ZNS führt, zweigen seitliche Bahnen ab. In diesen Bahnen wird die von den Sinneszellen kommende Erregung durch hemmende Synapsen auf ¼ abgeschwächt. Die abgeschwächte Erregung wird von der Erregung der benachbarten Sinneszellen subtrahiert. Der Multiplikationsfaktor ist in Wirklichkeit wesentlich geringer als ¼. Sinneszelle mit Angabe relativer Helligkeit; ⊗ Nervenzelle mit Angabe relativer Erregung

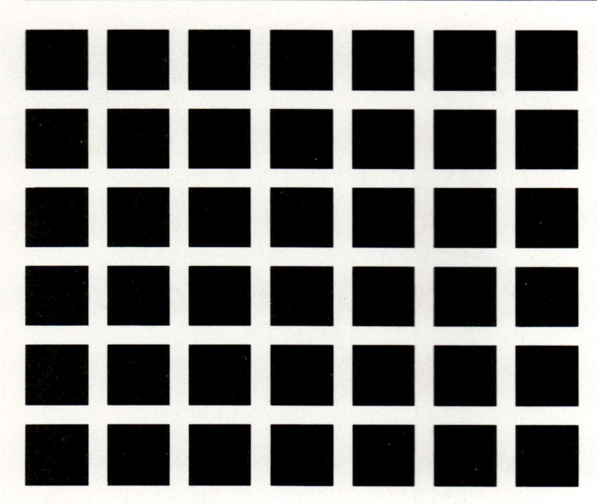
Abb. 230.1: Kontrasterscheinung.
Beim Fixieren einer Kreuzungsstelle der weißen Gitterstreifen erscheinen die Kreuzungsstellen dunkler – mit Ausnahme der fixierten Stelle.

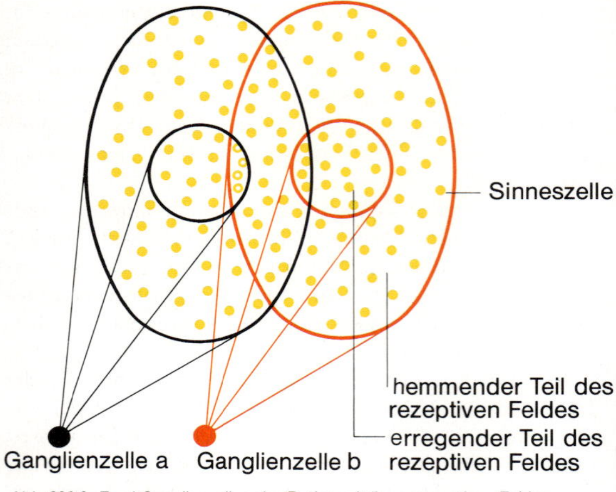

Abb. 230.2: Zwei Ganglienzellen der Retina mit ihren rezeptiven Feldern, schematisch. Sinneszellen gelb.
Die als lichte Kreise dargestellten Sinneszellen erregen Ganglienzelle a und hemmen Ganglienzelle b.

untere Teil von Abb. 229.2 zeigt das im Tier gemessene Ergebnis. Danach führt die gegenseitige Hemmung nicht nur zur Schärfung unscharfer Abbildungen, sondern erhöht auch die Kontraste. So ist im Beispiel von Abb. 229.2 das Bild der Lichtquelle von einem dunklen Saum umgeben (niedrigere Impulsfrequenzen in der Nähe der stark gereizten mittleren Fasern). Es tritt dadurch deutlich heraus.

Wahrscheinlich spielt die gegenseitige Hemmung auch im menschlichen Auge eine wesentliche Rolle (s. 4.7.2). So ist die optische Täuschung von Abb. 230.1 mit gegenseitiger Hemmung leicht zu erklären. Die Kreuzungspunkte sind von mehr hellen Flächen umgeben als die dazwischenliegenden weißen Bänder. Die von den Kreuzungspunkten ausgelösten Erregungen werden also stärker gehemmt als die von den weißen Bändern ausgelösten Erregungen. Die Kreuzungspunkte erscheinen deshalb dunkler. Die Erscheinung ist im Fixierpunkt nicht zu beobachten. Daraus ist zu folgern, daß gegenseitige Hemmung im gelben Fleck entweder keine große Rolle spielt oder nur auf wenige, unmittelbar benachbarte Sinneszellen beschränkt ist.

Netzwerke, die nach dem Prinzip der gegenseitigen Hemmung arbeiten, sind auch anderen Sinnesorganen nachgeschaltet und haben dort die gleiche Funktion. So verformt ein auf die Haut aufgesetzter Bleistift einen verhältnismäßig großen Bereich der Haut, reizt also viele Tastsinnesorgane. Trotzdem ist die Empfindung wegen der nachgeschalteten gegenseitigen Hemmung auf eine kleine, eng umschriebene Stelle begrenzt.

4.7.2 Verarbeitung optischer Informationen bei Säugetieren – Rezeptives Feld

Man bezeichnet eine Gruppe von Sehzellen, die mit einem bestimmten Neuron verbunden ist, als das **rezeptive Feld** dieses Neurons. In Abb. 223.2, links, bilden vier Sinneszellen das rezeptive Feld einer Ganglienzelle (rote Kerne). Jede Sinneszelle hat aber zu mehreren Ganglienzellen Verbindung. Deshalb überschneiden sich die rezeptiven Felder benachbarter Ganglienzellen.

Im Zentrum des rezeptiven Feldes können Sehzellen liegen, deren Reizung erregend auf die zugehörige Ganglienzelle wirkt. Sie bilden zusammen einen zentralen erregenden Bereich des rezeptiven Feldes (Abb. 230.2). Um diesen zentralen Bereich herum liegen Sehzellen, deren Reizung eine hemmende Wirkung auf die zugehörige Ganglienzelle ausübt. Diese Sehzellen bilden einen hemmenden Randbereich des rezeptiven Feldes. Die Ganglienzelle spricht dann am stärksten an, wenn der erregende zentrale Bereich ihres rezeptiven Feldes voll ausgeleuchtet ist, der hemmende Randbereich aber dunkel bleibt, also bei Reizung mit hellen Punkten auf dunklem Untergrund, deren Bild genau den erregenden Teil des rezeptiven Feldes ausfüllt.

Wendet man dieses Konzept auf das Auge des Pfeilschwanzkrebses an, dann besteht das rezeptive Feld einer Faser des optischen Nervs aus einem zentralen erregenden Teil, der ein Ommatidium umfaßt. Er ist umgeben von einem hemmenden Teil des rezeptiven Feldes, der aus den umgebenden Ommatidien besteht. Die bisher beschriebenen rezeptiven Felder sind also nur eine andere Darstellungsweise für das Prinzip der gegenseitigen Hemmung.

Es gibt in der Netzhaut von Säugetieren aber auch einen anderen Typ von rezeptiven Feldern. Bei diesem findet man umgekehrt einen hemmenden zentralen Bereich und einen erregenden Randbereich. Die zugehörige Ganglienzelle spricht demgemäß am stärksten auf dunkle Punkte auf hellem Untergrund an.

In der Netzhaut sind Sinneszellen gruppenweise zu rezeptiven Feldern zusammengeschaltet. Deshalb können unterschiedliche Bildpunkte, die auf verschiedene Sinneszellen eines erregenden Zentrums fallen, von den betreffenden Ganglienzellen nicht auseinandergehalten werden. Die dadurch bedingte Unschärfe wird zum Teil durch das Überlappen von rezeptiven Feldern ausgeglichen. In Abb. 230.2 sind Sinneszellen dargestellt, die im erregenden Zentrum vom rezeptiven Feld der Ganglienzelle a und im hemmenden Randbereich des rezeptiven Feldes von Ganglienzelle b liegen. Ein und dieselbe Sinneszelle wirkt also auf die eine Ganglienzelle erregend und auf die andere hemmend.

Die Axone der Ganglienzellen der Retina bilden den Sehnerv. Informationen werden von diesem in das Zwischenhirn und von hier zur Sehrinde des Großhirns geleitet (Sehregion Abb. 246.1). Das rezeptive Feld von Nervenzellen der Sehrinde umfaßt mehrere rezeptive Felder der Retina-Ganglienzellen. Man muß sich die Netzhaut als Mosaik von rezeptiven Feldern vorstellen, die durch die Nervenzellen der Sehrinde in den verschiedensten Richtungen miteinander verbunden sind. Je nach der Verknüpfung der rezeptiven Felder der Retina entstehen die in Abb. 231.1 dargestellten unterschiedlichen rezeptiven Felder der Sehrinde. Das Neuron der Sehrinde mit dem rezeptiven Feld a (Abb. 231.1) spricht am stärksten an, wenn eine helle Linie mit dunklem Untergrund, die auf die Netzhaut fällt, genau in der Richtung der blau dargestellten erregenden Bereiche verläuft. Ist die helle Linie anders geneigt (in der Zeichnung a gestrichelt dargestellt), spricht eine andere Nervenzelle der Sehrinde maximal an, nämlich die, deren erregende Bereiche von der hellen Linie getroffen werden (b). Eine Nervenzelle der Sehrinde mit dem rezeptiven Feld c wird maximal erregt, wenn eine dunkle Linie mit hellem Untergrund so auf die Netzhaut fällt, daß sie in den rot dargestellten hemmenden Bereichen liegt. Eine Nervenzelle mit dem rezeptiven Feld d wird maximal erregt, wenn die Grenzlinie einer hellen und dunklen Fläche so auf die Netzhaut fällt, daß sie auf die in d dargestellte Grenze zwischen erregendem und hemmendem Bereich trifft. Jeder Punkt der Netzhaut steht mit einer größeren Zahl von Neuronen der Sehrinde mit unterschiedlichsten Eigenschaften in Verbindung. Neuronen, deren rezeptive Felder in der Retina an der gleichen Stelle liegen, sind auch im Gehirn eng benachbart.

Neben den aufgezählten Neuronen gibt es noch andere Typen, auch solche, die nur auf bewegte, nicht aber auf ruhende Muster reagieren. Das durch die Sinneszellen in einzelne Punkte zerlegte optische Bild der Umgebung wird also zum Teil schon durch Nervenzellen der Netzhaut, endgültig aber durch die Neuronen der Sehrinde des Gehirns analysiert und wieder zusammengesetzt, d. h. es wird festgestellt, ob und in welcher Raumorientierung dort helle oder dunkle Linien, Kanten usf. vorhanden sind.

Die Zahl der Neuronen eines Typs läßt sich durch die Umweltbedingungen während der Jugendzeit der Tiere verändern. Enthält der Raum, in dem eine Katze aufwächst, besonders viele und ausgeprägte horizontale, aber kaum vertikale Linien, sind später die Neuronen mit horizontalen Grenzen zwischen erregendem und hemmendem Teil des rezeptiven Feldes überdurchschnittlich stark vertreten. Die Grundstruktur dieses Auswertevorgangs ist zwar angeboren, seine konkrete Ausprägung wird aber durch Außenreize beeinflußt.

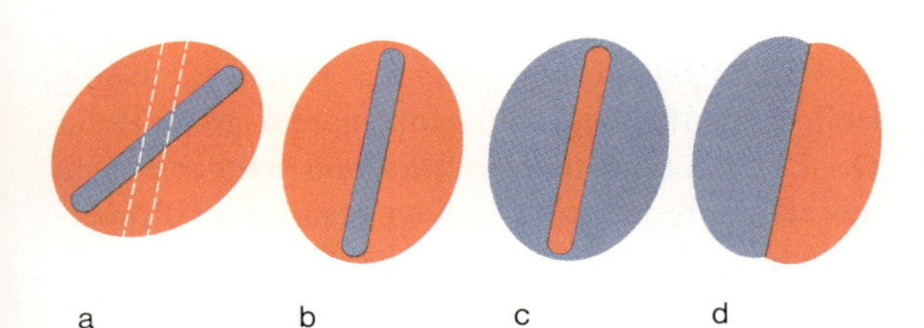

Abb. 231.1: Die rezeptiven Felder von vier verschiedenen Neuronen der Sehrinde. Blau: erregend, rot: hemmend. Erklärung im Text

In höheren Zentren des Gehirns, zu denen die Informationen des Sehzentrums schließlich gelangen, hat man Neuronen mit noch komplizierterem Antwortverhalten gefunden. So gibt es bei Affen Neuronen, die besonders stark auf den Anblick einer Hand reagieren. Andere Neuronen erhöhen ihre Entladungsfrequenz, wenn das Tier ein Gesicht erblickt.

Weitere Beispiele für die Auswertung optischer Informationen s. Verhalten 2.

5. Mechanische Sinne

Die Sinnesorgane der mechanischen Sinne sprechen auf Kräfte an, welche die reizaufnehmenden Teile der Sinneszellen verformen. Sinnesorgane, die auf körpereigene Reize ansprechen, heißen *proprio-rezeptive Organe*. Der Stellungssinn ist unter 9.1 zusammen mit seiner Bedeutung für die Bewegungssteuerung besprochen.

5.1 Hautsinne (Tastsinn und Schmerzsinn)

Der **Tastsinn** ist wohl der verbreitetste Sinn, der keinem Tier fehlt. Er ist ein Nahsinn und unterrichtet über Gegenstände, mit denen das Tier in Berührung kommt. In der Haut der Säugetiere sitzen getrennte Sinnesorgane für folgende Reize: *Wärme, Kälte, mechanische Berührung* und *Schmerz*. Bei den Sinnesorganen, die auf mechanische Berührung ansprechen, kann man funktionell drei verschiedene Typen unterscheiden: (1) Phasisch-tonische Sinnesorgane. Sie zeigen die *Stärke* und die *Dauer* eines Tastreizes an. (2) Phasische Sinnesorgane. Sie messen die *Geschwindigkeit* der Verformung der Haut. (3) Phasische Sinnesorgane mit sehr schnellem Erregungsabfall. Sie sprechen auf eine schnelle Deformation der Haut nur mit einem einzigen Aktionspotential an. Daher reagieren sie vor allem auf *Vibrationen* (s. hierzu 3.). Tastempfindungen unterliegen auch der gegenseitigen Hemmung (s. 4.7.1).

Die Struktur der Tastsinnesorgane kann sehr unterschiedlich sein, wie Abb. 232.1 zeigt. In den verschiedenen Teilen der Haut stehen diese Sinnesorgane unterschiedlich dicht (Tab. 232/1). Beim Menschen sind sie an den Fingerballen am dichtesten. Deshalb kön-

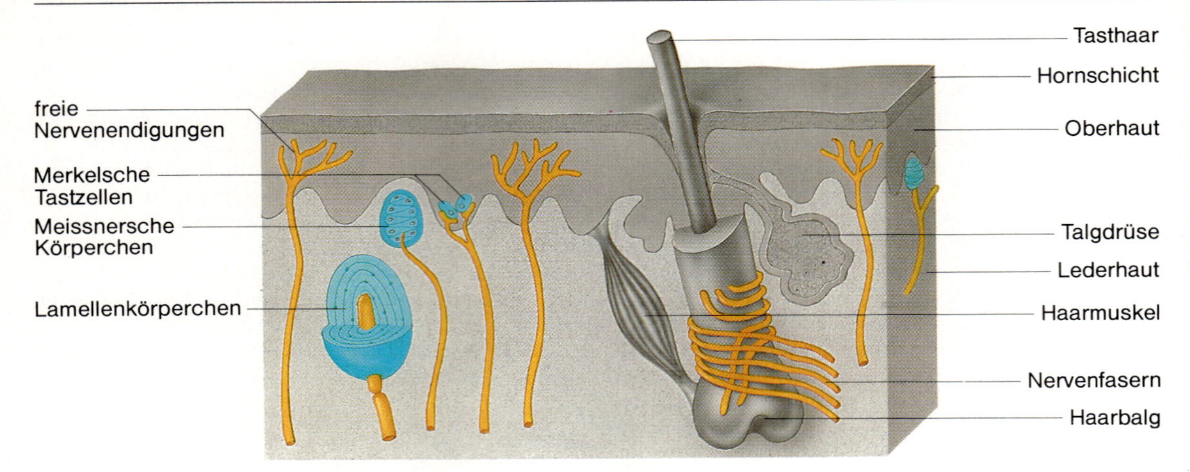

Abb. 232.1: Tastsinnesorgane und freie Nervenendigungen der Haut. Die Merkelschen Tastzellen reagieren phasisch-tonisch; sie messen also die Intensität und Dauer eines Druckreizes. Auf eine Auslenkung der Tasthaare reagieren deren Nervenfasern meist phasisch; sie messen also die Geschwindigkeit der Haarbewegung. Die Meissnerschen Körperchen sind phasische Sinnesorgane der unbehaarten Haut, sie messen die Geschwindigkeit der durch einen Druckreiz verursachten Verformung der Haut. Die Lamellenkörperchen (Vater-Pacinische Körperchen) reagieren ebenfalls phasisch, aber mit äußerst kurzer Abfallszeit der Erregung, sie sprechen vor allem auf Vibration der Haut an. Freie Nervenendigungen in der Oberhaut reagieren phasisch-tonisch auf Druckreize. Als freie Nervenendigungen bezeichnet man die Dendriten von Sinnesnervenzellen, sofern sie von keinen erkennbaren Zusatzstrukturen umgeben sind.

nen mit diesen feine Strukturen am besten ertastet werden. Am spärlichsten sind sie auf dem Rücken.

Sicheres über den **Schmerzsinn** ist begreiflicherweise nur vom Menschen bekannt; doch läßt sich aus dem Verhalten von Wirbeltieren schließen, daß auch sie Schmerzen empfinden können. Unempfindlich für Schmerzreize in unserem Sinne sind wahrscheinlich die Insekten und viele andere wirbellose Tiere.

Da man den Schmerz durch bestimmte Narkosen ausschalten kann, wobei die Tastempfindung weiterbesteht, muß der Schmerzsinn ein eigener Sinn sein. Die Reizaufnahme erfolgt wahrscheinlich durch freie Nervenendigungen nahe der Hautoberfläche, in inneren Organen oder in Gelenken. Möglicherweise gibt es für mechanische Schmerzen, Hitzeschmerz oder Chemikalieneinwirkung getrennte Aufnehmer.

Unter den Hautsinnesorganen sind die Schmerzpunkte am häufigsten (Tab. 232/1). Aber auch im Körperinneren, vor allem in den Häuten (Bauchfell, Brustfell, Knochen- und Gelenkhäute), ist Schmerzsinn vorhanden. Unempfindlich sind Lunge und Gehirn, nicht aber die Hirnhäute. Näheres zur Minderung der Schmerzempfindung s. 2.5.

Schmerz ist wahrscheinlich als Warnreiz aufzufassen, der auf schädliche äußere Einwirkungen und auf Unstimmigkeiten im Körper aufmerksam macht. Der Schmerzschrei des gequälten Tieres ist möglicherweise ein Hilfe- und Warnruf für die Artgenossen.

Tabelle 232/1: Punktdichte der Hautsinne pro cm^2

	Wärme	Kälte	Druck	Schmerz
Gesicht	0,6	8	50	184
Nasenspitze	1,0	13	100	44
Oberkörper	0,3	9	29	196
Vorderarm-Innenseite	0,4	6	15	203
Handrücken	0,5	7	14	188

5.2 Der Raumlagesinn

Die Schwerkraft unterscheidet sich von anderen Reizen dadurch, daß Stärke und Richtung konstant sind. Diese Konstanz macht die Erdschwere zu einer idealen Bezugsgröße, auf die Organismen ihre Lage im Raum beziehen können. Deshalb spielt die Bestimmung der Winkel, welche die Körperachsen mit dem Schwerelot bilden, besonders bei Tieren, die häufig labile Körperhaltungen einnehmen, eine große Rolle. Das Erfassen der Schwerkraftrichtung dient aber nicht nur zur Aufrechterhaltung einer bestimmten Körperstellung, sondern ist zugleich eine Orientierungshilfe bei der Fortbewegung.

Schweresinnesorgane sind meistens als *Statocysten* ausgebildet. Ein schwerer Körper *(Statolith)* liegt einem Polster von Sinneszellen auf (Abb. 233.1). Daß die Bewegung des Statolithen der adäquate Reiz für die Sinneszellen ist, zeigt folgender Versuch:

Beim Flußkrebs sitzt die Statocyste als offenes Bläschen jeweils am Grunde des ersten Fühlerpaars. Beim Häuten wird ihre Auskleidung samt den als Statolithen dienenden Sandkörnchen regelmäßig abgestoßen. Als Ersatz nimmt der Krebs mit den Scheren Sandkörnchen auf und führt sie in das Bläschen ein. Ein Krebs, den man vor der Häutung in ein Gefäß brachte, dessen Boden mit Eisenfeilspänen bestreut war, benutzte diese anstelle von Sandkörnchen als Statolithen. Als man nun dem frei im Wasser schwimmenden Krebs einen Magneten auf den Rücken hielt, drehte er sich sofort um und schwamm so lange in Rückenlage, wie die Wirkung des Magneten anhielt.

Die Schweresinnesorgane der Wirbeltiere *(Macula-Organe)* liegen in einem mit Flüssigkeit gefüllten Hohlraum, welcher sich durch eine Einschnürung in ein oberes Bläschen *(Utriculus)* und ein unteres Bläschen *(Sacculus)* teilt (s. Abb. 233.2 und 235.1). Am oberen Bläschen entspringen bei den Wirbeltieren drei halbkreisförmige, in das Bläschen zurücklaufende Kanäle *(Bogengänge)*. Von dem unteren Bläschen zweigt sich bei Amphibien, Reptilien, Vögeln und Säugern das Hörorgan ab. Die ganze Einrichtung hat schon GALEN, ein griechischer Arzt (2. Jhdt. n. Chr.), *Labyrinth* genannt.

Im *Utriculus* und *Sacculus* befindet sich je ein Schweresinnesorgan. Jedes trägt am Boden ein Polster von Sinneszellen *(Macula)*. Dabei handelt es sich, wie bei allen Sinneszellen des Labyrinths, um **Haarsinneszellen**. Sie tragen am Ende eine größere Zahl von »Härchen«. Eines davon ist wie eine typische Geißel gebaut (Kinocilie). Es steht am einen Ende der Zelle. Die anderen »Härchen« sind einfacher gebaut (Stereocilien). Haarsinneszellen sind sekundäre Sinneszellen (s. 3.). Abbiegen der Cilien in Richtung zum Kinocilium hin erregt (depolarisiert) sie, Abbiegen in die andere Richtung hemmt (hyperpolarisiert) sie.

Die Haarsinneszelle schüttet im unerregten Zustand kontinuierlich Transmitter aus. Deshalb zeigt die ableitende Nervenfaser im ungereizten Zustand eine spontane Entladungsfrequenz. Depolarisation erhöht und Hyperpolarisation vermindert die Transmitterausschüttung und verändert entsprechend die Entladungsfrequenz in der ableitenden Nervenfaser (Abb. 233.2).

Die Cilien der Haarsinneszellen tauchen in eine Gallerte ein, in der zahlreiche winzige Kalkkörperchen (Durchmesser 2–5 µm) liegen. Diese Gallertmasse wirkt als Statolith. Die Statolithenmasse läßt sich nur parallel zur Oberfläche des Sinnesepithels bewegen. Dabei werden die Sinneshaare gebogen.

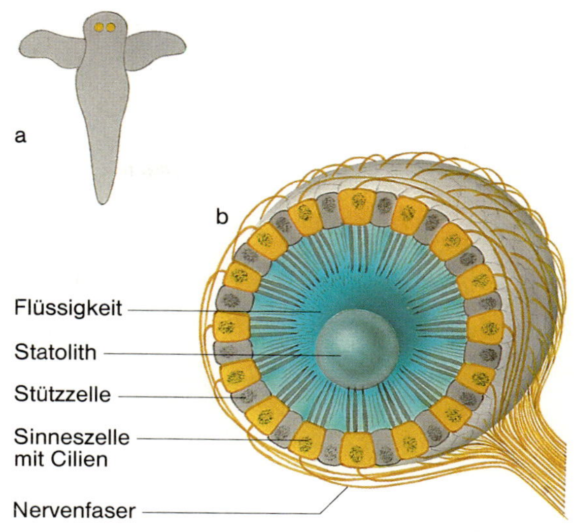

Abb. 233.1: Schweresinnesorgan einer Schwimmschnecke. a Lage, b Bau

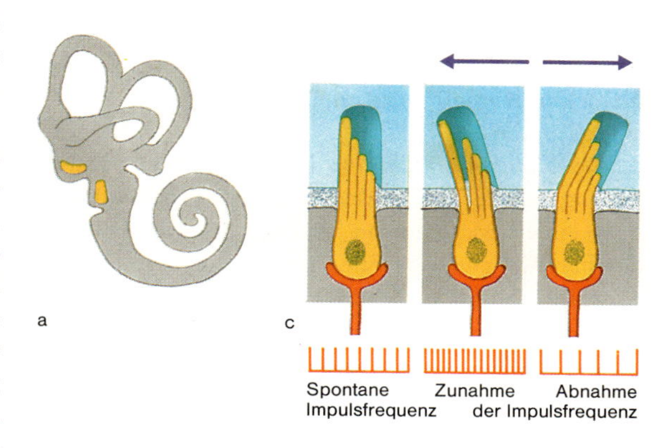

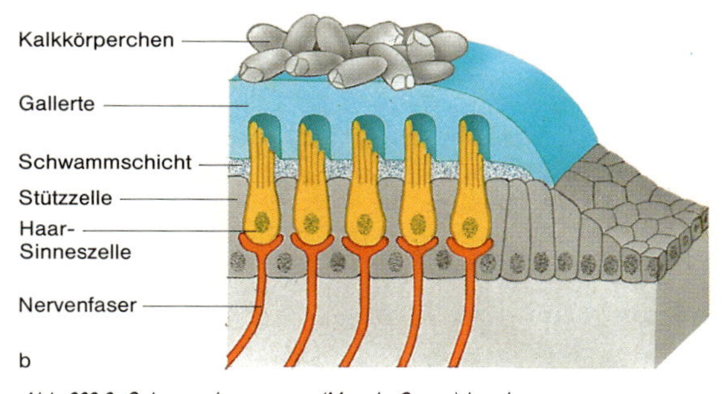

Abb. 233.2: Schweresinnesorgan (Macula-Organ) im oberen und unteren Bläschen des menschlichen Labyrinths (schematisch). a Lage der Organe im Labyrinth, b Bau, c Änderung der Impulsfrequenz einer ableitenden Nervenfaser bei Lageänderung. Bei dem jeweils längsten Cilium einer Haarsinneszelle handelt es sich um das Kinocilium.

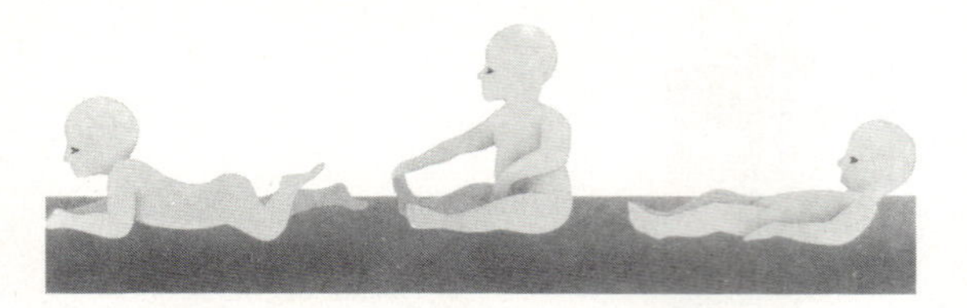

Abb. 234.1: Einstellung der Kopfhaltung bei Säuglingen. Die Augenachse wird parallel zum Horizont ausgerichtet, auch bei geschlossenen Augen. Die Auslösung der Kopfbewegungen erfolgt aufgrund von Meldungen der Rezeptoren des Raumlagesinnes (nach Bartels, H. und R.).

Die Schwerkraftkomponente parallel zur Oberfläche des Sinnesepithels, die die Statolithenmasse bewegt, steigt mit zunehmender Schräglage des Sinnesepithels. Damit erhöht sich auch die Erregung der Sinneszellen.

Die *Macula* des *Utriculus* liegt in normaler Kopfhaltung waagrecht, die Macula des *Sacculus* senkrecht.

In einem Maculaorgan sind die Sinneszellen unterschiedlich räumlich orientiert. Dadurch kann jede beliebige Neigung des Kopfes gemessen werden. Weil diese Sinneszellen auch auf andere linear beschleunigende Kräfte reagieren, vermitteln sie auch die Wahrnehmung des Fallens und Steigens.

Insekten besitzen keine Statocysten. Trotzdem können viele von ihnen die Winkel zwischen ihren Körperachsen und dem Schwerelot sehr genau messen (z.B. bei den Bienentänzen, s. Kapitel Verhalten 5.2.2). Sie verwenden dazu die Meldungen ihrer *Gelenkstellungssinnesorgane*. Ändert sich nämlich die Lage eines Gelenks im Raum, ändert sich auch die Belastung dieses Gelenkes durch die Schwerkraft. Die Tiere sind offensichtlich in der Lage, aus vielen solcher Meldungen die Raumlage zu »errechnen«.

5.3 Der Drehsinn

Jedes der beiden Labyrinthe eines Wirbeltieres enthält Drehsinnesorgane. Sie bestehen aus den drei mit Flüssigkeit gefüllten Bogengängen. Diese liegen in drei zueinander senkrechten Ebenen. Jeder Bogengang weist nahe der Einmündung in das obere Bläschen eine Anschwellung *(Ampulle)* auf. Ihr Boden ist mit Haarsinneszellen besetzt, deren lange, feine Sinneshaare in eine Gallertzunge *(Cupula)* eingebettet sind, welche in die Flüssigkeit im Innern der Erweiterung hineinragt (s. Abb. 234.2). Ihre Wirkungsweise beruht auf dem Beharrungsvermögen dieser Flüssigkeit. Dreht man beispielsweise den Kopf nach rechts, dann bleibt die Flüssigkeit in den waagrechten Bogengängen infolge ihrer Trägheit in Ruhe, während die Wandung der Bogengänge mitsamt der Cupula bewegt wird. Die Flüssigkeit bewegt sich also relativ zur Wandung und biegt die Cupula ab. Dies reizt die Sinneszellen.

Die Flüssigkeit im Innern der Bogengänge bewegt sich nur dann relativ zu den Bogengängen, wenn der Körper eine Drehbeschleunigung erfährt. Bei gleichbleibender Drehgeschwindigkeit folgt sie bald der Drehung (Wandreibung). Gemessen wird also nicht die Drehbewegung, sondern die Drehbeschleunigung.

Da uns Drehbewegungen bewußt werden, können wir folgern, daß im Zentralnervensystem aus den am Beginn und am Ende einer Drehbewegung auftretenden Drehbeschleunigungen der Verlauf der Drehbewegung selbst ermittelt wird.

Eine bekannte Sinnestäuschung ist der *Drehschwindel*. Bei dauerndem Drehen in gleicher Richtung macht schließlich auch die Flüssigkeit in den Bogengängen diese Bewegung mit und strömt infolge ihrer Träg-

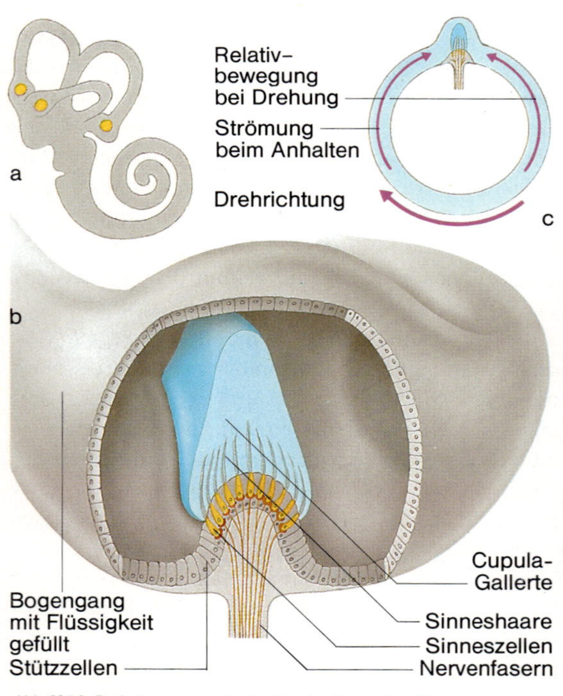

Abb. 234.2: Drehsinnesorgane in der Anschwellung eines Bogengangs. a Lage, b Bau, c Beeinflussung durch Drehung

heit weiter, wenn die Körperbewegung plötzlich aufhört. Dadurch wird die Cupula in Richtung der strömenden Flüssigkeit abgebogen, was das Gefühl entgegengerichteter Drehbewegung auslöst.

5.4 Der Gehörsinn

Hörorgane sind nur für die Wirbeltiere und einige Insekten nachgewiesen (z. B. Heuschrecken, Zikaden, Stechmücken).

Das **menschliche Ohr** (s. Abb. 235.1) besteht aus drei Abschnitten:

1. dem *äußeren Ohr* mit Ohrmuschel, Gehörgang und Trommelfell;
2. dem mit Luft gefüllten *Mittelohr* (Paukenhöhle), welches durch die Brücke der Gehörknöchelchen den Schall zum Hörorgan weiterleitet; und
3. dem flüssigkeitsgefüllten *Innenohr* mit der Schnekke, dem eigentlichen Hörorgan.

Das Trommelfell kann man nicht als eine einfache, gespannte Membran betrachten. Eine solche Membran hätte eine bestimmte Resonanzfrequenz (s. Lehrbücher der Physik). Schallschwingungen in der Nähe der Resonanzfrequenz würden dadurch verstärkt, Schallschwingungen mit Frequenzen, die sich stark von der Resonanzfrequenz unterscheiden, dagegen abgeschwächt werden. Durch den komplizierten Bau und die weiche Aufhängung des Trommelfells und des daran befestigten Gehörknöchelchens (Hammer) wird erreicht, daß keine Resonanzfrequenzen im hörbaren Schallbereich auftreten.

Eine Verbindung zwischen der Paukenhöhle und der Mundhöhle, die Ohrtrompete oder *Eustachische Röhre,* sorgt bei heftigen Druckwellen für Druckausgleich und verhindert dadurch eine Beschädigung des Trommelfells infolge eines starken einseitigen Drucks. Drei miteinander verbundene *Gehörknöchelchen,* Hammer, Amboß und Steigbügel, übertragen die Trommelfellschwingungen auf das Innenohr. Sie bilden einen Hebelapparat, der die großen, aber mit geringer Kraft geführten Ausschläge des Trommelfells in kleinere, aber kräftigere Ausschläge verwandelt (etwa 20fache Untersetzung). Dies ist notwendig, weil im Innenohr nicht Luft, sondern eine schwer verschiebbare Flüssigkeit bewegt werden muß.

Das innere Ohr ist in einen spiralig gewundenen Knochengang des Felsenbeins, die 2½ Umgänge umfassende *knöcherne Schnecke,* eingelagert (siehe Abb. 236.1). Sie bildet zusammen mit den Hohlräumen für die drei Bogengänge und für Utriculus und Sacculus das knöcherne Labyrinth. Zwei fensterartige, durch Häute verschlossene Durchbrechungen des Knochens, das *ovale* und das *runde Fenster,* verbinden die Schnecke mit dem Mittelohr. In dem knöchernen Labyrinth ist das häutige Labyrinth als zartes Gebilde so an Bändern aufgehängt, daß zwischen ihm und der Knochenumhüllung noch flüssigkeitsgefüllte Räume frei bleiben. Ein solcher ist der Vorhof, der an das ovale Fenster grenzt. Zur Schallwahrnehmung dient nur der Teil des häutigen Labyrinths, der als Schnekkengang den Windungen der Schnecke folgt. Er ist seitlich an der Wand der knöchernen Schnecke befestigt, läßt aber oben und unten je einen mit Flüssigkeit erfüllten Raum frei. Die Windungen der knöchernen Schnecke sind also in drei Räume geteilt (s. Abb. 236.2): den oberen *Vorhofgang,* den mittleren, von der häutigen Schnecke gebildeten *Schneckengang* und den unteren *Paukengang.* Der Schneckengang endet blind vor der Spitze der knöchernen Schnecke. Vorhof- und Paukengang gehen dort ineinander über.

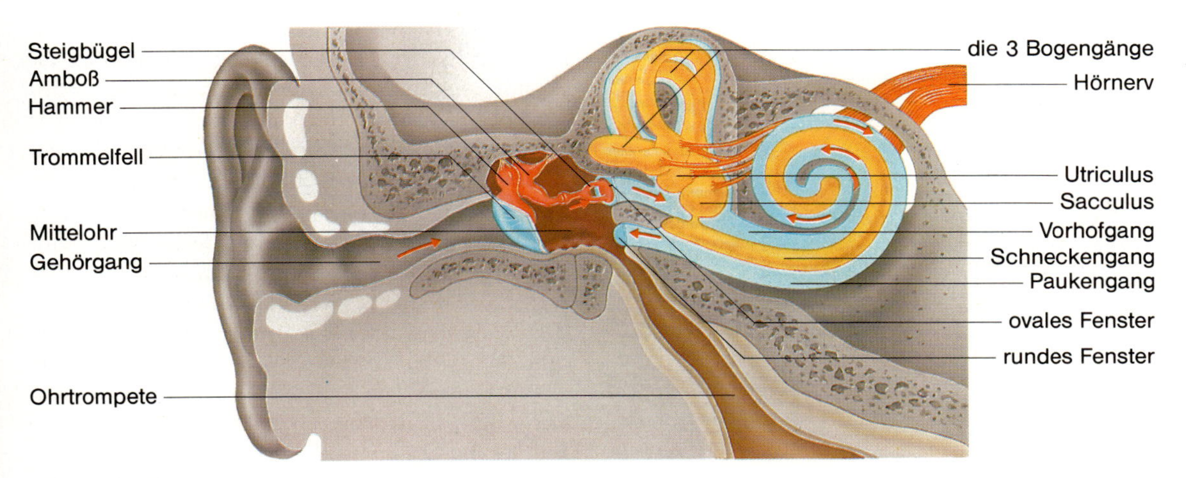

Abb. 235.1: Übersicht über den Bau des menschlichen Ohrs (die Ohrmuschel ist im Verhältnis zu klein gezeichnet).

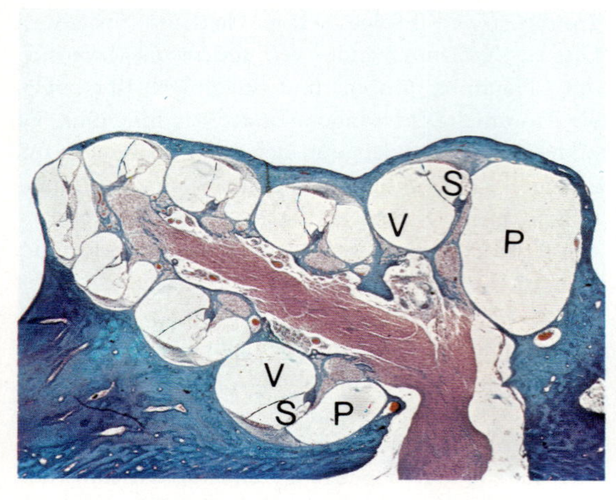

Abb. 236.1: Schnitt durch die Schnecke eines Säugetiers (15fach). P Paukengang, S Schneckengang, V Vorhofgang

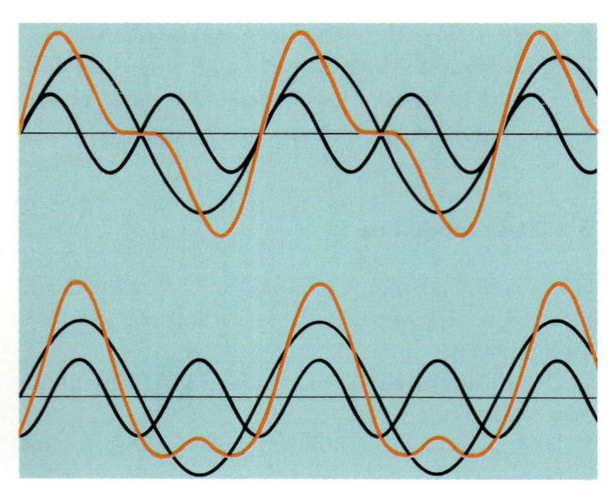

Abb. 236.4: Zusammensetzung zweier Sinusschwingungen (Grundton und Oktave), oben ohne und unten mit Phasenverschiebung. Die resultierende Schwingung ist rot gezeichnet. Beide Schwingungen rufen die gleiche Tonempfindung hervor.

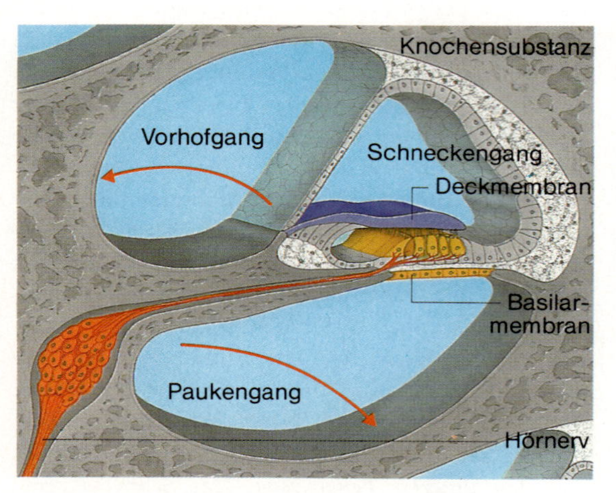

Abb. 236.2: Querschnitt durch einen Umgang der knöchernen Schnecke im Ohr des Menschen. Sinneszellen gelb. Die Pfeile geben die Richtung der Schallwellen an.

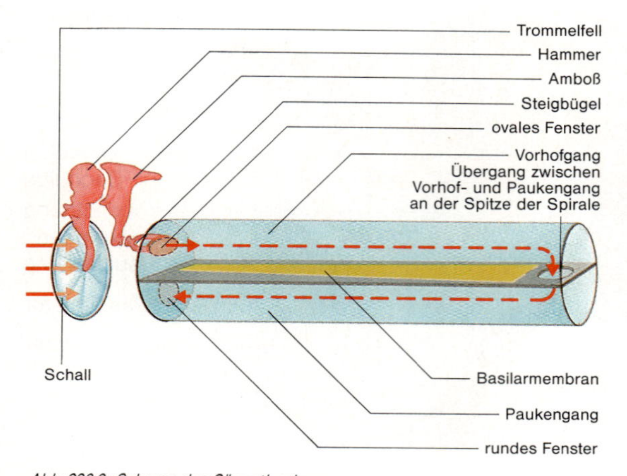

Abb. 236.3: Schema des Säugetierohres. Das Innenohr ist in gestreckter Anordnung dargestellt.

Der Boden des Schneckengangs wird von der rund 33 mm langen *Basilarmembran* gebildet. Sie wird nach der Schneckenspitze zu immer breiter. Auf ihr sitzen, von Stützzellen getragen, Haarsinneszellen. Über den Sinneszellen liegt eine sie berührende *Deckmembran*. Der adäquate Reiz besteht in einer Abbiegung der Sinneshaare durch eine Bewegung der Deckmembran relativ zur Basilarmembran (s. auch Abb. 236.2).

Als Töne werden Schallwellen mit einfachen periodischen Schwingungen bezeichnet. Überlagern sich mehrere reine Töne, bezeichnet man das als Klang. Komplizierte und nicht periodische Schwingungen ergeben Geräusche.

Mischt man zwei Töne verschiedener Frequenz, können je nach der gegenseitigen Phasenlage unterschiedliche Schwingungsformen entstehen (Abb. 236.4). Trotz der unterschiedlichen Form rufen die abgebildeten Schwingungen die gleiche Tonempfindung hervor. Daraus kann man schließen, daß es nicht auf die Schwingungsform des Trommelfells ankommt, sondern auf die in dieser Schwingungsform enthaltenen reinen Töne. Ein eintreffender Klang wird also offensichtlich in seine Bestandteile (reine Töne) zerlegt. Im Experiment kann man tatsächlich zeigen, daß verschiedene reine Töne unterschiedliche Bezirke der Basilarmembran zum Schwingen bringen (Abb. 237.1). Hohe Töne werden in der Nähe des ovalen Fensters (am schmalen Teil der Basilarmembran), tiefe an der Spitze der Schnecke (am breiten Teil der Basilarmembran) registriert.

Die untere Hörgrenze liegt beim Menschen bei 20 Hz (Hertz), die obere zwischen 15 und 20 kHz

(1 Kilohertz = 1000 Schwingungen je Sekunde) (s. Tab. 237/1). Beim Hund liegt die obere Grenze zwischen 30 und 50 kHz. Der Hund nimmt also auch Töne wahr, die für den Menschen unhörbar sind (Hundepfeife!). Die obere Hörgrenze der Fledermäuse ist mit 175 kHz noch wesentlich höher.

Nach Abb. 237.1 schwingt auch bei einem reinen Ton ein ziemlich großer Bereich der Basilarmembran. Damit wird eine große Zahl von Sinneszellen gereizt, der Ton auf der Basilarmembran also unscharf »abgebildet«. Der Mensch kann nun zwei verschieden hohe Töne wesentlich besser unterscheiden, als man nach der Schwingungsweise der Basilarmembran erwarten sollte. Die sehr unscharfe »Abbildung« eines Tones auf der Basilarmembran wird also offensichtlich im Gehirn nachträglich verschärft. Tatsächlich hat sich elektrophysiologisch nachweisen lassen, daß einzelne Neuronen im Gehirn nur auf ein schmales Frequenzband ansprechen. Wie diese Verschärfung geschieht, ist unbekannt. In höheren Hörzentren treten auch Neuronen auf, die auf bestimmte Klangmuster ansprechen.

Außer zum Hören dient das Ohr auch zur *Orientierung im Schallraum*. Ein von links kommender Schall erreicht zuerst das linke und dann das rechte Ohr. Dieser geringe Zeitunterschied genügt, um die Richtung der Schallquelle festzustellen. Wahrscheinlich spielen auch die Unterschiede der Schallintensität in beiden Ohren eine Rolle. Zum Richtungshören sind daher beide Ohren notwendig.

Fledermäuse und Delphine orientieren sich nach dem Prinzip der *Echoortung* (s. Abb. 237.2). Die Fledermäuse stoßen während des Fluges in regelmäßigen Abständen Tonstöße in einer Frequenz von 30–80 kHz aus. Die Schallwellen werden beim Auftreffen auf ein Hindernis zurückgeworfen und gelangen als Echo ins Ohr. So kann die Fledermaus den Gegenstand orten. Der Zeitunterschied zwischen Schallaussendung und Rückkehr ist ein Maß für die Entfernung, die Stärke des Echos ein Maß für die Größe des Gegenstandes. Manche Fledermäuse können aus der Veränderung der Frequenz des Echos feststellen, ob der Abstand zum Gegenstand größer wird (Frequenzerniedrigung wie bei einem sich entfernenden Auto) oder abnimmt (Frequenzerhöhung).

6. Chemische Sinne

Getrennte Geruchssinnes- und Geschmackssinnesorgane sind nur bei den Wirbeltieren und gewissen Wirbellosen (Schnecken, Insekten) ausgebildet. Viele Wirbellose besitzen einen einheitlichen chemischen Sinn.

Tabelle 237/1: Obere Hörgrenze (in kHz)

Aal	0,5	Fledermaus	175
Elritze	7	Delphin	bis zu 200
Zwergwels	13	Mensch:	
Taube	12	Jugendlicher	16
Huhn	38	35jähriger	15
Heuschrecke	90	50jähriger	12
Nachtfalter	100–175	Greis	5

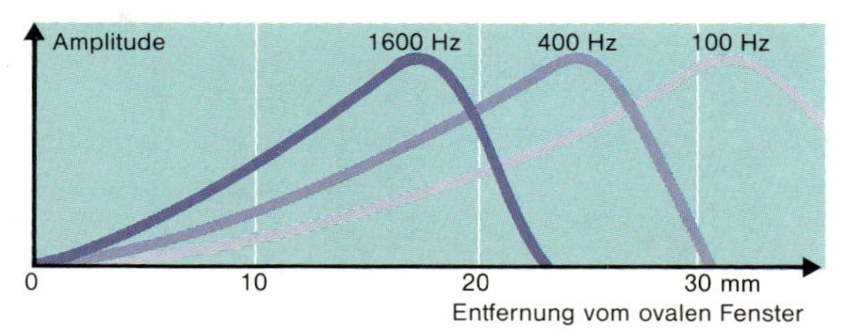

Abb. 237.1: Lage des Schwingungsmaximums der Basilarmembran für sinusförmige Schwingungen verschiedener Frequenz

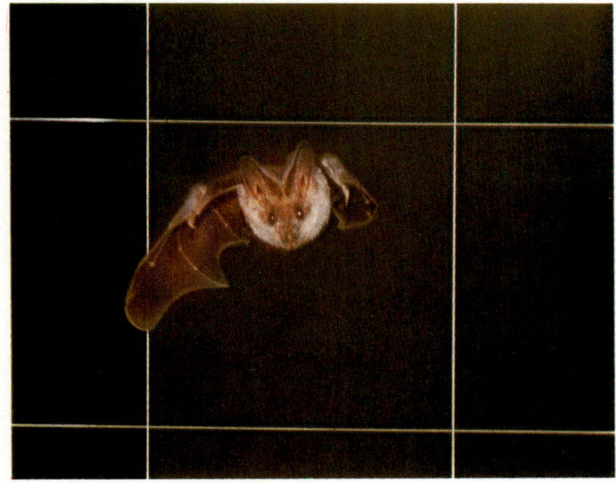

Abb. 237.2: Eine Fledermaus fliegt durch ein Drahtgitter. Sie kann in völligem Dunkel mit Hilfe der Ultraschallortung noch Drähte von 0,1 mm Dicke wahrnehmen.

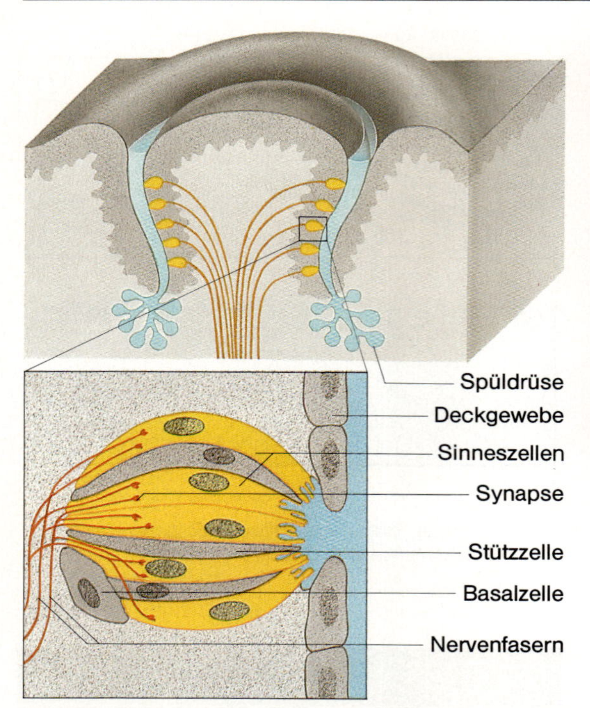

Abb. 238.1: Oben: Schmeckpapille der menschlichen Zunge. Seitlich liegen Geschmacksknospen, an denen Dendriten von Nervenzellen enden. Am Grunde der Rinne münden Spüldrüsen; unten: einzelne Geschmacksknospe (schematisch). Die Mikrovilli der Sinneszellen ragen in einen mit Flüssigkeit erfüllten Raum. Von den ca. 50 in die Geschmacksknospe eintretenden Fortsätzen von Nervenzellen sind nur drei mit ihren Verzweigungen eingezeichnet.

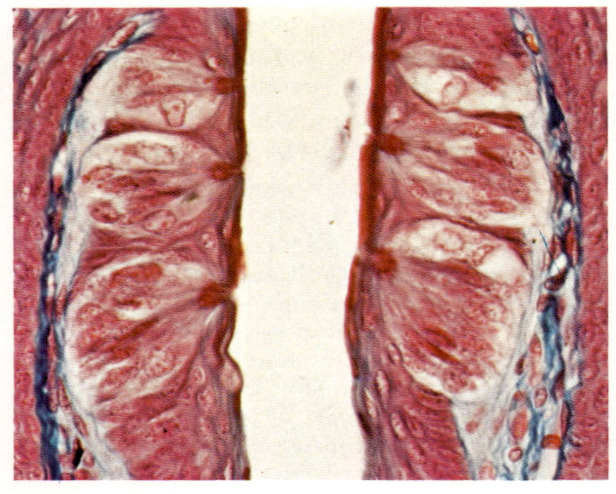

Abb. 238.2: Geschmacksknospen an den Seiten zweier durch eine Rinne getrennter Schmeckpapillen. Man erkennt die Sinneszellen und die Öffnung zur Mundhöhle.

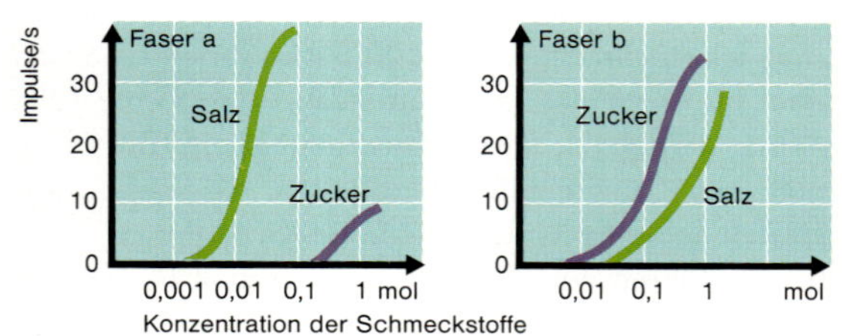

Abb. 238.3: Elektrische Aktivität zweier Schmeckfasern der Ratte bei Reizung der Geschmackssinneszellen mit Kochsalz und Rohrzucker

6.1 Der Geschmackssinn

Beim Menschen und bei den meisten Wirbeltieren liegen die Geschmackssinnesorgane auf der Zunge und im Innern der Mundhöhle. Hier sind sie vor Austrocknung geschützt. Im folgenden werden vor allem die Verhältnisse bei Säugetieren und insbesondere beim Menschen näher betrachtet.

Die Geschmackssinneszellen sind sekundäre Sinneszellen. 4–20 solcher Schmeckzellen liegen zusammen in einer *Geschmacksknospe*. Die Geschmacksknospen ihrerseits liegen seitlich oder an der Spitze von Schmeckpapillen (Abb. 238.1). Eine Geschmacksknospe enthält neben Sinneszellen noch Stützzellen und Basalzellen (Abb. 238.1). Die Sinneszellen ragen in einen mit Flüssigkeit gefüllten Raum hinein. Ihre Oberfläche ist an dieser Stelle durch die Ausbildung von Mikrovilli stark vergrößert. Der mit Flüssigkeit gefüllte Raum im Innern der Geschmacksknospe steht durch eine Öffnung mit der Mundhöhle in Verbindung.

Ein erwachsener Mensch besitzt etwa 2000 Geschmacksknospen. Bei älteren Menschen und starken Rauchern ist die Anzahl der Geschmacksknospen stark vermindert.

Der Mensch kann vier Arten von Geschmacksreizen *(Geschmacksqualitäten)* unterscheiden: salzig, sauer, süß und bitter. Es ist bisher in keinem Fall gelungen, grundsätzliche Zusammenhänge zwischen der chemischen oder physikalischen Natur eines Stoffes und seiner Geschmackswirkung aufzufinden. Reizt man die menschliche Zunge mit verschiedenen Schmeckstoffen, ergibt sich folgende Verteilung der Empfindlichkeiten: Bittere Stoffe werden vor allem am Zungengrund, saure und salzige an den Rändern, süße an der Zungenspitze registriert.

In eine Geschmacksknospe treten etwa 50 Nervenfasern ein und verzweigen sich in ihr. Jede Nervenfaser nimmt mit ihrer Dendritenregion Kontakt mit mehreren Sinneszellen auf. Jede Schmeckzelle hat ihrerseits Kontakt mit den Verzweigungen von bis zu 12 Nervenfasern. Eine einzelne Geschmackssinneszelle hat nur eine Lebensdauer von wenigen Tagen. Sie wird durch eine nachrückende Zelle ersetzt; diese ist Abkömmling einer Basalzelle. Dabei müssen die synaptischen Verknüpfungen mit der alten Schmeckzelle gelöst und mit der neuen hergestellt werden.

Sticht man eine Elektrode in eine Geschmackssinneszelle und reizt nacheinander mit verschiedenen Schmeckstoffen, so zeigt sich, daß die Sinneszelle im allgemeinen *nicht nur auf eine* Geschmacksqualität reagiert, sondern auf alle vier. Jeweils eine von ihnen (z. B. salzig) erzeugt eine besonders starke Reaktion.

Auch wenn man die elektrische Aktivität der aus den Geschmacksknospen tretenden Nervenfasern registriert, findet man keine Fasern, die ausschließlich qualitätsspezifisch antworten. In der Regel reagiert eine Faser auf Reizung mit Schmeckstoffen aller vier Qualitäten, wenn auch in unterschiedlichem Ausmaß (Abb. 238.3). Im Gehirn wird durch Auswertung der Aktivitäten einer größeren Zahl von Nervenfasern die Geschmacksqualität bestimmt.

Die Beurteilung des »Geschmacks« von Speisen beruht nicht nur auf Meldungen der Geschmackssinneszellen, sondern auch auf dem Geruchssinn, dem Temperatur-, Tast- und gegebenenfalls dem Schmerzsinn.

6.2 Der Geruchssinn

Der Geruchssinn ist bei den meisten Wirbeltieren wichtiger als der Geschmackssinn. Er ist empfindlicher und reagiert auf eine ungleich höhere Zahl verschiedener Arten von Reizen, hat also ein viel größeres Unterscheidungsvermögen.

In der Nasenhöhle des Menschen und der höheren Wirbeltiere liegt als besonders gestaltete Region die mit Geruchssinneszellen ausgestattete Riechschleimhaut. Sie ist beim Menschen etwa 5 cm^2 groß, bei Säugetieren mit sehr ausgeprägtem Geruchsvermögen ist sie wesentlich ausgedehnter (Abb. 239.1). Die Riechschleimhaut (s. Abb. 239.2) besteht aus dreierlei Zellen: den Sinneszellen, den Stützzellen und den Basalzellen. Die (primären) Sinneszellen enden in einem Sinneskolben, der über die Oberfläche des Epithels hinaus in die Schleimschicht der Riechschleimhaut hineinragt. Der Kolben entsendet feine Härchen – die sogenannten olfaktorischen Cilien – in den Schleim. Sie sind bei manchen Tieren beweglich. Ihre Funktion ist unklar. Die Axone der Geruchssinneszellen bilden den Riechnerv, der zum Vorderhirn zieht. Weil Riechsinneszellen schnell adaptieren, nehmen wir selbst starke Gerüche nach einiger Zeit kaum mehr wahr.

Die Leistungen des Geruchssinns werden bei Tieren im allgemeinen durch Verhaltensexperimente erforscht (s. im folgenden Absatz die Experimente mit Seidenspinnern). Beim Menschen liegt die Wahrnehmungsschwelle für Geruchsreize je nach Duftstoff zwischen 10^7 und 10^{17} Molekülen pro cm^3 Reizluft. An dieser absoluten Schwelle ist jedoch meist keine Identifizierung des Duftes möglich, man hat nur eine unbestimmte Duftempfindung. Erst bei stärkerer Konzentration einer Substanz wird deren charakteristischer Geruch wahrnehmbar und eine qualitativ eindeutige Empfindung hervorgerufen: Die *Erkennungsschwelle* ist erreicht. Für manche Gerüche ist die menschliche Nase außerordentlich empfindlich. Beispielsweise erfüllt schon 1 mg des nach Fäkalien riechenden Skatols eine ganze Fabrikhalle von 250 000 m^3 Rauminhalt mit einem für Menschen widerlichen Gestank. Hunde besitzen ein noch wesentlich feineres Riechvermögen; zur Auslösung einer Geruchswahrnehmung genügt ein Molekül eines Duftstoffes pro mm^3 Luft. Die wenigen durch die Schuhsohle eines Menschen diffundierenden Fettsäuremoleküle (Fettsäuren sind Bestandteile des Schweißes) ermöglichen es deshalb dem Hund, eine Fährte aufzunehmen.

Schnittebene des Querschnitts
Falte
Querschnitt
Mensch
Längsschnitt

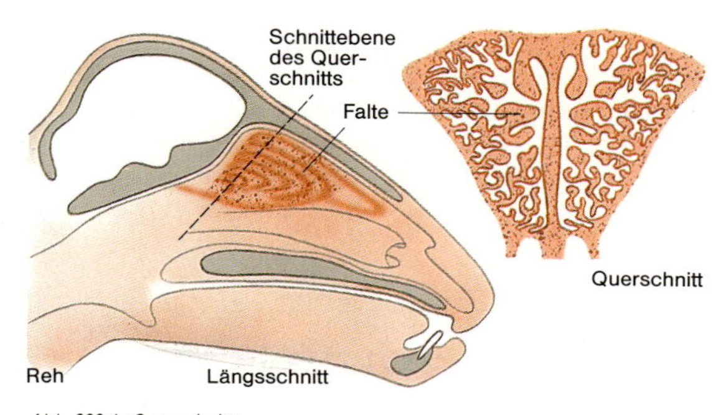

Abb. 239.1: Querschnitte durch die Nasenhöhlen von Mensch und Reh. Beim Menschen bedeckt die Riechschleimhaut (dunkelrot) nur einen Teil der Nasenschleimhaut, beim Reh die gesamte Innenfläche.

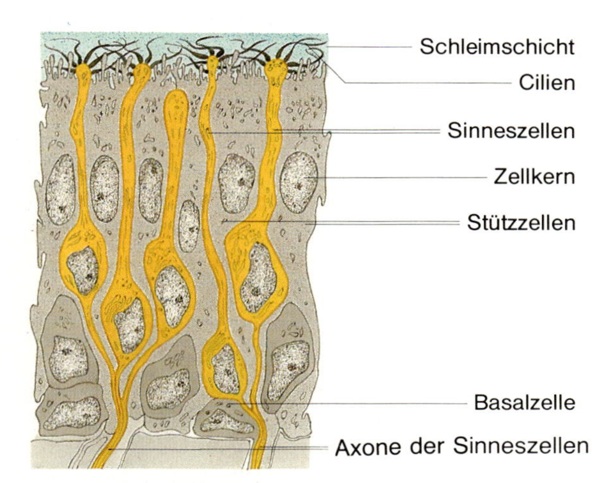

Abb. 239.2: Riechschleimhaut des Hundes. Zeichnung nach elektronenmikroskopischen Aufnahmen. Die mittlere der fünf Sinneszellen ist noch nicht vollständig differenziert.

Bei den Insekten sind die Fühler Träger der Geruchsorgane. Beim männlichen Seidenspinner genügt wahrscheinlich ein einziges auf eine Riechzelle treffendes Molekül des weiblichen Sexuallockstoffes, um in dieser Zelle ein Aktionspotential zu erzeugen. Die Reaktion des Männchens – ein charakteristisches Schwirren – kommt allerdings erst dann zustande, wenn von den etwa 30000 Riechzellen eines Fühlers etwa 50 pro Sekunde von je einem Duftstoffmolekül getroffen werden (vgl. Pheromone, Kap. Hormone, 1.).

Ein Mensch kann schätzungsweise 10000 Arten von Geruchsreizen unterscheiden. Die Zahl ist – verglichen mit den vier Geschmacksqualitäten – außerordentlich hoch. Die verschiedenen Geruchswahrnehmungen lassen sich nicht bestimmten Gebieten der Riechschleimhaut zuordnen. Tausende von chemischen Verbindungen rufen Geruchsempfindungen hervor. Hinzu kommen Stoffgemische, die nicht nur Mischdüfte, sondern auch neue Düfte ergeben können (siehe Parfums). Die meisten Duftstoffe sind organische Verbindungen; unter den anorganischen Verbindungen finden sich nur einige wenige duftende Substanzen, z.B. Chlor, Brom oder Schwefelwasserstoff.

7. Erfahrbare Umwelt

In der Ausrüstung der Tiere mit Sinnen und in der Leistung der Sinnesorgane bestehen große Unterschiede. Auch die höchstentwickelten Lebewesen erfassen nur einen Teil der Erscheinungen in ihrer Umgebung. Der Mensch nimmt Schallwellen nur zwischen 16 und 20000 Hertz wahr. Sein Sehbereich ist auf die Wellenlängen zwischen rund 400 und 700 nm beschränkt. Unterscheidung von Warm und Kalt ist nur innerhalb eines sehr engen Temperaturbereichs möglich. Sein Geruchssinn ist im Vergleich mit den guten Riechern unter den Tieren ausgesprochen schlecht entwickelt. Vieles erreicht unser Bewußtsein schon deshalb nicht, weil wir dafür keine Aufnahmeorgane haben.

Aber selbst der eingeschränkte Informationsfluß wird im Gehirn noch weiter gefiltert, so daß nur der bedeutsamste Teil der Informationen in unser Bewußtsein aufsteigt.

Bei manchen Tieren finden wir Sinne, die dem Menschen fehlen. So haben die *Grubenottern* (zu denen die Klapperschlange gehört) am Kopf grubenartige Sinnesorgane, mit denen sie *Wärmestrahlen »sehen«* können. Die Organe reagieren empfindlich auf Temperaturunterschiede in der Umgebung. Die Tiere sind damit in der Lage, warmblütige Beutetiere zu orten. *Elektrische Fische* können nicht nur elektrische Stromstöße aussenden (und damit ein elektrisches Feld erzeugen, s. 2.6), sondern auch Änderungen des elektrischen Feldes (wie sie z.B. von Beutetieren oder Hindernissen erzeugt werden) wahrnehmen. Manche Insekten und Vögel können sich am *Magnetfeld* der Erde orientieren.

Wegen der unterschiedlichen Leistungsfähigkeit von Sinnen und Gehirn sind die »Vorstellungen«, welche die Lebewesen von ihrer Umgebung haben, sehr verschieden. Der Mensch lebt vorwiegend in einer Sehwelt, der Hund in einer Riechwelt, die Fledermaus in einer Hörwelt, die Spinne in einer Tastwelt.

Der Mensch hat es jedoch verstanden, den Wahrnehmungsbereich durch die Entwicklung »technischer Sinnesorgane« gewaltig zu erweitern und bisher Unsichtbares sichtbar, Unhörbares hörbar zu machen.

8. Das Nervensystem

Das Nervensystem verarbeitet die von den Sinnesorganen kommenden Informationen und kontrolliert die Tätigkeit der Muskeln und Drüsen des Körpers. Es besteht bei höheren Tieren aus Millionen oder Milliarden von Nervenzellen. Die einzelnen Nervenzellen sind zu komplizierten Netzwerken verknüpft, deren Eigenschaften nicht nur durch die Eigenschaften der beteiligten Neurone, sondern auch durch die Art ihrer Verknüpfung bestimmt wird (s. Cytologie 11.). Es gibt bis jetzt keinen Teil des

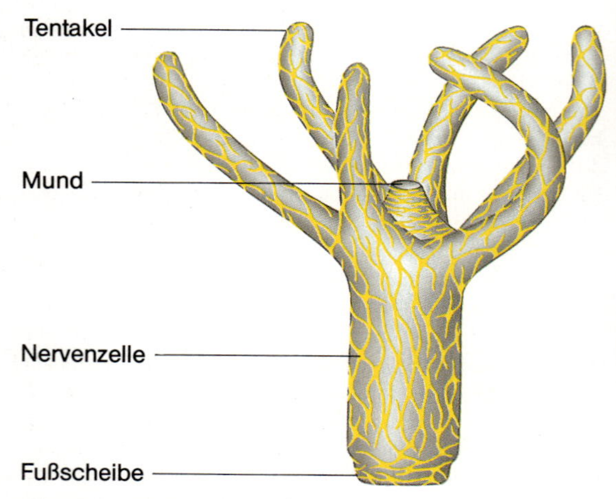

Abb. 240.1: Schema des Nervennetzes eines Polypen. Die stark verästelten Nervenzellen erhalten Informationen aus Sinneszellen, die im Ektoderm liegen (vgl. Cytologie, Abb. 63.3).

Zentralnervensystems irgend einer Tierart, dessen Funktion in allen seinen Wechselbeziehungen bekannt ist.

8.1 Nervensysteme der wirbellosen Tiere

Das einfachste Nervensystem ist das der Hohltiere. Beim Süßwasserpolypen liegen in der Stützschicht in unmittelbarer Nähe der Muskelfasern viele Nervenzellen (Abb. 63.3). Sie sind über den ganzen Körper verteilt und durch Fortsätze netzartig miteinander verbunden (Abb. 240.1).

Bei höher organisierten Tieren ist die überwiegende Anzahl von Nervenzellen in großen Ganglien konzentriert. Man kann nun ein *zentrales Nervensystem* (ZNS) von einem *peripheren Nervensystem* unterscheiden. Das Zentralnervensystem besteht aus größeren Ganglien und den Verbindungen zwischen ihnen. Ganglien enthalten die Zellkörper der Nervenzellen. Das periphere Nervensystem umfaßt die Gesamtheit aller Nerven (sie stellen die Verbindung des ZNS mit der Peripherie des Körpers her) sowie eine Anzahl kleinerer Ganglien, die vor allem die inneren Organe innervieren.

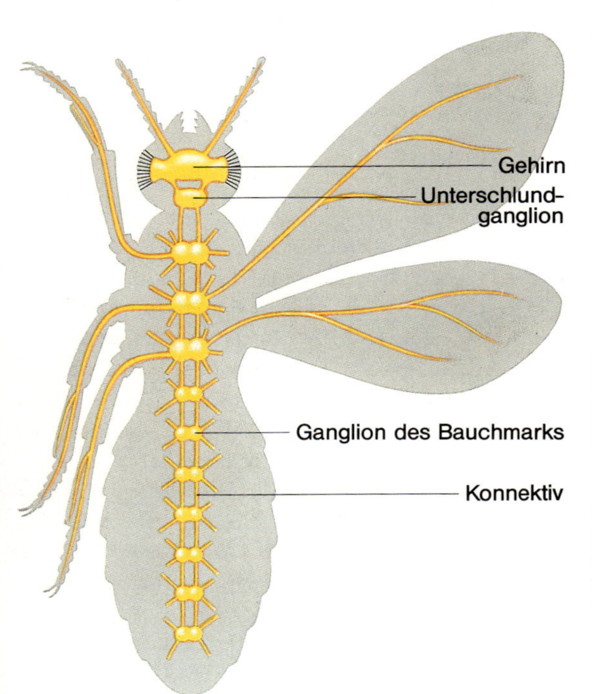

Abb. 241.1: Grundbauplan des Strickleiternervensystems eines Insekts. Die Ganglienpaare sind durch Längsverbindungen (Konnektive) miteinander verknüpft. Flügel sind links und Beine rechts weggelassen.

Das **Strickleiternervensystem** der Gliedertiere enthält in jedem Körpersegment auf der Bauchseite ein Ganglienpaar. Die beiden Ganglien eines Segmentes werden durch eine Kommissur verbunden. Die Konnektive stellen Verbindungen zu den Ganglien der benachbarten Segmente her (Abb. 241.1).

Bei den *Gliederfüßlern* ist das Strickleiternervensystem vor allem im Bereich der Brust und des Kopfes konzentriert. Bei den Insekten sind mehrere Ganglienpaare über dem Schlund miteinander verschmolzen und bilden das Gehirn. Die Entwicklung eines relativ hoch entwickelten Gehirns steht im Zusammenhang mit den sehr leistungsfähigen Sinnesorganen des Kopfes und den vielerlei Verhaltensweisen.

8.2 Das Nervensystem der Wirbeltiere

Bei allen Wirbeltieren liegt das Zentralnervensystem auf der Rückenseite des Körpers. Es entsteht auf der Oberseite des Keimes aus einer rinnenförmigen Einsenkung des Ektoderms, die sich abschnürt und sich zu einem röhrenförmigen Gebilde *(Neuralrohr)* zusammenschließt (s. Fortpflanzung und Entwicklung 1.3.1 und 1.3.3). Das hintere Ende liefert das den Körper durchziehende Rückenmark. An seinem vorderen Ende entsteht das später von der Schädelkapsel umschlossene Gehirn (s. Abb. 241.2). Es entwickelt sich aus fünf bläschenförmigen Erweiterungen des Neuralrohres, so daß im Grundbauplan aller Wirbeltiergehirne von vorn nach hinten die fünf Abschnitte *Vorderhirn, Zwischenhirn, Mittelhirn, Hinterhirn* und

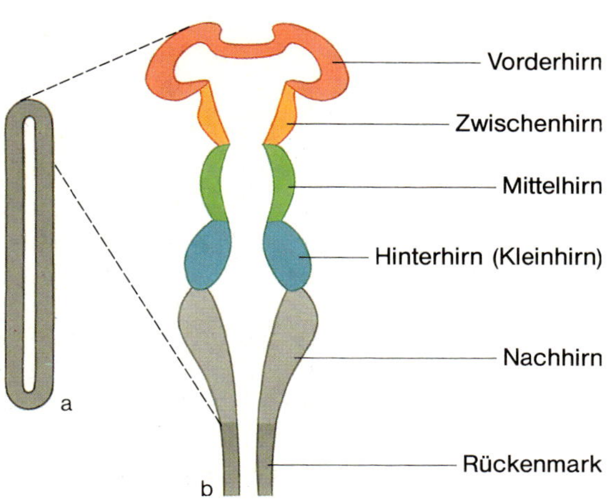

*Abb. 241.2: Umbildung des Neuralrohrs zum Gehirn.
a Längsschnitt durch das ursprüngliche Neuralrohr; aus seinem vorderen Abschnitt entsteht das Gehirn.
b Längsschnitt durch die Anlage der fünf Gehirnabschnitte*

Tabelle 242/1: Gliederung des Nervensystems

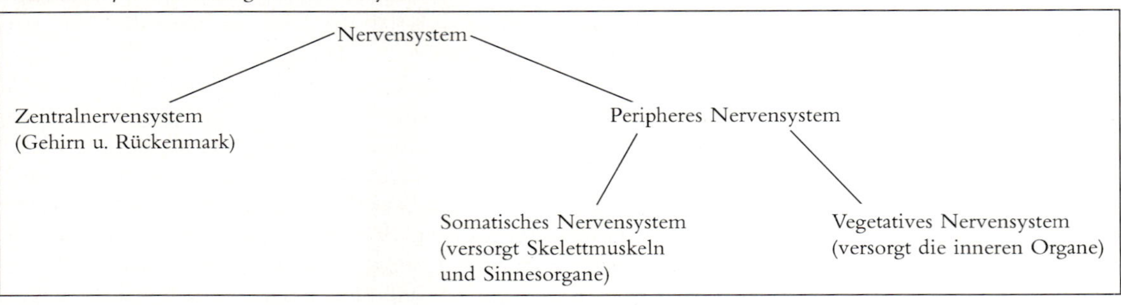

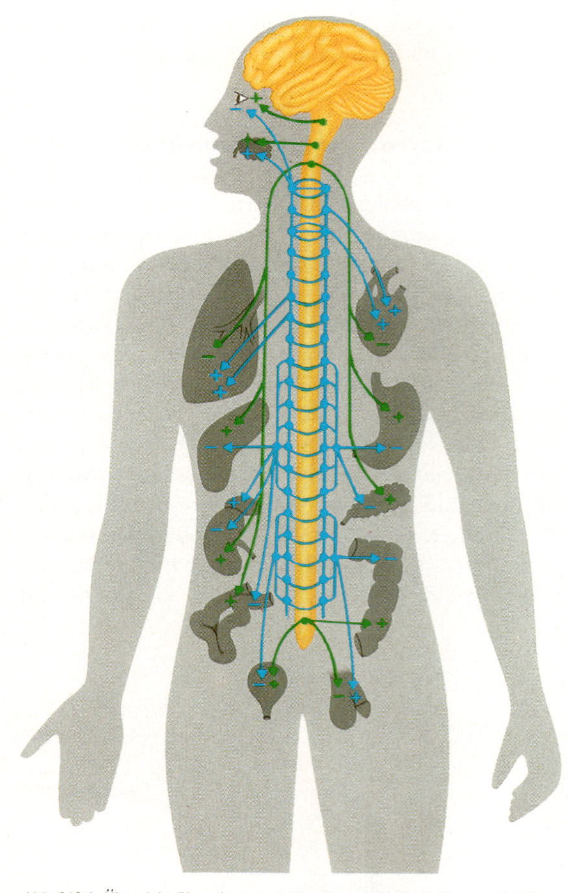

Abb. 242.1: Übersicht über das vegetative Nervensystem (efferente Anteile). Sympathikus blau, Parasympathikus grün;
+: Erhöhung der Entladungsfrequenz der betreffenden Neurone regt das Organ an;
–: das betreffende Organ wird durch eine Erhöhung der Entladungsfrequenz gehemmt.
Manche Organe (z. B. Arterien) sind nur einfach innerviert. Ihre Tätigkeit wird nur durch Erhöhung bzw. Erniedrigung der Entladungsfrequenz gesteuert.
Organe rechts, von oben: Herz, Magen, Bauchspeicheldrüse, Dickdarm, Geschlechtsorgane.
Organe links, von oben: Pupille, Speicheldrüsen, Lunge, Leber, Nebenniere, Niere, Dünndarm, Blase.
Die Versorgung von Blutgefäßen, Schweißdrüsen und Haarbalgmuskeln durch den Sympathikus ist nicht dargestellt.

Nachhirn oder verlängertes Mark zu unterscheiden sind. *Gehirn* und *Rückenmark* werden als **Zentralnervensystem (ZNS)** bezeichnet.

Den Teil des **peripheren Nervensystems,** der die Verbindung zu den inneren Organen herstellt, bezeichnet man als *vegetatives Nervensystem,* den Teil, der die Skelettmuskeln versorgt, als *somatisches Nervensystem.*

Das Nervensystem besitzt außer den Nervenzellen noch die *Gliazellen.* Sie haben strahlenförmige Fortsätze, mit denen sie ein dichtes Maschenwerk bilden, in das die Nervenzellen eingebettet sind. Gliazellen sind Bindegewebszellen. Sie schützen und isolieren die Nervenzellen und sind für ihren Stoffwechsel von Bedeutung. Nervenzellen, deren Axone nur innerhalb des ZNS verlaufen, bezeichnet man als *Interneuronen.*

8.2.1 Vegetatives Nervensystem

Das vegetative Nervensystem steuert die Funktion der inneren Organe und ist normalerweise durch den Willen nicht zu beeinflussen. Die Zellkörper derjenigen Nervenzellen, die Informationen von den inneren Organen dem ZNS zuleiten (afferente Neuronen), liegen in den Spinalganglien innerhalb der Wirbelsäule (s. 8.2.8). Die Zellkörper seiner efferenten Neuronen (die Informationen zu den inneren Organen leiten) liegen außerhalb des ZNS in sogenannten vegetativen Ganglien. Sie erhalten ihre Befehle vom Zentralnervensystem. Im efferenten Teil des vegetativen Nervensystems kann man zwei Teile unterscheiden: das **sympathische** und das **parasympathische Nervensystem.**

Die *sympathischen Ganglien* liegen in einer Reihe zu beiden Seiten der Wirbelsäule. Die Ganglien jeder Reihe sind untereinander verbunden (Grenzstrang des Sympathikus). Die Neuronen der sympathischen Ganglien empfangen Befehle von Nervenfasern, die aus dem Rückenmark kommen. Die Axone der sympathischen Ganglienzellen ziehen zur glatten Muskulatur aller inneren Organe (Blutgefäße, Eingeweide, Ausscheidungsorgane), zum Herzmuskel und zu den Drüsen. Sie bilden dort Synapsen. Der Überträgerstoff dieser Synapsen ist Noradrenalin. Er wirkt auf die glatte Muskulatur der Eingeweide und Ausscheidungsorgane sowie auf die Verdauungsdrüsen hemmend, auf alle anderen Organe aber erregend. Interessant ist in diesem Zusammenhang das Nebennierenmark. Diese Hormondrüse besteht aus umgewandelten sympathischen Nervenzellen, die bei einer Erregung *Adrenalin* und *Noradrenalin* freisetzen. Adrenalin ist ähnlich gebaut wie Noradrenalin und erzeugt die gleichen Wirkungen. Die beiden Stoffe gelangen in den Kreislauf.

Für Noradrenalin und Adrenalin existieren auf der postsynaptischen Seite zwei verschiedene Arten von Rezeptormolekülen (α- und β-Rezeptoren). In einem bestimmten Organ ist im allgemeinen nur ein Typ von Rezeptormolekülen vorhanden (im Herz z.B. befinden sich überwiegend β-Rezeptoren). Es gibt nun bestimmte Pharmaka, die selektiv entweder nur die α- oder nur die β-Rezeptoren blockieren (sogenannte α- bzw. β-Blocker). Mit ihnen kann die Wirkung des Sympathikus auf bestimmte Organe gehemmt werden, ohne daß andere Organe dadurch beeinträchtigt werden (s. Abb. 243.1). Nebenwirkungen sind aber meist unvermeidlich.

In der Medizin werden z.B. β-Blocker häufig eingesetzt, um einen zu hohen Blutdruck zu senken. Dies geschieht über eine Verminderung der Herzfrequenz und der Schlagintensität des Herzens. Bei Menschen, die unter Asthma bronchiale leiden, hätten β-Blocker aber einen unerwünschten Nebeneffekt: Der krankhaft kleine Durchmesser der Bronchien würde sich weiter verringern, und zwar aus folgendem Grund: Die glatten Muskelfasern der Bronchien besitzen ebenfalls β-Rezeptoren. Werden diese durch Noradrenalin aktiviert, so erschlaffen die Muskelfasern und die Bronchien erweitern sich. β-Blocker hemmen die Erschlaffung der glatten Muskelzellen, so daß sich der Durchmesser der Bronchien weiter verringert.

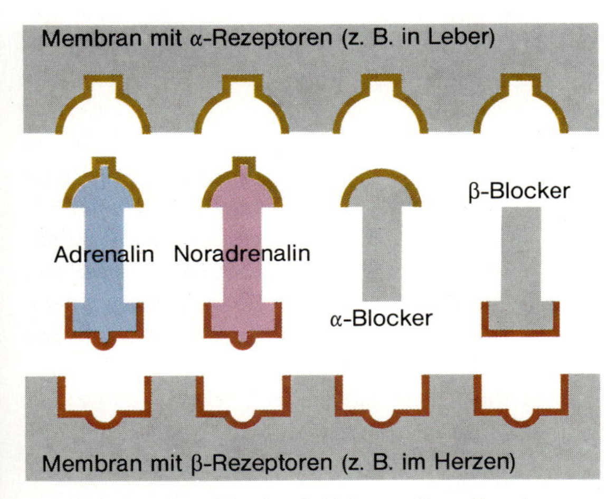

Abb. 243.1: Adrenalin und Noradrenalin binden sowohl an α-Rezeptoren als auch an β-Rezeptoren. Diese können durch Arzneimittel gezielt blockiert werden.

Die *parasympathischen Ganglien* liegen verstreut in der Nähe der von ihnen versorgten Organe. Sie beziehen ihre Befehle vom ZNS entweder über den *Nervus vagus,* der im Gehirn entspringt, oder über Fasern aus dem untersten Teil des Rückenmarks. Mit Ausnahme der Blutgefäße werden alle vom Sympathikus versorgten Organe auch vom Parasympathikus innerviert. Die Überträgersubstanz der parasympathischen Fasern ist das Acetylcholin. Dieses wirkt auf die einzelnen Organe gerade umgekehrt wie die Überträgersubstanzen der sympathischen Fasern.

Der Sympathikus steigert die Tätigkeit des Blutkreislaufsystems und hemmt die Eingeweidetätigkeit. Er erhöht damit die Bereitschaft des Organismus zu Angriff, Verteidigung oder Flucht. Der Parasympathikus dagegen fördert Vorgänge, die der Erholung des Organismus dienen. In beiden Fällen sorgt das vegetative Nervensystem dafür, daß die inneren Organe geordnet zusammenarbeiten und sich den wechselnden Belastungen des Organismus optimal anpassen. Die Koordination der Organfunktionen besorgen dabei Teile des Zentralnervensystems. In Abb. 247.1 sind Gehirnbezirke des Menschen dargestellt, die an der Steuerung vegetativer Funktionen beteiligt sind. Auch das Rückenmark enthält verschiedene Zentren, die solche Funktionen steuern, z.B. die Entleerung der Harnblase und des Enddarms sowie die Veränderung der Geschlechtsorgane bei sexueller Erregung. Im Säuglingsalter arbeiten die für die Entleerung von Harnblase und Enddarm zuständigen Zentren noch eigenständig. Später werden sie vom Großhirn kontrolliert. Von da an kann die Blasen- und Darmentleerung vom Willen mit beeinflußt werden.

Anhaltende seelische und körperliche Belastungen (Ärger, Schmerzen, schwere Verletzungen) können über das vegetative System Einfluß auf körperliche Funktionen bekommen. Man bezeichnet die Gesamtheit der körperlichen Reaktionen auf diese Einflüsse als **Streß** und die auslösenden Dauerreize als Stressoren (s. S. 265). Auf die Dauer können sie zu Organerkrankungen wie z.B. zu Schädigungen von Herz und Kreislauf führen. Die Beseitigung seelischer Störungen hat daher nicht selten auch ein Abklingen körperlicher Erkrankungen zur Folge (Psychotherapie) (s. auch Hormone 2.2). Umgekehrt können sich körperliche Störungen auch psychisch auswirken. Bei

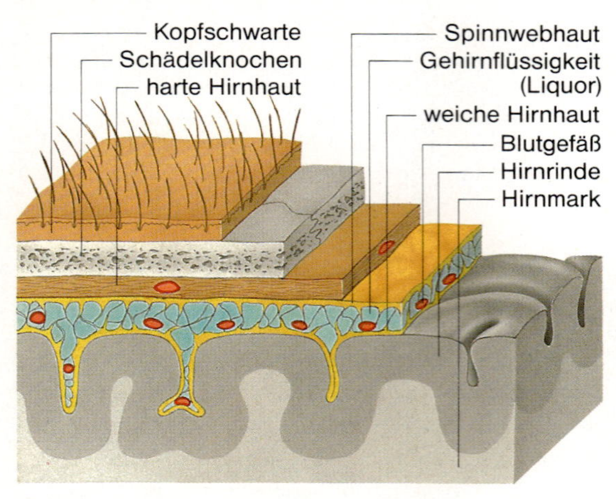

Abb. 244.1: Ausschnitt aus dem Großhirn des Menschen mit den Hirnhäuten. Blutgefäße rot, Gehirnflüssigkeit blau

manchen Menschen reagiert das vegetative Nervensystem deutlich auf bestimmte Wetterlagen (Föhn, Durchzug von Wetterfronten).

8.2.2 Vorder- oder Großhirn

Das gesamte Gehirn wird von schützenden Hüllen umgeben, die von innen nach außen folgendermaßen angeordnet sind (Abb. 244.1): Unmittelbar dem Gehirngewebe liegen die Hirnhäute *(Meningen)* auf, innen die *weiche Hirnhaut* mit der blutgefäßreichen *Spinnwebenhaut* zur Blutversorgung des Gehirns; es folgt ein flüssigkeitsgefüllter Hohlraum (»Wasserkissen«), der von der *harten Hirnhaut* begrenzt wird. Diese liegt unmittelbar unter der knöchernen Schädelkapsel, die von der harten aber elastischen Kopfschwarte überzogen ist.

Das Gehirn des Menschen enthält etwa 13 Milliarden Nervenzellen. Dabei handelt es sich fast ausschließlich um Interneurone.

Von der Kopfhaut der Schädeldecke lassen sich mit Elektroden Spannungsschwankungen ableiten, die man als *Elektroencephalogramm* (EEG, Hirnstromkurve) bezeichnet (s. Abb. 249.1). Sie entstehen aus der Überlagerung der Aktivitäten der Neuronen in der Hirnrinde. Die Kurvenform ermöglicht Rückschlüsse auf die Art der Gehirntätigkeit, so z. B. auf die Verarbeitung von Sinnesreizen oder auf geistige Tätigkeit. Alter und bestimmte Hirnkrankheiten (Epilepsie, Hirntumor) verändern das EEG ebenfalls in charakteristischer Weise. Ein Erlöschen der Gehirnaktivität zeigt den Hirntod an; erst nach diesem eindeutigen Todeszeichen dürfen dem Körper Organe zur Transplantation entnommen werden, sofern der Verstorbene zu Lebzeiten zugestimmt hat, oder die nächsten Angehörigen zustimmen.

Wie in allen Teilen des ZNS, so kann man auch im Vorderhirn eine graue Substanz (sie enthält die Zellkörper) von einer weißen Substanz (sie besteht im wesentlichen aus Nervenfasern) unterscheiden. Graue Substanz findet man im inneren, basalen Bereich des Vorderhirns (Basalganglien) und in der gesamten Rinde. Während bei niederen Wirbeltieren die Rindenschicht nur klein ist, nimmt sie mit steigender Organisationshöhe an Größe zu. Das Vorderhirn besteht aus zwei Hälften, den Vorderhirnhemisphären. Bei den niederen Wirbeltieren und den primitiven und kleinen Säugern ist die Oberfläche der Hemisphären glatt. Mit zunehmender Ausdehnung der Rindenschicht bei den höheren Säugern ist die Oberfläche immer stärker gefurcht. Beim Menschen ist nur ein Drittel der Großhirnoberfläche sichtbar, zwei Drittel sind in den Furchen verborgen. Die Oberflächenvergrößerung ist mit einer starken Vermehrung der Neurone der Rindenschicht gekoppelt. In der weißen Substanz im Innern des Großhirns verlaufen Nervenfasern, welche die einzelnen Teile des Großhirns miteinander und mit anderen Teilen des Nervensystems verbinden. Die starke Verbindungsbahn zwischen den beiden Großhirnhemisphären bezeichnet man als *Balken*.

Während die ursprünglichen, als **Stammhirn** bezeichneten Gehirnabschnitte (Nachhirn, Mittel- und Zwischenhirn) Funktionen ausüben, die auch beim Menschen unbewußt und unwillkürlich ablaufen, ist das Großhirn der Ort des Bewußtseins.

In der Großhirnrinde lassen sich aufgrund unterschiedlicher Feinstruktur viele Felder unterscheiden. Durch das Studium von Ausfallserscheinungen nach der Zerstörung einzelner Felder oder durch ihre elektrische oder chemische Reizung versucht man herauszufinden, welche Funktion die einzelnen Felder haben. Die **motorischen Regionen** steuern z. B. die willkürlichen Bewegungen der Skelettmuskeln. Sie übermitteln ihre Befehle an die zuständigen Bezirke des Rückenmarks. Dies geschieht im wesentlichen über zwei Leitungswege im Rückenmark: direkt über die Nervenfasern der Pyramidenbahnen (beiderseits eine) und indirekt über die Fasern der extrapyramidalen Bahnen (mehrere auf jeder Seite). Der Name **Pyramidenbahn** kommt von einer als Pyramide bezeichneten Struktur im Nachhirn, die nur von den Pyramidenbahnen, nicht aber von den extrapyramidalen Bahnen durchlaufen wird. Die Zellkörper der Fasern der Pyramidenbahnen liegen in der Großhirnrinde. Die Axone dieser Zellen laufen ohne Unterbrechung bis ins Rückenmark.

Die Fasern der **extrapyramidalen Bahnen** kommen ebenfalls von der Großhirnrinde, sind aber durch ei-

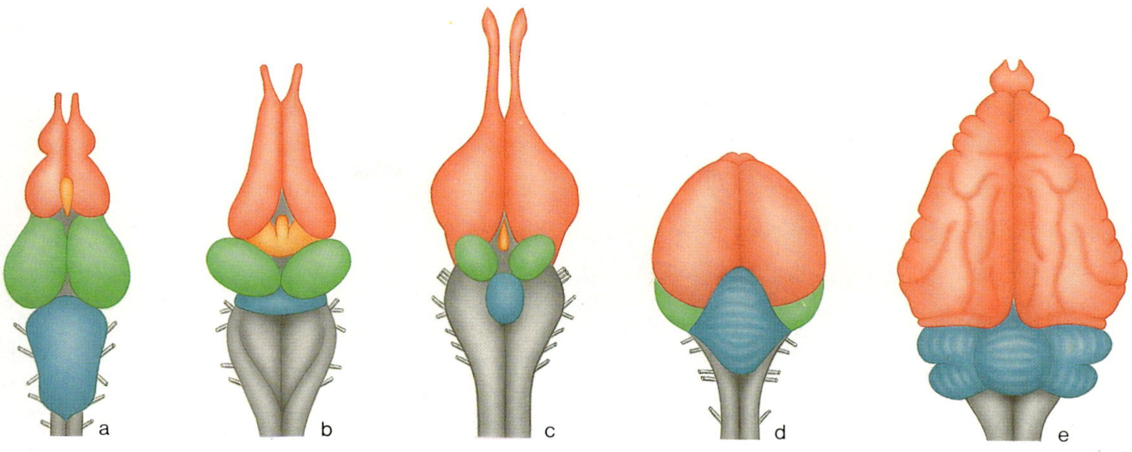

Abb. 245.1: Gehirne verschiedener Wirbeltiere, von oben gesehen.
a Knochenfisch, b Lurch (Frosch),
c Kriechtier (Krokodil), d Vogel (Taube), e Säuger (Hund).

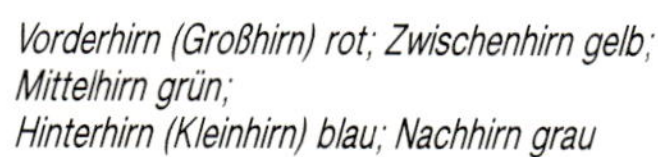
Vorderhirn (Großhirn) rot; Zwischenhirn gelb;
Mittelhirn grün;
Hinterhirn (Kleinhirn) blau; Nachhirn grau

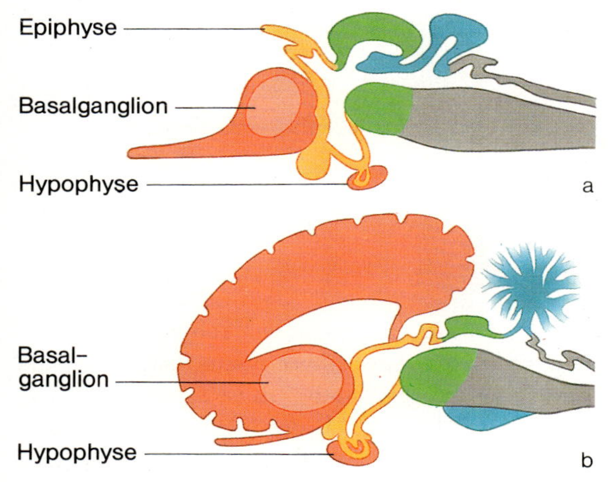

Abb. 245.2: Längsschnitt durch das Gehirn
a vom Knochenfisch, b vom Hund.
Hypophyse im Verhältnis zu anderen Gehirnteilen zu groß gezeichnet
(sie hat beim Menschen Kirschkerngröße).
Kennzeichnung der Gehirnabschnitte wie in Abb. 245.1.

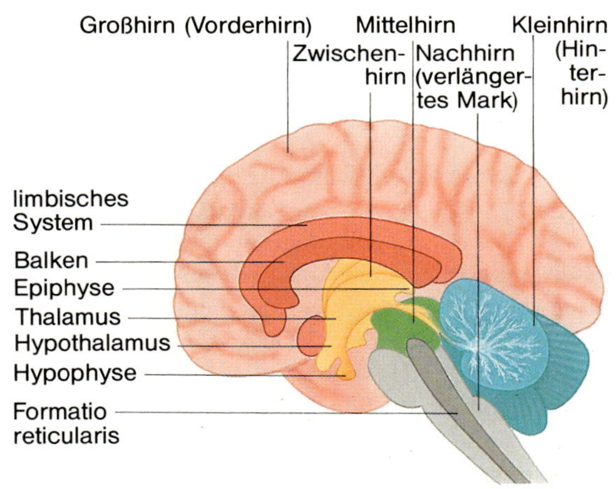

Abb. 245.3: Längsschnitt durch das Gehirn des Menschen,
das ebenfalls die für Wirbeltiere typischen Hauptabschnitte Vorderhirn,
Zwischenhirn, Mittelhirn, Kleinhirn und verlängertes Mark aufweist.

ne oder mehrere Synapsen in anderen Gehirnabschnitten (v.a. Nachhirn) unterbrochen. (Zur Funktion der motorischen Regionen s. 9.2.)

In die **sensorischen** Regionen gelangen die Informationen aus den Sinnesorganen. Eine dieser sensorischen Regionen ist zum Beispiel die optische Region der Großhirnrinde (die Sehrinde), welche die Informationen aus den Augen aufnimmt. Teile ihrer Funktion wurden unter 4.7.2 besprochen. Fällt diese sensorische Region durch Verletzung aus, ist Erblindung die Folge – auch bei gesunden Augen (Rindenblindheit).

Zu den Aufgaben der **Assoziationsregionen** gehört es, Meldungen aus Sinnesorganen miteinander und mit Informationen aus anderen Gehirnteilen zu verknüpfen (»assoziieren«). Das ist aber sicher nur ein kleiner Teil ihrer Aufgaben. Sie sind nämlich verantwortlich für alle »höheren« Leistungen des Gehirns.

Die einzelnen Regionen gehen ineinander über. So entspringen die Fasern der Pyramidenbahn zwar besonders dicht in der in Abb. 246.1 mit »motorische Region« bezeichneten Stelle, vereinzelt aber auch in den dahinterliegenden sensorischen Regionen und in den davorliegenden Assoziationsregionen. Der Name

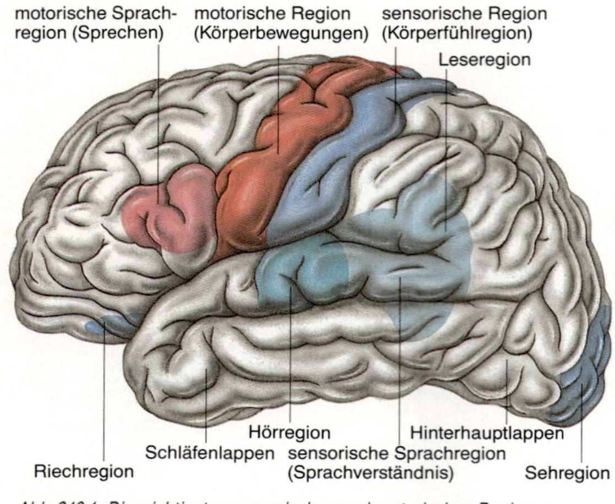

Abb. 246.1: Die wichtigsten sensorischen und motorischen Regionen der Großhirnrinde des Menschen. Die Körperfühlregion ist in Abb. 246.2 genauer beschrieben. Die motorische Sprachregion sendet Impulse an alle am Sprechen beteiligten Organe.

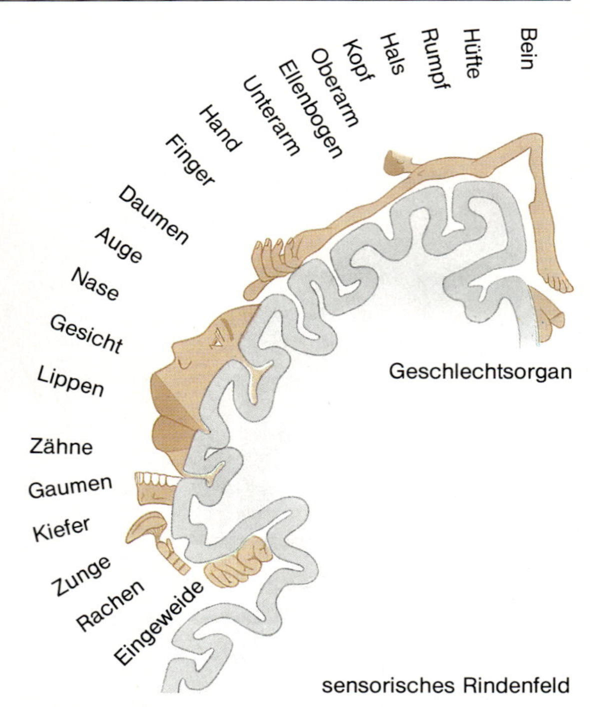

Abb. 246.2: Schnitt durch die Körperfühlregion der linken Großhirnhälfte. Körperteile, von denen Informationen eingehen, sind entsprechend der Größe der zugehörigen Gehirnteile eingezeichnet. Es entsteht ein verzerrtes Bild des Menschen.

einer Region bezeichnet also die Leistung, die sie hauptsächlich vollbringt.
Die sensorischen (s. auch Abb. 246.2) und motorischen Regionen der rechten Körperseite liegen in der linken Hemisphäre und umgekehrt. Die sensorischen und motorischen Regionen nehmen bei niederen Säugern einen Großteil der Großhirnrinde ein. Mit zunehmender Höherentwicklung wird ihr Anteil an der Großhirnrinde immer geringer. Die unspezifischen Assoziationsregionen (sie sind nicht nur mit einem bestimmten Teil der Peripherie verbunden) werden dagegen immer größer. Viele höhere Gehirnleistungen bedürfen des Zusammenspiels verschiedener Teile der Großhirnrinde und der niederen Gehirnteile. Außerdem können nach Ausfall eines Teils der Assoziationsregionen allmählich auch andere Gehirnteile deren Funktion wenigstens teilweise übernehmen.

Von besonderer Bedeutung ist das **limbische System**. Es umfaßt im wesentlichen Gebiete an der Basis des Großhirns. Durch Reizungen in diesem Gehirngebiet sind Organe, die vom vegetativen Nervensystem versorgt werden, zu beeinflussen, ebenso die Hormonproduktion der Hypophyse (s. Abb. 247.1). Es handelt sich also um eine Art vegetatives Gehirn. Es ist dem Hypothalamus übergeordnet (s. 8.2.3). Reiz- und Ausschaltversuche in diesem Gebiet ergaben weiter, daß gewisse Teile für die emotionale Tönung des Verhaltens wesentlich sind. Gefühle wie Angst, Stumpfheit, Wut oder Geborgenheitsgefühl gehen von hier aus. Auch für die gefühlsmäßige Reaktion auf einen Sinneseindruck (ob wir z.B. einem bestimmten Reiz gegenüber positiv eingestellt sind oder ob er uns gleichgültig ist) ist das limbische System von Bedeutung. Da der Erinnerungswert eines Eindrucks von den ihn begleitenden Gefühlen abhängt, wird verständlich, daß das Kurzzeitgedächtnis (s.u.) an das normale Funktionieren des limbischen Systems gekoppelt ist. Schließlich ist das limbische System am Entstehen der verhaltenssteuernden Triebe wesentlich beteiligt. Es ist durch Chemikalien leicht zu beeinflussen. Vermutlich greifen hier einige Drogen und Psychopharmaka an.

Gedächtnis und Lernfähigkeit sind besonders schwer einer ganz bestimmten Assoziationsregion zuzuordnen. Lernen im motorischen Bereich (z.B. das Lernen bestimmter Bewegungsabläufe) scheint sich so zu vollziehen, daß bestimmte Synapsen die für die zu übenden Bewegungsabläufe notwendigen Erregungen leichter passieren lassen, als vorher im ungeübten Zustand. Dadurch werden bestimmte neue Schaltkreise geschaffen.
Beim Gedächtnis kann man mindestens zwei Formen unterscheiden. Das *Kurzzeitgedächtnis* speichert Ereignisse mit abnehmender Intensität einige Minuten

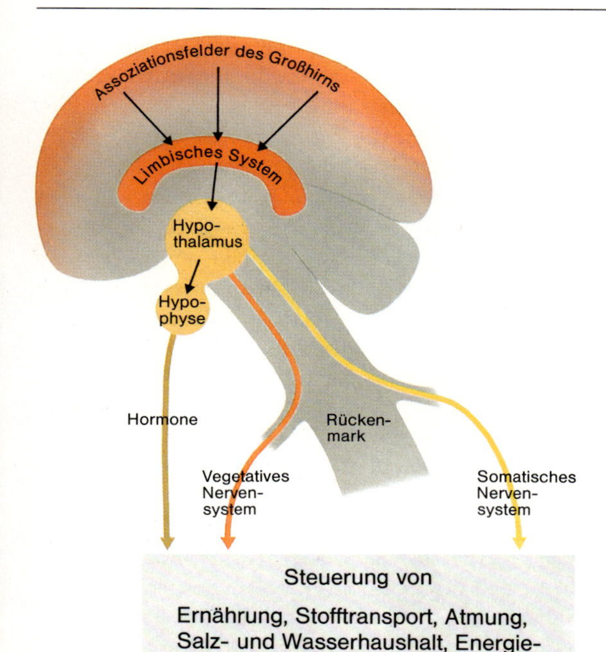

Abb. 247.1: Steuerung von vegetativen Funktionen. Gehirnschema nicht maßstabsgerecht. Näheres zum vegetativen Nervensystem s. Abb. 242.1, zum somatischen Nervensystem Abb. 254.1.

lang. Es ist z.B. durch Elektroschocks oder kurzzeitige Durchblutungsstörungen wesentlich zu beeinträchtigen. So ist nach einer Gehirnerschütterung oft nicht nur der Unfall selbst, sondern auch alles, was sich einige Minuten vorher ereignet hat, dem Gedächtnis unwiederbringlich verlorengegangen. Dies spricht dafür, daß bei der Kurzzeitspeicherung Erregungen in den Neuronen zirkulieren. Inwieweit daran Vorgänge beteiligt sind, wie sie bei der Veränderung von Synapseneigenschaften niederer Tiere beobachtet wurden (s. 2.7), ist noch offen. Aus dem Kurzzeitgedächtnis kann eine Information sofort abgerufen werden. Werden die Informationen wiederholt aufgenommen oder erscheinen sie besonders bedeutungsvoll, gehen sie in das *Langzeitgedächtnis* über. Es übersteht Eingriffe, welche die ganze elektrische Aktivität des Gehirns lahmlegen (Elektroschock, Unterkühlung). Wahrscheinlich beruht es auf stofflichen oder strukturellen Änderungen in den Nervenzellen. Es scheint diffus über weite Bereiche des Großhirns verteilt zu sein.

Sprachliche Leistungen und das **Bewußtsein** sind offensichtlich an die linke Großhirnhemisphäre gebunden. Schädigungen einer bestimmten Region dieser Hemisphäre führen zu *motorischer Aphasie*. Der Patient kann die Sprachmuskulatur betätigen, er spricht aber spontan fast nichts. Nach Aufforderung kann er nur mühsam, schwerfällig und fehlerhaft im Telegrammstil sprechen. Das Sprachverständnis ist aber normal. Ist eine andere Region der linken Hemisphäre beschädigt, tritt *sensorische Aphasie* auf. Dabei ist das Sprachverständnis stark gestört. Der Patient spricht viel und flüssig, jedoch grammatikalisch falsch und unverständlich.

Die Vorherrschaft der linken Hemisphäre bei sprachlichen Leistungen zeigt sich besonders deutlich an Patienten, bei denen die Verbindung zwischen den beiden Hemisphären operativ durchtrennt wurde. Eine solche Operation wurde früher in bestimmten Fällen sehr schwerer, unheilbarer Epilepsie durchgeführt. In einer natürlichen Umgebung verhalten sich die operierten Patienten völlig normal. Die Tatsache, daß alle Informationen aus den rechten Netzhauthälften der Augen nur in die rechte Großhirnhälfte gelangen und alle Meldungen aus den linken Netzhauthälften nur in die linke Großhirnhälfte, nutzte man zu folgendem Experiment (Abb. 248.1): Man bildete ein Wort (z.B. Kugelschreiber) nur auf den rechten Netzhauthälften der Versuchsperson ab und verlangte von ihr, den bezeichneten Gegenstand zu ertasten und anschließend zu benennen. Die Versuchsperson war in der Lage, den Kugelschreiber mit der linken Hand aus mehreren Gegenständen herauszusuchen (nicht mit der rechten, denn diese wird von der linken Großhirnhälfte gesteuert). Sie konnte aber solange nicht sagen, was sie in der Hand hielt, bis sie den Kugelschreiber vor die Augen halten durfte, wodurch sein Bild durch Bewegung der Augen abwechselnd auf die linke und rechte Netzhauthälfte fiel und so auch der linken Großhirnhälfte bekannt wurde. Wurden in die beiden Gesichtshälften jeweils verschiedene Gegenstände projiziert, benannte die Versuchsperson nur den rechts gezeigten Gegenstand. Forderte man sie dann auf, den gesehenen Gegenstand mit der linken Hand aus einer Reihe von Gegenständen herauszusuchen, so griff sie immer nach dem links projizierten Objekt. Sollte sie schließlich den durch Tasten gefundenen Gegenstand benennen, wurde der Name des rechts gezeigten Objekts genannt.

Während die rechte Großhirnhälfte nur zu bescheidenen sprachlichen Leistungen fähig ist, scheint sie beim Formerkennen, dem räumlichen Vorstellungsvermögen und dem Musikverständnis der linken Hälfte überlegen zu sein.

Eine Ausfallserscheinung des Erkennungsprozesses ist die *Agnosie*, die Unfähigkeit, einen Gegenstand in seiner Bedeutung zu erfassen, obwohl er wahrge-

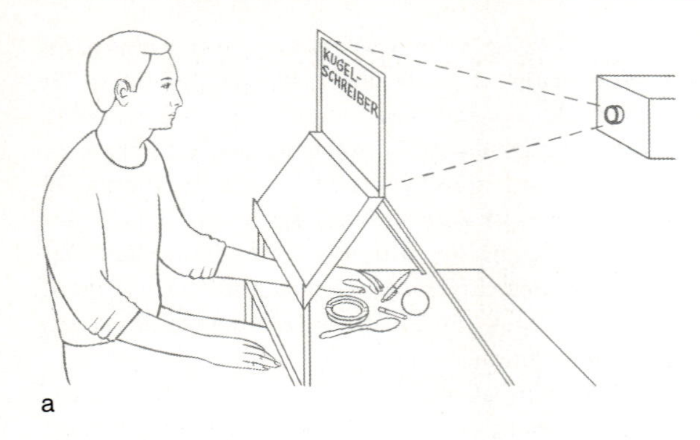

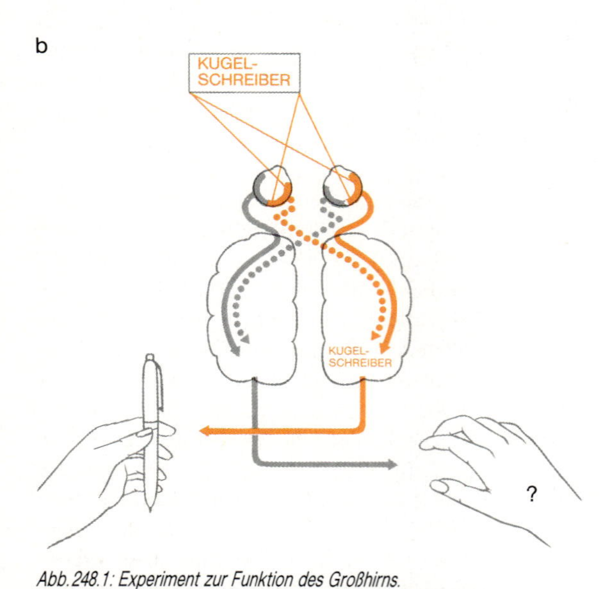

Abb. 248.1: Experiment zur Funktion des Großhirns.
Den Versuchspersonen war die Verbindung zwischen den beiden Großhirnhälften wegen schwerer Epilepsie operativ durchtrennt worden.
Im Versuch wurde das Wort Kugelschreiber ausschließlich in den rechten Netzhauthälften der Augen abgebildet.
Die Versuchspersonen wurden aufgefordert, den bezeichneten Gegenstand aus einer Menge verdeckter Objekte herauszusuchen.
Sie schafften dies nur mit der linken Hand, konnten ihn aber nicht benennen.
Oben Versuchsanordnung, unten Informationsübertragung (farbige Pfeile); gepunktete Pfeile: unterbrochene Verbindung

nommen werden kann. So ist der Patient bei der optischen Agnosie *(Seelenblindheit)* nicht blind. Er kann beim Gehen Gegenständen ausweichen, sieht sie also. Er ist aber unfähig, sie zu benennen. Kann er den Gegenstand, z.B. einen Stuhl, aber betasten, erkennt er ihn als Stuhl.

8.2.3 Zwischenhirn

Die wichtigsten Teile des Zwischenhirns sind der *Thalamus* und der *Hypothalamus*. Der Thalamus ist bei Säugern die Hauptumschaltstelle zwischen den Sinnesorganen und dem Großhirn. Der Hypothalamus ist das Steuerzentrum für das vegetative Nervensystem. Ihm ist das limbische System übergeordnet. An der Unterseite des Zwischenhirns liegt die *Hypophyse,* an der Oberseite die *Epiphyse* (Zirbeldrüse).

In den *Thalamus* münden Nervenfasern von allen Sinnesorganen mit Ausnahme der Geruchssinnesorgane, die vom Vorderhirn aus direkt versorgt werden. Jedem Sinnesorgan ist ein bestimmtes Gebiet des Thalamus zugeordnet. Von den Thalamusfeldern wird die Erregung zu den sensorischen Regionen der Großhirnrinde weitergeleitet. Es handelt sich dabei nicht nur um ein bloßes Weiterleiten der Information, sondern auch um Auswertungsprozesse (s. 4.7.2).

Der *Hypothalamus* dient der Konstanthaltung (Homöostase) der inneren Bedingungen des Organismus. Er stimmt die Tätigkeit des vegetativen Nervensystems sowie auch von Teilen des Zentralnervensystems und des Hormonsystems aufeinander ab. Vom Hypothalamus werden unter anderem geregelt: die Körpertemperatur (s.u.), der Wasserhaushalt des Gewebes (bei zu niedrigem Wassergehalt veranlaßt der Hypothalamus die Hypophyse zur Abgabe eines Hormons, das die Wasserabgabe durch die Nieren verringert), die Nahrungs- und Flüssigkeitsaufnahme (die Zerstörung der entsprechenden Zentren führt zu hemmungsloser Freßgier bzw. zu geringer Flüssigkeitsaufnahme), der Sexualtrieb (bei der Ausschaltung des Zentrums ist der Geschlechtstrieb nahezu aufgehoben). Die Befehle gibt der Hypothalamus nicht nur in Form von Nervenimpulsen an die Organe, sondern auch durch Hormone. Die Steuerungshormone der Hypophyse beeinflussen die Tätigkeit anderer Hormondrüsen (s. Hormone 3.2). Der Hypothalamus ist die Schaltstelle zwischen Nervensystem und Hormonsystem.

Hypothalamus und Hypophyse hängen auf zwei verschiedene Weisen zusammen:

1. Die Hormone des Hypophysenhinterlappens werden in neurosekretorischen Zellen (s. 2.5) des Hypothalamus gebildet. Die Axone dieser Zellen ziehen in den Hypophysenhinterlappen und endigen dort an Blutgefäßen. In den Axonen wird das betreffende Hormon bis zu den Endknöpfen transportiert und auf Aktionspotentiale hin freigesetzt. Das Hormon diffundiert dann in Blutgefäße und wird mit dem Blut zum Wirkort, z.B. der Niere, transportiert.
2. Andere neurosekretorische Zellen des Hypothalamus enden noch innerhalb des Hypothalamus an Blutgefäßen. Sie geben dort auf ein Aktionspotential hin sogenannte *Releasing-Hormone* ab. Die Blutgefäße ziehen vom Hypothalamus zur Hypo-

physe und zweigen sich dort erneut in Kapillaren auf. Dadurch gelangen die Releasing-Hormone gezielt in die Hypophyse. Dort veranlassen sie die Zellen der Hypophyse zur Freisetzung ihrer Hormone. Für jedes Hormon des Hypophysenvorderlappens gibt es ein spezifisches Releasing-Hormon (s. auch Hormone 3.2).

Die Regelung der Körpertemperatur. Bei den Warmblütern ist die Temperatur des Körperinneren (Kerntemperatur) fast konstant, während die Temperatur der Gliedmaßen und der Haut (Schalentemperatur) je nach Umgebungstemperatur beträchtlich schwankt. Die Kerntemperatur wird geregelt. Eine lokale Erwärmung eines kleinen Bezirkes im vorderen Teil des Hypothalamus erzeugt eine Absenkung der Körpertemperatur. Hier liegen also spezialisierte Neurone, welche die Kerntemperatur messen können. Werden sie über den Sollwert hinaus erwärmt, erhöhen sie die Durchblutung der Haut. Das steigert die Wärmeabgabe der Haut. Bei stärkerer Erhöhung der Temperatur wird Schwitzen ausgelöst. Beide Vorgänge senken die Körpertemperatur. Die Schalentemperatur wird ebenfalls geregelt, und zwar durch einen eigenen Mechanismus. Die Kälterezeptoren der Haut melden ein Absinken der Schalentemperatur, bevor die Kerntemperatur absinkt. Diese Meldung veranlaßt ein Wärmezentrum im hinteren Teil des Hypothalamus, eine Erhöhung der Muskelspannung und des Grundumsatzes auszulösen. Dadurch bildet sich mehr Wärme. Die Erhöhung des Grundumsatzes wird vor allem durch Ausscheiden von Adrenalin aus der Nebenniere bewirkt (s. 8.2.1).

Bei Außentemperaturen unter 37° C ist die Kerntemperatur höher als die Schalentemperatur. Die beiden Regelmechanismen arbeiten also gegeneinander. Die Schalentemperatur-Regelung bewirkt unter normalen Bedingungen eine Erhöhung der Schalentemperatur. Dadurch wird gleichzeitig die Kerntemperatur angehoben. Eine Anhebung der Kerntemperatur über den Sollwert wird jedoch vom Kerntemperatur-Regelmechanismus verhindert. So pendelt sich ein Gleichgewicht zwischen den beiden Systemen ein.

Fieber kann als Sollwertverstellung aufgefaßt werden. Nach einer raschen Sollwertverstellung auf z. B. 39° C wird die Kerntemperatur durch Schüttelfrost (Muskelzittern) bis auf diesen Wert erhöht.

8.2.4 Mittelhirn

Das Mittelhirn ist bei niederen Wirbeltieren die Hauptumschaltstelle zwischen den Sinnesorganen und der Muskulatur. Bei Säugetieren hat es in dieser Hinsicht nur eine untergeordnete Bedeutung.

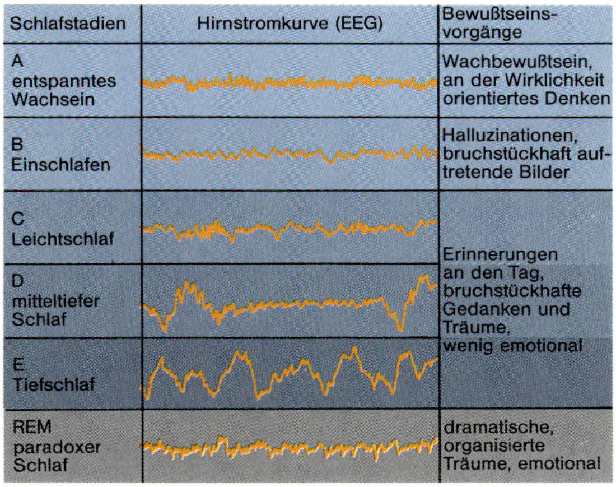

Schlafstadien	Hirnstromkurve (EEG)	Bewußtseinsvorgänge
A entspanntes Wachsein		Wachbewußtsein, an der Wirklichkeit orientiertes Denken
B Einschlafen		Halluzinationen, bruchstückhaft auftretende Bilder
C Leichtschlaf		Erinnerungen an den Tag, bruchstückhafte Gedanken und Träume, wenig emotional
D mitteltiefer Schlaf		
E Tiefschlaf		
REM paradoxer Schlaf		dramatische, organisierte Träume, emotional

Abb. 249.1: Schlafstadien des Menschen und ihre Kennzeichnung durch die Hirnstromkurve. In jedem Schlafstadium laufen besondere Bewußtseinsvorgänge ab.

Die graue Substanz des Rückenmarks setzt sich als dichter Filz von Neuronen ins Gehirn hinein fort. Man bezeichnet dieses Nervengeflecht als *Formatio reticularis*. Es durchzieht die basalen Gehirnabschnitte bis in das Mittelhirn, wo es seine größte Ausdehnung hat. Aus Teilen der Formatio reticularis fließt ständig ein aktivierender Strom von Erregung zum Großhirn; seine Höhe steuert die Bewußtseinslage. Sobald dieser aktivierende Zustrom aufhört, fällt der Organismus in *Schlaf* oder einen schlafähnlichen Zustand (Narkose, Bewußtlosigkeit). Das Bewußtsein beruht demnach auf einem Zusammenwirken von Großhirnrinde und diesen Teilen der **Formatio reticularis**. Die Formatio reticularis ist gegen Chemikalien besonders empfindlich, so daß die Bewußtseinslage über sie leicht zu beeinflussen ist. Die Weckamine (z. B. Pervitin) erhöhen ihre Aktivität, Schlafmittel (z. B. Barbiturate) setzen sie herab (s. 8.2.7).

Schlaf und Traum. Schlaf ist im Gegensatz zur Bewußtlosigkeit ein lebensnotwendiger, endogen erzeugter Vorgang, bei dem sich die meisten Organe und Gewebe durch Aufbau- und Regenerationsvorgänge erholen. Durch Ableitung von Hirnstromkurven (EEG) bei Beginn und während des Schlafes konnten unterschiedliche *Schlafstadien*, erkennbar an der verschiedenen Form der Hirnstromkurve, ermittelt werden (s. Abb. 249.1).

Der *gewöhnliche* oder *orthodoxe Schlaf* beginnt mit dem Einschlafstadium, ihm folgen verschiedene Schlafstadien zunehmender Schlaftiefe. Diese Stadien, außer dem Einschlafstadium, wiederholen sich periodisch während der Gesamtschlafzeit (Abb. 250.1). Die Perioden von 90 bis 120 Minuten Dauer beendet normalerweise ein Schlafstadium, das als *paradoxer Schlaf* bezeichnet wird, weil dieses Stadium nach der Hirnstromkurve ein Leichtschlafstadium sein müßte, tatsächlich jedoch ein Tiefschlaf ist. Begleitet

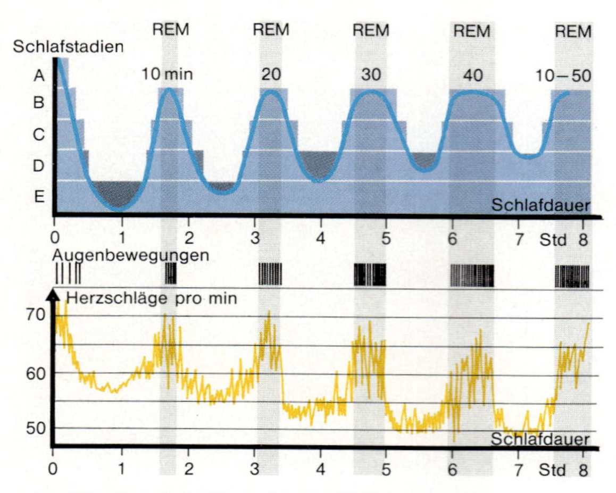

Abb. 250.1: Periodischer Wechsel der Schlafstadien während einer Nacht. Am Ende jeder Periode tritt normalerweise ein REM-Stadium auf, das unter anderem durch häufige Augenbewegungen und eine Erhöhung der Herzfrequenz gekennzeichnet ist.

wird der paradoxe Schlaf, der etwa 10–60 Minuten dauern kann, von schnellen Bewegungen des Augapfels (rapid eye movements), weshalb er auch *REM*-Schlaf genannt wird. Er stellt die Traumphase im Schlafgeschehen dar. Entzug des REM-Schlafes über längere Zeit und damit die Verhinderung des Träumens führt zu Nervosität, seelischen Spannungen, Angstgefühlen, Denk- und Empfindungsstörungen sowie zu halluzinatorischen Zuständen. Der REM-Schlaf und das Träumen als phantastische Verarbeitung von Bewußtseinsinhalten aus der Wachphase erweist sich damit als lebensnotwendiges Schlafstadium im gesamten Schlafgeschehen. Da Schlafmittel und übermäßiger Genuß von Alkohol den REM-Schlaf und damit das Träumen verkürzen, kann Mißbrauch die seelische Gesundheit des Menschen stören (s. 8.2.7).

8.2.5 Hinter- oder Kleinhirn

Das Kleinhirn ist bei den Tiergruppen, die oft wenig stabile Körperhaltungen einnehmen (Fische, Vögel, Säuger), groß (s. Abb. 245.1 und 245.2). Es ist klein bei den Lurchen und Kriechtieren, bei denen der Körper in einem wesentlich stabileren Gleichgewicht auf den Beinen ruht. Schon daran erkennt man, daß das Kleinhirn für die Erhaltung des Gleichgewichts eine wesentliche Rolle spielt.

Das Kleinhirn wird über alle Meldungen von und nach den motorischen Regionen der Großhirnrinde informiert. Es empfängt außerdem Meldungen aus den Sinnesorganen, welche die Gelenkstellungen messen sowie Meldungen aus den Bogengängen, den Schweresinnesorganen und den Augen. Es ist also jederzeit über die Stellung des Körpers im Raum, die Lage der einzelnen Gliedmaßen zueinander sowie über gerade auslaufende Bewegungsbefehle orientiert. Das Kleinhirn gibt seine Befehle entweder an die motorischen Regionen der Großhirnrinde oder an Schaltstellen des extrapyramidalen Systems (s. Abb. 256.1).

Ist das Kleinhirn ausgeschaltet, gehen die Einzelbewegungen eines Bewegungsablaufs nicht gleichmäßig ineinander über. Die Betroffenen wirken ungelenk und gehen taumelnd wie Betrunkene. Es ist ihnen nicht möglich, schnell aufeinanderfolgende Bewegungen auszuführen (wie z. B. beim Klavierspielen). Manche Bewegungen schießen über ihr Ziel hinaus, andere geraten zu kurz. Korrekturen fallen zu stark aus, so daß z. B. die Hand, die einen Gegenstand ergreifen will, um diesen pendelt. Funktionsunfähigkeit des Kleinhirns führt also nicht zum Ausfall bestimmter motorischer Fähigkeiten; vielmehr wird die Koordination und die Geschwindigkeit der Bewegungen gestört (s. 9.2).

8.2.6 Nachhirn oder verlängertes Mark

Das Nachhirn ist bei allen Wirbeltieren gleichartig ausgebildet (s. Abb. 245.1). Es ist die Übergangsstelle zwischen Rückenmark und Gehirn. Von hier entspringen mehrere Nerven, welche die Kopfregion motorisch und sensorisch innervieren, sowie der *Nervus vagus* (s. 8.2.1). Es ist Schalt- und Durchgangstelle aller vom Gehirn zum Rückenmark und umgekehrt ziehenden Nervenbahnen. Es ist aber auch Sitz vieler Zentren für lebenswichtige Reflexe (Kauen, Speichelfluß, Schlucken, Erbrechen, Husten, Niesen, Tränenfluß, Atmung und Kreislauf). Das Zentrum für die Regelung des Blutdrucks liegt ebenfalls hier, wie auch einige Umschaltstellen der extrapyramidalen Bahnen.

8.2.7 Psychopharmaka

Stoffe, welche die Psyche beeinflussen und auch der Linderung und Heilung seelischer Leiden dienen, bezeichnet man als Psychopharmaka. Man unterscheidet:

– Substanzen mit vorwiegend dämpfender Wirkung. Dazu gehören *Schlafmittel, Schmerzbekämpfungsmittel* und *Narkosemittel* sowie die *Neuroleptika* (Mittel gegen Geisteskrankheiten wie Schizophrenie oder Manie und gegen Psychosen, die mit Wahnvorstellungen, Erregungs- und Angstzuständen verbunden sind). Zu ihnen gehören auch die *Beruhigungsmittel* und *Tranquilizer,* die entspannend wirken und das limbische System gegen das Einströmen von Erregungen abschirmen und Angstzustände lindern (vgl. Abb. 251.1).

– Substanzen mit vorwiegend anregender Wirkung. Dazu zählen die *Antidepressiva*. Sie verzögern die Inaktivierung der Überträgerstoffe Noradrenalin und Serotonin. Die gesteigerte Erregbarkeit hellt die Stimmung auf und verstärkt den Antrieb. *Weckamine* rufen ebenfalls eine Stärkung des Antriebs sowie eine Minderung des Ermüdungsgefühls und des Appetits hervor. Bei Dauergebrauch verursachen sie allerdings Unruhe, Nervosität und Reizbarkeit; sobald die Drogenwirkung nachläßt, können tiefe Depressionen und Angstzustände auftreten. Anregend wirken auch *Coffein,* sowie die Drogen *Morphin, Heroin* und *Kokain*. Morphin bindet an die Rezeptoren für die Neuromodulatoren Endorphin und Enkephalin (s. 2.5).
– Substanzen, die Halluzinationen (Sinnestäuschungen) hervorrufen. Dazu gehören die Rauschgifte *LSD, Haschisch* und *Meskalin* sowie das Fliegenpilzgift (s. Abb. 214.1).

Viele Drogen erzeugen Abhängigkeit. Die Betroffenen können dann auf eine regelmäßige Einnahme der Droge nicht mehr verzichten, weil sie das überwältigende Bedürfnis verspüren, die Droge zu nehmen (**psychische Abhängigkeit**). Ein weiterer Grund kann sein, quälende Krankheitserscheinungen (»Entzugserscheinungen«) zum Verschwinden zu bringen, die sich als Folge des Absetzens bestimmter Drogen einstellen (**körperliche Abhängigkeit**). Psychisch-körperliche Abhängigkeit (Sucht) bewirken beispielsweise Alkohol, Schlaf- und Beruhigungsmittel, Morphin und Heroin. Wird ein Schlafmittel, das über längere Zeit eingenommen wurde, plötzlich abgesetzt, so können im Schlaf Alpträume und im Wachzustand Unruhe und Angst auftreten. Dies führt nicht selten zu verstärkter Schlaflosigkeit, so daß das Medikament erneut genommen wird. Schlafmittel haben nicht nur die erwünschte Wirkung, das Einschlafen zu fördern oder das Durchschlafen zu ermöglichen, sie können auch die Art des Schlafes verändern. Die meisten Schlafmittel, insbesondere die Barbiturate, verkürzen nämlich die für das Wohlbefinden so wichtige REM-Phase des Schlafes (s. 8.2.4, Abschnitt Schlaf und Traum). Wegen der unerwünschten Nebenwirkungen von Schlafmitteln sollte auf jeden Fall versucht werden, die Ursachen der Schlaflosigkeit herauszufinden und zu beheben, bevor ein solches Medikament eingenommen wird. Das Trinken großer Alkoholmengen vor dem Zubettgehen hat die gleiche negative Wirkung auf die REM-Phase.

Regelmäßiger Drogenmißbrauch kann eine zerstörerische Wirkung auf Seele und Körper des Konsumenten haben und seine Mitmenschen schwer belasten. So führt Alkoholsucht häufig zur Zerrüttung der Familie und zum Verlust des Arbeitsplatzes. Alkohol wird vorwiegend in der Leber enzymatisch abgebaut. Der tägliche Konsum großer Alkoholmengen kann dieses Organ überlasten. Es kommt zunächst zu Fettablagerungen in der Leber und schließlich zu der unheilbaren Leberzirrhose (Zerstörung des Gewebes, bindegewebige Vernarbung, Schrumpfung). Morphin- und Heroinsüchtige benötigen auf die Dauer immer größere Mengen der Droge, um die Qualen der Entzugserscheinungen zu vermeiden. Eine Überdosis kann jedoch zum Tod durch Atemlähmung führen. Der regelmäßige Genuß von Haschisch oder Marihuana kann chronische Bronchitis, Chromosomenveränderungen und Schäden an Roten Blutkörperchen verursachen.

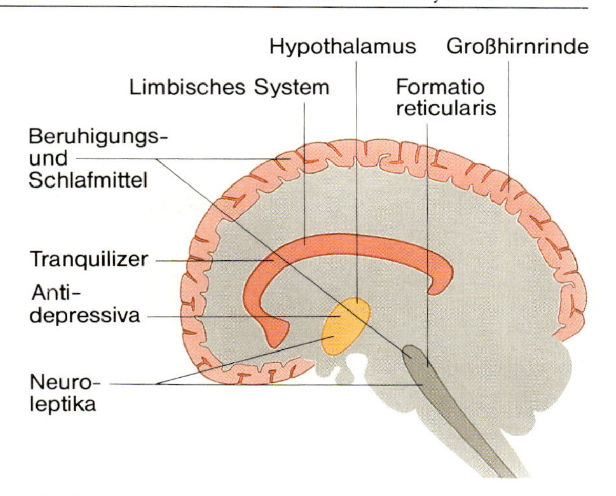

Abb. 251.1: Wirkorte verschiedener Psychopharmaka im Gehirn

8.2.8 Rückenmark

Der Beschreibung des Rückenmarks sind die Verhältnisse beim Menschen zugrunde gelegt. Es liegt im Wirbelkanal der Wirbelsäule (s. Abb. 252.1), den es bis zum ersten Lendenwirbel durchzieht. Die graue Substanz (sie enthält die Zellkörper) liegt im Innern. Ihr Querschnitt sieht wie ein H aus. Sie ist von weißer Substanz (sie enthält nur Axone) umgeben. In der weißen Substanz verlaufen die Pyramidenbahnen und die extrapyramidalen Bahnen (s. 8.2.2).

Zwischen je zwei Wirbeln entspringt jederseits ein Rückenmarksnerv mit einer *vorderen* und *hinteren Wurzel* aus der grauen Substanz, insgesamt 31 Paare. Die vordere, an der Bauchseite austretende Wurzel enthält *motorische (efferente) Nervenfasern,* die hintere *sensorische (afferente) Axone*. Die Zellkörper der motorischen Neuriten liegen im vorderen Teil der grauen

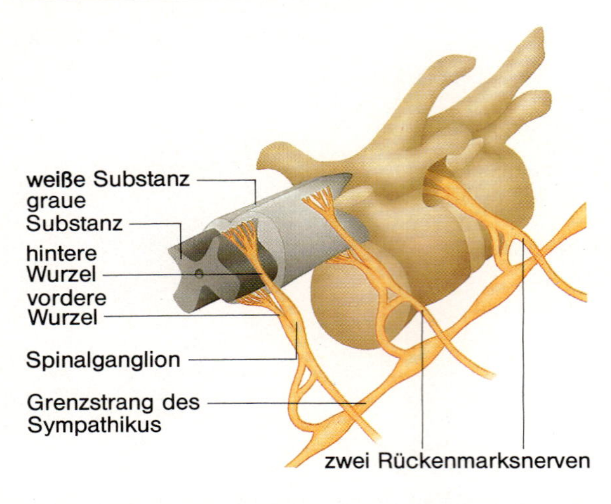

Abb. 252.1: Oben: Bau des menschlichen Rückenmarks mit austretenden Rückenmarksnerven. Die weiße Substanz ist z. T. weggenommen, um die Form der grauen Substanz zu zeigen. Unten: Querschnitt durch Rückenmark und Rückenmarksnerven, schematisch

Abb. 252.2: Rückenmark der Katze quer, von Rückenmarkshaut umhüllt. Weiße Substanz aus markhaltigen Nervenfasern, graue Substanz mit Vorder- und Hinterhörnern, Zentralkanal. Vergr. 8fach

Substanz, die der sensorischen Axone in der hinteren Wurzel, wo sie das *Spinalganglion* bilden. Die beiden Wurzeln vereinigen sich zu einem gemischten Nerv. Jeder dieser Nerven versorgt einen gesonderten Körperbezirk.

Die Rückenmarksnerven verzweigen sich unmittelbar nach ihrem Austritt aus der Wirbelsäule in dünnere Nerven. Diejenigen Nerven, die eine Verbindung mit Skelettmuskeln herstellen, bilden das somatische Nervensystem, die anderen, die zu den inneren Organen ziehen, gehören zum vegetativen Nervensystem.

Mit zunehmendem Alter schwindet die knorpelige Substanz (»Bandscheiben«) zwischen den Wirbeln, deren Abstand sich dadurch verringert. Die Rückenmarksnerven können dann eingeklemmt werden, was zu zeitweisen oder dauernden Schmerzen führt.

Sensorische und motorische Neurone treten innerhalb der grauen Substanz miteinander in Verbindung. Die Verbindung zwischen Sinnesorganen und Muskel bezeichnet man als Reflexbogen, die durch den Sinnesreiz ausgelöste Reaktion als Reflex (s. 9.1). Liegen Sinnesorgan und Muskel im gleichen Teil des Körpers, spricht man von *Eigenreflex,* liegen sie räumlich getrennt, von *Fremdreflex*. Das Rückenmark ist aber nicht nur Durchgangsstation für Reflexbögen, sondern kann bei manchen Tieren auch einfache Bewegungen weitgehend selbständig steuern (s. 9.3).

Das Rückenmark empfängt außerdem von allen außerhalb des Kopfes liegenden Sinnesorganen Meldungen, die es an das Gehirn weitergibt. Das Rükkenmark ist also auch eine wichtige Durchgangsstation für Nervenerregungen vom und zum Gehirn. Werden solche Verbindungen durch eine Rückenmarksverletzung unterbrochen, dann ist für den Körperbereich, den die durchtrennten Nerven versorgt haben, das Gefühl völlig ausgeschaltet; willkürliche Bewegungen sind dort nicht mehr möglich *(Querschnittslähmung)*.

9. Kontrolle von Bewegungen

Aktive Bewegung ist die wichtigste und auffälligste Lebensäußerung von Tieren. Zur Ausführung von Bewegungen sind ein leistungsfähiges Nervensystem und Muskeln notwendig. Während das Sinnessystem (Sinnesorgane und auswertende Teile des ZNS) der Eingang in das Nervensystem ist, bildet das motorische System den Ausgang. Unter dem motorischen

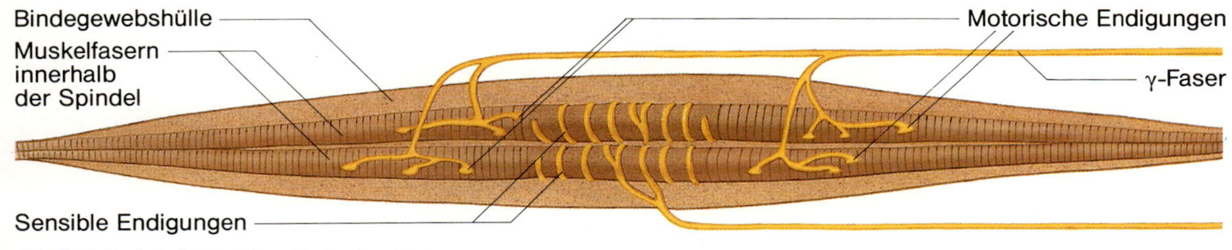

Abb. 253.1: Muskelspindel, stark verkürzt, schematisch

System faßt man die Muskulatur und die Teile des ZNS zusammen, die die nervösen Programme für die Bewegungen erstellen. Im folgenden sind einige einfache Bewegungen besprochen.

9.1 Reflexe

Schlägt man am locker hängenden Unterschenkel auf die Sehne des Unterschenkelstreckmuskels (Kniesehne, unterhalb der Kniescheibe), so wird dieser Muskel dadurch kurz gedehnt. Unmittelbar darauf kontrahiert er sich und streckt infolgedessen das Kniegelenk *(Kniesehnenreflex)*. Entsprechende Reflexe gibt es bei allen Muskeln. Sie dienen der Regelung der Muskellänge. Folgende Vorgänge laufen dabei ab: In allen Skelettmuskeln der Wirbeltiere, also auch im Unterschenkelstrecker, liegen Sinnesorgane, welche die Muskellänge messen. Man bezeichnet sie als **Muskelspindeln** (Abb. 253.1). Sie sind maximal 3 mm lang und mit ihrer Bindegewebshülle fest mit den umgebenden Muskelfasern verbunden. Im Innern der Muskelspindel liegen einige dünne Muskelfasern (Spindelmuskeln), deren Kontraktionszustand vom Zentralnervensystem über eigene motorische Nervenfasern (sogenannte γ-Motoneurone) verändert werden kann. Die Spindelmuskelfasern können sich nur an ihren beiden Endabschnitten kontrahieren. Der mittlere, nicht kontraktile Teil wird von Sinnesnervenzellen umschlungen, die die Spannung messen, unter der dieser Teil der Spindelmuskeln steht.

Bei den folgenden Darlegungen muß man zwischen dem Kontraktionszustand des Skelettmuskels (ohne die Spindelmuskeln) und dem Kontraktionszustand der Spindelmuskelfasern unterscheiden. Wird der Muskel länger (z. B. bei einer passiven Dehnung), so wird die Muskelspindel ebenfalls passiv in die Länge gezogen. Dies erhöht die Spannung im Mittelteil der Spindelmuskelfasern. Die sensorischen Endigungen der dort liegenden Sinnesnervenzellen werden also durch eine Verlängerung des Muskels erregt. Die Muskelspindel mißt demnach über die Spannung

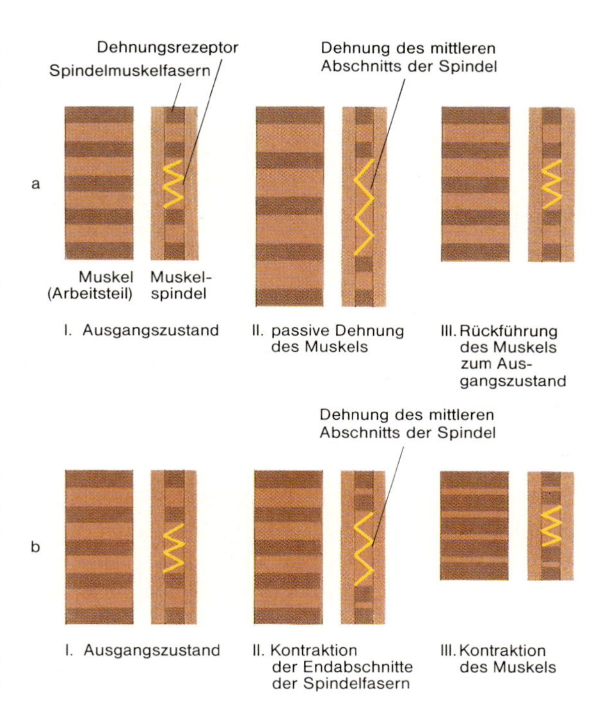

Abb. 253.2: Wirkung der Muskelspindelreizung auf die Muskelkontraktion.
a Passive Dehnung des Muskels.
b Die γ-Motoneurone veranlassen die Spindelmuskelfasern zur Kontraktion. In beiden Fällen verkürzt sich der Muskel so weit, daß der Mittelteil der Spindelmuskelfasern wieder im ursprünglichen Spannungszustand ist.

der Spindelmuskeln die Länge des Muskels. Die Erregung läuft zum Rückenmark. Sie wird dort auf α-Motoneurone (motorische Nervenzellen, s. 2.1) übertragen, die den Muskel innervieren, in der die Muskelspindel liegt. Sie veranlassen den Muskel (nicht aber die Spindelmuskelfasern) zur Kontraktion. Dadurch verkürzt sich der Muskel aktiv und mit ihm seine Muskelspindeln passiv, und zwar so lange, bis die Muskelspindel ihre ursprüngliche Länge erreicht hat. Auf diese Weise wird die Muskellänge konstant gehalten (Abb. 253.2 a).

Dieser gesamte Vorgang spielt sich z. B. dann ab, wenn das Kniegelenk beim Stehen unmerklich ein-

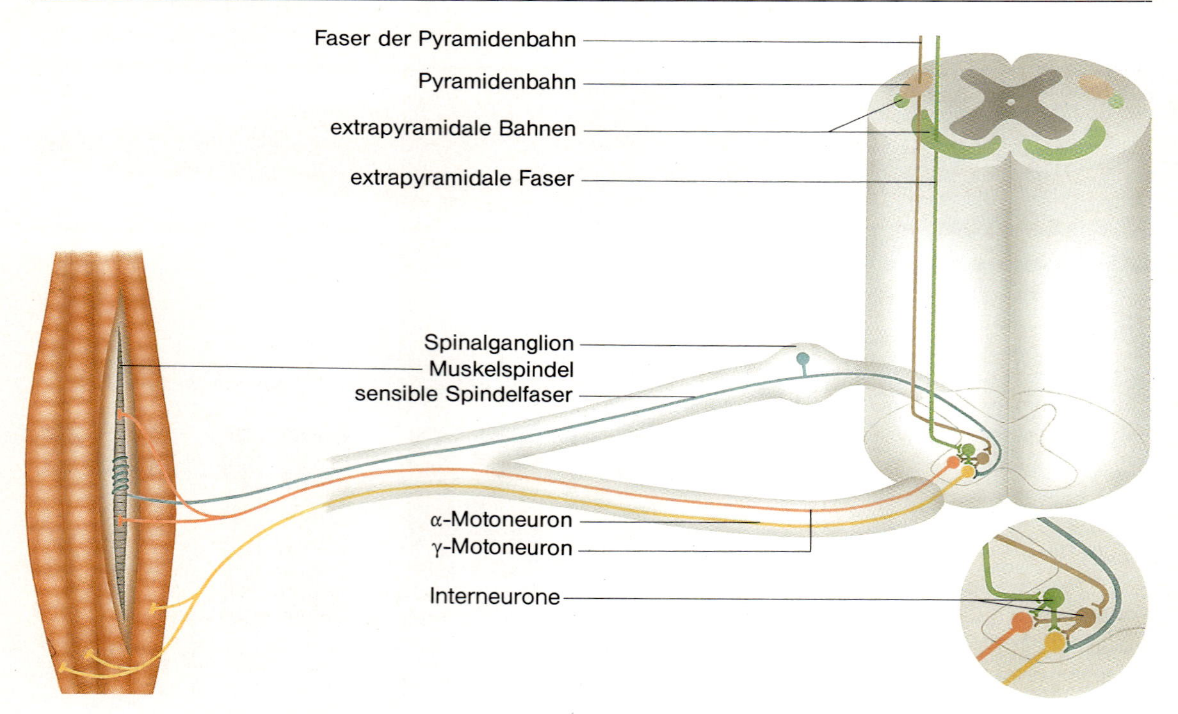

Abb. 254.1: Muskelspindelregelkreis, Pyramidenbahn und extrapyramidale Bahnen, stark schematisiert

knickt und der Muskel an der Vorderseite des Oberschenkels ein klein wenig in die Länge gezogen wird. Muskelspindeln werden also zur Erhaltung einer bestimmten Gelenkstellung bzw. Körperhaltung benötigt. Wenn höhere Nervenzentren die γ-Motoneurone erregen, bringt dies die Spindelmuskeln (nicht den Muskel, in der die Spindel liegt) zur Kontraktion. Folglich erhöht sich ebenfalls die Spannung im mittleren Teil der Spindelmuskelfasern, obwohl sich die Muskellänge nicht verändert hat. Die sensorischen Endigungen werden erregt. Sie bewirken in den α-Motoneuronen eine Erhöhung der Impulsfrequenz: Der Muskel kontrahiert sich und wird dabei kürzer. Das entspannt die Muskelspindel wieder. Der Muskel kontrahiert sich deshalb nur so lange, bis die Sinnesnervenzellen die ursprüngliche Spannung melden.

Eine Kontraktion der Spindelmuskelfasern zieht also eine Kontraktion des Muskels nach sich. In diesem Regelkreis wird eine Veränderung des Sollwerts (Muskellänge) durch eine Änderung des Meßbereichs des Fühlers (Muskelspindel) erzielt.

Eine direkte Verbindung zwischen sensorischem Neuron und Motoneuron (wie beim Muskelspindelregelkreis) bezeichnet man als *monosynaptischen Reflexbogen,* weil er nur über eine Synapsengruppe läuft. Solche Reflexbögen sind selten. Bei den allermeisten Reflexen sind zwischen sensorischer Faser und Motoneuron ein bis mehrere Interneuronen mit ihren Synapsen zwischengeschaltet *(polysynaptischer Reflexbogen).* Auch viele andere Reflexe sind Teile von Regelkreisen. Man bezeichnet sie als *Widerstands-Reflexe,* weil sie aufgezwungenen Störungen einen Widerstand entgegensetzen.

Der Erregungszustand eines α-Motoneurons im Rückenmark wird nicht nur von den Meldungen der zugehörigen Muskelspindeln beeinflußt. In der Sehne eines Muskels liegen dehnungsempfindliche Sinnesorgane, die sogenannten *Sehnenorgane.* Die Sehne dehnt sich, wenn der Muskel eine gewisse Kraft erzeugt. Die Sehnenorgane messen also über den Dehnungszustand der Sehne die vom Muskel erzeugte Kraft, während die Muskelspindeln die Muskellänge messen. Die sensorischen Fasern der Sehnenorgane haben hemmende Verbindungen zu den α-Motoneuronen des gleichen Muskels (sie wirken also gerade umgekehrt wie die Muskelspindeln). Die Verbindung ist nie direkt, sondern es ist mindestens ein Interneuron zwischengeschaltet. Eine Zunahme der Muskelspannung führt also über die Erregung der Sehnenorgane zu einer Abnahme der Aktivität der zugehörigen α-Motoneurone und damit zu einem Nachlassen der Muskelspannung. Offensichtlich liegt hier ein Regelkreis vor, der die Muskelspannung konstant zu halten versucht und damit auch ein zu starkes Anwachsen der Spannung mit der Gefahr von Muskel- und Sehnenrissen verhindert. Dieser Regelkreis kann mit dem Muskelspindelregelkreis in Konkurrenz treten. Wenn z.B. beim Heben einer schweren Last der Sollwert der Muskellänge im Muskelspindelregelkreis nicht erreicht wird, würde die vom Muskel erzeugte Kraft, die allein von diesem Regelkreis hervorgebracht wird, sehr stark ansteigen. Ein solcher zu starker Anstieg wird durch den Sehnenorgan-Regelkreis unterbunden.

Auch die Muskelspindeln des antagonistischen Muskels wirken auf das Motoneuron ein. Die Einwirkung ist allerdings nicht direkt, sondern es ist ein Interneuron dazwischengeschaltet. Das Interneuron bildet mit dem α-Motoneuron hemmende Synapsen. Dehnung eines Muskels läßt also dessen Antagonisten erschlaffen.

Willkürliche Bewegungen werden von der motorischen Großhirnrinde über die Pyramidenbahn und die extrapyramidalen Bahnen angeregt (s. 9.2). Die Fasern beider Bahnen steuern sowohl α- als auch γ-Motoneurone. Soll sich ein Muskel kontrahieren, um z.B. eine Bewegung durchzuführen, werden α- und γ-Motoneurone über beide Bahnen gleichzeitig erregt.

Die Erregung der α-Motoneurone erzeugt den raschen Beginn der Bewegung. Die Erregung der γ-Motoneurone sorgt dafür, daß gleichzeitig der Sollwert im Muskelspindelregelkreis verstellt wird. Dadurch wird die Bewegung durch diesen Regelkreis nicht gestoppt, sondern vielmehr erreicht, daß der Muskel auf unvorhersehbare Störungen auch während der Bewegung richtig reagiert.

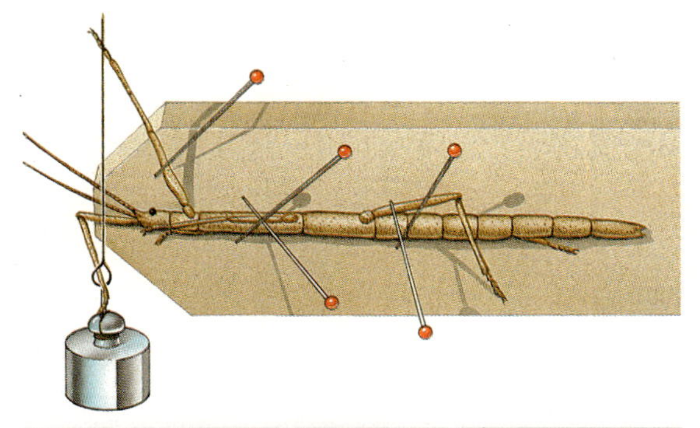

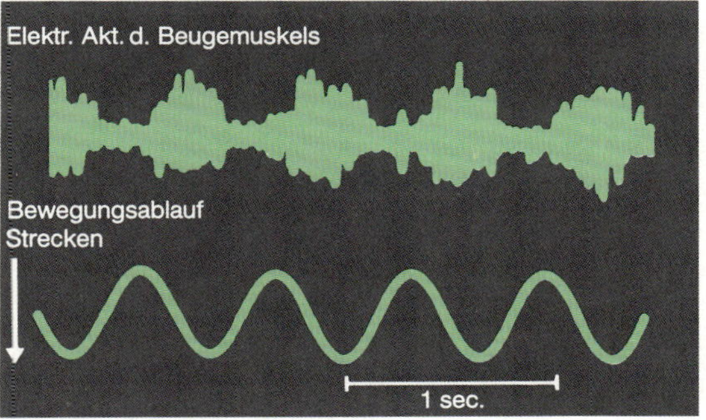

Abb. 255.1: Ein Vorderbein einer Stabheuschrecke ist an einem von der Decke hängenden Gewicht (träge Masse) befestigt. Nach einer kurzen Beunruhigung (Erhöhung der Korrekturstärke) treten langdauernde Schwingungen dieses Beins auf (unten). Die gleichzeitig registrierte elektrische Aktivität des Beugemuskels tritt während des Streckens auf. Das zeigt die lange Totzeit an.

Stabilität von Regelkreisen. Regelkreise können instabil werden, wenn die Totzeit oder auch die Korrekturstärke relativ hoch sind (s. Cytologie 11.). Die Totzeit eines Widerstandsreflexes wird durch die Ansprechzeiten von Sinnesorganen und Muskulatur, von den Leitungszeiten in den Axonen und von den synaptischen Verzögerungen bestimmt. Sie hat für einen bestimmten Reflexbogen einen festen Wert. Für jeden Wert der Totzeit gibt es nun eine bestimmte Korrekturstärke, die nicht überschritten werden darf, wenn das System keine Schwingungen zeigen soll. Die Korrekturstärke der meisten Widerstandsreflexe bleibt weit unterhalb dieser Grenze. Eine Ausnahme bildet der Widerstandsreflex, der die Kniegelenkstellung von Stabheuschrecken stabilisiert. Seine Korrekturstärke wird nach Beunruhigung des Tieres bis knapp unter die Grenze zur Instabilität erhöht. Vergrößert man dann experimentell die Totzeit, treten langdauernde Schwingungen auf. Die Totzeit kann durch Ankoppeln des Beines an eine träge Masse verlängert werden (s. 9.5), da die Muskelkraft zunächst zur elastischen Verformung der Muskeln und Sehnen verwendet wird und danach erst zur Bewegung der Beine. Damit wird die Totzeit zwischen Reizeinwirkung und Beinbewegung vergrößert (Abb. 255.1).

Viele Reflexe laufen immer in ähnlicher Weise ab. Die Reflexantwort kann aber auch von der Verhaltenssituation abhängig sein. Berührt man z.B. die Oberseite der Pfote einer laufenden Katze, so hat das recht unterschiedliche Folgen, je nachdem, in welcher Position sich das Bein befindet. Erfolgt der Reiz während des Vorschwingens, wird das Bein stark angehoben, weil sich alle Beugemuskeln kontrahieren. Dadurch kann das Bein unter natürlichen Umständen einem Gegenstand, der den Reiz verursacht, ausweichen. Erfolgt der Reiz, solange das Bein auf dem Boden nach hinten stemmt, werden die Streckmuskeln aktiviert. Dadurch wird der Schritt beschleunigt.

Reflexe sind schnell, weil nur wenige Neurone daran beteiligt sind. Durch sie können einfache Reizsituationen wirksam beantwortet werden, ohne daß höhere Nervenzentren mitwirken.

9.2 Steuerung zielgerichteter Bewegungen

Um eine komplexere Bewegung zu erzeugen, müssen oft große Bereiche des ZNS zusammenarbeiten. Wenn ein Mensch z.B. einen Gegenstand ergreifen will, laufen nach den heutigen Vorstellungen folgende Prozesse im Zentralnervensystem ab (vereinfacht dargestellt): Der Plan für die Handlung entsteht in

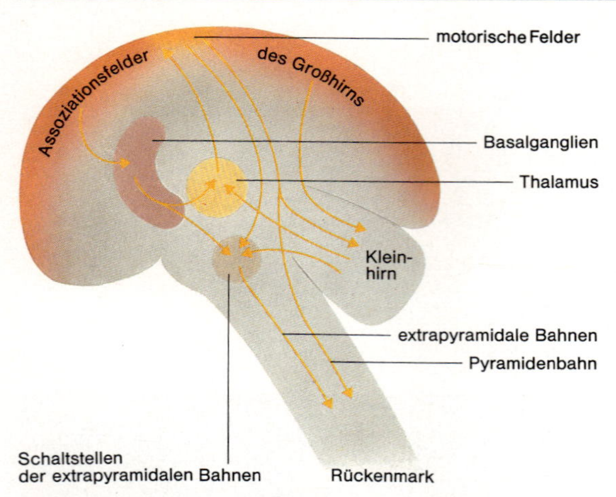

Abb. 256.1: Steuerung von Bewegungen durch Zusammenarbeit vieler Teile des Gehirns (vereinfacht, schematisch). Von der Pyramidenbahn und den extrapyramidalen Bahnen laufen die Erregungen über Motoneuronen zu den Muskeln (Näheres s. Text und Abb. 254.1).

den *Assoziationsregionen* des Großhirns. Diese »veranlassen« *Basalganglien* und *Kleinhirn,* für diesen Plan eine konkrete Handlungsabfolge »zu entwerfen« (also in unserem Beispiel die Winkelbeträge festzulegen, um die die einzelnen Gelenke zu bewegen sind). Dabei sind die Basalganglien wahrscheinlich mehr für langsame und das Kleinhirn ist mehr für schnelle Bewegungen zuständig. In beiden Strukturen sind die dazu notwendigen Informationen über die Lage des Körpers im Raum und die Stellungen der Gelenke vorhanden (in unserem Beispiel also die Lage von Arm und Hand). Aus diesen Informationen und dem zu erreichenden Ziel (dem zu ergreifenden Gegenstand) werden dann die durchzuführenden Bewegungen ermittelt (s. Abb. 256.1). Sind durch diese Bewegungen wesentliche Verschiebungen des Körperschwerpunkts zu erwarten, werden entsprechende Kompensationsbewegungen möglicherweise gleich mitentworfen. In Kleinhirn und Basalganglien sind zu diesem Zweck »Handlungsprogramme« abrufbereit, die eine schnelle Umsetzung des Planes für die Handlung in einen konkreten Handlungsablauf ermöglichen. Ohne solche Handlungsprogramme wären die Bewegungen langsamer und weniger gut koordiniert, weil die Assoziationsregionen jedes Detail der Bewegung festlegen müßten. Die Handlungsprogramme werden dann über den Thalamus zur *motorischen Großhirnrinde* geleitet, die sie in Bewegungsbefehle für einzelne Muskeln oder Muskelgruppen umsetzt (in unserem Beispiel die Muskeln, welche die Arm- und Fingergelenke bewegen). Die Befehle werden über *Pyramidenbahn* und *extrapyramidale Bahnen* den betroffenen *α-* und *γ-Motoneuronen* übermittelt (s. 9.1). Das Kleinhirn erhält »Kopien« der in Pyramidenbahn und extrapyramidalen Bahnen auslaufenden Befehle. Über die extrapyramidalen Bahnen kann es noch während des Auslaufens dieser Befehle Korrekturen anbringen.

Der *Parkinsonschen Krankheit* liegen Störungen der Basalganglien zugrunde. Die Betroffenen lassen z. B. Ausdrucksbewegungen des Gesichts vermissen (»Wachsgesicht«), wirken starr und gehen vorsichtig in kleinen Schritten. In ihren langsamen Bewegungen sind sie stark behindert. Außerdem leiden sie an Zittern ihrer Hände. Die Krankheitserscheinungen können oft durch laufende Zufuhr von *Dopa* gemindert werden, einer Vorstufe von *Dopamin,* der Überträgersubstanz der ausgefallenen Neurone in den Basalganglien.

9.3 Steuerung rhythmischer Bewegungen

Gliedmaßen und Körpergelenke werden oft rhythmisch hin und her bewegt. Durchtrennt man bei Fischen alle sensorischen Nervenfasern, läuft die rhythmische Bewegung weiter. Dies ist nur möglich, wenn das ZNS ein rhythmisches Erregungsmuster der Motoneuronen erzeugt, das demjenigen ähnlich ist, das unter natürlichen Bedingungen erzeugt wird. So erzeugt das Rückenmark des Neunauges (eines primitiven Fisches) ein Erregungsmuster in seinen Motoneuronen, das die rhythmischen Schwimmbewegungen bewirkt. Solche rhythmischen Bewegungen, die vom Nervensystem endogen, d. h. ohne sensorische Erregungen gesteuert werden, bezeichnet man als *Automatismen* und die zugrundeliegenden neuralen Netzwerke als *zentrale Mustergeneratoren*.

Man kann zwei Typen von zentralen Mustergeneratoren unterscheiden. Der erste Typ besitzt Schrittmacherneuronen. Ein *Schrittmacherneuron* ist eine Nervenzelle, die für sich allein rhythmisch aktiv ist, weil sich ihr Membranpotential rhythmisch verändert, und die ihr Erregungsmuster auf nachgeschaltete Zellen überträgt. Meistens sind mehrere Schrittmacherzellen vorhanden (im Herzganglion der Krebse z. B. 4), die erregend miteinander verbunden sind. Sie weisen oft kleine Unterschiede in der Frequenz ihrer Potentialänderungen (Eigenfrequenz) auf. Dann übernimmt die Zelle mit der höchsten Eigenfrequenz die Führung. Sie überschreitet nämlich als erste die eigene Schwelle für die Auslösung eines Aktionspotentials und erregt nun ihrerseits die anderen Schrittmacherzellen.

Beim zweiten Typ zentraler Mustergeneratoren wird der Rhythmus nicht von Schrittmacherzellen erzeugt, sondern durch die Systemeigenschaften eines neuronalen Netzwerkes. Derartige zentrale Mustergeneratoren wurden erst in jüngster Zeit entdeckt. Man fand sie bei Krebsen sowie bei einer Wasserschnecke, deren rhythmische Schwimmbewegungen durch einen solchen Mustergenerator gesteuert werden. Allen zentralen Mustergeneratoren dieses Typs ist gemeinsam, daß sie ringförmig miteinander verbundene Neuronen enthalten.

Wieso erzeugen nun ringförmig miteinander verbundene Nervenzellen ein rhythmisches Erregungsmuster? Das ist im folgenden an einem vereinfachten Modellsystem erörtert (Abb. 257.1). Drei spontan aktive Neuronen seien zu einem Schaltkreis verbunden. Jedes Neuron hemme das folgende stark und zwar mit einer gewissen zeitlichen Verzögerung (Leitungszeiten, synaptische Verzögerung). Dieser Schaltkreis ist ein System mit negativer Rückkopplung (eine dreimalige Negation ergibt schließlich wieder eine Negation). Schaltkreise mit negativer Rückkopplung (wie der Regelkreis) können ins Schwingen geraten, wenn die Totzeit relativ groß und die gegenseitige Beeinflussung (die Stärke der hemmenden Synapsen) stark ist (s. 9.1 und Cytologie 11.). Neuronale Schaltkreise können eine solche Eigenschaft haben. Sie sind dann in der Lage, ein rhythmisches Erregungsmuster zu erzeugen. Abb. 257.1 zeigt die Ergebnisse einer Computersimulation eines solchen Netzwerkes.

Alle bisher untersuchten rhythmischen Bewegungen werden unter natürlichen Bedingungen durch Sinnesmeldungen beeinflußt und so an wechselnde Gegebenheiten der Umwelt angepaßt. Wenn sich Reflexe einer rhythmischen Bewegung, z. B. dem Gehen beim Menschen, überlagern, hängt ihre Stärke und Richtung oft davon ab, in welcher Phase der Bewegung der Reiz erfolgt (s. 9.1).

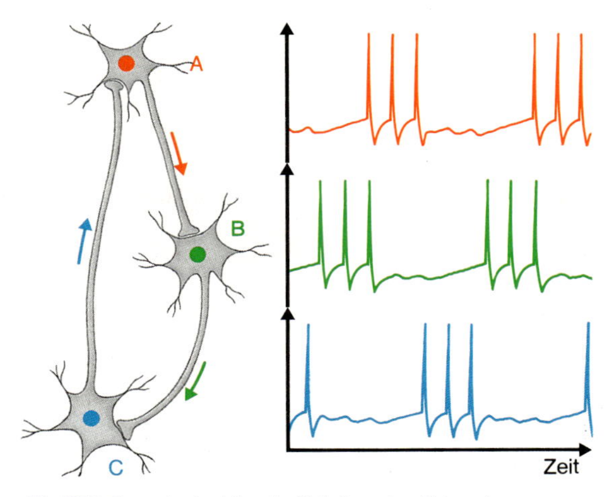

Abb. 257.1: Computersimulation des Verhaltens eines Netzwerkes aus drei Neuronen. Jedes der drei Neurone hemmt das folgende. Ohne Hemmung wären alle drei Neurone spontan aktiv (Näheres s. Text).

9.4 Muskulatur

9.4.1 Bau der Muskeln

Die Bauelemente der Muskeln (s. Abb. 258.1) sind bei den Wirbeltieren entweder Muskelzellen oder Muskelfasern.

Muskelzellen sind spindelförmige Zellen, deren Cytoplasma zu einem großen Teil aus Muskelfibrillen besteht. Diese verlaufen in der Längsrichtung der Zelle und haben die Fähigkeit, sich zusammenzuziehen.

Die **Muskelfasern** sind ähnlich gebaut; sie enthalten jedoch zahlreiche Kerne, sind also ein vielkerniges Gebilde *(Syncytium)*. Sie besitzen mehr Fibrillen als die Muskelzellen. Während die Muskelzellen meist nur Bruchteile eines Millimeters lang sind, erreichen die Muskelfasern eine Länge von 10 und mehr Zentimetern. Sie sind zwischen 10 und 100 µm dick und durchziehen meist den ganzen Muskel.

Die **Fibrillen** treten sowohl in den Muskelzellen als auch in den Muskelfasern in zwei Ausbildungsformen auf. Entweder zeigen sie im Lichtmikroskop über ihre ganze Länge eine gleichmäßige Oberfläche, dann nennt man sie *glatt,* oder sie weisen eine regelmäßige Bänderung auf, dann heißen sie *quergestreift*. Die quergestreifte Muskulatur arbeitet viel rascher als die glatte. Beim Menschen kommen glatte Muskelzellen in der Wand des Darmes und der Blutgefäße vor. Die *Muskulatur des Herzens* ist quergestreift. Sie besteht aus netzartig miteinander verbundenen Muskelzellen. Die *Skelettmuskulatur* setzt sich aus quergestreiften Muskelfasern zusammen.

Die Fibrillen der quergestreiften Muskulatur bestehen aus gleichförmigen Bauteilen, den **Sarkomeren**. Ein Sarkomer wird durch zwei *Z-Scheiben* begrenzt (Abb. 258.1). Im elektronenmikroskopischen Bild kann man innerhalb der Sarkomere regelmäßig angeordnete Filamente erkennen: dünne *Aktinfilamente* und dickere *Myosinfilamente*. Die Aktinfilamente ragen von den Z-Scheiben her ins Innere des Sarkomers. Im mittleren Abschnitt liegen die Myosinfilamente. Sie überlappen an beiden Enden mit den Aktinfilamenten. Im Kontraktionszustand jedoch ist die Überlappung deutlich stärker als bei Erschlaffung des Muskels. Die Aktinfilamente und die Myosinfilamente sind in einem *regelmäßigen Muster* angeordnet (Abb. 258.1). Durch die regelmäßige Anordnung der Filamente und dadurch, daß einander entsprechende Abschnitte aller Fibrillen einer Faser auf gleicher Höhe liegen, entsteht der Eindruck der Querstreifung. Bei der glatten Muskulatur sind die Aktin- und Myosinfilamente unregelmäßiger angeordnet.

Jede Muskelfibrille setzt sich beiderseits in eine dünne *Sehnenfibrille* fort, so daß die Muskelfasern in *Sehnenfasern* auslaufen. Zahlreiche Muskelfasern sind durch eine Hülle aus Bindegewebe zu einem *Faserbündel* zusammengefaßt. Zahlreiche Faserbündel bilden den *eigentlichen Muskel*. Er ist von der dehnbaren Muskelhaut umgeben. Die Sehnenfaserbündel vereinigen sich zur *Sehne,* welche den Muskel am Knochen befestigt. Mit jedem Muskel tritt ein Nerv in Verbindung. In ihm verlaufen motorische und sensorische Axone.

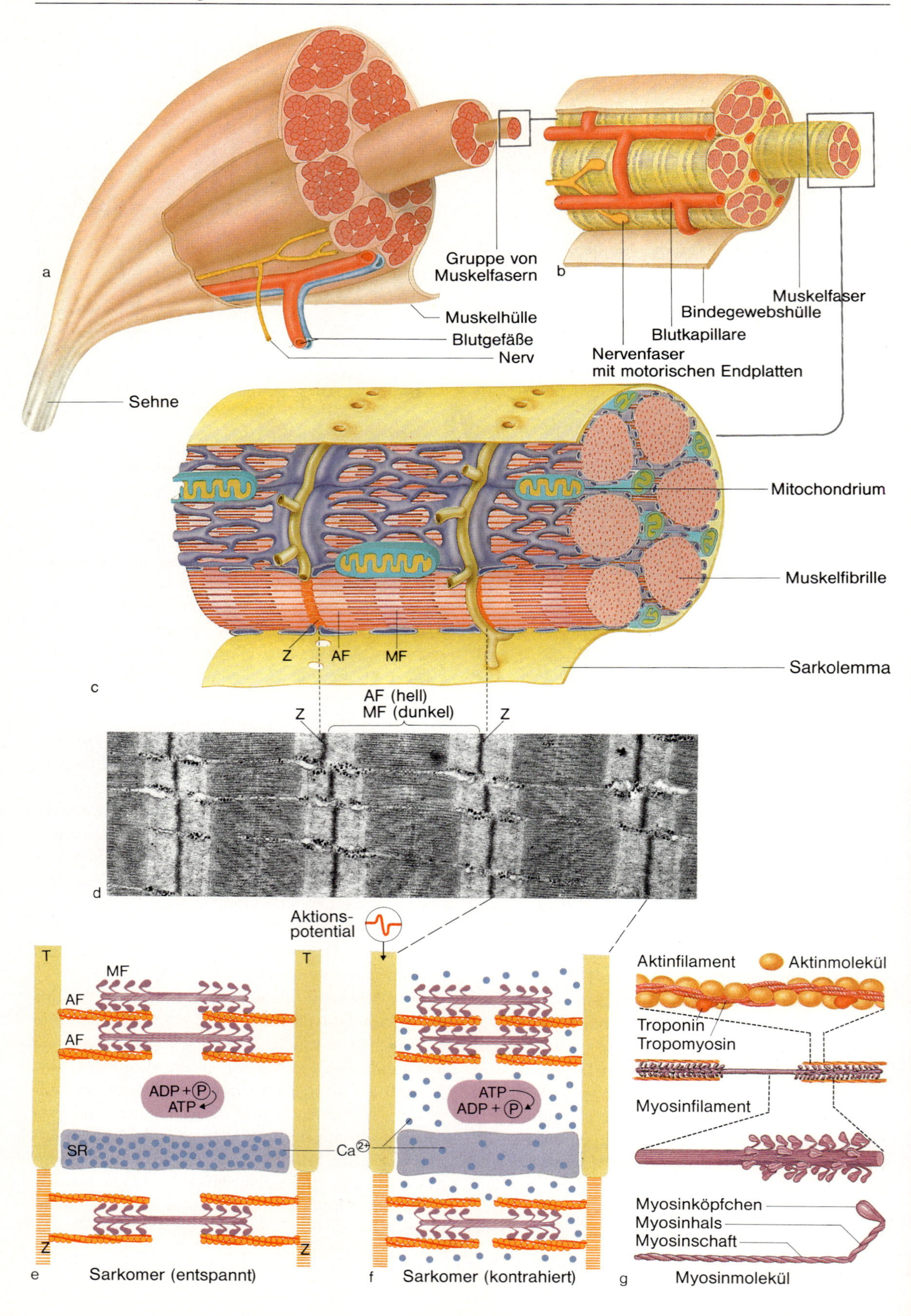
a
Gruppe von Muskelfasern
Muskelhülle
Blutgefäße
Nerv
Sehne
b
Muskelfaser
Bindegewebshülle
Blutkapillare
Nervenfaser mit motorischen Endplatten
Mitochondrium
Muskelfibrille
Z
AF
MF
Sarkolemma
c
AF (hell)
MF (dunkel)
Z
Z
d
Aktions-potential
T
MF
AF
AF
ADP + P
ATP
SR
Ca2+
Z
T
Z
e
Sarkomer (entspannt)
ATP
ADP + P
f
Sarkomer (kontrahiert)
Aktinfilament
Aktinmolekül
Troponin
Tropomyosin
Myosinfilament
Myosinköpfchen
Myosinhals
Myosinschaft
g
Myosinmolekül

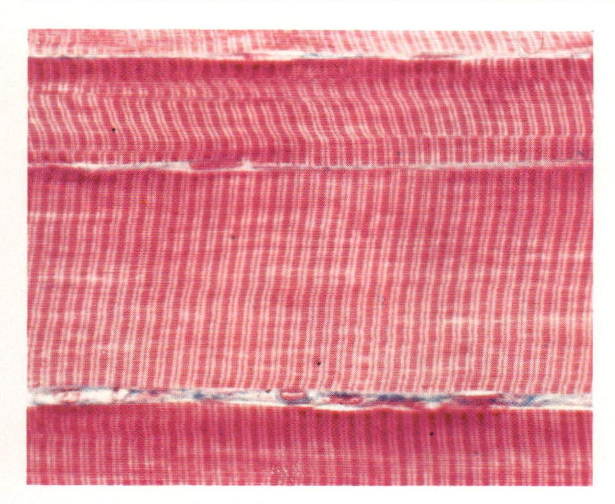

Abb. 259.1: Quergestreifter Muskel.
Zu erkennen sind drei Muskelfasern (Dicke 50–100 μm).
Jede Muskelfaser ist aus einer Vielzahl
von 1–2 μm dicken Muskelfibrillen (Myofibrillen) aufgebaut;
sie erstrecken sich über die ganze Länge der Muskelfaser
und sind im Bild nicht zu unterscheiden.
Man sieht jedoch deutlich die senkrecht über die Fibrillen laufenden
Z-Scheiben (schmale rote Streifen)
und zwischen ihnen einen breiten dunkelroten Streifen,
in dem die Myosinfilamente liegen (vgl. Abb. 258.1).
Eine Muskelfibrille ist aus Tausenden von Sarkomeren
mit Aktin- und Myosinfilamenten zusammengesetzt.

Abb. 259.2: Querschnitt durch einen quergestreiften Muskel
(Insektenflugmuskel, 36000fach).
Die dicken Myosinfilamente heben sich deutlich
von den dünnen Aktinfilamenten ab.

Abb. 258.1: Bau und Funktion eines quergestreiften Muskels.
a Stück eines Muskels.
b Bündel von quergestreiften Muskelfasern,
wie sie sich im Lichtmikroskop darstellen.
c Ausschnitt aus einer Muskelfaser.
Dargestellt sind 6 Muskelfibrillen (= Myofibrillen, rot);
sie sind aus aufeinanderfolgenden Sarkomeren aufgebaut.
Zwischen den Muskelfibrillen liegen zwei Kanalnetze:
das entlang den Fibrillen verlaufende endoplasmatische Reticulum (blau)
sowie das T-System (gelb), bestehend aus Einstülpungen des Sarkolemma.
Das endoplasmatische Reticulum
wird hier auch als sarkoplasmatisches Reticulum bezeichnet.
Das Sarkolemma entspricht der äußeren Zellmembran (dem Plasmalemma).
In den zahlreichen Mitochondrien zwischen den Muskelfibrillen
wird die Energie für die Muskelkontraktion gewonnen.
AF Aktinfilamente, MF Myosinfilamente, Z Z-Scheibe.
d Ausschnitt aus einer Muskelfibrille
mit hintereinander liegenden Sarkomeren (15000fach).
e Sarkomer entspannt. Erreicht eine Erregung über das T-System (gelb)
das sarkoplasmatische Reticulum SR,
so werden vom SR Calciumionen ausgeschüttet (blau).
Diese binden an Troponin, worauf die Tropomyosinfäden
in die Rinne zwischen den beiden Aktinfilamenten gedrängt werden (siehe g).
ATP wird gespalten, die Myosinköpfchen binden an die Aktinfilamente
und verschieben sie zur Sarkomer-Mitte, das Sarkomer kontrahiert sich.
f Sarkomer kontrahiert.
Nach der Kontraktion werden die Calciumionen
wieder vom SR aufgenommen und das ATP zurückgebildet.
Das Sarkomer erschlafft (Zustand e).
g Feinbau eines Aktinfilaments und eines Myosinfilamentes.
Ein Aktin- und ein Myosinmolekül sind getrennt gezeichnet.

9.4.2 Funktion der quergestreiften Muskelfasern

Quergestreifte Muskelfasern oder auch ganze Muskeln kann man elektrisch reizen, wenn man entweder zwei Elektroden in den Muskel einsticht oder im zugehörigen Nerv durch elektrische Reizung Aktionspotentiale auslöst. Ein einzelner elektrischer Reiz oder ein einzelnes Aktionspotential löst eine *Zuckung* aus, d.h. die Muskelfasern werden verkürzt und dabei dicker, erschlaffen jedoch gleich darauf wieder (Abb. 260.1).

Bei einer einzelnen Muskelfaser ist die Stärke einer Zuckung unabhängig von der Stärke des auslösenden Reizes, sofern dieser überhaupt ausreicht, die Faser zu erregen *(Alles-oder-Nichts-Gesetz)*. Bei einem ganzen Muskel ist dagegen die Stärke der Kontraktion von der Stärke des Reizes abhängig, weil mit steigender Reizintensität auch Muskelfasern erregt werden, die von den Elektroden weiter entfernt sind. Die Dauer der Zuckung ist bei den einzelnen Tierarten sehr verschieden. Sie kann mehrere Sekunden oder nur wenige Hundertstel Sekunden dauern.

Folgt auf den ersten Reiz so rasch ein zweiter, daß der Muskel keine Zeit findet zu erschlaffen, führt dies zu einer Dauerverkürzung, die man als *Tetanus* bezeichnet. Für eine tetanische Muskelkontraktion genügen bei den Skelettmuskeln der Schildkröte schon 2–3 Reize pro Sekunde, beim Frosch sind dazu 20–30, beim Menschen mindestens 50 (bis zu 150) Reize in der Sekunde notwendig. Mit dem Aufhören der Erregung erschlafft der tetanisch verkürzte Muskel wieder.

Ein Aktionspotential wird vom Nerv über die motorische Endplatte auf die Muskelfaser übertragen (s. 2.4). Von dort aus breitet es sich über die Oberfläche der Muskelfaser aus und dringt über fingerförmige Einstülpungen der Muskelfasermembran, das sogenannte *T-System,* auch in das Innere der Faser vor.

Neben den eben besprochenen schnellen Muskelfasern (»Zuckungs-Muskelfasern«) gibt es in der quergestreiften Muskulatur der Wirbeltiere in geringer Anzahl auch sogenannte *tonische* oder *langsame Muskelfasern*. Sie unterscheiden sich im mikroskopischen Bild wenig von den tetanischen Fasern. Ein einzelner Reiz löst bei ihnen keine Zuckung aus. Erst eine rasche Folge von Aktionspotentialen erzeugt eine anhaltende Kontraktion. Die Stärke der Kontraktion ist von der Frequenz der Aktionspotentiale abhängig. Die tonischen Muskelfasern gehorchen also nicht dem Alles-oder-Nichts-Gesetz. Tonische Muskelfasern sind z.B. die Muskelfasern im Inneren der Muskelspindeln (s. 9.1).

9.4.3 Molekulare Grundlagen der Muskelkontraktion

Soweit wir wissen, sind die molekularen Grundlagen der Kontraktion bei allen Muskeln gleich. Dabei spielen Aktin- und Myosinfilamente die Hauptrolle. Das geht aus folgendem Versuch hervor: Mit einem Glycerin-Wassergemisch werden alle Stoffe außer Aktin und Myosin aus einer Muskelfaser extrahiert und damit alle Zellorganellen wie Kerne, Zellmembran, Mitochondrien entfernt. Das verbleibende, nur noch aus Aktin und Myosin bestehende »Muskelfasermodell« kontrahiert sich sofort, wenn man ATP zusetzt. Das ATP wird dabei in ADP und Phosphat gespalten. Der ganze Vorgang läuft allerdings nur in Anwesenheit von Calciumionen ab.

Bei der Kontraktion gleiten die dünnen Aktinfilamente zwischen die Myosinfilamente. Dabei verändert sich die Länge der Filamente nicht. Dieses Ineinandergleiten wird vom Myosinfilament verursacht.

Ein *Myosinfilament* besteht aus etwa 150 Myosinmolekülen. Jedes Molekül besitzt einen »Schaft«, einen »Hals« und einen »Kopf«. Die Schäfte sind chemisch fest aneinander gebunden und bilden das eigentliche Filament, aus dem, von den Hälsen getragen, die Myosinköpfe seitlich herausragen (Abb. 258.1).

Jedes *Aktinfilament* ist aus zwei umeinander gewundenen, perlschnurartig aussehenden Ketten von kugeligen Aktinmolekülen aufgebaut. In regelmäßigen Abständen sind die Aktinfilamente mit kugeligen *Troponinmolekülen* besetzt. Außerdem laufen zwei fadenförmige *Tropomyosinmoleküle* an dem Aktinfilament entlang.

Die Muskelkontraktion läuft folgendermaßen ab: Bei Erregung der Muskelfaser werden *Calciumionen*

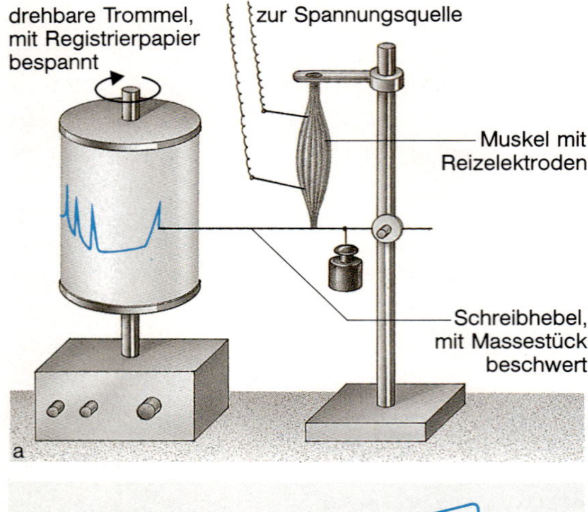

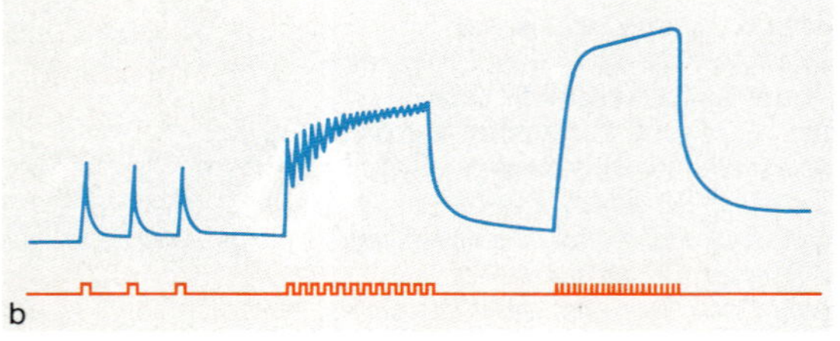

Abb. 260.1: Elektrische Muskelreizung.
a Versuchsapparatur,
b Registrierstreifen, auf dem zusätzlich der Zeitpunkt der Reize eingezeichnet ist (untere Linie).
Ein einzelner Reiz löst eine Zuckung aus,
bei ca. 20 Reizen pro Sekunde (mittlere Aufzeichnung) tritt unvollständiger,
bei ca. 50 Reizen pro Sekunde (rechte Aufzeichnung)
vollständiger Tetanus auf.

(Ca^{2+}-Ionen) aus dem endoplasmatischen Reticulum der Muskelfaser freigesetzt. Das wird durch die enge räumliche Nachbarschaft von T-System und endoplasmatischem Reticulum begünstigt. Die Ca^{2+}-Ionen gelangen durch Diffusion an das Troponin und werden von diesem gebunden. Die Troponinmoleküle verändern daraufhin ihre Form. Dadurch drängen sie die Tropomyosinfäden aus ihrer Lage, so daß Bindungsstellen auf den Aktinfilamenten freigelegt werden, an welche dann Myosinköpfe gebunden werden können.

Die Myosinköpfe gehen mit den benachbarten Aktinfilamenten eine Bindung ein und klappen dann um. Dadurch ziehen sie das Aktinfilament entweder ca. 10 nm weit am Myosinfilament vorbei oder sie dehnen das elastische Halsstück (Abb. 258.1). Im ersten Fall verkürzt sich der Muskel, die Muskelspannung (»Tonus«) bleibt dabei gleich *(isotonische Kontraktion).* Im zweiten Fall erhöht sich dagegen die Muskelspannung. Dies gilt z.B. für den vergeblichen Versuch, einen zu schweren Koffer anzuheben; die

Längsabmessung des Muskels verändert sich dabei praktisch nicht *(isometrische Kontraktion)*.

Die Bindung eines Myosinkopfes an Aktin dauert 10–100 ms (je nach Muskelfaser). Anschließend löst sich die Bindung unter Beteiligung von ATP. Der abgeknickte Myosinkopf richtet sich auf und bindet sich erneut an das Aktinfilament. Durch dieses wiederholte Abknicken und Aufrichten der Myosinköpfe werden die beiden Filamente aneinander vorbei gezogen. Die Myosinköpfe arbeiten ähnlich wie eine Seilmannschaft, die ein langes Stück Seil durch wiederholtes Nachgreifen an sich vorbei zieht.

Die Energie für die Ruderbewegungen der Myosinköpfe wird vom ATP geliefert. Wahrscheinlich wird pro Ruderbewegung eines Myosinkopfes ein Molekül ATP gespalten. Das ATP wird allerdings nicht direkt für den Ruderschlag eingesetzt, sondern dient zur Lösung der Bindung des Myosinkopfes an das Aktinfilament. Der Myosinkopf wird mit Hilfe von ATP für einen neuen Schlag »gespannt«, ähnlich dem Bügel einer Schnappfalle. Beim Fehlen von ATP in der Zelle bleiben alle Myosinköpfe fest am Aktin haften. Der Muskel wird starr: ATP-Mangel ist die Ursache der Totenstarre. Eine lebende Muskelfaser enthält immer ATP. Trotzdem kontrahiert sie sich nicht dauernd, denn die Ruderbewegung findet nur bei Anwesenheit von Ca^{2+}-Ionen statt.

Man hat festgestellt, daß die für die Kontraktion benötigten Calciumionen im Plasma der ruhenden Faser fehlen, dagegen in hoher Konzentration im endoplasmatischen Reticulum vorhanden sind. Läuft ein Aktionspotential über die Faser und das T-System, werden Calciumionen aus dem endoplasmatischen Reticulum frei. Die Calciumionen diffundieren dann zu den Fibrillen. Wenn Calciumionen und das in der lebenden Faser immer vorhandene ATP mit dem Aktin-Myosin-Komplex zusammenkommen, verkürzt sich dieser. Das Zurückpumpen der Calciumionen in das endoplasmatische Reticulum beendet die Kontraktion.

9.4.4 Energetische Prozesse bei der Muskelkontraktion

Energielieferant für die Muskelarbeit ist das ATP. Es wird durch drei Prozesse bereitgestellt:

1. Das im Muskel reichlich vorhandene *Kreatinphosphat* geht unter Aufbau von ATP in freies Kreatin über:
   Kreatinphosphat + ADP ⟶ Kreatin + ATP.
   In der Erholungsphase des Muskels, während der reichlich ATP aus der Zellatmung, also unter Sauerstoffverbrauch, entsteht, wird Kreatinphosphat resynthetisiert.
2. Die *aerobe Zellatmung* liefert das meiste ATP. Dabei wird die Glucose oxidiert, die aus dem im Muskel gespeicherten Glykogen gebildet wird. Der benötigte Sauerstoff wird nur zum Teil dem Blut direkt entzogen. Vor allem bei hohem Sauerstoffbedarf stammt er auch aus dem Sauerstoffvorrat des Muskels. Der Muskel enthält nämlich in hoher Konzentration den roten sauerstoffbindenden Farbstoff *Myoglobin*. Myoglobin ist ähnlich gebaut wie eine Untereinheit des Hämoglobins, dem es den Sauerstoff entzieht. Myoglobin ist im ruhenden Muskel mit Sauerstoff gesättigt und ruft die rote Farbe der Muskulatur hervor (s. Atmung, Abb. 192.1).
3. Wenn bei einer starken Beanspruchung des Muskels die eigene Sauerstoffreserve erschöpft ist und die Sauerstoffzufuhr durch das Blut nicht ausreicht, wird Glucose durch anaerobe Glykolyse *(Gärung)* zu Milchsäure abgebaut. Die ATP-Ausbeute ist nur gering. Aus Milchsäure wird anschließend in der Leber wieder Glykogen aufgebaut.

9.4.5 Steuerung der Muskelkontraktion

Im allgemeinen versorgt ein Motoneuron mehrere Muskelfasern. Tritt in seinem Axon ein Aktionspotential auf, kontrahieren sich alle von ihm versorgten Muskelfasern gleichzeitig. Man nennt deshalb alle von einer Nervenzelle versorgten Muskelfasern eine *motorische Einheit*. Ein Wirbeltiermuskel besteht aus sehr vielen motorischen Einheiten. Bei geringer Muskelspannung sind nur wenige motorische Einheiten aktiv. Weil die verschiedenen motorischen Einheiten ihre Spannungsmaxima zu verschiedenen Zeiten erreichen, schwankt die Muskelspannung auch bei ganz niedriger Frequenz der Aktionspotentiale nicht. Soll die Muskelspannung steigen, dann muß sich die Frequenz der Aktionspotentiale in den tätigen α-Motoneuronen erhöhen. Gleichzeitig werden mehr α-Motoneurone und damit mehr motorische Einheiten aktiv.

Körperliches Training steigert die Leistungsfähigkeit der Muskulatur. Training führt zu Vergrößerung der Muskeln, Erhöhung der Sauerstoffversorgung durch Bildung zusätzlicher Kapillaren in den Muskeln, Erhöhung der Sauerstoffaufnahme durch verbesserte Atemtechnik, Erhöhung der Förderleistung des Herzens (s. Kapitel Stoffwechsel und Energiehaushalt bei Tier und Mensch 2.6).

Hormone

Neben dem Nervensystem gibt es eine zweite informationsübertragende Instanz im Körper: das Hormonsystem. Hormone sind Botenstoffe, die in geringsten Mengen wirken und die vom Organismus selbst erzeugt werden.
1. Welche Arten von Hormonen gibt es?
2. Wo werden Hormone im Körper erzeugt?
3. Welche Vorgänge im Körper steuern sie?
4. Auf welche Weise wirken Hormone?

1. Allgemeines

Die Wirkungsweise eines Hormons wird durch folgenden Versuch deutlich: Frösche können die Farbe ihrer Haut dem jeweiligen Untergrund anpassen. Dabei dehnen sich Farbstoffzellen in ihrer Haut mehr oder weniger stark aus. Ein Frosch, der längere Zeit auf einem hellen Untergrund sitzt, hat eine ganz helle Haut. Kommt er auf einen dunklen Untergrund, färbt er sich allmählich dunkel. Wird nun aus Frosch-Hypophyse ein Extrakt hergestellt und in die Blutbahn eines Frosches mit heller Haut injiziert, so färbt sich die Haut auch dieses Tieres dunkel, obwohl es weiterhin auf hellem Untergrund sitzt. Die Haut wird aber auch dann dunkel, wenn man dem hellen Frosch Hypophysenextrakt von einem Säugetier injiziert (Abb. 262.1). Der Versuch zeigt, daß die Farbänderung von der Hypophyse (Hirnanhangdrüse) gesteuert wird. Es stellte sich heraus, daß in der Säuger-Hypophyse das gleiche Hormon wirksam ist, wie in der Frosch-Hypophyse: *Hormone sind nicht artspezifisch*. Deshalb können auch Hormonpräparate für den Menschen aus Tieren gewonnen werden. Hormone werden über das Blut transportiert und erreichen so alle Zellen und Gewebe des Körpers. Es reagieren aber nur diejenigen Zellen, die für das betreffende Hormon empfänglich sind (»Zielzellen«). So wirkt der Hypophysenextrakt gezielt auf Farbstoffzellen der Froschhaut, hat aber beim Menschen keinen Einfluß auf die Pigmentierung der Haut. *Hormone sind also wirkungsspezifisch*.

Im genannten Versuch verschwindet die dunkle Färbung des Frosches nach einiger Zeit wieder, da das Hypophysenhormon abgebaut wird. Nur durch den Abbau des Hormons ist der Körper in der Lage, die Konzentration eines Hormons zu verringern. Die Änderung der Hormonmenge ist aber die Voraussetzung dafür, daß eine bestimmte Organfunktion überhaupt gesteuert werden kann.

Hormone wirken schon in außerordentlich geringer Verdünnung. Das Hormon der Schilddrüse zeigt noch bei einer Verdünnung von 1 : 500 Millionen eine deutliche Wirkung, das Adrenalin des Nebennierenmarks sogar noch bei einer Verdünnung von 1 : 1000 Millionen.

Nach ihrem chemischen Aufbau unterscheidet man
1. *Peptid-* und *Proteinhormone,*
2. *Steroidhormone,*
3. *aus Aminosäuren gebildete Hormone* (Aminosäureabkömmlinge) und
4. *aus Fettsäuren gebildete Hormone.*

Hormone übertragen ebenso wie Nervenzellen Informationen im Organismus. Bildung, Ausschüttung und Transport der Hormone durch das Blut beansprucht Minuten oder Stunden. Hormone sind daher nicht in der Lage, sofortige Reaktionen im Organismus auszulösen. Dies vermag nur das Nervensystem, weil es Informationen durch schnell ablaufende elektro-chemische Prozesse überträgt. Auch sind die Organe über Nerven direkt versorgt. Hormone dagegen wandern mit dem Blut durch den ganzen Körper, aber nur einzelne, je nach Hormon unterschiedliche Gewebe, sind Empfänger ihrer Information. Diese spezifische Wirkung kommt dadurch zustande, daß nur in bestimmten Empfängerzellen Proteine vorkommen, die sich mit dem Hormon verbinden. Solche Proteine nennt man Hormon-Rezeptoren. Sie können in der Zellmembran, im Cytoplasma oder im

Abb. 262.1: Zwei Frösche, die längere Zeit auf hellem Untergrund saßen. Dem dunklen Frosch wurde 15 min vor der Aufnahme Hypophysenextrakt eines Säugetiers injiziert. Er war vorher gefärbt wie der helle Frosch.

Zellkern vorkommen (s. 4.). Rezeptoren der Peptid- und Proteinhormone liegen stets in der Zellmembran. Hormone, die im Blut kreisen, werden fortlaufend in der Leber abgebaut oder über die Nieren ausgeschieden.

Nach dem Ort ihrer Bildung lassen sich zwei große Gruppen von Hormonen unterscheiden:

1. Drüsenhormone. Bildung in Drüsen, welche die Hormone direkt an das durchströmende Blut abgeben. Man nennt diese Drüsen daher innersekretorische oder *endokrine Drüsen*. Beim Menschen sind dies die Hypophyse (Hirnanhangdrüse), die Epiphyse (Zirbeldrüse), die Schilddrüse, die Nebenschilddrüsen (Epithelkörperchen), die LANGERHANSschen Inseln der Bauchspeicheldrüse, die Nebennieren und die Keimdrüsen (s. Abb. 263.1).

2. Gewebshormone. Bildung in Geweben, die in der Hauptsache jedoch eine andere Aufgabe als die der Hormonproduktion haben. Gewebshormone sind z.B. *Gastrin* der Magenschleimhaut, es regt die Salzsäureerzeugung im Magen an; *Sekretin* des Dünndarms, es regt den Fluß des Bauchspeichels an und hemmt die Salzsäureerzeugung im Magen; *Renin* der Nierenzellen, es steigert den Blutdruck; *Neurohormone* aus bestimmten Nervenzellen (s. 3.2); *Neuromodulatoren* des Gehirns (s. Neurobiologie 2.5). Neurohormone beeinflussen den Thymus und dadurch Immunreaktionen; zwischen Nervensystem, Hormonsystem und Immunreaktionen bestehen demnach enge Beziehungen.

Manche Gewebshormone werden nur in die unmittelbare Umgebung der bildenden Zellen abgegeben und wirken dort; sie sind durch fließende Übergänge verbunden mit den Neurotransmittern (s. Neurobiologie 2.4), den Induktionsstoffen, die bei der Entwicklung eine Rolle spielen (s. Fortpflanzung u. Entwicklung 1.4.3) und den gewebsspezifischen Wachstumsfaktoren (s. S. 321). Auch Drüsenhormone treten an anderen Stellen des Körpers als Gewebshormone auf. Das *Noradrenalin,* das sowohl vom Nebennierenmark der Wirbeltiere als auch von bestimmten neurosekretorischen Zellen abgegeben wird, ist ein Beispiel für Übergänge zwischen Drüsenhormonen und Gewebshormonen.

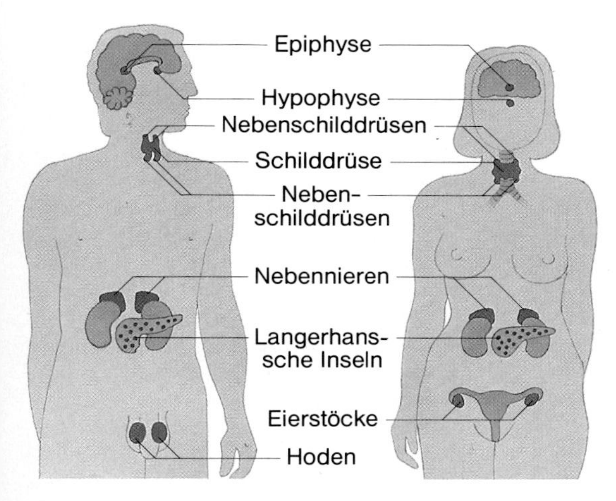

Abb. 263.1: Die Lage der Hormondrüsen beim Menschen. Hormone der Hypophyse steuern die Tätigkeit von Schilddrüse, Nebennierenrinde und Keimdrüsen. Die Hypophyse nimmt deshalb eine übergeordnete Stellung ein.

Prostaglandine sind eine wichtige Gruppe von Gewebshormonen, die vorwiegend der Feinregulation von Vorgängen dienen, die durch andere Hormone gesteuert sind. Sie entstehen in vielen Geweben aus Fettsäuren und wirken vorwiegend auf die Bildungszelle oder in deren Umgebung, werden aber auch im Blut transportiert. Sie beeinflussen z.B. den Blutdruck, Transportvorgänge durch Membranen sowie die Kontraktion der Bronchien und vermindern die Magensaftbildung. Aspirin hemmt die Prostaglandin-Bildung; dies ist eine der Hauptwirkungen des verbreiteten Arzneimittels. Prostaglandine wurden in der Sperma-Flüssigkeit des Menschen entdeckt.

Gewebshormone sind ferner die *Pflanzenhormone* (vgl. Fortpflanzung und Entwicklung 2.5).

Hormonähnliche Stoffe sind die **Pheromone.** Sie wirken wie die Hormone in geringster Konzentration, aber zum Unterschied von diesen auf andere Individuen der gleichen Art und dienen so einer Informationsübermittlung auf chemischem Weg. Bei Tieren wirken sie stets über Sinneszellen. Am längsten bekannt sind die Sexuallockstoffe von Insekten. Das Weibchen des Seidenspinners gibt aus Drüsen den flüchtigen C_{16}-Alkohol Bombykol ab, der sich in der Luft verbreitet (vgl. Neurobiologie 6.2). Insekten-Pheromone werden auch zur gezielten Anlockung von Schädlingen verwendet (z.B. Borkenkäfer, vgl. Ökologie 6.1). Sexuallockstoffe sind aber auch bei vielen anderen Tiergruppen sowie bei Algen und Pilzen nachgewiesen worden. Pheromone beeinflussen auch andere Verhaltensvorgänge (»Duftmarken« zur Revierabgrenzung bei Säugern; vgl. Verhalten 5.4.2).

2. Beispiele für Hormondrüsen und ihre Leistungen

Hormone und ihre Wirkungen sind beim Menschen am besten untersucht; deshalb bezieht sich die Tabelle 264/1 im wesentlichen auf ihn.

2.1 Die Schilddrüse

Beim Menschen liegt die Schilddrüse als zweilappiges, etwa 30 g schweres Gebilde vor dem Schildknorpel des Kehlkopfes. Eine krankhafte Wucherung der Schilddrüse ist der Kropf. Seine völlige Entfer-

Tabelle 264/1: Hormondrüsen und Hormone des Menschen

Drüse	Hormon	chem. Struktur	Funktion
Hypophysen-vorderlappen	Wachstumshormon	Protein	Steuerung des Körperwachstums
	Steuerungshormone	Proteine	Steuerung anderer Hormondrüsen
Hypophysen-hinterlappen	Adiuretin Oxytozin	Peptid Peptid	Regelung des Salz- und Wasserhaushalts Auslösung von Milchsekretion und Wehen
Epiphyse	Melatonin	Aminosäureabkömmling	Regelung von tagesperiodischen Rhythmen über den Hypothalamus
Schilddrüse	Thyroxin Calcitonin	Aminosäureabkömmling Peptid	Steuerung des Körperwachstums, des Stoffwechsels Steuerung des Ca^{2+}-Stoffwechsels
Nebenschilddrüse	Parathormon	Peptid	Steuerung des Ca^{2+}- und Phosphat-Stoffwechsels
Pankreas-Inseln β-Zellen α-Zellen	 Insulin Glucagon	 Peptid Peptid	 Regelung des Blutzuckergehalts
Nebennierenmark	Adrenalin (Noradrenalin)	Aminosäureabkömmling	Regelung des Blutzuckergehalts, Beeinflussung des Aktivitätszustands
Nebennierenrinde	Mineralo-Corticoide Gluco-Corticoide	Steroide Steroide	Regelung des Salzhaushalts Beeinflussung des Blutzuckergehalts und der Immunreaktion
Keimdrüsen	Sexualhormone	Steroide	Bildung von Geschlechtszellen, Ausbildung der Geschlechtsorgane, Sexualverhalten

nung führt zu schweren Störungen; daher war diese Drüse auch die erste, deren Bedeutung als Hormondrüse erkannt wurde. Ihr Hormon ist das iodhaltige *Thyroxin* (ein Abkömmling der Aminosäure Tyrosin). Der Körper des Erwachsenen enthält etwa 10–15 mg Thyroxin. Es beschleunigt die oxidativen Prozesse in allen Zellen und führt damit zu einer Erhöhung des Grundumsatzes (s. Stoffwechsel von Tier und Mensch 4.1). 2–3 mg Thyroxin zusätzlich erhöhen den Grundumsatz um 20–30%.

Bei Unterfunktion der Schilddrüse ist der gesamte Stoffwechsel stark herabgesetzt, das Herz schlägt langsamer, die Körpertemperatur sinkt um 1–2° C. Es kommt zu schwammigen Anschwellungen der Haut *(Myxödem)* und trotz Appetitlosigkeit zu Fettansatz. Zugleich lassen auch die geistigen Funktionen nach; Schlafsucht, Teilnahmslosigkeit, verlangsamtes Denken bis zum Schwachsinn machen sich bemerkbar. Daß dieses Krankheitsbild auf Thyroxinmangel beruht, geht daraus hervor, daß die Symptome nach Thyroxininjektionen verschwinden.

Bei Überfunktion der Schilddrüse kommt es zu der erstmals von dem Merseburger Arzt BASEDOW (1799–1854) beschriebenen *Basedowschen Krankheit.* Die Schilddrüse schwillt mäßig an (weicher Kropf), die Augen quellen heraus (Glotzaugen), die Haut ist stark durchblutet und neigt zum Schwitzen, der Herzschlag und die Körpertemperatur sind erhöht. Die Betroffenen sind leicht erregbar; Schlaflosigkeit, Herzbeschwerden und fahrige Bewegungen sind die Folge. Iod ist nur in geringen Mengen in der Nahrung enthalten. Die Schilddrüse entnimmt dem Blut alles verfügbare Iod und speichert es. Die Thyroxinbildung in der Schilddrüse läßt sich daher durch einmalige Zufuhr des radioaktiven Iod-Isotops ^{131}I als »Tracer« prüfen. Bei Unterfunktion nimmt die Radioaktivtät in der Schilddrüse langsam, bei Überfunktion rasch zu (Tracer-Methode, von engl. to trace, aufspüren). Wenn über längere Zeit zu wenig Iod in der Nahrung enthalten ist (früher z. B. in Gebirgsgegenden), so kann es beim Erwachsenen zum »harten« Kropf kommen: der Thyroxinmangel bewirkt eine Wucherung von Schilddrüsengewebe (Vermehrung der Drüsenzellen).

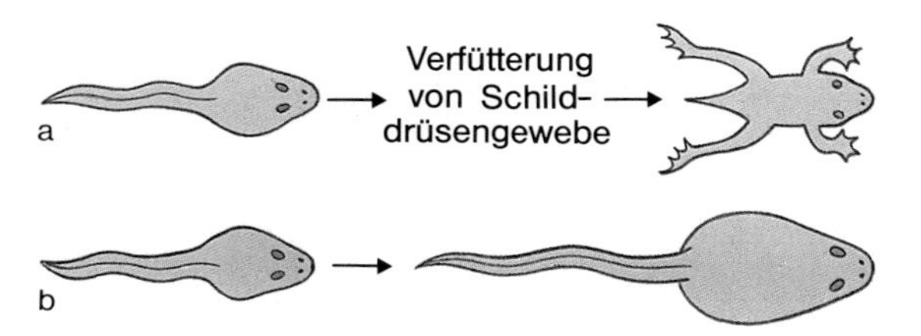

Abb. 265.1: Versuche mit Kaulquappen.
a Vorzeitige Metamorphose durch Fütterung mit Schilddrüsengewebe,
b normales Wachstum

Da das Wachstumshormon der Hypophyse nur bei Anwesenheit von Thyroxin seine Wirkung entfalten kann, bleibt beim Fehlen oder Mangel von Thyroxin im Jugendalter der Körper zwerghaft klein, und die Entwicklung der Geschlechtsorgane verzögert sich. Oft treten dazu auch geistige Störungen (bis zum Schwachsinn) auf. Dieses Krankheitsbild bezeichnet man als Kretinismus, es wurde früher in Gegenden beobachtet, in denen Iodmangel herrschte.

Den Einfluß auf Entwicklung und Wachstum konnte man im Tierversuch zeigen (s. Abb. 265.1): Verfütterte man Schilddrüsengewebe an Kaulquappen, so entstanden daraus fliegengroße Frösche. Andererseits verhinderte eine Entfernung der Schilddrüse die Umwandlung der Kaulquappe zum Frosch.

Ein weiteres Schilddrüsenhormon ist das *Calcitonin*. Es greift regulierend in den Calciumstoffwechsel ein. Calcitonin ist ein Gegenspieler des *Parathormons* der Nebenschilddrüse.

2.2 Die Nebennieren

Die Nebennieren sitzen wie Kappen auf den Nieren. Jede besteht aus der Nebennierenrinde und dem Nebennierenmark. Im Mark werden *Adrenalin* und *Noradrenalin* (s. Neurobiologie 8.2.1) gebildet. Die Hormone der Nebennierenrinde bezeichnet man als *Corticoide*. Eine Gruppe dieser Hormone *(Mineralocorticoide)* greift in den Mineralhaushalt ein und sorgt für das richtige Verhältnis von Na^+- und K^+-Ionen in Blut und Gewebe. Eine zweite Gruppe *(Glucocorticoide)* beeinflußt den Kohlenhydrat- und Eiweißstoffwechsel. Dazu gehört das Cortisol, das in der Leber die Synthese von Glucose fördert und durch Beeinflussung des Immunsystems entzündungshemmend wirkt.

In kleinen Mengen werden auch Sexualhormone gebildet und zwar bei beiden Geschlechtern sowohl männliche wie weibliche Hormone. Die Hauptmenge der Geschlechtshormone entsteht in den Keimdrüsen (vgl. 2.3).

Plötzliche Angst, Wut- und andere belastende Zustände, die durch äußere Reize ausgelöst werden, veranlassen über das sympathische Nervensystem unmittelbar die Ausschüttung von Adrenalin und Noradrenalin ins Blut. Dadurch wird der Körper in eine hohe Leistungsbereitschaft versetzt (»alarmiert«), so daß er in solchen Situationen entsprechend reagieren kann. Die Gesamtheit physiologischer Reaktionen, die durch die beiden Hormone ausgelöst wird, heißt *»Fight or Flight Syndrome«* (FFS). Es ist gekennzeichnet durch erhöhten Herzschlag, erhöhte Durchblutung der Muskulatur, Fettabbau zu freien Fettsäuren, Erhöhung des Blutzuckergehalts, erweiterte Pupillen, erhöhte Schweißabsonderung und Hemmung der Verdauungstätigkeit. Verschwinden die alarmierenden Außenreize, so werden die Reaktionen rasch beendet, weil die Hormone in kurzer Zeit abgebaut werden.

In der heutigen Industriegesellschaft treten gehäuft belastende Situationen auf, die lange andauern (Konflikte, Anforderungen im Beruf, Gefahren im Verkehr). Durch diese wird der Organismus immer wieder in Alarmbereitschaft versetzt, die aber durch Körperbewegungen wie Flucht oder Angriff nicht abgebaut wird. Dies kann zu körperlichen Fehlreaktionen führen, z. B. Kreislaufschäden.

Eine längerfristige Belastung des Organismus können auch Umweltreize wie Schmerz, Kälte, Sauerstoffmangel, Infektionen sein. Dessen Gesamtzustand unter solchen Belastungen bezeichnet man als **Streß.** Auf einzelne dieser Belastungsfaktoren, die man als *Stressoren* bezeichnet, kann der Körper gezielt reagieren, z. B. auf Abkühlung mit Kältezittern (Wärmeerzeugung durch rhythmische Muskelkontraktion). Er reagiert aber darüber hinaus mit einem gleichbleibenden Reaktionsmuster, dem *allgemeinen Anpassungssyndrom* (AAS). Es ist u. a. gekennzeichnet durch Vergrößerung der Nebenniere und verstärkte Ausschüttung von Glucocorticoiden ins Blut, Abbau von Proteinen und Aufbau von Glucose aus Proteinbausteinen, Bluthochdruck, Änderung der Zusammensetzung des Blutes (Ionen, Serumeiweiß).

Das AAS stellt bei kurzzeitiger Einwirkung von Stressoren einen wirksamen Schutz gegen schädliche Belastungen dar. Ob es aber den Körper auf Dauer widerstandsfähiger macht, ist umstritten. Bei langanhaltenden oder oft kurz aufeinanderfolgenden Streßsituationen kommt es zu einer Überbeanspruchung von Körperorganen und -funktionen und daher zur Schädigung von Nieren, Magen und Kreislauf.

Wird Streß durch soziale Faktoren (enges Zusammentreffen mit vielen Menschen, Reibereien mit Mitmenschen) ausgelöst, so spricht man von *sozialem Streß* (vgl. Verhalten 5.3, 6.7). Streß im Übermaß kann schädliche Folgen haben (Distreß), Streß in Maßen kann zur Aktivierung des Organismus beitragen und diesen in einem günstigen aktiven Zustand erhalten (Eustreß).

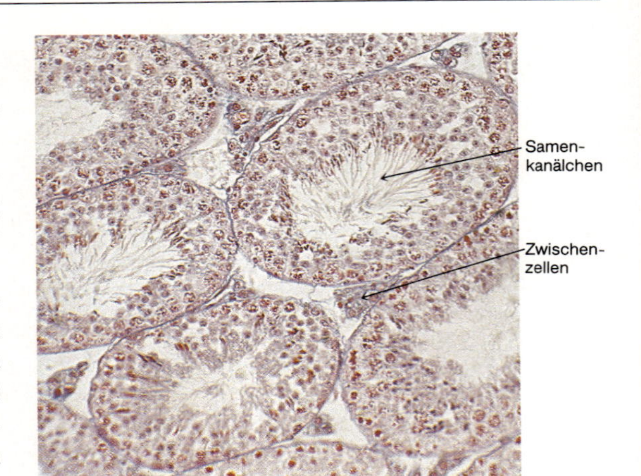

Abb. 266.1: Schnitt durch Hodengewebe. In den Samenkanälchen sind die gerade in Bildung begriffenen Spermien zu erkennen. In den Räumen zwischen den Samenkanälchen erkennt man die Zwischenzellen mit großen Kernen; sie bilden die Hormone.

2.3 Die Keimdrüsen

Den Keimdrüsen (s. Abb. 266.1) kommt nicht nur die Funktion zu, durch Ausbildung der Geschlechtszellen den Fortbestand der Art zu sichern. Es ist schon lange bekannt, daß ihre frühzeitige Entfernung aus dem Körper *(Kastration)* die Entwicklung der sekundären Geschlechtsmerkmale verhindert, so daß Wesen entstehen, die zwischen den Geschlechtern stehen. Dies gilt nicht nur für die körperlichen Merkmale, sondern auch für Charakter und Temperament. Der aggressive Stier wird zum gutmütigen Ochsen. Nach frühzeitiger Kastration bilden Hirsch und Reh kein Geweih. Der kastrierte Hahn (Kapaun) verliert Kamm und Kehllappen; dagegen bleibt sein farbenprächtiges Gefieder erhalten. Bei nachträglicher Einpflanzung von Keimdrüsengewebe oder Zufuhr von Keimdrüsenhormonen entwickelt sich ein solches Tier normal. Auch Menschen wurden früher die Keimdrüsen entfernt (Eunuchen, Kastraten). Beim Knaben führte dies zur Veränderung des Körperbaus. Der Körper wurde hochwüchsig und neigte zu Fettansatz. Die Stimme blieb knabenhaft hoch.

Heute wissen wir, daß Hormone der Keimdrüsen *(Sexualhormone)* sowohl die geschlechtliche Entwicklung als auch den Körperbau, das Stoffwechselgeschehen und die Psyche des Menschen stark beeinflussen. Durch eine verstärkte Bildung von Keimdrüsenhormonen wird die Reifung der Geschlechtsorgane und die Ausbildung der sekundären Geschlechtsmerkmale beim Menschen in der Pubertät ausgelöst. In jedem Körper finden sich auch Sexualhormone des anderen Geschlechts (s. 2.2). Für die Merkmalsausbildung entscheidend ist das Mengenverhältnis von weiblichen und männlichen Hormonen. Störungen dieses Mengenverhältnisses können zur Bildung von »Scheinzwittern« führen, deren sekundäre Geschlechtsmerkmale dem genetisch bestimmten Geschlecht nicht entsprechen. Letzteres kann durch Chromosomenuntersuchungen (z. B. an Schleimhautzellen) eindeutig festgestellt werden (s. Genetik 11.5).

Das wichtigste männliche Sexualhormon ist das *Testosteron*. Es führt in der Pubertät zur Reifung des Hodengewebes, veranlaßt die fortgesetzte Bildung von Spermien, steuert die Ausprägung der sekundären Geschlechtsmerkmale des Mannes und beendet in höherer Konzentration das Körperwachstum in der Pubertät. Wenn nun Testosteron sowohl die Bildung von Spermien als auch das Wachstum des Körpers oder die Entwicklung von Barthaaren veranlaßt, so muß es in verschiedenen Organen und Geweben unterschiedlich verlaufende Reaktionsketten auslösen. – Weibliche Sexualhormone vgl. 3.3.

3. Die Steuerung von Körpervorgängen durch Hormone

3.1 Der Zuckerhaushalt

In der Bauchspeicheldrüse entdeckte LANGERHANS bei seiner Doktorarbeit (1869) inselartig verteilte 0,3 mm große Zellgruppen, die sich deutlich vom übrigen Drüsengewebe unterschieden. 1889 stellte man fest, daß die völlige Entfernung der Bauchspeicheldrüse beim Tier Zuckerkrankheit hervorrief. Die Krankheit trat nicht auf, wenn man dem drüsenlosen Tier Extrakt der Bauchspeicheldrüse ins Blut einspritzte. Wurde nur der Ausführgang der Drüse für den Bauchspeichel unterbunden, trat ebenfalls keine Zuckerkrankheit auf.

Daraus ging hervor, daß die Bauchspeicheldrüse auch als eine Hormondrüse arbeitet, die ihre Produkte unmittelbar ins Blut abgibt. Es lag nahe, die Hormonfunktion den LANGERHANSschen Inseln in der Bauchspeicheldrüse zuzuschreiben. 1921 gelang es, aus den LANGERHANSschen Inseln das Hormon *Insulin* zu isolieren, das in den Zuckerhaushalt des Körpers eingreift. Insulin ist ein aus 51 Aminosäuren aufgebautes Peptid, dessen Struktur seit 1955 bekannt ist. Seit 1980 kann Insulin gentechnisch von Bakterien produziert werden.

In der Zelle wird bei der Synthese als Vorstufe ein größeres Molekül Proinsulin gebildet, das dann zu Insulin umgesetzt wird. Über Golgi-Vesikel (s. Cytologie 2.4.2) gelangt das Insulin zur Zellmembran und durch Exocytose nach außen. In ähnlicher Weise erfolgt die Bildung und Abgabe anderer Proteinhormone.

Außer Insulin liefern die LANGERHANSschen Inseln das Hormon *Glucagon,* das dem Insulin entgegenwirkt. Glucagon ist ebenfalls ein Peptid.

Das Zentralorgan für den Zuckerstoffwechsel ist die Leber. Sie entnimmt aus dem Pfortaderblut die vom Darm kommende Glucose und wandelt sie in Glykogen um. Glykogen wird bei Bedarf wieder zu Zucker abgebaut, und dieser wird ans Blut abgegeben. Dadurch wird der Blutzuckergehalt mit ca. 0,1% (= 100 mg Glucose/100 ml Blut) dauernd auf gleicher Höhe gehalten. Der *»Blutzuckerspiegel«* wird durch die Wechselwirkung von Insulin einerseits und Glucagon sowie Hormonen der Hypophyse, der Nebennierenrinde und der Schilddrüse andererseits konstant gehalten. Wird der Blutzuckergehalt zu hoch, dann scheiden die LANGERHANSschen Inseln Insulin aus. Dieses bewirkt, daß der überschüssige Zukker teils oxidiert, teils in Leber und Muskeln zu Glykogen aufgebaut und gespeichert wird. Sinkt der Blutzuckergehalt, dann greifen das Glucagon und die anderen Hormone ein und veranlassen die Leber, Glykogen zu Traubenzucker abzubauen und den Zukker ans Blut abzugeben (vgl. Abb. 267.1).

Ungenügende Insulinbildung ruft die Zuckerkrankheit *(Diabetes mellitus)* hervor. Insulinmangel setzt einerseits den Glucoseabbau im Gewebe herab, erhöht aber andererseits den Glykogenabbau und die Glucoseneubildung aus Fett und Eiweiß. Alle diese Vorgänge führen zu einem Anstieg

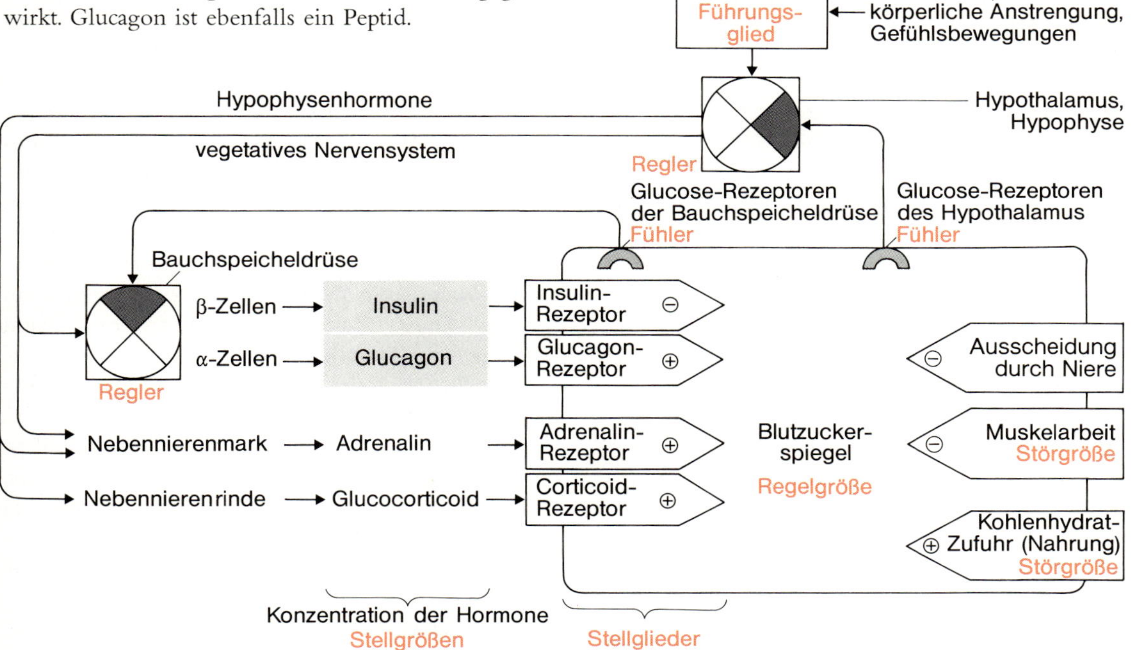

Abb. 267.1: Regelkreise zur Konstanthaltung der Blutzucker-Konzentration. An der Einstellung der Blutzucker-Konzentration sind zwei Regler und mehrere Hormone beteiligt. Die Regelkreise sind über die Regelgröße Blutzuckerspiegel miteinander verbunden (»vermascht«). Die wichtigste Rolle bei der Regulation spielen die Hormone der Bauchspeicheldrüse. ⊕ Erhöhung, ⊖ Erniedrigung.

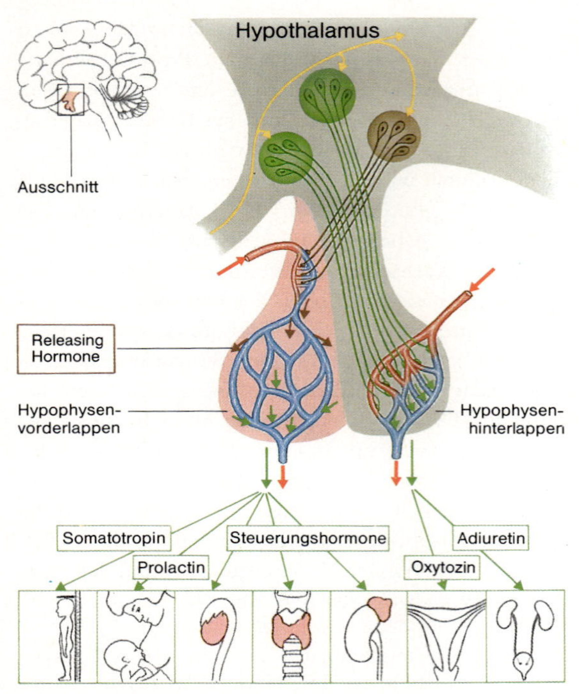

Abb. 268.1: Die Hypophyse, ihre Lage im Gehirn und die von ihr gesteuerten Organe. Die Hypophysenhormone wirken (von links) auf das Wachstum und die Milchbildung, auf die Hormonbildung der Keimdrüsen, der Schilddrüse und der Nebennierenrinde, auf die Kontraktion der Gebärmutter und den Wasser- und Salzhaushalt. Gelbe Linie = Nervenbahn aus der Sehrinde des Großhirns, die den 24-Stundenrhythmus der Hypothalamus- und Hypophysenaktivität steuert. Grüne Zellen = neurosekretorische Zellen des Hypothalamus; die von ihnen gebildeten Hormone werden in den Hinterlappen der Hypophyse geleitet und dort ins Blut aufgenommen. Braune Zellen = weitere neurosekretorische Zellen des Hypothalamus; sie erzeugen Releasing-Hormone, die im Vorderlappen Hormonbildung auslösen. Blutgefäße rot und blau

des Blutzuckerspiegels. Die Niere ist dann nicht mehr in der Lage, die gesamte im Blut enthaltene Glucose zurückzuhalten. Infolgedessen wird Glucose im Harn ausgeschieden. Dabei wird eine große Menge von Urin gebildet (»Diabetes«), der süß schmeckt (»mellitus«). Der stark erhöhte Eiweiß- und Fettabbau sowie der höhere Glucosespiegel im Blut haben tiefgreifende Stoffwechselschäden zur Folge. Insulinzufuhr vermag die Krankheitserscheinungen für die Dauer der Insulinwirkung zu beseitigen. Zu große Mengen von Insulin lassen den Blutzuckergehalt allerdings rasch absinken, so daß es zu schweren Krämpfen, Bewußtlosigkeit und Atemlähmung kommen kann. Deshalb müssen Insulingaben genau dosiert sein. Für die Entstehung der Zuckerkrankheit ist eine Krankheitsanfälligkeit maßgebend, die oft auf erblichen Anlagen beruht. Selten beobachtet man eine Form der Zuckerkrankheit, die durch Insulinzufuhr nicht beeinflußt wird. In diesem Fall sind die Insulinrezeptoren nicht funktionsfähig, so daß das Insulin auf Leber- und Muskelzellen gar nicht einwirken kann.

Im Augenblick der Gefahr schüttet das Nebennierenmark, vom Sympathikus veranlaßt, Adrenalin und Noradrenalin aus. Sie erzeugen einen erhöhten Glykogenabbau in den Muskeln und der Leber; der Blutzuckergehalt steigt dann rasch an (s. 2.2). Adrenalin und Noradrenalin sind außerdem Überträgerstoffe (s. Neurobiologie 2.4).

3.2 Hormone und Steuerungsaufgaben der Hypophyse

Die Hypophyse (Hirnanhangdrüse) liegt als kirschkern- bis bohnengroßes Gebilde an der Unterseite des Hypothalamus, dem Boden des Zwischenhirns. Sie nimmt unter den Hormondrüsen eine zentrale Stellung ein (s. Abb. 268.1). Ihre Hormone sind Proteine und Peptide.

Die Hormone des Hypophysenhinterlappens werden im Zellkörper von Neuronen des Hypothalamus gebildet, dann in den Axonen zum Hypophysenhinterlappen transportiert und dort nach Bedarf abgegeben. Sie sind also *Neurohormone* (vgl. Neurobiologie 8.2.3).

Ein Hormon des Hypophysenhinterlappens *(Adiuretin)* steuert die Konzentrierung des Harns in der Niere. Bei Ausfall des Adiuretins scheidet der Körper täglich bis zu 20 l sehr verdünnten Harn aus. Ein weiteres Hormon des Hinterlappens *(Oxytozin)* bewirkt die Kontraktion der Gebärmutter beim Geburtsvorgang (Wehen).

Ein wichtiges Hormon des Hypophysenvorderlappens ist das Wachstumshormon *Somatotropin*. Es beeinflußt das Körperwachstum: übernormale Abscheidung führt beim Jugendlichen zu Riesenwuchs, beim Erwachsenen zu abnormer Vergrößerung von Händen und Füßen; unternormale Abscheidung verursacht Zwergwuchs. Man spricht von hypophysärem Zwerg. Durch Zufuhr von Somatotropin kann Zwergwuchs verhindert werden.

Das *Prolactin* (oder luteotrope Hormon, LTH) fördert bei stillenden Frauen die Milchsekretion.

Die meisten Hormone des Hypophysenvorderlappens steuern andere Hormondrüsen. Sie regen die Tätigkeit der Schilddrüse, der Nebennierenrinde und der Keimdrüsen an und veranlassen sie zur Abgabe ihrer eigenen Hormone. Ein starker Anstieg der Konzentration dieser Hormone im Blut wirkt jedoch über das Zwischenhirn auf die Hypophyse zurück und verringert dort die Abgabe der die Hormondrüsen anregenden Hypophysenhormone. Es liegt also ein Regelkreis vor, der die Konzentration der jeweiligen Hormone weitgehend konstant hält (vgl.

Abb. 269.1). Die Abgabe der Vorderlappenhormone wird vom Hypothalamus durch Neurohormone reguliert. Diese Neurohormone nennt man *Releasing-Hormone* (engl. to release, auslösen) (s. Neurobiologie 8.2.3). Die meisten Releasing-Hormone fördern die Abgabe von Vorderlappenhormonen; einige wirken auch hemmend. Ein solches hemmendes Releasing-Hormon ist das *Somatostatin,* ein Peptid, das die Somatotropinbildung hemmt. Es wird synthetisch hergestellt und bei Riesenwuchs als Arzneimittel verwendet. Die Ausbildung einer Hormonkette von den Releasing-Hormonen bis zum Drüsenhormon im Körper hat eine beträchtliche Verstärkerwirkung zur Folge: 0,1 µg eines Releasing-Hormons setzen in der Hypophyse 1 µg des die Nebennierenrinde steuernden Hormons frei; eine solche Menge führt zur Bildung von 40 µg Glucocorticoid, dies wiederum zum Umsatz von 5,6 mg (= 56 000 µg) Glucose.

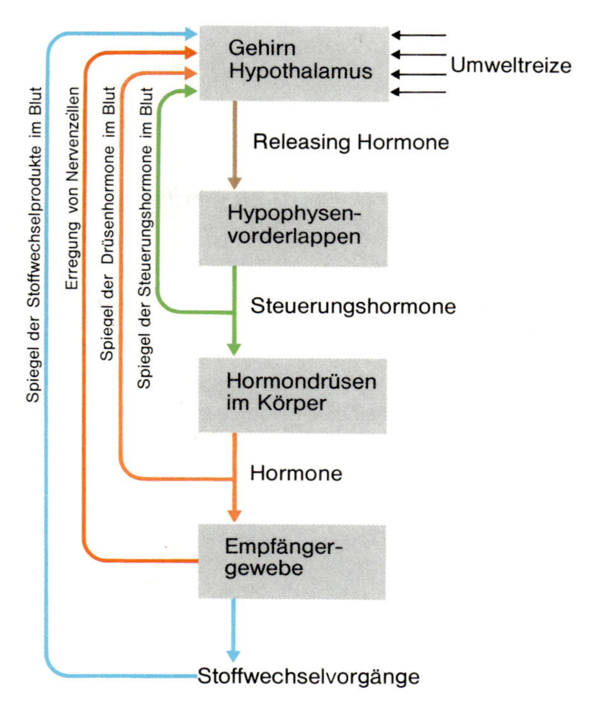

Abb. 269.1: Mehrfache Rückkoppelung der Steuerung von Stoffwechselvorgängen durch Hormone. Die Bildung der Hormone wird durch Steuerungshormone des Hypophysenvorderlappens reguliert. Auch hier sind mehrere vermaschte Regelkreise vorhanden. Das Schema verdeutlicht die vielfältigen Wechselwirkungen bei den Vorgängen im Organismus.

3.3 Steuerungsaufgaben der weiblichen Geschlechtshormone

Weiblicher Geschlechtszyklus. Die Eireifung im *Eierstock (Ovar)* spielt sich in einem regelmäßig wiederkehrenden Zyklus von etwa 28 Tagen ab. Dieser Zyklus wird durch ein auch heute noch nicht ganz geklärtes hormonelles Regelungssystem in Verbindung mit zentralnervösen Vorgängen gesteuert. Es ist im folgenden in vereinfachter Weise dargestellt (s. auch Abb. 270.1).

Der Zyklus (s. Abb. 270.2 und 270.3) beginnt mit der Reifung eines *Follikels* (Eibläschen) in einem der beiden Ovarien. Dieser Vorgang wird durch das *Follikelstimulierende Hormon* (FSH) der Hypophyse ausgelöst. Der heranwachsende Follikel bildet die Follikelhormone, die im wesentlichen aus *Östradiol* bestehen. Östradiol ist das wichtigste Hormon aus der Gruppe der *Östrogene,* die in der Pubertät für die Ausbildung der sekundären weiblichen Geschlechtsmerkmale verantwortlich sind. Nach der Pubertät fördern sie die Verdickung und die erhöhte Durchblutung der Uterusschleimhaut. Östradiol hemmt über den Hypothalamus die Produktion von follikelstimulierendem Hormon und regt die Hypophyse zu einer verstärkten Ausschüttung von *luteinisierendem Hormon* (LH) an. Der Follikel reift innerhalb von 14 Tagen; er platzt, nachdem die Konzentration des luteinisierenden Hormons rasch angestiegen ist und entläßt die Eizelle in den Trichter des Eileiters *(Ovulation).*

Dieses Hormon bewirkt auch die Bildung des *Gelbkörpers (Corpus luteum)* aus dem geplatzten Follikel. Der Gelbkörper bildet Östrogene und das *Gelbkörperhormon (Progesteron).* Unklar ist, ob das Prolactin der Hypophyse (LTH, s. 3.2) in der Lage ist, die Progesteronbildung noch zu steigern. Das Progesteron bewirkt zusammen mit den Östrogenen eine Umwandlung der Uterusschleimhaut, die dadurch für die Einnistung des Eies vorbereitet wird. Das Progesteron hemmt auch zusammen mit dem Follikelhormon die Reifung weiterer Follikel. Durch die hormonale Umstellung steigt die Körpertemperatur gleich nach der Ovulation um 0,5° C an. Die Temperatur bleibt so lange erhöht, wie Progesteron im Blut kreist.

Wird die Eizelle nicht befruchtet, so stirbt sie innerhalb weniger Stunden ab. Der Gelbkörper degeneriert langsam und vermindert die Abgabe von Progesteron so stark, daß 14 Tage nach dem Eisprung die Uterusschleimhaut unter Blutungen *(Menstruation)* abgestoßen wird.

Da nach der Ovulation die Hemmwirkung der Östrogene auf die Hypophyse nachläßt und bei der Nichtbefruchtung des Eies die Bildung von Progesteron aufhört, kann nach der Menstruation ein weiterer

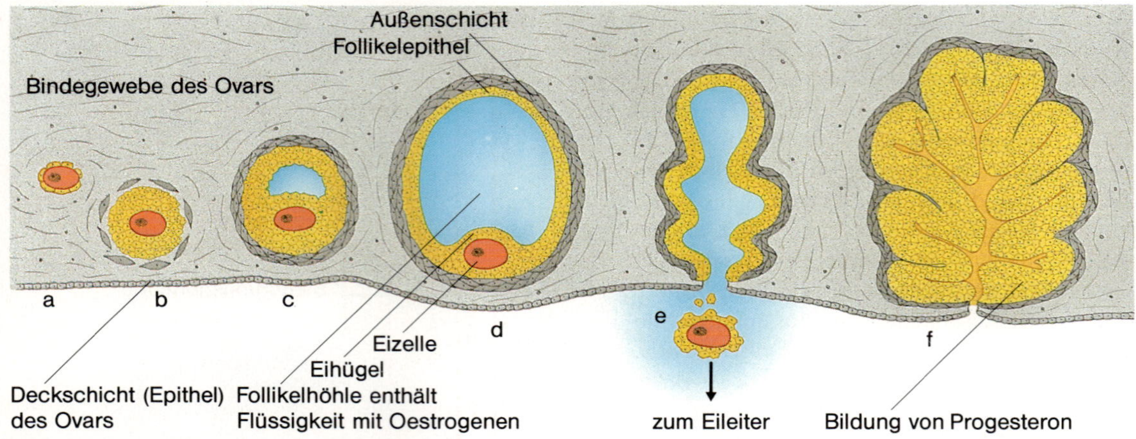

Abb. 270.1: Reifung des Follikels im Ovar und Bildung des Gelbkörpers.
a Primärfollikel mit einschichtigem Epithel um die Eizelle;
b Sekundärfollikel mit mehrschichtigem Epithel;
c wachsender Follikel (im Follikelepithel entsteht ein Spaltraum);
d reifer Follikel (Graafscher Follikel, vgl. Abb. 307.1, Größe 15–20 mm, die Eizelle liegt in einer Vorwölbung des Follikelepithels (Eihügel);
e Follikelsprung,
f Bildung des Gelbkörpers aus dem Follikelepithel.

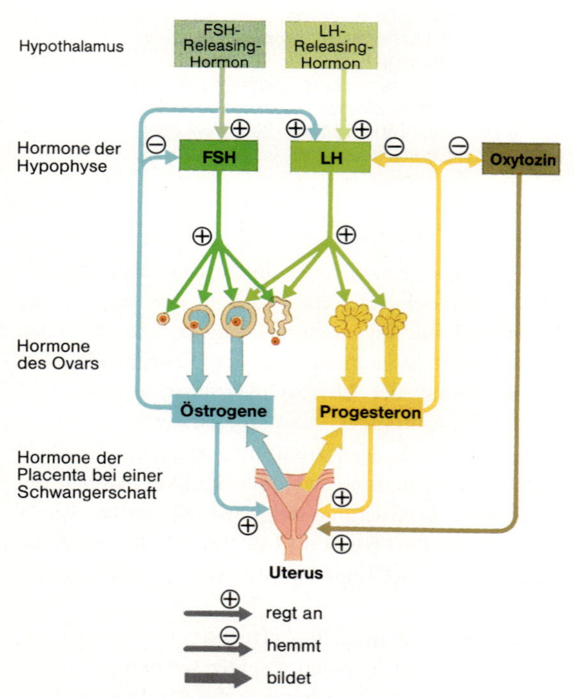

Abb. 270.2: Schema des Wirkungszusammenhangs der beim Menstruationszyklus und bei einer Schwangerschaft tätigen Hormone.
FSH follikelstimulierendes Hormon,
LH luteinisierendes Hormon. Näheres s. Text

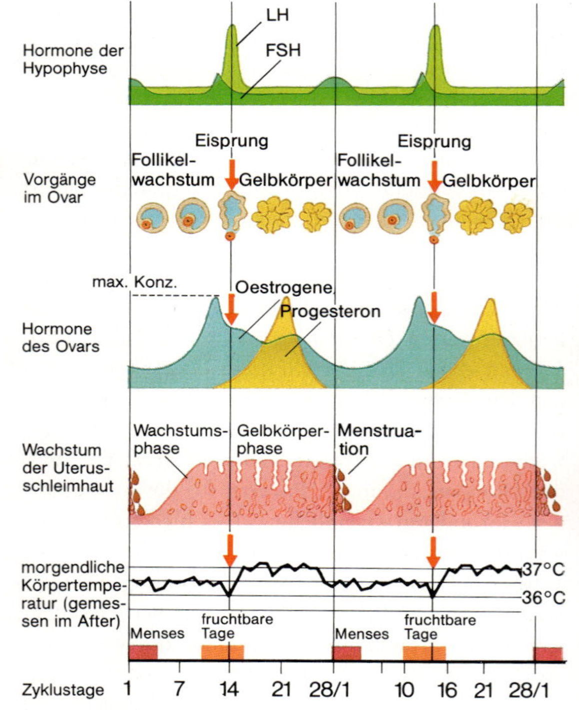

Abb. 270.3: Zusammenwirken der Hormone bei Eireifung und Menstruation (Menses).
Näheres im Text. Die Kurven zeigen die Konzentrationsänderungen der Hypophysenhormone (oben) und der Ovarialhormone (Mitte) sowie den Verlauf der Körpertemperatur (unten).
Die Konzentrationen von Östrogenen und Progesteron sind nicht maßstabsgerecht wiedergegeben.
FSH follikelstimulierendes Hormon,
LH luteinisierendes Hormon

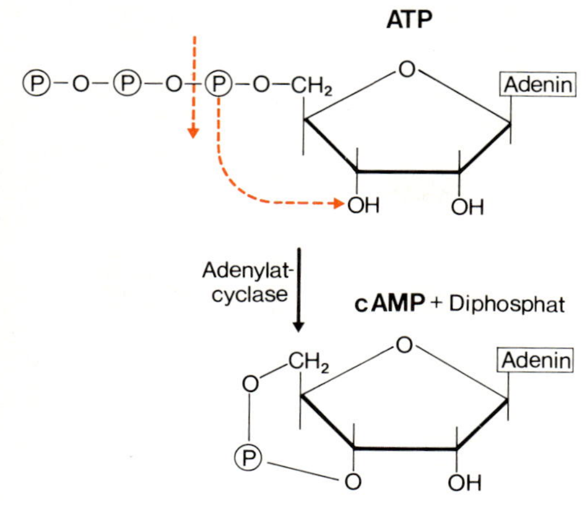

ATP

Adenylatcyclase

cAMP + Diphosphat

Abb. 271.1: Bildung von cAMP aus ATP. Das cAMP trägt die Information von Hormonen, welche die Zellmembran nicht durchdringen, ins Zellinnere.

Follikel, diesmal im anderen Ovar, reifen. Damit beginnt der Zyklus von neuem. Die Follikel reifen abwechslungsweise in den beiden Ovarien heran.

Hormone während der Schwangerschaft. Die Befruchtung der Eizelle findet im Eileiter statt, indem ein Spermium in die Eizelle eindringt. Die befruchtete Eizelle wandert im Laufe einer Woche durch den Eileiter in den Uterus, wo sie sich in die blutgefäßreiche Schleimhaut einnistet. Die Einnistung wird durch das Gelbkörperhormon ermöglicht.

Nach Einnisten des jungen Keimes beginnt dieser selbst mit der Hormonbildung. Das zunächst entstehende *Gonadotropin* hält den Gelbkörper in Funktion. Er bildet weiterhin Progesteron und Östrogene. Die Uterusschleimhaut wird deshalb nicht abgebaut. Gonadotropin läßt sich ab 2 Wochen nach der Befruchtung im Blut und dann auch im Urin der Schwangeren nachweisen. Darauf beruhen Schwangerschaftstests.

Die Bildung von Progesteron und Östrogenen wird schließlich von der Plazenta übernommen; etwa zwei Monate nach der Befruchtung ist sie die Hauptquelle dieser Hormone, die nun das Wachstum von Uterus und Brustdrüsen anregt. Der hohe Östrogen- und Progesteron-Spiegel während einer Schwangerschaft hemmt die Bildung neuer Follikel sowie die Abgabe des Wehenhormons *Oxytozin*.

Ovulationshemmung. Der in seinen Grundzügen bekannte Wirkungszusammenhang der Geschlechtshormone beim weiblichen Zyklus hat auch eine sozial bedeutsame Anwendung bei der Geburtenkontrolle durch die ovulationshemmende Pille gefunden. Durch Einnahme von *Ovulationshemmern*, die Östrogene und Progesteron enthalten, wird die Abgabe von FSH und LH aus der Hypophyse gehemmt. Daher können wie bei einer Schwangerschaft keine neuen Follikel reifen.

Die steuernden Hypophysenhormone, die auf die Keimdrüsen einwirken, sind in beiden Geschlechtern gleich. Sie werden beim Mann gleichmäßig abgegeben, bei der Frau hingegen in zyklisch schwankender Konzentration. Festgelegt wird dieser Unterschied durch das Sexualzentrum im Hypothalamus, das durch die Sexualhormone beeinflußt wird (s. Abb. 268.1).

4. Molekulare Grundlagen der Hormonwirkung

4.1 Die Rolle von cAMP und Ca^{2+}-Ionen

Hormone beeinflussen den Stoffwechsel bestimmter Zellen. Manche Hormone, wie z.B. die Sexualhormone, können im Innern der Zellen nachgewiesen werden. Hingegen dringen alle Peptid- und Proteinhormone (z.B. Insulin, Glucagon, alle Steuerungshormone der Hypophyse) gar nicht in die Zellen ein, sondern werden an Rezeptor-Proteine der Zellmembran gebunden. Jedes Rezeptor-Protein vermag nur mit einem bestimmten Hormon zu reagieren. Wie kann sich dies nun auf den Stoffwechsel auswirken?

Wird ein Hormon auf der Außenseite der Membran an seine Rezeptoren gebunden, so können je nach Rezeptor verschiedene Vorgänge eintreten. Es gibt Rezeptoren, die mit dem Enzym Adenylatcyclase in Reaktion treten und dieses aktivieren. Die hormonaktivierte Adenylatcyclase setzt dann im Zellinneren ATP in *cyclisches Adenosinmonophosphat* = cAMP um (s. Abb. 271.1).

Das cAMP aktiviert in verschiedenen Geweben unterschiedliche Enzyme. Seine Wirkung ist also gewebsspezifisch. In der Leber aktiviert cAMP z.B. ein Enzym, das seinerseits ein glykogenspaltendes Enzym aktiviert; cAMP führt also in Leberzellen zum Abbau von Glykogen. In der Schilddrüse hingegen fördert cAMP die Thyroxinbildung. Da die Wirkungen des cAMP unterschiedlich sind, darf die Zellmembran nicht durchlässig für cAMP sein. Das cAMP kann nur in derjenigen Zelle seine Wirkung entfalten, in der es gebildet wurde. Es wird allmählich durch ein anderes Enzym in nichtcyclisches AMP umgewandelt und dadurch unwirksam gemacht.

Andere Rezeptoren verursachen einen Transport von Ca^{2+}-Ionen in die Zellen. Dadurch steigt in diesen die Ca^{2+}-Konzentration. Die Ca^{2+}-Ionen werden in den Zellen an ein Rezeptor-Protein, das *Calmodulin*, gebunden. Dadurch wird dieses aktiv und verursacht nun die Aktivierung bzw. Inaktivierung bestimmter Enzyme (vgl. auch Tab. 272/1), darunter auch solcher, die den cAMP-Abbau för-

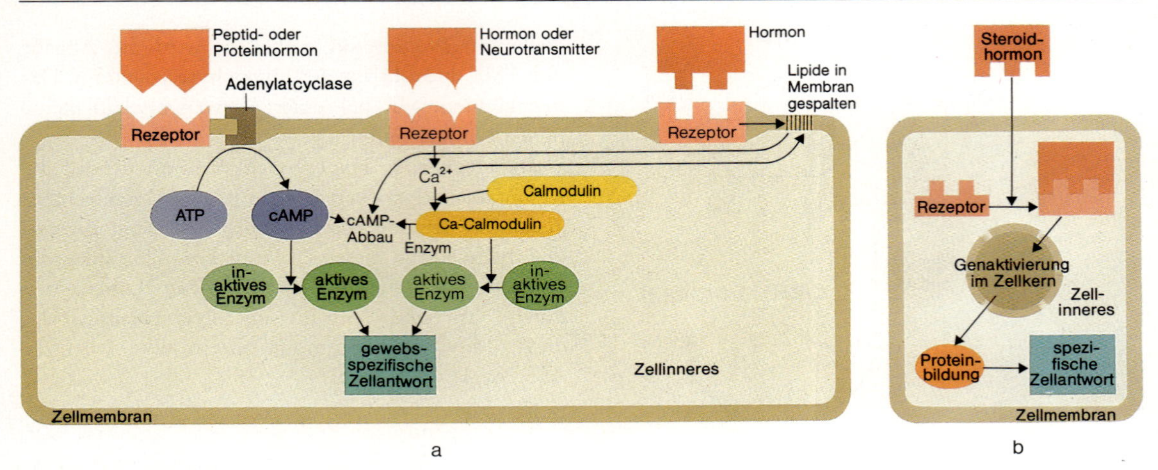

Abb. 272.1: Wirkungsweise der »zweiten Botenstoffe« cAMP und Ca^{2+}-Ionen (a) und Wirkung eines Steroidhormons in der Zelle (b); vgl. Text. Peptid- und Proteohormone wirken über cAMP, viele Hormone wirken über Ca^{2+}.

Tabelle 272/1: Wirkungen von Hormonen

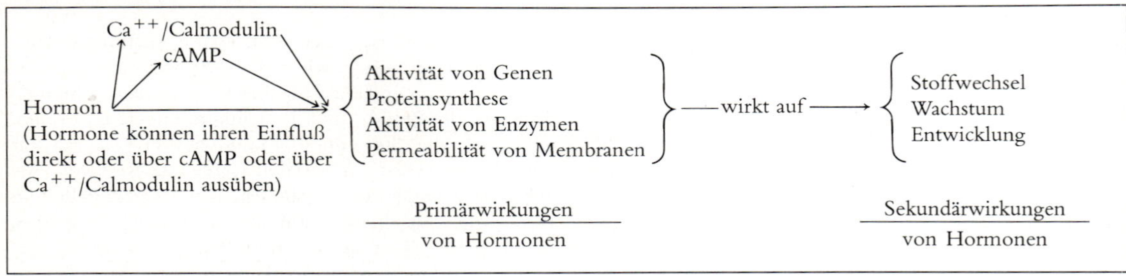

dern. Calmodulin ist in allen darauf untersuchten Eukaryotenzellen nachgewiesen worden. Einige *Neuroleptika* (vgl. Neurobiologie 8.2.7) wirken durch Hemmung des Calmodulins.

Das Adenylatcyclase-cAMP-System und das Ca^{2+}-Calmodulin-System leiten also die vom Hormon an die Zelloberfläche gebrachte Information ins Zellinnere (s. Abb. 272.1). Das Hormon ist der erste Botenstoff, der Information überträgt, cAMP und Ca^{2+} wirken als die *»zweiten Botenstoffe«* (second messenger).

Manche Hormone, wie z.B. Adrenalin, werden von zweierlei Rezeptoren gebunden; einer davon beeinflußt die cAMP-Bildung, der andere die Ca^{2+}-Konzentration. Es hängt dann von der Art der Rezeptoren in der Membran der Zielzellen ab, welchen Effekt das Hormon hat. Außerdem ist noch eine weitere Regulation möglich. Es gibt Rezeptoren, die nach Bindung des Hormons Lipidmoleküle der Membran spalten, wobei entstehende Produkte den cAMP-Abbau beeinflussen. Außerdem werden die Membraneigenschaften verändert. Die Ca^{2+}-Ionen können ihrerseits auf die Spaltung der Membranlipide einwirken sowie die Synthese von Prostaglandinen (vgl. 1.) fördern.

Die an der Zellmembran an den Rezeptor gebundenen Hormone werden schließlich durch Endocytose in Vesikeln in die Zelle gebracht und dort in Lysosomen (s. Cytologie 2.4.2 und 3.4) abgebaut.

4.2 Aktivierung von Genen durch Steroidhormone

Hormone mit Steroid-Struktur (Sexualhormone, Nebennierenrindenhormone) werden nicht an der Zellmembran, sondern erst im Zellinnern an Rezeptor-Proteine gebunden. Gelangt der Hormon-Rezeptor-Komplex zum Kern, werden bestimmte Gene aktiviert (s. Genetik 8.16). Entsprechendes wurde neuerdings auch für das Schilddrüsenhormon Thyroxin nachgewiesen, das nach einer kleinen Strukturveränderung in den Kern gelangt und dort an einen Rezeptor gebunden wird. Die Wirkung dieser Hormone erfolgt langsamer als bei einem direkten Einfluß auf den Stoffwechsel. In Zellen ohne passende Rezeptor-Proteine können diese Hormone keine Wirkung entfalten.

Verhalten

Tiere stehen in dauernder Wechselwirkung mit ihrer Umgebung. Sie müssen Nahrung aufnehmen, Feinde abwehren, zur Fortpflanzung auf Reize von Artgenossen eingehen, eventuell auch Junge füttern und beschützen. Solche Tätigkeiten sowie die Körperhaltungen und Lautäußerungen der Tiere bezeichnet man als ihr *Verhalten*.

Dieses kann verschiedenen Verhaltensbereichen (Funktionskreisen) wie Fortpflanzung, Nahrungserwerb, Schutz, Brutpflege, Gruppenbeziehungen zugeordnet sein. Einzelkomponenten des Verhaltens aus einem Funktionskreis wie Balzgesang, Beutefang, Nestbau bezeichnet man als *Verhaltensweisen*.

Man kann verschiedene *Formen des Verhaltens* unterscheiden: *ererbtes Verhalten, Lernverhalten, Neugier- und Spielverhalten, einsichtiges Verhalten*. Jede dieser Formen kann am Gesamtverhalten eines Lebewesens beteiligt sein.

1. Geschichtliche Einführung in die Verhaltensforschung

Die Geschichte der Verhaltensforschung ist unter anderem durch die Auseinandersetzung um die folgenden zwei Fragen gekennzeichnet:

a) Sind Verhaltensweisen ererbt oder sind sie von der Umwelt bestimmt?
   Ererbt nennt man eine Verhaltensweise, die ohne vorherige individuelle Erfahrung ausgeführt werden kann; sie gilt als erlernt, wenn dazu Erfahrung notwendig ist.
b) Entstehen Verhaltensweisen spontan oder reaktiv?
   Spontan nennt man ein Verhalten, das nicht der Auslösung durch äußere Reize bedarf. Dagegen wird ein Verhalten als reaktiv angesehen, wenn es nur als Reaktion auf einen Außenreiz in Erscheinung tritt.

Diese grobe Einteilung ergab sich im Laufe der wissenschaftsgeschichtlichen Entwicklung. Inzwischen weiß man, daß sich Verhaltensweisen in der Regel nicht eindeutig diesen Kategorien zuordnen lassen.

SHERRINGTON entwickelte die **Reflextheorie** des Verhaltens anhand des Studiums vieler einfacher Verhaltensweisen. Seine Erkenntnisse wurden damals auch zur Erklärung komplizierter Bewegungsabläufe herangezogen. So stellte man sich z.B. die Steuerung der Bewegungen der Beine beim Gehen als eine Kette von Reflexen vor. Danach sollte durch den ersten Reflex ein Bein in eine bestimmte Position gebracht werden, die dann ihrerseits wieder den nächsten Reflex auslöste usf. Als PAWLOW bedingte Reflexe beschrieben hatte (s. S. 173f), versuchten manche Forscher, alle Lernvorgänge auf die Bildung bedingter Reflexe zurückzuführen. Nach der Reflextheorie gelten Verhaltensweisen als reaktiv, auch beschreibt sie sowohl erlernte als auch ererbte Verhaltensweisen.

Der **Behaviorismus** (von amerikan. behavior = Verhalten), vertreten z.B. durch SKINNER, beschäftigte sich von vornherein mit komplexeren Verhaltensweisen, z.B. mit dem Erlernen des richtigen Weges durch einen Irrgarten. Diese Forschungsrichtung war vor allem in Amerika beheimatet. Auch sie sieht Verhalten nur als Reaktion auf die Umwelt an. Während die Reflextheorie sowohl ererbte als auch erlernte Komponenten berücksichtigte, führten die Behavioristen alle Verhaltensweisen höherer Tiere und des Menschen auf Lernvorgänge zurück und leugneten zum Teil das Vorhandensein ererbter Verhaltensweisen.

Der Behaviorismus hatte starken Einfluß auf Psychologie und Pädagogik. Nach ihm gelten Verhaltensweisen also als reaktiv und erlernt.

Die **klassische Ethologie** (von gr. ethos = Gewohnheit) hat sich parallel zum Behaviorismus in Europa entwickelt. Als Hauptvertreter sind LORENZ und TINBERGEN zu nennen. Die klassische Ethologie befaßte sich ebenfalls mit komplexen Verhaltensweisen. Sie leugnet nicht das Auftreten von Lernvorgängen, betont im Gegensatz zum Behaviorismus aber das Vorhandensein ererbter Verhaltensanteile, die nicht durch Lernen verändert werden können. Die Tendenz, eine bestimmte Verhaltensweise auszuführen (Antrieb), entstehe spontan und nicht, wie vom Behaviorismus behauptet, unter dem Einfluß der Umwelt. Allerdings werden im allgemeinen Außenreize benötigt, um ein Verhalten auszulösen.

Schon die klassische Ethologie machte deutlich, daß die gegensätzlichen Begriffe ererbt–erlernt und spontan–reaktiv jeweils Teilaspekte der verhaltenssteuernden Vorgänge beschreiben. Heute kann als gesichert gelten, daß es bei vielen Verhaltensweisen vom inneren Zustand des Lebewesens oder von der Umwelt abhängt, ob sie spontan auftreten oder eines auslösenden Reizes bedürfen. Auch weiß man, daß am Zustandekommen der meisten Verhaltenskomponenten ererbte und erlernte Faktoren beteiligt sind, und zwar in der Form, daß im Erbgut festlegt ist, wie Umwelteinflüsse das Verhalten beeinflussen können. Im konkreten Fall kann allerdings einer der beiden

Faktoren deutlich vorherrschen. Deshalb wird hier eine Einteilung in »ererbte« und »erlernte« Verhaltensweisen vorgenommen.

2. Ererbtes Verhalten

Der Ablauf dieser Verhaltensweisen ist weitgehend festgelegt. Er ist nicht die Folge von Erfahrungen, die ein Lebewesen in seiner Umwelt macht, sondern das Ergebnis einer langen stammesgeschichtlichen Entwicklung. Eine Reihe Verhaltensweisen (auch angeborene Verhaltensweisen genannt) zeigt sich bereits nach der Geburt (z.B. das Aufsuchen der Zitzen und das Saugen bei Säugetierjungen). Andere treten erst im Laufe der weiteren Entwicklung auf (Fliegen bei Vögeln, Sexualverhalten bei Tieren). Ererbtes Verhalten findet sich nur selten in reiner Form. Meist sind ererbte und erlernte Verhaltenskomponenten eng miteinander verwoben. So ist bei Vögeln der Bau eines Nestes und die Versorgung ihrer Jungen ererbt, den Weg zum Nistplatz erlernen sie. Zum ererbten Verhalten zählen die schon im Kapitel Sinnesorgane und Nervensystem behandelten unbedingten Reflexe und Automatismen sowie die Instinkthandlungen.

2.1 Methoden zum Nachweis ererbten Verhaltens

Verhaltensweisen sind wahrscheinlich ererbt, wenn sie
- starr ablaufen und kaum beeinflußbar sind oder
- bei allen Individuen bzw. Alters- und Geschlechtsgenossen einer Art auftreten oder
- schon von Geburt an vollständig und erfolgreich ablaufen.

Aufzucht unter Erfahrungsentzug. Tiere werden von Geburt an von ihren Artgenossen und ihrer natürlichen Umwelt isoliert und auf ihr Verhalten hin beobachtet. Alle Verhaltensweisen, in denen sie dann mit ihren Artgenossen übereinstimmen, werden wohl angeboren sein: sie konnten sie von niemandem lernen. Den Versuchstieren werden nur die Bedingungen vorenthalten, unter denen sie die zu untersuchende Verhaltensweise erlernen könnten. So wurde in einem Experiment mit jungen Buchfinkenmännchen (Abb. 274.1) ausgeschlossen, daß diese jemals den arteigenen Gesang zu Gehör bekamen. Sie sangen im folgenden Frühjahr zwar, teilten die Strophe aber nicht in die typischen drei Phrasen ein und ließen den üblichen Endschnörkel weg. In der Natur aufwachsende Junge lernen dies vom Vater, den sie als Nestlinge singen hören. Das Experiment bewies, daß der Gesang des Buchfinks eine erbliche Grundlage hat, offenbarte aber zugleich die Bedeutung von Erfahrung und Lernen bei der normalen Gesangsentwicklung. Derartige Experimente heißen *Kaspar-Hauser-Versuche* (nach dem Findling gleichen Namens, der 1828 als Jugendlicher in Nürnberg auftauchte und angab, in einem »dunklen Behältnis« völlig isoliert von anderen aufgewachsen zu sein).

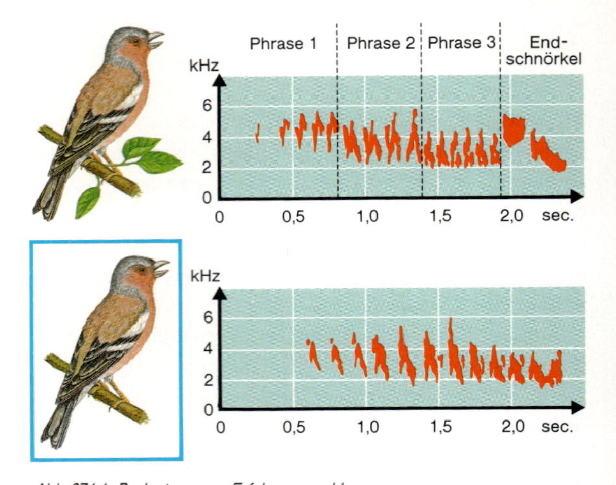

Abb. 274.1: Bedeutung von Erfahrung und Lernen bei der Gesangsentwicklung des Buchfinkenmännchens. Sonagramme der Strophe eines frei aufgewachsenen Buchfinken (oben) und eines isoliert aufgezogenen (unten) im Vergleich

Attrappenversuche. Natürliche Reize, die ein Verhalten auslösen, werden auf möglichst einfache Art künstlich nachgebildet (Herstellung von Attrappen) und auf ihre auslösende Wirkung hin überprüft. Reagiert ein Tier auf besonders einfache Attrappen, so weist dies auf ein ererbtes Verhalten hin. Rotkehlchen greifen im Experiment ausgestopfte Artgenossen an. Dieses Verhalten könnte auf Erfahrungen mit Rivalen beruhen. Da sie aber auch auf unförmige Federbälle mit rotem Fleck reagieren, liegt die Deutung nahe, dieses Aggressionsverhalten sei erblich.

Kreuzungsexperimente. Werden in einem Kreuzungsexperiment unterschiedliche Verhaltensweisen der Eltern gesetzmäßig auf die Nachkommen verteilt, so ist bewiesen, daß sie im Erbgut vorprogrammiert sind.

Zwei Rassen der Honigbiene zeigen Unterschiede im Verhalten gegenüber toten Larven. Die Arbeiterinnen der einen Rasse beseitigen an Wabenzellen mit toten Larven die Deckel und entfernen daraus die Leichen (= *hygienische Bienen*). Die Arbeiterinnen der anderen Rasse entdeckeln nicht und entfernen auch keine toten Larven (= *unhygienische Bienen*).

Man kann Geschlechtstiere bei beiden Rassen kreuzen. Aus dem Verhalten der Folgegenerationen kann man schließen, daß zwei Arten von Genen beteiligt sind. Im ersten Gen ist festgelegt, ob entdeckelt wird oder nicht, das zweite bestimmt das Wegtragen der toten Larven. Die beiden Verhaltenskomponenten werden nach den Mendelschen Regeln vererbt (s. Genetik 1.1.4). Im Kreuzungsexperiment erhält man außer hygienischen und unhygienischen Völkern auch solche, in denen nur die Deckel geöffnet, aber die Leichen nicht entfernt werden sowie Völker, in denen die Deckel nicht beseitigt, aber aus Zellen, die der Experimentator geöffnet hat, die toten Larven weggetragen werden.

2.2 Instinktverhalten

2.2.1 Die Instinkthandlung

Ein hungriger Mäusebussard zieht seine Kreise über den Feldern. Entdeckt er eine Maus, stößt er auf sie hinunter, greift, tötet und verzehrt sie. Bei diesem Verhalten lassen sich drei Handlungsschritte unterscheiden:

a) richtungslose Aktivität, die wie ein Suchen nach einer Beute aussieht, *(ungerichtetes Appetenzverhalten)*,
b) gerichtete Annäherung an die erspähte Beute (*gerichtetes Appetenzverhalten,* Taxis),
c) Ergreifen, Töten und Verzehren der Beute *(instinktive Endhandlung)*.

Diese drei Handlungsschritte folgen in vielen Fällen des Ernährungs- und auch des Fortpflanzungsverhaltens aufeinander. Ihnen liegen ererbte und *arteigene Handlungsprogramme* (Pläne für Handlungsabfolgen) zugrunde, die durch Lernen etwas modifizierbar sind.

Gerichtetes Appetenzverhalten und instinktive Endhandlung werden auch unter dem Begriff *»Instinkthandlung«* zusammengefaßt. Der Begriff »Instinkt« wird heute als Kürzel für eine ererbte Handlungsabfolge verwendet, nicht wie früher für den Antrieb zur Handlung. Weitere Beispiele für ererbtes Verhalten sind der Netzbau der Spinne, die »Sprache« der Bienen und die Art, darauf zu reagieren, die Laichwanderungen der Fische, der Vogelzug, der Nestbau der Vögel, die Ausdrucksbewegungen bei der Balz und der Kampf mit Artgenossen.

Auf ein erbliches Handlungsprogramm läßt auch das Beutefangverhalten der Erdkröte schließen

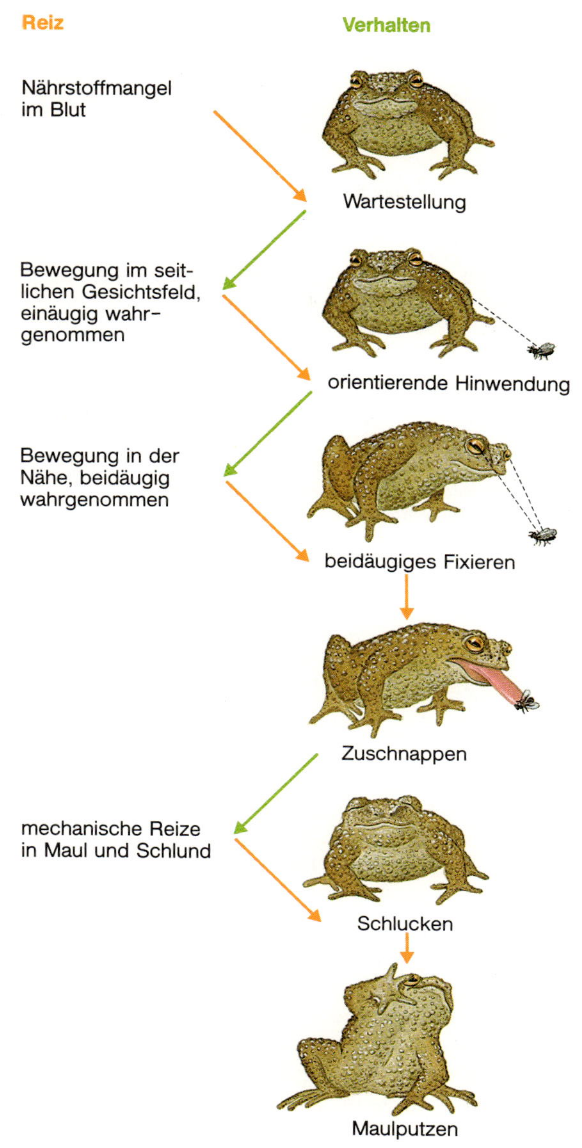

*Abb. 275.1: Beutefangverhalten der Erdkröte.
Rote Pfeile: Auslösung einer Verhaltensantwort durch einen Reiz.
Grüne Pfeile: Erzeugung eines neuen Reizes bzw. Änderung der Reizaufnahme aufgrund der Verhaltensantwort (nach EWERT).*

(Abb. 275.1). Eine hungrige Kröte kommt aus ihrem Versteck und begibt sich in Wartestellung (ungerichtetes Appetenzverhalten). Erscheint ein Beutetier, z.B. ein Wurm oder eine kleine Spinne, in ihrem Gesichtsfeld, dann führt die Kröte mit dem ganzen Körper eine Wendebewegung in Richtung Beute aus, schleicht sich an diese heran und fixiert sie mit beiden Augen (gerichtetes Appetenzverhalten). Anschließend nimmt sie die Beute mit der klebrigen Zunge

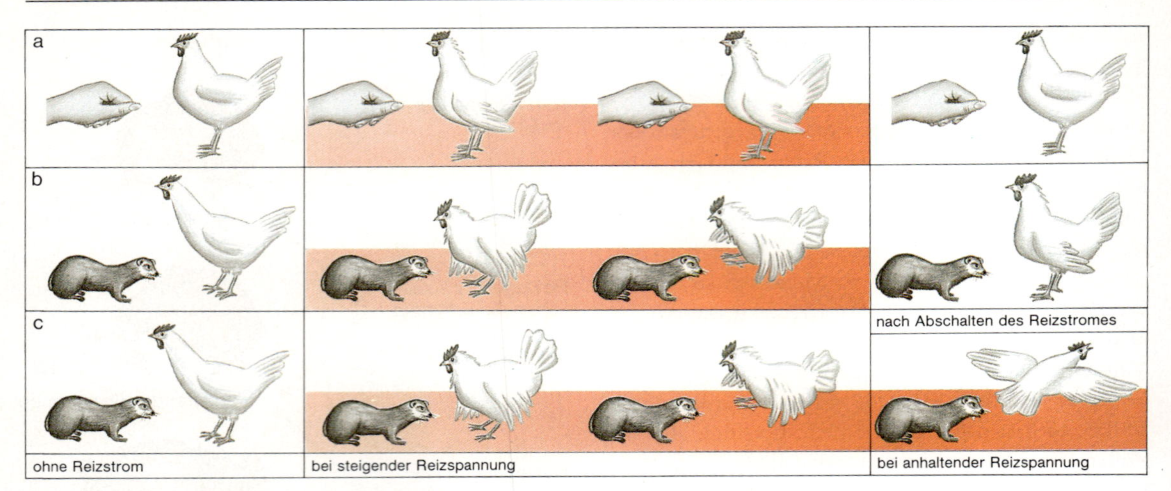

Abb. 276.1: Feindverhalten des Huhns bei Stammhirnreizung durch eine Gehirnelektrode (links: Kontrollversuch ohne Stammhirnreizung). a) Bei steigender Reizspannung wird eine Faust leicht angedroht. b) Ein ausgestopfter Iltis (Bodenfeind) wird bei steigender Reizspannung wütend angegriffen. Nach Abschalten des Reizstromes wird nur leicht gedroht. c) Bei anhaltender Reizspannung flieht das Huhn, wenn der Iltis nicht entfernt wird.

auf, die sie blitzartig vorschnellt und wieder in den Mund zurückzieht, und verschluckt die Beute (instinktive Endhandlung). Den Abschluß dieser Sequenz von Verhaltensweisen bildet stets das Abwischen der Schnauze. Läuft aber die Beute gerade während des beidäugigen Fixierens zur Seite, so schnappt die Kröte ins Leere, denn die Zungenbewegung der Kröte kann in Ihrem Ablauf nicht verändert werden. Diese einfache, stets gleichartig ablaufende Fangbewegung der Zunge ist erblich festgelegt; sie ist artspezifisch und kann durch Lernen nur wenig beeinflußt werden. Die einzelnen Teile der Endhandlung, also der gesamte Bewegungsablauf der Zunge, folgen streng *koordiniert* aufeinander. Man bezeichnet die erblich festgelegte Endhandlung deshalb als *Erbkoordination;* sie ist für eine Tierart genau so typisch wie die Gestalt. Im Gegensatz zur Fangbewegung der Krötenzunge können viele Erbkoordinationen während ihres Ablaufs durch Sinnesmeldungen noch modifiziert werden (s. 3.).

2.2.2 Kennzeichen der Instinkthandlung

Antrieb (Handlungsbereitschaft). Eine Instinkthandlung läuft nur dann ab, wenn eine *innere Bereitschaft* dazu besteht. Die Handlungsbereitschaft (Antrieb, Trieb) kann durch innere oder äußere Faktoren aktiviert werden. Innere Faktoren sind z. B. der Glucosemangel bei Hungerzuständen, Hormone, innere Uhr, Entwicklungs- und Reifezustand, autonome zentralnervöse Vorgänge. Bei den äußeren Faktoren kann es sich z. B. um eine bestimmte Jahreszeit oder Temperatur handeln. Spritzt man Mäusen das Hormon Progesteron ein, so erhöht sich die Nestbaubereitschaft. Nach Ablauf einer instinktiven Endhandlung nimmt die Handlungsbereitschaft ab und kann bis Null absinken. Ein Hund hört zu fressen auf, wenn sein Hunger gestillt ist. Leitet man durch Einsetzen einer Halsfistel die verschluckten Nahrungsbrocken nach außen ab, frißt der Hund ebenfalls nur eine begrenzte Zeit lang. Er hört ungefähr dann auf, wenn sich der Magen ausreichend gefüllt hätte, falls die Nahrung dorthin gelangt wäre. Eine durstige Ratte hört zu trinken auf, wenn ihr Wasserbedarf gedeckt ist. »Durstig« bedeutet, die Salzkonzentration der Blutflüssigkeit ist über ein bestimmtes Maß hinaus angestiegen. Spritzt man der Ratte während des Trinkens nach jedem Schluck eine kleine Menge Salzlösung ins Blut, gerade soviel, daß die Salzkonzentration nach der Aufnahme des Wassers aus dem Darm so hoch ist wie vor Beginn der Wasseraufnahme, so trinkt die Ratte dennoch nicht mehr als sie normalerweise getrunken hätte. Allein die Ausführung der instinktiven Endhandlung läßt also den entsprechenden Antrieb erlöschen, allerdings nur für kurze Zeit: Nach etwa 20 Minuten fängt die Ratte wieder zu trinken an. Umgekehrt wirkt die Verhinderung der Endhandlung antriebssteigernd (s. 2.2.4, Leerlaufhandlung).

Der Antrieb für eine Verhaltensweise kann auch künstlich hervorgerufen werden, und zwar mittels *Gehirnreizung*. Dies gelang zuerst HESS bei Katzen. Er erzeugte durch elektrische Reizung des Gehirns einen überstarken Antrieb zur Nahrungsaufnahme. Darauf-

Abb. 277.1: Das »Sperren« der Jungvögel wirkt auf den Altvogel als Auslöser für das Füttern (Rohrsänger). Auffällig ist die Färbung des Schnabelrandes und die Rachenfärbung der Jungvögel.

Abb. 277.2: Akustische Auslösung des Brutpflegeverhaltens beim Huhn. a) Das Küken reagiert mit dem »Weinen des Verlassenseins«. b) Die Mutter hört nur den Angstruf des Kükens und eilt herbei, ohne es zu sehen.

hin versuchten die Katzen, fast alle Objekte zu fressen, die in ihrer Reichweite lagen, selbst wenn diese völlig ungenießbar waren. Mit verbesserter Technik führte v. HOLST diese Versuche an Hühnern fort. Er reizte mit verschiebbaren Elektroden verschiedene Stellen des Stammhirns (Teile des Mittel- und Zwischenhirns) und konnte damit z. B. das Feindverhalten auslösen. Bei niederer Reizspannung gackerte das Huhn aufmerksam und lief unruhig umher. Durch fortlaufende Erhöhung der Reizspannung an derselben Stelle im Gehirn ließen sich Drohen, Angriff und Flucht in dieser Reihenfolge hervorrufen (Abb. 276.1). Die gleiche Reaktionskette, wie sie hier durch Reizung künstlich ausgelöst wurde, ist auch in der Natur gegen Bodenfeinde zu beobachten: Aufmerken – Unruhigwerden – Androhen des Feindes – Angriff oder Flucht, wenn der Feind nicht flieht. Die Versuche zeigen, daß ein Verhalten an bestimmte nervöse Strukturen gebunden ist.

Schlüsselreiz und Auslöser. Eine Instinkthandlung wird in der Regel von einem Außenreiz ausgelöst. Er heißt *Schlüsselreiz*. Geht er von einem Lebewesen aus, nennt man ihn auch Auslöser. Als Schlüsselreiz können einfache Reize wirken, so z. B. Sexuallockstoffe, mit deren Hilfe die Weibchen verschiedener Tierarten Männchen anlocken (Schmetterlinge, Hunde u. a.). Oft werden instinktive Verhaltensweisen aber erst durch eine Kombination von mehreren Einzelreizen ausgelöst. Als Schlüsselreiz können alle Reize und Reizkombinationen wirken, die von Sinnesorganen des Tieres wahrgenommen werden (s. auch Abb. 277.1). Beim Frosch wird das Fangen einer Fliege durch die Kombination der beiden Reize Bewegung und Größe ausgelöst, nicht durch die Gesamtheit aller vom Beutetier ausgehenden Reize (Form, Farbe, Geruch u. a.).

Die blutsaugende Zecke, die auf Blättern von Bäumen und Sträuchern sitzt, läßt sich fallen, wenn sie den für den Schweiß von Säugetieren kennzeichnenden Geruch von Buttersäure wahrnimmt. Das Stechen der Zecke wird ausgelöst durch die einfache Kombination des chemischen Reizes der Buttersäure und eines Temperaturreizes von mindestens 17 °C. Trotz ihrer Einfachheit wird diese Reizkombination nur bei den Wirten der Zecke, den Säugetieren, angetroffen.

Eine Gluckhenne eilt einem unsichtbaren Küken auf dessen Klageruf zu Hilfe. Sie kümmert sich aber nicht um dieses, wenn es unter einer schalldichten Glasglocke sitzt und sie es nur sieht, aber nicht hört. Allein der Klageruf wirkt als Auslöser (Abb. 277.2). Eine Pute erkennt ihre Küken ebenfalls nur mit dem Gehör. Sie versucht einen ausgestopften Iltis unter die Flügel zu nehmen, der mittels eines Tonbandes in seinem Innern nach Kükenart piept, tötet aber ihre eigenen Jungen, wenn sie taub ist und diese nicht hören kann. Bestimmte Reize, auf die *Menschen* reagieren, werden ebenfalls als Auslöser gedeutet. Das Weinen eines Säuglings, das dieser sogar bei Sättigung und Schmerzfreiheit hören läßt, ist als Kontaktruf nach der betreuenden Person aufzufassen. Er löst bei Erwachsenen, aber auch schon bei Kindern die betreuende Zuwendung aus, sofern die Bereitschaft dazu stark genug ist. Das angeborene Lächeln des

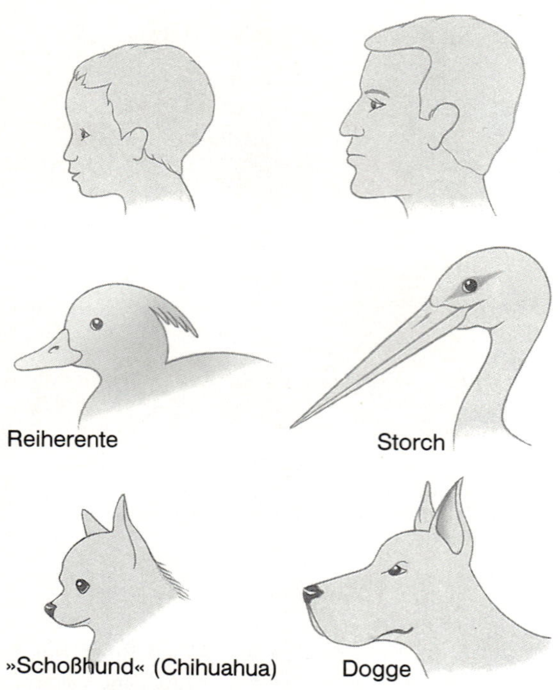

Abb. 278.1: Kindchenschema.
Bei allen Tierabbildungen handelt es sich um Köpfe erwachsener Tiere.

Abb. 278.2: Nutzung des Kindchen-Schemas in der Werbung.
In der Werbeanzeige des Bundesverkehrsministers wird zum Anlegen des Gurtes beim Autofahren aufgefordert.
Der Appell erfolgt über das ungeborene Kind. Auch das Kindchen-Schema wird werblich genutzt, wie der Kopf des Teddybären zeigt.

Säuglings, das auch taub- und blindgeborene Kinder zeigen, gilt als Auslöser für die Zuneigung der Eltern (vgl. Abb. 298.2) und anderer Menschen.

Menschen können auf eine Kombination von Körpermerkmalen, die für Kleinkinder typisch ist *(»Kindchen-Schema«),* mit positiver Gefühlstönung und betreuender Zuwendung reagieren (Abb. 278.1). Die Reaktion auf diesen Auslöser dürfte ererbt sein. Zur auslösenden Reizkombination gehören: hohe Stirn, große Augen, Pausbacken, Stupsnase, tollpatschige Bewegungen, weiche Haut und kurze Extremitäten. Einen Beleg dafür, daß die Reaktion auf das »Kindchen-Schema« ererbt ist, liefert folgende Beobachtung: Menschen der verschiedensten Kulturen appellieren an andere mit Hilfe kleiner Kinder. Häufig werden diese z. B. zum Betteln mitgenommen.

Betreuende Zuwendung kann auch von Tierjungen oder von erwachsenen Tieren (»Schoßtiere«) ausgelöst werden, wenn ihre Körperformen etwa dem Kindchen-Schema entsprechen. Dies macht sich die Werbung zunutze (Abb. 278.2).

Welche Reize als Schlüsselreize wirken, läßt sich durch **Attrappenversuche** feststellen. So kann man das Beutefangverhalten des Frosches (Fangen einer Fliege) auch durch kleine bewegte Papierschnitzel auslösen, die an einem Faden befestigt sind. Wiederholt man das Verfahren mehrmals hintereinander ohne Erfolg für den Frosch, dann hört er plötzlich auf zu reagieren; erst nach 2-5 Minuten läßt sich die Handlung erneut auslösen. Man macht auch die folgenden Beobachtungen: Ein langsam bewegter Papierschnitzel bewirkt weniger häufig das Springen und Zuschnappen als ein schnell bewegtes Objekt. Die gleiche Wirkung hat ein hoher Sättigungsgrad des Tieres. Ein sehr hungriger Frosch schnappt nach allen kleinen bewegten Gegenständen, ein halbgesättigter wesentlich weniger oft und ein satter Frosch reagiert nicht mehr. Bei solchen Versuchen stellte sich heraus, daß die auslösende Wirkung stärker sein kann, wenn Einzelmerkmale des Schlüsselreizes übertrieben werden (= übernormale Attrappe): Am Boden brütende Vögel holen mit Hilfe ihres Schnabels Eier ins Nest zurück, die vom Gelege wegrollten. Diese Instinkthandlung *(»Eirollbewegung«)* kann man auch mit Attrappen auslösen. Der Austernfischer zieht dabei ein künstliches Riesenei, auf dem er überhaupt nicht brüten kann, seinem eigenen Ei vor (Abb. 279.1).

Angeborener auslösender Mechanismus (AAM). Die Auslösung eines instinktiven Verhaltens erfordert einen nervösen Mechanismus, der den Schlüsselreiz von den übrigen Reizen unterscheidet. Man nennt einen solchen Mechanismus des Zentralnervensystems, der den Schlüsselreiz erkennt und dann die zugehörige Verhaltensweise auslöst, den angeborenen auslösenden Mechanismus (AAM) (Abb. 279.2).

Die neuronalen Grundlagen des AAM wurden an Kröten untersucht. Kröten fangen Insekten, Spinnen, Raupen, Würmer und andere kleine Tiere. Diese müssen sich dabei bewegen (Abb. 275.1). Auf große sich bewegende Tiere wie z. B. Igel und Schlangen reagieren Kröten mit Flucht. Beide Verhaltensformen lassen sich auch mit einfachen Attrappen auslösen (Abb. 279.3), was auf ihre Erblichkeit schließen läßt (s. 2.). Wo befinden sich nun die nervösen Funktionseinheiten, die die Kröte befähigen, ein Beutetier von einem möglichen Feind zu unterscheiden?

Bei den Lurchen verbindet der optische Nerv die Netzhaut der Augen mit dem Dach des Zwischenhirns und des Mittelhirns (vgl. Abb. 245.1). Die einzelnen Bezirke der Netzhaut sind Ort zu Ort mit bestimmten Bereichen von Zwischen- und Mittelhirn verbunden, und zwar so, daß die letzteren gleichsam eine »Landkarte« der Netzhaut darstellen. Wie die Gegenstände des Gesichtsfeldes auf der Netzhaut abgebildet werden, so werden die zugehörigen Erregungen aus der Netzhaut auf diese »Landkarten« übertragen. Reizt man nun einen bestimmten Mittelhirnbereich elektrisch, ohne zugleich ein Beuteobjekt anzubieten, so fixiert die Kröte dennoch den ihm zugeordneten Teil des Gesichtsfeldes derart, wie wenn sie gleich zuschnappen würde. Dagegen bewirkt eine Reizung von Nervenfasern, die eine Verbindung von der Netzhaut zum Zwischenhirn herstellen, Fluchtverhalten. Nach einer operativen Zerstörung des Zwischenhirndaches reagieren die Kröten auf alle bewegten Objekte mit Beutefangverhalten, verhalten sich aber im übrigen normal. Demnach hat das Zwischenhirn die Funktion, in großen bewegten Objekten Feinde zu erkennen und auf sie mit Flucht zu reagieren. Das Mittelhirn spricht dagegen auf große und kleine Objekte als Beute an und löst das Fangverhalten aus. Es liegt die Vermutung nahe, daß das Zwischenhirn im gesunden Tier das Mittelhirn hemmt, auf große Objekte mit Fangverhalten zu reagieren.

Nach einer Ausschaltung des Mittelhirndachs zeigen die Kröten keine der beiden Verhaltensformen mehr. Dies läßt darauf schließen, daß das Zwischenhirn ein Fluchtverhalten nur dann auslöst, wenn es außer der Information aus der Retina noch einen Stimulus vom Mittelhirn erhält. Man nimmt daher an, daß an der Auslösung des Beutefang- und Fluchtverhaltens im gesunden Tier immer sowohl das Zwischenhirn als auch das Mittelhirn beteiligt sind.

Allgemein können für die Unterscheidung des Schlüsselreizes von anderen Reizen größere Gebiete des Zentralnervensystems zuständig sein, einzelne Nervenzellen sprechen dann auf Teilmerkmale des Schlüsselreizes an. In anderen Fällen dienen Einzelzellen als Detektoren des ganzen Schlüsselreizes.

Im Kapitel Neurobiologie (s. 4.7.2.) werden Nervenzellen im optischen Zentrum des Gehirns von Säugetieren beschrieben, die als Detektoren für einfache Linien oder Kanten wirken. Man hat zunächst angenommen, daß auch die viel komplexeren Schlüs-

Abb. 279.1: Eirollbewegung beim Austernfischer. Dieser zieht ein künstliches Riesenei (»übernormale Attrappe«) dem eigenen Ei vor.

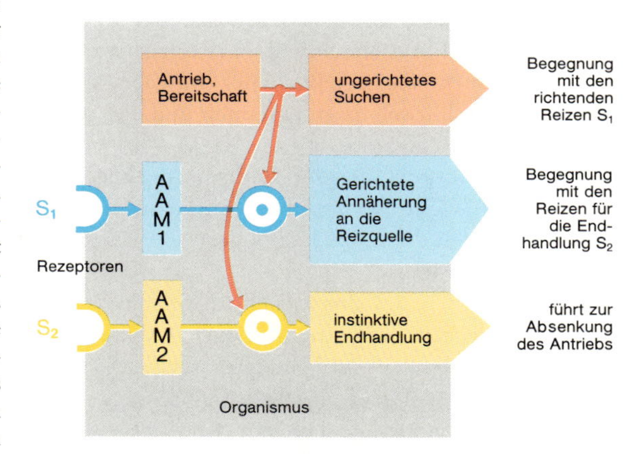

Abb. 279.2: Funktionsschaltbild für das Instinktverhalten, das durch einen Schlüsselreiz ausgelöst wird. AAM: angeborener auslösender Mechanismus. ⊙ Gruppe von Nervenzellen, die nur dann Erregungen an die bei einer Instinkthandlung tätigen Organe weitergeben, wenn gleichzeitig sowohl über den AAM als auch vom Antrieb Erregungen einlaufen.

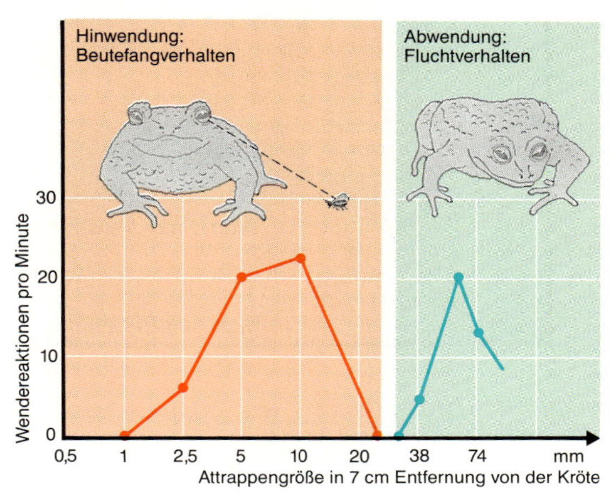

Abb. 279.3: Auslösung von Beutefangverhalten bzw. von Fluchtverhalten bei der Erdkröte mit Hilfe von quadratischen Attrappen. Attrappen von 1-20 mm Kantenlänge (in 7 cm Entfernung gezeigt) lösen eine orientierende Hinwendung aus, werden also als Beute angesehen. Attrappen von ca. 40 mm Kantenlänge lösen Fluchtverhalten aus, sie signalisieren eine Gefahr (nach EWERT).

selreize von einzelnen Nervenzellen erkannt würden. Weiterhin ging man davon aus, daß solche Nervenzellen nur auf den einen Schlüsselreiz ansprächen, von allen anderen Reizen aber nicht erregt würden.

Man hat nicht nur bei Kröten, sondern auch bei vielen anderen Arten nach solchen Neuronen gesucht. Bisher fand man zwar Nervenzellen, die bevorzugt auf komplexe Muster ansprechen, aber keine einzige Nervenzelle, die nur von einem bestimmten Schlüsselreiz erregt wird.

Man nimmt heute an, daß ein Schlüsselreiz eine größere Anzahl von Nervenzellen gleichzeitig erregt und so ein *spezifisches Erregungsmuster* in einem Hirngebiet erzeugt. Nach dieser Auffassung spricht jede dieser Zellen auf einen Teilaspekt des Schlüsselreizes an. Da sie auch von anderen Reizen erregt werden, dienen sie nicht ausschließlich der Aufgabe, einen bestimmten Schlüsselreiz zu erkennen und das zugehörige Verhalten auszulösen.

Reizsummenregel. Es gibt Verhaltensweisen, die durch verschiedene Schlüsselreize ausgelöst werden können. Werden die Reize kombiniert, so ist die Gesamtwirkung größer.

Die Männchen des dreistacheligen Stichlings haben zur Laichzeit einen roten Bauch (Abb. 281.1). Dieser ist für Rivalen ein kampfauslösender Schlüsselreiz. Bedrohen sich zwei Männchen, so stehen sie sich mit nach unten gerichtetem Kopf gegenüber. Auch diese Verhaltensweise des »Kopfabwärtsstekkens« ist ein kampfauslösender Reiz: Ungefärbte Stichlingsattrappen lösen Kampfverhalten aus, wenn sie kopfabwärts, nicht aber wenn sie in horizontaler Stellung geboten werden. Kombiniert man beide Reize (kopfabwärts gehaltene rot gefärbte Attrappe), so beobachtet man Angriffe häufiger, als wenn man jeden für sich allein anbietet.

Die Reizsummenregel bedeutet nicht, daß die Einzelreize streng additiv wirken, sondern nur, daß sie in Kombination eine stärkere Wirkung ausüben.

Doppelte Quantifizierung einer Instinkthandlung. Manche Verhaltensweisen können mit unterschiedlicher Stärke ausgeführt werden. Dann beobachtet man, daß die Stärke der Verhaltensweise sowohl von der Intensität des auslösenden Reizes als auch der Antriebsstärke abhängig ist. Das folgert man aus der Tatsache, daß die gleiche Stärke einer Reaktion entweder bei stark auslösendem Reiz und schwachem Antrieb oder bei schwach auslösendem Reiz und starkem Antrieb auftritt (*Prinzip der »doppelten Quantifizierung«*; s. auch Abb. 280.1). Je schmackhafter das Essen ist, desto mehr verzehrt man auch bei geringem Hunger; je größer der Hunger ist, desto weniger wählerisch ist man beim Speisen. Ein Samtfalter in hoher Balzstimmung balzt fliegende Blätter, eine in der Luft sich bewegende Hand oder sogar seinen eigenen Schatten an.

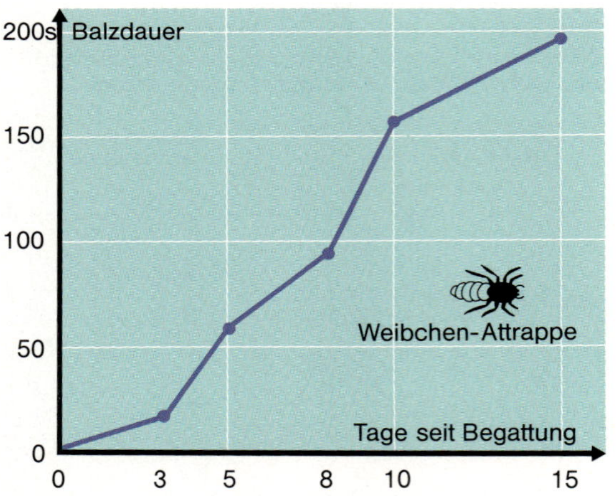

Abb. 280.1: Dauer der Balz (»Liebestanz«) eines Springspinnen-Männchens vor einer dem Weibchen ähnlichen Attrappe. Die Balzdauer steigt mit zunehmendem Zeitabstand von der letzten Paarung mit einem Weibchen. Das Männchen bricht die Balz nach einer bestimmten Zeit ab, weil die Attrappe nicht reagiert. Die Balzdauer gilt als Maß für die sexuelle Antriebsstärke. Unmittelbar nach einer Paarung balzt das Männchen vor der Attrappe nicht (Antrieb gleich Null).

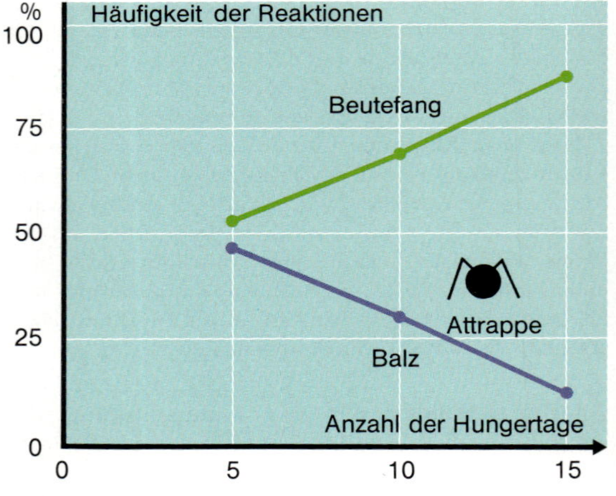

Abb. 280.2: Hemmung zweier Verhaltenstendenzen bei Springspinnen-Männchen. Diese fangen als Beutetiere z. B. Fliegen. Auf die eingezeichnete Attrappe reagieren sie entweder mit Balz oder mit Beutefang, nie aber mit gemischtem Verhalten. Mit der Anzahl der Hungertage vor dem Experiment nimmt die Häufigkeit der Beutefanghandlung zu, die der Balzhandlung ab. Der entsprechende Antrieb (Hunger) gewinnt gegenüber dem sexuellen Antrieb immer öfter die Oberhand. Die Anzahl der Balz- und Beutefangreaktionen zusammen beträgt stets 100% der Reaktionen.

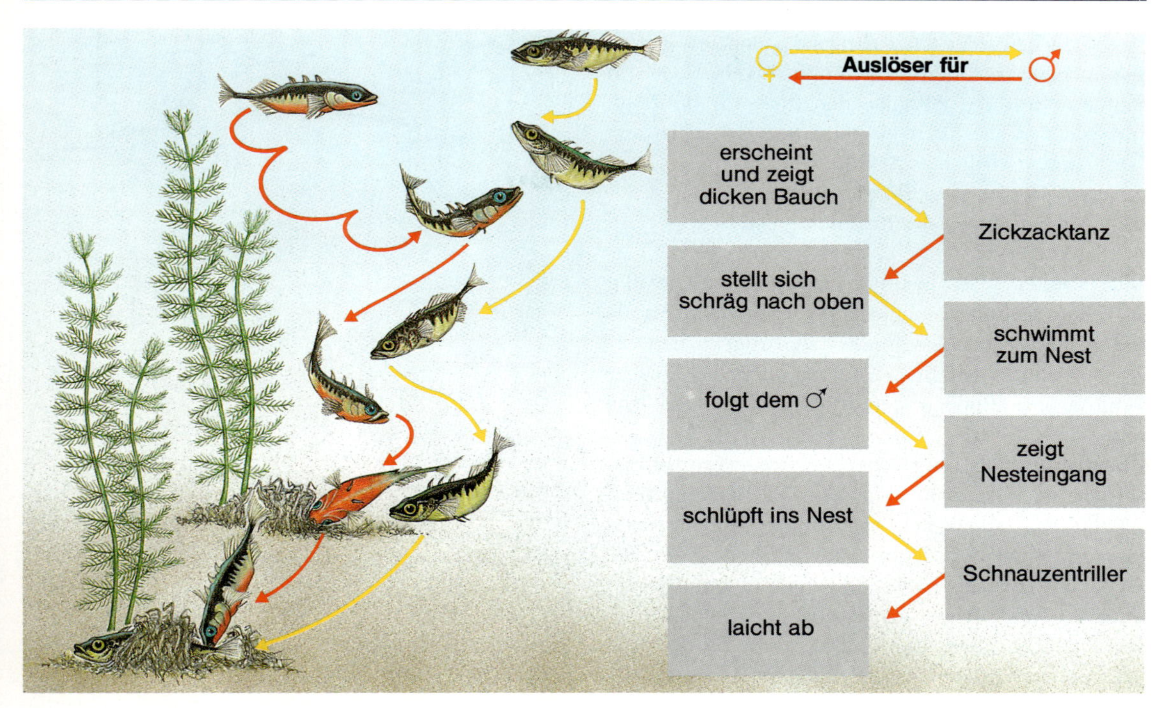

Abb. 281.1: Paarungsverhalten des dreistachligen Stichlings mit aufeinanderfolgenden auslösenden Handlungen des Männchens und Weibchens. Dazu Schema der Auslöser

Gegenseitige Hemmung von Verhaltensweisen. Viele Beobachtungen an Tieren haben ergeben, daß sich zwei entgegengesetzte Antriebe nicht gleichzeitig in Handlungen umsetzen. Die verschiedenen Antrieben zugeordneten Verhaltensweisen laufen vielmehr zeitlich nacheinander ab. Der beutefangende Frosch, der bei der Fixierreaktion gestört wird, flüchtet sofort. In dieser Situation gewinnt der stärker aktivierte Antrieb zur Flucht die Oberhand und nicht derjenige für die Beutefanghandlung. Die durch Antriebe aktivierten *Verhaltenstendenzen hemmen sich gegenseitig*. Nur die am stärksten aktivierte Tendenz setzt sich durch (s. Abb. 280.2).

2.2.3 Handlungsketten

Stichlingsmännchen gehen beim Bau eines Nestes in einer bestimmten Reihenfolge vor. Bei Ansicht von Nistmaterial wird dieses aufgenommen, transportiert, in das Nest eingebaut und durch ein Nierensekret verleimt. Diese Handlungskette wird durch einen einzigen Außenreiz (Nistmaterial) ausgelöst. Bei dem zeitlich ebenso geordneten Balzverhalten des Stichlings hat jede Einzelhandlung ihren eigenen Schlüsselreiz (Auslöser). Bleibt einer von ihnen aus, so wird die Handlungskette an der entsprechenden Stelle abgebrochen.

Das Erscheinen eines Weibchens im Nestrevier eines Männchens löst wechselseitige Reaktionen beider Tiere aus (Abb. 281.1). Beim Anblick der durch die Eier aufgetriebenen Unterseite des Weibchens (Auslöser) schwimmt der männliche Stichling mit offenem Maul auf dieses zu und macht kurz vor ihm eine halbe Kehrtwendung. Diese Bewegungsform wird mehrmals wiederholt und heißt *Zickzacktanz* (Auslöser). Das Weibchen stellt sich daraufhin schräg nach oben und zeigt dabei seinen dicken Bauch (Auslöser). Nun schwimmt das Männchen zum Nest (Auslöser), das Weibchen folgt (Auslöser). Dann steckt das Männchen, auf der Seite liegend, den Kopf ins Nest (Auslöser), und das Weibchen schlüpft hinein (Auslöser). Das Männchen stellt sich schräg hinter das Weibchen und »trillert« mit raschen Schnauzenschlägen auf die Schwanzwurzel des Weibchens *(Schnauzentriller)*. Auf diesen Auslöser hin laicht das Weibchen ab und schlüpft aus dem Nest. Das Männchen besamt die Eier und vertreibt das Weibchen aus dem Revier. Die einzelnen Phasen dieses Ablaufs lassen sich auch mit einer Männchenattrappe auslösen, wenn man mit ihr das Verhalten des Männchens imitiert.

Das Weibchen folgt einer Attrappe genauso wie dem männlichen Stichling; es schlüpft ins Nest, wenn man ihm mit der Attrappe den Nesteingang zeigt, und laicht ab, wenn man mit einem Holzstäbchen den Schnauzentriller nachahmt.

2.2.4 Sonderformen des Instinktverhaltens

Nicht immer laufen Instinkthandlungen zweckmäßig ab. Unter besonderen Umständen kann man Handlungen beobachten, die in der augenblicklichen Situation sinnlos erscheinen. Das Auftreten solcher sinnloser Handlungen demonstriert deren Erblichkeit.

Übersprunghandlung (deplazierte Handlung). Kämpfende Haushähne picken in Kampfpausen plötzlich auf den Boden, als wollten sie Futter aufnehmen, schnappen jedoch nur Steinchen, die sie wieder fallenlassen (Abb. 282.1). Kämpfende Säbelschnäbler stecken vorübergehend die Schnäbel in Schlafstellung unter das Gefieder, ein Stockentenerpel putzt bei starker geschlechtlicher Erregung die Flügel. Solche Handlungen erscheinen dem beobachtenden Menschen aus dem Rahmen fallend, d.h. deplaziert. Sie werden als Übersprunghandlung bzw. deplazierte Handlung bezeichnet. Sie können auftreten, wenn die Bereitschaften für zwei konkurrierende Verhaltensweisen, z.B. Angriff und Flucht, etwa gleich stark sind *(»Triebkonflikt«)* und sich deshalb gegenseitig hemmen. Man nimmt heute an, daß in dieser Situation der Antrieb einer dritten Verhaltensweise von den beiden anderen weniger stark gehemmt wird und deshalb zum Zuge kommt *(»Enthemmungshypothese«)*.

Honigbienen putzen am Futterplatz die Fühler als Übersprunghandlung. Kurz nach dem Anflug bestimmt der Antrieb zum Saugen das Verhalten. Je stärker der Magen dann gefüllt ist, desto größer wird die Bereitschaft abzufliegen; man kann sie am Anheben der Fühler erkennen. Gegen Ende der Futteraufnahme müssen sich beide Antriebe die Waage halten. Tatsächlich kommt es dann sehr häufig zu Putzbewegungen, selbst wenn die Fühler völlig sauber sind.

Ob auch dem Menschen Übersprungverhalten angeboren ist, konnte bisher nicht sicher nachgewiesen werden. Verhaltensweisen der Körperpflege (Kratzen am Kopf, Reiben an der Nase, Ablecken der Lippen u.a.) sowie der Nahrungsaufnahme (Kauen am Bleistift) bei Menschen, die in Verlegenheit geraten, lassen sich als Übersprunghandlungen deuten.

Leerlaufhandlung. Wird eine instinktive Endhandlung längere Zeit nicht ausgelöst, kann ihr Antrieb immer stärker werden. Bleibt selbst ein schwacher Reiz aus, so läuft die instinktive Endhandlung ausnahmsweise ohne Schlüsselreiz ab, gleichsam ins Leere hinein (Leerlaufhandlung; s. »doppelte Quantifizierung«). So wurde beobachtet, wie ein Schwan auf einem schneebedeckten Feld die Nestbauhandlung im Leerlauf ausführte. Er machte Rupfbewegungen und türmte mit typischen Nestbaubewegungen die nicht vorhandenen Halme zu einem nicht entstehenden Nest auf. Ein im Zimmer gehaltener Jungstar, der stets mit der Hand gefüttert wurde und einige Zeit gehungert hatte, jagte plötzlich im Zimmer nicht vorhandene Fliegen und führte die gesamte Fanghandlung bis zu Schluckbewegungen aus, als fräße er eine Fliege. Gerade solche Leerlaufhandlungen zeigen, daß instinktive Endhandlungen erblich festgelegte Verhaltensformen sind.

Abb. 282.1: Übersprunghandlung bei Vögeln.
a) Säbelschnäbler stecken während des Kampfes den Schnabel in Schlafhaltung ins Gefieder.
b) Scheinpicken bei Hähnen während einer Kampfpause

Intentionsbewegung. Manche instinktive Verhaltensweisen sind nicht sogleich nach der Geburt, sondern erst im Laufe der individuellen Entwicklung auslösbar. Junge Vögel machen Flügelschläge, als wollten sie das Fliegen üben. Junge Tauben, die in engen Röhren aufgezogen werden und keine Möglichkeit haben, diese Bewegungen auszuführen, können trotzdem zum gleichen Zeitpunkt fliegen wie normal aufgezogene Tauben einer Vergleichsgruppe. Beim Flügelschlagen der Kontrollgruppe handelt es sich also um unvollständig ausgebildete Flugbewegungen. Sie werden als *Intentionsbewegungen* bezeichnet. Auch erwachsene Tiere können Intentionsbewegungen zeigen. So machen Singvögel, denen man sich nähert, schon vor dem Abflug Andeutungen des Wegfliegens. Drohende Hunde führen Beißbewegungen in der Luft aus.

3. Erfahrungsbedingtes Verhalten (Lernen)

Die Fähigkeit, sein Verhalten aufgrund individueller Erfahrung zu ändern, und sich so an neue Situationen anzupassen, bezeichnet man als *Lernen*. Es erweitert den Handlungsspielraum der Tiere. Lernen erhöht die Chance, in einer sich ändernden Umwelt zu überleben. Voraussetzung für das Lernen ist ein *Gedächtnis*. In ihm werden Erfahrungen als *Gedächtnisinhalt* gespeichert. Dieser kann bei Bedarf wieder abgerufen werden. So ist z.B. die Nagebewegung dem Eichhörnchen angeboren; wie es aber eine Haselnuß benagen muß, um sie rasch und arbeitssparend zu öffnen, lernt es durch Probieren, wobei es das erfolgbringende Vorgehen im Gedächtnis behält. Beim Lernen von Tieren mit einem Nervensystem werden vermutlich neuronale Verknüpfungen verändert und so Informationen als Gedächtnisspur *(Engramm)* fixiert. Den Lernvorgang nennt man **Konditionierung.**

3.1 Reizbedingte Konditionierung

Bedingter Reflex. Bekannt wurde diese Form des Lernens durch die Untersuchungen des russischen Forschers PAWLOW an Hunden (s. Stoffwechsel und Energiehaushalt bei Tier und Mensch 1.4). Auch beim Menschen konnten bedingte (= erfahrungsbedingte) Reflexe nachgewiesen werden. Ein kurzer Luftstoß aus einer feinen Düse löst am Auge den *Lidschlußreflex* aus. Wird unmittelbar vor dem Luftstoß ein Ton gegeben, so erfolgt nach mehrmaliger Wiederholung der Lidschlußreflex allein auf den *Ton* hin. Bei diesem Versuch geht dem reflexauslösenden Reiz (Luftstrahl) jeweils ein neutraler Reiz (Ton) unmittelbar (0,1 bis 0,5 s) voraus. Der Lernvorgang besteht darin, daß der vorangehende *neutrale Reiz* gleichsam den nachfolgenden spezifischen *reflexauslösenden Reiz* ankündigt. Durch diese Verknüpfung wird schließlich der neutrale Reiz selbst zum reflexauslösenden Reiz. Man nennt ihn dann *bedingten Reiz* und den auf ihn folgenden Reflex *bedingten Reflex*. Wird nach dem Erlernen der Reaktion der Ton nun ständig ohne Luftstoß gegeben, schließt sich das Lid nach wenigen Versuchen auf diesen Reiz hin nicht mehr. Der bedingte Reflex erlischt *(Extinktion)*, wenn keine *Bekräftigung* mehr durch die Koppelung von Ton und Luftstoß erfolgt. Ein unbedingter ererbter Reflex bleibt lebenslang erhalten (s. Kniesehnenreflex).

Bedingte Appetenz. Bietet man hungrigen Elritzen das Futter mehrmals hintereinander vor einer roten Scheibe, so schwimmen sie diese Scheibe schließlich auch dann an, wenn man sie ihnen ohne Futter zeigt. Finden Bienen in blauen Blüten reichlich Nektar, so suchen sie auf weiteren Flügen bevorzugt blaugefärbte Blüten auf. Bei diesen Lernvorgängen wird vom Tier eine Verbindung zwischen einem ursprünglich neutralen Reiz und der Befriedigung eines Triebes (z.B. der Nahrungsaufnahme) hergestellt, so daß schließlich allein dieser Reiz gerichtetes Appetenzverhalten auslöst.

Bedingte Aversion (erlerntes Vermeiden). Tiere lernen nicht nur aufgrund guter Erfahrung, sondern auch aufgrund schlechter Erfahrung. Pferde scheuen an Orten, an denen sie einmal erschreckt wurden. Ratten, die von einer beköderten Schnappfalle erfaßt wurden und sich befreien konnten, umgehen künftig die Falle bzw. meiden den Köder. Bei diesem Lernvorgang wird ein Reiz (optische Marken, Geruch des Köders) mit einer unangenehmen Erfahrung (Schreck, Schmerz) verknüpft, so daß künftig die Reizsituation gemieden wird. Beim Menschen kann eine übersteigerte Form der bedingten Aversion auftreten, die man als *Phobie* bezeichnet. Sie äußert sich in Angst vor bestimmten Gegenständen, Lebewesen oder Situationen: Angst über offene Plätze zu gehen (Platzangst), dunkle Räume zu betreten (Dunkelangst), bestimmte Tiere zu berühren (Spinnenphobie, Hundephobie). Phobien können unter Anleitung eines Fachmanns »verlernt« werden.

3.2 Verhaltensbedingte Konditionierung

Bedingte Aktion. Eine Dackelhündin, die sich spielenderweise auf den Rücken legte und die Beine auseinanderstreckte, wurde für diese »drollige« Haltung durch einen begehrten Bissen belohnt. In der Folgezeit zeigte sie dieses Verhalten jedesmal, wenn sie einen Leckerbissen bemerkte und ihn haben wollte. Die Haltung des Tieres ist ein *Verhaltenselement* aus dem Verhalten junger Welpen, die mit diesem Verhalten die Mutter zur Körperpflege auffordern. Das Tier verknüpft ein Verhalten mit einer angenehmen Erfahrung (Futterbelohnung). Da bei diesem Lernvorgang ein Verhalten gleichsam das Instrument bzw. eine Operation ist, durch das ein angestrebter Zustand (z.B. Sättigung) erreicht wird, bezeichnet man diese Form des Lernens auch als *instrumentelles* bzw. *operantes* Lernen (instrumentelle bzw. operante Konditionierung). Man kann es mit der folgenden Versuchsanordnung beobachten.

Ein Goldhamster wird täglich 30 Minuten lang in eine Kiste gesetzt, die ein Laufrad, einen Futternapf und etwas Streu enthält. Das Versuchstier zeigt in den ersten Versuchen die unterschiedlichsten Verhaltensweisen. Es scharrt, schnuppert, putzt sich, setzt Duftspuren ab oder dreht am Laufrad. Jedesmal, wenn der Hamster ins Laufrad gestiegen ist und dieses gedreht hat, erhält er im Napf ein Futterkorn. Nach etwa 3-5 Versuchstagen stellt das Tier eine erste Verbindung her zwischen der Betätigung des Laufrades und der »Belohnung«. Es sammelt dann in dieser halben Stunde etwa 10 Körner. Wenige Versuchstage später läuft es in 30 Minuten bereits ca. 125 mal zwischen Laufrad und Futternapf hin und her und sammelt das dargebotene Futter. Die Belohnung durch Futter bekräftigt und verstärkt dasjenige Verhalten, das zur Belohnung führte. Die Bekräftigung einer Aktion durch eine Belohnung heißt auch *»reinforcement«*. Nach dem amerikanischen Psychologen SKINNER werden derartige Versuchsapparaturen als *Skinner-Boxen* bezeichnet. In ihnen wurde das Erlernen bedingter Aktionen eingehend analysiert (Abb. 284.1). Auch mit Hilfe von *Labyrinthen* wird die Fähigkeit von Tieren zum instrumentellen Lernen erforscht. Die Versuchstiere erkunden durch Hin- und Herlaufen den richtigen Weg. Am Ziel erhalten sie eine »Belohnung«, normalerweise Futter. Der Lernfortschritt zeigt sich z.B. an der Abnahme fehlerhafter Läufe im Irrgarten (s. Abb. 284.2). Höhlen bewohnende Tiere (Goldhamster, Mäuse) eignen sich besonders gut für Labyrinthversuche. Ein Hamster lernt auf dem Labyrinth nicht nur den Weg zum Ziel (instrumentelles Lernen), er muß zu allererst mit der unbekannten Versuchsapparatur vertraut werden. Zu Beginn der Versuche geht er sehr langsam, auch rutscht er manchmal beinahe vom Steg ab. Die danach zu beobachtende Verbesse-

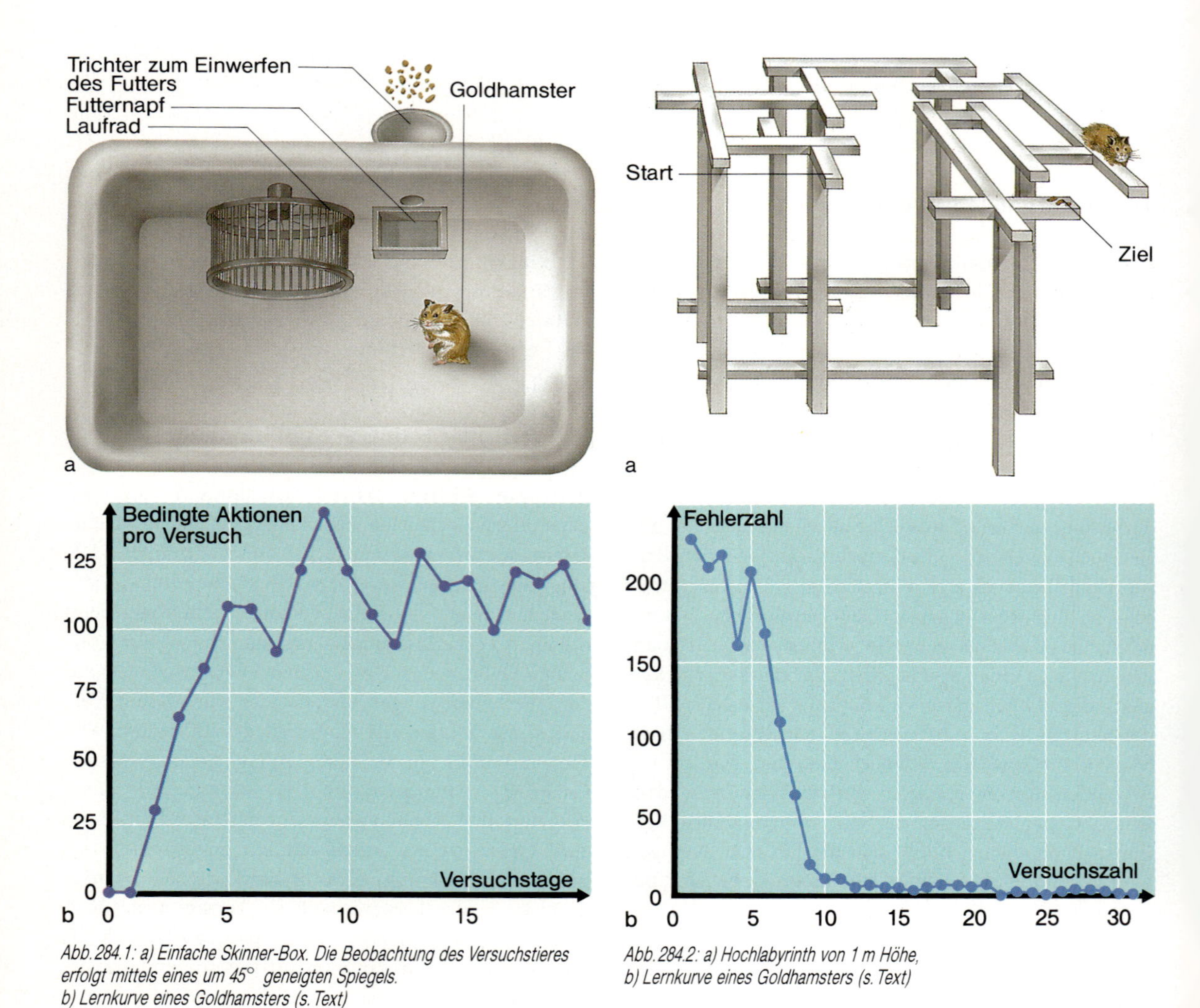

Abb. 284.1: a) Einfache Skinner-Box. Die Beobachtung des Versuchstieres erfolgt mittels eines um 45° geneigten Spiegels.
b) Lernkurve eines Goldhamsters (s. Text)

Abb. 284.2: a) Hochlabyrinth von 1 m Höhe,
b) Lernkurve eines Goldhamsters (s. Text)

rung des Bewegungsablaufs bezeichnet man als *kinästhetisches* oder *motorisches Lernen*. Beim Menschen gehören dazu z.B. das Lernen des Radfahrens, Schwimmens oder Tanzens.

Bedingte Hemmung. Zur Dressur von Hunden wurde früher oft ein Stachelhalsband verwendet. Das Zerren an der Leine bei unerwünschtem Weglaufen, z.B. auf der Pirsch, schmerzte dann so sehr, daß der Hund dies unterließ. Die Tiere verknüpften ein Verhalten (z.B. das Verfolgen eines Beutetieres) mit Schmerz und verzichteten nach Beendigung der Dressur auf dieses Verhalten. Die Dressur war allerdings nur dann erfolgreich, wenn die Tiere den Schmerz nicht mit dem Halter selbst in Verbindung brachten, dieser mußte den Hund sogleich nach dem Kommen »trösten«.

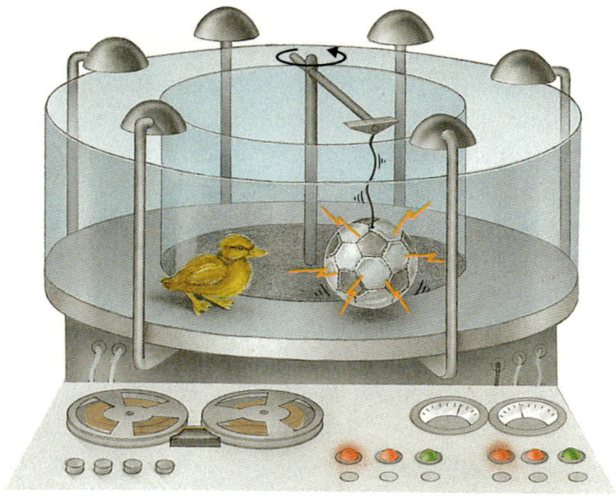

3.3 Prägung

Prägung. Sie ist eine im vorigen Jahrhundert entdeckte und von KONRAD LORENZ im Detail aufgeklärte besondere Form des angeborenen schnellen Lernens. Gänseküken folgen kurz nach dem Schlüpfen demjenigen Objekt, das sich bewegt und Laute von sich gibt (angeborene Nachfolgereaktion). Unter natürlichen Umständen wird dies die eigene Mutter sein. Wird im Experiment die Reaktion jedoch zuerst von einem Menschen oder einem leblosen Objekt ausgelöst, dann folgt das Küken fortan nur noch dem Menschen bzw. dem auslösenden Gegenstand und nicht der Mutter. *Die Prägung bezieht sich aber nur auf eine bestimmte Reaktion,* im geschilderten Fall auf die Nachfolgereaktion. Es gibt auch eine sexuelle Prägung, die ebenfalls in der Kindheit erfolgt. Eine männliche Dohle, die man als Nestling von Hand aufzieht, kann auf diese geprägt werden. Das Tier kann sich dann einem Dohlenschwarm anschließen; zur Balzzeit wird es aber, wenn die Möglichkeit besteht, immer die Hand des Menschen anbalzen, auch wenn es mit Dohlenweibchen in sozialem Kontakt steht. Prägung bedeutet also das schnelle Erlernen einer Reizsituation, durch die ein bestimmtes angeborenes Verhalten ausgelöst wird. Sie weist demnach Ähnlichkeit mit der reizbedingten Konditionierung auf, unterscheidet sich aber von dieser Lernform folgendermaßen:

a) *Die Prägung ist nur in einer zeitlich begrenzten, sensiblen Phase im Leben des Tieres möglich.* Bei Gänsen liegt die sensible Phase zur Prägung des Nachfolgens in den ersten Stunden nach dem Schlüpfen, bei Entenküken zwischen der 13. und 16. Stunde (Abb. 285.1).

Abb. 285.1: Apparatur zur Prägung eines Entenkükens auf einen Fußball. Der Ball muß sich bewegen und entsprechende Lockrufe abgeben.

b) Das durch Prägung Erlernte kann im Laufe des Lebens normalerweise nicht mehr rückgängig gemacht werden; *die Prägung ist gewöhnlich irreversibel.* Dies bedeutet, daß die Prägung zumindest so lange wirksam ist, wie unter natürlichen Bedingungen das zugehörige Verhalten andauert.

c) *Eine unmittelbare »Belohnung« ist bei dieser Lernform unwichtig.* So erfolgt z.B. die Befriedigung des Sexualtriebes erst lange nach der sexuellen Prägung.

4. Höhere Verhaltensleistungen bei Tieren

Dazu gehören *averbales Denken, Abstrahieren* und *einsichtiges Verhalten.* Für das Auftreten solcher Verhaltensleistungen ist das Erkundungs-, Neugier- und Spielverhalten mit entscheidend.

4.1 Erkundungsverhalten, Neugier- und Spielverhalten

Bei vielen höher organisierten Säugern und einigen Vogelarten schiebt sich zwischen frühe Kindheit und Erwachsenenalter ein Zeitabschnitt ein, in welchem die Tiere ihre Umwelt intensiv erkunden. Selbst in vertrauter Umgebung suchen sie neue Dinge auf, um sie zu untersuchen. Dieses Neugierverhalten hat wahrscheinlich einen eigenen Antrieb. Kolkraben behandeln jeden in der vertrauten Umgebung neu entdeckten Gegenstand erst einmal als Feind. Das Tier nähert sich zunächst langsam, entfernt sich dann wieder, greift schließlich zu, hackt auf den Gegenstand ein oder trägt ihn weg.

Erkundungs- und Neugierverhalten gehen fließend ins Spielen über. Das Spielverhalten enthält sowohl angeborene als auch erlernte Verhaltensanteile. Diese werden oft frei kombiniert und stehen dann nicht in einem biologisch sinnvollen Zusammenhang. Nur so ist es verständlich, daß z.B. bei jungen Katzen, die mit einem Wollknäuel spielen, die Verhaltensweisen des Beutefangs (Anschleichen – Sprung – Zubeißen) in beliebiger Reihenfolge abwechseln. Angeborene Verhaltensweisen können beim Spiel auch in abgewandelter Form auftreten. Junge Hunde beißen beim Angriffsspiel nicht ernstlich zu, und spielende Katzen strecken beim Fangschlag mit der Pfote keine Krallen aus. Dem Spiel fehlt also der Bezug zum Ernstfall. Ein Tier, das von einem Artgenossen ernstlich angegriffen wird, flieht, bis es außer Reichweite ist. Dagegen wird ein Artgenosse im Verfolgungsspiel geradezu aufgefordert hinterherzulaufen. Offensichtlich beruht Flucht im Ernstfall und im Spiel auf unterschiedlichen Antrieben.

Auch das *Nachahmen* von Verhaltensweisen durch die Jungtiere kann in das Spiel einbezogen sein; dabei werden vor allem Verhaltensweisen der Eltern in das eigene Verhalten übernommen und eingeübt. Bei höher entwickelten Säugetieren ist die Spielphase mit ihrer Vielfalt an Verhaltensweisen sehr ausgeprägt, obwohl dies dem Tier keinen augenblicklichen Vorteil bringt. Doch werden im Spiel nützliche und anwendbare Erfahrungen für das künftige Leben gesammelt.

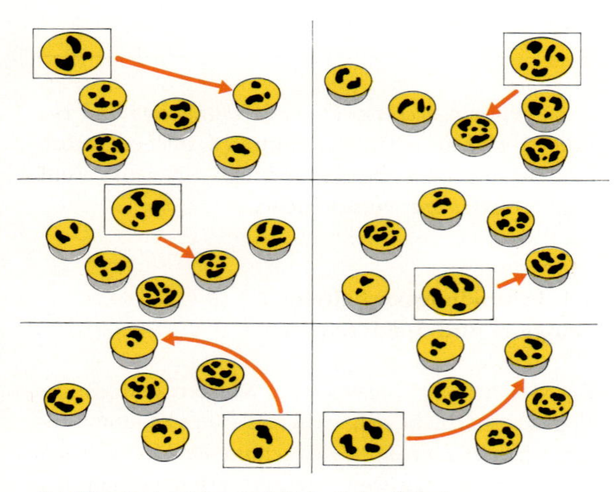

Abb. 286.1: Wahl nach Anweisertafel durch einen Kolkraben. Auf den Deckeln der mit Futter versehenen Schälchen liegen Plastilinstückchen verschiedener Form und Anzahl. Die Pfeile verbinden die Tafel mit dem vom Raben gewählten Futternapf.

4.2 Averbales Denken und Abstrahieren

Zu erstaunlichen Leistungen sind Vögel und Säugetiere fähig. Tauben, Papageien, Rabenvögel und Eichhörnchen lernten, aus einer abgedeckten Futterschale so viele Körner herauszunehmen, wie auf dem Deckel durch Punkte angegeben waren. Rabenvögel und Papageien lernten sogar, nach einer Anweisertafel zu handeln (Abb. 286.1). Die Deckel von Schälchen waren jeweils mit einer bestimmten Anzahl Plastilinstückchen verschiedener Form und unterschiedlicher räumlicher Anordnung versehen. Vor den Schälchen lag eine Anweisertafel mit einer bestimmten Anzahl von Punkten. Die Tiere hoben entsprechend der Anweisertafel den Deckel des Schälchens mit gleicher Anzahl Plastilinstückchen ab und fraßen den darinliegenden Köder. Bei einem anderen Versuch lagen in sieben abgedeckten Schälchen Futterkörner. Ein Graupapagei lernte auf zwei, drei oder vier Lichtsignale hin ein Schälchen nach dem anderen zu öffnen, bis er so viele Körner gefressen hatte, wie Lichtsignale gegeben worden waren. Er entnahm aber auch ohne weitere Dressur die entsprechende Anzahl Körner, wenn statt der Lichtsignale plötzlich Tonsignale gegeben wurden. Das gleiche Experiment wurde auch mit Tieren anderer Arten durchgeführt. Die höchste erkannte Anzahl war dabei beim Kolkraben acht, bei Wellensittich und Dohle sieben, bei der Taube fünf. Höhere Wirbeltiere sind also imstande, aus einer gleichen Anzahl von Gebilden, die in Form und räumlicher Anordnung verschieden sind, das Gemeinsame, nämlich die Anzahl, herauszufinden. Diese Tiere haben demnach das Vermögen, zu *abstrahieren* und nicht benannte *bildliche Begriffe zu bilden (unbenanntes Denken)*.

4.3 Einsichtiges Verhalten

Als einsichtiges Verhalten bezeichnet man das *Lösen eines Problems aufgrund der Kombination von Gedächtnisinhalten*. Hierbei werden zweckmäßige Zusammenhänge erfaßt. Einsichtiges Verhalten ist keineswegs auf den Menschen beschränkt, sondern zeigt sich in den Anfängen auch bei Tieren. Bekannt sind die Versuche von KÖHLER mit Menschenaffen. Die Tiere benutzten Stöcke zum Herbeiholen von Bananen außerhalb ihres Käfigs, türmten Kisten aufeinan-

Abb. 287.1: Einsichtiges Verhalten bei Schimpansen. Kistenversuch, Stockversuch. Verlängerung eines Stockes durch Aufstecken kleinerer Stöcke. Das ungeschickte Stapeln der Kisten zeigt die Begrenzung der Einsicht.

der, die zufällig in ihrem Käfig herumlagen, oder steckten Stöcke mit hohlen Enden zusammen, um eine an der Käfigdecke aufgehängte Banane herunterzuholen, ohne dies je gelernt zu haben (Abb. 287.1). Bei den Versuchen wurde ausgeschlossen, daß die Tiere ihr Verhalten von anderen abschauen konnten. Sie probierten auch nicht herum, wie dies für das Lernen am Erfolg charakteristisch ist. Offensichtlich hatten die Tiere Einsicht in ihr Tun. Die Leistungen der Affen sind nur dadurch möglich, daß die erfolgversprechende Handlung zunächst »in Gedanken« vorentworfen und dann ohne Zögern oder Probieren ausgeführt wird. Ein Stock, mit dem sich gerade ein Affe kratzt, wird von einem Artgenossen nicht weggenommen, um damit eine Banane zu angeln. Die Tiere sehen das Werkzeug offenbar nur in einer Hinsicht. Sie dürften die Bedeutung eines Stocks als Kratz- und als Angelinstrument nicht gleichzeitig erfassen.

Im Freiland wurde beobachtet, daß Schimpansen mit dünnen Stöcken Termiten aus den Schwarmlöchern holten, indem sie diese erweiterten und die Stöcke hineinsteckten. Die Termiten bissen sich daran fest und wurden dann von den Schimpansen abgeleckt. Sie benutzten zerknüllte Blätter als Schwamm, um aus Astlöchern Wasser aufzusaugen, das sie mit den Lippen nicht erreichen konnten.

4.4 Traditionsbildung

In einer Population von Rotgesichtsmakaken auf der japanischen Insel Koshima wurde 1953 beobachtet, daß das Affenmädchen Imo die auf dem Sandstrand als Futter ausgelegten Süßkartoffeln (Bataten) in einem nahen Bach vor dem Verzehr zu waschen begann. Diese Erfindung wurde zunächst innerhalb der eigenen Familie durch Nachahmung erlernt (s. S. 286) und von den Eltern auf die Kinder weitergegeben. Im Laufe von 10 Jahren wandten 75% der Gesamtpopulation dieses Eßverfahren an. Dasselbe Tier erfand 1956 das Auswaschen von Weizenkörnern nach der Goldwäschermethode. Statt die auf dem Sand ausgestreuten Weizenkörner mühsam einzeln auszulesen, warf es eine Handvoll Sand-Weizen-Gemisch ins Wasser, wo sich der Sand von den leichteren Weizenkörnern trennte. Auch diese Methode verbreitete sich durch Nachahmung langsam über einen Teil der Affenpopulation.

4.5 Selbsterkennung

Wild geborene Schimpansen wurden in einem Käfig gehalten, an dessen Wänden große Spiegel hingen. Zunächst drohten die Tiere ihr eigenes Spiegelbild an. Am dritten Tag begannen sie, durch das Spiegelbild geleitet, sich an Körperstellen (Rücken) zu kratzen, die sie ohne Spiegel nicht sehen konnten. Dies deutete darauf hin, daß Schimpansen in der Lage sind, ihren eigenen Körper im Spiegel zu erkennen. Um dies nachzuweisen, wurden den gleichen Schimpansen in Narkose über der linken Augenbraue und am unteren Teil des rechten Ohrläppchens rote Farbmarken angebracht, die sie weder durch ein Hautgefühl noch durch Geruch selbst erkennen konnten. Außerdem waren sie dem eigenen Blick unzugänglich. Nach der Narkose berührten die Tiere, nachdem sie sich im Spiegel gesehen hatten, diese Stellen und untersuchten sie. Die Schimpansen hatten die Veränderung am *Spiegelbild* als Veränderung am eigenen Körper wahrgenommen, eine Leistung, die zuvor nur dem Menschen zugeschrieben wurde.

5. Sozialverhalten

5.1 Vergesellschaftung

Bei den meisten Tierarten geht jedes Individuum für sich allein der Nahrung nach, verteidigt sich, oder sucht Schutz, ohne sich um den Artgenossen zu kümmern. Lediglich zur Fortpflanzung finden sich zeitweise die Geschlechter zusammen. Bei vielen Tierarten gibt es zwar Gruppierungen zahlreicher Artgenossen, aber nicht in jeder kommt es zu sozialen Beziehungen. Häufig bleiben Tiere, die am gleichen Ort zur gleichen Zeit aus dem Ei geschlüpft sind, so lange beisammen, wie ihnen Nahrung geboten wird *(Aggregation)*. Dies gilt z. B. für Schmetterlingsraupen. Auch das Schutzbedürfnis führt Tiere an günstigen Stellen zusammen (überwinternde Fledermäuse). Es gibt aber auch länger andauernde Zusammenschlüsse von vielen artgleichen Tieren. Eine einfache Form des sozialen Zusammenschlusses ist der **offene anonyme Verband.** Er besteht aus einer lockeren Vergesellschaftung von Tieren, die sich nicht persönlich kennen, wie z. B. die *Schwärme* der Wanderheuschrekken, Libellen, Heringe und Stare. **Offene nicht anonyme Verbände** sind Tiergemeinschaften, wie z. B. *Kolonien* von Vögeln, in denen sich die Nachbarn kennen.

Die *Tierstaaten* der Bienen, Wespen, Termiten sind **geschlossene anonyme Verbände.** Die Tiere kennen sich nicht persönlich, können aber am Nestgeruch feststellen, wer zum eigenen Staat gehört. **Geschlossene individualisierte Verbände** *(Rudel)* sind z. B. die Familienverbände der Affen, die Rudel der Wölfe oder die Gruppen der Wildschweine und der Elefanten. In solchen Verbänden kennen sich die Tiere untereinander und bilden eine *Rangordnung* aus (s. 5.4). Die verschiedenen Verhaltensweisen wie Nahrungserwerb, Schutz der Nachkommen, Brutpflege u. a. werden in der Gruppe gemeinsam betrieben. Voraussetzung für das gemeinsame und wohlgeordnete Handeln in einem solchen Verband ist die *gegenseitige Verständigung*. Im Gegensatz zu offenen Verbänden nehmen geschlossene Verbände fremde Artgenossen nicht auf.

5.2 Verständigung bei Tieren (Kommunikation)

Für die Erhaltung eines individuellen Artverbandes ist es notwendig, daß sich dessen Mitglieder untereinander durch Mitteilungen verständigen können. Dies geschieht durch Übermittlung angeborener und situationsgebundener Zeichen (Signale). Dabei werden Erregungslagen kundgegeben. Ein Kontakt zum Artgenossen läßt sich auf vielerlei Weise herstellen. Durch Lockrufe finden Schafmutter und Junges zueinander. Warnrufe von Jungvögeln signalisieren Gefahr. Hühnerküken rufen laut, wenn sie die Geschwisterschar verloren haben. Besondere Duftstoffe (Nestgeruch) oder optische Signale (auffällige Gefiederzeichnung bei Vögeln) dienen dem gegenseitigen Erkennen. Auch durch Bewegungen des Kopfes oder Schwanzes, Aufrichten der Ohren oder Sträuben der Haare, bei Delphinen auch durch Augenzwinkern, verständigen sich die Artgenossen. Solche zu optischen Signalen umgebildeten ererbten Verhaltensweisen heißen *Ausdrucksbewegungen*. Sie können entstehen durch den Vorgang der Ritualisierung.

5.2.1 Ritualisierung

Das balzende Männchen der Flußseeschwalbe bietet dem Weibchen im Flug einen gefangenen Fisch an, den es im Schnabel trägt. Das Anbieten von Futter kommt sonst nur bei der Aufzucht der Jungen vor. Beim Sexualverhalten wird dieses Verhaltenselement zu einem *besonderen Signal,* es zeigt dem Weibchen an, daß es vom Männchen umworben wird.

Beim Nestbau legt eine Gans das mit dem Schnabel aufgelesene Nistmaterial mit einer typischen Kopfbewegung über die Schulter zurück und läßt es fallen. Die Bewegung des Zurücklegens tritt schon lange vor dem Nestbau ohne Beziehung zum Nistort als Intentionsbewegung auf. Die gleiche Bewegung ist aber auch Verhaltenselement bei der Paarungseinleitung. *Sie wurde hier durch Bedeutungswandel zu einem sozialen Auslöser.* Wenn sich Stichlinge androhen, stellen sie sich, die rotgrüne Breitseite einander zugekehrt, senkrecht nach unten (s. 2.2.2, Reizsummenregel). Diese senkrechte Stellung ist aber ursprüngliches Verhaltenselement bei der Nestbauhandlung des Grubeaushebens. Sie entstand im Laufe der Stammesgeschichte vermutlich als deplazierte Handlung beim Kampf, die auf den Gegner abschreckend wirkt. So wurde sie zur Drohgebärde. Sie wird besonders an der Reviergrenze gezeigt und deutet an, daß das Revier besetzt ist und bei Bedarf auch verteidigt wird. *Man bezeichnet die Erscheinung, daß ein bestimmtes Verhaltenselement durch Bedeutungswechsel zu einem neuen, selbständigen, unverwechselbaren Verständigungsmittel unter Artgenossen wird, als Ritualisierung.*

Durch Ritualisierung wird das Register angeborener Auslöser sehr stark erweitert. Diese Erweiterung ist biologisch bedeutsam, da im Sozialleben neue Situationen auftreten können, die mitteilbar gemacht werden müssen, so z.B. die Koordinierung des gemeinsamen Jagens der Beute, die gemeinsame Brutpflege, die Abwehr von Feinden oder die Verhinderung der Tötung der Artgenossen. Ritualisierte Signalhandlungen sind so gekennzeichnet: Eine ererbte Verhaltensweise wird durch Funktionswechsel in einem anderen Verhaltensbereich zu einem neuen sozialen Signal.

Ererbte Verhaltensweisen verändern sich in ihrer Form, indem sie mimisch oder akustisch übertrieben werden. Mehrmalige Wiederholung und gerichtetes Aussenden auf den Partner erhöht ihre Wirkung als Signal.

Das ritualisierte Signal wird verselbständigt und gewinnt dadurch die Bedeutung einer neuen eigenständigen Verhaltensweise mit eigenem Antrieb und – beim Partner – mit eigenem AAM.

5.2.2 Kommunikation bei Honigbienen

Sammeln von Nektar und Pollen ist für Honigbienen lebenswichtig. Sie können sich über Richtung, Entfernung, Ergiebigkeit und Art einer Trachtquelle verständigen. Um festzustellen wie dies geschieht, hat v. FRISCH Schälchen mit Zuckerwasser als künstliche Futterquelle aufgestellt. Die zuerst an der Futterquelle ankommende Biene wurde mit einem Farbtupfer markiert. Nach ihrer Rückkehr in den Bienenstock wurde das Verhalten der markierten Biene beobachtet.

Lag die Futterquelle in unmittelbarer Nähe des Stocks, so führte die heimkehrende Sammlerin auf

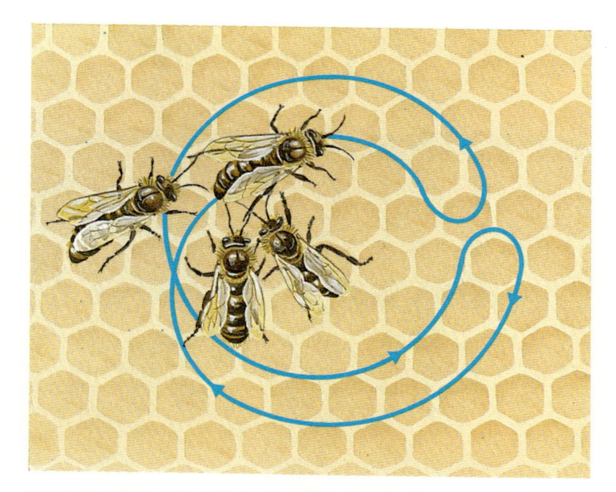

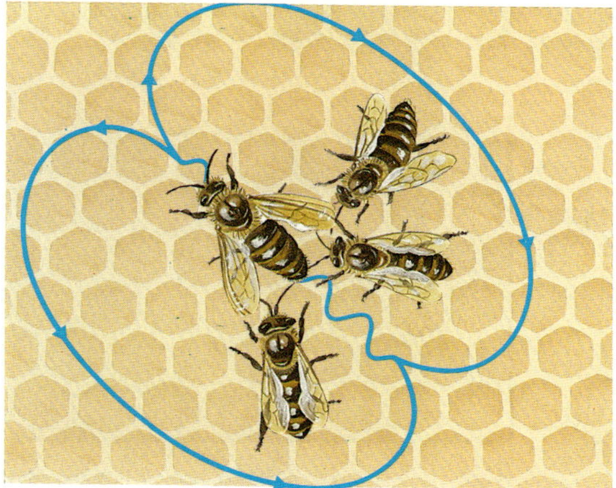

Abb. 289.1: Die Sprache der Bienen: oben Rundtanz, unten Schwänzeltanz

einer senkrecht hängenden Wabe einen *Rundtanz* auf (Abb. 289.1). Wurde das Futterschälchen immer weiter vom Stock entfernt, gingen die Tanzbewegungen bei einer Entfernung von 80 bis 100 Meter in den sogenannten *Schwänzeltanz* über. Beim Schwänzeltanz in Form einer Acht betont die Tänzerin das Mittelstück der Tanzfigur und schwänzelt dabei mit dem Hinterleib. Als Bezugsrichtung dient die Erdschwerkraft. Dabei entspricht im dunklen Stock die Lotrechte der Richtung zur Sonne beim Flug. Die Richtung des Schwänzeltanzes verläuft senkrecht nach oben, wenn die Futterquelle genau in Richtung Sonne liegt. Sie weicht um so viele Winkelgrade von der Senkrechten ab, wie der Winkelabstand zwischen der Richtung zur Futterquelle und dem Weg in Richtung Sonne beträgt (s. Abb. 290.1).

Mit zunehmender Entfernung zur Futterquelle werden die Umläufe langsamer, der Schwänzellauf des Mittelstücks aber immer ausgeprägter. Die Zahl der Umläufe je Zeiteinheit scheint also eine Entfer-

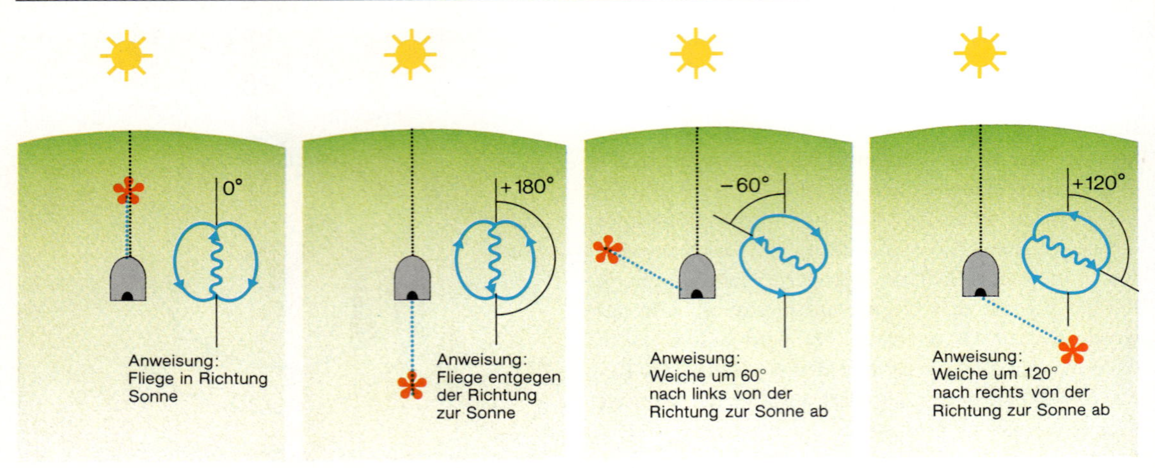

Abb. 290.1: Richtungsweisung der Bienen nach dem Sonnenstand. Die Art des Tanzes enthält noch zusätzliche Informationen über die Menge des Futters und seine Entfernung vom Stock; der Duft der Tracht enthält Informationen über die Art der Futterpflanze.

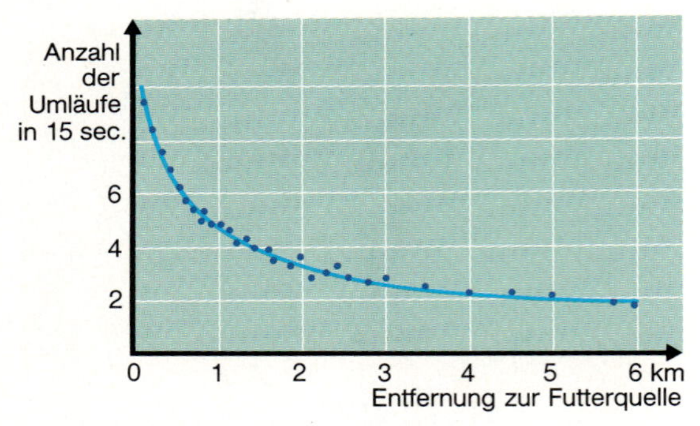

Abb. 290.2: Häufigkeit des Durchlaufens der Tanzfigur pro Zeiteinheit in Abhängigkeit von der Entfernung

nungsangabe zu sein (s. Abb. 290.2). Liegt die Futterquelle bei gleicher Entfernung vom Stock das eine Mal bergauf, das andere Mal bergab, ist die Zahl der Umläufe je Zeiteinheit beim Bergaufflug kleiner als beim Bergabflug. Es wird also nicht die absolute Entfernung, sondern die Flugleistung bis zum Erreichen des Zieles angegeben. Ähnliche Verhältnisse wurden auch bei Gegenwind beobachtet. Bei Umwegen um einen Berg wird stets die Richtung der Luftlinie zur Trachtquelle angegeben, aber die Umwegstrecke als Entfernung angezeigt. Auch wenn die Sonne z.B. durch Gebäude, Berge oder dichte Wolken verdeckt ist und nur ein kleiner Fleck blauen Himmels sichtbar bleibt, können die Bienen aus der Schwingungsrichtung des *polarisierten* Himmelslichtes den Sonnenstand erkennen. Da ihr Auge für ultraviolettes Licht sehr empfindlich ist, können sie auch bei geschlossener dünner Wolkendecke die Sonne direkt sehen. Bienen berücksichtigen bei ihrer Richtungsangabe auch die während der Sammeltätigkeit erfolgte Änderung des Sonnenstandes, die durch die Erddrehung eintritt; sie haben einen gut entwickelten Zeitsinn.

Stockgenossen übernehmen die Information der Tanzsprache, indem sie der tanzenden Biene dichtauf folgen. Da die heimgekehrte Sammelbiene auf der senkrecht hängenden Wabe tanzt, muß sie die Information über den Winkel zwischen Sonne und Flugrichtung in den Winkel zwischen der Lotrechten und der Tanzrichtung übersetzen, und die Empfängerbienen müssen diese Information ihrerseits wieder zurückübersetzen, wenn sie vom waagerechten Abflugbrett zum Sammelflug starten (vgl. Neurobiologie 5.2).

5.2.3 Sprachähnliche Kommunikation bei Schimpansen

Ob Schimpansen bei Mitteilungen Dinge bezeichnen können, wurde vom Forscherehepaar Gardner auf folgende Weise geprüft: sie brachten dem Schimpansenweibchen *Washoe* eine bildhafte Zeichensprache bei, wie sie von Taubstummen zur gegenseitigen Verständigung und auch bei der nichtverbalen »Geheimsprache« zwischen Kindern benutzt wird. Im Verlauf von 22 Monaten erlernte das Tier 34 Zeichen, denen es bestimmte Begriffe zuordnen konnte. Die Begriffe konnte es auch durch Zeichen mitteilen. Den Begriff »süß« stellte Washoe durch das Berühren der wackelnden Zungenspitze mit dem Zeigefinger dar. Er wurde immer dann signalisiert, wenn das Tier nach der Mahlzeit einen Nachtisch haben wollte oder ein Bonbon begehrte. Trinken deutete die Schimpansin durch Berühren des Mundes mit dem von der Faust abgespreizten Daumen an (Abb. 291.1) und verwendete diese Geste für die Begriffe Wasser, Arznei und Limonade. Limonade verband sie oft mit »süß«. Einem Beobachter konnte *Washoe* durch gelernte Zeichen mitteilen, was sie auf einem Bild sah. Sie kombinierte auch selbständig Zeichen, z.B. Öffnen – Essen – Trinken, wenn sie andeuten wollte, daß der Kühlschrank geöffnet werden sollte.

PREMACK lehrte die Schimpansin *Sarah,* daß Plastikstückchen von bestimmter Form und Farbe (Symbole für Worte), ein bestimmtes Objekt, eine Tätigkeit oder eine Eigenschaft bedeuten. Mit solchen Plastikfiguren, von denen jede einem bestimmten Wort entsprach, konnte z.B. folgender Satz gelegt werden: Sarah – legen – Banane – Schüssel – Apfel – Eimer (Abb. 291.2). Die Schimpansin verstand den Sinn der Kombination der Plastikfiguren, legte den Apfel in den Eimer und die Banane in die Schüssel.

Alle diese Versuche mit Schimpansen zeigten bisher, daß den Tieren beim Lernen von Begriffen enge Grenzen gesetzt sind. Die Affen können allenfalls ihre augenblicklichen körperlichen Bedürfnisse mit Symbolen ausdrücken. Abstrakte Zeitbegriffe, selbst so einfache wie »früher« und »später«, waren den Tieren nicht zu vermitteln.

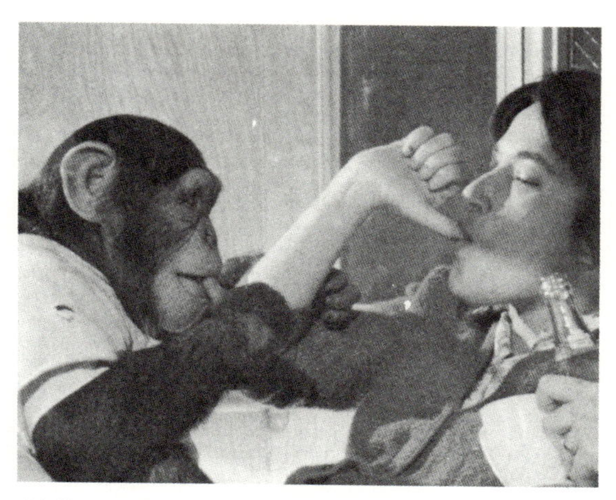

Abb. 291.1: Das Schimpansenweibchen Washoe signalisiert »Trinken« in Zeichensprache.

Abb. 291.2: Sprachähnliche Kommunikation bei der Schimpansin Sarah. Das Tier handelt gemäß der gegebenen Anweisung. Von oben nach unten gelesen bedeuten die Symbole Sarah-legen-Banane-Schüssel-Apfel-Eimer (s. Text).

5.3 Territoriales Verhalten (Revierverhalten)

Die meisten Tiere leben dauernd in einem bestimmten Gebiet. Ein Ausschnitt dieses Gebietes, in welchem sie ihre Nahrung erwerben, ihr Nest bauen, schlafen und sich fortpflanzen, wird bei höheren Tieren häufig gegen Artgenossen abgegrenzt und verteidigt. Man nennt solche Zonen *Reviere* oder *Territorien*. Verschiedene Arten, deren Artgenossen einzeln leben wie z.B. Dachs und Hamster, besetzen Einzelreviere, in Gruppen lebende Arten (Wolf, Paviane) Gruppenreviere.

Abgesehen vom Territorium beanspruchen die einzelnen Individuen auch einen Freiraum um sich. Er heißt Individualdistanz bzw. kritische Distanz. Jede Überschreitung der kritischen Distanzgrenze durch einen Artgenossen löst aggressive Reaktionen gegen diesen aus.

Säugetiere grenzen ihre Reviere oft durch *Duftmarken* aus Drüsensekreten ab, die sie an bestimmten Stellen des Reviers anbringen. Der Wolf *markiert* durch Harn, Dachs und Marder mit dem Sekret einer Drüse an ihrer Schwanzwurzel, Singvögel bedeuten mit ihrem Gesang den Artgenossen, daß ein Revier besetzt ist. Der Besitzer zeigt im Revier Kampfbereitschaft. Diese ist umso ausgeprägter, je näher er dem Zentrum seines Reviers ist. Selbst ein schwächeres Tier kann einen stärkeren Artgenossen aus seinem Revier vertreiben, da ein revierfremder Artgenosse Fluchtbereitschaft zeigt. Die Kampfstärke eines Tieres drückt sich häufig in der Größe seines Revieres aus.

Die *biologische Bedeutung* des Revierverhaltens liegt in der Sicherung des Lebensraumes für die Besetzer und ihre Jungen sowie in der Verteilung der Individuen innerhalb eines Verbreitungsgebietes. Wird das Revier von Tieren durch Überbevölkerung eingeengt, dann treten körperliche Störungen und Verhaltensänderungen auf, die sogar tödlich wirken können (*sozialer Streß,* vgl. Hormone 2.2).

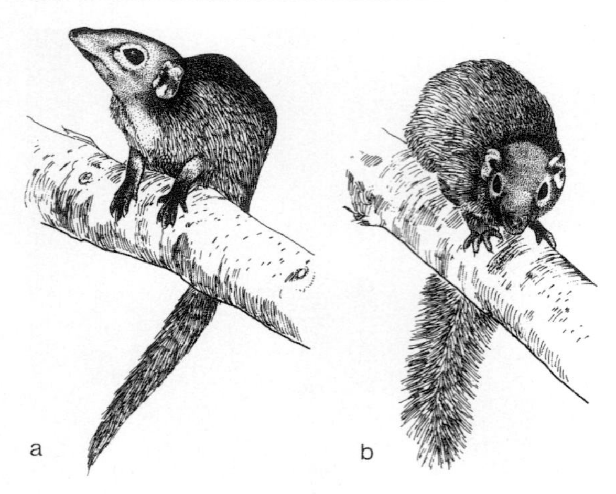

Abb. 292.1: Sträuben der Schwanzhaare beim Spitzhörnchen (Tupaja) als Zeichen für sozialen Streß

Diese Erscheinung wurde an Spitzhörnchen untersucht (Abb. 292.1). Wenn die Tiere in einem Gehege fortwährend Artgenossen um sich haben, denen sie nicht ausweichen können, sterben sie nach kurzer Zeit durch Versagen der Nieren infolge Bluthochdrucks. Bei erwachsenen Weibchen ist die Funktion der Milchdrüse und damit die Fähigkeit zum Säugen gestört, die Duftdrüse zum Duftmarkieren der Jungen scheidet kein Sekret mehr ab, und die nicht duftmarkierten Jungen werden von Artgenossen aufgefressen. Außerdem tragen trächtige Weibchen ihre Jungen nicht mehr aus. Beim Männchen verzögert sich die Entwicklung der Hoden. Diese Vorgänge verringern die Anzahl der Nachkommen so weit, daß jedem überlebenden Tier die erforderliche Reviergröße wieder zur Verfügung steht. Auf diese Weise kommt es zur Regulierung der Populationsdichte.

5.4 Rangordnungsverhalten

In vielen individualisierten Verbänden von Wirbeltieren (Affen, Wölfe, Dohlen, Hühner) besteht eine Rangordnung, in welcher jedes Mitglied seinen bestimmten Platz einnimmt. Bringt man Haushühner, die sich nicht kennen, zu einer Schar zusammen, fangen sie zu kämpfen an. Jedes Huhn ficht nach und nach mit jedem anderen und merkt sich, wen es besiegte und gegen wen es verlor. In der Folgezeit hackt es die Unterlegenen, wenn sie ihm nicht Platz machen, vor den Siegern drückt es sich. Das ranghöchste Tier bezeichnet man als α-Tier. Die *Rangordnung* (in der Hühnerschar »Hackordnung«) wird allgemein durch Kämpfe festgelegt, bei denen Kraft, Geschicklichkeit und Kampfbereitschaft über den Ausgang entscheiden. Durch Gaben des männlichen Sexualhormons Testosteron konnte man die Kampfbereitschaft von Tauben erhöhen; sie verbesserten daraufhin ihren Platz in der Rangordnung und vergrößerten ihr Revier innerhalb der Kolonie. Durch Entwicklung einer Rangordnung wird sichergestellt, daß das stärkste und gewandteste Tier die Führung der Gruppe übernimmt. Dies gilt z.B. für Wölfe, Pferde und Dohlen. Bei Affen sind die Führer der Gruppe meist erfahrene Alttiere, die sich oft durch ein auffallendes »Altersprachtkleid« auszeichnen und trotz verminderter Körperstärke von den Gruppenmitgliedern respektiert werden.

Die Rangordnung ist nicht auf Dauer festgelegt. Es kommt zu Rangordnungskämpfen, wenn Gruppenmitglieder nach oben drängen. Der soziale Status der einzelnen Mitglieder kann auch kampflos wechseln. Rangniedere Pavianweibchen rücken in ihrem Rang auf, wenn sie Junge haben. Bei Dohlen und Rhesusaffen erhält ein rangniederes Weibchen, das sich mit einem ranghöheren Männchen paart, die soziale Ranghöhe des Männchens. Töchter von ranghohen Rhesusweibchen werden in der Gruppe der Jungtiere nach dem Rang der Mutter eingestuft.

Die soziale Stellung des Mitgliedes eines Verbandes kommt in dessen Körperhaltung (Abb. 293.1) oder auch in besonderen, meist ritualisierten Verhaltensweisen (Abb. 293.2) zum Ausdruck.

Sowohl die Gesamtgruppe als auch einzelne Mitglieder haben von einer etablierten Rangordnung Vorteile: Sie wirkt aggressionshemmend (s. 5.4.2). Im Normalfall sind daher Auseinandersetzungen innerhalb der Gruppe selten. Treten dennoch Kämpfe auf, so greifen bei verschiedenen Arten Ranghöhere ein und beendigen sie *(Förderung der Gruppenstabilität)*. Um die kräftigen und geschickten ranghohen Tiere vereinigt sich die Gruppe bei Gefahr von außen *(Schutzfunktion)*. Ranghohe Männchen haben in vielen Fällen die meisten Nachkommen *(Fortpflanzungsvorteil)*.

5.4.1 Aggression und Aggressionsauslösung

Unter *Aggression* versteht man in der Verhaltensforschung einen Angriff auf ein anderes Lebewesen. Die Bereitschaft zu kämpfen heißt *Aggressivität*. Aggression kann gegen eigene Artgenossen (intraspezifische Aggression) oder gegen Artfremde (interspezifische Aggression) gerichtet sein. Aggressives Verhalten tritt in den verschiedensten Verhaltenssituationen auf und kann im Dienste *verschiedener Antriebe* stehen, wie die folgenden Beispiele zeigen.

Abb. 293.1: Körperhaltung als Zeichen des Ranges bei Rhesusaffen.
a) Gang eines dominanten und
b) eines niederrangigen Männchens

Abb. 293.2: »Präsentieren« beim Mantelpavian als Ausdruck eines niedrigeren Ranges. Ritualisierte Verhaltensweise; ursprüngliche Bedeutung: Anzeigen der Paarungsbereitschaft durch das Weibchen

Aggression im Dienste der Feindabwehr. Viele Beutetiere wehren sich gegen den Angreifer mit einem Gegenangriff, wenn sie auf der Flucht eingeholt oder in die Enge getrieben werden. Beim Menschen spricht man vom »Mut der Verzweiflung«.

Aggression im Dienste der Revierverteidigung. Sie äußert sich in den Revierkämpfen all der Tiere, die ein Revier abgrenzen und verteidigen. Die Aggressivität nimmt ab, je weiter der Besitzer vom Zentrum seines Reviers entfernt ist.

Aggression im Dienste der Hierarchiebildung. Der Antrieb für dieses Verhalten dient dem Behaupten einer erreichten Rangstufe oder dem Erringen einer höheren Rangstufe innerhalb der sozialen Rangordnung in der Gruppe.

Aggression im Dienste der Gruppenverteidigung. In Gruppen lebende Tiere greifen auf den Angstschrei eines Mitglieds kollektiv den Gruppenfeind an. Auf Tiere, die zwar den Angstschrei nicht gehört haben, aber das aggressive Verhalten der Gruppenmitglieder wahrnehmen, wird die Angriffsstimmung übertragen; sie greifen mit an. Gruppenaggression wirkt ansteckend auf Artgenossen. Sie endet mit der Vertreibung oder Tötung des Gegners, tötungshemmende Verhaltensweisen bleiben wirkungslos.

Aggression gegen den Gruppenaußenseiter *(Ausstoßungsreaktion).* Artgenossen, die nicht dem normalen Artbild entsprechen, werden von anderen Artgenossen angegriffen und bisweilen getötet. Betupft man den roten Kamm eines Huhns mit einem Farbfleck, löst diese geringe Veränderung sofort die Ausstoßungsreaktion aus. Altvögel greifen unsicher fliegende Jungvögel an, so daß diese abstürzen. Kranke und sich abnorm verhaltende Jungtiere von Raubkatzen werden vom Muttertier getötet. Unterlassen überfütterte Jungvögel die Sperreaktion, werden sie von den fütternden Elternvögeln wie tote Junge aus dem Nest geworfen.

5.4.2 Aggressionshemmung

Im Laufe der Stammesgeschichte haben sich Kontroll- und Hemmungsmechanismen entwickelt, die eine schwere Verletzung oder gar Tötung des Artgenossen vermeiden. Vor Beginn eines Rivalenkampfes oder an Reviergrenzen zeigen die Kontrahenten Drohverhalten, das oft einen Kampfpartner zum Rückzug veranlaßt. Beim Drohen oder Imponieren wird meist der Körperumriß vergrößert (Sträuben der Haare, Breitseite zeigen, Aufplustern) oder die Körperwaffen (Hörner, Zähne, Scheren) werden gezeigt.

Grußzeremonielle können die Aggressivität bremsen. Schimpansen umarmen sich und berühren sich gegenseitig mit den Lippen, wenn sie Bekannten begegnen. Die Umarmung ist aus der kindlichen Klammerreaktion, das Lippenberühren aus der Mund-zu-Mund-Fütterung zwischen Mutter und Jungem abzuleiten. Auch die Bettelbewegung des Schimpansen – gestreckter Arm mit nach oben offener Hand – ist zugleich eine Grußzeremonie. Wenn ein Schimpanse dem Anführer der Gruppe begegnet, streckt er ihm den Arm entgegen und der Anführer antwortet ihm, indem er seine Hand darauf legt. Mit der gleichen Geste sichern sich Schimpansen auch das Einverständnis des Gruppenführers, wenn sie von der gemeinsamen Futterstelle Nahrung holen wollen (vgl. Ritualisierung, 5.2.1). Rivalenkämpfe laufen oft in Form von Turnierkämpfen (Kommentkampf) nach festen Regeln ab. Wenn sich zwei Eidechsenmännchen während der Balzzeit begegnen, nehmen sie eine Imponierhaltung an, indem sie mit der Breitseite und nach unten abgeknicktem Kopf ruckartig aufeinander zulaufen. Anschließend beißen sie sich abwechselnd in den Hinterkopf (s. Abb. 294.1), bis einer durch eine Demutsgeste – Ducken und schnelles Auf-der-Stelle-Treten (ritualisierte Flucht) – erkennen läßt, daß er den Kampf aufgibt. Der Kampfantrieb des überlegenen Partners wird durch diese Demutshaltung gehemmt; er stellt den Beißkampf ein und läßt den Unterlegenen flüchten. Wie beim »Kommentkampf« der Eidechsen beobachtet man bei vielen anderen Tierarten eine Tötungshemmung, die durch Signale automatisch ausgelöst wird. Der im Kampf schwächere Hund wirft sich auf den Rücken. Der »Sich-Unterwerfende« fällt gewissermaßen in die Rolle eines Welpen und blockiert damit die Angriffslust des »Überlegenen«. Krähen töten Beutevögel durch Hacken in den Hinterkopf. Bei Kämpfen zwischen Artgenossen hält der Schwächere dem Sieger den Hinterkopf hin, und sofort ist dessen Aggression so lange blockiert, wie der Unterlegene in der Demutsstellung verharrt. Gerade bei Arten mit gefährlichen Waffen (Gebiß, Geweih, Hörner) oder ausgeprägtem Aggressionsverhalten beobachtet man solche Tötungshemmungen; sie sind für die Erhaltung der Art von großer Bedeutung. Bei manchen Arten wirkt die Tötungshemmung allerdings nur gegenüber Mitgliedern der eigenen Gruppe (z. B. Rudel von Löwen, Wanderratten), nicht aber gegenüber gruppenfremden Artgenossen.

Abb. 294.1: Das Gefecht zwischen rivalisierenden Eidechsenmännchen besteht in einem ungefährlichen Kneifen in den Hinterkopf des Gegners.

5.5 Die soziobiologische Betrachtungsweise am Beispiel der Jungen-Fürsorge

Viele Verhaltensweisen (z. B. Rivalenkampf, Brutpflege) können für ein Tier sowohl Vor- als auch Nachteile haben. Die Nachteile können verschieden groß sein und deshalb das Überleben des Individuums oder seinen Fortpflanzungserfolg unterschiedlich beeinflussen. Man muß im Einzelfall prüfen, welche »Kosten« ein Verhalten verursacht und ob der »Nutzen«, den es bringt, diese »Kosten« übersteigt. Zu den »Kosten« zählen z. B. Energieaufwand, Zeitaufwand, Risiken, zum »Nutzen« z. B. Energiegewinn, Zeitgewinn, Feindabwehr, Verbreitung des eigenen Erbgutes.

Bei Brutpflege und Jungen-Fürsorge kommt eine *Kosten/Nutzen-Analyse* stets zu folgendem Ergebnis: Den Eltern entsteht ein erheblicher Energieaufwand und ihre Lebenserwartung wird im Mittel herabgesetzt. Dieser Nachteil wird dadurch aufgewogen, daß die Wahrscheinlichkeit der Nachkommen erhöht wird, ihrerseits zur Fortpflanzung zu gelangen und so die Verbreitung des elterlichen Erbgutes zu fördern. Mit zunehmendem Alter der Jungen steigen allerdings die »Kosten« der Eltern und der »Nutzen« der Brutpflege nimmt ab.

Je älter z. B. ein Säugetierjunges wird, desto höher wird nämlich auch sein Nahrungsbedarf, dementsprechend steigen die »Kosten« der Milchproduktion durch die Mutter. Andererseits nimmt die Fähigkeit des Jungen zu, auch andere Nahrung zu verwerten, so daß seine Überlebenschance immer weniger von der Muttermilch abhängt. Im gleichen Maße nimmt der »Nutzen« des Säugens aus der Sicht der Mutter ab. Schließlich kommt der Zeitpunkt, zu dem es für die Mutter vorteilhafter ist, die verfügbare Energie in weitere Nachkommen zu investieren, das Junge wird »entwöhnt«. Das gruppendienliche Verhalten der Säugermutter ist angeboren. Es ist ein Beispiel für die *»Ökonomie der Natur«* und läuft nur unter der Bedingung ab, daß der »Eigennutz« den Aufwand übersteigt. Auf diese Weise wird Verbreitung des eigenen Erbgutes bestmöglich gefördert (vgl. Evolution 2.5). Dementsprechend sorgen wildlebende Tiere normalerweise nicht für fremde Nachkommenschaft. So wird bei Säugern, die in Herden leben, ein verwaistes Junges von fremden Muttertieren nicht gesäugt und kommt um.

Aufgrund einer Kosten/Nutzen-Analyse lassen sich auch scheinbar krankhafte Reaktionen als Anpassungen interpretieren, die den Fortpflanzungserfolg erhöhen. Als Beispiel sei das Schwein betrachtet. Ein Mutterschwein hat normalerweise 8 bis 11 Junge. Wenn sich 12 Tage nach der Befruchtung der Eizellen weniger als 5 Embryonen entwickeln, so erfolgt durch Hormonwirkung deren Abstoßung (Abortus), und das Tier wird wieder brünstig, so daß es alsbald wieder trächtig werden kann. Die Tragzeit dauert beim Schwein 115 Tage, die Säugezeit etwa 50 Tage. Der frühe Abbruch einer »unrentablen« Trächtigkeit schützt das Tier davor, 5 Monate als uneffektive Mutter zu verbringen.

Auch der Aufwand, den männliche Tiere für den Nachwuchs treiben, stellt sich bei einer Kosten/Nutzen-Analyse als eigennützig heraus. So steht den nicht unerheblichen »Kosten« von Kämpfen um ein Weibchen oder einen Harem wieder der »Nutzen« des eigenen Fortpflanzungserfolges gegenüber. Dieser wird gemindert, wenn auch Junge des im Kampf Unterlegenen mit versorgt werden. So überrascht es nicht, daß z. B. bei Löwen, Affen und Nagetieren die Lebenserwartung der bereits vorhandenen Jungen deutlich sinkt, wenn Weibchen von einem neuen Männchen übernommen werden. Manchmal bringt dieses die Kinder seines Vorgängers einfach um.

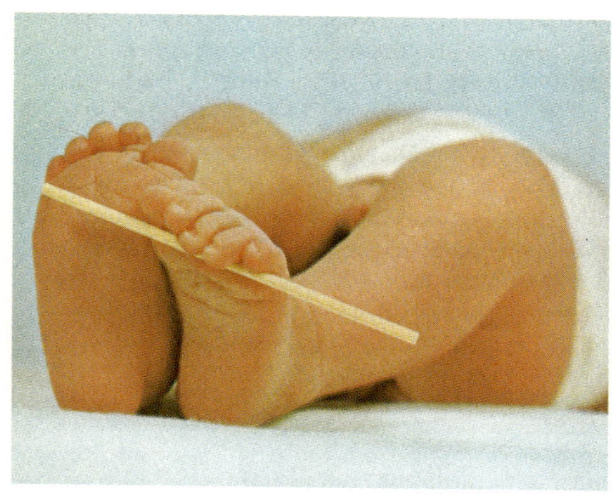

Abb. 295.1: Greifreflex beim Neugeborenen

6. Verhaltensbiologie des Menschen

Der Mensch ist Natur- und Kulturwesen zugleich. Sein vielfältiges und anpassungsfähiges Verhalten ist einerseits von Lernvorgängen, Einsicht und Willen bestimmt, andererseits aber auch durch ererbte Anlagen. Als Naturwesen besitzt der Mensch Gemeinsamkeiten mit anderen Lebewesen in anatomischer, physiologischer und verhaltensbiologischer Hinsicht. Als Kulturwesen nimmt er eine Sonderstellung ein, die z. B. in Wissenschaft, Technik, Kunst, Moral und Religion zum Ausdruck kommt. Nur der Mensch besitzt eine erlernte Wortsprache, in der er die Schöpfungen der Kultur beschreiben und die Beschreibungen an kommende Generationen übertragen kann. Zum Naturwesen des Menschen gehört das Leben in Gruppen, der Mensch ist ein soziales Lebewesen. Die Gruppe bietet Schutz, Sicherheit, ermöglicht Arbeitsteilung und kommt auch in gleichem Maße den elementaren Bedürfnissen und Erwartungen des Menschen nach Kommunikation, persönlicher Zuwendung, gefühlsmäßig gewünschten Beziehungen, Treue und Hilfsbereitschaft entgegen. Gerade der Umgang der Menschen untereinander wird durch erbliche Antriebe und Reaktionen mitbestimmt. Den einzelnen ist dies in der Regel nicht bewußt. *Die Einsicht in die biologische Basis des menschlichen Verhaltens kann aber dazu beitragen, gerade destruktives Sozialverhalten durch Vernunft zu überwinden.*

6.1 Methoden zum Nachweis ererbten Verhaltens beim Menschen

Die von der Verhaltensforschung an Tieren gewonnenen Ergebnisse sind nicht ohne weiteres auf den Menschen übertragbar und die dazu entwickelten Methoden aus ethischen Gründen in der Regel nicht anzuwenden. Deshalb sind für die Untersuchung von ererbten menschlichen Verhaltensanteilen besondere Methoden erforderlich.

Beobachtungen an Kindern, die von Geburt an taubblind sind. Diese Kinder können nicht durch Nachahmung lernen (vgl. 4.1). Mimische und evtl. akustische Reaktionen, wie sie beim Lachen, Weinen, Schmollen, bei Zorn und Ärger an gesunden Kindern zu beobachten sind, lassen sich in gleicher Weise bei taubblinden Kindern feststellen (s. Abb. 298.2). Sie dürften daher ererbt sein.

Der Vergleich verschiedener Kulturen (Stammes- und Hochkulturen) ergibt übereinstimmende Ausdrucksbewegungen beim Grüßen, Erstaunen, Flirten, bei Zuneigung und Verachtung; auch Rangordnung, Aggression, Droh- und Imponiergebärden sind in ihren Grundzügen ähnlich.

Untersuchungen an Säuglingen. Bei diesen sind schon von Geburt an komplizierte Reflexe (Saug- und Greifreflex s. Abb. 295.1) sowie Stimmfühlungslaute voll entwickelt. Sie erkennen menschliche Gesichter, im Alter von 5 bis 6 Monaten beginnen sie zu »fremdeln«, auch wenn sie mit Fremden noch keine unangenehme Erfahrung gemacht haben.

Beim Vergleich von Affen und Menschen lassen sich Gemeinsamkeiten im Verhalten beobachten (z.B. Handgeben, Küssen, Drohen, Imponieren). Bei diesen Verhaltensweisen kann es sich um Homologien, d.h. gemeinsames Erbe, handeln. Sie können aber auch durch Konvergenz (s. Evolution 3.1) entstanden sein. Der Wert solcher vergleichenden Verhaltensbeobachtungen liegt auch darin, daß sie die Richtung angeben, in der beim Menschen nach ererbten Verhaltensweisen zu suchen ist.

6.2 Verhalten und Sozialbindung beim Säugling. Kontaktbindung und individuelle Bindung (Mutter-Kind-Bindung, personale Bindung)

Der Säugling ist schon ein soziales Wesen wie der erwachsene Mensch. Er kommt mit offenen Sinnespforten zur Welt, kann aber der Mutter nicht nachfolgen oder sich an ihr festklammern, wie es ein Affenkind als *aktiver Tragling* (Abb.296.1) tut, obwohl beim menschlichen Säugling die entsprechenden Greifreflexe noch funktionieren. Als *passiver Tragling* (Abb.296.2) ist der Säugling auf die Hilfe der Mutter angewiesen. Zu den ersten Kontakten zur Umwelt gehören der enge Hautkontakt mit der Mutter, die Suche nach der Mutterbrust und das Saugen.

Die Kontaktaufnahme und Betreuungsreaktion durch die Mutter löst der Säugling durch einen ererbten Stimmfühlungslaut sowie eine besondere Form des Weinens aus, das er auch bei Schmerzfreiheit und Sättigung äußert. Der betreuende Kontakt wird zusätzlich über die Wirkung des Kindchenschemas (s. S.278) noch verstärkt. Diese in den ersten Lebenswochen erfolgende *Kontaktbindung* wird ab dem zweiten Lebensmonat ergänzt von einer Art Gefühlsbindung oder *individuellen Bindung* an die den Säugling dauernd betreuende Person, die meistens die eigene Mutter ist. Deshalb wird diese Form der Bindung auch *Mutter-Kind-Bindung* genannt. Der Säugling wendet sich aktiv der betreuenden Person zu, lächelt sie an und beruhigt sich schnell, wenn sie anwesend ist. Im Laufe der nächsten Monate lernt er das Gesicht der betreuenden Person von anderen Gesichtern zu unterscheiden und beginnt dann fremde Gesichter abzulehnen (»Fremdeln«). Die Mutter (die betreuende Person) wird damit zur *Bezugsperson* für den Säugling, die individuelle Bindung ist vollzogen. Dieser Vorgang scheint ähnlich der Prägung bei Tieren (s. S.285) zu sein. Deshalb spricht man auch von einem *prägungsähnlichen Vorgang* beim Säugling. Dieser Vorgang läuft offensichtlich besonders intensiv in einer sensiblen empfindlichen Phase zwischen dem zweiten und sechsten Lebensmonat ab. Für einen prägungsähnlichen Vorgang spricht auch, daß die individuelle Bindung nach dem ersten Lebensjahr kaum noch möglich ist, und daß sich selbst bei Mißhandlung des Kindes durch die Bezugsperson die Bindung kaum lockert. Diese frühe Bindung des Säuglings an die Bezugsperson ist wahrscheinlich die Grundlage eines gefühlsmäßigen festen Vertrauens zu ihr. Die Stiftung dieses *Urvertrauens* ist möglicherweise ein entscheidender Schritt in der Sozialisation des Säuglings und damit in seiner gesunden körperlichen und psychischen Entwicklung. Es fördert wahrscheinlich das Erlernen der menschlichen Sprache sowie das Lernen durch Erkunden, Spielen und Nachahmen als

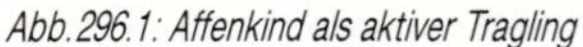

Abb.296.1: Affenkind als aktiver Tragling

Abb.296.2: Säugling des Menschen als passiver Tragling

Voraussetzung manueller und intellektueller Fähigkeiten (Abb. 297.1). Damit wird auch die Eigenständigkeit des Kindes und seine Entfaltung zu einer eigenständigen Persönlichkeit gefördert.

6.3 Störung der individuellen Bindung. Psychischer Hospitalismus

Die Verhinderung der individuellen Bindung führt oft zu schweren körperlichen und psychischen Störungen des Kindes, die der Psychiater SPITZ untersucht hat. Ihm war aufgefallen, daß zwischen den Säuglingen des Säuglingsheims einer Frauenstrafanstalt und den Säuglingen eines Findelhauses große Verhaltens- und Entwicklungsunterschiede bestehen. Im Säuglingsheim wurden die Säuglinge individuell von ihren Müttern betreut, im Findelhaus dagegen von ständig wechselndem Pflegepersonal. Außerdem waren im Findelhaus die Trennwände der Bettchen mit Tüchern verhängt, so daß die Säuglinge weitgehend von der Umwelt isoliert waren. Sie zeigten durch das Fehlen einer festen Bezugsperson und von Entwicklungsanreizen psychische und körperliche Entwicklungsstörungen, die als *Hospitalismus* bezeichnet wurden. Die Säuglinge waren depressiv und weinerlich, litten an Schlaflosigkeit und Gewichtsverlust, sie verweigerten den Kontakt, waren anfällig für Krankheiten, der Gesichtsausdruck war leer und starr, die Bewegungen waren verlangsamt und die geistige Entwicklung blieb hinter der von Kindern mit individueller Bindung zurück. Die Auswirkungen der gestörten individuellen Bindung beruhen wahrscheinlich auf dem Fehlen des Urvertrauens. Die im ersten Lebensjahr entstandenen Störungen beeinflussen die gesamte weitere Entwicklung des Kindes.

Die praktische Konsequenz aus diesen Erkenntnissen war die Einführung des »Babyjahres«, das berufstätige Mütter oder Väter in Anspruch nehmen können, um ein ungestörtes Aufwachsen des Säuglings zu ermöglichen.

6.4 Aggressionsverhalten beim Menschen

Aggressionsverhalten tritt beim Menschen in vielen Situationen auf: Es wird z.B. eingesetzt zum Schutz der Nachkommen, zur Festigung oder Änderung einer Rangordnung in der Gruppe, zum Schutz oder zum Raub von Besitz, zur Durchsetzung bestimmter Verhaltensregeln in Familie, Gesellschaft und Staat und zur Verteidigung oder Eroberung eines Territoriums, also allgemein zur Durchsetzung eines Zieles

Abb. 297.1: Lernen durch Spielen

gegen den Widerstand anderer. Vergleichende Studien zeigen, daß auch Naturvölker Aggressionsverhalten zeigen und selbst die als friedlich geltenden Jäger- und Sammlervölker bewaffnete Auseinandersetzungen um Jagd- und Sammelgründe führen (s. 6.7). Das universale Auftreten des Aggressionsverhaltens beim Menschen sowie entsprechende Verhaltensweisen bei den uns nächstverwandten Primaten legen die Vermutung nahe, daß es sich um eine stammesgeschichtliche Anpassung handelt. Wenn Aggression *erblich* ist, bedeutet dies nicht, daß wir ihr schicksalshaft ausgeliefert wären bis zur Selbstzerstörung. Vielmehr gilt: »Wir haben gute Gründe, die intraspezifische Aggression in der gegenwärtigen kulturhistorischen und technologischen Situation der Menschheit für die schwerste aller Gefahren zu halten. Aber wir werden unsere Aussichten, ihr zu begegnen, gewiß nicht dadurch verbessern, daß wir sie als etwas Metaphysisches und Unabwendbares hinnehmen, vielleicht aber dadurch, daß wir die Kette ihrer natürlichen Verursachung verfolgen« (KONRAD LORENZ).

Psychologische Untersuchungen haben gezeigt, daß Aggressionsverhalten auch *erlernt* werden oder als Folge von Frustration auftreten kann. Die verschiedenen Theorien, die auf diesen Forschungen aufbauen, heben jeweils einen besonderen Aspekt der Genese von Aggression hervor, schließen einander aber nicht aus.

Nach der **Frustrations-Aggressionstheorie** führt eine Behinderung zielgerichteten Verhaltens (= Frustration) zu Aggression. Das aggressive Verhalten steht demnach im Dienste anderer Verhaltensbereitschaften, z.B. der Fortpflanzung, Ernährung, Bewegung. So kann es vorkommen, daß ältere Kinder, die

Abb. 298.1: Jungen des Volkes der Janomami, eines Indianervolkes in Venezuela, ahmen im Spiel das Vorbild ihrer kriegerischen Väter nach (Szenen aus einem Film von EIBL-EIBESFELDT).

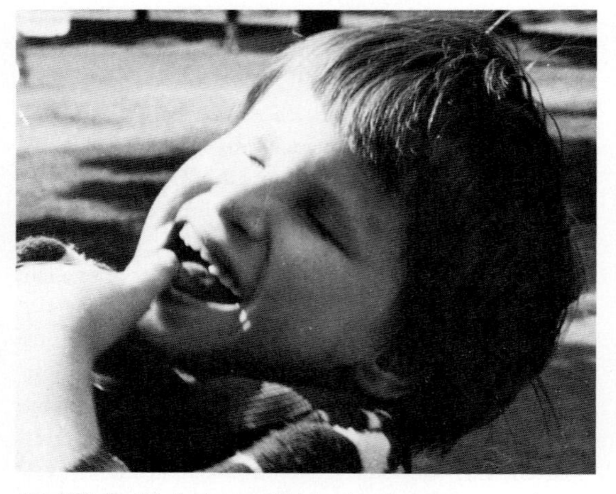

Abb. 298.2: Taubblind geborenes Mädchen (aus EIBL-EIBESFELDT)

noch gestillt werden, ihre Mutter schlagen, wenn sie ihnen die ersehnte Brust verweigert.

Inzwischen konnte auch experimentell nachgewiesen werden, daß Frustrationen direkt aggressives Verhalten hervorrufen können. Für die Behauptung, frühkindliche Frustrationen (Abstillen, Erziehung zur Sauberkeit, Behinderung der kindlichen Sexualität) würden zu aggressivem Verhalten in der Jugend und im Erwachsenenalter führen, konnten bisher allerdings keine Beweise erbracht werden.

Nach der **lerntheoretischen Theorie der Aggression** wird aggressives Verhalten erlernt bzw. anerzogen. Offensichtlich spielt Lernen eine wichtige Rolle bei der Ausbildung menschlichen Aggressionsverhaltens, und zwar besonders dann, wenn die Aggressionen von Erfolg gekrönt sind. Besteht eine feste Bindung an die Eltern, so wird vor allem deren Vorbild nachgeahmt, sei es, daß diese sich überwiegend friedlich oder aggressiv verhalten (Abb. 298.1). Der Mensch lernt auch, wen er als Feind der eigenen Gruppe zu betrachten hat, und von wem und in welcher Situation seine Aggression geduldet wird. Schließlich kann er sich auch beherrschen. Aus der Sicht der lerntheoretischen Theorie ist die Darstellung von Aggressionen in Videofilmen oder auch im Fernsehen insbesondere für Jugendliche bedenklich.

Die **ethologische Aggressionstheorie** geht davon aus, daß das Aggressionsverhalten des Menschen ein Ergebnis stammesgeschichtlicher Anpassung und damit erblich ist. Durch entsprechende Untersuchungen konnte z. B. nachgewiesen werden, daß solche Anpassungen im Bereich der Sinneswahrnehmungen und der Körperbewegungen vorliegen. Beispielsweise bewirkt beim Menschen der schrille Notschrei eines Kindes oder auch eines Erwachsenen aggressive Hilfsaktionen. Vergleichbares kann man bei nichtmenschlichen Primaten feststellen. Taubblinde Menschen äußern Ärger genauso wie andere, obwohl sie die Bewegungen, mit denen sie Wut ausdrücken, bei ihren Mitmenschen nicht abgeschaut haben können: Sie ballen die Fäuste, stampfen auf den Boden, beißen die Zähne aufeinander und blecken sie, auch legen sie die Stirn in senkrechte Falten. Dieses Verhalten würde man bei Gesunden als Ausdruck der Aggression deuten, es tritt bei Menschen aller Kulturen und sogar bei Menschenaffen auf. Auch die Fähigkeit, aggressives Verhalten zu erlernen bzw. auf Frustrationen hin aggressiv zu reagieren, ist ein Ergebnis der stammesgeschichtlichen Anpassung des Menschen. Die ethologische Aggressionstheorie schließt somit die beiden erstgenannten Theorien ein, sofern diese nicht einen ausschließlichen Erklärungsanspruch erheben. Aus der ethologischen Theorie folgt aber nicht, daß der Mensch seine Aggressionen nicht beherrschen könne, oder daß er diesen schicksalhaft ausgeliefert sei. Ihre Vertreter heben vielmehr hervor, »daß die Aggression der erzieherischen Kontrolle nicht allein zugänglich ist, sondern ihrer sogar dringend bedarf, da die angeborenen Aggressionskontrollen als Sicherungen nicht ausreichen« (EIBL-EIBESFELDT).

6.5 Aggressionshemmung

Wie bei Tieren gibt es auch beim Menschen aggressionshemmende oder -abblockende Verhaltensweisen. Zu ihnen gehören Lächeln und Grußgebärden (Darreichen der Hand, Umarmung, Kuß), durch die wir den Wunsch nach vertrauensvollen und freundlichen Beziehungen deutlich machen. Aggressionsdämpfend wirkt auch das Senken des Blickes, dagegen wird Anstarren als Drohung gedeutet: sogar bei einer zwanglosen Unterhaltung blickt man seinem Gegenüber nicht ständig in die Augen, dies vermeidet vor allem derjenige, der gerade spricht. Aggressive Tendenzen eines Menschen können auch durch Imponier- und Drohhaltung gedämpft werden (Aufrichten vor dem Kontrahenten, drohender Gesichtsausdruck). Dabei besteht allerdings die Gefahr einer wechselseitigen Steigerung des aggressiven Verhaltens.

Auch »Unterwerfung« wirkt aggressionsabblockend. Sie äußert sich u.a. im Senken des Kopfes, der häufig zusätzlich seitlich geneigt wird, sowie in Blickvermeidung und Schmollen. Besteht eine persönliche Bindung zwischen zwei Streitenden, so kann auch die Androhung des Kontaktabbruchs die Aggression wirksam abblocken. Der Angegriffene wendet dem Angreifer den Rücken zu, verweigert den Blickkontakt oder droht mit Worten (»Mit dir spiel' ich nicht mehr«).

Starken Aggressionen stehen angeborene, aggressionshemmende Ausdrucksformen (Weinen, Schreien) oder durch kulturelle Gewohnheiten gefestigte und überlieferte Demutsgebärden (Kniefall, Hochheben der Hände, Verbeugen, Gesten der Hilflosigkeit) gegenüber.

Die hier beschriebenen Arten der Aggressionshemmung findet man bei Menschen aller Kulturen, wenn auch in unterschiedlicher kultureller Ausformung. Daher liegt der Schluß nahe, daß die zugrunde liegenden Mechanismen erblich sind. Beim Menschen funktionieren die aggressionshemmenden Mechanismen aber nicht mehr mit der gleichen Verläßlichkeit wie bei vielen Tieren. Dies gilt vor allem dann, wenn persönliche Bindungen zwischen den Gegnern nicht existieren (anonyme Gesellschaften). Wenn bei Anwendung weitreichender Waffen der persönliche Kontakt zwischen den Kämpfern fehlt, können tötungs- und aggressionshemmende Auslöser nicht mehr wirksam werden. Angesichts der Bedrohung der Menschheit mit Atomwaffen kommt dieser Tatsache existentielle Bedeutung zu.

Abb. 299.1: Symbole des sozialen Status. Sie gehören zu zwei Personen von unterschiedlich hoher Stellung der sozialen Rangfolge.

6.6 Rangordnungsverhalten in der Gruppe

In Menschengruppen beobachtet man durchweg eine hierarchische Ordnung. Selbst Gesellschaften, die das Ideal der Gleichheit aller zu verwirklichen suchen, werden von Führungskadern geleitet (s. z.B. das China Mao Xe Dongs). Bereits in Gruppen Zweijähriger bilden sich regelmäßig Rangordnungen aus. Das Verhalten der Kinder stimmt so auffällig mit dem Rangordnungsverhalten nichtmenschlicher Primaten (z.B. Schimpansen) überein, daß man ein gemeinsames stammesgeschichtliches Erbe für wahrscheinlich ansehen darf. Bei Erwachsenen wird die Rangstellung oft durch Rangabzeichen und Statussymbole wie Orden, Ornat, Prachtuniform, Schmuck, Automarke usw. zur Schau gestellt (Abb. 299.1). Selbst Rangniedere ahmen bei Volksfesten (Schützenkönig, Weinkönigin, Karnevalsprinz) durch Anlegen von Status- und Rangsymbolen Ranghöhere nach und befriedigen dadurch ersatzweise ihr Rangstreben. Ranghohe genießen »Ansehen«, auf sie werden am häufigsten Blicke geworfen, auch merkt man auf und hört zu, wenn sie sprechen. Das unterwürfige Verhalten Rangniederer kann sich zu blindem Gehorsam steigern.

Dazu machte der Amerikaner MILGRAM die folgenden Versuche: Er holte 280 willkürlich ausgewählte Personen verschiedener Berufsgruppen und täuschte ihnen vor, daß er sie als »Lehrer« für ein Experiment benötige, bei dem untersucht werden solle, ob der Mensch unter dem Eindruck immer härterer Strafen besser oder schlechter lernt. Der »Lehrer« mußte in Anwesenheit des Versuchsleiters Fragen an »Schüler« stellen und jede falsche Antwort mit einem elektrischen Strafreiz steigender Stärke ahnden. Die »Schüler« waren Mitarbeiter des Versuchsleiters. Den »Lehrern« wurde gesagt, die Strafreize seien Elektroschocks zwischen »15 und 450 Volt«. Tatsächlich wurden die Elektroschocks nicht gegeben. »Schüler« und »Lehrer« waren in zwei getrennten Zimmern untergebracht, die durch Lautsprecher akustisch miteinander verbunden waren. Bei Erteilung der Strafreize durch den Lehrer wurden fingierte Äußerungen der »Schüler« von einem Tonband abgespielt und dem »Lehrer« durch Lautsprecher übermittelt. Bei Strafreizen von angeblich 120 Volt wurde von den Schülern heftiger Schmerz signalisiert, ab »150 Volt« waren Schmerzensschreie und Bittrufe zu hören, die bei weiterer »Steigerung« der Spannung in gequältes Schreien übergingen. Trotzdem erteilten 62,5% der »Lehrer« bei Anwesenheit des Versuchsleiters diese hohen Strafreize. Viele dieser »Lehrer« bekamen allerdings Skrupel und fragten den Versuchsleiter, ob der Test nicht abgebrochen werden könnte, da er für den Schüler zu schmerzhaft sei. Der Versuchsleiter forderte sie auf, weiterzumachen. Obwohl sie sich hätten weigern können, gaben viele der »Lehrer« daraufhin weitere Strafreize bis zu »325 Volt«, eine Spannung, die unter Realbedingungen zu schweren Verletzungen führen würde. Der Anteil der »gehorsamen Lehrer« betrug allerdings nur etwa 20%, wenn bei veränderten Versuchsbedingungen zum Versuchsleiter nur über Telefon Kontakt bestand. Dies zeigt die Bedeutung visueller Reize für die Entscheidung zum Gehorsam und gegen Mitleid. Die Versuchsergebnisse MILGRAMS lassen sich offenbar verallgemeinern. Denn viele Menschen sind bereit, sich von einer Autoritätsperson, der sie sich untergeordnet haben, zu Grausamkeiten anhalten zu lassen. Eine Gegensteuerung durch Erziehung erscheint deshalb von ganz besonderer Bedeutung.

Eine besondere Form des Gruppenverhaltens ist die *Gruppenaggression*. Sie richtet sich gegen Gruppenfremde oder Gruppenaußenseiter. Diese Aggressionsform wirkt ansteckend auf die gesamte Gruppe. Sie ist auf die Vertreibung oder Tötung des Gegners ausgerichtet und aggressions- oder tötungshemmende Verhaltensweisen sind wenig wirksam. Die Gruppenaggression drückt sich beim Menschen häufig als Diffamierung aus. Sie tritt in relativ harmloser Form beim Verspotten oder Auslachen eines Gruppenmitgliedes auf, das dadurch – jedenfalls eine Zeitlang – zum Außenseiter wird. Gefährlich ist das aggressive Verhalten gegenüber Gruppenfeinden. Diesen werden meist menschliche Qualitäten abgesprochen, sie werden verunglimpft. Gruppenaggression führt im Allgemeinen zur Solidarisierung der Gruppe, oft ist der Fremdenhaß die Folge. Gruppenaggression und Ihre Auswirkungen können eingedämmt werden, wenn man sich ihres biologischen Ursprungs bewußt wird, und weiß, daß dieses Verhalten durch Einsicht und Vernunft auch überformt werden kann.

6.7 Territoriales Verhalten

Die Abgrenzung eigener Territorien ist ein Merkmal aller Menschengruppen. Vergleichende Untersuchungen zeigen, daß sich dieses Verhalten nicht erst mit dem Seßhaftwerden des Menschen entwickelt hat, auch Sammler- und Jägervölker beanspruchen Vorrechte in bestimmten Gebieten, die sie notfalls verteidigen. Dieses Territorialverhalten trug wesentlich dazu bei, daß die Geschichte der Menschheit als Geschichte von Kriegen erscheint. Offensichtlich gehört Territorialität zu den erblichen Merkmalen des Menschen. Im Verhältnis von Stämmen, Völkern und Staaten verhindert sie einen ständigen Kampf um Ressourcen (Nahrung, Energieträger, Rohstoffe). Sie drückt sich auch im Verhalten von Kleingruppen und sogar Individuen aus und zeigt sich z.B. im Streben nach eigenem Besitz (Grundstück, Haus).

Zäune um Grundstücke, Grenzpfähle und Wohnungstüren sind Symbole der Abgrenzung. Viele Menschen bevorzugen und beanspruchen, oft auf aggressive Weise, bestimmte Plätze an Orten, wo sie sich häufig aufhalten (Stammplatz am Mittagstisch, im Freibad, in der Kirche, im Klassenzimmer). Das Bedürfnis nach einem gewissen Mindestabstand vom Mitmenschen zeigt sich z.B. beim Verhalten in Eisenbahnabteilen, auf Parkbänken und bei der Besetzung von Sandstränden (Abb. 300.1). Der als persönlicher Besitz beanspruchte Freiraum wird durch das

Abb. 300.1: Territorialverhalten beim Menschen: Einhalten eines Mindestabstandes vom Nachbarn (s. Text)

enge Zusammenleben in der modernen Gesellschaft, z.B. in einer Großstadt oder in industriellen Ballungsräumen, eingeengt. Die dichte Massierung der Menschen, die stoßweise auftretende Überfüllung der Straßen, Bahnen, Läden und Büros bringt zudem dauernd Menschen in enge Berührung, die einander fremd sind. Da Menschen den Kontakt mit Vertrauten suchen, stellen die vielen Fremden eine Belastung dar. Sie tragen zu sozialem Streß bei, der unter anderem eine Kontaktvermeidung zur Folge hat. Auch sind Aggressionen in der anonymen Masse besonders häufig, weil aggressionsdämpfende Appelle bei Fremden eine geringere Wirkung zeigen.

6.8 Biologische Grundlagen geschlechtsspezifischen Verhaltens

Frauen und Männer verhalten sich in vielen Situationen unterschiedlich. So sind Männer im Durchschnitt aggressiver und stehen höher in der sozialen Rangordnung, wogegen Frauen im Durchschnitt größeres Interesse für Kinder und häusliche Aktivitäten zeigen. Solche geschlechtsspezifischen Verhaltensformen sind in starkem Maße durch das kulturelle Umfeld bestimmt, das jedem Geschlecht eine bestimmte Rolle zuweist. Offensichtlich gibt es aber auch angeborene Tendenzen zu geschlechtsspezifischem Verhalten. Nur so ist es zu erklären, daß es in allen menschlichen Kulturkreisen in dieser Hinsicht Gemeinsamkeiten gibt. Besonders aufschlußreich sind Untersuchungen in israelischen *Kibbuzim*. In diesen Kooperativen wurde in der Gründungsphase (etwa 1920) die Ansicht vertreten, zwischen Männern und Frauen bestünden in sozialer Hinsicht keine natürlichen Unterschiede, d.h., die bisherige Rollenaufteilung stelle ein rein kulturelles Merkmal dar.

Frauen verrichteten deshalb die gleiche Arbeit wie Männer und verzichteten auf die herkömmlichen Zeichen von Weiblichkeit (Schminke, weibliche Kleidung). Die Kinder wurden getrennt von den Eltern in Kinderhäusern aufgezogen, dabei erfolgte die Erziehung von Jungen und Mädchen völlig gleichartig. 55 Jahre später hatten die meisten der im Kibbuz geborenen und aufgewachsenen Frauen und Männer die traditionellen Rollen wieder übernommen. Die wenigsten Frauen verrichteten noch Schwerarbeit in der Produktion (12%), die meisten waren im Dienstleistungs- und Erziehungsbereich tätig (84%). Die Männer besetzten die meisten leitenden Positionen (71%) und stellten die Mehrzahl der politisch Aktiven (78%). Den meisten Frauen war nun die Aufgabe der Ehefrau und Mutter wichtiger als die Arbeit außer Haus (88%). Diese radikale Umorientierung erfolgte gegen die herrschende Ideologie. Möglicherweise erwies sich der kulturelle Einfluß der alten Überlieferung als stärker. Es ist aber auch denkbar, daß sich natürliche geschlechtsspezifische Tendenzen wieder durchsetzten.

Diese Deutung legen die Ergebnisse von Untersuchungen an Kindern nahe. Jungen und Mädchen hatten das gleiche Spielzeug und genau die gleichen Lernmöglichkeiten. Dennoch zeigten sich Unterschiede im Verhalten. Jungen spielten häufiger mit Gegenständen als Mädchen (41% gegenüber 30%), auch beschäftigten sie sich öfters mit großen Objekten, die viel Kraft abverlangen (17% gegenüber 9%). Spiele, die Phantasie oder Spracheinsatz erforderten, wurden häufiger bei Mädchen beobachtet (39% gegenüber 24%). Kamen darin Frauenrollen vor, so bevorzugten Mädchen die Mutterrolle trotz des andersartigen Beispiels erwachsener Frauen.

Die angegebenen Zahlen lassen erkennen, daß es offensichtlich angeborene geschlechtsspezifische Tendenzen gibt, bestimmte Verhaltensweisen zu bevorzugen. Die geschlechtsspezifischen Unterschiede sind allerdings geringer als in den herkömmlichen westlichen Kulturen. Daraus folgt, daß kulturell geprägtes Rollenverhalten die angeborenermaßen vorhandenen Tendenzen erheblich verstärken kann.

6.9 Biologische Grundlagen des menschlichen Sexualverhaltens

Geschlechtsspezifische Verhaltensunterschiede treten besonders deutlich beim Sexualverhalten auf. So spricht der Mann auf das Frau-Schema und die Frau auf das Mann-Schema bevorzugt an. Das Frau-Schema weist folgende Merkmale auf: weiche Gesichtszüge, rote Lippen, Brüste, schmale Schultern, schmale Taille, breite Hüften sowie einen abgerundeten Körperumriß. Das Mann-Schema ist durch markante Gesichtszüge, breite Schultern, schmale Hüften, ein hervortretendes Muskelprofil und Bartwuchs gekennzeichnet (Abb. 302.1). Die Bereitschaft zum Ansprechen auf solche Reizkombinationen nützt die Werbung aus, indem sie auf Bildern geschlechtsspezifische Einzelmerkmale übertreibt *(übernormale Attrappen)* oder wirksam miteinander verbindet. Die Einsicht in solche Zusammenhänge trägt dazu bei, der Verhaltensbeeinflussung durch Werbung und Propaganda leichter zu widerstehen. Das Ansprechen auf solche partnerbindenden Signale wird besonders deutlich, wenn man die Veränderung der Pupillen-

Abb. 302.1: Mann-Schema/Frau-Schema und entsprechende Betonung typisch männlicher oder typisch weiblicher Merkmale durch die Kleidung. Offenbar haben die Merkmalskombinationen »männlich« und »weiblich« schon im Altertum als Schlüsselreize gewirkt, was auf einen AAM hinweist.

weite mißt, womit kulturbedingte Verhaltensnormen weitgehend umgangen werden (Abb. 302.2).

Beim Menschen hat die Sexualität über die Fortpflanzung hinaus eine entscheidende Funktion bei der *Partnerbindung*. Sexuelle Betätigung wirkt verstärkend auf die Entstehung, Vertiefung und Erhaltung dieser Bindung. Durch eine Dauerpartnerschaft entsteht die Kernfamilie Mutter-Vater-Kind, welche die Voraussetzung für die lange Kinderfürsorge ist. Die Kernfamilie tritt in allen Kulturen auf und wird oft noch durch die Großeltern ergänzt.

Der Zusammenhalt der Kernfamilie wird wesentlich gestützt durch das **Inzestverbot,** also die Verhinderung der Zeugung von Kindern durch nahe Verwandte. Lange Zeit wurde es als ausschließlich kulturell festgelegt angesehen. Dafür sprach vor allem, daß es in fast allen bekannten Gesetzbüchern enthalten ist. Mittlerweile gibt es aber viele Anhaltspunkte für eine erbliche Anlage. Inzesthemmung ist auch bei verschiedenen Säugetieren nachgewiesen. Untersuchungen in vielen Kulturkreisen ergaben, daß gemeinsam aufgewachsene Kinder untereinander nicht heiraten (abgesehen von äußerem Zwang, wie früher in China). Auffällig war dies insbesondere bei den Kibbuzim in Israel, wo Heiraten zwischen den Kindern verschiedener Familien des Kibbuz gerne gesehen worden wären. Offensichtlich »lernen« Kinder während der Zeit bis zum 6. Lebensjahr, in wen sie sich später nicht verlieben sollen. Aufgrund einer sehr wahrscheinlich erblichen Festlegung entwickeln sie Hemmungen bezüglich späterer Partnerbeziehungen zu jenen, mit denen sie in dieser Zeit aufwachsen. Das Sexualverhalten ist auch beim Menschen durch Hormonwirkungen mitverursacht. Dies ergibt sich aus Untersuchungen an Kranken und dem Vergleich mit Säugetieren. Die Zentren für die Beeinflussung des Sexualverhaltens liegen im Hypothalamus. Sie erfahren ihre geschlechtsspezifische Festlegung unter dem Einfluß der Sexualhormone großenteils schon in vorgeburtlicher Zeit. Bei vielen Säugern sind Pheromone als Sexuallockstoffe nachgewiesen (vgl. Hormone 1.). Beim Menschen gibt es Hinweise, daß solche Pheromone mit dem Achselschweiß und durch die Schleimhäute der Geschlechtsorgane gebildet werden. Im Verlauf der Kulturentwicklung ist dieses Pheromon-System aber durch kulturelle Kommunikationsweisen überlagert worden und wird im europäischen Kulturkreis außerdem weitgehend durch Desodorantien unwirksam gemacht.

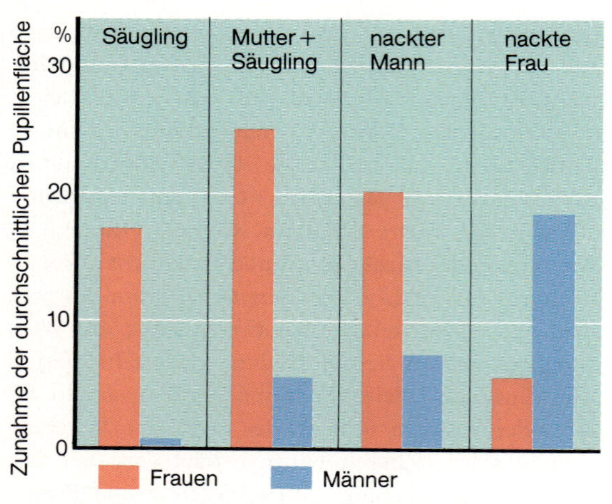

Abb. 302.2: Zunahme der Pupillenweite bei Männern und Frauen, die auf Bilder von Säuglingen bzw. von nackten Erwachsenen blicken. Beachte im letzten Fall das erhöhte Ansprechen auf die jeweiligen partnerbindenden Signale.

Fortpflanzung und Entwicklung

Aus einem Hühnerei schlüpft ein Küken, es entwickelt sich zur Henne, die wieder Eier legt. Aus einer Nuß wächst ein Nußbaum, der wieder Nüsse trägt. Die Beobachtung, daß alle Lebewesen eine Entwicklung durchlaufen und sich fortpflanzen, führt zu folgenden Fragen:

- Welche Arten von Fortpflanzung finden sich bei den Organismen?
- Auf welche Weise entwickelt sich aus einer Fortpflanzungszelle ein vielzelliger Organismus?
- Welche Ursachen sind für die Entwicklung verantwortlich?

Die Fortpflanzung und die Entwicklung von Einzellern verläuft in der Regel sehr einfach: durch Teilung entstehen zwei gleiche Tochterzellen; die dabei stattfindende Kernteilung ist eine Mitose (s. Cytologie 5.). Die Tochterzellen wachsen zur Größe der Mutterzelle heran und können sich dann erneut teilen. Viele – aber nicht alle – Einzeller bilden, wenn die Lebensbedingungen ungünstig werden, »Dauerformen« mit einer festen Hülle aus. Bei Bakterien nennt man diese Dauerform **Sporen**, bei vielen Algen heißen sie **Zysten** (vgl. *Euglena,* S. 14).

Bei der Fortpflanzung der Mehrzeller werden Einzelzellen oder Zellgruppen abgegeben, die sich wieder zu neuen Lebewesen der gleichen Art entwickeln. Dieser Vorgang läuft in aufeinanderfolgenden Stufen ab. Die Einzelzellen bzw. Zellgruppen wachsen zunächst, d.h. sie nehmen an Volumen zu, und vermehren sich. Daran schließt sich die Differenzierung an. Aus gleichartig differenzierten Zellen entstehen Gewebe und verschiedene, sich unterstützende Gewebe bilden Organe. Dieses geordnete Entstehen eines Organismus nennt man **Entwicklung**. Der erste Entwicklungsabschnitt ist die **Embryonalentwicklung**. Darauf folgen bei den meisten Tieren und beim Menschen die *Kindheit,* das *Jugendalter* und das *Erwachsenenalter*. In letzterem halten sich Aufbau- und Abbauvorgänge die Waage. Dann entspricht die Zahl der absterbenden Zellen etwa der Zahl der sich neu bildenden. Im Alter überwiegen die Abbauvorgänge bis schließlich die Lebensvorgänge überhaupt still stehen und der Tod eintritt. Man bezeichnet den Ablauf dieser Abschnitte als **Entwicklung des Organismus (Ontogenie)**. Die Entwicklung ist nicht umkehrbar; sie verläuft stets nur in einer Richtung.

Die maximale Lebensdauer eines Organismus ist innerhalb bestimmter Grenzen genetisch festgelegt, aber die Lebensdauer der Zellen ist unterschiedlich. Eine Darmschleimhautzelle lebt nur wenige Tage, ein Rotes Blutkörperchen vier Monate, und eine Nervenzelle kann lebenslang tätig sein. In jeder Sekunde gehen im menschlichen Körper etwa 50 Millionen Zellen zugrunde und werden – bis auf die Nervenzellen – wieder neu gebildet.

Fortpflanzung kann auf zwei Arten erfolgen. Geht sie von normalen Körperzellen aus, heißt sie **ungeschlechtliche** oder **vegetative Fortpflanzung**, sind aber besondere Keimzellen daran beteiligt, dann liegt **geschlechtliche Fortpflanzung** vor.

1. Fortpflanzung und Entwicklung von Tier und Mensch

1.1 Geschlechtliche Fortpflanzung

Zur geschlechtlichen Fortpflanzung sind zwei meist verschieden gestaltete Geschlechtszellen (Keimzellen, Gameten) notwendig. Die **Eizelle** ist bei allen Tieren die weibliche Zelle. Die männliche Zelle heißt **Spermium**.

Die Eizellen entstehen in den weiblichen Keimdrüsen **(Eierstöcke, Ovarien)**, die Spermien in den männlichen Keimdrüsen **(Hoden)**. Manche Tierarten besitzen als *Zwitter* gleichzeitig männliche und weibliche Keimdrüsen; sehr oft sind aber die Keimdrüsen auf verschiedene und damit getrenntgeschlechtliche Individuen verteilt. Im Gegensatz zu den höheren Pflanzen sind die höheren Tiere fast durchweg getrenntgeschlechtlich. Auch bei den zwittrigen Arten erfolgt meistens Fremdbefruchtung, indem sich zwei Tiere wechselseitig begatten (Weinbergschnecke, Regenwurm).

Die Geschlechtszellen vereinigen sich im Vorgang der **Befruchtung** zur befruchteten Eizelle, der *Zygote*. Das Eindringen des Spermiums in die Eizelle heißt *Besamung*. Zur Sicherung der Vereinigung von Spermium und Eizelle paaren sich bei vielen Arten ein männliches und ein weibliches Individuum; ihre körperliche Vereinigung bezeichnet man als *Begattung*. Geschlechtszellen enthalten nur einen einfachen Satz von Chromosomen und zwar von jedem Paar homologer Chromosomen (s. S. 37) ein Chromosom. Geschlechtszellen sind haploid. Die Zellen, aus denen die Geschlechtszellen entstehen, enthalten einen doppelten Chromosomensatz, sie sind diploid. Deshalb muß bei der Bildung der Geschlechtszellen die Chro-

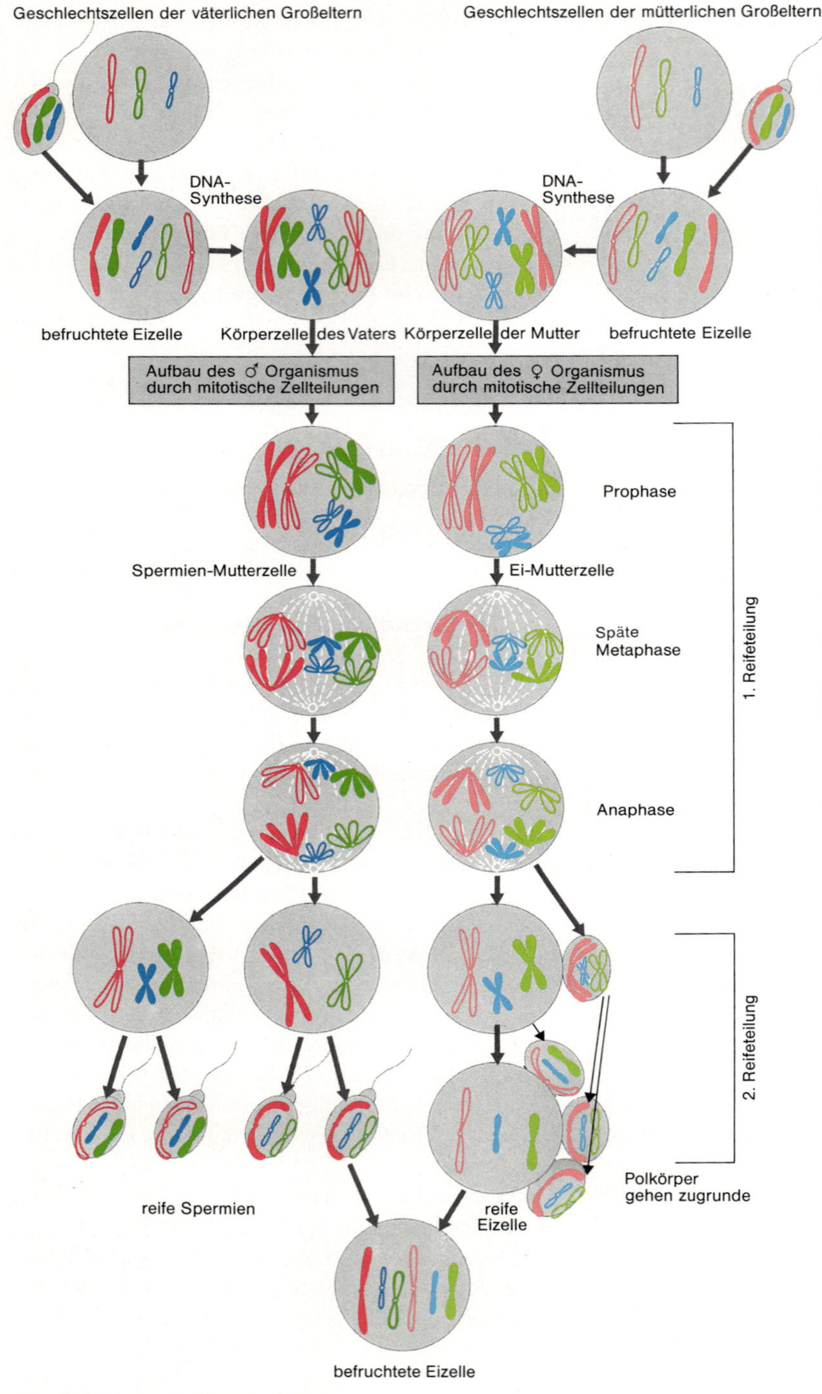

Geschlechtszellen der Großeltern:
Je 3 Chromosomen (haploid), die aus je einer Chromatide aufgebaut sind.

Bildung der Körperzellen der Eltern durch Zellteilung (Mitose):
Je 6 Chromosomen (diploid). Diese bestehen vor der DNA-Synthese aus je einer Chromatide und nach der DNA-Synthese (während der Interphase) aus je 2 Chromatiden.

Bildung der Geschlechtszellen aus Mutterzellen (Meiose):
Beginnt mit Paarung der homologen Chromosomen (Synapsis); es entstehen Chromatiden-Tetraden.

Einordnung der Chromatiden-Tetraden in die Äquatorialebene und Auseinanderrücken der homologen Chromosomen:
Von den 3 Paaren homologer Chromosomen erhält jede Zelle einen Paarling.
$2^3 = 8$ Kombinationen sind bei der Verteilung der Chromosomen möglich, nur 2 sind gezeichnet.

Trennung der homologen Chromosomen

Trennung der Schwester-Chromatiden

Geschlechtszellen (haploid):
Aus einer Spermienmutterzelle entstehen durch die beiden Reifeteilungen 4 Spermien, aus einer Eimutterzelle 1 Eizelle.

Befruchtung:
Ein Spermium und eine Eizelle vereinigen sich und bilden die Zygote; sie ist diploid.
Bei einer haploiden Chromosomenzahl von 3 Chromosomen sind $2^6 = 64$ Kombinationen des elterlichen Chromosomenbestandes möglich.

*Abb. 304.1: Schematische Darstellung der Meiose mit Geschlechtszellenbildung.
(Die Zahl der Chromosomen ist willkürlich gewählt; die Teilungsspindel und das Ansetzen der Spindelfasern am Centromer ist nur bei einer Phase angedeutet.)
Bedeutung der Meiose:
1. Erhaltung der artspezifischen Chromosomenzahl. Aus diploiden Körperzellen werden haploide Geschlechtszellen und die Verschmelzung von zwei Geschlechtszellen führt wieder zu diploiden Körperzellen.
2. Neukombination der Chromosomen und damit der Erbanlagen in jeder Zygote; so entstehen die individuellen Unterschiede bei den Lebewesen einer Art (s. auch S. 340).*

Abb. 305.1: Meiose in den Pollenmutterzellen der Königslilie.

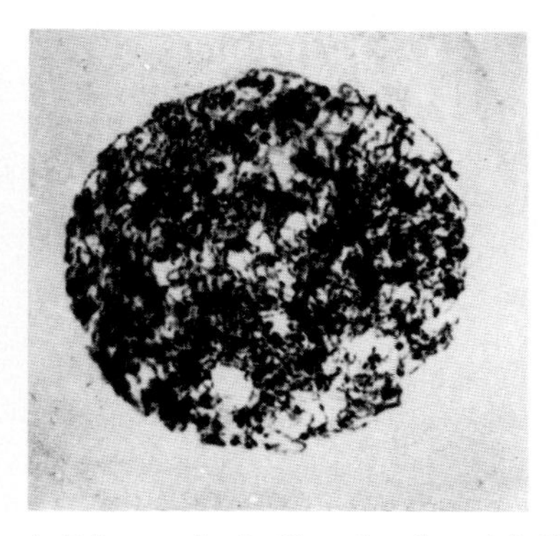

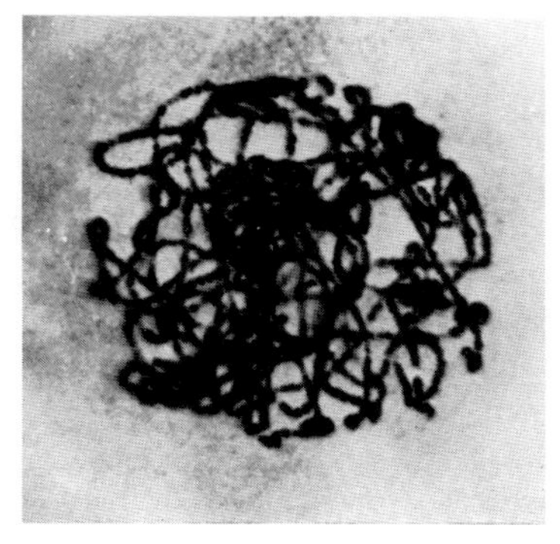

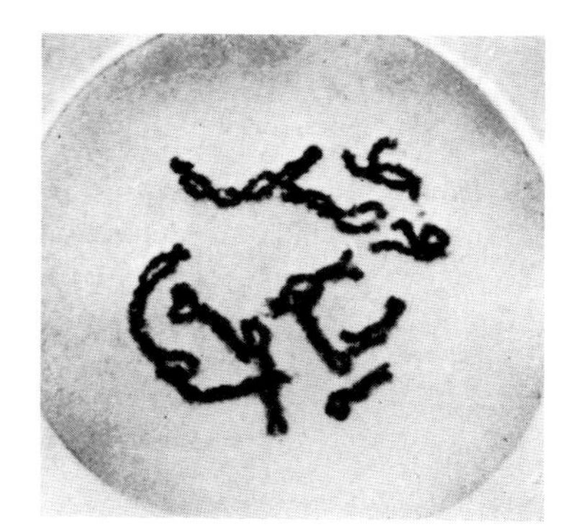

Im Zellkern werden das Chromatingerüst und die Chromosomen sichtbar.
Die Chromosomen kontrahieren sich und paaren sich dann.

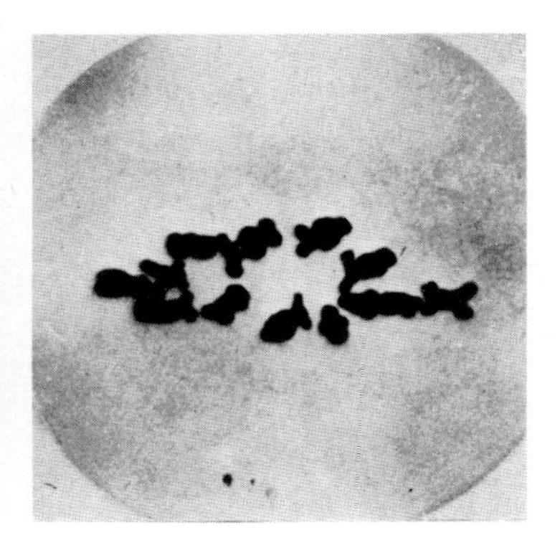

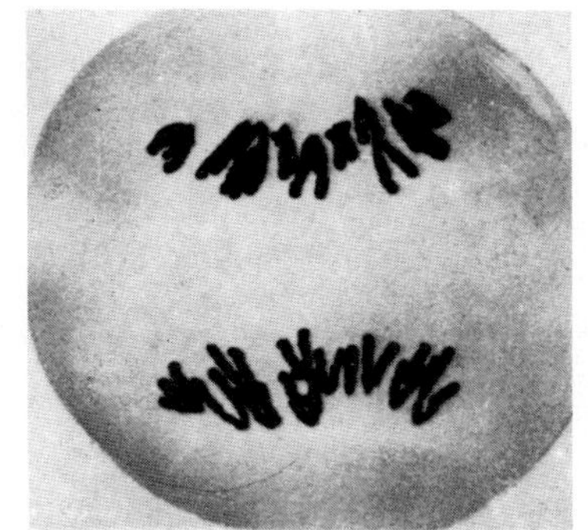

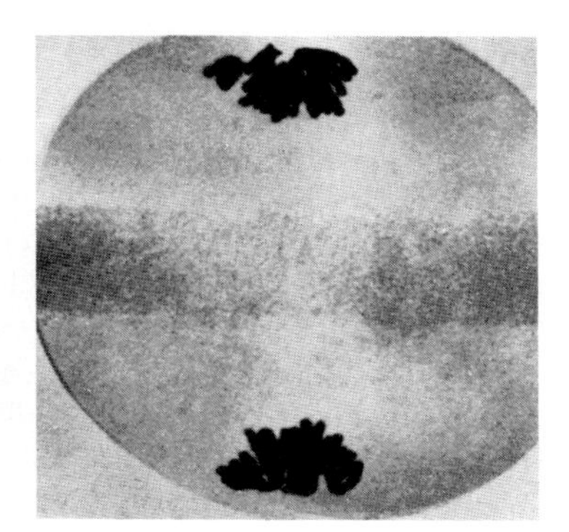

Erste Reifeteilung:
Die homologen Chromosomenpaare ordnen sich in der Äquatorialplatte an.
Die homologen Chromosomen (mit je 2 Chromatiden) trennen sich und wandern an entgegengesetzte Pole, so daß sich an jedem Pol nur die Hälfte der Chromosomen einfindet (Reduktionsteilung).

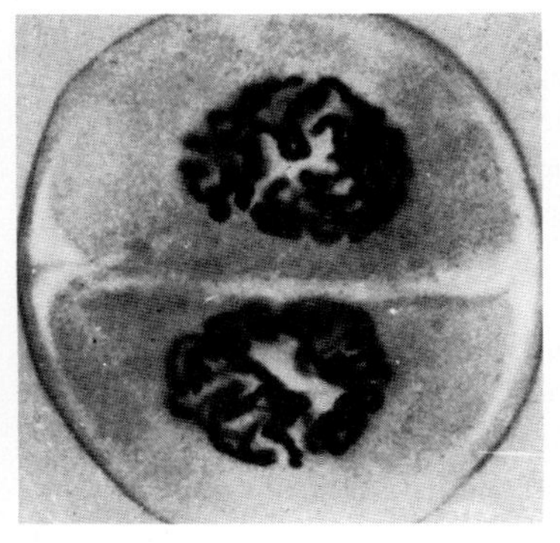

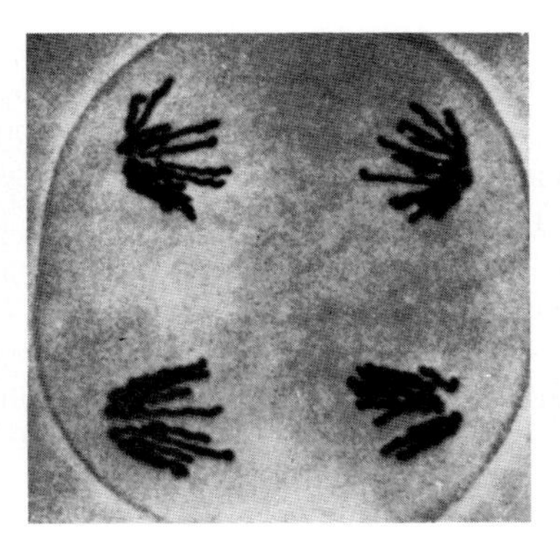

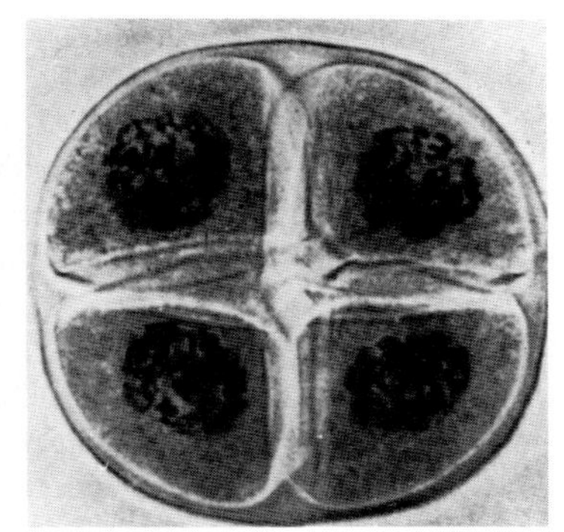

Zweite Reifeteilung:
Die Chromosomen werden, wie bei einer mitotischen Teilung, in die beiden Chromatiden getrennt, wobei eine Chromatide an den einen Pol, die andere an den anderen Pol wandert.
Die Chromatiden jedes Pols entschrauben sich und bilden einen Kern mit Kernhülle.
Dann erfolgt die Trennung der Zellen.
Auf diese Weise entstehen aus einer Pollenmutterzelle vier Pollenkörner.

Die Meiose verläuft also genau so wie bei der Keimzellenbildung der Tiere:
Aus einer diploiden Zelle entstehen vier haploide Zellen.

mosomenzahl auf die Hälfte reduziert werden. Man nennt den sich dabei abspielenden Vorgang **Meiose**.

1.1.1 Meiose und Bildung der Geschlechtszellen

Die Meiose besteht aus zwei zusammengehörigen Teilungsschritten, den Reifeteilungen. Sie beginnt nach dem Sichtbarwerden der Chromosomen mit der Paarung der homologen Chromosomen. Dabei lagern sich je zwei homologe Chromosomen eng nebeneinander. In dieser Phase erkennt man, daß jedes Chromosom aus zwei Schwesterchromatiden aufgebaut ist. Sie sind nur noch durch das ungeteilte Centromer untereinander verbunden, deshalb bilden die beiden gepaarten homologen Chromosomen einen Komplex aus vier Chromatiden, die *Chromatidentetrade*. Zwischen den Chromatiden beobachtet man häufig Kontaktstellen (*Chiasmata*, s. Genetik 3.3). Die Chromatidentetraden ordnen sich anschließend in der Äquatorialplatte der Kernspindel an.

Schließlich trennen sich die homologen Chromosomen wieder. Die eine Hälfte bewegt sich zum einen Spindelpol, die andere zum entgegengesetzten. Immer noch hängen die beiden Chromatiden jedes Chromosoms über das noch ungeteilte Centromer (Spindelfaseransatz) zusammen (Abb. 304.1). Anschließend teilt sich die Zelle. Bei dieser **ersten Reifeteilung** werden also die homologen Chromosomen voneinander getrennt. Hierbei bleibt es dem Zufall überlassen, welches der beiden homologen Chromosomen – das vom mütterlichen oder vom väterlichen Organismus stammende – zu welchem Pol gelangt. Außerdem wird der diploide (doppelte) Chromosomensatz durch *Reduktion der Chromosomenzahl* auf die Hälfte zum haploiden (einfachen) Chromosomensatz (Reduktionsteilung). In den beiden entstandenen Zellen befindet sich jetzt je ein homologes Chromosom mit seinen beiden Chromatiden. Ohne Ruhepause läuft anschließend die **zweite Reifeteilung**, ähnlich einer Mitose, ab. Dabei werden die beiden Schwesterchromatiden voneinander getrennt.

Die Meiose führt also zur Bildung von vier haploiden Zellen. Die Chromosomen bestehen bis zur Befruchtung nur aus einer Chromatide. Kurz vor oder nach der Befruchtung entstehen durch Verdoppelung der Chromatiden wieder Chromosomen mit zwei Schwesterchromatiden.

Bei der Spermienbildung geht aus jeder der vier gleichgroßen haploiden Zellen durch komplizierte Reifungsprozesse je eine Spermienzelle hervor. Die Eireifung verläuft ebenso, doch wird das Plasma ungleich geteilt: Die Eimutterzelle teilt sich bei der ersten Reifeteilung asymmetrisch. Es entsteht eine große plasmareiche und eine vergleichsweise sehr kleine Zelle. Beide enthalten die Hälfte des diploiden Chromosomensatzes. Die kleine plasmaarme Zelle heißt *Pol-* oder *Richtungskörperchen*, weil in der Nähe desselben bei der Entwicklung der befruchteten Eizelle die erste Teilungsfurche entsteht. Dieser asymmetrische Teilungsvorgang wiederholt sich bei der zweiten Reifeteilung, wobei sich gleichzeitig auch das erste Richtungskörperchen teilt. Es entstehen somit vier haploide Zellen, eine große plasmareiche Eizelle und drei kleine Richtungskörperchen, die später zugrunde gehen.

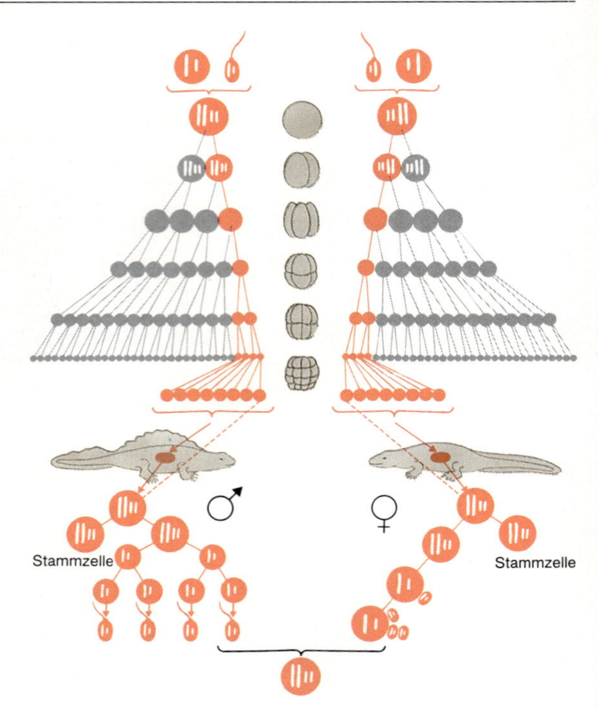

Abb. 306.1: Schematische Darstellung der Keimbahn.
Rot: die Folge der Körper- und Keimzellen mit Einschluß der Reifeteilungen; in einem Teil davon sind die Chromosomen eingezeichnet.
Grau: die Folge der Körperzellen

Durch die Meiose erhält jede reife Geschlechtszelle einen einfachen, aber vollständigen Satz von Chromosomen, d. h. von jedem Paar homologer Chromosomen eines. Bei der Befruchtung verschmelzen eine männliche und eine weibliche Geschlechtszelle und damit wird in der befruchteten Eizelle der doppelte Chromosomensatz wiederhergestellt.

Chromosomen entstehen also niemals neu, sondern stets durch *identische Verdoppelung* vorhandener Chromosomen (s. Zellzyklus, S. 37); sie werden auf dem Weg über die Keimzellen an die folgende Generation weitergegeben.

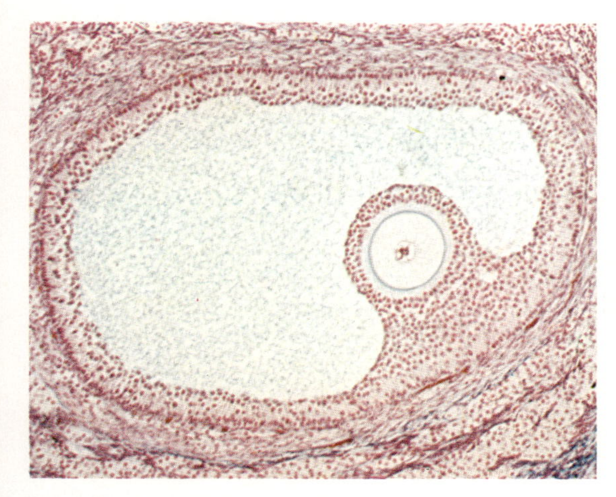

Abb. 307.1: Sprungreifer Follikel eines Säugetieres mit reifer Eizelle (50fach vergrößert, gefärbt, s. Hormone 3.3)

Bei vielen Tierarten lassen sich schon auf sehr frühem Embryonalstadium diejenigen Zellen, aus denen sich im Laufe der Weiterentwicklung die Keimzellen bilden, von den Zellen unterscheiden, die den Körper aufbauen. Von der befruchteten Eizelle ausgehend, führt eine unmittelbare Abfolge von Zellen als sogenannte *Keimbahn* (Abb. 306.1) zur nächsten befruchteten Eizelle.

1.1.2 Bau der Ei- und Spermazelle

Die Eizelle ist im Verhältnis zum Spermium außerordentlich groß. Die menschliche Eizelle hat einen Durchmesser von etwa 0,2 mm und ist eben noch mit bloßem Auge sichtbar (Abb. 307.1); ihr Volumen beträgt das 200 000fache des Spermiums. Die Größe des Eies beruht auf dem reichlichen Cytoplasmainhalt und Nährstoffvorrat. Eizellen von Tieren, die ihre Entwicklung außerhalb des Körpers durchlaufen, haben dotterreiche große Eizellen (Vögel und Reptilien). Säugetiere, die sich im Mutterleib entwickeln, haben dotterarme bzw. dotterlose kleine Eizellen.

Die Eizellen verschiedener Tiergruppen weisen einen *polaren Bau* auf. Das Cytoplasma ist in bestimmte Bereiche verschiedener chemischer Zusammensetzung differenziert. Sichtbar wird dies an unterschiedlich gefärbten *Eizonen* (z.B. Amphibien, Seeigel). In der Regel unterscheidet man einen animalen und vegetativen Pol mit entsprechender animaler und vegetativer Eihälfte (vgl. Abb. 309.3).

Nach außen ist die Eizelle von der Eirinde *(Kortikalschicht)* begrenzt. Diese besteht von außen nach innen aus Dotterhaut und Rindenhaut mit Rindenplasma (Abb. 309.3).

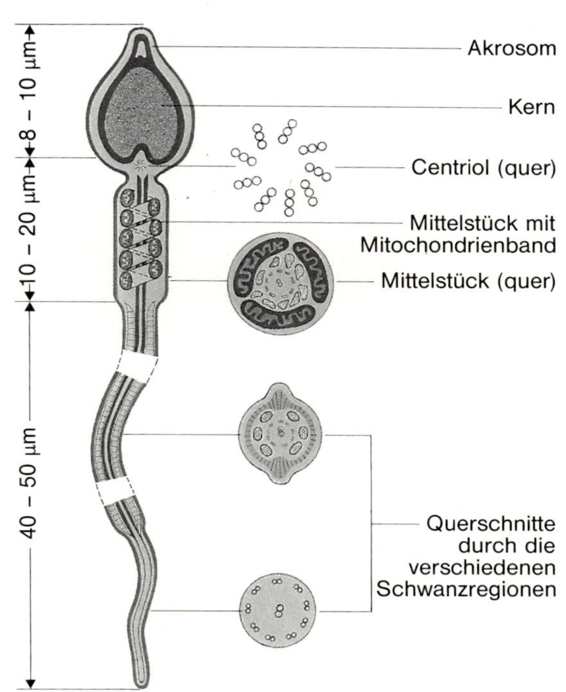

Abb. 307.2: Spermium. Länge des menschlichen Spermiums 60 µm

Die Spermien (Abb. 307.2) sind beweglich und sehr klein. Stets werden sie in sehr großer Zahl gebildet. Sie bestehen aus dem Kopfstück, einem kleinen Mittelstück und einem geißelförmigen Schwanz, der durch peitschenartige Bewegungen die Zelle vorwärtstreibt. Das Kopfstück enthält vor allem den Zellkern; am hinteren Ende liegt das Centriol. Am Vorderende des Kopfstückes ist ein besonderes Organell, das vom Golgi-Apparat gebildete *Akrosom*. Es ist reich mit Enzymen ausgestattet und wirkt beim Eindringen des Spermiums in das Ei und bei den darauffolgenden Vorgängen entscheidend mit (s. Abb. 308.1).

1.1.3 Befruchtungsvorgang

Eizelle und Spermium vereinigen sich bei der Befruchtung. Dieser Vorgang ist erstmals 1875 von dem Zoologen OSKAR HERTWIG beim Seeigel beobachtet worden. Der Seeigel entläßt die Keimzellen frei ins Wasser. Die beweglichen Spermien schwimmen, von *Befruchtungsstoffen* angezogen, auf die in eine Gallerthülle eingeschlossene Eizelle zu und heften sich mit dem Akrosom an die Gallerthülle des Eies an. Ein Enzym des Spermienkopfes verflüssigt lokal die Gallerthülle. Gleichzeitig wird vom Akrosom ein fadenförmiges Gebilde *(Akrosomfaden)* auf die Eirinde geschleudert. Daraufhin lockert sich diese auf, das

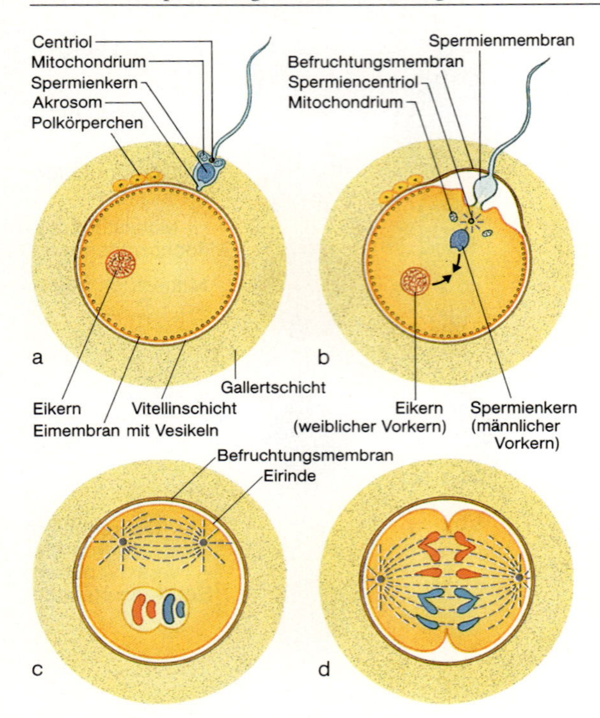

Abb. 308.1: Schematische Darstellung der Befruchtung.
a Anheftung des Spermiums an die Eizelle (Besamung).
b Bildung der Befruchtungsmembran.
c Zusammenlagerung der männlichen und weiblichen Chromosomen (Befruchtung) nach Auflösung der Kernhüllen.
Abheben der Befruchtungsmembran von der Eirinde.
d Erste Furchungsteilung mit Trennung der zwischenzeitlich ausgebildeten Schwesterchromatiden. Weitere Erklärungen im Text

Spermium dringt mit Kopf und Mittelstück in das Eiplasma ein und wirft den Schwanzteil ab *(Besamung)*. An der Durchtrittstelle des Spermiums hebt sich innerhalb einer Minute die durchsichtige Befruchtungsmembran von der Eioberfläche ab. Nach dem Eindringen des Spermiums tritt aus dem Kopfstück das Centriol heraus. Der durch Flüssigkeitsaufnahme vergrößerte Spermakern bewegt sich auf den Eikern zu. Dann vereinigen sich Eikern und Spermakern. Damit ist die Befruchtung vollzogen. Währenddessen hat sich das Centriol verdoppelt. Die beiden Tochterkörperchen rücken auf gegenüberliegende Seiten. Anschließend beginnt die *Teilung* der befruchteten Eizelle.

Bei wasserlebenden niederen Tieren vollzieht sich in der Regel die Befruchtung außerhalb des mütterlichen Körpers; Eier und Spermien werden ins Wasser entleert, wo die Spermien dann die Eizellen aufsuchen. Unter den Wirbeltieren zeigen auch die Fische und Lurche meist noch diese ursprüngliche Art der Befruchtung. Dagegen muß bei den Landtieren eine *innere Befruchtung* stattfinden; sie erfolgt bei den höheren Wirbeltieren im Ausführgang der weiblichen Keimdrüsen, dem Eileiter, wohin die Spermien nach der Begattung gelangen.

1.1.4 Parthenogenese

Bei einer als Parthenogenese (Jungfernzeugung) bezeichneten Fortpflanzungsart entwickeln sich die Eizellen ohne Befruchtung. Bei manchen Stabheuschrecken, einigen Regenwurmarten, Rundwürmern und Rädertieren ist dies die einzige Art der Fortpflanzung. Bei der Honigbiene und anderen Hautflüglern entstehen die weiblichen Tiere aus befruchteten, die Männchen aus unbefruchteten Eiern. Eine unbegattete Bienenkönigin erzeugt deshalb nur haploide Drohnen; man spricht auch von haploider Parthenogenese. Bei einigen Tierarten (Blattläuse, Gallwespen, Wasserflöhe) wechseln parthenogenetische und geschlechtliche Fortpflanzung regelmäßig ab. Parthenogenese ist auch bei einigen amerikanischen Eidechsenarten nachgewiesen. Unbefruchtete Truthenneneier entwickeln sich in 30% der Fälle bis zu bestimmten Keimstadien. In einzelnen Fällen entwickeln sich sogar befruchtungsfähige Männchen.

Parthenogenese kommt ebenso bei Pflanzen vor; der Löwenzahn pflanzt sich stets ohne Befruchtung fort.

Ein unbefruchtetes Ei kann auch durch *künstliche Reize* chemischer, mechanischer oder thermischer Art zur Entwicklung angeregt werden. LOEB brachte Eier von Seeigeln in Meerwasser, dessen Zusammensetzung durch Zusatz verschiedener Salze verändert worden war. Die Eizellen teilten sich durch diese Behandlung auch ohne vorhergehende Befruchtung und entwickelten sich zu normalen Tieren. Froscheier konnten durch Anstechen mit einer feinen Glasnadel, an der etwas Blut haftete, zur Entwicklung angeregt werden. Es ist sogar gelungen, eine aus dem Eierstock eines Chinchilla-Kaninchens entnommene Eizelle durch verschiedene chemische Reizmittel so anzuregen, daß sie nach Übertragung in den Eileiter eines Albino-Kaninchens ohne Befruchtung mit der Furchung begann und sich anschließend zu einem normalen Tier entwickelte. Das so entstandene vaterlose Kaninchen wies nur Merkmale des Chinchilla-Kaninchens auf, dem die Eizelle entstammte, und keinerlei Merkmale des Albino-Kaninchens, von dem es ausgetragen worden war.

1.2 Ungeschlechtliche Fortpflanzung

Ungeschlechtliche Fortpflanzung erfolgt im Tierreich durch Teilung und Knospung. Zweiteilung kommt namentlich bei den Einzellern vor.

Auch vielzellige Tiere können sich durch Teilung fortpflanzen. Bei Hohltieren (z.B. Seerosen) wird sowohl *Längsteilung* als auch *Querteilung* beobachtet. Bei der Ohrenqualle entsteht die freischwimmende Qualle durch wiederholte Querteilung der Polypenform; jeweils die oberste Scheibe löst sich als Qualle ab. In der Qualle bilden sich Eizellen und Spermazellen. Aus der befruchteten Eizelle bildet sich über eine Larvenform der Polyp. Der Wechsel zwischen einer Generation, die sich ungeschlechtlich fortpflanzt (Polyp) und einer, die sich geschlechtlich vermehrt, heißt **Generationswechsel** (Abb. 309.1). Manche Ringelwürmer bilden in der Körpermitte einen neuen Kopf, worauf sich an dieser Stelle der hintere Teil des Tieres lostrennt (s. Abb. 309.2). Die so entstandenen Tiere ergänzen dann wieder die Zahl ihrer Körperabschnitte. Beim Keimzerfall löst sich der Keim zu einem sehr frühen Entwicklungszeitpunkt in Einzelzellen oder Zellgruppen auf. Darauf beruht die Bildung von **eineiigen Mehrlingen**.

Bei der *Knospung* wächst der neue Organismus aus dem Muttertier heraus und schnürt sich dann ab (z. B. Süßwasserpolyp). Bei den stockbildenden Korallen und den Moostierchen (Bryozoen) verbleiben die durch Knospung erzeugten Nachkommen im Zusammenhang mit dem Muttertier; auf diese Weise entstehen Tierstöcke.

1.3 Keimesentwicklung

Aus dem befruchteten Ei entsteht das vielzellige Lebewesen durch viele aufeinanderfolgende Zellteilungen. Dieser Entwicklungsvorgang läuft in seinen Grundzügen in fünf aufeinanderfolgenden Schritten ab: Furchung, Gastrulation, Keimblattbildung, Sonderung der Organanlagen und Gewebedifferenzierung mit Organbildung. Diese Entwicklungsschritte sind besonders gut bei den Eiern der Amphibien, z. B. bei Grasfrosch und Molch (Abb. 310.1) zu verfolgen.

1.3.1 Keimesentwicklung der Amphibien

Furchung. Die befruchtete Eizelle (Zygote) ist in verschiedene Plasmabezirke aufgeteilt. Diese sind schon äußerlich an ihrer unterschiedlichen Färbung erkennbar. Die *animale Hälfte* ist dunkel gefärbt, die *vegetative*, die viel Dotter enthält, hell. Zwischen beiden liegt eine graugefärbte Zone, der *graue Halbmond*. Diese Bereiche werden bei der Teilung auf verschiedene Zellen verteilt, die bei der Weiterentwicklung jeweils bestimmte Organe liefern. Bei der Teilung der Zygote beobachtet man eine oberflächliche Einfurchung der Zelle. Daher bezeichnet man diese Art Teilung auch als **Furchung**. Furchungszellen oder *Blastomeren* wachsen zwischen zwei Teilungen nicht zur Größe der Ursprungszelle heran.

Die erste Furchungsteilung der befruchteten Eizelle liefert zwei Blastomeren (s. Abb. 310.1), die zweite, die senkrecht zur ersten verläuft, liefert vier Zellen.

Abb. 309.1: Entwicklung und Generationswechsel der Ohrenqualle Aurelia. Die geschlechtlich erzeugte Wimpernlarve (1) setzt sich zu Boden und wächst zu einem Polypen (2 und 3) aus., welcher durch Querteilungen (4–7) auf ungeschlechtlichem Wege Quallen (8) abschnürt.

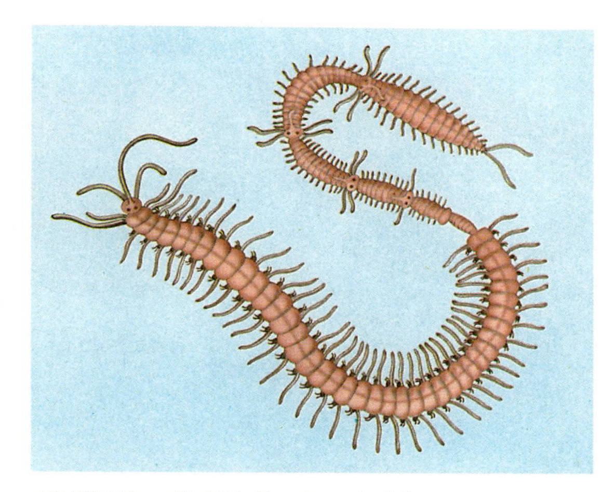

Abb. 309.2: Ungeschlechtliche Vermehrung durch Sprossung bei einem Meeres-Ringelwurm. Die Sprossungszone ist am letzten Körpersegment. Kopf und Hinterende der Sproßabschnitte werden in der Polaritätsrichtung des Muttertieres regeneriert.

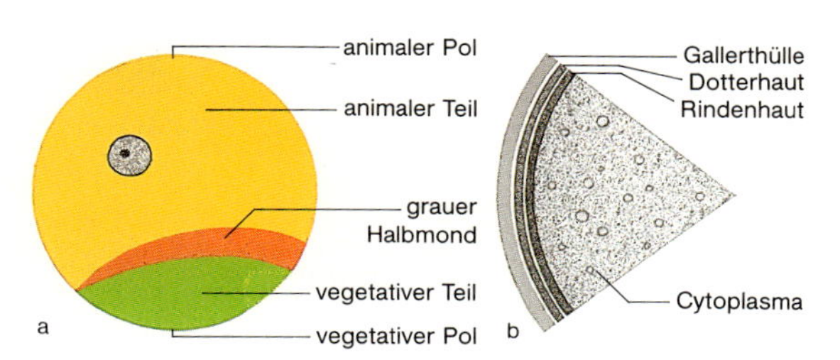

Abb. 309.3: Befruchtetes Ei des Grasfrosches. a Ei von der Seite gesehen, b Struktur der Eirinde

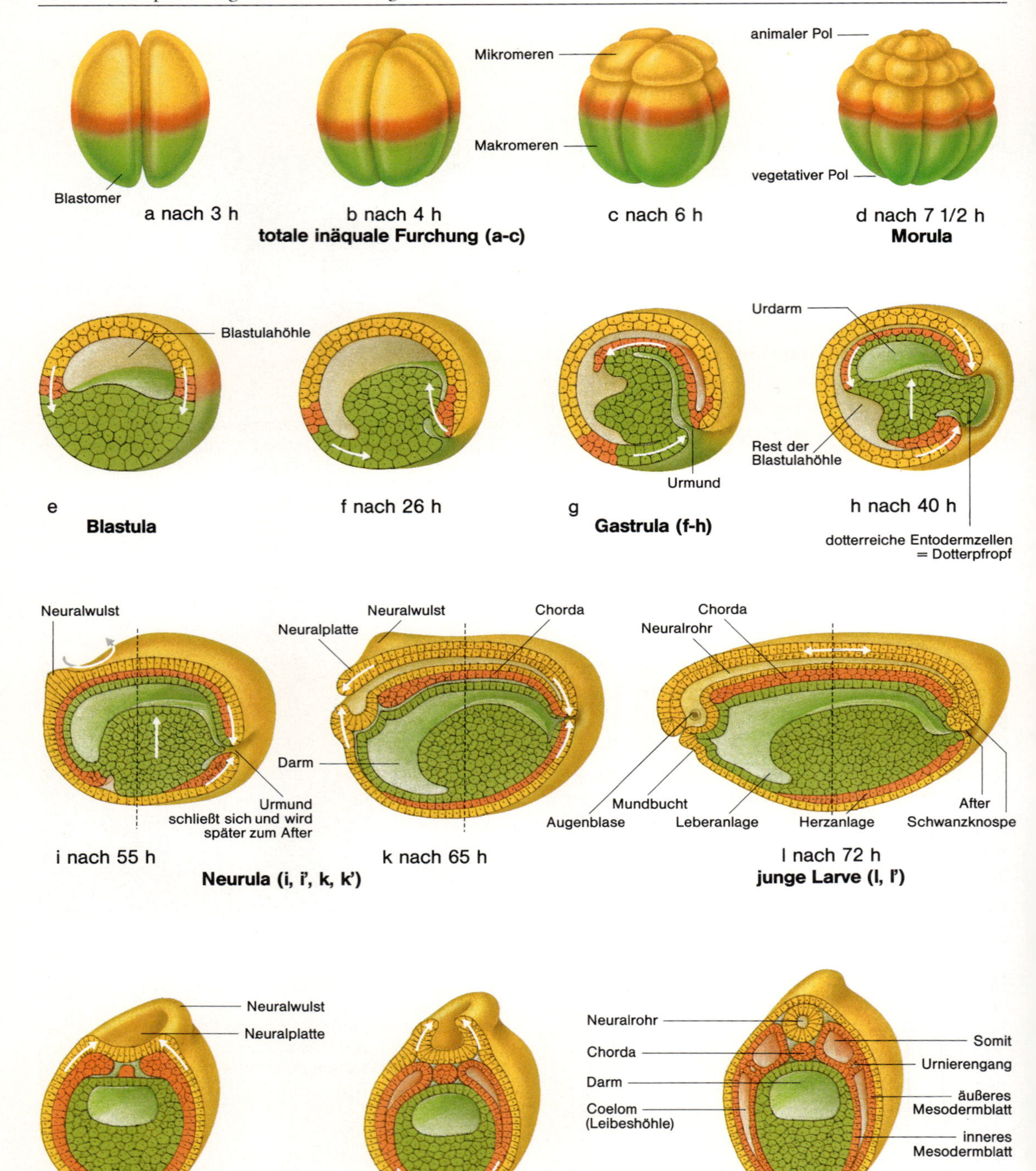

Abb. 310.1: Entwicklung der Amphibien:
a-d Furchung bis zur Bildung der Morula;
e Blastula (Querschnitt). Beginnende Gastrulation;
f-g Gastrulation (Längsschnitt) und Gastrula;
h Lage der Keimblätter nach der Gastrulation (Querschnitt);
i-k Neurulation und Bildung der Körpergrundgestalt;
l Junge Larve kurz vor Durchbruch des Mundes.

Die Farben bezeichnen auf den Stadien bis zur Gastrulation die animale Zone (gelb), grauen Halbmond (rot) und vegetative Zone (grün), entsprechend den chemodifferenzierten Zonen der befruchteten Eizelle. Nach Abschluß der Gastrulation kennzeichnen die Farben die gebildeten Keimblätter: Ektoderm (gelb), Chordamesoderm (rot), Entoderm (grün).

Abb. 311.1: Rasterelektronenmikroskopische Aufnahmen von der Entwicklung eines Amphibieneies.

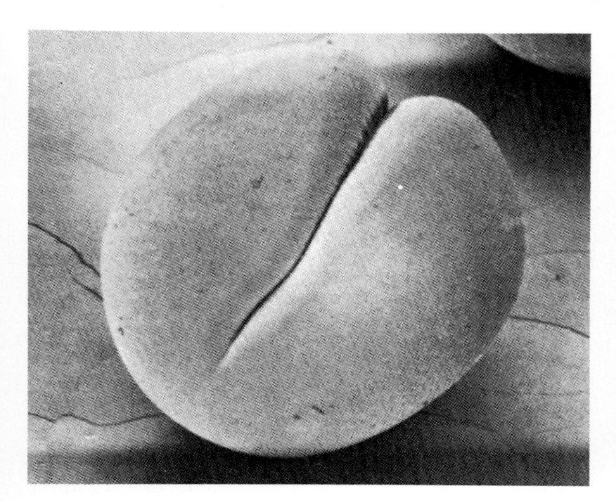

Zweizellstadium,

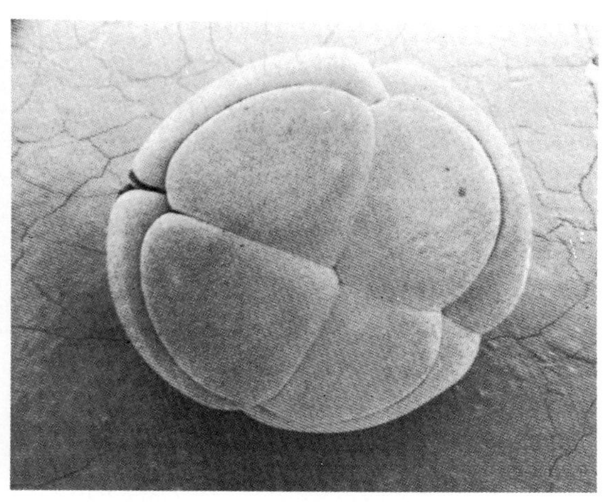

8-Zellstadium mit vier Mikromeren und vier darunterliegenden Makromeren

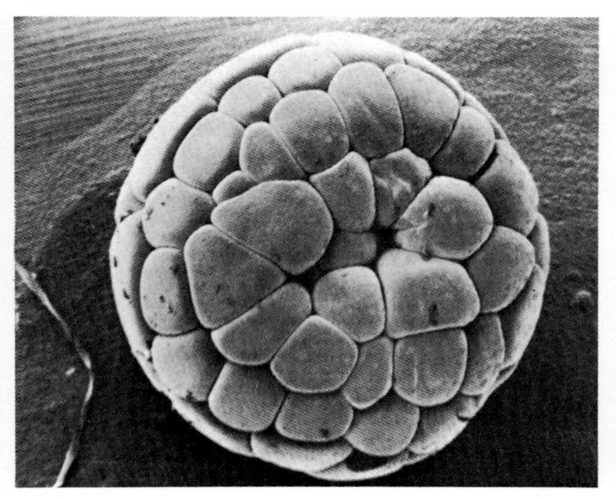

Blastula

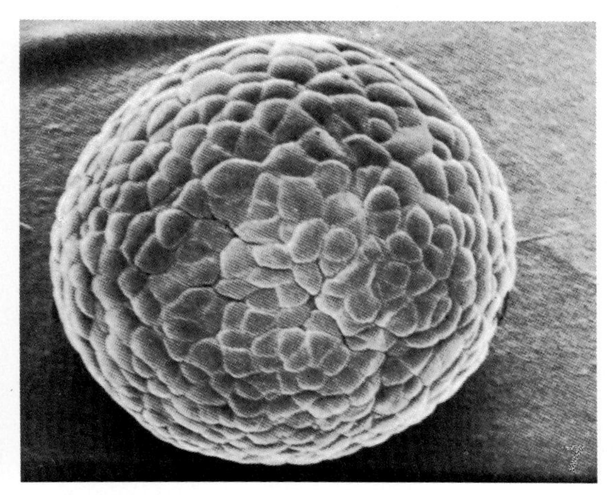

beginnende Gastrula

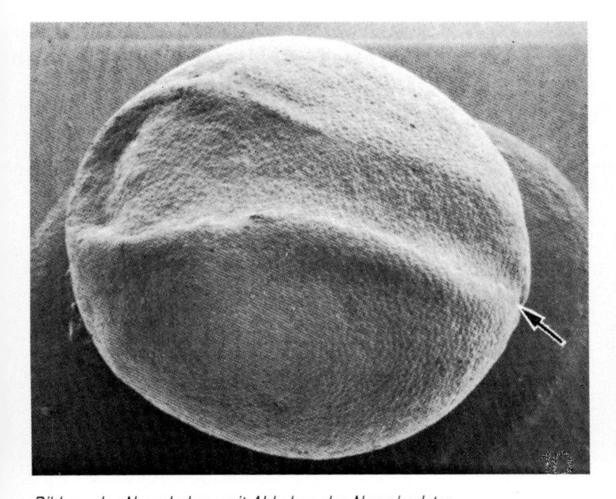

Bildung des Neuralrohres mit Abheben des Neuralwulstes (der Pfeil kennzeichnet die Lage des Urmundes).

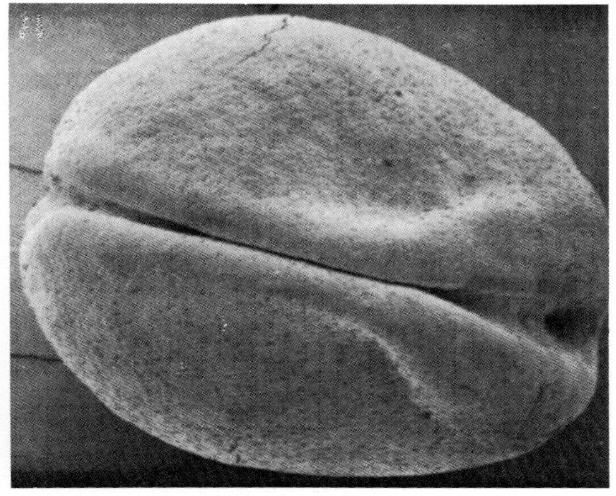

Bildung der Neurula mit Verschluß des Neuralrohres (Urmund ist noch sichtbar). Vergr. 50fach

Die dritte Teilungsebene steht auf den beiden ersten senkrecht und läßt zwei Zellkränze zu je vier Zellen entstehen. Die Zellen des oberen Zellkranzes sind kleiner *(Mikromeren)* und enthalten weniger Dotter als die des darunterliegenden *(Makromeren)*. Die Furchung heißt *total-inäqual,* weil die ganze Eizelle durchgefurcht wird, aber durch den unterschiedlichen Dottergehalt der animalen und der vegetativen Eihälfte unterschiedlich große Zellen entstehen.

Die folgenden Teilungen führen in etwa 20 Stunden zur Bildung eines kugeligen Zellhaufens **(Morula)**. Daraus formt sich eine Hohlkugel, die **Blastula**, mit mehrschichtiger Wand *(Blastoderm)* und einem Hohlraum, der Blastulahöhle *(primäre Leibeshöhle = Blastocoel)*.

In diesem Stadium sind die in der Eizelle unterschiedlich gefärbten Zonen noch zu erkennen: eine obere *animale Zone,* eine mittlere *Randzone* und eine untere *vegetative Zone*. Bei der weiteren Entwicklung gehen aus diesen verschiedenen Blastulabezirken verschiedene Keimteile hervor.

Gastrulation. An einer Stelle zwischen Randzone und vegetativer Zone wandern die Blastomeren unter Bildung einer Öffnung in die Blastulakugel ein. Die Zellen der Randzone und der vegetativen Zone gelangen durch diese Öffnung, den späteren Urmund, in das Innere der Blastulahöhle. Dadurch wird die Blastulahöhle verdrängt, und es entsteht ein neuer Hohlraum, die *Urdarmhöhle,* die über den *Urmund* mit der Außenwelt in Verbindung steht. Dieses Keimstadium heißt Becherkeim oder **Gastrula**.

Keimblattbildung. Die Gastrula besteht aus verschiedenen Zellschichten. Die Außenschicht, das **Ektoderm**, besteht aus den Zellen der animalen Zone. Die Urdarmhöhle wird von zwei Zellplatten eingegrenzt: dem Urdarmboden, der aus den Zellen der vegetativen Zone gebildet wird **(Entoderm)** und dem Urdarmdach, das aus zwei Schichten besteht. Die innere wird von Entodermzellen gebildet, die äußere geht aus den Zellen der Randzone hervor. Diese Schicht wächst nach unten und drängt sich als **Chorda-Mesoderm** zwischen das Ektoderm und das Entoderm ein. Das Ergebnis ist ein dreischichtiger Keim, der aus den drei Keimblättern *Ektoderm, Chorda-Mesoderm* und *Entoderm* besteht.

Der Urdarmhohlraum ist vollständig vom Entoderm umschlossen, seine Öffnung nach außen ist der Urmund. Dieser wird beim Grasfrosch wie auch bei allen Wirbeltieren im Lauf der weiteren Entwicklung nicht zum Mund, sondern zum After und bezeichnet das Hinterende des Tieres. Tiere, bei denen der Urmund zum After wird und der Mund sich neu bildet, heißen *Deuterostomier* (Neumundtiere), Tiere deren

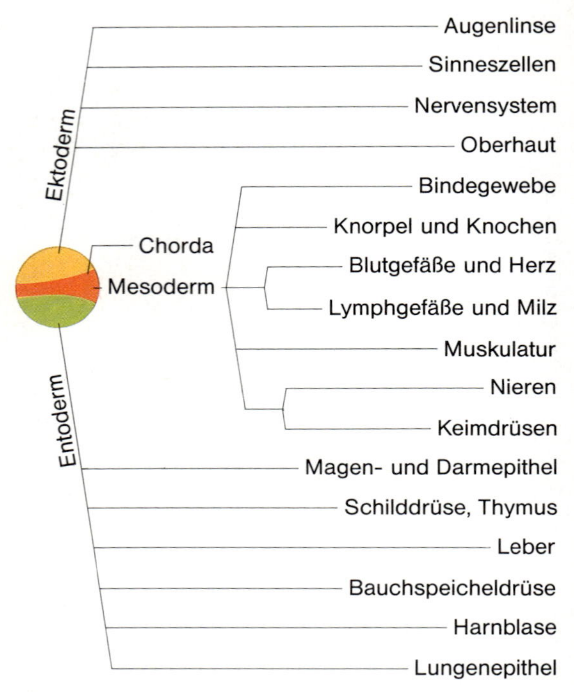

Abb. 312.1: Prospektive Bedeutung der Eiplasmabezirke (s. 1.4.2). Differenzierung der Körpergewebe aus den Keimblättern bei Wirbeltieren

Urmund endgültig Mund bleibt und deren After sich neu bildet, nennt man *Protostomier* (Altmünder). Zu ihnen gehören die meisten wirbellosen Tiere.

Sonderung der Organanlagen. Im weiteren Verlauf der Entwicklung streckt sich der bisher kugelförmige Keim in die Länge. Auf seiner Rückenseite entsteht in dem Bereich des Ektoderms, dem das Urdarmdach (Chorda-Mesoderm) unterlagert ist, eine schuhsohlenförmige Aufwulstung. Die Wulstränder laufen aufeinander zu und bilden schließlich eine Rinne, die sich zu einem Rohr, dem **Neuralrohr**, schließt. Durch diesen Vorgang der **Neurulation** entsteht die Anlage des Zentralnervensystems. Aus dem Ektoderm entstehen außerdem die Körperhaut und eine Reihe von Sinnesorganen. Am Vorderende dieses als **Neurula** bezeichneten Keimstadiums bricht der eigentliche Mund durch; am Mund und After stülpt sich das Ektoderm zu Vorder- und Enddarm ein (s. auch Abb. 310.1 l).

Das Chorda-Mesoderm bildet auf seiner Oberseite eine Ausstülpung, die sich als solider elastischer Strang abschnürt und zur **Chorda**, dem Vorläufer der Wirbelsäule, wird. Bei allen Wirbeltieren wird sie embryonal angelegt, später aber durch die Wirbelsäule ersetzt. Die Seitenteile des ursprünglichen Chordamesoderms (jetzt als Mesoderm bezeichnet) umwachsen das Entoderm vollständig und gliedern sich im oberen Teil des Keims in eine Reihe hintereinander liegender segmental angeordneter Abschnitte, Ursegmente oder *Somiten*. Aus ihnen geht u.a. die Körpermuskulatur hervor (s. auch Abb. 310.1). Der untere Teil des Mesoderms gliedert sich in ein inneres und äußeres Mesodermblatt. Im unteren Teil des Mesoderms entsteht ein Hohlraum, die sekundäre Leibeshöhle **(Coelom)**.

Das Mesoderm liefert außer der Muskulatur das Blutgefäßsystem, die Harnbildungs- und inneren Fortpflanzungsorgane sowie das Skelett. Das Entoderm bildet das Mittelstück des endgültigen Darmkanals mit Leber und Bauchspeicheldrüse sowie die Lunge und die Harnblase. Die Geschlechtszellen gehen aus Zellen hervor, die keinem Keimblatt zugeordnet sind; sie sondern sich schon frühzeitig während der Embryonalentwicklung ab (s. Keimbahn, Abb. 306.1). Durch Versuche an verschiedenen Tierarten wurde nachgewiesen, daß ein bestimmter Plasmateil der Eizelle in solche Zellen gelangt, die sich später zu Geschlechtszellen entwickeln. Die Zerstörung dieses Plasmateils in der Eizelle führt zur Unfruchtbarkeit des sich aus ihr entwickelnden Tieres (vgl. 1.4.6).

Gewebedifferenzierung und Organbildung. Die aus den Keimblättern gebildeten Organanlagen werden durch Differenzierung der Zellen zu Geweben spezifischer Funktion, die sich dann zu Organen in ihrer endgültigen Form vereinigen. Die Zellen des Bindegewebes, der Haut und der Schleimhäute behalten dabei ihre Teilungsfähigkeit, die Nervenzellen der Wirbeltiere verlieren sie in der Regel.

Die Keimesentwicklung des Grasfrosches führt zu einer wasserlebenden, fischähnlichen Larve (Kaulquappe), die in ihrem Körperbau an das Wasserleben angepaßt ist. Durch komplizierte Umwandlungsprozesse (Metamorphose) entsteht aus der Larve das landlebende Amphibium, der Frosch.

1.3.2 Keimesentwicklung bei Reptilien und Vögeln

Die Entwicklung der Reptilien und Vögel verläuft sehr ähnlich. Ihre Eier sind groß und mit reichlich Nährmaterial (Dotter) versehen. Daher furcht sich das Ei nur auf einer engumgrenzten Stelle der Dotterkugel *(diskoidale Furchung)*.

Die Blastomeren der entstehenden Keimscheibe heben sich unter Bildung einer Keimhöhle von der Dotteroberfläche ab und bilden das Ektoderm. Die Keimhöhle wird gegen die Dotteroberfläche von Zellen des Entoderms abgegrenzt. Auf einer Verdickung des Ektoderms bildet sich eine Rinne *(Primitivrinne)*. Von ihr wandern Zellen in das Innere der Keimhöhle und ordnen sich zum Mesoderm. Ektoderm, Mesoderm und Entoderm umwachsen den gesamten Dotter. Aus dem Entoderm bildet sich der Dottersack. In einem weiteren Entwicklungsschritt bilden sich zusätzlich *Embryonalhüllen* aus.

Ektoderm und Mesoderm falten sich um die Embryonalanlage auf und umschließen diese in Form von zwei Häuten, dem *Amnion* und der *Serosa*. In der mit Flüssigkeit gefüllten Amnionhöhle liegt der Embryo. Die Serosa dient der Versorgung mit Nahrung. An sie legt sich eine Ausstülpung des embryonalen Darms an, die *Allantois*. Sie nimmt zunächst die Stoffwechselprodukte des Embryos auf und unterstützt nach ihrer Verbindung mit der Serosa deren Aufgabe, den Embryo mit Nahrung zu versorgen und Atemgase auszutauschen. Die gesamte Entwicklung dauert beim Hühnchen 21 Tage.

1.3.3 Entwicklung des Menschen

Besonderheiten der Meiose beim Menschen

Ab der Pubertät teilen sich bei Knaben Spermien-Mutterzellen **(Stammzellen)** zunächst in je zwei Zellen. Nur eine von beiden liefert vier Spermien. Die andere teilt sich mitotisch, so daß wieder zwei Spermien-Mutterzellen vorliegen. Auch von ihnen bildet nur eine Mutterzelle vier Spermien, die andere zwei Spermien-Mutterzellen. Auf diese Weise erhält sich der Bestand an Spermien-Mutterzellen. In jeder Sekunde beginnen etwa 1000 diploide Spermien-Mutterzellen mit der Meiose: es dauert dann einen bis zwei Monate, bis reife haploide Spermien vorliegen.

Die Ei-Mutterzellen werden alle vor der Geburt des Mädchens gebildet (etwa 500 000). Die allermeisten sterben jedoch bis zur Pubertät ab. In der ersten Hälfte jedes Menstruationszyklus bilden sich 10 bis 50 Ei-Mutterzellen zu Eizellen aus. Nach dem Eisprung der ersten reifen Eizelle sterben die anderen ab. *Alle Eizellen bleiben auf dem Stadium nach der ersten Reifeteilung stehen.* Erst nach der Besamung läuft die zweite Reifeteilung ab. Weil das Gelbkörperhormon eine Meiose verhindert, läßt es sich in der Pille zur Empfängnisverhütung verwenden (vgl. Hormone 3.3).

Keimesentwicklung

Embryonalzeit. Die Keimesentwicklung des Menschen verläuft ähnlich wie bei allen Säugetieren. Die Eizelle ist etwa 0,2 mm groß, polar gebaut und dotterlos. Die Befruchtung muß im Anfangsteil des Eileiters stattfinden, weil die Eizelle für ihre Wanderung in den *Uterus* (Gebärmutter) vier Tage benötigt, aber nur acht bis zwölf Stunden befruchtungsfähig ist. Während des Transports durch den Eileiter furcht sich die Zygote total-äqual und entwickelt sich zur *Blastozyste*. Dieses ist ein spezielles Entwicklungsstadium bei Säugern und entspricht nicht dem Blastulastadium. Die Blastozyste besteht aus dem *Trophoblast*, dem *Embryoblast* (Embryonalknoten) und der *Keimhöhle*. Der künftige Embryo entsteht nur aus Zellen des Embryoblasten. Der Trophoblast bildet Progesteron und ist verantwortlich für die Einnistung der Blastozyste in den Uterus. Die Uterusschleimhaut bildet Gonadotropin, das den Gelbkörper in Funktion hält. Dadurch wird die Abstoßung der Uterusschleimhaut (Regelblutung) mit der eingenisteten Blastozyste verhindert.

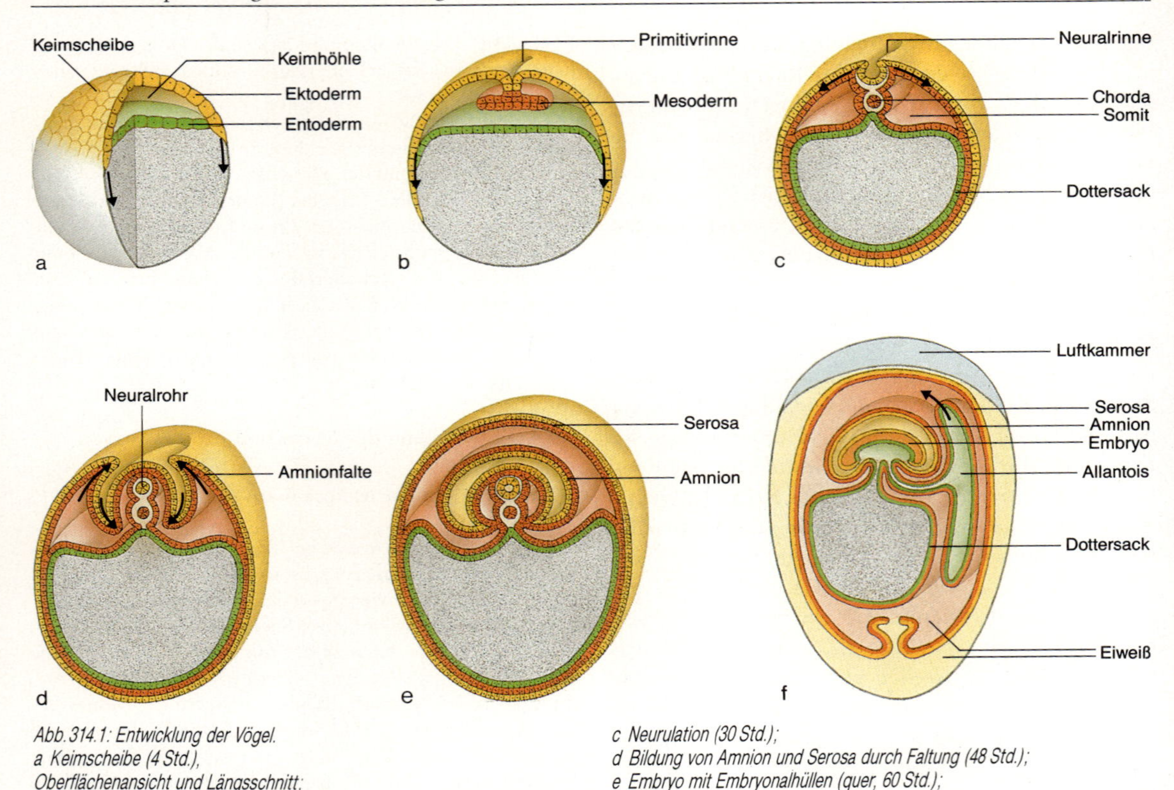

Abb. 314.1: Entwicklung der Vögel.
a Keimscheibe (4 Std.), Oberflächenansicht und Längsschnitt;
b Mesodermbildung (10 Std.);
c Neurulation (30 Std.);
d Bildung von Amnion und Serosa durch Faltung (48 Std.);
e Embryo mit Embryonalhüllen (quer, 60 Std.);
f Hühnerembryo im Ei (8 Tage)

Bis zum 12. Tag entsteht im Embryoblast das *Amnion* mit der Amnionhöhle (s. S. 313) und daran angrenzend, wie bei Amphibien und Vögeln, der Dottersack mit Dottersackhöhle. Das Amnion wird später zur flüssigkeitsgefüllten *Fruchtblase,* der *Dottersack* liefert Blutzellen und Urkeimzellen. Zwischen Amnion und Dottersackhöhle liegt der aus Ekto- und Entoderm bestehende zweischichtige *Keimschild.* Aus ihm geht der Embryo hervor. Die amnionseitige Schicht ist das Ektoderm, die darunterliegende das Entoderm. Der Haftstiel als Verbindung zwischen Trophoblast und Embryoanlage wird später zur *Nabelschnur.*

Auf der Außenseite des Trophoblasten, jetzt als *Chorion* (Zottenhaut) bezeichnet, bilden sich wurzelartige Ausstülpungen, die *Chorionzotten.* Sie eröffnen im Uterusgewebe Blutgefäße. Es entstehen blutgefüllte Räume (Blutlakunen), in denen die Zotten vom mütterlichen Blut umspült werden, wobei ein Stoffaustausch zwischen Mutter und Embryo erfolgt (ohne daß sich das Blut beider vermischt).

Nach etwa zwei Wochen bildet sich aus dem etwa 1 mm großen Keimschild eine verdickte Zellplatte aus Ektodermzellen mit einer säckchenförmigen Einstülpung (Chordaanlage) sowie eine Längsrinne *(Primitivrinne).* Durch diese wandern Zellen ein und bilden zwischen Ektoderm und Entoderm das Mesoderm. Aus dem Dottersack stülpt sich die beim Menschen funktionslose Allantois (s. S. 313) in den Haftstiel aus. Nach etwa drei Wochen beginnt das zunächst ungekammerte, schlauchförmige Herz zu schlagen, bis Ende der vierten Woche entsteht das Neuralrohr. Bis zu diesem Zeitpunkt (der Embryo mißt jetzt 3,5 mm) bilden sich weiterhin die Anlagen für Augen, Ohren, Geruchsorgan, Leber, Lunge, Darm und Extremitäten.

Zwischen der vierten und achten Woche ändert der Embryo sein Aussehen. An der Kopfregion werden vier Wülste sichtbar, die den Anlagen der *Kiemenbögen* bei Fischen entsprechen. Die Wülste sind durch blindgeschlossene Einbuchtungen *(Kiementaschen)* voneinander getrennt. Aus dem ersten Kiemenbogen entwickeln sich Ober- und Unterkiefer, aus der dahinterliegenden Kiementasche der Gehörgang und die Eustachische Röhre. Am Hinterende des Embryos ist vorübergehend eine Schwanzwirbelsäule ausgebildet. Das Gehirn gliedert sich in fünf Abschnitte. Nach acht Wochen hat der Embryo eine Scheitel-Steiß-Länge von etwa 3 cm.

Während der Ausgestaltung reagieren die Organanlagen sehr empfindlich auf schädliche Einflüsse von außen wie z. B. Sauerstoffmangel, chemische Stoffe, Strahlen sowie Viren- und Bakteriengifte (s. Abb. 316.2). Solche Einflüsse führen oft zu bleibenden Organschäden, Mißbildungen oder Fehlgeburten.

Fetalzeit. Nach acht Wochen beginnt die Fetalzeit. Sie ist gekennzeichnet durch starkes Körperwachstum, Vervollkommnung und zunehmende Tätigkeit der Organe sowie das Auftreten fetaler Verhaltensweisen. Der Fetus kann im Fruchtwasser der Fruchtblase Bewegungen ausführen. Diese Flüssigkeit ermöglicht ein gleichmäßiges Wachstum, schützt gegen mechanische Einwirkungen und sorgt für Wärme.

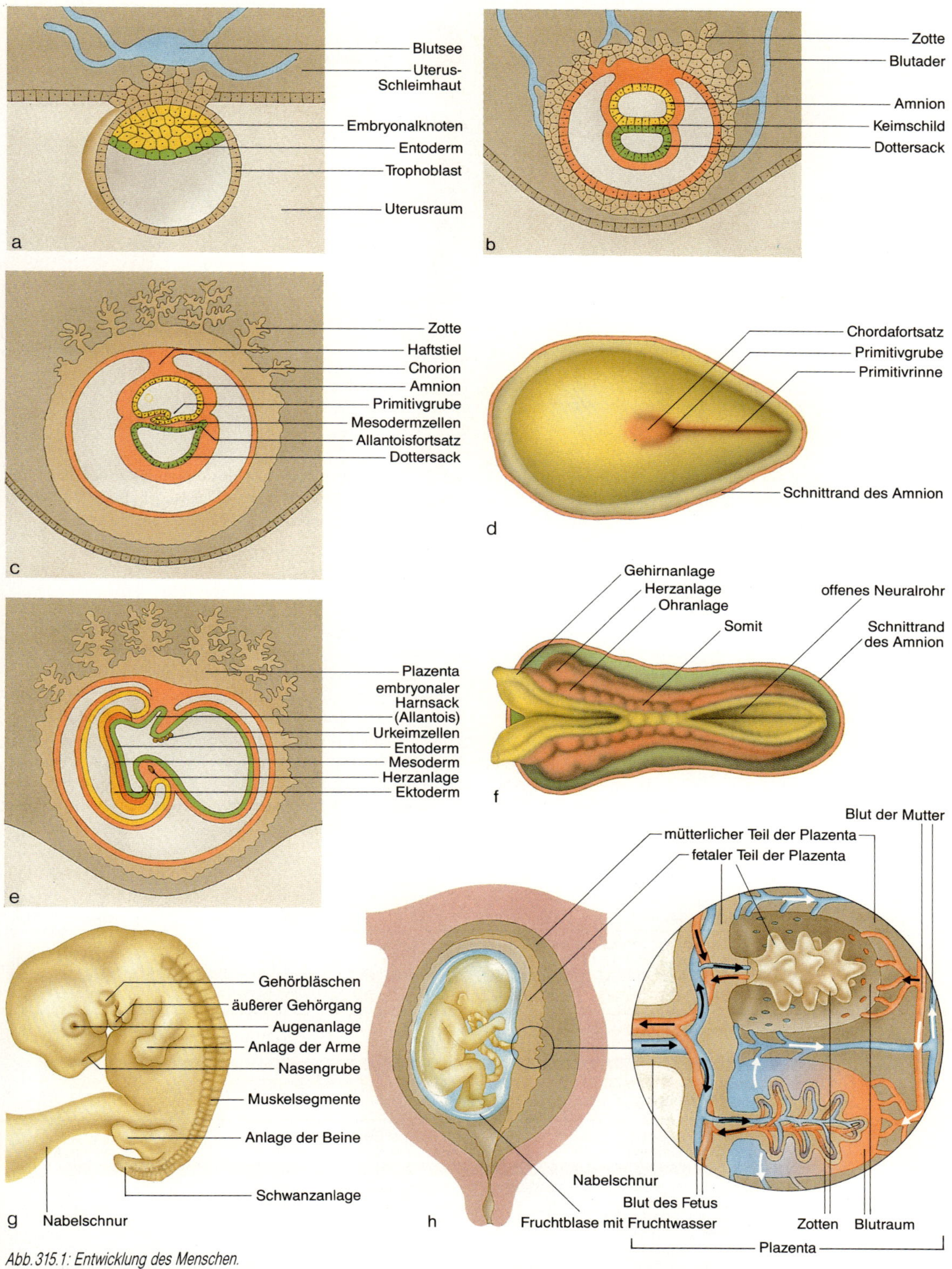

Abb. 315.1: Entwicklung des Menschen.
a Einnisten der Blastozyste (6 Tage, 0,3 mm);
b Differenzierung der Blastozyste (12 Tage, 0,8 mm);
c Bildung der ersten Organanlagen durch »Gastrulation« (16 Tage, 1,2 mm);
d Embryonalstadium von c in Aufsicht, Amnion entfernt (16 Tage, 1,2 mm);
e Lage des Embryos im Uterus (21 Tage, 2 mm);
f Embryo von e in Aufsicht (21 Tage, 2 mm);
g Embryo mit Körpergrundgestalt (35 Tage, 8 mm);
h Lage des Fetus im Uterus und Struktur der Plazenta (3 Monate, 9 cm)

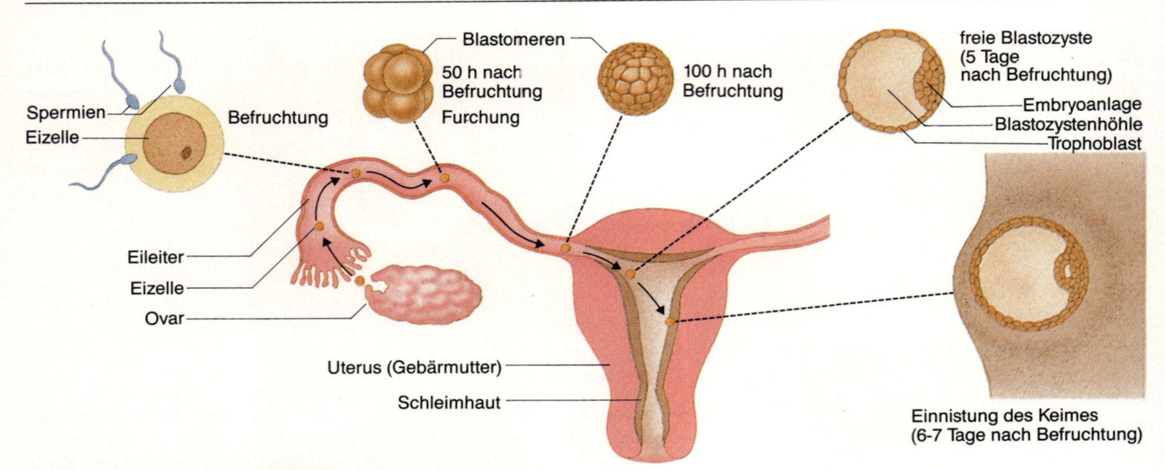

Abb. 316.1: Befruchtung, Frühentwicklung des Keimes und dessen Einnistung in die Schleimhaut des Uterus beim Menschen

Als Ernährungsorgan für den Fetus bildet sich die scheibenförmige *Plazenta* von etwa 20 cm Durchmesser. Sie besteht aus dem fetalen Teil der Zottenhaut und dem mütterlichen Teil der Uterusschleimhaut. Über die Plazenta gelangen Nährstoffe, aber auch Gifte in den Fetus und umgekehrt Abfallstoffe des Fetus in den mütterlichen Körper. Außerdem bildet die Plazenta Hormone (s. Hormone 3.3).

In der 9.–12. Woche formt sich das Gesicht aus. Der Fetus ist jetzt 6–8 cm groß, auch das Geschlecht ist äußerlich erkennbar. Verstärkt treten Körperbewegungen auf. Im 5. Monat ist der Herzschlag des jetzt 20 cm großen Fetus von außen zu hören, ebenso kann die Mutter seine Bewegungen wahrnehmen. Zwischen dem 6. und 9. Monat wächst der Fetus von 35 cm Kopf-Fersenlänge auf etwa 50 cm heran. Dabei wird durch unterschiedlich starkes Wachstum von Kopf, Rumpf und Extremitäten die Körperproportion eines Neugeborenen erreicht. Nach etwa 280 Tagen (40 Wochen) erfolgt durch hormonal ausgelöste Kontraktionen des Uterus die Geburt. Der Fetus ist in der Regel ab der 29. Woche als Frühgeburt lebensfähig.

Individualentwicklung

Die Entwicklung endet nicht mit der Geburt. Die weiteren Lebensabschnitte sind durch körperliche, psychische und geistige Besonderheiten voneinander abgrenzbar.

Während der frühen Kindheit (Säugling und Kleinkind, 0–6 Jahre) wird die Umwelt zunächst durch Wahrnehmen erfaßt, werden die Koordinationen von Bewegungen vervollständigt, das Laufen und die Sprache erlernt sowie die Sozialisation intensiviert. Spielen, Entdecken und Erfinden verstärken die Beziehungen zur sozialen Umwelt und die Eingliederung in diese.

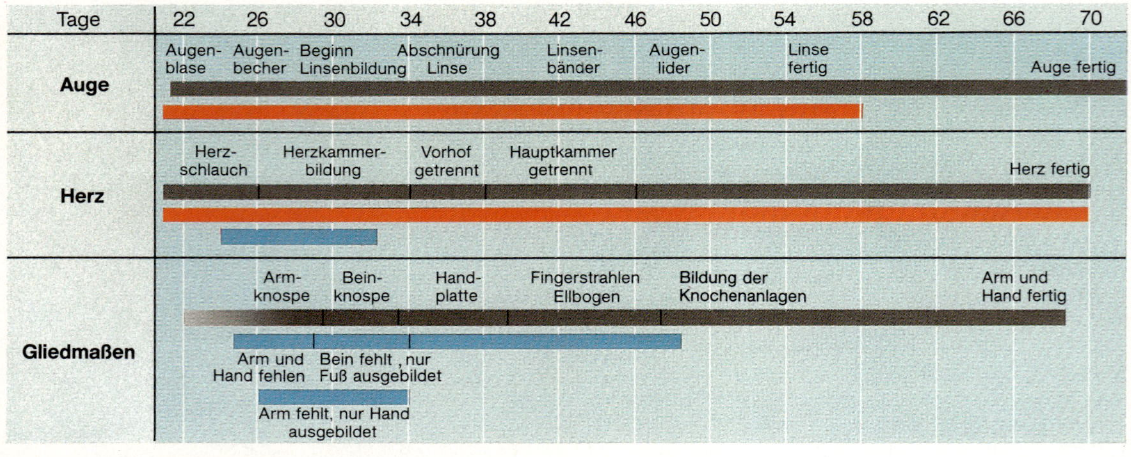

Abb. 316.2: Phasen der Entstehung von Mißbildungen an Organen durch das Beruhigungsmittel Thalidomid (blau) und das Virus der Röteln (rot). Zeitangabe: Alter des Embryos in Tagen

Das Einsetzen des **Kindesalters** (6–10/12 Jahre) ist schon äußerlich gekennzeichnet durch einen Gestaltwandel. Durch unterschiedliches Wachstum verschiedener Körperabschnitte treten Proportionsverschiebungen gegenüber der frühkindlichen Gestalt auf. So werden die Arme länger, der Kopf relativ zum Gesamtkörper kleiner. Darauf beruht der Test zur Feststellung der körperlichen Einschulungsreife (über den Kopf hinweg ist das Ohr der jeweils anderen Körperseite zu fassen).

Während der **Jugendzeit** (Pubertät und Adoleszenz 10/12–18/21 Jahre) erfolgt die Geschlechtsreife, verbunden mit der Ausbildung der sekundären Geschlechtsmerkmale und einem starken Längenwachstum, nach dessen Abschluß die endgültige Körpergröße erreicht ist. Das Verhalten ist gekennzeichnet durch die Suche nach individuellen Lebensformen und Wertmaßstäben, Verselbständigung der Persönlichkeit, Wendung nach Innen, Sprunghaftigkeit in Verhaltensäußerungen, Lösung von den Eltern sowie Übernahme von sozialen Rollen und Beginn sozialer Eigenständigkeit.

Das **Erwachsenenalter** (18/21–60/70 Jahre) ist die Zeit, in der die körperlichen, geistigen und emotionalen Fähigkeiten, die Schaffenskraft, die Bereitschaft zur Bewältigung der Lebensaufgaben sich vervollständigen und ihren Höhepunkt erreichen.

Im **Alter** (60/70–Tod) nehmen die körperlichen und seelischen Funktionen allmählich ab. Das Kurzzeitgedächtnis läßt nach (Vergeßlichkeit), ebenso die Leistungsfähigkeit von Sinnesorganen (z. B. Altersschwerhörigkeit). Auffallend ist ein verstärktes Festhalten an Gewohnheiten sowie häufige Rückblicke auf das vergangene Leben.

Theorien des Alterns. Die Ursachen für den irreversiblen Alterungsvorgang, der zwar zeitlich hinausgeschoben, aber nicht verhindert werden kann und der mit dem Tod endet, sind noch wenig geklärt. Die maximale Lebensdauer des Menschen ist durch genetische Faktoren bestimmt (sie liegt etwa bei 110 Jahren). Dies kann man an Zellkulturen von Bindegewebszellen zeigen. Werden die Zellen für die Kulturen aus Kleinkindern entnommen, so teilen sie sich in der Kultur etwa 40 bis 50 mal. Danach ist die Zellkultur gealtert, die Zellen degenerieren. Bei Zellkulturen aus Bindegewebszellen Erwachsener ist die Zahl der Teilungen geringer. Als Ursache für die Alterungsvorgänge beim Menschen werden diskutiert:

- Mit zunehmendem Alter häufen sich in der Erbsubstanz Fehler an; dies führt schließlich zum Ausfall lebenswichtiger Funktionen. Bei Geweben, die rasch aus Stammzellen nachgebildet werden (vgl. Cytologie 10.3), ist die Anhäufung von Schäden viel geringer als bei Geweben, die nicht (Nervengewebe) oder nur langsam (Skelettmuskel) erneuert werden. Allerdings sind Tumorzellen unbegrenzt teilbar und daher potentiell unsterblich. Ihre Kultur ist über beliebig lange Zeit möglich.
- Die Regulationsmöglichkeiten der Gene in den Zellen werden zunehmend gestört. Dadurch werden fehlerhafte Proteine gebildet, und es entstehen Proteine, die normalerweise in den betreffenden Zellen nicht vorkommen (z. B. Hämoglobin in Nervenzellen).
- Die Geschwindigkeit der Proteinsynthese nimmt ab. Dadurch enthalten die Zellen weniger Enzyme und weniger Rezeptoren in der Zellmembran, so daß sie langsamer auf Signale von außen reagieren.
- Langlebige Proteine altern. Hierher gehören z. B. die Kollagenfasern des Bindegewebes; ihre Elastizität nimmt fortlaufend ab.
- Zelluläre Transportvorgänge (sowohl in die Zelle wie zwischen verschiedenen Organellen) werden zunehmend gestört. Dabei sind vor allem Vorgänge an den Lysosomen von Bedeutung.

Da alle mehrzelligen Organismen sterben und gegenüber den potentiell unsterblichen einzelligen Organismen als neues System aufzufassen sind, ist der Tod eine Systemeigenschaft (s. S. 64), die als eine Folge der Organisation zustande kommt.

1.4 Experimentelle Erforschung des Entwicklungsverlaufs

1.4.1 Geschichtliches

Die Bildung eines organisierten Lebewesens aus dem scheinbar undifferenzierten Ei war schon für die Naturforscher des 17. und des 18. Jahrhunderts ein Problem. Der Begründer der **Praeformationstheorie** SWAMMERDAM (1637–1680) lehrte, daß im Ei das künftige Lebewesen schon in allen seinen Teilen vorgebildet sei. Nach Entdekkung des Spermiums (1677) durch v. LEEUWENHOEK (1632–1723) übertrug man diese Anschauung auf das Spermium.

Die **Epigenesistheorie** von WOLFF (1733–1794) gründete auf seinen Untersuchungen über die Entwicklung des Hühnchens. Demnach entwickelt sich aus der scheinbar undifferenzierten Eizelle erst durch Entwicklungsprozesse das ausgewachsene Lebewesen in aufeinanderfolgenden Formstufen. Aus Untersuchungen zur Frage Praeformation oder Epigenesis hat sich die Entwicklungsphysiologie herausgebildet. Sie versucht die Ursachen und Gesetzlichkeiten dieser Entwicklungsprozesse experimentell zu erforschen. Vor allem haben Experimente an Amphibienkeimen viel zur Klärung des Entwicklungsgeschehens beigetragen und das methodische Rüstzeug geliefert für weiterführende Versuche.

1.4.2 Experimente am Amphibienkeim

Die Frage nach den Ursachen und Gesetzlichkeiten der Entwicklung wurde Ende des 19. Jahrhunderts theoretisch und experimentell behandelt. 1892 stellte der Zoologe WEISMANN die sogenannte **Determinantenhypothese** auf. Danach sollten im Zellkern der befruchteten Eizelle in einem dreidimensionalen Muster kleine entwicklungssteuernde Einheiten *(Determinanten)* liegen, die das spätere Schicksal

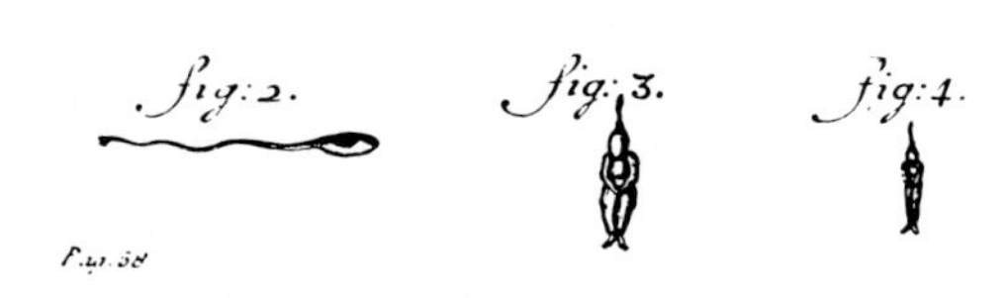

Abb. 317.1: Wie Leeuwenhoek, ein Vertreter der Präformation, 1677 die Samen-»Tierchen« als Menschen sah.

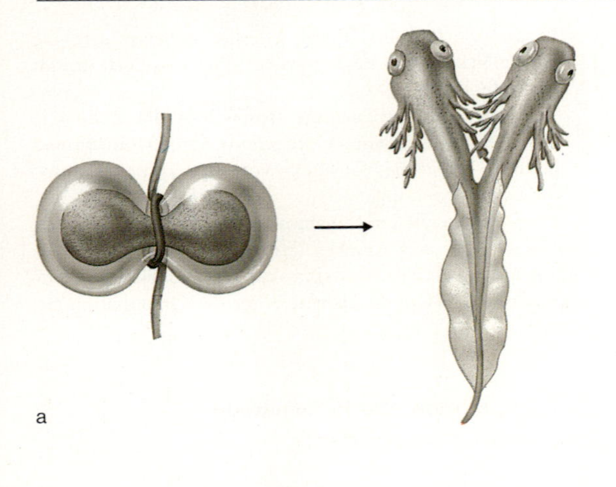

Abb. 318.2: Die siamesischen Zwillinge Chang und Eng

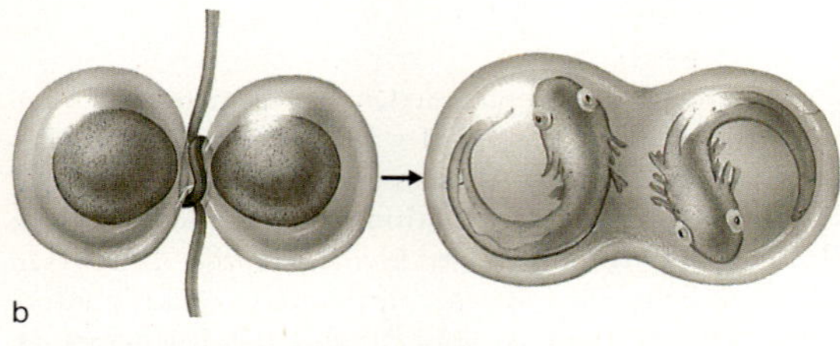

Abb. 318.1: Schnürungsversuch mit befruchteten Molcheiern auf der Zweizellenstufe.
a Bei unvollständiger Durchschnürung entsteht eine zweiköpfige Larve.
b Die vollständige Durchschnürung ergibt eineiige Zwillinge.

der Blastomeren bestimmten. Bei der Furchung sollten die Determinanten in verschiedener Weise auf die Blastomeren verteilt werden und entsprechend ihren determinierenden Eigenschaften die Differenzierung leiten.

Diese Hypothese wollte der Zoologe HANS SPEMANN (1869–1941) experimentell prüfen. Wenn sie richtig ist, so folgerte er, müssen die bei der Furchung entstehenden Blastomeren qualitativ verschieden sein und eine experimentelle Störung der normalen Furchung zu einer abnormen Verteilung der Determinanten und damit auch zu Abnormitäten in der Entwicklung führen. SPEMANN wählte als Versuchsobjekte Molcheier oder Molchkeime aus, weil die Entwicklung dieser Tiere gut bekannt war und die Eier für experimentelle Eingriffe eine geeignete Größe hatten. Er erfand für seine Versuche am 1–2 mm großen Keim genial einfache *mikrochirurgische Operationsinstrumente* (Glasmesser, Glasnadeln, Transplantationspipetten).

Schnürungsexperimente und Regulation. SPEMANN trennte die Blastomeren eines Molchkeims im Zweizellstadium mit Hilfe einer Schlinge aus feinem Säuglingshaar (Abb. 318.1). Aus jeder der beiden Blastomeren entwickelte sich, wenn der graue Halbmond durch eine Schnürung halbiert wurde, ein ganzes Tier. Lag die Schnürung aber so, daß nur eine der beiden Blastomeren den grauen Halbmond enthielt, so entwickelte sich nur diese zu einer vollständigen Larve. Die andere lieferte dagegen eine undifferenzierte Gewebemasse.

Wurden bei der Schnürung die beiden Blastomeren nicht ganz voneinander getrennt, dann entstanden Doppelwesen mit teilweisen Verwachsungen (vgl. Abb. 318.2) ähnlich den »siamesischen Zwillingen«.

Diese Versuche zeigten einerseits, daß es in der Eizelle einen *plasmatischen Vorzugsbereich* – eben den grauen Halbmond – gibt, der das frühe Entwicklungsgeschehen grundlegend beeinflußt, andererseits aber auch, daß jede Blastomere mit grauem Halbmondmaterial, die im Zellverband einen halben Keim ausgebildet hätte, als isolierte Blastomere noch die Fähigkeit besitzt, sich zu einem ganzen Keim auszugestalten. Die gesamte Entwicklungsmöglichkeit einer isolierten Blastomere ist also größer als diejenige, die im Zellverband realisiert wird. Man bezeichnet die gesamte Entwicklungsmöglichkeit, die einer Blastomere oder einem Keimteil innewohnt, als *prospektive Potenz* und diejenige, die bei der normalen Entwicklung tatsächlich verwirklicht wird, als *prospektive Bedeutung*. Wie die Versuche zeigen, sind auch Teile eines Keims noch in der Lage, einen vollständigen Organismus zu bilden. Ihre prospektive Potenz ist nicht eingeschränkt. Sie besitzen noch die Fähigkeit zur Regulation ihrer Entwicklung. Eizellen, aus denen Blastomeren mit dieser Fähigkeit hervorgehen, heißen **Regulationseier.** Diese sind mit der Determinantenhypothese nicht vereinbar; sie kann also für die Amphibienentwicklung nicht zutreffen.

Im Gegensatz dazu können sich bei den sogenannten **Mosaikeiern** der Fadenwürmer und Manteltiere die isolierten Blastomeren nicht mehr zu einem Ganzkeim entwickeln. Nimmt man eine Blastomere oder Blastomerengruppe aus einem frühen Keimstadium heraus, dann fehlt am fertigen Tier das, was aus den entnommenen Teilen geworden wäre. Ei und Keim verhalten sich so, wie wenn sie aus einem Mosaik nicht mehr regulierbarer Bereiche bestünden (vgl. dazu 1.4.6).

Präsumptive Keimbereiche und Isolationsexperimente. Um nachzuweisen, zu welchen Organen sich verschiedene Blastulabezirke entwickeln, wurden Teile der Blastula mit verschiedenfarbigen Vitalfarbstoffen angefärbt und in ihrer Entwicklung verfolgt. So konnte experimentell ermittelt werden, zu welchen Organen sich bestimmte Blastulabereiche **(= praesumptive Bereiche)** (Abb. 319.1) später entwickeln. Damit war die Voraussetzung geschaffen, diese präsumptiven Bereiche zu isolieren und mit ihnen zu experimentieren. Sie wachsen und entwickeln sich in einer sterilen Nährsalzlösung weiter.

Präsumptives Hautektoderm bildet wie in der Normalentwicklung Haut und Hautdrüsen. Präsumptives Neuroektoderm liefert ausschließlich Hautgewebe, aber kein Nervengewebe. Präsumptives Entoderm bildet nur Darm und Darmdrüsen, präsumptives Chorda-Mesoderm aber bildet Chorda-, Mesoderm-, Haut- und Darmgewebe.

Transplantationsexperimente und Determination. Transplantiert man von einem Molch- oder Froschkeim zu Beginn der Gastrulabildung ein Stück (Abb. 319.3), das später zur Bauchhaut würde, auf einen anderen Keim an eine Stelle der Neuralplatte (die später Nervensystem liefert), so entwickelt es sich hier ortsgemäß, nämlich zu Nervengewebe. Gleiches gilt für die umgekehrte Verpflanzung. Die umgepflanzten Stücke können also zu diesem Zeitpunkt noch nicht endgültig darauf festgelegt sein, ein bestimmtes Gewebe zu werden; ihr Schicksal wird vielmehr durch die Umgebung bestimmt. Die Herkunft der Zellen ist aber ebenfalls von entscheidender Bedeutung. Dies zeigt ein Experiment, bei dem präsumptive Bauchhaut eines Frosches in die künftige Mundregion eines Molches verpflanzt wurde und umgekehrt. Die in die präsumptive Mundregion eingepflanzten Stücke wurden zu Mundteilen; die präsumptive Bauchhaut des Frosches ergab aber in der Mundregion des Molches Mundteile von Froschart und die präsumptive Bauchhaut des Molches in der Mundregion des Frosches Mundteile von Molchart. Die verpflanzten Gewebeteile entwickelten sich demnach *ortsgemäß*, bildeten aber die Einzelorgane dieser Region *artgemäß (erbgemäß)* aus.

Anders verlaufen die Versuche, wenn sie erst nach Beendigung der Gastrulation ausgeführt werden. Dann verhalten sich die verpflanzten Stücke nicht mehr ortsgemäß, sondern nur noch herkunftsgemäß; ein Stück verpflanztes Neuralgewebe wird überall nur noch zu Nervengewebe. Wir schließen daraus, daß von einem bestimmten Zeitpunkt der Entwicklung an die künftige Funktion verschiedener Regionen des Keimes festgelegt ist; sie sind determiniert.

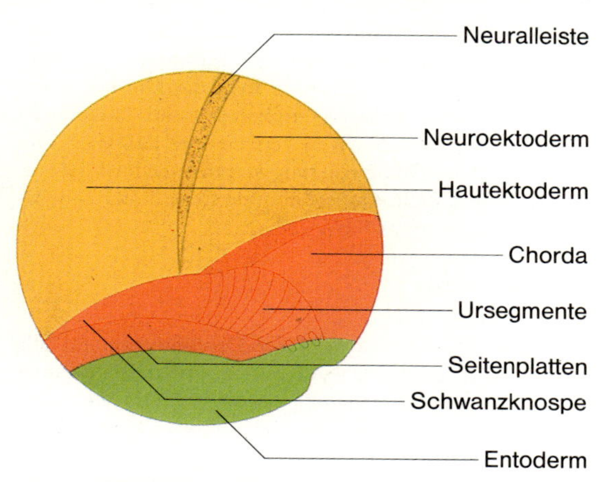

Abb. 319.1: Schema der prospektiven Bedeutung der Teile der Molchblastula (Präsumptive Keimbereiche). Aus den Neuralleistenzellen bilden sich z. B. Pigmentzellen.

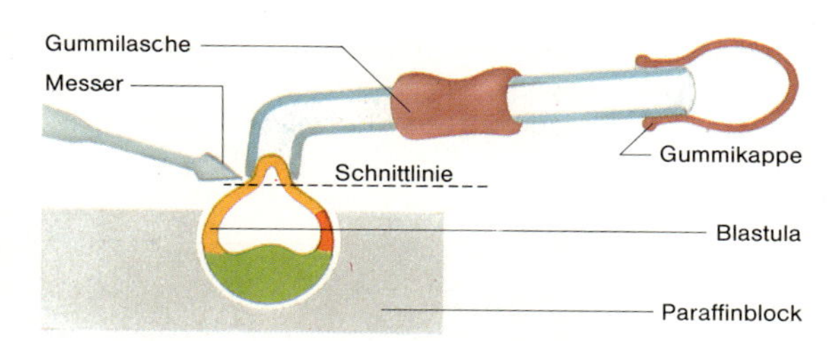

Abb. 319.2: Transplantationspipette und ihre Anwendung. Die Gummilasche dient zur Feinregulation des Pipettensogs. Das eingesogene Stück wird abgeschnitten.

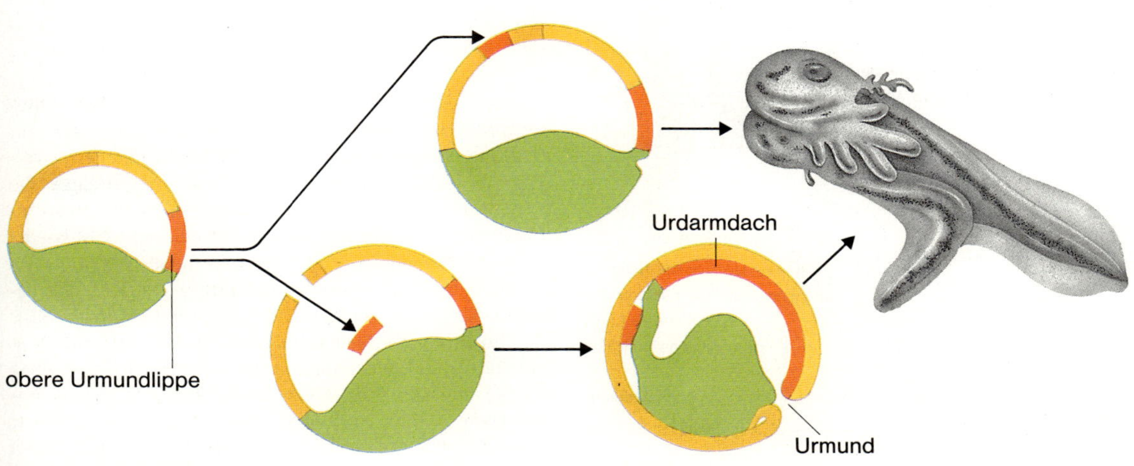

Abb. 319.3: Organisatorexperiment nach der Transplantations- und nach der Einsteckmethode. In beiden Fällen ist das Ergebnis die Bildung einer zusätzlichen Embryoanlage.

Dunkelgelb: präsumptives Hautgewebe, Hellgelb: präsumptives Neuralrohrgewebe, Grün: Entoderm

Die **Determination** ist äußerlich zunächst nicht erkennbar, sie spielt sich also im molekularen Bereich des Zellgeschehens ab. Der Determination folgt die *Differenzierung*. Darunter versteht man die strukturelle und funktionelle Spezialisierung von Zellen in verschiedene Zelltypen. Determination und Differenzierung kommen dadurch zustande, daß je nach Zelltyp nur bestimmte Gene in der Zelle tätig werden (s. Genetik 8.16).

1.4.3 Induktion

Die Frage, ob der Zeitpunkt der Determination für alle Keimbereiche gleich ist, wurde durch weitere Transplantationsexperimente an Amphibien überprüft. Auf Anregung SPEMANNS wurde der Teil des präsumptiven Chorda-Mesoderms, der oberhalb des späteren Urmundes liegt *(dorsale Urmundlippe)* und aus dem sich später Chordagewebe bildet, in die präsumptive Bauchhaut einer anderen Blastula verpflanzt (s. Abb. 319.3). Damit sollte festgestellt werden, ob sich dieser Keimbereich zu Chordagewebe oder Bauchhautgewebe umbildet, d.h. ob er schon determiniert oder noch umbildungsfähig ist. Das Experiment brachte ein überraschendes Ergebnis. Nach der Transplantation senkte sich nämlich an dieser Stelle der überpflanzte Keimbereich und ein Teil der Umgebung durch eine Art Gastrulation ein, wobei der verpflanzte Keimbereich sich der Bauchhaut unterlagerte. Es bildete sich dann wie bei der Normalentwicklung ein *Achsensystem,* bestehend aus Neuralrohr, Chorda und Ursegmenten (Somiten). Damit entstand in dem sich entwickelnden Wirtskeim die *Anlage eines zweiten Keims,* dessen Gewebe großteils aus dem Keimbereich des Wirtes und nicht vom transplantierten Gewebe stammte. Das gleiche Ergebnis erhält man mit dem *Einsteckversuch*. Der zu transplantierende Keimbereich wird durch einen feinen Schlitz in den Hohlraum einer Blastula gesteckt. Bei der Gastrulation wird dieser ebenfalls dem Ektoderm unterlagert. Wie im vorhergehenden Versuch entsteht auch hier – diesmal ohne Gastrulation – ein zweites Achsensystem. Daraus geht hervor, daß der Keimbereich der dorsalen Urmundlippe das darüberliegende Ektoderm veranlaßt, sich zum Neuralrohr umzubilden. Man nennt diesen wichtigen Vorgang *Induktion*.

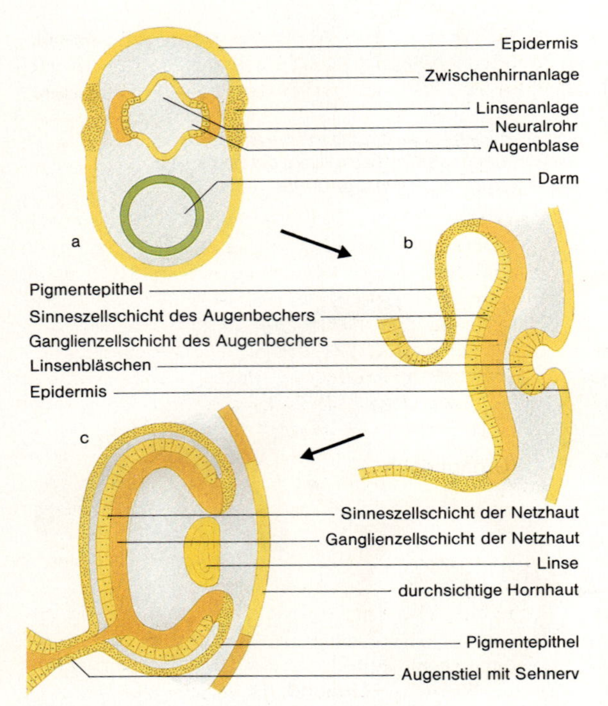

Abb. 320.1: Schema der Augenentwicklung beim Grasfrosch.
a Querschnitt durch den Kopfteil des Embryos,
b Bildung von Augenbecher und Linsenbläschen,
c fertig angelegtes Auge

Wie neuere Versuche beim Krallenfrosch *(Xenopus)* ergaben, hat die Eirinde die gleichen induktiven Fähigkeiten wie die dorsale Urmundlippe. Man kann auf dem Morulastadium die Blastomerenmembran derjenigen Blastomeren abschälen, die später die Urmundlippe ausbilden und sie auf eine befruchtete Eizelle transplantieren. Der sich entwikkelnde Keim besitzt dann ebenfalls ein zweites Achsensystem. Umgekehrt führt das Abschälen der Eirinde des künftigen Bereichs der Urmundlippe bei der Eizelle nur bis zur Entwicklung einer Blastula. Ohne das Stück Eirinde ist eine Gastrulation und damit die Bildung des induktionswirksamen Urdarmdachs unmöglich.

Auch kernlos gemachte Eizellen, die künstlich zur Entwicklung angeregt wurden, entwickelten sich bis zum Blastulastadium. Darin liegt ein Hinweis, daß die Information für die Entwicklung zur Blastula schon im Cytoplasma fertig vorliegt und zwar in Form inaktiver m-RNA (s. Genetik 8.16).

Die Induktion wird durch Induktionsstoffe ausgelöst. Hinweise darauf sind der Einsteckversuch und die Tatsache, daß selbst ein *Extrakt* aus dorsaler Urmundlippe sowie Leber- und Nierengewebe von Vögeln und Säugetieren ein Achsensystem induzieren. Dies bedeutet, daß induktionswirksame Stoffe nicht artspezifisch sind. Auf Induktionsstoffe sprechen Keimteile aber nur in einer zeitlich begrenzten Phase von wenigen Stunden oder Tagen an. Außerhalb dieser reagieren sie nicht auf Induktionsreize.

1.4.4 Induktionsketten

Bei der Froschentwicklung induziert das dotterhaltige Entoderm zunächst die Bildung von Mesoderm. Ohne diese Induktion würden die betreffenden Zellen zu Ektoderm werden. Das gebildete Mesoderm induziert die Bildung des Neuralrohres aus dorsalem Ektoderm. Zellen, die durch Induktion determiniert wurden, entwickeln also selbst wieder induktive Fähigkeiten und lösen eine neue Determination aus. So entsteht eine **Induktionskette** wie z.B. die gut bekannte Kette der *Augenentwicklung beim Grasfrosch*. Nach der Induktion des Neuralrohres durch das Urdarmdach (s. Abb. 320.1) und der Induktion des Gehirns am Vorderende des Neuralrohres stülpen sich aus diesem seitlich zwei Augenblasen aus, die sich unter das Ektoderm vorschieben. Beide Blasen stülpen sich dann zu Augenbechern ein. Unter der induktiven Wirkung des Augenbechers gliedert sich ein Ektodermbläschen in diesen ab und bildet sich zur Linse um. Das über der Becheröffnung liegende Ektoderm wird unter dem Einfluß der Augenlinse zur durchsichtigen

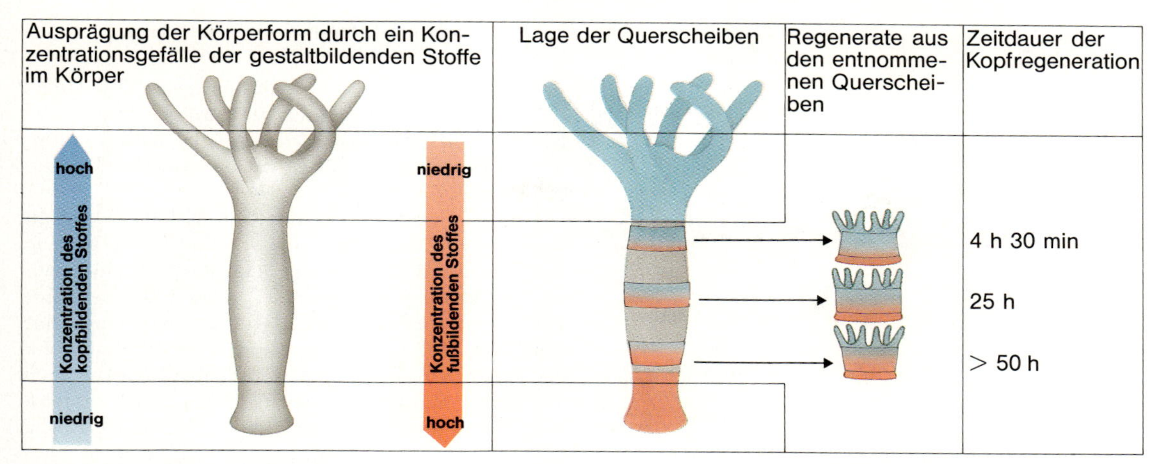

Abb. 321.1: Regeneration beim Süßwasserpolypen (s. Text). Konzentrationsgefälle der gestaltbildenden Stoffe im Körper der Hydra. Hohe Konzentration des kopfbildenden Stoffes und geringe Konzentration des fußbildenden Stoffes führt bei Hydra zur Bildung eines Kopfes, umgekehrte Konzentrationsverhältnisse führen zur Bildung des Fußes. Das Bild ist ein allgemeines Modell der Positionsinformation, die das Konzentrationsgefälle von gestaltbildenden Stoffen in einem Organismus, in einem Gewebe oder einer Organanlage liefert. Das Konzentrationsgefälle nennt man auch den Gradienten dieses Stoffes.

Hornhaut des Auges. Verpflanzt man einen Augenbecher in die künftige Bauchhaut eines Keimes, dann wird an dieser einem Auge nicht entsprechenden Stelle ebenfalls Linse und Hornhaut gebildet.

Entfernt man das Ektodermbläschen, das sich zur Linse umbildet, so wandern Ektodermzellen aus der Umgebung an seine Stelle; sie treten in Kontakt mit den Zellen des Augenbechers, und diese veranlassen dann eine Linsenbildung durch Zellen, die normalerweise damit nichts zu tun haben. Die ganze Augenentwicklung ist ein sehr kompliziertes Wechselspiel von fördernden und hemmenden Wirkungen, die wie alle Induktionsvorgänge durch drei Faktoren zustande kommen:

1. Durch Kontakt zwischen Zellen. Dazu sind spezifische Proteinmoleküle (Rezeptoren) in der Zellmembran erforderlich.
2. Durch Stoffe, die von bestimmten Zellen abgegeben werden und
   a) die Determination anderer Zellen verursachen, so daß diese zu Stammzellen bestimmter Gewebe werden: Dies sind die Induktionsstoffe und Morphogene (vgl. 1.4.5);
   b) die Differenzierung von Stammzellen veranlassen: Sie heißen Wachstumsfaktoren. Es gibt wachstumsfördernde und hemmende Faktoren.
   Alle derartigen Stoffe, die bisher identifiziert wurden, sind Peptide oder Proteine. Sie sind nicht artspezifisch.
3. Durch Wanderung von Zellen. Sie ist möglich aufgrund des Cytoskeletts und seiner Wechselwirkung mit Myosinfilamenten in den Zellen (Cytologie 2.4.3) und mit entstehenden Bindegewebsfasern des embryonalen Bindegewebes zwischen den Zellen.

Die geordnete zeitliche Aufeinanderfolge der Entwicklungsschritte kommt dadurch zustande, daß die für jede Entwicklungsphase zuständigen Gene nacheinander aktiv werden (vgl. Genetik 12.2).

1.4.5 Gestaltbildung beim Süßwasserpolyp; Positionsinformation

Die Gestaltbildung **(Morphogenese)** wird heute vor allem bei wirbellosen Tieren untersucht. Bekannte Objekte sind der Süßwasserpolyp *Hydra*, die Fruchtfliege *Drosophila* und der Fadenwurm *Caenorhabditis*. Beim Süßwasserpolyp wird die Bildung von Tentakeln und vom Mundfeld (»Kopfregion«) einerseits und die Bildung der Festheftungsstelle (»Fuß«) andererseits jeweils durch einen bestimmten Stoff (ein Peptid) ausgelöst (s. Abb. 321.1). Solche Stoffe, die an der Gestaltbildung beteiligt sind, heißen **Morphogene**. Sie haben die Eigenschaften von induktionswirksamen Stoffen. Der kopfbildende Stoff bildet sich in der Mundfeldregion und wandert von dort aus in andere Teile der *Hydra*, wo er abgebaut wird. Seine höchste Konzentration hat er also im Kopfbereich, die geringste im Fußbereich. Für die Konzentration des fußbildenden Stoffes gilt das Umgekehrte. Allerdings reichen diese beiden Stoffe zur geordneten Gestaltbildung noch nicht aus, denn es muß verhindert werden, daß unmittelbar nebeneinander zwei Köpfe entstehen. Dies geschieht dadurch, daß der kopfbildende Stoff die Erzeugung eines Hemmstoffes gegen die Bildung weiterer Köpfe auslöst. Dasselbe gilt entsprechend für die Fußbildung. Der chemische Aufbau der Hemmstoffe ist noch unbekannt.

Zerschneidet man eine *Hydra* in mehrere Scheiben, so regeneriert sich aus jeder Scheibe ein neues Tier (Abb. 321.1). Dabei benötigen diese Scheiben für die Kopf-Regeneration um so mehr Zeit, je weiter entfernt sie von der Mundregion entnommen werden, denn um so geringer ist die Konzentration des kopfbildenden Stoffes in der Querscheibe. Außerdem entsteht nur an demjenigen Teil der Querscheibe, der dem ursprünglichen Kopf näher liegt, wieder eine Kopfregion, denn am mundfeldferneren Ende ist die Konzentration des kopfbildenden Stoffes geringer.

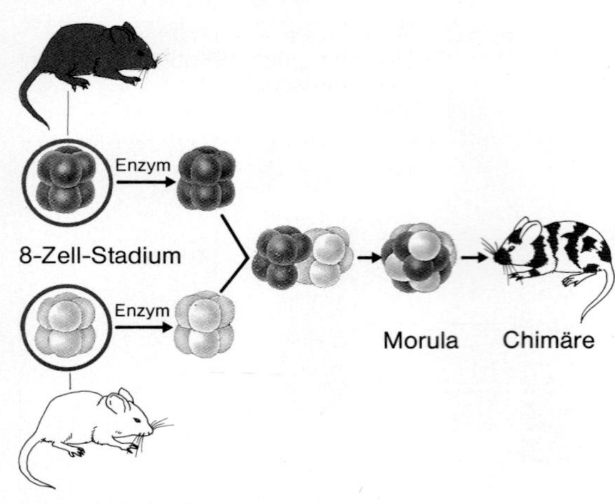

Abb. 322.1: Musterbildung im Organismus am Beispiel des Fellmusters einer Maus-Chimäre. Furchungsstadien reinerbig weißer und reinerbig schwarzer Mäuse werden vermischt (s. Text). Auf diese Weise entsteht ein einheitlicher Embryo, der sich zu einer Chimäre weiterentwickelt.

Außerdem erzeugt der entstehende Kopf den Hemmstoff, der rascher wandert und die Kopfbildung am mundfeldferneren Teil der Querscheibe verhindert.

Wir können also sagen: Infolge der Konzentrationsgefälle der gestaltbildenden Stoffe »kennt« jede Zelle der *Hydra* zu jedem Zeitpunkt ihre Lage (Position) im Organismus. Diese **Positionsinformation** kommt zustande, wenn die Zelle die Konzentration der gestaltbildenden Stoffe messen kann. Dazu muß sie Rezeptoren, welche diese Stoffe binden, besitzen.

Bei den Tieren sind die verschiedenen Gewebe in bestimmter Weise angeordnet (z.B. in Muskeln, Knochen, Blutgefäßen); sie bilden Muster. Auch die Blattstellung von Pflanzen oder die Verzweigung ihrer Sproßachsen weisen bestimmte Muster auf. Man nimmt an, daß auch in allen diesen Fällen die Information für die Musterbildung in Konzentrationsgefällen der gestaltbildenden Stoffe steckt. Bisher sind allerdings nur die gestaltbildenden Stoffe von *Hydra* bekannt.

Der Kopfbildungsstoff von *Hydra* ist in allen anderen daraufhin untersuchten Tiergruppen ebenfalls gefunden worden. Er hat vermutlich eine Bedeutung als Wachstumsfaktor, so z.B. im Säugerembryo, wo er vorwiegend im Nervengewebe vorkommt. Zwischen Induktionsstoffen, Morphogenen, Wachstumsfaktoren, Gewebe- und Neurohormonen bestehen fließende Übergänge. Beim Huhn (und wahrscheinlich bei vielen anderen Wirbeltieren) ist Retinsäure ein Morphogen. Sie entsteht aus Vitamin A und bildet bei der Entwicklung der Gliedmaßen Konzentrationsgradienten, die eine Positionsinformation liefern. Retinsäure wird in der Zelle an ein Rezeptor-Protein gebunden, das den Steroidhormon-Rezeptoren (vgl. hierzu Hormone 4.2) sehr ähnlich ist und wie diese im Zellkern an die DNA bindet.

1.4.6 Mosaik- und Regulationsentwicklung

Wenn die Entwicklung des Keims durch Stoffe bestimmt ist, die schon im Cytoplasma der Eizelle vorliegen, und dann nach einem festliegenden Programm abläuft, so handelt es sich um eine Mosaikentwicklung, ausgehend von einem Mosaikei (vgl. 1.4.2).

Ein genau untersuchtes Beispiel ist die Entwicklung des Fadenwurms *Caenorhabditis,* die von der Zygote bis zum Schlüpfen des Wurms aus der Eihülle nur 12 Stunden dauert. Der Wurm besteht dann aus genau 560 Zellen. Jede Zelle entsteht auf stets genau gleichem Weg durch eine festgelegte Zahl von Teilungsschritten aus der Zygote. Für die einzelnen Teile des Körpers mit unterschiedlicher Zahl von Zellen sind die Teilungsraten völlig gleich; dadurch entstehen in manchen Körperbezirken überflüssige Zellen, die dann absterben. So entwickelt sich z.B. jedes der Nervenganglien aus einer Ausgangszelle durch gleich viele Teilungsvorgänge, obwohl die Ganglien später eine unterschiedliche Zahl von Neuronen enthalten. Die überzähligen Zellen der kleineren Ganglien gehen zugrunde. Ebenso läuft für andere Organe das gleiche Entwicklungsprogramm in allen Bereichen des Körpers ab. Dieses Verfahren ist einfacher, als verschiedene Teile des Körpers durch unterschiedliche Entwicklungsprogramme zu organisieren (vgl. Genetik 12.2). Durch die streng festgelegte Mosaikentwicklung kann der ganze Vorgang sehr rasch ablaufen.

Auch solche Arten, die sich langsam entwickeln (Regulationsentwicklung ausgehend von einem Regulationsei), nutzen gleichartige Entwicklungsprogramme in verschiedenen Körperbereichen. Dies ist vor allem bei *Drosophila* gut untersucht (vgl. Genetik 12.2).

Stoffe der Eizelle sind hierbei aber nur für die Determination bestimmter Zelltypen wichtig (so z.B. bei Amphibien und Insekten für die Bildung der Urkeimzellen (vgl. 1.3.1), oder sie sind für die Festlegung von Vorder- und Hinterende des Keims von Bedeutung (z.B. Insekten, vgl. Genetik 12.2). Die Regulationsmöglichkeiten während der Keimesentwicklung sind dann viel größer, wie am Beispiel der Amphibien dargestellt wurde. Wie weit diese Regulationsmöglichkeiten gehen und wie rasch sie im Verlauf der Entwicklung eingeschränkt werden, hängt davon ab, welche Entwicklungsvorgänge durch Stoffe der Eizelle vorprogrammiert sind und inwieweit diese Programme starr ablaufen.

1.4.7 Stammzellen und ihre Bedeutung für die Musterbildung im Organismus

Interessante Einblicke in den Entwicklungsablauf und in die Grundlagen des Musterbildungsvermögens erbrachten folgende Versuche: Aus dem Eileiter reinerbig weißer Mäuse entnimmt man Furchungsstadien im Zwei- bis Achtzell-Stadium und entfernt enzymatisch die äußere Hülle, von der diese Stadien noch umgeben sind. In gleicher Weise verfährt man mit Furchungsstadien aus reinerbig schwarzen Mäusen. Werden nun die Furchungsstadien von schwarzen und weißen Mäusen vermischt, so können sich auch herkunftsverschiedene Zellen aneinanderfügen und Embryonen bilden. Eingepflanzt in eine Pflegemutter, entwickeln sich solche Embryonen normal. Allerdings weisen die Felle der heranwachsenden Mäuse schwarze und weiße Bezirke auf. Daraus läßt sich schließen, daß diese Mäuse tatsächlich aus Zellen der schwarzen und der weißen Mäuse aufgebaut sind; es sind **Chimären** entstanden.

Die Experimente ergaben, daß die Fellfärbung von Kopf bis zum Schwanz immer aus 34 Fellbereichen zusammengesetzt ist. Jeder Bereich kann bei den Chimären entweder nur weiß oder schwarz sein. Zwischentöne treten nicht auf. So entstehen vielerlei Muster von schwarz-weiß gefleckten Mäusen (Abb. 322.1). Diese Muster müssen auf *34 embryonale Ausgangszellen* zurückgehen, die die Pigmentzellen für die Fellfärbung eines ganz bestimmten Hautbezirks liefern. Die 34 Zellen sind demnach während der Embryonalentwicklung zu den noch nicht differenzierten Stammzellen der Pigmentzellen determiniert worden. Je nachdem, ob die Stammzellen nun Erbanlagen von schwarzen oder weißen Mäusen enthalten, haben die von ihnen mit Pigmentzellen versorgten Fellbezirke schwarze oder weiße Haare. Die Stammzellen können nicht alle auf die gleiche Zelle des Achtzell-Stadiums zurückgehen, sonst wäre das Fell ja nach Herkunft dieser Zelle rein schwarz oder rein weiß.

Die Stammzellen ermöglichen durch ihre Teilungsfähigkeit auch die **Regeneration** eines Gewebes. Dem Nervengewebe fehlen Stammzellen, deshalb können verlorengegangene Nervenzellen nicht ersetzt werden. Auch bilden sich Hirntumore nicht durch Wucherung von Nervenzellen, sondern aus Bindegewebszellen im Gehirn.

Für die Regulation, daß sich jeweils die richtige Anzahl von Stammzellen bildet, ist das Zusammenspiel von fördernden Wachstumsfaktoren und Hemmfaktoren, die man **Chalone** nennt, notwendig. Entfernt man ein Stück Lebergewebe operativ, so wird das fehlende Gewebe durch rasche Teilung von Stammzellen regeneriert. Die Teilungen hören aber auf, sobald die ursprüngliche Größe des Organs wieder erreicht ist. Die Leberzellen bilden einen Hemmfaktor aus, und jede Leberzelle trägt zu dessen Gesamtmenge bei. Ist eine bestimmte Konzentration des Hemmfaktors erreicht, teilen sich die Zellen nicht mehr. Dieser Vorgang der negativen Rückkopplung hält ein Gewebe auch bei der natürlichen Gewebserneuerung in der richtigen Größe. Die Hemmfaktoren sind gewebespezifische Proteine. Können Gewebe kein Chalon mehr bilden oder verlieren sie die Reaktionsfähigkeit gegenüber Chalonen, so kommt es zu Tumorbildung.

2. Fortpflanzung und Entwicklung der Pflanzen

2.1 Ungeschlechtliche Fortpflanzung. Vegetative Vermehrung

Viele Pilze und Algen bilden besondere Zellen zur Fortpflanzung aus (s. Abb. 323.1 und 323.2). Diese entstehen durch normale Zellteilung (Mitose) und werden daher *Mitosporen* genannt. Eine Mitospore ist keine Geschlechtszelle; sie kann für sich allein ein neues Wesen erzeugen. Man spricht deshalb von **ungeschlechtlicher Fortpflanzung**.

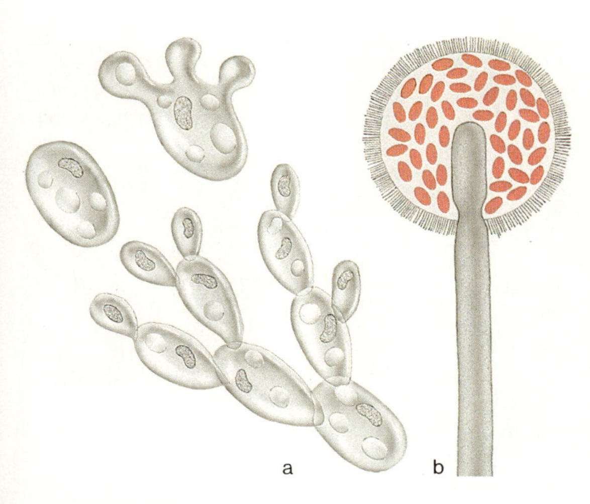

Abb. 323.1: Vermehrung
a durch Sprossung bei Hefe (Zellen schnüren sich ab);
b durch Mitosporen beim Köpfchenschimmel

Abb. 323.2: Vermehrung a durch ungeschlechtliche Mitosporen (Schwärmsporen) bei der Grünalge Ulothrix,
b durch Wurzelknollen und durch Brutknospen beim Scharbockskraut

Bei wasserlebenden niederen Pflanzen tragen die Mitosporen oft Geißeln zur aktiven Verbreitung im Wasser *(Schwärmsporen)*.

Die Zerteilung von Algenfäden sowie die Sprossung der Hefe wird als **vegetative Vermehrung** bezeichnet. Vegetativ vermehren sich auch viele Blütenpflanzen. So bilden sich beim Scharbockskraut in den Blattachseln *Brutknospen,* die abfallen und zu neuen Pflanzen werden. Erdbeeren und Kriechender Hahnenfuß erzeugen oberirdische, Quecke und Taubnessel unterirdische *Ausläufer.* Dahlien und Scharbockskraut vermehren sich durch *Wurzelknollen,* Kartoffeln durch *Sproßknollen.* Alle auf ungeschlechtlichem Wege von einer Mutterpflanze abstammenden Nachkommen sind untereinander erbgleich. Sie bilden zusammen einen **Klon**.

Pflanzen haben in der Regel die Fähigkeit, verlorengegangene oder fehlende Teile neu zu bilden (Selbstergänzung oder **Regeneration**).

Die Gärtnerei benutzt die Regenerationsfähigkeit in vielfältiger Weise. Aus einem Begonienblatt, das mit Einschnitten versehen auf feuchten Sand gelegt wird, erwächst an jedem Einschnitt eine neue Pflanze (s. Abb. 324.1). Viele Bäume, z. B. Pappeln und Weiden, werden ausschließlich durch abgeschnittene Zweigstücke *(Stecklinge)* vermehrt; so gut wie alle Pyramidenpappeln in Mitteleuropa sind auf diese Weise aus Steckreisern eines aus Italien eingeführten männlichen Baumes herangezogen worden. Auch viele Zier- und Nutzpflanzen werden so vermehrt. Bei Geranien, Fuchsien, Chrysanthemen, Johannisbeeren u. a. macht man Sproßstecklinge. Auch der Weinstock, das Zuckerrohr, die Banane, die gar keine Samen mehr bildet, werden nur auf vegetativem Weg vermehrt. Ebenso kann das im Garten- und Obstbau übliche *Okulieren* und *Pfropfen* als vegetative Vermehrung angesehen werden.

2.2 Geschlechtliche Fortpflanzung

Die geschlechtliche Fortpflanzung beruht auf der Vereinigung zweier Geschlechtszellen oder **Gameten** zu einer **Zygote**; diesen Vorgang bezeichnet man als *Befruchtung.* Aus der Zygote entwickelt sich dann die neue Pflanze. Man unterscheidet männliche und weibliche Geschlechtszellen, die je in besonderen männlichen und weiblichen Organen gebildet werden. Bei den Blütenpflanzen sind die Staubblätter die männlichen und die Fruchtblätter die weiblichen Organe. Sind Staubblätter und Fruchtblätter in einer Blüte vereint, spricht man von einer *Zwitterblüte.* Eingeschlechtige Blüten enthalten nur Staubblätter oder nur Fruchtblätter. Trägt dieselbe Pflanze eingeschlechtige Blüten beiderlei Geschlechts (z. B. Hasel, Kiefer), nennt man die Pflanze *einhäusig.* Arten, bei denen die einzelne Pflanze entweder nur männliche oder nur weibliche Blüten hat, heißen getrenntgeschlechtig oder *zweihäusig* (z. B. Eibe, Brennessel).

Die geschlechtliche Fortpflanzung tritt in mannigfaltigen Formen auf. Bei vielen Algen sind die begeißelten Gameten nach Gestalt und Größe gleich *(Isogameten)* (s. Abb. 324.2), aber nur die Gameten verschiedener Algenfäden vereinigen sich, die Gameten des gleichen Fadens jedoch nicht. Die Unterschiede in der Anziehung der Gameten sind durch bestimmte chemische Stoffe bedingt.

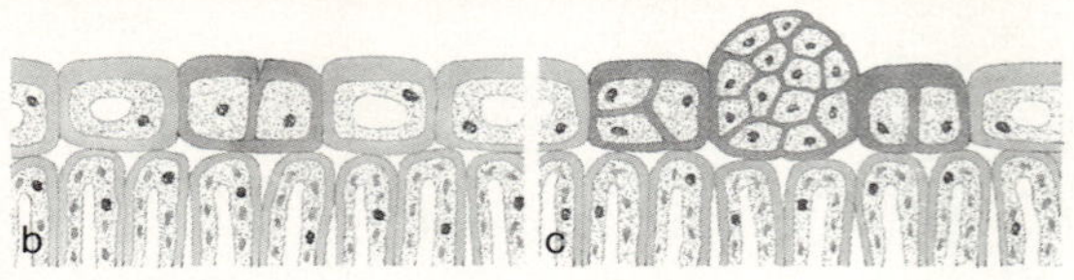

Abb. 324.1: Bildung von Blattstecklingen bei der Begonie (a); b und c: Eine Epidermiszelle an der Schnittstelle bildet durch vielfache Teilungen eine Knospe.

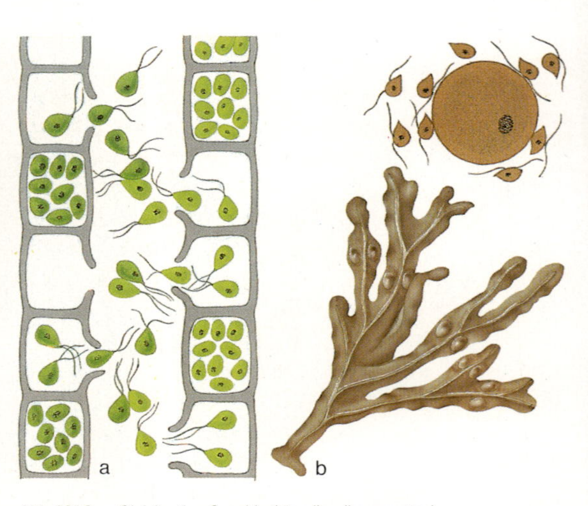

Abb. 324.2: a Gleichartige Geschlechtszellen (Isogameten) bei der Alge Ulothrix.
b Ungleich gestaltete Geschlechtszellen (Eizellen und Spermatozoiden) beim Blasentang (Fucus)

Bei anderen Algenarten sind die begeißelten Gameten ungleich groß *(Anisogamie)* oder die Geschlechtszellen zeigen sogar auffallende Unterschiede in Größe und Gestalt. In besonderen Behältern werden große, unbewegliche weibliche Zellen oder Eizellen *(Makrogameten = Megagameten)* und kleinere, durch Geißeln bewegliche männliche Zellen *(Mikrogameten, Spermatozoiden)* gebildet *(Oogamie)*. Die männliche Zelle sucht, von chemischen Stoffen angelockt, die Eizelle auf und verschmilzt mit ihr zur Zygote.

Die geschlechtliche Fortpflanzung zeigt über die Stufen der *Isogamie, Anisogamie* und *Oogamie* eine fortschreitende Differenzierung der Geschlechtszellen im Sinne einer Arbeitsteilung. Die Eizelle übernimmt die erste Ernährung des neuen Lebewesens; sie enthält die Nährstoffe. Sie ist deshalb größer und nicht selbstbeweglich wie die männlichen Geschlechtszellen.

Die Zygote der Pflanzen ist wie die der Tiere diploid; die durch Meiose (s. 1.1.1) gebildeten Geschlechtszellen sind haploid. Bei den höheren Pflanzen tritt die Meiose in der Regel bei der Sporenbildung auf. Man bezeichnet solche Sporen als *Meiosporen,* im Unterschied zu den Mitosporen (s. 2.1), bei denen die Chromosomenzahl nicht halbiert ist. Meiosporen sind z. B. die Sporen von Hutpilzen, Moosen, Farnen und auch die Pollenkörner der Blütenpflanzen.

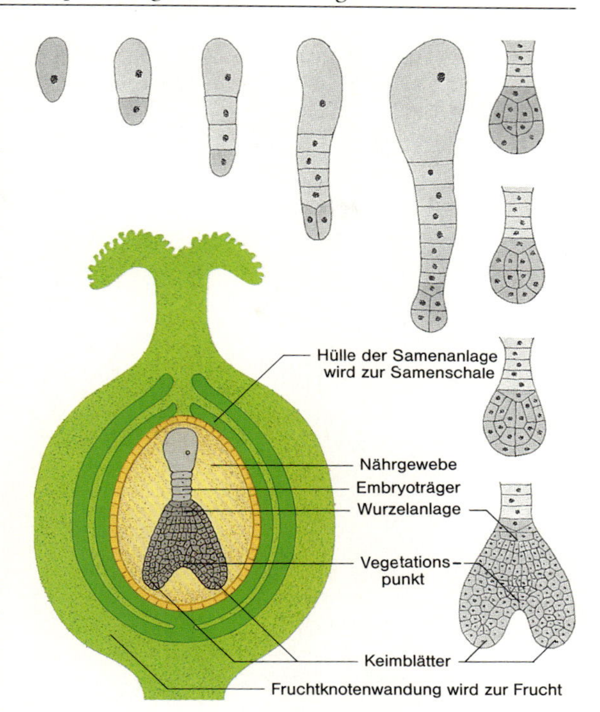

Abb. 325.1: Keimesentwicklung einer zweikeimblättrigen Pflanze. Im Fruchtknoten ist nur eine Samenanlage eingezeichnet. Dieser Fall ist z. B. verwirklicht bei Eiche, Buche, Knöterich.

2.3 Keimesentwicklung, Samenkeimung und Wachstum bei Blütenpflanzen

Die Eizelle liegt bei samenbildenden Pflanzen in der **Samenanlage**. Diese ist zumeist von zwei Hüllen umgeben und bei bedecktsamigen Pflanzen noch von der Fruchtknotenwand schützend umhüllt. Aus der befruchteten Eizelle bildet sich die aus Milliarden Zellen bestehende Pflanze. Die bis zur Bildung eines Keimlings in der Samenanlage ablaufende Entwicklung ist die *Keimesentwicklung*. Bei zweikeimblättrigen Pflanzen entsteht nach den ersten Teilungen der befruchteten Eizelle eine stielförmige Zellreihe *(Embryoträger)*, deren Endzelle sich durch vermehrte Teilungen zu einem morulaähnlichen **Embryo** umbildet. Daraus geht später die Pflanze hervor. Der Embryo gliedert sich im weiteren Verlauf der Entwicklung in die Anlage der Wurzel und in zwei lappenförmige *Keimblätter* (s. Abb. 325.1), die von einem kurzen Sproßteil getragen werden. Zwischen den beiden Keimblättern liegt die Anlage des *Sproßvegetationspunktes,* welcher später die Sproßachse bildet. Während der Keimesentwicklung wird ein Nährgewebe gebildet, das dem Keimling die nötigen Nährstoffe zum Wachsen liefert. Viele Samen speichern Nährstoffe in den Keimblättern (z. B. Bohne) oder im Nährgewebe (z. B. Rizinus, Pfeffer). Schließlich bilden sich die Hüllen der Samenanlagen zu einer festen Schale um. Damit ist der **Samen** fertig.

Zu gleicher Zeit bildet sich die Wand des Fruchtknotens zur **Frucht** um. Sie dient der Verbreitung der Samen und weist dafür die verschiedensten Einrichtungen auf (s. Ökologie 1.2.1).

Im Samen ist die junge Pflanze in einem Ruhezustand. Ruhende Zellen haben durch Wasserentzug und Aufhören der Enzymbildung eine äußerst geringe Stoffwechseltätigkeit, dies macht sie widerstandsfähig gegen äußere Einflüsse. Bei vielen Pflanzen sind die ausgereiften Samen keimfähig. Andere Samen keimen erst nach einer gewissen Ruhezeit. Die Samen der *Frostkeimer* werden erst nach eingetretenem Frost zur Keimung angeregt (viele Alpenpflanzen). Die Samen der *Lichtkeimer* (Tabak, Mistel) brauchen zum Keimen Licht; bei den *Dunkelkeimern* (Kürbis, Stiefmütterchen) hemmt Licht die Keimung.

Beim Keimungsvorgang werden die im Samen gespeicherten Nährstoffe unter der Mitwirkung von Hormonen (vgl. S. 329) in lösliche Stoffe umgewandelt und dem Keim zugeführt; damit beginnt sein Wachstum.

Durch Determinations- und Differenzierungsvorgänge entstehen bei den Samenpflanzen die Zellen der drei Grundorgane: Wurzel, Sproßachse und Blatt.

Abb. 326.1: Schnitt durch den Wachstumskegel (Vegetationskegel) der Wasserpest mit Blattanlagen

Entsprechend ihrer unterschiedlichen Funktion sind diese Zellen auch unterschiedlich gebaut (s. Abb. 60.2).

Das **Längenwachstum** geht von den Wachstumsstellen an den Wurzel- und Sproßenden und in den Blattachseln aus, wo sich dauernd teilungsfähige Zellen befinden. Stengel mit äußerlich sichtbaren Knoten (Gräser) wachsen auch in der Nähe der Knoten. Bei den Wurzeln ist das Längenwachstum auf eine kurze Strecke hinter der Wurzelspitze beschränkt (s. Abb. 327.1); anschließend an diese Zone brechen dann die Seitenwurzeln *von innen heraus*. Die wachsende Spitze des Sprosses, der *Wachstumskegel,* ist von älteren Blattanlagen schützend umhüllt (s. Abb. 326.1); das Ganze wird als **Knospe** bezeichnet. Die Sproßachse wächst in größerer Entfernung vom Vegetationspunkt nicht durch Zellteilung, sondern durch *Zellstreckung* in die Länge. Blätter und Seitenzweige entstehen aus Auswölbungen des Wachstumskegels; Kürbispflanzen können bis zu 1 mm in 10 Minuten, Bambussprößlinge 60–80 cm in einer Nacht wachsen.

Die mächtigen Stämme der Holzpflanzen entstehen durch **Dickenwachstum** (s. Abb. 327.2). Dieses geht bei den Nadelhölzern und den zweikeimblättrigen Laubhölzern von den teilungsfähigen Zellen des **Kambiums** aus. Bei jungen Trieben noch auf die Leitbündel beschränkt, breitet sich das Kambium zu Beginn des Dickenwachstums auch auf die Markstrahlen aus und bildet dann zwischen Mark und Rinde einen geschlossenen Zylinder teilungsfähigen Gewebes. Dieses erzeugt nun während der Wachstumszeit sowohl nach innen als auch nach außen neue Zellen. Innerhalb des Kambiums liegt das **Holz**, außerhalb davon befindet sich die **Rinde** (Buche 5 mm). Durch das Dickenwachstum wird bei jungen Zweigen die **Epidermis** (Oberhaut) gesprengt. Vorher hat sich darunter eine besondere Zellschicht, das *Korkkambium,* gebildet. Dieses gibt nach außen verkorkende Zellen ab. Aus den äußeren Zellschichten der Rinde entsteht die **Borke** (Fichte 25 mm); sie ist ein Schutz gegen Wasserverdunstung und gegen Eindringen von Schmarotzern. Die älteren Teile der Rinde können dem Dickenwachstum des Holzkörpers in der Regel (Ausnahme z. B. Buche) nicht folgen; die Borke wird gesprengt und bekommt tiefe Längsrisse oder fällt in Form von Schuppen oder Streifen ab.

Die Aufgaben des Holzkörpers sind:
1. Festigung des Pflanzenkörpers,
2. Leitung des Wassers von der Wurzel zu den Blättern,
3. Speicherung von Nahrungsstoffen im Holzparenchym (s. auch S. 149).

2.4 Steuerung der Entwicklung durch Außenfaktoren

Die Entwicklung einer Pflanze wird – abgesehen vom Nährstoffangebot – hauptsächlich durch Licht und Temperatur beeinflußt. Bestrahlt man gequollene Samen von Kopfsalat kurzzeitig (5 min) mit hellrotem Licht (von 660 nm Wellenlänge), dann keimen diese Samen auch im Dunkeln. Sie verlieren aber im Dunkeln ihre Keimfähigkeit, wenn sie nach einer Gabe hellroten Lichts sofort mit dunkelrotem Licht (von 730 nm Wellenlänge) bestrahlt werden. Die Keimfähigkeit ist also von der Wellenlänge des Lichtes abhängig. Dabei ist nur das jeweils zuletzt eingestrahlte Licht wirksam.

Photomorphogenese. Hellrotes Licht hemmt die Streckung der Sproßachse, fördert aber Wachstum und Differenzierung der Blätter (Abb. 328.1). Pflanzen, die bei Dunkelheit heranwachsen, zeigen die Merkmale des *Etiolements* (Vergeilung, Abb. 328.2). Dieses kann durch kurzzeitiges Hellrot verhindert werden, tritt aber auf, wenn man anschließend mit Dunkelrot bestrahlt oder wenn man die Pflanzen ausschließlich bei dunkelrotem Licht von 730 nm wachsen läßt. Die Gestaltbildung der Pflanze unter Lichteinfluß nennt man **Photomorphogenese**.

Abb. 327.1: Rasterelektronenmikroskopische Aufnahme der Wurzelspitze. WHZ Wurzelhaarzone (Wurzelhaare bilden sich ständig spitzenwärts neu), SZ Zone der Zellstreckung und Zelldifferenzierung, WH Wurzelhaube

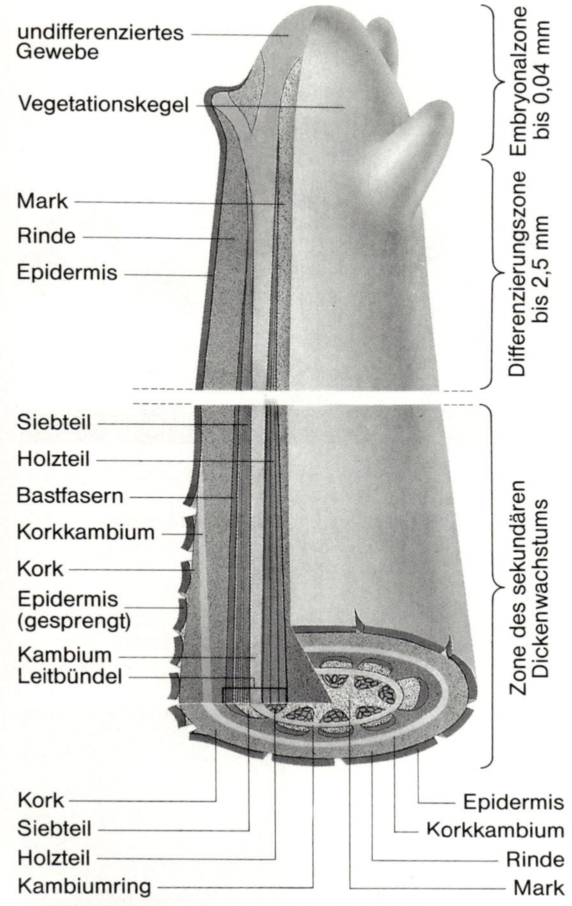

Abb. 327.2: Wachstum der Sproßspitze bei Zweikeimblättrigen mit sekundärem Dickenwachstum

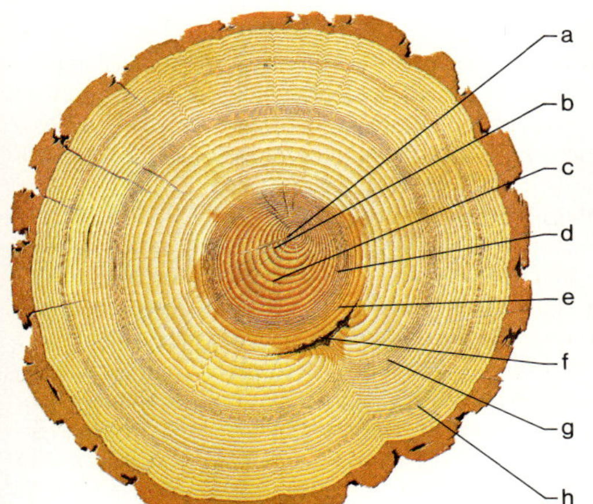

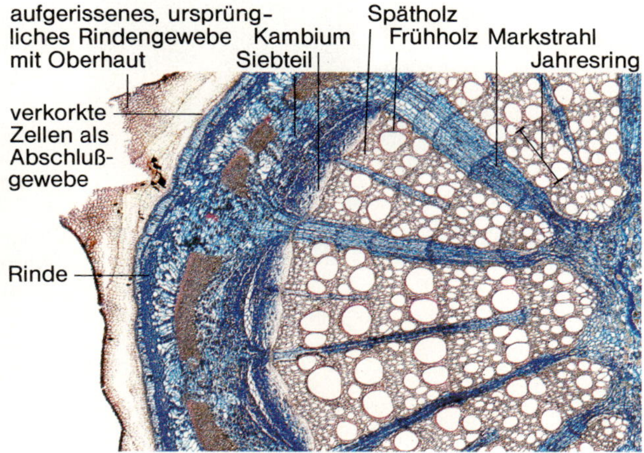

Abb. 327.3: Stammquerschnitt einer Kiefer.
Das Kernholz ist durch Einlagerung von Gerbstoffen dunkler gefärbt.
Die Breite der Jahresringe gibt Hinweise auf die Wuchsbedingungen.
Das Aufreißen der Borke ist eine Folge des Dickenwachstums.
Die Kiefer wurde 1975 gefällt; der erste Jahresring (a) bildete sich 1913.
Gleichmäßige Jahresringe (b) belegen ungestörtes Wachstum.
1923 wird der Baum seitlich abgedrückt (c), einseitig starker Zuwachs stellt ihn wieder senkrecht. Die Nährstoffversorgung ist nicht gut (d).
Die Versorgung mit Wasser und Mineralsalzen bessert sich (e).
1939 verletzt ein Bodenfeuer den Baum, die Wunde wird überwallt (f).
1951 hat die Kiefer eine mehrjährige Trockenzeit überstanden (g).
1966 ist der geringe Zuwachs evtl. durch Insektenbefall verursacht (h).
Rechts: Querschnitt durch vierjährigen Stamm des Pfeifenstrauchs.
Frühjahrsholz hat weite, Spätholz enge Gefäße.
Man erkennt die im Schema angegebenen Teile.
Das Dickenwachstum sprengt die Rinde.

Abb. 328.1: Funktion des Hellrot-Dunkelrot-Photoreaktionssystems. Bohnenpflanze a wurde täglich 12 h mit Weißlicht bestrahlt, dem die dunkelrote Komponente fehlte. Anschließend Dunkelheit. Pflanze b wurde wie Pflanze a behandelt, erhielt aber vier Tage lang vor dem Dunkelstellen 5 min dunkelrotes Licht: Es tritt starke Streckung der Sproßachse auf (Etiolement). Pflanze c wurde wie Pflanze b behandelt, erhielt aber nach den 5 min Dunkelrot noch 5 min hellrotes Licht. Sie verhält sich wie Pflanze a.

Abb. 328.2: Einfluß des Lichtes auf das Wachstum der Kartoffelpflanze. a Pflanze im Licht, das Wachstum ist normal, b Pflanze im Dunkeln: etiolierte Pflanze, zeigt starkes Längenwachstum.

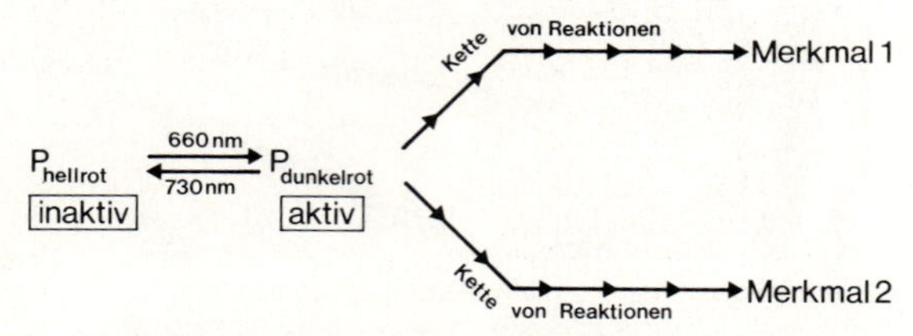

Abb. 328.3: Vereinfachtes Schema des Phytochrom-Systems. P Phytochrom-Molekül. $P_{dunkelrot}$ bewirkt über eine Kette aufeinanderfolgender Reaktionen die Gestaltausbildung der Pflanze am Licht (Photomorphogenese). Außerdem hemmt oder fördert das aktive Phytochrom die Keimung je nach Art der Pflanze.

Die Bedeutung der Photomorphogenese geht aus Abb. 328.2 hervor. Im Dunkel des Bodens oder unter Schutt werden die gespeicherten Nahrungsstoffe fast nur zur Streckung des Sprosses verwendet. Die Ausbildung der Blätter und der Chloroplasten unterbleibt; sie wären ja aus Lichtmangel ohnehin funktionslos. So verwenden die Pflanzen Baustoffe und Energie zunächst dazu, ans Licht zu kommen, weil sie im Dunkeln verhungern müßten. Tageslicht enthält verschiedene Wellenlängen des sichtbaren Lichtes in etwas unterschiedlichen Anteilen, hellrotes Licht ist stärker beteiligt als dunkelrotes. Daher kann die Photomorphogenese ablaufen (z. B. die Entwicklung von Blättern mit funktionsfähigen Chloroplasten).

Der sowohl hell- als auch dunkelrotes Licht absorbierende Farbstoff heißt *Phytochrom;* er besteht aus einer Farbstoff- und einer Proteinkomponente, ist also ein *Chromoprotein*. Der Farbstoffanteil des Moleküls ist bei allen Pflanzen gleich. Das inaktive Phytochrom ($P_{hellrot}$) absorbiert Licht vor allem im Bereich von 660 nm (hellrot). Es wird durch Lichtabsorption aktiviert und geht dadurch in eine Form über, die im Dunkelrot (730 nm) Licht absorbiert ($P_{dunkelrot}$). Durch dunkelrotes Licht wird die aktive Form wieder in die inaktive umgewandelt. Je nach der Wellenlänge des eingestrahlten Lichtes zwischen 660 und 730 nm kann man die Anteile von aktivem Phytochrom am Gesamt-Phytochrom verändern.

Das aktive Phytochrom löst verschiedene Stoffwechselvorgänge aus, die ihrerseits Grundlage der sichtbaren Gestaltänderungen sind. $P_{dunkelrot}$ veranlaßt die Synthese bestimmter Enzyme und verhindert die Bildung anderer. Aktives Phytochrom hat also fördernde und hemmende Wirkungen.

Die jeweiligen Wirkungen von Phytochrom sind u. a. vom Entwicklungszustand der Zellen bzw. des Gewebes abhängig. So unterbleibt in der Regel die Chlorophyllsynthese, an der das Phytochrom beteiligt ist, in den Epidermiszellen der Blätter.

Photoperiodismus. Bei vielen Arten hängt die Blütenbildung davon ab, welcher Tageslänge die Pflanzen während einer bestimmten lichtempfindlichen Entwicklungsphase ausgesetzt sind. Man nennt diese Abhängigkeit Photoperiodismus (s. Abb. 329.1).

Langtagpflanzen sind solche Pflanzen, die nur dann blühen, wenn sie in der lichtempfindlichen Phase täglich einer längeren Lichteinwirkung ausgesetzt sind als ihrer »kritischen Tageslänge« entspricht. Langtagpflanzen stammen meist aus nördlichen Ländern, sie blühen bei uns in der Zeit der langen Tage im Sommer, wie z. B. die Getreidearten, die Kartoffel oder Salat und Spinat, die nur im Frühjahr oder Herbst reichlich Blattmasse bilden; im Sommer dagegen »schießt« der Sproß. Möhre, Bohnen und Rüben sind ebenfalls Langtagpflanzen. In den Tropen und bei künstlicher Verkürzung der Tageslänge entwickeln Langtagpflanzen keine Blüten.

Kurztagpflanzen kommen mit einem täglichen Lichtgenuß von sieben Stunden zum Blühen, doch muß die Tagesdauer unter ihrer »kritischen Tageslänge« liegen. Zu diesen Kurztagpflanzen gehören einige Reissorten, Hirse, Baumwolle sowie Herbstblüher wie Dahlien, Chrysanthemen und einige Tabaksorten, die Winterblüher Weihnachtskak-

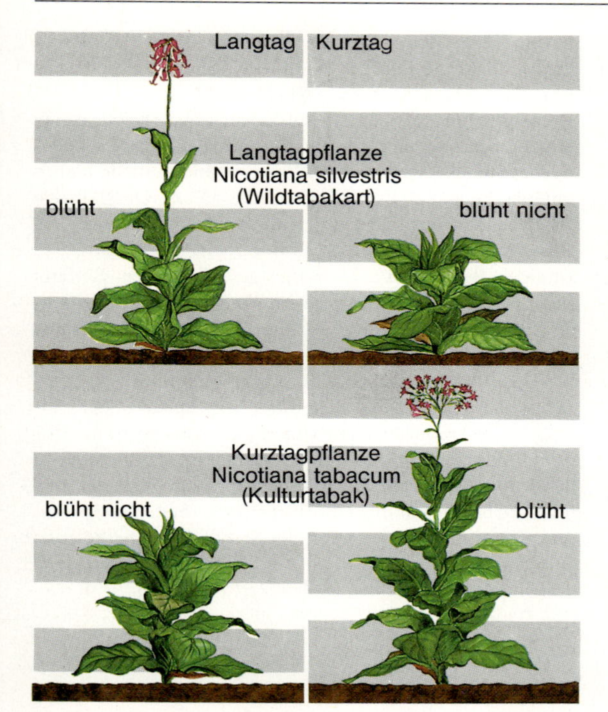

Abb. 329.1: Langtag- und Kurztagpflanze und ihre Reaktion auf Langtag bzw. Kurztag

tus und Weihnachtssterne. Auch Sojabohnen sind Kurztagpflanzen, was ihren Anbau in Mitteleuropa erschwert.

Die kritische Tageslänge ist artspezifisch und gibt die Zahl der täglichen Hellstunden an, oberhalb der die Langtagpflanzen und unterhalb der die Kurztagpflanzen zum Blühen kommen.

Tagneutrale Pflanzen (Mais, Tomate, Sonnenblume, Gänseblümchen) lassen sich durch die Tageslänge in ihrer Entwicklung nicht beeinflussen.

An der **Messung der Tageslänge** ist das Phytochrom-System beteiligt. Bei tiefstehender Sonne wird das langwellige dunkelrote Licht von der Lufthülle der Erde weniger stark absorbiert als das hellrote. Deshalb wird das Phytochrom am Abend inaktiviert und einige Zeit nach Sonnenaufgang wieder aktiviert, was der Pflanze die Länge der Nacht und des Tages vermittelt. Weil die Pflanzen in der Lage sind, die Änderungen der Tageslänge während des Jahres zu registrieren, können sie ihre Entwicklung so steuern, daß die einzelnen Lebensabschnitte (Knospenruhe, Bildung von Blüten oder Speicherorganen) in die dafür richtige Jahreszeit fallen.

Der Photoperiodismus wird im Gartenbau genutzt. Kopfsalat, Spinat und Rettiche bringen, im Kurztag von Frühjahr und Herbst gezogen, mehr Blatt- und Wurzelmasse als im Langtag des Sommers. Das Blühen von Spinat und Salat kann durch stundenweises Verdunkeln an langen Tagen unterdrückt werden, wogegen Chrysanthemen dadurch früher zum Blühen kommen.

Viele Pflanzen wie z.B. unsere Wintergetreidearten, die im Jahr nach der Aussaat Blüten ansetzen, tun dies nur, wenn auf die Samen oder Keimpflanzen eine Zeitlang die Winterkälte eingewirkt hat. Hält man Wintergetreide nach der Aussaat dauernd warm, so bestockt es sich wohl kräftig, bildet aber keine Ähren aus. Wenn man jedoch das leicht angequollene Saatgut einige Wochen lang bei Temperaturen von +3 °C und einem bestimmten Feuchtigkeitsgehalt hält, kommt es auch bei Frühjahrsaussaat noch im gleichen Jahr zum Blühen. Dieses Verfahren wird als *Keimstimmung, Jarowisation* oder *Vernalisation* bezeichnet. Es ist wichtig für Länder mit ungünstigem Winterklima (Rußland), in denen die jungen Getreidepflanzen durch Kälte und Frosttrocknis (s. Stoffwechsel der Pflanze 8.) gefährdet sind.

Im Gegensatz zu den Frostkeimern ist bei den vernalisationsbedürftigen Arten die Kälte nicht zur Keimung, sondern für die viel später folgende Blütenbildung erforderlich.

2.5 Steuerung der Entwicklung durch Innenfaktoren

Pflanzenhormone. Versuche (s. S. 330) zeigen, daß bei Pflanzen wie auch bei Tieren Entwicklung und Wachstum durch Hormone beeinflußt werden. **Hormone** finden sich, wenn auch in äußerst geringen Mengen, in allen Teilen der Pflanze; sie bilden sich zum Teil in jungen, wachsenden Geweben, zum Teil in den Wurzeln und wandern dann in der Pflanze. Die wichtigsten Gruppen der Pflanzenhormone sind:

- **Auxine**: sie fördern das Streckungswachstum;
- **Gibberelline**: sie fördern Keimung, Wachstum und Blütenbildung;
- **Cytokinine**: sie regen die Teilung junger Zellen an und hemmen das Altern;
- **Dormine**: Abscisinsäure, Jasmonsäure; sie wirken hemmend auf Stoffwechsel und Entwicklung. Die Abscisinsäure-Menge vermehrt sich während der Ruhepause der Pflanze im Spätjahr und Frühwinter und nimmt dann wieder ab. Daher kann man nach dieser Zeit abgeschnittene Zweige von Bäumen (z.B. Kirsche) und Sträuchern (z.B. Flieder, Forsythie) durch Warmstellen vorzeitig zum Blühen bringen (Frühtreiben). Durch das gasförmige **Ethen,** »Reifungshormon«, werden Fruchtreifung, Gewebsalterung und Blattfall gefördert, die Keimung und das Austreiben von Knospen dagegen gehemmt.

Als Beispiel einer Hormonwirkung betrachten wir den Einfluß von Gibberellin auf die Keimung von Getreidekörnern (Abb. 330.1). Der Mehlkörper des Getreidekorns enthält große Mengen Stärke. Sie wird bei der Keimung durch stärkespaltende Enzyme (Amylasen) abgebaut. Unter dem Einfluß von Gibberellin, das der Embryo abgibt, werden stärke- und proteinspaltende Enzyme gebildet oder aktiviert (vgl. Genetik 8.16). Die Enzyme bauen die Reservestoffe im keimenden Getreidekorn ab und machen sie dem Bau- und

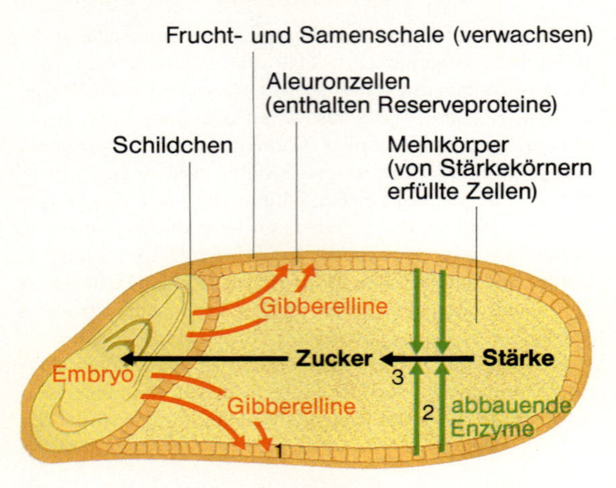

Abb. 330.1: Wirkung der Gibberelline bei der Keimung des Getreidekorns. Gibberelline werden vom Embryo über das Schildchen abgegeben (1), sie lösen in den Zellen der Aleuronschicht die Bildung von Enzymen der Lipidsynthese aus. Dann lösen Gibberelline die Synthese von α-Amylase und anderer Enzyme aus (2); die Amylase baut die Reservestärke im Mehlkörper zu Zucker ab (3).

Abb. 330.2: Bewurzelter Steckling der Weide. Bildung der Wurzeln stets am ursprünglich unteren Ende des Stecklings, auch bei verkehrter Aufhängung.

Energiestoffwechsel des wachsenden Keimlings verfügbar. Wenn man die Getreidekörner querteilt, tritt der Stärkeabbau nur in den embryohaltigen Hälften ein. In den embryolosen Hälften kann er aber durch Zugabe von Gibberellin-Lösung ausgelöst werden.

Anwendung von Wuchsstoffen. Im Gartenbau werden Auxine zu verschiedenen Zwecken verwendet. Bei der Stecklingsvermehrung wird die Wurzelbildung am abgeschnittenen Sproßstück beschleunigt, wenn man es vor dem Einpflanzen in Auxinlösung taucht. Apfel- und Citrusbäume werfen die Früchte später ab, wenn sie mit Auxinlösung besprüht werden. Übersprühen der Blüten von Tomaten und Melonen führt zu samenlosen Früchten. Mit Pflanzenhormonen lassen sich Riesenwuchs und Riesenblüten erzeugen, Frühkeimung von Samen auslösen und andererseits das Austreiben der Kartoffeln im Keller verhindern. Synthetische Stoffe mit auxinartiger Wirkung verwendet man z. B. im Getreidefeld oder im Rasen als Unkrautvertilgungsmittel **(Herbizide)**, weil sie die wuchsstoffempfindlicheren zweikeimblättrigen Pflanzen zu einem schnellen, krankhaften und zum Absterben führenden Wachstum veranlassen. Einkeimblättrige Pflanzen wie Getreide und andere Gräser reagieren viel schwächer auf das Herbizid.

Polarität. Hängt man zwei Stücke eines Weidenzweiges in einen feuchten Raum, das eine in normaler Lage, das andere aber umgekehrt, so treiben Wurzeln nur am ursprünglich unteren Ende der Zweigstücke (Abb. 330.2). Die Polarität als Beziehung zwischen unten und oben ist auch bei der **Pfropfung** von Bedeutung. Das Pfropfreis muß mit dem »unteren Pol« auf die Unterlage gesetzt werden. Entfernt man die Sproßspitze, so wachsen darunterliegende Seitenknospen aus, deren Austrieb zuvor gehemmt war. Es müssen demnach Wechselwirkungen zwischen den Organen bestehen. Auch hierfür sind in erster Linie Hormone verantwortlich. Die jungen Zellen der Sproßspitze bilden Auxin, das im Sproß abwärts wandert und in Knospen die Bildung von Ethen auslöst; dieses verhindert das Austreiben der Knospen. Sobald die Auxinzufuhr von oben her aufhört, treibt die nunmehr höchstgelegene Seitenknospe aus und übernimmt die Funktion der Sproßspitze. Die Polarität ist nicht nur eine Eigenschaft des Gesamtorganismus, sondern auch aller einzelnen Zellen.

3. Biologische Tages- und Jahresrhythmik

Viele Lebensvorgänge verlaufen rhythmisch. Im Jahresrhythmus werfen Laubbäume die Blätter ab und belauben sich wieder, im Monatsrhythmus tritt beim Menschen der Eisprung auf, im Tagesrhythmus laufen bei vielen Tieren und beim Menschen Aktivitäts- und Ruhephasen als Ausdruck einer biologischen Tagesperiodik ab.

Diese tages- und jahresperiodischen Vorgänge oder Rhythmen sind Ausdruck einer **inneren Uhr**, einer endogenen, d. h. genetisch festgelegten Rhythmik. Der endogene Rhythmus hat meist eine Periodendauer, die nur ungefähr mit dem Umweltrhythmus übereinstimmt. Er muß deshalb dauernd von Außenreizen **(Zeitgebern)** nachgestellt *(synchronisiert)* werden. Der Eigenrhythmus zeigt sich nur unter konstanten Außenbedingungen. Verpflanzt man eine europäische Eiche in die immerfeuchten Tropen mit gleichbleibendem Klima und fehlenden Jahreszeiten, so geht der Rhythmus zwischen Belaubung und Laubfall weiter, zeigt jedoch nach einiger Zeit keine Beziehung mehr zum ursprünglichen Jahresrhythmus. Solche endogenen Rhythmen zeigen alle Eukaryoten vom Einzeller bis zum Menschen in ihren Lebensäußerungen. Eine innere Rhythmik, deren Periodendauer etwa Tageslänge (21–27 Stunden) auf-

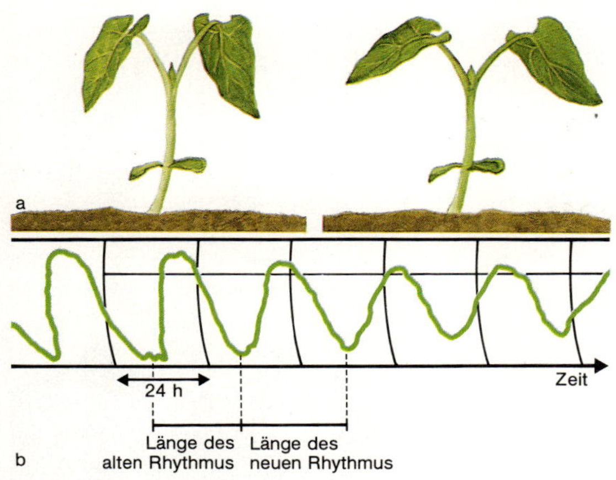

Abb. 331.1: a Tagesperiodische Bewegungen der ersten Laubblätter der Feuerbohne. Links: Nachtstellung, rechts Tagstellung. In der Nachtstellung erfolgt Senkung der Blattflächen und Hebung der Blattstiele. b Mit dem Schreiber aufgezeichnete Blattbewegungen der ersten Laubblätter einer Feuerbohne bei schwachem Dauerlicht; dadurch fällt die Synchronisation des Bewegungsrhythmus mit dem 24-Stundentag weg. Die Periode wird auf etwa 27 Stunden verlängert, wie die Markierung an den unteren Umkehrpunkten der Kurve zeigt. Dies ist die erblich festgelegte, endogene zirkadiane Rhythmik.

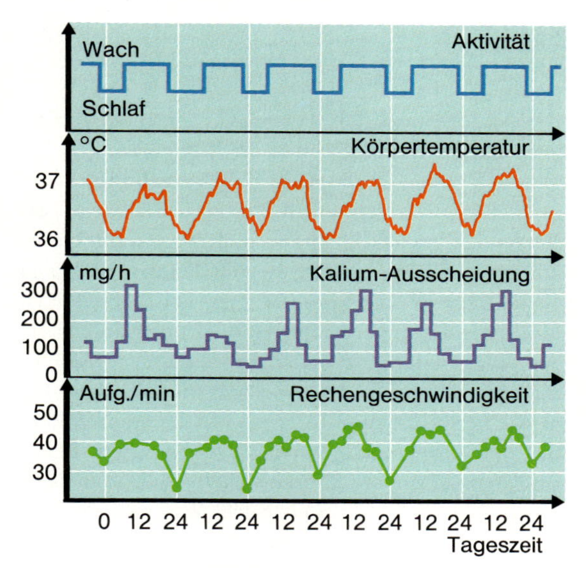

Abb. 331.2: Gleiche Tagesperiodik verschiedener Vorgänge bei einer Versuchsperson

weist, heißt **zirkadiane Rhythmik**. Sie liegt manchen Blütenblatt- und Blattbewegungen zugrunde (z. B. der Bewegung der ersten Laubblätter der Bohne) und ist auch im Stoffwechsel nachzuweisen (Abb. 331.1).

Aus Versuchen am Menschen geht hervor, daß seiner zirkadianen Rhythmik in der Regel eine Periode von 24 bis 26 Stunden zugrunde liegt. Die Periode ist also individuell etwas verschieden. Um sie nachzuweisen, lebten Versuchspersonen freiwillig bis zu vier Wochen in einem unterirdischen Gebäude, das vollständig gegen periodisch auftretende Umweltgeräusche und -einflüsse isoliert war. Verschiedene Vorgänge (Eigenaktivität und Ruhe, Höhe der Körpertemperatur, Höhe der Kaliumausscheidung im Urin u. a.) wurden unter diesen Bedingungen gemessen (s. Abb. 331.2). Die Periodendauer der einzelnen Vorgänge kann etwas unterschiedlich sein, liegt aber beim Menschen immer über 24 Stunden. Unter normalen Bedingungen wird die innere Rhythmik von der äußeren Tagesperiodik laufend synchronisiert. Der Tatsache, daß die innere Uhr synchronisierbar ist, verdanken wir es, daß wir Interkontinentalflüge in Ost- oder Westrichtung ohne gesundheitliche Schäden überstehen können. Allerdings dauert es oft einige Tage, bis sich der Organismus nach einem längeren Flug in Ost- oder Westrichtung an die verschobene Tageszeit angepaßt hat. Durch äußere Zeitgeber kann der zirkadiane Rhythmus beim Menschen aber nicht beliebig verändert, sondern allenfalls auf 23 Stunden verkürzt oder auf 27 Stunden verlängert werden.

Beim Menschen hat sich der soziale Kontakt als stärkster Zeitgeber erwiesen. Ein Mensch behält auch im Dauerdunkel den 24-Stunden-Rhythmus bei, wenn er während dieser Zeit sozialen Kontakt mit anderen Menschen hat. Erst bei Isolierung tritt dann der verlängerte individuelle Rhythmus auf.

Die Ursache des zirkadianen Rhythmus ist noch unbekannt, doch gibt es einige Hinweise, daß der Zellkern und bei vielzelligen Tieren bestimmte Hormone an seiner Ausprägung beteiligt sind. An der einzelligen Alge *Acetabularia* (s. Abb. 339.1) wurde durch wechselseitige Kerntransplantation zwischen Pflanzen mit unterschiedlichen Rhythmen nachgewiesen, daß der transplantierte Kern den endogenen Rhythmus bestimmt, daß aber auch Ionentransportvorgänge an der Zellmembran Einfluß haben.

Die Entdeckung des zirkadianen Rhythmus hat praktische Bedeutung. So hängt die Wirkung vieler Arzneimittel davon ab, zu welcher Tageszeit sie verabreicht werden.

Genetik

Johann Gregor Mendel (1822-1884)

Die Nachkommen von Lebewesen zeigen Merkmale ihrer Eltern. Wir bezeichnen die Weitergabe von Elternmerkmalen auf die Kinder als **Vererbung.** Diese ist eigentlich etwas höchst Erstaunliches, denn das Bindeglied zwischen Eltern und Nachkommen ist nur eine winzige Eizelle, die mit einer männlichen Geschlechtszelle verschmolzen ist. Die befruchteten Eizellen eines Hasen, eines Hundes oder eines Pferdes unterscheiden sich auch bei stärkster Vergrößerung kaum voneinander. Trotzdem muß in ihrem Innern eine Information in Form von Erbanlagen über Bau und Lebenserscheinungen der jeweiligen Eltern enthalten sein, denn sie entwickeln sich nach ihren Eltern. Manchmal weichen Nachkommen jedoch in einzelnen Merkmalen deutlich von ihren Eltern ab. Solche Beobachtungen und Erfahrungen führen zu den Grundfragen der **Genetik,** wie man die Wissenschaft von der Vererbung nennt:

- Was ist die Ursache für das Auftreten gleicher Merkmale bei den Nachkommen, und was ist die Ursache für abweichende Merkmale?
- Handelt es sich bei den Erbanlagen um chemische Stoffe und wenn ja, um welche?
- In welcher Form ermöglichen solche Erbanlagen die vollständige Information für die Entwicklung, den Bau und die Lebenserscheinungen eines Organismus?
- Wie bewirken Erbanlagen die Ausbildung der Merkmale?

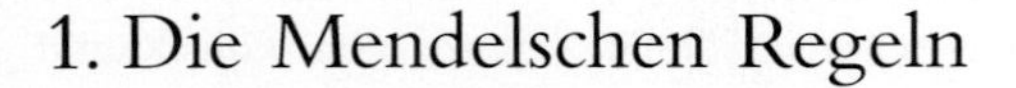

1. Die Mendelschen Regeln

Jahrhundertelang bemühten sich Naturforscher, Ärzte und Philosophen, hinter das Geheimnis des Erbgeschehens zu kommen. 1865 veröffentlichte der Lehrer für Naturwissenschaften und spätere Abt im Augustinerkloster Brünn, Johann Gregor Mendel, die Arbeit »Versuche über Pflanzenhybriden«. Er beschrieb darin seine Kreuzungsversuche an verschiedenen Erbsenrassen im Garten seines Klosters und die von ihm aus den Versuchen abgeleiteten Gesetzmäßigkeiten der Vererbung. Die wissenschaftliche Welt erkannte jedoch die Bedeutung seiner Forschung nicht. Erst 16 Jahre nach seinem Tod, also um die Jahrhundertwende, wurden die Vererbungsgesetze gleichzeitig und unabhängig voneinander durch drei Botaniker von neuem entdeckt, den Deutschen Correns, den Österreicher Tschermak und den Holländer De Vries. Sie führten Kreuzungsversuche mit unterschiedlichen Rassen bzw. Sorten verschiedener Pflanzenarten durch.

Morphologische Definition von Art und Rasse:
Zu einer Art gehören alle Individuen, die in ihren wesentlichen Merkmalen untereinander und mit ihren Nachkommen übereinstimmen. Individuen, die sich nur in wenigen, aber den gleichen Merkmalen von anderen Individuen ihrer Art unterscheiden, bilden eine Rasse dieser Art.

Genetische Definition der Art:
Zu einer Art gehören alle Individuen, die sich miteinander paaren können und fruchtbare Nachkommen haben.

1.1 Kreuzungsversuche mit Organismen, die sich in einem Merkmal unterscheiden (monohybride Erbgänge)

1.1.1 Dominant-rezessiver Erbgang

Ein Beispiel ist die Kreuzung zwischen einer rotblühenden und einer weißblühenden Sorte (Rasse) der Pflanzenart Gartenerbse (Abb. 333.1). Die rotblühende Rasse bringt unter sich gekreuzt in jeder Generation nur rotblühende Pflanzen hervor, entsprechend die weißblühende nur weißblühende Pflanzen. Pflanzen mit dieser Eigenschaft nennt man *reinerbig* in Bezug auf das betrachtete Merkmal. Die Ausgangsformen der zur Kreuzung verwendeten Pflanzen heißen Elterngeneration (*Parentalgeneration,* abgekürzt P). Bestäubt man die Narbe der rotblühenden Pflanze mit Pollen der weißblühenden Pflanze – oder umgekehrt *(reziproke Kreuzung)* – und sät die entstehenden Samen aus, so erhält man in der ersten Tochtergeneration (*1. Filialgeneration* F_1) nur rotblühende Pflanzen. Bei der Kreuzung von Pflanzen der F_1-Generation unter sich entstehen in der nächsten Generation (F_2) ¾ rotblühende und ¼ weißblühende Pflanzen. Das Zahlenverhältnis von 3 : 1 tritt um so genauer auf, je mehr Nachkommen untersucht werden (s. Tab. 333/1).

Kreuzt man weißblühende Erbsenpflanzen der F_2 unter sich, erhält man in der F_3 und den weiteren Generationen nur noch weißblühende Nachkommen; ebenso bringt ⅓ der rotblühenden Pflanzen nur noch rotblühende Nachkommen hervor. Die übrigen ⅔ der rotblühenden Pflanzen ergeben aber in der F_3-Generation wieder rotblühende und weißblühende Tochterpflanzen im Verhältnis 3 : 1.

Die aus der Kreuzung der P-Generation hervorgehenden *Bastarde (Mischling, Hybride)* der F_1-Generation zeigen nur das Merkmal der rotblühenden Elternpflanze. Das Merkmal des anderen, weißblühenden Elters ist unterdrückt, so daß es nicht in Erscheinung treten kann. Man nennt deshalb das in der F_1 auftretende Merkmal »rot« das *dominante* (dominierende), das andere das *rezessive* (unterdrückte) Merkmal.

Die dominant-rezessive Vererbung ist die weitaus häufigste Form der Vererbung. So dominiert, wie schon MENDEL bei seinen Erbsenversuchen fand, gelbe Farbe der Samen über grüne, runde Gestalt der Samen über kantige, hoher Wuchs über niedrigen.

Beim Mais dominiert violette Farbe der Körner über gelbe Farbe, glatte Oberfläche über runzelige, beim Löwenmaul zweiseitig symmetrische Blütenform über strahlig symmetrische, beim Rind dominiert schwarze Fellfarbe über rote und Einfarbigkeit über Scheckung, beim Meerschweinchen Kurzhaarigkeit über Langhaarigkeit, beim Hund Dackelbeinigkeit über Normalbeinigkeit.

Tabelle 333/1: Zahlenverhältnis der Nachkommen (F_2) bei der Kreuzung von Erbsen mit gelben und grünen Samen

	gelb	grün	Verhältnis
Mendel 1865	6022	2001	3,01 : 1
Correns 1900	1394	453	3,077 : 1
Tschermak 1900	3580	1190	3,008 : 1
Hurst 1904	1310	445	2,944 : 1
Bateson 1905	11903	3903	3,049 : 1
Lock 1905	1438	514	2,797 : 1
Darbishire 1905	109060	36186	3,013 : 1
Winge 1924	19195	6553	2,929 : 1
zusammen	153902	51245	3,003 : 1

1.1.2 Erklärungsversuch von Mendel

Wenn bei der dominant-rezessiven Vererbung in F_2 neben rotblühenden auch weißblühende Pflanzen in einem ganz bestimmten Zahlenverhältnis auftreten, so muß in den rotblühenden Pflanzen der F_1 auch die weiße Blütenfarbe »angelegt« sein, obwohl sie nicht in Erscheinung tritt. Die rotblühenden Pflanzen der F_2 müssen also sowohl eine Anlage für Rot als auch eine solche für Weiß in sich tragen. Das stimmt mit ihrer Abstammung von den rein rot- und weißblühenden Eltern (P) überein. Auch bei den zwei Drit-

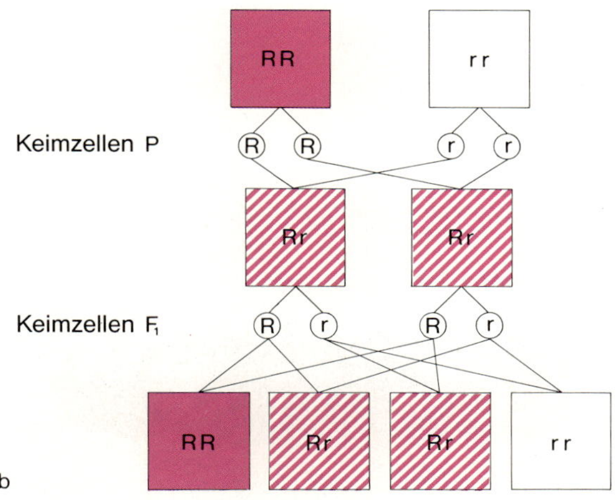

Abb. 333.1: a Kreuzungsexperiment mit Erbsen, die sich in einem Merkmal unterscheiden.
b Erklärung des nebenstehenden Experiments.
Im Erbschema wird die Erbanlage für ein Merkmal (z. B. für die Blütenfarbe) mit einem Buchstaben bezeichnet.
Tritt das Merkmal in verschiedenen Ausbildungsformen auf, (z. B. Blütenfarbe Rot oder Weiß), so benützt man für die zugrunde liegende dominante Erbanlage einen Großbuchstaben (z. B. R) und für die rezessive Erbanlage den Kleinbuchstaben (r).

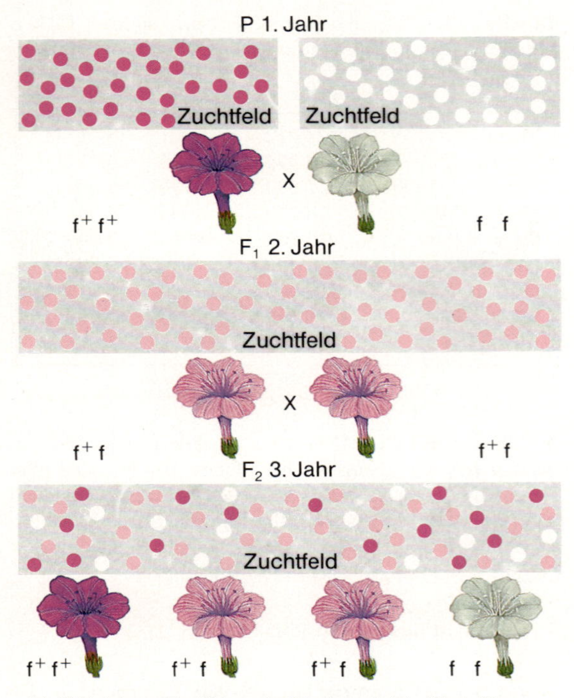

Abb. 334.1: Intermediäre Wirkung der Erbanlagen bei der Wunderblume

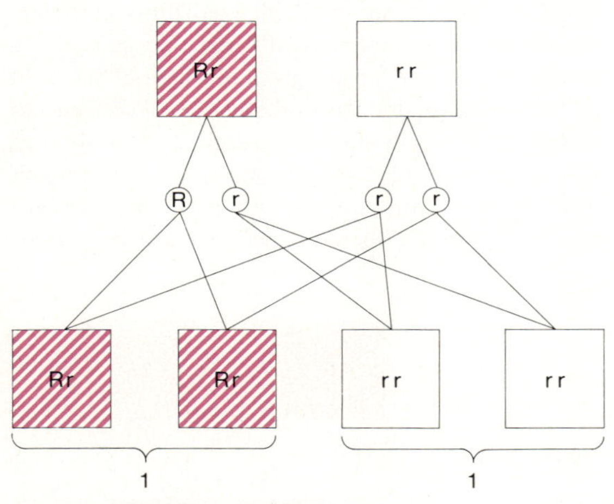

Abb. 334.2: Schema der Rückkreuzung

Abb. 334.3: Ein Maiskolben der F_2-Generation aus der Kreuzung zweier Rassen, deren Körner sich in zwei Merkmalspaaren unterscheiden (blau-gerunzelt x gelb-glatt, wobei blau und glatt dominieren). Die vier Merkmalskombinationen dieser Dihybridkreuzung sind blau-glatt, blau-gerunzelt, gelb-glatt, gelb-gerunzelt, und zwar 9:3:3:1.

teln der rotblühenden Pflanzen von F_2 muß je eine Anlage für Rot und für Weiß angenommen werden; bei einem weiteren Drittel fehlt offenbar die Anlage für Weiß. Daraus kann man schließen: Die Anlage für die Blütenfarbe ist in jeder Pflanze doppelt vorhanden, entweder ungleich oder gleich, und die Erbanlagen sind einzelne Einheiten, die voneinander unabhängig sind. Nun werden aber die Anlagen von einer Generation zur anderen durch die Keimzellen (Gameten) übertragen; diese können daher die Anlage für die Blütenfarbe nur einmal aufweisen, entweder für Rot oder für Weiß. Durch ihr Zusammentreten bei der Befruchtung entsteht dann wieder eine Pflanze, die von den zwei Eltern her je eine Anlage für die Blütenfarbe erhält und somit die Anlage doppelt in sich trägt. Je nach dem Zusammentreten der Anlagen für Rot und Weiß entstehen die verschiedenen Färbungen der F_2-Generation. Die rotblühenden und weißblühenden Pflanzen mit je einem Paar gleicher Erbanlagen heißen *reinerbig* oder *homozygot,* die rotblühenden Pflanzen mit zwei ungleichen Anlagen, die bei weiterer Kreuzung wieder im Verhältnis 3 : 1 aufspalten, heißen *mischerbig* oder *heterozygot* (s. Abb. 333.1).

1.1.3 Intermediärer Erbgang

Neben der dominant-rezessiven Vererbung gibt es auch eine *intermediäre* Form. In diesem Fall zeigen die Hybriden in der F_1-Generation eine Mittelstellung zwischen den Merkmalen der reinerbigen Eltern (z. B. Blütenfarbe der Wunderblume, Abb. 334.1). In der F_2-Generation spalten die Merkmale dann im Verhältnis 1 : 2 : 1 auf.

Wir wissen heute, daß intermediäre und dominante Ausbildung der Merkmale nur Grenzfälle der Wirkung von Erbanlagen sind. Bei manchen Lebewesen ist im heterozygoten Zustand eine rezessive Erbanlage oft nicht völlig unterdrückt. Ihr Vorhandensein ist an kleinen Unterschieden gegenüber der homozygot dominanten Form zu erkennen. Darauf beruhen Testverfahren zum Nachweis von heterozygoten Individuen (*Heterozygoten-Test;* vgl. 11.3, Phenylketonurie). Es gibt also Übergänge zwischen intermediärer und dominant-rezessiver Merkmalsausbildung.

1.1.4 Rückkreuzung

Um die Richtigkeit seiner Annahmen zu überprüfen, führte MENDEL die sogenannte Rückkreuzung von Mischlingen der F_1-Generation mit einem homozygot rezessiven Elter durch. Wenn seine Annahmen stimmten, mußte bei der dominant-rezessiven Vererbung (Erbse) die Rückkreuzung mit dem reinerbig rezessiven (weißen) Elter nach dem Schema in Abb. 334.2 rotblühende (mischerbige) und weißblühende (reinerbige) Pflanzen im Verhältnis 1 : 1 ergeben. Bei Rückkreuzung mit dem reinerbig dominanten (roten) Elter müßten dagegen ausschließlich rotblühende Pflanzen (je zur Hälfte reinerbig und mischerbig) auftreten.

Tatsächlich ergaben alle Versuche diese theoretisch geforderten Ergebnisse und bestätigten damit die Richtigkeit der Annahmen. Die Rückkreuzung mit dem reinerbig rezessiven Elter ist deshalb auch ein Mittel, um Reinerbigkeit oder Mischerbigkeit eines beliebigen Individuums festzustellen; sie ist eine *Testkreuzung*. So muß man die rotblühenden Erbsen der F_2 weiter testen, ob sie reinerbig oder mischerbig sind. Dies geschieht durch Rückkreuzung mit einer weißblühenden Erbse.

MENDEL hat seine Ergebnisse in zwei Regeln zusammengefaßt:

1. Uniformitätsregel:
Kreuzt man zwei Individuen einer Art, die sich in einem Merkmal unterscheiden, das beide Individuen reinerbig aufweisen, so sind die Individuen der F_1-Generation im betrachteten Merkmal gleich. Uniformität der F_1-Individuen tritt auch dann auf, wenn bei der Kreuzung das Geschlecht der Eltern vertauscht ist (reziproke Kreuzung). Man bezeichnet daher die Uniformitätsregel auch als **Reziprozitätsregel.**

2. Spaltungsregel:
Kreuzt man diese Mischlinge unter sich, so spalten in der Enkelgeneration (F_2) die Merkmale im Zahlenverhältnis 1: 2: 1 oder 3: 1 wieder auf. Dieses Zahlenverhältnis wird um so genauer erreicht, je größer die Zahl der Nachkommen ist. Die Vererbung von Merkmalen gehorcht statistischen Gesetzen.

1.2 Kreuzungsversuche mit Organismen, die sich in zwei Merkmalen unterscheiden (dihybride Erbgänge)

Kreuzungen von Rassen, die sich in zwei oder mehr Merkmalen voneinander unterscheiden, bestätigen die Erbregeln. MENDEL kreuzte zwei Erbsensorten mit gelb-runden und grün-kantigen Samen, wobei gelb über grün, rund über kantig dominiert. Er erhielt in F_1 nach der Uniformitätsregel nur runde, gelbe Erbsen, in F_2 dagegen Erbsen mit den Eigenschaften gelb und rund, gelb und kantig, grün und rund, grün und kantig im Verhältnis 9 : 3 : 3 : 1 (s. auch Abb. 334.3). Ein Beispiel aus dem Tierreich ist die Kreuzung von zwei Rinderrassen, die sich in der Fellfarbe und der Verteilung der Farbe unterscheiden,

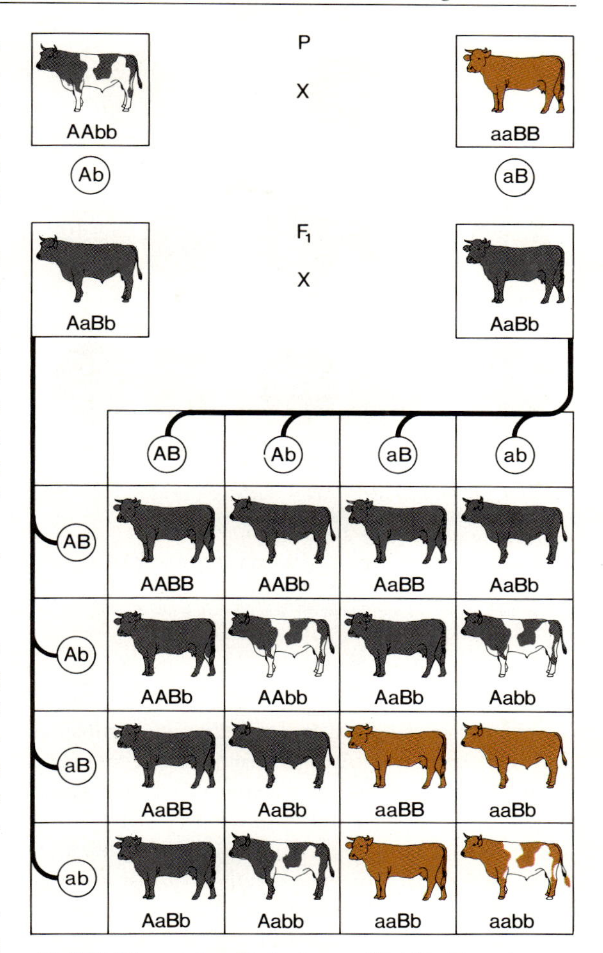

Abb. 335.1: Erbgang mit zwei Merkmalspaaren (dihybrider Erbgang)

und zwar einer schwarz-gescheckten Rasse mit einer rotbraun-ungescheckten (s. Abb. 335.1). Dabei dominiert schwarz über rot, ungescheckt über gescheckt. Die Tiere der F_1-Generation sind demnach durchweg schwarz und ungescheckt.

Bei der Kreuzung dieser Mischlinge ergeben sich 4 verschiedene Erscheinungsformen: schwarz-ungescheckt, schwarz-gescheckt, rot-ungescheckt, rot-gescheckt im Zahlenverhältnis 9 : 3 : 3 : 1. Die Erklärung dieses Verhältnisses zeigt die Abb. 335.1. Es sei angenommen, daß den gegensätzlichen Merkmalen schwarz-rot und ungescheckt-gescheckt je ein besonderes Paar von Anlagen zugrunde liegt, von denen die Anlage für schwarz als dominant mit A und die für rot mit a bezeichnet werde, entsprechend die Anlage ungescheckt (dominant) mit B, für gescheckt mit b. Dann muß von den beiden reinerbigen Eltern die schwarz-gescheckte Rasse in ihren Körperzellen die Anlagen AAbb, die rot-ungescheckte Rasse die Anla-

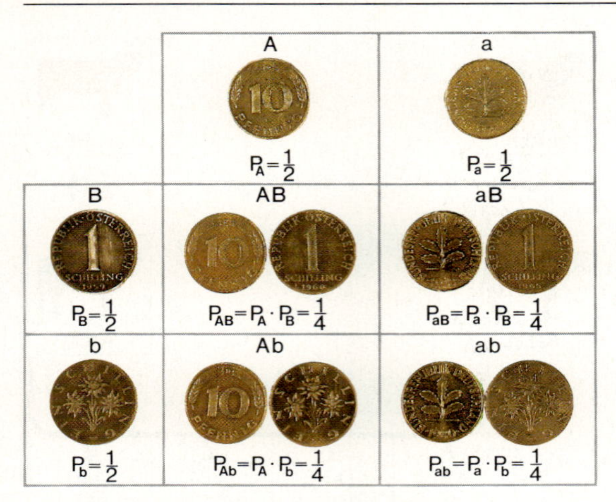

Abb. 336.1: Gleichzeitiges Werfen zweier verschiedener Münzen zur Veranschaulichung der unabhängigen Trennung und freien Kombination zweier Anlagenpaare. Es gibt 4 gleichwahrscheinliche Kombinationsmöglichkeiten (p = ¼). pA = ½ bedeutet: Die Wahrscheinlichkeit dafür, daß die Zahl der Münze A beim Werfen nach oben zu liegen kommt, ist ½ = 0,5 = 50%.

gen aaBB besitzen; es hat also jede ein dominantes und ein rezessives Anlagenpaar homozygot. Eine reinerbige Form kann nur einerlei Geschlechtszellen bilden, die eine Rasse solche mit den Anlagen A und b, die andere Rasse mit a und B. Die F_1-Generation erhält damit den Anlagenbestand AaBb, ist also für beide Anlagenpaare heterozygot. Wenn wir nun annehmen, daß sich bei der Bildung der Geschlechtszellen der F_1-Generation die Partner der beiden Anlagenpaare unabhängig voneinander trennen und frei miteinander kombinieren, so können viererlei Geschlechtszellen entstehen: AB, Ab, aB und ab. Da für die Bildung jeder Anlagenkombination die gleiche Wahrscheinlichkeit besteht, treten im statistischen Mittel die 4 Arten von Geschlechtszellen in je gleicher Anzahl auf. Für die Vereinigung der Geschlechtszellen bei einer Mischlingskreuzung ergeben sich mit gleicher Wahrscheinlichkeit 16 Möglichkeiten der Anlagenkombination in F_2 (Kombinationsquadrat). Es zeigt sich, daß einige Kombinationen mehrmals auftreten, so daß im **Erbbild (Genotyp)** 9 verschiedene Kombinationen möglich sind, die aber im **Erscheinungsbild (Phänotyp)** nur 4 Formen im Verhältnis 9 : 3 : 3 : 1 ergeben.

In derselben Weise kann das Ergebnis einer Kreuzung von zwei Rassen, die sich in drei Merkmalen unterscheiden, errechnet werden. So kreuzte MENDEL eine Erbsenrasse von *hohem Wuchs* und *gelben, runden Samen* mit einer Rasse von *niedrigem Wuchs* und *grünen, kantigen Samen*. Die F_1-Generation muß dann bei freier Kombination der Anlagen der 3 Merkmalspaare acht (2^3) verschiedene Geschlechtszellen erzeugen; das Kombinationsquadrat mit 64 ($2^3 \cdot 2^3$) Feldern ergibt, daß unter den Nachkommen 27 verschiedene Genotypen sowie 8 unterschiedliche Phänotypen auftreten. Die Phänotypen verhalten sich wie 27 : 9 : 9 : 9 : 3 : 3 : 3 : 1.

Die Übereinstimmung der theoretisch geforderten Werte mit den Ergebnissen der Kreuzungsforschung beweist, daß die Vererbungsvorgänge auf selbständige Erbanlagen zurückgehen. Man bezeichnet diese Erbanlagen als **Gene.**

Die Kreuzungsversuche mit zwei (oder mehreren) Merkmalspaaren zeigen außerdem, daß sich bei der Bildung der Keimzellen die Gene verschiedener Merkmalspaare unabhängig voneinander trennen und sich frei miteinander kombinieren. Daraus folgt die *dritte Mendelsche Regel:*

Die einzelnen Erbanlagen sind frei kombinierbar, d. h. sie werden unabhängig voneinander vererbt und bei der Keimzellenbildung neu kombiniert (Regel von der **Unabhängigkeit der Erbanlagen** oder der **Neukombination der Gene**). Vgl. aber 3.2, Kopplung von Genen.

Der Vorgang, durch den neue Genkombinationen entstehen (vgl. Meiose, Abschn. Fortpflanzung und Entwicklung 1.1.1), nennt man *Rekombination* und die betreffenden Organismen *Rekombinanten.*

Verschiedene Ausbildungsformen des gleichen Gens, die zu unterschiedlicher Merkmalsausprägung führen, heißen **allele Gene** oder kurz **Allele.** Für die Ausbildung der Blütenfarbe bei Erbse oder Wunderblume ist nur ein Gen zuständig. Da die Blütenfarbe aber rot oder weiß sein kann, muß es verschiedene Ausbildungsformen dieses Gens geben. Die eine Form führt zum Merkmal »rote Blütenfarbe«, die andere zum Merkmal »weiße Blütenfarbe«. Auch das Gen für die Fellfarbe des Rindes tritt in zwei Allelen auf (Merkmalsausprägung schwarz oder rot) und ebenso das Gen für die Verteilung der Fellfärbung (Merkmalsausprägung ungescheckt oder gescheckt). Im Erbschema verwendet man für allele Gene stets den gleichen Buchstaben. Erst durch das Auftreten verschiedener Allele kann man erkennen, daß einem bestimmten Merkmal ein bestimmtes Gen zugrunde liegt. Solange nur eine einzige Merkmalsausbildung auftritt, ist dies nicht nachzuweisen.

1.3 Die Bedeutung Mendels

Viele Forscher hatten schon vor MENDEL Kreuzungsversuche durchgeführt, ohne die »Vererbungsgesetze« zu entdekken. MENDELS Erfolge beruhten auf einer Versuchsmethodik, die sich in verschiedener Hinsicht von derjenigen seiner Vorgänger unterschied:

1. Durch die Wahl eines günstigen Versuchsobjektes (die Erbse ist Selbstbestäuber, doch ist Fremdbestäubung möglich, und die Erbse hat eine kurze Generationsdauer sowie eine große Zahl von Nachkommen);
2. durch die sorgfältige Wahl des Ausgangsmaterials (MENDEL führte zwei Jahre lang Vorzuchten durch, um für die P-Generation Pflanzen zu erhalten, die – unter sich gekreuzt – stets Nachkommen mit den gleichen Merkmalen aufweisen);
3. durch die Beschränkung der Untersuchung auf das Erbverhalten von nur ein oder zwei klar sich unterscheidenden Merkmalen (z.B. Blütenfarbe, Gestalt und Farbe der Samen);
4. durch Kontrollexperimente zur Bestätigung oder Widerlegung seiner Deutung der bisherigen Ergebnisse (reziproke Kreuzung, Rückkreuzung);
5. durch quantitative und statistische Auswertung der Versuchsergebnisse, wobei die Verteilung der Merkmale auf die Nachkommen durch Generationen hindurch verfolgt wurde.

Abb. 337.1: Umwelteinwirkung beim Löwenzahn. Teilung einer Löwenzahnwurzel in zwei Hälften. Die eine Hälfte bildet im Tiefland die Form a, die andere Hälfte im Hochgebirge die Form b aus.

2. Variabilität von Merkmalen; Modifikationen

Da Vererbung darin besteht, daß die Erbanlagen unverändert von den Eltern an die Nachkommen weitergegeben werden, müßten sich eigentlich die Lebewesen gleichen Erbguts in allen Merkmalen gleichen. Wie die Erfahrung lehrt, ist dies jedoch nicht der Fall.

Jedermann weiß, daß der Ertrag unserer Kulturpflanzen nicht nur von der Güte des Saatgutes abhängt. Auf einem nährstoffarmen und steinigen Boden ist er geringer als auf gut gedüngtem und tiefgründigem. Auch Besonnung, Niederschlag, Temperatur und Behinderung durch andere Pflanzen wirken sich aus. Eine junge Löwenzahnpflanze wurde durch einen Längsschnitt halbiert und die eine Hälfte im Tiefland, die andere im Hochgebirge angepflanzt. Die beiden erbgleichen Pflanzen entwickelten sich ganz verschieden (s. Abb. 337.1). Die Organismen mit gleichem Genotyp entwickelten sich unterschiedlich, weil die Wirksamkeit mancher Gene durch die Umwelt beeinflußt wird.

Zieht man genetisch gleiche Chinesische Primeln bei einer Temperatur von über 30 °C, so blühen sie weiß; hält man sie auf niedrigerer Temperatur, so blühen sie rot. Die Ausbildung der Blütenfarbe ist also von der Temperatur abhängig. Vererbt wird demnach nicht das Merkmal »Blütenfarbe«, sondern die Reaktionsweise *(Reaktionsnorm)* der für die Bildung des Blütenfarbstoffs zuständigen Gene, bei einer bestimmten Temperatur eine bestimmte Blütenfarbe hervorzubringen. In diesem Fall liegen zwei alternative Ausbildungsmöglichkeiten des Merkmals vor. Man nennt dies eine *diskontinuierliche Variabilität* des Merkmals. Bei vielen anderen Merkmalen gibt es kontinuierliche Übergänge, so z.B. bei den Samengrößen von Bohnen oder Erbsen eines Feldes oder bei den Längen von Pantoffeltierchen. Es liegt dann *kontinuierliche Variabilität* vor.

Die Blütenfarbe der Wunderblume kann rot, rosa oder weiß sein, zeigt also ebenfalls diskontinuierliche Variabilität; diese ist aber ausschließlich genetisch festgelegt. Die Variabilität eines Merkmals kann somit erblich oder durch die Umwelt (Beispiel: Primel) verursacht sein. Die umweltbedingte Variabilität heißt **Modifikabilität,** und die unterschiedlichen Formen sind **Modifikationen** (nicht-erbliche Varianten). Die Modifikabilität kann kontinuierlich (fließend) oder diskontinuierlich (umschlagend, alternativ) sein. Ein Beispiel für die umschlagende Modifikabilität ist die Ausbildung der Blütenfarbe bei der Primel, Beispiele für fließende Modifikabilität sind die Ausprägung von Licht- und Schattenblättern (vgl. Abb. 124.1), die Länge der Nadeln an einem Tannenast sowie die Größe von Bohnen oder Erbsen auf einem Feld. Ein sehr genau untersuchter Fall ist die Körperlänge erbgleicher Pantoffeltierchen (Abb. 338.1). Am häufigsten traten die mittleren Längen zwischen 164 und 168 µm auf, von hier ab fielen die Werte nach beiden Seiten gleichmäßig ab (s. auch Abb. 338.2).

Die Größenverteilung wird dadurch bestimmt, daß die Größe eines Pantoffeltierchens von einer erhebli-

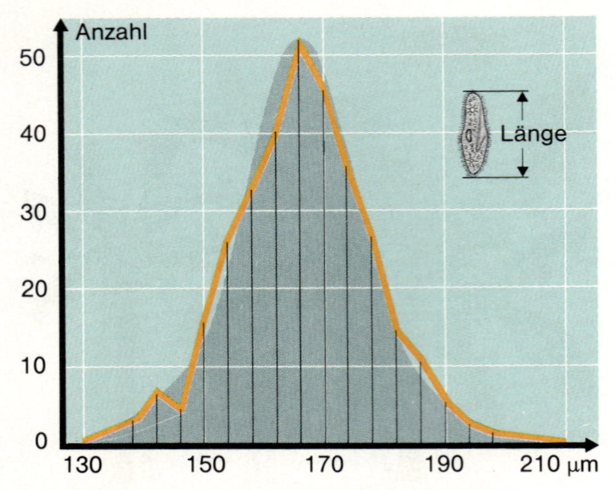

Abb. 338.1: Variation der Länge von 300 erbgleichen Pantoffeltierchen. Bei großer Individuenzahl entsteht das Bild einer Glockenkurve (Gaußsche Verteilungskurve). Gelb: experimentell ermittelte Variationskurve bei begrenzter Individuenzahl

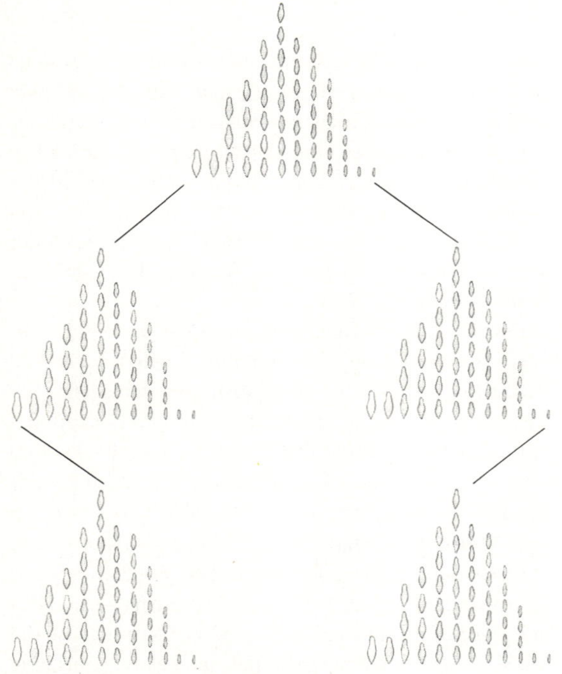

Abb. 338.2: Variabilität beim Pantoffeltierchen. Innerhalb einer Population erbgleicher Individuen ist die Auslese wirkungslos. (Die Größenunterschiede der Pantoffeltierchen sind zur Verdeutlichung zu groß dargestellt.)

chen Zahl wachstumsfördernder und wachstumshemmender Einzelbedingungen abhängt, z. B. von Nahrung, Temperatur, Licht und Sauerstoff. Nach den Regeln der Wahrscheinlichkeit sind diejenigen zufälligen Kombinationen, in denen sich die fördernden und hemmenden Faktoren gerade die Waage halten, am häufigsten. Am seltensten treten ausschließlich hemmende oder fördernde Faktorengruppen auf. Daher ist auch eine mittlere Größe die häufigste.

Verschiedene Rassen einer Pantoffeltierchen-Art können nun aber erblicherweise unterschiedlich groß sein. Dies führt zu der Frage: Wie kann man den genetischen Anteil der Variabilität vom modifikatorischen Anteil unterscheiden? Hierzu dienen folgende Verfahren:
- Arbeiten mit völlig erbgleichen Individuen. Diese erhält man, wenn man z. B. ein Pantoffeltierchen (oder eine Pflanze) sich nur vegetativ vermehren läßt. Es entsteht ein **Klon** (s. 10.2). Die Variabilität eines Klons ist ausschließlich modifikatorisch (vgl. Abb. 338.2).
- Selbstbefruchtung (die z. B. bei vielen zwittrigen Pflanzen vorkommt) kann über viele Generationen wiederholt werden; es entstehen immer mehr erbgleiche Nachkommen *(»reine Linien«)*.
- Ausschaltung unterschiedlicher Umweltbedingungen und Untersuchung der Nachkommen über viele Generationen hinweg läßt die genetische Variabilität (näherungsweise) erkennen.

Der Anteil der genetischen Variabilität an der Gesamtvariabilität der Individuen einer Population wird als *Heritabilitätswert* (Erblichkeitswert) bezeichnet. Diese Größe ist somit abhängig von der genetischen Zusammensetzung der Population und von den Umweltverhältnissen, welche die Gesamtvariabilität beeinflussen. Wird bei gleicher genetischer Variabilität einer Population die modifikatorische Variabilität größer (stärkere Umwelteinflüsse), so nimmt der Heritabilitätswert ab.

Die Auswirkung eines Gens kann durch Umwelteinflüsse mehr oder weniger stark abgewandelt, modifiziert werden: Viele Merkmale zeigen eine gewisse Modifikationsbreite (Reaktionsbreite). *Vererbt wird also die Reaktionsnorm.*

Der Phänotyp eines Organismus entsteht erst aus dem Zusammenspiel zwischen dem Genotyp und den auf ihn einwirkenden Umwelteinflüssen. Ein Pantoffeltierchen aus dem oben beschriebenen Klon trägt erbmäßig die Möglichkeit in sich, 130 bis 200 µm groß zu werden; wie groß es innerhalb dieser Grenzen tatsächlich wird, entscheiden die einwirkenden Umwelteinflüsse.

Allgemein gilt: *Gene können sich nur so weit auswirken, wie es die Umwelt zuläßt; umgekehrt kann aber auch die Umwelt nur so viel Einfluß nehmen, wie es die Reaktionsnorm der Gene erlaubt.*

Viele Merkmale werden allerdings durch Umweltfaktoren nur dann beeinflußt, wenn diese während einer *sensiblen Periode* einwirken. Die Chinesische Primel blüht nur dann weiß, wenn sie der Temperatur von 30 °C während der Entwicklung der Blütenanlagen ausgesetzt wird.

Die Modifikabilität ermöglicht dem Organismus, sich an die jeweils herrschenden Umweltverhältnisse anzupassen. Hält man z.B. Pflanzen dunkel, wächst die Sproßachse verstärkt (Abb. 328.2); auf diese Weise gelangen solche Pflanzen unter natürlichen Bedingungen möglicherweise doch noch ans Licht. Die Anpassung der Pflanze an die ungünstigere Umwelt im Hochgebirge zeigt Abb. 337.1. Wird ein kleinwüchsiger Nachkomme einer ins Hochgebirge verpflanzten Löwenzahnpflanze nach längerzeitiger vegetativer Vermehrung ins Tiefland zurückverpflanzt, so entwickelt er sofort wieder die Tieflandform.

Trotz zahlreicher Versuche mit vielen Organismen gelang bisher nie der Nachweis, daß Modifikationen spezifische Veränderungen des Erbguts aufweisen. *Modifikationen sind also nicht erblich.*

Abb. 339.1: Experiment zur Funktion des Kerns bei Acetabularia. a Acetabularia mediterranea, b Acetabularia wettsteinii, c Ergebnis der Pfropfung von Mediterranea-Stiel auf kernhaltiges Wettsteinii-Rhizoid

3. Die Chromosomentheorie der Vererbung

3.1 Grundlagen

MENDEL kannte weder die Natur der Erbanlagen noch ihre Lage in der Zelle. Erst die Entdeckung und Untersuchung der Chromosomen nach 1880 führte zu der Vermutung, daß die Erbanlagen im Zellkern und dort in den Chromosomen liegen.

Die Bedeutung des Zellkerns für die Bildung der Merkmale eines Organismus läßt sich anschaulich durch Pfropfversuche bei der Meeresalge *Acetabularia* belegen. Diese bis 10 cm große Alge ist einzellig und einkernig. Sie ist mit einem wurzelartigen Ausläufer (Rhizoid), der den Kern enthält, am Boden festgewachsen und trägt am entgegengesetzten Ende einen je nach Art unterschiedlich gestalteten gekammerten Hut. Schneidet man eine *Acetabularia*zelle, die einen kleinen, wenigkammerigen Hut ausbilden würde, vor der Hutbildung kurz über dem den Kern enthaltenden Rhizoid ab und pfropft darauf ein kern- und hutloses Stück einer Zelle auf, die einen großen Hut bilden würde, so entwickelt das Pfropfstück einen kleinen Hut (Abb. 339.1). Die Gestalt des Hutes wird also vom Zellkern bestimmt. Nun liegen im Zellkern die Chromosomen, und die Vermutung drängt sich auf, daß sie die Gene für die Merkmale enthalten. Die Verteilung und Weitergabe der Chromosomen bei der Bildung der Geschlechtszellen zeigt eine auffallende Parallelität zum theoretisch erschlossenen Verhalten der Gene. Die Gegenüberstellung in Tabelle 340/1 zeigt, daß sich *die Ergebnisse der Chromosomenforschung und der Kreuzungsversuche entsprechen.* Ein Zusammenhang liegt nahe: *Die Chromosomen sind die Träger der Gene* (s. auch Tabelle 339/1). Von jedem Genpaar (z.B. Aa) liegt jeweils eines der beiden allelen Gene (entweder A oder a) am gleichen Ort in einem der beiden Partner eines Chromosomenpaares, so daß auch der einfache, haploide Chromosomensatz der Geschlechtszellen den vollständigen Genbestand eines Lebewesens enthält (Ausnahme: Gene der Geschlechtschromosomen). Das Verhalten der Chromosomen bei der Reifeteilung macht die MENDELschen Vererbungsregeln verständlich: Das Auseinanderweichen der Paarlinge (der homologen Chromosomen) erklärt die Trennung der Gene; die rein zufällige Verteilung der Paarlinge jedes einzelnen Chromosomenpaares erklärt die Möglichkeit, sich bei der Befruchtung neu zu kombinieren.

Tabelle 339/1: Chromosomenzahlen einiger Tier- und Pflanzenarten (doppelter Satz)

Pferdespulwurm	2	Champignon (Pilz)	8
Fruchtfliege	8	Erbse	14
Hausmaus	40	Mais	20
Mensch	46	Weizen	42
Schimpanse	48	Kartoffel	48
Hund	78	Natternzunge	512
Karpfen	104	(ein Farn)	

Nachdem bereits 1900 CORRENS in den Chromosomen die Erbträger sah, wurde dann 1903 durch den Deutschen BOVERI und den Amerikaner SUTTON unabhängig voneinander die **Chromosomentheorie der Vererbung** begründet. Sie sagt aus, daß die Chromosomen die sichtbaren Träger der Erbanlagen sind.

Diese Theorie ist das gemeinsame Ergebnis zweier bis dahin völlig getrennt verlaufender Forschungsrichtungen, der *Zellforschung* und der *Kreuzungsforschung*.

Zwischen der Zahl der Chromosomen und der Organisationshöhe des Organismus besteht kein Zusammenhang. Ein großes Chromosom kann mehr Gene enthalten als mehrere kleine Chromosomen.

Thomas Hunt Morgan (1866–1945)

3.2 Kopplung von Genen

Die Regel von der freien Kombination der Gene ist nicht unbeschränkt gültig. Die Zahl der nachgewiesenen Gene ist sehr viel höher als die haploide Chromosomenzahl. Es müssen also viele Gene gemeinsam in einem Chromosom liegen. Da aber jedes Chromosom nur als ein Ganzes weitergegeben wird, können auch die in einem Chromosom vereinigten Gene nicht unabhängig voneinander »mendeln«, sondern müssen sich gemeinsam vererben. Den Nachweis einer solchen »Kopplung von Genen« erbrachten die Forschungen des amerikanischen Zoologen MORGAN und seiner Mitarbeiter an der Frucht- oder Taufliege *(Drosophila melanogaster)* (s. Abb. 341.1). So findet man eine *Drosophila*-Form mit den gekoppelten rezessiven Anlagen schwarzer Körper (b von black) und stum-

Tabelle 340/1: Gegenüberstellung einiger bei der Chromosomenforschung und bei der Erbforschung beobachteter Phänomene

Ergebnisse der Chromosomenforschung	Ergebnisse der Erbversuche
Die Chromosomen sind selbständige Einheiten, die als solche weitergegeben werden	Die Erbanlagen (Gene) sind selbständige Einheiten, die nicht vermischt oder aufgeteilt, sondern als Ganzes weitergegeben werden. AABB; AB AB
Die Chromosomen treten in den Körperzellen paarweise auf und bilden in ihrer Gesamtheit einen doppelten Satz.	Die Erbanlagen sind in den Körperzellen paarweise vorhanden und bilden in ihrer Gesamtheit einen doppelten Satz.
Durch die Reduktionsteilung gelangt von jedem Chromosomenpaar ein Paarling in die Geschlechtszellen. Diese enthalten einen einfachen, aber vollständigen Chromosomensatz.	Die Geschlechtszellen erhalten von jedem Anlagenpaar eine Anlage; sie enthalten einen einfachen Anlagensatz (Spaltungsregel).
Bei der Reduktionsteilung werden die Paarlinge väterlicher und mütterlicher Herkunft unabhängig voneinander nach Gesetzen der Wahrscheinlichkeit in freier Kombination auf die Geschlechtszellen verteilt.	Von den Anlagenpaaren werden bei der Bildung der Geschlechtszellen die einzelnen Anlagen unabhängig voneinander auf die Geschlechtszellen verteilt, so daß eine freie Kombination der Erbanlagen stattfindet (Unabhängigkeitsregel, freie Kombination der Gene).
Jede Art Lebewesen hat eine ganz bestimmte Anzahl von Chromosomen.	Die Erbanlagen treten in Kopplungsgruppen auf. Die Anzahl der Kopplungsgruppen entspricht genau der Anzahl der Chromosomen im einfachen Satz.
Die Länge der Chromosomen ist unterschiedlich.	Die unterschiedliche Anzahl der Erbanlagen in einer Kopplungsgruppe entspricht der unterschiedlichen Länge der Chromosomen.

melflügelig (vg von vestigial). Sie hat den Genotyp bb vgvg. Diese Form ist sehr viel seltener als die häufig vorkommende Form mit den dominanten Merkmalen normal gefärbter Körper (grau) und normalflügelig. Man bezeichnet die in der Natur häufigste Form einer Art als Wildtyp und kennzeichnet ihre Gene mit Buchstaben und einem hochgesetzten Pluszeichen. Zur Kennzeichnung der Dominanz werden zweckmäßig keine großen Buchstaben verwendet, weil ein Allel a, das sich dominant gegenüber seinem Allel a′ erweist, gegenüber dem Allel a″ rezessiv sein kann. Die Allele mütterlicher Herkunft schreibt man über, die Allele väterlicher Herkunft unter einen Strich. So läßt sich die Herkunft der Allele einfach und eindeutig angeben. Der normalfarbene und normalflügelige Wildtyp der *Drosophila* hat demnach den Genotyp $\frac{b^+ \; vg^+}{b^+ \; vg^+}$.

Kreuzt man den Wildtyp mit der schwarzen, stummelflügeligen Form $\frac{b \; vg}{b \; vg}$, so entstehen in der F_1-Generation Bastarde, die wie der Wildtyp aussehen, aber den Genotyp $\frac{b^+ \; vg^+}{b \; vg}$ haben. Bei der Rückkreuzung dieser Bastarde mit homozygot rezessiven Weibchen (Phänotyp: schwarz-stummelflügelig) erhielt MORGAN statt der bei freier Kombination der Gene zu erwartenden vier Phänotypen nur die Ausgangsphänotypen (grau-normalflügelig und schwarz-stummelflügelig) im Verhältnis 1 : 1. Demnach sind die Merkmale Flügelform und Körperfarbe nicht frei kombinierbar. Ihre Gene müssen gemeinsam auf einem Chromosom liegen.

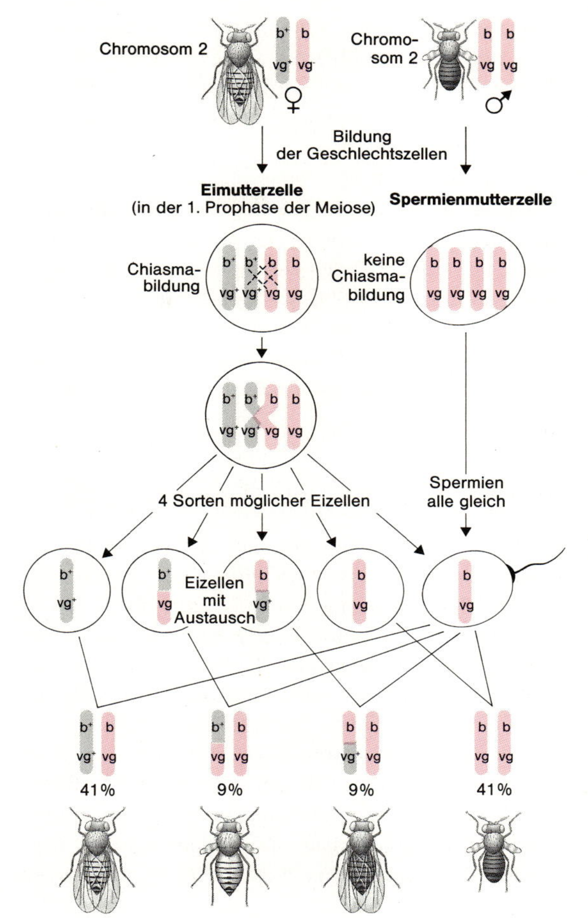

Abb. 341.1: Nachweis des Gen-Austausches und Bestimmung der Austauschwerte. Die untersuchten Gene liegen bei Drosophila melanogaster im Chromosom 2. Dargestellt ist nur dieses Chromosom. Erklärung im Text

3.3 Gen-Austausch (Crossing-over)

Durch Kreuzungsversuche mit *Drosophila* entdeckte MORGAN, daß die Kopplung von Genen gelegentlich durchbrochen werden kann. Schon früh wurde dies auch bei anderen Organismen bestätigt. MORGAN kreuzte umgekehrt wie beim Kopplungsversuch heterozygote grau-normalflügelige Weibchen mit homozygot rezessiven schwarz-stummelflügeligen Männchen. Er erhielt in der Folgegeneration nicht die erwartete Aufspaltung 1 : 1, sondern es traten mit einem Anteil von 9% graue und stummelflügelige Tiere und ebensoviele schwarze und normalflügelige Tiere auf (Abb. 341.1). Dieses Ergebnis ist nur verständlich, wenn man annimmt, daß bei der Rückkreuzung neben den Geschlechtszellen $b^+ \; vg^+$ und b vg in 9% der Fälle solche mit den Genkombinationen b^+ vg und in 9% der Fälle mit b vg^+ aufgetreten sind. Bei 18% der Geschlechtszellen muß also eine Trennung der sonst gekoppelten Gene eingetreten sein.

MORGAN erklärte die Entkopplung so: Bei der Reifeteilung paaren und umschlingen sich die homologen Chromosomen; dabei erfolgt an einer Stelle ein Bruch der Nichtschwester-Chromatiden. Die Bruchstücke verknüpfen sich dann über Kreuz (s. Abb. 341.1). Durch eine solche »Überkreuzung« werden die auf den abgetrennten Teilstücken liegenden Gene aus ihrer bisherigen Kopplungsgruppe gelöst, »entkoppelt« und gegeneinander ausgetauscht *(Crossing-over* oder *Crossover)*. Eine solche Überkreuzung *(Chiasma)* von zwei Chromatiden läßt sich bei mikroskopischer Beobachtung feststellen. Die Häufigkeit, mit der ein Chiasma bei einem bestimmten Chromosom beobachtet wird, entspricht der Häufigkeit von Crossing-over bei der Kopplungsgruppe dieser Chromosomen.

MORGAN erhielt also unterschiedliche Ergebnisse, je nachdem, ob er die Rückkreuzungen mit einem heterozygoten Weibchen oder einem heterozygoten Männchen durchführte. Sie fanden ihre Erklärung darin, daß Chiasmata bei *Drosophila* nur bei der Bildung von Eizellen, nicht aber bei der Bildung von Spermien auftreten. MORGAN schloß daraus, daß dann bei dem beschriebenen Rückkreuzungs-Experiment »heterozygote Männchen $\frac{b^+ \; vg^+}{b \; vg}$ mit doppelt rezessiven Weibchen $\frac{b \; vg}{b \; vg}$« keine Entkopplung auftreten kann. Das Experiment gab ihm recht: Die Phänotypen normalfarbig/normalflügelig und schwarz/stummelflügelig entstanden im Verhältnis 1 : 1. Die Bedeutung des Crossing-over liegt darin, daß neue, bisher nicht mögliche Gen-Kombinationen entstehen, während in den beiden vom Chiasma nicht betroffenen Chromatiden die bisherige Gen-Kopplung erhalten bleibt. Crossing-over führt also zu einer neuen Art genetischer Rekombinationen. Sie findet zwischen homologen Chromosomen statt und heißt deshalb *intrachromosomale Rekombination*. Der Prozentsatz der Entkopplungen zweier Gene wird deren *Austauschwert* genannt.

3.4 Gen-Anordnung auf den Chromosomen und Gen-Kartierung

Je weiter zwei Gene auf einem Chromosom voneinander entfernt sind, um so größer ist die Wahrscheinlichkeit, daß im dazwischen liegenden Chromosomenabschnitt ein Bruch und damit ein Crossover stattfindet. Die Häufigkeit der Entkopplung von Genen (Gen-Austausch), der Austauschwert, ist ein relatives Maß für den Abstand der Gene auf dem Chromosom. Zwischen den Genen b und vg entstehen durch Crossing-over 18% intrachromosomale Rekombinanten. Bezeichnet man bei 1% Crossing-over zwischen zwei Genen ihren Abstand als eine Austauscheinheit (= 1 MORGAN-Einheit), so beträgt der Abstand zwischen den Genen b und vg 18 Austauscheinheiten. Wie die Versuche zeigen, ist der Austauschwert von jeweils zwei gekoppelten Genen bei konstanten Bedingungen immer gleich. Dies legt nahe, anzunehmen, daß die *Gene auf den Chromosomen hintereinander (linear) angeordnet sind.*

Macht man gleichartige Kreuzungsversuche zwischen Wildtyp und einer *Drosophila*-Form mit den zwei gekoppelten rezessiven Genen schwarzer Körper (b) und purpurne Augen (p), so beträgt bei der Rückkreuzung der Anteil der Entkopplung 6%. Die Gene b und p sind also 6 Einheiten voneinander entfernt. Man weiß allerdings zunächst noch nicht, in welcher Reihenfolge die Gene b, p und vg auf dem Chromosom liegen. Um dies festzustellen, benützt man eine weitere *Drosophila*-Form mit den Merkmalen purpurne Augen/stummelflügelig $\frac{p \; vg}{p \; vg}$; man kreuzt sie ebenfalls mit dem Wildtyp und führt mit den F_1-Bastarden das Rückkreuzungsexperiment durch. Bei diesen Versuchen erhält man einen Austauschwert von 12% zwischen p und vg. Aus den Abstandswerten b bis vg = 18 Einheiten, b bis p = 6 Einheiten, p bis vg = 12 Einheiten ergibt sich die Gen-Reihenfolge auf dem Chromosom:

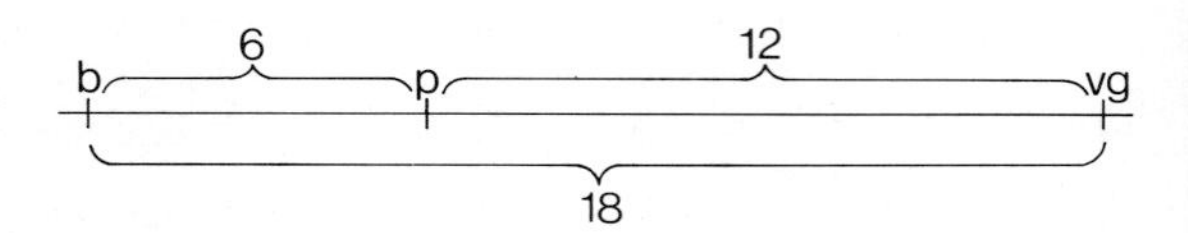

Die Addierbarkeit der Abstandswerte bestätigt die Annahme der linearen Anordnung der Gene.

Man kann auch eine Dreifach-Mutante $\frac{b \; p \; vg}{b \; p \; vg}$ von *Drosophila* einsetzen; dann erhält man mit einem Kreuzungsexperiment dasselbe Ergebnis wie mit den drei Zweifaktor-Kreuzungen.

Das beschriebene Verfahren läßt sich mit anderen *Drosophila*-Formen fortführen, soweit diese ebenfalls mutierte gekoppelte Gene haben. Durch Vergleich der erhaltenen Genabstände innerhalb einer Kopplungsgruppe entsteht dann eine Genkarte des Chromosoms, dem man die Kopplungsgruppe zuordnet. Da die Crossover-Vorgänge nicht an allen Orten eines Chromosoms gleich gut ablaufen, ist die Genkarte nur eine »relative«; die Abstände in Austauscheinheiten sind nicht genau die wirklichen Genabstände.

Genkarten gibt es heute für viele Organismenarten; durch die modernen Methoden der Genetik wurden auch auf den 23 Chromosomen des Menschen viele Gen-Orte bestimmt (s. Abb. 389.1).

Für die Befunde MORGANS sprechen folgende weitere Tatsachen: Man kann durch Röntgenbestrahlung oder Laserstrahlen von einem Chromosom Stücke absprengen. Dies verursacht den Ausfall jener Merkmale der Kopplungsgruppe, die dem abgesprengten Chromosomenstück entsprechen.

Zur stärksten Stütze der MORGANschen Theorie wurden die *Untersuchungen an den Riesenchromosomen* der Speicheldrüsen von *Drosophila*. Diese Riesenchromosomen entstehen, wenn sich die Chromatiden der homologen Chromosomen vervielfachen, ohne daß Kernteilungen stattfinden. So bilden sich schließlich dicke Chromatidenbündel mit bis über 1000 Chromatiden. Jede Chromatide ist aus Chromomeren und Zwischenstücken aufgebaut; durch die Aneinanderlagerung entsprechender Chromomeren der zahlreichen Chromatiden entstehen daher im mikroskopischen Bild Querscheiben auf dem Riesenchromosom (Abb. 343.1). Ein experimentell erzeugter Ausfall eines bestimmten Chromosomenstücks kann an den Riesenchromosomen direkt mikroskopisch am Fehlen bestimmter Querscheiben beobachtet werden. Auf diese Weise läßt sich der Genort für eingetretene Merkmalsveränderungen auffinden. So kann man auch wirkliche Genabstände feststellen.

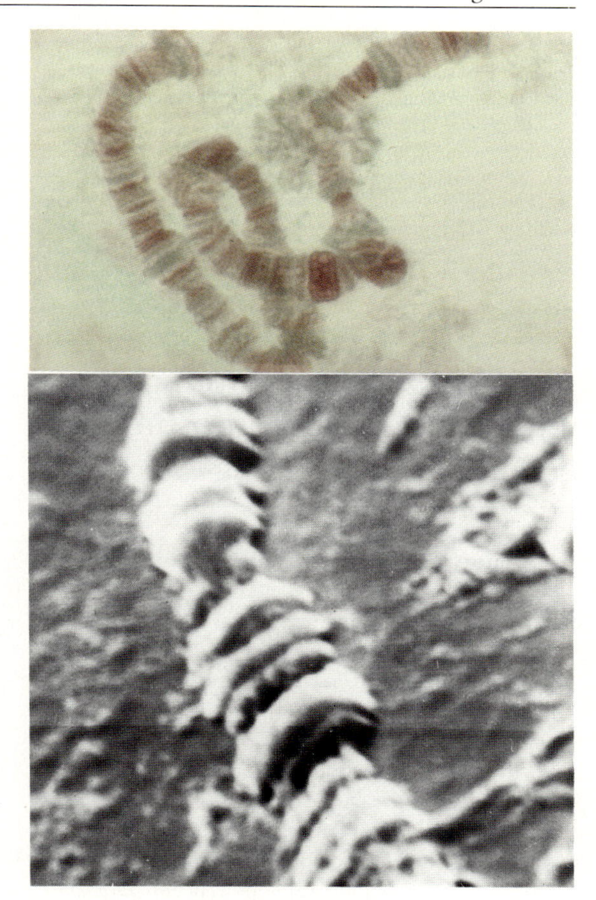

Abb. 343.1: Riesenchromosomen aus der Speicheldrüse der Zuckmückenlarve mit deutlich sichtbaren Chromomeren (oben). Die Chromomeren sind reich an DNA; Vergrößerung 2000fach. Unten: rasterelektronenmikroskopische Aufnahme eines Stücks von einem Riesenchromosom. Dessen Proteine wurden zum Teil enzymatisch entfernt.

3.5 Die Bedeutung des Versuchsobjektes für die Forschung

Wie wichtig die Wahl geeigneter Untersuchungsobjekte und Untersuchungsverfahren für die Erkenntnisgewinnung ist, zeigen die Forschungen von MORGAN genauso wie die Untersuchungen von MENDEL (vgl. 1.3). Das Forschungsobjekt von MORGAN war die etwa 3 mm große Taufliege *Drosophila*. Im Freien lebt sie von Fallobst und gärenden Pflanzensäften. Sie läßt sich leicht und billig züchten (Abb. 343.2); die Generationsdauer beträgt 14 Tage; die Nachkommenzahl ist groß. In ihrer äußeren Erscheinung bietet *Drosophila* viele Merkmale, bei denen auftretende Veränderungen leicht erkennbar sind. *Drosophila melanogaster* hat nur vier Kopplungsgruppen, denen vier Chromosomenpaare entsprechen. Die Chromosomen lassen sich außerdem im Mikroskop klar unterscheiden. Die Anzahl der in einer Kopplungsgruppe feststellbaren Gene entspricht der Länge des jeweiligen Chromosoms.

MORGAN konnte durch die glückliche Wahl seines Untersuchungsobjekts schon nach kurzer Untersuchungszeit folgende Aussagen machen:

1. In den Keimzellen befinden sich Gene (Erbanlagen).
2. Die Gene treten in Kopplungsgruppen auf, die der Zahl der Chromosomen entsprechen. Die Chromosomen sind Träger der Gene.
3. Gene aus verschiedenen Kopplungsgruppen werden unabhängig vererbt.
4. Gene können durch Crossing-over zwischen zwei Kopplungsgruppen ausgetauscht werden.
5. Die Gene sind linear in der jeweiligen Kopplungsgruppe (Chromosom) angeordnet. Die Häufigkeit der Crossing-over ist den relativen Genabständen proportional, dadurch ist eine Genkartierung auf den Chromosomen möglich.

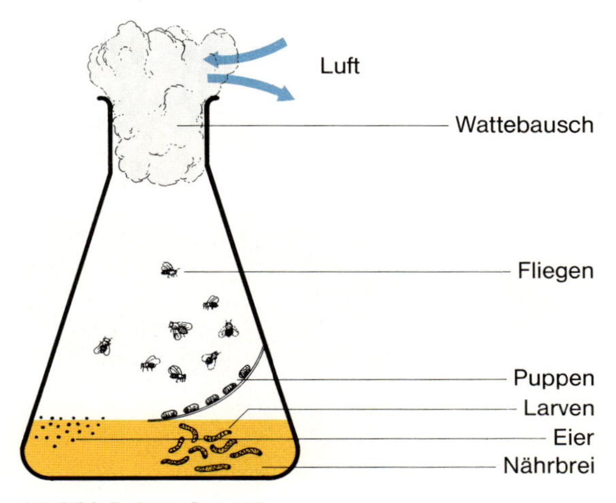

Abb. 343.2: Zucht von Drosophila. Futter aus Bananenbrei mit etwas Hefe. Die Maden verpuppen sich auf trockenem Fließpapier.

Ähnliche Bedeutung wie *Drosophila* hat in der Pflanzengenetik der einjährige Kreuzblütler *Arabidopsis thaliana* (Akker-Schmalwand, bei uns ein seltenes Ackerunkraut) erlangt. Schon hier sei darauf hingewiesen, daß gelegentlich die nach den dargestellten Gesetzmäßigkeiten zu erwartenden Zahlenverhältnisse nicht eingehalten werden. Dies gilt z.B., wenn die Vererbung von Merkmalen untersucht wird, deren Gene nicht im Zellkern lokalisiert sind (vgl. S. 346), oder wenn es sich um Gene handelt, die ihren Ort in den Chromosomen unabhängig von Crossover-Ereignissen wechseln (»springende Gene«, vgl. 8.19).

4. Geschlechtsbestimmung und geschlechtschromosomengebundene Vererbung

4.1 Genotypische Geschlechtsbestimmung

Bei den meisten Organismen ist das Zahlenverhältnis von Weibchen und Männchen etwa 1:1. Weil dieses Aufspaltungsverhältnis auch bei einer Rückkreuzung auftritt, wurde schon früh vermutet, daß die das Geschlecht bestimmenden Gene in dem einen Geschlecht homozygot und im anderen heterozygot vorliegen. Hinweise auf die Richtigkeit dieser Vermutung erbrachte die Untersuchung der Chromosomen von *Drosophila* und anderen Tierarten.

Von den vier Chromosomenpaaren von *Drosophila* sind drei bei beiden Geschlechtern völlig gleich gestaltet; es sind die *Autosomenpaare*. Das vierte Paar besteht beim Weibchen aus zwei stabförmigen Chromosomen (X-Chromosomen), beim Männchen aus

Abb. 344.1: Die beiden Geschlechter von Drosophila und ihr Chromosomensatz (XX Weibchen, XY Männchen). Natürliche Größe 2–3 mm

einem stabförmigen (X-Chromosom) und einem hakenförmigen Chromosom (Y-Chromosom). Diese Chromosomen stehen in Beziehung zur Ausprägung des Geschlechts, man nennt sie *Geschlechtschromosomen* oder *Heterosomen*.

Bei der Reduktionsteilung in der Meiose werden die Partner eines jeden Chromosomenpaares getrennt. Es müssen daher alle Eizellen neben einem Satz Autosomen ein X-Chromosom besitzen, während die eine Hälfte der Samenzellen ein X-Chromosom, die andere Hälfte aber ein Y-Chromosom mitbekommt. Das Zusammentreten der Geschlechtszellen bei der Befruchtung würde dann je zur Hälfte die Kombination XX und XY, d.h. Weibchen und Männchen im Zahlenverhältnis 1:1 ergeben, was auch tatsächlich zutrifft. Die Geschlechtsbestimmung ist demnach bei *Drosophila* ein Vorgang der Vererbung und beruht auf der Kombination eines besonderen Chromosomenpaares. *Das Geschlecht des neuen Lebewesens ist daher mit der Befruchtung festgelegt.* Gleiches gilt für zweihäusige Pflanzen (z.B. Salweide, Sanddorn), bei denen jedes Individuum entweder nur männliche oder weibliche Blüten trägt. Beim Menschen ist es genauso: Die An- oder Abwesenheit des sehr kleinen Y-Chromosoms bestimmt die Geschlechtsentwicklung.

Bei *Drosophila* hat sich gezeigt, daß die Ausbildung des männlichen Geschlechts nicht durch das Y-Chromosom, sondern durch die Autosomen festgelegt wird, da es auf das Verhältnis zwischen der Anzahl der X-Chromosomen und der Anzahl der Autosomensätze ankommt. Ist das Verhältnis der Autosomensätze A zur Zahl der X-Chromosomen gleich 1 (AAXX oder AAXXY), so entstehen Weibchen, ist das Verhältnis aber 2:1 (AAXY oder AAX oder AAXYY), so werden Männchen ausgebildet, unabhängig davon, ob ein Y-Chromosom oder in gelegentlich auch auftretenden anomalen Fällen gar mehrere Y-Chromosomen vorhanden sind oder ob das Y-Chromosom fehlt. (Verhältnisse beim Menschen vgl. Abb. 395.2.)

Meist sind die weiblichen Tiere in bezug auf die Geschlechtschromosomen homozygot, die männlichen heterozygot, so daß die Spermien zu gleichen Teilen das weibliche und das männliche Geschlecht bestimmen. Bei Vögeln, einigen Reptilien und Schmetterlingen ist es umgekehrt. Das weibliche Geschlecht hat den Genotyp XY, das männliche XX; es gibt daher Eizellen mit dem X- und solche mit dem Y-Chromosom, Spermien immer mit X. Hier bestimmt also die Chromosomenausstattung der Eizelle das künftige Geschlecht.

Der Vorgang der Geschlechtsbestimmung läßt beide Geschlechter in gleicher Zahl erwarten. Dies stimmt auch tatsächlich im großen ganzen; bei ein-

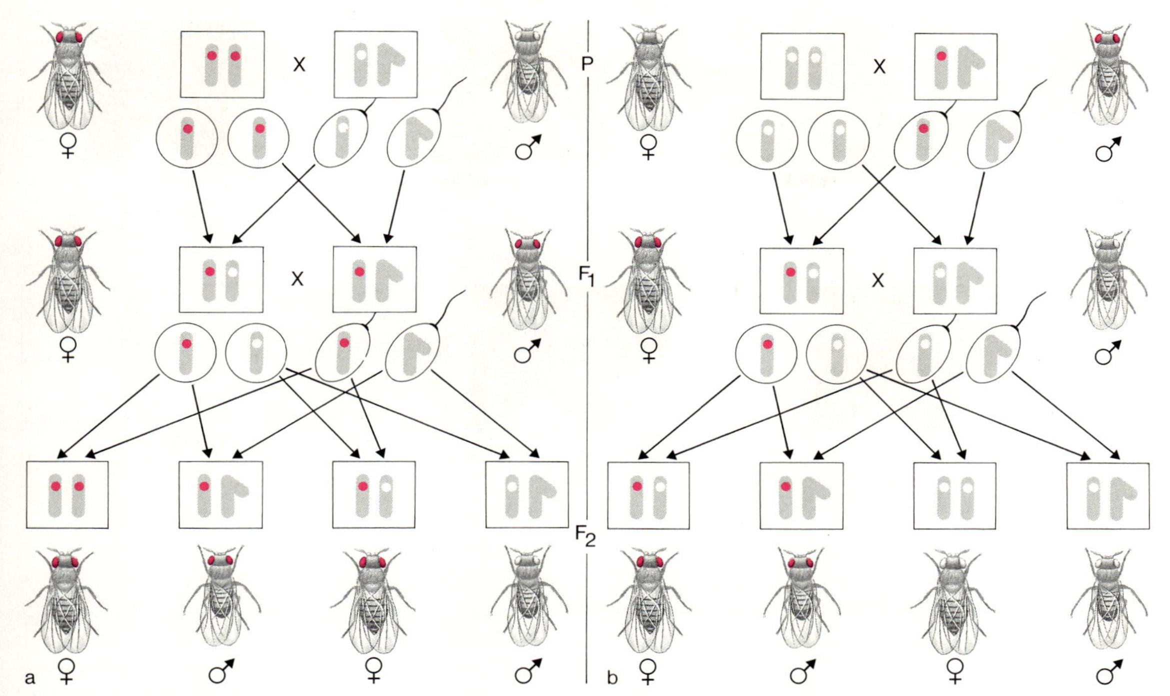

Abb. 345.1: Schema der Vererbung eines geschlechtsgebundenen rezessiven Merkmals (reziproke Kreuzung). Das hakenförmige Y-Chromosom enthält kein Gen für die Augenfarbe. Erklärung im Text

zelnen Lebewesen treten aber doch Abweichungen von dem Geschlechtsverhältnis 1 : 1 auf, die über das nach den Wahrscheinlichkeitsgesetzen zulässige Maß hinausgehen. So werden bei allen Rassen des Menschen auf 100 Mädchen 106 bis 107 Knaben geboren. Auch bei den Haustieren sind Abweichungen zu beobachten. Bei ihnen stellte man fest, daß sich Y-Spermien schneller bewegen als X-Spermien und daher häufiger eine Eizelle zuerst erreichen können.

4.2 Geschlechtschromosomen-gebundene Vererbung

Es gibt Erbgänge, bei denen bestimmte Merkmale vorwiegend bei einem Geschlecht (s. Abb. 345.1) auftreten.

a) Kreuzt man reinerbig rotäugige Weibchen von *Drosophila* mit weißäugigen Männchen, wobei Rot über Weiß dominiert, so haben in F_1 alle Tiere rote Augen, die beiden Geschlechter das Verhältnis 1 : 1. Dies entspricht der ersten MENDELschen Regel und der Art der Geschlechtsbestimmung.

b) Die reziproke Kreuzung von weißäugigen Weibchen mit rotäugigen Männchen ergibt dagegen schon in F_1 rot- und weißäugige Tiere im Verhältnis 1 : 1, wobei alle Weibchen rote, alle Männchen weiße Augen haben. Dieser Fall erklärt sich dadurch, daß die X-Chromosomen nicht nur Gene für die Ausbildung des Geschlechts tragen, sondern auch andere Gene, die zusammen eine Kopplungsgruppe bilden. Sie sind geschlechtschromosomen-gebundene Gene. Das väterliche Allel für rote Augenfarbe wird auf die Töchter, das Allel für weiße Augenfarbe mit dem mütterlichen X-Chromosom auf die Söhne übertragen.

4.3 Phänotypische Geschlechtsbestimmung

Bei manchen Organismen bestimmen Umwelteinflüsse die Ausbildung des Geschlechts. Aus den Eiern des Meereswurms *Bonellia* gehen geschlechtlich nicht differenzierte Larven hervor. Setzt sich eine solche Larve am Rüssel eines erwachsenen Weibchens fest, so entwickelt sich daraus ein sehr kleines Männchen; bleibt sie freilebend, so entsteht ein Weibchen. Zur Geschlechtsbestimmung führen hier Stoffe, die vom Rüssel der erwachsenen Weibchen abgegeben werden.

Wie bei *Bonellia* wird auch bei vielen anderen wirbellosen Tierarten durch Umwelteinflüsse bestimmt, ob die das männliche oder das weibliche Geschlecht festlegenden Gene wirksam werden.

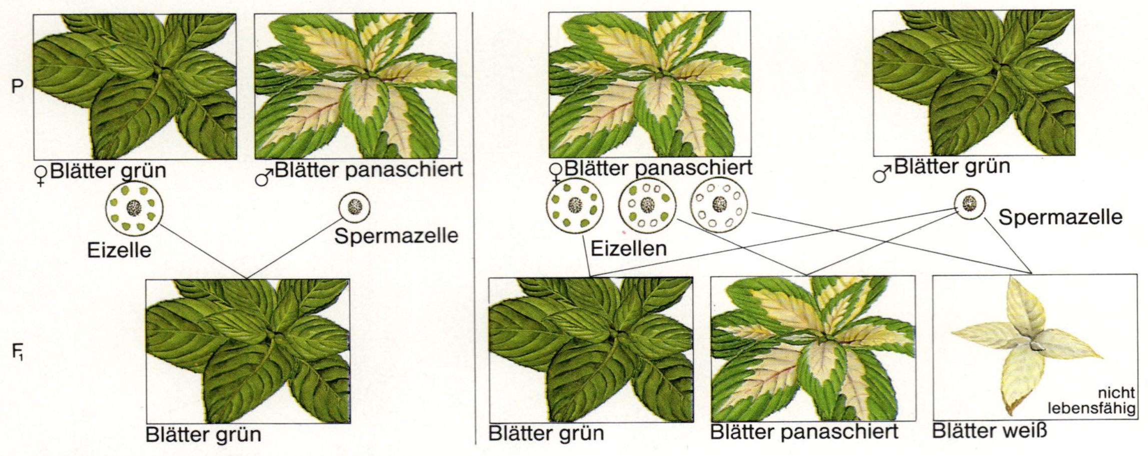

Abb. 346.1: Schema der Ergrünungsfähigkeit von Plastiden als Beispiel einer nichtchromosomalen Vererbung. Erklärung im Text

5. Nichtchromosomale Vererbung (Vererbung durch Gene außerhalb des Kerns)

Nicht nur die Chromosomen im Kern sind Träger von Genen *(chromosomale Vererbung)*, es gibt auch Gene in anderen Teilen der Zelle *(nichtchromosomale* oder *plasmatische Vererbung)*. Mitochondrien und Chloroplasten können sich selbst verdoppeln (vermehren); beide enthalten eigene Gene. Die Gesamtheit der nicht in den Chromosomen liegenden Erbanlagen bezeichnet man als *Plasmotyp*, entsprechend dem *Genotyp* als der Gesamtheit aller Gene im Kern. Genotyp und Plasmotyp zusammen bilden den *Idiotyp*, er bestimmt im Zusammenspiel mit Umwelteinflüssen den *Phänotyp*, das Erscheinungsbild des Organismus.

Beispiele für nichtchromosomale (plasmatische) Vererbung sind Pflanzen mit grün-weiß gefleckten (»panaschierten«) Blättern (z. B. Pelargonie, Ziererfeu u. a.). Die Panaschierung kommt so zustande: Die farblosen Blattzellen enthalten nur Plastiden, welche die Fähigkeit verloren haben, Chlorophyll zu bilden. In den anderen Blattzellen sind grüne und farblose Plastiden gemischt (s. Abb. 346.1). Normal grüne (nicht panaschierte) Pflanzen haben nur ergrünungsfähige Plastiden. Bringt man Pollenkörner einer solchen grünen Pflanze auf die Narbe des Fruchtknotens einer panaschierten Pflanze, so entstehen grüne, panaschierte und farblose Nachkommen. Ihre Häufigkeitsverteilung zeigt jedoch keine Mendelspaltung. Bei der reziproken Kreuzung mit Pollenkörnern einer panaschierten Pflanze, die auf die Narbe des Fruchtknotens einer normalgrünen Pflanze gebracht werden, entstehen nur normal grüne Pflanzen. Die Plastidenausstattung der Pflanze, die den Pollen spendet, ist demnach ohne Bedeutung für die Nachkommen, da das Pollenkorn bei den meisten Pflanzen keine Plastiden hat, wohl aber die Eizelle.

Die Eigenschaft der Panaschierung geht also nicht auf die Gene in den Chromosomen, sondern auf Gene in den Plastiden zurück. Nichtmendelnde Merkmale sind oft ein wichtiger Hinweis auf nicht in den Chromosomen liegende Gene, die bei der Vererbung dieser Eigenschaften mitwirken. Weil die Eizelle den Hauptteil der Zellorganellen und des Cytoplasmas in die Zygote liefert, ähneln bei manchen Arten die Nachkommen mehr dem mütterlichen Elter. So führt die Kreuzung von Eselhengst mit Pferdestute zum Maultier, das dem Pferd ähnlicher ist als dem Esel. Bei der Kreuzung von Pferdehengst mit Eselstute erhält man dagegen den Maulesel.

6. Mutationen

Die verschiedenen Rassen unserer Haustiere und Kulturpflanzen haben sich aus Wildformen entwikkelt, die der Mensch in Zucht genommen hat. Zur Bildung der Vielfalt aus einer Ausgangsform mußten Änderungen im Erbbestand der Wildform aufgetreten sein, die dann weitervererbt wurden. Solche Änderungen im Erbgefüge nennt man **Mutationen;** die Träger der Mutationen heißen **Mutanten.** Die über 500 Formen von *Drosophila,* mit denen man heute experimentiert, sind in den Zuchten durch Mutationen entstanden (s. Abb. 347.1).

Die *rotblättrigen Formen* der Hasel, des Ahorns und der Berberitze, *geschlitztblättrige* Buchen, Holunder, Erlen und Flieder wie auch die *»Trauerformen«* der

Abb. 347.1: Drei Mutanten von Drosophila (b–d), die Flügelausbildung betreffend und Normalform (a). b aufgebogene Flügel, c Stummelflügel, d flügellos.

c und d sind durch verschiedene Mutationen des Gens vg (vestigial = stummelflügelig) entstanden; es liegt multiple Allelie vor. b geht auf die Mutation eines anderen Gens zurück.

Abb. 347.2: Gleichgerichtete Mutationen. Schlitzblättrigkeit bei Schöllkraut (a), Hasel (b), Rotbuche (c), Walnuß (d).

Links ist jeweils die Normalform, rechts die Mutante dargestellt. (a–c ⅓ nat. Größe, d ⅒ nat. Größe)

Abb. 347.3: Bluthasel: Mutante des Haselstrauchs, bei der das Chlorophyll durch rotes Anthocyan überdeckt ist.

Abb. 347.4: Albino-Mutante vom Gorilla und normal gefärbtes Tier

Weide, Esche, Buche, Birke und Ulme sind solche Mutanten (s. Abb. 347.2, 347.3 und 347.4). Die meisten unserer *Zierpflanzen* sind ebenfalls durch Mutationen entstanden, die zu neuen Blütenformen und -farben geführt haben. Alle *Rassen des Haushundes* gehen auf Mutanten zurück, die von Menschen weitergezüchtet wurden.

Erbliche Änderungen können das einzelne Gen betreffen *(Genmutation),* doch können auch einzelne Chromosomen in ihrer Struktur *(Chromosomenmutation)* oder sogar der gesamte Chromosomenbestand, das Genom *(Genommutation),* verändert werden.

Mutationen sind in jeder Zelle des Körpers möglich. An die Nachkommen werden jedoch nur solche Mutationen weitergegeben, die in der *Keimbahn* (s. Fortpflanzung und Entwicklung 1.1.1) entstanden sind. Mutationen in Körperzellen (Somazellen) werden normalerweise nicht an die Nachkommen vererbt. Bei Pflanzen ist eine Trennung in Zellen der Keimbahn und des übrigen Körpers nicht möglich.

Aus einer Mutation in einer Zelle des Vegetationskegels kann ein Sproß mit anderen Erbeigenschaften (z.B. mit wertvolleren Früchten bei Obstbäumen) entstehen. Eine solche Mutante läßt sich durch Pfropfung von Sprossen oder durch Samen vom mutierten Sproß vermehren.

6.1 Gen-Mutationen

Gen-Mutationen sind die häufigste und wichtigste Form der Mutationen. Da sie zufällig erfolgen, kann man nicht voraussagen, welches der Gene und wann es mutieren wird; es läßt sich auch nicht angeben, in welcher Richtung sich das Gen und das von ihm bestimmte Merkmal verändern wird.

Die Häufigkeit, d.h. die *Mutationsrate,* mit der sich ein Gen verändert, beträgt im Mittel 1 : 10 000 bis 1 : 1 000 000 000 je Gen und Generation. Die Mutationsrate ist bei den einzelnen Pflanzen- und Tierarten, ja selbst zwischen den Genen einer Art, verschieden groß (vgl. dazu 8.7).

Die meisten mutierten Gene sind rezessiv, es treten aber auch dominant und intermediär wirkende Gene neu auf. Welches Gen mutiert, steht in keinem erkennbaren Zusammenhang zu Umwelteinflüssen. Mutationen sind richtungslos und sind keine Anpassungserscheinungen an einen auslösenden Reiz und damit an die Umwelt.

Für ihre Träger sind sie in vielen Fällen ohne Auswirkung (Schlitzblättrigkeit, Hängeformen), sehr oft nachteilig (verkrüppelte Flügelformen bei *Drosophila*), bei Reinerbigkeit manchmal tödlich (letal); in diesem Fall spricht man von einem *Letalfaktor.* Ein Beispiel für einen Letalfaktor ist das Gen für Kurzbeinigkeit bei irländischen *Dexter-Rindern;* sie sind alle heterozygot, bei Kreuzungen untereinander entstehen 25% Mißgeburten. Seltener treten vorteilbringende Mutationen auf.

Multiple Allelie. Die Allele eines Gens auf den beiden homologen Chromosomen mutieren unabhängig voneinander; durch eine Mutation in einem Allel wird das Lebewesen in bezug auf die betreffende Erbanlage heterozygot. Ein und dasselbe Gen vermag in der Generationsfolge mehrmals zu mutieren, so daß mehrere, voneinander verschiedene Allele entstehen (s. Abb. 348.1). Bei *Drosophila* kann durch wiederholte Mutation desselben Gens eine stufenweise Flügelverkümmerung bis zu gänzlichem Flügelverlust eintreten (Abb. 347.1). Beim Löwenmaul kennt man mehr als zehn Allele eines Gens für die Blütenfarbe, die Abstufungen von Rot über eine Reihe von Zwischenstufen bis zu Weiß verursachen. Die aus der Änderung eines einzigen Gens hervorgehenden Gene heißen *multiple Allele.* Ein diploider Kern kann jedoch immer nur zwei Allele eines Gens enthalten.

Ein Beispiel für multiple Allelie sind die *Blutgruppen des Menschen.* Den vier Blutgruppen (A, B, AB und 0) liegen die drei Gene I^A, I^B und i zugrunde (Tab. 348/1). Sie sind Allele, die sich gegenseitig vertreten können. I^A und I^B wirken gleich stark, beide dominieren jedoch über i. Jeder Mensch bekommt von beiden Eltern je eine dieser Anlagen. Die Blutgruppen von Mutter und Kind erlauben deshalb Rückschlüsse auf die Blutgruppe des Vaters. So läßt sich klären, ob ein bestimmter Mann als Vater eines Kindes in Frage kommt. Haben zum Beispiel Mutter und Kind die Blutgruppe 0 (Genotyp ii), kann der Vater nicht die Gruppe AB (I^A, I^B) aufweisen.

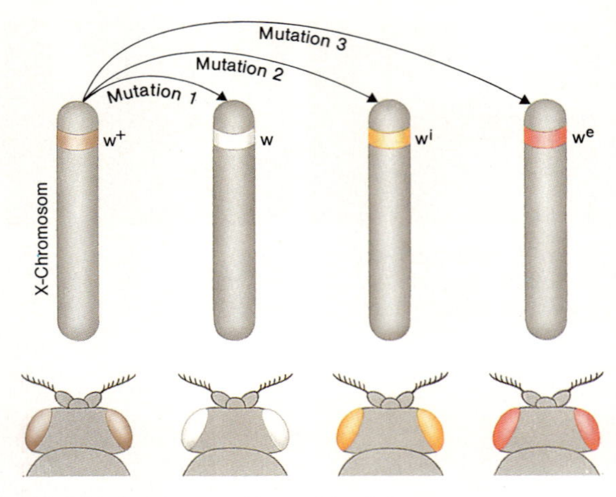

Abb. 348.1: Entstehung verschiedener Allele für die Augenfarbe von Drosophila durch Mutationen.
Die Art der Entstehung erklärt, daß sie an entsprechenden Orten homologer Chromosomen liegen.
W^+: rote Augenfarbe des Wildtyps (dominant),
W: weiße Augenfarbe (rezessiv),
W^i: elfenbeinfarbene Augenfarbe,
W^e: eosinfarbene Augenfarbe

Tabelle 348/1: Genotyp und Phänotyp bei den Blutgruppen des Menschen

Genotyp		Phänotyp (Blutgruppe)
I^A	I^A	A
I^A	i	A
I^B	I^B	B
I^B	i	B
I^A	I^B	AB
i	i	0

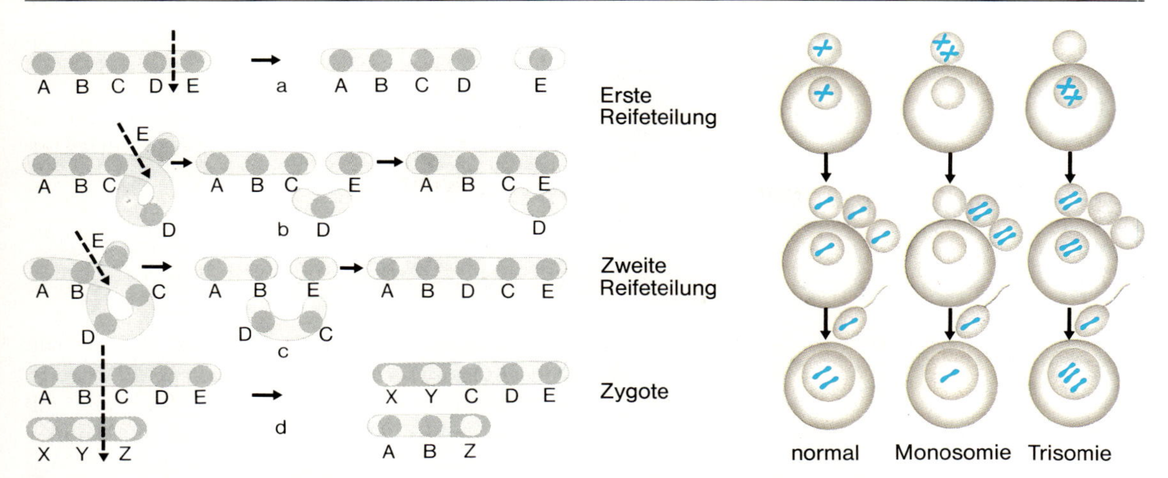

Abb. 349.1: Schema von Chromosomenmutationen.
a Verlust eines Endstücks, b Verlust eines Zwischenstücks,
c Umkehrung durch Schleifenbildung,
d Austausch mit einem zweiten Chromosom

Abb. 349.2: Abweichung der Chromosomenzahl durch Nichttrennen der Chromosomen (Nondisjunktion) während der Meiose bei der Eizellenbildung.
Bei Monosomie fehlt einem Chromosom das homologe Chromosom.
Bei Trisomie ist ein Chromosom dreifach vorhanden.

6.2 Chromosomen-Mutationen

Chromosomen-Mutationen beruhen auf Änderungen in der Struktur einzelner Chromosomen (s. Abb. 349.1). Diese können auseinanderbrechen. Die kleinen Teilstücke lösen sich auf *(Deletion)* oder ein Teilstück wird in die Schwesterchromatide eingegliedert *(Duplikation)* oder heftet sich an eine Chromatide eines nicht homologen Chromosoms *(Translokation)*. Innerhalb eines Chromosoms kann sich nach einem doppelten Bruch ein Chromosomenstück auch umgekehrt wieder einfügen *(Inversion)*. Solche Änderungen wirken sich als Verlust oder Änderung der Reihenfolge der betreffenden Gene aus. Bei Inversionen und Translokationen hat sich gezeigt, daß die Wirkungsweise eines Gens von dem Ort abhängig ist, den es innerhalb der übrigen Gene des Chromosoms einnimmt *(Positions-Effekt)*. Für die Eigenschaften eines Organismus ist also nicht allein der Genbestand, sondern auch die Anordnung der Gene auf den Chromosomen maßgebend. Dies ist aus der heutigen Kenntnis der Organisation des Genoms verständlich (vgl. 8.18).

6.3 Genom-Mutationen

Bei Genom-Mutationen verändert sich die Anzahl der Chromosomen, das »Genom«. Unregelmäßigkeiten bei den Zellteilungen können bewirken, daß einzelne Chromosomen nicht repliziert oder einzelne Chromosomenpaare bei der Verteilung auf die Tochterzellen während der Meiose nicht getrennt werden *(Nondisjunktion)*. Dadurch vermehrt oder vermindert sich die Zahl der Chromosomen *(Aneuploidie)*; statt normalen Chromosomensätzen mit 2 n Chromosomen können solche mit 2 n + 1, 2 n + 2, 2 n − 1 usw. vorkommen (Beispiele dafür in 11.5 und 11.7).

Von *Euploidie* spricht man, wenn die Veränderung ganze Chromosomensätze betrifft, also entweder Haploidie auftritt oder Chromosomensätze vervielfacht werden *(Polyploidie)*.

Bei den Reifeteilungen kann es vorkommen, daß sich die Chromatidenpaare in der Anaphase nicht trennen (Abb. 349.2), dann entstehen statt haploider Keimzellen (n) diploide (2 n), die bei der Befruchtung mit einer normalen Keimzelle einen dreifachen Chromosomensatz (3 n) ergeben; solche Zellen sind triploid. Beim Zusammentreten zweier diploider Keimzellen entsteht ein vierfacher (tetraploider) Satz mit 4 n. Auf ähnliche Weise können bis zu 16fache Sätze entstehen. *Fortpflanzungsfähig sind allerdings nur geradzahlige Polyploide;* bei ungeradzahligen wie auch bei einzelnen überzähligen oder fehlenden Chromosomen treten Störungen bei den Reduktionsteilungen auf. Bei vielen unserer Nutz- und Zierpflanzen liegt Polyploidie vor (s. Abb. 350.1). Auch zahlreiche Wildpflanzenarten haben polyploide Rassen oder es gehen aus ihnen eigene polyploide Arten hervor.

Polyploide Pflanzen haben gewöhnlich größere Zellen; Verdoppelung der Chromosomen führt etwa zur Verdoppelung des Zellvolumens, so daß man bei

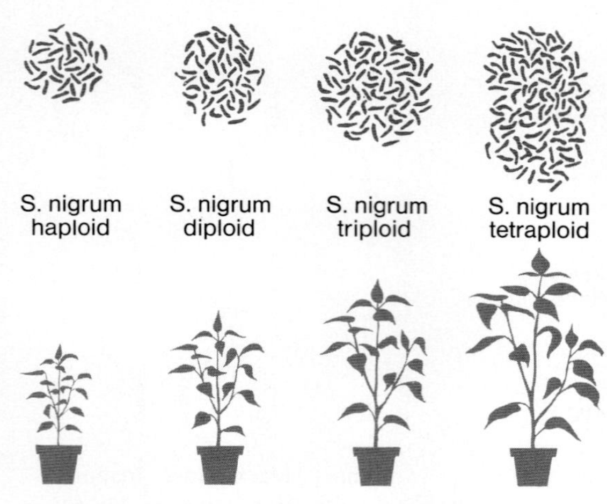

Abb. 350.1: Polyploidie beim Nachtschatten (Solanum nigrum). Die Zellgröße wächst mit dem Grad der Polyploidie; nur geradzahlige Polyploide sind fortpflanzungsfähig.

nah verwandten Arten aus der Zellgröße auf den Polyploidiegrad schließen kann. Polyploide zeichnen sich meist durch üppigeren Wuchs vor den diploiden Pflanzen aus; aus diesen Gründen werden sie bevorzugt in Kultur genommen. Bei der Rose (n = 7) sind Formen mit 14, 28, 42, 56, 70, 84 und 112 Chromosomen, also bis zum 16fachen Satz bekannt.

Unter natürlichen Verhältnissen hat noch eine andere Art von Polyploidie bei Pflanzen große Bedeutung. Ein Bastard aus zwei verschiedenen Pflanzenarten ist normalerweise steril, da eine ordnungsgemäße Paarung der homologen Chromosomen in der Meiose nicht möglich ist, wenn sich diejenigen des männlichen Elters von denen des weiblichen unterscheiden. Verdoppelt sich nun der Chromosomensatz jedes Elters, so findet jedes Chromosom einen homologen Partner. Der Bastard ist dann fortpflanzungsfähig und zu einer neuen Art mit spezifischen Eigenschaften geworden. Eine Aufspaltung der Bastard-Nachkommen in die ursprünglichen Elternformen kann jetzt nicht mehr auftreten, weil die Keimzellen je einen Chromosomensatz von beiden Ausgangseltern haben. Man spricht hier von *Allopolyploidie*.

Viele unserer Kulturpflanzen sind auf diese Weise entstanden. Die heutigen Weizensorten sind allo-hexaploid und besitzen 42 Chromosomen, während die Stammarten *Einkorn* und *Aegilops* 14 Chromosomen (n = 7) aufweisen (vgl. Abb. 377.3). Die Zygote einer Kreuzung von Wildeinkorn und dem Wildgras *Aegilops* hat 7 + 7 = 14 Chromosomen. Bildet der Bastard diploide Geschlechtszellen, so entsteht der *Emmer* mit 28 Chromosomen. Die Kreuzung von *Emmer* mit *Aegilops* (28 + 14) führt zum Kulturweizen mit 42 Chromosomen. Dieser Weg der Herausbildung des Kulturweizens wurde von der Forschung nachvollzogen, wobei man die Bastarde zur Polyploidisierung mit Colchicin behandelte. *Colchicin* löst Polyploidie durch Hemmung der Kernspindelbildung aus, was die Trennung der Schwesterchromatiden verhindert. Colchicin ist ein hochgiftiger Inhaltsstoff der Herbstzeitlose.

Bei Tieren ist Polyploidie aller Körperzellen selten (Goldhamster, Molche). Häufig werden aber während der Entwicklung der Tiere einzelne Körperzellen polyploid (somatische Polyploidie), so z. B. bei Insektenlarven. Dasselbe trifft auch für viele Pflanzen zu.

6.4 Mutationsauslösung

Experimente haben eine Reihe von Ursachen für Mutationen aufgedeckt. Muller konnte 1927 durch Bestrahlung der Keimzellen von *Drosophila* mit Röntgenstrahlen Mutationen künstlich hervorrufen, die den natürlichen entsprachen. Das gleiche gelingt mit ultravioletter und radioaktiver Bestrahlung. *Der Prozentsatz der auftretenden Mutationen ist der angewandten Strahlenmenge (Produkt aus Strahlungsintensität und Strahlungsdauer) proportional.* Auch chemische Substanzen sowie abnorm hohe und tiefe Temperaturen können Mutationen verursachen; durch Erhöhung der Zuchttemperatur um 10% steigt bei *Drosophila* die Zahl der Mutanten auf das 3- bis 5fache. Umweltfaktoren (z. B. Temperaturabweichungen, Höhenstrahlung und Strahlung radioaktiver Mineralien) sind als auslösende Ursachen an den natürlichen Mutationen beteiligt. Faktoren, die Mutationen auslösen, bezeichnet man als *Mutagene*. Mit keinem Mutagen lassen sich gezielt bestimmte Mutationen auslösen, da Mutationen richtungslos sind.

7. Populationsgenetik

Die Genetik untersucht auch die Verteilung der Gene in der Nachkommenschaft ganzer Populationen. Die **Population** umfaßt alle artgleichen Individuen eines Gebietes, die sich in der Regel beliebig miteinander paaren können; die Population bildet eine Fortpflanzungsgemeinschaft. Den Gesamtbestand aller in einer Population vorhandenen Gene bezeichnet man als *Gen-Pool* und die Häufigkeit eines Gens in einer Population als *Gen-Häufigkeit (Gen-Frequenz)*.

Betrachten wir ein Roggenfeld, in dem Pflanzen auftreten, die das Allel für die Ausbildung grünlicher Körner (A) tragen und solche mit dem Allel für helle Körner (a). Die Übertragung der Pollenkörner erfolgt durch den Wind. Während der Blütezeit kann man die Pollenwolken erkennen. Wir fragen nun nach der durchschnittlichen Zusammensetzung der Pollenwolke, zu der alle Pflanzen beitragen, in bezug auf das Allelenpaar A/a. Der Anteil der Pollenkörner mit dem Allel A sei p (z.B. 80% = 0,8), der Anteil mit Allel a sei q (z.B. 20% = 0,2). Man gibt p und q in relativen Häufigkeiten an, so daß p + q (0,8 + 0,2) den Wert 1 erhält. Da die Verteilung der Allele A und a bei den weiblichen Keimzellen gleich ist wie bei den männlichen, erhält man bei diesen p Eizellen mit A und q Eizellen mit a. Unter der Voraussetzung, daß die Wahrscheinlichkeit für das Zusammentreffen beliebiger Keimzellen gleich groß ist, können wir für eine große Population ein Kombinationsquadrat (Abb. 351.1) aufstellen. Dies gilt natürlich genauso für Populationen von Tieren, wenn die Paarungswahrscheinlichkeit beliebiger Partner gleich groß ist.

Bei der Befruchtung verschmelzen je 2 Geschlechtszellen miteinander. Die Häufigkeit der Individuen mit dem Genpaar AA beträgt also

$$p \cdot p = p^2,$$

die der Individuen mit der Kombination Aa

$$(p \cdot q) + (q \cdot p) = 2\,pq$$

und die der Individuen mit der Kombination aa

$$q \cdot q = q^2.$$

Die Summe der Häufigkeit der drei verschiedenen Genotypen AA, Aa und aa ist dann

$$H = p^2 + 2\,pq + q^2.$$

Alle Individuen zusammen haben die Häufigkeit 1 (= 100%), also ist

$$p^2 + 2\,pq + q^2 = 1.$$

Wenn nun die drei Genotypen gleiche Nachkommenzahlen haben, bilden sich auch in der Tochtergeneration wieder p Allele A und q Allele a aus. Das Verhältnis der Allel-Häufigkeit p : q bleibt also auch in der Tochtergeneration sowie in allen Folgegenerationen konstant. Diesen Sachverhalt der Erbkonstanz bezeichnet man als HARDY-WEINBERG-Gesetz, weil es 1908 von dem Engländer HARDY und unabhängig von ihm von dem Stuttgarter Arzt WEINBERG gefunden wurde. Das HARDY-WEINBERG-Gesetz gilt nur für eine *ideale Population,* für die folgende Voraussetzungen erfüllt sein müssen:

1. Die Träger der verschiedenen Genotypen haben alle die gleiche Eignung für die Umwelt, in der die Population lebt.
2. Es treten keine Erbänderungen auf.
3. Die Individuen der Population können sich beliebig paaren.
4. Die Population ist so groß, daß ein zufälliges Ausscheiden einiger Träger eines bestimmten Allels das Verhältnis p : q noch nicht ändert (was bei kleinen Populationen der Fall wäre).
5. Es dürfen in die Population keine Individuen zuwandern oder aus ihr auswandern.

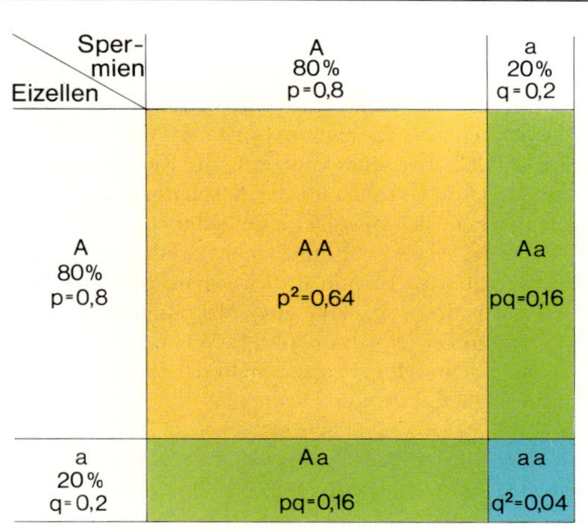

Abb. 351.1: Bei Vereinigung von p Spermien mit dem Allel A und q Spermien mit dem Allel a mit p Eizellen mit dem Allel A und q Eizellen mit dem Allel a entstehen p^2 Nachkommen mit der Kombination AA, 2pq Nachkommen mit der Kombination Aa und q^2 Nachkommen mit der Kombination aa. In der angenommenen Population werden sowohl Spermien als auch Eizellen mit dem Allel A in einer Häufigkeit von p = 0,8 (= 80%) gebildet, außerdem Spermien und Eizellen mit dem Allel a in der Häufigkeit q = 0,2 (= 20%). Bei den Nachkommen tritt dann die Kombination AA in der Häufigkeit von $p^2 = 0{,}8 \cdot 0{,}8 = 0{,}64$ (= 64%) auf, die Kombination Aa in der Häufigkeit 2 pq = 0,32 (= 32%) und die Kombination aa mit der Häufigkeit $q^2 = 0{,}04$ (= 4%). Das Häufigkeitsverhältnis der Genotypen beträgt also $p^2 : 2\,pq : q^2 = 0{,}64 : 0{,}32 : 0{,}04$, wobei die Summe der Häufigkeit $p^2 + 2\,pq + q^2 = 1$ ist.

Unter diesen fünf Voraussetzungen bleibt die Häufigkeit der Gene in einer Population gleich. In natürlichen (realen) Populationen ist damit nicht zu rechnen. Deshalb ändert sich in einer *realen Population* das Allelen-Verhältnis p : q mit der Zeit.

Wenn die homozygot rezessiven Individuen aa einer Population durch Beobachtung erfaßt werden, errechnet sich die Häufigkeit der Heterozygoten Aa und der Homozygoten AA folgendermaßen:

Die Häufigkeit von aa ist q^2.

Aus p + q = 1 ergibt sich die Häufigkeit der Heterozygoten Aa:

$$p = 1 - q \text{ und daher } 2\,pq = 2\,(1 - q) \cdot q.$$

Die Häufigkeit der Homozygoten AA ist $p^2 = 1 - 2\,pq - q^2$ oder $p^2 = (1 - q)^2$.

Bei einer rezessiv vererbten menschlichen Erbkrankheit, der Phenylketonurie (s. S. 391), kommt auf zehntausend gesunde Kinder ein krankes Kind. Daher ist

$$q^2 = \frac{1}{10\,000} \text{ und } q = \sqrt{\frac{1}{10\,000}} = \frac{1}{100} = 0{,}01.$$

Die Häufigkeit der Heterozygoten Aa beträgt dann:

$$2\,(1 - q) \cdot q = 2\,(1 - 0{,}01) \cdot 0{,}01 = 0{,}0198 \; (1{,}98\%).$$

Die Häufigkeit der Homozygoten AA ist somit:

$$p^2 = 1 - 2\,pq - q^2 = 1 - 0{,}0198 - 0{,}0001$$
$$= 0{,}9801\ (98{,}01\%).$$

Aus dem Prozentsatz der Heterozygoten Aa von rund 2% leitet sich ab, daß etwa jeder Fünfzigste die Krankheitsanlage trägt. Wie rasch verläuft nun die Ausbreitung einer solchen Krankheit in der Bevölkerung? Nehmen wir an, die Häufigkeit q des Allels a für die Krankheitsanlage sei in der ersten Generation q_1. Ist nun q_1 sehr klein (um 0,01), so wird die Mutationsrate, also die Neubildungsrate des Allels a nicht größer sein als ${q_1}^2$ (s. 6.1). Wir können für die Mutationsrate demnach ${q_1}^2$ einsetzen. In der zweiten Generation ist die Häufigkeit von a dann

$$q_2 = q_1 + {q_1}^2$$

(zur ursprünglichen Häufigkeit q_1 kommt die Häufigkeit der Neumutationen ${q_1}^2$ hinzu).

In der dritten Generation ist somit

$$q_3 = q_1 + {q_1}^2 + {q_1}^2,$$

nach n Generationen

$$q_n = q_1 + (n-1)\,{q_1}^2\ (1).$$

Wenn nun n die Anzahl Generationen sein soll, in denen eine Verdoppelung der Häufigkeit des Allels eintritt, gilt die Bedingung

$${q_n}^2 = 2 \cdot {q_1}^2 \text{ oder } q_n = q_1 \cdot \sqrt{2}.$$

Setzen wir dies in Gleichung (1) ein, ist

$$q_1 \cdot \sqrt{2} = q_1 + (n-1){q_1}^2 \text{ oder } n = \frac{\sqrt{2}-1}{q_1} + 1.$$

Für $q_1 = 0{,}01$ beträgt die Verdoppelungszeit

$$n = \frac{\sqrt{2}-1}{0{,}01} + 1 = [(1{,}414-1)\cdot 100] + 1$$
$$= 42 \text{ Generationen.}$$

Setzt man für die Generationszeit 25 Jahre an, so würde sich die Häufigkeit der homozygot Rezessiven erst in etwa 1000 Jahren (42 · 25 J) verdoppelt haben.

Wenn man mehrere Allelenpaare zu berücksichtigen hat, erfolgen populationsgenetische Berechnungen zweckmäßigerweise mit Computern.

8. Molekulare Grundlagen der Vererbung

Die Eigenschaften eines Organismus gehen auf seine Erbanlagen zurück, also müssen die Gene in den Chromosomen eine Anweisung (Information) für die Ausbildung dieser Eigenschaften besitzen.

Aus welchem Stoff bestehen nun die Gene? Nach allem, was wir über die Vererbung wissen, muß dieser Stoff folgende Eigenschaften aufweisen:

1. Fähigkeit zur sicheren Speicherung einer großen Informationsmenge.
2. Fähigkeit zur identischen Verdoppelung der genetischen Information, so daß bei der Zellteilung jede Tochterzelle die gleiche Information erhält.
3. Fähigkeit zu Veränderungen der genetischen Information (Mutationsfähigkeit).

8.1 Bakterien und Viren als Untersuchungsobjekte

Als hilfreich für die Klärung der obigen Fragen haben sich vor allem Untersuchungen an Bakterien und an Viren erwiesen.

Bakterien. Bakterienarten, z. B. *Escherichia coli,* das im Darm von Säugetieren und Menschen lebt, haben für molekulargenetische Untersuchungen folgende Vorzüge:

1. Sie lassen sich mit wenig Aufwand auf kleinstem Raum in großen Mengen züchten, wenn man bestimmte Stoffe aus ihnen isolieren will. Eine *Escherichia coli*-Kultur kann in 1 ml mehrere Milliarden Zellen enthalten (also ungefähr so viele, wie es Menschen auf der Erde gibt).
2. Sie haben eine sehr kurze Generationsdauer. Unter günstigen Bedingungen teilen sie sich alle 20 bis 30 Minuten (vgl. Ökologie 3.2).
3. Sie haben einfach gebaute Zellen und liefern viele Mutanten.
4. Sie besitzen nur ein einziges Chromosom. Dieses ist ringförmig gebaut. (Bei Eukaryoten gibt es nur sehr wenige Arten mit nur einem Chromosomenpaar.)
5. Sie sind haploid. Ein mutiertes Gen wirkt sich sofort aus, weil es nicht durch ein zweites Allel in seiner Wirkung überdeckt werden kann.
6. Gene können bei vielen Bakterienarten von einem Individuum zum andern übertragen werden, so daß eine Rekombination von Genen möglich ist (vgl. 8.17).
7. Viele Bakterienstämme besitzen außer dem Chromosom noch kleine ringförmige DNA-Moleküle

Tabelle 352/1: Vergleich von Viren und Zellen

	Virus	Zelle
Nukleinsäuren	DNA oder RNA	DNA und RNA
Fähigkeit zur Mutation	vorhanden	vorhanden
Stoffwechsel	fehlt	vorhanden
Vermehrung	nur in Wirtszellen möglich	durch Spaltung, mitotische oder meiotische Teilung
begrenzende Membran	fehlt	vorhanden

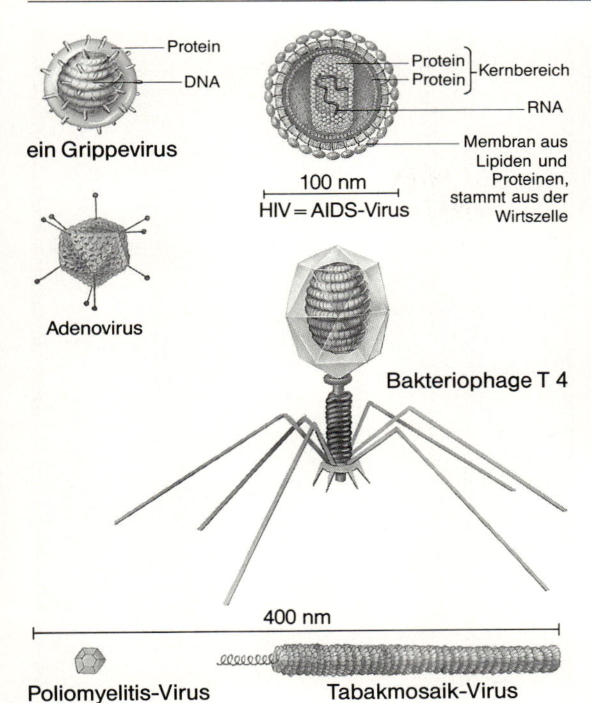

Abb. 353.1: Schematische Darstellung verschiedener Viren. Man beachte den Maßstab. Adenoviren verursachen Krankheiten der Atemwege, Poliomyelitis-Viren die Kinderlähmung.

Abb. 353.2: Tabakblätter, die vom Tabakmosaikvirus (einem RNA-Virus) befallen sind.

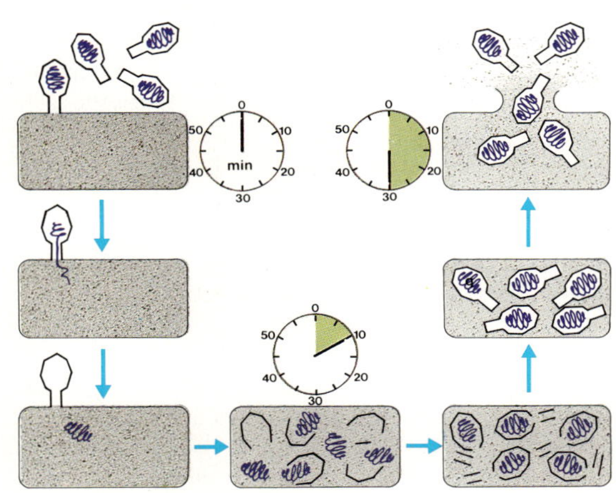

Abb. 353.3: Vermehrung eines Bakteriophagen. Erklärung im Text

im Cytoplasma. Man nennt sie *Plasmide* (vgl. 8.17 und zur heutigen Bedeutung 10.3.1).

Allerdings haben Bakterien den Nachteil, daß ihnen Strukturen der Eucyte fehlen; die bei ihnen erzielten Ergebnisse lassen sich deshalb nicht ohne weiteres auf Eukaryoten übertragen (vgl. Abb. 22.1).

Viren sind nicht zelluläre, aber organisierte Partikel. Sie bestehen aus einem oder mehreren Nukleinsäure-Molekülen, die von einer Proteinhülle umgeben sind. Der Vergleich von Viren und Zellen (Tab. 352/1) zeigt, daß Viren nicht alle Kennzeichen des Lebendigen tragen. Es fehlt ihnen ein eigener Stoffwechsel. Sie können sich daher nicht selbst vermehren, sondern veranlassen die Zellen, die sie befallen haben, Virusnukleinsäure und Virusprotein und damit neue Viren zu bilden. Die Wirtszellen gehen dabei meist zugrunde.

Viele Viren sind Krankheitserreger von Mensch, Tier oder Pflanze. Beim Menschen verursachen sie z. B. Kinderlähmung, Grippe, Masern, Pocken; auch sind sie wahrscheinlich Erreger bestimmter Arten von Krebs. Viruskrankheiten der Haustiere sind Maul- und Klauenseuche, Kuhpocken, Tollwut. Bei Pflanzen treten z. B. Tabakmosaikkrankheit (Abb. 353.2), Kartoffelviruskrankheiten u. a. auf.

Die Größe der Viren (Abb. 353.1) liegt zwischen derjenigen der größten Proteinmoleküle (20 nm) und der der kleinsten Bakterien (300 nm). In Viren findet man nur eine Art von Nukleinsäure, also entweder DNA oder RNA; man unterscheidet danach zwischen DNA-Viren und RNA-Viren.

Bei einigen Viren ist nachgewiesen, daß *ihr Zusammenbau von selbst erfolgt (Selbstaufbau):* Zwischenmolekulare Kräfte fügen die Moleküle des Virusproteins und der Virusnukleinsäure so zusammen, daß ein Zustand geringsten Energieinhalts entsteht.

Eine Gruppe von Viren, die *Bakteriophagen* (kurz *Phagen* genannt), befällt Bakterien. Bringt man Phagen (Abb. 354.1) mit dem Wirtsbakterium zusammen, so heften sich die Phagen an bestimmte Stellen der Zellwand an. Durch ein

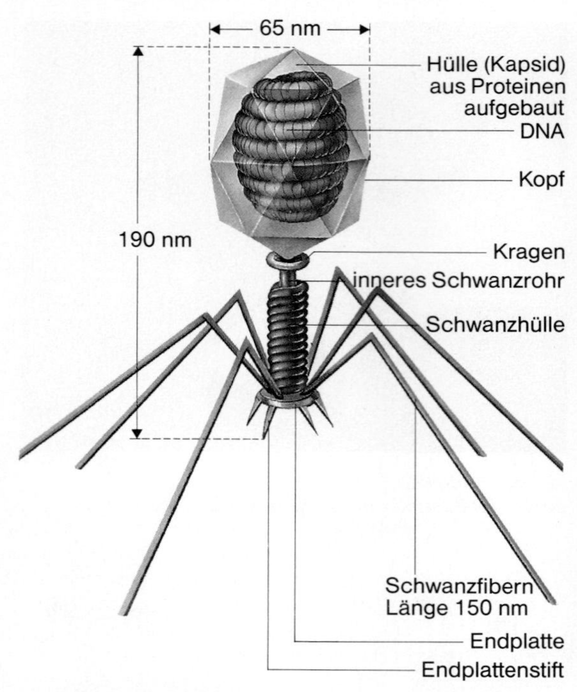

Abb. 354.1: Bakteriophage T 4.
Er besteht aus einem Kopf (enthält in einer Proteinhülle die DNA), einem schmalen Kragen und dem Schwanzstück.
Die Proteinscheide des Schwanzstückes ist kontraktil.
Durch die Kanüle kann die DNA in das Bakterium injiziert werden.
Die Grundplatte mit Stacheln und die Schwanzfibern dienen der Festheftung an der Zellwand des Bakteriums.

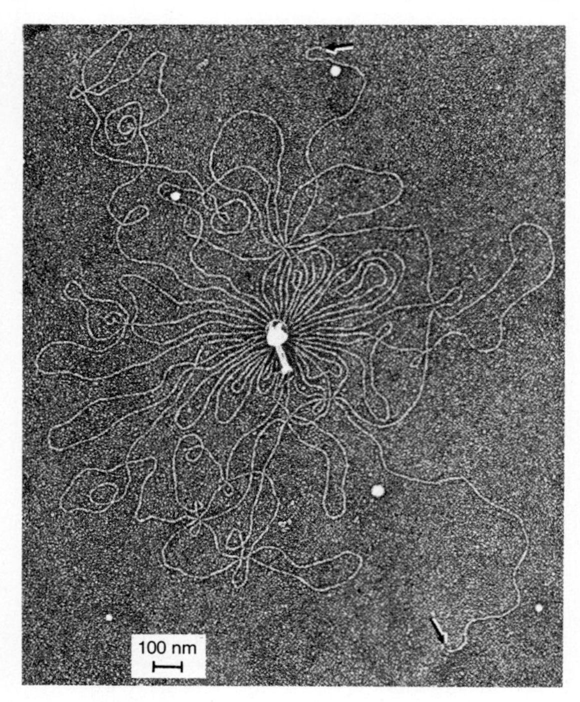

Abb. 354.2: Elektronenmikroskopische Aufnahme eines Nukleinsäurefadens, der aus einem Bakteriophagen ausgestoßen wurde.
Der Nukleinsäurefaden hat eine Länge von 56 μm.
Pfeile: Anfang und Ende des Fadens

Enzym *(Lysozym)* in der Endplatte des Schwanzstückes wird örtlich die Bakterienwand aufgelöst und durch das entstandene Loch die Nukleinsäure (Abb. 354.2) in die Bakterienzelle injiziert. Die Proteinhülle bleibt auf der Oberfläche des Bakteriums zurück. Dies konnte man durch Infektion von Bakterien mit Phagen beweisen, bei denen nur die Proteinhülle radioaktiv markiert war. Die Aktivität war nur außen an der Bakterienwand nachzuweisen. In der nur mit der Nukleinsäure infizierten Zelle bilden sich nun viele neue Phagen. Dazu wird der Stoffwechsel der Bakterienzelle so verändert, daß diese die einzelnen Phagenbestandteile bildet, die sich dann durch Selbstaufbau zu Phagen zusammenlagern. Etwa 20 bis 30 Minuten nach der Injektion wird die Wand der Bakterienzelle aufgelöst, und es werden 30 bis 200 neue Phagen freigesetzt (Abb. 353.3).

Viroide. Sie sind noch einfacher gebaut als Viren und bestehen nur aus einem einzigen, kleinen Nukleinsäure-Molekül; Viroide sind als Krankheitserreger einiger Nutzpflanzen nachgewiesen (z. B. bei der Kartoffel). Möglicherweise sind sie auch Erreger von Krankheiten bei Tier und Mensch, deren Ursache noch ungeklärt ist.

8.2 Desoxyribonukleinsäure (DNA) als Träger der genetischen Information

Als stoffliche Träger der Gene können nur Proteine oder Nukleinsäuren in Frage kommen, weil die Chromosomen aus diesen beiden Stoffen zusammengesetzt sind. Die ersten Untersuchungen zur Klärung der Frage, um welche der beiden Stoffe es sich handelt, wurden an *Pneumokokken* durchgeführt; sie sind die Erreger der Lungenentzündung. Normalerweise bilden sie eine Kapsel um die Zelle. Es gibt bei Pneumokokken einen Stamm, der die Fähigkeit zur Kapselbildung infolge einer Mutation verloren hat und deshalb durch weiße Blutzellen angegriffen wird. Dieser Stamm ist daher auch nicht krankheitserregend (pathogen). Wenn man Mäusen kapselbildende Pneumokokken injiziert, so erkranken sie und sterben. Tötet man die Pneumokokken vorher ab, werden die Mäuse nicht krank. Wenn man aber lebende kapsellose Pneumokokken (nicht krankheitserregende!) zusammen mit abgetöteten kapselbildenden Pneumokokken injiziert, so sterben die Mäuse, und im Blut lassen sich lebende Kapsel-Formen nachweisen. Es sind demnach erbliche Eigenschaften der abgetöteten Pneumokokken (krankheitserregend und kapselbildend) auf die harmlosen Formen übertragen worden. Diese Versuche wurden erstmals von dem englischen Bakteriologen GRIFFITH 1928 durchgeführt, der aber das Ergebnis nicht richtig deuten konnte. Erst dem Amerikaner AVERY und seinen Mitarbeitern gelang es dann 1944, nachzuweisen, daß diese erblichen Eigenschaften von der Desoxyribonukleinsäure (**d**esoxyribo**n**ucleic **a**cid oder DNA, Abb. 355.1) übermittelt werden. Er übertrug isolierte DNA, die er aus kapselbildenden Stämmen gewonnen hatte, in Kulturen von kapsellosen, harmlosen Stämmen. Einige Bakterien der harmlosen Stämme bildeten dann Kapseln aus; sie wurden in bekapselte, pathogene Formen umgewandelt (transformiert). Die Desoxyribonukleinsäure enthält also die genetische Information für die Kapselbildung und für das Merkmal »krankheitserregend«. Man bezeichnet die Übertragung genetischer Information in eine Zelle durch DNA als *Transformation*. Behandelt man die DNA von Spender-Bakterien vor der Übertragung mit dem DNA-spaltenden Enzym Desoxyribonuklease, so wird ihre Fähigkeit zur Transformation zerstört. Vererbung muß also auf stofflichen Vorgängen beruhen. Stoffliche Vorgänge sind aber Umsetzungen von Molekülen. Man bezeichnet deshalb die sich damit befassende Forschungsrichtung der Genetik als Molekulargenetik. Die Nukleinsäuren wurden 1868 von MIESCHER entdeckt.

Weitere Hinweise, daß die DNA Träger der genetischen Information ist, erhielt man aus folgenden Untersuchungen:

1. Manche Phagen zerstören bei einer Infektion die Bakterienzellen nicht, weil sie in den Zellen nicht vermehrt werden. Unter bestimmten Bedingungen können sich aber wieder Phagen in den Bakterien bilden, diese müssen deshalb die Phagen in einer inaktiven, maskierten Form enthalten. Tatsächlich ist die Phagen-DNA in diesem Fall ins Bakterienchromosom eingebaut; man spricht dann von *Prophagen*. Sie bleiben in dieser Form in der Bakterienzelle inaktiv, werden aber z.B. durch einen Temperaturschock wieder aktiv und führen über den Vermehrungszyklus der Phagen zur Auflösung *(Lyse)* der Zelle. Bakterien, die Prophagen enthalten, heißen *lysogene Bakterien* (d.h. sie sind unter gewissen Bedingungen wieder lysierbar). Phagen, die zu einem bestimmten Prozentsatz der Infektionen ins Prophagen-Stadium übergehen, heißen *temperente* (gemäßigte) *Phagen*.
   Gehen *temperente Phagen* vom Prophagenstadium in den aktiven Zustand über, löst sich die Phagen-DNA aus der Bakterien-DNA. Dabei kann die Phagen-DNA Stücke aus der Bakterien-DNA mitnehmen. Wenn solche Phagen dann einen anderen Bakterienstamm befallen, so bilden sich bei diesem wieder in gewisser Zahl Prophagen aus. Dabei wird ihre DNA einschließlich der DNA vom ursprünglichen Wirtsbakterium der genetischen Substanz des neuen Bakteriums hinzugefügt. Die neuen Wirte bilden nun bestimmte Merkmale der alten Wirte aus, nämlich solche, deren Gene mit der Phagen-DNA »eingeschleppt« wurden. Diese Übertragung genetischer Substanzen mit Hilfe temperenter Phagen heißt *Transduktion*. Dieses Verfahren, fremde Gene in ein Bakterium einzubringen, wird heute gelegentlich in der Gentechnik (vgl. 10.3) angewendet.
2. Man kann Bakterien mit der isolierten Phagen-DNA infizieren. Die Bildung von Viren-Nachkommen verläuft dann in gleicher Weise wie beim Befall durch normale Viren. Die genetischen Informationen zur Erzeugung von kompletten Tochter-Phagen müssen also allein in der Phagen-DNA enthalten sein.
3. Nicht alle UV-Strahlen erzeugen Mutationen in gleichem Ausmaß. Bestimmt man die Mutationsrate bei verschiedenen Wellenlängen, so zeigt sich: je stärker die Absorption der UV-Strahlen durch die DNA, desto höher auch die Mutationsrate.

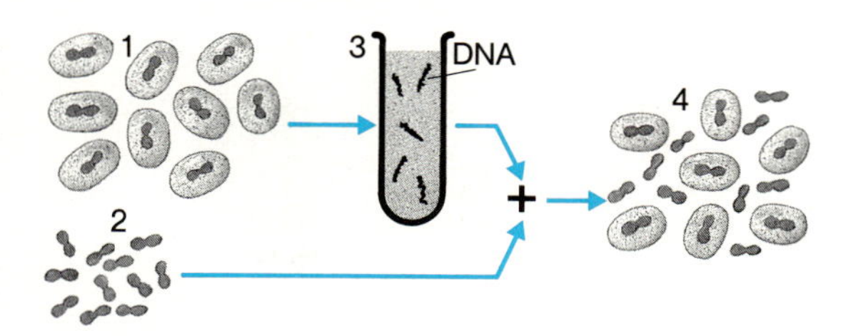

Abb. 355.1: Transformationsexperiment bei Pneumokokken.
1 kapselbildende, krankheitserregende Form,
2 kapsellose, harmlose Form,
3 DNA-Extrakt von Stamm 1,
4 Bakterien von Stamm 2 erhalten Eigenschaften von Stamm 1 durch Aufnahme von DNA.

8.3 Vorkommen und Struktur der Nukleinsäuren

Die Zellen der Organismen enthalten zwei Arten von Nukleinsäuren. Die *Ribonukleinsäure (RNA)* findet sich sowohl im Zellkern wie auch außerhalb des Kerns im Cytoplasma, in den Mitochondrien, den Ribosomen und den Chloroplasten. Die *Desoxyribonukleinsäure (DNA)* ist Bestandteil der Chromosomen, ist aber auch in Chloroplasten und Mitochondrien enthalten (vgl. 5.; zur Struktur von RNA und DNA s. Cytologie 7.6).

Alle Nukleinsäuren sind Ketten von Nukleotiden (Polynukleotide). Jedes Nukleotid ist aus drei Teilen aufgebaut (s. Abb. 356.1): aus einem stickstoffhaltigen (heterozyklischen) Ring (der Base), einem Zucker und der Phosphorsäure. Der Zuckerbaustein ist bei der RNA die Ribose, bei der DNA die Desoxyribose; darauf beruht die Namengebung. In der DNA tre-

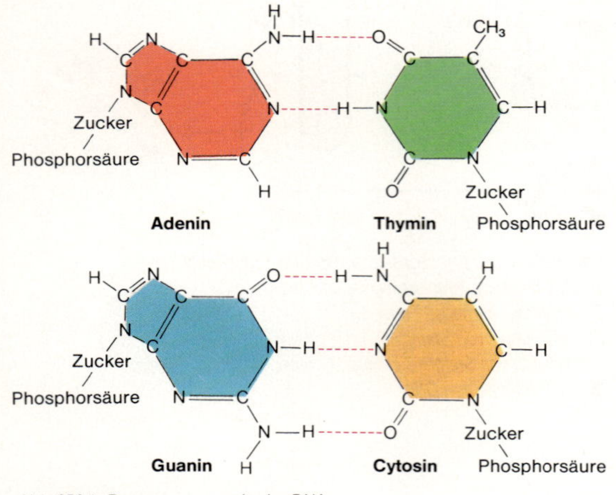

Abb. 356.1: Basenpaarungen in der DNA. Die gestrichelten Linien stellen Wasserstoffbrücken dar.

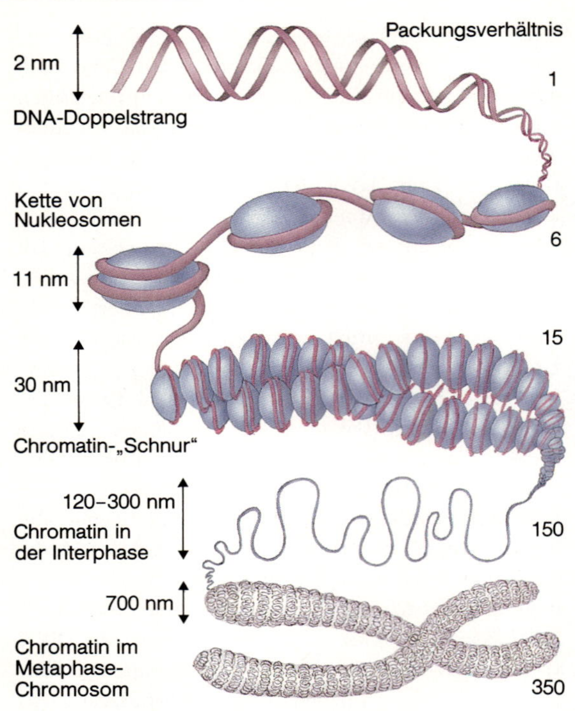

Abb. 356.2: Modell der Feinstruktur einer Chromatide. Die perlschnurartig aufgebaute Chromatide besteht aus einem DNA-Faden, der regelmäßig mit linsenförmigen Nukleosomen verknüpft ist. Ein Nukleosom wird aus 8 Molekülen von Histon-Proteinen gebildet.

ten als Basen Adenin, Cytosin, Guanin und Thymin auf; in der RNA kommt statt Thymin die Base Uracil vor. Die Phosphorsäure verknüpft stets das dritte C-Atom eines Zuckers mit dem fünften C-Atom des nächsten Zuckers (Abb. 48.1).

Da die Zucker- und Phosphorsäurebausteine der Nukleinsäuren durch die ganze Kette hindurch völlig gleich sind, muß die genetische Information an die Basen gebunden sein. Wir dürfen vermuten, daß die Abfolge der Basen (bzw. der Nukleotide) für die Speicherung der Information von Bedeutung ist.

In der DNA ist die molare Menge an Adenin gleich der molaren Menge an Thymin und die molare Menge an Cytosin gleich der molaren Menge an Guanin. Mit dieser Regel von CHARGAFF kann man die prozentuale Basenzusammensetzung einer DNA angeben, wenn der Prozentgehalt nur einer Base bekannt ist. Beträgt z.B. der Prozentsatz an Adenin 17%, dann muß Thymin ebenfalls zu 17% und Cytosin und Guanin müssen zu je 33% vorliegen (s. Abb. 357.1).

Aufgrund dieser chemischen Befunde und von physikalischen Daten über die Raumerfüllung des Moleküls entwickelten WATSON und CRICK 1953 ein *Modell der DNA-Struktur.* Danach besteht die DNA aus zwei langen Polynukleotidsträngen, die über die Basen der Nukleotide strickleiterartig zu einem *Doppelstrang* verknüpft sind. Das ganze Gebilde ist außerdem schraubig gedreht, wobei 10 Nukleotidpaare auf eine Windung kommen. Man spricht von einer Doppelschrauben- oder *Doppelhelix-Struktur.* Die vier Basen der DNA ordnen sich einander gegenüber immer so an, daß sie räumlich zusammenpassen und zwischen ihnen Wasserstoffbrückenbindungen optimaler Länge und in höchstmöglicher Zahl ausgebildet werden. Guanin paart deshalb mit Cytosin unter Ausbildung von drei Wasserstoffbrücken, Adenin mit Thymin unter Bildung von zwei Wasserstoffbrücken *(Regel der spezifischen Basenpaarung).* Die beiden zusammengehörigen Stränge der Doppelhelix sind daher nicht identisch, sondern *komplementär* gebaut, so daß durch jede Base des einen Stranges der zu ihr gehörende Partner des anderen Stranges festgelegt ist. Der zweite Strang ist also gewissermaßen das »Negativ«. Die Reihenfolge der gepaarten Basen im DNA-Molekül ist unregelmäßig (aperiodisch) (Abb. 357.1). Die beiden Stränge der Doppelhelix laufen einander entgegen; sie sind »antiparallel«. Zu erkennen ist dies am einfachsten an den Phosphatbrücken zwischen den Zuckern, sie verlaufen (vom 3. zum 5. C-Atom) in den beiden Strängen in unterschiedlicher Richtung (Abb. 357.1).

Jede Chromatide enthält eine DNA-Doppelhelix. Diese ist in regelmäßigen Abständen um Proteinpartikel (die Nukleosomen) herumgewunden (Abb. 356.2) und besitzt daher eine »Überschrauben-Struktur« ähnlich einer Glühlampen-Wendel.

Abb. 357.1: a Grundbausteine der Nukleinsäuren.
b Bei der DNA sind zwei komplementäre Polynukleotid-Stränge durch Wasserstoffbrücken zu einem Doppelstrang verbunden und c schraubig gedreht: Doppelhelix-Struktur der DNA.
d Kalottenmodell eines Ausschnittes der DNA-Doppelhelix (H weiß, C schwarz, O rot, N blau, P orange).
Die Stickstoff-Atome zeigen die Lage der Basen an.
Die beiden Polynukleotidstränge sind so angeordnet, daß sie abwechselnd eine größere (Mitte) und eine kleinere (oben) Furche freilassen.

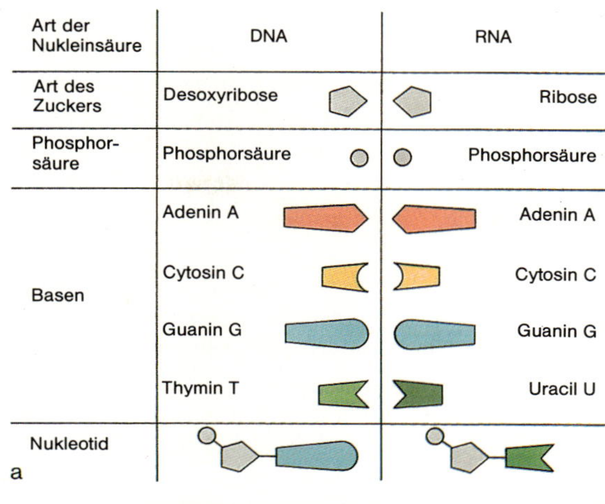

Art der Nukleinsäure	DNA	RNA
Art des Zuckers	Desoxyribose	Ribose
Phosphorsäure	Phosphorsäure	Phosphorsäure
Basen	Adenin A	Adenin A
	Cytosin C	Cytosin C
	Guanin G	Guanin G
	Thymin T	Uracil U
Nukleotid		

a

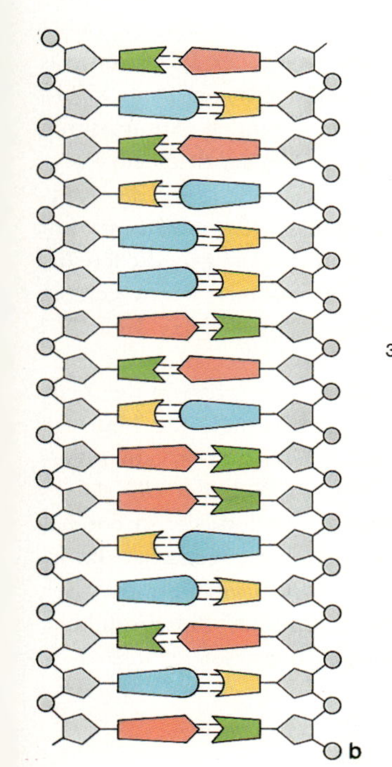

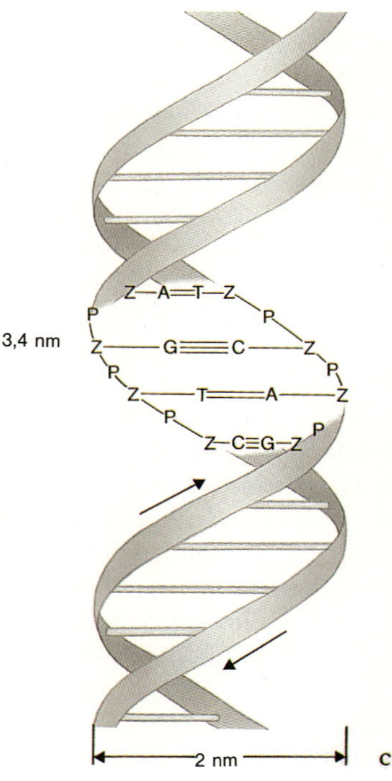

Die **RNA** ist einsträngig, kann aber innerhalb des Stranges Schlingen ausbilden und dadurch gepaarte Abschnitte aufweisen. Das Uracil, das hier an Stelle von Thymin tritt, bildet mit Adenin die gleiche Zahl von Wasserstoffbrücken wie das Thymin.

Das WATSON-CRICK-Modell ist ein Beispiel für den Wert eines Modells in der wissenschaftlichen Forschung. Es gibt Antworten auf offene Fragen und erlaubt prüfbare Voraussagen. Das WATSON-CRICK-Modell macht verständlich, warum in der Tochterzelle die gleiche Menge DNA wie in der Mutterzelle enthalten ist. Es erlaubte Voraussagen über Einzelheiten der räumlichen Struktur und darüber, wie vermutlich die Bildung neuer DNA durch identische Verdoppelung stattfindet. Schließlich läßt das Modell verstehen, warum die DNA Träger von genetischer Information sein kann: Jede Veränderung der Nukleotidsequenz liefert eine andere Information.

8.4 DNA als Speicher der genetischen Information

Die genetische Substanz muß die Fähigkeit haben, Information zu speichern. Tatsächlich kann in der unregelmäßigen Aufeinanderfolge der vier Nukleotide in den Polynukleotidsträngen Information gespeichert werden. Ähnlich einem Morsetext auf einem

Papierstreifen, der durch freie Kombination von drei Zeichen (Punkt, Strich, Pausezeichen) alle möglichen Nachrichten verschlüsselt enthält, vermag die DNA mit vier frei kombinierbaren Zeichen, den vier Basen auf der Polynukleotidkette, genetische Information zu speichern. Die Informationsmenge läßt sich durch die Anzahl der Variationsmöglichkeiten bei 4 Basen angeben. Trägt jeweils nur ein Mononukleotid Information, so bestehen durch Auswahl von einem der vier verschiedenen Nukleotide 4^1 Variationsmöglichkeiten, bei einem Dinukleotid 4^2, einem Trinukleotid 4^3 und bei einer Nukleinsäure mit 300 Nukleotiden 4^{300} Variationsmöglichkeiten. Da aber die DNA bei allen Lebewesen aus mindestens einer Million Nukleotidpaaren besteht, könnte sogar jedes Individuum seine eigene DNA-Nukleotid-Abfolge haben.

Die DNA von *Escherichia coli* ist etwa 1 mm lang, also 100mal so lang wie der Durchmesser dieser Bakterienzelle. Die DNA-Moleküle aus den Chromosomen einer menschlichen Zelle ergeben aneinandergereiht eine Länge von etwa zwei Metern. Ihr Informationsgehalt entspricht etwa dem von 500 verschiedenen Büchern mit je 1500 Seiten. Hätte *Escherichia coli* die Größe einer Eichel von 1 cm Durchmesser, so wäre der darin liegende DNA-Faden 14 m lang und 1/50 mm dick.

Die Bestimmung der Reihenfolge der Nukleotide der DNA (»DNA-Sequenzierung«) ist heute ohne Probleme auch für sehr lange DNA-Stücke möglich. Sie erfordert allerdings einen erheblichen Aufwand und erfolgt mit Hilfe von Enzymen und chemischen Umsetzungen.

8.5 Der Weg vom Gen zum Merkmal

Die genetisch festgelegten Merkmale der Organismen können nur durch Stoffwechselvorgänge ausgeprägt werden. So ist z.B. für die Ausbildung einer roten Blütenfarbe ein Farbstoff erforderlich, der in den Zellen der Blütenblätter gebildet wird. Diese Synthese ist nur mit Hilfe entsprechender Enzyme möglich; die Enzyme aber sind Proteine. Deren Struktur muß also in der Nukleotidabfolge der DNA festgelegt sein. Proteine sind Makromoleküle aus einer oder mehreren Polypeptidketten; diese sind aus Aminosäuren aufgebaut. Daher liegt die Annahme nahe, daß die Reihenfolge der Aminosäuren (Aminosäuresequenz) durch die Nukleotidsequenz der DNA festgelegt wird. Dies konnte zuerst durch Untersuchungen von Viren und Bakterien nachgewiesen werden: wird ein Nukleotid der DNA durch ein anderes ersetzt, so findet man in der Aminosäureabfolge eines Polypeptids auch häufig *eine* andere Aminosäure. Der Ort der veränderten Aminosäure im Polypeptid hängt vom Ort des veränderten Nukleotids in der DNA ab. Die genetische Information der DNA reguliert also die Bildung der Proteine. Nun befindet sich bei den Eukaryoten die DNA im Zellkern, die Synthese der Proteine aber erfolgt an den Ribosomen im Cytoplasma (vgl. Cytologie 7.4). Daher bedarf es einer Informationsübertragung vom Kern ins Cytoplasma. Diese wird von einem RNA-Molekül, der *messenger-RNA* (*mRNA* = Boten-RNA) übernommen, die an der DNA gebildet wird. Auch bei den Prokaryoten erfolgt die Informationsübertragung durch mRNA. Der Vorgang der Bildung von mRNA an der DNA heißt *Transkription* (vom engl. transcription = Umschreibung von einer Schrift in eine andere). Dabei wird die genetische Information der DNA auf das neu gebildete RNA-Molekül übertragen (Abb. 359.1).

Weitere Ribonukleinsäuren binden Aminosäuren und tragen sie zum Ribosom, wo sie zu einem Polypeptid verknüpft werden. Die Reihenfolge der Aminosäuren, die das Polypeptid bilden, wird bestimmt von der in der mRNA enthaltenen genetischen Information. Die je eine Aminosäure übertragenden RNA-Moleküle nennt man *transfer-RNA* oder *tRNA* (= Transport-RNA) (Abb. 364.2).

Außer mRNA und tRNA findet man in der Zelle RNA als Bestandteil der Ribosomen; sie bildet in diesen ein Gerüst, das mit zahlreichen Proteinen verknüpft ist. Sie heißt *ribosomale RNA* oder *rRNA*.

Die Übersetzung (engl. translation) der in der Basenabfolge der mRNA liegenden genetischen Information in eine Abfolge von Aminosäuren, die nach ihrer Verknüpfung ein bestimmtes Protein bilden, heißt *Translation* (Protein-Biosynthese).

8.6 Replikation der DNA

Neben der Fähigkeit der Informationsspeicherung muß die Erbsubstanz auch die Fähigkeit zur identischen Reproduktion dieser Information haben, damit Vererbung überhaupt möglich ist. Während der Zellteilung (vgl. Cytologie 5.) erhält jede der beiden Tochterzellen eine der beiden identischen Chromatiden. Um wieder ein Chromosom zu bilden, das zwei Chromatiden aufweist, muß sich das in der Chromatide enthaltene DNA-Molekül verdoppeln, so daß zwei identische Schwesterchromatiden entstehen, die je ein DNA-Molekül enthalten. Diesen Vorgang der DNA-Verdoppelung bezeichnet man als *Replikation* (= Nachbildung). Sie findet bei Eukaryoten in der S-Phase des Zellzyklus statt (vgl. Cytologie 5.).

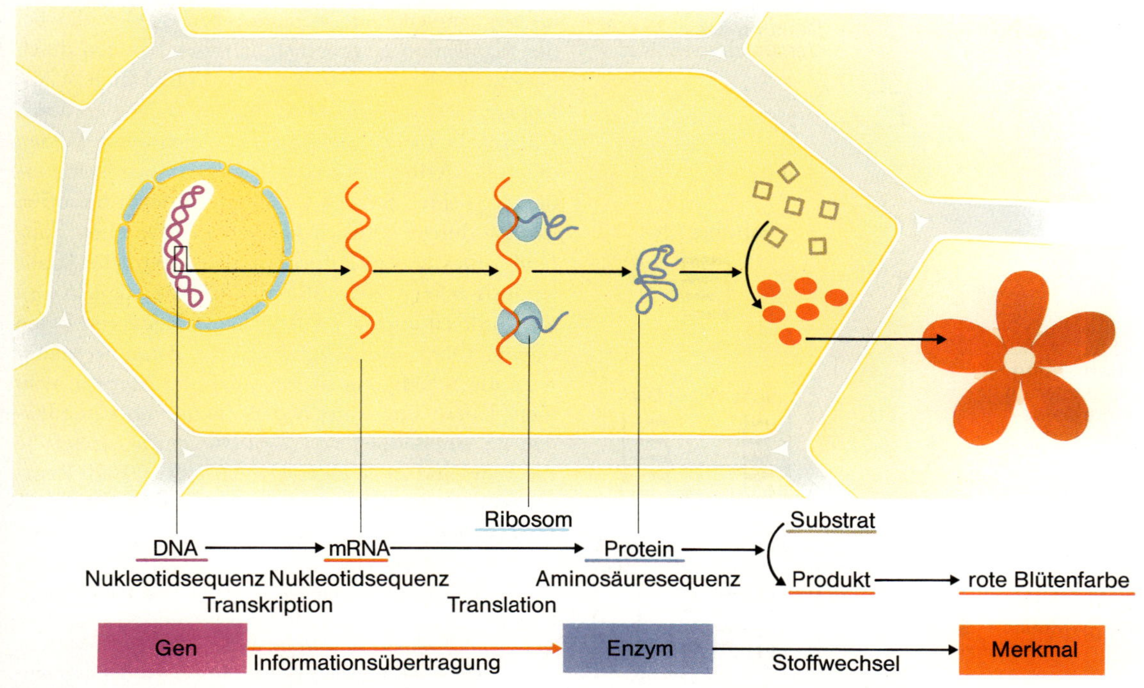

Abb. 359.1: Schema der Informationsübertragung vom Gen (Erbinformation gespeichert) zum Merkmal (Erbinformation verwirklicht). Das Schema berücksichtigt nicht, daß das Merkmal Blütenfarbe durch mehrere Gene bedingt ist. Ihre Genprodukte (Enzyme) katalysieren eine Kette von Reaktionen, die mit der Bildung des Blütenfarbstoffs enden.

Zu Beginn der Replikation (s. Abb. 359.2) werden die beiden komplementären Stränge der DNA mit Hilfe von Enzymen voneinander getrennt. An die nunmehr ungepaarten Basen lagern sich komplementäre Nukleotide an. Hat an einer Stelle der alte Strang die Base A, dann lagert sich ein Nukleotid mit der Base T an. Die angelagerten Nukleotide werden von dem Enzym *DNA-Polymerase (Replikase)* zu einem neuen, aber komplementären Strang (Tochterstrang) verbunden. Jeder der beiden voneinander getrennten Stränge wirkt also als Matrize, an der ein neuer komplementärer Strang gebildet wird. So entstehen aus einem Doppelstrang zwei neue, mit ihm völlig identische Doppelstränge. Jeder neue Doppelstrang besteht aus einem alten Strang und einem neugebildeten. Man nennt diese Form der Replikation *semikonservativ* (semi = halb).

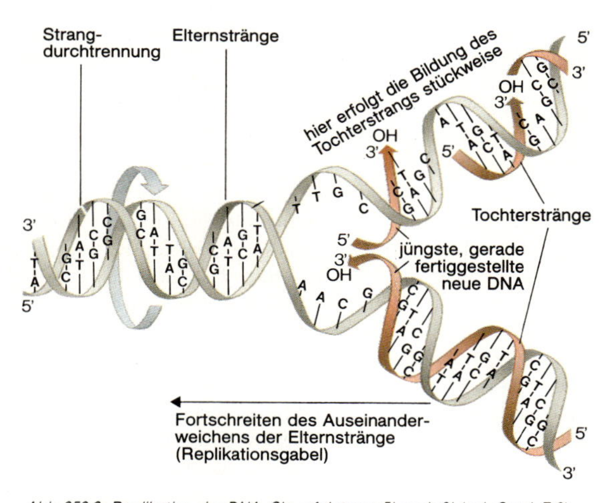

Abb. 359.2: Replikation der DNA. Sie erfolgt von 5' nach 3' (vgl. Cytol. 7.6). An dem einen Elternstrang entstehen daher kurze Stücke, die dann durch das Enzym DNA-Ligase zum Tochterstrang verknüpft werden. Rotation kann nur durch Strangdurchtrennen und späteres Wiederverbinden bewerkstelligt werden. Die auseinandergewichenen Elternstränge werden durch Proteine in ihrer Lage gehalten.

Den experimentellen Beweis für die beschriebene Form der DNA-Verdoppelung lieferten MESELSON und STAHL (Abb. 360.1). Die Forscher erreichten durch geeignete Züchtung von *Escherichia coli,* daß alle Zellen sich stets gleichzeitig teilten, so daß alle gleich alt waren und der gleichen Zellgeneration angehörten. Als Stickstoffquelle wurde ins Nährmedium $^{15}NH_4Cl$ gegeben, so daß den Bakterien nur das schwere Isotop ^{15}N zur Verfügung stand. Die Bakterien bauten in ihre Zellbestandteile, auch in die DNA, den schweren Stickstoff ein. Dann überführten die Forscher die Bakterien wieder in normales Medium (mit ^{14}N). Alle nunmehr neu gebildete DNA konnte nur gewöhnlichen Stickstoff enthalten. Nach der ersten Verdoppelung der Bakte-

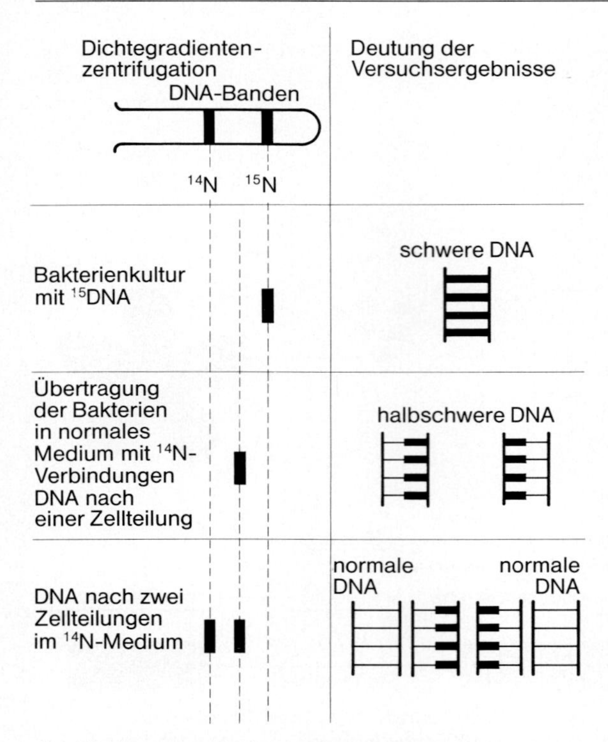

Abb. 360.1: Versuch von Meselson und Stahl. Erklärung im Text

rienpopulation, der eine einzige DNA-Replikation vorausgeht, entnahm man eine Probe und untersuchte die DNA durch Dichtegradienten-Zentrifugation. Dabei fand man »halbschwere« DNA, d.h. die Doppelhelix enthielt einen Strang mit ^{15}N in den Basen und einen Strang mit ^{14}N. Nach der nächsten Verdoppelung der Bakterien fand man halbschwere und normale Doppelstränge im Verhältnis 1 : 1.

Bei der Replikation entstehen dadurch Schwierigkeiten, daß die neu gebildeten Polynukleotidstränge nur an demjenigen Ende durch Bindung weiterer Nukleotide wachsen können, an dem das dritte C-Atom des Zuckers frei vorliegt (3'-Ende, vgl. Cytologie 7.6). Wenn daher die komplementären Stränge getrennt sind, kann an dem einen Elternstrang eine fortlaufende Synthese des neuen Strangs stattfinden, am anderen aber erfolgt sie stückweise (Abb. 359.2). Anschließend müssen die einzelnen Stücke dieses Tochterstrangs unter Mitwirkung der DNA-Ligase verknüpft werden. Die Replikation erfolgt also semikontinuierlich.

Die Auftrennung der beiden Elternstränge erfordert ferner eine Spaltung einer Phosphatbrücke in einem der Stränge. Erst dann kann eine Entschraubung erfolgen. Nach erfolgter Replikation muß diese Bruchstelle wieder verknüpft werden.

8.7 Reparatur und Spaltung der DNA

Die Struktur der DNA als Doppelstrang-Molekül erweist sich als sehr stabil. Deshalb wird die DNA über unzählige Zellteilungen, ja, über viele Generationen hinweg, unverändert weitergegeben. Fehler, die bei der Replikation gelegentlich auftreten, werden durch besondere Enzyme sofort beseitigt. Durch UV-, Röntgen- und radioaktive Strahlung sowie durch Chemikalien treten Schäden auf. Auch diese werden durch DNA-Reparatur rasch behoben, solange nur einer der beiden Stränge im DNA-Molekül betroffen ist. Die durchschnittlich von einem Menschen während seines Lebens aufgenommene natürliche Strahlendosis beträgt etwa 20 rem (vgl. Ökologie 6.4.8); sie würde zu ungefähr 10^5 Veränderungen von Basen führen. Ohne die Möglichkeit zu deren Reparatur wäre die Schädigung so stark, daß der Mensch nicht mehr lebensfähig wäre. Die Wirkung von Chemikalien sei am Beispiel von Zigarettenrauch gezeigt: Je Zigarette sind im Lungengewebe etwa 30 000 Reparaturvorgänge an DNA-Molekülen erforderlich, falls Lungenzüge gemacht werden.

Bei der Wiederherstellung der DNA sind Reparaturenzyme beteiligt. Das beschädigte Strangstück wird durch ein Enzym (eine *Nuklease*) herausgeschnitten und dann abgebaut. Das fehlende Stück bildet sich neu, wobei der komplementäre, unbeschädigte Strang als Matrize dient. Bleibende Veränderungen der DNA sind dann zu erwarten, wenn beide Stränge der DNA geschädigt worden sind. Im Mittel wird eines von 10^9 Nukleotidpaaren je Jahr bleibend verändert. Dies sind die Mutationen. Da die DNA des Menschen ungefähr $3 \cdot 10^9$ Nukleotidpaare umfaßt, ist je Zelle mit durchschnittlich 3 Mutationen im Jahr zu rechnen. Für die Nachkommen von Bedeutung sind allerdings nur die Mutationen in Zellen der Keimbahn. Die Mutationen in den Körperzellen werden nicht an Nachkommen weitergegeben; sie sind *somatische* Mutationen.

Zu den DNA-spaltenden Nukleasen gehören auch die in Bakterien vorkommenden *Restriktionsenzyme*. Sie haben die Fähigkeit, DNA-Stränge aufzuschneiden, und zwar an einer für jedes Restriktionsenzym spezifischen Abfolge von meist 4–6 Nukleotiden. Bei den meisten Restriktionsenzymen ist die Spaltstelle auch die *»Erkennungssequenz«*. Da die Erkennungssequenz in einem DNA-Doppelstrang an unterschiedlichen Stellen immer wieder auftritt, zerlegt das Restriktionsenzym ein großes DNA-Molekül in eine Vielzahl kleiner, unterschiedlich langer Bruchstücke. Auf diese Weise bauen Restriktionsenzyme in einer Bakterienzelle eingedrungene Phagen-DNA ab und machen sie unschädlich. Die bakterieneigene DNA wird nicht abgebaut, weil die Nukleotide im Bereich ihrer Erkennungssequenzen zusätzlich schützende Methyl-Gruppen tragen. Treten diese Schutz-Gruppen auch bei der Phagen-DNA auf, kann sie ebenfalls nicht aufgespalten und unwirksam gemacht werden. Dadurch sind bestimmte Phagen an bestimmte Wirtsbakterien angepaßt. Von dieser Ausnahme abgesehen spalten Restriktionsenzyme jede DNA, gleich welcher Herkunft.

Unter den Restriktionsenzymen gibt es solche, die den DNA-Doppelstrang versetzt spalten, so daß die Spaltstücke einsträngige Enden aufweisen (1). Diese Einstrang-Enden reagieren sehr leicht mit anderen, die mit demselben Restriktionsenzym erzeugt wurden, man nennt sie *»klebrige Enden« (sticky ends)*. Das Restriktionsenzym (2) mit der Erkennungssequenz AGCT spaltet hingegen an genau gegenüberliegenden Stellen.

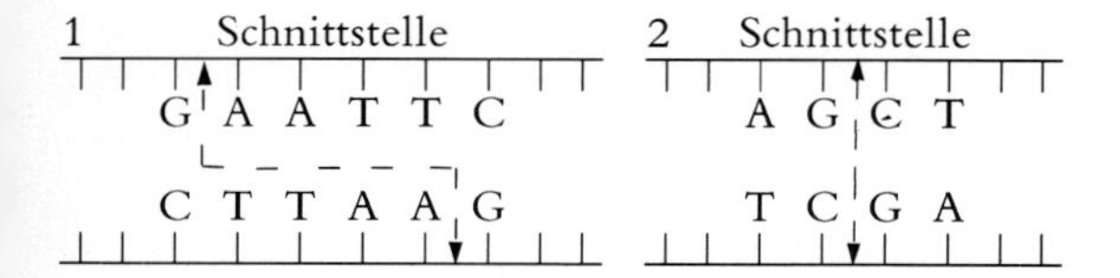

Die Anwendung von Restriktionsenzymen, die »klebrige« Einstrang-Enden liefern, ist eine Voraussetzung für die Verfahren der Gentechnik (vgl. 10.3).

8.8 Ribonukleinsäuren als Mittler zur Verwirklichung der genetischen Information

Die **Transkription** ist der Replikation der DNA ähnlich. Einer der beiden Stränge tritt mit komplementären Ribonukleotiden in Wechselwirkung, die dann durch ein Enzym *(RNA-Polymerase)* miteinander verknüpft werden. Das neu gebildete Polynukleotid ist eine Ribonukleinsäure (RNA). Die Ribonukleinsäure löst sich von der DNA und wandert (bei den Eukaryoten) als einsträngiges Molekül aus dem Kern ins Cytoplasma. Durch die Transkription ist die in der Nukleotidsequenz der DNA liegende Information in der Nukleotidsequenz der RNA enthalten und dadurch transportabel geworden. Die RNA trägt die Information als Bote oder *messenger* weiter und heißt deshalb *mRNA* (Boten-RNA).

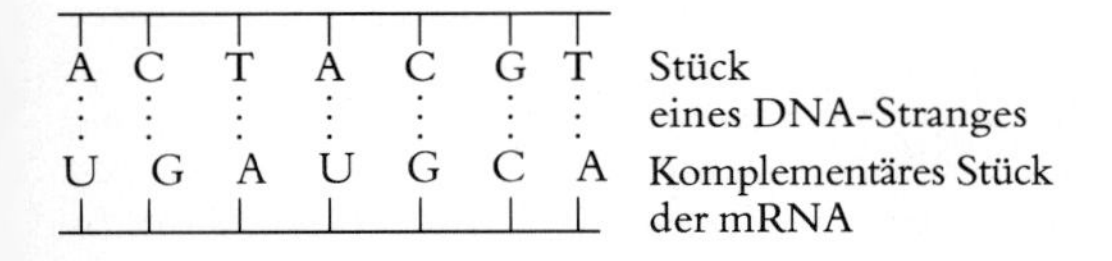

Die DNA hat demnach zwei Funktionen:

1. Sie dient als Matrize für die Bildung einer neuen identischen DNA und sichert damit die unveränderte Vermehrung und Weitergabe der genetischen Information von Zelle zu Zelle und über die Keimzelle vom Elternorganismus zum Tochterorganismus.
2. Sie dient als Matrize für die Synthese der mRNA, welche die genetische Information aus dem Kern ins Cytoplasma trägt und ihre Verwirklichung in den Merkmalen steuert.

Es gibt auch die Umkehrung des normalen Transkriptionsvorgangs: Manche RNA-Viren *(Retroviren)* lösen in der Wirtszelle die Bildung eines Enzyms aus, das an der Virus-RNA eine komplementäre DNA bildet. Man nennt das Enzym daher *reverse* (= umkehrende) *Transkriptase*. An dieser DNA wird dann neue Virus-RNA gebildet; so vermehren sich RNA-Viren in der Wirtszelle. Man kann reine reverse Transkriptase gewinnen und mit ihr experimentell eine DNA aufbauen, indem man die ihr entsprechende mRNA zufügt. So wurden bereits DNA-Abschnitte hergestellt, die ganzen Genen entsprechen. Reverse Transkriptasen spielen eine Rolle in der Gentechnik (vgl. 10.3).

8.9 Genetischer Code

In den Proteinen der Lebewesen treten in der Regel 20 verschiedene Aminosäuren auf. Deren Reihenfolge muß in der Nukleotidsequenz der mRNA und damit letztlich in der Nukleotidsequenz der DNA *verschlüsselt (codiert)* vorliegen. In den Nukleinsäuren kommen 4 Basen vor. Würde eine Aminosäure durch eine einzige Base bestimmt, so ließen sich den 4 Basen nur 4 Aminosäuren zuordnen. Würde man jeweils 2 Basen, z.B. AG oder GT, zur Festlegung einer Aminosäure kombinieren, dann ergäben sich $4^2 = 16$ Kombinationsmöglichkeiten. Auch diese Zahl reicht zur Codierung von 20 Aminosäuren nicht aus. Erst bei der Kombination von 3 Basen, etwa dem Triplett AGT oder ATA, ergeben sich genügend viele, nämlich $4^3 = 64$ Möglichkeiten zur Bestimmung jeder der 20 Aminosäuren. Die naheliegende Vermutung, daß einem bestimmten Basen-Triplett (Trinukleotid) eine Aminosäure zugeordnet ist (Abb. 362.1), ließ sich experimentell bestätigen. *Ein Triplett codiert eine Aminosäure.* Man nennt die Basen-Tripletts der DNA, die Aminosäuren codieren, *Codogene*. Dem Codogen entspricht nach der Transkription ein **Codon** auf der mRNA. In Code-Tabellen (Abb. 362.3) werden die Codons der mRNA angegeben. Ihre Gesamtheit ist der **genetische Code,** und die Einheit der genetischen Information ist das Codon.

Zahlreiche Untersuchungen an Viren, Prokaryoten- und Eukaryoten-Zellen lieferten übereinstimmend den Beweis, daß alle Organismen denselben Code haben, also die gleichen Codons für die gleichen Aminosäuren benutzen. *Der genetische Code ist universell.*

An der grundlegenden Universalität ändern einige geringfügige Abweichungen nichts: Bei etlichen Einzellern ist das Codewort für die Aminosäure Tryptophan abweichend, die

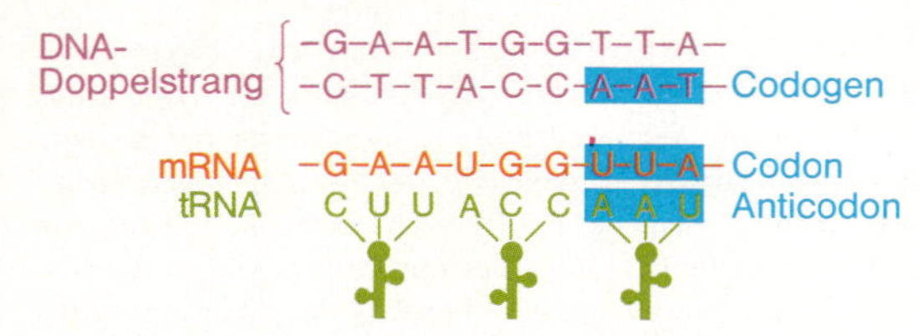

Abb. 362.1: Transkription und Translation übertragen die Triplett-Folge des Gens (DNA-Abschnitt) in die Aminosäureabfolge (Sequenz) einer Polypeptidkette. Diese bildet ein Protein (z. B. ein Enzym-Protein).

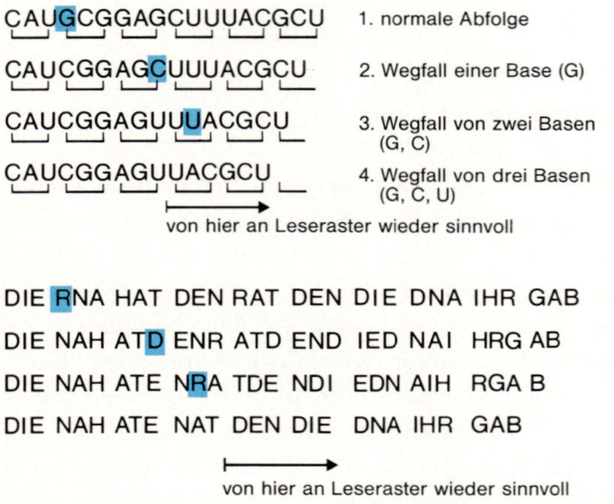

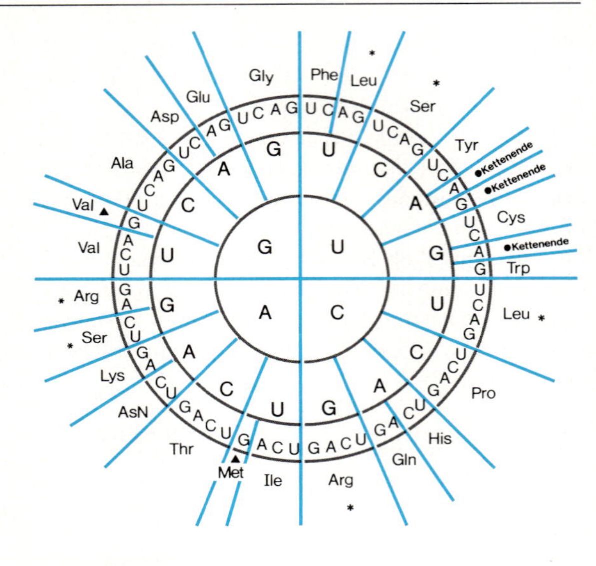

- * zweimal auftretende Aminosäuren
- • Stop-Codons
- ▲ Start-Codons, die am Anfang der Translation stehend stets das Start-Methionin einbauen. In der Mitte der mRNA bedeuten AUG Methionin, GUG Valin. Das Start-Methionin wird nach Ablösung der Polypeptidkette von der mRNA wieder abgetrennt.

Abb. 362.3: Der genetische Code. Die Codewörter sind für die mRNA angegeben. Die Codons sind von innen nach außen zu lesen. Beispiel: Die Aminosäure Glycin Gly wird bestimmt durch die Tripletts GGU, GGC, GGA und GGG. Phe Phenylalanin, Leu Leucin, Ser Serin, Tyr Tyrosin, Cys Cystein, Trp Tryptophan, Pro Prolin, His Histidin, Gln Glutamin, Arg Arginin, Ile Isoleucin, Met Methionin, Thr Threonin, Asn Asparagin, Lys Lysin, Val Valin, Ala Alanin, Asp Asparaginsäure, Glu Glutaminsäure, Gly Glycin

CAUGCGGAGCUUUACGCU — 1. normale Abfolge

CAUCGGAGCUUUACGCU — 2. Wegfall einer Base (G)

CAUCGGAGUUUACGCU — 3. Wegfall von zwei Basen (G, C)

CAUCGGAGUUACGCU — 4. Wegfall von drei Basen (G, C, U)

von hier an Leseraster wieder sinnvoll

DIE RNA HAT DEN RAT DEN DIE DNA IHR GAB

DIE NAH ATD ENR ATD END IED NAI HRG AB

DIE NAH ATE NRA TDE NDI EDN AIH RGA B

DIE NAH ATE NAT DEN DIE DNA IHR GAB

von hier an Leseraster wieder sinnvoll

Abb. 362.2: Nachweis für das Vorliegen von Triplett-Codewörtern durch Wegfall von Basen und erläuterndes Beispiel mit einem Satz aus Wörtern mit nur drei Buchstaben. Bei 2 und 3 sind alle Tripletts, die dem ersten folgen, anders zusammengesetzt als bei 1. Bei 4 ist das zweite und dritte Triplett anders als bei 1, ein Triplett fehlt, alle folgenden sind wieder so zusammengesetzt wie bei 1.

Proteinsynthese in den Mitochondrien hat für Tryptophan und bei manchen Organismen auch für Methionin abweichende Codons.

Die Annahme, daß ein Basen-Triplett (Nukleotid-Triplett) eine Aminosäure codiert, ließ sich mit Hilfe von *Rastermutationen* überprüfen. Unter Raster versteht man hier die Aufeinanderfolge der Tripletts. Man kann dieses Raster verändern, indem man z. B. Acridine zufügt. *Acridinmoleküle* vermögen sich zwischen zwei Nukleotide zu drängen. Bei der Replikation der DNA wird dann an dieser Stelle am komplementären Strang irgendein Nukleotid neu eingesetzt, so daß von dieser Stelle an die Tripletts in der DNA verändert sind. Das bedeutet eine Veränderung des Ableserasters mit der Folge, daß sich andere Proteine, z. B. nicht mehr funktionsfähige Enzyme, bilden. Das Hinzufügen oder Wegnehmen von zwei Basen hat das gleiche Ergebnis (Abb. 362.2). Werden hingegen drei aufeinanderfolgende Basen weggenommen oder hinzugefügt, so bleibt im darauffolgenden Teil der DNA das Raster und damit die genetische Botschaft erhalten. Die entstehenden Proteine sind nur geringfügig anders als vor der Einfügung. Dies beweist, daß drei Basen (ein Basen-Triplett) die Einheit der genetischen Information sind. Ferner läßt sich daraus ersehen, daß die Codierung keine »Pausezeichen« zur Unterscheidung der Tripletts benötigt. Daß jedes Nukleotid nur an einem Triplett beteiligt ist, konnte ebenfalls mit Hilfe von Mutanten nachgewiesen werden. Wird nämlich eine einzelne Base durch eine andere ersetzt, führt dies höchstens zur Änderung einer Aminosäure im zugehörigen Protein. Die Ablesung des Codes erfolgt also »ohne Überlappung«.

Allerdings fand man bei Viren auch eine Überlappung von Genen, so daß ein Stück DNA zu zwei verschiedenen Genen gehören kann, wobei die Nukleotidsequenz für das eine Gen zu anderen Tripletts zusammengestellt wird als für das andere Gen (durch Rasterverschiebung).

Welche Tripletts (Codons) nun welche Aminosäuren bestimmen, wurde geklärt, nachdem die Synthese von Proteinen im *zellfreien System (in vitro)* mit Hilfe von mRNA, Ribosomen, tRNA-Molekülen, Aminosäuren, energiereichen Phosphaten und den für die einzelnen Reaktionen zusätzlich erforderlichen Enzymen möglich war. Mit Hilfe künstlicher RNA-Moleküle gelang es dann, die Bedeutung aller 64 möglichen Tripletts zu klären (s. Abb. 362.3). Wenn in RNA-Molekülen die Tripletts UAG, UAA oder UGA auftraten, erfolgte überhaupt keine Polypeptid-Synthese bzw. wurde eine begonnene abgebrochen. Diese drei Tripletts liefern demnach die Information »Ende der Polypeptidkette«; sie sind *Stop-Codons (Terminations-Codons)*. Entsprechend den Stop-Codons gibt es auch *Start-Codons*. Es sind dies AUG und GUG. Beide signalisieren den Start für die Ablesung der mRNA, wenn ein Stop-Codon oder eine nicht abgelesene Sequenz vorausgegangen ist.

Bei 64 möglichen Tripletts (wovon 61 eine bestimmte Aminosäure festlegen), aber nur 20 Aminosäuren, muß es für viele Aminosäuren mehrere Codons geben. Man sagt (informationstheoretisch nicht ganz korrekt), der genetische Code sei *»degeneriert«*, weil man zwar eindeutig von der Nukleotid-Sequenz auf die Aminosäure, aber nicht umgekehrt von der Aminosäure auf die Nukleotid-Sequenz schließen kann. Bei einem nicht degenerierten Code wäre jede Aminosäure durch ein einziges Triplett codiert.

8.10 Biosynthese der Proteine

Orte der **Translation** sind die Ribosomen (s. Abb. 363.1). Man beweist dies durch kurzzeitige, z.B. 10 Sekunden dauernde Zufuhr von ^{14}C-markierten Aminosäuren. Die Radioaktivität muß sich dort anhäufen, wo aus markierten Aminosäuren Polypeptide aufgebaut werden. Dies ist an den Ribosomen der Fall. Sie enthalten eine Anzahl von Enzymen, die zur Proteinsynthese erforderlich sind.

Die Aminosäuren werden im Cytoplasma an eine tRNA gebunden. Jeder tRNA-Typ kann nur eine bestimmte Aminosäure binden (mit Hilfe eines spezifischen Enzyms). Die tRNA-Moleküle haben einen ganz bestimmten Bau (Abb. 363.2). Ein Teil der Basen ist gepaart; an vier Stellen des Moleküls treten jedoch Schleifen mit ungepaarten Basen auf. An einer Schleife des Moleküls befindet sich ein bestimmtes Basen-Triplett, das mit einem komplementären Codon der mRNA in Wechselwirkung treten kann. Man nennt dieses Triplett der tRNA daher *Anticodon* (Abb. 362.1). Am 3'-Ende der tRNA, an dem die Aminosäure angeheftet wird, findet sich stets die Basenfolge CCA. Die von tRNA-Molekülen »mitgebrachten« Aminosäuren werden am Ribosom zum Polypeptid verknüpft (s. Abb. 364.2). Die tRNA-Moleküle sind Dolmetschern vergleichbar, welche die Sprache der DNA bzw. der mRNA (Sequenz von Basen) in die Sprache der Proteine (Sequenz von Aminosäuren) übersetzen.

Schon während der Synthese des Polypeptids (s. Abb. 364.2) beginnt sich dessen Raumstruktur auszubilden; sie ist die Folge von Bindungskräften zwi-

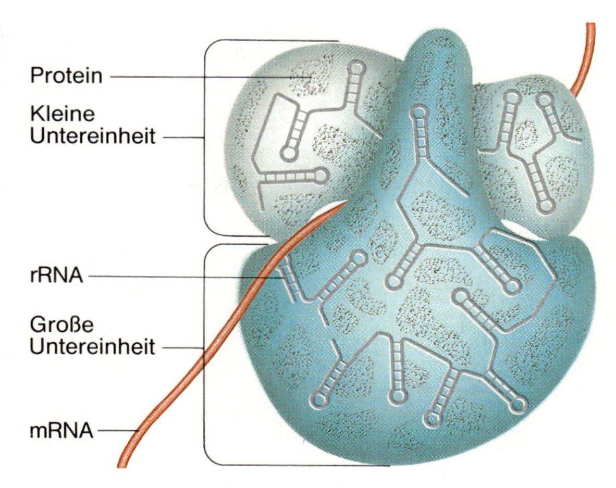

Abb. 363.1: Modell eines Ribosoms und Lage des mRNA-Stranges. Die Aufklärung der räumlichen Struktur mitsamt der Anordnung der einzelnen Ribosomenproteine ist ein Beispiel für die erfolgreiche Anwendung physikalischer und chemischer Methoden in der Biologie. Die Kenntnis der Struktur ist Voraussetzung für das Verständnis ihrer Funktion.

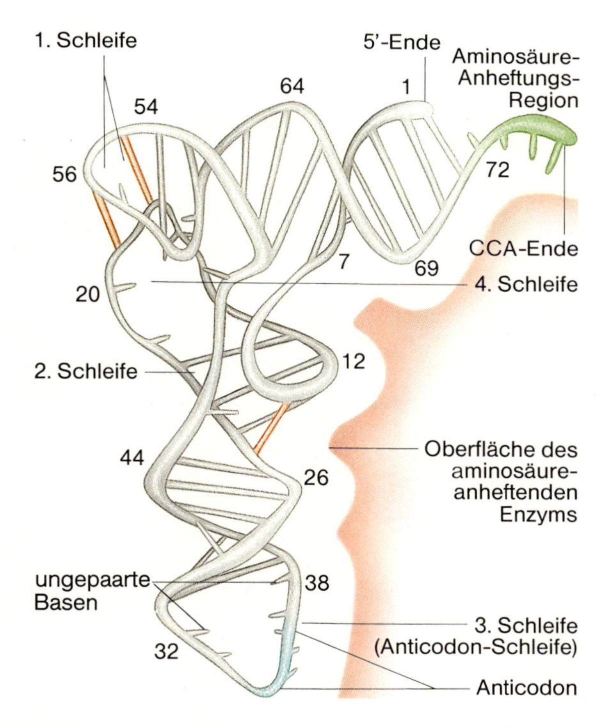

Abb. 363.2: Raumstruktur (Tertiärstruktur) einer tRNA mit 72 Nukleotiden. Basenpaarung als Querbänder dargestellt, ungepaarte Basen als Abzweigungen; Länge des Moleküls 8 nm. Die Raumstruktur ermöglicht zusätzliche Basenpaarungen (rot), z.B. zwischen Basen der ersten und der vierten Schleife. Es wird diejenige Aminosäure an die tRNA angeheftet, deren anheftendes Enzym zur Raumstruktur der tRNA paßt. Die Kenntnis der Raumstruktur führt oft zu neuen Erkenntnissen; sie sind Voraussetzung für gezielte künstliche Eingriffe bei Störungen.

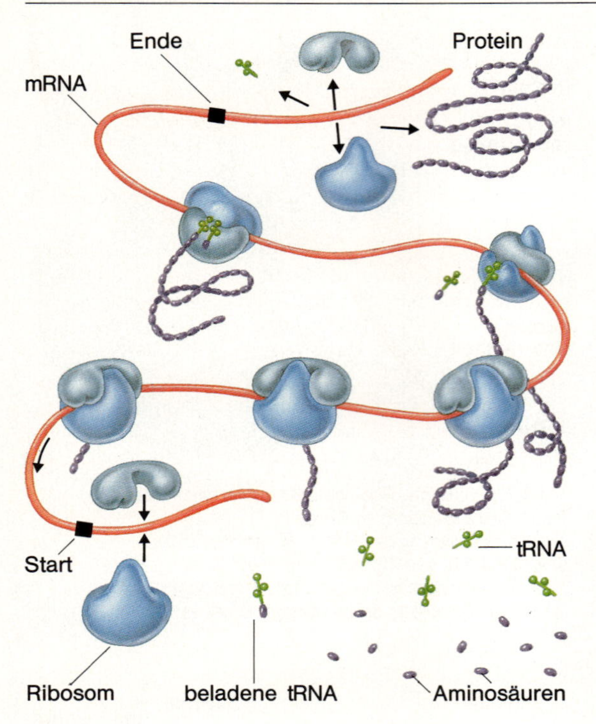

schen den Seitenketten der verknüpften Aminosäuren. Die Raumstruktur wird nach der Ablösung vollendet. (Sie ist also nicht gesondert in der DNA verschlüsselt.) Damit liegt ein funktionsfähiges Protein vor (meist ein Enzym).

Zur »Ablesung« der mRNA-Tripletts durch tRNA-Moleküle bewegt sich das Ribosom relativ zum mRNA-Strang. Während der Weiterbewegung des ersten Ribosoms hat sich ein zweites Ribosom, dann ein drittes, danach ein viertes usf. an den mRNA-Strang angelagert, so daß schließlich viele Ribosomen hintereinander auf der mRNA liegen und sich an ihr weiterbewegen (s. Abb. 364.1 und 365.1). Sie bauen alle je ein Molekül des gleichen Polypeptids auf. Man bezeichnet die Gesamtheit aller an einem mRNA-

Abb. 364.1: Synthese mehrerer gleicher Aminosäurenketten an einer mRNA durch einen Ribosomenverband (Polysom). Die beiden Untereinheiten des Ribosoms setzen sich an der mRNA zum funktionsfähigen Ribosom zusammen. Die Aminosäurenkette ist um so länger, je mehr Codons ›abgelesen‹ wurden. Während der Synthese beginnt unter Faltung und Knäuelung der Kette die Ausbildung der Raumstruktur. Nach Fertigstellung trennt sich das Ribosom wieder in seine beiden Untereinheiten.

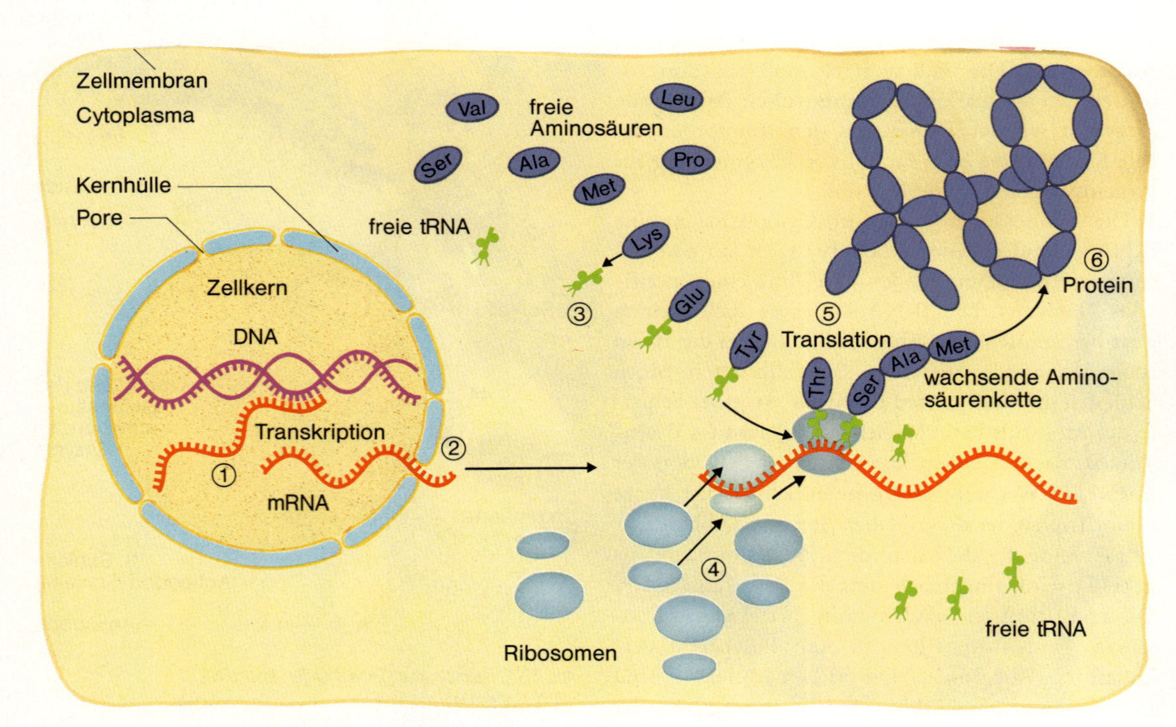

*Abb. 364.2: Schema der Protein-Biosynthese.
1 mRNA bildet sich an der DNA im Kern. Dabei wird die in der Basenfolge der DNA enthaltene Information auf die mRNA übertragen (Transkription);
2 die mRNA gelangt durch die Kernporen ins Cytoplasma;
3 an eine tRNA wird eine spezifische Aminosäure gebunden;
4 die beiden Untereinheiten eines Ribosoms binden an die mRNA und setzen sich zum funktionsfähigen Ribosom zusammen;
5 die von den tRNA mitgebrachten Aminosäuren werden am Ribosom zu einer Kette, einem Polypeptid, verknüpft; dabei wird die Basenfolge der mRNA in die Aminosäurefolge des Polypeptids übersetzt (Translation);
6 das fertige Polypeptid hat sich vom Ribosom abgelöst und bildet seine endgültige Struktur; es wird zum Protein.*

Molekül sitzenden Ribosomen als *Polysom* (Polyribosom, Abb. 366.1). Durch die Bildung von Polysomen wird die Information einer mRNA mehrmals genutzt, bevor ihr Abbau durch Ribonukleasen einsetzt. Dieser Abbau erfolgt bei *E. coli* rasch, bei höheren Organismen bleibt die mRNA in der Regel länger erhalten. In einer Zelle liegen viele Tausende von Ribosomen, so daß sich gleichzeitig eine außerordentlich große Zahl von Polypeptiden (und damit von Proteinmolekülen) bildet, wenn entsprechend viele verschiedene mRNA-Moleküle aus dem Kern austreten.

Zur Synthese eines Polypeptids treten an die mRNA die beiden Untereinheiten eines Ribosoms heran und bauen ein funktionsfähiges Ribosom auf. Die mRNA wandert dann durch das Ribosom hindurch. – Die Reihenfolge der Aminosäuren im Proteinmolekül ist abhängig von der Basenfolge des transkribierten DNA-Abschnitts.

Beim Start der Synthese lagert sich eine mit der Aminosäure Methionin beladene tRNA an das Startcodon der mRNA an, da diese tRNA das passende Anticodon trägt. Auf dem Ribosom befinden sich zwei Bindungsstellen für beladene tRNA-Moleküle, die als *P-* und *A-Bindungsstelle* bezeichnet werden (s. Abb. 365.1). Die Bindung der *Start-Methionin-tRNA* erfolgt an der P-Bindungsstelle. An der noch freien A-Bindungsstelle bindet dann eine weitere beladene tRNA, nämlich diejenige, deren Anticodon zu dem Codon paßt, das in der A-Bindungsstelle liegt (Abb. 365.1). Nun erfolgt die Verknüpfung der beiden Aminosäuren; dabei wird die tRNA der P-Bindungsstelle aminosäurefrei und löst sich ab. Die mRNA wird nun um ein Codon verschoben, und die tRNA der A-Bindungsstelle, an der die beiden verknüpften Aminosäuren (das Peptid) gebunden sind, muß daher in die frei gewordene P-Bindungsstelle überwechseln. Die dadurch frei gewordene A-Bindungsstelle, in der nun das nächste Codon liegt, bindet eine neue beladene tRNA. Dann kann die nächste Verknüpfung zwischen dem schon vorhandenen *Peptid* in der *P*-Bindungsstelle und der *Aminosäure* in der *A*-Stelle stattfinden. Der ganze Vorgang läuft weiter, bis ein Stop-Codon erscheint. Dann bricht das Wachstum der Polypeptidkette ab.

Signalsequenzen der Proteine. An den zahlreichen Ribosomen einer Zelle werden oft zahlreiche verschiedene Proteine gebildet; darunter sind Membranproteine und Enzy-

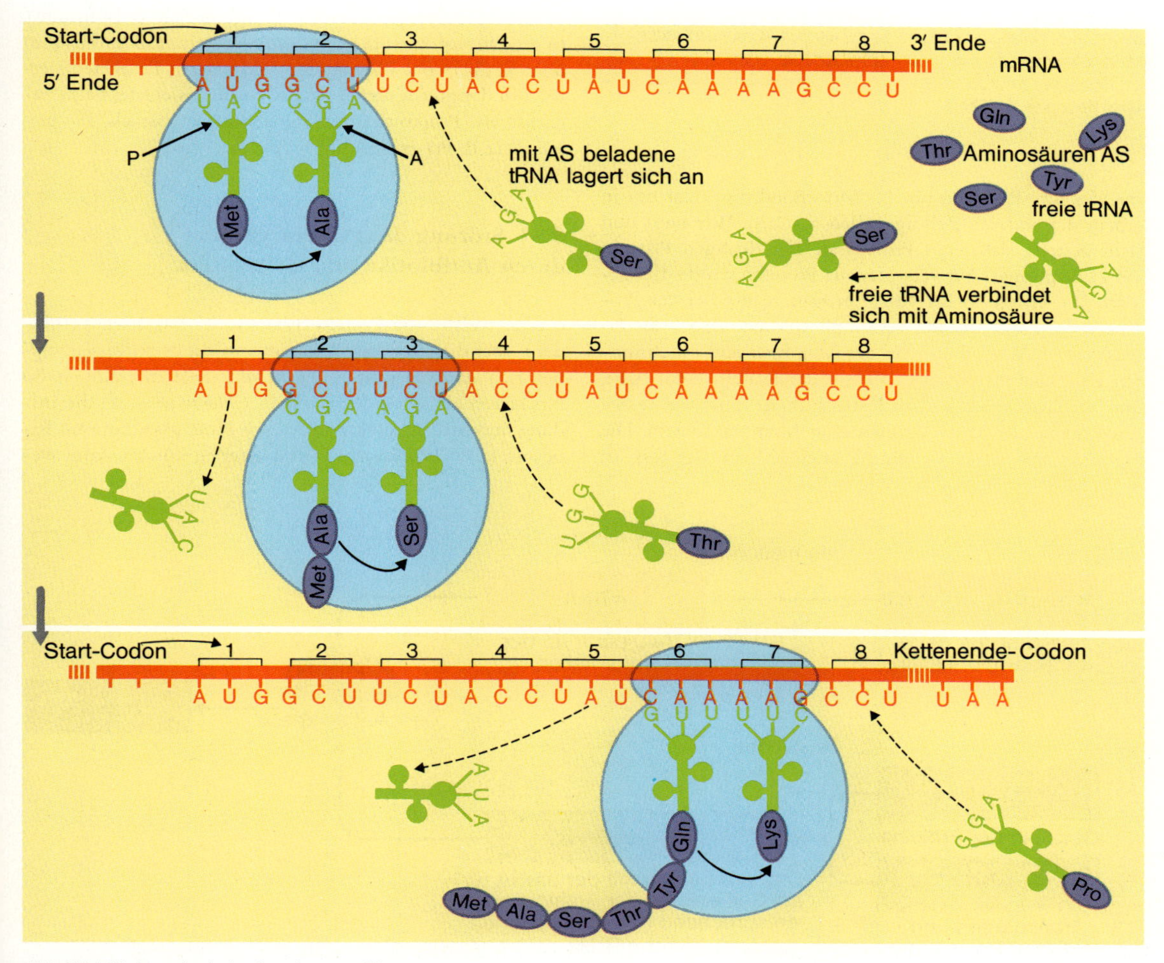

Abb. 365.1: Wachsen der Aminosäurenkette am Ribosom.
A und P sind Bindungsstellen; 1 ... 8 Codons

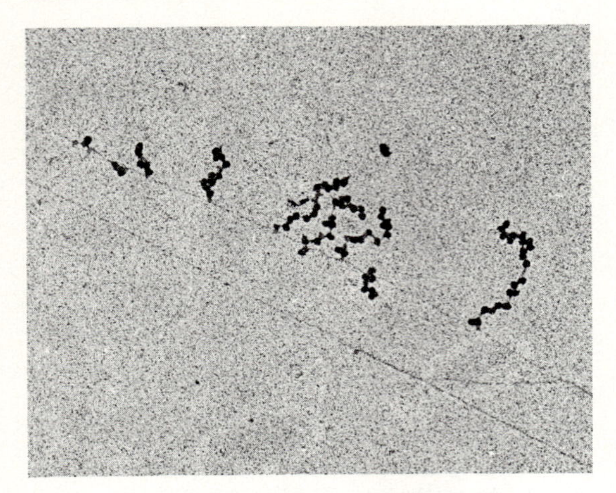

Abb. 366.1: Polysomen von Escherichia coli im Elektronenmikroskop. Bei Prokaryoten beginnt die Translation noch während der Bildung der mRNA an der DNA. An dem diagonal verlaufenden DNA-Strang bilden sich gleichzeitig mehrere mRNA-Moleküle, an die sich sofort nach ihrer Entstehung Ribosomen ansetzen. Links im Bild hat die Synthese eines mRNA-Moleküls erst begonnen; die mRNA ist daher ganz kurz und nur mit wenigen Ribosomen besetzt. Mit zunehmender Länge der mRNA nimmt auch die Anzahl der Ribosomen an ihr zu. Vergrößerung ca. 44000fach

me, die ihre Funktion nur im Mitochondrium oder nur in einem der anderen Zellorganellen ausüben. Wie wird nun sichergestellt, daß jedes Protein an den richtigen Platz in der Zelle gelangt? Für verschiedene Proteine wurde dies geklärt. Die ersten 15 bis 45 Aminosäuren, die bei der Proteinsynthese miteinander verknüpft werden, dienen als *Signalsequenz*. Wird diese von der Membran eines bestimmten Zellorganells erkannt, läßt sie das Protein eindringen, und die Signalsequenz wird abgespalten. Eine andere Signalsequenz macht das Protein zum Membranprotein. Die Signalsequenz wirkt wie eine Postleitzahl; sie legt fest, an welchen Ort in der Zelle das Protein gehört. Ein Protein mit Signalsequenz wird als *Präprotein* bezeichnet. Veränderungen an Polypeptidketten von Proteinen nach deren Synthese am Ribosom nennt man *Protein-Reifung* (Protein-processing).

Bei Proteinen, die ins Endoplasmatische Reticulum oder dessen Membran gelangen, erfolgt schon während der Synthese die Bindung der Signalsequenz an die ER-Membran. Dadurch lagern sich die Ribosomen an das ER an (rauhes ER, vgl. Cytologie 2.4.2). Proteine, die in die Mitochondrien oder Chloroplasten gelangen sollen, entstehen hingegen im Cytoplasma als vollständige Präproteine, und diese werden dann in die Organellen transportiert, wobei die Signalsequenz abgespalten wird.

Noch komplizierter ist die Protein-Reifung bei solchen Proteinen, die aus der Zelle hinaustransportiert werden (z. B. Insulin und andere Hormone, Trypsin und andere Verdauungsenzyme). Sie dürfen in der bildenden Zelle nicht tätig werden; deshalb entsteht das Protein als eine Vorstufe, die *Proprotein* (z. B. *Proinsulin*) genannt wird. Dieses Proprotein wird über die Dictyosomen und Golgi-Vesikel durch Exocytose aus der Zelle ausgeschleust. Erst während dieses Vorgangs entsteht aus dem Proprotein durch Abspaltung eines Stücks der Polypeptidkette das fertige Protein (z. B. Insulin). In die Dictyosomen gelangt das Proprotein (z. B. Proinsulin) über Vesikel vom ER her. Die Bildung des Proproteins erfolgt in der geschilderten Weise am ER. Es entsteht also zunächst ein Proprotein mit Signalsequenz, das als *Prä-proprotein* (z. B. Prä-proinsulin) bezeichnet wird.

8.11 Störung der Proteinsynthese durch Antibiotika und Cytostatika

Stoffe, welche die Protein-Synthese in Bakterien verhindern, aber diejenige der Eukaryoten nicht beeinflussen, eignen sich als Arzneimittel gegen bakterielle Infektionen. So blockieren einige *Antibiotika* (z. B. *Chloramphenicol*) die Bildung der mRNA, andere stören die Proteinsynthese am Ribosom (z. B. *Streptomycin*). Die Bakterien können dann we-

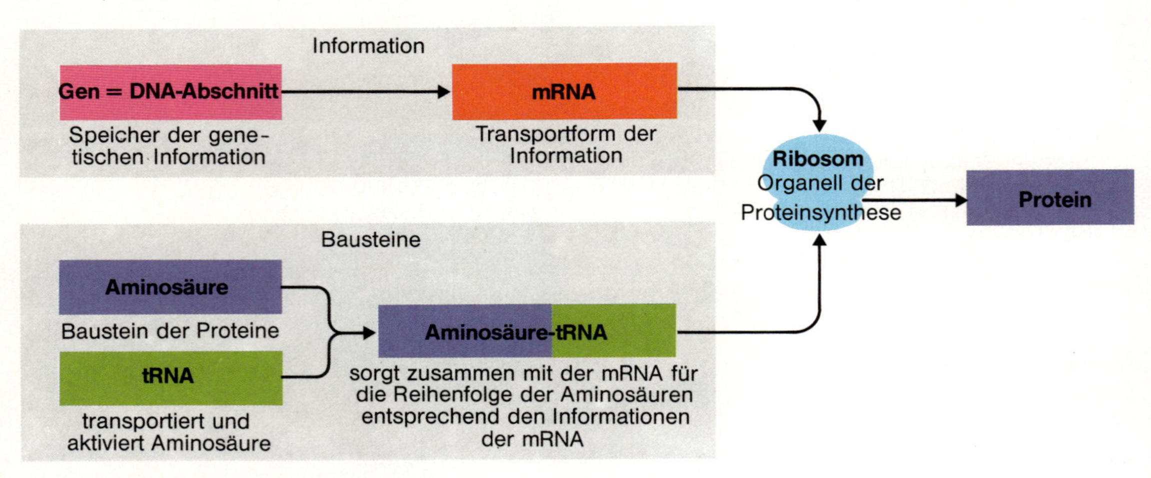

Abb. 366.2: Protein-Synthese, beteiligte Stoffe und Aufgaben

der wachsen noch sich vermehren. Solche Stoffe nennt man *Bakteriostatika*. Stoffe, die Bakterien abtöten, heißen *Bakteriocide*.

Andere Stoffe, welche die Zellteilung von Eukaryoten hemmen *(Cytostatika)*, wirken ebenfalls durch Störung der Transkription oder der Translation. Sie werden in der Medizin zur Bekämpfung von Tumoren eingesetzt. Einige Cytostatika beeinträchtigen die DNA-Synthese im Zellzyklus, und wieder andere verhindern den Aufbau der Kernspindel. Allerdings wirken die Cytostatika nicht nur auf die sich teilenden Zellen im Tumorgewebe, sondern hemmen auch die Zellregeneration im Organismus (z.B. zur Blutkörperchenbildung und zur Wundheilung notwendige Zellteilungen).

8.12 Merkmale und Genbegriff

Es ist eine erstaunliche Tatsache, daß die ganze genetische Information, die einen Organismus mit all seinen Eigenschaften – ob Pflanze, Tier oder Mensch – hervorbringt, in der befruchteten Eizelle enthalten ist. Wie aber entsteht ein Merkmal aufgrund der entsprechenden genetischen Information? Um dies zu klären, führten KÜHN und BUTENANDT Experimente mit der *Mehlmotte* durch. Sie hat normalerweise dunkelbraun pigmentierte Augen. In einer Zucht trat eine Mutante mit aufgehellten (roten) Augen auf. Diese »Mangel«mutante kann den dunklen Augenfarbstoff nicht mehr aufbauen. Verfüttert man ihr den Stoff *Kynurenin*, so färben sich die roten Augen normal dunkelbraun. Bei *Drosophila melanogaster* gibt es sogar zwei nicht zu unterscheidende Mangelmutanten. Bei der einen führt eine Kynureningabe zu braunen Augen, bei der anderen nicht. Bei letzterer wird erst durch Zufuhr weiterer Stoffe, die aus dem Kynurenin durch chemische Umsetzung entstehen können, eine Ausfärbung der Augen erreicht. Die Befunde führten zu der Vorstellung, daß der Augenfarbstoff *Ommochrom* schrittweise über eine Reihe von Zwischenverbindungen gebildet wird:

Tryptophan⟶*Kynurenin*⟶
Hydroxykynurenin ⟶. . .⟶. . .⟶*Ommochrom*.

Jeden Teilschritt katalysiert ein bestimmtes Enzym. Bei der ersten Mutante wird im Stoffwechsel der Schritt *Tryptophan*⟶*Kynurenin*, bei der zweiten der nächste Schritt nicht mehr vollzogen. Dies kann nur auf dem Fehlen der betreffenden Enzyme beruhen. Eine Bestätigung findet diese Schlußfolgerung darin, daß sich jeweils derjenige Stoff im Organismus anreichert, den das fehlende Enzym, wäre es vorhanden, umsetzen würde. Es liegt nun nahe, die Bildung eines bestimmten Enzyms einem bestimmten Gen zuzuordnen, was zur *Ein-Gen-ein-Enzym-Hypothese* führt (Abb. 367.1). Sie konnte auch an Bakterien und am roten Schimmelpilz *Neurospora crassa* (BEADLE und TATUM) bestätigt werden (Abb. 367.2).

Genbegriff auf molekularer Grundlage. Die Erkenntnisse der Molekulargenetik über den Bau der DNA machen eine Neufassung des Genbegriffs notwendig. Nach klassischer Auffassung ist das Gen einmal eine *Funktionseinheit* (durch die ein phänotypi-

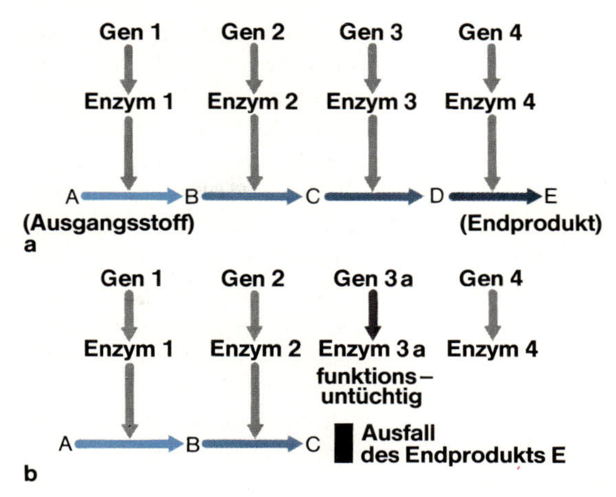

Abb. 367.1: Schema der Steuerung einer Stoffwechsel-Reaktionskette durch Enzyme.
b Unterbrechung der Reaktionskette nach Mutation eines Gens; nur die Zufuhr von D ermöglicht dann die Synthese von E.

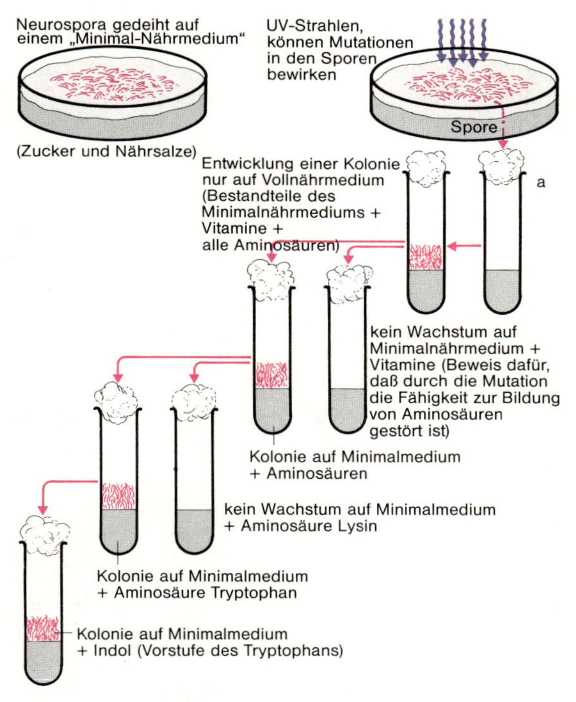

Abb. 367.2: Experimentelle Untersuchung des Zusammenhangs zwischen Gen und Merkmal beim roten Schimmelpilz Neurospora, Gen-Mutation durch UV-Strahlen erzeugt.
Eine Mutante kann eine Vorstufe des Tryptophans nicht mehr bilden. Neurospora-Myzel ist haploid, man kann vom Phänotyp direkt auf den Genotyp schließen.
a Gefäß mit Minimal-Nährmedium. Nicht mutierte Sporen keimen, das auswachsende Myzel wird durch Gift abgetötet. Mutierte Sporen keimen nicht, bleiben somit vom Gift unbeeinflußt und kommen ins Vollnährmedium.

sches Merkmal bestimmt wird), ferner eine *Austauscheinheit* beim Crossing-over und schließlich eine *Mutationseinheit*. Wir wissen jetzt, daß das Merkmal erst am Ende einer ganzen Kette von Reaktionen steht und jedem Reaktionsschritt ein Enzym zugeordnet ist, für dessen Bildung ein bestimmter Abschnitt des DNA-Moleküls zuständig ist (s. auch Abb. 359.1). Erst das Tätigwerden mehrerer oder vieler DNA-Abschnitte führt zum phänotypischen Merkmal. *Ein Gen ist also, molekulargenetisch betrachtet, ein Stück einer DNA-Doppelhelix, das in seiner Nukleotidsequenz die Information für ein Polypeptid enthält und daher eine funktionelle Einheit ist* (vgl. auch Abb. 366.2).

Da das durch Transkription und Translation entstehende Polypeptid nicht immer ein Enzym bildet, sondern auch zu einem Protein mit anderer Funktion werden kann oder nur einen Teil eines Enzymproteins bildet, das aus mehreren Polypeptidketten besteht, spricht man richtiger von *»Ein-Gen-ein-Polypeptid«*-Hypothese. Die meisten Proteine der Zelle sind allerdings Enzyme. Aus den Stoffwechselreaktionen ergeben sich dann die Merkmale des Organismus. Die Merkmale werden demnach nicht direkt von den Genen gebildet; sie entstehen erst am Ende zahlreicher hintereinandergeschalteter Stoffwechselreaktionen (Abb. 367.1).

Die zu einem Merkmal führenden Stoffwechselreaktionen sind eng miteinander verknüpft. Sie werden durch Enzyme, also durch Gen-Produkte, gesteuert. Daher bezeichnet man die durch Genwirkung ausgelöste Stoffwechselkette auch als *Genwirkkette*. Die Bildung des Augenfarbstoffes bei der Mehlmotte ist ein Beispiel dafür.

Ein weiteres Beispiel ist die Genwirkkette im *Phenylalaninstoffwechsel* des Menschen (s. Abb. 368.1): Die Aminosäure *Phenylalanin* wird mit der Nahrung zugeführt oder beim Eiweißabbau des Körpers gewonnen. Fehlt das zur Umwandlung von *Phenylalanin* in *Tyrosin* notwendige Enzym infolge einer Mutation, so entsteht die giftige *Phenylbrenztraubensäure* (frühere Bezeichnung Phenylketon). Sie wird im Urin ausgeschieden und färbt sich mit $FeCl_3$ grün bis blaugrün. Man bezeichnet diese Stoffwechselstörung als *Phenylketonurie*. Die Wirkung zeigt sich vor allem an einer Schädigung von Gehirnzellen; dieser erbliche Defekt führt zu Schwachsinn. Neugeborene werden deshalb auf Phenylbrenztraubensäure im Urin oder auf Phenylalanin im Blut (GUTHRIE-Test) untersucht (s. 11.3 und 11.7). Ist der Test positiv, so erhalten die Kinder bis zum 10. Lebensjahr eine phenylalaninarme Diät; sie verhindert die Folgen der Krankheit weitgehend.

Eine andere Stoffwechselkette läuft vom *Tyrosin* zum Hautpigment *(Melanin)*. Fehlt eines der Enzyme dieser Kette, entsteht *Albinismus*.

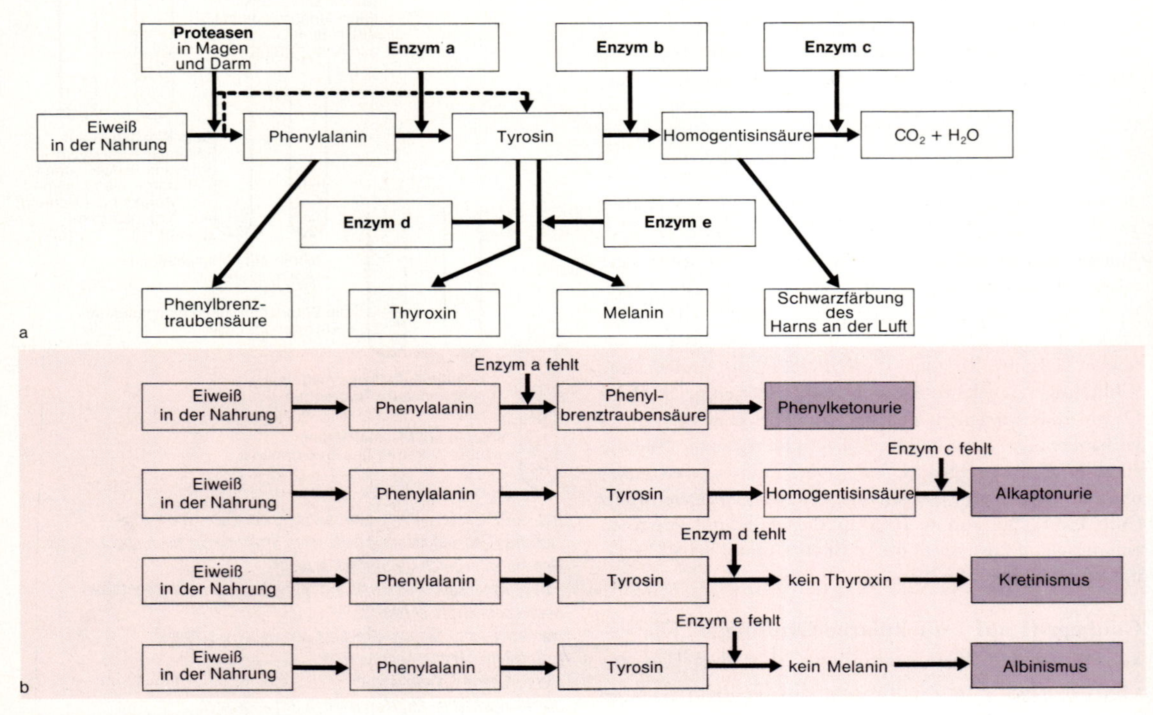

Abb. 368.1: a Phenylalanin-Stoffwechsel,
b Erbkrankheiten bei genetisch bedingtem Ausfall von Enzymen

Bei normalem Abbau des Tyrosins bildet sich als Zwischensubstanz *Homogentisinsäure* (früher *Alkapton* genannt). Läßt sich diese nicht weiter abbauen, weil das erforderliche Enzym dazu fehlt, wird die sich ansammelnde *Homogentisinsäure* im Urin ausgeschieden. Diese für den Betroffenen oft harmlose Stoffwechselanomalie äußert sich in einer Dunkelfärbung des Urins an der Luft infolge Oxidation der Homogentisinsäure zu einem dunklen Farbstoff (*Alkaptonurie* = Schwarzharn). Lagert sich die Homogentisinsäure im Knorpelgewebe ab, kann *Arthritis* entstehen.

Ein genetisch bedingter Enzymausfall in der Stoffwechselkette vom *Tyrosin* zum Schilddrüsenhormon *Thyroxin* führt zu angeborenem *Kretinismus*.

8.13 Polygenie und Polyphänie

Der geschilderte Weg vom Gen zum Merkmal macht die Erscheinungen der Polygenie und Polyphänie verständlich. Nur in seltenen Fällen wird ein bestimmtes Merkmal von einer einzigen, ihm zugeordneten Erbanlage hervorgerufen. Meist ist das Merkmal polygen bedingt, d.h. an den zum Merkmal führenden Stoffwechselreaktionen sind Enzyme mehrerer Gene beteiligt (s. Abb. 368.1). Bei *Drosophila* haben nicht weniger als 50 Gene Einfluß auf Gestaltung und Farbe der Augen; sie verteilen sich auf alle vier Chromosomen. An der Herausbildung der Haarfärbung des Wildkaninchens sind fünf verschiedene Gene beteiligt. Auch Erbleiden wie Klumpfuß oder Schizophrenie sind polygen verursacht (vgl. 11.2).

Polyphänie tritt ebenfalls häufig auf. Dabei beeinflußt ein einzelnes Gen mehrere Merkmale. Das ist z.B. dann möglich, wenn das vom Gen gebildete Enzym einen Stoff erzeugt, der Ausgangsstoff verschiedener Reaktionsketten ist. Jede dieser Reaktionsketten erzeugt ein anderes Merkmal im Organismus. So äußert sich die Mutation eines bestimmten Gens beim Menschen in einem Herzfehler, in einer Fehlbildung der Augenlinse und in der Ausbildung langer, dünner Finger (Spinnenfingrigkeit, s. 11.3). Die Wirkungen eines polyphänen Gens können in verschiedenen Entwicklungsstadien auch nacheinander auftreten.

8.14 Molekularer Bau von Genen bei Eukaryoten; Spleißen

Beim Vergleich der Nukleotidsequenz von mRNA-Molekülen mit der Nukleotidsequenz der zugehörigen Gene (also DNA-Abschnitte) stellt man fest, daß bei den Eukaryoten in den meisten Fällen diese Sequenzen nicht völlig übereinstimmen. Die Gene enthalten Nukleotidabfolgen, die in der mRNA nicht enthalten sind. Elektronenmikroskopische Beobachtungen bestätigen dies: Wenn man den einen Strang der DNA des Gens mit der an ihm gebildeten mRNA zusammenbringt, so bilden beide unter Basenpaarung einen »Hybrid«-Doppelstrang. Dabei zeigt sich, daß bestimmte Teile der DNA aus dieser Doppelstrang-Struktur ausgeschlossen bleiben, weil sie keine Paarung eingehen können. Sie bilden Schleifen. Daraus ergibt sich: Die meisten Gene der Eukaryoten bestehen aus mehreren Abschnitten. Abschnitte, deren Information in die fertige mRNA und damit in die Polypeptidkette eingehen, heißen *Exons* (weil sie exprimiert = ausgedrückt werden). Die dazwischen liegenden Abschnitte des Gens nennt man *Introns;* sie liefern keine Information für die Polypeptidkette. Die Introns werden mit den Exons transkribiert, wobei sich eine Vorstufe der mRNA, die prä-mRNA, bildet. Aus ihr werden die mRNA-Teile herausgeschnitten, die den Introns entsprechen. Die fertige mRNA enthält nur die Informationen der Exons. Die Anzahl der Introns je Gen ist unterschiedlich.

Der Vorgang des Herausschneidens der Introns und der Verknüpfung der verbliebenen Exons wird als **Spleißen** (splicing) bezeichnet. Reaktionen an den Molekülenden werden durch deren Blockierung verhindert. Am 5'-Ende der prä-mRNA wird ein besonderes Nukleotid als »Kappe« (cap) angebaut; am 3'-Ende wird eine größere Zahl von Adenin-nukleotiden (aus ATP) hinzugefügt. Beim Spleißen wirken kleinmolekulare RNAs des Zellkerns mit. Bei manchen RNA-Molekülen ist für das Spleißen kein Enzym erforderlich. Die für diese Vorgänge notwendige katalytische Fähigkeit hat die mRNA-Vorstufe selbst. Solche Ribonu-

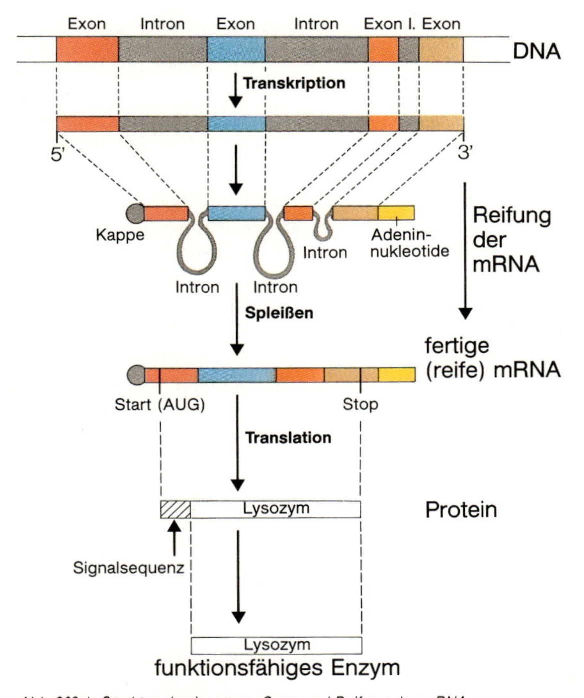

Abb. 369.1: Struktur des Lysozym-Gens und Reifung der mRNA. Die fertige (reife) mRNA enthält nur die Exons. Das an ihr gebildete Polypeptid besitzt zunächst noch eine Signalsequenz, erst durch deren Abspaltung entsteht das funktionsfähige Enzym Lysozym.

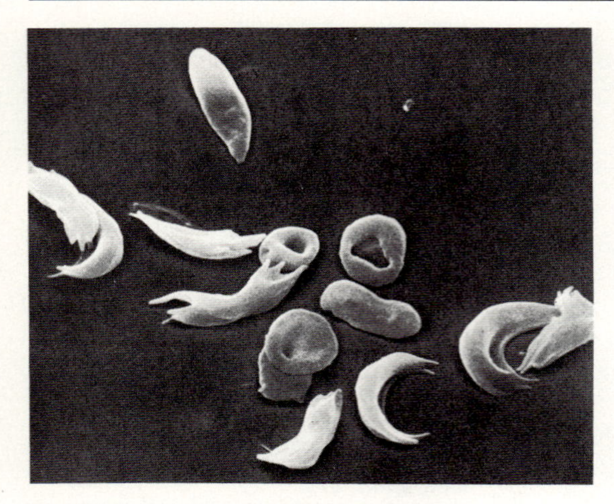

Abb. 370.1: Rasterelektronenmikroskopische Aufnahme der deformierten Roten Blutkörperchen bei Sichelzellanämie (unter bestimmten Bedingungen nehmen die Roten Blutkörperchen Sichelform an).

Reihenfolge der Aminosäuren	1	2	3	4	5	6	7	8	...	145	146
Normales Hb	Val	His	Leu	Thr	Pro	Glu	Glu	Lys	...	Tyr	His
Sichelzell-Hb	Val	His	Leu	Thr	Pro	Val	Glu	Lys	...	Tyr	His

Abb. 370.2: Aminosäuresequenz des Anfangs der β-Polypeptidkette von normalem und von Sichelzell-Hämoglobin

kleinsäuren, die wie ein Enzym chemische Bindungen lösen und knüpfen können, nennt man *Ribozyme*. In einem Fall wurde nachgewiesen, daß ein RNA-Molekül unter geeigneten Bedingungen freie Nukleotide zu einer Ribonukleinsäure verknüpft. Dies ist wichtig für die Modellvorstellungen zur Entstehung des Lebens (vgl. Evolution 4.2).

In einigen Fällen ließ sich zeigen, daß die auf einzelne Exons zurückgehenden Teile der Polypeptidkette auch ganz bestimmte Teilfunktionen im Protein haben. Beim Gamma-Immunglobulin entspricht z.B. ein bestimmtes Exon dem Bindungsbereich an die Zellmembran, ein anderes Exon dem Bindungsbereich für die leichte Kette, ein weiteres Exon dem Antigen-Bindungsort usw. (vgl. Immunbiologie 6.; zur Bedeutung der Introns vgl. Evolution 2.7).

Wenn man an mRNA-Molekülen mit Hilfe der reversen Transkriptase DNA-Moleküle herstellt, so erhält man die Sequenz der DNA ohne Introns. Solche DNA-Moleküle werden in der Gentechnik eingesetzt (*copy-DNA* = cDNA).

8.15 Molekulare Grundlage der Gen-Mutation

Durch Änderung eines Nukleotids (einer Base) in einem DNA-Stück kann das entstehende Enzymprotein so verändert werden, daß es einen bestimmten Stoffwechselschritt nicht mehr zu katalysieren vermag. Die Folge ist dann der Ausfall eines Stoffes, z.B. eines Blütenfarbstoffes. Durch Änderung eines einzigen Nukleotids in der Nukleotid-Folge der DNA tritt dann eine weißblühende Mutante auf. In anderen Fällen kann die Unterbrechung des normalen Stoffwechsels sogar zum Ausfall eines lebenswichtigen Stoffes führen und tödlich wirken *(letale Mutation)*.

Ein Austausch von Nukleotiden in dem als Gen wirkenden DNA-Abschnitt führt zu Allelen des Gens. Die Allele bewirken in der geschilderten Weise die Unterschiede in der Erscheinungsform des Merkmals (z.B. Blütenfarbe Rot oder Weiß).

Die *Sichelzellanämie* (Abb. 370.1 und 370.2) ist ein weiteres Beispiel für eine durch einen Nukleotid-Austausch entstandene Gen-Mutation. Sie beruht darauf, daß an einer Stelle in den beiden β-Ketten von je 146 Aminosäuren, die das Hämoglobin mit aufbauen, die Glutaminsäure durch Valin ersetzt ist (vgl. Cytologie 7.4). Schon diese kleine Abweichung hat einschneidende Wirkungen, denn die veränderten Roten Blutkörperchen werden von Weißen Blutkörperchen angegriffen und aufgelöst. Die Folge ist bei homozygoten Trägern des Allels eine schwere Anämie. Heterozygote leiden zwar auch darunter, aber in geringerem Maß; sie sind jedoch malariaresistent im Gegensatz zu den homozygoten Trägern des Normalallels. Wir müssen den Schluß ziehen: Eine Gen-Mutation liegt bereits dann vor, wenn in der Nukleotid-Kette der DNA nur eine einzige Base verändert, ganz entfernt oder hinzugefügt wird. Man spricht dann von *Punktmutation*. Sie ist die häufigste Form der Gen-Mutation.

8.16 Die Regelung der Gen-Tätigkeit

Genetische Totipotenz. Wie kommt es, daß sich während der Embryonalentwicklung die eine Zelle zur Muskelzelle, die andere zur Nervenzelle oder Drüsenzelle differenziert? Sie stammen doch alle von derselben befruchteten Eizelle ab und müssen durch den Vorgang der Mitose mit den gleichen Genen ausgestattet sein. Der Gegensatz zwischen genetischer Gleichheit und leistungsmäßiger Verschiedenheit der Zellen legt nahe, daß nicht alle genetischen Informationen in allen Zellen auch verwirklicht werden. Schon lange ist bekannt, daß bei vielen Pflanzenarten ein Steckling aus einem Sproßabschnitt die ganze Pflanze mit Wurzel und Blüte wiederherstellen kann. Nimmt man einzelne Zellen aus dem Siebteil der Leitbündel einer Karotte und kultiviert sie in Kokos-

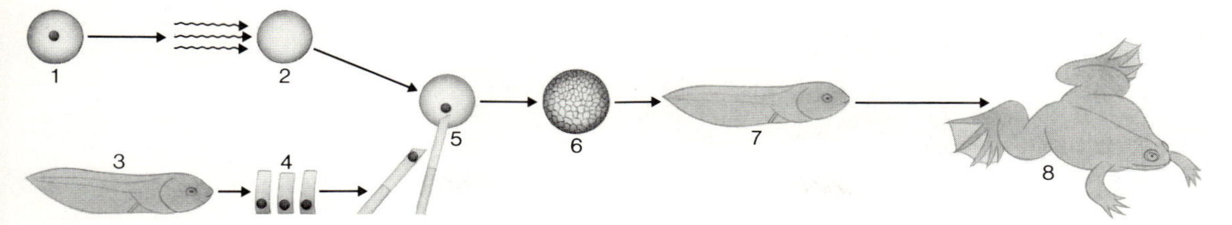

Abb. 371.1: Kerntransplantation beim Krallenfrosch. Werden Kerne aus differenzierten Darmepithelzellen von Kaulquappen des Krallenfrosches in kernlos gemachte Eizellen dieses Frosches verpflanzt, so entwickeln sich daraus normale Frösche. Das beweist einerseits, daß auch im Kern differenzierter Zellen noch alle, für eine vollständige Entwicklung des Tieres notwendigen Gene vorhanden sind, und andererseits, daß das Cytoplasma der Eizelle Stoffe enthält, welche die Tätigkeit der Gene regulieren. Zur Entwicklung des Tieres aus der Eizelle müssen wieder Gengruppen aktiv geworden sein, welche in der differenzierten Zelle inaktiv waren, zugleich aber mußten die für die spezifische Funktion der Darmepithelzellen tätigen Gene abgeschaltet worden sein. 1 Unbefruchtete Eizelle, 2 Zerstörung des Eizellkerns durch Ultraviolett-Strahlen, 3 Kaulquappe, 4 isolierte Darmepithelzellen dieser Kaulquappe, 5 Übertragung eines Zellkerns mit einer Mikropipette, 6 Weiterentwicklung der Eizelle nach der Kernverpflanzung zur Blastula, 7 zur Kaulquappe und 8 zum fertigen Frosch

nußmilch, so bildet sich durch Teilung eine Zellgruppe, die bei geeigneter Ernährung zu einer normal blühenden und fortpflanzungsfähigen Möhrenpflanze heranwächst. Bei Tieren ließ sich die Fähigkeit zur Regeneration ganzer Lebewesen aus einzelnen Zellen besonders gut beim südafrikanischen Krallenfrosch *(Xenopus)* nachweisen (Abb. 371.1 und 371.2).

All diese Beobachtungen und Experimente beweisen, daß auch in spezialisierten Zellen die gesamte genetische Information enthalten ist. Man spricht deshalb von der Totipotenz der Zellen.

Unterschiedliche Gen-Aktivität. Kann man zur Erklärung der Entwicklung und Differenzierung annehmen, daß in den verschiedenen Zelltypen eben gerade diejenigen Gene aktiv sind, welche ihre besonderen Eigenschaften bedingen, wogegen alle übrigen Gene untätig bleiben? In diesem Falle müßten die verschiedenen Gene zeitlich nacheinander und in entwicklungsgerechter Reihenfolge in Aktion treten *(differentielle Genaktivierung)*.

Mit dem Mikroskop kann man an Riesenchromosomen eigentümliche Wulstbildungen erkennen, die von den Querscheiben ausgehen (s. Abb. 372.1 und 372.2). Die Chromosomenabschnitte sehen dann aus, als seien sie aufgebläht (engl. *puff*). Solche Puffs verschwinden nach kurzer Zeit wieder und neue treten an anderer Stelle des Chromosoms auf. Auffallenderweise liegen die Puffs bei einem bestimmten Entwicklungsstadium des Organismus immer an den gleichen Stellen der Chromosomen. Mit *Toluidinblau* kann man die DNA blau und die RNA rotviolett anfärben und zeigen, daß die DNA-Menge in den Puffs nicht größer ist als in den ungepufften Abschnitten. Dagegen beweist die rotviolette Färbung nach Ausbildung des Puffs, daß sich RNA darin ge-

Abb. 371.2: Geklonte, völlig erbgleiche Frösche mit dem Experimentator Dr. Gurdon aus Oxford. Alle Frösche sind Albinos.

bildet hat. Offensichtlich entspricht der gepuffte Chromosomenabschnitt einem aktiv gewordenen Gen oder einer Gruppe von Genen (s. Abb. 372.2).

Man beobachtet an Mückenlarven nicht nur, daß sich das Puffmuster der Chromosomen in jedem Larvenstadium ändert, sondern findet selbst beim gleichen Larvenstadium in verschiedenen Lappen der Speicheldrüsen, die unterschiedliche Sekrete bilden,

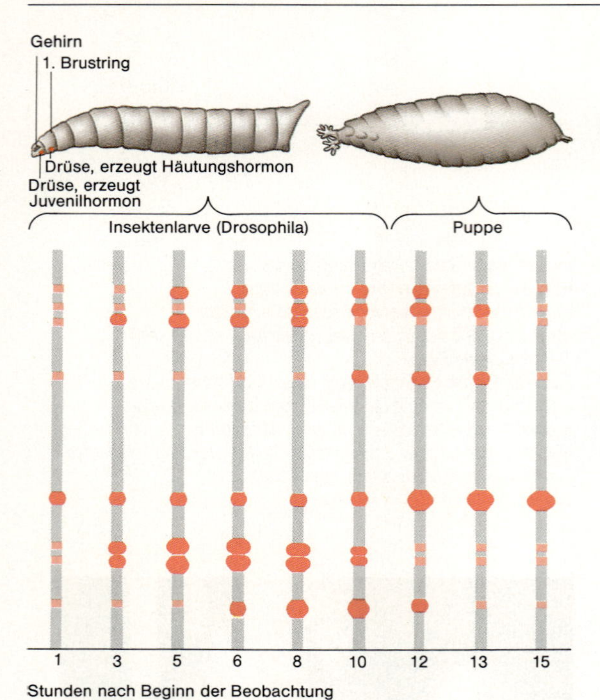

Abb. 372.1: Schema der zeitlichen Folge der Genaktivität, gekennzeichnet durch Auftreten und Verschwinden von Puffs an den Genorten des gleichen Chromosomenabschnitts von Drosophila. Rot: Gen aktiv (Puff), Rosa: Gen inaktiv. Nach der Umwandlung der Fliegenmade in die Puppe sind bestimmte Gene abgeschaltet.

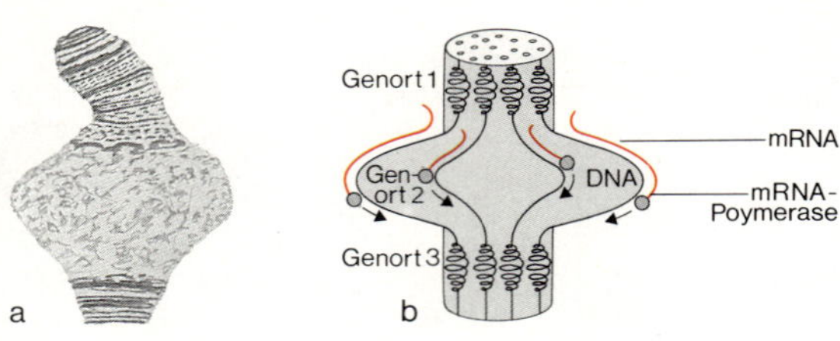

Abb. 372.2: a Puff an einem Riesenchromosom einer Mücke, b Schema des Puffvorgangs: Entknäuelung und Auftrennung eines DNA-Abschnitts an einem Genort, Aufbau eines mRNA-Strangs durch Ansetzen freier komplementärer Nukleotide an die frei gewordenen Basen des codogenen DNA-Strangs; der nicht codogene DNA-Strang ist als ausgezogene Linie parallel zum codogenen Strang angedeutet. Von den etwa 1000 Chromatiden sind nur 4 gezeichnet. Jede Chromatide besteht aus einer DNA-Doppelhelix.

auch unterschiedliche Puffmuster. Die durch die Puffmuster sich äußernde Gen-Aktivität ist also sowohl stadienspezifisch wie auch gewebsspezifisch. Im Jugendstadium eines Organismus sind andere Gen-Gruppen aktiver oder inaktiver als im Altersstadium. Dies erklärt die Veränderung der Merkmale im Laufe seiner Entwicklung.

Weitere Einflußmöglichkeiten auf die Verwirklichung oder Nichtverwirklichung der Gen-Information bei Eukaryoten. In den meisten Zelltypen ist nur ein sehr kleiner Teil der im Kern liegenden Gene gleichzeitig aktiv; die Information der übrigen Gene wird nicht verwirklicht. Bisher sind bereits mehrere Möglichkeiten bekannt geworden, wie die Verwirklichung der Gen-Information beeinflußt werden kann. Als Beispiel seien aufgeführt:

- **Transkription oder keine Transkription der Gen-DNA?**
  Ein solcher Einfluß auf die Entstehung der mRNA liegt bei der Bildung des Eiklars für das Hühnerei vor. Das Eiklar besteht hauptsächlich aus vier Proteinen, die in Drüsenzellen des Eileiters erzeugt werden. Man kann die Synthese der vier Proteine durch Zufuhr von weiblichem Sexualhormon (Östrogen) jederzeit auslösen. Das Sexualhormon verstärkt die Bildung von mRNA ausschließlich an den zuständigen vier Genen, und zwar auf das Hundertfache. Gibt man den Versuchstieren ein die Transkription hemmendes Antibiotikum, löst das Sexualhormon keine Protein-Synthese mehr aus.
- **Translation oder keine Translation der mRNA?**
  Kernlos gemachte Amphibien- und Seeigeleier teilen sich nach künstlicher Anregung (vgl. Fortpflanzung und Entwicklung 1.1.4) und entwickeln sich bis zum Blastula-Stadium. Die Information dafür wird während der Eireifung vom Kern ins Cytoplasma abgegeben und dort gespeichert. Tatsächlich findet man die an den zuständigen Genen gebildete mRNA im Cytoplasma, wenn die Anregung der Eizelle die Translation auslöst. Die Translation braucht also der Transkription nicht unmittelbar nachzufolgen, sie kann auch zu einem späteren Zeitpunkt ausgelöst werden. Mittlerweile sind in verschiedenen Zellen mRNA-Moleküle im Cytoplasma nachgewiesen worden, die »blockiert« sind und daher nicht translatiert werden.

Mit den genannten Einflüssen auf Verwirklichung oder Nichtverwirklichung der Gen-Information sind zwar weitere Glieder, aber nicht die ganze Ursachenkette der Gen-Aktivierung aufgedeckt worden. Wahrscheinlich löst die Aktivierung eines Gens die Aktivierung anderer Gene aus, und diese regen dann ihrerseits weitere Gene zur Tätigkeit an, so daß ganze Induktionsketten auftreten (vgl. 12.2). Während der Differenzierung der Zellen bis zur Ausbildung eines spezifischen Zelltyps werden in der Regel immer mehr Gene stillgelegt (bis zu über 90%).

8.17 Bakteriengenetik

Plasmide. Viele Bakterienstämme haben außer dem Ring-Chromosom noch ein oder mehrere kleine, ringförmige DNA-Moleküle im Cytoplasma; man nennt sie *Plasmide*. Sie enthalten ebenfalls Erbanlagen, so z.B. Resistenzgene gegen Antibiotika und sogenannte Fertilitätsfaktoren (F). Plasmide vermehren sich ebenfalls durch Replikation. Bei *E. coli* (und vielen anderen Bakterien) befähigt das Vorhandensein des Fertilitätsfaktors (F^+-Zelle) die Zelle, sich an eine andere Zelle ohne F-Faktor (F^--Zelle) anzulagern und eine Plasmabrücke zwischen beiden Zellen auszubilden. Dieser Vorgang heißt *Konjugation*. Durch die Plasmabrücke können Plasmide zwischen den Bakterien ausgetauscht werden – manchmal sogar zwischen Vertretern verschiedener Bakterienarten. Harmlose Darmbakterien haben gelegentlich Plasmide mit Resistenzgenen gegen Antibiotika. Es ist daher möglich, daß diese Darmbakterien ihre Plasmide auf krankheitserregende Bakterien übertragen. Die Krankheitserreger vererben dann ihre erworbene Resistenz. Plasmide spielen heute in der Gentechnik eine wichtige Rolle (vgl. 10.3.1).

Parasexualität und Rekombination. Ein Plasmid mit F-Faktor kann – ähnlich wie ein Prophage – in das ringförmige Chromosom der Bakterienzelle eingebaut werden. Bei einer Konjugation und gleichzeitiger Verdoppelung des Chromosoms bricht dieses an der Einbaustelle des Plasmids auf, und ein Tochterstrang wandert von der Spenderzelle über die Plasmabrücke zur Empfängerzelle. Man spricht daher auch von Parasexualität. Je nach Zeitdauer der Konjugation (sie kann z.B. durch Schütteln der Kultur unterbrochen werden) gelangen kleinere oder größere Stücke des Tochterchromosoms in die Empfängerzelle. In dieser kann es nun zu einem Austausch von Nukleinsäurestücken mit dem dortigen Chromosom kommen (Rekombination). Der nicht ins Chromosom der Empfängerzelle eingebaute Teil des eingewanderten DNA-Stücks wird im Cytoplasma der Empfängerzelle abgebaut, ebenso das ausgetauschte DNA-Stück des Empfänger-Chromosoms. Führt man die Konjugation durch zwischen einem Stamm von *E. coli,* der die Aminosäure Threonin abbaut und den Zucker Lactose nicht abbaut (thr^+ lac^-), und einem Stamm, der Lactose abbaut, aber Threonin nicht (thr^- lac^+), so findet man danach Bakterien, die beide Abbauvorgänge durchführen (thr^+ lac^+). Es muß also Rekombination stattgefunden haben.

Genwirkketten bei Bakterien. Bei Bakterien lassen sich Genwirkketten mit Hilfe von *Mangelmutanten* aufdecken (s. Abb. 373.1). Dazu benötigt man viele verschiedene Mutanten. Diese kann man, ausgehend von einem Wildstamm (z.B. von *Escherichia coli*), durch Bestrahlung erzeugen. Man liest dann die entstandenen Mangelmutanten aus; dazu dient folgendes Verfahren: Die Bakterien werden in ein Medium (Nährflüssigkeit) ohne Aminosäuren, aber mit einem speziellen Antibiotikum gebracht, das die sich teilenden Zellen tötet. Bakterien, die noch alle Aminosäuren selbst synthetisieren können, gedeihen in diesem Medium, teilen sich und werden dabei abgetötet. Die Mangelmutanten teilen sich nicht und bleiben übrig. Sie werden auf einem festen Nährboden ausgestrichen, der alle Aminosäuren enthält; dort teilen sie sich rasch und bilden bald ein Muster von Kolonien. Jede Kolonie geht auf ein einziges Bakterium zurück, besteht also aus lauter erbgleichen Individuen.

Nach Entwicklung der Kolonien drückt man dann einen sterilen Samtstempel auf den festen Nährboden und überimpft das an den Samthaaren hängenbleibende Muster der Bakterienkolonien auf andere Nährböden, denen jeweils eine ganz bestimmte Aminosäure fehlt. Auf diesen Nährböden können sich diejenigen Mutanten nicht entwickeln, welche gerade die im Nährboden fehlende Aminosäure benötigen. Durch Vergleich mit der Ausgangsplatte lassen sich die Mangelmutanten lokalisieren. Sie werden dann von der Ausgangsplatte abgeimpft und unter Zugabe der für sie notwendigen Aminosäure weiterkultiviert.

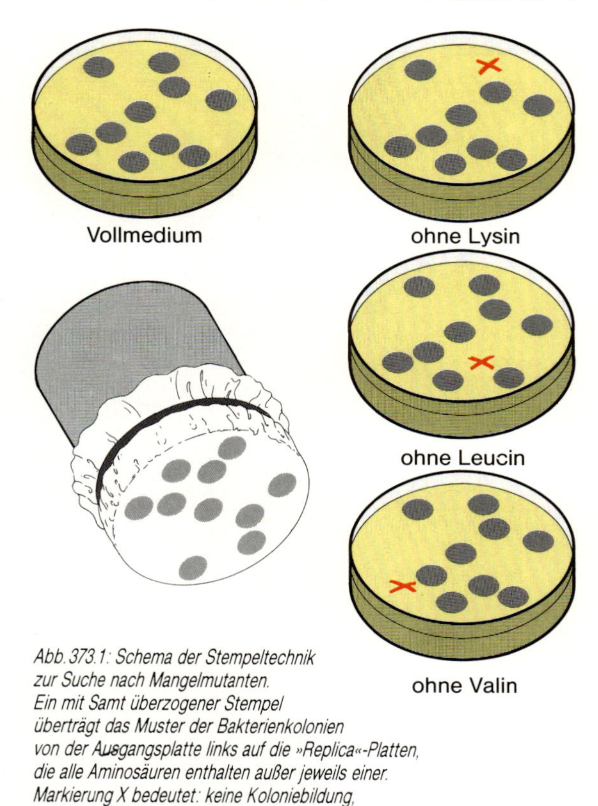

Abb. 373.1: Schema der Stempeltechnik zur Suche nach Mangelmutanten. Ein mit Samt überzogener Stempel überträgt das Muster der Bakterienkolonien von der Ausgangsplatte links auf die »Replica«-Platten, die alle Aminosäuren enthalten außer jeweils einer. Markierung X bedeutet: keine Koloniebildung, weil diese Mutante nicht die Fähigkeit zur Synthese der fehlenden Aminosäure hat.

Der Stoff, nach dessen Zugabe die Mangelmutante wächst, ist diejenige Vorstufe (einer Aminosäure), die sich wegen Ausfalls des zuständigen Enzyms nicht bilden konnte. Das Gen für dieses Enzym muß durch Mutation unfähig zur Enzymsynthese geworden sein.

Natürlich sind bei der Bestrahlung auch viele weitere Mangelmutanten entstanden, bei denen andere Stoffwechselwege gestört sind. Diese treten aber in der Regel bei dem angewandten Verfahren gar nicht in Erscheinung.

Regulierung der Gentätigkeit bei Bakterien. Wie werden die zu einem bestimmten Zeitpunkt in der Zelle aktiven Gene in Tätigkeit gesetzt? Diese Frage wurde zunächst beim Bakterium *Escherichia coli* untersucht. Enzyme, die den Abbau des Milchzuckers *(Lactose)* bei *E. coli* einleiten, werden nur gebildet, wenn Lactose im Nährmedium vorhanden ist. Der Zucker

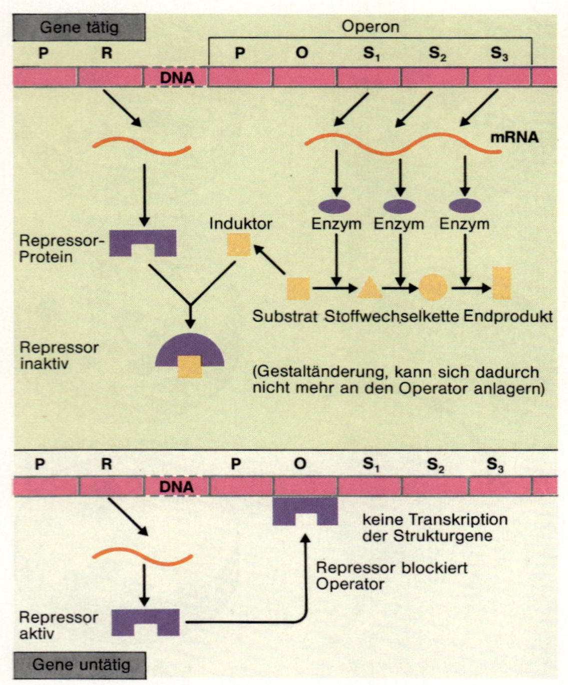

Abb. 374.1: Regelung der Gen-Tätigkeit durch Induktion. Als Induktor wirkt das Substrat eines der Enzyme, die von den Strukturgenen codiert werden. R Regulator-Gen, O Operator, S Struktur-Gene, P Promoter (ein DNA-Abschnitt vor den Genen, mit dem das Enzym RNA-Polymerase in Wechselwirkung treten muß, damit die Transkription der Gene möglich ist).

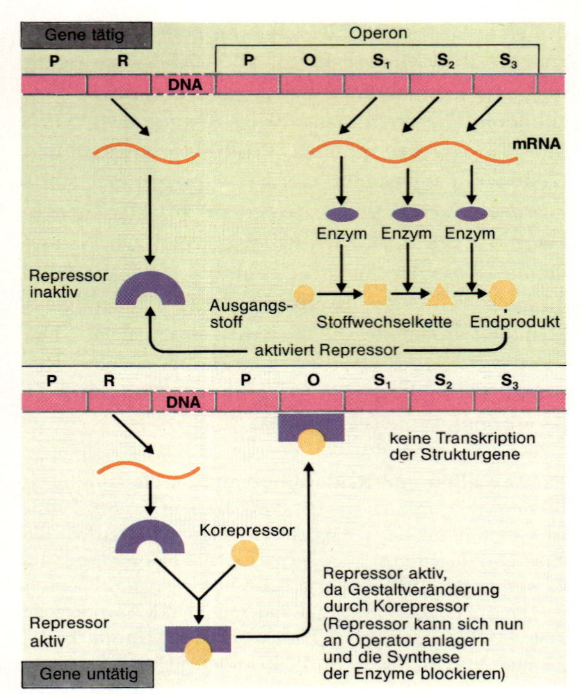

Abb. 374.2: Endprodukt-Repression. Als Korepressor wirkt das Endprodukt der vom Operon gesteuerten Stoffwechselkette. Die Enzymsynthese hört auf, wenn das Endprodukt in ausreichender Menge gebildet worden ist. R Regulator-Gen, O Operator, S Struktur-Gene, P Promoter

veranlaßt demnach die Bildung der Enzyme für seinen Abbau. Man nennt diesen Vorgang **Induktion** *der Enzymsynthese* und bezeichnet die Lactose als *Induktor*. Einige Mutanten von *E. coli* bilden aber auch dann Lactose abbauende Enzyme, wenn gar keine Lactose vorhanden ist. Außerdem gibt es Mutanten, die selbst bei Anwesenheit von Lactose keine abbauenden Enzyme bilden können, obwohl die Gene für die abbauenden Enzyme nachweislich nicht mutiert sind. Da das Fehlen der Regulation der Enzymtätigkeit erblich ist, muß es neben den Genen für die Synthese der Enzyme noch besondere Gene geben, die für die Regulierung der Aktivität dieser Enzym-Gene verantwortlich sind.

Für die **Substratinduktion** zum Lactoseabbau sind zwei Proteine notwendig. Eines davon steuert den Transport *(Permeation)* von Lactose aus dem Medium ins Zellinnere; es wird als *Permease* bezeichnet. Das andere katalysiert in der Zelle die Spaltung von Milchzucker in *α-Glucose* und *β-Galaktose*, es heißt *β-Galaktosidase*. Die beiden Enzyme werden entsprechend der Ein-Gen-ein-Polypeptid-Hypothese jeweils durch ein Gen codiert. Die Genkartierung zeigt, daß beide Gene auf dem *Escherichia coli*-Chromosom unmittelbar nebeneinanderliegen. Sie werden als *Struktur-Gene* bezeichnet.

Die beiden Enzyme werden immer im gleichen Mengenverhältnis zueinander und stets gemeinsam gebildet. Dies bedeutet, daß die Synthese beider zusammenhängen muß und daß die beiden nebeneinanderliegenden für ihre Synthese zuständigen Gene zusammen abgelesen werden; bei der Transkription entsteht eine einzige mRNA. Die Ablesung der Struktur-Gene wird von dem Protein eines weiteren Gens, dem *Regulator-Gen,* gesteuert. Dieses Protein hemmt die Ablesung der Struktur-Gene und wird *Repressor* genannt. Der Lactose-Repressor wirkt nur auf die Gene der Lactose-Enzyme hemmend (s. auch Abb. 374.1). Es muß also eine Struktur im Bereich der den Lactoseabbau steuernden Gene geben, die mit der spezifischen Struktur des Repressor-Proteins in Wechselwirkung tritt. Dieses DNA-Stück wird als *Operator* bezeichnet.

Die RNA-Synthese an der DNA beginnt mit der Anlagerung des erforderlichen Enzyms RNA-Polymerase. Sie findet an einem weiteren kurzen DNA-Abschnitt statt, der Polymerase-Bindungsstelle oder *Promoter* heißt. Der Promoter-Bereich liegt unmittelbar vor dem Operator. Wenn sich ein Repressor-Molekül an den Operator anlagert, kann die RNA-Polymerase nicht an den Promoter gebunden werden. Damit unterbleibt die Synthese der mRNA an den Struktur-Genen.

Ist in der Umgebung der Zelle viel Lactose vorhanden, so gelangen auch einige Lactose-Moleküle in die Zelle. Diese verändern die Raumstruktur des Repressors, so daß er mit dem Operator nicht mehr in Wechselwirkung treten kann. Die Blockierung des Operators wird dadurch aufgehoben, die Synthese von mRNA beginnt, und die Enzyme *Permease* und *Galaktosidase* können synthetisiert werden. Die Funktionseinheit von Promoter, Operator und Struktur-Genen nennt man *Operon*.

Wenn das Substrat eines Enzyms des Operons die Gen-Aktivität und damit die Enzymsynthese auslöst, spricht man auch von *Substratinduktion*. Die Steuerung der Gen-Aktivität durch Induktion findet man vor allem bei der Synthese von Enzymen für *abbauende* Stoffwechselreaktionen.

Aber auch der umgekehrte Vorgang der Regulation der Gen-Aktivität ist bekannt. *E. coli* kann z.B. die Aminosäure *Histidin* selbst synthetisieren. Fügt man aber reichlich Histidin zur Nährlösung hinzu, so nimmt die Menge der an der Histidin-Synthese beteiligten Enzyme in den Bakterien rasch ab, weil die Synthese dieser Enzyme gehemmt wird und die bereits gebildeten Enzyme in den Bakterien fortlaufend wieder abgebaut werden. Schließlich wird in den Bakterien kein Histidin mehr gebildet. Man nennt diese Erscheinung *Enzym*-**Repression** oder *Endprodukt-Repression*, weil das Endprodukt der Reaktions-Kette die weitere Enzym-Synthese hemmt. Im Falle der Repression der Histidin synthetisierenden Enzyme liegt das vom Regulator-Gen gebildete Repressor-Protein zunächst inaktiv vor. Durch Bindung von Histidin wird das Repressor-Protein aktiviert, lagert sich an den Operator des Histidin-Operons an und verhindert so die weitere Transkription der Struktur-Gene des Operons. Weil das Histidin die Enzymbildung durch seine Bindung an den Repressor unterdrückt, ist es ein *Korepressor* (Abb. 374.2).

Die Fähigkeit zur Regulation der Gen-Tätigkeit ist für den Organismus sehr wichtig. Sie verhindert unnötigen Energieaufwand und überflüssige Synthesen. Enzyme werden erst dann gebildet, wenn ihr Substrat vorliegt (Substrat-Induktion), und Synthesen hören auf, wenn der produzierte Stoff in genügender Menge gebildet ist (Endprodukt-Repression).

Die geschilderten Vorstellungen über die Regulierung der Gen-Aktivität bei Bakterien gehen auf JACOB und MONOD zurück (JACOB-MONOD-Modell).

8.18 Aufbau des Genoms bei Eukaryoten

Die DNA-Menge der Zellkerne höherer Pflanzen und Tiere ist wenigstens hundertmal größer als die DNA-Menge eines Bakteriums. Demgegenüber ist die Zahl unterschiedlicher Proteine des Organismus weniger als zehnmal größer. Eukaryoten-Zellen enthalten also einen »Überschuß« an DNA. Welche Funktionen hat nun diese zusätzliche DNA?

1. Die Gene sind zum Teil durch längere DNA-Stücke getrennt, denen man keine Information zuschreiben kann (»spacer«-Sequenzen).
2. Die Introns, die ebenfalls keine Information für das Protein enthalten, können sehr lang sein, so daß das Gen »vorwiegend aus Introns« besteht.

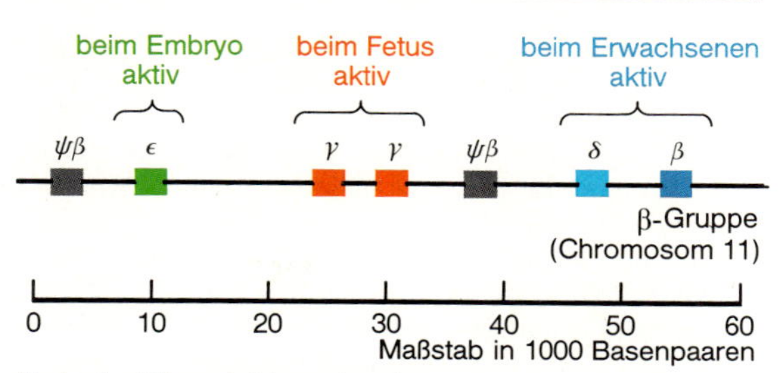

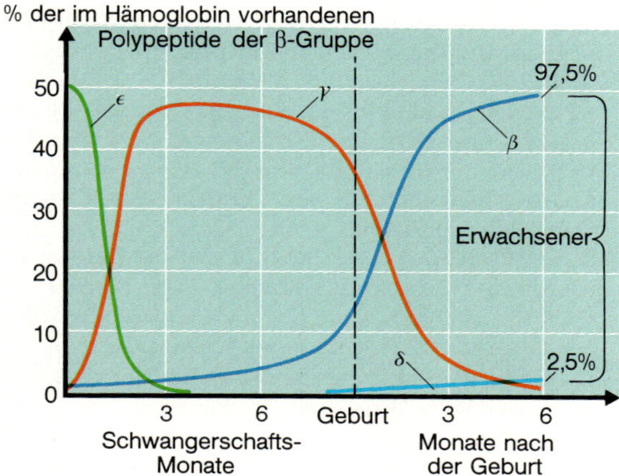

Abb. 375.1: Multigen-Familie der β-Globin-Gene (für die β-Kette des Hämoglobins) auf Chromosom 11 des Menschen und zeitlicher Verlauf der Bildung der einzelnen Polypeptide der β-Kette. ψβ = Pseudogene der β-Gruppe. Der zeitliche Verlauf zeigt, daß eine sehr genaue Regulation der Aktivität der einzelnen Gene stattfindet. Diese ist weitgehend unbekannt. Während aller Entwicklungsstadien treten zwei α-Ketten mit 2 Polypeptiden aus der Gruppe der β-Ketten zum funktionsfähigen Hämoglobin zusammen.

3. Die Nukleotidabfolgen von Genen können sich wiederholen und eine Multigen-Familie bilden. Die Gene einer solchen Familie liegen entweder in Gruppen beieinander oder sie sind auf mehrere Chromosomen verteilt. Wenn die sich wiederholenden Gene völlig identisch sind, so kann bei ihrer Transkription sehr rasch viel mRNA und damit auch rasch viel vom entsprechenden Protein entstehen. Dies ist z.B. bei den Histonen (vgl. Abb. 356.2) der Fall. Sind die Gene ein wenig voneinander verschieden, so haben ihre Produkte etwas unterschiedliche Aufgaben.

Als Beispiel seien die Gene für die beiden Polypeptidketten (α- und β-Kette) des Hämoglobins angeführt. Beim Menschen liegen die Gene der α-Gruppe auf Chromosom 16, jene der β-Gruppe auf Chromosom 11. Zu den Genen der β-Gruppe gehören außer dem β-Gen (mit der Information für die β-Kette) zwei γ-Gene, ein δ-Gen und ein ε-Gen. Die Genprodukte der γ- und ε-Gene sind in den vor der Geburt gebildeten embryonalen Hämoglobinen anstelle der β-Kette enthalten (Abb. 375.1). Das δ-Gen bildet die δ-Kette; beim Erwachsenen enthalten 97,5% des Hämoglobins β-Ketten und 2,5% an deren Stelle δ-Ketten. Außerdem enthält die Multigen-Familie noch einige völlig inaktive, funktionslose Sequenzen mit einer Basenabfolge, die jener der Gene weitgehend entspricht. Diese Sequenzen nennt man Pseudogene (abgekürzt: ψ). – Alle Gene der β-Gruppe sind durch längere Sequenzen ohne erkennbare Information voneinander getrennt. In der Nachbarschaft der Gene befinden sich die Promoter-Sequenzen und andere Regulationsbereiche, die z.B. festlegen, daß die Gene der embryonalen Hämoglobine beim Embryo, aber nicht beim Erwachsenen aktiv werden.

4. Einige Nukleotidabfolgen wiederholen sich im Genom mehr als 10 000fach. Diese »hochrepetitiven« Sequenzen sind an der Ausbildung der Chromosomen-Struktur beteiligt: Sie bilden das Centromer und befinden sich oft gehäuft in der DNA der Chromosomen-Endstücke. Sie stabilisieren offenbar diese Bereiche. Andere solche Sequenzen sind über das ganze Genom verteilt; deren Funktion ist unbekannt.
5. Bestimmte Nukleotidsequenzen binden die Chromosomen an das Cytoskelett des Zellkerns. Diese Bindung erfolgt so, daß jedes Chromosom bzw. jeder Teil des Chromatins im Kern einen festen Platz innehat.

Die Gene der Eukaryoten sind auf die Chromosomen verteilt und bilden keine Operons, wie sie bei Bakterien vorliegen (vgl. 8.16). Für die Regulation der Genaktivität gibt es zahlreiche Regulationsbereiche, die oft vom Strukturgen ziemlich weit entfernt sind. Einige dieser Bereiche sind durch bestimmte Nukleotidabfolgen gekennzeichnet. Gut bekannt sind z.B. solche, die durch Bindung besonderer Proteine die genaue Startstelle der Transkription festlegen und ebenso Bereiche, die durch Bindung anderer Proteine ein Gen aktiv werden lassen oder seine Aktivität erhöhen. Sie können interessanterweise auch in der Sequenz des Strukturgens selbst liegen. Ungeklärt ist die Frage, wie vom Ort des Transkriptions-Starts weit (mehrere hundert Nukleotide) entfernte Regulationsbereiche wirksam werden.

Bedeutung für die Regulation haben fernerhin Vorgänge auf der Ebene der Gene: So wird z.B. durch Bildung von Riesenchromosomen die Zahl sämtlicher Gene vervielfacht, da nun statt einer Chromatide sehr viele vorliegen. Es werden dann bei Aktivierung von Genen sehr rasch viele mRNA-Moleküle gebildet. Weiterhin sind Umlagerungen von Genen bekannt; dies spielt bei der Bildung von Antikörpern eine wichtige Rolle (vgl. Immunbiologie 6.).

8.19 Umlagerung von DNA

Bei Prokaryoten und Eukaryoten kommen DNA-Stücke vor, die sich von selbst aus dem Verband lösen und sich an anderer Stelle wieder in ein Chromosom einfügen. Solche Umlagerungen von Stücken des DNA-Doppelstrangs nennt man *Transposition*. Bei Bakterien gibt es solche Stücke auch in Plasmiden. Sind die Stücke genleer, so heißen sie Insertionsstücke; tragen sie Strukturgene, so werden sie *Transposons* genannt. Ihr Einbau in die Nukleotidsequenz eines Gens führt zu dessen Inaktivierung. Treten sie wieder aus, so wird die Funktion des Gens in der Regel wiederhergestellt (scheinbare Rückmutation). Solche beweglichen DNA-Stücke wurden zuerst von BARBARA MCCLINTOCK bei Maissorten mit farbigen Körnern entdeckt. Wird durch den Einbau des Transposons die Ausbildung der Kornfärbung verhindert, so entstehen helle Körner. Tritt das Transposon aus, so wird die Kornfärbung wiederhergestellt. Erfolgt der Austritt während der Kornentwicklung, so entstehen gefleckte Körner (Abb. 377.1). Alle Zellen nämlich, die durch Teilung aus der Zelle hervorgehen, in welcher der Austritt erfolgte, bilden den Farbstoff aus. Entsprechende Vorgänge führen zu den gesprenkelten Blüten von Löwenmäulchen, Petunien usw. Auch bei *Drosophila,* Hefen und anderen Organismen sind Transposons untersucht worden.

9. Anwendung der Genetik auf die Pflanzen- und Tierzüchtung

Schon seit vorgeschichtlicher Zeit hat der Mensch Pflanzen in Kultur genommen und Wildtiere zu Haustieren gemacht. In höchstens 10 000 Jahren ist dabei aus verhältnismäßig wenigen Wildformen die ungeheure Fülle unserer heutigen Kulturgewächse und Haustiere entstanden. Am Anfang beruhte die Züchtung ausschließlich auf einer Auswahl geeigneter, zufällig entstandener Mutanten (Zuchtwahl). Heute hat die Genetik in der Pflanzen- und Tierzüchtung eine umfangreiche praktische Anwendung gefunden. Ein Jäger und Sammler braucht einen Lebensraum von 20 km^2; die gleiche Fläche, mit Kulturpflanzen bebaut, kann heute bis zu 6000 Menschen ernähren. Ohne Pflanzen- und Tierzüchtung, die nicht nur ertragreiche Rassen, sondern auch solche für klimatisch weniger günstige Gebiete geschaffen hat, hätte sich die Menschheit gar nicht so stark vermehren können.

9.1 Pflanzenzüchtung

Untersucht man ein beliebiges Gemisch von Bohnensamen auf ihr Gewicht, so ergibt sich eine *Variationskurve* (vgl. Abb. 377.2). Bringt man aber unterschiedlich schwere Bohnen dieses Gemischs zur Vermehrung durch Selbstbefruchtung, so liefern die Nachkommen jeder einzelnen Bohne ganz verschiedene Variationskurven mit Normalverteilung und unterschiedlichen Mittelwerten. Führt man dieses Verfahren über viele Generationen weiter, so erhält man schließlich bezüglich des Samengewichtes erbgleiche Individuen. Man nennt sie eine *reine Linie.*

Abb. 377.1: Gefleckte Maiskörner infolge Transposon-Wirkung

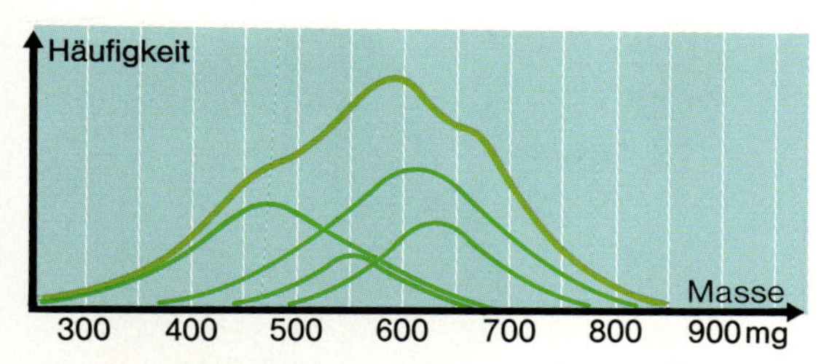

Abb. 377.2: Populationskurve als Summenkurve der Variationskurven von 4 reinen Linien (Gewicht von Bohnensamen)

Jede reine Linie zeigt ebenfalls eine Variationskurve mit Normalverteilung, weil sie eine eigene Modifikationsbreite hat. Das ursprüngliche Gemisch enthielt Bohnen aus zahlreichen reinen Linien. Die reinen Linien mit höherem Durchschnittsgewicht lassen sich von den anderen trennen. Innerhalb der reinen Linien ist die Auslese sinnlos.

Individualauslese. Man sucht in einer Population nach Individuen mit gewünschten günstigen Eigenschaften, sät ihre Samen getrennt auf besondere Beete und sorgt dafür, daß die Pflanzen möglichst gleiche Wachstumsbedingungen haben. Da die Pflanzen eines Beetes von der gleichen Mutterpflanze abstammen, bleiben bei der wiederholten Anwendung des Verfahrens reine Linien mit den gewünschten Eigenschaften übrig. Bei Selbstbefruchtern (Bohne, Erbse, Weizen [Abb. 377.3], Gerste) und bei Pflanzen, die man vegetativ vermehrt (Kartoffel), führt dieses Verfahren meist rasch zum Ziel. Bei Fremdbefruchtern, wie z. B. beim Roggen, wird eine Anzahl Ähren künstlich bestäubt. Einige Körner jeder Ähre werden ausgesät, die übrigen einbehalten. Nach der neuen Ernte werden nur Körner von Ähren mit dem besten Ertrag für die weitere Züchtung verwendet.

Kombinationszüchtung. Kreuzung verschiedener Genotypen (Rassen, Sorten) einer Art bringt neue genotypische und phänotypische Kombinationen, die man auf gewünschte Eigenschaften hin ausliest.

Diese Methode hat folgende Vorteile:

1. Gene erwünschter Eigenschaften, die auf die beiden Eltern verteilt waren, lassen sich in einem Genotyp vereinigen.

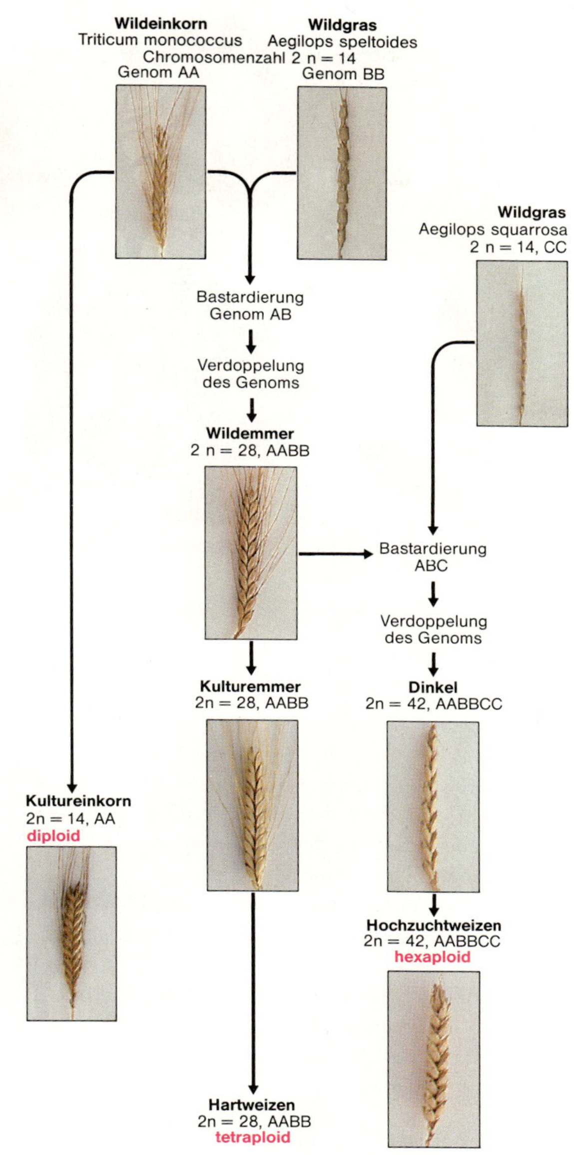

Abb. 377.3: Entstehung des Kulturweizens durch Kreuzung, Polyploidisierung und Auslese. Auf dem hier angegebenen Weg ist die Nachzüchtung des Kulturweizens aus den Ausgangsformen gelungen. Früheste Funde des Kultureinkorns um 7500 v. Chr. in Vorderasien, des Emmers um 7000 v. Chr. in Vorderasien, des Dinkels um 4500 v. Chr. in der Westukraine. Das wilde Einkorn hat brüchige Ährenspindeln wie viele andere Wildgräser. Der heutige Weizen hat feste Ährenspindeln, die beim Erntevorgang nicht zerbrechen. Die Einkorn-Ähre enthält etwa 20 Körner, die Ähre der Hochzuchtsorte etwa 60-70 Körner und jedes Korn mit dem 2- bis 3fachen Gewicht eines Korns vom Einkorn. An den Ertragssteigerungen der Hochzuchtsorten ist nicht nur die Züchtung beteiligt, auch verbesserte Anbaumethoden und die Düngung der Böden haben dazu beigetragen.

Abb. 378.1: Abänderung des Kohls unter dem Einfluß der Züchtung: Wildkohl (Brassica oleracea), Blumenkohl (fleischig gezüchteter Blütenstand), Kohlrabi (knollige Verdickung des Stengels), Rosenkohl (gestauchte, dickfleischige Seitenknospen), Wirsing und Rotkohl (die Kopfkohle haben gestauchte Stengel mit großen, dicken, gefalteten Blättern).

2. Durch Kreuzung können ganz neue Eigenschaften auftreten; sie entstehen durch Zusammenwirken von Genen, die von den beiden genotypisch verschiedenen Eltern stammen.
3. Durch Kreuzung können erwünschte Merkmale verstärkt oder unerwünschte zurückgedrängt werden.

Aufwendig ist die Prüfung der großen Anzahl der jeweiligen Kreuzungsprodukte auf unbrauchbare Heterozygote und auf die Homozygoten, die zur weiteren Züchtung dienen.

Bei Selbstbefruchtern kann man durch Kombinationszüchtung rasch einen großen Homozygoten-Anteil erhalten. Man baut dazu die Kreuzungsprodukte über mehrere Generationen hinweg in einem großen Bestand an, ohne eine Auslese durchzuführen *(Ramschzüchtung)*. Die Menge der Homozygoten nimmt dann prozentual zu, und wenn nach 5 oder mehr Generationen mit der Auslese begonnen wird, ist ihr Anteil schon sehr groß. Geht man ausschließlich von Heterozygoten aus (1. Generation seien z. B. 1600 Individuen Aa = 100%), so liegen nach 5 Generationen theoretisch bereits 93,75% Homozygote (AA und aa) vor.

Durch Kombinationszüchtung entstand z. B. der *Panzerweizen*, der Winterhärte mit hoher Ertragsfähigkeit verbindet. Gekreuzt wurde eine frostresistente, aber wenig ertragreiche schwedische Weizensorte mit dem reichtragenden, aber kälteempfindlichen englischen *Dickkopfweizen*. Durch Einzelauslese aus zahlreichen Kreuzungen wurde dann die vorteilhafteste Eigenschaften-Kombination ausgewählt und als neue Weizensorte weitervermehrt. Auch unsere Kohlsorten (s. Abb. 378.1) (Kohlrabi, Blumenkohl, Rosenkohl, Krauskohl, Rundkohl, Spitzkohl), die alle auf dieselbe wilde Stammform *(Brassica oleracea)* zurückgehen, sowie die Zuckerrübe und die Süßlupine sind Beispiele für die Kombinationszüchtung.

Hybridzüchtung. Die Kombinationszüchtung, die erwünschte Merkmale zur Konstanz züchtet, ist der bevorzugte Weg zur Verbesserung von Selbstbefruchtern (z. B. Weizen, Gerste). Bei vielen Fremdbefruchtern (z. B. Mais, Roggen) erreicht man Fortschritte mit Hybridformen (s. Abb. 379.1). Aus heterozygoten Ausgangspflanzen lassen sich durch mehrjährige künstliche Bestäubung nahezu homozygote Inzuchtlinien (reine Linien) züchten. Kreuzt man zwei solche Linien, tritt bei der Tochtergeneration (F_1-Hybriden) oft eine auffallende Mehrleistung gegenüber der mittleren Leistung ihrer beiden Elternformen auf. Man nennt diese Mehrleistung *Heterosis*. Sie äußert sich z. B. bei Getreide im höheren Kornertrag. Sie kann sich bei Pflanzen und Tieren auch in einer höheren Resistenz gegen Krankheiten und bei Hühnern in höherer Legeleistung zeigen. Bei den Nachkommen der F_1-Hybriden treten die weniger günstigen Eigenschaften der Inzuchtlinien wieder auf, da Homozygote entstehen. Man gewinnt Hybrid-Saatgut oder Hybrid-Nutztiere deshalb unmittelbar aus der Kreuzung von zwei Inzuchtlinien.

Die Heterosis ist um so deutlicher ausgeprägt, je größer der genetische Unterschied zwischen den Elternlinien ist, je mehr Gene also in unterschiedlichen Allelen vorliegen. Die Ursache der Heterosis kann darin liegen, daß bei den Hybriden die jeweils günstigeren Allele über die ungünstigeren dominieren – einerlei, von welcher Elternform sie stammen. Es ist bei Getreide auch möglich, daß z.B. die Allele A und a zwar ein Enzym gleicher Wirkung, aber mit unterschiedlichem Temperaturoptimum bestimmen. Die heterozygote Hybride vermag dann die betreffende Stoffwechselreaktion in einem breiten Temperaturbereich optimal auszuführen, die Elternformen können dies jedoch nur in einem schmalen Temperaturbereich. Bei wechselhafter Witterung und Tagesschwankungen der Temperatur wäre dann die Hybride mit ihrem breiten Temperaturoptimum im Vorteil.

Auch Artbastarde können Heterosis-Effekte zeigen. Bei der Kreuzung von Weizen *(Triticum)* mit Roggen *(Secale)* wurde der Bastard *Triticale* erzeugt, der auf sauren und warmen Böden besonders hohe Erträge bringt und zum Teil sogar dem Weizen überlegen ist.

Abb. 379.1: Heterosis beim Mais.
Je 5 Kolben von zwei homozygoten Linien (oben) und ihrer Kreuzung (unten).
Die Mehrleistung der Kreuzung (F_1-Hybriden) äußert sich vor allem im Körnerertrag (Korngewicht und Anzahl der Körner je Kolben).
Bei F_2-Hybriden geht die Mehrleistung wieder zurück.

Mutationszüchtung. Zur experimentellen Auslösung von Mutationen in der Züchtung verwendet man vor allem Samen und setzt sie Röntgen- und Neutronenstrahlen, Kälte- oder Wärmeschocks oder mutagenen chemischen Stoffen (z.B. *Ethylimin, Ethylmethansulfonat* = EMS) aus. Nur ein verschwindend kleiner Bruchteil der erzeugten Mutationen ist für die Weiterzüchtung erfolgversprechend. Weitaus die meisten Mutanten sind defekt. Doch wurde durch Bestrahlung eine Maismutante gewonnen, deren Eiweiß mehr *Lysin* (essentielle Aminosäure) enthält und deshalb für die menschliche Ernährung eine höhere biologische Wertigkeit besitzt.

Züchtung höherer Pflanzen aus Einzelzellen. Aus Pollenkörnern oder Samenanlagen kann man heute vollständige haploide Pflanzen heranziehen. Die sich teilenden Zellen der jungen Pflänzchen lassen sich mit *Colchicin* diploidisieren. Die dann entstehenden Pflanzen sind stets homozygot. Deshalb wirken sich ihre rezessiven Anlagen phänotypisch aus, und man kann sie sofort erkennen.

Zellwandlos gemachte Pflanzenzellen *(nackte Protoplasten)* lassen sich ebenfalls zu vollständigen Pflanzen entwickeln, wobei die Zellen wieder Zellwände ausbilden. In Kulturen solcher Zellen entstehen bei Einwirkung von Mutagenen viele Mutanten, die man mit Hilfe der Stempeltechnik auf verschiedene Nährböden übertragen kann (vgl. 373.1). Nach Zusatz von Schädlingsgiften zum Nährboden liest man die resistenten Formen aus.

Nackte Protoplasten einiger Pflanzenarten können sogar miteinander verschmolzen werden. Aus den *Hybridprotoplasten* lassen sich dann Gewebekulturen und schließlich bei manchen Arten vollständige Pflanzen gewinnen. Man kann auf diese Weise Eigenschaften zweier verwandter Arten auch dann miteinander kombinieren, wenn sie sich nicht kreuzen lassen (vgl. Abb. 380.1).

Klonung heißt die Bildung eines Klons von Organismen durch Vermehrung eines ausgewählten Individuums auf ungeschlechtlichem Wege, wobei nur erbgleiche Nachkommen entstehen (vgl. 10.2). Die Züchtung wendet diese Methode z.B. bei der Kartoffel an. Von einer besonders ertragreichen Mutterpflanze wählt man die Knollen als Saatgut und erhält so über viele Generationen hinweg erbgleiche Nachkommen.

9.2 Ziele der Pflanzenzüchtung

Neben der Ertragssteigerung zielt die Züchtung ebensosehr auf eine Verbesserung der Qualität: höherer Eiweiß- und Fettgehalt, höhere Wertigkeit des Eiweißes, Steigerung der Backfähigkeit oder des Vitamingehaltes, Verbesserung des Geschmacks oder der Haltbarkeit. Die heutigen Züchtungsziele berücksichtigen zudem die Verwendung rationeller Anbau- und Ernteverfahren: standfeste Getreidesorten mit fester Ährenspindel für den Mähdrusch; einsamige Früchte bei der Zuckerrübe, um das Vereinzeln nebeneinander aufgehender Keimlinge überflüssig zu machen und maschinell ernten zu können. So wird laufend

a

b

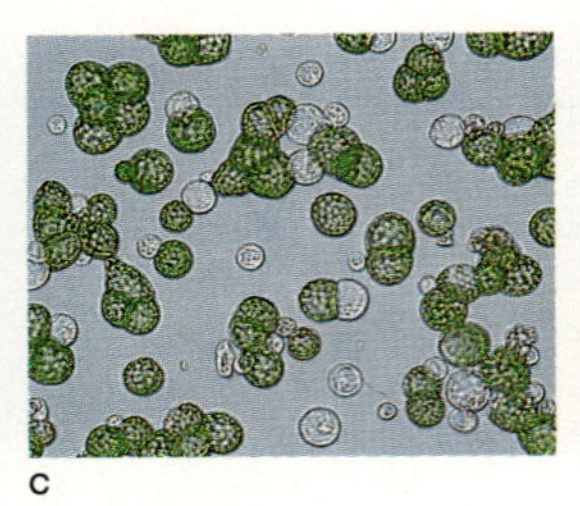

c

d

Abb. 380.1: a Tabakpflänzchen, die aus Pollenkörnern in der Antherenkultur entstanden sind. Man legt dazu unter sterilen Bedingungen auf einem Nährmedium die Staubbeutel (Antheren) aus. b Bildung neuer Pflanzen in einer Kalluskultur (von Raps). Man läßt Kallusgewebe aus Stengel- oder Blattgewebsstücken auf einem Nährmedium wachsen und setzt dann geeignete Wuchsstoffe zu. Es erfolgt eine Bildung von Embryonen, wie sie normalerweise im Samen angelegt werden. Diese wachsen heran und lassen sich nach Vereinzelung im Nährmedium zu ganzen Pflanzen heranziehen.

c Verschmelzung (Fusion) von grünen und weißen Protoplasten. Protoplasten (zellwandlos gemachte Pflanzenzellen) lassen sich unter geeigneten Bedingungen fusionieren. Hier wurden grüne Blattzell-Protoplasten mit farblosen Kalluszell-Protoplasten gemischt. Man erkennt, daß auch Fusionen gleichartiger Protoplasten erfolgen. d Bastard von Raps (Brassica) und Arabidopsis, erhalten durch Protoplasten-Verschmelzung und anschließende Kultur. Die beiden Eltern gehören zu verschiedenen Pflanzengattungen und sind nicht kreuzbar. Die Protoplastenfusion liefert „somatische Hybriden". Da die Genome der beiden Eltern teilweise nicht zusammenpassen, kommt es zu Wachstums- und Entwicklungsstörungen; es entstehen Pflanzen-„Monster".

eine genetische Anpassung an sich ändernde Produktionsbedingungen erzielt. Von Bedeutung ist auch der Anbau wertvoller Kulturpflanzen in Ländern, in denen sie bisher nicht vorkamen. Hier muß die Züchtung durch Anbauversuche und Kreuzungen verschiedenster Sorten *Ökotypen* (an den Standort angepaßte Formen) gewinnen, die unter den neuen Klima- und Bodenverhältnissen befriedigende Erträge liefern.

Hochzuchtformen müssen durch ständige Auslese von spontan entstandenen Mutationen oder von durch Fremdbestäubung aufgetretenen leistungsschwächeren Mischlingen vor Verschlechterung bewahrt werden *(Erhaltungszüchtung)*.

9.3 Schutz der Wildflora als Voraussetzung für künftige Züchtungserfolge und für die Gewinnung neuer Nutzpflanzen

Zu den ganz oder nahezu ausgerotteten Arten (s. Ökologie 6.2, 7.2) gehören viele wilde Verwandte unserer Kulturpflanzen. Auch die ursprünglichen Sorten unserer Nutzpflanzen sind von den ertragreichen Hochzuchtsorten verdrängt worden. Nun besitzen gerade die Wildformen und die Primitivsorten manche Eigenschaften, die für die Weiterführung der Züchtung wertvoll wären, so z. B. Widerstandsfähigkeit gegen Kälte, Trockenheit oder Schädlinge. Mit ihrem Verschwinden verringern sich die Gen-Bestände, die für die Kreuzung zur Qualitätsverbesserung oder zur Anpassung an andere Klimaregionen notwendig sind. Der Gen-Bestand der Hochzuchtsorten reicht für die Vielzahl der angestrebten oder erst in der Zukunft auftretenden Zuchtziele nicht mehr aus. Unvorhersehbar ist auch der Bedarf an weiteren Nutzpflanzen (z. B. Arzneipflanzen), die durch Kultivierung von Wildpflanzen noch zu gewinnen sind. Wir müssen deshalb den Fortbestand dieser Lebewesen als notwendige Voraussetzung für die Existenz des Mensch begreifen und weltweit alles für den Artenschutz Erforderliche tun. Außerdem werden Samen möglichst vieler Sorten in flüssigem Stickstoff aufbewahrt. Sie bleiben dann fast unbeschränkt keimfähig, so daß jederzeit wieder Pflanzen herangezogen werden können. Derartige *Genbanken* hat man für zahlreiche Nutzpflanzen angelegt.

9.4 Tierzüchtung

Im europäischen Kulturkreis ist die Haustierhaltung auf rund ein Dutzend Säugetiere und Vögel beschränkt. In Mitteleuropa wurde schon vor über 10 000 Jahren der Hund zum Haustier. Das Rind ist seit 8000 bis 9000 Jahren Haustier, ihm folgten Schwein, Schaf und Ziege. Erst vor 5000 Jahren kam das Pferd dazu, um dieselbe Zeit die Taube und das Huhn. Seitdem haben sich die vielen Rassen unserer Haustiere gebildet. Alle Abweichungen stammen von Mutanten ab, die vom Menschen zur Weiterzucht ausgewählt wurden. Abgesehen von der Hauskatze gehen alle Haustiere auf gesellig lebende Wildformen zurück.

Der Hauptnutzen der Haustiere liegt heute in der Nahrungsproduktion. Ihre Bedeutung als Arbeitstiere ist als Folge der Motorisierung stark zurückgegangen. Wolle und Leder werden zum Teil durch Kunststoffe ersetzt. Andererseits ist die Bedeutung des Haustiers als Freizeitgefährte des Menschen gewachsen. Nicht weniger als 300 Hunderassen spiegeln die vielfältigen Ansprüche an ein Tier, das ursprünglich fast nur Jagd- und Wächterfunktion hatte.

Auch die Nutztierzüchtung arbeitet mit Zuchtwahl und Kreuzung, außerdem benutzt sie die Erkenntnisse der Populationsgenetik. Zur Auswahl stehen ihr jedoch längst nicht so viele Einzelwesen zur Verfügung wie dem Pflanzenzüchter. Kreuzungen von Großtieren sind wegen der langen Entwicklungszeit, der geringen Zahl der Nachkommen und des großen Wertes der Einzeltiere nicht so einfach wie bei Pflanzen. Genaue Abstammungsnachweise (Stammtafeln und Herdbücher) helfen jedoch der Lenkung der Züchtung. Beim Huhn wurde die durchschnittliche Jahreslegeleistung wesentlich erhöht, sie liegt heute bei 300 Eiern (s. Abb. 381.1). Bei Rindern stieg die jährliche Milchleistung von etwa 600 Liter beim Wildrind auf 3000 bis 4000 Liter beim Hausrind. Früher war man bestrebt, einzelne Eigenschaften des Haustiers, wie Fleischgewicht oder Milchmenge, zu erhöhen. Heute ist es das Ziel der Züchtung, die erwarteten Leistungen des Tieres möglichst rationell zu erhalten. Für die Wirtschaftlichkeit der Tierproduktion sind die Arbeits- und Stallkosten von erheblicher Bedeutung geworden. So müssen für die Hybridzüchtung zur Nutzung des Heterosis-Effekts (z. B. Erhöhung der Mastfähigkeit, der Legeleistung) zwei Reinzuchtlinien getrennt gehalten werden. Die Hybriden sind die Nutztiere, die Reinerbigen die Zuchttiere.

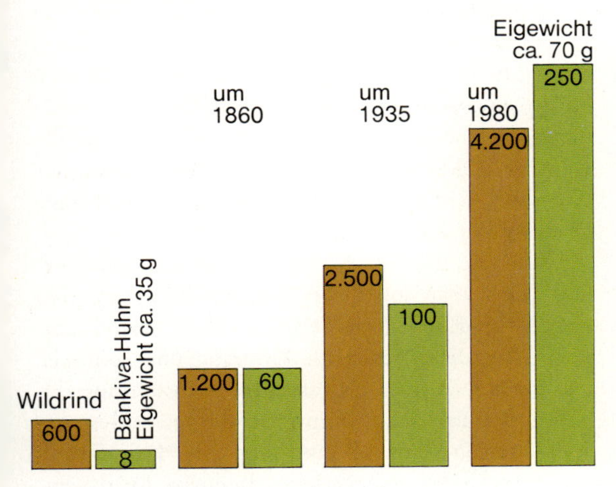

Abb. 381.1: Braun: Jahresmilchertrag je Kuh in kg. Grün: Je Huhn im Jahr gelegte Eier. Die Leistungen der Tiere schwanken individuell und je nach Rasse, Futter und Haltung.

In der Haustierzucht wendet man in großem Umfang die künstliche Besamung an. Die Spender der Spermien werden nach den Eigenschaften ausgewählt, welche die Nachkommen haben sollen.

10. Gezielter Einfluß auf Nachkommenschaft und Erbgut

Seit Beginn der Pflanzen- und Tierzüchtung hat der Mensch auf das Erbgut von Lebewesen eingewirkt, um es zu seinem Nutzen zu verändern. Nachfolgend seien moderne Verfahren zur absichtlichen Beeinflussung des Erbgutes geschildert.

10.1 Embryo-Übertragung

Um die Erbanlagen hochleistungsfähiger Kühe rascher zu vermehren, entwickelte man die Methode der Embryo-Übertragung von der Zuchtkuh auf Ammenkühe. Vor der künstlichen Besamung einer Hochleistungs-Zuchtkuh wird mittels einer Hormon-Injektion ein mehrfacher Eisprung ausgelöst, der 8 bis 25 Eizellen gleichzeitig freisetzt. Nach einer Woche werden die stecknadelkopfgroßen Embryonen aus der Gebärmutter ausgespült, einzeln in je eine Ammenkuh eingesetzt und von ihr normal ausgetragen.

10.2 Klonung von Individuen

Setzt man in entkernte Eizellen diploide Kerne ein von Körperzellen eines Spenders mit besonders guten Eigenschaften, so erhält man bei Weiterentwicklung der Eizellen lauter genetisch gleiche, mit dem Spender identische Individuen. Man bezeichnet eine Gruppe genetisch gleicher Individuen als *Klon*. Das Prinzip dieses Klonungsverfahrens zeigt der Krallenfroschversuch in Abb. 371.1.

Bei Säugern experimentiert man an einer Klonung mittels embryonaler Zellen, noch schwieriger ist sie jedoch über Zellen von erwachsenen Nutztieren, deren Leistung man kennt. Dies wäre aber für die Nutztierzucht von großem Vorteil. Man könnte dann z. B. aus Körperzellen einer Kuh mit sehr hoher Milchleistung die Kerne entnehmen und in entkernte Eizellen anderer Kühe einsetzen. Eine Klonung von Nutztieren würde auch die Züchtungszeit verkürzen.

10.3 Gentechnik

Als Gentechnik (oder Gentechnologie) bezeichnet man die *gezielte Übertragung fremder Gene* in den Genbestand einer Zelle bzw. eines Organismus, wobei eine neue Genkombination zustande kommt. Es gibt daneben auch andere Verfahren zur künstlichen Übertragung von Erbmaterial zwischen verschiedenen Zellen, so die Zellfusion, die zur Verschmelzung der Chromosomensätze von zwei Zellen führt, sowie den Transfer einzelner Chromosomen in eine Empfängerzelle.

Die Gentechnik bedient sich bestimmter Werkzeuge und kennt eine Reihe von Verfahren, die jeweils aus zahlreichen Arbeitsschritten bestehen. Ihre Ziele sind die Erzeugung medizinisch und wirtschaftlich wichtiger Stoffe, eine Verbesserung der Nahrungsmittelproduktion, der Nachweis und die Heilung von Erbkrankheiten beim Individuum sowie die Verbesserung des Einsatzes von Mikroorganismen beim Stoffabbau.

10.3.1 Werkzeuge der Gentechnik

Die zu übertragenden Gene müssen aus dem Genom, in dem sie vorkommen, isoliert und dann in die DNA eines anderen Organismus eingebaut werden. Dazu dienen die *Restriktionsenzyme,* die DNA-Moleküle an ganz genau festgelegten Stellen spalten und so in bestimmte Spaltstücke zerlegen (vgl. 8.7). Man verwendet vor allem solche Restriktionsenzyme, die den DNA-Doppelstrang versetzt spalten. Dadurch entstehen DNA-Stücke, die an den Enden eine kurze einsträngige Nukleotidfolge tragen. Ein bestimmtes Restriktionsenzym zerlegt große DNA-Moleküle in zahlreiche Spaltstücke, die alle die gleichen einsträngigen Endgruppen von Nukleotiden besitzen. Diese Endstücke sind die »klebrigen« (sticky) Enden. Der Einbau einer fremden DNA, welche die gleichen klebrigen Enden aufweist wie die Wirts-DNA, erfolgt dann mit Hilfe eines Verknüpfungsenzyms, einer *DNA-Ligase.*

Die fremde DNA bezeichnet man als die *Passagier-DNA;* sie wird an ein »Transportsystem« gebunden und so in eine Zelle eingeschleust. Das Transportsystem für die Passagier-DNA nennt man den *Vektor.* Vektoren werden für Bakterienzellen vor allem aus *Plasmiden,* aber auch aus Phagen-DNA hergestellt. Vektoren für Eukaryotenzellen kann man aus *Viren* erhalten. Häufig müssen die Vektoren an mehreren Stellen verändert werden, bevor sie verwendbar sind, z.B. durch Einbau geeigneter Nukleotidsequenzen als Schnittstellen. Auch aus einem Plasmid und einer Virus-Nukleinsäure künstlich zusammengebaute Vektoren werden eingesetzt.

Wenn in einem Plasmid die Erkennungssequenz (vgl. 8.7) des gewählten Restriktionsenzyms nur einmal vorkommt, wird an dieser Stelle der Plasmidring geöffnet. Nun mischt man solche geöffneten Plasmide mit der entsprechenden Passagier-DNA. Da die klebrigen Strangenden gleich sind, kommt es nach Zugabe des Verknüpfungsenzyms zu einem Einbau. Es entstehen Hybrid-Plasmide in Ringform. Der so gewonnene Vektor wird dann in plasmidfreie Bakterienzellen eingebracht. Dies gelingt bei etwa einem unter 1 Million Bakterien (also in jeder größeren Kolonie; vgl. Abb. 383.1). Manche der Vektoren dienen nur zur Vermehrung der Passagier-DNA (z.B. um anschließend deren Nukleotidsequenz festzustellen): Sie sind *Klonierungs-Vektoren.* Andere Vektoren sollen dazu führen, daß die Information der Passagier-DNA für ein bestimmtes Protein auch abgelesen (exprimiert) wird, so daß dann das fremde Protein entsteht. Zur Regulierung der Gentätigkeit müssen diese *Expressions-Vektoren* Regulationssysteme besitzen, die für die Empfängerzelle geeignet sind (in Bakterienzellen wird z.B. das Regulationssystem des Lactose-Operons verwendet). Für Säugerzellen geeignete Regulationssysteme besitzt z.B. das Affenvirus SV 40, bei dem man in der Virus-DNA die Gene für den Aufbau der Virusteilchen durch die Passagier-DNA ersetzt hat. Die auch bei Säugerzellen wirksamen Regulationssysteme des Virus sind dann mit der Passagier-DNA verknüpft.

10.3.2 Herkunft der Passagier-DNA; Genbank

Das gewünschte Gen befindet sich zunächst im Genom eines Spenderorganismus. Dessen gesamte DNA kann man aus Zellkulturen gewinnen. Sie wird dann mit Restriktionsenzymen gespalten, alle Spaltstücke werden als Passagier-DNA in Plasmide eingebaut und dann in Wirtsbakterien vermehrt. Auf diese Weise entstehen so viele verschiedene Zellklone von Wirtsbakterien, wie es unterschiedliche Passagier-DNA-Stücke gab. Alle diese Zellklone zusammen bilden eine *Genbank* oder *Genbibliothek.* Eine vollständige Genbank des menschlichen Genoms müßte ungefähr 1 Million verschiedene Klone umfassen. Nur dann wäre sicher, daß jedes Gen des Menschen in einem der Zellklone enthalten ist.

Wenn die mRNA des einzubauenden Gens vorliegt, kann man mit Hilfe von *reverser Transkriptase* eine DNA-Kopie (copyDNA = cDNA) davon herstellen, an diese zusätzlich Einstrangenden anfügen und die cDNA dann als Passagier-DNA einbauen.

Kennt man die Aminosäureabfolge eines gewünschten Proteins, so kann man mit Hilfe des genetischen Codes eine Nukleotidsequenz für das zugehörige Gen ermitteln und dieses aus den Nukleotidbausteinen auf chemischem Weg synthetisieren.

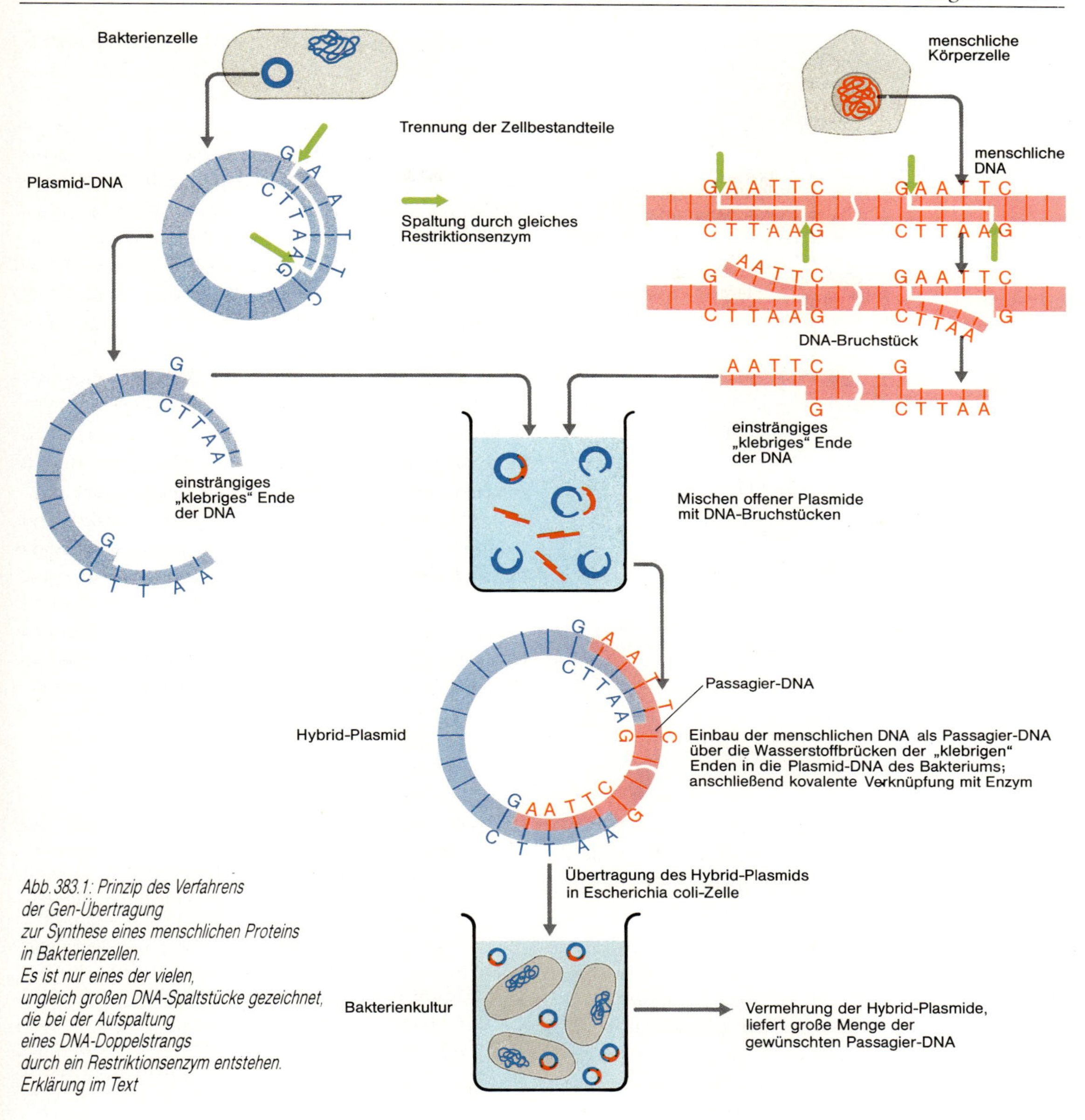

Abb. 383.1: Prinzip des Verfahrens der Gen-Übertragung zur Synthese eines menschlichen Proteins in Bakterienzellen. Es ist nur eines der vielen, ungleich großen DNA-Spaltstücke gezeichnet, die bei der Aufspaltung eines DNA-Doppelstrangs durch ein Restriktionsenzym entstehen. Erklärung im Text

Nach dem Anfügen von Einstrangenden ist ein Einbau als Passagier-DNA möglich (vgl. 10.3.4).

10.3.3 Auswahl von Zellklonen

Hat man eine Genbank, so muß man nun den Zellklon finden, dessen Zellen dasjenige Hybrid-Plasmid enthalten, in dem das gewünschte Gen liegt. Diese *Klonauswahl* (Klonselektion) ist sehr aufwendig. Sie erfolgt in mehreren Stufen.

1. Schon bei der Anlage der Genbank werden die Bakterienzellklone ausgeschieden, die überhaupt keine Plasmide oder nur Plasmide ohne Passagier-DNA aufgenommen haben. Dies gelingt auf folgendem Weg: Man benutzt Vektorplasmide, die Resistenzgene gegen zwei Antibiotika, z. B. Ampicillin und Tetracyclin, besitzen. Im Tetracyclin-Gen liegt die Schnittstelle, an der Passagier-DNA eingebaut werden kann. Wird sie eingebaut, und damit das Tetracyclin-Resistenz-Gen unterbrochen, so wird dieses inaktiv, die Zellen werden also Tetracyclin-empfindlich; sie bleiben aber unempfindlich gegen Ampicillin. Alle Zellen, die auf einem Ampicillin-haltigen Nährmedium wachsen, enthalten also Plasmide. Mit Hilfe der Stempeltechnik (vgl. Abb. 373.1) überträgt man nun Zellen

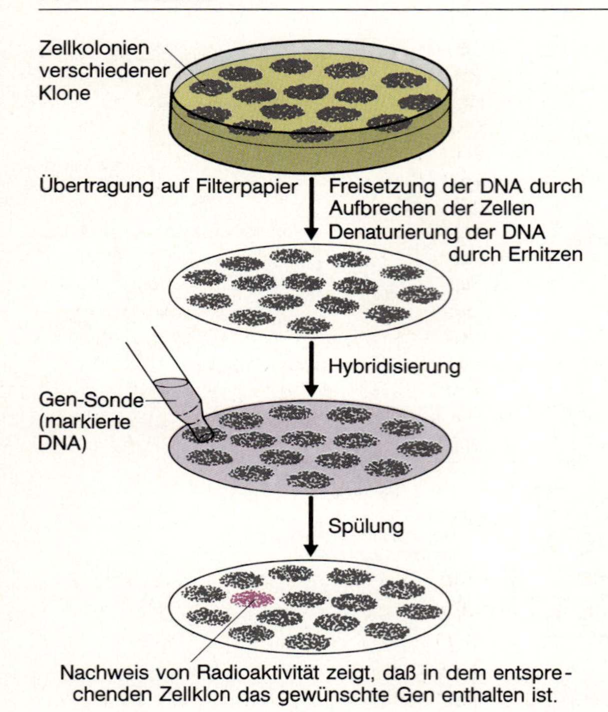

Abb. 384.1: Auswahl von Zellklonen

aus den Klonen, die auf dem Ampicillin-Nährboden wuchsen, auf einen Tetracyclin-Nährboden. Darauf wachsen nur Zellkolonien, deren Zellen keine Passagier-DNA besitzen. Diejenigen Zellen, die auf der Ampicillin-Platte wuchsen, auf der Tetracyclin-Platte aber nicht gedeihen, sind die Zellklone mit einer eingebauten Passagier-DNA.

2. Diese Zellklone werden auf ein neues Nährmedium übertragen, und die Suche nach der gewünschten Passagier-DNA kann durchgeführt werden. Sie wird als *»screening«* (Siebung) bezeichnet. Wenn das gesuchte Gen in den Zellen abgelesen wird und ein Genprodukt entsteht, so kann dieses fremde Gen in den Zellen des betreffenden Klons am Genprodukt nachgewiesen werden. Dies ist aber nur sehr selten der Fall. Wird kein Genprodukt gebildet, so muß man das Gen selbst identifizieren; dies geschieht mit Hilfe einer *Gensonde*. Darunter versteht man eine radioaktiv markierte einsträngige DNA oder RNA, die dem gesuchten Gen oder einem Teil davon komplementär ist. Aus den Zellklonen einer Plattenkultur gewinnt man die DNA, bindet sie an ein geeignetes Filter und macht sie (durch Erhitzen) einsträngig. Dann läßt man die Gensonde in das Filter eindiffundieren. Sie bindet nur an der Zellklon-DNA, in der sich das gesuchte Gen befindet. Durch die Lokalisierung der Radioaktivität läßt sich also feststellen, welche Kolonien das gesuchte Gen enthalten (Abb. 384.1).

Bei einem anderen Verfahren gewinnt man zunächst die DNA aus den verschiedenen Zellklonen und spaltet sie mit einem Restriktionsenzym. Anschließend trennt man die Spaltstücke durch Elektrophorese und überträgt sie dann auf ein geeignetes Filter (diese Übertragung heißt »blotting«). Schließlich führt man den Nachweis mit der radioaktiven Gensonde an den Spaltstücken durch. Jene Spaltstücke, die markiert sind, werden einem Zellklon zugeordnet; dieser muß das gesuchte Gen enthalten.

Will man einen Expressions-Vektor haben, so muß man anschließend noch in einem gesonderten Arbeitsgang das Regulationssystem so einbauen, daß das Ableseraster der DNA bei der Transkription stimmt. Ist dies vollzogen, so kann man das Hybrid-Plasmid erneut in eine Bakterienkultur einbringen. Bei der hohen Vermehrungsrate der Bakterien erhält man große Mengen von Bakterien mit dem gewünschten Gen, die das erstrebte Genprodukt bilden. Dieses läßt sich dann aus der Bakterienkultur isolieren.

10.3.4 Beispiel: Produktion von Somatostatin

Das Releasing-Hormon Somatostatin ist ein Peptid aus 14 Aminosäuren, das die Bildung des Wachstumshormons in der Hypophyse reguliert (vgl. Hormone 3.2). Es wird heute gentechnisch aus Bakterien gewonnen. Die Herstellung des Expressions-Vektors gelang folgendermaßen (Abb. 385.1): Das Somatostatin-Gen wurde mit Start- und Stopcodons auf chemischem Weg aufgebaut und mit einer Spaltstelle für das Restriktionsenzym Eco R1 vor dem ersten Codon und einer Spaltstelle für das Restriktionsenzym Bam H1 nach dem letzten Codon versehen. Das Gen wurde nun in einen Klonierungs-Vektor eingebaut. In dessen Tetracyclin-Gen befindet sich je eine Schnittstelle für jedes der beiden Restriktionsenzyme. Dadurch kann aus dem Tetracyclin-Resistenz-Gen ein Stück herausgeschnitten und stattdessen das Somatostatin-Gen in festgelegter Richtung eingefügt werden. Das Auffinden der so veränderten Klone gelingt durch Nachweis der Ampicillin-Resistenz und Tetracyclin-Empfindlichkeit. Um nun das Gen in Bakterien tätig werden zu lassen, wird ein Stück des Lactose-Operons (vgl. 8.16) verwendet. Dazu wird in ähnlicher Technik wie geschildert ein anderes Stück aus dem Vektor ausgeschnitten und dafür die Nukleotidabfolge von Lactose-Repressor-Gen sowie Lactose-Operator/Promoter/Strukturgen 1 des Lactose-Operons eingebaut. Das Strukturgen 1 ist jenes für das Enzym Galaktosidase. An dieses schließt das Somatostatin-Gen dann unmittelbar an ohne ein zwischengeschaltetes Stop-Codon. Daher entsteht bei Aktivierung des künstlichen »Operons« durch Zusatz von Lactose ein Polypeptid, das aus der Galaktosidase und dem daran hängenden Soma-

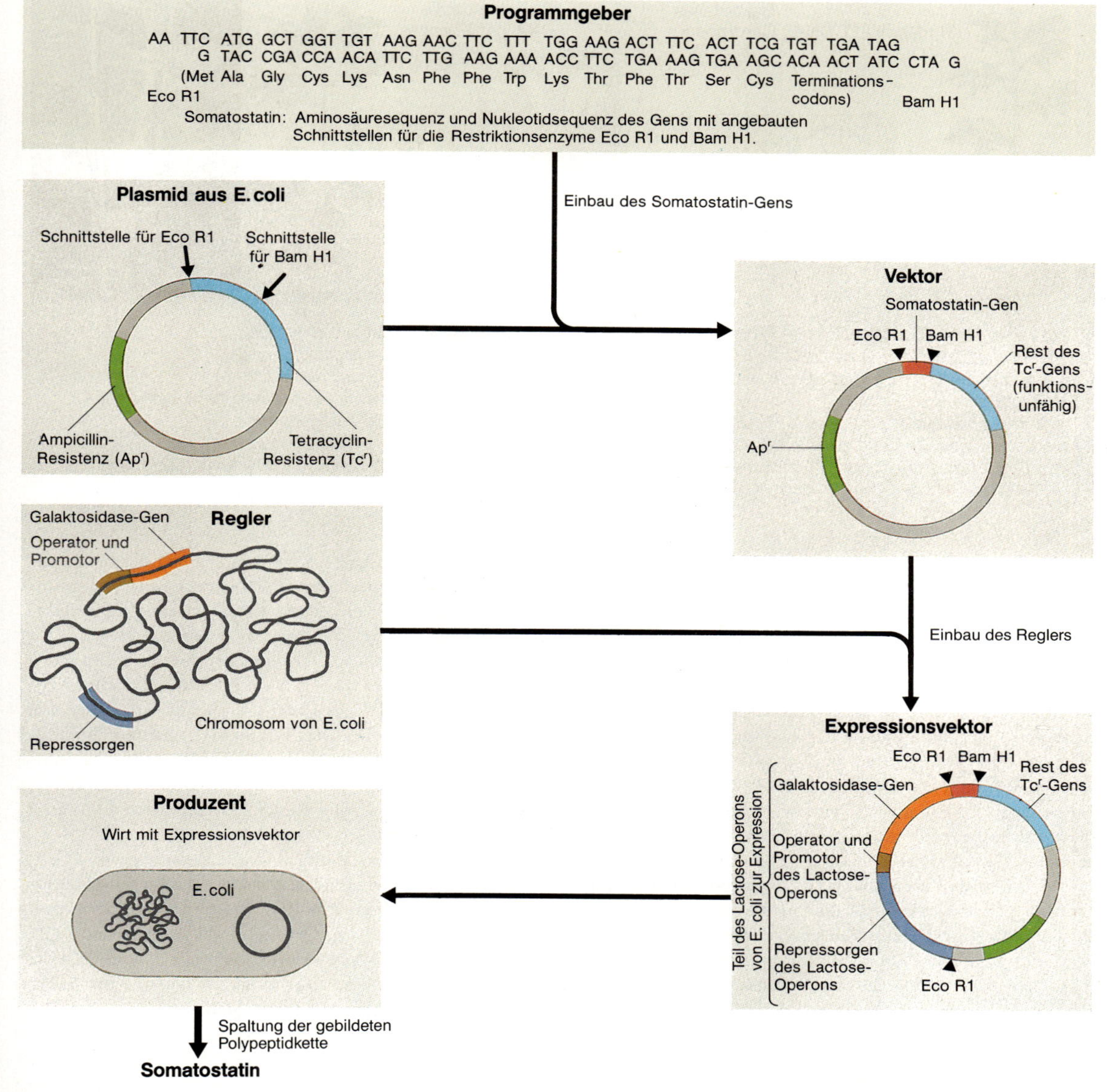

Abb. 385.1: Herstellung des Expressions-Vektors für das menschliche Hormon Somatostatin.

Eco R 1: Restriktionsenzym aus Escherichia coli, Stamm R 1;
Bam H 1: Restriktionsenzym aus Bacillus amyloliquefaciens, Stamm H 1

tostatin besteht. Dieses Polypeptid wird durch Aufbrechen der Bakterien aus den Zellen gewonnen, auf chemischem Weg gespalten und das dadurch freigesetzte Somatostatin abgetrennt. Weil das Lactose-Repressorgen in den Vektor eingebaut ist, kann man die Somatostatinbildung über die Zugabe des Induktors Lactose regulieren.

Mit Hilfe gentechnischer Verfahren werden mittlerweile verschiedene menschliche Proteine zu medizinischen Zwecken gewonnen, so z. B. die Hormone Insulin, Somatotropin, Parathormon, ein Interferon, der Faktor VIII des Blutgerinnungssystems und einige Enzyme. Zu Beginn des Jahres 1988 waren in der Bundesrepublik Deutschland 9 gentechnisch hergestellte Proteine als Arzneimittel im Handel oder in klinischer Erprobung.

10.3.5 Gentechnik bei Pflanzen und Tieren und ihre Probleme

Pflanzen oder Tiere mit fremden Genen werden als *transgene Organismen* bezeichnet. Bei **Pflanzen** gelingt die Einführung fremder Gene ebenfalls mit Hilfe eines Plasmids.

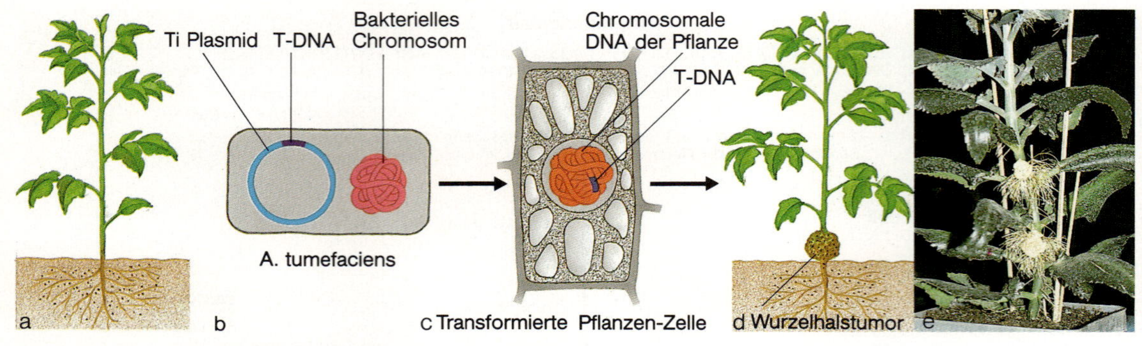

Abb. 386.1: Bildung von Wurzelhalstumoren bei Pflanzen durch Infektion mit dem Bakterium Agrobacterium tumefaciens.
a Die erste Phase besteht im Eindringen des Bakteriums A. tumefaciens in Verletzungsstellen. Dort erreicht das Bakterium engen Kontakt zu Pflanzenzellen.
b Das Bakterium enthält zusätzlich zur chromosomalen DNA ein Plasmid.
c Dieses Ti-Plasmid gelangt auf noch unbekanntem Wege in eine Pflanzenzelle, und die T-DNA, der Abschnitt, welcher für die Tumorerzeugung entscheidend ist, wird in das Pflanzengenom eingebaut.
d Die dadurch transformierten Zellen wuchern und bilden den Wurzelhalstumor. Im T-DNA-Abschnitt liegen Gene, welche zur Förderung des Pflanzenwachstums führen, sowie Gene, die besondere Nährstoffe induzieren. Die Tumorzellen produzieren diese Nährstoffe für das Bakterium.
e Wurzelhalstumor an einer Kalanchoe-Pflanze

Das Bodenbakterium *Agrobacterium tumefaciens* dringt durch kleine Verletzungen in zweikeimblättrige Pflanzen ein und führt bei ihnen zur Bildung von Gewebswucherungen (Tumoren). Dabei wird ein Plasmid des Bakteriums in ein Chromosom des Genoms im Zellkern der Wirtszellen eingebaut. Dies macht man sich zunutze: Man gewinnt Plasmide von *Agrobacterium,* entfernt aus diesen die tumorinduzierenden Gene und baut jene Gene ein, die man in die Pflanze einbringen möchte. Dann schleust man den dadurch erhaltenen Vektor in den Zellkern von pflanzlichen Protoplasten (vgl. S. 379) solcher Arten ein, bei denen sich aus Protoplasten ganze Pflanzen entwickeln. Das Fremdgen ist dann im Genom aller Zellen der Pflanzen eingebaut, die aus einem solcher Protoplasten hervorgegangen sind, und kann auch aktiv werden. Auf diesem Weg hat man zunächst Tabakpflanzen hergestellt, die gegen Antibiotika resistent sind oder die Kaninchen-Globin produzieren. Mittlerweile führte die Anwendung der Gentechnik auch zu virusresistenten Tabakpflanzen und verschiedenen Pflanzenarten, die gegen bestimmte Herbizide resistent sind. Da bei Getreidearten bisher eine Aufzucht von Pflanzen aus Protoplasten nicht gelungen ist, kann das geschilderte Verfahren bei diesen noch nicht angewendet werden.

Der Einbau der Fremdgene ermöglicht es, in den Pflanzen zusätzliche Stoffwechselleistungen (z. B. Abbau eines Herbizids, so daß dieses nicht wirkt) hervorzurufen. Die transgenen Pflanzen sind sonst unverändert. Bei der geschlechtlichen Fortpflanzung vererbt sich das Fremdgen entsprechend den Mendelschen Regeln. Es kann nicht freigesetzt werden. Gefährdungen sind aber dennoch möglich, weil man zunächst nicht weiß, ob die Herbizid-Abbauprodukte für die Umwelt schädlich sind. Dies muß also gesondert geprüft werden. Ein Massenanbau herbizidresistenter Pflanzen kann sich auch anderweitig nachteilig auswirken. Wenn sich nämlich nur noch diese vermehren können und alle anderen Sorten bzw. Varianten der gleichen Nutzpflanze durch das Herbizid vernichtet werden, kommt es zu einer Verarmung des Genpools, die sich auf die Variationsbreite der Population und auf die weitere Züchtung nachteilig auswirkt: Die Anpassungsfähigkeit der betreffenden Kulturpflanze bezüglich anderer Faktoren wird geringer. Außerdem wird die dauernde Anwendung von Herbiziden die anderen Arten immer mehr beeinträchtigen.

In Gang befindliche Züchtungen mit gentechnischen Verfahren betreffen ferner die Verbesserung der Photosyntheseleistung von Pflanzen und die Qualitätserhöhung von Reserveproteinen. Viele dieser Proteine enthalten einen für die menschliche Ernährung zu geringen Anteil an der Aminosäure Lysin. Durch Veränderung der Gene dieser Reserveproteine lassen sich die Proteine lysinreicher und damit für die Ernährung wertvoller machen.

Ein vieldiskutiertes Problem ist die Züchtung von Pflanzen, die Luftstickstoff binden und zur Bildung von Aminosäuren nutzen können, wie dies die Knöllchenbakterien der Hülsenfrüchtler tun (vgl. Stoffwechsel der Pflanzen 5.1.3). Dazu müßten die entsprechenden Gene aus Bakterien in die Pflanzen eingebaut und dort tätig werden. Da die Stickstoffbindung aber ganz besondere Bedingungen in der Zelle erfordert, ist auch dann nicht damit zu rechnen, daß sie funktionieren würde. Daher versucht man, Bakterien zu erhalten, die anstelle der Symbiose mit den Wurzeln der Hülsenfrüchtler eine solche mit Getreidewurzeln eingehen. Dies würde die aufwendige Stickstoffdüngung erübrigen.

Bei **Tieren** können Fremdgene über Viren eingeführt werden (vgl. 10.3.1). Bisher wurden die meisten transgenen Tiere aber durch eine Injektion von DNA mit Hilfe einer Kapillare gewonnen (vgl. Abb. 387.1). Dazu wird zunächst die DNA des zu übertragenden Gens durch Klonierung vermehrt und dann injiziert. Dieses Verfahren ist nur bei einem Teil der durchgeführten Versuche erfolgreich, es erfordert also eine größere Zahl von Experimenten, um das gewünschte Ziel zu erreichen. Der Einbau der fremden DNA erfolgt nämlich nur mit einer gewissen Wahrscheinlichkeit, und das Tätigwerden des Gens hängt von dem nicht vorhersehbaren Einbauort ab. Dementsprechend wird das Verfahren bei der praktischen Tierzüchtung bisher noch kaum angewandt und verbietet sich beim Menschen aus ethischen Gründen.

10.3.6 Ziele, Probleme und Gefahren der Gentechnik

Durch gentechnische Verfahren lassen sich menschliche Proteine herstellen, die für die Medizin von Bedeutung sind (vgl. 10.3.4). Durch Übertragung von Stoffwechselleistungen in andere Organismen können neue Wege zu wertvollen Naturstoffen erschlossen werden. Bakterien können optimiert werden, bestimmte Chemikalien abzubauen. Sie dienen dazu, Schadstoffe zu beseitigen und das Recycling von Abfallstoffen zu verbessern. Die Möglichkeiten und Probleme bei der Pflanzenzüchtung wurden schon erwähnt (vgl. 10.3.5). Bei Enzymen kann der Austausch einzelner Aminosäuren im aktiven Zentrum die Substratspezifität (vgl. Cytologie 9.2) verändern. Solche mit Hilfe der Gentechnik »maßgeschneiderten Enzyme« könnten technisch vielfach eingesetzt werden.

Anwendungen der Gentechnik beim Menschen betreffen den Nachweis von Erbkrankheiten (vor allem als vorgeburtliche Diagnostik, vgl. 11.4) und die Heilung von Erbleiden beim einzelnen. Ein auf einem genau bekannten defekten Gen beruhendes Erbleiden wäre heilbar, wenn das entsprechende intakte Gen in die Körperzellen des Betroffenen eingebracht und dort tätig werden könnte. Ein Einbau über die Eizelle ist – abgesehen vom ethisch begründeten Verbot des Experimentierens am Menschen – derzeit nicht möglich.

Zu den Krankheiten, bei denen man sich vom Einsatz der Gentechnik Heilerfolge erhofft, gehören vor allem jene des Blut- und Immunsystems. Bei verschiedenen Formen der Blutarmut werden zu wenige Hämoglobinmoleküle erzeugt. Die Ursache ist ein Gendefekt, der sich in den Blutzellen auswirkt. Um solche Erbleiden beim Individuum zu heilen, wird an folgendem Verfahren gearbeitet: das Strukturgen (das kloniert vorliegen muß) wird in ein Virus eingebaut, das nicht mehr vermehrungsfähig ist. Dem Patienten entnimmt man durch Operation Knochenmarksgewebe mit Stammzellen (aus denen die Blutzellen entstehen). Diese werden mit dem Virus infiziert. Durch geeignete Nährböden kann man diejenigen Knochenmarkzellen gezielt vermehren, die das Virus-Genom eingebaut haben. Beim Patienten werden die verbliebenen Stammzellen des Knochenmarks durch Bestrahlung abgetötet und dann die genetisch veränderten Zellen eingepflanzt. Sie treten jetzt an die Stelle der ursprünglichen Stammzellen. Solche Versuche sind an Mäusen und Affen bereits erfolgreich ausgeführt worden.

Eine Erbkrankheit, bei der das mutierte Gen z.B. zur Bildung eines giftigen Produktes führt (z.B. bei Phenylketonurie zu Phenylbrenztraubensäure), kann mit dieser Methode nicht geheilt werden, weil es kein Verfahren gibt, ein Gen gezielt aus dem menschlichen Genom herauszuschneiden.

Abb. 387.1: Ergebnis einer genetischen Manipulation bei der Maus. In den Kern der befruchteten Eizelle einer Maus wurde mittels einer Kapillare die Gen-DNA für das Hypophysen-Wachstumshormon der Ratte eingesetzt, und zwar mit den DNA-Sequenzen, die der Regulation dieses Gens dienen. Die so behandelte Eizelle implantierte man zusammen mit befruchteten normalen Eizellen (zur Kontrolle) wieder in die Mutter-Maus. Mäuse mit dem Ratten-Gen werden etwa doppelt so groß und etwa doppelt so schwer wie die unbehandelten Zwillingsgeschwister. Die Mäuse sind 10 Wochen alt; die linke Maus wiegt 41 g, die rechte 21 g.

Die Gentechnik zeigt bereits heute deutlich, daß ihre Anwendung eine Reihe von Vorteilen bringt und Probleme des Umweltschutzes und der Nahrungsmittelerzeugung lösen hilft, daß aber andererseits neue Probleme und Gefahren auftauchen. Das Gefahrenpotential eines genetisch manipulierten Organismus muß in jedem Einzelfall zuerst im Labor- und dann im Freiland-Versuch geprüft werden. Es ist nicht im voraus hinreichend genau abzuschätzen. Die Annahme, daß es nicht größer sein könne als die Gefahrenpotentiale der Lieferanten der Gene zusammen, ist falsch. Grundsätzlich besteht die moralische Verantwortung der Wissenschaftler darin, daß sie auf mögliche Gefahren bei der Anwendung wissenschaftlicher Erkenntnisse aufmerksam machen, denn nur sie können diese Gefahren auf Grund ihres besonderen Wissens rechtzeitig sehen. *Die Freiheit der Forschung hat dort ihre Grenzen, wo höherrangige Werte bedroht werden, z.B. die körperliche und seelische Gesundheit oder die Würde des Menschen.*

11. Humangenetik

Die Gesetzmäßigkeiten der Vererbung gelten für alle Organismen und daher auch für den Menschen. Er besitzt 46 Chromosomen, 44 Autosomen sowie 2 X-Chromosomen bei der Frau und 1 X- und 1 Y-Chromosom beim Mann. Daß die Erbgesetze nicht beim Menschen, sondern an Tieren und Pflanzen entdeckt wurden, hat folgende Gründe: Erbversuche sind beim Menschen ausgeschlossen; durch die lange Generationsdauer lassen sich nur wenige Generationen überblicken; die geringe Nachkommenzahl erschwert die Deutung von Erberscheinungen. Weitere Schwierigkeiten sind die große Zahl der Gene und die Tatsache, daß viele Merkmale polygen bedingt sind. Das Hauptanliegen der Erbforschung am Menschen ist die Erfassung von Erbkrankheiten und erblichen Mißbildungen.

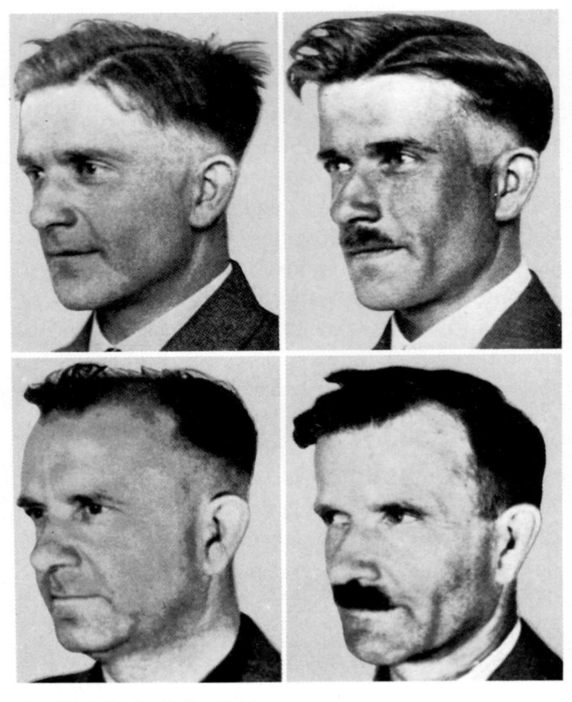

Abb. 388.1: Eineiige Zwillingsbrüder, oben im Alter von 23 Jahren, unten von 48 Jahren. Der Zwilling links ist Elektriker und arbeitete in der Stadt, sein Bruder rechts ist Landwirt. Die Umweltverschiedenheit hat sich besonders im Gesichtsausdruck ausgeprägt.

11.1 Methoden der humangenetischen Forschung

Die besonderen Verhältnisse beim Menschen erfordern besondere Forschungsmethoden. Es sind hauptsächlich: massenstatistisches Verfahren, Familienforschung, Zwillingsforschung, cytogenetische Untersuchungen und biochemische Methoden.

Das **massenstatistische Verfahren** wendet die Erkenntnisse der Populationsgenetik auf den Menschen an. Die Untersuchung einer möglichst großen Anzahl von Einzelfällen macht mit Hilfe statistischer Methoden allgemeine Aussagen möglich.

Die **Familienforschung** geht auf GALTON (1822–1911) zurück; sie tritt beim Menschen an die Stelle des Kreuzungsexperiments. Sie verfolgt an Hand von *Stammbäumen* (der Nachkommen eines Paares) und *Ahnentafeln* (der Ahnen eines Einzelmenschen) den Erbgang eines bestimmten Merkmals. Die Erhebungen aus Geburts-, Heirats- und Sterberegistern sollen möglichst viele Generationen erfassen; sie werden durch *Sippentafeln* ergänzt, welche auch die Seitenglieder der Familien einbeziehen. Aus der Art, wie ein Merkmal in der Folge der Geschlechter auftritt, lassen sich Schlüsse auf dessen Erblichkeit und auf die Art des Erbganges ziehen.

In der Humangenetik nennt man Merkmale dominant, wenn das merkmalsbestimmende Allel heterozygot vorliegt. Dies wird allerdings nur erkennbar, wenn man Vorfahren und Nachkommen des Merkmalträgers auf das Auftreten des Merkmals untersuchen kann. Merkmale heißen auch dann dominant, wenn sie bei Heterozygoten schwächer als bei Homozygoten ausgeprägt sind. Der Begriff »intermediär« wird in der Humangenetik nicht verwendet.

Selten auftretende rezessive Merkmale können viele Generationen überspringen, bis sie durch Verbindung zweier heterozygoter Anlagenträger (z.B. Verwandtenehe) wieder in Erscheinung treten. Die Aussage gilt allerdings nur für seltene rezessive Merkmale. Ist das rezessive Merkmal in einer Population häufig, dann tritt es auch ohne Verwandtenehe ziemlich oft homozygot und damit phänotypisch auf.

Ein weiterer wichtiger Zweig der menschlichen Erbforschung ist die **Zwillingsforschung** (s. Abb. 388.1).

Es gibt zwei Arten von menschlichen Zwillingen. Bei zweieiigen Zwillingen (ZZ) haben sich zwei Eizellen aus dem Ovar der Mutter losgelöst und sind unabhängig voneinander befruchtet worden. Da die Geschlechtszellen verschiedene Chromosomenkombinationen enthalten, stimmen ZZ nicht mehr überein als auch sonst Geschwister; sie können gleichen oder verschiedenen Geschlechts sein. Eineiige Zwillinge (EZ) bilden sich dadurch, daß sich der Keim wohl schon bei den ersten Zellteilungen in zwei gleiche Teile spaltet, von denen sich jeder zu einem Menschen entwickelt. Da diese Zwillinge auf die gleiche Zygote zurückgehen, haben sie denselben Chromosomenbestand und damit gleiches Erbgut. Daraus erklärt sich die außerordentliche Ähnlichkeit eineiiger (monozygoter) Zwillinge, die weit über das Maß der üblichen Geschwisterähnlichkeit hinausgeht.

Bei uns kommt auf etwa 95 Geburten eine Zwillingsgeburt, auf etwa 340 Geburten eine EZ-Geburt.

Die Frage, ob es sich bei gleichgeschlechtlichen Zwillingspaaren um EZ oder ZZ handelt, wird durch die *poly-*

symptomatische Ähnlichkeitsdiagnose beantwortet. Bei diesem Verfahren wird der Grad der Übereinstimmung in solchen Merkmalen überprüft, die erfahrungsgemäß erblich stark variieren, aber sehr umweltstabil sind. Es sind das u.a. serologische Merkmale (Blutgruppen), Pigmentierung und Struktur der Iris, Form der Augenbrauen, Farbe und Form der Haare, Form der Ohrmuschel, Form und Stellung der Zähne sowie die Finger-, Hand-, Fuß- und Zehenlinien. Stimmen diese Merkmale bei Zwillingen überein, so handelt es sich mit Sicherheit um EZ.

Die Bedeutung der EZ für die Erbforschung liegt in der völligen Gleichheit ihres Erbgutes. Die Unterschiede, die sie aufweisen, müssen daher von Einflüssen der Umwelt herrühren. Die Zwillingsforschung vergleicht EZ gleicher Umwelt, EZ verschiedener Umwelt und ZZ gleicher Umwelt. Der Merkmalsvergleich von EZ gleicher Umwelt mit EZ verschiedener Umwelt ergibt Hinweise auf die Wirkung der Umwelteinflüsse. Ein Merkmal ist dann als vorwiegend umweltbedingt anzusehen, wenn eine erhebliche Verschiedenheit *(Diskordanz)* bei EZ verschiedener Umwelt, aber große Übereinstimmung *(Konkordanz)* bei EZ gleicher Umwelt besteht. Der Vergleich von ZZ in gleicher Umwelt erlaubt Rückschlüsse auf die genetische Variabilität eines Merkmals (vgl. 2.). Ein umweltabhängiges Merkmal wird um so größere Unterschiede aufweisen, je verschiedenartiger die Umwelten der EZ sind. Am aufschlußreichsten sind die allerdings seltenen Fälle, in denen EZ vom frühesten Kindesalter an in ganz verschiedener Umwelt herangewachsen sind. Beim Vergleich ihrer Eigenschaften zeigt sich, daß manche Eigenschaften nur sehr wenig, andere sehr stark durch die Umwelt beeinflußt werden können. Man unterscheidet demgemäß umweltstabile und umweltlabile Merkmale. Den Anteil der genetischen Variabilität an der Gesamtvariabilität eines Merkmals nennt man **Heritabilität** (vgl. 2.). Der Heritabilitätswert ist also abhängig von den Umweltfaktoren, welche die Gesamtvariabilität beeinflussen; die deutsche Bezeichnung »Erblichkeitswert« ist deshalb mißverständlich.

Die **cytogenetische Methode** beruht auf der Untersuchung der Chromosomen im Metaphasenstadium. Behandelt man solche Chromosomenpräparate mit bestimmten Farbstoffen, so färben sich einzelne Chromosomenabschnitte verschieden an. Es entsteht ein für jedes Chromosom spezifisches Banden-Muster, mit dem man alle 46 Chromosomen des Menschen sicher unterscheiden kann (Abb. 389.1). Da verschiedene Farbstoffgruppen unterschiedliche Banden-Muster liefern, lassen sich auch kleine Veränderungen (Mutationen) der Chromosomen erfassen. – Für ein Chromosomenpräparat benutzt man Weiße Blutkörperchen; sie teilen sich lebhaft. Durch Colchicin wird die Zellteilung im Metaphase-Stadium gehemmt. Dann bringt man die Zellen auf dem Objektträger in destilliertes Wasser, wo sie platzen (Osmose). Anschließend macht der Zusatz eines proteinspaltenden Enzyms die Chromosomen leichter färbbar.

Gen-Kartierung der menschlichen Chromosomen. Für die Gen-Kartierung menschlicher Chromosomen hat sich die Methode der Zellhybridisierung als hilfreich erwiesen. Mischt man eine Kultur menschlicher Zellen mit der Kultur einer anderen Zellart, z.B. von der Maus, so führt dies vereinzelt zur Verschmelzung von zwei artverschiede-

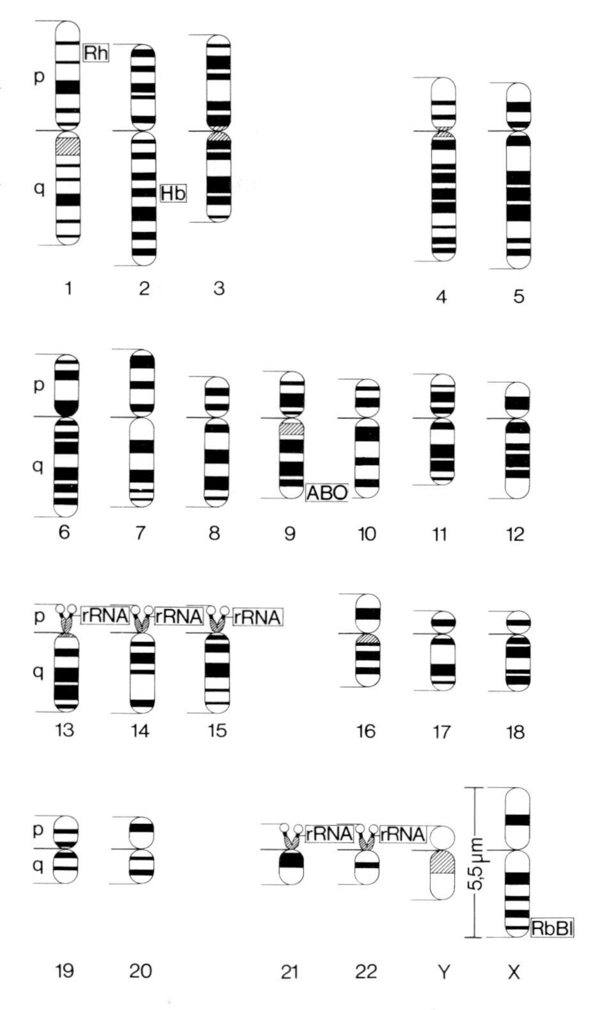

Abb. 389.1: Karyogramm des Menschen und Charakterisierung der menschlichen Chromosomen mit der Banden-Technik.
Unter Karyogramm versteht man die Ordnung der Chromosomen in Gruppen und ihre Numerierung.
Benutzt werden dazu: Größe und Länge der langen (q) und kurzen (p) Arme der Chromosomen sowie das Banden-Muster.
Die beiden Chromatiden jedes Chromosoms sind am Centromer noch miteinander verbunden.
Das Karyogramm erhält man durch Ordnen der Chromosomenbilder, die aus einem vergrößerten Bild (Foto) der Metaphase ausgeschnitten wurden.
Meist benutzt man für das Karyogramm Lymphocyten, die sich in einer Blutplasma-Kultur lebhaft teilen.
Durch Zusatz von Colchicin werden die Zellteilungen in der Metaphase gestoppt (s. Cytologie 5).
Erläuterung der als Beispiele angegebenen Gen-Orte:
Chromosom 1: Rh Rhesus-Faktor,
Chromosom 9: ABO Blutgruppe ABO (die Gene I^A, I^B und i sind Allele).
Chromosomen 13, 14, 15, 21, 22: rRNA-Gene für ribosomale RNA.
Chromosom X: Rb Rotgrünblindheit, Bl Bluterkrankheit A

nen Zellen. Diese Hybriden enthalten zwei Kerne, einen von der menschlichen Zelle und einen von der Mauszelle. Die beiden Kerne können verschmelzen. Bei der Teilung der Hybridzellen durch Mitose tritt ein starker Verlust an Chromosomen auf. Welche Chromosomen im Laufe der Zellteilungen verschwinden, ist zufällig. So entstehen schließlich auch Hybridzellen, die nur noch ein einziges (oder wenige) der menschlichen Chromosomen aufweisen, wobei verschiedene Hybridzellen jeweils ein anderes menschliches Chromosom enthalten können. Durch extremes Verdünnen der Zellkultur lassen sich die Hybridzellen isolieren und getrennt weitervermehren. Weist man in einer solchen Zellkultur dann ein menschliches Enzym nach, so muß das Gen für dieses Enzym auf dem noch vorhandenen menschlichen Chromosom der Hybridzelle liegen. Dieses Chromosom kann nach der Herstellung eines Karyogramms (Abb. 389.1) identifiziert werden. Durch künstlich ausgelöste Chromosomenmutationen, die zu einem Verlust eines Chromosomenstücks führen, läßt sich sogar der Chromosomenabschnitt bestimmen, in dem das Gen liegen muß.

Mittlerweile sind von den Chromosomen des Menschen jeweils Nukleotidsequenzen größerer oder kleinerer DNA-Stücke bekannt. Diese können dann als »Marker« für die Lokalisierung weiterer DNA-Sequenzen dienen. So lassen sich Gene, deren Nukleotidsequenz ganz oder zum Teil bekannt ist, manchmal sehr genau lokalisieren. – Genkartierungen finden fortlaufend statt, so daß im Schnitt jährlich 40 bis 50 Gene des Menschen lokalisiert werden.

11.2 Beispiele für die Vererbung von Merkmalen

Penetranz und Expressivität. Prägt sich ein dominantes Merkmal in der Generationenfolge ohne Unterbrechung aus, nennt man dies vollständige *Penetranz* (Ausprägungshäufigkeit) des Merkmals. Von *Expressivität* (Ausprägungsgrad) spricht man, wenn ein phänotypisches Merkmal (z. B. in einer Geschwisterreihe) in Abstufungen ausgeprägt ist.

Es gibt Merkmale, die trotz Dominanz sich in einer Generation nur schwach oder überhaupt nicht ausprägen. Eine solche unvollständige Penetranz zeigt sich z. B. bei der *Syndaktylie* (Verwachsung der 3. und 4. Finger). Die Penetranz eines Merkmals ist abhängig von der Wirkung anderer Gene und vor allem von Umweltfaktoren (Ernährungsweise, Entwicklungsbedingungen). Unabhängig von der Penetranz eines Merkmals kann seine Expressivität unterschiedlich sein. Innerhalb einer Familie kann z. B. bei der *Spinnenfingrigkeit* (s. S. 392) die Länge der Gliedmaßen oder der Fingerglieder zwischen extrem lang und normal beträchtlich schwanken. Auch hier haben Umweltfaktoren während der Entwicklung Einfluß auf den Ausprägungsgrad des Merkmals.

Pigmentierung. Die Augenfarbe ist der Untersuchung besonders leicht zugänglich. Ihr liegt eine Reihe zusammenwirkender Erbanlagen zugrunde; sie ist also ein polygenes Merkmal. Das hat zur Folge, daß bei ZZ nur in 31% der Fälle die Augenfarbe gleich ist, während EZ darin übereinstimmen.

Auch Haar- und Hautfarbe sind erblich bedingt; im allgemeinen dominiert dunkel über hell. Sie beruhen ebenfalls auf zahlreichen selbständig mendelnden Genen. Eine besondere Abnormität in bezug auf die Haut- und Haarpigmentierung ist der **Albinismus** (s. 8.11). Einem *Albino* fehlt der Farbstoff im ganzen Körper. Die Haare sind weißlich, die Haut ist ganz blaß, die Augen bekommen wegen des durchscheinenden Blutes eine rote Farbe. Albinismus wird rezessiv vererbt, daher tritt er vor allem bei Verwandtenehen immer wieder auf. In Familien mit rezessiven Krankheitsanlagen besteht bei Verwandtenehen stets erhöhte Krankheitsgefährdung für die Nachkommen. Bei extremem Proteinmangel steht zu wenig Tyrosin für die Farbstoffbildung zur Verfügung. Die Proteinmangel-Krankheit Kwashiorkor kann daher bei Kleinkindern zur Ausbildung von Albino-Merkmalen führen, obwohl keine Erbanlage dafür vorliegt. Hier hat der Umweltfaktor Proteinmangel eine ähnliche Wirkung wie beim echten Albinismus die Gen-Mutation. Man spricht in einem solchen Fall von einer *Phänokopie* der Erbkrankheit. Variieren Merkmale kontinuierlich, beruht dies meist auf Polygenie. So geht z. B. die Hautfarbe auf vermutlich vier Allelpaare für Pigmentierung zurück. Je mehr Pigmentallele bei Mischlingen zwischen Schwarz und Weiß vorhanden sind, desto dunkler ist die Haut, weil sich die Allele in ihrer Wirkung addieren *(additive Polygenie)*.

Skelett und Körperform. Der Körperlänge und dem Körpergewicht liegen gleichfalls Erbanlagen zugrunde; EZ zeigen darin eine viel höhere Übereinstimmung als ZZ (Abb. 388.1). Doch sind innerhalb der beiden Gruppen von Zwillingen die Unterschiede beim Körpergewicht sehr viel größer; die Körpergröße ist umweltstabil, das Körpergewicht relativ umweltlabil.

Die Vererbung der *Kurzfingrigkeit* (Fehlen eines Fingergliedes) zeigt, daß das Merkmal keine Generation überspringt. Es handelt sich also um einen dominanten Erbgang. Der Stammbaum einer Sippe mit Kurzfingrigkeit, von dem englischen Arzt FARABEE 1905 aufgestellt, war der erste Beweis dafür, daß die MENDELschen Regeln auch für den Menschen gelten. In den Ehen dieser Sippe traten kranke und gesunde Kinder im Verhältnis 36 : 33, also etwa 1 : 1 auf. In ähnlicher Weise ist auch für andere Skelettmiß-

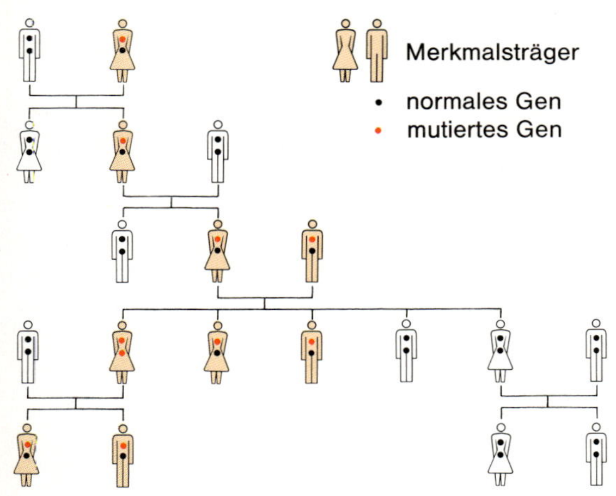

Abb. 391.1: Autosomal-dominanter Erbgang.
Der Merkmalsträger kann bezüglich des mutierten (dominanten) Gens homozygot oder heterozygot sein. Beispiele:
Uringeruch nach Spargelgenuß,
Kurzfingrigkeit (Häufigkeit 1:170000,
durch Verwachsen zweier Fingerglieder
sind einzelne oder mehrere Finger an beiden Händen verkürzt).
Vielfingrigkeit (1:5000, überzählige Finger oder Zehen).
Spalthand, Spaltfuß (1:100000,
Mißbildung durch Verwachsen von Fingern oder Zehen).
Erbliche Knochenbrüchigkeit (spröder Knochenbau).
Veitstanz (1:15000, Nervenkrankheit mit Muskelkrämpfen),
Chondrodystropher Zwergwuchs (1:50000,
durch mangelhafte Knorpelbildung sind Arme und Beine extrem kurz).
Erbliche Nachtblindheit (1:100000),
Erblicher Augenkrebs (1:20000, Retinazerfall = Retinoblastom vgl. 12.3.2),
Schielen (1:75), Spinnenfingrigkeit.

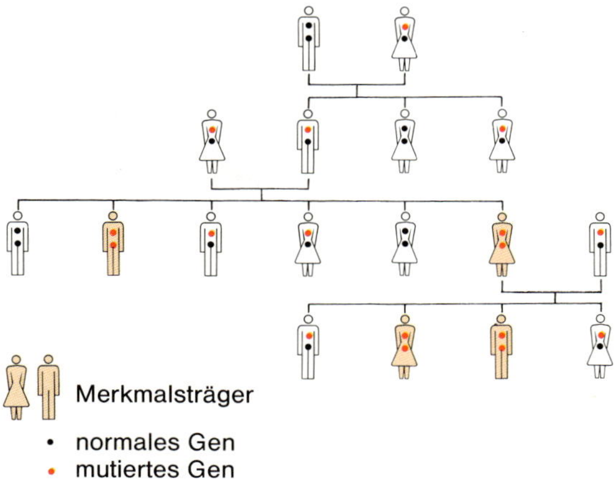

Merkmalsträger
• normales Gen
• mutiertes Gen

Abb. 391.2: Autosomal-rezessiver Erbgang.
Der Merkmalsträger muß bezüglich des mutierten (rezessiven) Gens homozygot sein.
Zu diesem Typus gehören u.a. viele erbliche Stoffwechselleiden. Beispiele:
Albinismus (1:15000),
Kretinismus (1:50000),
Phenylketonurie (1:10000),
Alkaptonurie (äußerst selten, vgl. 8.12),
Galaktosämie (1:20000, Galaktose,
ein Baustein des Milchzuckers, wird nicht in Glucose umgewandelt;
führt zu Leber- und Gehirnschäden, Schwachsinn).
Fructose-Intoleranz (1:50000,
Unfähigkeit zur Fructoseverwertung, führt zu Schwachsinn und Linsenstar).
Sichelzellenanämie (vgl. 8.15), Taubstummheit (1:3000),
Hasenscharte (1:1000, Oberlippe gespalten),
Mucoviscidose (Drüsenzellen sondern zähflüssigen Schleim ab,
der u.a. die Funktion von Darm und Lunge beeinträchtigt).

bildungen der Erbgang untersucht worden (vgl. Abb. 391.1).

Blutgruppen. Die I-Blutgruppen (A, B, AB, 0) sind in der Humangenetik von besonderer Bedeutung, weil sie völlig umweltstabil und 100%ig penetrant sind. Ihr Erbgang wurde in 6.1 als Beispiel für multiple Allelie genannt. Ebenfalls bekannt ist der Erbgang einer Reihe weiterer Blutgruppen, so daß die Blutgruppenzugehörigkeit zuverlässige Aussagen über Verwandtschaftsbeziehungen erlaubt (z.B. bei Vaterschaftsuntersuchungen).

Der Rhesusfaktor (= Gen D) führt zur Bildung eines Proteins der Roten Blutkörperchen, das etwa 82% der Europäer besitzen, ebenso wie der Rhesusaffe (daher die Namengebung). Die betroffenen rhesuspositiven Menschen (Rh^+) tragen im Genom homozygot oder heterozygot den Rhesusfaktor (DD oder Dd). Etwa 18% der Europäer sind rhesus-negativ (rh^-) mit dem Genotyp dd. Wenn nun eine werdende Mutter rhesus-negativ ist, das Kind aber rhesuspositiv, so kann *Erythroblastose* auftreten (s. Immunbiologie 5.).

11.3 Vererbung von Krankheiten

Die Zahl der beim Menschen bekannten Erbkrankheiten ist außerordentlich groß. Vererbt werden allerdings nicht Krankheiten, sondern defekte Gene und Chromosomen-Anomalien. Ob diese eine Krankheit oder Mißbildung verursachen, hängt oft auch von Umwelteinflüssen ab. Bei Chromosomen-Anomalien sind viele Gene gleichzeitig in ihrem Verhältnis zu anderen Genen betroffen. Anders ist es bei Erbleiden, die man auf die Wirkung einzelner Gene zurückführen kann. Beim Menschen sind über 1500 solcher monogener Erbleiden bekannt geworden. Davon sind 793 autosomal-dominant, 629 autosomal-rezessiv und 123 X-Chromosom-gekoppelt (vorwiegend rezessiv). Alle auf Enzymdefekten beruhende Stoffwechselkrankheiten sind rezessiv.

Phenylketonurie ist ein Beispiel für eine rezessive monogene Stoffwechselkrankheit (vgl. 8.12). Bei Europäern ist die häufigste Ursache die Veränderung eines Nukleotids an einer Stelle des Gens, an der ein Intron herausgeschnitten wird. Dadurch kann der Spleißvorgang (vgl. 8.14) nicht mehr stattfinden. Heterozygote Träger des Merkmals haben einen erhöhten Phenylalanin-Gehalt im Blut. Man kann deshalb mit Hilfe einer Blutuntersuchung Heterozygote mit einer Sicherheit von etwa 80% ermitteln. Das Verfahren wird als *Heterozygoten*-Test bezeichnet. Er ist für die genetische Familienberatung von großem Nutzen. Auch für viele andere erbliche Stoffwechselkrankheiten gibt es Methoden zur Erkennung von Heterozygoten, weil sie sogenannte »Mikrosymptome« der Krankheit tragen (s. auch 1.1.3).

Das **Marfan-Syndrom** *(Spinnenfingrigkeit)* ist ein Beispiel für Polyphänie beim Menschen. Als *Syndrom* bezeichnet man ein Krankheitsbild aus mehreren Symptomen (Merkmalen), denen aber die gleiche Ursache zugrunde liegt. Das Marfan-Syndrom beruht auf einer Mutation. Das neu entstandene, dominante Allel macht die elastischen Fasern des Bindegewebes überdehnbar. Die Folgen sind Fehlentwicklungen (s. Tab. 392/1).

Tabelle 392/1: Das Marfan-Syndrom in seinen möglichen Ausprägungen

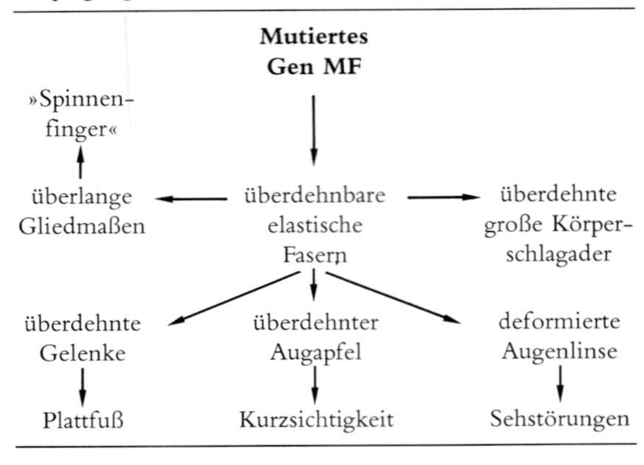

Epilepsie. Zahlreiche Krankheitsbilder können durch Mutationen in verschiedenen Genen verursacht sein. Man findet dann keinen einfachen Erbgang, selbst nicht unter der vereinfachenden Annahme von 100%iger Penetranz und gleichem Ausprägungsgrad. Ein derartiger Fall liegt bei der *Epilepsie* vor. Es sind 24 monogene Erbleiden bekannt, zu deren Symptomen epileptische Anfälle gehören. Eine epileptische Erkrankung, die mit einer Muskelkrankheit verknüpft auftritt, ist durch eine Mutation eines Gens der Mitochondrien – DNA verursacht. Dies war schon länger vermutet worden, weil die Erkrankung nur über die Mutter vererbt wird. Epilepsie kann auch als Folge einer vorgeburtlichen Schädigung des Fetus auftreten, ist dann also keine Erbkrankheit. Diese vielerlei Ursachen der Epilepsie lassen verstehen, warum sie in manchen Fällen mit geistiger Unterentwicklung einhergeht und in anderen auch bei Hochbegabten auftritt (z. B. JULIUS CAESAR, SPINOZA).

Infektionskrankheiten erscheinen zunächst rein umweltbedingt. Nun zeigt sich aber, daß bei EZ wesentlich häufiger beide Zwillinge von solchen Krankheiten befallen werden, als dies bei ZZ der Fall ist. Da jede Infektionskrankheit eine Auseinandersetzung des Immunsystems des Körpers mit dem Erreger ist und da EZ die gleiche immunologische Konstitution besitzen, so verhalten sie sich auch einer Ansteckung gegenüber ähnlicher als ZZ.

11.4 Vorgeburtliche Erkennung von Erbkrankheiten

Zum vorgeburtlichen Nachweis (der pränatalen Diagnose) von Erbkrankheiten (oder z. B. von *Erythroblastose* bei Rhesus-Unverträglichkeit) beim Fetus gewinnt die **Amnionpunktion** *(Amniozentese)* immer

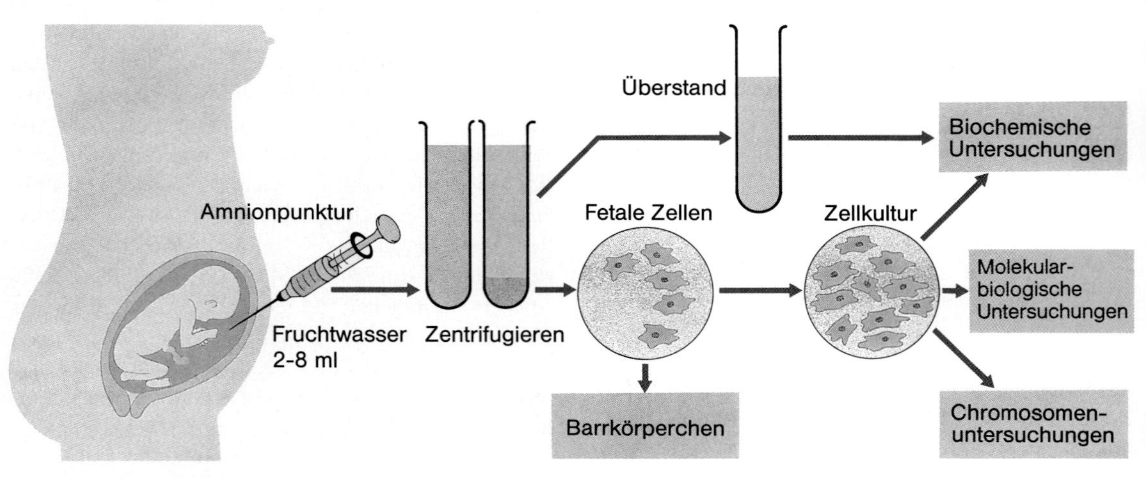

Abb. 392.1: Vorgeburtliche Diagnostik aus dem Fruchtwasser, Schema der Aufarbeitung. Die fetalen Zellen werden in einem Kulturmedium weitergezüchtet, bis Teilungsstadien für Chromosomenuntersuchungen vorliegen und Stoffwechselprodukte der Zellen auf Enzymdefekte schließen lassen. Die Amnionpunktion wird in der Regel ausgeführt, wenn der Fetus 14-20 Wochen alt ist.

größere Bedeutung (Abb. 392.1). Man entnimmt der Fruchtblase eine geringe Menge Fruchtwasser. In diesem sind stets Zellen vom Embryo enthalten, die dann in Zellkulturen vermehrt werden. Damit kann man Chromosomen- und biochemische Untersuchungen durchführen und auf diese Weise viele Chromosomen-Anomalien (= Chromosomen-Aberrationen) und Stoffwechselkrankheiten erkennen. So gewinnt man Grundlagen für die Entscheidung, ob eine Unterbrechung der Schwangerschaft *(medizinische Indikation)* angebracht ist, um die Geburt schwer erbkranker Kinder zu verhindern. Da dieses Verfahren jedoch nicht ganz ungefährlich für Mutter und Kind ist (Infektionen oder Verletzung des Kindes sind z. B. möglich), wird es nur bei begründetem Verdacht auf angeborene Erkrankungen, wie etwa bei Erbkrankheiten in der Familie oder hohem Lebensalter der Eltern, angewandt.

Das Verfahren der **Chorionbiopsie,** bei dem aus dem Choriongewebe (vgl. Fortpflanzung und Entwicklung 1.3.3) Zellen des Trophoblasten entnommen werden, ist in der 7.–12. Schwangerschaftswoche auszuführen und mit weniger Risiko verbunden. Es erlaubt in den meisten Fällen die gleichen Untersuchungen wie die Amnionpunktion.

Untersuchung von Erbkrankheiten mit Verfahren der Gentechnik. Die verschiedenen Verfahren werden hier am Beispiel der Untersuchung auf die Sichelzellanämie geschildert. Sie beruhen alle darauf, daß das mutierte Gen identifiziert wird. Bei der Sichelzellanämie ist ein einziges Nukleotid verändert (vgl. 8.15). Dieser geringe Unterschied zum normalen Gen muß nachgewiesen werden. Hierfür gibt es drei Verfahren.

1. Man stellt ein kurzkettiges DNA-Molekül künstlich her, das den ersten Basen (im Experiment: 19 Basen) eines Stranges der DNA des β-Globin-Gens komplementär ist. Dieses wird durch Anbau eines radioaktiv markierten Phosphats markiert und dadurch zu einer Gensonde (vgl. 10.3.3). Aus Zellkulturen von Zellen der zu prüfenden Person gewinnt man die DNA, bindet sie an Filter und trennt sie durch vorsichtiges Erhitzen in Einzelstränge auf. Dann läßt man die Gensonde eindiffundieren. Bei 55 °C bindet diese nur dann, wenn das Gen intakt ist. Ist ein einziges Nukleotid verändert, so erfolgt keine dauerhafte Bildung des Doppelstrangs, und daher ist keine Radioaktivität im Filter gebunden. Damit ist die Mutante nachgewiesen (Abb. 393.1 a).
2. Durch die Veränderung des einen Nukleotids geht eine Schnittstelle für ein Restriktionsenzym verloren. Im Falle der Mutation bei der Sichelzellanämie gibt es sogar zwei verschiedene Restriktionsenzyme, für die eine Schnittstelle ausfällt. Man läßt die DNA mit dem geeigneten Restriktionsenzym reagieren, trennt die gebildeten Spaltstücke durch Elektrophorese und erzeugt davon Einzelstränge. Dann läßt man eine dem β-Globin-Gen entsprechende markierte Einzelstrang-DNA als Gensonde ein-

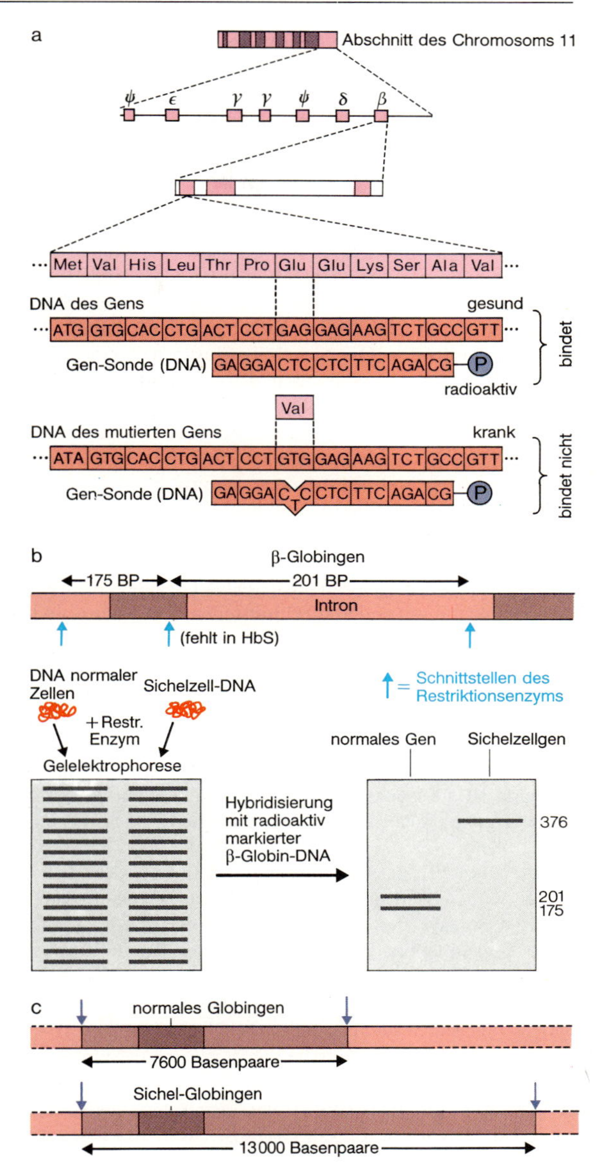

Abb. 393.1: a und b Diagnose der Sichelzellanämie mit einer DNA-Sonde. Der Basenaustausch, der die Sichelzellanämie hervorruft, zerstört eine Restriktionsstelle, die auf dem normalen β-Globin-Gen vorhanden ist. Dadurch verändert sich das Muster der Spaltstücke. Dies ist nach Hybridisierung mit radioaktiv markierter β-Globin-DNA nachweisbar. c Beim Sichelzell-Globin-Gen fällt in der Regel auch eine Schnittstelle weit außerhalb des Gens infolge einer dort eingetretenen Mutation aus. ↓ Schnittstelle eines bestimmten Restriktionsenzyms

wirken. Diejenigen DNA-Spaltstücke, die mit der Gensonde reagieren, müssen aus dem entsprechenden Gen stammen. Ist durch die Mutation eine Schnittstelle im Gen verlorengegangen, so ist ein Spaltstück weniger vorhanden als bei der DNA Gesunder (Abb. 393.1 b).

3. Oft ist eine Mutation in einem Strukturgen begleitet von einer anderen Mutation in einem DNA-Abschnitt ohne Funktion in der Nähe des Strukturgens. Eine überzeugende Erklärung dafür hat man nicht, aber man kann diesen Befund nutzen. Ein genetischer Defekt kann nämlich oft daran erkannt werden, daß durch die Mutation außerhalb des Gens eine Schnittstelle für ein Restriktionsenzym verlorengeht und somit die Länge des Spaltstücks sich ändert. Dieses andere Spaltstück zeigt in der Elektrophorese eine andere Wanderungsgeschwindigkeit. Spaltet man mit einem bestimmten Restriktionsenzym, so liegt das β-Globin-Gen auf einem 7600 Basenpaare langen Spaltstück. Die Sichelzell-Mutation ist meistens mit einer Mutation verbunden, die zu einem Verschwinden der Spaltstelle außerhalb des Gens führt, so daß dann ein Spaltstück von 13 000 Basenpaaren vorliegt (vgl. Abb. 393.1 c). Da hier tatsächlich eine andere Mutation nachgewiesen und als »Marker« benutzt wird, ist diese Methode nicht völlig sicher; bei der Sichelzellanämie führte sie in USA bei 20% der Untersuchten zu einer falschen Aussage, weil nicht die Kombination der beiden Mutationen vorlag. Man kann jedoch weitere Restriktionsenzyme mit anderen Schnittstellen heranziehen und dadurch die Fehlerquote auf 1% senken. – Auch zur Genkartierung beim Menschen wird dieses Verfahren verwendet.

Zu den Erbkrankheiten, die mit einer dieser Methoden hinreichend sicher nachgewiesen werden können, gehören: Phenylketonurie, Huntington'sche Krankheit, Muskelschwund, Bluterkrankheit B (s. 11.6) und erbliche Alzheimersche Krankheit (führt ab dem 65. Lebensjahr zu geistigem Abbau).

Die gentechnische Diagnosemöglichkeit von Erbkrankheiten wirft eine Reihe schwerwiegender Probleme auf. Dies sei anhand der Huntington'schen Krankheit aufgezeigt: Die unheilbare Erkrankung ist dominant und führt beim Träger des mutierten Allels mit Sicherheit nach dem 40. Lebensjahr zu Bewegungsstörungen und einer meist schweren geistigen Erkrankung und vielfach dann zum Tod. Vorher aber sind diese Menschen phänotypisch gesund. Was soll ein Arzt einem Patienten von 20 Jahren sagen, bei dem er die Diagnose stellt? Wie sollen sich Eltern verhalten, wenn bei der vorgeburtlichen Diagnose das kranke Gen gefunden wurde?

11.5 Vererbung des Geschlechts und Geschlechtsanomalien

Auch beim Menschen wird das Geschlecht nach dem XY-Typus bestimmt, wie das Geschlechtsverhältnis 1 : 1 zeigt. Nicht alle Geschlechtsmerkmale haben ihre Gene auf den Geschlechtschromosomen X und Y. Andererseits tragen diese auch Gene, die mit der Geschlechtsausbildung überhaupt nichts zu tun haben (s. Abb. 389.1). Das X-Chromosom besitzt einen homologen Abschnitt zum Y-Chromosom mit entsprechenden Allelen und einen nicht homologen Abschnitt, auf dem nur X-chromosomale Gene liegen. Schon in einem frühembryonalen Zustand wird in den Zellen mit zwei X-Chromosomen ein X-Chromosom durch starke Kontraktionen der DNA und Verknüpfung mit zusätzlichen Proteinen in einen inaktiven Zustand gebracht. Das »stillgelegte« X-Chromosom ist nach Anfärbung lichtmikroskopisch als BARR-Körperchen sichtbar (Abb. 395.1).

Störung der Geschlechtsentwicklung beim Menschen. Beim Menschen ist die Keimdrüsenanlage bis zur 8. bis 10. Embryonalwoche undifferenziert. Enthalten die Zellen ein Y-Chromosom (Zelltyp XY), entwickelt sich das Keimdrüsengewebe zu Hodengewebe; fehlt das Y-Chromosom (Zelltyp XX), differenziert es sich zu Ovarialgewebe. Die Ausbildung innerer und äußerer Geschlechtsorgane wird von den Sexualhormonen bestimmt. Bei gestörter Differenzierung der Keimdrüsenanlagen entwickeln sich *Intersexe* mit Hoden und Ovarien nebeneinander, aber infantilen äußeren Geschlechtsorganen. Treten nach Ausbildung der Keimdrüsen Störungen im Hormonhaushalt auf, entstehen *Scheinzwitter* (Hermaphroditen). Als XY-Typ besitzen sie zwar Hoden, aber ein weibliches Erscheinungsbild mit äußeren weiblichen Geschlechtsorganen. Als XX-Typ haben sie Ovarien, aber ein männliches Erscheinungsbild und männliche Geschlechtsorgane. Bei einer Geschlechtsumwandlung durch Hormongaben werden nur die äußeren Geschlechtsmerkmale verändert.

Bleibt ausnahmsweise das Richtungskörperchen in der Reifeteilung erhalten, ist das Ei zweizellig. Wird die eine Zelle von einem X- und die andere von einem Y-Spermium befruchtet, entwickelt sich ebenfalls ein Zwitter mit einem Mosaik von XX- und XY-Zellen sowie männlichen und weiblichen Sexualorganen.

Die für die Ausbildung von Hodengewebe verantwortlichen Gene liegen auf dem kurzen Arm des Y-Chromosoms. Eine Translokation (vgl. 6.2) dieses kurzen Arms auf ein X-Chromosom führt zu Männern mit den Geschlechtschromosomen XX.

Am Vorhandensein oder Fehlen des BARR-Körperchens läßt sich bei Intersexen das erblich angelegte Geschlecht eindeutig erkennen (s. Abb. 395.2). Die Kern-Geschlechtsbestimmung durch cytologische Untersuchung von Blutzellen, Zellen der Mundschleimhaut oder der Haarwurzeln spielt bei der Zulassung zu Wettkämpfen des Hochleistungssports eine Rolle. Wettkämpferinnen mit männlichem Chromosomenbild werden ausgeschlossen; sie könnten aufgrund männlicher Muskelentwicklung ihren Konkurrentinnen überlegen sein. Die Inaktivierung eines der beiden X-Chromosomen erfolgt rein zufällig. In einem Teil der Zellen wird das X-Chromosom vom Vater, in einem anderen Teil der Zellen das X-Chromosom von der Mutter inaktiviert, so daß die Allele beider X-Chromosomen im Organismus wirksam werden können, auch bilden sich Eizellen mit dem einen Allel und solche mit dem anderen Allel. In be-

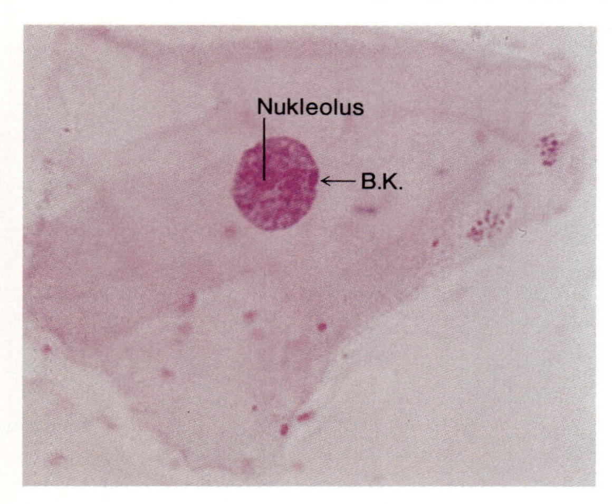

Abb. 395.1: Zellkern mit Barrkörperchen in der Epithelzelle der Mundschleimhaut einer Frau

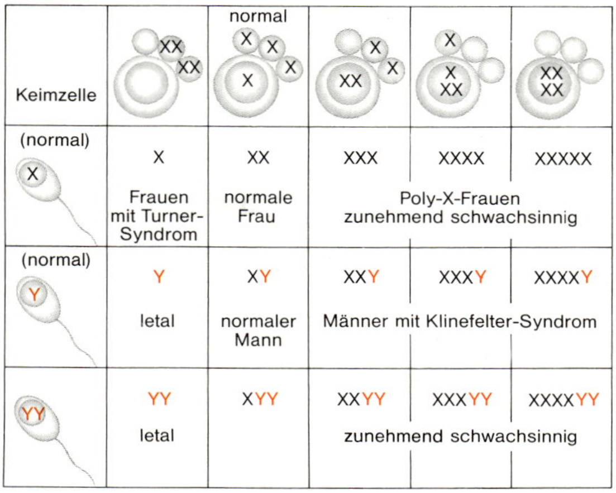

Keimzelle	XX XX	normal X X	X XX X	X X XX	XX XX
(normal) X	X Frauen mit Turner-Syndrom	XX normale Frau	XXX Poly-X-Frauen zunehmend schwachsinnig	XXXX	XXXXX
(normal) Y	Y letal	XY normaler Mann	XXY Männer mit Klinefelter-Syndrom	XXXY	XXXXY
YY	YY letal	XYY	XXYY zunehmend schwachsinnig	XXXYY	XXXXYY

Abb. 395.2: Abweichungen von der Geschlechtschromosomenzahl durch Störungen während der Meiose

zug auf die Gene des X-Chromosoms ist der weibliche Organismus daher ein Mosaik.

Einige Anomalien beruhen auf Fehlen oder Überzähligkeit von Geschlechtschromosomen. Menschen, die als Geschlechtschromosom nur ein X-Chromosom aufweisen, also zum X0-Typ gehören, haben weibliche Konstitution; sie sind kleinwüchsig, infantil und haben rudimentäre, funktionslose Geschlechtsorgane (Turner-Krankheitsbild oder *Turner-Syndrom*). Beim XXY-Typ sind die sekundären Geschlechtsmerkmale männlich, es treten eunuchoide Züge mit hoher Stimme und geringem Bartwuchs auf *(Klinefelter-Krankheitsbild)*. Dieser anomale Genotyp zeigt, daß beim Menschen das Y-Chromosom das männliche Geschlecht bestimmt. Von Männern des XYY-Typs sind keine phänotypischen Anomalien bekannt. Andere Anomalien von Geschlechtschromosomen (z.B. Typ XXX oder Typ XXYY) sind mit Schwachsinn verbunden.

11.6 Geschlechtschromosomen-gebundene Vererbung beim Menschen

Beispiele für geschlechtschromosomen-gebundene Erbgänge beim Menschen sind die Bluterkrankheiten und die Rot-Grün-Sehschwäche (vgl. Abb. 396.1 und 396.3).

Bei **Bluterkranken** ist die Blutgerinnung stark verlangsamt, so daß selbst kleine Prellungen zu ausgedehnten Blutergüssen führen. Bei größeren Wunden kommt es zu starkem Blutverlust, so daß der Tod eintreten kann. Kleinere Blutungen kommen durch die Kontraktion der verletzten Gewebe zum Stillstand. Dieser Vorgang führt z.B. zum Aufhören der Menstruationsblutung auch bei bluterkranken Frauen. – An der Blutgerinnung sind zahlreiche Faktoren und daher zahlreiche Gene beteiligt. Daher ist es nicht erstaunlich, daß es (mindestens) zwei verschiedene Bluterkrankheiten (A und B) gibt. Bei beiden kann das Krankheitsbild unterschiedlich schwer sein. Bei der Bluterkrankheit A fehlt der Gerinnungsfaktor VIII (s. S. 189). Eine Stammtafel über die Vererbung dieser Bluterkrankheit in europäischen Fürstenhäusern zeigt Abb. 396.1. Die molekulare Untersuchung zahlreicher Bluterkranker des Typs A ergab, daß die Inaktivierung des Gens durch ganz unterschiedliche Mutationen hervorgerufen wurde: Punktmutationen (Veränderungen eines Basenpaars), Deletionen unterschiedlicher Länge, Insertionen (DNA-Einschübe). Die Basenabfolge der Insertionsstücke zeigt, daß es sich dabei sehr wahrscheinlich um Transposons (vgl. 8.19) handelt.

Aus der Ehe zwischen einem bluterkranken Mann mit der Krankheitsanlage im X-Chromosom und einer genotypisch gesunden Frau gehen gesunde Söhne und phänotypisch gesunde, aber heterozygote Töchter hervor. Bei solchen Anlageträgerinnen ist der Gerinnungsfaktor VIII nur in halber Konzentration vorhanden. Bei etwa der Hälfte der Zellen, die diesen Faktor erzeugen, liegt das dafür zuständige »gesunde« Allel im Barr-Körperchen, bei der anderen Hälfte der Zellen jedoch das »kranke« Allel. Die Zellen mit dem wirksam bleibenden »gesunden« Allel können wenigstens die halbe Menge des Faktors VIII erzeugen; sie reicht für eine fast normale Blutgerinnung aus. Heiratet nun eine Anlageträgerin einen gesunden Mann, so können homozygot gesunde und heterozygote Töchter sowie homozygot gesunde und kranke Söhne geboren werden. Wenn eine Anlageträgerin einen kranken Mann heiratet, so wären reiner-

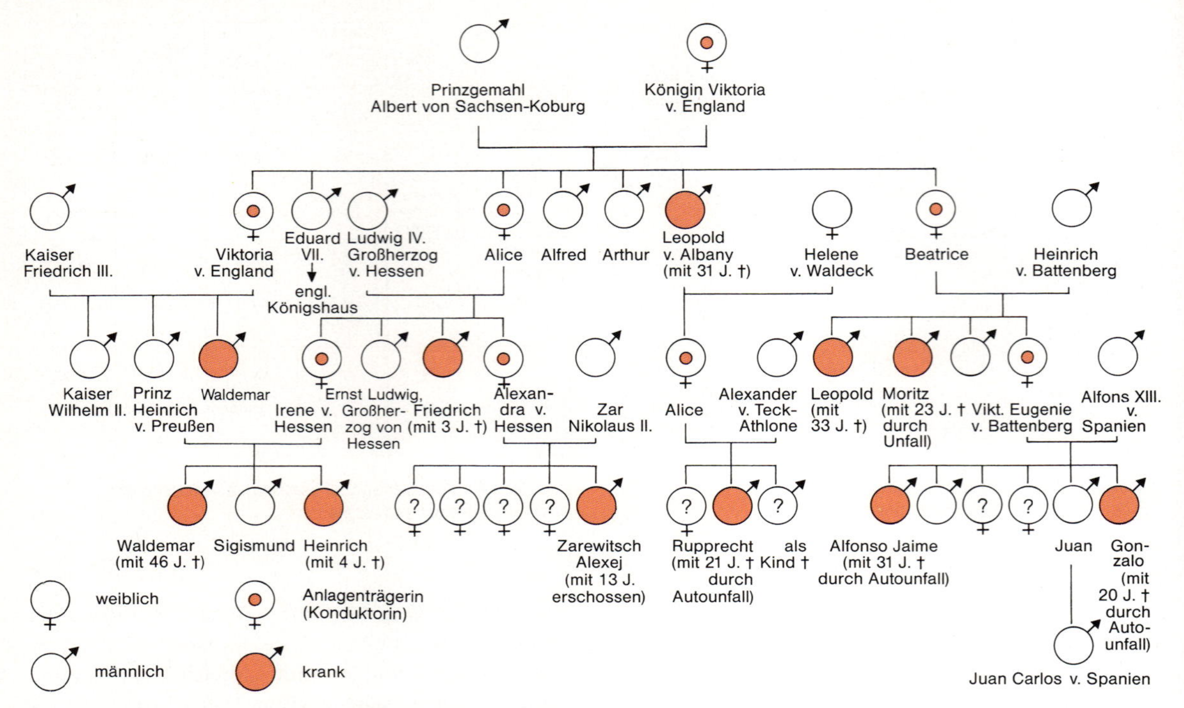

Abb. 396.1: Stammbaum europäischer Fürstenhäuser mit Bluterkrankheit A,
? nicht bekannt, ob mutiertes Allel vorlag bzw. vorliegt. X-chromosomaler Erbgang

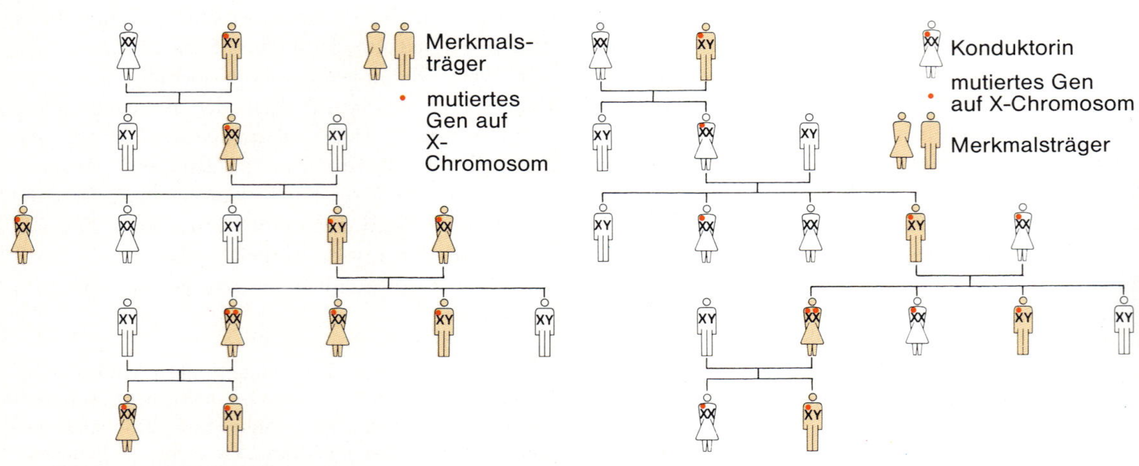

Abb. 396.2: X-chromosomal-dominanter Erbgang.
Alle Genträger sind auch Merkmalsträger.
Beispiele:
Nystagmus (ständiges Zittern der Augen).
Gelbbrauner Zahnschmelz (Schmelzschicht sehr dünn, daher früher Zahnverfall).
Vitamin-D-resistente Rachitis,
Erbliche Nachtblindheit B
(Erbliche Nachtblindheit A zeigt autosomalen Erbgang).

Abb. 396.3: X-chromosomal-rezessiver Erbgang.
Merkmalsträger sind alle Männer
mit dem mutierten (rezessiven) Gen im X-Chromosom
sowie Frauen, die homozygot bezüglich des mutierten Gens sind.
Heterozygote Frauen nennt man Konduktorinnen;
sie zeigen das Merkmal nicht, können es jedoch weitervererben.
Beispiele:
Rot-Grün-Sehschwäche (in Europa bei 8% der Männer und 0,5% der Frauen).
Bluterkrankheit A (1:10000 bei Männern, 1:100 Millionen bei Frauen).
Fischschuppenhaut (1: 100000, Haut mit rauhen, dicken Hornplatten bedeckt, wirkt homozygot letal).
Mangel an Gamma-Globulin
(hohe Infektionshäufigkeit durch mangelhafte Bildung von Antikörpern).

big kranke Töchter, Anlagenträgerinnen, kranke und gesunde Söhne zu erwarten. Doch sind Verbindungen von Blutern mit Mädchen aus Bluterfamilien sehr selten. Seit einigen Jahren ist eine Sippe bekannt, in der bluterkranke Frauen vorkommen. Sie sind in bezug auf die Krankheitsanlage reinerbig; alle männlichen Nachkommen sind Bluter. Abweichungen sind erklärbar, seit man weiß, daß bei der Blutgerinnung sehr viele Gene beteiligt sind.

Die **Rot-Grün-Sehschwäche** ist eine Störung des Farbsehens. Den drei Farbrezeptoren (vgl. S. 227) entsprechen Rezeptorprotein-Gene. Das Gen des Blau-Rezeptors liegt auf Chromosom 3, das Gen für den Rot-Rezeptor und drei identische Gene für den Grün-Rezeptor befinden sich auf dem X-Chromosom so nahe beieinander, daß es bei Crossover gelegentlich zu einer ungleichen Rekombination zwischen diesen Genen kommt. Dadurch kommen falsche Genkombinationen zustande, so daß z. B. ein Sehfarbstoff entsteht, dessen Empfindlichkeitsmaximum zwischen Grün und Rot liegt. Derartige Vorgänge sind die Ursache der Rot-Grün-Sehschwäche. Das dreifache Vorliegen des Grün-Rezeptor-Gens erklärt, weshalb die Sehstörung mit unterschiedlicher Stärke auftritt. – Weitere geschlechtschromosomen-gebundene Merkmale und Krankheiten vgl. Abb. 396.2 und 396.3.

11.7 Vererbung psychischer Merkmale

»Vom Vater hab' ich die Statur,
des Lebens ernstes Führen
vom Mütterchen die Frohnatur
und Lust zu fabulieren.

Urahnherr war der Schönsten hold,
das spukt so hin und wieder;
Urahnfrau liebte Schmuck und Gold,
das zuckt wohl durch die Glieder.

Sind nun die Elemente nicht
aus dem Komplex zu trennen,
was ist denn an dem ganzen Wicht
Original zu nennen?« Goethe

Die Fähigkeit des Menschen zu kulturellen Leistungen ist durch psychische Merkmale bedingt. Nun sind die psychischen Unterschiede zwischen den Menschen nicht weniger auffallend als die körperlichen, und sie haben ebenfalls erbliche Grundlagen. Die Häufung Begabter in bestimmten Familien ist zwar noch kein Beweis, aber ein Hinweis für die erbliche Grundlage der Begabung. Aus der Familienforschung weiß man, daß die schwäbischen Dichter und Philosophen SCHILLER, UHLAND, MÖRIKE, HÖLDERLIN, HAUFF, KERNER, VISCHER, GEROK, HEGEL, SCHELLING und PLANCK miteinander verwandt und sämtlich Nachkommen des im 15. Jahrhundert in Stuttgart-Zuffenhausen lebenden Schultheißen JOHANNES VAUT waren. Eindrucksvoll ist auch die Häufung der musikalischen Begabung in der Familie BACH (s. Abb. 398.1). Über eine lange Reihe von Generationen treten in ihr hervorragende Musiker auf. Die Beobachtung der Häufung begabter Nachkommen in Begabtenfamilien kann jedoch zu einem erheblichen Teil auch auf fördernde Einflüsse des Elternhauses und auf die gelenkte Ausbildung durch die Eltern zurückzuführen sein. In jedem Falle übertragen Eltern ihren Kindern ja nicht nur Gene, sondern schaffen in der Regel auch die Umwelt, in der die Kinder aufwachsen. Wie die Verhaltensforschung zeigt, ist gerade die Umwelt in der frühen Kindheit von größtem Einfluß auf die psychische Entwicklung. Es ist deshalb schwierig, genetische Wirkungen und Umwelteinflüsse bei der Ausbildung geistig-seelischer Merkmale zu trennen. Für die genetische Untersuchung psychischer Eigenschaften wirkt erschwerend, daß sie polygene Grundlagen haben und Begabungen und Fähigkeiten quantitativ schwer zu messen sind.

Vererbung der Intelligenz. Der Intelligenzbegriff wird verschieden definiert, doch ist allen Definitionen gemeinsam, daß sie Denkfähigkeit als Wesensmerkmal der Intelligenz hervorheben. Dabei werden u. a. unterschieden: Verstehen, Urteilen, Schließen, Zusammenhänge erfassen, Kombinationsfähigkeit, Abstraktionsvermögen, Einfallsreichtum, Raumvorstellungsvermögen, Konzentrationsfähigkeit. Intelligenz ist auf jeden Fall das Ergebnis einer Vielfalt von geistigen Einzelleistungen. Zu deren Bestimmung benutzt man die Intelligenztests, die den *Intelligenz-Quotienten (IQ)* liefern. Dieser wird dann (willkürlich) als Maß der Intelligenz verwendet, denn nur wenn eine quantitativ meßbare Größe vorliegt, lassen sich populationsgenetische Untersuchungen anstellen. Intelligenztests sind allerdings nie völlig unabhängig vom kulturellen Hintergrund. Man setzt weiterhin voraus, daß bezüglich des IQ Normalverteilung in der Population vorliegt; ein IQ von 100 bedeutet daher durchschnittliche Intelligenz, ein IQ unter 100 unterdurchschnittliche, ein IQ über 100 überdurchschnittliche Intelligenz. Aus Zwillingsuntersuchungen erhielt man einen Heritabilitätswert des IQ von 0,6–0,8. Dies bedeutet: Unter den Umweltbedingungen des europäischen Kulturkreises ist die Variabilität im Intelligenzquotient zu 60–80% durch genetische Faktoren bestimmt. Hätten alle Individuen die gleiche Umwelt, so wäre die Variabilität des IQ um 20–40% geringer, und die dann noch zu beobachtenden IQ-Unterschiede wären genetisch verursacht (die Heritabilität wäre dann 100%). Falsch ist hingegen die Schlußfolgerung, daß 60 bis 80% der Intelligenz erblich und umweltunabhängig und 20 bis 40% umweltbedingt seien. Da die Heritabilitätswerte sich immer auf Populationen in einer be-

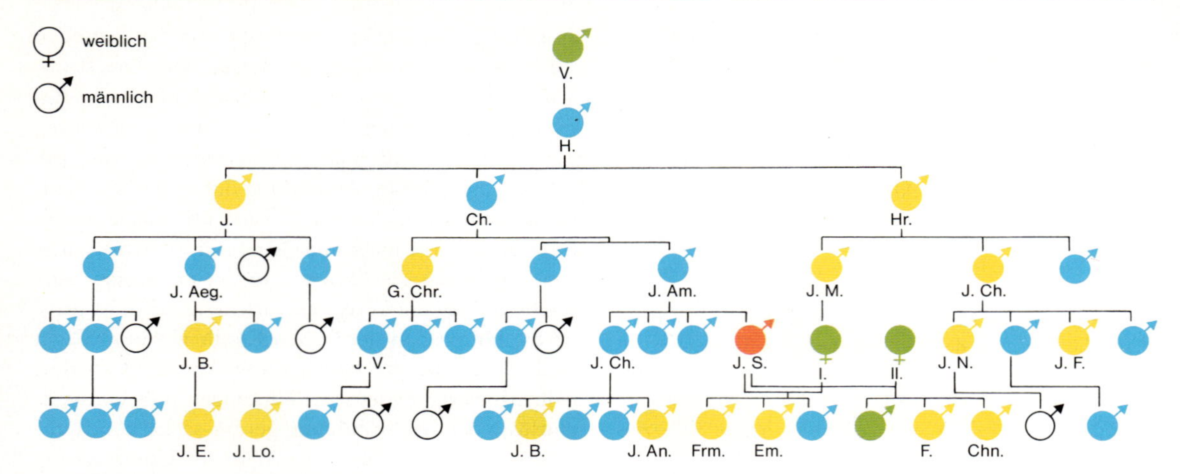

Abb. 398.1: Stammbaum des Geschlechts der Bach. Rot: Johann Sebastian Bach. Blau: Berufsmusiker. Grün: Komponist. Gelb: Berufsmusiker und Komponist

stimmten Umwelt beziehen, sagen sie nichts darüber aus, wie weit im Einzelfall durch gesundheitsfördernde oder erzieherische Mittel die geistige Leistung gesteigert werden kann. Für die Leistungen eines einzelnen Menschen ist die Intelligenz Voraussetzung; diese sind aber auch bei gegebener Intelligenz weitgehend umweltabhängig. Dies sei an einem Vergleich gezeigt: Ein Forscher kann seine wissenschaftliche Befähigung nur verwirklichen, wenn ihm die Umwelt die Gelegenheit gibt, das Wissen seines Fachgebietes zu erlernen und ihm auch die für seine Forschungen nötigen Geräte und andere Hilfsmittel zur Verfügung stellt. So ist jede Intelligenzleistung einerseits genetisch vorgegeben und andererseits völlig umweltabhängig. Ohne Umwelteinfluß und Lernen entwickelt sich die Intelligenz nicht. *Erbgut und Umwelt arbeiten kooperativ, nicht additiv.* – Zu den wirksamen Umweltfaktoren gehört auch die Protein-Ernährung der Säuglinge. Protein-Mangel, wie er in Entwicklungsländern vorkommt, führt zu verminderter Intelligenz.

Die Alternative »vererbt oder erworben« ist also sicherlich falsch. Man darf davon ausgehen, daß die Fähigkeit zu geistigen Leistungen polygen bedingt ist und daher eine große Reaktionsbreite aufweist. Eben diese Reaktionsbreite ist durch die Gene festgelegt, nicht aber die Leistungsfähigkeit selbst. Die Reaktionsnorm, die Umwelt und vor allem die Erziehung sowie das Maß der Nutzung der lebenslangen Lernfähigkeit des Menschen bestimmen auch die Grenzen der geistigen Leistungsfähigkeit.

Vererbung von Geisteskrankheiten. In einigen wenigen Fällen (z.B. *Huntington'sche Krankheit* = erblicher *Veitstanz*) liegen monogene Erbleiden vor. Bei *Schizophrenie* und *manisch-depressiver Erkrankung* hingegen handelt es sich um Krankheiten mit erblicher Disposition, ähnlich wie dies für Infektionskrankheiten gilt. Drogenmißbrauch kann aber auch zu einer schizophrenieartigen Erkrankung führen (Phänokopie, vgl. 11.2).

Von bestimmten Formen des Schwachsinns wissen wir sicher, daß sie erbbedingt sind. Der Schwachsinn als Folge der *Phenylketonurie* (vgl. 11.3) zeigt aber zugleich, daß die Wirkung der Gene auf den Phänotyp beeinflußbar und eine Therapie möglich ist. Dazu muß man allerdings die Gene und ihre Wirkorte im Stoffwechsel kennen. Es ist daher eines der wichtigsten Forschungsziele der Humangenetik, weitere Gene für geistige Erkrankungen aufzufinden.

Trisomie 21. Schwachsinn tritt oft auch dann auf, wenn überzählige Chromosomen vorliegen. Dies ist z.B. der Fall, wenn das Chromosom 21 dreifach vorhanden ist, so daß alle Körperzellen 47 Chromosomen besitzen. Ursache dafür ist entweder, daß sich die beiden homologen Chromosomen Nr. 21 bei der Meiose nicht trennen oder daß sich das eine Chromosom Nr. 21 an ein anderes Chromosom (z.B. Nr. 14) anhängt (Translokation). In beiden Fällen besitzt dann eine Keimzelle zwei Chromosomen Nr. 21. Die phänotypische Auswirkung einer Trisomie 21 wird als *Down-Syndrom* (oder *Mongolismus*) bezeichnet. Weitere Symptome der Krankheit sind körperliche Anomalien wie kleiner Kopf, flaches Gesicht mit mongoliden Zügen, kurzes Genick und flacher Hinterkopf (s. Abb. 399.1). Die Störung der Chromosomenverteilung in der Meiose als Ursache der Triso-

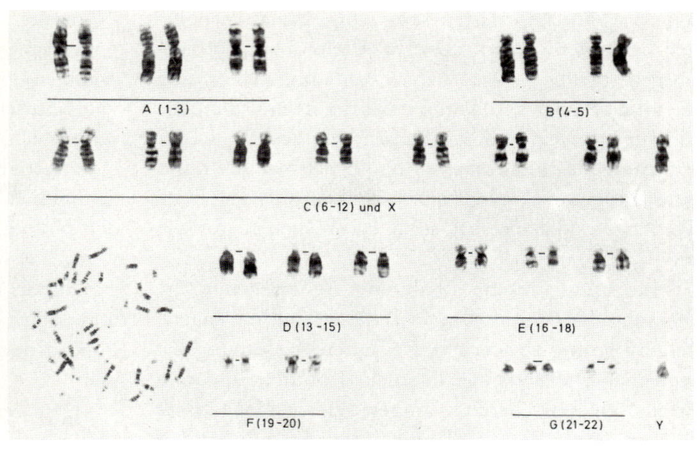

Abb. 399.1: Down-Syndrom (Trisomie 21). Merkmale sind: schrägstehende Augen, kurze Nase, flacher Hinterkopf; der Betroffene ist geistig schwer behindert. Aufgrund angeborener Herzfehler ist die Lebenserwartung reduziert.

Chromosomensatz (Karyotyp). Das Chromosom 21 ist dreifach vorhanden. Bei den meisten Trisomien anderer Autosomen sind die Störungen so stark, daß die Kinder vor oder kurz nach der Geburt sterben.

mie wird mit zunehmendem Alter der Eltern häufiger. Bei Müttern unter 30 Jahren liegt die Wahrscheinlichkeit der Geburt eines davon betroffenen Kindes bei 0,04% und steigt bei Müttern über 45 Jahren auf 3% an.

11.8 Die genetische Zukunft des Menschen

Allgemeines. Die genetische Zukunft des Menschen ist im wesentlichen durch folgendes gekennzeichnet: 1. Einschränkung der natürlichen Selektion, 2. stetes Anwachsen der Erdbevölkerung, 3. steigende Durchmischung der Erdbevölkerung, 4. mutagen wirkende Zivilisationseinflüsse.

Der Kulturmensch ist nicht mehr dem Einfluß der Selektion in dem Maße unterworfen wie etwa Naturvölker oder gar Tiere in ihrem natürlichen Lebensraum. Schon vorhandene oder durch Mutation neu entstehende Erbkrankheiten werden also nicht mehr in jedem Fall durch natürliche Selektion verschwinden. Dies zeigt sich z. B. in einem verbreiteten Nachlassen der Sinnesleistungen (Sehen und Hören). Zu denken ist auch an eine Schwächung des Immunsystems, das sich dann in hoher Anfälligkeit für Infektionen und Krebs äußert. Eine wachsende Abhängigkeit von medizinischer Hilfe ist die Folge.

Die Einschränkung der natürlichen Selektion ist verbunden mit einer Zunahme von Mutationen durch Strahlen und mutagene Chemikalien. Zum Schutz vor Strahlenschäden sind deshalb strenge Vorschriften im Umgang mit Röntgenstrahlen und radioaktiven Stoffen getroffen worden.

Eine weit größere Gefahr für das Erbgut birgt die verbreitete Anwendung mutationsauslösender chemischer Stoffe. Bekannt ist die mutagene Wirkung einiger Suchtmittel, mancher Arzneimittel und Biocide sowie verschiedener technisch verwendeter Stoffe. Von vielen Stoffen, denen der Mensch ausgesetzt ist oder die er mit der Atemluft oder mit Nahrungs- und Genußmitteln zu sich nimmt, weiß man noch gar nicht, ob sie genetisch unbedenklich sind.

Die **genetische Bürde** (vgl. Evolution 2.2.2) einer Generation wird durch folgende Faktoren bestimmt:

1. **Genetische Mitgift:** durch Mutationen, die über die Keimzellen von den Eltern übernommen werden;
2. **Genetischer Zufluß:** durch Mutationen, die im Verlauf des individuellen Lebens in der Keimbahn und in den Keimzellen entstehen;
3. **Genetischer Ausfall:** durch Mutationen, durch welche die betroffenen Zellen der Keimbahn ausscheiden, und außerdem durch Nichtfortpflanzung mancher Erbkranker.

Unter den heutigen Lebensbedingungen steigt der genetische Zufluß, doch sind aus populationsgenetischen Überlegungen ernste Probleme erst nach vielen Generationen zu erwarten. Die Bevölkerungen durchmischen sich immer stärker, und die Wahrscheinlichkeit, daß zwei rezessive defekte Anlagen zusammentreffen und den Ausbruch der Erbkrankheit auslösen, wird geringer.

Maßnahmen zur Verhinderung der Fortpflanzung von Personen mit schweren Erbschäden (z. B. Sterilisation) bezeichnet man als *negative Eugenik*. Wie aber ist es möglich, das Erbgut eines Menschen zu beurteilen, wenn die meisten seiner Eigenschaften polygen bedingt sind und rezessive Allele überhaupt verborgen bleiben? Wir haben zudem noch wenig Kenntnisse über den Anteil des Erbguts und den Anteil der Umwelt an den Eigenschaften des Menschen. Aus diesem Grunde ist es sinnvoll, sich vor allem um eine optimale Umwelt zu bemühen, in der jeder Mensch eine Chance hat, seine Erbanlagen so gut wie möglich zu entwickeln.

Eine unumstrittene Forderung ist die genetische Beratung der Familie, um aufzuklären und die Eigenverantwortung zu wecken. Besondere Bedeutung hat die genetische Beratung für solche Familien, in denen Erbkrankheiten bereits aufgetreten sind. Unsere Kenntnis über die Vererbungsweise vieler Erbleiden erlaubt warnende oder beruhigende Voraussagen über die Krankheitswahrscheinlichkeit künftiger Kinder, ermöglicht Ratschläge bei der ärztlichen Überwachung der Schwangerschaft oder begründet den freiwilligen Verzicht auf eigene Kinder, wenn die Eltern das hohe Risiko erfahren.

Genetische Beratung sollten in Anspruch nehmen:
- Erbkranke;
- Eltern, die bereits ein erbkrankes Kind haben und weitere Kinder wollen;
- Verwandte von Erbkranken;
- Partner, die miteinander verwandt sind;
- Paare, bei denen die Frau mehrere ungeklärte Fehlgeburten hatte;
- Frauen, die vor oder während einer Schwangerschaft therapeutisch bestrahlt wurden oder die mutagene oder embryoschädliche Medikamente eingenommen haben;
- schwangere Frauen, die älter als 38 Jahre sind.

Berücksichtigt man die Häufigkeit des Auftretens von Mutationen und die zu vermutende weite Verbreitung rezessiver Erbdefekte, wird das Erbgut jedes Menschen irgendwelche mutierten Gene enthalten. Bei der Eheschließung Nahverwandter ist allerdings die Wahrscheinlichkeit, daß beide Ehepartner gleiche krankmachende rezessive Gene besitzen, größer als bei nicht blutsverwandten Partnern. Auch wenn durch die genetische Beratung allein die Anzahl der Erbleiden in der Gesamtbevölkerung nicht wesentlich sinken wird, so kann sie doch die Betroffenen vor Leid bewahren.

Maßnahmen, die über die genetische Beratung hinausgehen, erfordern eine noch genauere Kenntnis der Humangenetik als wir sie bis jetzt haben. Unser derzeitiges Wissen über das komplizierte Wechselspiel der Gene warnt vor den Risiken der Eingriffe in die genetische Substanz. Um so mehr ist es notwendig, das gegenwärtig Mögliche zu tun:
- Vermeidung oder wenigstens Zurückdrängung mutagener Umwelteinflüsse;
- allgemeine Einführung der genetischen Beratung als Entscheidungshilfe für Eltern;
- Entwicklung weiterer medizinischer Hilfen zum Ausgleich der Wirkungen von Erbkrankheiten.

Schließlich ist darauf hinzuweisen, daß der Mensch den biologischen Gesetzmäßigkeiten unterworfen ist, wozu das Mutieren seiner Gene gehört. Ohne eine genetische Bürde wäre keine biologische Evolution und keine genetische Anpassung von menschlichen Populationen möglich gewesen und weiterhin möglich.

»Den genetisch vollkommenen, den idealen und völlig gesunden Menschen hat es wohl noch nie gegeben und kann es auch gar nicht geben« (BAITSCH).

12. Molekularbiologie der Entwicklung

Der Entwicklung eines Lebewesens von der befruchteten Eizelle bis zum erwachsenen Vielzeller liegt ein Entwicklungsprogramm zugrunde (vgl. Fortpflanzung und Entwicklung 1.4), das durch eine genau koordinierte Aktivität von Genen in die Merkmale umgesetzt wird. Dadurch ist sichergestellt, daß die Entwicklung in jeder Generation gleich abläuft. Schon lange nimmt man an, daß die Gene, die das Grundmuster der Entwicklungsabläufe festlegen, eine Rangordnung zeigen: Die Aktivität bestimmter Gene löst das Tätigwerden weiterer Gene aus usw. (vgl. 8.16). Untersuchungen an *Drosophila* haben bestätigt, daß es eine derartige Hierarchie von Genen für die Entwicklung gibt (vgl. 12.2).

12.1 Entstehung räumlicher Muster

Wie ist in der linearen Abfolge von Genen in der DNA die räumliche Struktur eines Lebewesens festgelegt? Dies ist eine wichtige und bisher noch kaum beantwortbare Frage der Genetik der Entwicklung. Von Bedeutung für die Ausbildung von räumlichen Strukturen ist die Tatsache, daß die Chromosomen durch bestimmte Bindungsstellen (Nukleotidfolgen, vgl. 8.18) an das Kernskelett (vgl. Cytologie 2.4.1) gebunden sind. Diese Bindungsstellen sind oft für die ursprünglich väterlichen und mütterlichen Chromosomen unterschiedlich, und daher ist es verständlich, daß sie in unterschiedlicher Weise aktiv werden können. Das im Kern vorgegebene räumliche Muster kann über das Cytoskelett offenbar ins Cytoplasma und zur Zellmembran übertragen werden. Wie diese Umsetzung in das räumliche Muster der Zelle erfolgt, ist unbekannt. In Eizellen von Amphibien wurde aber festgestellt, daß mRNA-Moleküle räumlich geordnet vorliegen, da sie ans Cytoskelett gebunden sind. Das Cytoskelett ist ferner mit den Bindegewebsfasern (Kollagen) zwischen den Zellen verbunden. Die Zellwanderungen während der Embryonalentwicklung sind vor allem durch solche Fasern vorgegeben.

12.2 Genetik der Entwicklung bei Drosophila

Bei *Drosophila* kennt man zahlreiche Mutanten, bei denen die Ausbildung der Körpergestalt gestört ist. Viele davon sterben schon als Larve ab; frühe Entwicklungsstadien können aber untersucht werden. Daher ist die Erforschung der Entwicklungsgenetik bei *Drosophila* am weitesten fortgeschritten.

Der Körper von *Drosophila* besteht (wie bei allen Insekten) aus dem Kopf, drei Brustsegmenten mit Beinen und 8 Hinterleibssegmenten. Die gestaltbildenden Gene sind hierarchisch geordnet. Zu ihnen gehören:

- Gene, die Vorder- und Hinterende, rechte und linke Hälfte und Rücken- und Bauchseite des Keims festlegen. Diese Gene liefern also die Positionsinformation (vgl. Fortpflanzung und Entwicklung 1.4.5),
- Gene, welche die Zahl der Segmente und deren Grundstruktur festlegen,
- Gene, welche die Ausgestaltung der Segmente und die Ausbildung der Organe festlegen und so die Ausbildung von Kopf, Brust, Hinterleib sowie Fühlern, Beinen und Flügeln bestimmen.

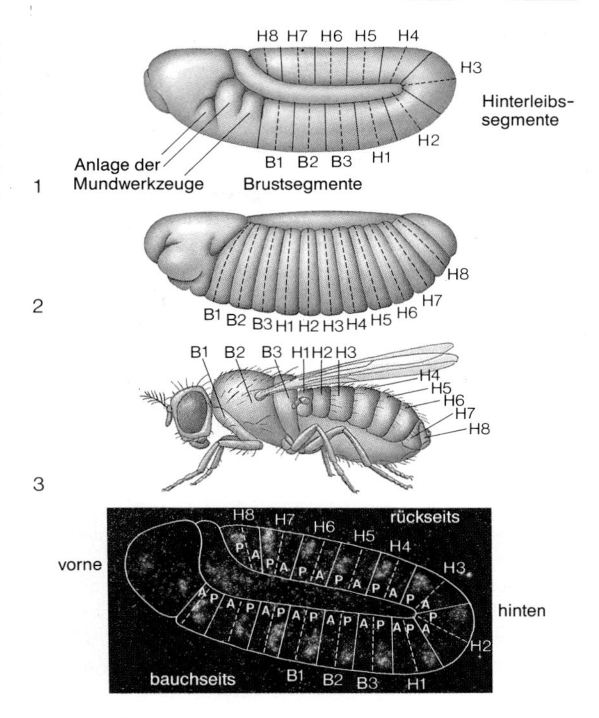

Abb. 401.1: Entwicklung von Drosophila. (1) Junger Embryo im Ei. Beim Längenwachstum werden die Hinterleibssegmente nach oben und vorn verschoben. Alle Segmente sind schon in einen vorderen (A) und hinteren (P) Abschnitt unterteilt. Später wandern die Hinterleibssegmente wieder zurück (2), und die Grenzen der Segmente werden sichtbar; dann schlüpft die Larve und verwandelt sich nach Verpuppung in die Fliege (3). Unten: Nachweis der Aktivität eines homöotischen Gens im Stadium 1. Man kloniert das homöotische Gen, gewinnt die DNA und markiert sie. Die einsträngig gemachte DNA bringt man in den Embryo ein. Sie verbindet sich mit der mRNA des Gens. Die Autoradiographie zeigt, daß das Gen in den hinteren Abschnitten aller Segmente aktiv geworden ist.

Die etwa 30 Gene der ersten Gruppe sind schon während der Eireifung aktiv, so daß die ihnen entsprechenden mRNA-Moleküle in der Eizelle vorhanden sind. Solche Gene heißen *»maternale-Effekt-Gene«*. Wirksam wird die mRNA allerdings erst zu Beginn der Entwicklung. Dies wurde für das Gen *»Toll«* gezeigt. *Toll*-Mutanten gehen normalerweise sehr früh in der Entwicklung zugrunde. Sie entwickeln sich aber normal, wenn man das Cytoplasma gesunder Eizellen oder die daraus gewonnene mRNA in die Zygote der Mutante einspritzt. Es sind drei Gruppen von insgesamt 18 Genen bekannt, welche die Anlage von Vorder- und Hinterende des Embryos bestimmen. Als Beispiel sei das Gen *»oskar«* erwähnt (benannt nach der Figur Oskar aus der Blechtrommel von GÜNTER GRASS); seine Mutation führt dazu, daß keine Hinterleibssegmente entstehen können.

Die über 30 anderen beteiligten Gene sind *»Zygoten-Effekt-Gene«*; sie werden erst nach Bildung der Zygote im entstehenden Embryo aktiv. Ihre Produkte sind dort in unterschiedlichen Entwicklungsstadien nachzuweisen (Abb. 401.1). Mutieren Gene, welche die Zahl der Körpersegmente festlegen, so entsteht eine Lücke im Segmentmuster. Daher heißen diese Gene *»gap-Gene«*. Bei der Mutante *»knirps«* fehlen 6 Hinterleibssegmente, sie ähnelt damit sehr der *oskar*-Mutante. Eine Untersuchung ergab, daß das Genprodukt des *oskar*-Gens offenbar das *knirps*-Gen aktiviert: maternale-Effekt-Gene wirken durch Aktivierung von gap-Genen. Das gap-Gen *»Krüppel«* wird normalerweise dort aktiv, wo die maternalen-Effekt-Gene, welche Vorder- und Hinterende festlegen, nicht tätig sind (Brust, vorderer Teil des Hinterleibs). Bei der *Krüppel*-Mutante fehlen daher diese Segmente. Da die Nukleotidabfolge des *Krüppel*-Gens bekannt ist, war es möglich, eine RNA herzustellen, die durch Bindung an die codierende Basenfolge das *Krüppel*-Gen blockiert. Injiziert man diese blockierende RNA in den Kern einer genetisch gesunden Eizelle, so entsteht eine Phänokopie (vgl. 11.2) der *Krüppel*-Gen-Mutante.

Die Produkte der gap-Gene aktivieren ihrerseits Gene, welche die Struktur der Segmente festlegen. Darunter sind zunächst die *»Paar«-Gene,* bei deren Mutation jedes zweite Segment gestört ist. Deren Genprodukte lösen die Aktivität von *»Polaritätsgenen«* aus, die »vorne« und »hinten« in jedem Segment bestimmen. Durch die Produkte von Paar- oder Polaritätsgenen werden weitere Gene aktiviert, die für die Ausgestaltung der Segmente verantwortlich sind. Durch diese Gen-Hierarchie ist jedes Segment oder Segment-Teil durch ein ganz bestimmtes Genexpressionsmuster festgelegt, das nur dort auftritt (vergleichbar mit einer Telefonnummer; z.B. aktiv sind maternale-Effekt-Gene 3 + 5 – gap-Gen 2 – Paargene 1 + 2 – Polaritätsgen 4 usw.).

Mutationen der Segment-ausgestaltenden Gene (oder *»homöotischen Gene«*) wirken sich so aus, daß mindestens ein Segment sich in eine Richtung entwickelt, die für ein anderes Segment zu erwarten ist. So entstehen z.B. anstelle von Hinterleibssegmenten Brustsegmente oder anstelle eines Fühlerpaares werden am Kopf Beine gebildet (*Nasobema*-Mutante).

Viele der Zygoten-Effekt-Gene (Paargene, Polaritätsgene, homöotische Gene) und die maternalen-Effekt-Gene besitzen eine gleichartige Nukleotid-Sequenz von etwa 180 Basenpaaren, die den Namen *Homöobox* erhielt. Sie liefert als Teil des Genprodukts eine bestimmte Aminosäureabfolge, die an DNA binden kann. Die gap-Gen-Produkte haben eine andere Struktur, die an DNA bindet (einen fingerartigen Fortsatz, daher *»Fingerproteine«*). Die Genprodukte dieser regulierenden Gene sind also vermutlich stets Proteine, welche die Aktivität anderer Gene beeinflussen. Die Homöobox wurde auch in Genen anderer Gliedertiere (z.B. Regenwurm) sowie verschiedener Wirbeltiere und auch des Menschen gefunden. Die Homöobox ist demnach ein weitverbreitetes Steuerungselement der Entwicklung. Gene mit Homöobox-Struktur sind auch an späteren Entwicklungsvorgängen beteiligt (bei *Drosophila* z.B. für die Augenentwicklung gezeigt). Bei der Ausgestaltung der Organe innerhalb der Segmente spielt aber auch die Zell-Zell-Kommunikation eine große Rolle.

Die Entwicklung von *Drosophila* läßt erkennen, daß zunächst die Segmente als gleichartige Baueinheiten gebildet und dann unterschiedlich ausgestaltet werden. Das Entwicklungsprogramm für die Bildung der Segmente ist in allen Körperteilen gleich; erst bei der Ausgestaltung werden unterschiedliche Gene aktiv. Dadurch kann die Zahl der für den Entwicklungsablauf notwendigen Gene relativ klein sein. Viele andere Tiere entwickeln sich nach dem gleichen Prinzip, so auch die Wirbeltiere und der Mensch. Bei der Maus sind drei Gruppen von Genen mit Homöobox oder Strukturen, die Fingerproteine erzeugen, bekannt, deren Aktivität sich während der Embryonalentwicklung charakteristisch verändert.

12.3 Tumorbildung, Krebs

Bei der Organbildung kontrollieren in der Regel Wachstumsfaktoren und Chalone (Fortpflanzung und Entwicklung 1.4.7) die Zellteilungen, da eine ungesteuerte Zellvermehrung tödliche Organstörungen verursachen würde. Entstünden z.B. bei der Anlage des Darms im Embryo um wenige Prozent mehr neue Zellen pro Zeiteinheit als normal, so würde der Darmhohlraum völlig ausgefüllt. Wenn Zellen sich ungehemmt teilen, so führt dies zu Gewebswucherungen, die man als **Neoplasmen** bezeichnet. Wuchern diese gewebszerstörend weiter, so handelt es sich um bösartige (maligne) **Tumoren** oder **Krebs (Carcinome).** Die Umwandlung von Zellen zu ungehemmt teilungsfähigen Tumorzellen bezeichnet man auch als *Zelltransformierung.* (Dieser Begriff hat nichts zu tun mit der in 8.2 dargestellten Transformation.) Dabei verändert sich das Cytoskelett, so daß die Zellen (vor allem in Zellkulturen) eine andere Gestalt annehmen. Im Stoffwechsel wird der Glucose-Abbau verstärkt. Ferner ändern sich Bestandteile der Zellmembran, so daß sie dem Organismus fremd erscheinen und er Antikörper gegen sie bildet. Daher werden Tumorzellen, die in jedem Körper immer wieder auftreten, in der Regel durch die Immunabwehr beseitigt.

Die Bildung der Tumorzellen geht von den Stammzellen oder deren unmittelbaren, noch undifferenzierten Tochterzellen aus. Bösartige Tumoren können daher in allen erneuerungsfähigen Geweben entstehen. Sie zeigen rasches Wachstum, weichen in ihrer Struktur oft vom Muttergewebe ab (sind also »falsch differenziert«) und sind gegen gesundes Gewebe kaum abgrenzbar (s. Abb. 403.1).

12.3.1 Carcinogene

Krebsauslösende Faktoren bezeichnet man als Carcinogene. Bekannt sind Asbest, Nickelstaub, Bleiverbindungen, verschiedene aromatische Kohlenwasserstoffe (entstehen bei unvollkommener Verbrennung, finden sich also in Abgasen von Hausbrand, Autos und im Tabakrauch), Nitrosamine (entstehen bei Nitritzusatz zur Konservierung von Fleischwaren), Aflatoxine (aus Schimmelpilz *Aspergillus* auf verschimmelten Nahrungsmitteln), UV-Strahlen (anhaltende intensive Besonnung kann zu Hautkrebs führen), radioaktive Strahlen, mechanische Dauerreizung, Tumorviren.

Carcinogene können einen Tumor nur dann auslösen, wenn mehrere Bedingungen erfüllt sind: Ein chemisches Carcinogen muß zunächst in die Zelle eindringen können, darf dort nicht entgiftet und muß häufig erst durch Stoffwechselvorgänge aktiviert werden. Die Carcinogene verändern direkt oder indirekt die DNA. Sofern diese Veränderung nicht durch DNA-Reparatur (vgl. 8.7) beseitigt wird, ist eine somatische Mutation erfolgt. Spezifische somatische Mutationen lösen die ungehemmte Zellteilung aus, sofern die betreffenden Gene aktiv werden. In vielen Fällen bedarf es dazu einer zusätzlichen Anregung. Zu Beginn der Zellvermehrung kann die Immunabwehr meist eine Tumorbildung noch verhindern. Nur wenn die Immunreaktion zu schwach ist, kommt es zum Tumorwachstum.

Treffen mehrere carcinogene Einzeleinflüsse (chemische Stoffe oder ionisierende Strahlen) zusammen, dann erhöht

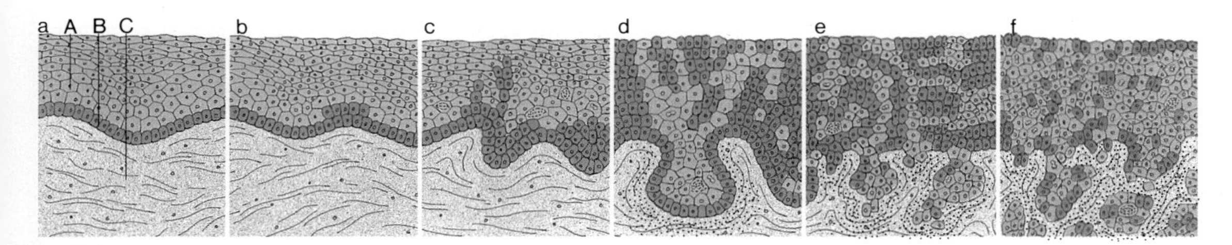

Abb. 403.1: Entstehung eines Carcinoms am Beispiel des Gebärmuttermund-Carcinoms.
a Normaler Zustand des Schleimhautepithels (A obere Zellschichten der Schleimhaut, B Basalzellen der Schleimhaut, C Bindegewebe).
b Erste Veränderungen: Basalzellen mehrschichtig.
c Basalschicht ufert aus, im Schleimhautepithel überall Mitosen.
d Carcinom »in situ«, d. h. beschränkt auf die Schleimhaut. Normale Ordnung in der Schleimhaut zerstört. Bindegewebe nicht angegriffen.
e Beginn des Eindringens ins Bindegewebe. Lymphocyten (schwarze Punkte) versuchen die Krebszellen abzuwehren. Bis zu diesem Stadium läßt sich das Krebsgewebe chirurgisch entfernen.
f Wucherndes Epithelgewebe wächst ungeordnet ins Bindegewebe. Gelangen Krebszellen in die Blutbahn, können sie an anderen Körperstellen Tochtergeschwülste (Metastasen) erzeugen.

sich das Krebsrisiko. Man muß deshalb davon ausgehen, daß viele Tumoren eine multifaktorielle Ursache haben. Es ist möglich, daß ein bestimmter Stoff allein noch keinen Tumor auslöst (carcinogene Wirkung nur unterschwellig); trifft er jedoch mit einer weiteren Einwirkung *(Co-Carcinogen)* zusammen, so führt dies zum Tumor, obwohl das Co-Carcinogen für sich allein ebenfalls keinen Krebs verursachen würde.

12.3.2 Onkogene

Der Amerikaner ROUS zeigte 1911, daß ein Virus (das nach ihm benannte ROUS-Sarkom-Virus) Zellen zu Krebszellen umwandeln kann. Mittlerweile sind viele weitere Tumorviren gefunden worden. Es sind stets RNA-Viren, die nach Eindringen in die Wirtszelle DNA bilden, die ins Wirtsgenom eingebaut und dort tätig wird, wodurch neue Viren entstehen (Retroviren; vgl. 8.8). Eine genauere Untersuchung ergab, daß oft ein kleiner Teil des Virus-Genoms zur Umwandlung der Wirtszellen in Krebszellen ausreicht. Beim Sarkom-Virus ist es das *src*-Gen. Wird es aus dem Virus entfernt, so kann dieses keine Umwandlung auslösen. Interessanterweise ist das *src*-Gen nahezu identisch mit einem normalen Strukturgen der Wirtsorganismen. Durch dessen Mutation entsteht ein verändertes Protein, das die Umwandlung der Zelle auslöst. Im Virus liegt das veränderte Gen als *src*-Gen vor. Derartige mutierte Gene nennt man Onkogene (Krebsgene). Sie sind in den krebsauslösenden Retroviren enthalten. Normale Gene, durch deren Mutation die Onkogene entstehen, heißen *Proto-Onkogene*. Proto-Onkogene sind für die Entwicklung notwendig. Schon eine unkontrollierte Aktivität der normalen Proto-Onkogene, z.B. durch eine Mutation im Regulationsbereich, kann sie zu Onkogenen machen und eine Zelle zur Krebszelle transformieren.

Auch die Inaktivierung eines Gens kann die Umwandlung einer Zelle zur Krebszelle hervorrufen. In diesem Fall unterdrückt das normale Genprodukt die Bildung eines Tumors (z.B. weil es Zellteilungen verhindert); das Gen heißt daher *Anti-Onkogen*. Die Inaktivierung eines Anti-Onkogens verursacht den Krebs der Netzhaut des Auges (Retinoblastom). Familienstammbäume zeigten schon lange eine erbliche Disposition dieser Erkrankung an. Sie ist darauf zurückzuführen, daß ein Allel des Anti-Onkogens mutiert ist. Wenn nun das andere Allel infolge einer somatischen Mutation inaktiv wird, so entsteht eine Tumorzelle. Brustkrebs ist in etwa 25% der Fälle auf eine Mutation des gleichen Gens zurückzuführen. Das Genprodukt des Anti-Onkogens ist ein Protein, das an DNA bindet. Alle Stoffe oder Einwirkungen, die dieses Protein binden oder schädigen, sind cancerogen. Wahrscheinlich wirken viele Carcinogene auf diesem Weg und inaktivieren Produkte von Anti-Onkogenen. Bei vielen menschlichen Tumoren hat man somatische Chromosomen-Mutationen festgestellt, die Ursache einer Onkogen-Aktivierung oder des Verlustes eines Anti-Onkogens sind. Bei einer Form der Leukämie ist durch eine Translokation zwischen Chromosom 22 und 9 das erstere verkleinert; es heißt nach dem Entdeckungsort *Philadelphia-Chromosom* (Abb. 403.2). Durch diese Translokation wird ein Onkogen aktiviert. Beim menschlichen Lungenkrebs findet man fast stets eine kleine Deletion in Chromosom 3, bei Brustkrebs häufig eine solche in Chromosom 11. Bei einem Onkogen, das beim Menschen Harnblasenkrebs auslöst, genügt ein einziger Nukleotidaustausch in der DNA-Sequenz für die ungehemmte Wucherung der Zellen (an die Stelle eines Guanin-Nukleotids tritt ein Thymin-Nukleotid). Dies zeigt, daß auch somatische Punktmutationen Krebs auslösen können.

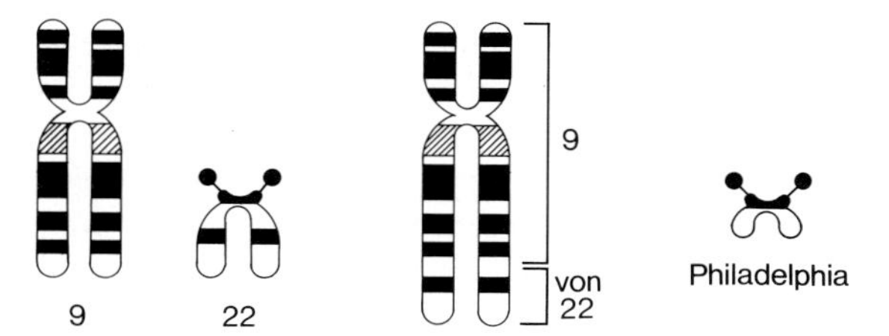

Abb. 403.2: Translokation zwischen den Chromosomen 9 und 22 bei einer Form der Leukämie.
Links die normalen Chromosomen; rechts ist ein Stück des langen Arms von Chromosom 22 auf Chromosom 9 transloziert.
Das Rest-Chromosom 22 ist das Philadelphia-Chromosom.

Immunbiologie

In den menschlichen Körper gelangen ständig zahlreiche Krankheitserreger, vor allem Bakterien und Viren. Dennoch kommt es bei den meisten Menschen nur selten zu einer Erkrankung. Das erste Hindernis gegen das Eindringen von Fremdkörpern bilden die Haut und die Schleimhäute. Zweitens verfügt der Körper über ein komplexes Abwehrsystem. Dieses ist gegen viele Krankheitserreger gleichermaßen wirksam und wird unter dem Begriff **unspezifische Abwehr** oder Resistenz zusammengefaßt. Drittens besitzt der Körper ein **Immunsystem**: Dringen Mikroorganismen, vor allem über kleine Verletzungen, in den Bereich von Gewebeflüssigkeit und Kreislaufsystem vor, so erkennen bestimmte Zellen die eingedrungenen Fremdkörper und lösen eine spezifische Reaktion aus, welche die Erreger unschädlich macht. Diese Reaktion nennt man *Immunreaktion*. Der Körper kann dabei also zwischen »fremd« und »eigen« unterscheiden.

Die Immunbiologie liefert Erklärungen über
- den Ablauf der Immunreaktion,
- den Aufbau des Immunsystems und seine genetischen Grundlagen,
- Anwendungen bei der Schutzimpfung und Organtransplantation,
- die Immunschwäche-Krankheit AIDS.

1. Unspezifische Abwehr und Immunität

1.1 Unspezifische Abwehr: Resistenz

Zellen der Schleimhäute bilden schleimige Sekrete, die Mikroorganismen und andere Fremdkörper einhüllen, so daß sie zusammen mit dem Schleim aus dem Körper entfernt werden können. Tränenflüssigkeit und Nasensekret enthalten das von den sekretbildenden Zellen abgegebene Enzym *Lysozym*, welches die Zellwände eindringender Bakterien zerstört. Im Körperinneren gibt es ebenfalls Stoffe, die gegen Mikroorganismen und Viren wirken. *Interferone* werden von Zellen gebildet, die von Viren befallen worden sind. Interferone sind Proteine, welche in den Zellen die Bildung schützender, gegen Viren gerichteter Proteine auslösen und außerdem auf Zellen des Immunsystems einwirken. Im Blutserum befinden sich ferner Proteine (Enzyme und Enzymvorstufen), die in komplizierter Weise als *Komplement-System* zusammenarbeiten. Sie zerstören die Membranen von Mikroorganismen, spalten Proteine und stimulieren die Phagocytose durch Makrophagen (s.u.). Die Bezeichnung leitet sich davon ab, daß dieses System die Immunreaktionen ergänzt (complement = Ergänzung).

Zur unspezifischen Resistenz tragen auch bestimmte Weiße Blutzellen (Leukocyten) bei, die eingedrungene Fremdkörper durch Phagocytose aufnehmen und intrazellulär abbauen. Unter den Leukocyten sind solche mit großen, gelappten Zellkernen und körnchenförmigen (granulären) Einschlüssen im Cytoplasma (Granulocyten); sie zirkulieren im Blut und gelangen auf diese Weise rasch an die Orte, an denen sie benötigt werden. Andere, *Makrophagen* genannt, finden sich vor allem in Lymphknoten, Leber, Milz, Lunge und Nieren. Sie stehen mit den Immunreaktionen in enger Verbindung. Makrophagen nehmen Bakterien durch Phagocytose auf. In den Zellen entstehen dann Vakuolen mit den Bakterien, die dort durch Enzyme der Lysosomen (vgl. Cytologie 2.4.2) verdaut werden. Die Phagocytose wird vom Komplement-System reguliert. Schon dadurch wird erkennbar, wie vielfältig die einzelnen Teile des Abwehrsystems untereinander in Wechselwirkung stehen.

Letztlich unterliegen alle eingedrungenen Bakterien und Viren der Phagocytose. Hierbei können phagocytierende Zellen zerstört und dann im Eiter ausgeschieden werden. Der Eiter enthält außerdem andere zerstörte Zellen.

1.2 Spezifische Abwehr: Immunität

Im Gegensatz zur Resistenz ist die Immunität durch eine hohe Spezifität ausgezeichnet. Das zeigt folgender Versuch: Man injiziert einem Kaninchen eine kleine Menge Bakterien einer bestimmten Art und wiederholt dies im Laufe einiger Wochen mehrmals. Anschließend entnimmt man dem Kaninchen einige cm^3 Blut und gewinnt das Serum daraus. Verdünnt man nun das Serum (im Verhältnis 1 : 1000) und mischt es mit einer Kultur der injizierten Bakterienart, so verklumpen die Bakterien. Beim Vermischen der Bakterien mit Serum nicht behandelter Kaninchen tritt kein Verklumpen auf, ebensowenig beim Vermischen von Bakterien einer anderen Art mit dem Serum des behandelten Kaninchens (vgl. Evolution 3.4). Man kann daraus schließen, daß im Körper des Kaninchens Stoffe gebildet werden, die mit der

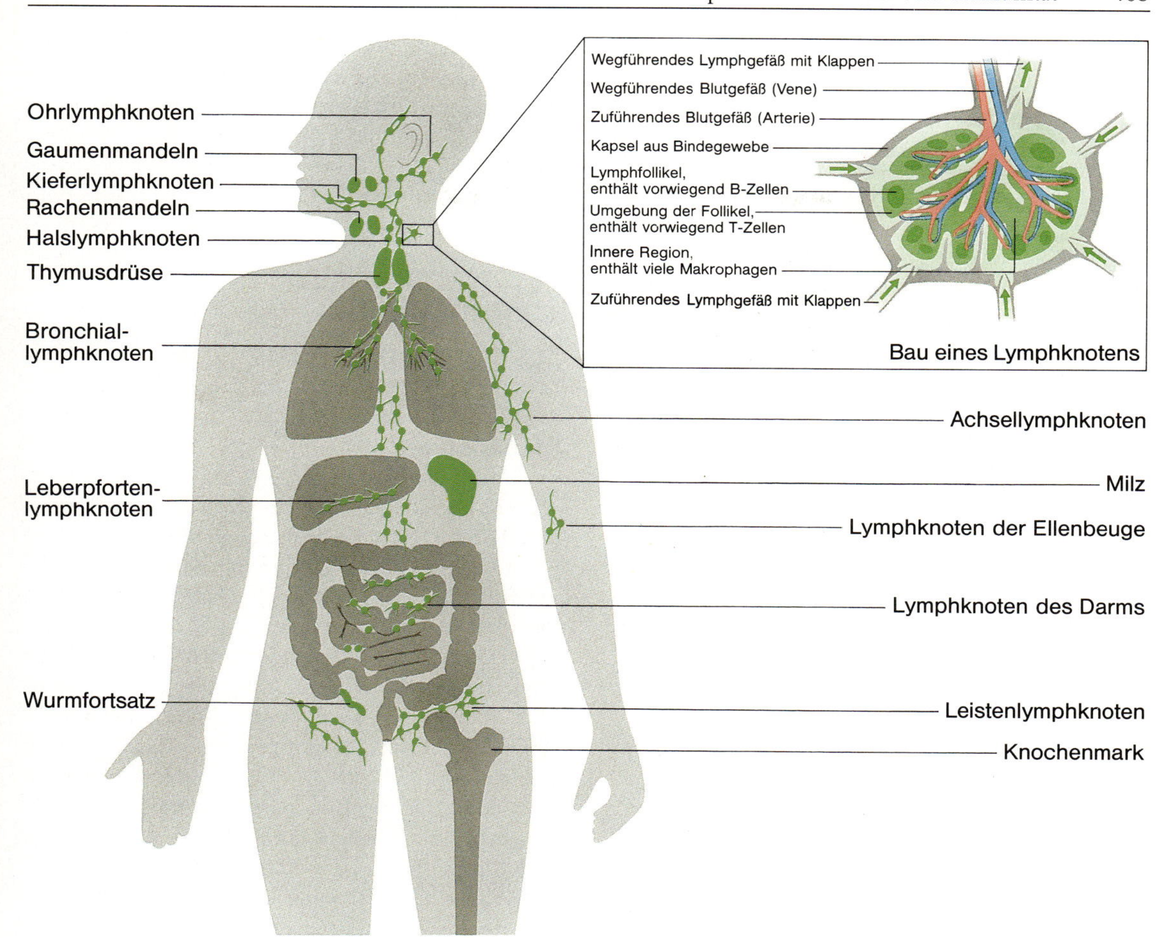

Abb. 405.1: Das Immunsystem des Menschen mit den primären Lymphorganen, Thymusdrüse und rotem Knochenmark (auch der platten Knochen) sowie den sekundären Lymphorganen, Milz, Gaumen- und Rachenmandeln, Wurmfortsatz und zahlreichen in die Lymphbahnen eingeschalteten Lymphknoten. In den Follikeln der Lymphknoten werden Antikörper erzeugt.

Bakterienzellmembran so reagieren, daß die Bakterien verklumpen. Diese von Körperzellen gebildeten Stoffe heißen **Antikörper**. Sie werden offenbar nur gebildet, wenn körperfremde Stoffe – im vorliegenden Fall Teile der Zellmembran des Bakteriums – in die Blutbahn des Kaninchens gelangt sind. Stoffe, die eine Bildung von Antikörpern auslösen, nennt man **Antigene**. Der Begriff »Antigen« weckt häufig irrtümliche Gedankenverbindungen zu »Gen«. Er ist aber verkürzt gebildet aus Anti-somato-gen (= »gegen den Körper bildend«). Als Antigene können Peptide, Proteine, Polysaccharide und Polynukleotide wirken. Der Antikörper wird dabei nicht gegen das Antigenmolekül als Ganzes gebildet, sondern nur gegen bestimmte Atomanordnungen an der Oberfläche dieser Moleküle. Diese Bereiche nennt man *Epitope*. Die Antikörper reagieren mit dem Epitop des Antigens, das die Bildung des betreffenden Antikörpers verursacht hat (Antigen – Antikörperreaktion, s. auch Abb. 407.1 und 418.1).

Während Resistenz auch bei vielen Wirbellosen auftritt, ist die Antikörperbildung bisher nur bei Wirbeltieren festgestellt worden.

Antigene werden von *Lymphocyten* erkannt. Diese machen etwa 25% der Weißen Blutzellen (Leukocyten) aus. Sie entstehen im Knochenmark, das deshalb als primäres Immunorgan bezeichnet wird. Ist das Antigen durch solche Zellen erkannt, so reagieren die verschiedenen Arten von Lymphocyten unterschiedlich:

– Ungefähr 10% der Lymphocyten erzeugen Antikörper und geben diese an Lymphe und Blut (humorale Bestandteile des Körpers) ab. Diese Antikörper bildenden Zellen reifen im Knochenmark (**b**one-

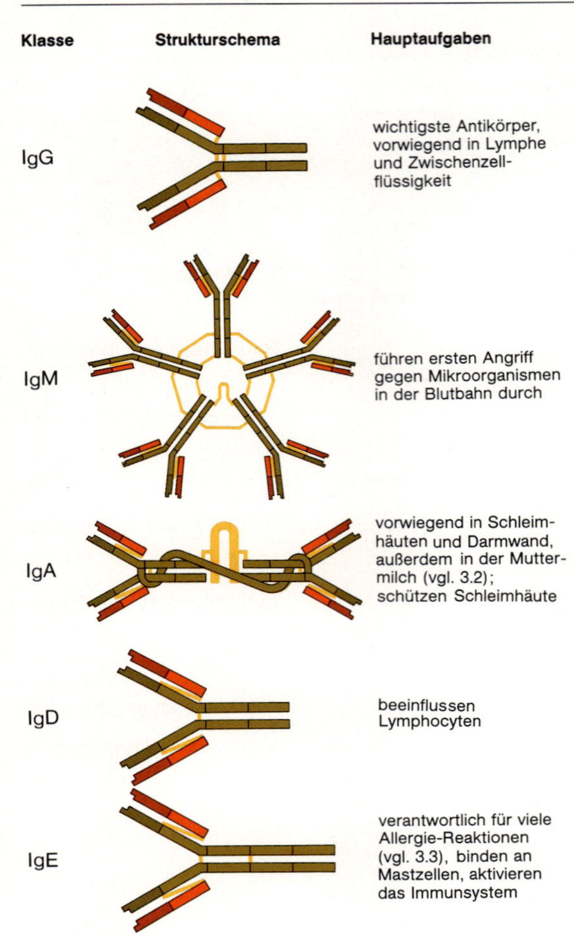

Abb. 406.1: Aufbau und Einteilung der Immunglobuline

marrow) und heißen **B-Lymphocyten**. Nach der Entwicklung wandern sie in die sekundären Immunorgane (Lymphknoten, Milz, Wurmfortsatz, Mandeln, Abb. 405.1) ein oder kreisen im Blutstrom. Sie sind für die **humorale Immunantwort** verantwortlich.

– Ungefähr 90% der Lymphocyten haben die Aufgabe, Zellen zu zerstören, die Antigene tragen. Ihre Vorstufen wandern aus dem Knochenmark zunächst in den Thymus ein und reifen dort; sie heißen daher **T-Lymphocyten**. Sie dienen der **zellulären Immunantwort.** (Auf weitere Arten von T-Lymphocyten wird in 2.2 eingegangen).

Der Thymus reicht bei Jugendlichen in Form zweier Lappen im oberen Brustabschnitt vom Kehlkopf bis fast zum Herzen. Beim Erwachsenen ist er rückgebildet. Später gelangen die T-Lymphocyten ebenfalls in die sekundären Immunorgane, wo sie sich festsetzen und weiter vermehren. Von dort werden sie auch ins Blut abgegeben. Die meisten T- und B-Lymphocyten, die sich außerhalb der sekundären Immunorgane befinden, wandern zwischen Blut und Lymphe hin und her.

2. Bestandteile des Immunsystems

2.1 Antikörper

Die Antikörper sind globuläre Proteine (vgl. Cytologie 7.4). Man nennt sie Immunglobuline (Abkürzung: Ig). Sie werden in 5 Klassen eingeteilt (Abb. 406.1); ihre Baueinheiten sind stets gleichartig. Der häufigste und am besten bekannte Typus sind die Immunglobuline G (IgG). IgG-Moleküle bilden 75 bis 80% der freien Immunglobuline im Organismus. 80 g zellfreies Blutplasma enthält etwa 1 g IgG. Jedes IgG-Molekül hat zwei Bindungsstellen, die so gebaut sind, daß dort nur solche Antigene gebunden werden können, welche die Bildung des betreffenden Antikörpers veranlaßt haben. Ein Antikörpermolekül verbindet sich also mit zwei Antigen-Molekülen. Besitzt ein Antigen mehr als eine Bindungsstelle für Antikörpermoleküle, so entstehen größere Komplexe *(Immunkomplexe)*. Deren Größe hängt von den relativen Konzentrationen von Antigen und Antikörper ab (vgl. Abb. 407.2). Sie können so groß werden, daß sie nicht mehr löslich sind und dann ausfallen (Präzipitation).

Jedes Immunglobulin-G-Molekül besteht aus 4 Untereinheiten: zwei identischen schweren und zwei identischen leichten Polypeptidketten (Abb. 407.1). Die schweren Ketten tragen kurze Zuckerseitenketten; die IgG-Moleküle sind somit Glykoproteine. Die Analyse der Aminosäuresequenz der einzelnen Ketten verschiedener IgG-Moleküle des Menschen ergab, daß die unteren Abschnitte der leichten und schweren Ketten in allen Molekülen nahezu gleich gebaut sind (konstante Regionen). Derjenige Teil des Moleküls, der die Antigenbindungsstellen trägt, unterscheidet sich bei den verschiedenen IgG-Molekülen (variable Regionen). Die Antigen-Bindungsstellen werden von den variablen Regionen beider Kettentypen gemeinsam gebildet. Durch die räumliche Anordnung der vier Ketten entsteht eine etwa Y-förmige Molekülgestalt. Die Antigen-Bindungsstellen liegen in den beiden Armen des Y. Bei der Reaktion eines spezifischen Antikörpers mit einem Hühnerei-Protein als Antigen wurde gezeigt, daß 17 Aminosäuren der Peptidkette des Antikörpers mit 16 Aminosäuren

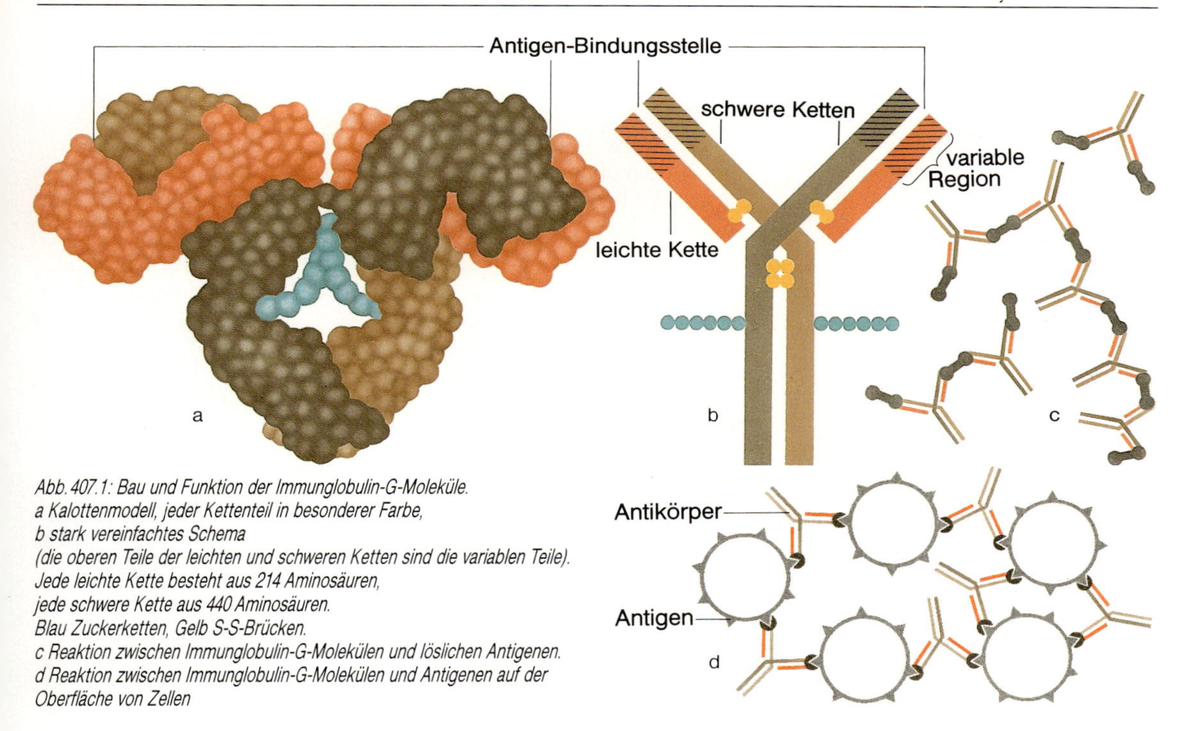

Abb. 407.1: Bau und Funktion der Immunglobulin-G-Moleküle.
a Kalottenmodell, jeder Kettenteil in besonderer Farbe,
b stark vereinfachtes Schema
(die oberen Teile der leichten und schweren Ketten sind die variablen Teile).
Jede leichte Kette besteht aus 214 Aminosäuren,
jede schwere Kette aus 440 Aminosäuren.
Blau Zuckerketten, Gelb S-S-Brücken.
c Reaktion zwischen Immunglobulin-G-Molekülen und löslichen Antigenen.
d Reaktion zwischen Immunglobulin-G-Molekülen und Antigenen auf der Oberfläche von Zellen

(dem Epitop) des Eiproteins in direkte Wechselwirkung treten.

Die weiteren vier Klassen der Immunglobuline unterscheiden sich von den IgG-Molekülen im Aufbau und der Größe der schweren Ketten und der Art der Verknüpfung. Die Immunglobuline A bilden Doppelmoleküle (Dimere) durch Verknüpfung von zwei Molekülen; die Immunglobuline M sogar Aggregate aus 5 Einheiten (Pentamere, vgl. Abb. 406.1).

Jeder B-Lymphocyt bildet nur eine ganz bestimmte Art von Antikörpern einer Ig-Klasse mit einer spezifischen, genau festgelegten biologischen Wirksamkeit. Diese Fähigkeit erwirbt die B-Zelle während eines komplizierten Reifungsvorganges, der erst in den Lymphknoten (oder anderen sekundären Immunorganen) zu Ende geht. Bei Einwirkung des passenden Antigens entstehen aus einer B-Zelle dann durch Teilungen viele gleichartige B-Zellen. Man bezeichnet sie als einen *Zell-Klon* (vgl. 4.3). Alle Zellen eines B-Zell-Klons bilden identische Antikörper. Ein bestimmtes IgG-Molekül kann in der Regel nur einen Antigen-Typus binden. Dagegen trägt ein großes Antigen-Molekül (z.B. das Hühnereiweiß Ovalbumin) viele verschiedene Epitope und kann daher mit vielen unterschiedlichen Antikörpern reagieren (Abb. 409.1).

Das menschliche Immunsystem kann etwa 10 Millionen verschiedene Antikörper bilden, so daß entsprechend viele Typen von Antigenen gebunden werden können. Wie es zur Bildung einer so großen Anzahl unterschiedlicher Antikörper kommt, obwohl die Anzahl der hierfür erforderlichen Gene nur wenige 100 beträgt, ist die Grundfrage der Immungenetik (vgl. 6.).

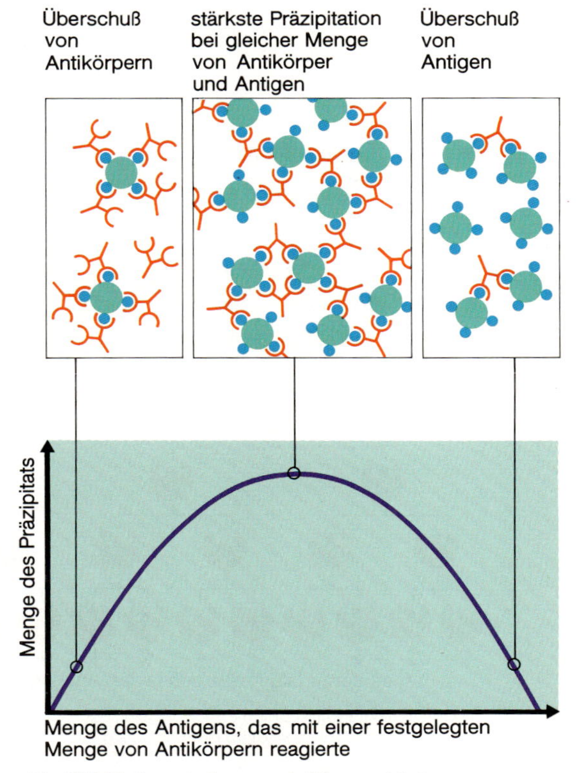

Abb. 407.2: Die Konzentrationen von Antikörper und Antigen beeinflussen die Größe der entstehenden Antigen-Antikörper-Komplexe.

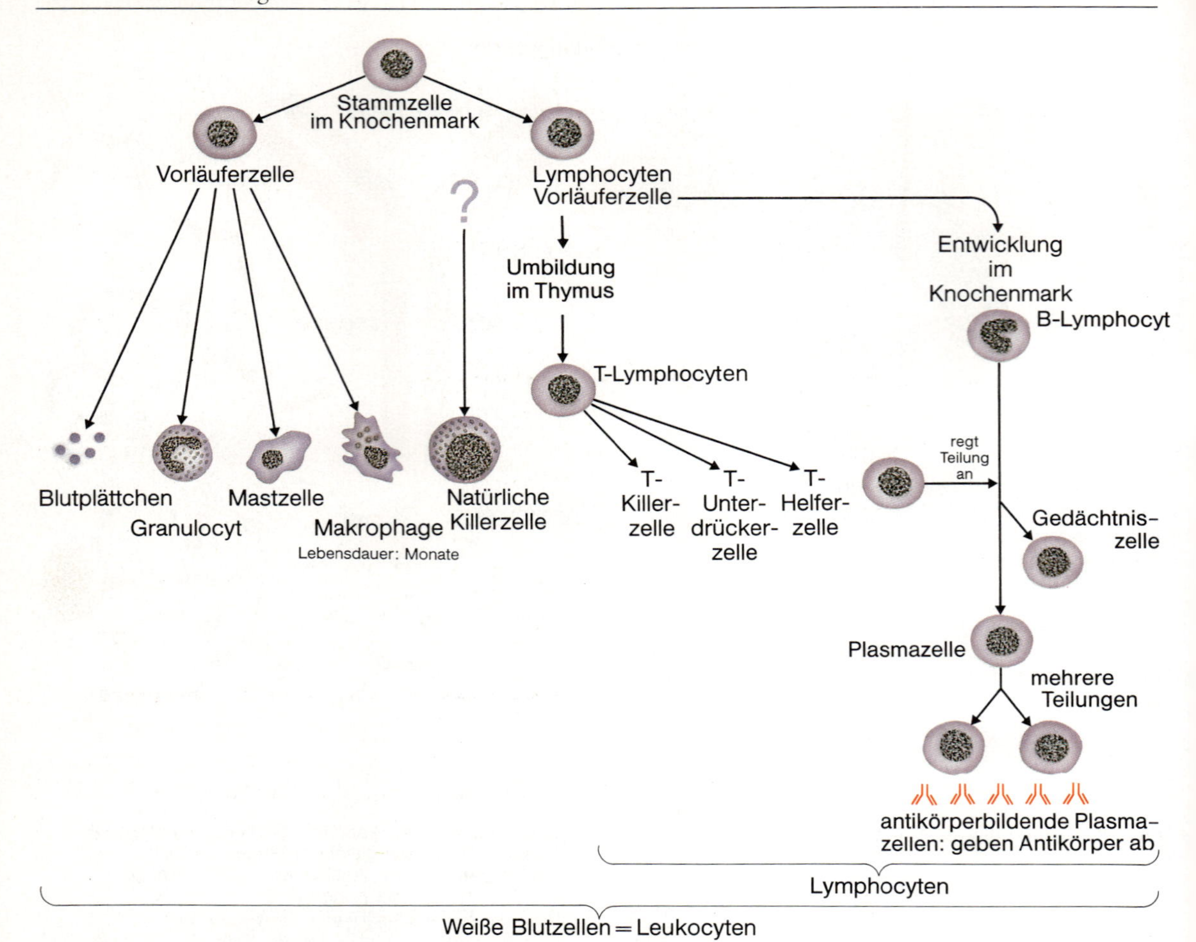

Abb. 408.1: Herkunft der Zellen des Immunsytems (Zellen nicht maßstabsgerecht)

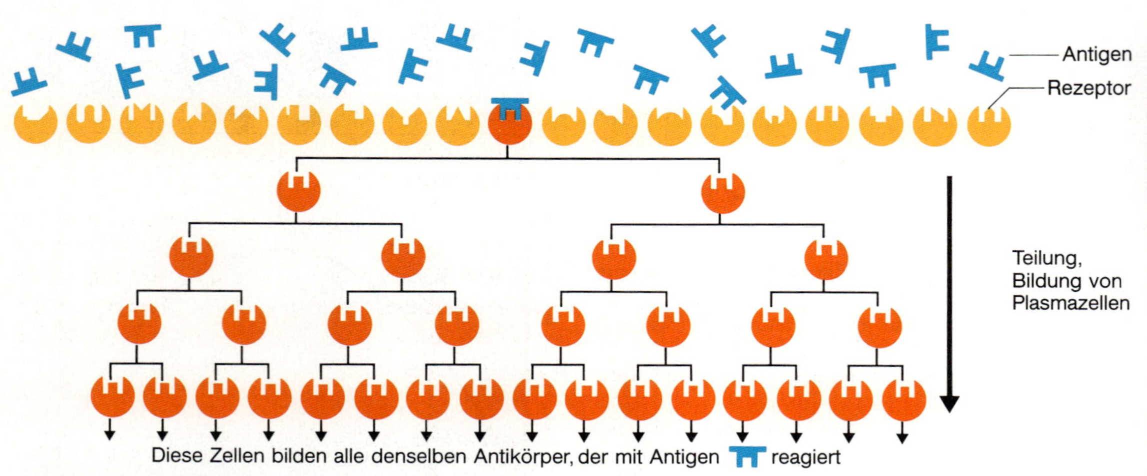

Abb. 408.2: Bildung eines B-Zell-Klons.
Bei Einwirkung eines bestimmten Antigens wird diejenige B-Zelle, die den geeigneten Rezeptor trägt, zur Teilung angeregt und bildet viele Plasmazellen. Diese bilden einen B-Zell-Klon.

In Wirklichkeit hat jede B-Zelle bis zu 100000 gleichartige Rezeptoren. Die B-Zellen geben alle gleichartige Antikörper ab. Alle anderen B-Zellen mit anderen Rezeptoren können nicht reagieren. Die Auswahl der »richtigen« B-Zelle wird als Klon-Selektion bezeichnet.

2.2 Lymphocyten

Die Lymphocyten entstehen aus Zellen, die beim Fetus aus der Leber ins Knochenmark wandern und dort zu Stammzellen aller Blutzellen werden. Die Bildung der verschiedenen Zellen des Immunsystems aus diesen Stammzellen ist in Abb. 408.1 dargestellt. Wie schon erwähnt, erfolgt die Ausdifferenzierung teils im Thymus (T-Zellen), teils im Knochenmark (B-Zellen). Ein erwachsener Mensch besitzt etwa $2 \cdot 10^{12}$ Lymphocyten, die zusammen etwa 1 kg wiegen, sowie etwa 10^{20} Antikörpermoleküle, die ebenfalls 1 kg des Körpergewichts ausmachen.

B-Lymphocyten besitzen in ihrer Zellmembran etwa 100 000 Rezeptormoleküle für ein bestimmtes Antigen. Diese Rezeptoren sind gebaut wie Immunglobuline der IgM-Klasse, sind aber Bestandteile der Membran. Jede B-Zelle besitzt nur Rezeptoren mit *einer* Spezifität, kann also nur ein bestimmtes Antigen erkennen und binden.

Nach der Bindung der Antigen-Moleküle werden diese in die Zelle aufgenommen und intrazellulär gespalten. Teile dieser Moleküle, die noch als Antigene wirksam sind, werden dann in die Zellmembran der B-Zelle eingesetzt. Die gebundenen Antigene aktivieren T-Helfer-Lymphocyten (siehe unten), die dann ihrerseits B-Lymphocyten zur Teilung anregen.

Nach Aktivierung teilen sich die B-Lymphocyten mehrfach, so daß zahlreiche Zellen gleicher Spezifität entstehen. Diese Tochterzellen differenzieren sich vorwiegend zu *Plasmazellen* und bilden Antikörper. Von jeder Plasmazelle werden je Sekunde etwa 2000 gleiche Antikörpermoleküle an die Körperflüssigkeit abgegeben. Die Plasmazellen leben nur wenige Wochen. Durch energiereiche Strahlung werden diese kurzlebigen Zellen geschädigt (Strahlenwirkung auf das Immunsystem; vgl. Ökologie 6.4.8). Einige der B-Zellen differenzieren sich zu *Gedächtniszellen,* die über Jahre hinweg erhalten bleiben. Wenn sie später erneut auf das gleiche Antigen treffen, werden sie aktiviert und teilen sich rasch, so daß in viel kürzerer Zeit mehr Antikörper gebildet werden als beim ersten Kontakt. Die zweite Immunreaktion verläuft daher viel rascher und oft heftiger (Abb. 409.2). Gegen verschiedene Erreger bleibt der Mensch deshalb lebenslang immun (z. B. gegen die Erreger vieler Kinderkrankheiten).

Jeder B-Zell-Klon erkennt nur ein bestimmtes Antigen. Man weiß aber, daß beispielsweise im Körper des Menschen insgesamt gegen Millionen von Antigenen Antikörper gebildet werden können. Also muß es Millionen verschiedener B-Zell-Klone im Körper geben.

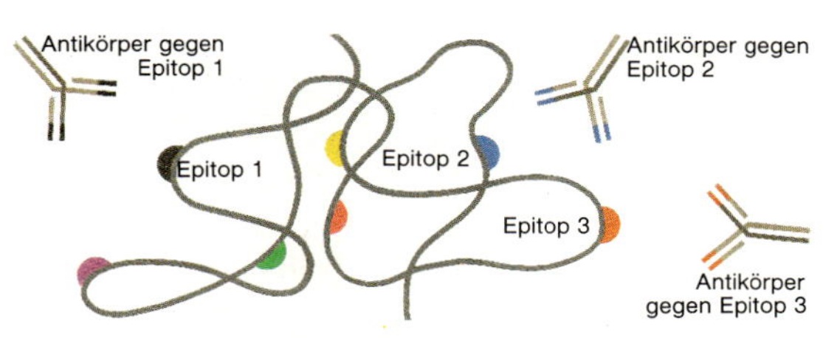

Abb. 409.1: Antigen und Epitop.
Gegen ein Antigen-Molekül können verschiedene Antikörper gebildet werden, da sich diese stets nur gegen einen bestimmten Bereich der Moleküloberfläche, ein Epitop, richten.

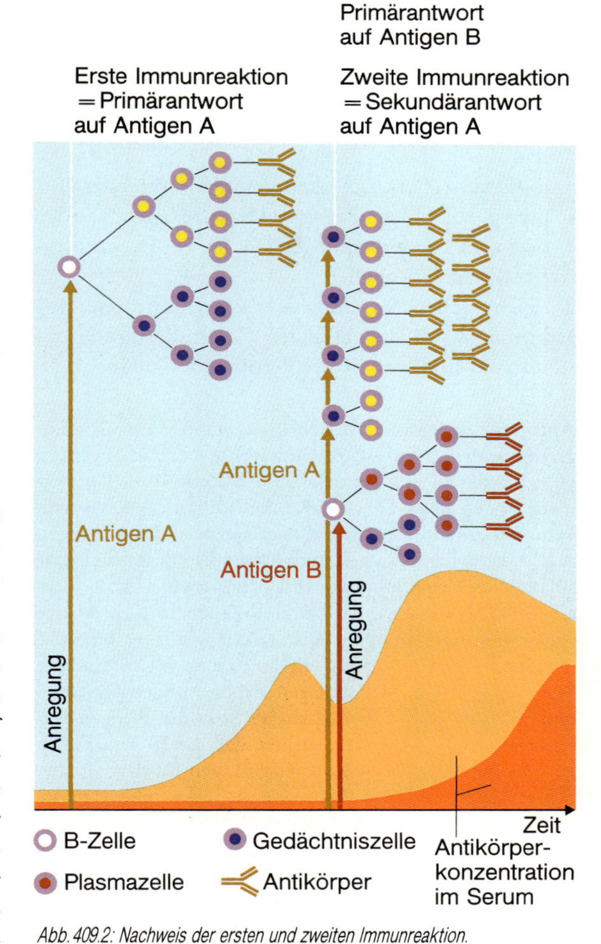

Abb. 409.2: Nachweis der ersten und zweiten Immunreaktion.
Einem Testtier wird zunächst Antigen A injiziert.
Man beobachtet in den folgenden Tagen eine Zunahme der Antikörper im Blutserum, da viele Plasmazellen entstehen, die Antikörper erzeugen.
Außerdem werden Gedächtniszellen gebildet.
Mit dem Absterben der Plasmazellen geht die Antikörperbildung zurück.
Wird nun das gleiche Antigen (A) erneut injiziert, so entstehen durch rasche Teilung der Gedächtniszellen die Antikörper früher und in größerer Menge; die zweite Immunreaktion ist heftiger.
Ein anderes Antigen (B), das gleichzeitig injiziert wird, löst eine langsamere erste Immunreaktion aus.

T-Lymphocyten erzeugen keine Antikörpermoleküle; sie besitzen aber Membranrezeptoren mit Spezifität für *ein* Antigen; diese heißen T-Zell-Rezeptoren. Sie erkennen nur Teile von Antigenen, die an die Membranen bestimmter anderer Zellen gebunden sind. Trifft ein T-Lymphocyt ein membrangebundenes Antigen, so wird er aktiviert und vermehrt sich durch Teilung. Dabei werden ebenfalls Gedächtniszellen gebildet. Die T-Lymphocyten haben unterschiedliche Aufgaben, so daß man verschiedene Arten unterscheiden kann: Die wichtigsten sind:

- T-Helfer-Zellen; sie stimulieren nach Erkennung eines Antigens die Teilung der entsprechenden B-Zellen zu Plasmazellen und damit die Bildung von spezifischen Antikörpern.
- T-Unterdrücker-Zellen; sie hemmen die Teilung der B-Zellen und die Bildung von T-Killer-Zellen.
- T-Killer-Zellen; sie erkennen und vernichten körpereigene Zellen, die von Viren befallen worden sind und körperfremde Zellen. Sie heißen auch cytotoxische T-Zellen.

T-Zellen geben Signalstoffe (Gewebshormone, vgl. Hormone 1.) ab, die auf andere Zellen des Immunsystems wirken. Diese Stoffe heißen Interleukine.

Antigen-Darbietung (Präsentation). Dringt ein als Antigen wirksamer Fremdkörper in den Organismus ein, so ist eine zu diesem Antigen passende B-Zelle normalerweise nicht in der Nähe. Dies würde die Immunreaktion verzögern. Daher wird das Antigen zunächst unspezifisch von einem Makrophagen aufgenommen und in dessen Membran gebunden. Der Makrophage tritt dann in einer Art Schlüssel-Schloß-Reaktion mit B- und T-Zellen in Kontakt und »präsentiert« das Antigen diesen Zellen, d.h. er bringt es mit Rezeptoren auf deren Zellmembran in Verbindung. Man nennt diese Makrophagen daher Antigen-präsentierende Zellen. In den Lymphknoten sind die Antigen-präsentierenden Zellen so angeordnet, daß die B- und T-Zellen mit ihnen in engen Kontakt gelangen müssen. Zusätzlich erzeugen sie Interleukine, welche T-Lymphocyten zur Teilung anregen. Gleichzeitig entstehen T-Gedächtnis-Zellen. Die T-Helfer-Zellen beschleunigen dann die Teilung von B-Zellen und ihre Reifung zu Plasmazellen und stimulieren ebenfalls T-Killer-Zellen. Mit Verzögerung folgt eine Stimulation von T-Unterdrücker-Zellen, welche ihrerseits die weitere Teilung und Reifung von B-Zellen zu Plasmazellen hemmen.

T-Zell-Rezeptor und MHC-Proteine. Die T-Lymphocyten erkennen nur membrangebundene Antigene (s. oben). Dabei reagieren die Rezeptoren der jeweiligen T-Zelle mit einem dargebotenen Teilstück des Antigens. Diese Reaktion kann nur stattfinden, wenn das Antigen-Teilstück auf der darbietenden Zelle an ein Membranprotein gebunden an der äußeren Oberfläche vorliegt. Die T-Zelle erkennt dabei gleichzeitig dieses Membranprotein. Es gibt eine große Zahl derartiger Membranproteine. An ihnen erkennt das Immunsystem auch körperfremde Zellen (siehe unten), so daß diese angegriffen werden. Sie werden daher als Gewebsverträglichkeits-Proteine (kurz MHC-Proteine von **m**ajor **h**istocompatibility **c**omplex) bezeichnet. Beim Menschen wird ihre Bildung von 6 Genen gesteuert. Den zahlreichen möglichen Kombinationen dieser Gene entsprechend gibt es eine große Zahl von Varianten der MHC-Proteine. Daher besitzen zwei nicht sehr nahe verwandte Menschen kaum je den gleichen Satz von MHC-Proteinen. MHC-Proteine, die anders gebaut sind als die körpereigenen, werden von T-Zellen nicht als solche erkannt. Sie sind daher Fremdproteine und wirken als Antigene. An den MHC-Proteinen kann das Immunsytem also körpereigene von körperfremden Zellen unterscheiden. Dies ist bei Gewebs- oder Organverpflanzungen von Bedeutung; die fremden MHC-Proteine wirken als »Gewebs-Antigene« und lösen die Bildung von Antikörpern aus, so daß verpflanzte Gewebe abgestoßen werden (vgl. 3.4).

2.3 Weitere Zellen des Immunsystems

An den Immunreaktionen sind weitere Zellen beteiligt. **Mastzellen** kommen u.a. in der Nähe von Schleimhäuten vor und tragen an ihrer Oberfläche Antikörper der IgE-Gruppe. Sie enthalten in Golgi-Vesikeln Histamin und Serotonin sowie Prostaglandine und Interleukine (vgl. Hormone 1.). Wird das passende Antigen gebunden, so wird der Inhalt der Golgi-Vesikel freigesetzt. Er verursacht eine Erweiterung der Blutgefäße und verstärkt die Durchblutung des Gewebes, das sich dadurch rötet. Außerdem häufen sich Lymphocyten und Freßzellen an, so daß eine intensive Immunreaktion abläuft, die als lokale *Entzündungsreaktion* erkennbar wird.

Bestimmte Granulocyten töten solche Fremdorganismen ab, die für die Aufnahme durch Makrophagen zu groß sind. Ferner gibt es Zellen, die Fremdorganismen ohne die Mitwirkung von Antikörpern erkennen und vernichten. Sie greifen sogar körpereigene Zellen an, wenn deren Oberfläche verändert ist. Diese **Natürlichen Killer-Zellen** sind wahrscheinlich verantwortlich für die rasche Vernichtung neu entstandener Krebszellen, da bei diesen die Zellmembran Veränderungen aufweist (vgl. Genetik 12.).

3. Immunreaktionen

3.1 Antigen-Antikörper-Reaktion

Kommt ein Antigen erstmals in den Körper, so läuft die Immunreaktion in drei Phasen ab. In der ersten, der **Erkennungsphase**, muß das Antigen zunächst gebunden und ei-

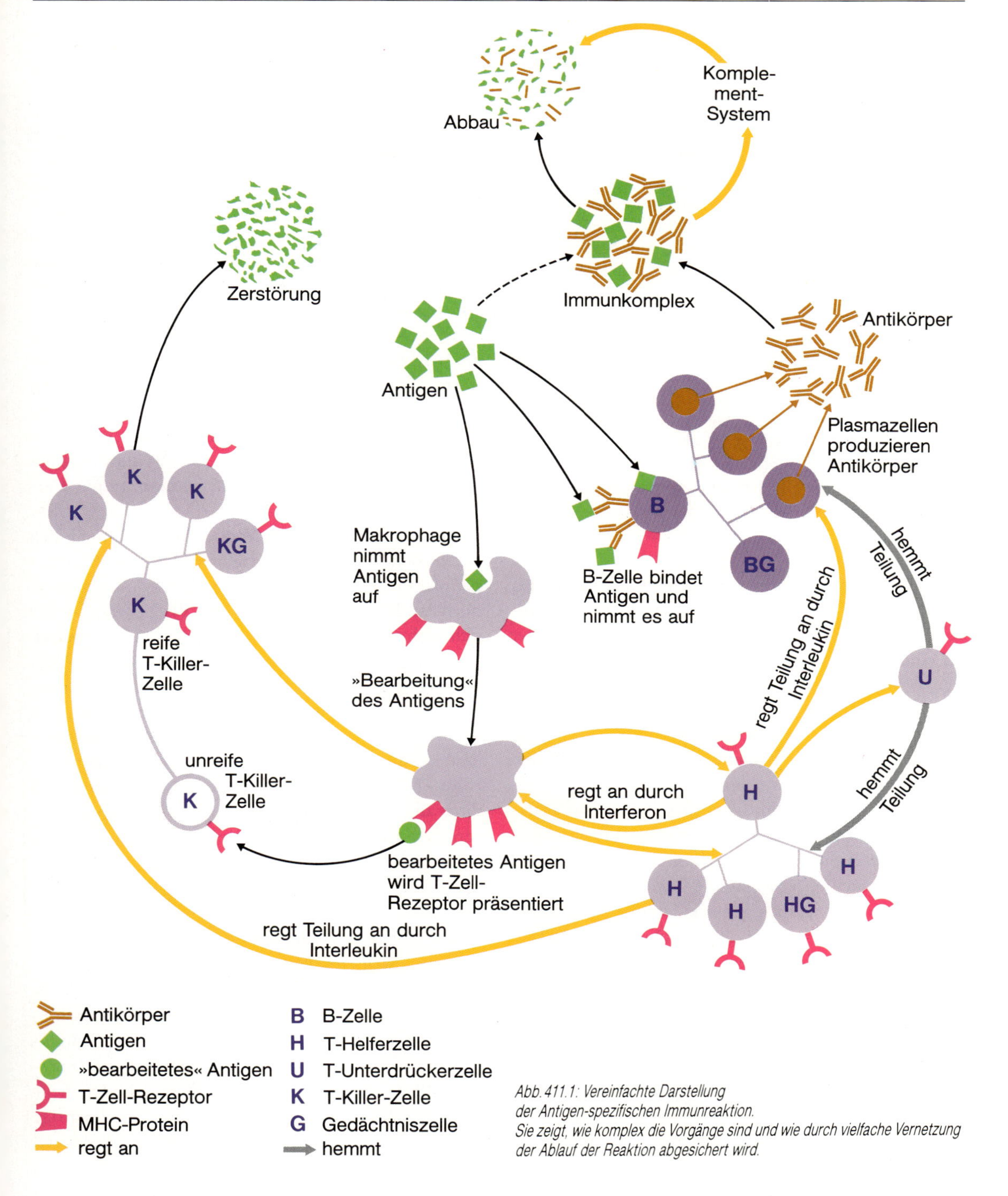

Abb. 411.1: Vereinfachte Darstellung der Antigen-spezifischen Immunreaktion. Sie zeigt, wie komplex die Vorgänge sind und wie durch vielfache Vernetzung der Ablauf der Reaktion abgesichert wird.

nigen T-Lymphocyten präsentiert werden. Diese werden dadurch aktiviert und zur Teilung angeregt. Es entstehen vermehrt T-Helfer-Zellen; sie lösen bei denjenigen B-Lymphocyten Teilungen aus, die Antikörper gegen das gleiche Antigen bilden können (vgl. 2.2).

In der zweiten Phase, der **Differenzierungsphase**, vermehren sich die B-Lymphocyten stark und differenzieren sich dabei hauptsächlich zu Plasmazellen; einige werden zu Gedächtniszellen. Die starke Vermehrung der Lymphocyten ist als Schwellung der Lymphknoten in der Nähe eines Infektionsherdes fühlbar.

In der dritten Phase, der **Wirkungsphase**, erfolgt die Antigen-Antikörper-Reaktion und entsteht der Immunkomplex (vgl. 2.1).

– Immunkomplexe können das Komplementsystem aktivieren, dessen Proteine dann eine ganze Abfolge von Reaktionen auslösen. Dazu gehört der Abbau von Fremdproteinen, eine Stimulierung der phagocytierenden Zellen und eine chemotaktische Anlockung weiterer solcher Zellen. Diese nehmen dann die Immunkomplexe auf und bauen sie ab. Ist der Abbau verzögert, so kommt es zu Störungen in Form von Allergien (vgl. 3.3.3).
– Immunglobuline können sich an die Oberfläche eines aus einer Zelle ragenden Antigens (z.B. einer Bakterienzellwand) anheften und die Zellen, die viele Antigene besitzen, verkleben (*Agglutination;* vgl. Abb. 418.1).

Zugleich erhöht sich die Durchlässigkeit der Kapillarwände für Proteine, so daß vermehrt Antikörper aus dem Blut ins Gewebe gelangen. Infolgedessen tritt auch mehr Flüssigkeit aus den Kapillaren aus (vgl. Stoffwechsel und Energiehaushalt bei Tier und Mensch 2.), die Infektionsstelle schwillt an.

In der vierten Phase, der **Abschaltphase**, hört infolge der Wirkung der T-Unterdrücker-Zellen die Immunreaktion allmählich auf. Wenn kein Antigen mehr vorhanden ist, werden auch keine neuen Antikörper mehr gebildet.

3.2 Infektionen

Infektionen werden durch Mikroorganismen, vor allem Bakterien, und durch Viren verursacht. Eine Infektion des Organismus muß allerdings nicht immer zu einer Erkrankung führen; so sind manche Personen zwar Träger und Verbreiter von Krankheitserregern, selbst aber nicht krank.

Immunreaktion gegen Bakterien. Sie hängt davon ab, ob sich die Bakterien außerhalb der Zellen oder intrazellulär vermehren. Bei *extrazellulärer* Vermehrung führen die Antigene der Bakterienoberfläche rasch zu den geschilderten Immunreaktionen. Geben die Bakterien giftige Stoffe (Toxine) ab, so werden diese als freie Antigene von Antikörpern gebunden und unschädlich gemacht, sofern die Giftproduktion nicht zu rasch zunimmt. Die an die Bakterienoberfläche gebundenen Antikörper verursachen zusätzlich einen Angriff des Komplement-Systems, welches die Bakterien-Membran auflösen kann.

Schleimhäute geben im Sekret größere Mengen von Antikörpern der IgA-Gruppe ab, wenn B-Lymphocyten zu deren Bildung stimuliert sind. Die Antikörper binden Bakterien, so daß diese die Schleimhautzellen nicht mehr angreifen können. IgA-Moleküle treten auch in der Muttermilch auf; die antikörperbildenden Zellen liegen in den Lymphknoten der Brustdrüse. Sie stammen aus Lymphknoten des Darmbereiches, wo sie Antigene »kennengelernt« haben. Die IgA-Antikörper schützen daher den Säugling bei Darminfektionen.

Vermehren sich Bakterien *intrazellulär* (z.B. Tuberkulose-Bakterien), so werden die befallenen Zellen von T-Killer-Zellen angegriffen, weil die Membran solcher Zellen veränderte Proteine aufweist. Diese Form der Immunreaktion erfolgt allerdings langsamer.

Gegen Tuberkulose-Bakterien werden die meisten Menschen immun. Daß sie es sind, zeigt der Tuberkulin-Hauttest, bei dem Tuberkulin, ein Extrakt aus Tuberkelbakterien, als Antigen in die Haut eingerieben wird. In der Regel kommt es dort im Verlauf von 2–4 Tagen zu einer schwachen Entzündungsreaktion (Rötung). Die dort entstehenden Immunkomplexe aktivieren nämlich das Komplementsystem. Dadurch werden Makrophagen und T-Helfer-Zellen chemotaktisch zu der Stelle gelockt, wo das Antigen eindringt. Da diese Effekte zum Teil unspezifisch sind (z.B. die Anlockung der Makrophagen), kann eine in Gang gekommene Immunreaktion auch oft einen vorübergehenden Schutz gegen solche Mikroorganismen bieten, gegen die noch gar keine Immunität erworben wurde.

Immunreaktion gegen Viren. Viren können sich nur in den Wirtszellen vermehren. Da freie Antikörper nicht in Zellen eindringen, ist die Immunreaktion über Antikörper nur gegen solche Viren wirksam, die sich nicht in Zellen befinden. Werden Antikörper an die Virusoberfläche gebunden, so kommt durch Aktivierung des Komplement-Systems eine Zerstörung der Viren in Gang. Häufig tragen Zellen, die von Viren befallen sind, in ihrer Zellmembran Komponenten, die von den betreffenden Viren stammen. Killer-T-Zellen erkennen diese Komponenten und töten die infizierten Zellen ab. Die Zerstörung körpereigener Zellen ist also bei einer Bekämpfung von Virusinfektionen ein normaler Vorgang. Die Aktivität der T-Killer-Zellen wird durch MHC-Proteine reguliert; diese haben also einen Einfluß darauf, wie gut das Immunsystem auf Virus-Infektionen (z.B. Grippe-Viren) reagieren kann.

Viele Viren besitzen eine große Variabilität in ihren Oberflächen-Strukturen (sie liegen als verschiedene Stämme vor; dies gilt z.B. für Grippe-, Schnupfen-, Maul- und Klauenseuche-Viren) oder sie verändern diese Strukturen relativ rasch und bilden neue Stämme (z.B. das Grippe-Virus). Gegen derartige Viren ist die erworbene Immunität in der Regel viel weniger wirksam als gegen Bakterien, da bei jedem neuen Virus-Stamm eine zusätzliche Immunität erworben werden muß.

Immunreaktion gegen tierische Einzeller (vgl. Stoffwechsel und Energiehaushalt bei Tier und Mensch 1.6). Malaria, Amöbenruhr und Schlafkrankheit werden von Einzellern hervorgerufen. Auch diese Organismen werden vom Körper durch Immunreaktionen bekämpft, die allerdings noch nicht völlig geklärt sind. Der Malaria-Erreger lebt lange Zeit intrazellulär (in Leberzellen bzw. Erythrocyten) und verändert dabei die Zellmembram der Wirtszellen kaum. Daher erfolgt in dieser Zeit keine Immunreaktion. Trypanosomen (Erreger der Schlafkrankheit) entgehen der gegen sie gerichteten Immunreaktion teilweise dadurch, daß sie die als Antigene wirksamen Proteine ihrer Zellmembran rasch verändern. Eine zweite Infektion wird von den Gedächtniszellen daher vielfach nicht erkannt.

3.3 Allergische Reaktionen

Übermäßige oder ungeeignete Immunreaktionen führen zu Krankheitserscheinungen, die man zusammenfassend als allergische Reaktionen bezeichnet. Entsprechend der Komplexität der Immunreaktionen kann die Störung an ganz unterschiedlichen Stellen eintreten. Daher gibt es sehr verschiedene allergische Reaktionen.

3.3.1 Anaphylaktische Reaktion

Bei einer ersten Reaktion eines Antigens bilden sich auch Antikörper der IgE-Klasse. Diese binden an Mastzellen. Normalerweise verhindern T-Unterdrükker-Zellen, daß zuviele IgE-Antikörper gebildet und Mastzellen damit besetzt werden. Wenn die Unterdrücker-Zellen zu wenig wirksam sind, lagern sich zu viele IgE-Moleküle an Mastzellen an und es tritt eine Überempfindlichkeit (Allergie) gegenüber dem Antigen auf. Dies ist vor allem bei sonst meist harmlosen Antigenen (Blütenstaub, Staub, Erdbeeren, Fischeiweiß, Arzneimittel) zu beobachten. Solche Allergien sind z. B. Heufieber, Hautausschläge, allergisches Asthma. In manchen Fällen kann eine schwere Kreislaufstörung (*anaphylaktischer Schock* mit Blutdruckabfall, Schwäche, Pulsbeschleunigung) auftreten. Vor allem bei heftigen Allergien gegen Insektenstiche kann ein solcher Schock lebensgefährlich werden. Die anaphylaktische Reaktion ist auf die Stimulierung übermäßig vieler Mastzellen zurückzuführen.

3.3.2 Autoimmun-Erkrankungen

Immunreaktionen können erst einige Tage bis Wochen nach der Geburt ablaufen. Erst dann ist die Entwicklung des Immunsystems abgeschlossen. Körperfremde Stoffe, die vor der Entwicklung des Immunsystems in den Körper gelangen, lösen keine Immunreaktion aus; sie werden »geduldet« *(Immuntoleranz)*. Die Unterscheidung körperfremder und körpereigener Stoffe »lernt« das Immunsystem bereits während der Embryonalzeit.

Mitunter werden Antikörper auch gegen normale körpereigene Gewebe gebildet; dies führt zu Autoimmun-Krankheiten. Die Ursachen dafür sind nur teilweise bekannt. Manche Körperzellen besitzen normalerweise keine MHC-Proteine in ihrer Zellmembran. Wenn solche Zellen infolge eines Fehlers im Zellgeschehen dann doch MHC-Proteine bilden, so reagieren T-Zellen darauf wie auf Antigene, obwohl es sich um körpereigene Zellbestandteile handelt. So wird eine Immunreaktion gegen körpereigene Zellen ausgelöst. Eine bestimmte Form der Zuckerkrankheit (Diabetes mellitus; vgl. Hormone 3.1), die vorwiegend bei Jugendlichen auftritt, ist eine solche Autoimmun-Erkrankung. In diesem Fall werden Inselzellen des Pankreas als körperfremd angesehen und abgebaut.

In anderen Fällen werden Membranproteine bestimmter Zellen als fremd angesehen. Bei einer Form von Muskelschwund werden dadurch die Acetylcholin-Rezeptoren (vgl. Neurobiologie 2.4) angegriffen. Weil die Rezeptoren verschwinden, ist der Neurotransmitter Acetylcholin nicht mehr wirksam und die dadurch »stillgelegten« Muskeln werden abgebaut.

3.3.3 Immunkomplex-Überreaktion

Die Immunkomplexe (vgl. 2.1) werden normalerweise rasch abgebaut. Tritt eine Verzögerung ein, so kommt es zu einer heftigen Entzündung (vgl. 2.3), die bis zur Gewebsschädigung führen kann. In manchen Fällen werden dann Antikörper gegen die Immunkomplexe gebildet, so daß Autoimmun-Reaktionen hinzukommen. Die Immunkomplexe können auch im Körper wandern und vielerorts Entzündungen auslösen. Dies ist z. B. bei der Allergie gegen Penicillin der Fall; es kommt dann zu Nesselfieber (allgemeine Entzündung der Haut) und zu Gelenk- und Muskelschmerzen. Immunkomplexe vermögen sich an vielen Stellen des Körpers vorübergehend festzusetzen. Erfolgt dies in den Nieren-Glomeruli (vgl. Stoffwechsel und Energiehaushalt bei Tier und Mensch 5.2), so entsteht eine Nierenentzündung. In Gelenken verursachen Immunkomplexe arthritische Entzündungen, die oftmals im Körper »wandern«. Auch andere rheumatische Erkrankungen gehen auf Immunkomplex-Überreaktion oder Autoimmun-Reaktionen zurück.

3.4 Organverpflanzung; Abstoßung von Fremdgewebe

Verpflanzt man ein Organ in einen fremden Körper, so bildet dieser Antikörper gegen das fremde Gewebe. Einige der Proteine des transplantierten Gewebes sind nämlich mit dem Immunsystem des eigenen Körpers nicht verträglich; sie wirken als Antigene. Vor allem sind dies die MHC-Proteine, die dadurch ja ihren Namen erhalten haben (vgl. 2.2). Wenn eine Reaktion der Gewebsverträglichkeits-Antigene mit Antikörpern eingetreten ist, werden die T-Killer-Lymphocyten tätig und zerstören das fremde Gewebe.

Die Verpflanzung von Organen von einem Körper in einen anderen ist dann erfolgreich, wenn beide genau die gleichen Gewebsverträglichkeits-Antigene besitzen, was bei der großen Variationsbreite fast nur bei eineiigen Zwillingen der Fall ist. In allen anderen Fällen tritt eine Immunreaktion ein. Je nach dem Grad der Übereinstimmung der MHC-Proteine von Spender und Empfänger fällt die Reaktion stärker oder schwächer aus. Man muß sie natürlich möglichst gering halten. Aus diesem Grunde müssen die MHC-Proteine von Spender und Empfänger wenigstens teilweise übereinstimmen. Darüber hinaus muß die Immunreaktion durch Stoffe unterdrückt werden, die Lymphocyten funktionsunfähig machen *(immunsuppressive Stoffe)*. Dazu gehören zellteilungshemmende Stoffe, welche die Vermehrung der Lymphocyten verhindern, oder Corticosteroide (Hormone der Nebennierenrinde; s. Abschnitt Hormone 2.2). Diese Substanzen führen allerdings zu einer Schwächung des ganzen Immunsystems. Spezifischer wirkt das aus einem Pilz gewonnene Cyclosporin, das die Aktivierung von T-Zellen hemmt, ohne die B-Zellen zu beeinflussen. Nicht jedes Organ hat bei Verpflanzung die gleiche Wirkung auf das Immunsystem des Empfängers; die Hornhaut des Auges und Gehörknöchelchen lösen bei einer Verpflanzung normalerweise keine Immunreaktion aus. Sie zeigen Immuntoleranz. Die Transplantation einer Niere ist immunologisch viel leichter zu beherrschen als eine Verpflanzung von Herz oder Leber.

3.5 Schutzimpfung

Übersteht ein Mensch eine Pockenerkrankung, dann ist er in der Regel sein Leben lang vor einem neuen Ausbruch dieser Krankheit bewahrt. Gedächtniszellen gegen diese Krankheit bleiben also lange erhalten und geben dadurch Schutz vor einer neuen Ansteckung derselben Art; der Körper ist gegen die betreffende Krankheit »immun« geworden. Auf dieser Tatsache beruht die erstmals von dem englischen Arzt JENNER 1796 angewandte Schutzimpfung zur Immunisierung des Körpers.

Bei der **aktiven Immunisierung** regt man den Körper selbst auf eine für ihn ungefährliche Weise zur Bildung der Antikörper an. Dazu injiziert man abgetötete oder abgeschwächte Krankheitserreger. Diese rufen keine Krankheit hervor, veranlassen aber den Körper zu einer Immunreaktion. Tritt einige Zeit später eine natürliche Infektion durch den gleichen Erreger ein, erfolgt sofort eine heftige Reaktion, die den Erreger unschädlich macht. Da Gedächtniszellen sehr langlebig sind, wirkt eine aktive Immunisierung für längere Zeit vorbeugend.

Bei der **passiven Immunisierung** verlegt man die Bildung der Antikörper auf ein anderes Lebewesen und überträgt dessen Serum, in dem die Antikörper enthalten sind, in den Körper des Erkrankten. Die passive Immunisierung dient zur Heilung bereits ausgebrochener Infektionskrankheiten. Durch die von außen zugeführten, fertig gebildeten Antikörper wird der Organismus in seinem Kampf gegen die Erreger unterstützt, bis genügend eigene Antikörper entstanden sind.

Zur Gewinnung von Diphtherieheilserum spritzt man, nach EMIL VON BEHRING (1894), Pferden mehrfach Diphtherieerreger ein, so daß sich im Pferdeblut reichlich Antikörper dagegen bilden. Sie werden aus abgezapftem Blut gewonnen und längere Zeit steril aufbewahrt. Rechtzeitig einem Diphtheriekranken eingespritzt, vermag das Heilserum in der Regel den vollen Ausbruch der Krankheit zu verhindern. Eine passive Schutzimpfung ist normalerweise nur wenige Wochen wirksam. Der menschliche Körper bildet nämlich gegen die Serumproteine des Pferdes seinerseits Antikörper. Diese fällen die fremden Antikörper bald aus. Wird ein zweites Mal Pferdeserum injiziert, fällt die Immunreaktion oft sehr heftig aus (anaphylaktischer Schock). Zur Vermeidung solcher Reaktionen verwendet man bei wiederholter Impfung, z. B. gegen Wundstarrkrampf, das Serum einer anderen Tierart (Rind, Schaf) oder gereinigte Antikörper.

3.6 Immunschwäche

Ist das Immunsystem unzureichend entwickelt oder wird es stark gestört, so bleibt die Immunreaktion aus oder ist mangelhaft. Eine derartige Immunschwäche (Immundefizienz) kann angeboren sein (z. B. bei fehlender Ausbildung des Thymus); sie kann aber auch als Folge einer Erkrankung auftreten. Weitaus am häufigsten ist das erworbene (**A**quired) **I**mmun-**D**efizienz-**S**yndrom (AIDS), das durch ein Virus hervorgerufen wird. Es schädigt in vielen Fällen das Immunsystem so sehr, daß die erkrankten Personen einer sonst harmlosen Infektion erliegen oder an einer Tumorerkrankung sterben, weil neugebildete Krebszellen vom Immunsystem nicht mehr zerstört werden (vgl. 2.3). Das AIDS-Virus trat zuerst in Afrika auf, wurde ab 1979 in den USA nachgewiesen und ist heute vermutlich über die ganze Erde verbreitet.

Das die AIDS-Erkrankung auslösende Virus (entdeckt 1983) wird als HIV (**H**uman **I**mmunodeficiency Virus) bezeichnet. Es gehört zu den RNA-Viren, die ihre genetische Information in einer Wirtszelle zunächst mit Hilfe der reversen Transkriptase in DNA umschreiben (Retroviren). Die DNA wird dann in das Genom der Wirtszelle eingebaut. Bevor das Virus in der Wirtszelle zur Vermehrung übergeht, vergehen oft Jahre; es gehört damit zu den sogenannten »langsamen Viren«.

Mehrere Eigenschaften machen das HIV besonders gefährlich:

- Seine Wirtszellen sind die T-Helferzellen, die gerade zur Teilung angeregt sind. Diese werden – wie Virus-infizierte Zellen stets – aber von T-Killerzellen abgebaut, so daß das Immunsystem sich allmählich selbst zerstört.
- Die Virus-infizierten T-Helfer-Zellen geben Stoffe ab, welche die Immunreaktion gegen diese Zellen zunächst hemmen. Die Zahl der Helferzellen nimmt aber ab und der prozentuale Anteil der durch die Viren nicht gestörten T-Unterdrückerzellen steigt daher an. Deshalb wird die Immunreaktion vorzeitig abgeschaltet; die Immunabwehr im Körper ist durchbrochen.
- Gegen die freien Viren werden Antikörper gebildet. Sie sind aber nicht sehr wirksam, weil die Oberfläche der Viren sich verändern kann. Allerdings läßt sich anhand der Antikörper eine Infektion schon im Frühstadium nachweisen.
- Alle Personen, die das Virus tragen, können andere infizieren. Nach einer Ansteckung treten außer kurzzeitigem Fieber jahrelang keine Krankheitssymptome auf (Latenzphase). Erst danach kommt es zu Schwellungen der Lymphknoten und Gewichtsabnahme; in der Folgezeit wird der Immundefekt wirksam.

AIDS-Viren findet man in den Körperflüssigkeiten; am höchsten ist die Konzentration in Blut und Sperma. Eine Infektion ist nur möglich bei Übertragung von Körperflüssigkeiten aus infizierten Personen in die Blutbahn eines anderen Menschen, z.B. bei Blutübertragungen, Anwendung nicht-steriler Injektionsnadeln, Sexualkontakten. Infizierte Mütter übertragen das Virus vor oder während der Geburt auf das Kind. Durch kleine Verletzungen von Schleimhäuten kann das Virus in die Blutbahn eindringen. Außerhalb des menschlichen Körpers geht es sehr rasch zugrunde. Daher besteht keine Ansteckungsgefahr bei den alltäglichen Kontakten, auch nicht über Eßgeschirr, Anhusten oder Anniesen und bei gemeinsamem Benutzen von Duschen und Toiletten. Die Bekämpfung der AIDS-Krankheit ist aufgrund der langen Latenzzeit und der derzeitigen Unheilbarkeit sehr schwierig. Eine Übertragung des Virus läßt sich nur durch eigenverantwortliches Handeln verhindern. Solange in einer Partnerschaft nicht feststeht, daß beide Partner frei von AIDS-Viren sind, sollte Kondom-Schutz verwendet werden.

4. Anwendungen der Immunreaktion

4.1 Serumreaktion

Auf der Bildung spezifischer Antikörper gegen artfremde Proteine beruht auch die Serumreaktion. Da jede Tierart arteigene Proteine besitzt, veranlaßt eingespritztes Serum von Fremdblut den Organismus zur Bildung von Antikörpern, die artfremde Proteine ausfällen. Bringt man im Reagenzglas Blutserum des Empfängerblutes mit dem zur Einspritzung verwendeten Serum zusammen, so kann man die Ausfällung als Niederschlag unmittelbar beobachten. Die Antikörper sind nur gegen diejenigen Bestandteile des Blutes voll wirksam, welche ihre Bildung veranlaßt haben (s. Evolution 3.6).

Die Serumreaktion dient in der Gerichtsmedizin zur Unterscheidung von Menschen- und Tierblut. Will man einen Blutfleck als Menschenblut nachweisen, löst man ihn in physiologischer Kochsalzlösung auf. Vorher hat man einem Kaninchen mehrmals menschliches Blutserum injiziert, so daß dessen Blut genügend Antikörper gegen menschliche Blut-Proteine enthält. Man entnimmt diesem Kaninchen Blut und gewinnt daraus das Serum. Diesem Serum setzt man den in physiologischer Kochsalzlösung aufgelösten Blutfleck zu. Entsteht ein Niederschlag, dann handelt es sich um Menschenblut, während das Ausbleiben des Niederschlags Menschenblut ausschließt.

4.2 Identifizierung von Proteinen durch Immundiffusion

Die Reaktion zwischen Antigen und Antikörper wird in der Biochemie wegen ihrer hohen Empfindlichkeit und Spezifität zur Identifikation von Proteinen verwendet. Es gibt mehrere Techniken. Die gebräuchlichste ist die *Immundiffusions-Methode (Ouchterlony-Technik)* (Abb. 416.1). Man gießt in eine Petrischale eine Agarschicht und stanzt drei Löcher aus. In eines der Löcher wird die Lösung eines bekannten Proteins (Antigen) gefüllt, in ein zweites Loch Serum eines Kaninchens, das man vorher gegen dieses Protein immunisiert hatte. In das verbleibende Loch wird die zu testende

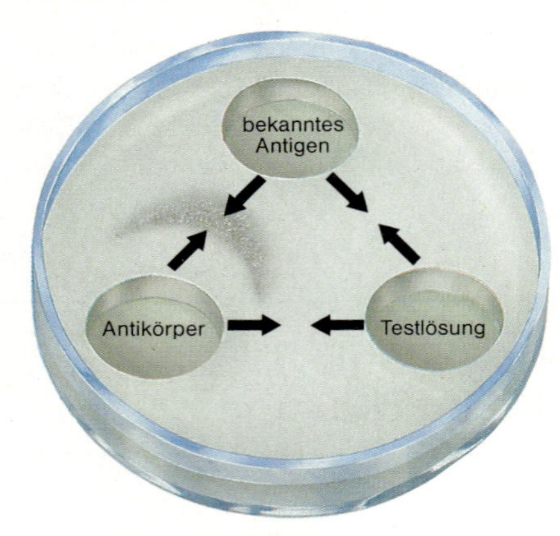

*Abb. 416.1: Schema der Immundiffusions-Methode.
Die Antigen-Antikörper-Reaktion verursacht eine Ausfällung.
Da die zu prüfende Testlösung
mit dem antikörperhaltigen Serum keinen Niederschlag liefert,
kann sie das bekannte Antigen nicht enthalten.*

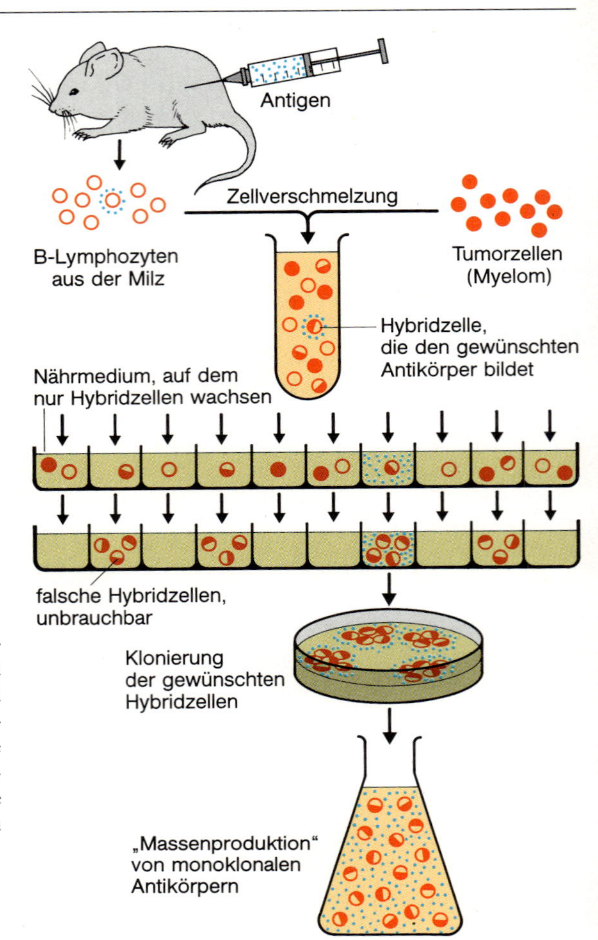

*Abb. 416.2: Gewinnung monoklonaler Antikörper.
Nach Einspritzen des Antigens werden Milzzellen aus der Maus gewonnen.
Darunter sind solche, die Antikörper gegen das Antigen produzieren.
Nach Verschmelzen mit Tumorzellen entstehen Hybridzellen,
darunter solche, die gewünschte Antikörper bilden.
Auf einem geeigneten Medium überleben nur die Hybridzellen.
Diese werden nun einzeln vermehrt und die gebildeten Zellkulturen
dann auf die Gegenwart von Antikörpern getestet.
Die gewünschten Hybridzellen werden schließlich in Massenkultur vermehrt.*

Lösung gegeben. Die in den Lösungen enthaltenen Substanzen diffundieren in die Agarschicht. Treffen ein Antigen und ein zugehöriger Antikörper zusammen, fällen sie sich aus. Deshalb entsteht zwischen dem Serum und der bekannten Proteinlösung allmählich eine deutlich sichtbare Bande des gefällten Antigen-Antikörper-Komplexes. Entsteht auch zwischen der Testlösung und dem Serum eine Bande, muß die Testlösung das gleiche Protein enthalten wie die Proteinlösung bekannter Zusammensetzung.

4.3 Monoklonale Antikörper

Werden Antikörper nach herkömmlichen Verfahren zur passiven Immunisierung (vgl. 3.5) oder für die Serumreaktion (vgl. 4.1) gewonnen, so erhält man stets ein Gemisch verschiedener Antikörper, weil verschiedene Bestandteile einer Bakterienmembran, einer Virushülle oder einer Proteinoberfläche als Antigene wirken. Deshalb werden unterschiedliche B-Zellen aktiviert. Sie bilden dann Plasmazellen und diese erzeugen jeweils die entsprechenden Antikörper. Es gibt jedoch ein Verfahren zur Herstellung größerer Mengen identischer Antikörper, das von jeweils einem einzigen Lymphocyten ausgeht. So erzeugte Antikörper nennt man monoklonal. (Ein Klon ist die aus einer Mutterzelle oder einem Mutterorganismus durch ungeschlechtliche Vermehrung hervorgegangene erbgleiche Nachkommenschaft.) Man läßt zunächst von einem Kaninchen durch Injektion des Antigens die Antikörper bilden. Dann isoliert man antikörperbildende Zellen aus der Milz des Kaninchens und mischt diese mit Zellen aus einem Myelom (einer besonderen Tumorart), die unbegrenzte Teilungsfähigkeit haben. Bestimmte Chemikalien lösen in der Mischkultur Zellverschmelzungen aus. So entstehen Hybridzellen mit unbegrenztem Wachstum, die Antikörper erzeugen. Die Mischkultur bringt man auf Nährmedien, auf denen nur die Hybridzellen wachsen. Anschließend kommen die Hybridzellen einzeln in je einen Behälter mit Kulturflüssigkeit, wo sie sich vermehren (vgl. Abb. 416.2). Jede Hybridzelle kann nur eine Sorte von Antikörpern erzeugen. Einige Zellen jeder Kultur werden in flüssigem Stickstoff eingefroren; sie sind so fast unbegrenzt haltbar und können jederzeit wieder in Kultur genommen werden.

Monoklonale Antikörper sind in der Medizin und Biochemie unentbehrliche Hilfsmittel. So kann man gegen zahlreiche Substanzen spezifische Antikörper erzeugen; Tumorzellen lassen sich infolge ihrer veränderten Zelloberfläche nachweisen; ebenso ist ein Nachweis von Viren schon in sehr geringen Mengen möglich.

Mit monoklonalen Antikörpern können neue Impfverfahren eingeführt werden. Will man gegen ein bestimmtes Virus impfen, so läßt man von einer Maus Antikörper gegen dieses Virus erzeugen und gewinnt dann mit der ge-

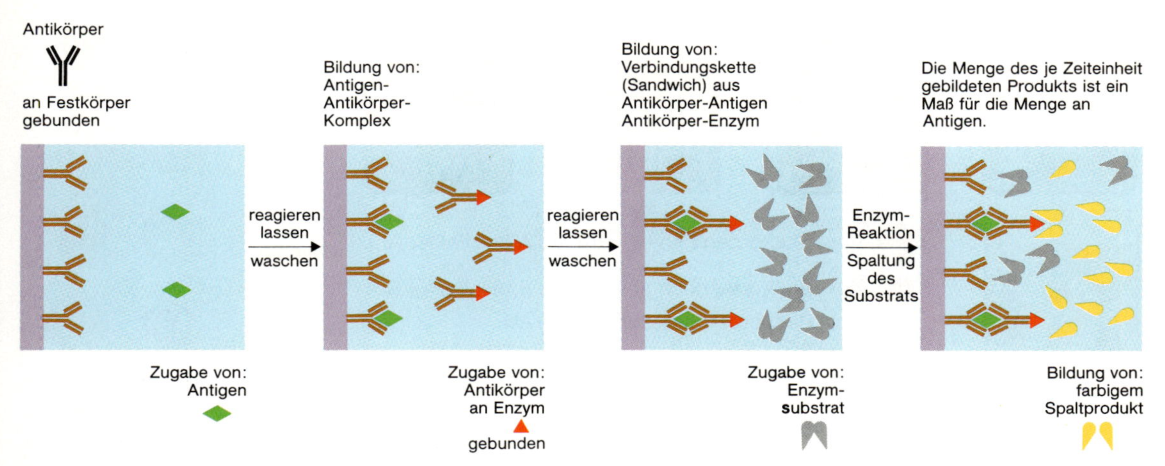

Abb. 417.1: Verfahren zur Mengenbestimmung von Stoffen, die als Antigene wirken, mit Hilfe von monoklonalen Antikörpern.

Die Menge des je Zeiteinheit gebildeten Produkts ist ein Maß für die Menge an Antigen.

schilderten Methode monoklonale Antikörper. Diese läßt man bei anderen Mäusen durch Injektion als Antigene einwirken. So werden nun Antikörper gegen die Antikörper gebildet; diese haben dann als »Negativ vom Negativ« teilweise ähnliche Molekülоberflächen wie das Virus. Nach Auswahl der richtigen Antikörper kann man diese beim Menschen injizieren. Sie verursachen nun ihrerseits als Antigene eine Bildung von weiteren Antikörpern. Diese weisen in bestimmten Bereichen der Molekülоberfläche eine Ähnlichkeit zu der viruserkennenden Oberfläche der ursprünglichen Virus-Antikörper auf und erkennen deshalb ebenfalls das Virus. (Aktive Immunisierung ohne Gefahr, eine Virusinfektion auszulösen).

Ein in der modernen Biologie häufig verwendetes Verfahren zur Mengenbestimmung von Stoffen, die als Antigene wirksam werden können, beruht ebenfalls auf der Anwendung monoklonaler Antikörper. Man bindet diese an einen Festkörper und läßt dann das Antigen einwirken. Außerdem werden gleichartige Antikörper-Moleküle mit einem Enzym verknüpft, dessen Reaktion leicht meßbar ist. Diese an das Enzym gekoppelten Antikörper läßt man mit dem am Festkörper gebundenen Antikörper-Antigen-Komplex reagieren. Eine Reaktion erfolgt nur dort, wo das Antigen gebunden ist. Nun wird das Substrat des Enzyms zugesetzt und die Intensität der Enzymreaktion bestimmt; sie ist ein Maß für die Menge gebundenen Antigens (Abb. 417.1).

5. Blutgruppen und Blutübertragung

Bringt man Blut verschiedener Personen zusammen, so kann es sich entweder einfach vermischen, oder es werden die Blutkörperchen zu kleinen Klumpen zusammengeballt (s. Abb. 418.1). Als Ursache dieser Verballung (Agglutination) hat der Österreicher LANDSTEINER 1901 zwei verballungsfähige Stoffe A und B erkannt, die als Antigene wirken. Diese Blutgruppensubstanzen A und B sind Glykolipide und befinden sich in der Membran der Roten Blutkörperchen (Erythrocyten). Es gibt Menschen, deren Erythrocyten einen dieser Stoffe besitzen. Bei anderen kommen beide gemeinsam vor und bei wieder anderen fehlen beide. Die Zusammenballung selbst wird durch zwei verschiedene Antikörper, Anti-A und Anti-B hervorgerufen; diese erkennen die Kohlenhydratketten der Glykolipide, die von der Zellmembran der Erythrocytenzellen nach außen ragen. Die Antikörper sind im Blutserum gelöst. Erythrocyten der Gruppe A werden nur von Anti-A, solche der Gruppe B nur von Anti-B verballt. Die Antikörper können daher im Serum nur dann vorhanden sein, wenn die entsprechenden Blutkörperchen fehlen, und umgekehrt. Nach der Verteilung dieser Stoffe hat man beim Menschen vier verschiedene Blutgruppen aufgestellt. Angehörige der Blutgruppe A haben Erythrocyten mit dem Glykolipid A und im Blutserum den Antikörper Anti-B. Blutgruppe B besitzt Erythrocyten mit Glykolipid B und den Antikörpern Anti-A. Bei der Blutgruppe AB weisen die Erythrocyten beide Glykolipide, also A und B, auf; das Serum enthält keinen der Antikörper Anti-A oder Anti-B und kann deshalb auch übertragenes Blut nicht zum Verklumpen bringen. Die Erythrocyten der Blutgruppe 0 (Null) haben weder Glykolipid A noch B. Das Serum dieser Blutgruppe enthält sowohl Anti-A als auch Anti-B und kann daher Blut jeder anderen Blutgruppe außer der eigenen zusammenballen.

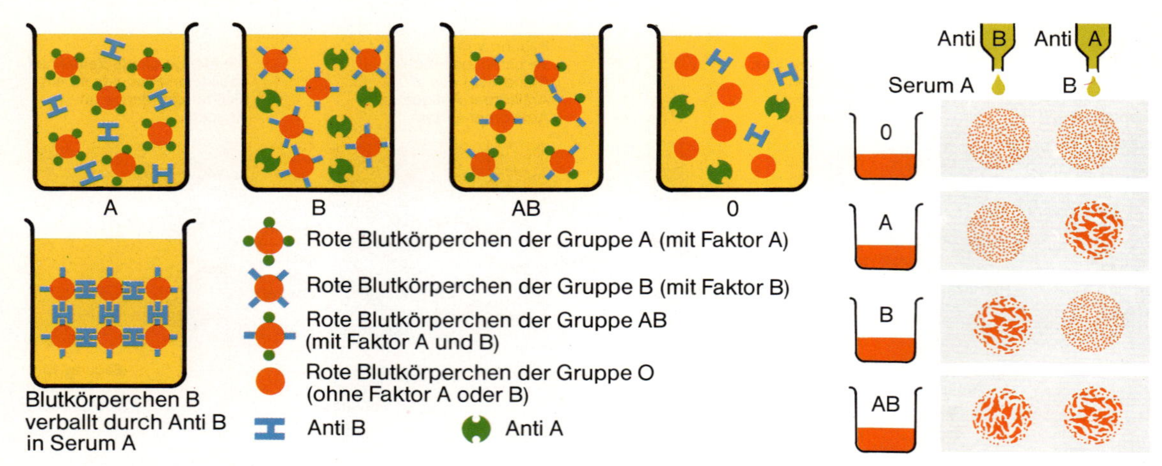

Abb. 418.1: Blutgruppenbestimmung

Da Antikörper in nennenswerter Menge nur durch eine erste Immunreaktion entstehen, ist zu fragen, weshalb die Antikörper Anti-A und Anti-B auch ohne Berührung mit fremdem Blut vorhanden sind. Dies beruht darauf, daß die Antikörper auch gegen Oberflächenzuckerketten von Bakterien wirksam sind. Im ersten Lebensjahr erfolgt nach einer Infektion mit den entsprechenden Bakterien (vorwiegend solche der Darmflora) eine Bildung dieser Antikörper. Sie unterbleibt jedoch, wenn die Gegenwart der Kohlenhydratkette der Glykolipide A bzw. B in der Membran der Roten Blutzellen anzeigt, daß diese Kette als »körpereigen« anzusehen ist.

Außer den vier klassischen Blutgruppen, dem A/B/0-System, kennt man ein weiteres, für die Blutübertragung wichtiges Blutmerkmal (ein Antigen), den **Rhesusfaktor**. Er ist ebenfalls an die Oberfläche der Roten Blutkörperchen gebunden. Entdeckt wurde er 1940 im Blutserum von Kaninchen, das mit Blut von Rhesusaffen zur Antikörperbildung angeregt worden war. Menschen mit dem Rhesusfaktor-Antigen bezeichnet man als *Rh-positiv* (Rh), die übrigen als *Rh-negativ* (rh). Über 80% der Mitteleuropäer sind Rh-positiv. Ein Antikörper gegen das Antigen »Rhesusfaktor« bildet sich erst Monate nach einer Übertragung von Blut mit Rh-positiven Erythrocyten auf Rh-negative Menschen. Deshalb schadet einem Rh-negativen Menschen die erstmalige Übertragung von Blut mit Rh-positiven Erythrocyten nicht. Da die nach der Erstübertragung gebildeten Antikörper und Gedächtniszellen jedoch lange Zeit erhalten bleiben, können weitere Übertragungen von Blut mit Rh-positiven Erythrocyten zur Verballung und so zu schweren Schädigungen oder gar zum Tode führen. Schon im Mutterleib kann ein Kind davon betroffen sein.

Bei Rh-positiven Neugeborenen aus Beziehungen zwischen Rh-positiven Männern und Rh-negativen Frauen tritt zuweilen eine schwere Krankheit *(Erythroblastose)* auf. Bei der ersten Geburt können Erythrocyten des Rh-positiven Kindes in das mütterliche Blut mit Rh-negativen Erythrocyten

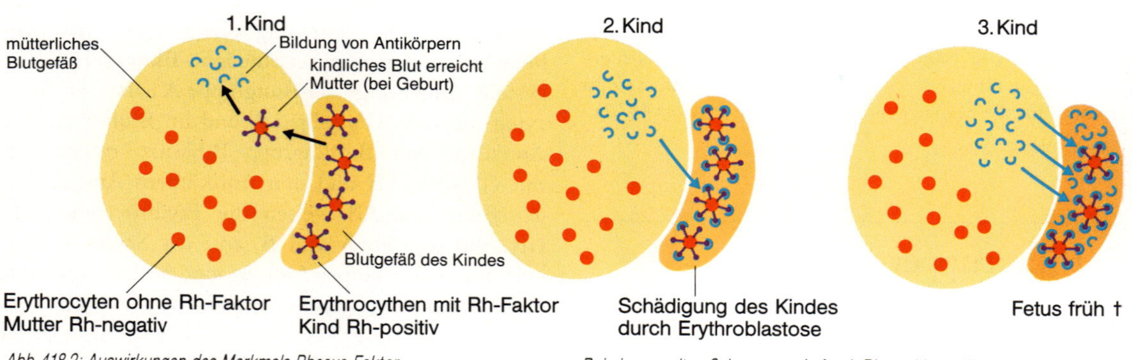

Abb. 418.2: Auswirkungen des Merkmals Rhesus-Faktor. Bei Rh-negativer Mutter (Rote Blutzellen ohne Rhesus-Faktor) und Rh-positivem Kind (mit Rhesus-Faktor) gelangen bei der ersten Geburt Zellen des Kindes mit dem Rh-Antigen ins mütterliche Blut und lösen dort Antikörper-Bildung aus. Bei einer zweiten Schwangerschaft mit Rh-positivem Kind wandern diese durch die Plazenta ins Blut des Kindes und rufen dort die Schädigung der Blutzellen hervor. Bei einer dritten Schwangerschaft ist die Reaktion so heftig, daß das Kind auf frühem Entwicklungsstadium abstirbt.

übergehen und dort die Bildung von Antikörpern bewirken. Bei einer erneuten Schwangerschaft gelangen derartige Antikörper von der Mutter durch die Plazenta in das Blut des Kindes. Ist dieses ebenfalls Rh-positiv, so binden diese Antikörper an die Roten Blutkörperchen des Kindes und zerstören sie. Dadurch verringert sich der Sauerstoff-Transport, und aus dem freigesetzten Hämoglobin entstehen gelb und grün gefärbte Abbaustoffe, welche die Leber schädigen und Gelbsucht hervorrufen. Weitere Rh-positive Kinder werden daher entweder tot geboren oder sind nur kurze Zeit lebensfähig. Verhindert man die Bildung von Antikörpern im Blut der Mutter, so tritt diese Auswirkung nicht ein. Man führt daher eine passive Immunisierung durch, indem man der Rh-negativen Mutter nach der Geburt des ersten Rh-positiven Kindes ein Serum mit Antikörpern gegen das Rhesusfaktor-Antigen injiziert. Diese Antikörper lagern sich an die eingedrungenen Blutzellen des Kindes an, die dann in der Mutter keine Bildung von Antikörpern mehr auslösen können. Die mit Antikörpern besetzten Blutzellen und die injizierten Antikörper werden abgebaut.

Die Blutgruppenzugehörigkeit und der Rhesusfaktor bleiben während des ganzen Lebens unverändert. Sie werden nach den MENDELschen Regeln vererbt. Blutgruppen sind bei allen menschlichen Rassen nachgewiesen worden (s. Genetik 11.2).

Die Blutgruppenzugehörigkeit ist für die Blutübertragung von größter Bedeutung. Es wird grundsätzlich nur Blut von Angehörigen derselben Blutgruppe übertragen. Genauere Untersuchungen machen eine Aufteilung der Blutgruppe A in die Untergruppen A_1 und A_2, beim Rhesusfaktor in die Gruppen C, D und E notwendig. Ihre Häufigkeit in unserer Bevölkerung zeigt Tabelle 419/1.

Bei den meisten Menschen werden die Blutgruppen-Substanzen auch in Sekreten ausgeschieden. Die Gerichtsmedizin kann deshalb in Blut-, Schweiß- und Speichelspuren die Blutgruppe nachweisen und dadurch bei Verbrechen Verdächtige ausschließen. Sie zieht dazu auch weitere Blutkörpercheneigenschaften heran, welche für die Blutübertragung wegen des Fehlens der Antikörper meist bedeutungslos sind. Die Blutgruppen spielen auch bei Abstammungsfragen etwa zur Klärung der Vaterschaft eines Kindes eine Rolle.

In vielen Fällen wird bei einer Blutübertragung kein Vollblut mehr verwendet. Statt dessen isoliert man aus dem Vollblut durch Zentrifugieren denjenigen Bestandteil, den der jeweilige Patient braucht und überträgt nur diesen (z. B. Rote Blutkörperchen oder Blutplättchen oder einen Gerinnungsfaktor).

Tabelle 419/1: Häufigkeit der Blutgruppen und des Rhesusfaktors in unserer Bevölkerung

	0	A_1	A_2	B	A_1B	A_2B	
Rh	36,6	29,1	7	8,1	2,4	0,7	84%
rh	7	5,6	1,3	1,6	0,5	0,1	16%
	43,6	34,7	8,3	9,7	2,9	0,8	100%

6. Immungenetik

Das menschliche Immunsystem kann mindestens 10 Millionen verschiedene Antikörper bilden (vgl. 2.1). Da die Gesamtzahl der Gene beim Menschen sicher unter einer Million liegt, erhebt sich die Frage, wie die Vielfalt der Antikörper-Proteine entsteht. Ein vollständiger Antikörper besteht aus leichten und schweren Ketten und jede dieser Ketten aus einem konstanten und einem variablen Teil. Der variablen und der konstanten Region der Antikörper liegen jeweils eigene Gene zugrunde. Diese Gene liegen im Genom embryonaler Zellen von Säugern und der meisten Körperzellen weit voneinander entfernt, in den antikörperbildenden Zellen hingegen eng benachbart.

Die Gene für die leichten und die schweren Ketten liegen auf verschiedenen Chromosomen; es handelt sich um getrennte Gengruppen. In jeder Zelle, die Antikörper bildet, ist aber stets nur je eines der Gene für eine leichte Kette und für eine schwere Kette aktiv, so daß also nur eine Art von leichten Ketten und eine Art von schweren Ketten gebildet wird. Wie in allen Körperzellen ist wegen des doppelten Chromosomensatzes jedes Gen doppelt vorhanden; es wird jedoch immer nur ein mütterliches oder ein väterliches Allel eines Gens aktiviert. Wie dieser *Allelen-Ausschluß* zustande kommt, ist unbekannt. Ein strenger Allelen-Ausschluß erfolgt sonst nur noch bei der Inaktivierung eines X-Chromosoms im weiblichen Geschlecht (vgl. Genetik 11.5).

Jede Gengruppe für eine Immunglobulin-Kette besteht aus 100 bis 200 verschiedenen *V-Genen* für die *variable Region* und einem *C-Gen* (bei den schweren Ketten aus mehreren C-Genen) für die *konstante Region*. Während der Entwicklung der B-Zellen im Knochenmark werden die V-Gene in die Nachbarschaft eines C-Gens umgelagert. Dadurch wird bereits eine erhebliche Variabilität der Genkombination zwischen den beiden Genen erreicht. Erst nach der Gen-Umlagerung kann die jeweilige Genkombination aktiv werden.

Die C-Gene bestehen aus 4 Exons und 3 Introns; die Exons entsprechen jeweils einer bestimmten Teilaufgabe der konstanten Kette des Immunglobulins (Abb. 420.1). Die V-Gene der leichten Ketten bestehen aus zwei getrennten Teilen, die sich erst bei der Gen-Umlagerung vereinigen. Der als J-Teil (**j**unction = Verknüpfung) bezeichnete Teil liegt nahe dem C-Gen und stellt die Verbindung zu diesem her; zwischen J und C verbleibt ein Intron (Abb. 420.2). Die Gengruppen für die leichten Ketten besitzen vier verschiedene J-Teile; dies erhöht die Kombinationsmöglichkeiten also auf das Vierfache. Ferner werden bei der Verknüpfung zwischen dem jeweiligen V-Teil und dem J-Teil eine unterschiedliche Zahl von Nukleotiden im Verknüp-

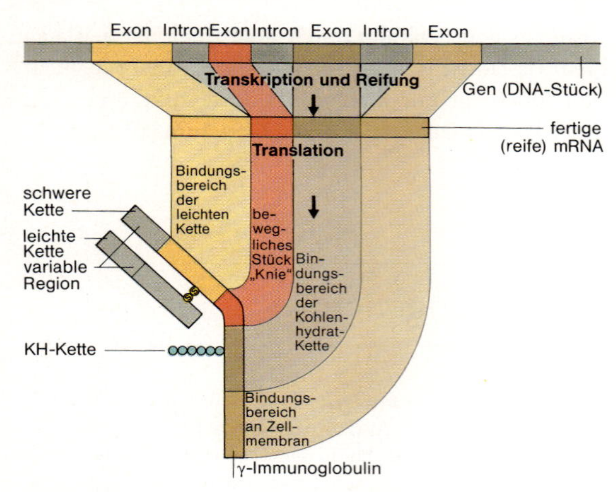

Abb. 420.1: Struktur des Gens der konstanten Region in der schweren Kette vom Gamma-Immunoglobulin. Die fertige (reife) mRNA enthält nur die transkribierten Exons. Die variable Region der Kette hat ein eigenes Gen, das in der unreifen B-Zelle weit entfernt ist vom Gen der konstanten Region (s. auch Abb. 407.1).

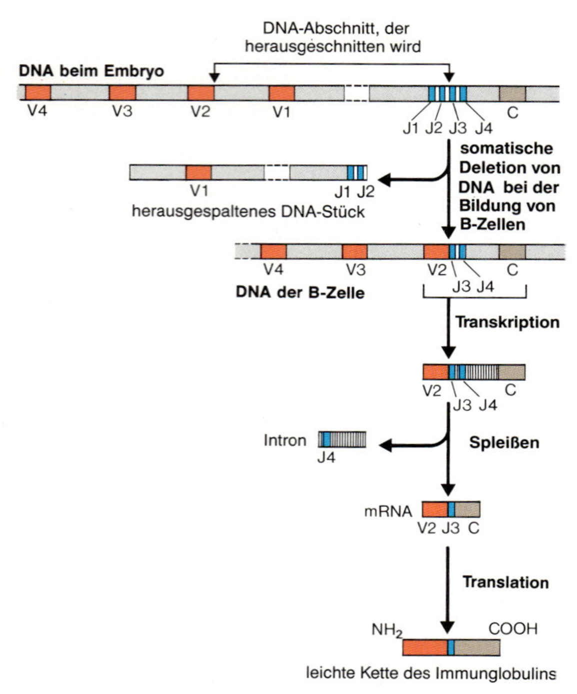

Abb. 420.2: Anordnung der V- und J-Teile der V-Gene und des C-Gens für eine leichte Kette eines Immunglobulins in embryonalen Zellen und in B-Lymphocyten. Transkription, Reifung und Translation, die zur leichten Kette führen, sind ebenfalls dargestellt. In der embryonalen Zelle sind die vier J-Teile untereinander durch kurze Nukleotid-Sequenzen und vom C-Gen durch ein Intron getrennt. Von den V-Teilen sind sie durch eine Sequenz von mehreren 100000 Nukleotiden getrennt. Diese Sequenz wird so genau herausgeschnitten (somatische Deletion), daß sich anschließend einer der V-Teile (hier V2) neben einem J-Teil (hier J3) befindet. Dadurch sind V- und J-Teil verknüpft. Der hier überflüssige J-Teil J4 wird als Teil des Introns beim Spleißen entfernt.

fungsbereich herausgespalten, so daß hierdurch zusätzliche Varianten zustandekommen. Die V-Gene der schweren Ketten bestehen sogar aus drei getrennten Teilen: V-Teil, J-Teil, D-Teil. Durch die Kombinationsmöglichkeiten infolge der Gen-Verlagerung erhält man:

– für die variablen Teile der leichten (L-)Ketten:
  ca. 200 V_L-Teile, 4 J_L-Teile: ca. 1000 verschiedene Kombinationen
– für die variablen Teile der schweren Ketten:
  ca. 80–200 V_H-Teile, 6 J_H-Teile, 50 D_H-Teile: ca. 10 000 verschiedene Kombinationen.

Leichte und schwere Ketten treten zu einem Antikörpermolekül zusammen; somit erhält man mindestens $1000 \times 10\,000 = 10^7$ verschiedene antigenbindende Oberflächen von Antikörpern. Jedoch sind damit die Variationsmöglichkeiten noch nicht erschöpft.

Im Bereich der V-Gene finden während der Ausbildung der Gedächniszellen sehr häufig somatische Mutationen statt. Dabei kommt es zu der außerordentlich hohen Mutationsrate von 10^3 Basen-Veränderungen je Zelle und Zellteilungsvorgang. Hierdurch wird die Variabilität der Antikörper um mehr als das Zehnfache weiter erhöht. Bei einer erneuten Immunreaktion erfolgt dann eine Auswahl solcher Zellen, deren Antikörper besonders gut reagieren *(somatische Selektion),* dies trägt wesentlich zu der verstärkten zweiten Immunreaktion (vgl. 2.2) bei.

Neugebildete B-Zellen bilden zunächst stets IgM-Moleküle; später gehen sie zur Bildung von IgG-Molekülen über. Dazu muß ein anderes C-Gen aktiv werden, während das V-Gen-System unverändert bleibt. Die Spezifität des Antikörpers bleibt gleich, da sie nur durch den V-Bereich festgelegt ist. Daher haben Antikörper verschiedener Klassen, die nacheinander von der gleichen Zelle gebildet werden, immer die gleichen Bindungseigenschaften.

Antikörper und Gentechnik. Die hohe Bindungsspezifität der Antikörper hofft man ausnutzen zu können, indem man gentechnisch in Antikörper bestimmte Enzymeigenschaften einbaut, so daß diese Enzyme dann ganz gezielt binden und ihre Wirkung entfalten. Ferner versucht man monoklonale Antikörper zu produzieren, deren konstante Regionen vom Menschen, die variablen Regionen aber von der Maus herstammen. Solche »chimären Antikörper« würde das menschliche Immunsystem vermutlich viel weniger als »fremd« ansehen, als rein tierische Antikörper. Daher sollten chimäre Antikörper für die passive Immunisierung vorteilhaft sein.

Die Gene der variablen Regionen von Maus-Antikörpern gegen menschliche Lymphocyten können gentechnisch in Zellkulturen in Gene von Antikörpern des Menschen eingebaut werden; die so gewonnenen »chimären Antikörper« können in Serumflüssigkeit vom Arzt eingesetzt werden, um menschliche Lymphocyten zu vernichten.

Evolution

Auf der Erde gibt es weit über 1 Million Tierarten und über 500 000 Pflanzenarten. Wie kommt es, daß eine solche Fülle von unterschiedlichen Lebewesen existiert? Diese Frage beantwortet die **Evolutionstheorie**.

Diese Theorie ist eine das Wissen aller Teilgebiete der Biologie einschließende Aussage über den Werdegang und die Entstehung der Mannigfaltigkeit der Lebewesen. Sie liefert uns Erklärungen über

- die Gesetzmäßigkeiten, nach denen sich die Evolution der Lebewesen vollzieht,
- die unterschiedlichen Formen der Lebewesen als Folge der Anpassung an ihre Umwelt,
- die Entstehung des Lebens,
- die individuelle und die erdgeschichtliche Entwicklung der Lebewesen und damit auch die Entstehung ihrer Vielfalt,
- die Gestalt, den Bau und die Verbreitung der Lebewesen.

Von der Evolutionsforschung werden die Ursachen des Evolutionsvorganges und die Abstammungsverhältnisse der Lebewesen untersucht.

Carl von Linné (1707–1778)

1. Geschichte und Grundgedanken der Evolutionstheorie

1.1 Die Entwicklung bis zu Darwin

Bis zum Ende des 18. Jahrhunderts galt in der Biologie die vorherrschende Lehrmeinung von der *Unveränderlichkeit der Arten*. Diese wurde aus dem biblischen Schöpfungsbericht abgeleitet.

So vertrat der schwedische Naturforscher LINNÉ (1707–1778) die Ansicht, daß die Arten, so wie wir sie jetzt vorfinden, seit Beginn der Welt vorhanden seien. Er war der erste Biologe, der die zu seiner Zeit bekannten Arten von Pflanzen und Tieren in einem einheitlichen System beschrieb. Dabei ordnete er die Lebewesen aufgrund von Bauähnlichkeiten.

Der Zoologe GEORGES CUVIER (1769–1832) begründete Ende des 18. Jahrhunderts die **Paläontologie** als Lehre von den Lebewesen der Vorzeit. Durch Vergleich mit dem anatomischen Bau heute lebender (rezenter) Tiere gelang es ihm, die aufgefundenen Reste ausgestorbener Tiere einzuordnen. Er fand z. B., daß das Skelett der Vordergliedmaßen vierfüßiger Wirbeltiere immer den gleichen Grundbauplan aufweist und trotz unterschiedlicher Ausgestaltung stets die gleichen Baueinheiten besitzt (Oberarmknochen, zwei Unterarmknochen, Handwurzel, Mittelhand, Finger; Abb. 423.1). Solche *Organe, die äußerlich und nach ihrer Funktion sehr verschieden sein können, aber auf die gleiche Grundform zurückgehen, nennt man* **homolog** (vgl. 3.1). Kennt man den Grundbauplan und eine Reihe von Abwandlungen, so kann man aufgefundene Knochen einordnen und dadurch schließlich ein ganzes Skelett rekonstruieren. CUVIER fand mit Hilfe dieser Methode, daß in der Folge der geologischen Epochen ganz verschiedene Formen von Tieren gelebt haben und versuchte dies durch die Annahme zu erklären, daß Naturkatastrophen mehrmals über die Erde hereingebrochen seien. Jede Katastrophe sollte die existierenden Organismengruppen größten-

Georges Cuvier (1769–1832)

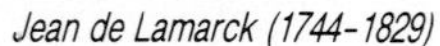

Jean de Lamarck (1744-1829)

Charles Darwin (1809-1882)

Ernst Haeckel (1834-1919)

teils vernichtet haben und neue, kompliziertere Lebewesen wären durch Neuschöpfung ins Leben gerufen worden. Allerdings sollten Reste der früheren Gruppen jeweils erhalten geblieben sein.

Die **Katastrophentheorie** CUVIERS wurde durch die aufblühende Geologie widerlegt. Der Engländer LYELL (1797–1875) vertrat mit seiner **Aktualitätshypothese** die Auffassung, daß Veränderungen des Erdbildes nicht auf weltumfassenden Katastrophen beruhen, sondern stetig verlaufen und daß diejenigen Kräfte, die heute noch das Erdbild umgestalten, auch in den früheren geologischen Epochen wirksam waren und auf die Lebewesen einwirkten.

LAMARCK (1744–1829) kam aufgrund seiner Tätigkeit an den naturhistorischen Sammlungen in Paris zur Erkenntnis der Homologie von Organen und erklärte diese durch Verwandtschaft der Organismen. In seinem Buch »Philosophie zoologique« (1809) vertrat er eine Stammesentwicklung der Organismen. Danach stammen die heutigen Arten von ausgestorbenen früheren Arten ab. LAMARCK stellte als erster *Stammbäume* auf und gab eine ursächliche Erklärung für die Abstammung. So wurde er zum Begründer der Evolutionstheorie.

Er nahm an, daß die Lebewesen sich durch Gebrauch oder Nichtgebrauch ihrer Organe unmittelbar an die Bedürfnisse anpassen und daß sich eine solche individuell erworbene Anpassung auf die Nachkommen vererbt. Der lange Hals der Giraffe ist nach LAMARCK so entstanden, daß ihre Vorfahren als Laubfresser den Hals immer höher nach den Zweigen von Bäumen streckten. Dadurch sei der Hals länger und länger geworden, und so sei im Laufe der Generationen das Tier in seiner heutigen Form zustande gekommen.

Umgekehrt soll der Nichtgebrauch der Organe zur Verkümmerung führen; auf diese Weise sei die Rückbildung der Augen vieler Höhlentiere oder die Beinlosigkeit der Schlangen entstanden.

Bei solchen Umbildungen wirkt nach LAMARCK ein inneres Bedürfnis (psychischer Trieb) mit, das die Tiere auf die jeweiligen Erfordernisse hin ausrichtet. Sein Erklärungsschema für eine Evolution ist folgendes:

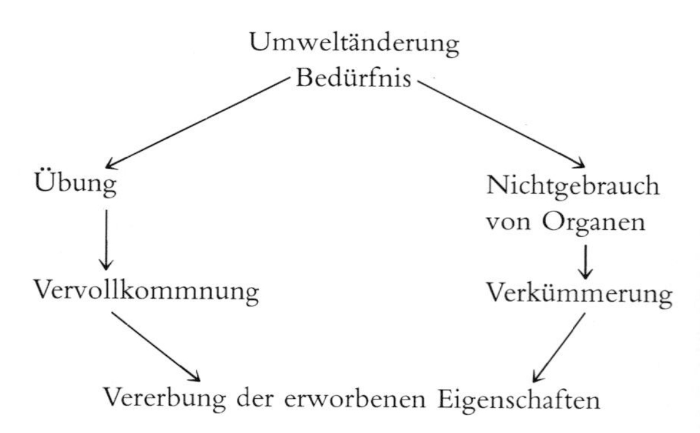

Diese Hypothese entstand vor den Entdeckungen der Genetik. Auf der heutigen Wissensgrundlage läßt sich vieles dagegen einwenden. Eine Vererbung erworbener Eigenschaften konnte bis heute in keinem Fall nachgewiesen werden. Vielmehr lehren die Ergebnisse der Genetik, daß Eigenschaften von Lebewesen, die auf Umwelteinflüsse zurückgehen (Modifikationen), nicht vererbbar sind. Der Lamarckismus kann auch nicht die Anpassungen erklären, die der Erhaltung und Verbreitung der Art dienen. Die Erzeugung zahlreicher Samen nützt nicht der Einzelpflanze, die Brutpflege für die Jungen nicht dem elterlichen Tier, sondern der Art.

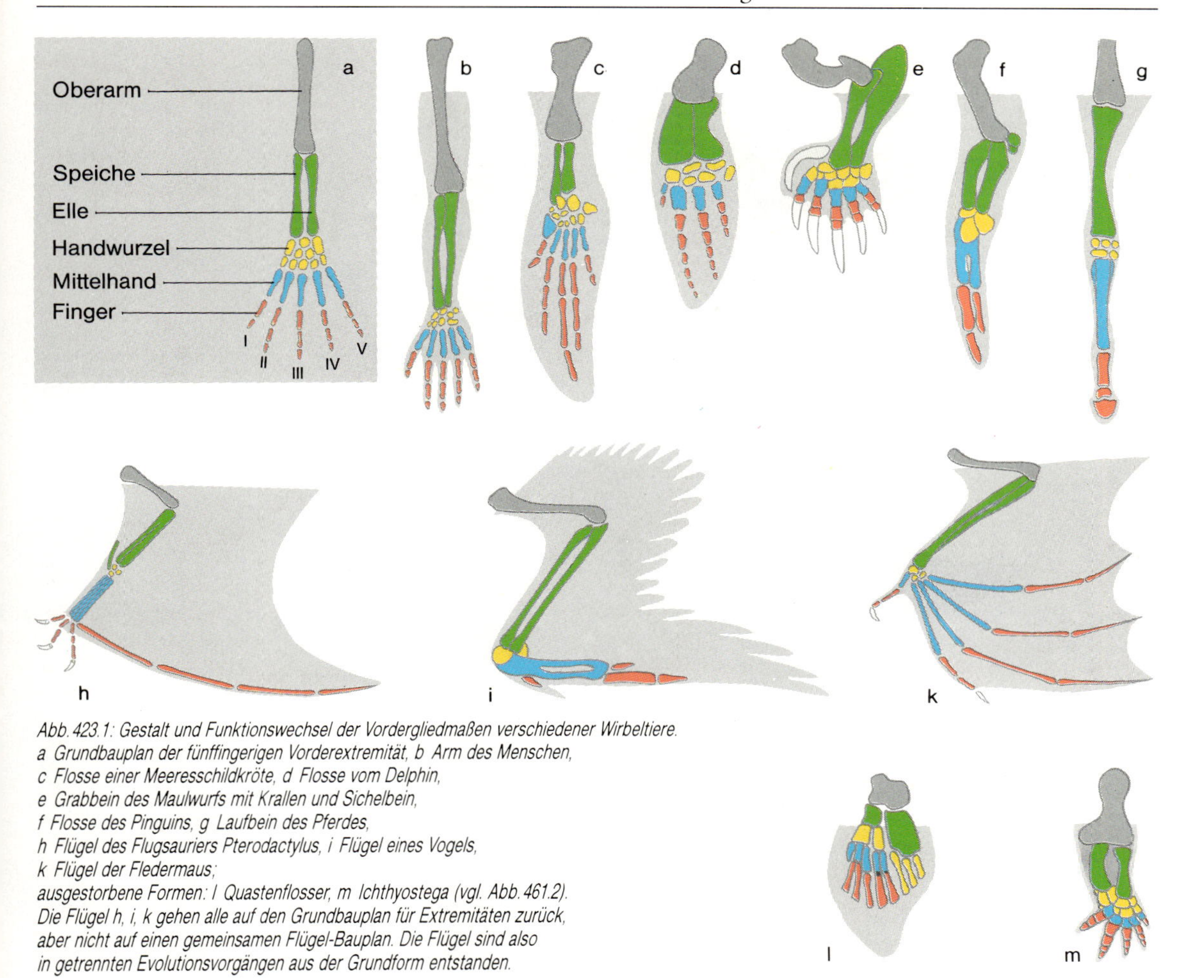

Abb. 423.1: Gestalt und Funktionswechsel der Vordergliedmaßen verschiedener Wirbeltiere.
a Grundbauplan der fünffingerigen Vorderextremität, b Arm des Menschen,
c Flosse einer Meeresschildkröte, d Flosse vom Delphin,
e Grabbein des Maulwurfs mit Krallen und Sichelbein,
f Flosse des Pinguins, g Laufbein des Pferdes,
h Flügel des Flugsauriers Pterodactylus, i Flügel eines Vogels,
k Flügel der Fledermaus;
ausgestorbene Formen: l Quastenflosser, m Ichthyostega (vgl. Abb. 461.2).
Die Flügel h, i, k gehen alle auf den Grundbauplan für Extremitäten zurück, aber nicht auf einen gemeinsamen Flügel-Bauplan. Die Flügel sind also in getrennten Evolutionsvorgängen aus der Grundform entstanden.

1.2 Die Entwicklung von Darwin bis heute

Charles Darwin (1809–1882) hatte auf einer fünfjährigen Reise um die Welt (1831–1836) eine Fülle von Beobachtungen aus der vergleichenden Anatomie, der Paläontologie und der Tier- und Pflanzengeographie gesammelt. Dadurch vermehrte er die vorhandenen Hinweise auf eine Stammesentwicklung beträchtlich. Erst im Jahr 1859 erschien aber sein Buch *»On the origin of species by means of natural selection«*, in dem er den Gedanken einer Abstammung der heutigen Lebewesen von früheren einfachen Formen beschrieb und gleichzeitig eine einleuchtende Darstellung der Ursachen für die Evolution der Organismen gab.

Zu dieser Ursachenerklärung gelangte Darwin über die Beobachtung, daß bei der Tierzüchtung eine Auswahl *(Selektion)* durch den Züchter erfolgt; dieser liest solche Formen aus, deren Eigenschaften ihm besonders zusagen. So sind z.B. alle Haustaubenrassen aus einer Stammform, der Felsentaube, hervorgegangen (Abb. 424.1). Bei der Bearbeitung der von ihm gesammelten Finkenvögel der Galapagos-Inseln (Abb. 424.2) kam Darwin schon 1845 zu der Ansicht, daß alle dort anzutreffenden Finkenarten aus einer Stammart entstanden seien. (In seinem Buch von 1859 führte er die Finken allerdings nicht an, weil ihm die Daten zu lückenhaft waren.) Nun erhob sich die Frage, wer denn in der Natur die Auswahl trifft. Eine Untersuchung des Wirtschaftswissenschaftlers Malthus (1766–1834) führte Darwin zur passenden Erklärung. Malthus hatte gezeigt, daß menschliche Bevölkerungsgruppen in der Regel anwachsen und nur durch die Begrenztheit der Nahrung sowie durch Krankheiten in der Größe konstant gehalten werden. Die Anwendung dieser Erkenntnis auf alle Lebewesen führte zur **Selektionstheorie.** Sie geht von folgenden Tatsachen aus:

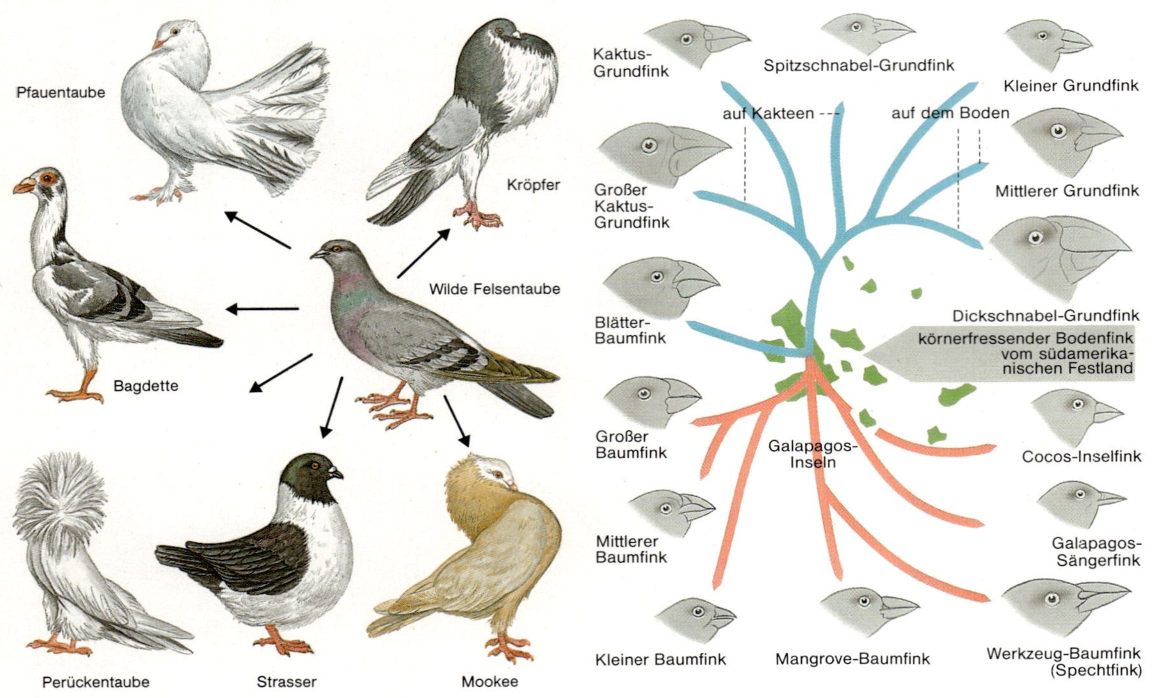

Abb. 424.1: Entstehung der Taubenrassen durch Züchtung (künstliche Selektion).
Der Züchter hat fortgesetzt solche Mutanten ausgewählt, die ihm besonders zusagten.

Abb. 424.2: Entstehung der Darwin-Finken der Galapagos-Inseln durch natürliche Selektion.
Die ersten Finken, welche die Inseln erreichten, gehörten zu einer bodenbewohnenden, körnerfressenden Art.
Sie konnte sich in unterschiedlichen Nischen in viele Arten aufspalten.
Rote Pfeile: Insektenfresser; blaue Pfeile: Pflanzenfresser

1. Die Lebewesen erzeugen viel mehr *Nachkommen,* als zur Erhaltung der Art notwendig wären. Für die Erhaltung der Art würden zwei zur Fortpflanzung gelangende Nachkommen eines Elternpaares genügen. In Wirklichkeit werden oft Tausende, ja Millionen von Nachkommen erzeugt. Trotzdem bleibt in einem Lebensraum bei gleichbleibender Umwelt die Individuenzahl einer Art über längere Zeit hinweg konstant.
2. Die Nachkommen eines Elternpaares sind nicht alle untereinander gleich, sie *variieren* in ihren Erbmerkmalen.
3. Die Lebewesen stehen untereinander in ständigem Wettbewerb um günstige Lebensbedingungen, um Nahrung, Lebensraum und Geschlechtspartner.

Daraus folgerte DARWIN: In dem Wettbewerb oder »Kampf ums Dasein« *(struggle for life)* überleben die am besten an ihre Umwelt angepaßten Individuen (*survival of the fittest* = Überleben der Tauglichsten). Dieser Begriff wurde oft mißverstanden. Besonders tauglich im Sinne der Evolutionstheorie ist nicht der Stärkste, sondern dasjenige Individuum, das die höchste Zahl von Nachkommen hat, die ihrerseits wieder zur Fortpflanzung gelangen. Mit der Theorie DARWINS lassen sich also nicht soziale Unterschiede biologisch begründen; auch folgt aus ihr keineswegs ein Recht des Stärkeren (Ansichten des *»Sozialdarwinismus«*).

Wettbewerb gibt es nicht nur innerhalb einer Art. Auch Organismenarten konkurrieren miteinander, wenn sie ähnliche *ökologische Nischen* haben. Der Wettbewerb führt dazu, daß sich innerhalb einer ökologischen Nische auf Dauer überhaupt nur eine Art behaupten kann. Weniger gut an diese Nische angepaßte Arten sterben aus oder werden in andere Nischen abgedrängt. Die **natürliche Auslese** *(natural selection)* führt durch eine sich ständig vervollkommnende Anpassung an die Umweltverhältnisse zu einer allmählichen Umbildung der Arten.

Die Evolutionstheorie liefert eine einleuchtende Ursachenerklärung für das Auftreten der *Homologien* und für die *Anpassung* der Organismen (ihre »Zweckmäßigkeit«). Sie erklärt aber auch, warum die Organisation in manchen Fällen wenig zweckmäßig erscheint: Die Giraffe hat nur 7 Halswirbel, so daß sie den Kopf nur unter Schwierigkeiten zu Boden neigen kann, was ihr das Trinken sehr erschwert. Das Immunsystem schützt den Menschen vor eingedrungenen Krankheitserregern, kann aber bei Rhesus-Unverträglichkeit zwischen Mutter und Kind (vgl. Immunbiologie 5.) zur Embryoschädigung führen.

Die **Fitness** *(Tauglichkeit)* eines Lebewesens ist am einfachsten an der Zahl überlebender Nachkommen festzustellen. Der Aussage »Überleben der Tauglichsten« wurde daher vorgeworfen, sie sei sinnleer (tautologisch), denn sie bedeute: »Überleben derjenigen, die überleben«. DARWIN hat aber höhere Tauglichkeit als besseres Angepaßtsein definiert, also durch qualitative Unterschiede. Weniger gute Anpassung hat eine geringere Nachkommensrate zur Folge; dadurch wird Tauglichkeit quantitativ meßbar. – Ähnliche Vorstellungen zur Abstammung der Lebewesen wie DARWIN äußerte zur gleichen Zeit auch WALLACE (1823–1913).

DARWINS Buch und die darin vertretene Abstammungslehre haben seinerzeit die leidenschaftliche Anteilnahme der ganzen Kulturwelt gefunden und heftige Auseinandersetzungen ausgelöst. In Deutschland waren es vor allem ERNST HAECKEL (1834–1919) und AUGUST WEISMANN (1834–1914), die dem Evolutionsgedanken zum Durchbruch verhalfen und ihn ausbauten.

Im 20. Jahrhundert hat zunächst die *Genetik* die Einsicht in die Ursachen der Evolution vertieft. Allen erblichen Merkmalen liegen Gene zugrunde. Da aus der befruchteten Eizelle ein vollständiges Lebewesen entsteht, muß die Information für dessen Bauplan in den Genen enthalten sein. Die Erforschung von Homologien zeigte immer wieder Übereinstimmungen zwischen verschiedenen Organismenarten. Diese geht auf gleiche Anteile genetischer Informationen zurück. Da eine Übertragung von Genen zwischen Lebewesen verschiedener Arten normalerweise nicht stattfindet, weil sie sich nicht paaren können, kann man zur Erklärung nur einen gemeinsamen Ahnen annehmen.

Die Tauglichsten im Sinne DARWINS erweisen ihre Tauglichkeit stets innerhalb einer Population. Daher sind die Ergebnisse der *Populationsgenetik* heute eine wichtige Grundlage der Evolutionstheorie, wie vor allem FISHER und SEWALL-WRIGHT gezeigt haben. In der zweiten Hälfte des 20. Jahrhunderts hat außerdem die *Molekularbiologie* wesentlich zur Erklärung des Evolutionsvorgangs beigetragen. Versuche zur experimentellen Klärung der *Enstehung des Lebens* wurden zuerst von OPARIN durchgeführt. Eine physikochemische *Theorie der Lebensentstehung* und Evolution verdanken wir EIGEN (vgl. 4.4).

2. Evolutionstheorie

2.1 Artbegriff

Die heutigen Lebewesen zeigen eine abgestufte Ähnlichkeit des Körperbaus, nach der sie in eine Ordnung, ein System, gebracht werden können. Die Grundeinheit des Systems ist die Art. *Alle Lebewesen, die in ihren wesentlichen Merkmalen übereinstimmen und miteinander fruchtbare Nachkommen haben können, faßt man zu einer Art zusammen*. Die Individuen einer Art, die zu gleicher Zeit in einem bestimmten Gebiet leben und sich miteinander fortpflanzen, bilden eine *Population* dieser Art. Daher kann man die Art populationsbiologisch auch definieren als die Gesamtheit der Populationen, deren Individuen sich untereinander fortpflanzen können und durch Fortpflanzungsschranken von anderen Populationen getrennt sind.

2.2 Evolutionsfaktoren

Die Gesamtheit aller Gene bei den Individuen einer Population nennt man den **Gen-Pool** der Population. Dieser bleibt nach dem HARDY-WEINBERG-Gesetz von der Erbkonstanz (vgl. Genetik 7.) unter folgenden Voraussetzungen konstant:

- Es treten keine Mutationen auf.
- Alle Genotypen sind für die betreffende Umwelt gleich gut geeignet: eine Selektion bestimmter Genotypen fehlt daher.
- Die Wahrscheinlichkeit für die Paarung beliebiger Partner ist gleich groß (keine Bevorzugung bestimmter Partner).
- Die Population ist sehr groß, daher spielt der zufällige Tod einzelner Individuen oder deren Zu- oder Abwanderung keine Rolle.

Jede Abweichung von den Voraussetzungen des HARDY-WEINBERG-Gesetzes erzeugt eine Veränderung des Gen-Pools und damit einen kleinen Evolutionsschritt. Evolution wird also durch folgende Faktoren hervorgerufen:

- **Mutation** (denn sie schafft neue Allele und damit neue Eigenschaften);
- **Selektion** (denn durch sie werden vorteilhafte Phänotypen ausgewählt);
- **Zufallswirkungen** (**Gendrift,** wirksam vor allem bei kleinen Populationen, s. 2.2.3).

Für die Wirksamkeit von Mutation und Selektion sind wichtig:

- *Rekombination* der Allele innerhalb des Gen-Pools: infolge der geschlechtlichen Fortpflanzung

entstehen immer wieder neue Allelkombinationen (Genotypen) und dadurch auch andere Phänotypen;
- Auftrennung des Gen-Pools (= *Separation*) durch Isolierung von Teil-Populationen (s. 2.4).

Durch den Evolutionsvorgang werden bestimmte Allele vermehrt, während andere verschwinden.

2.2.1 Mutationen als Grundlage der Evolution

Geschlechtliche Fortpflanzung führt ständig zu neuen Genkombinationen bei den Individuen. Man nennt diese Veränderlichkeit der Gen-Zusammensetzung bei den Individuen genetische Variabilität. Sie wird erhöht durch das Auftreten neuer Allele infolge Mutierens der Gene. Bei der Replikation der DNA beträgt die durchschnittliche Fehlerrate 1 auf 10^9 replizierte Nukleotide. Die Fehler betreffen alle DNA-Bereiche gleichermaßen. Je Gen und Generation erhält man dadurch eine Mutationsrate von ungefähr 1 : 10 000 bis 1 : 1 000 000 000 (bei Vielzellern), am häufigsten bei 1 : 100 000. Bei einer Art mit 100 000 Genen wird also im Durchschnitt eine Mutation je gebildeter Keimzelle eintreten. Mutationen sind demnach sehr häufig, allerdings oft ohne Auswirkung auf den Phänotyp. Es treten aber auch immer wieder Mutanten mit Eigenschaften auf, die zu besonders hoher Nachkommenzahl führen. Diese Individuen bringen also ihre Gene in größerer Zahl als andere in den Gen-Pool der nächsten Generation ein.

2.2.2 Selektion

Da fortgesetzt neue Mutationen entstehen, müßte die genetische Variabilität einer Population fortlaufend zunehmen. Dies ist nicht der Fall, da die *Selektion* (= natürliche Auslese durch die Umwelt) wirkt. In den meisten Populationen werden viel mehr Nachkommen erzeugt, als in ihrem Lebensraum überleben können. Viele Individuen jeder Generation gehen daher zugrunde, ehe sie zur Fortpflanzung gelangen, andere haben eine sehr geringe Nachkommenzahl. Dadurch erfolgt die Selektion; die Häufigkeiten der Allele vieler Gene verändern sich und die Individuen leisten zum Gen-Pool der folgenden Generation einen unterschiedlichen Beitrag. Diesen nennt man die *»reproduktive Fitness«* (kurz *Fitness* oder Tauglichkeit oder Adaptionswert genannt).

Selektion und Populationsgenetik. Die Fitness ist eine Eigenschaft des Genotyps in einer gegebenen Umwelt. Dem Genotyp mit der höchsten Nachkommenzahl schreibt man den Fitness-Wert W = 1 zu. Dann muß die Fitness W_x jedes anderen Genotyps x kleiner sein; sie ist festgelegt als

$$W_x = \frac{\text{Nachkommenschaft des Genotyps x}}{\text{Nachkommenschaft des Genotyps mit der höchsten Nachkommenzahl}} \quad (1)$$

In einer Population mit verschiedenen Genotypen hat jedes Individuum einen bestimmten Genotyp und daher eine bestimmte Fitness. Aus der Anzahl der Individuen jedes Genotyps und aus dessen Fitness kann man eine mittlere Fitness $\overline{W}$ der Population berechnen. Die Abweichung der mittleren Fitness einer Population von derjenigen des besten Genotyps nennt man die **genetische Bürde** der Population. Eine genetische Bürde ist Voraussetzung dafür, daß Evolution stattfinden kann; hätten nämlich alle Individuen die größtmögliche Fitness, so gäbe es keine genetische Variabilität (vgl. Genetik 11.8) und damit keine natürliche Selektion.

Betrachten wir ein vereinfachtes Beispiel. Dazu nehmen wir an, daß die Fitness durch ein einziges Gen bestimmt sei, das in den beiden Allelen A und a existiert. Die Organismen seien haploid; sie besitzen also nur eines der beiden Allele, und dieses tritt in jeder Generation im Phänotyp in Erscheinung. Außerdem sollen sich die Generationen nicht überlappen: die Individuen der vorhergehenden Generation sind tot, bevor die nächste zur Fortpflanzung gelangt. Die Individuen mit A sollen durchschnittlich 1,1 Nachkommen haben, die Individuen mit a durchschnittlich nur 0,6 Nachkommen. A ist der beste vorkommende Genotyp; somit ist seine Fitness $W_A = 1$. Für die Fitness der Individuen mit a erhält man mit Formel (1): $W_a = \frac{0{,}6}{1{,}1} = 0{,}545$. In der Population seien zunächst 100 Individuen mit A und 100 Individuen mit a vorhanden. Die mittlere Fitness der Population ist dann:

$$\overline{W} = \frac{100 \times 1{,}0 + 100 \times 0{,}545}{200} = 0{,}77.$$

Aufgrund der Nachkommenzahlen besteht die nächste Generation aus 110 A- und 60 a-Individuen. Die Population hat von 200 auf 170 Individuen abgenommen. Ihre mittlere Fitness ist jetzt:

$$\overline{W} = \frac{110 \times 1{,}0 + 60 \times 0{,}545}{170} = 0{,}84.$$

Trotz Abnahme der Populationsgröße hat die mittlere Fitness also zugenommen. Die Ergebnisse der Berechnung für die folgenden Generationen sind in der Tabelle 427/1 aufgeführt.

Nach 9 Generationen ist in unserem Modell nur noch ein Individuum mit a vorhanden; die genetische Variabilität ist nahezu verschwunden und somit die mittlere Fitness fast gleich der maximalen Fitness geworden. Die mittlere Fitness hat den Vorteil, von der Größe der Population unabhängig zu sein. Man braucht daher Veränderungen der Populationsgröße gar nicht weiter zu berücksichtigen. Das Modell kann etwas mehr der Realität angepaßt werden, wenn man von diploiden Organismen ausgeht. Alle übrigen Voraussetzungen für die Modellpopulation bleiben gleich. A sei dominant, a rezessiv. A und a kommen im Verhältnis p : q vor. Individuen mit aa haben geringere Fitness als solche mit AA und Aa, die beide phänotypisch gleich sind. Die Selektion ist also gegen die Individuen mit aa gerichtet; diese haben deshalb letztlich weniger Nachkommen. Mit einer erweiterten HARDY-WEINBERG-Formel, die

Tabelle 427/1:

Generation	1	2	3	4	5	6	7	8	9
Anzahl der Individuen mit A	100	110	121	133	146	161	177	194	213
Anzahl der Individuen mit a	100	60	36	22	13	7	4	2	1
Gesamtzahl der Individuen	200	170	157	155	159	168	181	196	214
Häufigkeit von Allel A (=p)	0,5	0,65	0,77	0,86	0,92	0,96	0,98	0,99	0,995
Häufigkeit von Allel a (=q)	0,5	0,35	0,23	0,14	0,08	0,04	0,02	0,01	0,005
Wachstumsfaktor der Population ($p \cdot 1,1 + q \cdot 0,6$)	0,85	0,92	0,99	1,03	1,06	1,08	1,09	1,095	1,098
Mittl. Fitness der Population ($= p \cdot W_A + q \cdot W_a$)	0,77	0,84	0,90	0,94	0,96	0,98	0,99	0,995	~1,0

diese Tatsache berücksichtigt, kann man dann die Häufigkeit der verschiedenen Genotypen in der nächsten Generation berechnen.

Ist die Fitness W für jeden Genotyp bekannt, so kann man für jedes Verhältnis p:q die mittlere Fitness $\overline{W}$ der Population ermitteln (vgl. Abb. 428.1). Da die Individuen mit höherer Fitness mehr Nachkommen haben als die anderen, ändert sich die Zusammensetzung der Population wie in unseren ersten Beispiel so, daß sie allmählich dem höchstmöglichen Wert (Gipfel) von $\overline{W}$ zustrebt. Durch die Selektion verändert sich also wiederum die Genhäufigkeit (a nimmt ab, A nimmt zu).

Zur Geschwindigkeit dieses Vorgangs läßt sich folgende Überlegung anstellen: Man beginnt mit einem geringen Anteil von Allel A in der Population (p wenige %). Da sich jedes A aufgrund seiner Dominanz phänotypisch ausprägt und daher zu hoher Nachkommensrate führt, wird sich das Allel rasch vermehren und die Population sich ändern. Sind nur noch wenige Allele a im Genpool vorhanden, so wird die Wahrscheinlichkeit ihres reinerbigen Auftretens gering. Da nur in diesem Fall die Selektion wirkt, wird das Allel a der Selektion immer weniger ausgesetzt. Ein vorteilhaftes dominantes Allel setzt sich also rasch durch, kann aber das nachteilige rezessive Allel kaum völlig verdrängen.

Ist das rezessive Allel vorteilhaft (aa mit W = 1) und zunächst nur in geringem Anteil vorhanden, so ist der Phänotyp aa selten. Die Geschwindigkeit, mit der sich die Zusammensetzung der Population ändert, ist anfänglich sehr gering. Sie nimmt aber mit steigendem Anteil von a in der Population zu. Da das nachteilige A sich stets phänotypisch ausprägt, ist es immer der Selektion zugänglich. Daher wird sich a vollständig gegen A durchsetzen, d. h. die Träger von A sterben aus.

Sind die Heterozygoten bevorzugt (Aa mit W = 1; in der Genetik als Heterosis bezeichnet, Abb. 428.1 b), so werden weder A noch a verschwinden können, auch wenn sie nachteilig sind (vgl. Sichelzell-Allel in Malaria-Gebieten, Genetik 8.15).

Nun nehmen wir an, daß in der Modellpopulation zwei Gene mit den Allelen A/a und B/b die Fitness beeinflussen. Es gibt dann 9 verschiedene Genotypen (vgl. Genetik, Abb. 335.1). Diese können in der Population mit ganz verschiedenen Häufigkeiten auftreten. Die Allel-Häufigkeiten von A und a seien (wie in den bisherigen Beispielen) p und q; diejenigen von B und b seien r und s. Dann kann man mit der ergänzten HARDY-WEINBERG-Formel, in der p, q, r und s auftreten, für jedes Wertepaar p:q und r:s die Anteile der einzelnen Genotypen berechnen. Kennt man die W-Werte der einzelnen Genotypen, so lassen sich die Werte der mittleren Fitness $\overline{W}$ für alle möglichen Genhäufigkeiten in der Population mit Hilfe der Formel (1) bestimmen. Diese $\overline{W}$-Werte sind in Abb. 428.2 in Abhängigkeit der Häufigkeit von A/a und B/b für ein willkürliches Beispiel angegeben. Es kann nunmehr auch zwei Gipfel der mittleren Fitness bei unterschiedlichen Genhäufigkeiten in der Population geben (vgl. Abb. 428.2). Infolge der Selektion muß die Population einem Gipfel zustreben, und zwar immer demjenigen Gipfel, der ausschließlich durch Zunahme des $\overline{W}$-Wertes (»Aufwärtsbewegung«) erreicht wird. Entspricht die anfängliche Zusammensetzung der Population der Lage des Punktes t, so strebt sie dem Gipfel y zu, startet sie bei u, so strebt sie dem Gipfel z zu. Es hängt also von der Anfangszusammensetzung der Population ab, welchem Endzustand sie zustrebt und welchen $\overline{W}$-Wert sie erreichen kann. Sie muß nicht grundsätzlich dem größtmöglichen $\overline{W}$-Wert zustreben.

Eine natürliche Population variiert natürlich nie in nur zwei, sondern stets in sehr vielen Genen. Daher läßt sich ihr Verhalten nicht mehr anschaulich darstellen. Wird die Fitness durch viele Gene mit verschiedenen Allelen bedingt, so kann die Population unterschiedlichen maximalen $\overline{W}$-Werten (»Gipfeln«) zustreben, abhängig von der anfängli-

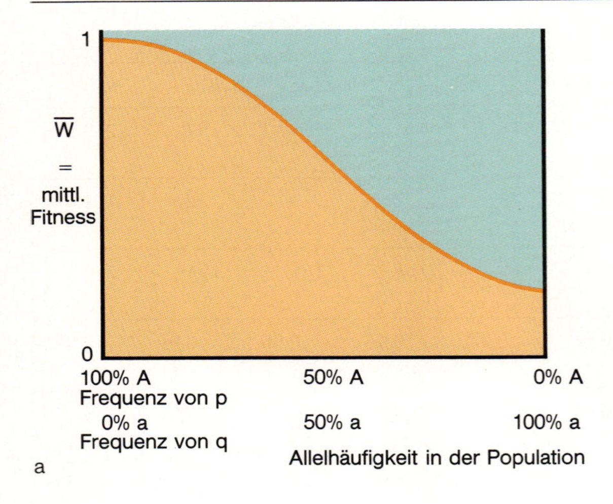

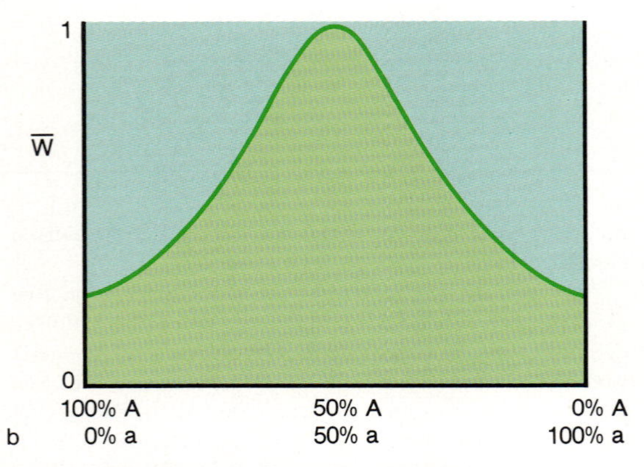

Abb. 428.1: Werte der mittleren Fitness für zwei Modellpopulationen in Abhängigkeit von ihrer genetischen Zusammensetzung, wenn nur bei einem Gen zwei verschiedene Allele vorliegen. Zur Berechnung der mittleren Fitness vgl. Text. Die Population muß bei jeder Zusammensetzung im Gleichgewicht sein (es dürfen also nicht etwa ausschließlich Heterozygote vorliegen!). In Abb. a haben die Genotypen AA die höchste mittlere Fitness, die aa die geringste. Die Genotypen Aa haben zwar zunächst die gleiche Fitness wie die AA (da sie phänotypisch gleich sind), aber unter ihren Nachkommen treten wieder die benachteiligten aa auf. In Abb. b haben die Heterozygoten die höchste Fitness (Heterosis-Effekt).

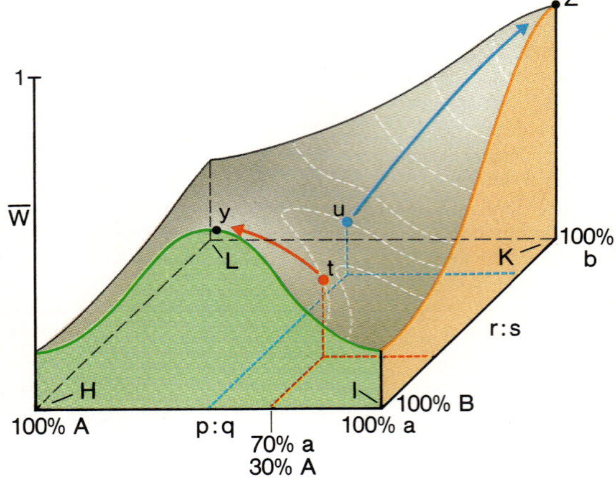

Abb. 428.2: Werte der mittleren Fitness einer Modellpopulation in Abhängigkeit von ihrer genetischen Zusammensetzung. Nur zwei Gene sollen verschiedene Allele aufweisen: A/a und B/b. Betrachtet man das Allelenpaar A/a bei 100% B (Werte auf der Linie H-I), so zeigt sich, daß die Heterozygoten Aa die höchste Fitness haben (vgl. Abb. 428.1, b). Wenn hingegen 100% b vorliegen (Werte auf der Linie L-K), so haben die aa die höchste, die AA die geringste Fitness. Beim Allelenpaar B/b ist die Fitness der bb stets am größten. Sie ist jedoch bei 100% A (siehe L) weniger hoch als bei 100% a (siehe K). Die Kombination beider führt zu einer »Selektionslandschaft«; die dünnen Linien verbinden Punkte gleicher mittlerer Fitness $\bar{W}$ (d. h. gleicher Höhenlage in der »Landschaft«). Eine Population bestimmter Zusammensetzung strebt aufgrund der Selektion dem jeweils nächstgelegenen Gipfel zu (von t nach y; von u nach z). p, q, r, s: Allelen-Häufigkeiten von A, a, B, b (siehe Text)

chen genetischen Zusammensetzung. Die Beispiele zeigen, daß die Selektion auch dann noch den Gen-Pool verändern kann, wenn keine neuen Mutationen auftreten, sondern nur die Gene in der Population neu kombiniert werden (genetische Rekombination, vgl. Abschn. 2.2.4).

Selektionsfaktoren. Umwelteinflüsse, welche die Fortpflanzungsrate oder die Überlebenswahrscheinlichkeit verschiedener Genotypen unterschiedlich beeinflussen, nennt man Selektionsfaktoren.

Abiotische Selektionsfaktoren sind z. B. Trockenheit, Feuchtigkeit, Wärme, Kälte, Salzgehalt des Wassers, Nährstoffgehalt des Bodens, Lichtmangel.

Biotische Selektionsfaktoren sind andere Lebewesen, wie z. B. Feinde, Schmarotzer oder auch Artgenossen, die um Nahrung oder Geschlechtspartner oder Lebensraum konkurrieren.

Den Einfluß, den die Umwelt durch ihre Selektionsfaktoren auf eine Population ausübt, bezeichnet man als *Selektionsdruck*. Durch Selektion können auftretende nachteilige Mutationen in den folgenden Generationen wieder beseitigt werden; sie erhält also günstige Merkmale und stabilisiert den Gen-Pool (**stabilisierende Selektion,** Abb. 429.1 a). Die Selektion verändert aber auch die Häufigkeit der Gene und damit der zugehörigen Merkmale in der Population so, daß die mittlere Fitness der Population insgesamt zunimmt (**transformierende Selektion,** Abb. 429.1 b).

Es kann auch vorkommen, daß die häufigsten Formen durch Parasiten, Infektionskrankheiten oder Feinde besonders stark zurückgehen, so daß dann Formen mit extremen Merkmalen vorherrschend werden. Die Population wird dadurch gespalten (**aufspaltende Selektion,** Abb. 429.1 c).

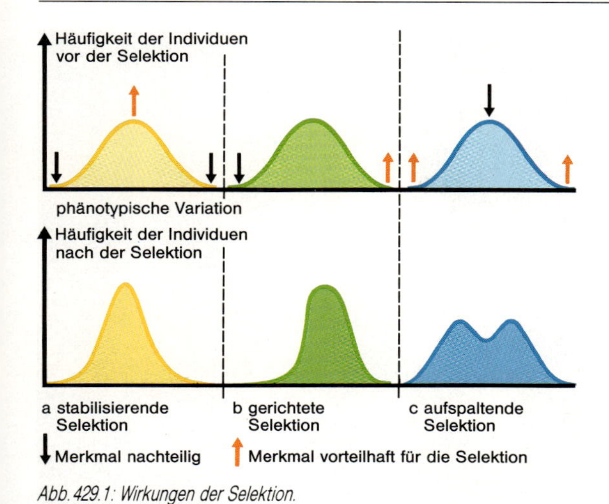

Abb. 429.1: Wirkungen der Selektion. Die Auslese der Umwelteinflüsse greift am Phänotyp an.
a Ist eine Population an ihre Umwelt angepaßt, werden die am stärksten abweichenden, also weniger gut angepaßten Mutanten wieder verschwinden: stabilisierende Selektion.
b Bei geringer Anpassung begünstigt die Selektion bestimmte, infolge Mutation abweichende Phänotypen; mit der Zeit verändert sich die Population durch immer häufigeres Auftreten der bevorzugten Merkmale: umwandelnde (transformierende) oder gerichtete Selektion. Sie bewirkt eine bessere Anpassung an die Umwelt. Eine künstlich gerichtete Selektion betreibt die Pflanzen- und Tierzüchtung.
c Werden die mittleren, anfangs häufigsten Formen z. B. durch Parasiten, Infektionserreger oder Feinde stärker dezimiert als die randlichen Formen, wird die Population gespalten: aufspaltende Selektion.

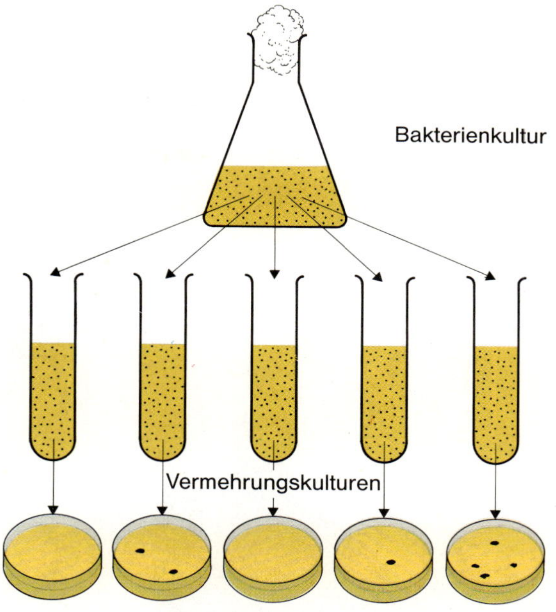

Abb. 429.2: Fluktuationstest zum Nachweis der Präadaption. Von einer Bakterienkultur werden gleiche Portionen auf viele kleine Kulturgläser verteilt und die Bakterien dort vermehrt. Dann gießt man den Inhalt auf Gelatineplatten, die ein Antibiotikum enthalten. Auf den Platten wachsen unterschiedlich viele Bakterienkolonien. Die Schwankungen (Fluktuationen) rühren daher, daß bereits in den Vermehrungskulturen unterschiedlich viele antibiotikaresistente Bakterien enthalten waren. Hätte das Antibiotikum die Entstehung der resistenten Mutanten ausgelöst, müßten auf allen Platten etwa gleich viele von ihnen aufgetreten sein. Es handelt sich also nicht um eine nachträgliche Anpassung an einen Umweltfaktor (Antibiotikum) - ein experimenteller Beweis gegen eine Vererbung erworbener Eigenschaften.

Wenn sich die Population auf einem Gipfel des $\overline{W}$-Wertes befindet, ist populationsgenetisch betrachtet nur noch die stabilisierende Selektion wirksam. Jede zufällige Abweichung der Populationszusammensetzung (z. B. durch Zufallstod der Träger vorteilhafter Allele oder durch nachteilige Neumutationen) wird durch die Selektion wieder ausgeglichen; so wird die Zusammensetzung des Gen-Pools stabilisiert. Befindet sich die Population nicht auf einem Gipfel des $\overline{W}$-Wertes, so wird sie durch Selektion in Richtung eines höheren $\overline{W}$-Wertes verändert, der Gen-Pool wird transformiert. Tritt eine Mutation auf, die ihrem Träger eine gegenüber allen bisherigen Formen höhere Fitness verleiht, so hat diese neue Form jetzt den Wert W_{max}. Es entsteht mindestens ein neuer Gipfel und damit ändert sich die Gestalt der »Selektionslandschaft«.

Präadaption. Auch neutrale oder zunächst nachteilige Gene oder Gen-Kombinationen können sich bei der Umweltänderung oder beim Eindringen in einen neuen Lebensraum vorteilhaft auswirken. Man spricht dann von einer Präadaption, weil die Möglichkeit von Anpassungen an neue Umweltverhältnisse bereits vorliegt (vgl. auch Abb. 429.2). Im Hinblick auf sich ändernde Lebensbedingungen wäre eine völlige genetische Gleichheit der Individuen einer Art für ihr Fortbestehen nur nachteilig.

Eine in der Regel nachteilige Mutation ist das immer wieder zu beobachtende Auftreten von weißen Mutanten (z. B. bei Pferden, Wölfen, Kaninchen, Ratten, Amseln u. a.). Die weißen Mutanten sind auffällig für Feinde und werden oft auch von den Artgenossen abgelehnt, so daß sie infolge der Selektion verschwinden. In Gegenden mit Dauerschnee sind die weißen Mutanten im Vorteil und halten sich dort besser als die andersfarbigen Formen. Aus weißen Mutanten entstanden z. B. die Schneehühner und Eisbären.

Präadaptionen sind insbesondere bei diploiden Lebewesen möglich, denn diese können heterozygot für viele Gene sein. Rezessive Allele, die nachteilig oder bedeutungslos

Abb. 430.1: Natürliche Auslese beim Birkenspanner. Ein helles und ein dunkles Exemplar auf flechtenbewachsenem Stamm und auf rußgeschwärztem Stamm ohne Flechten

sind, werden in heterozygoten Allelenpaaren von der Selektion nicht erfaßt, sondern über viele Generationen weitergegeben. Ändert sich jedoch die Umwelt, können solche Allele plötzlich von Vorteil sein und homozygot ihren Trägern nützen. Die Anpassungsfähigkeit an sich ändernde Umweltverhältnisse ist deshalb bei diploiden Organismen größer. So wird verständlich, daß im Verlauf der Höherentwicklung der Organismen die diploide Phase in der individuellen Entwicklung der Lebewesen eine immer größere Rolle spielt.

Präadaptiv sind auch solche Eigentümlichkeiten des Bauplans, die sich durch weitere Evolution zu neuen Strukturen entwickeln können. So waren die Flossen der Quastenflosser präadaptiv für die Ausbildung der Vierfüßler-Extremität (Abb. 461.1). Die Präadaption war vorteilhaft in Gebieten mit Gewässern, die gelegentlich austrockneten. Die Tiere konnten dann über Land zu anderen Gewässern gelangen, indem sie die paarigen Brust- und Bauchflossen als Stelzen nutzten, so wie dies auch heute einige Fischarten (z. B. manche Lungenfische) in Trockenzeiten tun. Daher vermochten bestimmte Quastenflosser zunächst für kurze Zeit das Land zu besiedeln; sie erreichten so einen konkurrenzfreien Lebensraum. Heutige Fischarten mit dieser Präadaption entwickeln sich nicht mehr zu Landlebewesen, weil auf dem Festland der Lebensraum bereits mit besser angepaßten Formen besetzt ist.

Wirken der Selektion. Die Selektion kann nur am ganzen Individuum, also am Phänotyp angreifen, nicht am Genotyp. Der Selektion unterliegen deshalb nur Gene, die sich phänotypisch ausprägen. Werden Merkmale durch mehrere Gene gemeinsam festgelegt, so sind auch alle beteiligten Gene gemeinsam von der Auslese betroffen (s. 2.6). Deshalb haben bei der Evolution eines Organs (z. B. des Wirbeltierauges) die vielen Gene, die Gestalt und Funktion der Teile bestimmen (Netzhaut, Linse, Glaskörper usw.) gemeinsam einen Selektionswert.

Beispiele für das Wirken der Selektion. Es gibt zahlreiche Beispiele, in denen die Wirkung der Selektion unmittelbar beobachtet wurde.

Die Verwendung von *Antibiotika* gegen Bakterien führt in kurzer Zeit zur Herausbildung resistenter Stämme. Denn bereits vorhandene, präadaptiv resistente Mutanten vermehren sich dann massenhaft. Die rasche Auslese resistenter Formen zwingt zur ständigen Suche nach neuen wirksamen Antibiotika (Abb. 429.2). Ähnliche Beobachtungen der Herauszüchtung resistenter Formen macht man beim Gebrauch von Insektiziden gegen Schadinsekten.

Tarnung. In Industriegebieten verbreiten sich dunkelgefärbte Mutanten zahlreicher Schmetterlingsarten (Industriemelanismus); die Färbung wird von dem dunkelbraunen Farbstoff Melanin hervorgerufen. So hebt sich z.B. der *Birkenspanner* (s. Abb. 430.1) durch seine helle Fleckenzeichnung auf den hellen Flügeln von der Rinde der Birken und anderen flechtenüberzogenen Baumstämmen kaum ab und wird deshalb von den Vögeln oft übersehen. Um 1850 wurde eine schwärzliche Varietät bekannt, die sich von den Baumrinden deutlich abhob. Sie wurde von den Vögeln bald ausgemerzt (stabilisierende Selektion), doch entstand die Mutante immer wieder von neuem. Als sich in der Industrialisierung die Baumrinde durch den niedergehenden Ruß dunkler färbte, entdeckten die Feinde die hellere Form leichter als die dunkle. In den Industriegebieten Deutschlands, Englands und Amerikas wurde deshalb in wenigen Jahrzehnten die helle Ausgangsform fast vollständig verdrängt. Die Luftverschmutzung dort hatte die Selektionsbedingungen geändert.

Durch Selektion entstand hier aufgrund einer Mutation, die nur die Körperfarbe betrifft, eine neue Rasse des Birkenspanners. Die Mutation lieferte das Material für diesen Evolutionsvorgang; aber erst die veränderten Selektionsbedingungen führten zu seiner Verwirklichung (s. auch Abb. 431.1).

Auf windgepeitschten kleinen Inseln (z.B. Kerguelen) gibt es viele flugunfähige Arten von Schmetterlingen und Fliegen. Mutanten mit verkümmerten Flügeln haben dort einen Überlebensvorteil, weil flugfähige Insekten häufig aufs Meer hinausgetrieben werden und dort umkommen (s. Abb. 431.2).

Viele Tiere weisen eine *Tarnfärbung* auf. Polartiere sind oft weiß wie der Schnee (Eisbär, Polarhase, Eisfuchs); Wüstentiere sind gelblich bis hellbraun wie der Sand; Tiere, die im Gras leben, sind grün gefärbt. Die gestreifte Fellzeichnung eines Zebras löst in einer

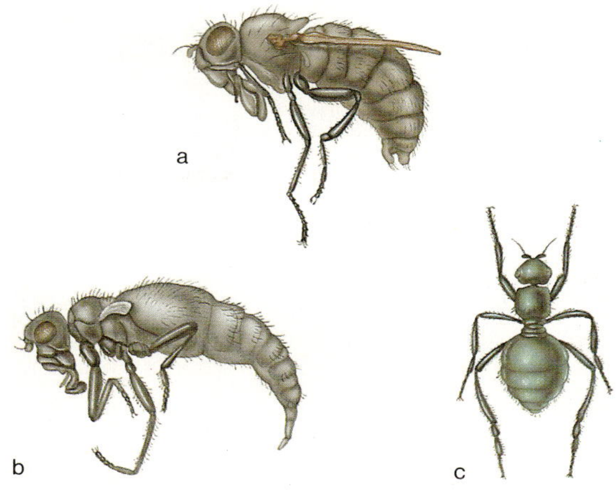

Abb. 431.2: Flugunfähige Insekten von den Kerguelen-Inseln: a Weitmaulfliege, b Tangfliege, c Dungfliege

mit Büschen durchsetzten Steppe den Körperumriß völlig auf. Auch eine Tarnung durch Nachahmung **(Mimese)** kann die Freßfeinde täuschen. Stabheuschrecken gleichen einem Stengel, Spannerraupen einem Zweigchen, Verwandte der Stabheuschrecke ähneln in Gestalt und Färbung einem grünen Blatt; ein javanischer Schmetterling sieht in sitzender Stellung aus wie ein dürres Laubblatt (s. Abb. 432.1).

Eine weitere Form des Schutzes ist die **Mimikry.** Hier wirkt der Selektionsdruck in Richtung einer vollkommenen Täuschung der Freßfeinde oder Beutetiere. In Indien gibt es einige wegen ihres schlechten Geschmacks von Vögeln gemiedene Schmetterlingsarten. Mitten aus ihren Schwärmen fing man ganz ähnliche Schmetterlinge, die sich bei genauer

Abb. 431.1: Schützende Ähnlichkeit mit der Umgebung. Links: Taubenschwanz, Mitte: Mondfleckfalter, rechts: tropische Blattheuschrecke (Wandelndes Blatt)

Abb. 432.1: Blattschmetterling Kallima.
Vorder- und Hinterflügel ergänzen sich zu einem einheitlichen Blattmuster, obwohl die beiden Flügel getrennt entstehen.

Abb. 432.2: Mimikry bei Schmetterlingen aus Indien.
Oben: Danaus tyria, die Raupe nimmt aus der Nahrungspflanze Stoffe auf, die für Vögel giftig sind, und speichert sie.
Diese Stoffe schützen Raupe und Schmetterling.
Unten: sein Nachahmer Chilasa ayestor (nicht giftig)

Untersuchung als artfremd erwiesen und keinerlei Abschreckstoffe bilden. Sie nehmen aber durch gleiche Form und Flügelzeichnung am Schutz der anderen Arten teil (s. Abb. 432.2).

Die Mimikry betrifft nicht nur Gestalt oder Färbung, auch bestimmte Verhaltensweisen (Körperhaltung, Fortbewegung) können der Täuschung dienen. In den Korallenriffen suchen Putzerfische fremde Fische nach Parasiten ab, was die Fische gern über sich ergehen lassen. Der Putzer wird im Aussehen und Verhalten von einem räuberischen Schleimfisch nachgeahmt, der, kaum hat er sich dem fremden Fisch genähert, Fleischstücke herausbeißt. Bei dieser Form der Mimikry wird also vom Schleimfisch eine Tarnung benutzt, um Nahrung zu erbeuten. Eine Ausnutzung anderer Arten betreibt auch der Kuckuck, dessen Eier jenen der ausbrütenden »Wirtsvögel« in Form und Farbe angepaßt sind. Die Blüten von Ragwurz- *(Ophrys-)* Arten ahmen in Gestalt, Färbung und Geruch die Weibchen bestimmter Insektenarten nach, so daß die Männchen Begattungsversuche unternehmen und dabei Pollen aufnehmen, den sie zur nächsten Blüte tragen (Abb. 433.1).

Geschlechtliche Zuchtwahl. Die Konkurrenz um Geschlechtspartner ist ein wichtiger Selektionsfaktor. Paarungskämpfe – oft in ritualisierter Form – sind im Tierreich weit verbreitet. (s. Kapitel Verhalten). Männliche Tiere mit besonders gut ausgeprägten Merkmalen der Behaarung oder des Gefieders (Löwenmähne, Pfauenrad) werden von Weibchen bevorzugt. Dies führt zu einer immer auffälligeren Ausbildung der entsprechenden Merkmale durch die Selektion (vgl. S. 434).

Ko-Evolution. Im Ökosystem bestehen zahlreiche Wechselwirkungen zwischen den Organismen. Deshalb wirkt sich jeder Evolutionsschritt einer Art auf andere Arten aus, weil sich deren Selektionsbedingungen ändern. Bildet sich z.B. in einer Pflanze ein Bitterstoff, werden ihre Freßfeinde andere Futterpflanzen wählen; die Zahl der bitteren Pflanzen nimmt auf Kosten anderer zu. Tritt dann bei bestimmten Freßfeinden Bitterstoff-Verträglichkeit auf, fressen diese nicht nur die neugewählten Futterpflanzen, sondern auch die bisher durch Bitterstoffe geschützt gewesenen Pflanzen. Evolution ist daher stets Ko-Evolution der miteinander in Beziehung stehenden Lebewesen. Jeder Evolutionsschritt gibt den Anstoß zu weiterer Evolution. Ein besonders auffallendes Beispiel ist die Ko-Evolution von Blüten und Insekten (vgl. Abb. 436.1 und 436.2). Sie äußert sich in erstaunlichen Anpassungen der Blüten (in Farbe, Blütenzeichnung, Form und Duft) an die bestäubenden Insektenarten und umgekehrt dieser an bestimm-

Abb. 433.1: Spiegel-Ragwurz (Orchidee). Sie sieht in Gestalt und Färbung dem Bestäuber so ähnlich, daß die Insektenmännchen Begattungsversuche unternehmen, dabei Pollen aufnehmen und zur nächsten Blüte tragen.

Rechts: Einzelblüte; sie ähnelt einem Dolchwespen-Weibchen (rechts). Je ähnlicher, desto sicherer die Bestäubung durch Männchen. Die Gestaltähnlichkeit von Blüte und Dolchwespen-Weibchen nimmt deshalb in der Evolution zu.

te Blüten (im Bau der Mundwerkzeuge, der Sinnesorgane und des Verhaltens).

Konvergenz. Man versteht darunter die Gestaltähnlichkeit von nicht verwandten Organismen infolge ähnlicher Lebensweise (ähnlicher ökologischer Nischen). So findet man z. B. die Fischgestalt bei Haien, Knochenfischen und Walen; die Schlangengestalt bei Schlangen und Blindschleichen; die Kakteengestalt bei Kakteen, Wolfsmilcharten und einigen Schwalbenwurzgewächsen (vgl. Abb. 153.2). Konvergenz bei ganz verschiedenen Arten läßt sich aus gleichgerichteter Selektion erklären.

Ähnliche ökologische Nischen in verschiedenen Gebieten der Erde werden oft von Arten mit einander entsprechender Lebensweise besetzt. Diese Arten können übereinstimmen aufgrund von Verwandtschaft oder infolge von Konvergenz. Beispiele für eine solche *Stellen-Gleichwertigkeit* sind die Steppentiere (vgl. Ökologie 2.2; Nandu, Strauß und Emu sind nah verwandt; Wolf und Beutelwolf hingegen nicht).

Auch das Fehlen bestimmter Selektionsfaktoren kann sich auswirken. So sind manche Höhlentiere farblos; im Licht würden sie auffallen oder durch die Strahlung geschädigt, in der lichtlosen Höhle hat die Färbung keine Auslesewirkung. Die farblose Mutante hat sogar einen Vorteil, weil sie keine Energie zur Bildung von Farbstoffen aufwenden muß. Sie ist daher bevorzugt. Manche im Dunkeln lebenden Tiere sind blind oder haben nur ein schwaches Sehvermögen; ein gutes Sehvermögen hat bei ihrer Lebensweise keinen Auslesewert. Durch Mutationen auftretende »Mängel« können so erhalten bleiben, weil sie keine echten Mängel mehr sind.

r- und K-Selektion. Die Selektion spielt sich in Populationen ab, deshalb gibt es auch Anpassungen, die nicht am Individuum zu erkennen sind, sondern nur an der ganzen Population. Eine Art, die in einem nur kurzzeitig bestehenden Biotop lebt (z. B. Kahlschlag, Sandbank in einem Fluß), wird besonders erfolgreich sein, wenn sie sich rasch vermehrt und viele Nachkommen hat, von denen wenigstens einige wiederum einen gleichen Lebensraum an anderer Stelle finden und besiedeln kann. Erforderlich ist also eine hohe Vermehrungsrate. Diese ist in der Wachstumsgleichung einer Population als r-Wert enthalten (r = Rate der Vermehrung; vgl. Ökologie 3.2); die Selektion wirkt als r-Selektion. In sehr beständigen Lebensräumen (Urwald, Korallenriff, Höhle) findet man hingegen Arten mit Populationen, deren Größe über lange Zeit ziemlich konstant bleibt, wobei die Zahl der Individuen nahe dem Wert liegt, der durch die *Kapazität* des Lebensraums (= K-Wert der Wachstumsgleichung) gegeben ist. Hier ist zur Erhaltung der Art nicht eine rasche und starke Vermehrung, sondern die Konkurrenzfähigkeit entscheidend. Die Selektion wirkt als K-Selektion. Die Arten zeigen entweder vorherrschend r-Selektion (»Ausbreitungstypen«) oder bevorzugt K-Selektion (»Platzhaltertypen«); wichtig ist dabei das Verhältnis gegenüber der Selektion bei den anderen Arten des gleichen Lebensraums (d. h. r- und K-Selektion sind immer nur relativ zu den anderen Arten festzulegen). Bei Pflanzen sind Arten mit vorherrschender r-Selektion meist klein, oft einjährig und bilden sehr viele und leicht zu verbreitende Samen (viele Acker- und Gartenunkräuter). Pflanzen mit vorherrschender K-Selektion sind oft sehr langlebig (Waldbäume). Tiere mit bevorzugter K-Selektion haben in der Regel wenige Nachkommen, betreiben aber eine intensive Brutpflege und leben ebenfalls relativ lang.

Eine besonders interessante Anpassung gibt es bei Pilzmücken, deren Larvenformen (Maden) sich von bestimmten Pilzfruchtkörpern ernähren. Sie zeigen einen Wechsel von zweigeschlechtlicher und parthenogenetischer Fortpflanzung. Bei der zweigeschlechtlichen Fortpflanzung ent-

Abb. 434.1: Übermäßige Entwicklung der oberen Schneidezähne beim eiszeitlichen Mammut.
Die zum Stoßen nicht mehr tauglichen Zähne wurden bis zu 4 m lang. Sie könnten zum Aufsuchen von Nahrung unter der Schneedecke gedient haben.

stehen flugfähige Pilzmücken, die ihre Eier auf einen geeigneten Pilz ablegen. Die parthenogenetisch sich vermehrenden Weibchen pflanzen sich hingegen bereits auf dem Larvenstadium fort. Die Larven legen aber keine Eier, sondern ihre Nachkommen entwickeln sich unmittelbar im Körper und fressen das Muttertier von innen her auf. Eine Mücke (Imago) entsteht nicht. Die Generationsfolge ist dadurch stark verkürzt; es werden rasch viele Nachkommen in dem kurzlebigen Lebensraum »Pilz« gebildet (r-Selektion). Wenn der Pilz aufgezehrt ist, muß aber wieder eine Generation flugfähiger Tiere entstehen, die einen neuen geeigneten Lebensraum aufsuchen. Die normale zweigeschlechtliche Fortpflanzung dient zugleich der genetischen Rekombination und erhält so die genetische Variabilität der Population.

Zusammenspiel von Mutation und Selektion

Die für eine Evolution wichtigste Ursache der genetischen Variabilität sind die Mutationen, denn nur sie liefern Neues in den Gen-Pool. Deshalb soll auf das Zusammenspiel von Mutation und Selektion besonders eingegangen werden. Die Mutagenität der Organismen ist ein ständig wirksames Prinzip, das in der Geschichte des Lebens nie ausgesetzt hat. Ebenso ständig wirksam ist die auslesende Wirkung der Umwelt. Die Mutagenität sorgt dafür, daß fortgesetzt neue Eigenschaften erscheinen. Andererseits bleibt auch die Umwelt nicht über längere Zeiten hinweg unveränderlich.

Wenn eine negative Eigenschaft durch die Selektion nicht völlig verschwindet, kann dies daran liegen, daß die entsprechende Mutation immer wieder neu entsteht, so daß sich ein Gleichgewicht zwischen Mutationsrate und Selektionsrate einstellt. Dieser Fall liegt bei der *Trisomie 21* vor; die Betroffenen haben eine verkürzte Lebenserwartung und selten Nachkommen, aber die Mutation entsteht immer wieder von neuem. Negativ sich auswirkende rezessive Gene unterliegen zudem nur dann der Selektion, wenn sie homozygot auftreten. Durch den Schutz der Heterozygotie verschwinden sie deshalb selbst in langen Zeiträumen nicht völlig (s. oben „Selektion und Populationsgenetik").

Eine negative Eigenschaft kann sich auch dann erhalten, wenn das sie bestimmende Gen zugleich ein positives Merkmal bewirkt, also *Polyphänie* vorliegt. Ein Beispiel dafür ist die *Sichelzellanämie* (Genetik 8.15). Die homozygoten Träger des Sichelzell-Allels haben wegen schwerer Anämie nur eine geringe Lebenserwartung. Bei den Heterozygoten tritt das Leiden nur bei Sauerstoffmangel auf; zugleich aber sind sie malariaresistent, weil die Entwicklung der Malaria-Erreger in den abnormen Roten Blutkörperchen gestört ist. In den Malaria-Gebieten und nur dort überwiegen die Vorteile des Sichelzell-Allels, weshalb sich in solchen Regionen die Sichelzellanämie stark ausgebreitet hat.

Nachteilige Merkmale können durch damit gekoppelte positive Eigenschaften in der Evolution so lange erhalten bleiben, wie die Merkmalsbilanz noch positiv ist. Möglicherweise liefert die Bilanz gekoppelter negativer und positiver Merkmale auch eine Erklärung für die übermäßige und anscheinend zweckwidrige *(hypertelische)* Ausbildung bestimmter Merkmale, die keinerlei Vorteile, wohl aber Nachteile erkennen läßt. Beispiele sind die gewaltigen Stoßzähne des Mammuts, das riesige Geweih des eiszeitlichen Riesenhirsches oder die übertrieben langen oberen Eckzähne des tertiären Säbelzahntigers (s. Abb. 434.1, 435.1 und 435.2). Man muß jedoch annehmen, daß sich auch solche Bildungen auf Grund des Wirkens der Selektion entwickelt haben. So glaubt man, daß das Geweih des Riesenhirschs als überoptimaler Auslöser beim Ritualkampf zwischen den Männchen und beim Balzverhalten gedient hat. Es ist also vermutlich durch geschlechtliche Zuchtwahl zustande gekommen. Als in der Nacheiszeit der Lebensraum sich allmählich wieder bewaldete, konnte der Riesenhirsch sich an die veränderten Bedingungen nicht mehr anpassen; er starb daher aus.

2.2.3 Zufallswirkung (Gen-Drift)

Die Zusammensetzung des Genpools einer Population kann sich auch dann von einer Generation zur nächsten verändern, wenn weder neue Mutationen auftreten, noch die Selektion wirkt. Eine Gruppe von

Abb. 435.1: Übermäßig große Geweihbildung bei dem eiszeitlichen, etwa pferdegroßen Riesenhirsch. Spannweite des Geweihs bis zu 4 m

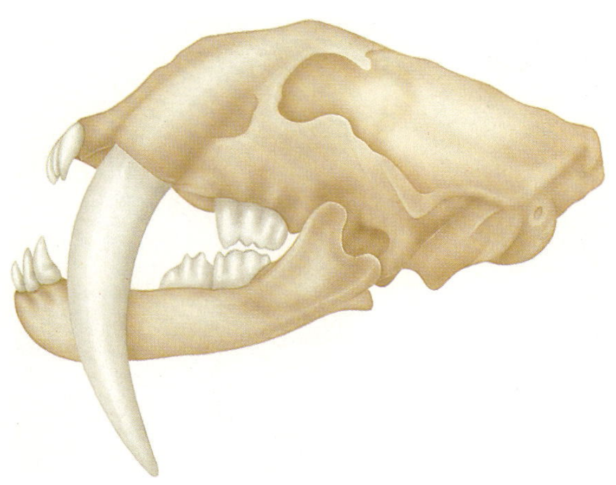

Abb. 435.2: Schädel des Säbelzahntigers. Länge der oberen Eckzähne bis zu 18 cm

Trägern bestimmter Merkmale kann durch eine Seuche, durch Unwetter, Waldbrand oder andere Umstände plötzlich aussterben. An ihrer Stelle breitet sich der überlebende Teil der Population mit etwas anderer genetischer Zusammensetzung aus, beim zufälligen Überleben nachteiliger Mutanten sogar diese.

Zufälliger Tod oder zufälliges Überleben von Trägern bestimmter Merkmale (und ihrer Gene) können so für die Zusammensetzung einer Population von Bedeutung werden. Zufallsbedingte Änderungen des Gen-Pools mit nachfolgender transformierender Selektion bezeichnet man als Gen-Drift.

Gehen wir von einem Beispiel aus. In einer Population von 100 Individuen seien $^1/_4$, also 25 Individuen, Träger einer Eigenschaft X. Nun sollen 50 Individuen zufällig zugrundegehen, darunter seien 20 Individuen mit X. In der nun 50 Individuen umfassenden Population sind also nur noch $5 = {}^1/_{10}$ X-Individuen vorhanden. Der zufällige Tod führt somit zu einer Abnahme der Genhäufigkeit um 15%. Läge eine Population von 1000 Individuen vor, in der $^1/_4$ (= 250 Individuen) Träger von X sind, so ruft der zufällige Tod von 50 Individuen (davon 20 X-Individuen) nur eine Änderung von weniger als 1% hervor. Zufällige Schwankungen des Gen-Pools sind in kleinen Populationen also wirksamer als in großen.

Durch eine zufallsbedingte Schwankung kann die Zusammensetzung eines Gen-Pools so verändert werden, daß ein »Tal« der Werte der mittleren Fitness $\overline{W}$ (Modell der Selektionslandschaft) durchschritten wird. Befindet sich in unserem Beispiel von Abb. 428.2 die Population zunächst bei Punkt y, so hat sie eine stabile Zusammensetzung. Durch eine Zufallswirkung ändere sich die Zusammensetzung so, daß sie nun die Allelenhäufigkeiten des Punktes u aufweist. Die anschließende Selektion wird die Population wieder in Richtung höherer $\overline{W}$-Werte führen. Dadurch erreicht sie aber nicht mehr die alte Zusammensetzung bei y, sondern eine neue entsprechend dem Punkt z. Hat eine Population eine Zusammensetzung der Genhäufigkeiten, die einem niedrigeren Gipfel des $\overline{W}$-Wertes entspricht (in unserem Beispiel Punkt y), so kann sie einen höheren $\overline{W}$-Gipfel (Punkt z) nur durch Gen-Drift (oder als Folge neuer Mutationen, die die Gipfel verändern) erreichen.

Da zufallsbedingte Änderungen bevorzugt in kleinen Populationen auftreten, ist bei diesen Gen-Drift häufiger. Kleine Populationen treten auf:

1. bei isolierten, nur an einem bestimmten Ort auftretenden Arten;
2. bei Populationswellen (s. Ökologie 3.5) jeweils im »Wellental« der Populationsentwicklung;
3. wenn wenige Individuen einer Population in einen neuen Lebensraum verschlagen werden (z. B. die Vorfahren der Darwinfinken, die vom Festland auf die Galapagos-Inseln gelangten, Abb. 424.2).

Zufallswirkungen begünstigen auch den Zerfall einer Population in lokale Rassen. So kennt man z. B. Fischarten, die in jedem von nahe beieinander liegenden Seen eine eigene Rasse aufweisen. Auch bei Menschen sind Wirkungen der Gen-Drift beobachtet worden. Bei afrikanischen Eingeborenen betrug z. B. die Häufigkeit der heterozygot begünstigten Träger des *Sichelzell-Allels* in drei benachbarten Dörfern 6,3%, 16,9% und 24,2%. Diese Unterschiede können nur durch eine solche Zufallswirkung erklärt werden, zumal wenn die Bewohner dieser Dörfer nur innerhalb ihres eigenen Dorfes heiraten *(Endogamie)*.

2.2.4 Genetische Rekombination

Rekombinationen führen zur genetischen Variabilität der Individuen: sie liefern neue Genotypen und damit auch neue Phänotypen. Dadurch schaffen sie die Voraussetzungen dafür, daß die geeigneten Phänotypen mit ihren günstigen Gen-Kombinationen aus-

Abb. 436.1: Angraecum sesquipedale, eine epiphytische Orchidee aus dem Regenwald von Madagaskar mit sehr langem Sporn (bis über 30 cm)

Abb. 436.2: Der Schwärmer Xanthopan morgani-praedicta, Bestäuber von Angraecum, mit einem entsprechend langen Saugrüssel

gelesen werden. Eine genetische Rekombination ist nur bei geschlechtlicher Fortpflanzung möglich, denn sie erfolgt durch die Zufallsverteilung der väterlichen und mütterlichen Chromosomen sowie durch Crossover bei der Meiose. Bei der ungeschlechtlichen Fortpflanzung sind Eltern und Nachkommen genetisch gleich (außer, wenn neue Mutationen auftreten), daher ist für die Evolution die geschlechtliche Fortpflanzung von größter Bedeutung. Ein diploider Organismus entsteht aus der Verschmelzung von zwei Geschlechtszellen, deren allele Gene in der Regel nicht alle identisch sind. Aber selbst wenn der Organismus nur in einem Allelen-Paar mischerbig wäre (Aa) würde er $2^1 = 2$ verschiedene Geschlechtszellen bilden. Ist der Organismus in 2 Erbanlagen mischerbig (AaBb), können $2^2 = 4$ verschiedene Geschlechtszellen gebildet werden und ist er in 15 Erbanlagen mischerbig, können bereits $2^{15} = 32768$ verschiedene Geschlechtszellen gebildet werden (soweit die Gene auf verschiedenen Chromosomen sitzen). Da die Organismen sehr viele Gene besitzen, entsteht eine Fülle von Rekombinationsmöglichkeiten für die Nachkommen, deshalb wird praktisch nie ein Nachkomme desselben Elternpaars dem andern genetisch völlig gleich sein (abgesehen von eineiigen Mehrlingen).

2.2.5 Vorhersagen aufgrund der Evolutionstheorie

In günstigen Fällen ermöglicht die Evolutionstheorie auch Voraussagen. Dies sei an einem Beispiel erläutert, das auf DARWIN und WALLACE zurückgeht.
Die epiphytische Orchidee *Angraecum sesquipedale* aus dem Regenwald Madagaskars besitzt Blüten mit einem bis über 30 cm langen Sporn (sesquipedale = eineinhalb Fuß; Abb. 436.1), in dem die Nektardrüsen liegen. WALLACE sagte voraus, daß ein Insekt mit einem entsprechend langen Saugrüssel existieren müsse, um Nektar zu saugen und dabei die Blüten zu bestäuben (Ko-Evolution!). Von den zeitgenössischen Biologen wurde dies angezweifelt. Dann entdeckte man aber zu Beginn des 20. Jahrhunderts einen entsprechenden Schwärmer; er erhielt den Namen *Xanthopan morgani-praedicta* (praedictus = vorhergesagt; Abb. 436.2).

2.3 Grenzen der Anpassung

Die Organismen müssen stets so gebaut sein, daß sie lebensfähig sind. Daher gibt es Beschränkungen der Evolutionsmöglichkeiten, die durch die physikalischen und chemischen Eigenschaften der Bausteine und Strukturen der Lebewesen bedingt sind (»innere Selektion«).

Vergrößert man einen Körper bei gleichbleibender Gestalt, so nimmt sein Volumen mit der dritten Potenz, die Oberfläche aber mit dem Quadrat der Länge zu. Nun sind bei Lebewesen viele Funktionen oberflächenabhängig. So erfolgt bei der Atmung die Sauerstoffaufnahme für den ganzen Körper durch die Oberfläche der Atmungsorgane. Die Entwicklung von größeren Organismen machte wegen der viel stärkeren Zunahme des Volumens eine starke innere Vergrößerung der sauerstoffaufnehmenden Oberfläche erforderlich. Bei den Insekten setzt die Tracheen-Atmung der Größe der Tiere Grenzen. Schon bei der Größe eines mittleren Hundes müßte ein Insekt im Inneren fast nur noch aus Tracheen bestehen und andere Organe hätten nicht mehr genügend Platz. Daher konnten die Insekten in der Evolution nie sehr große Formen hervorbringen. Die konstruktiv vorgegebene Beschränkung der Körpergröße begrenzte ihrerseits die maximale Gehirngröße. Auch die Baupläne vieler anderer Organismengruppen sind in ähnlicher Weise mit bestimmten Größenbereichen der Lebewesen gekoppelt.

2.4 Isolation und Artbildung

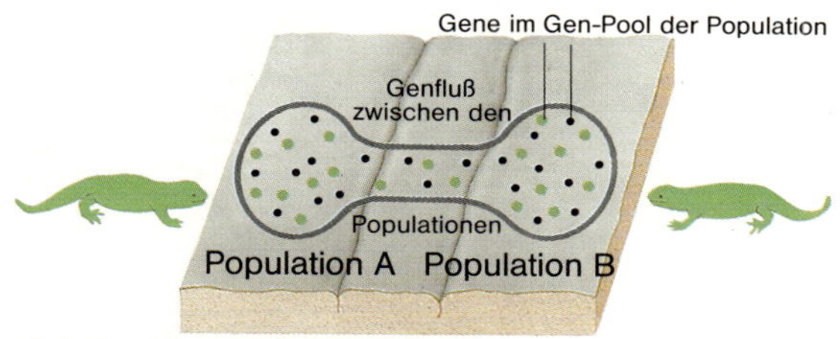

a Zwischen 2 Populationen einer Art besteht durch Hin- und Herwandern von Individuen ein Genfluß.

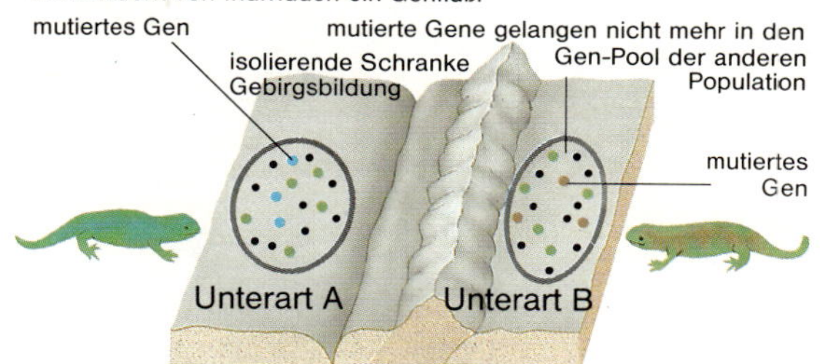

b Zwischen den Biotopen der beiden Populationen tritt eine trennende Barriere auf. Sie isoliert die beiden Populationen.

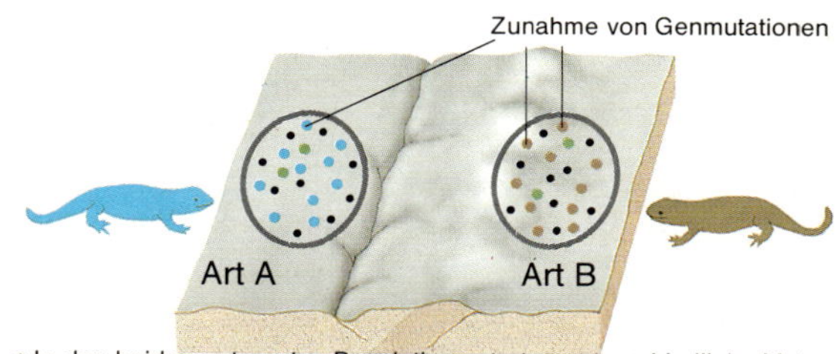

c In den beiden getrennten Populationen treten unterschiedliche Mutationen auf. Sie nehmen mit der Zeit zu. Dies führt zu einer Aufspaltung der Art, zunächst in zwei Unterarten, dann in zwei getrennte Arten. Ist die genetische Separation eingetreten, ist keine Kreuzung mehr möglich, falls sich später bei Ausbreitung der Arten die Lebensräume überlappen.

Abb. 437.1: Modell der Aufspaltung einer Art durch Trennung von zwei Populationen.
a Zwischen zwei Populationen einer Art besteht durch Hin- und Herwandern von Individuen ein Genfluß.
b Zwischen den Biotopen der beiden Populationen tritt eine trennende Barriere auf (z. B. ein Gebirgswall oder ein See durch geologische Veränderungen).
c Unterschiedliche Mutationen in den getrennten Populationen führen zu einer Aufspaltung, zunächst in zwei Unterarten, dann in zwei getrennte Arten.
Nach genetischer Separation ist keine Kreuzung mehr möglich, selbst wenn die trennende Barriere wegfallen sollte, die Arten sich ausbreiten und ihre Lebensräume sich überlappen.

Gruppen von Individuen einer Art, also Populationen, können sich unterschiedlich weiterentwickeln, wenn sie voneinander getrennt werden und keinen gemeinsamen Gen-Pool mehr bilden. Die Auftrennung des Gen-Pools bezeichnet man als (genetische) **Separation.** Eine Separation kommt häufig zustande durch räumliche Aufspaltung einer Population; man spricht in diesem Fall von Separation durch geographische Isolation.

Eine **geographische Isolation** kann eintreten, wenn sich z. B. das Klima ändert und Teile von Populationen etwa durch Versteppung, Versumpfung oder Vereisung ihres Areals in verschiedene Richtungen abgedrängt werden (s. Abb. 437.1). Ein anderes Beispiel liegt vor, wenn schwer zugängliche Gebiete (z. B. Inseln, Gebirgstäler, Seen) nur von wenigen Individuen einer Art besiedelt werden, die dort neue Populationen gründen *(Gründerindividuen)*. Die abgetrennten Populationen zeigen dann mit der Zeit immer mehr Merkmalsunterschiede gegenüber der Ausgangspopulation, weil keine Vermischung mehr möglich ist und

1. jede Teilpopulation etliche Gene aus dem Gen-Pool der ursprünglichen Population nur in geringer Häufigkeit oder gar nicht mitbekommen hat;
2. in den getrennten Gruppen unterschiedliche Mutationen auftreten;
3. die Selektion infolge ungleicher Umweltverhältnisse unterschiedlich wirkt;
4. unterschiedliche Zufallswirkungen auftreten.

Die nun eintretende Entwicklung ohne Genaustausch zwischen den Gruppen bewirkt eine Aufspaltung der Art. Zunächst bilden sich Formen, die sich nur in wenigen Merkmalen voneinander unterscheiden; die Individuen der beiden Populationen können sich noch miteinander paaren und fruchtbare Nachkommen haben. Man bezeichnet die verschiedenen Formen dann als **Rassen** oder **Unterarten** einer Art. *Rassen bzw. Unterarten sind Populationen einer Art, die sich in ihrem Genbestand unterscheiden.* Nehmen die Merkmalsunterschiede im Laufe der Zeit weiter zu, so kommt es irgendwann zur Ausbildung einer Fortpflanzungsschranke: eine Paarung ist nicht mehr möglich. Damit sind die Genpools endgültig separiert; es sind zwei voneinander unabhängige Arten entstanden. Diese können später wieder das gleiche Gebiet besiedeln, sofern sich ihre ökologischen Nischen unterscheiden.

Als Folge der Eiszeiten hat sich auf diese Weise die *Krähe* im westlichen Europa zur *Rabenkrähe,* im östlichen Europa zur *Nebelkrähe* entwickelt. (Beide werden manchmal auch als Unterarten einer Art, der Aaskrähe, angesehen). Nach dem Rückzug des Eises wurden die freigewordenen Gebiete von Südwesten und Südosten her wieder besiedelt. Im Bereich der Elbe überlappen sich heute die Verbreitungsgebiete der beiden Krähen; dort bilden sie auch Bastarde. Die *Kohlmeise* bildet drei Rassen: die europäisch-sibirische, die südasiatische und die chinesische Rasse. Wo sich ihre Verbreitungsgebiete berühren, entstehen Bastarde. Nur im Amurgebiet Ostasiens, wo die chine-

Abb. 438.1: Rassen der Kohlmeise.
Die europäische Rasse erstreckt sich bis nach Kleinasien und bis zum Stillen Ozean.
Im persischen Raum geht die europäische Rasse in die südostasiatische Rasse über.
Die chinesisch-japanische Kohlmeise läßt sich vom Gebiet Hinterindien/Südchina bis zum Amur verfolgen.
Dort trifft sie in einer Übergangszone mit der von Europa her vorgedrungenen Rasse zusammen.

sische auf die europäisch-sibirische Rasse trifft, erfolgt keine Bastardierung. Hier verhalten sich die Rassen bereits wie zwei getrennte Arten. Der Übergang von der Rasse zur Art ist also fließend, wie dies bei einer allmählichen Evolution durch kleine Mutationsschritte zu erwarten ist. Weiter fortgeschritten ist die Trennung bei *Grünspecht* und *Grauspecht* sowie *Nachtigall* und *Sprosser,* so daß hier »Zwillingsarten« entstanden sind, die sich nicht mehr paaren.

Die geographische Isolation ist nur eine Möglichkeit zur Auftrennung von Populationen. Es gibt andere Formen der Isolation **(Isolationsmechanismen),** welche eine Kreuzung weitgehend verhindern, wenn die Populationen gemeinsam vorkommen:

Fortpflanzungsbiologische Isolationsmechanismen. Sie können durch Verhaltensunterschiede bedingt sein, wenn Balz- und Paarungsgewohnheiten bei einer Teilgruppe von Säugern oder Vögeln sich ändern (vgl. Abb. 439.1) oder Insektengruppen zur Paarungszeit mutationsbedingt veränderte Laut- und Duftsignale benutzen. Auch unterschiedliche Fortpflanzungszeiten können die gleiche Wirkung haben. So besitzen z. B. der Rote und der Schwarze Holunder unterschiedliche Blütezeiten. Blühen beide zufällig gleichzeitig, so lassen sie sich kreuzen; die Separation (Trennung der Genpools) ist also noch nicht vollzogen. Entsprechendes gilt für Seefrosch und Wasserfrosch, die zu unterschiedlichen Jahreszeiten geschlechtsreif werden.

Ökologische Isolationsmechanismen werden wirksam, wenn unterschiedliche Einnischung innerhalb des gleichen Lebensraums stattfindet. Treten in einer Population Mutanten auf, die eine neue ökologische Nische besetzen können, sind sie der innerartlichen Konkurrenz teilweise entzogen; sie können sich unter den veränderten Selektionsbedingungen ihrer neuen ökologischen Nische getrennt weiterentwickeln. Ein solcher Fall liegt beim *Kleefalter* vor. Die normale gelbflügelige Form des Schmetterlings sucht mittags ihre Nahrung, während eine weißflügelige Mutante an niedrigere Temperaturen angepaßt und daher morgens und abends aktiv ist. Diese weiße Form kann daher auch an kühleren Orten (Berglagen) leben. Dadurch ist die Wirkung der Selektion verändert. Schließlich kann eine endgültige Fortpflanzungsschranke zwischen den beiden Populationen entstehen. Eine ähnliche Situation tritt auch auf, wenn plötzlich neue ökologische Nischen entstehen, wie z. B. bei der Verlandung eines Sees.

Eine Einnischung bezüglich des Nahrungserwerbs zeigen die 13 Darwin-Finken-Arten auf den Galapagos-Inseln (s. Abb. 424.2). In seit langer Zeit bestehenden Süßwasserseen fand eine vergleichbare Einnischung statt. Es kommen zahlreiche nahe verwandte Fischarten vor, die jeweils auf diese Seen beschränkt sind (Ostafrikanische Seen: verschiedene Arten von Buntbarschen, z. B. 70 Arten im Victoriasee, 110 Arten im Tanganjikasee; Titicacasee in Südamerika: ca. 20 Arten von Kärpflingen).

An der Bildung neuer ökologischer Nischen ist die Evolution selbst mitbeteiligt, denn jede neu entstehende Art verändert durch ihre Lebensweise die Umwelt der anderen mit ihr zusammenlebenden Arten. Die neue Art ist für diese ein biotischer Umweltfaktor, der als Selektionsfaktor wirken kann. So sind z. B. fliegende Insekten die Voraussetzung für die Entwicklung von Schwalben und Fledermäusen, deren Eigenart es ist, Insekten im Flug zu fressen.

Genetische Isolationsmechanismen sind bei *Polyploidie* wirksam, die bei Pflanzen verbreitet auftritt. Polyploide können nur unter sich, nicht aber mit der diploiden Ausgangsform fruchtbare Nachkommen erzeugen und stehen nicht mehr im Gen-Austausch

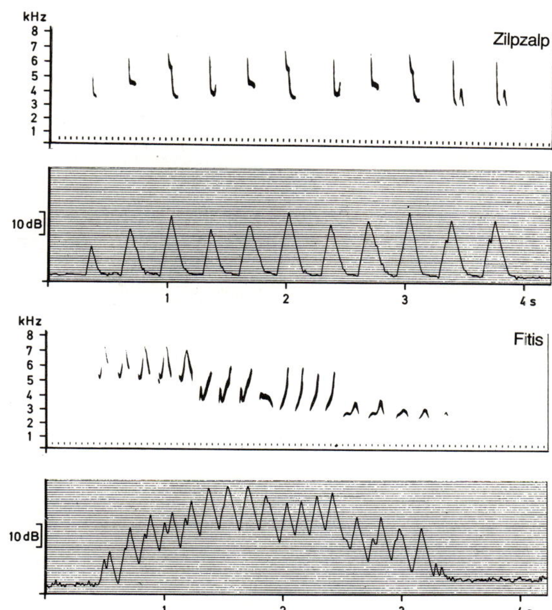

Abb. 439.1: Die bei uns vorkommenden Laubsänger Zilpzalp und Fitis unterscheiden sich im Aussehen kaum voneinander, doch sind sie durch ihre Gesänge deutlich voneinander isoliert.

Oben ist jeweils das Klangspektrogramm (Tonhöhen), unten die Schalldruckkurve (Lautstärke) des Gesanges angegeben. Der Gesang führt nur Geschlechtspartner der gleichen Art zusammen.

mit der Ausgangsform (s. Genetik 6.3). Viele Pflanzengattungen enthalten polyploide Arten (Rose, Chrysantheme, Dahlie, Weizen, Baumwolle, Tabak u.a., vgl. Genetik 6.3 und 9.1). Artbildung durch Polyploidie geht auf Einzelindividuen, nicht auf Populationen zurück.

Im Falle der genetischen Isolation ist die Separation des Gen-Pools die Ursache für eine unterschiedliche Weiterentwicklung der Formen. In den zuvor beschriebenen Fällen ist die vollständige Separation des Gen-Pools erst die Folge der Isolierung von Populationen (vgl. auch Abb. 439.2).

Postzygote Isolationsmechanismen. Bei allen bisher dargestellten Isolationsmechanismen wird eine Kreuzung verhindert. Es gibt aber auch Fälle, in denen eine Befruchtung stattfindet, eine Zygote gebildet wird und daraus Bastarde entstehen. Diese sind aber entweder steril (z.B. Maultier) oder vermindert lebensfähig. Man spricht dann von postzygoten, also nach Bildung der Zygote wirksamen Isolationsmechanismen.

Infraspezifische und transspezifische Evolution. Die Wirkung der geschilderten Evolutionsfaktoren führt zur Entstehung neuer Rassen, Unterarten und Arten. Vorgänge, die bis zur Bildung einer neuen Art (Spezies) führen, bezeichnet man als **infraspezifische (intraspezifische) Evolution.** Führt die Evo-

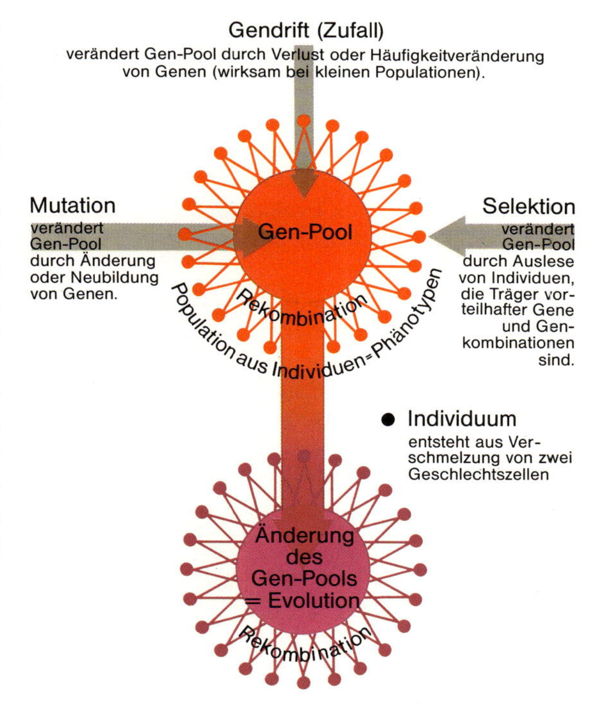

Abb. 439.2: Zusammenwirken der Evolutionsfaktoren. Die Vielzahl von Paarungsmöglichkeiten innerhalb der Population führt ständig zu neuen Rekombinationen von Genen und damit zu unterschiedlichen Phänotypen. An den Phänotypen setzt die Selektion an.

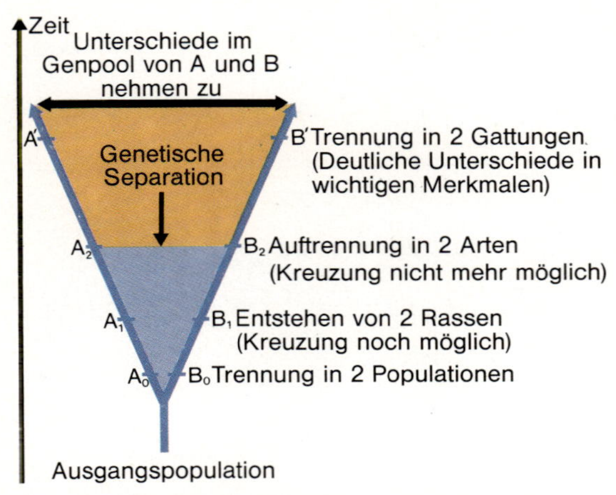

Abb. 440.1: Stufen der Auseinanderentwicklung im Verlauf der Evolution. Die Arten A und B können zunächst in mehrere Rassen, dann in mehrere Arten aufspalten. Die aus A und B entstehenden Arten werden dann als Gattung A' und B' zusammengefaßt.

lution über neue Arten hinaus zu der Bildung von neuen Gattungen, Familien und noch höheren Ordnungs-Einheiten, spricht man von **transspezifischer (interspezifischer) Evolution.** Die Grenze zwischen beiden Evolutionsvorgängen ist fließend, denn eine neue Gattung kann ja nur über eine neue Art in Erscheinung treten und jede neue Organismengruppe muß aus einer Art hervorgegangen sein. Es gibt keinen Grund zur Annahme, daß bei der transspezifischen Evolution andere Faktoren wirksam sind, als bei der infraspezifischen Evolution.

Die Artbildung vollzieht sich im Verlauf der Evolution auf zwei Wegen:

1. In der Generationsfolge werden die Eigenschaften einer Art so stark verändert, daß am Ende eine neue Art entsteht. Man spricht bei einer solchen Artumwandlung von *nicht-spaltender Evolution,* weil die Zahl der Arten hierdurch nicht vermehrt wird. Die Ausgangsart hat sich ja umgebildet zur neuen Art.
2. Bei der *aufspaltenden Evolution* hingegen entstehen neue Arten durch Spaltung einer Population. Dazu muß ein Isolationsmechanismus wirksam werden. Aufspaltende Evolution vermehrt die Zahl der Arten.

Durch die Isolation entsteht Mannigfaltigkeit, aber sie muß keineswegs zu einer besseren Anpassung führen. Dies zeigen Arten auf Inseln, die bei der Einwanderung oder Einschleppung von fremden Arten häufig gegenüber diesen nicht konkurrenzfähig sind und daher aussterben.

2.5 Soziobiologie

Bei Pavianen warnt ein erwachsenes Tier die Herde, sobald sich ein größerer Feind nähert. Die Herde bringt sich in Sicherheit, doch das warnende Tier erregt die Aufmerksamkeit des Feindes und verringert dadurch seine Überlebenschance. Ein solches *gruppendienliches* (altruistisches) *Verhalten* kann nur dann einen Selektionsvorteil haben, wenn die Gene für diese gruppendienliche Verhaltensweise vor dem Tod des warnenden Tieres bereits an genügend Nachkommen weitergegeben worden sind. Ist dies der Fall, muß sich das gruppendienliche Verhalten durchsetzen. Die Bedingungen dafür kann man mit Hilfe populationsbiologischer Verfahren genau angeben. Beispielsweise haben Kinder immer die Hälfte der Gene mit einem Elter gemeinsam. Ein uneigennütziges Verhalten gegenüber Kindern, das den Tod des betreffenden Elters zur Folge hat, ist für die Selektion dann vorteilhaft, wenn im Durchschnitt der Population mehr als zwei Kinder eben dadurch überleben können, daß sich der uneigennützige Elter opfert. Neffen haben noch ein Viertel der Gene gemeinsam, es müssen also im Durchschnitt mehr als vier Neffen überleben, damit ein Selektionsvorteil auftritt. Jedes der Verwandtschaft nützende Verhalten, das den populationsbiologischen Regeln entspricht, konnte sich in der Evolution gegenüber einem rein selbstsüchtigen Verhalten durchsetzen.

Am besten untersucht ist dies bei den sozialen Hautflüglern (z.B. Bienen). Bei diesen sind die Männchen (Drohnen) haploid, die Weibchen (Königin, Arbeiterinnen) diploid. Die weiblichen Nachkommen eines Paares haben daher im Durchschnitt drei Viertel der Gene untereinander gemeinsam. Daher hat ein Verhalten Selektionsvorteil, bei dem die Arbeiterin auf eigene Nachkommen verzichtet und ihre Mutter unterstützt, um viele ihrer Geschwister aufzuziehen. Würde sich die Arbeiterin selbst fortpflanzen, so hätten ihre Kinder nur die Hälfte der Gene mit ihr gemeinsam.

Gruppendienliches Verhalten braucht nicht ausschließlich angeboren zu sein, auch erlerntes Verhalten kann mit beteiligt sein. Mit der vergleichenden Untersuchung gruppendienlicher Verhaltensweisen, ihrer biologischen Funktion und ihrer evolutionsbiologischen Begründung befaßt sich die *Soziobiologie*.

Die Fitness (vgl. 2.2.2) von Lebewesen mit Sozialverhalten kann nicht an der Nachkommenzahl des jeweiligen Individuums allein gemessen werden, sondern man muß die Förderung der Fitness genetisch verwandter Individuen, die durch das Sozialverhalten zustande kommt, einbeziehen. Dadurch wird eine *Gesamtfitness* eines Individuums festgelegt. Auch beim Menschen findet man gruppendienliche (altruistische) Verhaltensweisen in allen Kulturkreisen. Sie sind zwar in hohem Maße kulturell (durch Tradition) festgelegt, haben aber eine genetische Grundlage (z.B. Tötungshemmung), wie Gesamtfitness-Berechnungen zeigen.

2.6 Harmonie der Gen-Zusammensetzung

Viele Merkmale des Phänotyps sind durch mehrere oder sogar zahlreiche Gene festgelegt. Diese Gene müssen daher harmonisch zusammenarbeiten; jedes Gen muß sein Produkt zur richtigen Zeit und in der richtigen Menge bilden. Dafür sorgen Regulationsgene (s. Genetik 8.17). Weil die Selektion am Phänotyp ansetzt, bleiben zusammenpassende Gruppen von Genen gemeinsam erhalten. Man spricht von einem Gen-Zusammenhalt **(genetische Kohäsion).** Dieser Gen-Zusammenhalt ist von Bedeutung für die Entstehung hochkomplizierter, zweckmäßiger Organe. Als Beispiel sei die Evolution des Auges gewählt. Die Lichtsinnesorgane beginnen auf der unteren Stufe des Tierreiches mit Sehzellbündeln und Flachaugen; sie führen über Becheraugen und Grubenaugen zum Linsenauge bei den höchststehenden Tiergruppen (s. Abb. 441.1). Nun bleiben alle Gene, die den Merkmalskomplex Auge festlegen, durch genetische Kohäsion beisammen, unabhängig davon, auf welchen Chromosomen sie liegen. Mutieren einzelne Gene, bleiben sie nur dann erhalten, wenn sie das harmonische Zusammenwirken aller beteiligten Gene nicht stören. Die Selektion trifft also immer die ganze Gen-Kombination und zwar über das durch diese bestimmte Organ. Auch die Aufnahme weiterer Gene in den bestehenden Gen-Verbund und damit eine weitere Ausgestaltung des Organs ist nur möglich, soweit das zeitlich geordnete Zusammenwirken der Gene nicht gestört wird. Dies gilt ebenso für diejenigen Gene, die an der Struktur und Funktion der optischen Zentren im Gehirn beteiligt sind. So entwickelt sich über viele kleine Evolutionsschritte, die stets das Organ als Ganzes betreffen, ein kompliziertes Gebilde.

Genetische Kohäsion ist auch die Ursache dafür, daß die Giraffe nur 7 Halswirbel hat, obwohl für ihren extrem langen Hals eine größere Anzahl von Wirbeln mit Sicherheit vorteilhaft wäre. Aber schon bei den Ursäugern hatten die dafür zuständigen Gene 7 Halswirbel festgelegt, und diese Gen-Kombination blieb bei fast allen sich im Laufe der Zeit entwickelnden Säugerarten erhalten. Infolge der genetischen Kohäsion kam es zum Aussterben sehr vieler Arten im Laufe der Erdgeschichte: sie konnten sich an neue Anforderungen der Umwelt nicht rasch genug anpassen.

2.7 Neubildung von Genen, ein wichtiger Vorgang der Evolution

Bei einem Vergleich der Aminosäuresequenz verschiedener Enzyme sind Ähnlichkeiten festgestellt worden, die nicht zufällig sein können. So stimmen bei den Enzymen Chymotrypsin und Trypsin bei Säugern etwa 40% der Aminosäurepositionen überein. Man kann daraus schließen, daß

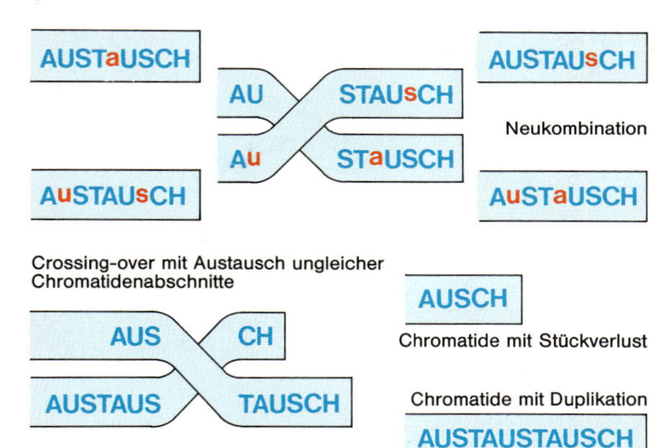

Abb. 441.1: Mögliches Beispiel der Verdopplung von Genen oder Gruppen von Genen: Während der Meiose kann zwischen zwei Chromatiden homologer Chromosomen (vgl. Genetik 3.3) ausnahmsweise ein ungleiches Crossing-over auftreten; dies führt bei einer Chromatide zur Verdopplung eines Chromatidenabschnitts (und der darin liegenden Gene), bei der anderen Chromatide jedoch zu einem Stückverlust. Die Keimzelle, in welche die Chromatide mit dem Stückverlust gelangt, geht zugrunde. Der obere Teil des Bildes zeigt ein normales Crossing-over. Die mutierten Allele (oder veränderten Nukleotide) sind durch kleinere Buchstaben gekennzeichnet.

die beiden Enzyme, die unterschiedliche Funktionen beim Eiweißabbau während der Verdauung im Darm haben, aus einem gemeinsamen Ur-Enzym entstanden sind. Diesem Ur-Enzym lag ein eigenes Gen zugrunde, während wir heute für Chymotrypsin und Trypsin zwei Gene kennen (es handelt sich ja um zwei getrennte Enzyme, die vom gleichen Organismus gebildet werden). Daraus ist zu folgern, daß sich bei der Evolution der DNA das gemeinsame Ur-Gen verdoppelt hat. Dies kann durch ungleiches Cross-over oder durch eine Transposition eines DNA-Abschnitts (Genetik 8.19) zustandegekommen sein. Nachfolgende Mutationen traten dann in den beiden zunächst identischen Genen unabhängig voneinander auf, so daß sich zwei unterschiedliche Gene herausbildeten. Ihre Proteine haben nun nicht mehr genau den gleichen Bau und die gleiche Funktion.

In gleicher Weise können sich auch andere Gene verdoppeln oder im Laufe der Zeit immer wieder auftretende Duplikationen sogar vervielfachen (Abb. 441.1). So entsteht aus einem Gen eine ganze Gruppe von Genen (Multigenfamilie, vgl. Genetik 8.18). Da in jedem Gen andere Mutationen eintreten, unterscheiden sich die Gene allmählich immer mehr voneinander. Verursacht durch Chromosomen-Mutation werden sie auch auf verschiedene Chromosomen verteilt. Viele dieser Gene sind inaktiv. Im Genom des Menschen und vieler Säugetiere sind zahlreiche solcher inaktiven Gene nachgewiesen, die bestimmten Strukturgenen sehr ähnlich sind, vermutlich also von ihnen abstammen. Die inaktiven, sog. *Pseudogene,* sind ein Gen-Vorrat

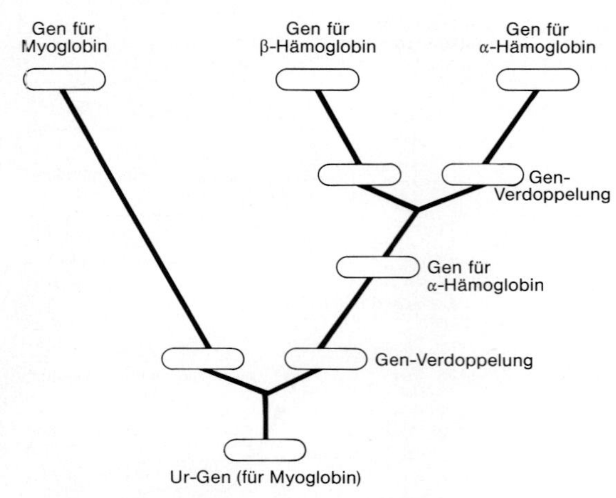

Abb. 442.1: Stammbaum der Gene für die Myoglobin-Hämoglobin-Proteine. In den langen Zeiträumen der Evolution sind alle Gene immer wieder unabhängig voneinander mutiert. Die heutigen Gene für die Globine sind daher mit den ursprünglichen Genen, von denen sie sich ableiten, nicht mehr identisch.

für die zukünftige Evolution. Mutationen in Pseudogenen treten im Phänotyp nicht in Erscheinung. Mit der Zeit häufen sich Mutationen im Pseudogen an, es verändert sich. Wird ein Pseudogen dann im Verlauf der Evolution aktiv und damit zu einem Gen, so kann sich ein Protein mit neuen Funktionen bilden. So entstehen neue Eigenschaften bei der Evolution der Organismen. Die Zunahme der Gene ist verknüpft mit einer Vermehrung der DNA. Tatsächlich nimmt die DNA-Menge je Zelle von den Schwämmen zu den Säugern auf etwa das 30fache zu. Eine Zunahme der DNA-Menge bedeutet aber nicht immer eine Zunahme der Gene. Dies hängt mit dem Aufbau des Eukaryoten-Genoms zusammen (vgl. Genetik 8.18); hier tragen umfangreiche DNA-Abschnitte keine Strukturgene. Insbesondere bei Pflanzen haben selbst nahe verwandte Arten oft sehr unterschiedliche DNA-Gehalte.

Ein Beispiel für die Evolution von Proteinen durch Gen-Verdoppelung liefern Hämoglobin und Myoglobin (vgl. Cytologie 7.4 und 7.7). Man darf annehmen, daß zu Beginn der Entwicklung der Wirbeltiere das Ur-Gen des Myoglobins verdoppelt wurde (s. Abb. 442.1). Das zweite Gen wurde unabhängig vom ersten durch zufällige Mutationen umgebaut, was zum Austausch von Aminosäuren in der von ihm codierten Polypeptidkette führte. So enstand die α-Polypeptidkette des Hämoglobins. Das Hämoglobin der primitiven Rundmäuler besteht nur aus dieser α-Kette (z. B. bei den Neunaugen, vgl. S. 515). Durch eine weitere spätere Gen-Verdoppelung und nachfolgende Punktmutationen, die in beiden Genen unterschiedlich waren, entstand zusätzlich die β-Kette des Hämoglobins. Dieser Vorgang setzte sich fort und führte zur Ausbildung der Multigenfamilien, die auch Pseudogene enthalten.

Die Zusammensetzung von Hämoglobin aus mehreren Polypeptidketten hat den Vorteil, daß die Sauerstoffbeladung regulierbar ist (s. Stoffwechsel und Energiehaushalt bei Tier und Mensch 3.1.2 und Abb. 192.1).

Die Gliederung vieler Eukaryoten-Gene in Exons und Introns (s. Genetik 8.14) hat große Bedeutung für die Evolution der Proteine, d.h. für die zunehmende Vielfalt ihrer Funktionen. Ein Exon trägt oft die Information für ein Stück des Proteinmoleküls, das eine bestimmte Teilaufgabe hat (z. B. die Verankerung des Proteins in einer Membran). Tritt im Bereich des benachbarten Introns des Gens ein ungleiches Crossover auf, so wird das betreffende Exon an ein anderes Gen gekoppelt. Dessen Protein erhält dadurch einen neuen Funktionsteil (im erwähnten Beispiel zusätzlich die Fähigkeit, in eine Membran eingebaut zu werden). So können Änderungen in der Funktion von Proteinen und damit neue Eigenschaften rascher zustande kommen. Durch derartige Vorgänge nimmt die im Genom enthaltene Informationsmenge zu.

2.8 Zusammenwirken der Faktoren

Infolge des Zusammenwirkens der Evolutionsfaktoren sind die Möglichkeiten der Evolution bei jeder Art von Lebewesen von drei Voraussetzungen abhängig:
- von der vorhergegangenen Evolution (d. h. der Phylogenie der Art); sie legt die Gen-Ausstattung der Individuen und dadurch die Zusammensetzung des Gen-Pools fest (vgl. 2.6, 2.7 und 3.);
- von der Wirkung der Umweltfaktoren: sie führen zur Selektion bzw. verursachen eine Gendrift (vgl. 2.2 und 2.4);
- von den Beschränkungen des Baus infolge der Eigenschaften der Bausteine und Strukturen sowie der möglichen Energieumsetzungen im Lebewesen („innere Selektion"; vgl. 2.3).

Wegen dieser Voraussetzungen bestehen zwischen den Teilen des Organismus wechselseitige Abhängigkeiten (Interdependenzen) in der Evolution.

3. Begründung und Erforschung der Stammesgeschichte

Aus den durch Beobachtung und Experiment prüfbaren Voraussetzungen wie genetische Variabilität, Überproduktion von Nachkommen und der daraus sich ergebenden Konkurrenz wurden die Grundprinzipien der Evolutionstheorie abgeleitet. Nun haben wir zu fragen, welche Ergebnisse der Biologie sich für die Erkenntnis stammesgeschichtlicher Zusammenhänge überhaupt auswerten lassen. Da Homologien auf einander entsprechenden Genen beruhen (vgl. 1.2), *liefert die Erforschung von Homologien in allen Teilgebieten der Biologie die Begründung der Abstammungslehre* und erlaubt die Feststellung der stammesgeschichtlichen Verwandtschaften.

Abb. 443.1: Schnabeltier (Länge bis zur Schwanzspitze etwa 60 cm); lebt an Seen und Flüssen Ostaustraliens (s. auch S. 451).

Abb. 443.2: Peripatus aus Neuseeland. Natürliche Größe 3-4 cm

3.1 Homologien im Bau der heutigen Lebewesen

Die heutigen Lebewesen sind ausnahmslos aus Zellen mit gleichen elektronenmikroskopisch erkennbaren Strukturen und gleichen chemischen Bausteinen aufgebaut. Sie zeigen eine abgestufte Ähnlichkeit des Körperbaus, welche die Aufstellung eines Systems ermöglicht (vgl. 2.1). Dessen Grundeinheit ist die Art.

Die *Art* Hauskatze ist der Wildkatze sehr ähnlich; beide gehören zur gleichen *Gattung* Katze *(Felis)*. Mit Löwe und Tiger, Luchs und Gepard bilden sie die *Familie* der Katzenartigen, welche mit den Familien der Bären, Marder- und Hundeartigen die *Ordnung* der Fleischfresser (Raubtiere) umfaßt. Mit den Ordnungen der Nagetiere, Rüsseltiere, Unpaarhufer u.a. wird sie zur *Unterklasse* der Plazentatiere zusammengefaßt, die mit den Beuteltieren und Kloakentieren die *Klasse* der Säugetiere bilden. Diese zählt zum *Stamm* der Wirbeltiere, der zusammen mit den Stämmen der Wirbellosen die Gesamtheit des *Tierreichs* umfaßt. Ähnlich baut sich das Pflanzenreich auf. Die Zahl der übereinstimmenden Merkmale nimmt in diesen Gruppen von Stufe zu Stufe ab. Die Ähnlichkeit der Organismen mit ihren Abstufungen läßt sich durch Annahme einer natürlichen Verwandtschaft erklären. Unterstützt wird diese Annahme durch das Vorkommen von Formen, die Merkmale von zwei benachbarten systematischen Gruppen aufweisen. Man sieht in solchen Zwischenformen Hinweise für gemeinsame Ahnen der beiden Gruppen.

Heutige Brückentiere. Das zu den Kloakentieren zählende *Schnabeltier* (s. Abb. 443.1) in Australien vereinigt Merkmale der Reptilien (Kloake, eierlegend, schwankende Körpertemperatur) mit Säugermerkmalen (Haarkleid, Milchdrüsen). Das *Lanzettfischchen* (Abb. 476.1) steht in seinem Bau zwischen den Wirbellosen (keine Gliedmaßen, keine Wirbelsäule, einschichtige Epidermis) und den Wirbeltieren (Chorda, darüber Nervenrohr, geschlossener Blutkreislauf, Kiemenspalten). *Peripatus* (Südafrika, Australien, Südamerika) (s. Abb. 443.2) besitzt Merkmale von Ringelwürmern (Hautmuskelschlauch und gleichmäßige Körpergliederung) und von Gliederfüßlern (Mundwerkzeuge, Tracheenatmung). Man nennt diese Organismen daher »Brückentiere«.

Nun können diese heute lebenden Arten allerdings nicht die Ahnen anderer heute vorkommender Arten sein. Sie sind aber eine Art **Modell** dafür, wie man sich die eigentlichen Übergangsformen vorzustellen hat.

Die **Homologie von Organen** und Organsystemen kann an einer Vielzahl von Fällen aufgezeigt werden. Die Vordergliedmaßen der Wirbeltiere dienten als einleitendes Beispiel (Abb. 423.1). Auch bei der vergleichenden Betrachtung der Säugergebisse (Abb. 174.1), der Beine oder der Mundwerkzeuge der Insekten findet man jeweils einen Grundbauplan mit gleichen Einzelteilen und seine Abwandlungen.

Für homologe Organe und Organsysteme lassen sich oft ganze Reihen aufstellen, so für das Kreislaufsystem (Abb. 180.1), die Lunge (Abb. 194.1) und das Zentralnervensystem der Wirbeltiere (vgl. auch Abb. 444.1). Lassen sie eine Vervollkommnung der Organsysteme erkennen, so heißen sie *Progressionsreihen* oder Progressionen. Daneben gibt es *Regressionsreihen,* welche die Rückbildung eines Organs zeigen, wie z.B. die Rückbildung der ursprünglich fünffing-

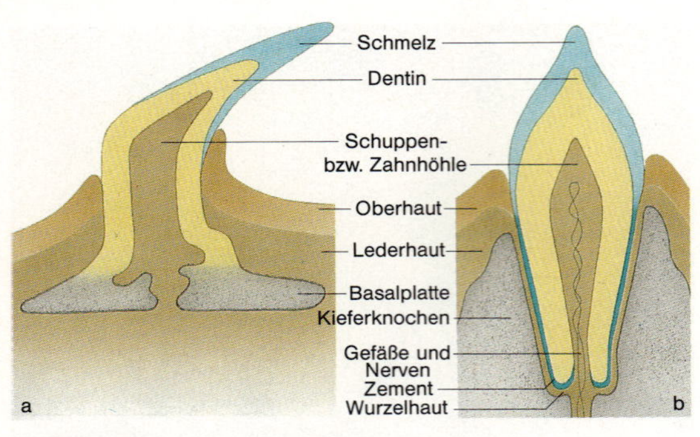

Abb. 444.1: a Hautschuppe eines Haies, b Schneidezahn des Menschen. Aufbau und Lage der einzelnen Teile von Schuppe und Zahn entsprechen einander.

rigen zu einfingrigen Vordergliedmaßen in der Stammesgeschichte des Pferdes (Abb. 471.2).

Die Abwandlung homologer Strukturen läßt sich sinnvoll nur als Entwicklung im Laufe der Evolution deuten. Homologe Strukturen werden mit Hilfe von drei Kriterien nachgewiesen:

1. **Homologie-Kriterium der Lage.** Strukturen in Organismen aus verschiedenen Gruppen sind dann als homolog anzusehen, wenn sie in gleicher Anzahl vorhanden und in gleicher relativer Lage angeordnet sind. Man kann die Strukturen (Organe) dann einem gemeinsamen Grundbauplan zuordnen. Beispiele sind die vier Extremitäten der Landwirbeltiere, die Lage der Knochen in der Einzelextremität (Abb. 423.1), der Bau des Herzens oder der Lunge u. a. (s. auch Abb. 444.2).
2. **Homologie-Kriterium der spezifischen Qualität von Strukturen.** Strukturen gelten als homolog, wenn sie in speziellen Merkmalen auffallend übereinstimmen. Beispiel: die Hautschuppen der Haifische entsprechen im Aufbau und in der Lage der Teilstrukturen den Zähnen der Säugetiere und des Menschen (Abb. 444.1).
3. **Homologie-Kriterium der Stetigkeit.** Unterschiedliche Strukturen werden dann als homolog betrachtet, wenn bei gestaltlich stark abgewandelten Strukturen Zwischenformen existieren, die einen allmählichen Übergang von der einen Struktur zur anderen erkennen lassen. Je dichter die Formenkette ist, desto wahrscheinlicher ist auch die Homologie. Beispiele dafür sind der Blutkreislauf (s. Abb. 180.1) oder die Lunge, Abb. 194.1) bei den verschiedenen Klassen der Wirbeltiere.

Die Untersuchung homologer Organe brachte folgende Erkenntnis:

Wenn sich bestimmte Organe bei verschiedenartigen Organismen als homolog erweisen, dann sind es in der Regel auch die übrigen Organe (*Korrelationsregel,* gefunden von CUVIER); so sind bei den Wirbeltieren nicht nur die Gliedmaßen homolog, sondern

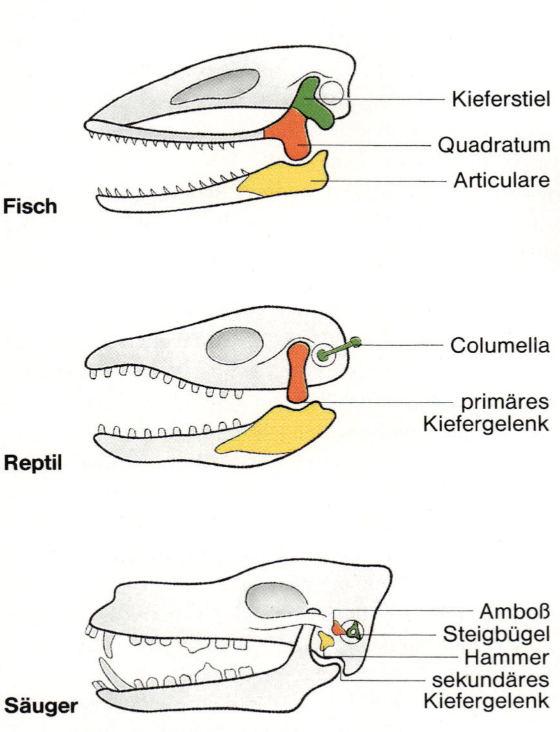

Abb. 444.2: Umwandlung der Kiefergelenkknochen zu den Gehörknöchelchen der Säuger als Beispiel des Funktionswechsels homologer Knochen

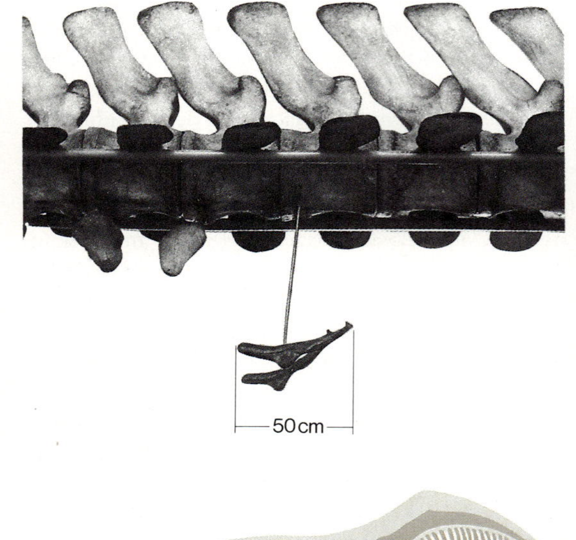

Abb. 444.3: Teil der Wirbelsäule des Grönlandwals mit den im Körperinneren liegenden Resten von Beckengürtel, Ober- und Unterschenkel (rot eingezeichnet)

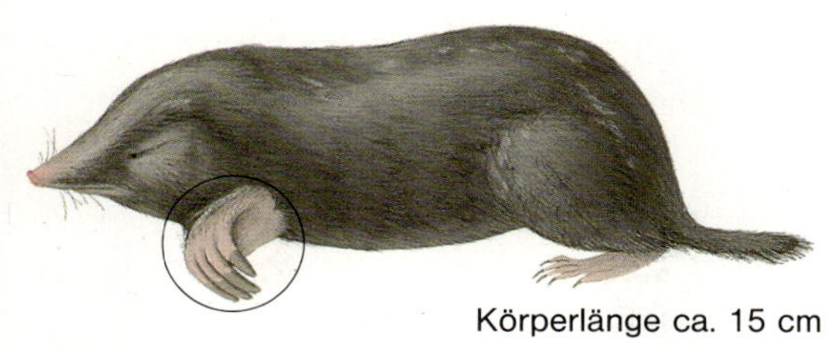

Abb. 445.1: Analoge Organe: Grabbein von Maulwurf und Maulwurfsgrille

ebenso das ganze Skelett, die Sinnes-, Kreislauf-, Atmungs-, Ausscheidungsorgane usw.

Keine Hinweise für das Vorliegen einer Verwandtschaft liefern dagegen die **analogen Organe:** Strukturen gleicher Funktion, jedoch mit verschiedenem Grundbauplan. Analog sind z.B. die Kiemen eines Krebses und eines Fisches. Jene sind Anhänge am Grund der Beine des Brustabschnittes, diese stehen an den Kiemenspalten der Mundhöhle. Analog sind die schaufelförmigen Grabbeine des Maulwurfs und der Maulwurfsgrille (s. Abb. 445.1) oder die Flügel eines Vogels und eines Insekts. Analog sind auch die Knollen der Kartoffel und der Dahlie; beide dienen zwar als unterirdische Speicher für Reservestoffe, doch sind die Kartoffelknollen verdickte Sprosse, die Dahlienknollen verdickte Wurzelgebilde. Werden analoge Organe infolge ähnlichen Selektionsdrucks einander sehr ähnlich, so spricht man von *Konvergenz* (vgl. 2.5). Bei unzureichender Kenntnis der Arten kann eine Konvergenz fälschlich als Homologie angesehen werden. Die führt zu falscher Einordnung der Art und zu fehlerhaften Stammbäumen.

Organrudimente. Eine weitere Stütze für Abstammungszusammenhänge ist das Auftreten von Organrudimenten. Sie sind entstanden durch Rückbildung eines funktionsfähigen Organs. Organrudimente sind bei den Pferden die Griffelbeine, bei den Walen die winzigen Reste des Beckengürtels (s. Abb. 444.3), beim Grönlandwal auch noch des Ober- und Unterschenkels, bei Seelöwe und Walroß die Nägel an den Flossen. Die Blindschleiche besitzt zwar keine Beine mehr, aber einen vollständigen Schultergürtel und Reste eines Beckengürtels. Der flugunfähige neuseeländische Kiwi hat noch stummelförmige Flügelreste. Nacktschnecken besitzen häufig noch Gehäusereste. Bei Höhlentieren zeigen die Augen Abstufungen der Rückbildung; es gibt höhlenbewohnende blinde Molche, Fische, Krebse, Käfer und Schnecken mit Augenrudimenten. Beim Menschen sind z.B. das Steißbein und die funktionslosen Muskeln der Ohrmuscheln rudimentäre Organe (Abb. 445.2). Bei eini-

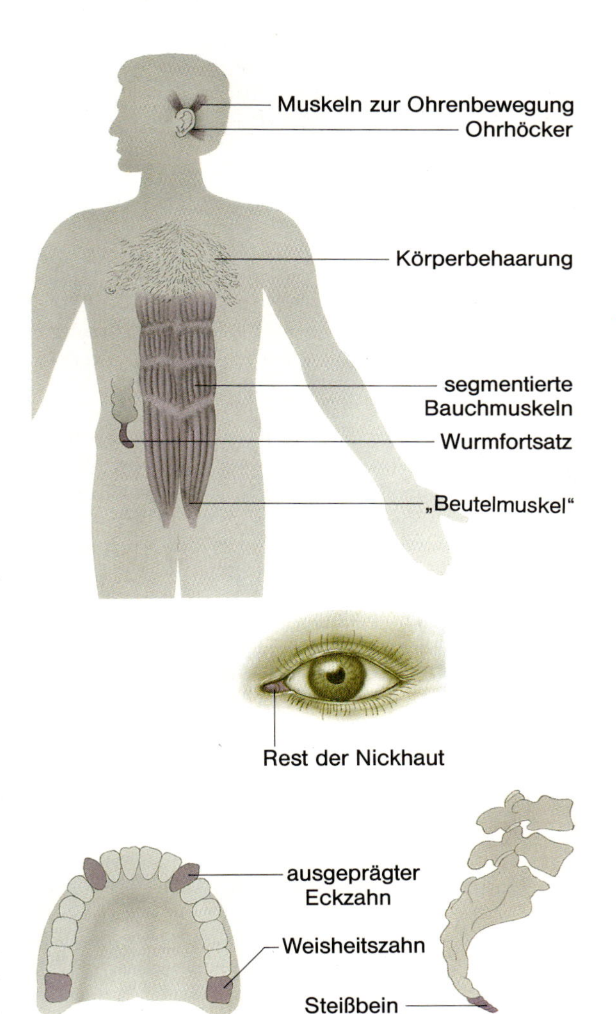

*Abb. 445.2: Merkmale des Menschen, die als Rudimente aufgefaßt werden.
Der Blinddarm mit Wurmfortsatz
läßt sich als Rudiment eines früheren größeren Darmanhangs deuten,
in dem Nahrung aufgeschlossen wurde.
Der Wurmfortsatz ist zum lymphatischen Organ geworden
(Funktionswechsel).
Die Weisheitszähne erscheinen erst um das 20. Lebensjahr
und sind oft verkümmert.
Nickhautreste am Auge finden sich bei allen Säugetieren.
Als drittes Augenlid ist die Nickhaut ausgebildet bei Wiederkäuern,
Kaninchen, Vögeln, Reptilien und Haien.*

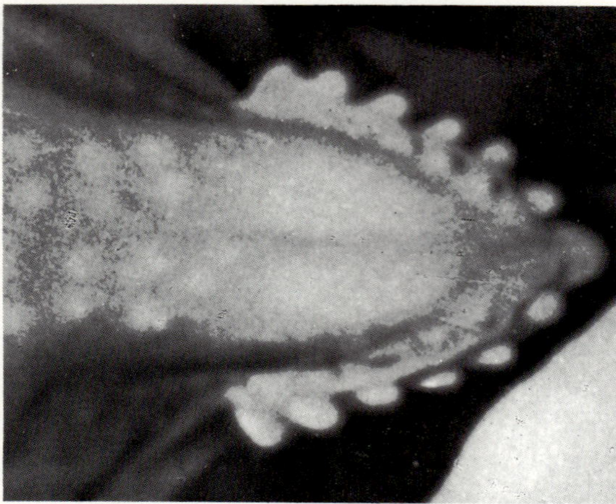

Abb. 446.1: »Archaeopteryx-Schwanz« des Waldkauzembryos: Anlage einer Schwanzwirbelsäule mit zweizeilig angeordneten Federanlagen

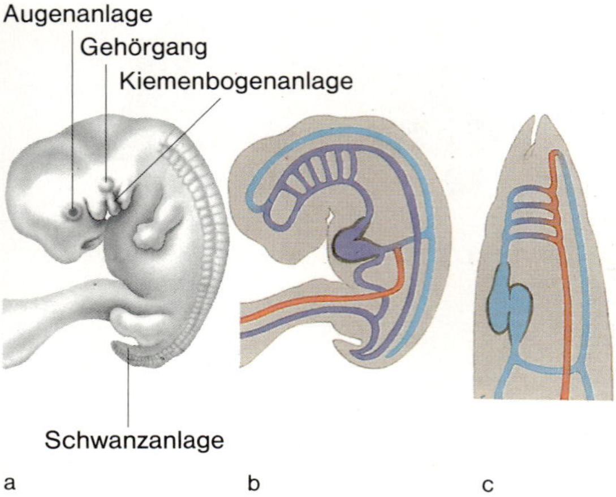

Abb. 446.2: a Kiemenbogenanlage eines Menschenembryos, b Schnitt mit Blutkreislauf, c Kiemengefäße eines Knochenfisches. Die Blutgefäße sind durch Kapillaren verbunden; es handelt sich um einen geschlossenen Blutkreislauf.

gen Arten der Rachenblütler ist ein Teil der Staubgefäße nur noch als Faden ohne Staubbeutel ausgebildet.

Von **Atavismus** (Rückschlag) spricht man, wenn bei Organismen unvermittelt wieder Merkmale auftreten, die im Laufe ihrer Stammesgeschichte bereits verschwunden waren. Bei Pferden kommen gelegentlich Junge zur Welt, deren Vorderbeine mehrzehig sind wie bei den Vorfahren der heutigen Pferde. Bei Pflanzen (z.B. Tulpe, Rose u.a.) treten gelegentlich vergrünte blattförmige Staubblätter auf. Manche Menschen können das Ohr noch mit einem besonderen Muskel selbständig bewegen, Neugeborene tragen manchmal noch ein kleines Stummelschwänzchen. Das Auftreten von Atavismen als Rückschläge zu früheren Evolutionsstufen spricht dafür, daß in solchen Fällen die entsprechenden Gene in der Erbausstattung des Organismus noch enthalten, aber entweder blockiert sind oder zu einem falschen Zeitpunkt in der Ontogenese aktiv werden.

3.2 Homologien von Verhaltensweisen

Nach ihrem Körperbau miteinander verwandte Arten zeigen oft überraschend ähnliche Verhaltensweisen, so daß auch das Verhalten Verwandtschaftsbeziehungen aufdecken kann. Stellt man Entenvögel in Gruppen mit zunehmend ähnlichem Verhalten zusammen, ergeben sich die gleichen Verwandtschaftsbeziehungen wie wenn man Anatomie und Serumproteine zugrundelegt. Weibliche Pfeif-, Krick-, Stock- und Löffelenten haben einen gleichartigen Ruf, der sich vom Ruf der Brandenten, Türkenenten und der Gänse unterscheidet. Dagegen ist der Verlassenheitsruf des Kükens bei allen genannten Gruppen gleichartig. Das Verhalten wird bei Einnischung der Tiere meist rascher angepaßt als der Körperbau. Es kann sogar durch Lernen während des individuellen Lebens verändert werden. Deshalb zeigen Verhaltensweisen häufig einen Funktionswechsel (Ritualisierung, vgl. Verhalten 5.2.1). Oft kann man aber auch nicht sicher entscheiden, ob Homologie oder Konvergenz des Verhaltens vorliegt.

3.3 Homologien in der Entwicklung (Ontogenese)

Embryonen des Rindes zeigen noch die für die Ausbildung der oberen Schneidezähne typischen Gewebedifferenzierungen, doch werden diese Schneidezähne nicht mehr ausgebildet. Beim Embryo der völlig zahnlosen Bartenwale findet man ebenfalls solche Zahnanlagen. Die Embryonen der beinlosen Blindschleiche weisen deutlich Anlagen von Vordergliedmaßen auf. Eine derartige Merkwürdigkeit in der Entwicklung kann nur aus der Stammesgeschichte der Lebewesen verstanden werden. Bei der Evolution müssen alle Veränderungen stets so ablaufen, daß die Organismen lebensfähig bleiben. Daher erhalten sie oft Reste älterer Bauplanmerkmale; die ihnen zugrundeliegenden Gene können ja nicht plötzlich verschwinden. Dies ist vor allem in der Keimesentwicklung zu erkennen. Schon 1828 hatte daher VON BAER festgestellt, daß Embryonen von Wirbeltieren sich weitgehend gleichen, auch wenn die erwachsenen Tiere sehr verschieden sind (Gesetz der Embryonenähnlichkeit).

Später hat HAECKEL die *biogenetische Grundregel* formuliert: »Die Entwicklung eines Einzelwesens (die *Ontogenese*) ist eine kurze und schnelle Wiederholung seiner Stammesentwicklung (der *Phylogene-*

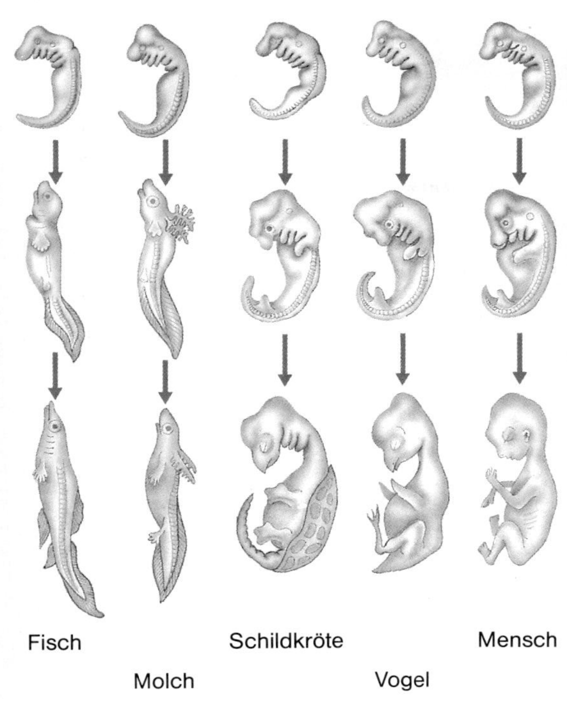

Abb. 447.1: Drei Entwicklungsstadien aus der Embryonalentwicklung von Knochenfisch, Lurch, Kriechtier, Vogel und Mensch. Die obere Reihe zeigt die auffallende Übereinstimmung in der Gestalt und in der Anlage der Kiemenbögen.

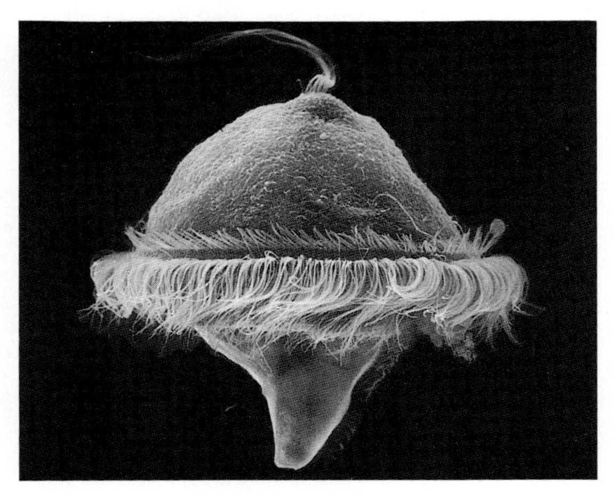

Abb. 447.2: Trochophora-Larve eines Ringelwurms

se).« Allerdings bezieht sich diese Aussage nur auf die ontogenetische Entwicklung *einzelner Merkmale,* aber nicht auf den Organismus in seiner Gesamtheit. Außerdem entstehen in der Entwicklung zunächst Organanlagen, nicht funktionsfähige Organe. So bilden z. B. die Vogelembryonen noch einen *Archaeopteryx*-schwanz (s. Abb. 446.1) aus; die besitzen jedoch keine Zahnanlagen mehr. Zur Klärung von Abstammungsfragen hat sich die biogenetische Grundregel als hilfreich erwiesen, wie weitere Beispiele bestätigen.

Die Keimesgeschichte der Wale weist auf die Abstammung von vierfüßigen, landlebenden Säugetieren. Walembryonen zeigen Anlagen von Hintergliedmaßen, haben einen Hals mit sieben freien Halswirbeln (bei erwachsenen Walen fehlt der Hals, die Halswirbel sind ganz oder teilweise verwachsen), weisen ein Haarkleid auf und besitzen noch Riechnerv, Nasenmuscheln und Speicheldrüsen, die bei den erwachsenen Tieren alle rückgebildet sind.

Bei allen Wirbeltieren wird in einem sehr frühen Embryonalstadium eine Chorda ausgebildet, erst später eine knorpelige und noch später eine knöcherne Wirbelsäule. Bei den *Froschlarven* ist das *Herz* ähnlich wie bei Fischen gebaut, und die von ihm ausgehenden Blutgefäße verzweigen sich entsprechend den Kiemenarterien der Fische. Bei der Metamorphose ändert sich auch das Blutgefäßsystem grundlegend (s. Abb. 180.1). Die Embryonen der Reptilien, Vögel und Säuger weisen anatomische Merkmale auf, welche den Kiemenbögen und Kiemenspalten der Fische entsprechen, nur sind die Spalten nicht ganz durchgebrochen *(Schlundtaschen).* Das Herz hat in diesem frühen Embryonalstadium bei allen Klassen der Wirbeltiere die Organisation des Fischherzens mit einer Vorkammer und einer Hauptkammer. Die von ihm ausgehenden Gefäße verlaufen genauso wie die zu den Kiemenbögen führenden Blutgefäße eines Fisches; später werden sie zurückgebildet. Auch in der äußeren Körpergestaltung gleichen sich die frühen Embryonalstadien aller Wirbeltiere und die des Menschen weitgehend (Abb. 446.2 und 447.1).

Beim *Menschen* gibt die Keimesgeschichte noch weitere Hinweise auf seine Stammesgeschichte. Der menschliche Embryo besitzt noch ein dichtes *Haarkleid;* ein kleiner *Schwanz* wird embryonal angelegt. Das Neugeborene hat noch die Fähigkeit, mit dem Fuß zu greifen (s. Abb. 295.1). Manchmal kommt es sogar vor, daß eine einer Kiemenspalte entsprechende Spalte beim neugeborenen Menschen als sog. Halsfistel noch offen ist oder daß wie bei den Reptilien ein Loch in der Scheidewand zwischen den Herzkammern vorhanden ist (siehe auch 6.1; Zwischenkieferknochen).

Das Auftreten stammesgeschichtlicher Stadien während der Ontogenese deutet darauf hin, daß jede Organismenart ein von den stammesgeschichtlichen Vorfahren ererbtes sehr stabiles Gensortiment aufweist (s. auch Abschnitt 2.6, genetische Kohäsion). Alle Säugetiere haben im Erbgut eine Anzahl gemeinsamer einander sehr ähnlicher Gene, welche die Struktur »Wirbeltier« bestimmen, und andere, welche die Struktur »Säuger«, und wieder andere, welche die Merkmale der Ordnung, Gattung und schließlich der Art bestimmen (vgl. Abb. 447.1).

Nicht jede Gleichartigkeit früher Entwicklungsstadien ist aber ein Abstammungsbeweis. So ist das Auftreten einer *Trochophora-Larve* (Abb. 447.2) bei Weichtieren und Ringelwürmern kein sicherer Hinweis auf eine Verwandtschaft, weil bei freischwimmenden bewimperten Larven mit einfachem Bauplan gar nicht viele verschiedene Baumöglichkeiten bestehen.

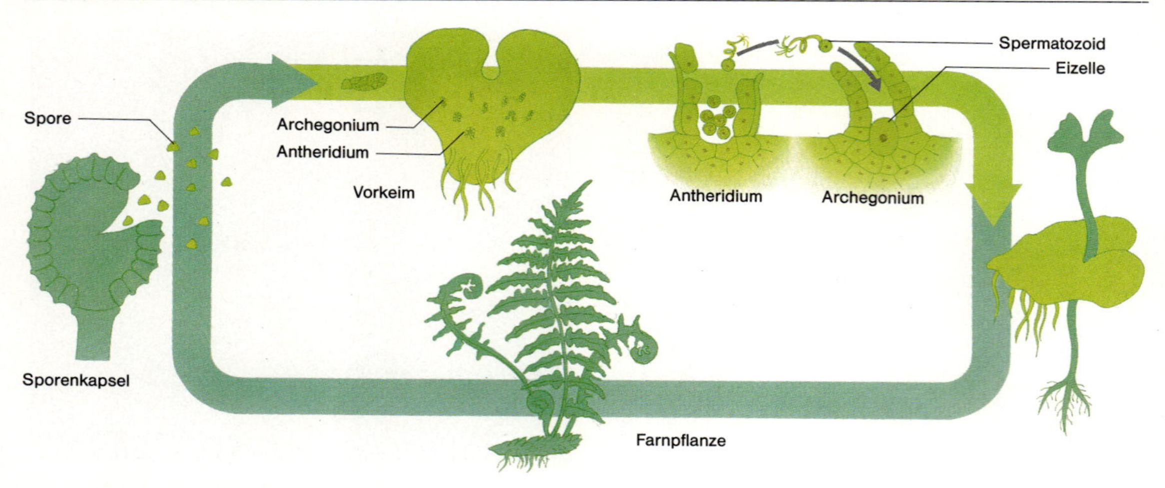

Abb. 448.1: Entwicklungszyklus eines Farns.
Sporophyt dunkelgrün, Gametophyt hellgrün (ebenso bei Abb. 448.2, 449.1 und 449.2)

Die Entwicklung der meisten Pflanzen zeigt einen Generationswechsel. Dieser ist bei verschiedenen Pflanzengruppen homolog und erlaubt die Aufstellung einer Progressionsreihe. Als Beispiel sei der Generationswechsel der Sproßpflanzen näher geschildert.

Der **Wurmfarn** erzeugt auf der Unterseite der Wedel in Sporenbehältern einzellige Sporen, welche sich auf feuchtem Waldboden zu kleinen, grünen, blattförmigen Vorkeimen entwickeln (s. Abb. 448.1). Der Vorkeim trägt auf seiner Unterseite kuppelförmige männliche Organe *(Antheridien)*. Bei Benetzung entlassen die Antheridien zahlreiche selbstbewegliche männliche Keimzellen *(Spermatozoiden)*. Eine von ihnen dringt in das weibliche Organ *(Archegonium)* ein und befruchtet die Eizelle. Aus der befruchteten Eizelle entwickelt sich dann eine neue Farnpflanze. Im Lebensgang der Farnpflanze wechseln also zwei Generationen miteinander ab: die diploide Farnpflanze *(Sporophyt)*, die vegetative haploide Sporen (Meiosporen) bildet und der haploide Vorkeim *(Gametophyt)*, der Geschlechtsorgane trägt und auf dem durch geschlechtliche Fortpflanzung wieder die Farnpflanze erzeugt wird. Der Wechsel zweier Generationen, die sich in der Art der Fortpflanzung unterscheiden, wird als **Generationswechsel** bezeichnet.

Bei dem zu den Bärlappgewächsen gehörenden **Moosfarn** *(Selaginella)* bilden sich in einer gemeinsamen Sporenähre Klein- und Großsporenbehälter aus, in denen Kleinsporen bzw. Großsporen entstehen (s. Abb. 448.2). Aus einer Kleinspore geht noch innerhalb der Sporenähre ein wenigzelliger männlicher Vorkeim hervor, der Spermatozoiden bildet. Aus einer Großspore entwickelt sich der weibliche Vorkeim mit einigen Archegonien. Die Sporen mit Vorkeim fallen zu Boden; nach Benetzung durch Regen schwimmen die Spermatozoiden zu den weiblichen Vorkeimen und befruchten die Eizellen. Bei Selaginella sind die männlichen und weiblichen Organe auf zwei verschieden gestaltete und in der Größe sehr stark rückgebildete Vorkeime verteilt.

Bei der Fortpflanzung der Blüten- und Samenpflanzen besteht auch ein Generationswechsel. Man kann die Pollenkörner mit Kleinsporen, die Pollensäcke mit Kleinsporen-

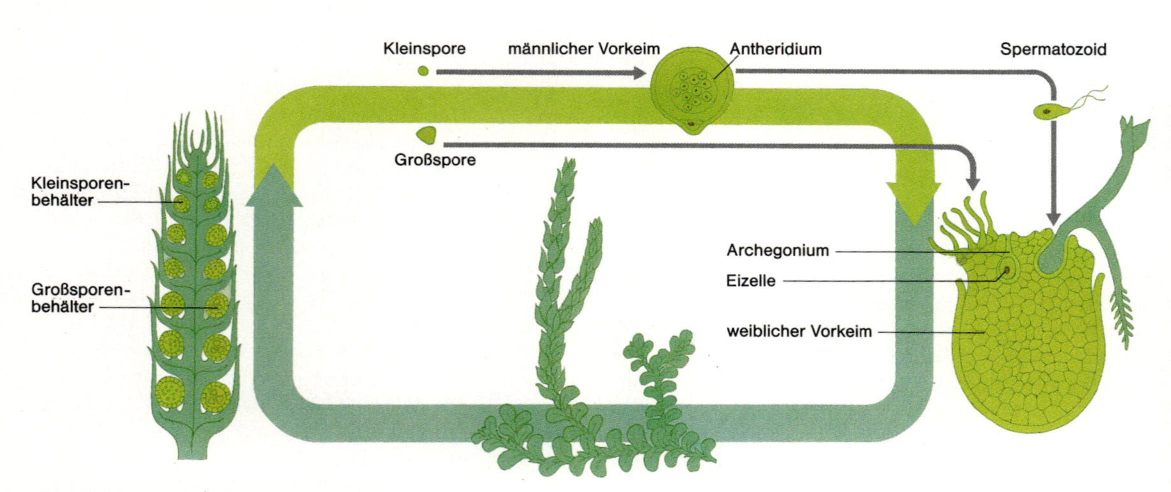

Abb. 448.2: Entwicklungszyklus des Moosfarns (Selaginella)

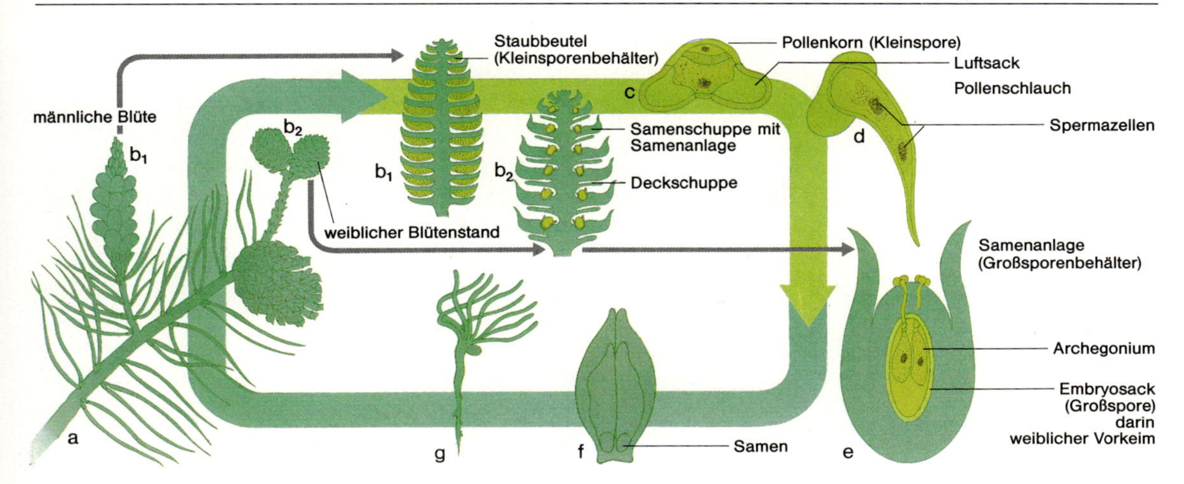

Abb. 449.1: Entwicklungszyklus der Nacktsamer (Kiefer).
a Zweig mit männlichen und weiblichen Blüten.
b_1 Längsschnitt durch eine männliche Blüte mit zahlreichen Staubblättern, die auf der Unterseite je zwei Staubbeutel tragen.
b_2 Schnitt durch einen weiblichen Blütenstand.
c Der männliche Gametophyt entsteht aus dem Pollenkorn und besteht aus 2 Vorkeimzellen und einer großen Zelle, die den Pollenschlauch und 2 Spermazellen liefert (d).
e Der weibliche Gametophyt entsteht in der Samenanlage als vielzelliger Vorkeim mit 2 Archegonien.
f Samenschuppe mit 2 Samen.
Aus den befruchteten Eizellen sind Embryonen hervorgegangen; das Gewebe des weiblichen Vorkeims ist zum Nährgewebe geworden. So entstehen Samen, die dann verbreitet werden.

behältern und die Samenanlagen mit Großsporenbehältern homologisieren.

Bei den Nadelhölzern findet sich im Pollenkorn ein winziger Rest eines Vorkeims, daneben eine Zelle, die zum Pollenschlauch wird, und eine zweite Zelle, welche Spermazellen liefert, deren Kerne durch den Pollenschlauch zur Eizelle wandern. Die Samenanlagen (Großsporenbehälter) liegen offen auf den Fruchtblättern **(Nacktsamer).** In ihrem Innern bildet sich eine einzige Großspore, der Embryosack. Darin entsteht ein weiblicher Vorkeim; er enthält zwei Archegonien mit je einer Eizelle (s. Abb. 449.1).

Das Pollenkorn wächst zu einem Pollenschlauch aus. Er entläßt in ein Archegonium eine Spermazelle, der die Eizelle befruchtet. Die Befruchtung vollzieht sich im Innern der weiblichen Organe; Wasser als Überträger der männlichen Zellen ist dabei nicht mehr notwendig. Der männliche Vorkeim ist also fast ganz, der weibliche sehr stark zurückgebildet.

Die Samenanlagen (Großsporenbehälter) liegen bei den **Bedecktsamern** im Innern des Fruchtknotens (s. Abb. 449.2). Die einzige Großspore ist der Embryosack. An seinem Ende sitzen drei Zellen, eine davon ist eine Eizelle.

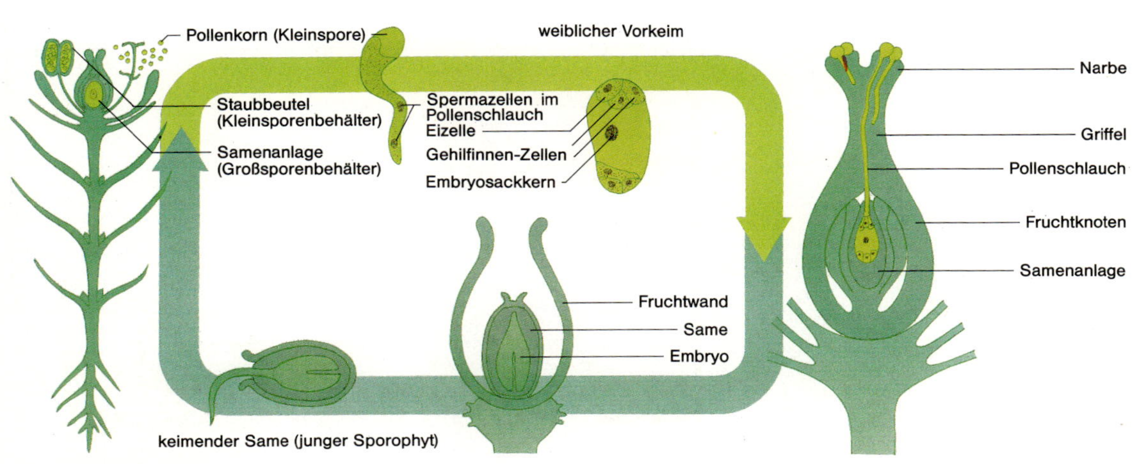

Abb. 449.2: Entwicklungszyklus der Bedecktsamer.
In der Samenanlage liegt als einzige Großspore der Embryosack; in ihr bildet sich der wenigzellige weibliche Gametophyt.
Im Pollenkorn entsteht der männliche Gametophyt.
Er besteht aus 2 Zellen; eine davon bildet zwei Spermazellen.
Beim Vorgang der Befruchtung verschmilzt ein Spermakern mit dem Kern der Eizelle und der andere mit dem Embryosackkern.
Anschließend entwickelt sich die Samenanlage zum Samen (mit Keimling und Nährgewebe) und der Fruchtknoten zur Frucht.

Sie sind der Rest eines Archegoniums. In der Mitte des Embryosacks befinden sich der Embryosackkern, am anderen Ende drei Zellen; sie entsprechen wohl zusammen mit dem Embryosackkern dem Rest eines weiblichen Vorkeims. Der Inhalt des Embryosacks der Bedecktsamer ist also ein zurückgebildeter weiblicher Vorkeim. Die Befruchtung im Innern des Sporophyten ist eine Anpassung an das Landleben.

Die hier aufgezeigte Reihenfolge in der Rückbildung der Gametophyten entspricht auch der zeitlichen Entwicklung im Lauf der Erdgeschichte: Die Gefäßsporenpflanzen, die Nacktsamer und die Bedecktsamer sind in derselben Reihenfolge auseinander hervorgegangen. Die Reduktion der Gametophyten der höchstentwickelten Pflanzen kann nur auf Grund ihrer Stammesgeschichte verstanden werden.

3.4 Biochemische Homologien

Alle Organismen weisen folgende Gemeinsamkeiten auf:
- gleiche chemische Grundbausteine,
- Katalyse durch Enzymproteine,
- Energiegewinnung aus der Glykolyse,
- gleicher genetischer Code,
- gleiche Biosynthese der Proteine.

Auch viele andere Stoffwechselvorgänge sind bei der Mehrzahl der Organismen gleichartig (wie z.B. Tricarbonsäurezyklus, Endoxidation, Photosynthese bei den Pflanzen und bei den vielzelligen Tieren die Informationsübertragung über die Nervenzellen).

Die **Serumreaktion** (s. S. 415) erbringt für Pflanzen und Tiere den Nachweis, daß der chemische Bau der zahlreichen Proteine bei den Lebewesen in der Regel um so mehr übereinstimmt, je näher sie nach anderen Kriterien verwandt erscheinen (Abb. 450.1). Allerdings haben serologische Untersuchungen ergeben, daß die Robben am nächsten mit den Bären verwandt sind und die Seekühe nicht etwa mit Robben, sondern mit den Elefanten. Dies ist durch genaue anatomische und physiologische Untersuchungen und durch Fossilfunde bestätigt worden.

Je näher zwei Arten miteinander verwandt sind, desto ähnlicher ist auch die Basensequenz der DNA, welche die Struktur der Proteine festlegt. Die Verwandtschaftsforschung bedient sich daher heute in großem Umfang der Untersuchung von Protein- und Nukleinsäurestrukturen (vgl. Abschnitt 5.4).

3.5 Gemeinsame Parasiten

Parasiten sind meist an ganz bestimmte Wirte angepaßt, so daß sie nicht auf andere Wirtsarten übergehen können *(Wirtsspezifität)*. Doch haben verwandte Arten oft nahe verwandte Parasitenarten. Menschenläuse finden sich z.B. auch bei Schimpansen, sonst bei keiner Tierart. Das Virus der „Bläschenflechte" tritt nur beim Menschen und den Menschenaffen auf. Das *Dromedar* in Afrika und das *Lama* in Südamerika stammen beide von einer Kamelform ab, die vor 3 Millionen Jahren in Nordamerika vorkam. Im Fell beider Tierarten leben Läuse, die zur gleichen Gattung gehören. Offenbar schmarotzte schon ein Vorfahre dieser Läuse auf dem gemeinsamen Ahnen der heute weit entfernt voneinander lebenden Kamel-Verwandten. Viele Beobachtungen lassen die Regel aufstellen: Haben verschiedene Tierarten die gleichen Schmarotzer, so gehen sie auf eine gemeinsame Stammform zurück, die von dem Parasiten befallen werden konnte.

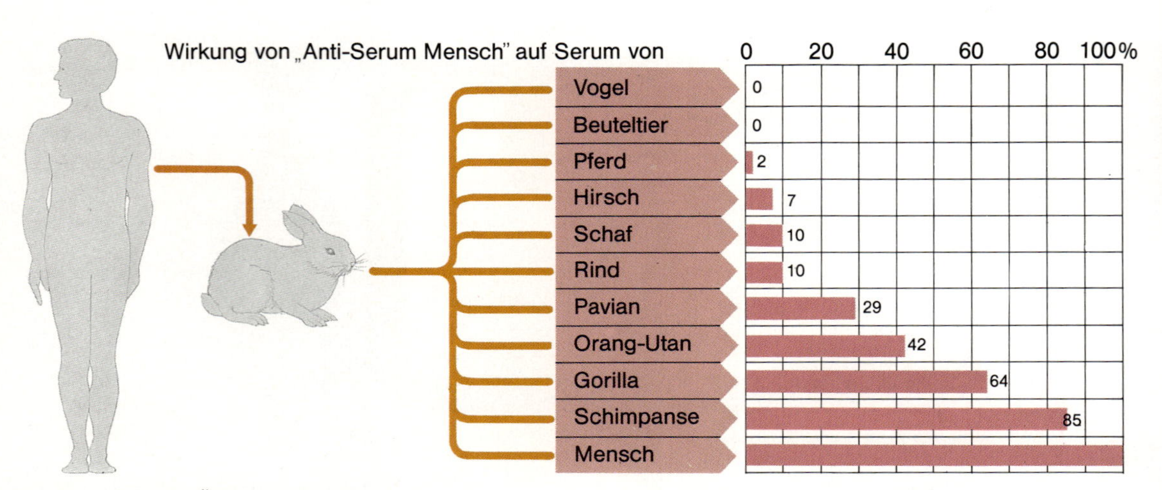

Abb. 450.1: Serologische Ähnlichkeit der Proteine des Blutserums zwischen Mensch und einigen Tiergruppen. Man mißt die ausgefällte Menge Serumprotein nach Zusatz des gegen die menschlichen Proteine empfindlich gemachten Serums eines Kaninchens (Antiserum). Fügt man z.B. dem Antiserum gegen menschliches Protein das Blutserum eines Schimpansen hinzu, so werden die Serumproteine des Schimpansen zu 85% ausgefällt.

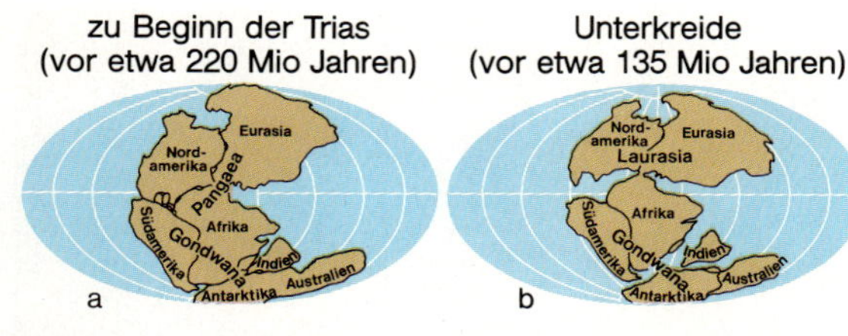

Abb. 451.1: Lage der Kontinente zu Beginn der Triaszeit, in der Unterkreide, am Ende der Oberkreide und in der Gegenwart

3.6 Bedeutung der Verbreitung der Lebewesen für die Evolution

Die gegenwärtige Tier- und Pflanzenwelt der ausgedehnten Landmassen auf der nördlichen Halbkugel (Asien, Europa, Nordamerika) weist keine grundsätzlichen Unterschiede auf. Aber jedes der größeren Landgebiete auf der südlichen Halbkugel (Afrika südlich der Sahara, Südamerika, Australien) hat seine besonderen, charakteristischen Pflanzen- und Tierformen. Die große Verschiedenheit ist nur so zu erklären, daß die Südkontinente seit langem voneinander getrennt sind, als Folge der in langen Zeiträumen sich vollziehenden Kontinentalverschiebungen (s. Abb. 451.1). Nach der Trennung konnten sich dann aus einem ursprünglich ähnlichen Bestand die neuen, für jeden der Räume eigentümlichen Pflanzen- und Tierarten herausbilden. Diese sind um so mehr verschieden, je vollständiger die Lebensräume getrennt waren und je länger die Trennung dauerte (s. auch 2.4).

Ozeanische Inseln sind wirksame Isolationsräume. So zeigen die **Galapagos-Inseln,** westlich von Südamerika, eine große Zahl endemischer, nur hier vorkommender Tierformen. Von einer auch an der benachbarten Westküste des Festlandes lebenden Eidechsengattung weist fast jede Insel der Gruppe eine ihr eigentümliche Art auf. Eine meterlange Meerechse, die sich von Tangen nährt und gut schwimmt, kommt nur auf den Galapagos-Inseln vor; ihre nächsten Verwandten leben auf dem südamerikanischen Festland. Die Finken-Arten der Galapagos-Inseln wurden schon mehrfach erwähnt (vgl. Abb. 424.2, Abschnitte 1.2 und 2.13).

Ein weiteres Beispiel liefern die **Kanarischen Inseln.** Dort findet man verschiedene altertümliche Pflanzenarten. Sie sind zumeist strauchförmig, während ihre nächsten Verwandten in Europa Kräuter sind. Beispiele sind der kanarische Fingerhut oder kanarische Natterkopfarten.

Die Tierwelt **Südamerikas** hat ihre besondere Eigenart. Nur in Südamerika leben die *Dreizehenstrauße (Nandus),* die *breitnasigen Affen (Brüllaffen, Kapuzineraffen),* eine Reihe eigenartiger Nagerfamilien (z.B. *Wasserschwein*) und die Gruppe der *Zahnarmen: Faultiere, Gürteltiere* und *Ameisenbären*. Bis auf wenige in Mittel- und Nordamerika vorkommende Gürteltierarten ist diese Gruppe allein auf Südamerika beschränkt. Die Erklärung liegt darin, daß Südamerika nahezu während der ganzen Tertiärzeit von Mittel- und Nordamerika durch ein Meer getrennt war, so daß es zu einem eigenständigen Entwicklungsraum wurde. Erst mit der späteren Bildung einer Landbrücke konnten die Gürteltiere nach Nordamerika und verschiedene Raubtierarten (so z.B. Jaguar, Wildkatzen, Bären) nach Südamerika gelangen. Die letzteren vernichteten einen großen Teil der fremdartigen Tierarten Südamerikas (z.B. *Riesenfaultier, Riesengürteltier,* besondere Huftiere) gegen Ende der Tertiärzeit.

Im isolierten **Australien** blieb hingegen eine solche eigenartige Tierwelt erhalten. An Säugetieren finden sich hier die auf diesen Erdteil beschränkten *Kloakentiere (Schnabeltier* und *Ameisenigel)* und nicht weniger als 230 Arten von *Beuteltieren* (s. Abb. 451.2), die sonst nur noch in Amerika durch die Beutelratten vertreten sind. An höheren Säugetieren (Plazentatieren) gab es bei der Entdeckung des Erdteils nur Mäuse, die vielleicht mit Treibholz dorthin gelangt sind, Fledermäuse, die auf dem Luftweg kommen konnten, und einen Wildhund, den Dingo, den vermutlich Menschen mitgebracht haben. Die Beuteltiere weisen nach Größe, Bau und Lebensweise eine erstaunliche Mannigfaltigkeit auf; es gibt *Flugbeutler, Beutelmaulwurf, Beutelmarder, Beutelwolf, Beutelbär, Känguruh, Baumkänguruh*. Von den 20000 Pflan-

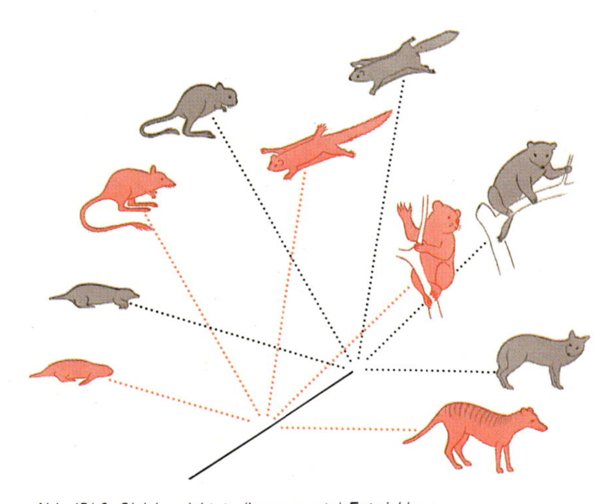

Abb. 451.2: Gleichgerichtete (konvergente) Entwicklung bei Beuteltieren (rot) und Plazentatieren (grau) durch Besetzung gleicher ökologischer Nischen. Von links nach rechts: Beutelmull-Maulwurf, Springbeutler-Springmaus, Flugbeutler-Flughörnchen, Beutelbär-Malaienbär, Beutelwolf-Wolf

zenarten Australiens kommen über 12000 nur hier vor. Bäume der Gattung *Eucalyptus* haben sich an die verschiedensten Lebensräume angepaßt (vom Tropenwald bis zu Bergregionen des gemäßigten Klimas) und dabei über 500 Arten ausgebildet. Auch bei Australien liegt der Grund für die Eigenart seiner Lebewelt darin, daß es seit der Kreidezeit von Südamerika und Asien abgetrennt ist. Zu dieser Zeit lebten dort an Säugetieren nur Kloakentiere und Beuteltiere, die sich in dem abgesonderten Australien außerhalb des Wettbewerbs mit den höheren Säugetieren erhalten, neue Arten entwickeln und die genannte reiche Fülle von Anpassungsformen ausbilden konnten.

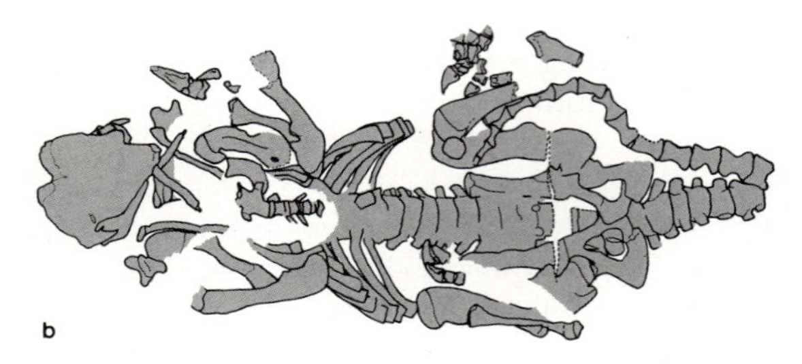

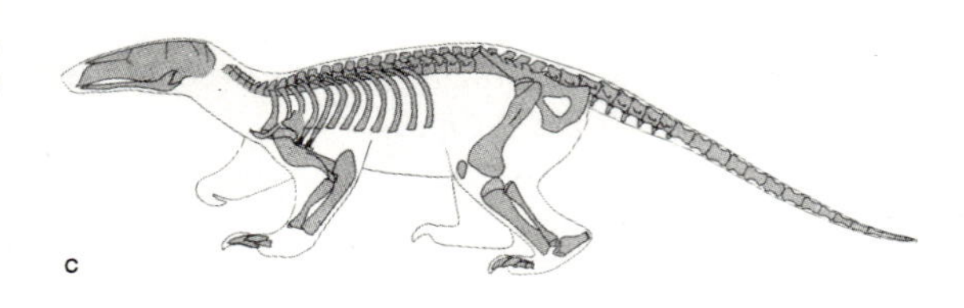

Abb. 452.1: a Fossil: Schuppentier von Messel/Darmstadt (Eozän), b Reste in Fundlage, c Rekonstruktion des Fossils unter Ergänzung fehlender Knochen aufgrund des bekannten Bauplans von Schuppentieren, d Rekonstruktion der äußeren Gestalt. Einzelheiten, wie etwa die Färbung, bleiben unbekannt.

3.7 Bedeutung der Tier- und Pflanzenzüchtung für die Evolutionsforschung

Bei der Tier- und Pflanzenzüchtung läßt sich die Änderung der Arten unmittelbar beobachten, denn der sehr große Formenreichtum der Haustiere und der Kulturpflanzen ist in verhältnismäßig kurzer Zeit vor den Augen des Menschen entstanden, wie z.B. die Rassen des Hundes, des Pferdes, des Kaninchens, des Huhns, der Taube (Abb. 424.1), des Kohls (Abb. 378.1), der Getreidearten, der Dahlie.

4. Die Geschichte des Lebens auf der Erde

4.1 Fossilien und Altersbestimmung

Bei der Erforschung der Evolutionszusammenhänge ist man nicht allein auf die vergleichende Untersuchung heute lebender Organismen angewiesen. Die Veränderung der Lebewesen im Laufe der Erdgeschichte läßt sich unmittelbar an den Formen früherer Erdepochen erkennen.

In Gesteinsschichten der verschiedenen geologischen Formationen findet man Überreste (Fossilien) von Pflanzen und Tieren, die zur Zeit der Bildung jener Schichten gelebt haben. *Fossilien sind alle Lebensspuren früherer Organismen (Skeletteile, Schalen, Abdrücke) aus geologischen Ablagerungen (Sedimenten).* Im allgemeinen bleiben von Organismen nur Hartteile erhalten und diese sind oft durch den Fossilisierungsvorgang verändert. Weichteile erhalten sich nur unter besonders günstigen Verhältnissen; sie müssen daher in der Regel rekonstruiert werden (Abb. 452.1). Dabei zieht man Gestalt und Bau der heute lebenden Organismen zum Vergleich heran. Diese Verfahren der **vergleichenden Anatomie** ermöglichen die Einordnung der Fossilien in bestimmte Tier- und Pflanzengruppen.

Das Auffinden von Fossilien hängt weitgehend vom Zufall ab. Schon aus diesem Grunde geben sie nur ein lückenhaftes Bild von der Geschichte der Organismen.

Mit verschiedenen Methoden, am genauesten durch Messung des Zerfalls radioaktiver Elemente, kann man das Alter von Gesteinsschichten und der darin eingebetteten Fossilien bestimmen.

Die Methode der Altersbestimmung sei am Beispiel des radioaktiven Kohlenstoff-Isotops ^{14}C geschildert. Bei seinem Zerfall werden Elektronen (= β-Strahlen) abgegeben und ^{14}N entsteht. ^{14}C findet sich in äußerst geringer Menge im CO_2 der Luft. Bei der Photosynthese wird es anteilmäßig in die Pflanze und über die Pflanzennahrung auch in den Tierkörper aufgenommen. Seine Halbwertzeit beträgt rund 5700 Jahre. Nach dieser Zeit ist die Hälfte der ^{14}C-Atome und nach weiteren 5700 Jahren abermals die Hälfte der verbleibenden Atome zerfallen (und so fort). In fossilen Pflanzen- und Tierresten wird bei einem Alter von 11 400 Jahren durch Strahlenmessung noch ein Viertel der ursprünglichen und der Luftzusammensetzung entsprechenden ^{14}C-Menge vorgefunden (s. Abb. 453.1). Auch andere radioaktive Elemente können benutzt werden, um das Alter von Fossilien oder von Gesteinsschichten zu bestimmen. Man muß nur die Halbwertzeit, die mittlerweile gebildete Menge eines Zerfallsprodukts sowie die noch nicht zerfallene Menge des Ausgangs-Isotops kennen. Damit läßt sich dann die ursprüngliche Menge des letzteren berechnen. Die »K-Ar-Uhr« beruht auf dem Zerfall des in Gesteinen und in Fossilien enthaltenen radioaktiven Kalium-Isotops ^{40}K in Argon ^{40}Ar. Die Halbwertzeit von ^{40}K beträgt 1,3 Milliarden Jahre. Das Edelgas Argon bleibt im Kalium-Mineral eingeschlossen. Durch Schmelzen des Kalium-Minerals im Hochvakuum wird die in ihm enthaltene Argonmenge freigesetzt und bestimmt. Ferner wird die noch vorhandene ^{40}K-Menge gemessen. Daraus ergibt sich, welche Menge ^{40}K zerfallen ist. Beispiel: Ist die Hälfte des ^{40}K zerfallen, so müssen 1,3 Milliarden Jahre seit Entstehung des Minerals vergangen sein.

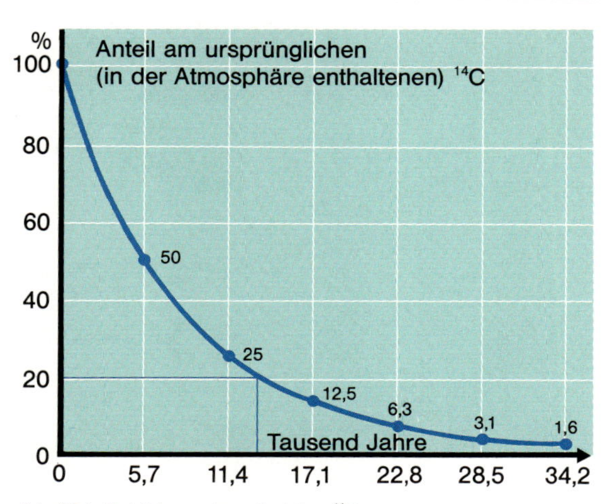

Abb. 453.1: Zerfallskurve des radioaktiven ^{14}C mit einer Halbwertzeit von 5700 Jahren (s. Text). Mit Hilfe der ^{14}C-Altersdatierung läßt sich das Alter von Holz oder anderen Organismenresten bis etwa 80000 Jahre zurück bestimmen, dann wird die Methode wegen des nur noch in Spuren im Fossil vorhandenen ^{14}C zu ungenau.

4.2 Die Entstehung des Lebens auf der Erde (Biogenese)

Woher kommen die Lebewesen? In früheren Zeiten nahm man an, daß Lebewesen auch aus toten Stoffen, also ohne Eltern, durch Urzeugung entstehen könnten. ARISTOTELES lehrte, daß Aale aus Würmern und diese unmittelbar aus Schlamm hervorgehen. Daß im faulenden Fleisch sich »Würmer« von selbst bilden, war allgemeingültiger Glaube, so lange bis er 1668 von REDI auf dem Weg des Experiments widerlegt wurde. REDI bewahrte Fleisch in einem geschlossenen Behälter auf, so daß Fliegen darauf keine Eier ablegen und auch keine Maden sich darin entwickeln konnten. Der Glaube an eine Urzeugung schränkte sich allmählich auf die Welt von Mikroorganismen ein, bis 1862 PASTEUR durch Versuche unwiderleglich nachwies, daß bei Abtötung der vorhandenen Keime keine Mikroorganismen in Nährflüssigkeiten entstehen. Damit war erwiesen, daß sich gegenwärtig Lebendes nur aus Lebendem bildet: »Omne vivum ex vivo«.

Für die erstmalige Entstehung der Organismen auf der Erde gilt diese Aussage nicht. Unter den ganz andersartigen physikalisch-chemischen Verhältnissen nach Entstehung der festen Erdrinde (vor rund 4,5 Milliarden Jahren) konnten Vorgänge ablaufen, die zur Bildung einfachster lebendiger Strukturen führten. Da die ältesten Fossilreste höchstens 3,6 Milliarden Jahre alt sind, steht für diese Vorgänge eine Zeit von nahezu 1 Milliarde Jahren zur Verfügung.

Nachprüfbare Hinweise auf die Entstehung von Lebewesen stammen vor allem aus Experimenten unter Bedingungen der Uratmosphäre, Erkenntnissen der Molekularbiologie (s. Genetik 8.), Erkenntnissen über Strukturen und Stoffwechsel von Bakterien, Archaebakterien und Blaualgen (s. 4.5 und 4.6 sowie Cytologie 2.).

Alle diese aus ganz verschiedenen Gebieten stammenden Hinweise machen eine abiotische Entstehung der Lebewesen wahrscheinlich.

4.3 Chemische Evolution

Nach Bildung der Erde war deren Atmosphäre ganz anders zusammengesetzt als heute. In den ältesten Gesteinen fehlen Mineralien von oxidiertem Eisen und Uran. Man schließt daraus, daß zu jener Zeit kein freier Sauerstoff vorhanden war. Durch Vergleich der Atmosphäre anderer Planeten, die noch dem Urzustand der Erde ähneln, lassen sich Aussagen über die *Uratmosphäre* der Erde machen. Wahrscheinlich bestand sie hauptsächlich aus Stickstoff, Kohlenstoffdioxid und Wasserdampf; ferner waren Ammoniak, Schwefelwasserstoff, Methan und vielleicht freier Wasserstoff zugegen. Die Atmosphäre war also reduzierend. Im Wasser der Ur-Ozeane gelöst kamen Phosphate, Silikate und Metallionen vor. Die Energie für chemische Reaktionen zwischen diesen Stoffen würde durch elektrische Funkenentladung bei Gewittern, durch geothermische Wärme bei Vulkanismus und durch radioaktive Strahlung geliefert. Auch die durch das Fehlen der Ozonschicht in der Atmosphäre sehr starke UV-Strahlung war damals eine bedeutende Energiequelle.

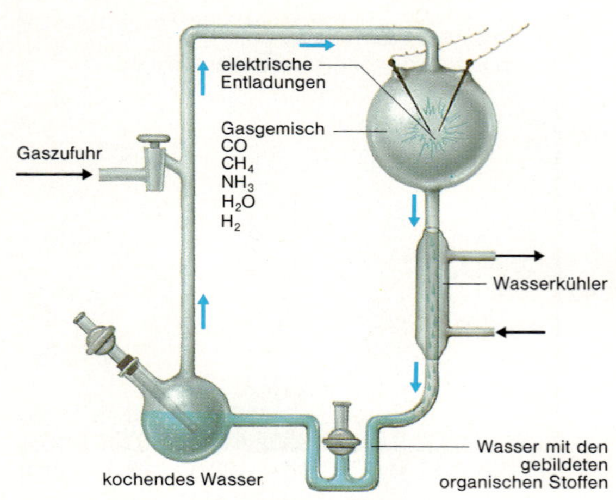

Abb. 454.1: Versuchsapparatur (60 cm hoch) von Miller, mit der 1953 die abiogene Bildung von organischen Stoffen unter Bedingungen nachgewiesen wurde, wie sie wahrscheinlich zur Urzeit der Erde bestanden haben.

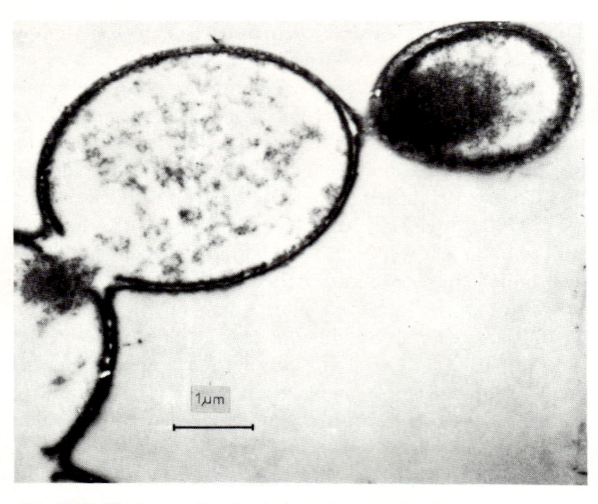

Abb. 454.2: Elektronenmikroskopische Aufnahme eines Schnittes durch Proteinoid-Mikrosphären. Erkennbar ist die aus Proteinoiden bestehende Membran. Größe 1-80 µm

Daß unter solchen Bedingungen aus anorganischen Stoffen einfache organische Verbindungen – auch Bausteine von Lebewesen – entstehen können, ist zuerst von MILLER und dann durch viele weitere Experimente auch von anderen Wissenschaftlern nachgewiesen worden. MILLER erhielt aus einem Gasgemisch von CH_4, CO, H_2, NH_3 und Wasserdampf, das acht Tage lang im Kreislauf durch einen elektrischen Lichtbogen strömte, zahlreiche organische Verbindungen (Ameisensäure, Formaldehyd, Milchsäure und Aminosäuren). Aus Formaldehyd entstehen im alkalischen Milieu vielerlei Zucker. In weiteren Experimenten mit Neutronenstrahlen, UV-Strahlen oder nur Wärmeenergie, erhielt man aus anorganischen Stoffen Stickstoffbasen der Nukleotide, ferner Fettsäuren und energieliefernde Verbindungen wie z.B. ATP (vgl. Abb. 455.1).

Da Organismen fehlten, welche die gebildeten organischen Verbindungen als Nahrung benutzt und abgebaut hätten, sammelten sie sich im Ur-Ozean an *(Ursuppe)*. Dabei war in abgeschnürten Küstenbecken die Konzentration vermutlich sehr hoch; trockneten diese aus, so wurden bei Temperaturen über 100 °C auch Reaktionen zwischen festen Stoffen möglich.

Bei den Reaktionen der Verbindungen, die in konzentrierter Lösung oder an feste Körper absorbiert vorlagen, könnten unter anderem auch Makromoleküle entstanden sein. Solche Synthesen sind im Experiment ebenfalls nachvollzogen worden (s. Abb. 454.1). Aus Aminosäuregemischen, zusammen mit porösem Lavagestein erhitzt, bilden sich eiweißartige Verbindungen, sogenannte **Proteinoide.** Sie sind Modellsubstanzen für »Ur-Proteine«. Beim Abkühlen heißer Proteinoidlösungen entstehen kugelförmige Gebilde von 1–2 µm Größe. Man nennt sie **Mikrosphären** (Abb. 454.2). Sie besitzen eine Membran, die oft nur für einige Stoffe durchlässig, also selektiv permeabel, ist. Mikrosphären können wachsen und sich durch Knospung vermehren. Bei Anwesenheit bestimmter Ionen (z.B. Mn^{2+}) spalten manche Mikrosphären ATP. Sie zeigen auch andere enzymatische Fähigkeiten, was auf die in ihnen enthaltenen Proteinoide zurückgeht. Die katalytischen Funktionen sind allerdings wesentlich schwächer als bei heutigen Enzymen, doch ermöglichten sie in Mikrosphären des Ur-Ozeans mit großer Wahrscheinlichkeit einfache chemische Umsetzungen (einen einfachen Ur-Stoffwechsel) (s. Abb. 455.2).

4.4 Die Evolution zu Urlebewesen (Protobionten)

Eine einleuchtende Erklärung, wie auf Grund von Wechselwirkung zwischen den bei der chemischen Evolution entstandenen Polynukleotiden und Proteinoiden Gebilde entstehen, welche die Haupteigenschaften von Lebewesen aufweisen, lieferte EIGEN mit seiner Theorie von der *Selbstorganisation der Materie.* Nach seinen Überlegungen müssen in diesen Wechselwirkungen die folgenden biologischen Grundvorgänge enthalten sein:

1. **Selbstvermehrung:** Nur dadurch kann das einmal Erreichte bewahrt und an Nachkommen weitergegeben (vererbt) werden.
2. **Stoffwechsel:** Nur dadurch können aus der Umgebung Stoffe aufgenommen und umgesetzt werden. So werden die Bausteine und die Energie für die Selbsterhaltung und Selbstvermehrung gewonnen.
3. **Mutation:** Nur dadurch kann das Vorhandene sich abwandeln und auch Neues mit günstigeren Eigenschaften entstehen.

Erst wenn alle diese Vorgänge in einem rückgekoppelten Reaktionszyklus zusammenwirken, sind Lebewesen und ihre Evolution möglich. Das Auftreten solcher rückgekoppel-

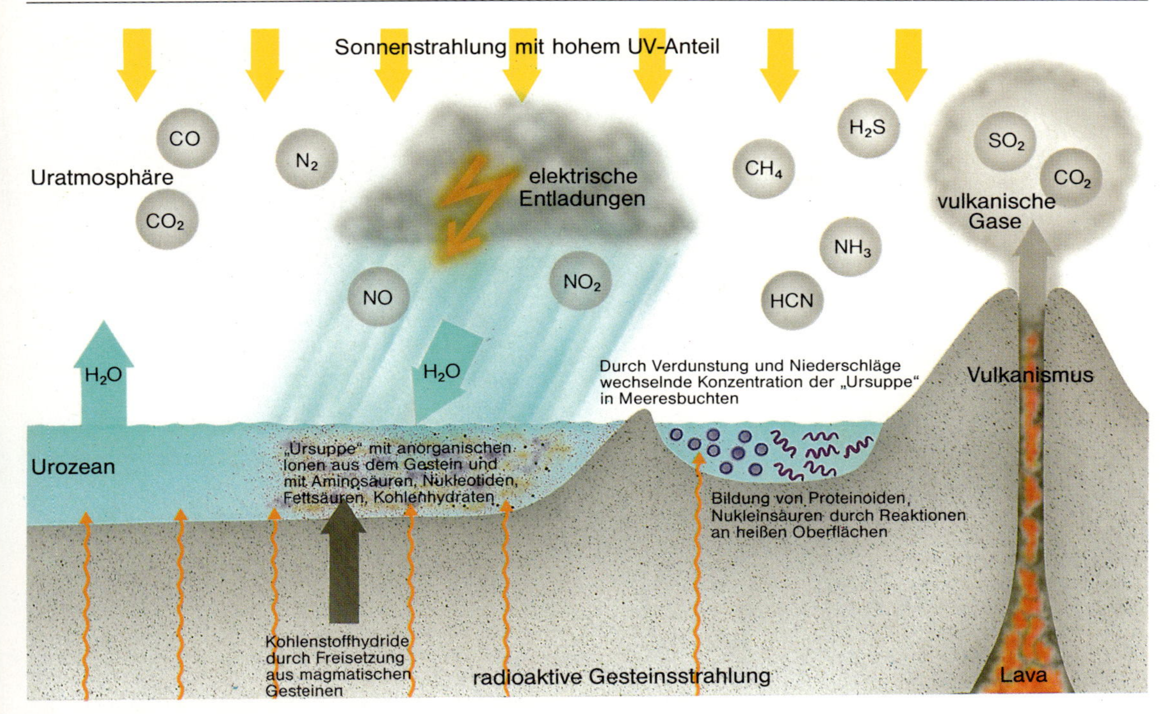

Abb. 455.1: Abiotische Bildung organischer Moleküle in der Urzeit der Erde und damals vorhandenen Energiequellen (vgl. Text)

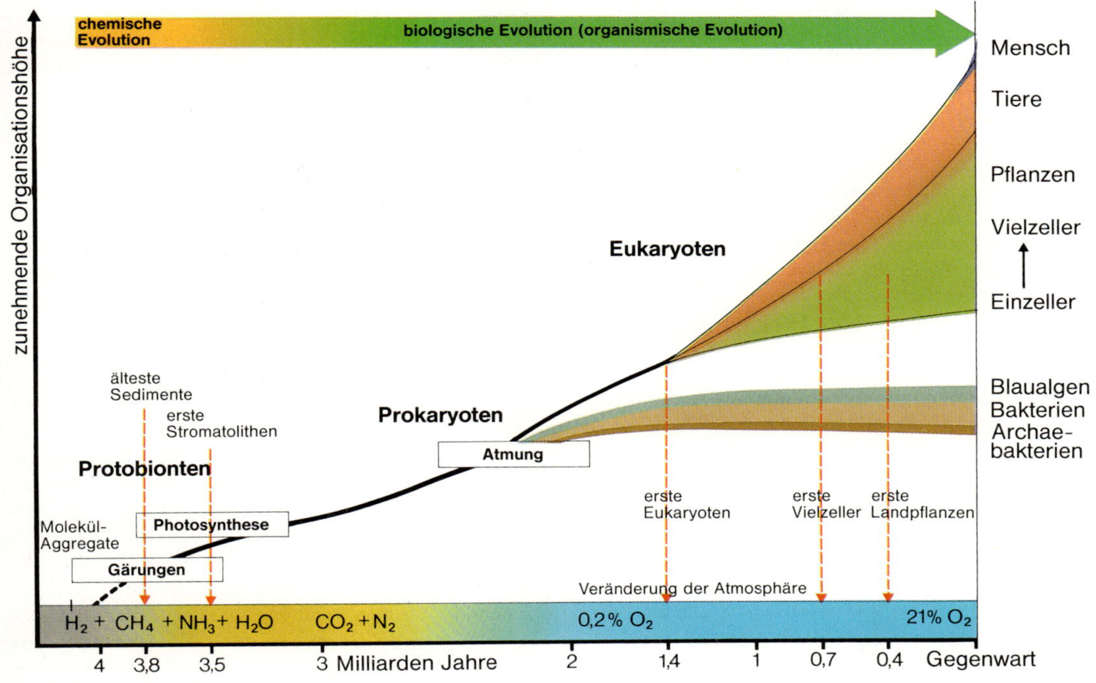

Abb. 455.2: Die Entfaltung der Organismen auf der Erde. Die chemische Evolution ist die abiogene Bildung von organischen Verbindungen bis zu Makromolekülen. Die biologische (organismische) Evolution setzt mit der Entstehung erster Lebewesen (Protobionten) ein. Der Übergang von der chemischen zur organismischen Evolution ist fließend. Die Evolution der Prokaryoten ist stark vereinfacht wiedergegeben.

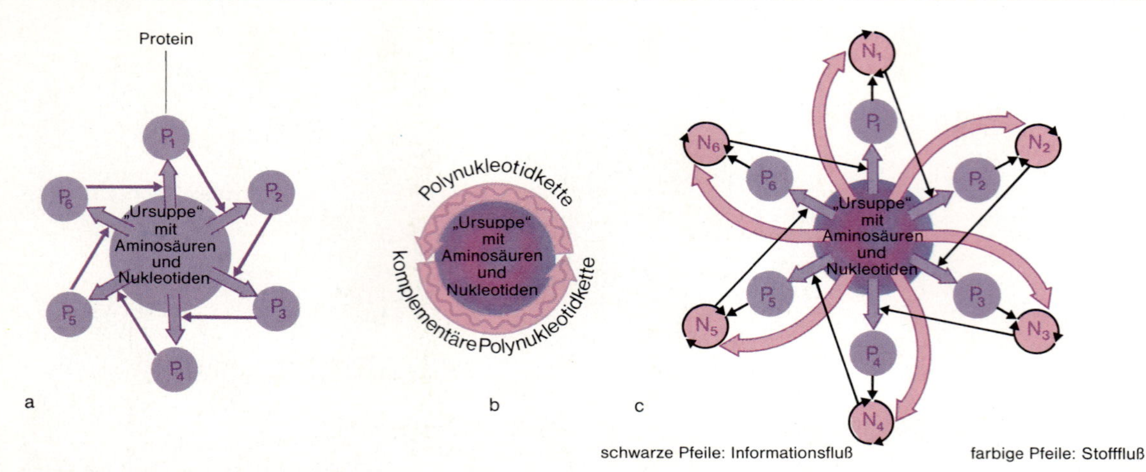

Abb. 456.1: a Denkbarer Zyklus von Proteinsynthesen. Abiotisch entstandene Proteine sind zu seiner Reaktionskette zusammengeschlossen, wobei jedes Protein die Synthese des in der Kette folgenden Proteins katalysiert. Wenn nun das letzte Protein (P_6) die Synthese des ersten (P_1) katalysiert, entsteht ein Reaktionszyklus. Die Veränderung (Mutation) eines Proteins kann es katalytisch unwirksam machen und unterbricht dann den Zyklus. Daraus folgt: Mutationen führen in einem Proteinsynthesezyklus zu keiner Evolution über den bestehenden Zyklus hinaus. b Zyklus der Polynukleotidsynthese. Eine Polynukleotidkette reproduziert durch Anlagerung von Nukleotiden (auch ohne Enzyme) eine komplementäre Nukleotidkette; diese reproduziert wieder die ursprüngliche. Auf diese Weise entsteht eine Vielzahl gleicher und ihnen komplementärer Nukleotidketten. In der Polynukleotidkette können Nukleotide ausgetauscht werden. Die meisten Polynukleotide haben jedoch keine Enzymfunktionen und katalysieren daher Stoffwechselvorgänge nicht. Deshalb läßt sich kein Stoffwechsel ausbilden. Eine Evolution dieses Zyklus ist ebenfalls nicht möglich. c Hyperzyklus. Verknüpfung von Zyklen der informationstragenden Polynukleotidketten (N) mit Synthesen katalytisch wirkender Proteine (P), die ihrerseits die Synthese der Polynukleotidketten verbessern. In diesem System steuern die Nukleotidketten N den Aufbau von Enzym-Proteinen P aus Aminosäuren der Ursuppe. Die Proteine katalysieren die Replikation von Nukleotidketten. Im Hyperzyklus werden die Polynukleotide zu Trägern der genetischen Information und die Proteine steuern durch ihre katalytische Funktion den Stoffwechsel. Bildet sich um einen solchen Hyperzyklus eine Membran, entsteht ein »Protobiont«. Dieser zeigt alle Schlüsselprozesse des Lebens: Stoffwechsel, Wachstum, Vermehrung, Vererbung, Mutation und Evolution. Ob ein Hyperzyklus in der dargestellten Form je existiert hat, ist unbekannt.

ter Reaktionsketten unter Beteiligung von Proteinen und replikationsfähigen Nukleotidketten kann man sich so vorstellen, wie es die Abb. 456.1 a, b und c zeigt. Im Rahmen dieser Vorgänge werden aus den Proteinoiden Proteine mit allen Eigenschaften dieser Stoffgruppe.

Das Zusammenwirken von Replikationszyklen der Nukleotidketten mit Proteinsynthesen bezeichnet man als **Hyperzyklus.** Jeder Hyperzyklus kann sich relativ schnell vermehren. Führt die Veränderung (Mutation) einer informationstragenden Polynukleotidkette zur rascheren Abfolge der Reaktionen, wird sich ein solcher Zyklus im Wettbewerb um die für die Reaktion nötigen Stoffe aus der Umgebung gegenüber anderen Zyklen durchsetzen; er breitet sich aus. So herrscht bereits auf der molekularen Ebene das Prinzip der Evolution durch Selektion (s. S. 426 ff). Bei Einschluß einer derartigen Reaktionskette (Hyperzyklus) in einen kleinen membranumschlossenen Raum läge dann eine einfachste Lebensform, ein **Protobiont,** vor (Abb. 457.1).

Die Protobionten (Urlebewesen) entwickelten sich vermutlich in der Weise weiter, daß noch andere Polynukleotide (vielleicht auch ganze Hyperzyklen) aufgenommen wurden. Dies ermöglichte zusätzliche, sich voneinander unterscheidende Stoffwechselreaktionen, die sich wechselseitig immer besser aneinander anpaßten. Die Verbesserung der Enzymproteine und der ihnen zugrunde liegenden Polynukleotide verbesserte auch den Stoffwechselablauf und machte Protobionten dieses Typs gegenüber einfacheren überlegen; sie verdrängten die einfacheren Typen. Eine solche Entwicklung führte zur Protocyte (Prokaryoten-Zelle).

4.5 Evolution des Stoffwechsels

Als Energiequelle standen den Protobionten zunächst reichlich organische Verbindungen in der Ursuppe zur Verfügung. Diese brauchten sie nur in ihren Zellen abzubauen. Vermutlich bildeten und nutzten schon diese Ur-Lebewesen ATP als Energielieferant. Die mit der Reaktionskette der Glykolyse verknüpfte ATP-Bildung findet sich nämlich bei fast allen Lebewesen, sie muß deshalb ein sehr ursprünglicher Stoffwechselvorgang sein. Die Stoffwechselreaktionen zur Energiegewinnung wurden schrittweise verbessert (s. Abb. 457.2), wobei jede Verbesserung ihren Trägern einen Überlebensvorteil brachte. Die Protobionten vermehrten sich, so daß die Nahrung allmählich knapp wurde. Neue Wege zur Energiebeschaffung waren für die Lebewesen daher vorteilhaft. Eine solche neue Energiequelle erschloß sich durch die Nutzung von Licht durch lichtab-

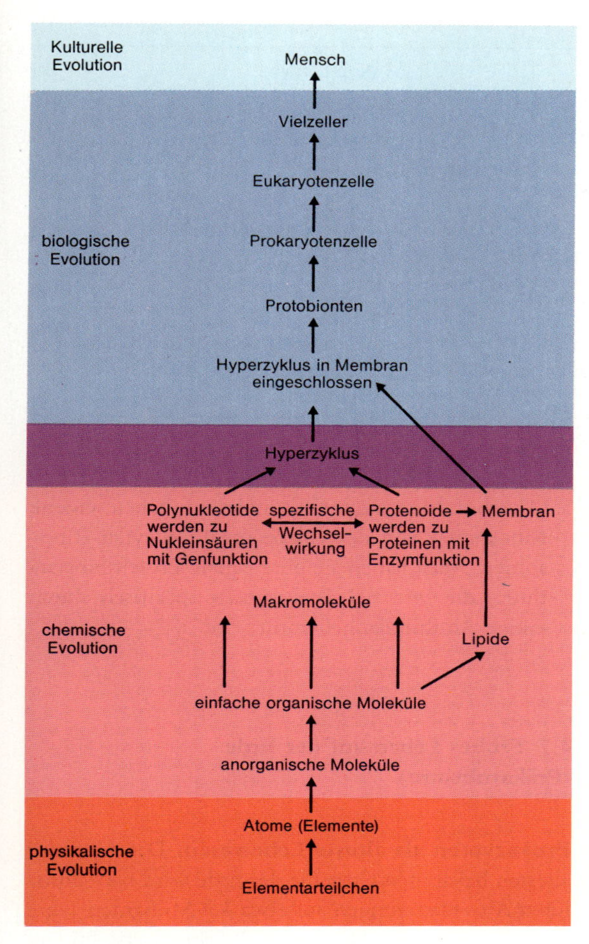

Abb. 457.1: Stufen der Evolution mit den vermutlich aufeinanderfolgenden Schritten bei der Entstehung von Lebewesen

Abb. 457.2: Vermutliche Entwicklung des Energiestoffwechsels. Kein Stammbaum der angegebenen Organismen

sorbierende Farbstoffe unter Bildung von ATP. Eine derartige ursprüngliche Form der Photosynthese findet man heute bei Salzbakterien. In einem langen Evolutionsvorgang entstand dann eine Elektronentransportkette. Anfangs diente der Schwefelwasserstoff als Elektronenlieferant; eine solche Form der Photosynthese gibt es heute noch bei *Schwefelpurpurbakterien*. Diese einfachen Organismen konnten sich in besonderen ökologischen Nischen bis heute halten, z.B. an Orten mit Fäulnisvorgängen oder in H_2S-haltigen Quellen. Ein wichtiger Fortschritt war dann die Elektronenlieferung durch Spaltung von Wasser, denn dieses war in unbegrenzter Menge verfügbar. Die Wasserspaltung lieferte nun Sauerstoff (vgl. 4.7). Seine vor über 2 Milliarden Jahren einsetzende Anreicherung war wiederum Voraussetzung für die Evolution der Zellatmung; diese erzeugt Energie durch Oxidation organischer Stoffe. Vergleicht man die Elektronentransportketten von Photosynthese (Abb. 132.1) und Zellatmung (Abb. 141.1), so wird sofort einsichtig, daß beide auf einen gemeinsamen Ursprung zurückgehen.

Die Evolution des Stoffwechsels macht verständlich, warum die Stoffwechselreaktionen bei allen Organismenarten so viele Gemeinsamkeiten aufweisen. Ob aber die Stoffwechsel-Evolution genau in der geschilderten Weise abgelaufen ist, muß offen bleiben.

4.6 Evolution der Zelle

Prokaryoten sind sehr viel einfacher gebaut als die Zellen der Eukaryoten. Nur bei manchen Prokaryoten-Zellen (z.B. Cyanobakterien = Blaualgen) kommen membranumgrenzte Organellen vor. Die Untersuchung der Struktur von Enzymen, Lipiden, Ribonukleinsäuren und der Zellwand zeigt aber, daß man die Prokaryoten in mindestens zwei Gruppen trennen muß. Die eine Gruppe umfaßt die *echten Bakterien* und die *Blaualgen (= Cyanobakterien)*, die andere die *Archaebakterien* (s. Tabelle 458/1). Sie unterscheiden sich stark durch ihren Zellwand- und Membranaufbau (vgl. Abb. 504.1).

Tabelle 458/1: Lebensbedingungen der Archaebakterien

Bezeichnung, zugleich Hauptgruppen	Lebensweise	Vorkommen
Methanbildner (zahlreiche Arten)	anaerob, benötigen CO_2 und H_2 bzw. Fettsäuren zur Bildung von Methan und organischen Stoffen	Sümpfe, Faultürme von Kläranlagen u. a. sauerstofflose Orte
Salzbakterien	aerob oder anaerob, leben von organischen Stoffen oder durch Photosynthese unter Bildung von ATP	Salzseen (Totes Meer), Salinenanlagen
Hitze und Säure liebende Bakterien	aerob, bei pH-Werten unter 2, bei nahezu 100 °C, gehen bei normalen Temperaturen zugrunde	an sehr heißen Orten wie z. B. heißen Schwefelquellen, glimmenden Kohlehalden

Archaebakterien besetzen ökologische Nischen, die in mancher Hinsicht den Verhältnissen der Urzeit der Erde ähneln. Einige Archaebakterien leben in 105 °C heißem Wasser vulkanischer Quellen; ihre Enzyme haben demnach eine extrem hohe Hitzebeständigkeit.

Zwischen den Organisationen der Prokaryoten-Zelle und der Eukaryoten-Zelle (Abb. 459.2) findet man heute keinerlei Übergänge. Die Eucyte mit ihren Zellorganellen erscheint offenbar unvermittelt. Daher vermutet man, daß Mitochondrien und Plastiden (vielleicht auch Geißeln) ursprünglich selbständige Protocyten waren, die in andere Zellen aufgenommen wurden und symbiontisch darin lebten. Nach dieser Hypothese sollen Ur-Bakterien durch Endocytose in eine andere Zelle eingedrungen sein und sich, in Vesikel eingeschlossen, zu Mitochondrien entwikkelt haben. Auf ähnliche Weise seien die Chloroplasten und andere Plastiden aus endosymbiontischen Ur-Blaualgen entstanden.

Für diese **Endosymbionten-Hypothese** spricht:

1. Beide Organellen-Formen entstehen nur durch Teilung aus ihresgleichen. Die Zelle kann sie bei Verlust nicht neu bilden.
2. Sie besitzen eine Hülle aus zwei Membranen, als ob sie in »Wirts«zellen eingedrungen wären und ihre eigene Membran von der »Wirts«membran umschlossen worden wäre, so wie dies bei der Endocytose von Partikeln geschieht.
3. Die innere Membran der Mitochondrien enthält ein Phospholipid, das sonst nur in der Membran von Protocyten vorkommt.
4. Beide Organellen enthalten wie die Protocyten nackte DNA, die nicht in Form von Chromosomen mit Histonen verbunden ist. Bei den meisten Mitochondrien und manchen Plastiden ist die DNA ringförmig gebaut wie das Bakterienchromosom.
5. Mitochondrien und Chloroplasten haben eigene Ribosomen von der Größe der Protocyten-Ribosomen. Auch haben sie eine eigene Proteinbiosynthese, die wie bei Prokaryoten spezifisch durch einige Antibiotika gehemmt wird.

4.7 Frühes Leben auf der Erde (Präkambrium)

Prokaryoten als älteste Lebewesen. Das Alter der ältesten bekannten Gesteine der Erde wird nach absoluten Altersdatierungen auf etwa 3,9 Milliarden Jahre geschätzt. Gesteine konnten sich jedoch erst bilden, als die zunächst heiße und flüssige Materie so weit abkühlte, daß die obersten Schichten erstarrten. Die ältesten gesicherten Fossilreste fand man in etwa 3,5 Milliarden Jahre alten Gesteinsschichten. Es handelt sich um Reste von blaualgenartigen Lebewesen des Meeres, die Kalkkrusten (*Stromatolithen;* s. Abb. 459.1) bildeten. Vor ungefähr 2 Milliarden Jahren existierten bereits zahlreiche verschiedene Arten von Blaualgen und Bakterien, darunter auch fädige und Kolonien bildende Formen. Diese betrieben Photosynthese und haben dabei vermutlich bereits Sauerstoff gebildet.

Die ältesten Meeressedimente mit oxidiertem Eisen sind Bändereisenerze; sie sind etwa 3 Milliarden Jahre alt. Festländische Ablagerungen enthielten damals noch kein oxidiertes Eisen. Durch die Flüsse wurden Eisen-(II-)verbindungen ins Meer verfrachtet. Der bei der Photosynthese der Blaualgen entstehende Sauerstoff führte im Meer sofort zur Bildung von unlöslichem Eisen-(III-)oxid (Fe_2O_3), das sich am Meeresboden absetzte. Deshalb gelangte mehr als eine Milliarde Jahre lang kaum Sauerstoff in die Atmosphäre. Erst vor etwa 1,8–1,5 Milliarden Jahren traten festländische

Ablagerungen mit roter Farbe auf. Offenbar war der Sauerstoffgehalt im Meer durch die Photosynthese der Organismen so weit angestiegen, daß das zweiwertige Eisen im Meer oxidiert war und Sauerstoff in die Atmosphäre entwich, so daß Fe_2O_3 auf dem Festland entstehen konnte.

Die Gesteine des Präkambriums sind infolge ihres hohen Alters im Laufe der Zeit vielfachen Beanspruchungen ausgesetzt gewesen. Vor allem durch Druck und Hitze sind sie häufig verändert worden *(metamorph)*. Schon aus diesem Grunde sind Fossilien darin selten.

Auftreten von Eukaryoten. In Schichten mit einem Alter von 1,2–1,5 Milliarden Jahren findet man erstmals Reste von Zellen, die nach Größe und Gestalt von Eukaryoten herrühren können. Einigermaßen sicher sind Funde von Eukaryotenzellen in 900 Millionen Jahre alten Schichten Australiens. Die 650 bis 700 Millionen Jahre alten *Ediacara-Schichten* in Südaustralien enthalten Abdrücke zahlreicher flach gebauter vielzelliger Tiere, die von vielen Forschern vor allem den Gruppen der Hohltiere und der Ringelwürmer (Abb. 459.3 und 460.1) zugeordnet werden, vielleicht aber auch einen eigenen Tierstamm bilden.

Vor etwa 600 Millionen Jahren beginnt die Entfaltung eines reichen Tier- und Pflanzenlebens. Die zahlreichen Fossilreste belegen es. Man läßt deshalb zu dieser Zeit die lange Epoche des Präkambriums enden. Der Zeitraum der letzten 600 Millionen Jahre der Erdgeschichte heißt **Phanerozoikum** (gr. phaneros, sichtbar); man hat ihn eben wegen der zahlreichen Fossilfunde so benannt.

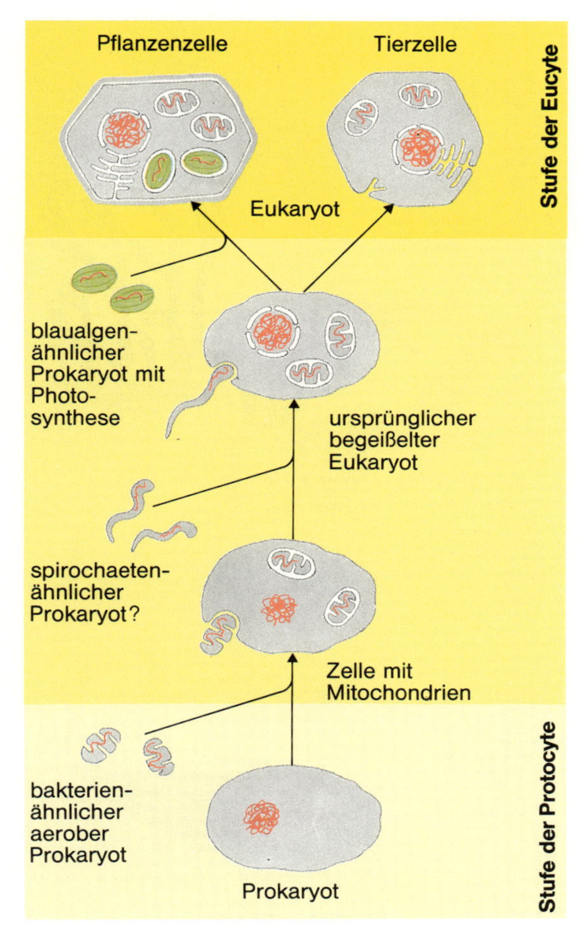

Abb. 459.2: Entstehung der Eucyte (der Pflanzenzelle und der Tierzelle) nach der Endosymbionten-Hypothese

Abb. 459.1: Stromatolithen aus Westaustralien, etwa 3,5 Milliarden Jahre alt. Dünnschliffe durch die im Querschnitt feinschichtigen Stromatolithen zeigen einzellige, blaualgenartige Gebilde.

Abb. 459.3: Tribrachidium aus dem obersten Präkambrium in Südaustralien, Größe ca. 8 cm, etwa 680 Millionen Jahre alt. Das Fossil gehört zu einer unbekannten Tiergruppe der Ediacara-Fauna. Diese Fauna kommt auch in Europa und Südafrika vor.

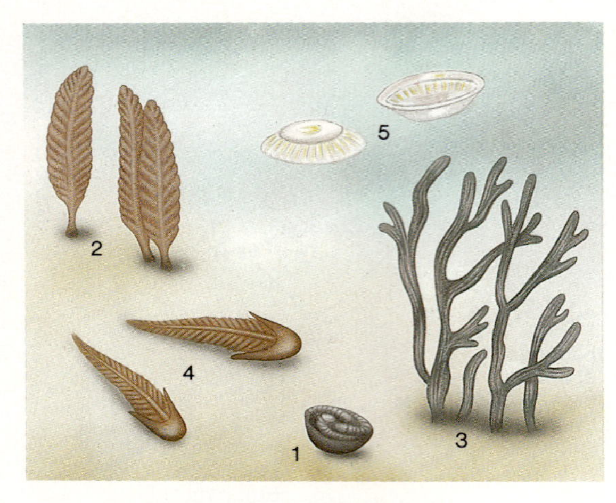

Abb. 460.1: Ediacara-Fauna (vor ca. 680 Millionen Jahren).
1 Tribrachidium (unbekannte Tiergruppe),
2 Rangea (Hohltier?),
3 Charnia (Koralle?),
4 Spriggina (5 cm, ringelwurmähnlich?),
5 Quallen

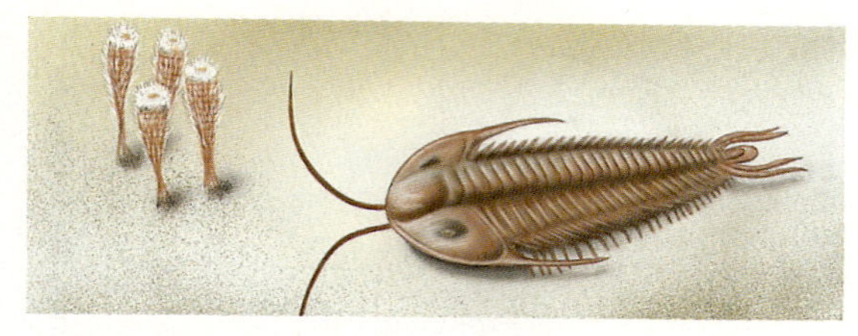

Abb. 460.2: Ein Trilobit (Paradoxides aus dem Kambrium, vor etwa 550 Millionen Jahren, bis 0,5 m groß). Hinten links Vertreter des schwammähnlichen Tierstammes der Archaeocyathiden; sie kamen nur im Kambrium vor.

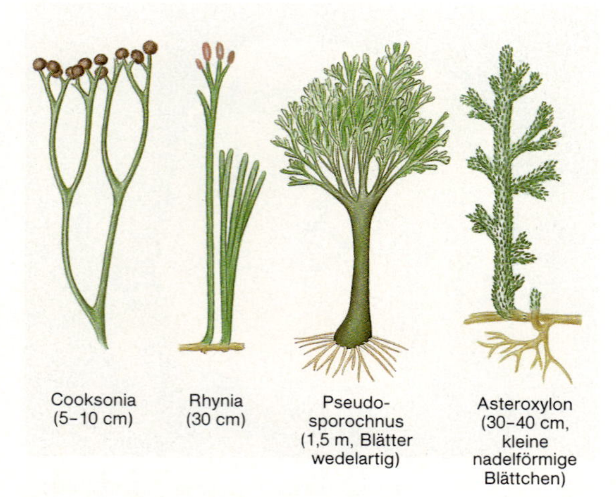

Abb. 460.3: Nacktfarne (Psilophyten) aus dem Devon (vor etwa 370 Millionen Jahren); im Uferbereich wachsende Ur-Landpflanzen

4.8 Die Pflanzen- und Tierwelt im Phanerozoikum

(Vgl. dazu Tafel im hinteren Buchdeckel)

Kambrium (580–500 Millionen Jahre). Das Leben ist ausschließlich auf das Meer beschränkt, fast alle Stämme der wirbellosen Tiere existieren bereits. Charakteristisch für jene Zeit sind die *Dreilapper (Trilobiten)*, eine ganz besondere Gruppe der Gliederfüßler (Abb. 460.2). An Pflanzen gab es wasserlebende *Grün- und Rotalgen*.

Ordovizium (500–440 Millionen Jahre). Hier treten die ersten **Wirbeltiere** auf: *gepanzerte Fische* mit knorpeliger Wirbelsäule und unpaarigen Flossen. Bei den Pflanzen blieben die Algen weiterhin die einzigen Vertreter; sie bildeten bereits Riesenformen.

Silur (Gotlandium, 440–400 Millionen Jahre). Es ist durch das früheste Auftreten von **Landpflanzen** und **Landtieren** gekennzeichnet. Die ersten Landpflanzen waren die *Nacktfarne (Psilophyten)*, im Silur zunächst *Cooksonia* (Abb. 460.3), später im Devon die viel besser bekannte *Rhynia* (Abb. 460.3). An Algenmerkmalen hatten sie blattlose, gabelig verzweigte Luftsprosse und keine echten, mit Leitbündeln ausgestatteten Wurzeln. Landpflanzenmerkmale waren u. a. Spaltöffnungen an Luftsprossen sowie Sprosse mit Siebzellen und wasserleitenden Zellen. Beim Übergang vom Wasser- zum Landleben eroberten die Nacktfarne die feuchten Uferbezirke des Landes als neuen Lebensraum. Gegen Ende des Silurs traten *bärlappähnliche Gefäßsporenpflanzen* auf. Als die Pflanzen den Schritt vom Wasser zum Festland vollzogen hatten, erschloß sich auch den Tieren das Land als Lebensraum, da diese ja auf Pflanzen als Nahrungsgrundlage angewiesen sind. Als erste bekannte Landtiere erschienen *Skorpione* und *Tausendfüßler*, die sich auf gegliederten Beinen fortbewegten und in ihrem Chitinpanzer vor Austrocknung geschützt waren.

Devon (400–345 Millionen Jahre). Erstmals treten *Ammoniten* und *Knochenfische* auf, darunter auch **Quastenflosser** *(Crossopterygier)* (s. Abb. 461.1). Die Quastenflosser sind die Ausgangsgruppe der Landwirbeltiere. Sie haben vier durch Knochen gestützte, gequastete Flossen, die eine Fortbewegung auch auf festem Grund ermöglichen. Sie besitzen ein knöchernes Kopfskelett, Zähne, Schultergürtel und eine zur Luftatmung befähigte Schwimmblase. Gegen Ende dieses Zeitalters traten die Amphibien auf. Zu den ersten Vertretern gehört die in Grönland gefundene salamanderähnliche *Ichthyostega* (s. Abb. 461.2). Sie zeigt mit einer Rücken- und einer Schwanzflosse und einem fischähnlichen Gebiß einerseits noch Fischmerkmale, andererseits aber mit dem Besitz von vier fünf-

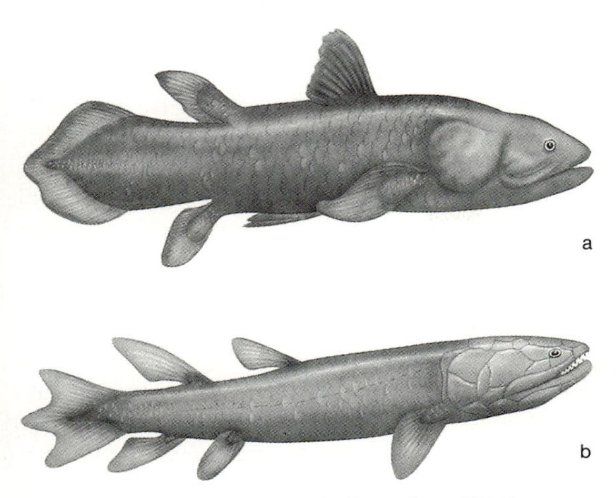

Abb. 461.1: a Latimeria, ein noch lebender Quastenflosser (1,5 m), b Eusthenopteron, ein Quastenflosser aus dem Devon

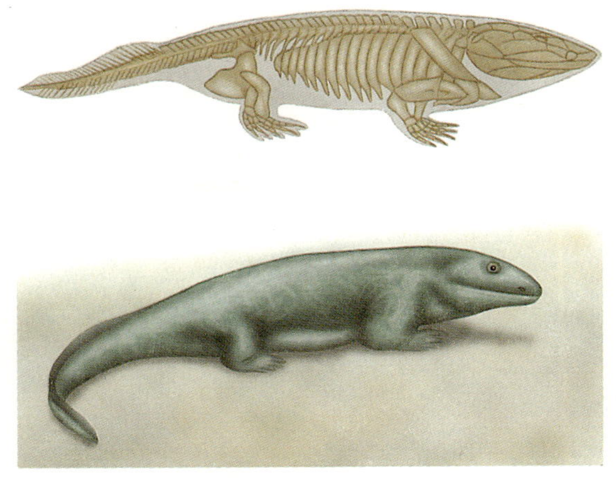

Abb. 461.2: Ichthyostega steht in ihren Merkmalen zwischen Quastenflossern und Amphibien. Unten Rekonstruktion

zehigen Extremitäten sowie einem Schulter- und Beckengürtel bereits Landwirbeltiermerkmale.

Die Nacktfarne wurden im Verlauf der Devon-Zeit von *Gefäßsporenpflanzen* (Farne, Schachtelhalme und Bärlappgewächse) abgelöst. Sie sind mit echten Wurzeln, einem leistungsfähigen Wasserleitungssystem, Blättern mit Spaltöffnungen und Festigungsgewebe schon ganz dem Leben an Land angepaßt. Unter den Farnen des späten Devons sind die ersten Vorstufen der späteren *Nacktsamer (Gymnospermen)*, aus denen unter anderem die Samenfarne hervorgingen.

Karbon (345–265 Millionen Jahre). Dieser Zeitabschnitt ist die Epoche der Steinkohlenwälder (s. Abb. 461.3). Vorherrschend sind jetzt die Amphibien mit der Gruppe der *Dachschädler (Stegocephalen)*

Abb. 461.3: Waldmoor der Steinkohlenzeit (vor etwa 280 Millionen Jahren).

1 Schuppenbaum, 2 Siegelbaum, 3 Schachtelhalme (Calamiten), 4 Baumfarn, 5 Samenfarn, 6 urtümliche Nacktsamer (Cordaiten)

Abb. 462.1: Ein ungefähr 1 m langer Dachschädler aus der Trias (vor etwa 200 Millionen Jahren)

Abb. 462.2: Stenodictya, ein altertümliches, den Geradflüglern nahestehendes Insekt aus dem Karbon (½ nat. Größe)

Abb. 462.3: Ginkgo; die Gabelnervigkeit der zweilappigen Blätter erinnert an Farne.

(Abb. 462.1); sie haben einen durch Knochenplatten geschützten Schädel und ein festes knöchernes Skelett. Als erste Reptilien erscheinen plumpe, schwerfällige Pflanzenfresser, die in ihrer Gestalt an Amphibien erinnern. Die Hornhaut der Reptilien und die Schale ihrer Eier schützen vor Austrocknung, so daß die Jugendentwicklung auf dem Lande ablaufen kann. Die Hornhaut wurde möglich durch eine Vergrößerung der Lungenoberfläche, die eine Hautatmung (wie bei Amphibien) überflüssig machte. Im Karbon treten auch die ersten geflügelten *Insekten* auf (s. Abb. 462.2), riesige Urlibellen mit einer Spannweite bis zu 80 cm sowie schabenähnliche Formen. Neben den als mächtige Baumformen entwickelten *Bärlappgewächsen (Siegel-* und *Schuppenbäume), Schachtelhalmen (Kalamiten)* und *Farnen* treten die **Samenfarne** *(Pteridospermen)* immer mehr hervor. Sie haben zwar farnartige Blätter, bilden aber bereits richtige Samen. Die Samenfarne werden zu den Nacktsamern gestellt (vgl. S. 507 und Abb. 449.1). Pflanzenfossilien sind im Karbon des Ruhrgebiets und anderer westeuropäischer Steinkohlevorkommen nicht selten. In diesen Gebieten mußte eine dichte Vegetation geherrscht haben. Man kennt die Wanderung der Kontinente und weiß deshalb, daß Westeuropa damals in der tropischen Zone lag.

Abb. 462.4: Cycas, ein rezenter Palmfarn (Nacktsamer)

Perm (265–220 Millionen Jahre). Bei den Pflanzen gehen die Gefäßsporenpflanzen – offenbar im Zusammenhang mit dem Wechsel von feuchttropischem Klima zu Wüsten- und Steppenklima – zurück. Die Klimaveränderung ist durch Verschiebung der Kontinente und Vergrößerung der Landfläche zu erklären. Gegen Ende der Permzeit bildeten alle Kontinente eine zusammenhängende Landmasse, die Pangäa. Ihr nördlicher Teil wird später zum Kontinent Laurasia, ihr südlicher Teil zum Kontinent Gondwana (s. Abb. 451.1).

Vorherrschend werden jetzt **Nacktsamer** wie *Palmfarne (Cycas)* (Abb. 462.4) und Ginkgobäume (Abb. 462.3). Auch treten vegetationsbestimmend Bäume mit nadelförmigen Blättern *(Nadelhölzer)* auf. Im Verlauf der Perm-Zeit erscheinen viele neue Gruppen von Reptilien, aus einer entwickeln sich später die Säugetiere, aus einer anderen die Vögel.

Trias (220–180 Millionen Jahre). Die Gruppe der Reptilien hat sich mächtig entwickelt, sie bildet zahlreiche als *»Saurier«* bezeichnete Formen. Unter ihnen hatten die *Theriodontier* Merkmale, wie wir sie auch bei Säugern finden, z. B. sieben Halswirbel, ein verschiedenzähniges Gebiß sowie einen säugertypischen Schulter- und Beckengürtel. Am Ende dieser Periode gibt es Tierarten, die sich nur durch die Art ihres Kiefergelenks als Reptilien erweisen, sonst aber alle Säugetiermerkmale besitzen. Gleichzeitig finden sich auch die ersten Reste von **Säugetieren** in Form von Kieferbruchstücken und Zähnen. Bei den Pflanzen herrschen noch die Nacktsamer vor.

Jura (180–135 Millionen Jahre). Die Saurier eroberten sich alle Lebensräume der Erde mit Ausnahme der kalten Regionen: das Wasser (bereits ab der Trias) mit großen, schwimmenden Formen *(Ichthyosaurier)* (s. Abb. 463.1), die Luft *(Pterodactylus)* und das Land mit Riesenformen (vgl. Abb. 464.1). So hatte z. B. *Brontosaurus,* ein 20 m langer Pflanzenfresser, etwa 30 Tonnen Lebendgewicht, *Brachiosaurus* sogar 80–100 Tonnen (zum Vergleich: ein Blauwal wiegt etwa 100 Tonnen). Im obersten Jura lebte auch der **Urvogel Archaeopteryx** (s. Abb. 464.1), von dem bisher 6 Exemplare, alle im Fränkischen Jura, gefunden wurden. (Der älteste Fossilrest eines Urvogels *Protoavis* aus der Trias Nordamerikas bleibt problematisch). *Archaeopteryx* steht in seinen Merkmalen zwischen Reptilien und Vögeln; Federkleid, Schädelform, Schulter- und Beckengürtel sowie die Gliedmaßen entsprechen dem Vogeltypus; der eidechsenartig lange Schwanz, die nicht verwachsenen Mittelhandknochen und krallentragenden Finger sowie die Bezahnung der Kiefer sind noch reptilienhaft (s. Abb. 464.2). Ob *Archaeopteryx* ein reiner Gleitflieger war oder ob er schon durch Flügelschlag sich vom Boden erheben konnte, ist nicht sicher geklärt. Das Fehlen eines knöchernen Brustbeines als Ansatz für Flugmuskeln spricht mehr für die erste Annahme. Die Säugetiere waren durch verschiedene Gruppen vertreten, von denen eine, die *Pantotheria,* den Beuteltieren nahestand. Unter den Pflanzen gab es Nacktsamer-Gruppen, die in der Anordnung und im Bau ihrer Fortpflanzungsorgane den Bedecktsamern schon recht ähnlich waren (Benettiteen).

Kreide (135–70 Millionen Jahre). Große Saurier treten als Pflanzenfresser (z. B. *Triceratops*) und Raubtiere (z. B. *Tyrannosaurus* mit etwa 10 Tonnen Gewicht) auf; der Flugsaurier *Pteranodon* war eines der größten fliegenden Tiere, das es je gab (11 m Flügelspannweite). Zu Ende der Kreide starben plötzlich die bisher herrschenden Reptilien bis auf unsere heutigen

Abb. 463.1: Ichthyosaurus mit erhaltenem Hautumriß; bis 12 m langer, lebendgebärender Meeressaurier aus dem Jura

Abb. 464.1: Lebensbild aus dem Oberjura (vor mehr als 130 Millionen Jahren) mit Lebewesen, die damals in Mitteleuropa heimisch waren. Im Wasser ein großer pflanzenfressender Dinosaurier der Brontosaurus-Gruppe (1; Elephantopoides), am Ufer ein Krokodil (2), der Raubdinosaurier Megalosaurus (3) und ein räuberischer Zwerg-Dinosaurier (4). In der Luft ein Flugsaurier (5; Pterodactylus). Am Stamm einer Benettitee der Archaeopteryx (6). Von den Pflanzen sind mehrere Farnarten (z.B. 7), Benettiteen (8 und 9; ausgestorbene Palmfarne mit zwittrigen Blüten), eine fossile Ginkgo-Art (10) und eine fossile Nadelbaumart (11; Araukarie) dargestellt.

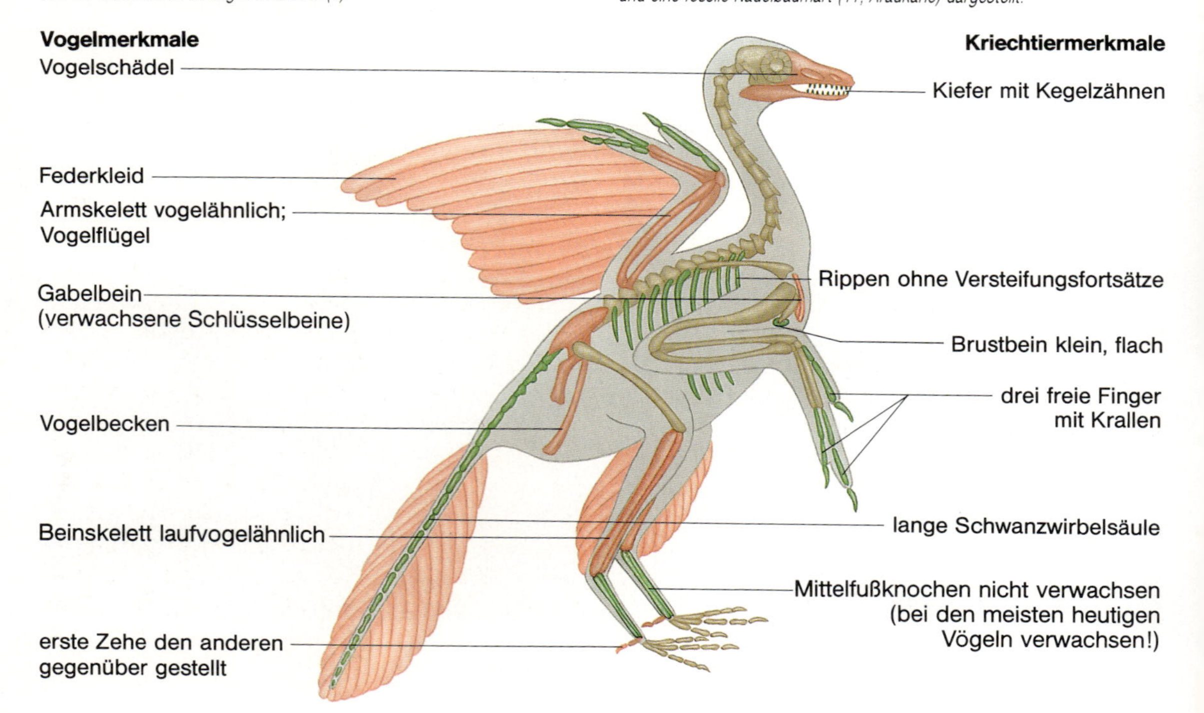

Abb. 465.1: Lebensbild aus dem Alttertiär (Eozän, vor knapp 50 Millionen Jahren) mit Lebewesen, die damals in Messel bei Darmstadt und im Geiseltal bei Halle anzutreffen waren.
Tier- und Pflanzenwelt haben sich gegenüber dem Oberjura sehr stark gewandelt.
Unter den Reptilien findet man noch Krokodile (1), Weichschildkröten (2) und Würgerschlangen (3).
Die Vögel sind durch den 2 m hohen flugunfähigen Laufvogel Diatryma (4) vertreten; in der Luft kranichverwandte Formen (5).
An Säugetieren sind Urpferde (6), ein Urraubtier (7) und ein Halbaffe (8) dargestellt.
Bei den Pflanzen herrschen Laubbäume (9) und Palmen (10) vor; aber auch Sumpfzypressen (11) und andere Nadelbäume (12) gedeihen.

Restgruppen aus, auch die Ammoniten verschwanden. In der Kreidezeit erschienen die ersten **Vögel** mit bezahntem Schnabel. An Säugetieren gab es *Kloakentiere, Beuteltiere* und *Insektenfresser.* Bei den Pflanzen traten die bedecktsamigen **Blütenpflanzen** in großer Artenfülle auf; sie waren in der Oberkreide vegetationsbestimmend. Parallel dazu wuchs die Formenfülle der Insekten.

Neuerdings wird nicht ausgeschlossen, daß eine große Katastrophe (Einschlag eines großen Meteoriten) zu einer weltweiten Staubentwicklung und Abkühlung und daher zum Aussterben der Landsaurier und vieler anderer Tiere *(Massen-Aussterben)* zu Ende der Kreide geführt hat. Massen-Aussterben haben zu verschiedenen Zeiten stattgefunden, so z.B. auch zu Ende der Perm-Zeit. Am wenigsten davon betroffen sind stets solche Arten, die eine fast weltweite Verbreitung haben (Kosmopoliten).

Tertiär (70–2 Millionen Jahre). Zu Beginn dieses Zeitalters setzte eine gewaltige Entwicklung der Säugetiere ein (Abb. 465.1). Sie wurde möglich, weil die meisten Reptilien ausgestorben waren. Die Säuger traten in drei sich zunächst noch wenig unterscheidenden Gruppen auf: *Urinsektenfresser, pflanzenfressende Urhuftiere* und *Urfleischfresser.* Als besser ausgerüstete Tiere verdrängten sie die primitiven Säuger in Rückzugsgebiete und eroberten sich mit der weiteren Anpassung des Gebisses, der Gliedmaßen und des ganzen Körpers an besondere Ernährungsarten schließlich alle Lebensräume der Erde. Gegen Ende des Tertiärs erscheint erstmals der **Mensch** (vgl. Abb. 488.1).

Abb. 464.2: Der Urvogel Archaeopteryx (taubengroß) weist ein Mosaik von Kriechtier- und Vogelmerkmalen auf. Er war wohl ein Flattertier und stammt vermutlich von zweibeinig laufenden Reptilien ab. Rot: Vogelmerkmale. Grün: Kriechtiermerkmale

Abb. 466.1: Urvogel Archaeopteryx aus dem obersten Jura von Solnhofen; Berliner Exemplar, es hat die Größe einer Taube.

4.9 Folgerungen für die Evolution

Die zahlreichen Fossilfunde, die überall auf unserer Erde gemacht worden sind, lassen sich mit Hilfe der Homologie-Kriterien ganz bestimmten systematischen Gruppen zuordnen. Dies ist oft auch dann möglich, wenn nur geringe Reste von Organismen gefunden werden. Da die Fossilien zeitlich datierbar sind, liefert uns die Paläontologie Angaben, seit wann einzelne Gruppen von Pflanzen und Tieren mit Sicherheit schon existieren. Sie zeigt auch, wie die Vorfahren der heutigen Lebewesen ausgesehen haben.

Aus den so gewonnenen Erkenntnissen kann man einige allgemeine Gesetzmäßigkeiten ableiten:

1. Für viele Gruppen von Organismen lassen sich Entwicklungsreihen aufstellen (z.B. für Pferde, Abb. 471.2; für Menschen, Abb. 488.1).
2. Die Entwicklung innerhalb einer Formengruppe verläuft ohne auffallende Sprünge.
3. Zwischen verschiedenen Gruppen gibt es fossile **Übergangsformen** (»missing links«), die Merkmale beider Gruppen vereinigen (z.B. *Ichthyostega, Archaeopteryx, Cooksonia* bzw. *Rhynia*). Zeitlich stehen sie immer am Beginn des Auftretens einer neuen Gruppe, deren Merkmale sie erstmals zeigen. Ihre systematische Zuordnung hängt von der Gewichtung der Merkmale ab. Meist legt man auf die neuen Merkmale mehr Wert. Man bezeichnet z.B. *Archaeopteryx* als Urvogel. Wäre die Gruppe der Vögel schon vor ihrer Entfaltung in der Kreide wieder verschwunden, so würde man sie als eine gefiederte Gruppe von Reptilien beschreiben. Man bezeichnet die Übergangsformen auch als *Mosaiktypen,* weil sie ein Mosaik von Merkmalen aufweisen, die von der Systematik zwei verschiedenen Gruppen zugeordnet worden sind.
4. Die Entwicklung verläuft oft in Richtung *zunehmender Differenzierung;* dies bedeutet eine sich steigernde Arbeitsteilung und damit höhere Leistungsfähigkeit der Zellen und Organe. So treten bei den Algen des Kambriums etwa 6 bis 10 verschiedene Zelltypen auf; dies läßt sich aus ähnlichen rezenten Formen erschließen. Bei den Nacktfarnen waren es rund 25, bei den höchstentwickelten Pflanzen der Gegenwart sind es 70 bis 80 verschiedene Zellarten.
5. Die Entwicklung kehrt sich nicht um (sie ist **irreversibel**). Eine Rückkehr zu früher existierenden Formen ist nicht nachweisbar (vgl. aber Atavismen). In der Evolution verlorengegangene Organe (z.B. verringerte Zehenzahl der Huftiere, Verlust der Zähne bei Vögeln, Verlust der Hinterflügel bei Fliegen) treten in der Weiterentwicklung nicht wieder auf.

4.10 Entstehung neuer Typen; Adaptive Radiation

Zwischen höheren systematischen Einheiten (Familien, Ordnungen, Klassen) sind die Unterschiede im Bau der Organismen größer als zwischen verwandten Arten einer Gattung. Jedoch kann auch die Bildung neuer Typen (Vogeltypus, Säugertypus) durch Summierung vieler kleiner Mutationsschritte erklärt werden. In einigen Fällen liefert die Paläontologie Hinweise auf einen solchen »additiven« Vorgang (= **additive Typogenese**): So ist der Übergang zwischen Reptilien und Säugern völlig fließend. Ein weiterer Hinweis ist die Existenz der **Übergangsformen,** die Merkmale von zwei systematischen Großgruppen (z.B. Reptilien-Vögel oder Quastenflosser-Amphibien, s. 4.9) in sich vereinigen. Die Übergangsformen bildeten jeweils eine einzige Art und in der Regel wahrscheinlich kleine Populationen, so daß bei ihrer Evolution die Gen-Drift wirksam war. Mit zunehmend besserer Anpassung der neuen Gruppen starben Übergangsformen infolge Selektion aus. Die verschiedenen Gruppen sind dann eindeutig getrennt.

Eben weil die Bildung völlig neuer Typen vermutlich nur über kleine Populationen von jeweils nur einer Art verlief, sind Fossilfunde von den Übergangsformen kaum zu erwarten. Konnten sich Übergangsformen in bestimmten ökologischen Nischen halten, so machten sie ihre eigene, nichtspaltende Evolution durch. Ihre heutigen Vertreter sind deshalb keine echten Übergangsformen mehr, zeigen aber noch eine Reihe Merkmale solcher Formen (rezente Brückentiere, vgl. 3.1).

Bei der allmählichen Entstehung neuer Großeinheiten (Klassen, Stämme) sind oft auch die für den Evolutionsvorgang entscheidenden Umweltveränderungen wichtig, so etwa der Übergang zum Landleben bei den *Quastenflossern* oder die Eroberung des Luftraums bei den Vögeln. In solchen Fällen werden völlig neue Lebensräume besiedelt.

Die Entwicklung neuer Organfunktionen erfolgt so, daß ein Organ zunächst fortlaufend verbessert wird. Dabei zeigt sich, daß es auch eine zusätzliche Funktion erfüllen kann. Bei dem Organ mit **Doppelfunktion** kann die neue Funktion bevorzugt werden und die ursprüngliche völlig verdrängen. So wurde aus Flossen der Quastenflosser, die gleichzeitig als Stelzen zur Fortbewegung über Land dienen konnten (vgl. 2.2.2), schließlich die Vierfüßler-Extremität. Wahrscheinlich kommen neue Organfunktionen immer über Evolutionsstadien mit *Mehrfach-Funktion* des Organs zustande.

Adaptive Radiation. Innerhalb von neubesetzten »Großnischen« kommt es dann zur Einnischung durch kleinere Abwandlungen des Typus. Durch die damit verbundene ökologische Isolierung entstehen fast gleichzeitig zahlreiche Arten, die an vielerlei Nischen angepaßt sind. Die Evolution der Ausgangsart geht in zahlreiche verschiedene Richtungen. Man spricht von *adaptiver Radiation* (Abb. 468.1) und meint damit die Auffächerung einer Ausgangsform in mehrere oder viele voneinander abweichende Arten, wobei jede Art den Lebensraum in besonderer Weise nutzt. Weitere Mutanten finden dann bereits eine Art des gleichen Grundtypus in der Nische vor und gehen im Wettbewerb möglicherweise wieder unter.

Ein Beispiel für adaptive Radiation sind die Darwin-Finken. Hier konnte die Form »Fink« sehr viele Nischen erobern, in die sie bei stärkerer Konkurrenz nicht hätte eindringen können (vgl. Abb. 424.1). Ähnliches gilt für die Kleidervögel auf Hawaii; es entstanden 42 Arten mit ganz unterschiedlichen Nahrungsanforderungen aus einer insektenfressenden Stammart. Ein weiteres Beispiel für adaptive Radiation liefern die Beuteltiere (Abb. 451.1). Als Beispiel aus dem Pflanzenreich seien die mit unserer Haus-

Abb. 467.1: Schale eines Ammoniten aus dem Jura und Rekonstruktion eines Ammonitentieres. Ammoniten gehören zu den Tintenfischen. Die Schale (Gehäuse) ist gekammert, in der äußersten Kammer sitzt das Tier (Wohnkammer). Ammoniten liefern Leitfossilien für Devon bis Kreide; sie starben Ende der Kreidezeit weltweit aus. Die größten Ammoniten lebten in der Kreidezeit (Gehäuse bis 2,5 m). Formen, die für bestimmte Schichten kennzeichnend sind, bezeichnet man als Leitfossilien.

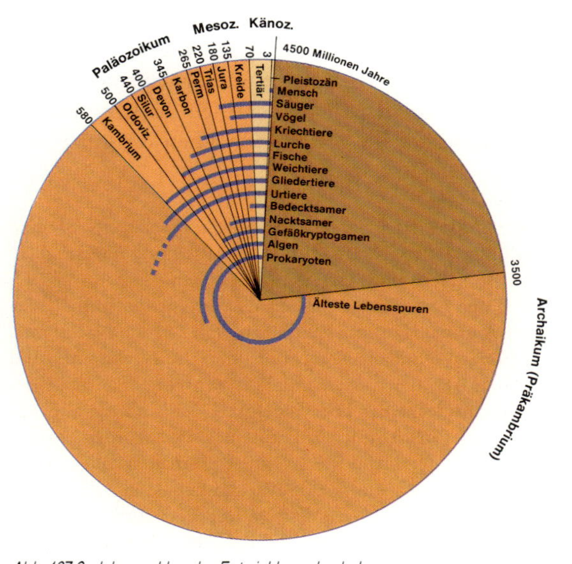

Abb. 467.2: Jahreszahlen der Entwicklung des Lebens

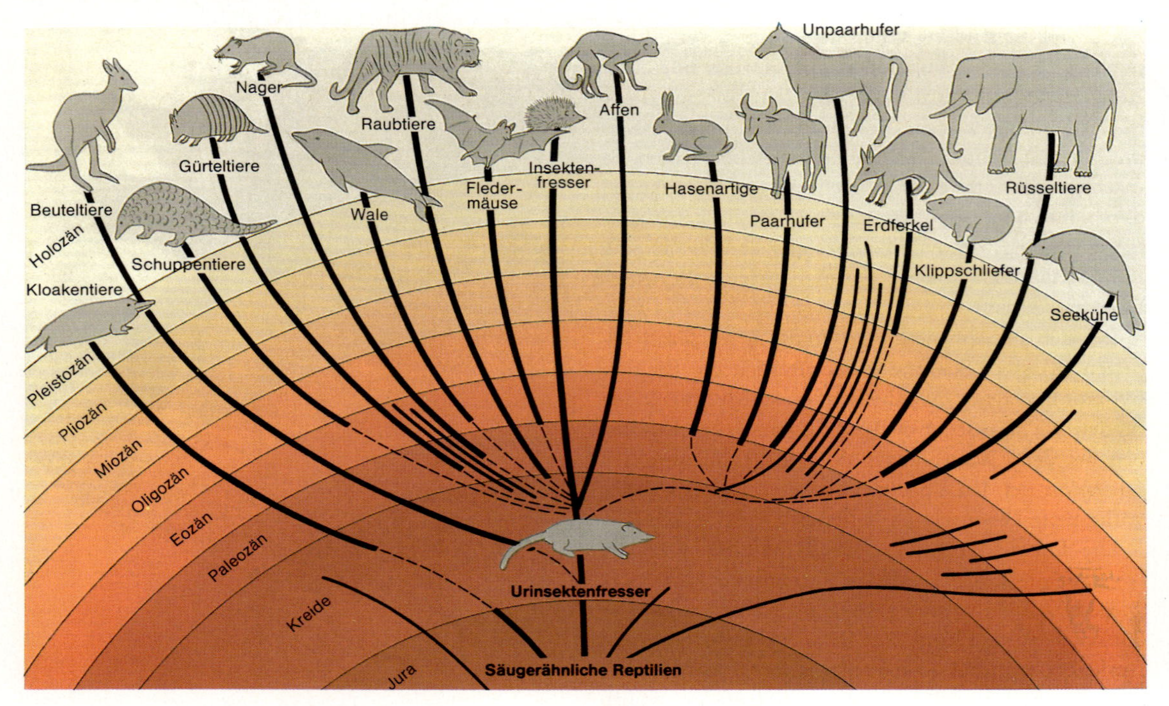

Abb. 468.1: Die adaptive Radiation der Säugetiere. Ausgestorbene Gruppen sind durch Striche ohne Namen angegeben. Um die Radiation deutlich zu machen, sind alle Ordnungen heute lebender Säuger aufgenommen. Innerhalb der Ordnungen setzt sich die Radiation in gleicher Weise fort.

Beispiel: In der Ordnung Nager haben sich Eichhörnchen, Waldmaus, Wühlmaus, Feldhamster, Murmeltier u. a. an jeweils besondere ökologische Nischen angepaßt, in denen sie mit anderen Nagern nur wenig konkurrieren.

wurz verwandten *Aeonium*-Arten der Kanarischen Inseln erwähnt (s. Abb. 469.1). Die meisten Arten sind Sträucher, die an den Zweigspitzen Blattrosetten tragen. Sie haben sich an die sehr unterschiedlichen Lebensräume auf diesen Inseln angepaßt, was sich in Unterschieden der Blattdicke, der Blattgröße, der Wuchsform, der Wuchshöhe oder durch Bildung von Ausläufern sowie in Unterschieden ihres Stoffwechsels (insbesondere der Photosynthese-Leistung) äußert.

Sind Großnischen bereits erfolgreich besetzt, so ist eine Evolution anderer Gruppen in dieser Richtung nur möglich, wenn sie überlegene Eigenschaften haben.

Bei den Landpflanzen haben sich infolge der immer besseren Anpassung an das Landleben (vgl. 3.3) die Nacktfarne, die Bärlappe und die Schachtelhalme, die Nacktsamer und die Bedecktsamer nacheinander als herrschende Gruppe der Vegetationsdecke der Erde abgelöst. Doch sind nie alle Nischen von fortschrittlichen Formen besetzt worden, so daß Reliktarten der abgelösten Gruppen erhalten blieben. Es gibt heute noch rund 900 Nacktsamer-Arten gegenüber 300 000 Bedecktsamern. Von 34 Reptilordnungen gibt es noch 4 rezente Ordnungen, die sich gegenüber der Vielfalt der Säugetiere halten konnten.

5. Stammbäume der Lebewesen

5.1 Aufstellung von Stammbäumen

Die Evolution der Lebewesen kann nicht ernsthaft bestritten werden und ihre Ursachen sind weitgehend bekannt. Welchen Weg die Stammesgeschichte im einzelnen genommen hat, läßt sich nicht mit derselben Sicherheit beantworten, wenn auch die großen Linien der Evolution feststehen.

Der Ablauf der Stammesgeschichte wird anschaulich in Stammbäumen dargestellt. Zu deren Aufstellung muß man von den heutigen Arten ausgehen und diese durch Aufsuchen vieler Homologien ordnen. Fossilien sind dazu zunächst nicht erforderlich; sie können aber eingeordnet werden, wenn sich die kennzeichnenden Merkmale einer Gruppe an ihnen zeigen.

In nur wenigen Fällen ist die Zahl der Fossilien so groß, daß man fast lückenlose Evolutionsreihen aufstellen kann. Dann liegt ein genauer paläontologi-

Abb. 469.1: Arten der Gattung Aeonium auf Teneriffa (Dickblattgewächse, verwandt mit der Hauswurz) als Beispiel einer adaptiven Radiation bei Pflanzen.

Ocker: an sehr trockenen Standorten;
ocker/braun: an trockenen Standorten;
braun: an zeitweise trockenen Standorten;
grün: an nur vorübergehend trockenen Standorten im Waldbereich

scher Stammbaum vor. Das bekannteste Beispiel ist der Stammbaum der Pferde (vgl. 5.3).

5.2 Stammbäume durch Homologieforschung

An eine gute Stammbaumdarstellung wird die Forderung gestellt, daß nur solche Gruppierungen darin vorkommen dürfen, die
- auf eine Stammart zurückzuführen sind und
- in ihrer Gesamtheit alle bekannten Nachkommen dieser Stammart umfassen.

Eine Stammart steht jeweils an einem Verzweigungspunkt des Stammbaums. Man nennt Gruppen, die diesen Ansprüchen genügen, *monophyletisch*. Häufig wird bei weniger genauen Stammbäumen die zweite Forderung vernachlässigt.

Alle Unterschiede, die man bei homologen Merkmalen findet, sind im Laufe der Evolution entstanden. Zur Aufstellung eines Stammbaums muß man eine ausreichende Zahl homologer Merkmale finden und zu erkennen versuchen, welches die ursprüngliche und welches die abgeleitete (veränderte, weiterentwickelte) Ausbildung des Merkmals ist. Ist die Verteilung vieler Merkmale auf die verschiedenen Arten bekannt, so kann man die Verwandtschaftskreise erkennen. Alle Vertreter einer Verwandtschaftsgruppe müssen abgeleitete Merkmale aufweisen, die bei der Stammart dieser Gruppe erstmals aufgetreten waren. Auf die monophyletische Entstehung einer Gruppe kann man nur mit Hilfe abgeleiteter Merkmale schließen, nicht mit ursprünglichen, denn solche können in unterschiedlichen Gruppen erhalten geblieben sein. Fehler können also entstehen, wenn man ein Merkmal für abgeleitet hält, obwohl es ursprünglich ist. Die Aufstellung eines Stammbaums sei am Beispiel der Wirbeltiere erläutert. Man untersucht homologe Merkmale und ordnet diese danach, ob sie ursprünglich oder abgeleitet sind (s. Tab. 470/1).
Wenn man hinreichend viele abgeleitete Merkmale gesammelt hat, so kann man durch Probieren ein Abstammungsdiagramm erhalten, das nur noch monophyletische Gruppen enthält, die durch bestimmte abgeleitete Merkmale gekennzeichnet sind (Abb. 470.1).

5.3 Stammbaum der Pferde

Er beginnt mit dem fuchsgroßen waldlebenden Urpferd *Hyracotherium* aus dem ältesten Tertiär (s. Abb. 471.1). Es besaß kurze Gliedmaßen, die vorn 4, hinten 3 mit Hufen versehene Zehen hatten; die Zähne waren spitzhöckerig und für Blattfutter geeignet. Die folgenden Formen zeigen eine fortschreitende Zunahme der Körpergröße, der Verlängerung des

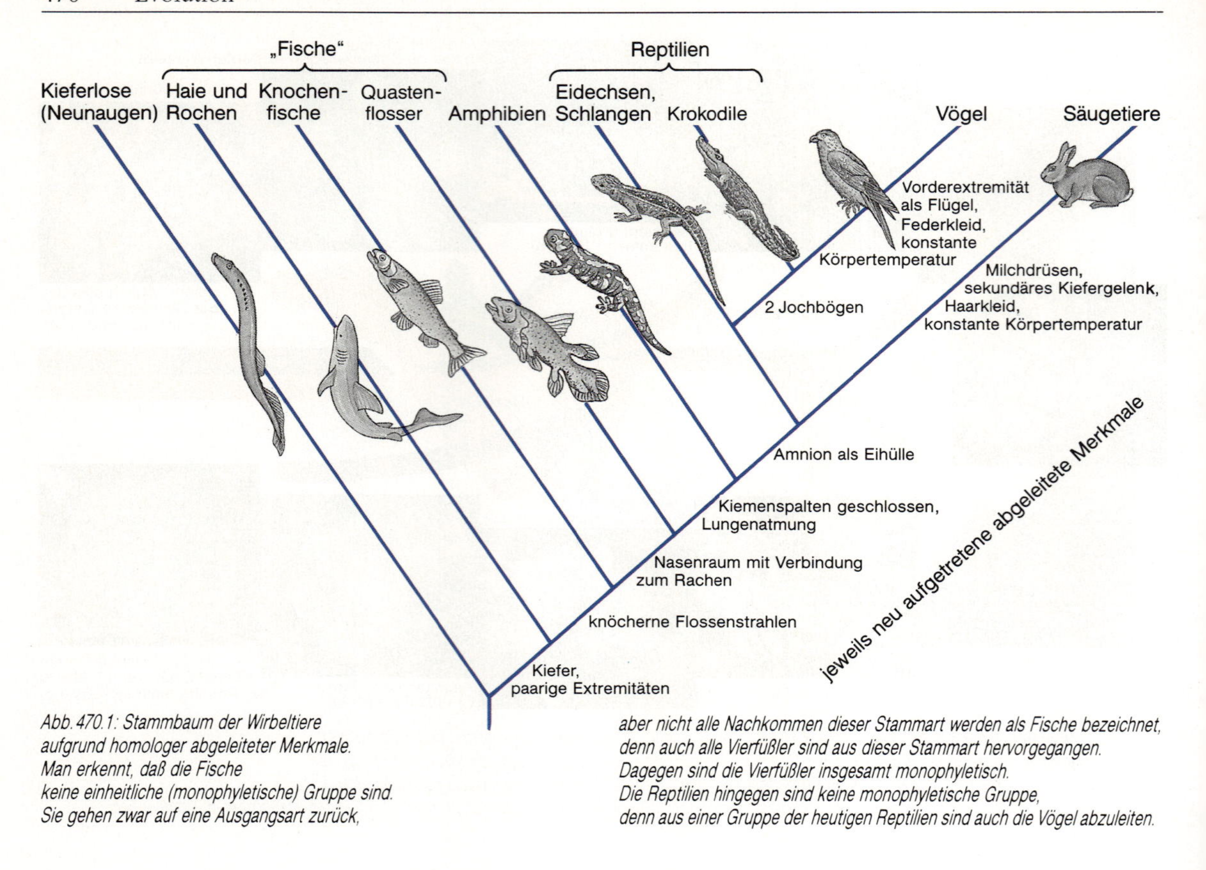

Abb. 470.1: Stammbaum der Wirbeltiere aufgrund homologer abgeleiteter Merkmale. Man erkennt, daß die Fische keine einheitliche (monophyletische) Gruppe sind. Sie gehen zwar auf eine Ausgangsart zurück, aber nicht alle Nachkommen dieser Stammart werden als Fische bezeichnet, denn auch alle Vierfüßler sind aus dieser Stammart hervorgegangen. Dagegen sind die Vierfüßler insgesamt monophyletisch. Die Reptilien hingegen sind keine monophyletische Gruppe, denn aus einer Gruppe der heutigen Reptilien sind auch die Vögel abzuleiten.

Tabelle 470/1: Ursprüngliche und abgeleitete Merkmale bei Wirbeltieren

homologes Merkmal	ursprüngliche	abgeleitete
	Ausbildung	
Kiefer	noch nicht vorhanden	vorhanden
Kiefergelenk	primär	sekundär (vgl. Abb. 444.2)
Extremitäten	Flossen	paarige Gehextremitäten
Ausbildung der Flossenstrahlen	knorpelig	knöchern
Nasenausführung	nur nach außen	Verbindung auch zum Rachenraum
Eihülle (Amnion)	noch nicht vorhanden	vorhanden

Halses und des Schnauzenteils des Schädels, eine allmähliche Umbildung der Zähne im Zusammenhang mit dem Übergang vom Laubfutter auf das Hartfutter des Steppengrases. Ferner ist eine fortschreitende Verlängerung der Beine bei gleichzeitiger Rückbildung der Zahl der Zehen, bis auf die immer stärker werdende mittlere Zehe (vgl. Abb. 471.2) zu beobachten. Am Ende der Reihe steht in der Epoche der Eiszeiten (Pleistocän) als schnelles Steppentier das heutige Pferd. Eine Fülle von Zwischenformen und Nebenlinien, die nach kurzer Entwicklung wieder ausstarben, haben existiert. Die Entwicklung vollzog sich hauptsächlich in Nordamerika und dauerte 60 Millionen Jahre, das entspricht etwa 15 Millionen Generationen. – Ähnliche Stammbäume lassen sich für die Elefanten und Wale sowie für einige Gruppen wirbelloser Tiere (z. B. Ammoniten) aufstellen.

Der Stammbaum der Pferde ist ein Beispiel dafür, wie sich auf Grund von Fossilfunden Entwicklungslinien genau erkennen lassen. Auch sieht man an diesem Stammbaum, daß zeitlich aufeinanderfolgende Vertreter von parallel sich entwickelnden verwandten Formen eine Ahnenreihe vortäuschen können. In Wirklichkeit liegt nur eine »Ähnlichkeitsreihe« vor

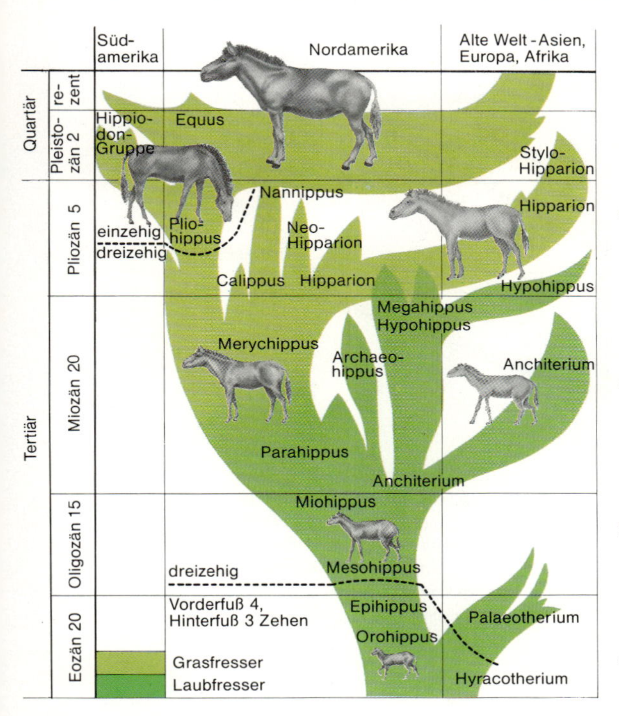

Abb. 471.1: Stammbaum der Pferde.
Die Alte Welt ist mehrmals von Nordamerika aus über die damals landfeste Beringstraße besiedelt worden.
Zahlen in Millionen Jahren.
Das Hyracotherium ist der hasengroße Ahn aller Pferde.

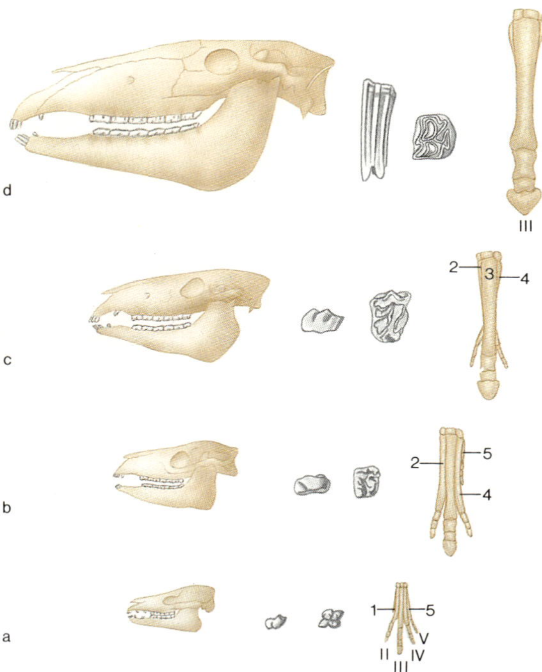

Abb. 471.2: Stammesgeschichtliche Entwicklung des Pferdeschädels, der Backenzähne und der Pferdehand.
a Hyracotherium, b Miohippus, c Merichippus, d Equus (Pferd); die stäbchenförmigen Reste der 2. und 4. Mittelhand- und Mittelfußknochen nennt man Griffelbeine.

(*Hypohippus* und *Megahippus* sind nicht die Ahnen von *Hipparion*).

5.4 Molekularbiologische Stammbäume

Bei biochemischen Untersuchungen hat man festgestellt, daß die Abfolge der Aminosäuren in homologen Proteinen bei verschiedenen Tierarten um so mehr Unterschiede aufweist, je weniger die betreffenden Arten miteinander verwandt sind. Man kann daraus eine **Evolution der Proteine** erschließen. Untersuchungen an *Cytochrom c,* einem elektronenübertragenden, eisenhaltigen Protein der Atmungskette, hatten folgendes Ergebnis (s. Abb. 472.1): Das Protein kommt in allen aeroben Zellen vor und ist bei höheren Wirbeltieren aus 104 Aminosäuren aufgebaut, bei Insekten aus 107 und bei Pflanzen zumeist aus 112. Das menschliche Cytochrom unterscheidet sich von dem des Rhesusaffen nur in einer einzigen Aminosäure. Dies deutet auf einen einzigen Mutationsschritt hin. Zwischen Menschen- und Hunde-Cytochrom treten 11 Unterschiede (und somit 93 Übereinstimmungen) auf. Dies zeigt, daß sich

Abb. 471.3: Skelett eines Urpferdchens aus den Ölschiefern von Messel bei Darmstadt (etwa 50 cm lang)

die Evolutionslinie zum Menschen früher von der Evolutionslinie zum Hund getrennt hat als von der zum Rhesusaffen. Vergleicht man nun die Aminosäureabfolge von Cytochrom c bei Hefe und Mensch miteinander, so stimmen immer noch etwas mehr als

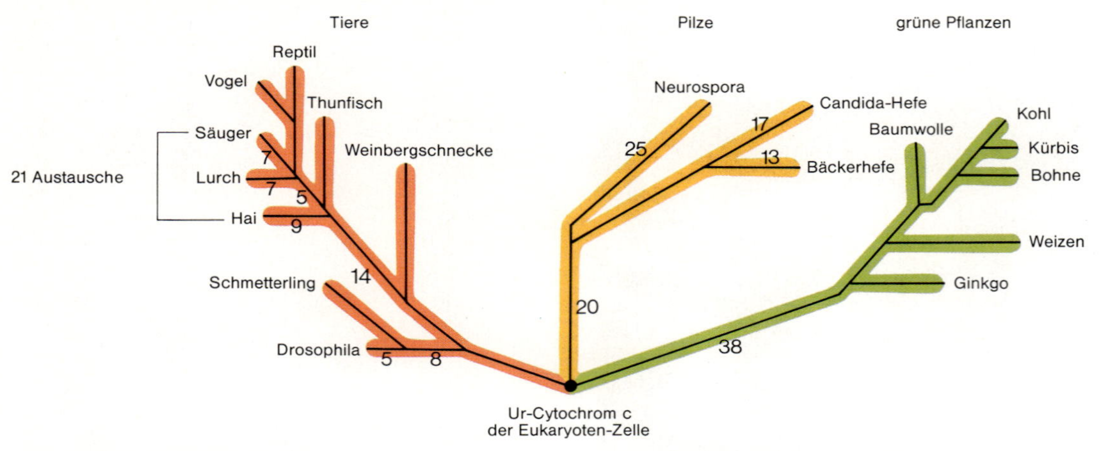

Abb. 472.1: Stammbaum des Cytochroms c. Die Länge der Seitenstriche bzw. die Ziffern entsprechen etwa der Zahl der durch Mutationen ausgetauschten Aminosäuren im Cytochrom-c-Molekül. Der Vergleich der verschiedenen Cytochrom-c-Moleküle führt zu den gleichen Abstammungsverhältnissen wie die Vergleichende Anatomie und Paläontologie, denn je früher die Spaltung der Entwicklungslinien, desto größer die Zahl der Unterschiede in der Proteinstruktur. Bei den Blütenpflanzen entspricht der Stammbaum nicht den wirklichen Abstammungsverhältnissen (vgl. Text). Man darf also den Stammbaum einer bestimmten Molekülart nicht mit dem Stammbaum von Lebewesen gleichsetzen.

die Hälfte aller Aminosäuren überein. Dies kann kein Zufall sein: Die Evolution des Cytochroms c muß vor sehr langer Zeit von einem »Ur-Cytochrom« ausgegangen sein.

Auf Grund zahlreicher derartiger Untersuchungen können die Änderungen in einem »Stammbaum des Cytochroms c« zusammengefaßt werden. Er stimmt gut überein mit dem Stammbaum der Organismen, den die vergleichende Anatomie unter Mithilfe der Paläontologie aufstellt, obwohl er sich nur auf eine einzige Molekülart bezieht, also nur eine Merkmalshomologie heranzieht.

Die Aminosäuresequenz des Cytochroms c der Säugetiere unterscheidet sich von jener der Vögel im Durchschnitt an 11 bis 12 Stellen. Nun lebten die Reptilien als gemeinsame Vorfahren dieser beiden Wirbeltiergruppen vor etwa 280 Millionen Jahren. In der seitdem verflossenen Zeit wurden insgesamt 11 bis 12 Aminosäuren ausgetauscht. Demnach hat sich im Mittel alle 21 bis 25 Millionen Jahre eine Aminosäure im Cytochrom-c-Molekül verändert. Ein Vergleich von Cytochrom c der Amphibien einerseits und dem der Säugetiere andererseits zeigt im Mittel 17 Aminosäuren-Austausche. Amphibien trennten sich von der Entwicklungslinie Reptilien – Säugetiere vor rund 400 Millionen Jahren. Daraus errechnet sich etwa der gleiche Zeitraum für den Austausch einer Aminosäure im Cytochrom c. Auch für andere Verwandtschaftsgruppen kommt man zum gleichen Ergebnis; der Zeitraum ist offenbar in allen Fällen etwa gleich. Somit läßt sich aus der Zahl der Unterschiede in der Aminosäuresequenz des Cytochroms c zwischen zwei Organismengruppen annähernd berechnen, vor welcher Zeit die beiden Gruppen sich voneinander getrennt haben (vgl. Abb. 473.1) und wie nah oder weit entfernt verwandt die Organismengruppen sein müssen. Auch bei anderen Proteinen blieb die Zahl der Aminosäurenaustausche je Zeiteinheit über lange Zeit gemittelt ungefähr konstant. Diese **Evolutionsrate** gibt man an als die Zeit, in der im Mittel eine von 100 Aminosäuren sich infolge Mutation verändert. Man muß deshalb auf 100 Aminosäuren beziehen, weil die Aminosäurekette verschiedener Proteine unterschiedlich lang ist und sonst ein Vergleich nicht möglich wäre. Da die Evolutionsrate ungefähr gleich geblieben ist, kann man sie als *»Evolutionsuhr«* verwenden, d. h. wenn die Trennung zweier Stammbaumlinien durch Fossilien, deren Alter man kennt, datierbar ist, so lassen sich die Trennungszeiten anderer Gruppen berechnen. Dies ist in der Abb. 473.1 für das Cytochrom c geschehen. Die Evolutionsrate eines Proteins bleibt gleich, solange es seine Funktion nicht ändert oder erweitert; für verschiedene Proteine ist sie allerdings unterschiedlich groß. So verändern sich z. B. die Hämoglobine mehr als doppelt so rasch wie das Cytochrom c. Fehler treten auf, wenn Proteine fälschlich als homolog angesehen werden. Möglicherweise ist dies beim Cytochrom c der Pflanzen der Fall. Die mittlerweile große Zahl vergleichbarer Proteinstrukturen von Säugern zeigt außerdem, daß die Generationsdauer (d. h. die Zahl der DNA-Replikationen in der Keimbahn) die Evolutionsgeschwindigkeit beeinflußt.

Untersuchungen der Aminosäuresequenz anderer Proteine führen zum gleichen Ergebnis wie beim Cytochrom c. Je näher verwandt Organismen sind, desto ähnlicher ist die Struktur der Proteine.

Es lassen sich auch Stammbäume dieser Proteine aufstellen. Beim Vergleich von Stammbäumen einer Vielzahl derartiger Proteine könnte man die Ver-

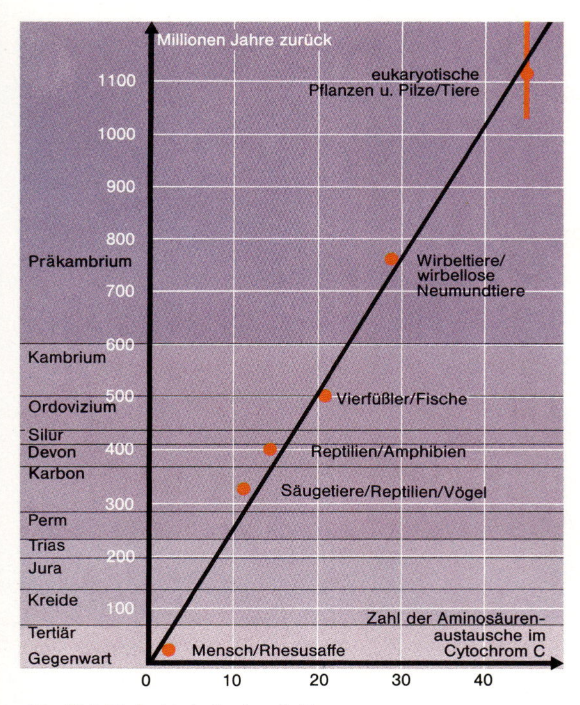

Abb. 473.1: Die Punkte (rot) geben die Trennung von zwei Organismengruppen im Evolutionsablauf an, wobei auf der Ordinate der Zeitpunkt der Trennung abzulesen ist und auf der Abszisse die Zahl der Aminosäurenaustausche im Cytochrom c, die seit der Trennung eingetreten ist. Den Zeitpunkt der Trennung erhält man, indem man das Alter der geologischen Schicht bestimmt, in der Fossilien der neuen Organismengruppe erstmals auftreten. Die Verbindung der Punkte ergibt näherungsweise eine Gerade. Kennt man nun die Anzahl unterschiedlicher Aminosäuren im Cytochrom c zweier beliebiger Organismengruppen (z. B. zwischen Walen und Bären), läßt sich mittels der Geraden ungefähr der Zeitpunkt ihrer Trennung während der Evolution feststellen. Auf diese Weise wurde auch der Zeitpunkt der Trennung der eukaryotischen Pflanzen von den Tieren bestimmt. Wegen der Ungenauigkeit der Berechnung ist der in Frage kommende Zeitraum durch eine Strecke angegeben.

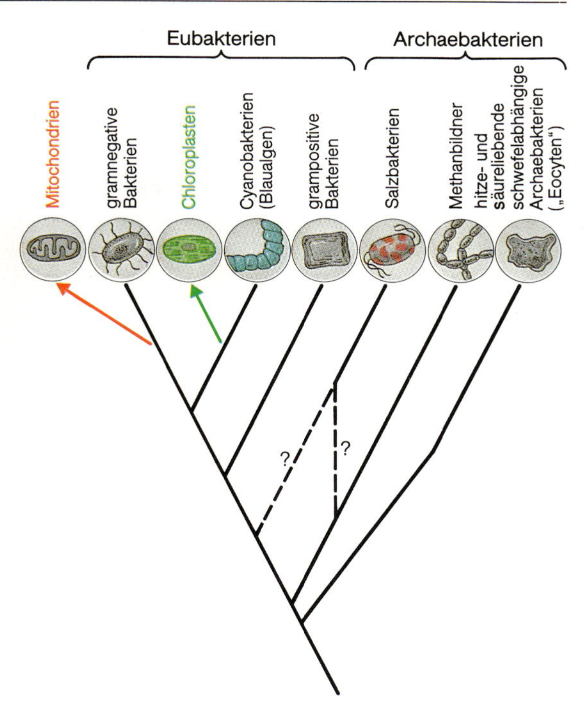

Abb. 473.2: Stammbaum der Prokaryoten aufgrund der Untersuchung von Basensequenzen von Nukleinsäuren. Aufgrund von Strukturmerkmalen der Nukleinsäuren und ihres Stoffwechsels werden die hitze- und säureliebenden Archaebakterien als die ursprünglichsten der heutigen Lebewesen angesehen; daher heißen sie »Eocyten«.

wandtschaftsbeziehungen von Arten und auch von anderen Organismengruppen recht genau bestimmen. Man erhielte auf diese Weise einen Stammbaum der Lebewesen, der den wirklichen Abstammungsverhältnissen recht nahe käme.

Verwandte Organismen haben ähnliche Proteine, weil sie ähnliche Gene haben. Die Information für die Proteine ist ja in den DNA-Molekülen enthalten. Man kann den Verwandtschaftsgrad der Lebewesen daher auch durch Vergleich der Basensequenz in ihrer DNA ermitteln. Wie über den Bau der Proteine lassen sich auch über den Bau der DNA stammesgeschichtliche Zusammenhänge erkennen *(Molekulare Phylogenie)*. Die Untersuchung des Baus der Gene für die Ribosomen-RNA ermöglichte es erstmals, für die großen Prokaryoten-Gruppen einen Stammbaum aufzustellen (Abb. 473.2).

5.5 Die Stammesgeschichte der Organismen

Entstehung der Einzeller. Nach der Entstehung der Eukaryoten-Zellen haben die Evolutionsvorgänge zur Bildung zahlreicher verschiedener Einzeller geführt. Bei einigen Einzeller-Gruppen sind bis heute pflanzliche und tierische Eigenschaften nicht scharf getrennt. Der einheitliche Ursprung der eukaryotischen Pflanzen und aller Tiere ist deshalb ziemlich sicher. Ein Modell für eine solche Brückenform zwischen Pflanze und Tier ist das »Augentierchen« *Euglena* (s. Einleitung).

Ausbildung der Vielzeller. Aus den Einzellern entwickelten sich Vielzeller (vgl. Cytologie 10.1 und 10.2). Dadurch war eine Größenzunahme und eine Verteilung bestimmter Tätigkeiten auf besondere, dafür leistungsfähigere Zellen möglich. Die notwendige Koordinierung der Teile des Organismus besorgen Hormone und bei den rasch reagierenden Tieren zu-

Abb. 474.1: Stammbaum der eukaryotischen Pflanzen

Abb. 475.1: Stammbaum der Tiere

Abb. 476.1: Lanzettfischchen (5-7 cm lang); lebt im Küstenbereich der Weltmeere.

sätzlich die Nervenzellen. Die Ausbildung des Zentralnervensystems lieferte die Grundlage für die erstaunliche Höherentwicklung der Tiere.

Die Stammesgeschichte der Pflanzen. Bereits bei den pflanzlichen Geißelträgern *(Flagellaten)* ist eine Aufspaltung in mehrere Entwicklungsrichtungen zu erkennen (vgl. Abb. 474.1), vermutlich weil unterschiedliche Endosymbionten die Funktion der »Chloroplasten« übernommen haben. An die Flagellaten schließen sich zunächst unbegeißelte Einzeller, dann einfache Zellkolonien an, weiterhin die fadenförmigen Algen und die Tange. Solche komplizierter gebauten Algen haben sich also in mehreren Evolutionslinien getrennt entwickelt. Schon sehr früh müssen die Pilze als selbständige Gruppe entstanden sein. Sie haben eine andere Ernährungsform ausgebildet als die grünen Pflanzen: Durch eine möglichst große Oberfläche langer Zellstränge *(Hyphen)* werden organische Stoffe aufgenommen (Ernährung durch Adsorption). Die Moose sind von Grünalgen des Süßwassers abzuleiten, ebenso die Nacktfarne, von denen im Silur die höheren Gefäßsporenpflanzen (Bärlappgewächse, Schachtelhalme, Farne) ihren Ausgang genommen haben. Aus den ursprünglichen Farnen sind die Samenfarne hervorgegangen und aus ihnen die Palmfarne *(Cycadeen)*. Auch die Nadelhölzer sind an die Ur-Farne anzuschließen. Die Bedecktsamer gehen auf ursprüngliche Cycadeen-Vorfahren zurück. Die ältesten Bedecktsamer waren wohl zweikeimblättrig, die wenig später auftretenden Einkeimblättrigen leiten sich von ursprünglichen Formen der Zweikeimblättrigen her. Abb. 474.1 gibt die Abstammungsverhältnisse wieder.

Die Stammesgeschichte der Tiere nahm ihren Ausgang wohl von geißelträgerähnlichen Einzellern. Am Übergang zu den Vielzellern stehen die *Schwämme* (vgl. Cytologie 10.2). Der Bau ihrer Kragengeißelzellen entspricht genau dem Bau bestimmter Geißelträger. Bei den *Hohltieren* wird Ektoderm und Entoderm gebildet, so daß der Bau mit einer Gastrula verglichen werden kann.

Im weiteren Verlauf der Stammesgeschichte haben sich dann zwei große Gruppen voneinander getrennt: die *Urmundtiere (Protostomier)*, bei denen der Urmund der Gastrula als Mundöffnung erhalten bleibt und der After sich neu bildet, und die *Neumundtiere (Deuterostomier)*, bei denen der Urmund zum After wird und der endgültige Mund neu entsteht. Zur ersten Gruppe gehören Plattwürmer, Ringelwürmer, Gliedertiere und Weichtiere, zur zweiten die Stachelhäuter und die Chordatiere. Bei Alt- und Neumündern kam es offenbar unabhängig voneinander mehrfach zur Bildung einer sekundären Leibeshöhle (*Coelom*, vgl. Fortpflanzung und Entwicklung 1.3), in deren Innenraum sich eine Körperhöhlenflüssigkeit befindet. Dadurch wird die Gestalt des oft langgestrecktwurmförmigen Körpers in ähnlicher Weise stabilisiert wie ein mit Wasser gefüllter Plastikbeutel. Kleinere wasserlebende Organismen kommen durch Ausbildung dieses *Hydroskeletts* ohne echtes Stützskelett (Knochen o.ä.) aus. Das Hydroskelett kann durch Kammerung zusätzlich stabilisiert werden. Zahlreiche Lebewesen mit wurmförmiger Gestalt sind deshalb segmentiert. Die Gliederfüßler gehen auf ringelwurmartige Vorfahren zurück (vgl. Abb. 511.2). Schon früh müssen sich die Krebse abgezweigt haben, die Spinnentiere stehen den Urformen der Krebse nahe. Später treten weitere luftatmende Gliederfüßler auf.

Primitive Deuterostomier sind u.a. die Stachelhäuter. Die Manteltiere (s. S. 515 und Abb. 475.1) bilden zumindest vorübergehend, während ihrer Entwicklung eine Art von Chorda aus. Das *Lanzettfischchen* (Abb. 476.1) zeigt Baueigentümlichkeiten, wie man sie sich auch für die Urform der *Chordatiere* vorstellt, die vermutlich ebenfalls ein Hydroskelett besessen hat. Der Stammbaum der Wirbeltiere ist in 5.2 dargestellt (vgl. Abb. 470.1). – Während die großen Gruppen der Landpflanzen sich allmählich entwickelten (vgl. 3.3), sind zahlreiche Tierstämme zu Beginn des Paläozoikums fast gleichzeitig in Erscheinung getreten.

5.6 Geschwindigkeit der Evolution

Die Stammbaumforschung zeigt, daß sich die verschiedenen Pflanzen- und Tierstämme mit recht unterschiedlichen Geschwindigkeiten entwickelt haben. Auch innerhalb der gleichen Tiergruppe kann die Entwicklung im Laufe der Zeit wechselnde Geschwindigkeit haben. Die *Kopffüßler* haben Höhepunkte ihrer Entfaltung im Ordovizium, von der Trias bis zur Kreidezeit und in der Gegenwart, die *Insekten* im Karbon und dann wieder im Tertiär bis zur Gegenwart, die *Reptilien* von der Trias bis zur Kreide, die *Säugetiere* seit dem Beginn des Tertiärs. Eigenartig ist die oft so verschiedene Lebensdauer der einzelnen Stämme. Die einen entfalteten sich in erdgeschichtlich kurzer Zeit geradezu explosiv und spalteten sich in unzählige Arten auf, um dann wieder langsam zurückzugehen; andere, wie die Ammoniten und die Saurier, verschwinden innerhalb geologisch kurzer Zeit auf der ganzen Erde. Durch das Aussterben der Saurier waren zahlreiche ökologische Nischen frei geworden, die nun von den Säugetieren besetzt wurden. Dies ist die Ursache für deren sehr rasche Evolution zu Beginn des Tertiärs.

Verständlicherweise hängt der Evolutionsfortschritt auch davon ab, wie viele Generationen eine Art innerhalb eines bestimmten Zeitraums hat. Arten mit rascher Generationsfolge lassen auch eine raschere Evolution erwarten, doch gilt dies durchaus nicht allgemein. Der heutige Mensch hat sich aus seinen primitiven Vorfahren vor 3,5 Millionen Jahren in nur 140 000 Generationen entwickelt. Die gleiche Generationenzahl erreicht die Fruchtfliege in unserem Klima schon in 8400 Jahren. Sie hat sich in diesem Zeitraum aber kaum verändert. Berücksichtigt man nicht die Zeitdauer, sondern die Generationenzahl, so vollzog sich die Evolution des Menschen mit großer Geschwindigkeit.

Gradualismus und Punktualismus. Die Frage, wie rasch die Artbildung erfolgt, ist strittig. Die »Gradualisten« sind der Ansicht, daß der Vorgang sehr allmählich durch Addition vieler kleiner Mutationsschritte vor sich gehe (entsprechend der Abb. 440.1). Andere Evolutionsbiologen verweisen darauf, daß eine Trennung des einheitlichen Genpools rasch zu erheblichen Veränderungen führe, weil sich in der Regel kleine Gründerpopulationen abspalten, in denen dann Gen-Drift wirksam ist (Theorie des »unterbrochenen Gleichgewichtes«). Anschließend sollen nach Ansicht der »Punktualisten« lange Zeiten folgen, in denen sich die Organismen kaum verändern, bis wieder ein rascher Artbildungsvorgang stattfindet.

Die Artbildung ist mit einer morphologischen Änderung verknüpft. Die molekulare Evolutionsforschung zeigt, daß die Evolutionsrate der Proteine im Mittel konstant bleibt. Daher muß man die allmähliche (graduelle) oder rasche (punktuelle) morphologische Änderung als Grenzfälle ansehen, die durch unterschiedliches Zusammenwirken von Selektionsfaktoren und Gen-Drift zustande kommen.

Untersuchungen an *Drosophila* ergaben, daß die Mutationsrate von Umweltbedingungen abhängen kann. Stärkerer Selektionsdruck (bei *Drosophila* durch Insektizide und Bestrahlung hervorgerufen) kann dazu führen, daß vermehrt Transposons (vgl. Genetik 8.19) mobil werden. Dadurch nimmt die genetische Variabilität der Population zu. So läßt sich erklären, daß sehr kleine Populationen eine besonders hohe genetische Variabilität aufweisen können.

Lebende Fossilien. Formen, die sich in sehr langen Zeiträumen kaum weiterentwickelt haben, sind bekannt. Der Armfüßer *Lingula* existiert schon seit dem Silur (s. Abb. 477.1). Der rezente *Nautilus* unterscheidet sich kaum von fossilen Vorfahren in der Trias. Die *Quastenflosser,* zu denen *Latimeria* gehört, haben sich seit mehreren hundert Millionen Jahren nicht verändert; und die *Lungenfische* kennt man in gleicher Gestalt seit der Trias. Man bezeichnet Arten, die sich auch in langen Zeiträumen kaum weiterentwickeln, als stabile Formen, und, wenn sie heute noch existieren, als *lebende Fossilien.* Weitere Beispiele sind die Urschnecke *Neopilina* (seit 400 Mio. Jahren), der Blattfußkrebs *Triops* (seit 200 Mio. Jahren), der Pfeilschwanz *Limulus* (seit 170 Mio. Jahren), der *Ginkgobaum* (seit 170 Mio. Jahren) und der *Mammutbaum* (seit 150 Mio. Jahren).

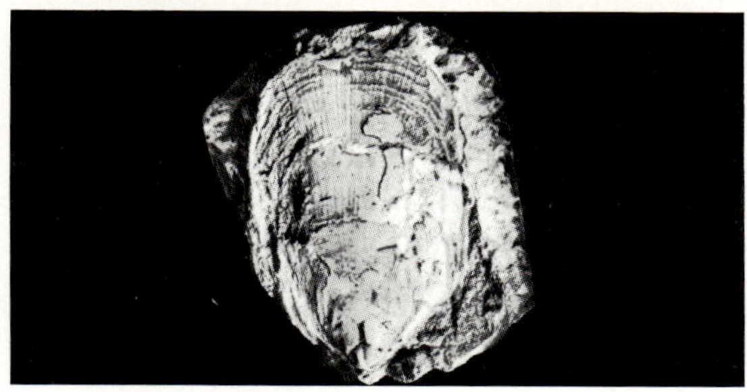

Abb. 477.1: Rezente Lingula (oben), ein mariner ursprünglicher Armfüßer (Armkiemer); die Gattung existiert seit dem Ordovizium. Unten: Schale einer fossilen Lingula

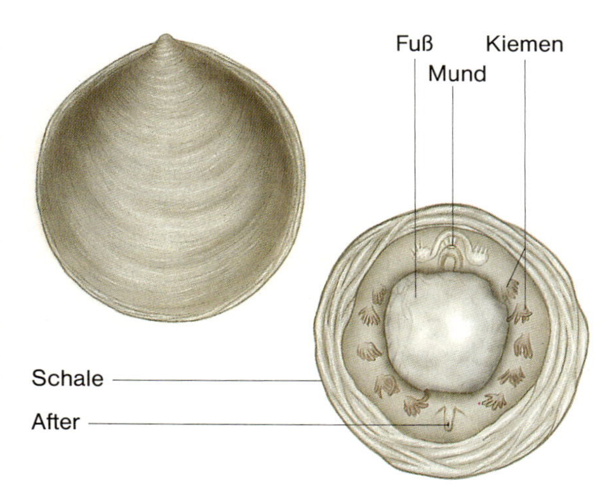

Abb. 477.2: Neopilina, eine 1952 in der Tiefsee entdeckte Urschnecke mit 5 Paar segmental angeordneten Kiemen und ohne spiralig geformten Eingeweidesack. Ihre Vorfahren sind aus dem Silur bekannt. Links: Schale von oben; rechts: Tier in der Schale, von unten gesehen

5.7 Evolution und Höherentwicklung

Aus den Stammbäumen ist zu entnehmen, daß es in der Evolution eine Entwicklung von einfach organisierten zu komplex gebauten Formen gegeben hat (Höherentwicklung, *Anagenese*). Sie erfolgt durch fortschreitende Differenzierung und zunehmende Vielfalt von Zellen, Geweben und Organen.

Der »Höherentwicklung« liegt eine Zunahme an genetischer Information zugrunde. – Mit zunehmender Leistungsfähigkeit des Gehirns in der Evolution der Wirbeltiere kann ihr Verhalten immer besser der jeweiligen Situation angepaßt werden; die Unabhängigkeit des Organismus von seiner Umwelt wächst.

Das Fortschreiten vom Einfachen zum Komplexen im Evolutionsgeschehen ist nicht gleichbedeutend mit zunehmender Anpassung. Diese ist auf jedem Organisationsniveau möglich, denn die einfach gebauten Formen wären schon längst ausgestorben, hätten sich sich an ihre Umwelt nicht ebenso gut angepaßt wie die hochentwickelten.

Höherentwicklung tritt zwangsläufig auf: unter der Vielzahl auftretender Mutationen kommen zwar selten, aber doch immer wieder auch solche vor, welche die Besiedlung eines neuen Lebensraums einleiten (z. B. die Besiedlung des Landes durch Pflanzen und Tiere) oder solche, die eine neuartige Nutzung der Umwelt ermöglichen (z. B. durch eine andere Ernährungsweise). Weitere Mutationen in der eingeschlagenen Richtung setzen sich durch, weil sie unter den neuen Lebensbedingungen vorteilhaft sind. Höherentwicklung ist also ein Weg, der Konkurrenz zu entgehen.

Die Höherentwicklung hat nicht immer das Aussterben von Arten mit einfacher Organisation zur Folge, weil diese meist nicht genau die gleichen ökologischen Nischen haben wie die komplexen. Die einfacher organisierten Arten werden allerdings häufig durch die Teilkonkurrenz der höher organisierten auf einen engeren Lebensraum beschränkt.

Infolge der Höherentwicklung kann eine größere Anzahl von Arten nebeneinander leben, so daß mehr und mehr komplexe Biozönosen entstehen.

6. Stammesgeschichte des Menschen

6.1 Stellung des Menschen im natürlichen System der Organismen

Seiner körperlichen Beschaffenheit nach gehört der Mensch zu den Säugetieren. Schon LINNÉ hat ihn mit den Affen und Halbaffen in die Ordnung der Herrentiere oder **Primaten** als der höchsten Gruppe der Säugetiere gestellt.

Die ursprünglichste Form unter den heute lebenden Halbaffen ist das eichhörnchengroße *Spitzhörnchen (Tupaja;* s. Abb. 292.1*)*. Es lebt in Südostasien als Baumtier. Sein Gebiß mit den spitzhöckerigen Backenzähnen, sein gut entwickelter Geruchssinn und die für Primaten große Jungenzahl (etwa 5) weist auf verwandtschaftliche Beziehungen zu den Insektenfressern hin. Die Gruppe der *Halbaffen* hat vor allem auf der Insel Madagaskar durch adaptive Radiation eine große Anzahl von Arten hervorgebracht.

Die Unterordnung der *Affen* gliedert sich in zwei deutlich abgegrenzte und auch geographisch scharf getrennte Gruppen. Die nur in den Tropenwäldern Mittel- und Südamerikas vorkommenden Neuweltaffen oder *Breitnasenaffen* sind Baumtiere mit breiter Nasenscheidewand, seitlich gestellten Nasenlöchern und starkem Greifschwanz (s. Abb. 479.1). Die Altweltaffen oder *Schmalnasenaffen* mit schmaler Nasenscheidewand und nach vorne gerichteten Nasenlöchern sind auf die wärmeren Gebiete der Alten Welt beschränkt (s. Abb. 479.2). Zu ihnen gehören drei Familien: die *meerkatzenartigen Affen* in Wald- und Felsengebieten von Asien, Afrika und Europa (Gibraltar), die *Langarmaffen (Gibbons)* mit überlangen Vordergliedmaßen, die als Baumbewohner in Hinterindien und auf den Sunda-Inseln vorkommen, und die *Menschenaffen (Pongiden)*. Diese weisen drei Gattungen auf: den *Orang-Utan* in den Urwäldern von Sumatra und Borneo, den *Gorilla* und den *Schimpansen* im mittelafrikanischen Urwald. Der Orang-Utan ist ein ausgesprochener Hangelkletterer mit starkem Knochenkamm auf dem Schädel, Backenwülsten und Kehlsack. Die beiden anderen sind weniger ausgeprägte Hangler und mehr Boden- als Baumtiere.

Der Mensch weist mit den Menschenaffen so viele Ähnlichkeiten auf, daß man Mensch und Menschenaffen in der Familiengruppe (Überfamilie) der Menschenähnlichen *(Hominoidea)* zusammenfaßt. In dieser Gruppe bildet der Mensch eine eigene Familie **Hominidae** (Menschenartige). Zu dieser Familie gehören auch die ausgestorbenen Vormenschen (vgl. Abb. 479.3).

Der Vergleich mit den drei heute lebenden Menschenaffen ergibt eine deutliche Abstufung der Ähnlichkeit. Bei Mensch und Schimpanse sind im erwachsenen Zustand keine durch eine Naht vom Oberkiefer getrennten *Zwischenkieferknochen* festzustellen, dagegen bei allen übrigen Primaten. Sie werden aber bei beiden noch embryonal angelegt, wie bereits GOETHE für den Menschen nachgewiesen hat. Die Verwachsung mit dem Oberkiefer erfolgt beim Menschen vor der Geburt, beim Schimpansen danach. Die Gebisse der Menschenaffen unterscheiden sich vom menschlichen Gebiß durch einen größeren, mit einer Lücke von den übrigen Zähnen abgesetzten

Abb. 479.1: Brüllaffe, Breitnasenaffe aus Mittel- und Südamerika; Nasenlöcher nach außen gerichtet. Größe etwa 60 cm (ohne Schwanz)

Abb. 479.2: Makake, Schmalnasenaffe aus Asien; Nasenlöcher nach unten gerichtet. Größe je nach Art 40–75 cm (ohne Schwanz)

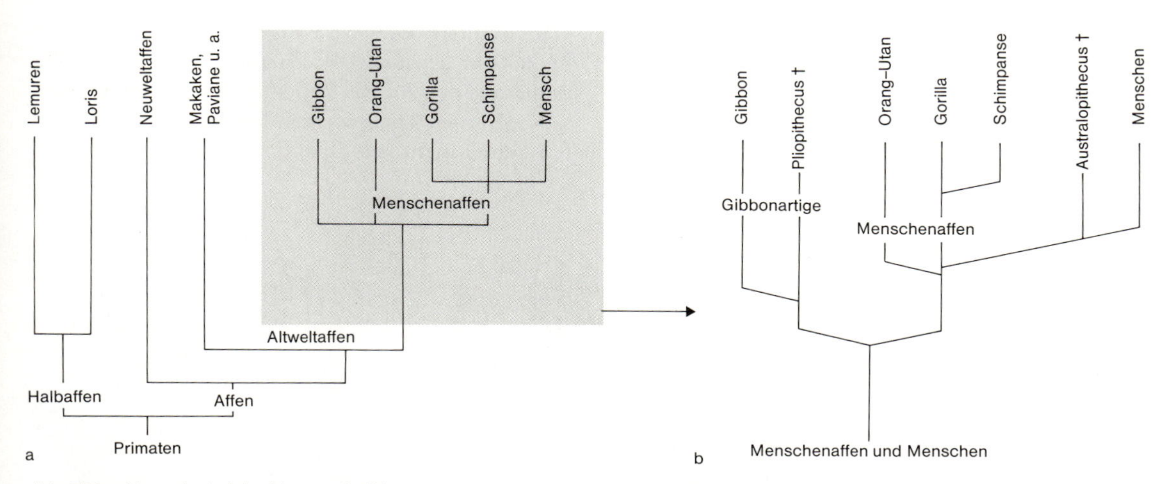

Abb. 479.3: a Verwandtschaftsbeziehungen der Primaten aufgrund der Serumdiagnostik, mit der sich der Verwandtschaftsgrad der Proteine bestimmen läßt.

b Verwandtschaftsbeziehungen der Menschenaffen und Menschen aufgrund gestaltlicher und anatomischer Merkmale. Man findet Übereinstimmung der Ergebnisse nach beiden Methoden.

Eckzahn; der Eckzahn des Schimpansen ist aber am kleinsten. Der Orang besitzt neun *Handwurzelknochen,* Gorilla, Schimpanse und Mensch nur acht; der neunte Knochen wird aber noch embryonal angelegt und verschmilzt später mit dem benachbarten Handwurzelknochen. Die *Abzweigung der Schlagadern* vom großen Aortenbogen ist gleichartig beim Menschen, Schimpansen und Gorilla, andersartig beim Orang. Die *Serumreaktion* weist eine nahe Blutsverwandtschaft mit dem Schimpansen nach (vgl. Abb. 450.1). Die Chromosomen gleichen sich weitgehend, doch hat der Mensch 46 gegenüber 48 bei den Menschenaffen; die Ursache ist eine Verschmelzung von zwei Chromosomen (vgl. Abb. 479.4).

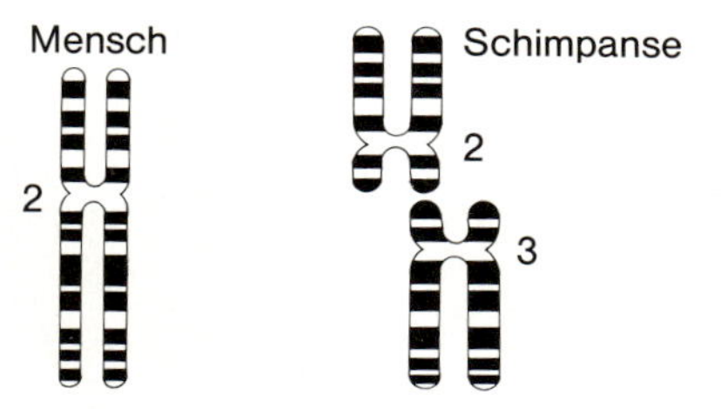

Abb. 479.4: Beispiel zur Homologisierung von Chromosomen an Hand ihrer Bandenmuster. Dem Chromosom 2 des Menschen entsprechen 2 Einzelchromosomen des Schimpansen. Wahrscheinlich hatte auch der gemeinsame Vorfahr von Mensch und Schimpanse diese zwei Einzelchromosomen, die dann in der Stammeslinie des Menschen miteinander verschmolzen sind.

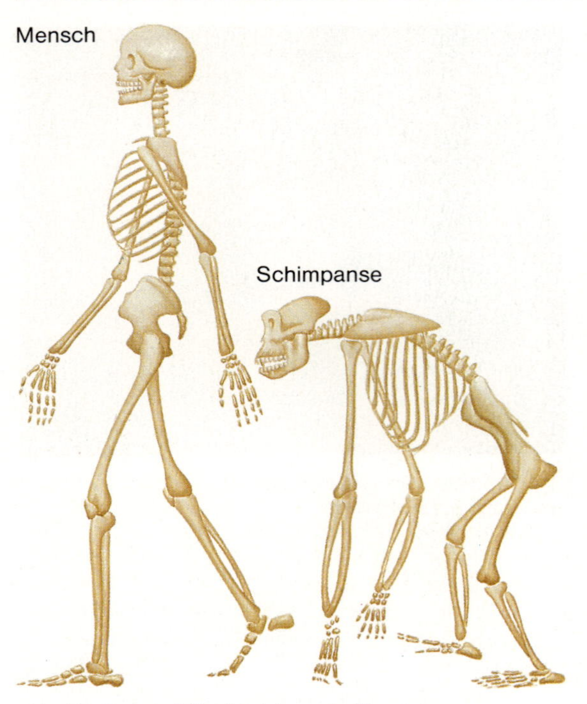

Abb. 480.1: Form der Wirbelsäule bei normaler Körperhaltung von Mensch und Schimpanse

6.2 Entwicklungstendenzen in der Primatenreihe

Vergleicht man Körperbau (s. Abb. 480.1 und 2), Lebensweise und Verhalten von Halbaffen, Affen und Mensch, so lassen sich bestimmte Entwicklungstendenzen erkennen (s. Abb. 481.1). Sie führen schließlich zu den besonderen Merkmalen des Menschen, in denen er sich nun auch von der ihm am nächsten stehenden Primatengruppe, den Menschenaffen, unterscheidet.

Gemeinsam mit den meisten Affen hat der Mensch das beidäugige Sehen nach vorne. Dadurch entsteht ein ausgezeichnetes räumliches Sehvermögen. Die optimale Nutzung dieser Fähigkeit erfordert einen umfangreichen Gehirnbereich zur Auswertung der Information und eine gute Koordination mit den Gliedmaßen. Verloren ging nun der Blick nach hinten, der ein frühes Erkennen eines Angriffs von rückwärts erlaubte. Dies wird ausgeglichen durch die Fähigkeit zur genauen Lokalisierung von Schallquellen und durch den Aufbau komplizierter sozialer Organisationsformen. Diese werden bei den höheren Primaten immer mehr vervollkommnet.

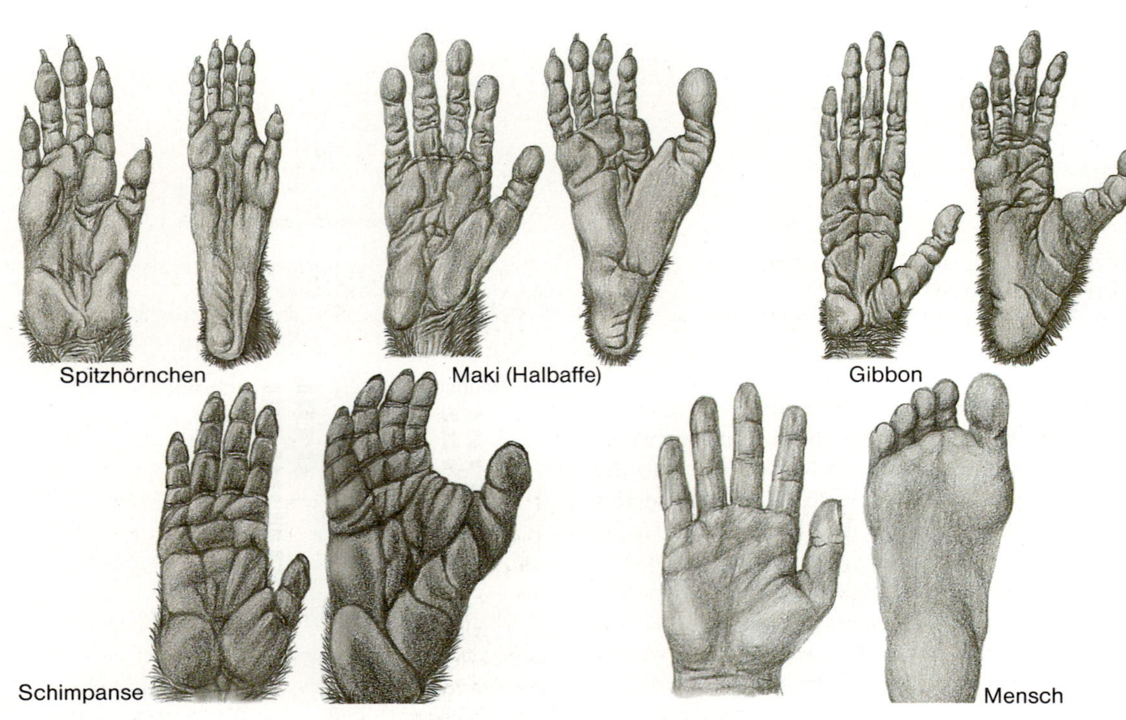

Abb. 480.2: Hand (links) und Fuß (rechts) verschiedener Primaten. Beim Klettern und Hangeln im Geäst schließen die Affen die Finger und krümmen die ganze Hand zu einem Haken. Mit Ausnahme der als Schwinghangler sich fortbewegenden Gibbons ist der Daumen kurz und fast funktionslos. Zur Hand des Menschen siehe Text. Der Fuß der Affen ist ein Greiffuß mit abspreizbarer großer Zehe. Der Fuß des Menschen ist ein Standfuß.

6.3 Die Sonderstellung des Menschen

1. Aufrichtung des Körpers und Gang auf den hinteren Gliedmaßen. Gibbon, Orang-Utan und Schimpanse bewegen sich auf Bäumen vorwiegend hangelnd oder schwingend fort. Der erwachsene Gorilla ist dafür zu schwer, er mußte deshalb fast ganz zum Bodenleben übergehen. Bei seinem schwerfälligen Gang auf zwei Beinen tritt er nur mit der Außenkante der Fußsohlen auf. Dagegen ist der Mensch ganz zum **Aufrechtgänger,** zum Zweibeiner, geworden (vgl. Abb. 480.1). Damit geht eine *Umformung des ganzen Skeletts* einher. Beim Erwachsenen ist der Fuß ein ausgesprochenes *Gehwerkzeug*. Die große Zehe liegt an und ist nicht wie der Daumen beweglich, Fußwurzel- und Mittelfußknochen bilden ein Gewölbe, wie es kein Menschenaffe aufweist. Doch beginnt beim Kind das Gehen mit einer Fußstellung, die an einen Sohlenkantengänger erinnert. Auch kann es die große Zehe noch zum Greifen verwenden. Bei den Menschenaffen ist die große Zehe abspreizbar, so daß sie Gegenstände mit dem Fuß greifen können. Die Hintergliedmaßen des erwachsenen Menschen sind länger als bei den Menschenaffen sowie länger und kräftiger als die Arme. Das Becken ist verbreitert und mehr nach vorn gedreht; es wird zur tragenden Schüssel für die Eingeweide. Die Wirbelsäule hat nicht die Brückenform des Vierfüßlers oder die gerade Streckung wie beim Hangler. Sie ist *doppelt S-förmig* gekrümmt und trägt federnd Rumpf und Kopf. Der Unterstützungspunkt des Schädels liegt unter seinem Schwerpunkt und nicht hinter ihm wie bei den Menschenaffen, so daß nur schwache Nackenmuskeln zur Kopfhaltung notwendig sind. Der menschliche Brustkorb ist breiter als tief. Dadurch ist der Schwerpunkt des Körpers weiter zur Körperlängsachse zurückverlegt als bei dem kielförmigen Brustkorb der übrigen Primaten, was für die Erhaltung des Gleichgewichts vorteilhaft ist.

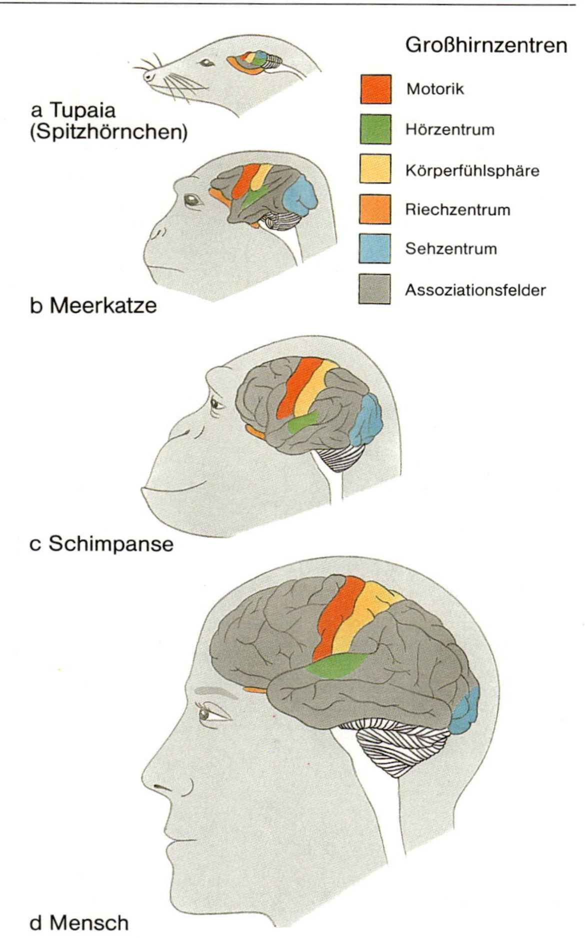

Abb. 481.1: Entfaltung des Gehirns bei den Wirbeltieren und der Großhirnrinde in der Primatenreihe (vgl. mit Abb. 482.1). Das Großhirn des Spitzhörnchens ist noch ohne Gehirnwindungen. Mit zunehmender Höherentwicklung nimmt die Größe des Großhirns sowie die Zahl seiner Gehirnwindungen zu. Ein ungefähres Maß für die Organisationshöhe des Gehirns ist auch das Gewichtsverhältnis Großhirnrinde/Stammhirn. Es beträgt bei der Meerkatze (Altweltaffe) 34, beim Schimpansen 49 und beim Menschen 170.

Der entwicklungsgeschichtlich recht junge Erwerb der aufrechten Körperhaltung hat zu einigen Schwächen geführt. Die aufrechte Körperhaltung belastet vor allem die unteren Teile des Körpers. Die Folge davon ist der mit dem Alter zunehmende Hängebauch, die Neigung zu Unterleibsbrüchen und zu Bandscheibenschäden, zu Senk- und Plattfüßen, zu X- und O-Beinen und zur Bildung von Krampfadern infolge von Blutstauungen in den Beinen.

2. Greifhand. Mit dem Erwerb des aufrechten Ganges dient die Hand des Menschen nicht mehr der Fortbewegung. Der kräftige Daumen kann den übrigen Fingern gegenübergestellt *(opponiert)* und der Unterarm um seine Längsachse gedreht werden. Deshalb wurde die Hand zu einem geradezu idealen Greif-, Erkundungs- und Manipulationsorgan und damit auch zur Grundlage für jede Form der kulturellen Betätigung (vgl. Abb. 480.2).

3. Schädel. Der Hirnschädel hat als Folge der mächtigen Ausbildung des Großhirns eine hohe Aufwölbung, die sich zum Gesicht hin ausdehnt und eine hohe Stirn bildet. Der Gesichtsschädel ist kleiner, die Schnauze zurückgebildet. Überaugenwülste verschwinden, Nasenvorsprung und Kinn treten deutlich hervor (s. Abb. 481.1 und 482.2).

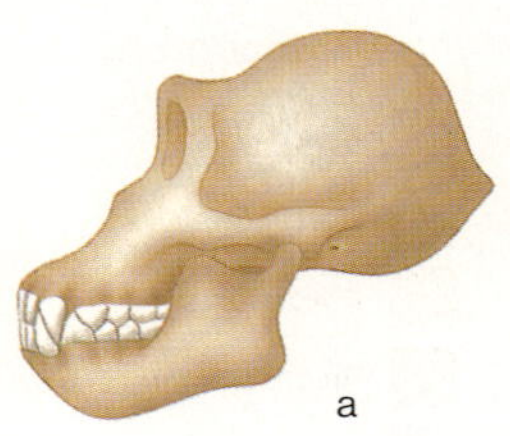

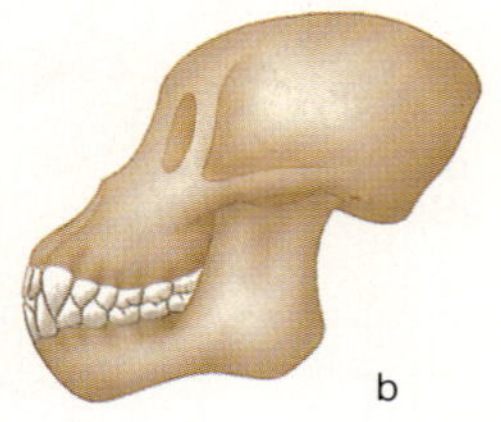

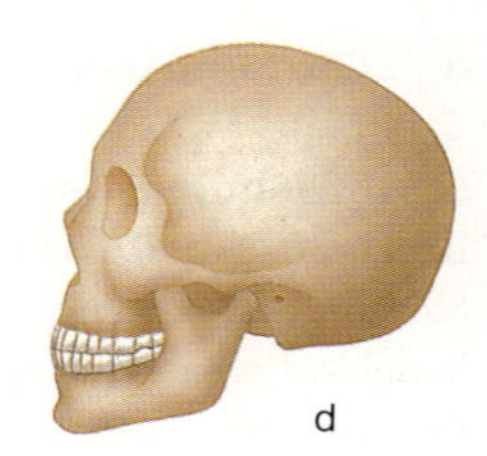

Abb. 482.1: Schädel eines Schimpansen zum Vergleich mit dem Schädel eines fossilen Menschenaffen, eines Urmenschen und des Jetztmenschen. a Schimpanse, b Dryopithecus, c Australopithecus, d Homo sapiens. Man erkennt die Größenzunahme des Gehirnschädels, die Zurückbildung der Schnauze und der Eckzähne und bei Homo sapiens die Ausbildung des Kinns (s. Punkt 3 in 6.3).

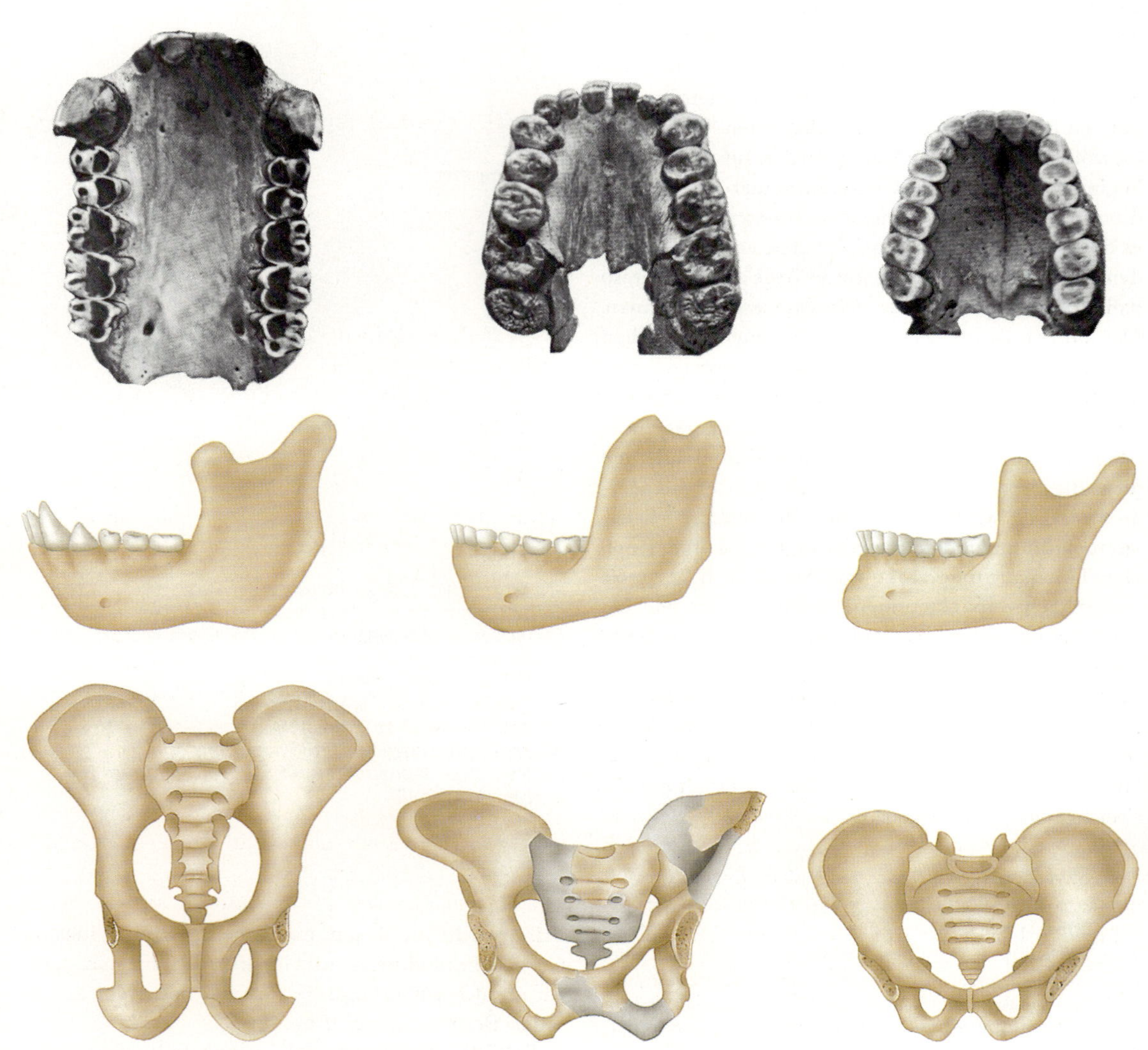

Abb. 482.2: Oberkiefer, Unterkiefer und Becken von Menschenaffe (Schimpanse), Australopithecus und Mensch.
Oberkiefervergleich.
Menschenaffe: Lücke zwischen Schneidezahn und kräftigem Eckzahn; Backenzahnreihen parallel gestellt.
Mensch mit engschließender Zahnreihe, Zahnbögen parabolisch.
Unterkiefervergleich.
Menschenaffe: Kiefer stark und groß, Kinn fehlend, Schnauzenbildung.
Mensch: Kiefer kurz mit Kinn.
Beckenvergleich.
Menschenaffe: Becken lang und schmal (Geburtskanal eng).
Mensch: Becken breit, schüsselförmig (trägt Eingeweideorgane). Geburtskanal weit (großer Kopf des Neugeborenen).
Die Merkmale des Australopithecus liegen zwischen den Merkmalen des Menschenaffen und des Menschen, nur der Oberkiefer ist wie beim Menschen gestaltet.

4. Zahnbogen und Gebiß. Die Anordnung der Zähne in einem *parabolischen Zahnbogen* ist zusammen mit der Wölbung des Gaumens, der tiefen Lage des Kehlkopfes und der guten Beweglichkeit der Zunge wichtig für die Bildung von Sprachlauten. Die vorgeburtliche Verwachsung von Zwischen- und Oberkieferknochen verhindert eine Änderung des Zahnbogens, so daß die Sprachfähigkeit unverändert bleibt (Abb. 483.1).

Das Gebiß des Menschen ist ein nur wenig differenziertes Allesesser-Gebiß und kleiner als das der Menschenaffen. Die Eckzähne unterscheiden sich kaum von den Schneidezähnen. Die Zahnreihe ist beim Menschen geschlossen, während die Menschenaffen zwischen Schneidezahn und Eckzahn eine Zahnlücke aufweisen; auch sind ihre Backenzahnreihen parallel gestellt (s. Abb. 482.2).

5. Haarkleid. Im Gegensatz zu den Affen ist die Behaarung beim Menschen bis auf wenige Reste verschwunden. Die Erhaltung der Restbehaarung muß Selektionsvorteile gehabt haben (bessere Verteilung von Drüsensekret durch Achsel- und Schamhaare, Wirkung als sexuelles Signal).

6. Säuglingstyp; Verlängerung der Jugend- und Altersphase. Gemessen an der Entwicklungshöhe des Säuglings bei der Geburt wird der Mensch im Vergleich zu den Menschenaffen zu früh geboren. Der größere Hirnschädel des Menschen würde sonst nicht mehr durch den von den Beckenknochen begrenzten Geburtskanal passen. Der Mensch ist nach der Geburt monatelang völlig hilflos wie Nesthokkerjungen von Tieren, besitzt aber voll entwickelte Sinnesorgane (sekundärer Nesthocker). Dies macht eine starke nachgeburtliche Gehirnentwicklung in enger Verbindung mit Sinneseindrücken aus der Umwelt möglich. Während sich Affenjungen aus eigener Kraft an der Mutter festhalten (aktiver Tragling), vermag dies der menschliche Säugling nicht *(passiver Tragling)*. Während der Zeit der intensiven Fürsorge lernt das Kleinkind den erfolgreichen Handgebrauch, das Gehen und das Sprechen. Die Lebensdauer des Menschen weit über das Fortpflanzungsalter hinaus hat eine zeitliche Überlappung der Generationen zur Folge, was für die Weitergabe von Traditionen (Kulturelementen) wichtig ist.

7. Vergrößerung des Großhirns. Die Gehirne von Schimpanse und Gorilla stehen zwar dem menschlichen Gehirn am nächsten. Von der Größe und der Ausbildung ihrer Falten ist es aber ein gewaltiger Sprung bis zum Menschen. Die riesige Zahl von Nervenzellen und deren Verknüpfungen steht in engem Zusammenhang mit der hohen Leistungsfähigkeit des menschlichen Gehirns.

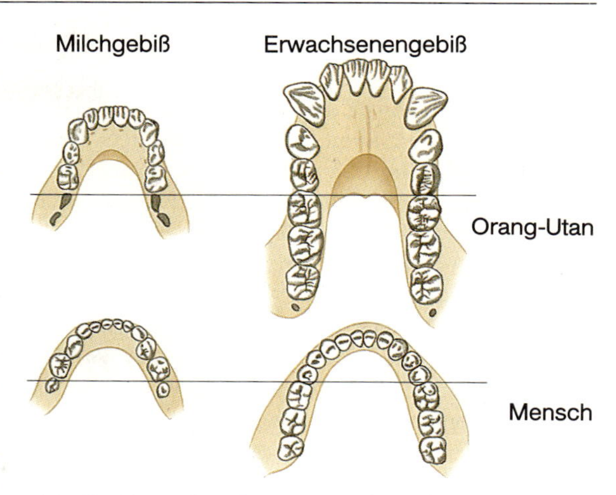

Abb. 483.1: Milchgebiß und Erwachsenengebiß beim Orang-Utan und beim Menschen.
Beim Orang macht die vordere Region beim Zahnwechsel starke Gestaltveränderungen durch, beim Menschen nicht.
Für die Sprachfähigkeit des Menschen ist dies von großer Bedeutung.

8. Verhalten. Infolge der intensiven und langdauernden Pflege der Kleinkinder entstand Arbeitsteilung in der Familie; dies schuf starke soziale Bindungen. Zusammenarbeit, wechselseitige Hilfe, Lernen und Weitergabe des Gruppenwissens zur Nutzung der Umwelt und Verbesserung der Lebensmöglichkeiten sind ein wesentlicher Grund für die Überlegenheit des Menschen. Vor allem seine *lebenslang anhaltende Lernfähigkeit* ist eine wichtige Grundlage für die Entwicklung der Kultur. Während Vererbung aus einem Informationsfluß von Generation zu Generation besteht, beruht Lernen auf einem Informationsfluß auch zwischen solchen Individuen, die nicht voneinander abstammen.

9. Sprache. Eine Verständigung durch zweckbezogene und instinktive Lautäußerungen ist auch bei Tieren weit verbreitet (z. B. Warn- und Lockrufe). Eine Sprache, die erlernt werden muß und in der Gedachtes in Laute umgesetzt wird, besitzt jedoch kein Tier. Mit der Sprache verfügt der Mensch über ein Mittel zur vielfältigen Kommunikation; sie ist deshalb die wichtigste Grundlage seiner sozialen Beziehungen. Durch Sprachsymbole (Wörter, Sätze) vermag der Mensch Erfahrungen mitzuteilen und eine Kultur zu entwickeln.

Voraussetzung für die Sprachfähigkeit sind nicht nur die in Punkt 4 genannten anatomischen Besonderheiten, sondern auch die Ausbildung eines eigenen *motorischen Sprachzentrums* im Großhirn (BROCAsche Region; s. Abb. 246.1); es ermöglicht das zusammenhängende Sprechen.

6.4 Der menschliche Verstand

Der Verstand unterscheidet den Menschen am stärksten von den ihm körperlich nahestehenden Menschenaffen. Im Vergleich mit ihnen ist er aber sehr viel weniger an die angeborenen Verhaltensweisen gebunden. Spezifisch menschlich ist die Fähigkeit, aus der Einsicht in kausale Zusammenhänge Geräte und Werkzeuge zu schaffen und sie sinnvoll zu nutzen. Alle diese Werkzeuge, wie kompliziert sie auch zusammengesetzt sein mögen, sind im Grunde Prothesen, die Organe nachahmen, ihre Tätigkeit ersetzen, erweitern, verfeinern oder vervielfältigen.

Entscheidend für die Sonderstellung des Menschen ist die Fähigkeit, einsichtig und nach sittlichen Grundsätzen zu handeln. Durch die Fähigkeit, über seine Umwelt und sich selbst nachzudenken, sich die Zukunft vorzustellen, zu planen, individuell erworbene Erfahrung anderen mitzuteilen und durch die Schrift aufzubewahren, kann der Mensch sein Schicksal in weitaus stärkerem Maße selbst steuern als irgendein anderer Organismus. Diese Fähigkeiten haben es dem Menschen ermöglicht, seine Lebensweise viel rascher zu ändern, als es einer Tierart bei ausschließlich biologischer Evolution möglich ist. Diese Veränderungen vollzogen sich in den letzten 40 000 Jahren ohne erkennbare Veränderung des Skeletts.

Es ist der menschliche Geist, der dem Menschen das spezifisch »Menschliche« verleiht. In ihm äußert sich der *einzigartige Qualitätsumschlag* in der Entwicklung vom Tier zum Mensch.

6.5 Vorformen des Menschen

Die Erforschung der Evolution des Menschen geht heute von drei verschiedenen Ansätzen aus:

1. Untersuchung und Einordnung der Fossilreste, soweit möglich unter Anwendung der absoluten Altersdatierung.
2. Molekularbiologische Untersuchungen der Homologie von Proteinen und DNA-Sequenzen von Mensch und Menschenaffen. Wendet man das Prinzip der molekularen Uhr an (vgl. 5.4), so können Zeitpunkte für die Trennung von Evolutionslinien angegeben werden.
3. Untersuchung von gefundenen Werkzeugen, Überresten von Lagerplätzen u. dgl. Die Befunde lassen sich deuten aufgrund von Feldstudien an heute noch vom Sammeln und Jagen lebenden Bevölkerungen. Die vergleichende Erforschung des Sozialverhaltens von Affen legt die Annahme nahe, daß schon allein die Komplexität der Sozialstrukturen einer beträchtlichen Gehirngröße bedarf. Bei der Evolution zum Menschen war diese eine entscheidende Präadaption.

Kennzeichnend für die vormenschlichen Primaten ist die Tatsache, daß sie den Übergang vom Baumleben in den Wäldern zum Bodenleben in der Savanne allmählich bewältigten.

Die bisher ältesten Funde von Menschenaffen-Vorfahren gehören zur Form *Propliopithecus*. Er lebte vor etwa 30 Millionen Jahren in Afrika und ist vermutlich die Stammform von Mensch, Menschenaffen und Schmalnasenaffen. Den in Ägypten entdeckten *Aegyptopithecus* (vor 25 Millionen Jahren) und die in Asien, Afrika und Europa (z. B. Schwäbische Alb) gefundenen *Dryopithecus*-Formen (vor 20 Millionen Jahren) betrachtet man als gemeinsame Vorfahren von Mensch und Menschenaffen. Aus ihren Skelett-Resten ist zu entnehmen, daß sie ziemlich unspezialisierte Wesen waren.

Früher nahm man an, daß sich die Entwicklungslinie zum Menschen von der zu den Menschenaffen vor 20 bis 16 Millionen Jahren getrennt habe. Verschiedene unabhängige molekularbiologische Messungen erbrachten für die Abtrennung der Orang-Utan-Evolutionslinie von der menschlichen Linie 10 bis 15 Millionen Jahre, für die Abtrennung von Gorillas und Schimpansen 5 bis 9 Millionen Jahre. Eine späte (letzte?) gemeinsame Stammform von Mensch und Menschenaffen könnte demnach *Ramapithecus* gewesen sein. (Nach anderer Ansicht waren die *Proconsul* benannten *Dryopithecus*-Formen die letzten gemeinsamen Vorfahren). Die Fossilreste des *Ramapithecus* aus Afrika, Asien und Europa sind 16 bis 8 Millionen Jahre alt. Er war ein Bewohner der Savanne, der sich wohl zur Beobachtung der Umwelt zeitweilig aufrichtete. Er hatte eine V-förmige Zahnreihe, die weder dem Zahnbogen des Menschen noch jenem der Menschenaffen (vgl. Abb. 482.2) gleicht. Zumindest die jüngeren Funde aus der *Ramapithecus*-Gruppe (einschließlich *Sivapithecus*) sind aber nur noch Vorfahren des Orang-Utan.

6.6 Menschwerdung (Hominisation; vor 7 bis 4 Millionen Jahren)

Vor etwa 7 bis 5 Millionen Jahren kam es zu Klimaveränderungen, die eine Zunahme der Savannenflächen in Afrika zur Folge hatten. Verschiedene Tierarten starben aus; insbesondere bei den Huftieren entstanden neue Arten. Wahrscheinlich waren die Lebensbedingungen in der Savanne (vgl. 6.5) die Ursache dafür, daß der aufrechte Gang entstand, der die Hände freistellte und Werkzeugbenutzung erleichterte: die Zuhilfenahme der Hände bei der Ernährung ermöglichte eine Rückbildung der Kaumuskulatur und damit eine Umbildung des Schädels unter Vergrößerung der Gehirnkapsel. Zusammen mit dem vielseitigen Gebrauch der Hand führte dies zu einer Vergrößerung des Gehirns.

Die **Hominisation,** d.h. die Entwicklung der typisch menschlichen Merkmale, umfaßte einen mehrere Millionen Jahre währenden Evolutionsvorgang. Es gibt keine scharfe Grenze zwischen »noch Tier« und »schon Mensch«. Auch verläuft die Weiterentwicklung immer innerhalb von Populationen mit zahlreichen Individuen. Daher kann der Übergang zum Menschen nicht bei einem einzelnen Individuum aufgetreten sein. Das sichere Merkmal des zum Menschen gewordenen Wesens, seine geistigen Fähigkeiten, läßt sich aus fossilen Skelettresten nicht erschließen. Deshalb verwendet man den Nachweis der Herstellung von Werkzeugen als das wichtigste Anzeichen höherer geistiger Fähigkeiten.

6.7 Entwicklung des Menschen (vor 4 Millionen Jahren bis zur Gegenwart)

Zur humanen Phase zählt man die Vormenschen *(Prähomininen)* und die echten Menschen *(Euhomininen).*

Prähomininen (Australopithecinen). Die ältesten Funde aus dieser Gruppe sind etwa 3,6 Millionen Jahre alt. Menschliche Merkmale sind die parabolischen Zahnbögen mit fest geschlossenen Zahnreihen, der schüsselförmige Bau des Beckens, die gewölbten Füße sowie die zentrale Lage des Hinterhauptloches. Zusammen mit den Skelettresten findet man gelegentlich einfache Steinwerkzeuge und zu Hiebwerkzeugen hergerichtete Knochen.

Die über 100 Funde aus Ost- und Südafrika erlauben eine Einteilung in mehrere Arten. Die ältesten Fossilreste (3,6 bis 2,9 Millionen Jahre) heißen nach ihrem Fundgebiet, der Afarsenke in Äthiopien, *Australopithecus afarensis.* Zu dieser Form gehören auch 3,5 Millionen Jahre alte Fossilfunde und Fußabdrükke aus Laetoli in Tansania.

Zur Einordnung und Namengebung von Fossilfunden: Schwierig einzuordnen sind vor allem Skelettreste von solchen Lebewesen, welche der Stammform von zwei sich gabelnden Entwicklungslinien nahestehen. Man kann die Fossilien dann entweder zur Stammform stellen oder an die Wurzel der einen oder der anderen von ihr ausgehenden Entwicklungslinie. Entsprechend unterschiedlich ist dann die Namengebung für diese Fossilien. So halten viele Forscher *Australopithecus afarensis* nicht für die älteste Form der Australopithecinen, sondern für die gemeinsame Stammform von *Australopithecus* und *Homo.* Daher wird sie gelegentlich auch *Praeanthropus afarensis* genannt. Liegen gleichaltrige Fossilreste von zahlreichen Individuen vor, so entsteht das Problem, ob alle Reste zu einer Art gehören (deren Population naturgemäß eine Variabilität aufweist) oder ob zwei verschiedene Arten nebeneinander gelebt haben. So gibt es einige Forscher, die *Australopithecus afarensis* in zwei Arten aufteilen.

Von den jüngeren Australopithecinen kam der kleinere, zierliche, etwa 1,20 m große *A. africanus (A-Typ)* vor allem in Südafrika vor. Die robusteren, etwa 1,50 m großen *A. robustus* (Südafrika) und *A. boisei* (Ostafrika) werden wegen ihres früheren Namens *Paranthropus* auch als P-Typ zusammengefaßt (s. Abb. 486). Die Australopithecinen starben vor rund 700 000 Jahren aus. Wenn sie auch nicht in die unmittelbare Vorfahren-Reihe des Menschen, sondern einem Seitenzweig der Menschheitsentwicklung angehören, so hatten sie doch die Schwelle vom Tier zum Menschen überschritten.

Euhomininen (Gattung Homo). Wie geologische und paläontologische Untersuchungen zeigen, fand vor etwa 2,5 bis 2 Millionen Jahren erneut eine weltweite Klimaveränderung statt. In Afrika hatte sie Artneubildungen bei verschiedenen Pflanzenfressern zur Folge. Auch in der menschlichen Evolutionslinie könnte die Klimaänderung eine Ursache für die Artneubildung gewesen sein. Da die ältesten Fossilreste der Gattung *Homo* fast 2 Millionen Jahre alt sind, muß sie ziemlich rasch entstanden sein. Diesen Befund kann das punktualistische Artbildungs-Modell (vgl. 5.6) erklären. Da *Australopithecus* neben *Homo*

Abb. 485.1: Fundorte von Australopithecus, Homo habilis und Homo erectus

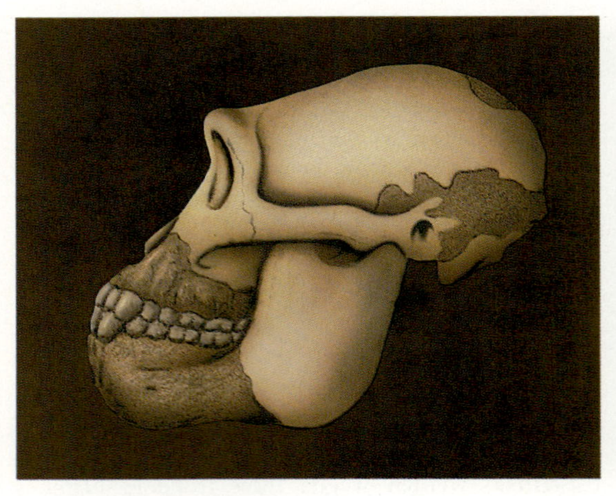

Abb. 486.1: Australopithecus afarensis aus dem Hadargebiet (Nordäthiopien); Rekonstruktion des Schädels

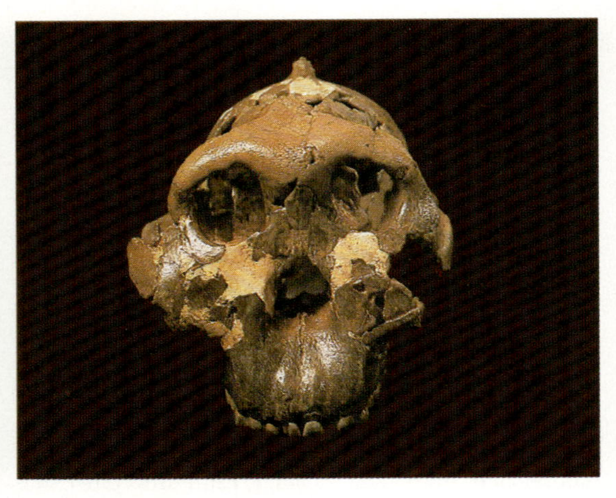

Abb. 486.2: Australopithecus boisei aus Ostafrika. Alter: ca. 1,75 Millionen Jahre

Abb. 486.3: Homo habilis aus Ostafrika (Turkanasee). Alter: ca. 1,8 Millionen Jahre

Abb. 486.4: Homo erectus aus Ostafrika (Koobi-Fora). Alter: ca. 1,6 Millionen Jahre

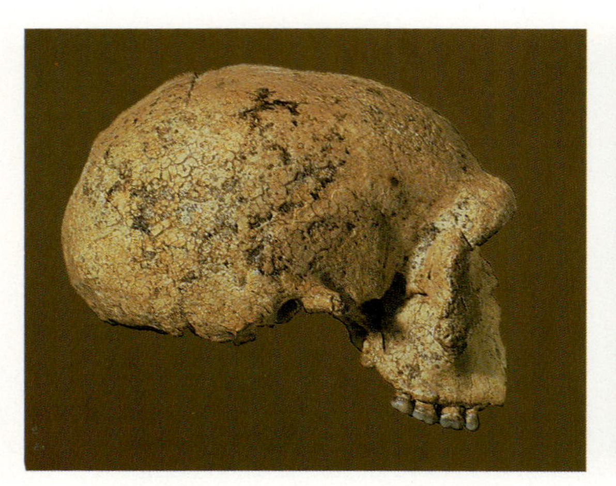

Abb. 486.5: Homo sapiens steinheimensis von Steinheim bei Stuttgart. Alter: ca. 230000 Jahre

Abb. 486.6: Homo sapiens neanderthalensis von Chapelle-aux-Saints. Alter: 40000–80000 Jahre

weiter existierte, müssen die beiden Formen unterschiedliche ökologische Nischen innegehabt haben: Nach den Lagerplatz-Funden ernährte sich *Homo* teilweise von Fleisch, anfänglich wohl von Kleinsäugern. Für *Australopithecus* wird eine fast ausschließlich pflanzliche Nahrung angenommen. Zu den echten Menschen zählen:

Homo habilis: Der Name *habilis* (= geschickt) leitet sich von den bei den Skelett-Resten gefundenen, von ihm hergestellten Werkzeugen ab (s. Abb. 486.3). Der Schädelinhalt betrug bis zu 800 ml. Er lebte gleichzeitig mit den jüngeren Australopithecinen und stammt nicht von diesen ab. Fossilien wurden bisher nur in Afrika gefunden (Turkana-See, Olduvai-Schlucht).

Homo erectus: Diese Art von *Homo* entstand wahrscheinlich durch allmähliche Umbildung der Art *Homo habilis*. Eine scharfe Grenze zwischen beiden Arten läßt sich nicht ziehen. Die Skelett-Bruchstücke von *Homo erectus* haben ein Alter zwischen 1,6 (1,9?) Millionen und 200 000 Jahren (s. Abb. 486.4). Ein fast vollständiges 1,6 Millionen Jahre altes Skelett eines Jugendlichen wurde am Turkana-See gefunden. Kennzeichnende Merkmale sind flache, fliehende Stirn mit starken Überaugenwülsten, Schädelinhalt zwischen 700 und 1200 ml, fehlendes Kinn. Der dem Jetztmenschen gleichende Oberschenkel läßt auf eine Körpergröße von 1,50 bis 1,80 m schließen.

Eine Ostgruppe von *Homo erectus* war über Java und China verbreitet. Zu dieser Gruppe gehören:

- der *Mensch von Modjokerto* auf Java (ältester Menschenfund außerhalb Afrikas, 1 bis 1,5 Millionen Jahre);
- der *»Pithecanthropus erectus«* (erster Fund 1891 von DUBOIS bei Trinil auf Java, 800 000 Jahre);
- der *»Sinanthropus pekinensis«* (Schädelinhalt bereits 1000 ml, 400 000 Jahre).

Die Westgruppe von *Homo erectus* lebte in Afrika und Europa. Funde stammen aus Süd- und Ostafrika, Marokko, Algerien, Ungarn, Griechenland und in Deutschland von Mauer bei Heidelberg und von Bilzingsleben (Thüringen). Der bekannteste Fund ist der Unterkiefer des *»Homo heidelbergensis«* (etwa 400 000 Jahre alt).

Bei der Evolution des *Homo erectus* spielte die Gewinnung und Verteilung der Nahrung eine wichtige Rolle. Ähnlich wie bei sehr ursprünglichen heutigen Sammler-Jäger-Völkern sammelten die Frauen pflanzliche Nahrung und brachten sie zum Wohnplatz. Die Männer beschafften Fleischnahrung durch Jagd in Gruppen. Hierzu war eine Absprache erforderlich. Am Wohnplatz der sozialen Gruppe erfolgte die Verteilung und Aufarbeitung der Nahrung mit Hilfe der hergestellten Werkzeuge. So entstanden intensive soziale und wirtschaftliche Wechselbeziehungen zwischen den einzelnen, die nur mit Hilfe der Sprache geregelt werden konnten. Daher bestand ein Selektionsdruck auf Verbesserung der Sprach- und Denk-Fähigkeiten. Dementsprechend beschleunigte sich die Vergrößerung des Hirnvolumens.

Gut geformte Feuerstein-Werkzeuge und die an einigen Fundstätten zu beobachtenden Brandspuren weisen *Homo erectus* als echten Menschen aus. Der Gebrauch des Feuers ist vielleicht schon weit über eine Million Jahre, sicher aber 500 000 Jahre alt.

Homo sapiens. Er entwickelte sich allmählich durch Artumbildung aus dem *Homo erectus*. Dabei lassen sich die beiden folgenden Formengruppen unterscheiden: die *Praesapiens*-Gruppe mit dem Steinheimer und dem Neandertaler und die Gruppe der *Jetztmenschen*.

Homo sapiens steinheimensis. Der 1933 bei Steinheim/Murr (Württ.) von BERCKHEMER gefundene Schädel (Abb. 486.5) ist etwa 230 000 Jahre alt. In seinen Merkmalen steht der Schädel zwischen dem des *Homo erectus* und dem des Jetztmenschen: er ist schmal, hat kräftige Überaugenwülste, jedoch eine höhere Wölbung als *H. erectus,* der dritte Backenzahn ist rückgebildet wie beim Jetztmenschen. Der Schädel von Swanscombe (England) und die Funde von Montmaurin und Tautavel (Frankreich) sehen dem Schädel des Steinheimer Menschen ähnlich.

Homo sapiens neanderthalensis. Den ersten Fund machte FUHLROTT 1856 im Neandertal bei Düsseldorf. Der Neandertaler (Abb. 486.6) war ein kräftiger, aber kleinwüchsiger Mensch (1,60 m) mit langen Armen, kurzen Beinen und leicht vorgebeugter Haltung. Der Schädelinhalt betrug im Durchschnitt 1500 ml. Infolge des wenig gewölbten Gaumens und einer höheren Lage des Kehlkopfes war die Lautbildung des Neandertaler schlechter und die Sprache wohl schwerfälliger als die des Jetztmenschen. Die fliehende Stirn hatte starke Überaugenwülste, die Kiefer sprangen vor, die Nase war breit und flach, der Gaumen wenig gewölbt, das Kinn fehlte.

Das Verbreitungsgebiet des Neandertalers war vor allem Europa, reichte aber bis zur Krim und nach Israel. Der Neandertaler trat vor etwa 100 000 Jahren erstmals auf und verschwand in Europa vor 35 000 Jahren spurlos (in Vorderasien schon früher). Wenig später findet man in Europa nur noch den Jetztmenschen. Dies ist nicht erstaunlich: Wenn beim Zusammentreffen des Jetztmenschen und der Neandertaler-Bevölkerung die Sterblichkeit der letzteren nur um etwa 3% höher war, als die der Jetztmenschen-Population, so mußte sich der Jetztmensch in-

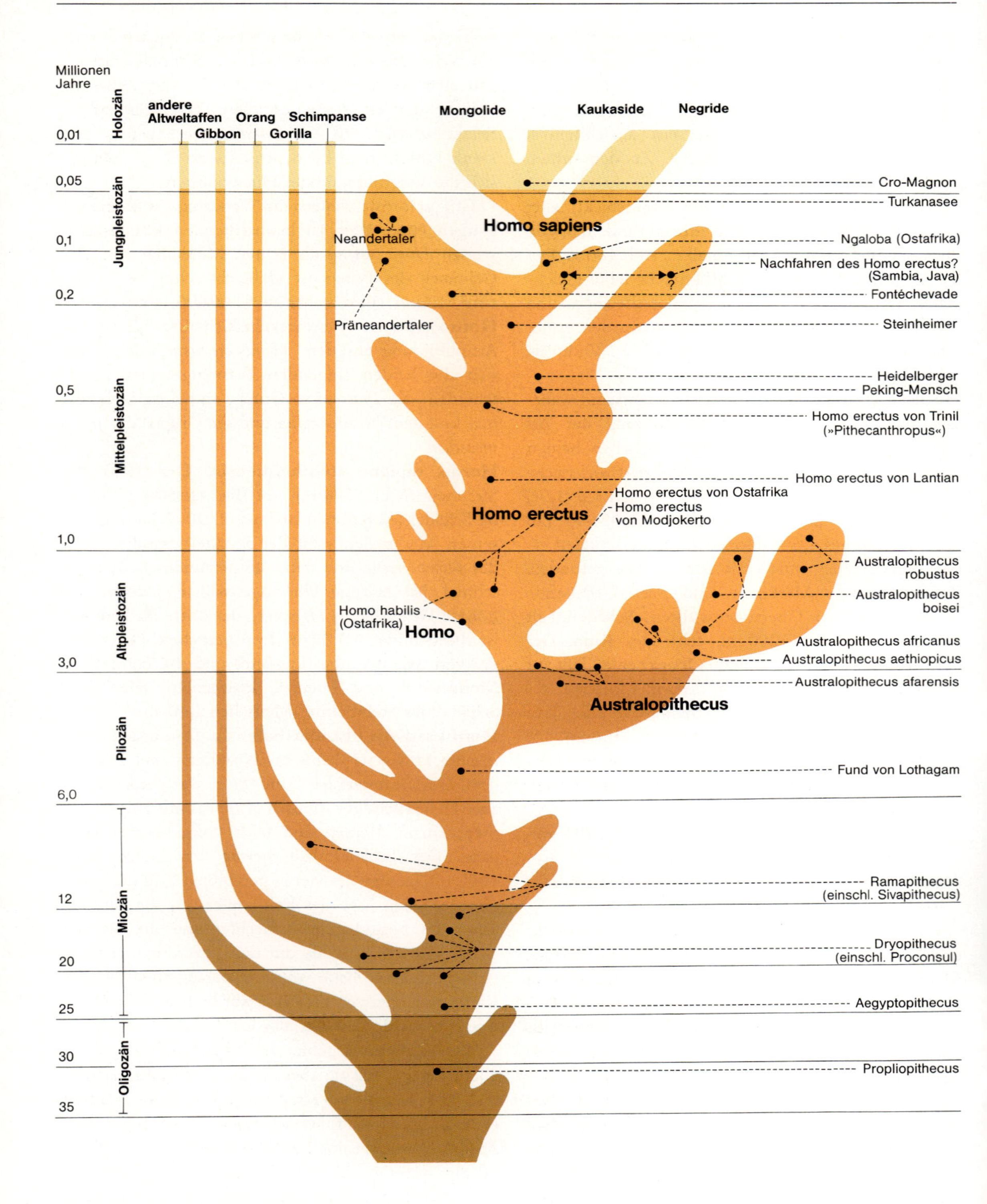

Abb. 488.1: Stammbaum der Menschenaffen und des Menschen nach heutiger Kenntnis.
Zeitmaßstab von unten nach oben gedehnt.
Die Fossilfunde von Menschenaffen sind nicht eingetragen.

Abb. 489.1: Höhlengemälde von Pech Merle (Südwestfrankreich). Es handelt sich vermutlich um einen Kultzauber.

nerhalb von 1000 Jahren durchsetzen. Vereinzelt sind Fossilreste gefunden worden, die am einfachsten als eine Mischung von Neandertaler und Jetztmensch zu deuten sind, so z.B. in Deutschland bei Hamburg (Hahnöfersand).

Homo sapiens sapiens. Die ältesten Jetztmenschen-Funde stammen aus Ostafrika und sind über 100 000 Jahre alt. Aufgrund der Merkmale wurden einige als Übergangsformen von Praesapiens- zum Sapiens-Mensch gedeutet (z.B. der Schädel von Ngaloba). Daher nimmt man an, daß *Homo sapiens sapiens* in Afrika enstanden ist. Molekulargenetische Untersuchungen über die Variabilität von Genen bei den heutigen Menschengruppen unterstützen diese Annahme. Diese Untersuchungen legen auch nahe, daß dann eine kleine Bevölkerungsgruppe Afrika verließ und in die eisfreien Teile von Europa und Asien vordrang. In Vorderasien ist der Jetztmensch schon vor etwa 90 000 Jahren aufgetreten, wurde in der Folgezeit dort aber vom Neandertaler verdrängt (vielleicht verursacht durch Klimaveränderungen in der letzten Kaltzeit?). – Der europäische Praesapiens (Steinheimer Mensch) hat sich nach dieser Ansicht zum Neandertaler weiterentwickelt.

Der Wuchs des Jetztmenschen ist höher, schlanker, der Schädel ohne Überaugenwülste mit steiler Stirn, hochgewölbtem Schädeldach, zurücktretendem Gebißteil und deutlichem Kinn. Die älteste europäische Form wird nach den Fundorten in Frankreich als *Cro-Magnon-* und *Combe-Capelle-*Mensch bezeichnet. Sie ist wahrscheinlich von Afrika her über Vorderasien eingewandert. Die ältesten Funde in Mitteleuropa stammen aus Oberkassel bei Bonn und von Mladeč in der CSSR. Der *Homo sapiens sapiens* verfertigte kunstvolle Steinwerkzeuge und schuf zu Kultzwekken Kunstwerke (Höhlenzeichnungen, Elfenbeinfiguren, Abb. 489.1).

6.8 Die heutigen Menschenrassen

Die heutigen Rassen sind als selektionsbedingte Anpassungen an Umweltverhältnisse aufzufassen. Sie entstanden im Verlauf der letzten 50 000 bis 100 000 Jahre. Populationsgenetische Untersuchungen zeigen, daß die größte Zahl unterschiedlicher Gene innerhalb einer Großrasse in den afrikanischen Bevölkerungsgruppen (*Negride* und Reliktgruppen: Buschleute, Pygmäen) vorliegen; diese gehören daher vermutlich zu den ältesten *Homo sapiens sapiens*-Populationen. Eine kleine Gruppe wanderte nach Asien aus. Von dieser gelangten vor etwa 40 000 Jahren Menschen nach Australien *(Australide)*. In Westasien und Europa entstanden durch weitere Auftrennung der Population die *Kaukasiden* oder Europiden (dazu zählen auch die Inder) und in Ostasien die *Mongoliden*. Das bis dahin menschenleere Amerika wurde erstmals vor ungefähr 30 000 Jahren über die damals trockenliegende und vereiste Beringstraße von mongoliden Stämmen besiedelt; sie haben sich rasch in alle Klimazonen des Kontinents ausgebreitet.

Die *Abgrenzung der drei Großrassen* trifft man im allgemeinen auf Grund von körperlichen Merkmalen und der ursprünglichen Verbreitung. Eine eindeutige Kennzeich-

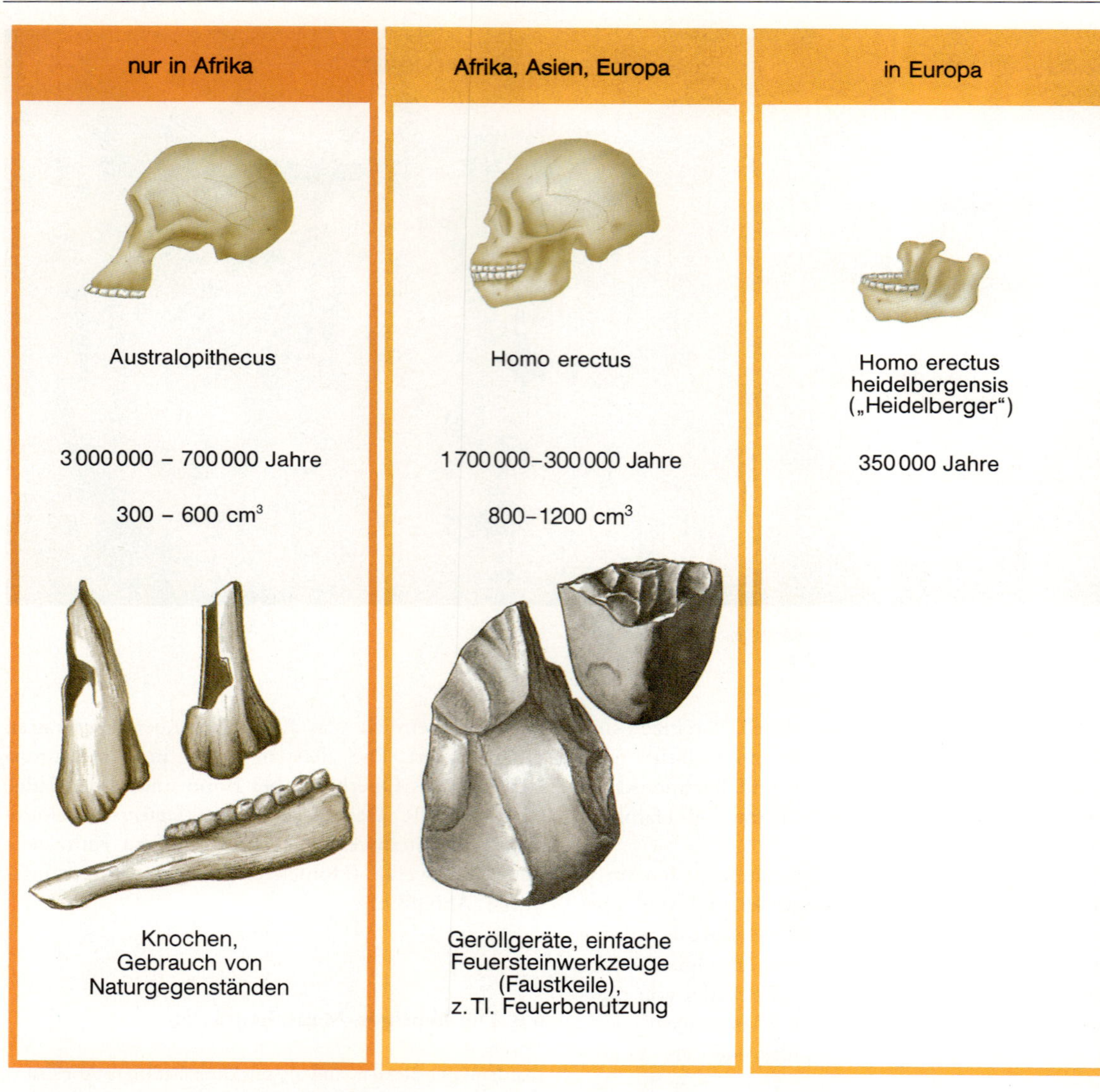

Abb. 490.1: Die wichtigsten fossilen Menschenformen: Schädel, Alter, Gehirnvolumen, Werkzeugfunde

nung ist jedoch schwierig, da Rassen sich wandeln und große Unterschiede innerhalb ihres Verbreitungsgebietes aufweisen. Bei der starken Durchmischung auch der Großrassen in neuerer Zeit zeigt es sich, daß die Rassenmerkmale unabhängig voneinander vererbt werden, wodurch fließende Übergänge zwischen den einzelnen Rassen entstehen.

Alle heutigen Menschenrassen gehören zu einer einzigen Art, dem *Homo sapiens*. Offenbar kam es seit der Zeit des *Homo erectus* nicht mehr zu einer lange anhaltenden geographischen Isolierung, so daß sich keine der menschlichen Rassen, auch nicht der heute lebenden, zu einer besonderen Art weiterentwickelt hat. Die Anpassung an die zahlreichen unterschiedlichen Lebensräume, die der Mensch besiedelt, ermöglicht ihm sein Verstand; dies hat den Selektionsdruck in Richtung einer biologischen Spezialisierung stark gemildert.

7. Die kulturelle Evolution

Kultur ist ein Artmerkmal des Menschen. Sie ist möglich aufgrund seines Sozialverhaltens, seiner Fähigkeit zur Abstraktion und zur Gestaltwahrnehmung (z. B. jeden beliebigen Hund als »Hund« zu erkennen), seines Neugierverhaltens, seines Nachahmungstriebes und seines hochentwickelten Spieltriebes. Alle diese Eigenschaften treffen wir einzeln mehr oder weniger auch bei Tieren an, ihre Kombination aber nur beim Menschen und gering ausgeprägt auch bei Menschenaffen.

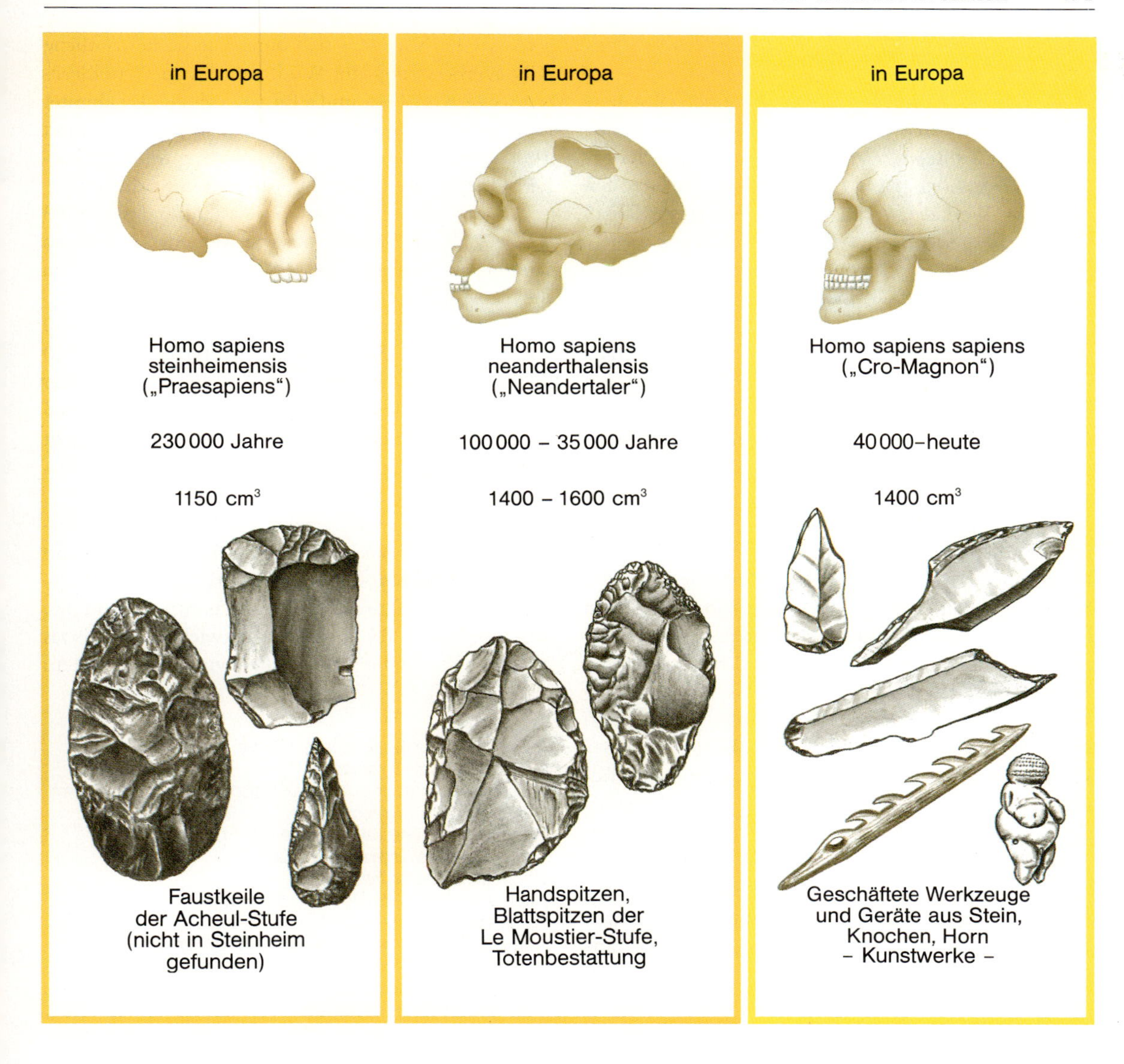

Durch die Kultur schafft sich der Mensch mehr oder minder eine eigene, künstliche Umwelt. Die Greifhand mit opponierbarem Daumen, die außerordentliche Bewegungsfreiheit der Vorderextremitäten und der aufrechte Gang machten schon die Vormenschen »handlungsfähig« zur Werkzeugbenutzung und -herstellung. Durch den aufrechten Gang erhält auch der Kopf mit den wichtigsten Sinnesorganen eine Stellung, die eine bessere Übersicht erlaubt. Diese Voranpassungen im Körperbau lieferten die Voraussetzungen für die Verhaltensleistungen, welche die kulturelle Evolution auslösten (s. 6.3). Werkzeugherstellung, Nutzung des Feuers und die Ausbildung der Symbolsprache wirkten wieder auf die körperlichen Evolutionsvorgänge zurück (positive Rückkopplung) und verstärkten die Merkmale, mit denen kulturelle Leistungen zu erzielen sind. Denn solche Individuen, die mit den neuen Mitteln am geschicktesten umgingen, dürften mehr Kinder großgezogen haben.

Die *geistige Evolution* des Menschen läßt sich nicht wie die körperliche durch Fossilien belegen. Jedoch kann man aus den Werkzeugen (Kulturfossilien), die uns überliefert sind, wenigstens einige Schlüsse auf den Ablauf der kulturellen Evolution ziehen. Nach Art der verwendeten Werkzeuge unterscheidet man in der Vorgeschichte des Menschen die *Altsteinzeit (Paläolithikum)* mit behauenen Steinwerkzeugen, die

Jungsteinzeit (Neolithikum) mit geschliffenen Steinwerkzeugen, die *Bronze-* und die *Eisenzeit*.

Ob die Australopithecinen Werkzeuge selbst herstellten, ist unklar. Sie verwendeten aber sicher Knochen und Gerölle als Werkzeuge. Die ältesten Vertreter von *Homo* (vgl. Abb. 490.1) stellten aus Geröllen primitive Werkzeuge her. Der *Homo erectus* besaß Werkzeuge aus Knochen und rohbehauenen Feuersteinen; letztere sind hart, spaltbar und geben scharfe Kanten. Angebrannte Knochenstücke an verschiedenen Fundstellen beweisen, daß er das *Feuer* benutzte. Außer der Fundstelle des Peking-Menschen in China und einem Fundort in Ungarn gibt es in Kenia einen 1,4 Millionen Jahre alten Fundplatz mit Brandspuren. *Faustkeilkultur* ist auch für den Steinheimer Menschen anzunehmen. Schon hochentwickelte, wenn auch noch ziemlich grobe Steinwerkzeuge besaß der Neandertaler als Kulturträger der als *Mousterium*-Stufe benannten Kulturstufe in der ersten Hälfte der letzten Eiszeit. Der Mensch dieser Zeit war Jäger und Sammler, der in Höhlen oder unter überhängenden Felswänden wohnte und sich Feuersteinwerkzeuge recht verschiedener Art (Spitzen, Schaber, Kratzer, Bohrer) geschaffen hatte, zum Teil schon in handwerksmäßiger Herstellung. Geschäftete Waffen und Fernwaffen kannte er noch nicht, wohl aber eine Bekleidung aus roh zubereiteten und zusammengehaltenen Fellen. Seine Toten hat er bereits förmlich bestattet. Grabbeigaben deuten auf die Vorstellung eines Jenseits hin; er hatte also *religiöse Vorstellungen*.

Die Ablösung des Neandertalers durch den Cro-Magnon-Menschen auf dem Höhepunkt der letzten Eiszeit bezeichnet gleichzeitig einen scharfen Einschnitt in der Kulturentwicklung. Zwar war der neue Mensch der **jüngeren Altsteinzeit** immer noch Jäger und Sammler. Die Feuersteinwerkzeuge wurden jedoch verbessert. Dazu kamen verschiedenartige Knochenwerkzeuge, sogar Nadeln, die auf Herstellung von Kleidung schließen lassen. Speere mit Stein- oder Knochenspitzen sowie Pfeil und Bogen wurden erfunden. Künstlerische Leistungen hinterließ er in Form abstrahierter Tier- und Menschendarstellungen an Felswänden von Höhlen. Aus Knochen und Mammut-Elfenbein schuf er plastische Kunstwerke.

Die Übergangsperiode der **mittleren Steinzeit** führte zur **Jungsteinzeit,** die in Mitteleuropa zwischen 5000 und 4000 v. Chr. begann. Ein Teil der Menschen gab das Nomadenleben auf und wurde zum seßhaften Ackerbauer, der Nutzpflanzen kannte und Haustiere hielt, der sich feste Wohnungen baute, Töpferei und Weberei erfand. In Vorderasien und im Niltal begann dieser Prozess zwischen 10000 und 8000 v. Chr. Nachdem sich durch die nacheiszeitliche Klimaverbesserung die Wildformen von Getreidearten sowie von Lein und Hülsenfrüchten ausgebreitet hatten, nahm sie der Mensch innerhalb von rund 1000 Jahren in Kultur. Fast gleichzeitig mit dem Ackerbau treten in Vorderasien die ersten Städte auf.

Als der Mensch – in Vorderasien ab etwa 5000 v. Chr. – lernte, Metall aus erzhaltigem Gestein zu schmelzen, wurden seine Steinbeile und -waffen durch Metallwerkzeuge und -waffen abgelöst. So folgten die **Bronzezeit** (in Mitteleuropa 1800–750 v. Chr.) und die **Eisenzeit** (in Mitteleuropa ab 750 v. Chr.). In Vorderasien und Ägypten wurden um 3000 v. Chr. auch die ersten Schriften entwickelt (sumerische Schrift; Hieroglyphen-Schrift). Damit geht dort die Vorgeschichte in die durch schriftliche Hinterlassenschaften dokumentierte Geschichte über.

Viele Vorgänge im Bereich der kulturellen Evolution verlaufen *analog* zur biologischen Evolution. So bestehen zwischen Kulturen Wettbewerbsverhältnisse. Neue schöpferische Ideen, Erkenntnisse und Erfahrungen sind für die Kulturentwicklung das, was Mutationen für die biologische Evolution bedeuten:

Abb. 493.1: Evolution von Sprachen am Beispiel einiger Vertreter der indoeuropäischen Sprachfamilie.
Wie für Lebewesen, lassen sich auch für Sprachen Stammbäume aufstellen. Sie entstehen auch auf gleiche Weise.
Trennt sich ein Teil einer Volksgruppe ab und wandert in einen anderen Lebensraum, führt die geographische Trennung zu unterschiedlicher Weiterentwicklung der Sprache.
Bei späterer erneuter Trennung der Volksgruppen wiederholt sich der Vorgang. Der Sprachen-Stammbaum verzweigt sich.
Je länger die Isolierung zweier Volksgruppen voneinander dauert, desto stärker unterscheiden sie sich in ihren Körpermerkmalen, in ihrer Kultur und in ihren Sprachen.
Auch die Dialekte einer Sprache entstehen durch mehr oder weniger starke Isolierung von Bevölkerungsteilen - besonders deutlich in abgelegenen Tälern oder auf Inseln zu beobachten.
Zur Aufstellung eines Sprachenstammbaums vergleicht man zahlreiche Wörter der verschiedenen Sprachen auf ihre Zugehörigkeit zu gemeinsamen Wortstämmen.
Dabei sind Lautverschiebungen (z. B. e wird zu a, b zu w, u. a.) sowie Bedeutungswandel von Wörtern zu berücksichtigen.
Wörter für Verwandtschaftsverhältnisse, Körperteile oder verbreitete Gebrauchsgegenstände und Tätigkeiten sind für die Feststellung einer Sprachenverwandtschaft besonders geeignet, weil sie sicher sehr ursprünglich sind.
Als Beispiel sind hier die Wörter Vater - Mutter - Feuer - Fuß in den verschiedenen Sprachen angegeben.
Zum Vergleich sind die entsprechenden Wörter auch in drei nicht-indoeuropäischen Sprachen erwähnt.
Die höchste Ähnlichkeit, zum Teil auch noch mit nicht-indoeuropäischen Sprachen, besteht bei den Begriffen Vater und Mutter.
Die Wörter der indoeuropäischen Ursprache sind nicht unmittelbar überliefert, sondern aus älteren bekannten Sprachen erschlossen.
Kentum-Sprachen von lat. centum = hundert;
Satem-Sprachen von persisch satem = hundert.

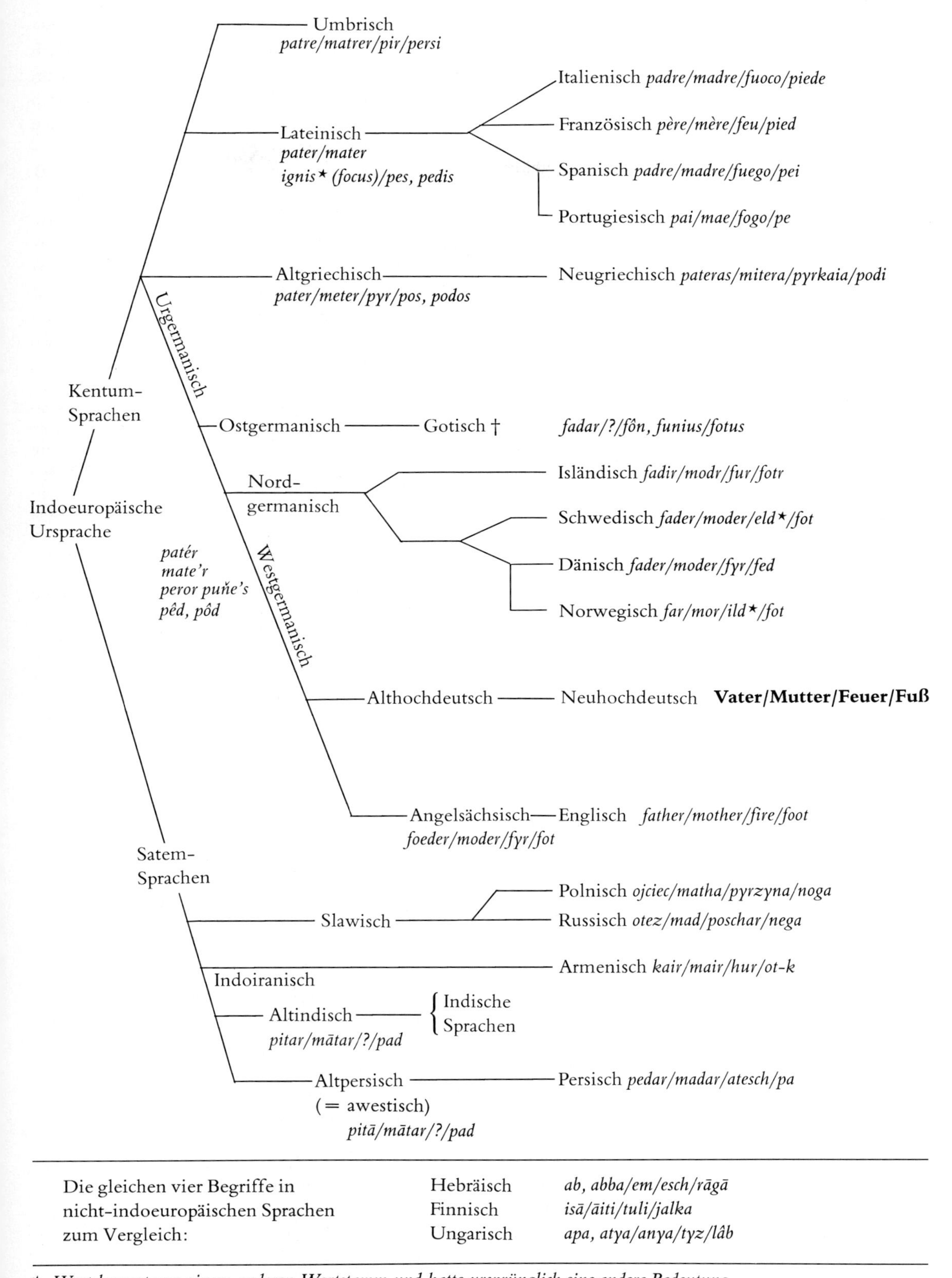

Die gleichen vier Begriffe in nicht-indoeuropäischen Sprachen zum Vergleich:

	Hebräisch	*ab, abba/em/esch/rāgā*
	Finnisch	*isā/äiti/tuli/jalka*
	Ungarisch	*apa, atya/anya/tyz/lâb*

* *Wort kommt von einem anderen Wortstamm und hatte ursprünglich eine andere Bedeutung*

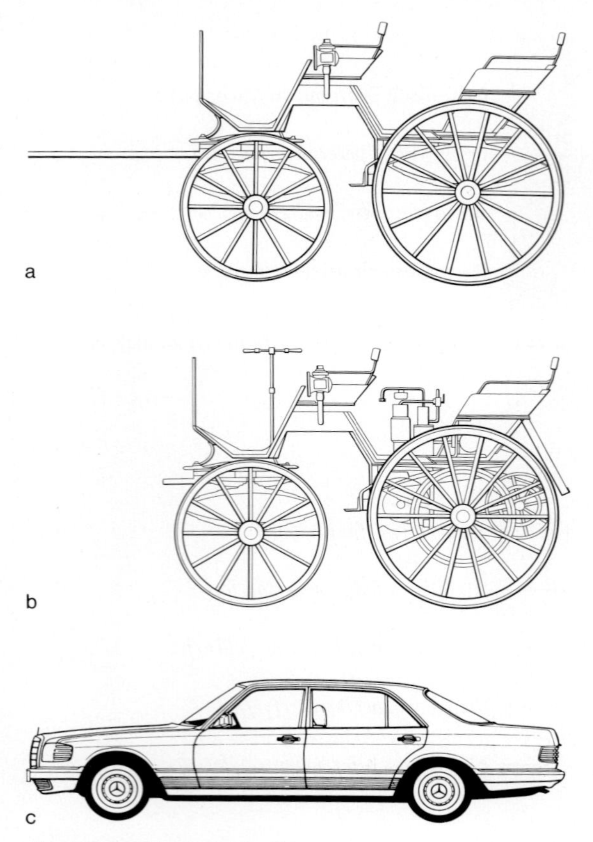

Abb. 494.1: Entwicklung eines Landfahrzeuges:
a Pferdekutsche,
b Motorkutsche von Daimler,
c modernes Auto (Herkunft von der Kutsche nicht mehr erkennbar.)

Neuerungen, die der Prüfung durch die Umwelt unterliegen. Bevölkerungsgruppen mit wirklichkeitsnäheren Vorstellungen hatten vermutlich eine höhere Überlebenswahrscheinlichkeit.

In der *biologischen Evolution* sehen neue Formen ihren Vorfahren zunächst noch ähnlich (z.B. ursprüngliche Säuger gleichen Reptilien, von denen sie abstammen). Auch in der *kulturellen Evolution* zeigen neuartige technische Konstruktionen oft noch eine auffallende Ähnlichkeit mit ihren Vorgängern, an deren Stelle sie treten. Der erste Dampfer sah noch aus wie ein Segelschiff, das erste Auto wie eine Pferdekutsche (s. Abb. 494.1), ebenso die ersten Eisenbahnwagen.

Wie in der biologischen Evolution rudimentäre Organe auf die Geschichte eines Organismus schließen lassen, so verlieren sich auch in der kulturellen Evolution unnötig gewordene Teile nicht immer schlagartig, erhalten allerdings manchmal einen neuen Sinn (Funktionswandel).

Räumlich getrennte Gebiete weisen auch eine getrennte kulturelle Evolution auf, wobei sich die entstehenden Kulturkreise in Sitten und Sprache deutlich unterscheiden. Für die *Evolution der Sprachen* kann man deshalb Stammbäume aufstellen, die vielfach den Stammbäumen von Lebewesen im Aussehen gleichen. Ein Beispiel zeigt Abb. 493.1. Ähnlich verlief die Evolution anderer Kulturbestandteile (z.B. Schrift, Notenschrift, Zahlenzeichen, Geldwesen).

Ein Vergleich zahlreicher europäischer Bevölkerungsgruppen hat gezeigt, daß die genetischen Unterschiede zwischen ihnen mit dem Abstand der Wohngebiete zunehmen. Außerdem aber besteht eine Beziehung von genetischen und sprachlichen Unterschieden, vermutlich weil Sprachgrenzen zugleich starke Heiratsbarrieren sind.

Trotz auffallender *Parallelen zwischen der biologischen Evolution und der kulturellen Evolution* gibt es auch Unterschiede grundsätzlicher Art. Die meisten Fortschritte in der Kultur sind die Folge von zweck- und zielgerichtetem Denken und nicht von richtungslosen Mutationen. Ein Erzeugnis der kulturellen Evolution kann auch mehrere Vorläuferformen und nicht nur eine wie in der biologischen Evolution haben. So sind z.B. in die englische Sprache neben den germanischen Wurzeln zahlreiche Lehnwörter aus dem romanischen Sprachbereich eingedrungen; sie sind Ursache für den außerordentlichen Wortreichtum des Englischen.

Die schöpferischen Einfälle einzelner Menschen sind allerdings ebenso spontan wie die Mutationen bei der biologischen Evolution. Bei der gedanklichen Beschäftigung mit der Lösung eines Problems werden jedoch weniger brauchbare Einfälle vor der Verwirklichung wieder ausgeschieden. Denkprodukte, wie z.B. wissenschaftliche Erkenntnisse (Hebelgesetze, Zusammenhang von Materie und Energie), technische Erfindungen (Rad, Buchdruck, Motor) entstehen nicht durch Varianten von bereits Vorhandenem. Solche für die kulturelle Entwicklung wesentlichen Denkprodukte haben Originalität, d.h. sie sind gegenüber den überkommenen Vorstellungen etwas Neues und oft plötzlich da.

Anders bei der biologischen Evolution: Hier führt die Selektion Schritt für Schritt aus einer großen Zahl von Varianten (Mutanten und Rekombinanten) allmählich zum »Brauchbaren« (besser Angepaßten).

Die verschiedenen Kulturgruppen haben im Laufe der Entwicklung unterschiedliche Lösungen für die gleichen Probleme und Bedürfnisse gefunden (Wohnung, Kleidung, Ernährung, Gesellschaftsform). Infolge der heutigen Kommunikationsmöglichkeiten werden zunehmend Eigenschaften der verschiedenen Kulturkreise untereinander ausgetauscht. Die Grenzen zwischen den Kulturkreisen verwischen sich, so daß sich die früher manchmal aufgetretene Geringschätzung fremder Kulturen verliert. Deshalb lassen sich die in jedem Kulturkreis wirksamen Erfahrungen und Ideen für alle Menschen nutzbar machen, was die weitere kulturelle Evolution fördern wird.

Grundeigenschaften von Lebewesen

Einige prinzipielle Unterschiede zwischen lebenden und unbelebten Systemen seien nachfolgend beschrieben:
Vererbung. Jede Zelle eines Lebewesens hat ein festgelegtes Programm, das die Informationen für Strukturen und Funktionen des Individuums enthält. Dieses Programm wird an jede Tochterzelle weitergegeben. Welche Teile des Gesamtprogramms sich in einer Zelle verwirklichen, hängt vom Aufbau der Zellen und von der gegenseitigen Beeinflussung der Zellen ab. Die Gesamtinformation einer Zelle ist in der Nukleotidsequenz der DNA gespeichert.
Ontogenie. Der Organismus durchläuft eine für Lebewesen charakteristische Entwicklung vom Keim über das Jugendstadium zur Reife und zum Alter. Diese Entwicklung ist gekennzeichnet durch Wachstum und Differenzierung, die zu Merkmalen führt. Diese Gestaltbildung ist durch das genetische Programm sowie innere und äußere Randbedingungen festgelegt. Innere Randbedingungen sind z.B. die Baustoffe des Organismus, äußere sind Umweltfaktoren, die zu Modifikationen führen. Die Ontogenie beruht also nicht nur auf der Realisierung eines Programms in Form einer Gestaltausbildung, sondern die Gestalt wirkt auf die Verwirklichung des Programms zurück. Dies ist auf der Stufe der Zelle leicht zu erkennen: Die Zelle ist begrenzt durch eine Zellmembran. Diese ist Produkt des Stoffwechsels und Teil der Zelle, zugleich kann die Zelle mit ihrem Stoffwechsel nur mit Zellmembran existieren. Zellgeschehen und -struktur bedingen sich wechselseitig.
Phylogenie. Die Änderungen in der Erbausstattung der Organismen führen zur Neubildung von Formen. Diese neuen Formen werden durch ihre Umwelt laufend einer »Bewertung« unterworfen, wobei die an die jeweilige Umwelt am besten angepaßten Formen die größten Fortpflanzungschancen haben. Der genetischen Information muß man somit – im Gegensatz zur Information unbelebter Systeme – einen Wert zuschreiben. Unterschiedlicher Wert der Information führt zur Selektion. Da es schon immer verschiedene Umweltbedingungen nebeneinander gab, kam es in der Evolution durch unterschiedliche Anpassung zu einer Vielfalt der Lebewesen. Die »Bewertungs«-Vorgänge gingen fortgesetzt weiter; so konnte die Menge wertvoller Information ansteigen: die Lebewesen wurden immer komplizierter (Höherentwicklung). Auf Grund der **Selektion** sind alle Lebewesen so beschaffen, daß ihr Bau und ihr Verhalten der Erhaltung der Art dienen. Der Fisch ist in der Körperform, der Körperbedeckung, dem Bewegungssystem, der Atmung und den Sinnesorganen so dem Leben im Wasser angepaßt, daß der »Zweck«, eben seine Erhaltung im Lebensraum Wasser, erfüllt ist.

Der Vorgang der Evolution ist ein Selbstorganisationsprozeß. Die Entstehung von Ordnung aus Unordnung (bei geeigneter Zufuhr von Energie) wird durch die **Synergetik** beschrieben. Sie nahm ihren Ausgang von der Erforschung des Lasers in der Physik. In diesem wird durch Elektronensprünge eine Lichtwelle konstanter Frequenz erzeugt (vgl. Abb. 129.2), die dann auf die Elektronen so zurückwirkt, daß diese in einen Gleichtakt gelangen, wodurch kohärente Lichtwellen (= Wellen mit konstantem Phasenunterschied) entstehen. Das System geht also in einen geordneten Zustand über. Die Lichtwelle wirkt als ordnendes Prinzip auf die Elektronenübergänge, die dadurch geordnet (»versklavt«) werden. Ganz entsprechende Vorgänge gibt es bei den Lebewesen. In der Ontogenie sind die Konzentrationen von Induktoren, Aktivatoren und Inhibitoren die ordnenden Prinzipien, die in Zellen bestimmte Entwicklungsvorgänge auslösen und sie so »versklaven«. Schon geringfügige – oft zufällige – Veränderungen in den Bedingungen können den Vorgang der Selbstorganisation beeinflussen und zu völlig andersartigen Strukturen führen. Daher ist eine Voraussage des Endzustandes eines Systems auch bei genauer Kenntnis des anfänglichen Zustandes oft nicht möglich.
Organismische Struktur. Wie wir heute wissen, sind die in einem lebenden System ablaufenden Prozesse an Strukturen gebunden. Unter Struktur verstehen wir eine gesetzmäßige Anordnung der Grundbestandteile, aus denen ein Gebilde aufgebaut ist. Alles spricht dafür, daß es Leben nur dort gibt, wo Zellen existieren. Aber schon die Zelle ist ein hochgradig strukturiertes System aus Teilbereichen, in denen die für das Lebensgeschehen notwendigen Prozesse geordnet ablaufen. Die aus Zellen aufgebauten Gewebe und Organe sind Strukturen höherer Ordnung, deren Gesamtheit wir Organismus nennen. Die organismische Struktur ist dynamisch. Dies zeigt sich in den Strukturänderungen der Zellkompartimente und äußert sich ebenso in der Zelldifferenzierung und im Gestaltwandel des Organismus.
Entropie und Fließgleichgewicht. Entropie ist eine physikalische Zustandsgröße wie Druck, Volumen und Temperatur. Man kann sie anschaulich näherungsweise als den Grad an Unordnung eines physikalischen Systems deuten. Hohe Entropie bedeutet einen geringen molekularen Ordnungsgrad, wie er z.B. zwischen den Molekülen eines Gases vorliegt. Systeme mit niedriger Entropie besitzen einen hohen Ordnungsgrad. Schaffung von Ordnung ist stets mit Entropieabnahme gekoppelt (s. auch Cytologie 8.2). Systeme mit maximaler Entropie können keine Arbeit mehr leisten und befinden sich im thermodynamischen Gleichgewicht. In diesem Zustand ist die Änderung der freien Energie $\Delta G = 0$. Für Lebewesen muß gelten: $\Delta G \neq 0$, nur dann können sie durch Stoffwechselreaktionen Energie gewinnen. Entstehung von organischer Struktur bedeutet daher Aufbau von Ordnung und Verringerung der (molekularen) Unordnung. Dazu ist dauernde Energiezufuhr von außen nötig. Mit dem Tod tritt ein Zerfall der Strukturen ein; es kommt zum thermodynamischen Gleichgewicht.

Die Vorgänge bei der Entwicklung von Lebewesen (Ontogenie) scheinen dem 2. Hauptsatz der Wärmelehre zu widersprechen. Bei der Entwicklung eines Vielzellers nimmt die Ordnung zu, die Entropie ab, weil energiereiche und entropiearme Stoffe als Nahrung aufgenommen und zu energiearmen und entropiereichen Stoffen abgebaut werden (Energiedissipation). Betrachtet man das Lebewesen zusammen mit seiner Umgebung, so nimmt insgesamt die Entropie zu, weil die Entropie der Umgebung stärker ansteigt, als die Entropie im Organismus abnimmt. Da stets Stoffe durch ihren Körper fließen, sind Organismen »offene Systeme«. Sie streben unabhängig von den Anfangsbedingungen einem stationären Zustand zu (Fließgleichgewicht), der auch gegen störende Einflüsse von außen aufrechterhalten wird (Homöostase).

Erkenntnistheoretische Betrachtungen

1. Theorien des Lebens

Die Biologie ist eine Naturwissenschaft. Sie befaßt sich mit der Erforschung der Lebewesen. Ob ein bestimmtes Objekt ein Lebewesen ist oder nicht, ist zwar aus der allgemeinen Lebenserfahrung heraus im Einzelfall recht genau zu bestimmen, eine allgemeine Definition der Begriffe »Lebewesen« oder »Leben« ist jedoch nur schwer möglich. Man kann lediglich angeben, daß alle Lebewesen eine Reihe gemeinsamer Eigenschaften besitzen (s. S. 11 f.). Nichtlebende Gegenstände weisen entweder keine oder nur einzelne solcher Eigenschaften auf, nie aber alle gleichzeitig.

Alle Erfahrungen der wissenschaftlichen Biologie sprechen dafür, daß die Gesetze der Physik und der Chemie auch für Organismen gelten. Bei Lebewesen finden sich jedoch zusätzliche Eigenschaften, die nur ihnen eigentümlich sind. Die Tatsache, daß Lebewesen Eigenschaften besitzen, die bei unbelebten Systemen unbekannt sind, wurde früher auf völlig unterschiedliche Weise philosophisch gedeutet. Die Vertreter des *Vitalismus* waren der Meinung, ein immaterielles, der Materie übergeordnetes Prinzip (Entelechie) lenke zwecktätig und zielgerichtet die Vorgänge im Organismus. Die Vertreter des *Mechanismus* lehrten, daß Lebensvorgänge durch physikalische und chemische Gesetzmäßigkeiten erklärbar seien.

Die miteinander unvereinbaren Standpunkte von Vitalismus und Mechanismus sind aus der Sicht der heutigen *Systemtheorie* weitgehend gegenstandslos geworden. Ein System, gleichgültig ob belebt oder unbelebt, ist aus Elementen zusammengesetzt, die miteinander in Wechselwirkung stehen. Dies führt zu Eigenschaften, die weder an den Einzelelementen zu beobachten noch als Summe der Eigenschaften der Elemente aufzufassen sind (Prinzip des *Holismus*). Systemeigenschaften entstehen erst durch die Verknüpfung der Elemente zu einem System (s. Cytologie 11.). Lebewesen sind hochkomplizierte Systeme. Es ist also zu erwarten, daß sie Eigenschaften besitzen, die keines der beteiligten System-Elemente aufweist. So ist *»Leben«* eine Eigenschaft der Zelle, die deren Teile (Zellorganellen) nicht haben; *Bewußtsein* ist eine Eigenschaft von Lebewesen mit einem hochentwickelten Zentralnervensystem.

Um festzustellen, welche Eigenschaften ein bestimmtes System besitzt, muß man die Eigenschaften der beteiligten Elemente und die Art ihrer Verknüpfung und gegenseitigen Abhängigkeit im einzelnen kennen. Dann kann man das System auf einem Computer nachbilden (simulieren) und so eine bestimmte Eigenschaft als Systemeigenschaft erkennen. Eine Simulation ist bis jetzt freilich nur für wenige Teilsysteme (z. B. die Glykolyse) gelungen, nicht jedoch für ganze Zellen oder Organismen. Die Systemtheorie ist noch nicht in der Lage, z. B. die Systemeigenschaften einer Zelle zu simulieren und auf der Grundlage physikalisch-chemischer Gesetze vollständig zu erklären.

Wenn es gelingt, die Eigenschaften eines Systems auf die Eigenschaften der beteiligten Elemente und deren Wechselwirkungen zurückzuführen, so sagt man, diese Systemeigenschaft sei erklärt. Erklären in der Biologie bedeutet also, eine Eigenschaft eines lebenden Systems auf die Eigenschaften und Verknüpfungen der beteiligten Elemente zurückzuführen. Dies gilt auch dann, wenn die Eigenschaften der Systemelemente (die ihrerseits wieder Systemeigenschaften eines Systems niedrigerer Ordnung sind) selbst noch nicht auf die nächst niedrige Systemstufe zurückgeführt werden können. So sehen wir eine Erklärung der Eigenschaften eines Zellorganells als zureichend an, wenn wir sie auf die Eigenschaften und Verknüpfungen der beteiligten Moleküle zurückgeführt haben, obwohl deren Moleküleigenschaften nicht vollständig auf die Physik der Atome zurückgeführt sind.

2. Psychische Vorgänge, Bewußtsein

Wie wir von uns selbst wissen, sind körperliche (physiologische) Prozesse im Nervensystem eng mit psychischen (seelischen) Vorgängen verknüpft. Mit dem Begriff »psychisch« wollen wir alle jene Vorgänge belegen, die mit dem Entstehen von Empfindungen, Wahrnehmungen, Vorstellungen, Willensregungen, Urteilen u. a. verbunden sind. Ein Beispiel mag dies verdeutlichen: Wir betrachten ein rotes Blatt Papier. Welche Vorgänge führen zu der Aussage: »Das Blatt ist rot«? Physikalisch gesehen, absorbiert das Blatt von den auftreffenden elektromagnetischen Wellen des Sonnenlichts einen Wellenbereich bestimmter Frequenz, ein anderer Teil des Lichtes wird reflektiert und trifft auf die Netzhaut des Auges. In den Sinneszellen wird dann der Lichtreiz durch physikalisch-chemische Vorgänge in ein raumzeitlich geordnetes Muster (Erregungsmuster) von Aktionspotentialen umgesetzt, das über den Sehnerv in die Nervenzellen des Sehzentrums im Gehirn einläuft. Bis hierher können wir den Erregungsvorgang experimentell verfolgen. Es tritt aber jetzt die Wahrnehmung »rot« auf. Sie hat als Bewußtseinsvorgang außer der Dauer keine physikalischen Eigenschaften mehr: sie nimmt keinen Raum ein, hat keine Masse, Energie oder Ladung. Bewußtseinsvorgänge sind damit etwas völlig Neues. Das Bewußtsein hat ein Gedächtnis und Vorstellungen über die Zukunft; es weiß auch um sein eigenes Ende. Zwischen körperlichen Prozessen und psychischen Vorgängen besteht ein Zusammenhang. Wie die Neurobiologie zeigt, ist bewußte Erfahrung an Erregungsmuster in der Großhirnrinde, und zwar hauptsächlich an deren sprachbegabte Hälfte, gebunden. Wie sich der Übergang vom raumzeitlichen, physikalisch analysierbaren Erregungsmuster in ein bewußtes Erleben der Außenwelt vollzieht, wie also Bewußtseinsvorgänge in der von uns erlebten Form entstehen, ist von der Biologie nicht zu beantworten.

Die derzeit wahrscheinlichste Ansicht über dieses Leib-Seele-Problem ist die Hypothese der psychoneuralen Identität. Sie betrachtet psychische und neuronale Phänomene als zwei verschiedene Erscheinungsformen einer einzigen Wirklichkeit. Bewußtseinsvorgänge treten offenbar dann auf, wenn in bestimmten Teilen des Gehirns ganz bestimmte neuronale Vorgänge ablaufen. In dieser Form ist die Hypothese der psychoneuronalen Identität auch mit Befunden vereinbar, die bei Gehirnoperationen durch elektrische Reizung kleiner Gehirnbezirke gewonnen wurden. Bei der Reizung berichten die betreffenden Patienten über gewisse Gefühle oder über bestimmte Erinnerungsbilder u. a. Solche Bewußtseinsinhalte sind also durch elektrische Reizung auslösbar. Die Bewußtseinsinhalte haben also eine neurophysiologisch faßbare Entsprechung (Korrelat) im Gehirn. Ein solches Korrelat ist einer Kausalanalyse zugänglich, die es als Systemeigenschaft bestimmter Gehirnbezirke erkennt. Damit ist allerdings der Übergang von Erregungsmustern zum Bewußtsein, das nur dem einzelnen Menschen zukommt, nicht erklärt. Diese beiden Ebenen sind offenbar nicht ineinander zu überführen.

3. Kausalität und Finalität

Aus Erfahrung wissen wir, daß jeder Wirkung eine Ursache zugrunde liegen muß und daß gleiche Ursachen unter gleichen Bedingungen auch gleiche Wirkungen hervorrufen. Diese Beziehungen werden als Kausalbeziehungen (lat. causa = Ursache) bezeichnet. Ein kausaler Zusammenhang wird aufgedeckt, wenn nach der Beobachtung der Wirkung (Welken eines Blattes) durch Experimente die Ursache (Verdunsten von Wasser) festgestellt wird. Will man klären, ob eine bestimmte Drüse das Wachstum fördert, entfernt man sie einigen Versuchstieren und beobachtet, ob deren Wachstum dann aufhört. Ist dies der Fall, sucht man nach dem wachstumsfördernden Stoff, indem man aus der Drüse eine Reihe von Inhaltsstoffen isoliert und getrennt nacheinander den Versuchstieren einspritzt. Derjenige Inhaltsstoff, der das Wachstum wieder anregt, ist der gesuchte Stoff oder enthält ihn.

Unter einem Kausalzusammenhang ist also eine Beziehung zwischen zwei Erscheinungen zu verstehen. Die eine, die Ursache, muß zeitlich vorhergehen, damit die zweite, die Wirkung, eintreten kann. Umgekehrt zeigt sich die Wirkung stets, wenn alle bestimmenden Ursachen vorhanden sind. Das Ziel aller Naturwissenschaften ist es, kausale Beziehungen aufzuklären.

Im Bereich des menschlichen Handelns gibt es zusätzlich eine zweite Art von Ursache-Wirkungs-Beziehung, die Finalität. Sie ist dadurch gekennzeichnet, daß sich die zeitliche Reihenfolge von Ursache und Wirkung umkehrt. Ein Beispiel: Ein Sprinter startet zu einem Lauf. Ursache für den Lauf ist der vom Sprinter beabsichtigte Zweck, die Distanz in möglichst kurzer Zeit zu durchlaufen und damit vielleicht einen Wettkampf zu gewinnen.

Naturwissenschaftliche Erkenntnis beruht auf dem Beziehungsgefüge der Kausalität zwischen Ursache und Wirkung. Finale Ursachen sind mit naturwissenschaftlichen Methoden nicht zu fassen. Die Frage »zu welchem Zweck« ist damit naturwissenschaftlich nicht zu beantworten. Finale Begründungen sind daher in den Naturwissenschaften nicht zulässig.

Bei Durchsicht biologischer Texte stößt man nun aber oft auf Formulierungen wie »Das Wiesel färbt sich im Winter weiß, damit es im Schnee nicht gesehen werden kann«. Hier scheint eine finale Ursache angegeben zu sein. Ist der Satz also unzulässig? Bei genauerer Betrachtung erkennt man jedoch, daß die Fragen »Was bezweckt der Läufer mit dem Start« und »welchen Zweck hat die weiße Winterfarbe des Wiesels« nicht gleich gelagert sind. Die erste Frage setzt beim Läufer Einsicht in sein Tun voraus. Die zweite Frage setzt eine solche Einsicht nicht voraus, sondern hat zum Inhalt, welche lebenserhaltende Funktion die Farbe hat. Sie fragt also nach dem Selektionsvorteil (Anpassungswert) dieser Eigenschaft oder, anders ausgedrückt, nach den kausalen Ursachen, die in der Vergangenheit zur Ausbildung eines solchen Merkmals durch Selektion geführt haben. Diese *teleonomische* Fragestellung und Betrachtungsweise steht im Gegensatz zur *teleologischen* Betrachtung, die auf finale Ursachen abhebt. Die teleonomische Art der Fragestellung ist in der Biologie zulässig und sinnvoll, da die Objekte der Biologie auch durch kausale Ursachen bestimmt sind, die in der Vergangenheit gewirkt haben. Ohne diese auf die Evolution abhebende Fragestellung ist eine Ursachenbeschreibung in der Biologie unvollständig.

Bei der Untersuchung kausaler Ursachen kann man oft verschiedene Erklärungsniveaus unterscheiden. Die Frage, warum das Fell des Wiesels im Winter weiß ist, kann man unterschiedlich beantworten:

1. weil die Farbstoffbildung in den Haaren unterbleibt;
2. weil es durch die weiße Farbe im Schnee vor Feinden besser geschützt ist und daher einen Selektionsvorteil hat.

Die erste Antwort beschreibt die nächstliegende oder unmittelbare Ursache, die zweite ist die letztendliche oder mittelbare Erklärung. Diese gibt den Grund an für die Entstehung und Vervollkommnung der Wirkungszusammenhänge auf der Ebene der unmittelbaren Ursachen.

4. Erkenntniswege der Biologie

Erkenntnisse werden erst dann vollständig verstanden, wenn man weiß, wie sie zustande kommen. Die Kenntnis der Methoden befähigt zum Urteil über den Wert und die Grenzen der damit gewonnenen Ergebnisse. Die Biologie als Naturwissenschaft erzielt ihre Erkenntnisse mit naturwissenschaftlichen Methoden. Die Naturwissenschaften bauen auf reproduzierbaren Aussagen auf, von denen aus man dann Hypothesen und Theorien bildet.

4.1 Das Gewinnen reproduzierbarer Aussagen

Unter einer reproduzierbaren (oder objektiven) Aussage versteht man eine Feststellung, die wiederholt in unabhängiger Weise und von verschiedenen Personen getroffen werden kann. Um zu ihr zu gelangen, muß die uneingeschränkte Gültigkeit der Logik vorausgesetzt werden; außerdem werden folgende Forderungen erhoben: Unabhängigkeit vom jeweiligen Beobachter, Unabhängigkeit von Übereinkünften und Unabhängigkeit von Religion, Glaubens- und Wertvorstellungen und von einer Ideologie. Diese Forderungen, die man an objektive Aussagen stellt, können letztlich nicht begründet, sondern nur plausibel gemacht werden; sie sind die »Spielregeln« der Naturwissenschaft. Sie erweisen sich durch die Erfolge der Anwendung der von der Naturwissenschaft gewonnenen Ergebnisse (z.B. Pflanzen- und Tierzüchtung als Anwendung der Genetik) als sinnvoll und gerechtfertigt.

Objektive Aussagen werden in der Biologie vor allem durch Beobachten, Vergleichen und Experimentieren gewonnen. Die moderne Biologie bezieht Erkenntnisse anderer Wissensgebiete mit ein. Erst so konnten viele zuvor unlösbar erschienene Probleme in Angriff genommen und zum Teil schon gelöst werden (z.B. wurde die Frage nach der molekularen Beschaffenheit der Gene mit Hilfe der Chemie gelöst und zur Grundlage der Molekularbiologie).

Die Erkenntnisse sind natürlich stets abhängig vom technischen Stand der Arbeitsmittel. Dies zeigt z.B. die Geschichte der Zellforschung (vgl. Cytologie 1.). Sie sind aber auch abhängig vom zeitbedingten gesellschaftlichen Bewußtsein und damit der Interessenlage in der Wissenschaft. So wurden die MENDELschen Regeln zunächst als unwichtig angesehen; ebenso erging es dem von MCCLINTOCK entdeckten Vorgang der Transposition (vgl. Genetik 8.19).

4.1.1 Beobachten

Manche Teilgebiete der Biologie beschränken sich auf das Beobachten und Beschreiben (z.B. die Anatomie). Eine Beobachtung kann in Form einer verbalen Aussage (z.B. der Beschreibung eines Verhaltens), in Form einer Abbildung oder Zeichnung (z.B. bei einer anatomischen Beschreibung) oder in Form einer Tabelle bzw. einer graphischen Darstellung (bei messenden, quantitativen Beobachtungen) niedergelegt werden.

Auf die Beschreibung der Erscheinungen folgt der Versuch ihrer Erklärung. Aus den gleichen Fakten lassen sich allerdings oft unterschiedliche Folgerungen ziehen. Zur Klärung von unterschiedlichen Interpretationen und Widersprüchen bedient sich die Wissenschaft oft des Experiments.

4.1.2 Vergleichen

Viele wissenschaftliche Ergebnisse lassen sich letztlich auf einen Vergleich zurückführen. Vergleichen lassen sich Gegenstände (z.B. DNA-Moleküle), Organismen (Eidechse – Salamander) oder Vorgänge (Photosynthese – Atmung). Beim Vergleich zweier Erscheinungen wird das Unterschiedliche und das Gemeinsame herausgestellt. Durch den anatomischen Vergleich der Blutkreisläufe sowie der Ausscheidungsorgane verschiedener Wirbeltiergruppen erkannte man, daß ihnen gemeinsame Grundbaupläne zugrunde liegen. Durch Ordnen und Vergleichen wurde das natürliche System der Pflanzen und Tiere gefunden, was wiederum zur Erkenntnis von Abstammungsbeziehungen führte.

4.1.3 Experimentieren

Will man feststellen, wie eine bestimmte Größe (z.B. die Erregung einer Sinneszelle) durch eine bestimmte andere Größe (z.B. die Reizintensität) beeinflußt wird, bedient man sich des Experiments. Ein Experiment muß so angelegt sein, daß es eine bestimmte Fragestellung eindeutig beantwortet. Es ist also immer das Ergebnis einer Vorüberlegung.

Ein Experiment muß unter kontrollierbaren und reproduzierbaren Bedingungen ablaufen. Wenn möglich, werden alle einwirkenden Faktoren bis auf einen konstant gehalten. Dieser wird variiert und die Reaktion gemessen. Werden mehrere Faktoren gleichzeitig verändert, ist eine Aussage darüber, wie ein bestimmter Faktor auf die Meßgröße einwirkt, meist nur schwer oder gar nicht zu machen.

Häufig sind bei biologischen Experimenten nicht alle Faktoren wirklich konstant zu halten, oft schon deshalb nicht, weil man gar nicht alle kennt. Will man etwa die Abhängigkeit der Photosyntheserate von der Beleuchtungsstärke bestimmen, wird man zwar die Temperatur und die CO_2-Konzentration konstant halten, man wird auch mit Pflanzen gleicher Art und gleichen Alters, die unter vergleichbaren Bedingungen aufgewachsen sind, arbeiten usw. Man weiß aber z.B. nicht, ob die Pflanzen unter wirklich genau gleichen Bedingungen aufgewachsen sind, ob sie genau das gleiche Erbgut besitzen usw. Die Folge ist, daß zwei gleiche Versuche an biologischen Objekten oft nicht identische quantitative Meßwerte liefern. Die Meßwerte biologischer Versuche streuen deshalb wesentlich stärker als diejenigen physikalischer Versuche. Um den Einfluß solcher nicht genau bestimmbarer oder nicht völlig konstant zu haltender Faktoren auszuschalten, wird ein Experiment mehrmals wiederholt und aus den Meßwerten der Mittelwert gebildet. Wegen der oft starken Streuung der Meßwerte spielen die mathematischen Verfahren der *Statistik* in der Biologie zur Sicherung der Versuchsergebnisse eine wichtige Rolle.

Die Kurven in den Abbildungen 119.2 und 119.3 zeigen die Abhängigkeit der Photosyntheserate von der Beleuchtungsstärke und der Temperatur. Die Ergebnisse wurden im Laboratorium zunächst an einzelnen Blättern gewonnen. Man brachte das Blatt in einen geschlossenen Glasbehälter und bestimmte dann die Abnahme des CO_2-Gehaltes in der Behälterluft bei verschiedener Lichtintensität. Je höher die Photosyntheseleistung, desto stärker die CO_2-Abnahme! Ein solcher Laboratoriumsversuch ist zur Klärung der Beziehung zwischen Lichtintensität und Photosynthese deshalb besonders geeignet, weil dabei alle Umweltfaktoren bis auf den zu prüfenden Faktor konstant gehalten werden.

Um sicher zu gehen, daß das beim Experiment gewonnene Ergebnis allgemeingültig ist, müssen die Versuche nicht nur an vielen Blättern, sondern auch an Blättern verschiedener Pflanzenarten ausgeführt werden. Stimmen die Ergebnisse überein, hat man eine gesetzmäßige Beziehung zwischen Lichtintensität und Photosyntheseleistung aufgedeckt.

Die Abb. 119.3 beweist, daß die Photosyntheserate auch von der Temperatur abhängt. Untersucht man nun die Temperaturabhängigkeit der Photosyntheseleistung bei verschiedener Lichtintensität, erhält man bei Starklicht und bei Schwachlicht unterschiedliche Ergebnisse. Der Einfluß eines

Faktors (z.B. der Temperatur) auf einen biologischen Vorgang bleibt also nicht immer gleich, sondern ist abhängig von anderen einwirkenden Faktoren (z.B. der Lichtintensität oder der Öffnungsweite der Spaltöffnungen).

Versucht man nun aus den in den Experimenten gewonnenen Ergebnissen Nutzen zu ziehen für die Landwirtschaft oder den Gartenbau, so ist folgendes zu beachten: Auf die vielen Blätter einer Pflanze braucht derselbe Faktor nicht mit derselben Intensität einzuwirken. Die oberen Blätter können z.B. die unteren beschatten. Daher wird die Photosyntheseleistung der ganzen Pflanze auch dann noch zunehmen, wenn die Lichtintensität weit über 20000 Lux ansteigt, obwohl laut Abb. 119.2 mit dieser Intensität praktisch das Maximum der Photosynthese erreicht ist. Die Ursache liegt darin, daß bei höherer Lichtintensität die voll belichteten Blätter zwar keine Steigerung der Photosynthese mehr zeigen, wohl aber die beschatteten, denn sie erhalten erst bei viel höherer Lichtintensität ihre 20000 Lux.

4.2 Die Bildung von Theorien

Der Mensch ist offensichtlich in der Lage, sich Vorstellungen *(Theorien)* über die Natur zu machen. Daß eine Theorie einen gewissen Grad an »Richtigkeit« besitzt, erkennt man daran, daß sie Vorhersagen erlaubt, die bei experimenteller Prüfung eintreffen. Bei der Bildung dieser Theorien sind logische Überlegungen und Folgerungen von großer Bedeutung. Daß wir richtige Theorien über die Welt bilden können, ist durch die Evolution zu erklären: Nur diejenigen Säugetiere, Vormenschen und Menschen überlebten in der Evolution, die richtige Theorien (selbst einfachster Art) über ihre Umwelt zu entwickeln in der Lage waren. Nur so konnten sie die Vorteile ihrer Fähigkeit zum einsichtigen Handeln ausnützen; denn Vorstellungen über Zusammenhänge in der Umwelt sind die Grundlage jeder gezielten und geplanten Handlung.

Logik als folgerichtiges Denken ist eine Arbeitstechnik der Wissenschaft, mit der sie Ergebnisse erhält und prüft. Für die Schaffung neuer Theorien noch wesentlicher sind aber *Ideen,* schöpferische Einfälle, die zur Aufdeckung von Zusammenhängen führen. Sie sind für die Erkenntnisgewinnung wesentlich, aber von anderer Natur als logische Schlüsse. Solche Einfälle treten oft erst dann auf, wenn man sich längere Zeit angestrengt mit einem Gegenstand beschäftigt hat.

4.2.1 Bildung von Hypothesen

Die durch Beobachtung und Experiment gewonnenen objektiven Tatsachen werden für die Aufstellung von Hypothesen verwendet (s. Abb. 500.1). Es handelt sich dabei um einen schöpferischen Vorgang, der sich einer genauen Analyse bisher entzogen hat. Wissenschaftler, denen die Bildung einer bedeutenden Hypothese gelungen ist, können oft nicht angeben, auf welchen Wegen dies geschah. Die Idee dazu war oft plötzlich »da«, mußte dann allerdings daraufhin geprüft werden, ob sie den Anforderungen an eine Hypothese auch wirklich entsprach, nämlich in sich widerspruchsfrei zu sein und mit den objektiven Aussagen in Einklang zu stehen.

Ein Beispiel möge den Vorgang der Hypothesenbildung erläutern: MENDEL fand durch seine Experimente die in der Uniformitätsregel und der Spaltungsregel niedergelegten objektiven Aussagen. Er bildete die Hypothese, es gebe selbständige Erbeinheiten, die in den Körperzellen paarweise, in den Keimzellen aber nur in Einzahl vorhanden seien. Diese Hypothese läßt sich nicht logisch aus den objektiven Aussagen herleiten. Auch eine andere Hypothese wäre mit den gleichen Tatsachen vereinbar. Man könnte die von MENDEL gefundenen Spaltzahlen auch damit erklären, daß die Gene in den Körperzellen nicht doppelt, sondern in großer Zahl vorliegen und bei der Geschlechtszellenbildung in zwei nur ungefähr gleiche Hälften geteilt werden.

Eine *Hypothese* ist normalerweise ein Modell, das man sich von der Wirklichkeit macht. Dieses Modell muß sich in experimentellen Situationen wie das reale System verhalten. Ein solches Modell kann sehr einfach sein (wie das Modell der selbständigen Erbeinheiten von MENDEL). Es kann aber auch sehr kompliziert sein, wie die Modellvorstellung von der Regulation der Proteinsynthese (s. Abb. 374.1) oder wie die Vorstellung von der Steuerung aktiver Bewegungen (s. Abb. 254.1). Jedes Modell soll aus Gründen der Denkökonomie das einfachst mögliche (sparsamste) sein, das zur Erklärung ausreicht (Minimalmodell). Dies ist das »Rasiermesserprinzip«, das auf den scholastischen Philosophen W. VON OCKHAM († um 1349) zurückgeht. Stehen zwei Hypothesen zur Auswahl, von denen keine eindeutig als falsch nachgewiesen werden kann, so ist diejenige zu wählen, die mehr Beobachtungen und Aussagen unter einem Gesichtspunkt zusammenfaßt und erklärt.

4.2.2 Prüfung von Hypothesen – Deduktion

Eine Hypothese muß geprüft und, falls nötig, weiter verfeinert werden. Dazu werden auf Grund der Hypothese Vorhersagen abgeleitet, die experimentell nachprüfbar sind. Man bezeichnet dieses Verfahren der Herleitung als *Deduktion* (vgl. Abb. 500.1). Die Deduktion bedient sich ausschließlich der Logik bzw. mathematischer Herleitungen. Je nach Ausgang des Experiments wird die Hypothese bestätigt oder als falsch erkannt (falsifiziert). Eine einzige objektive Aussage, die mit der Hypothese unverträglich ist, führt zu deren Ablehnung. Dagegen kann eine Hypothese nie verifiziert werden (d.h. ihre Wahrheit erwiesen werden); durch jede Bestätigung wird ihre Richtigkeit nur wahrscheinlicher. (Existenzbehauptungen, wie z.B.: „Es gibt schwarze Schwäne", sind keine Hypothesen in diesem Sinn.) Aus diesem Sachverhalt ergibt sich der hypothetische Charakter aller naturwissenschaftlichen Erkenntnis. Möglicherweise wird später eine neue Tatsache bekannt, die zu einer Änderung der Hypothese zwingt. Die Annäherung an die Wahrheit erfolgt also durch Falsifizierung möglichst vieler alternativer Vorstellungen. Eine vielfach bestätigte Hypothese hat sich bewährt.

Als Beispiel für die Prüfung einer Hypothese seien nochmals die MENDELschen Gesetze erwähnt. Aus der Hypothese, daß die Gene unabhängige Erbeinheiten sind, die in den Körperzellen doppelt, in den Keimzellen aber einfach vorliegen, wird deduktiv das Experiment der Rückkreuzung und das erwartete Ergebnis abgeleitet. Die experimentellen Ergebnisse bestätigen die Hypothese (vgl. Genetik 1.1).

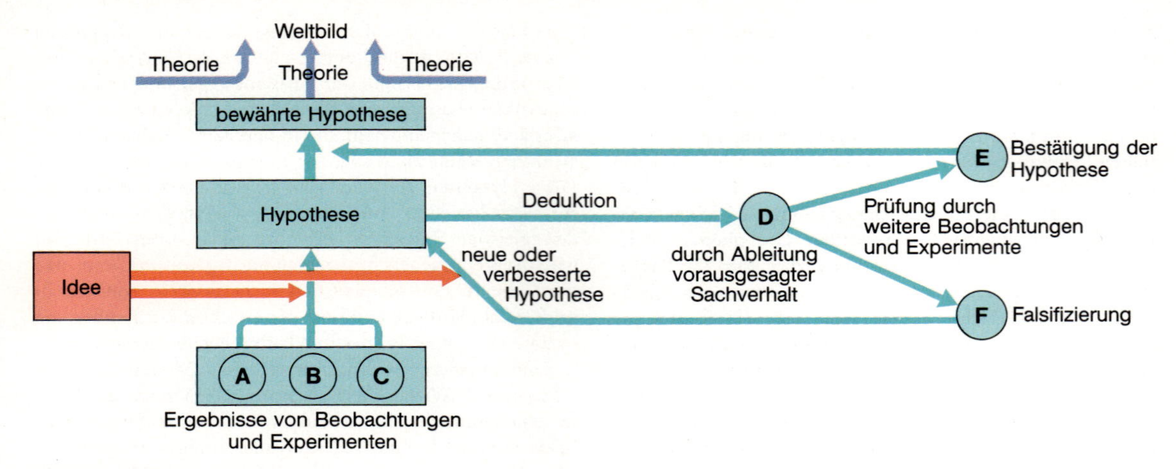

Abb. 500.1: Schema des Erkenntnisweges. Bildung und Prüfung von Hypothesen; Zusammenhang von Hypothese, Theorie und Weltbild

4.2.3 Induktion

Früher wurde die Ansicht vertreten, daß man aus einer großen Zahl bisheriger Beobachtungen auf den nächsten Beobachtungsfall oder sogar auf alle Fälle schließen könne (Alle bisher beobachteten Schwäne sind weiß, also sind alle Schwäne weiß). Ein solcher Schluß vom Besonderen aufs Allgemeine heißt Induktion. Er ist logisch nicht zu rechtfertigen. Es gibt kein logisches Verfahren, das unter Erhaltung der Sicherheit der Aussage eine Anwendung auf weitere Fälle (Verallgemeinerung) erlaubt. Dennoch verwenden wir im Alltagsleben dauernd solche Überlegungen. Wir sind überzeugt davon, daß die Sonne morgen wieder aufgeht, obwohl wir das nicht sicher wissen können. Diese Überzeugung beruht auf unserer Erfahrung: Naturvorgänge erwiesen sich bisher als konstant. Möglicherweise besteht auch eine erbliche Disposition, Vorgänge soweit möglich als konstant anzusehen (»Gleiche bzw. gleichartige Dinge verhalten sich gleichförmig«). Induktiv gewonnene Voraussagen haben keine logische, aber eine praktische Rechtfertigung. Nur mit ihrer Hilfe können wir planen und handeln sowie Gefahren vermeiden (Selektionsvorteil). Wenn alle bisher untersuchten Organismen aus Zellen aufgebaut sind, wird dies bei den nicht daraufhin untersuchten ebenso sein. Wenn die MENDELschen Gesetze für die bisher geprüften Arten zutreffen, so werden sie auch für die anderen gültig sein. Da der Energieerhaltungssatz bisher nie durchbrochen wurde, ist an seiner Allgemeingültigkeit nicht zu zweifeln.

4.2.4 Aufstellung einer Theorie

Erlaubt eine durch Beobachtung, Experiment und logische Verknüpfung der bekanntgewordenen Einzeltatsachen Schritt um Schritt ausgebaute Hypothese die widerspruchslose Einfügung vieler Fakten und findet sie ihre Bestätigung, so wird sie in den Rang einer Theorie erhoben. Die Hypothesen werden dazu an deduzierten Folgerungen experimentell überprüft oder verbessert. Man nennt dies das *hypothetisch-deduktive Verfahren* der Naturwissenschaften.

Die naturwissenschaftliche Theorie muß vier Bedingungen erfüllen:

- Erfassung eines Themenbereichs durch Schaffung und Handhabung von Begriffen. Diese müssen definiert sein, d.h. ihre Bedeutung und Verwendung muß genau festgelegt sein (Beispiel: In der Evolutionstheorie werden bestimmte Bauplanähnlichkeiten als Homologien bezeichnet).
- Zusammenfassung vieler objektiver Aussagen unter einer einheitlichen Hypothese, die sich vielfach bewährt hat (z.B. Homologien werden erklärt durch Abstammungszusammenhänge).
- Möglichkeit von Voraussagen (z.B. weitere Homologien lassen weitere Abstammungszusammenhänge erkennen). Je mehr Voraussagen eingetroffen sind, um so mehr hat sich die Theorie bewährt.
- Fruchtbarkeit: Gelegentlich führen Voraussagen zu Unstimmigkeiten, dadurch werden neue Fragen aufgeworfen, die neue Forschungen auslösen (z.B. in der Evolutionstheorie das Problem des Gradualismus/Punktualismus, vgl. Evolution 5.6).

Durch fortgesetzte Fehlerkorrektur hoffen wir, uns der Wahrheit zu nähern. Wir wissen aber nicht, ab wann eine Theorie als hinreichend bewährt angesehen werden darf. Theorien sind nie endgültig, sondern immer nur richtig nach dem augenblicklichen Stand des Wissens. Neue Erfahrungen oder Experimente mit verfeinerten Apparaturen können die Theorien verändern und umbilden.

Die Entwicklung wissenschaftlicher Erkenntnis verläuft aber nicht immer nach dem geschilderten Verfahren. Es kann vorkommen, daß die bisherige Theorie nicht infolge Falsifizierung aufgegeben, sondern einfach verlassen wird, weil eine ganz neue, viel überzeugendere Hypothese (ein neues *Paradigma*) zur Erklärung der Tatsachen gefunden wird. Eine solch entscheidende Änderung der Auffassungen

(Paradigmenwechsel) kommt einer »wissenschaftlichen Revolution« gleich. Beispiele:

1. DARWINsche Theorie. Sie begründet in überzeugender Weise die Evolution und gibt die Regeln an, nach denen sie abläuft. Sie tritt an die Stelle der Vorstellung von einer einmaligen Schöpfung aller Lebewesen und an die Stelle der Katastrophentheorie von CUVIER.

2. Theorie vom »Gen als Teil der DNA«. Sie ist Grundlage der ganzen Molekularbiologie und tritt an die Stelle der Vorstellung, Gene seien hochkomplexe Proteine oder Gene seien nichtstofflicher Natur.

Für fast alle Paradigmenwechsel gilt: die neue Theorie ist einfacher und umfassender (erklärt mehr Tatsachen) als die vorhergehende und ist daher überzeugender. Die neue Theorie entspricht dem erreichten allgemeinen Bewußtseins- und Erkenntnisstand besser als die alten Theorien. Bewährte Theorien werden durch neue in der Regel nicht völlig umgestürzt, sondern behalten in eingeschränktem Rahmen (als Spezialfall) ihre Gültigkeit.

Die Ursache von Schwierigkeiten bei der Anerkennung einer wichtigen neuen Erkenntnis liegt oft in einer Eigentümlichkeit der menschlichen Natur, auf gewohnten Vorstellungen zu beharren.

4.2.5 Das naturwissenschaftliche Weltbild

Die auf den verschiedenen Gebieten aufgestellten Theorien versucht die Wissenschaft zu einer Einheit, dem naturwissenschaftlichen Weltbild, zusammenzufassen. Dieses Weltbild kann nur ein Teilbild der Welt sein, weil durch die Methode der Naturwissenschaften nicht-objektive Aussagen (Glaube, Wertvorstellungen, Ideologie) ausgeschlossen sind. Außerdem kann es nur ein vorläufiges Bild sein, denn alle Theorien werden ständiger Kritik unterzogen.

Das Verfahren der Erkenntnisgewinnung durch die hypothetisch-deduktive Methode führt dazu, daß im Erkenntnisprozeß eine »Welt« hypothetisch rekonstruiert wird; diese bezeichnet man als »reale Welt«. Die allgemeinste Naturwissenschaft ist die Physik, sie hat alle realen Systeme zum Gegenstand und ihre allgemeinsten Gesetze geben daher die Bedingungen der Möglichkeit von Erfahrungen überhaupt an (CARL FRIEDRICH VON WEIZSÄCKER). Die Biologie hat alle lebenden Systeme und deren Gesetzmäßigkeiten zum Thema. Biologische Systeme sind komplexer als die meisten Systeme der unbelebten Natur (vgl. 1.). Dies macht es oft schwieriger, allgemeine Gesetzmäßigkeiten zu erkennen und zu prüfen. Zufällige Ereignisse spielen in der Biologie eine größere Rolle als in den meisten Bereichen der Physik; daher sind der Wiederholbarkeit und Voraussagbarkeit engere Grenzen gesetzt. In der heutigen Physik zeigen aber Quantentheorie und Synergetik ebenfalls die Bedeutung von Zufallsvorgängen. Die für die Biologie grundlegende Evolutionstheorie kann als ein spezieller Fall einer allgemeinen Theorie der Synergetik aufgefaßt werden (vgl. Grundeigenschaften von Lebewesen).

Wichtig für die Stellung der Biologie im naturwissenschaftlichen Weltbild ist die Frage der **Reduzierbarkeit** komplexer Systeme. Eine *strenge Reduktion,* d.h. eine logisch-deduktive Ableitung der Biologie aus der Physik und Chemie, ist nicht möglich (vgl. 1.). Aber die Biologie ist definitionsgemäß Teil einer allgemeinsten Physik, welche die Bedingungen der Möglichkeit von Erfahrung anzugeben hätte. Die Methode der Reduktion biologischer Tatbestände auf physikalische und chemische Gesetzmäßigkeiten *(methodische Reduktion)* ist bisher an keine Grenze gestoßen und hat sich bewährt. Sie wird in den meisten Teilgebieten der Biologie fortlaufend erfolgreich angewendet.

Wir wissen, daß dem Bewußtseinsvorgang Erregungsmuster der Großhirnrinde zugrunde liegen (vgl. 2.) und wir können diese auf physikalische und chemische Vorgänge zurückführen, die wiederum eine quantenmechanische Grundlage haben. Aber die Quantentheorie muß den Beobachter (also ein Bewußtsein) als elementaren Bestandteil ins System einbeziehen. Wir können diesen Zirkel – weg vom Bewußtsein, zurück zum Bewußtsein – nicht verlassen.

Die Welt ist mir nur durch meine Sinnesorgane zugänglich. Die Sinneseindrücke werden mir bewußt durch die Verarbeitung im Gehirn. Das Bewußtsein entsteht durch eine Selbstorganisation des Zentralnervensystems, bei der von angeborenen Strukturen ausgehend fortgesetzt Sinneserfahrungen aufgenommen werden. Das Gehirn hat dabei die Tendenz, eine stabile »Realität« außerhalb seiner selbst anzunehmen, so erschafft es sich seine »Welt«. Diese hypothetische Realität könnte eine Illusion sein – darüber wissen wir nichts. Alle Erkenntnis ist Ordnung, die unser Gehirn hervorbringt; erst durch die Ordnung wird sie uns zum Bewußtseinsinhalt. Aber nur ein Bewußtseinsinhalt, der in Begriffe und damit in Worte gefaßt werden kann, ist wissenschaftlich sinnvoll. Hieran zeigt sich die enge Verknüpfung von Denken und Sprache. Die *Zeit* ist die einzige Größe, die Bewußtseinsinhalte und physische Phänomene eindeutig verbindet (vgl. 2.). Daraus ist zu ersehen, daß die Zeit unter den physikalischen Größen eine Sonderstellung einnimmt.

4.2.6 Ein Beispiel: Evolutionstheorie und Kreationismus

Der hypothetisch-deduktive Charakter der Grundlagen der Evolutionstheorie ergibt sich aus der Darstellung im Abschnitt 1 des Kapitels Evolution. Die spekulativ vertretene Ansicht einer Evolution wurde zur wissenschaftlichen Hypothese, als DARWIN eine ursächliche Erklärung auf Grund von Beobachtungen und experimentellen Befunden geben konnte. Die Hypothese des Abstammungszusammenhangs aller Lebewesen ermöglicht es, alle Ergebnisse der Biologie und der Paläontologie darin widerspruchsfrei einzuordnen, die Teilgebiete der Biologie in einen Zusammenhang zu bringen und Befunde vieler Teilgebiete besser zu verstehen. Kein Ergebnis der Biologie steht im Widerspruch zur Hypothese der Evolution, aber mit dieser Hypothese sind zahlreiche Voraussagen (über zu erwartende Homologien, über den Aufbau von Genen bei verschiedenen Arten usw.) gemacht worden und sie wird der Planung von Versuchen fortgesetzt zugrundegelegt. In keinem Fall wurde die Evolutionshypothese falsifiziert; sie gelangte so schon seit langem in den Rang einer gut begründeten Theorie. Sie steht mit unabhängig davon gewonnenen Ergebnissen der Geologie, Geophysik und Astrophysik in Übereinstimmung, wird durch physikalische Theorien (z.B. Synergetik) untermauert und so zu einem Bestandteil des naturwissenschaftlichen Weltbildes.

Gelegentlich wird die Ansicht vertreten, beim Evolutionsgeschehen handele es sich um experimentell nicht zugängliche Ereignisse, welche die Naturwissenschaft prinzipiell nicht behandeln könne. Dies trifft nicht zu, denn die Artbildung – die den Evolutionsvorgängen zugrundeliegt – ist ein häufiger und in einigen Fällen (bei Pflanzen und Mikroorganismen) beobachteter und sogar experimentell nachvollzogener Vorgang. Eine Sonnenfinsternis ist auch nicht experimentell prüfbar, aber sehr genau vorauszuberechnen. Dagegen gibt es für Mitteleuropa keine verläßliche Wettervorhersage über mehr als 4 bis 5 Tage, obwohl nur physikalische Faktoren als Ursachen wirken und die Vorgänge nicht einmalig sind. Die Grundprinzipien der Wetterentstehung können durch die Synergetik beschrieben werden, die auch die theoretische Grundlage für die Beschreibung der Evolutionsvorgänge liefert.

Allerdings sind die der Evolution zugrundeliegenden Mutationen zufällig, d.h. nicht beliebig wiederholbar. Aus diesem Grund ist auf keiner Stufe der Evolution der nächste Evolutionsschritt vorhersehbar. Darin besteht die prinzipielle *Offenheit* jedes evolvierenden Systems. Man kann also z.B. nicht angeben, warum in einer bestimmten Tiergruppe eine Reihe von Mutationen vorwiegend in einer bestimmten Reihenfolge eintraten, so daß in einer verhältnismäßig kurzen Zeit ein ganz neuer Tierbauplan entstand (vgl. Bauplan der Gliedertiere oder der Weichtiere oder der Wirbeltiere). Man spricht daher hier von »Zufall«.

Es ist nicht wahrscheinlich, daß die derzeitige Evolutionstheorie bereits alle an der Evolution beteiligten Ursachen vollständig erfaßt hat. Die Evolutionstheorie ist deshalb nur eine hinreichende Theorie; sie kann zwar die heute bekannten Erscheinungen erklären, gibt aber vermutlich keine vollständige Ursachenbeschreibung, weil es möglicherweise weitere, bisher unbekannte Evolutionsfaktoren gibt. Das Erkennen der Abstammungsverhältnisse und damit des Ablaufes der Stammesgeschichte ist abhängig von den verfügbaren Quellen (vgl. Evolution 3. und 5.).

Der Evolutionstheorie werden gelegentlich die Ansichten des **Kreationismus** (»Schöpfungslehre«) gegenübergestellt. Sie unterscheiden sich von der Evolutionstheorie in folgenden Hauptpunkten:

- Das Leben entstand durch einen einmaligen Schöpfungsakt. Die Lebewesen wurden in der jetzt bekannten Vielfalt geschaffen; sie haben sich nicht aus gemeinsamer Urform mit zunehmender Komplexität entwickelt. Viele Lebewesen sind seit der Schöpfung ausgestorben.
- Erde und Lebewesen bestehen erst seit einigen 10000 und nicht schon seit Milliarden Jahren.
- Mutation und Selektion können nur Variationen innerhalb der Artgrenzen erzeugen, nicht aber neue Arten und zunehmend kompliziertere Lebensformen.

Diese Ansichten gehen auf eine wörtliche Interpretation des biblischen Schöpfungsberichtes zurück, eine von der Naturwissenschaft längst verlassene Hypothese. Der Schöpfungsbericht besteht seinerseits aus zwei nicht identischen Darstellungen (Genesis 1 und Genesis 2, Vers 4ff.). Er wurde in einer Form verfaßt, die dem Weltbild der vorderasiatischen Kulturen vor mehr als 2500 Jahren entsprach. Er hat nicht den Stellenwert eines Modells, sondern ist ein Glaubenszeugnis, das den ganz anderen Aspekt einer Gewißheit gleichnishaft beschreibt.

Der Kreationismus erkennt die Grundprinzipien der Naturwissenschaften (4.1 und 4.2) nicht an und kann daher keine naturwissenschaftlichen Hypothesen liefern. Nimmt man eine Schöpfung im Sinne des Kreationismus an, so ist daraus keine falsifizierbare Hypothese abzuleiten; daher ist diese Ansicht wissenschaftlich leer. Der Erklärungs- und Voraussagewert kreationistischer Ansichten ist viel geringer als jener der Evolutionstheorie. Daher wäre nach dem heutigen Stand der Wissenschaft die Evolutionstheorie auch dann überlegen, wenn es sich beim Kreationismus um eine wissenschaftliche Hypothese handelte.

Für einen christlichen Naturwissenschaftler ist nach Worten von Kepler die Naturwissenschaft eine Methode, um einige der göttlichen Schöpfungsgedanken zu erkennen. Darwin hat dies so ausgedrückt: »Es ist wahrlich etwas Erhabenes um die Auffassung, daß der Schöpfer den Keim allen Lebens, das uns umgibt, nur wenigen oder gar nur einer einzigen Form eingehaucht hat und daß, während sich unsere Erde nach den Gesetzen der Schwerkraft im Kreise bewegt, aus einem so schlichten Anfang eine unendliche Zahl der schönsten und wunderbarsten Formen entstand und noch weiter entsteht.«

5. Biologie und Ethik

Ethik ist das Nachdenken über das sittliche Handeln des Menschen und die damit zusammenhängenden Grundlagen des menschlichen Zusammenlebens. Sie befaßt sich mit der Begründung von Handlungsnormen oder Handlungszielen (dem »Sollen« des Menschen). Die *Moral* stellt die Gesamtheit der Regeln dar, die den Rahmen für das Verhalten gegenüber den Mitmenschen und der Natur bilden. Manche Verhaltensweisen des Menschen seinen Mitmenschen gegenüber gelten als gut (z.B. Helfen), andere als schlecht (z.B. Lügen). Werturteile hängen im Einzelfall stark vom Wertesystem einer Gesellschaft ab, aber interessanterweise gibt es allgemeingültige Werturteile, die von allen Menschen gleich gefällt werden (z.B. das Urteil »Albert Schweitzer war ein besserer Mensch als Hitler«). Beziehungen zwischen Ethik und Biologie treten in verschiedenen Bereichen auf: Verantwortlicher Umgang mit Lebewesen (Bioethik), Beziehungen zwischen Ethik und biologischer Verhaltensforschung, Ethik des Forschungsvorgangs.

5.1 Bioethik

Darunter versteht man die Begründung eines verantwortlichen Umgangs mit Lebewesen, vor allem solchen, die der Forschung dienen. Es sollte selbstverständlich sein, Versuche mit Tieren auf das notwendige Maß zu beschränken und ihnen vermeidbare Schmerzen zu ersparen. Andererseits kann eine Überbetonung bioethischer Argumente ganze Bereiche der biologischen und medizinischen Forschung hemmen, was schwerwiegende Folgen für Leben und Gesundheit von Menschen haben müßte. Grundsätzlich gilt der Schutz und die Erhaltung menschlichen Lebens als einer der höchsten Werte.

5.2 Verhaltensforschung und Ethik

Viele Verhaltensweisen des Menschen haben eine erbliche Grundlage. Daher gibt es Grenzen der Anpassungsfähigkeit des menschlichen Verhaltens, so wie es auch Grenzen der Lernfähigkeit gibt. Deshalb kann die Verhaltensforschung Aussagen über die Grenzen der verhaltensmäßigen Belastbarkeit des Menschen machen und so Grenzen sinnvoller moralischer Forderungen abstecken. (Der Mensch benötigt beispielsweise einen Individualraum. Wird ihm dieser über längere Zeit verweigert, so muß dies zu psychischen Schäden führen.) Ergebnisse der Verhaltensforschung können hingegen nie Anweisungen zum moralischen Handeln liefern.

5.3 Ethik der wissenschaftlichen Forschung

Wissenschaftliche Theorien sind wertneutral, aber der Vorgang des Forschens unterliegt als menschliches Handeln der ethischen Begründung. Die Forschung arbeitet mit dem Ziel, Erkenntnis zu gewinnen. Sie führt möglicherweise zu Anwendungen, die gute oder schlechte Folgen für das menschliche Dasein haben. Heute ist die Grundlagenforschung auf manchen Gebieten eng mit der Anwendung der gewonnenen Ergebnisse verflochten (z. B. in der Gentechnik); damit entsteht schon innerhalb der Wissenschaft selbst das Problem der mißbräuchlichen Anwendbarkeit der Forschung.

Die Gentechnik führt zu neuen Möglichkeiten der genetischen Veränderung von Lebewesen. Dabei dürfen nicht einseitige Nützlichkeitserwägungen dazu führen, daß eine Vielzahl natürlicher Allele verschwindet. Dies könnte z. B. bei exakt standardisierten Pflanzensorten dazu führen, daß Störfälle riesige Schäden verursachen. Es ist daher zu fordern, daß der Mensch die Lebewesen und Ökosysteme so erhalten muß, daß eine Störung ohne allzugroße Schäden ausgeglichen werden kann. Die angewandten Techniken und Verfahren müssen Fehler erlauben. Diese Forderung nach *Fehlerfreundlichkeit* gilt für jede Art von Technik als Anwendung wissenschaftlicher Forschungsergebnisse.

6. Grenzen biologischer Erkenntnis

In der Biologie sind nur solche Hypothesen und Theorien sinnvoll, die sich nachprüfen lassen. So ist die Hypothese des Vitalismus (vgl. 1.) zur Zeit weder zu bestätigen noch zu falsifizieren, sie ist also (zumindest zum jetzigen Zeitpunkt) für die Biologie sinnlos.

Lassen sich zu einem bestimmten Sachverhalt keine objektiven Aussagen machen, dann kann er nicht Teil der Biologie sein. So sind alle Gebiete, die sich auf subjektive Aussagen stützen, nicht mit biologischer Theorienbildung zu erreichen. Dazu gehören große Teile der Geisteswissenschaften, der philosophischen Metaphysik und der ganze Bereich der Ideologie.

Die Evolutionstheorie kann zu folgenden Fragen führen:
- Was ist der Sinn der Evolution?
- Warum hat die Evolution zum Menschen geführt, einem Wesen mit Geist, d. h. mit der Fähigkeit zum Nachdenken, zu bewußtem Wollen und vernünftigem Handeln?
- Was steckt hinter dem, was die Naturwissenschaft als »Zufall« beschreibt?

Solche Fragen vermag die Lehre von der Evolution nicht zu beantworten; sie lassen sich überhaupt nicht lösen mit den Mitteln der Naturwissenschaft. Antworten darauf sind dem persönlichen Glauben überlassen.

Mit dem menschlichen Geist tritt in der Evolution etwas völlig Neues auf. Die Fähigkeit zur Einsicht, zur Unterscheidung zwischen »Gut« und »Böse« sowie zu vernünftigem, am Gemeinwohl ausgerichteten Handeln ist aus ethischen Gründen zwingend gekoppelt mit der Verantwortung des Menschen gegenüber den Folgen seines Handelns. Diese Verantwortung setzt eine Freiheit des Willens voraus, die unserem Bewußtsein zukommt. Diese Freiheit des Willens ist ein Begriff, der aus unserer subjektiven Sicht der Konstruktion der »Welt« stammt (ähnlich wie die Begriffe der Gefühle). In der objektiven Beschreibung kommt er nicht vor.

Willensfreiheit, Wesen und Sinn des Seins vermag also die Biologie nicht zu deuten. Aus dem Wissen um diese Grenze erwächst die Haltung, die in dem Wort GOETHES zum Ausdruck kommt:

»Das schönste Glück des denkenden Menschen ist, das Erforschliche erforscht zu haben und das Unerforschliche ruhig zu verehren.«

Überblick über die Baupläne der Pflanzen und Tiere

Die Lebewesen treten uns in einer ungeheuren Formenmannigfaltigkeit entgegen. Vergleicht man sie aber bezüglich der äußeren Gestalt und des inneren Baus, dann lassen sie sich auf verhältnismäßig wenige *Organisationsformen* zurückführen, deren Vertreter in allen wesentlichen Grundzügen des Bauplanes übereinstimmen. Diese Gruppen unterscheiden sich durch eine verschieden hohe Ausgestaltung, nach deren Grad sie geordnet werden. Dabei handelt es sich aber nicht nur um eine vom ordnenden Verstand des Menschen vorgenommene Gruppierung. Es läßt sich vielmehr nachweisen, daß die komplizierter gebauten Lebewesen im Laufe der stammesgeschichtlichen Entwicklung aus den einfacher gebauten entstanden sind. Diese Gruppierung ist also zugleich *Ausdruck der natürlichen Verwandtschaft*. Man bezeichnet sie deshalb als **das natürliche System der Lebewesen**. Die nachstehende gedrängte Übersicht über die Baupläne gibt daher auch einen Überblick über die natürliche Gliederung des Pflanzen- und Tierreichs. Man bezeichnet die Gliederung auch als Klassifizierung der Lebewesen.

Als erste gaben der griechische Naturforscher und Philosoph ARISTOTELES (384–322 v. Chr.) und seine Schüler einen umfassenden Überblick über die damals bekannten Tiere (etwa 520) und Pflanzen. Ihr Werk blieb das ganze Mittelalter hindurch die Grundlage für die Beschreibung und Einteilung der Lebewesen. Etwa zweitausend Jahre später unternahm dann der Schwede CARL VON LINNÉ (1707–1778) erneut den Versuch, Ordnung in die Fülle der inzwischen bekannt gewordenen Lebensformen zu bringen. In seinem erstmals 1735 erschienenen epochemachenden Werk »Systema naturae« – das System der Natur – beschrieb er zuletzt mehr als 8500 Pflanzen und 4236 Tiere. Er verwendete für die Namengebung die lateinische und griechische Sprache, die von den Gelehrten aller Länder verstanden wurden. Auch führte er die heute noch gebräuchlichen Doppelnamen ein (z. B. *Canis familiaris,* der Haushund; *Canis lupus,* der Wolf; *Prunus spinosa,* der Schlehdorn; *Prunus avium,* die Süßkirsche), wobei der erste die Gattung, der zweite die Art angibt, so daß schon der Name die Zugehörigkeit zu einer Gruppe ähnlich gebauter Lebewesen erkennen läßt. Sein damals allgemein anerkanntes System war ein *künstliches System,* da er zur Unterscheidung und Einteilung der Lebewesen vornehmlich äußere, leicht erkennbare Merkmale verwendete. Ein solch künstliches System würde z. B. den Delphin zu den Fischen stellen. Es wurde im Verlauf des 19. Jahrhunderts durch das *natürliche System* des Pflanzen- und Tierreichs ersetzt, das neben der äußeren Erscheinung auch den inneren Bau und die auf der Abstammung beruhende Verwandtschaft berücksichtigt. Heute kennt man etwa 400 000 Pflanzenarten und über 1,5 Millionen Tierarten, und jedes Jahr kommt eine Vielzahl neuer Organismenarten hinzu.

1. Gliederung und Baupläne des Pflanzenreichs

Nach den Grundmerkmalen der Zelle werden im Pflanzenreich zwei Unterreiche unterschieden: die *Prokaryota* (mit Protocyte) und die *Eukaryota* (mit Eucyte). Im Tierreich gibt es nur Eukaryoten.

Die weitere Einteilung erfolgt bei den Pflanzen in Abteilungen oder Stämme. Die Prokaryoten umfassen die Abteilungen der Archaebakterien, der Bakterien und der Blaualgen. Alle übrigen Abteilungen des Pflanzenreichs sind Eukaryoten.

Prokaryoten

Abteilung: Echte Bakterien (etwa 12 000 Arten). Kleinste und einfachst gebaute, einzellige Lebewesen. Sie vermehren sich durch Teilung (Spaltung). Viele bilden Dauersporen

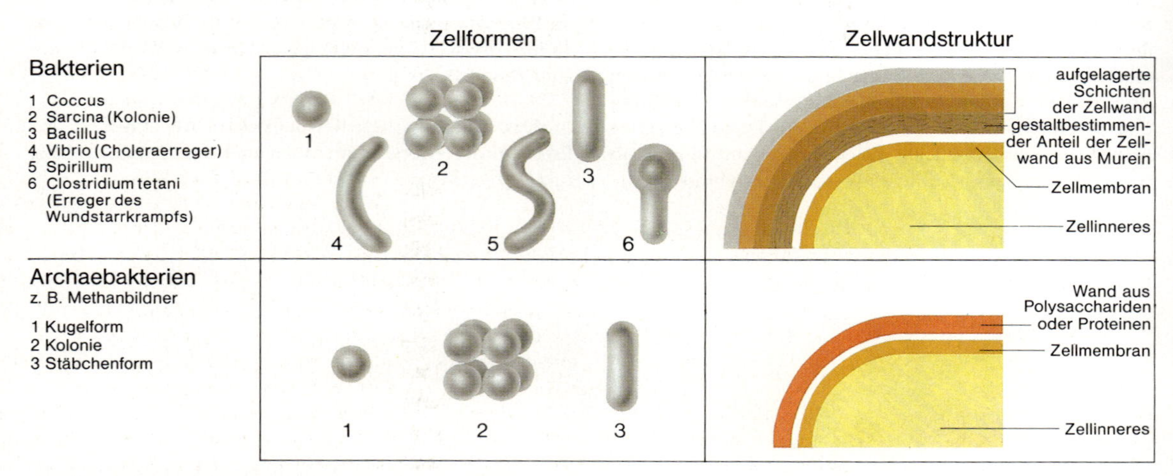

Abb. 504.1: Bakterien und Archaebakterien

aus. Der gestaltbestimmende Teil der Zellwand besteht aus Kohlenhydratketten, die durch Peptidketten vernetzt sind (Murein) (s. Abb. 504.1).

Es gibt kugelige, stäbchenförmige und schraubig gekrümmte Bakterienformen. Manche können sich mit Hilfe von Geißeln bewegen. Die Bakterien sind überall verbreitet; ihre Lebenstätigkeit ist an Feuchtigkeit und organische Stoffe gebunden, von denen sie sich ernähren (heterotrophe Lebewesen). Doch können sich einige Arten auch selbständig, autotroph, von anorganischen Stoffen ernähren. Als Krankheits-, Fäulnis- und Gärungserreger sind die Bakterien außerordentlich bedeutungsvoll.

Abteilung: Archaebakterien (etwa 100 Arten). Einige Stoffwechselreaktionen sowie der Aufbau der Zellwand und der Membran sind anders als bei den echten Bakterien. Die Zellwand besteht entweder aus Protein oder aus Kohlenhydraten (vgl. Abb. 504.1). Die meisten Arten sind anaerob, sie gewinnen Energie z. B. durch Bildung von Methan (Methanbakterien).

Abteilung: Cyanobakterien *(Blaualgen)* (etwa 2000 Arten). Teils einzellige, teils zu Kolonien vereinigte oder Fäden bildende Pflanzen (s. Abb. 505.1), die sich nur durch Spaltung vermehren. Ihr Chlorophyll ist von einem blauen Farbstoff überdeckt.

Beispiele: Gallertalge *(Nostoc)* auf feuchter Erde (vgl. Abb. 505.1), Schwingalge *(Oscillatoria)* im Schlamm verschmutzter Gewässer.

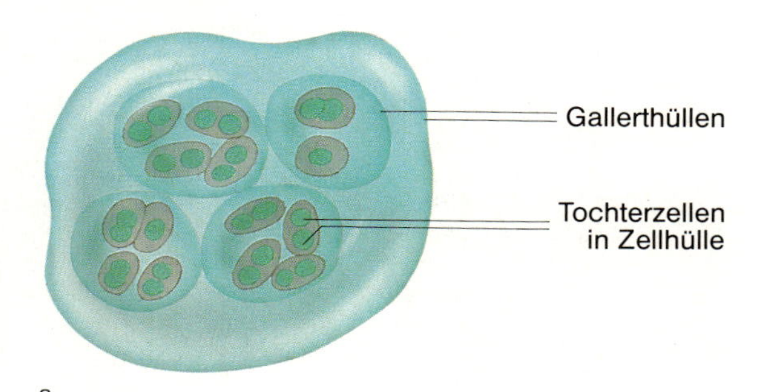

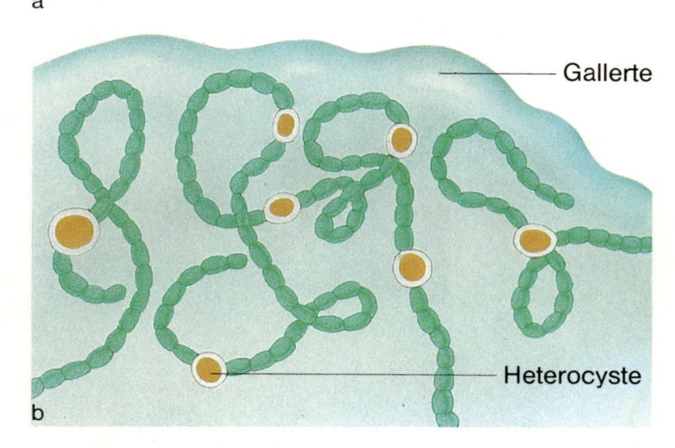

Abb. 505.1: Blaualgen (Cyanobakterien)
a Gloecapsa-Kolonie, b Nostoc;
die Heterocyste ist eine Zelle, in der Luftstickstoff gebunden wird.

Eukaryoten

Vertreter der hier aufgeführten eukaryotischen Pflanzengruppen sind in Abb. 474.1 dargestellt. An den Anfang der eukaryotischen Pflanzen stellt man die Abteilungen der *niederen Pflanzen*. Es sind dies einzellige und vielzellige Pflanzen, deren Zellen nicht oder nur wenig differenziert sind und fadenförmige, flächige oder körperliche Verbände bilden. Ihr Körper ist nicht in Wurzel, Stengel und Blatt gegliedert, sondern bildet ein sogenanntes Lager *(Thallus)*, daher auch die Bezeichnung *Lager-* oder *Thalluspflanzen*. Die meisten von ihnen leben im Wasser; die Nährstoffe werden mit der ganzen Körperoberfläche aufgenommen.

Abteilung: Cryptophyten (etwa 120 Arten). Einzellige Algen mit zwei Geißeln und abgeschrägtem Vorderende, mit Farbstoffen ähnlich der Blaualgen.

Abteilung: Dinophyten (Panzerflagellaten, etwa 1100 Arten). Sie sind einfach gebaute Eukaryoten; einzellige Algen mit zwei Geißeln und einem besonders einfachen Bau der Chromosomen. Meist besitzen sie eine Hülle oder einen Panzer aus Cellulose. Hierher gehören die Meeresleucht»tierchen« *(Noctiluca)* und die Dreihornalge *(Ceratium)*.

Abteilung: Euglenophyten (etwa 500 Arten). Einzellige Geißelalgen, die zu pflanzlicher und tierischer Lebensweise befähigt sind. Als Beispiel ist *Euglena* im Abschnitt Einleitung beschrieben.

Abteilung: Gold- und Braunalgen (etwa 11 000 Arten). Ihr Chlorophyll ist von gelben oder braunen Farbstoffen verdeckt. Hierher gehören die einzelligen, unbegeißelten Kieselalgen oder *Diatomeen*, in deren zweiteilige, schachtelartig übereinandergreifende Schalen Kieselsäure eingelagert ist. Sie sind wichtige Planktonorganismen. Ferner gehören dazu viele einzellige begeißelte Formen und viele Fadenalgen, aber auch Arten, die band- und strauchförmige Zellkörper aufbauen; ihre äußere Gliederung erinnert an Wurzeln, Stengel und Blätter. Bei den höchst entwickelten Formen kommt es zu Zelldifferenzierung und Anfängen von Gewebebildung, auch treten besondere Organe zur Ausbildung von Geschlechtszellen auf.

Abteilung: Rotalgen (etwa 4000 Arten). Ihr Chlorophyll ist von rötlichen, seltener blauen Farbstoffen verdeckt. Sie besitzen niemals Geißeln, jedoch gibt es einzellige, fädige und kompliziert gebaute körperliche Formen. Die meisten Arten leben im Meer, auch in größerer Tiefe, soweit noch Licht einfällt.

Abteilung: Grünalgen (etwa 13 000 Arten). In der vielgestaltigen Abteilung gibt es alle Übergänge von einzelligen, begeißelten Formen *(Chlamydomonas)* über Kolonien (vgl. Cytologie 10.1) zu Zellfäden. Bei den *Armleuchteralgen* treten Anfänge von Gewebebildung auf. Zu den fädigen Formen gehören viele der *Jochalgen* (z. B. Schraubenalge), die aber auch einzellige Formen (Schmuckalgen) aufweisen.

Abteilung: Schleimpilze (etwa 600 Arten). Sie nehmen eine Mittelstellung zwischen Tier und Pflanze ein (z. B. die leuchtend gelbe Lohblüte). Amöbenähnliche, einzeln umherkriechende Zellen sammeln sich und verschmelzen zu einer vielkernigen, nackten Plasmamasse *(Plasmodium)*, die als einheitlicher Organismus nach Amöbenart auf faulenden Pflanzenstoffen umherkriecht und dabei feste organische Nahrungsteilchen aufnimmt. Nach einiger Zeit erzeugt sie nach Pilzart in besonderen Fruchtkörpern Sporen, aus welchen wieder amöbenähnliche Einzelwesen entstehen.

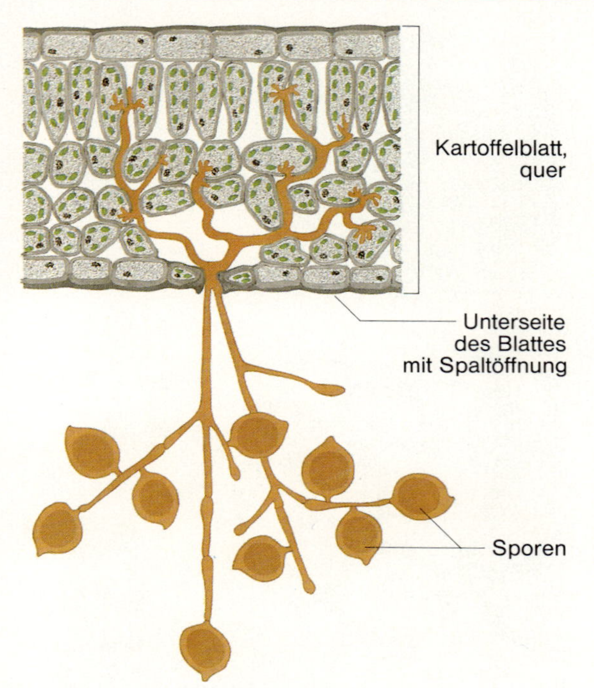

Abb. 506.1: Kartoffelschimmel im Kartoffelblatt. Die Sporen werden ungeschlechtlich durch Abschnürung von Hyphen-Enden gebildet.

Abteilung: Pilze (etwa 100 000 Arten). Den Pilzen fehlt das Chlorophyll; sie können sich daher nicht autotroph ernähren, sondern sind ohne Ausnahme auf organische Stoffe angewiesen. Außer sehr vielen Schädlingen an Kulturpflanzen (s. Abb. 506.1) gibt es auch nützliche Pilze (Hefepilze, Schimmelpilze als Heilmittelerzeuger). Ihr meist vielzelliger Körper ist aus *Zellfäden (Hyphen),* deren Wände bei den meisten Pilzen aus Chitin bestehen, aufgebaut. Er ist in der Regel in das der Ernährung dienende *Fadengeflecht (Mycel)* und den aus innig verflochtenen Hyphen gebildeten *Fruchtkörper* gegliedert, welcher Sporen erzeugt.

Einteilung in zwei Gruppen: 1. Die *Algenpilze* (niedere Pilze) mit nicht in Zellen gegliederten Zellfäden (z. B. Köpfchenschimmel, Kartoffelschimmel (vgl. Abb. 506.1), falscher Mehltau) und 2. die *Fadenpilze* (höhere Pilze) mit in Zellen gegliederten Zellfäden. Diese unterscheidet man nach der Art der Sporenbildung in Schlauchpilze (Hefepilze, die meisten Schimmelpilze) und Ständerpilze (Porlinge, Lamellenpilze, Bauchpilze, Rost- und Brandpilze).

An die Pilze und Algen schließen sich die **Flechten** an (etwa 20 000 Arten). Es sind landbewohnende, aus Pilzfäden und einzelligen oder fadenförmigen Algen gebildete Doppelwesen von krusten-, laub- und strauchähnlicher Eigenform. Ihr Thallus ist meist in eine lockere Markschicht aus Pilzfäden und Algenzellen und eine dichte, nur aus Pilzfäden bestehende Rindenschicht gegliedert. Beispiele: Schriftflechte, Schildflechte, Bartflechte. – Flechtenalge und Flechtenpilz lassen sich getrennt kultivieren. Sie bilden dann aber weder die Flechtengestalt noch die flechteneigenen Stoffwechselprodukte, wie z. B. die Flechtensäuren und die Flechtenfarbstoffe (Lackmus).

Die folgenden drei Abteilungen werden als *höhere Pflanzen* zusammengefaßt. Bei den Moosen haben viele Lebermoose noch Thallusgestalt, dagegen sind die Farnpflanzen und die Blütenpflanzen stets in Wurzel, Sproßachse und Blätter gegliedert (daher auch der Name Sproßpflanzen oder *Kormophyten*).

Abteilung: Moose (etwa 2000 Arten). Die Moose stehen am Übergang zwischen den niederen und den höheren Pflanzen. Mit den Farnpflanzen verbindet sie die Art der Fortpflanzung, bei welcher eine ungeschlechtliche Fortpflanzung durch Sporen mit einer geschlechtlichen Fortpflanzung durch Keimzellen regelmäßig abwechselt (Generationswechsel). Da bei beiden Pflanzengruppen keine Blüten auftreten und auch keine Samen gebildet werden, die weiblichen Keimzellen vielmehr in sogenannten *Archegonien* stehen, faßt man die Moos- und Farnpflanzen als **blütenlose** bzw. **samenlose höhere Pflanzen** oder als **Archegoniaten** zusammen. Beide sind zwar an das Landleben angepaßt, bedürfen aber zur Fortpflanzung noch des Wassers.

Bei den Moosen ist der Keimzellen (Gameten) bildende Gametophyt die assimilierende Pflanze, wogegen der die Sporen bildende Sporophyt als gestielte Sporenkapsel auf dem Gametophyten sitzt und von diesem ernährt wird. Umgekehrt ist es bei den Farnen, wo der Gametophyt sehr klein aber selbständig und autotroph ist.

Lebermoose: ein meist einfacher, blattähnlicher Thallus, der aber bereits in Oberhaut, Assimilationsgewebe und Speichergewebe gegliedert sein kann und durch Zellfäden am Boden befestigt wird (Brunnenlebermoos).

Laubmoose: stets in Stengel und Blättchen gegliedert. Beginnende Differenzierung der Zellen in blattgrünführende Assimilationszellen, Oberhautzellen mit verdickten Wänden, einfache zu Leitsträngen zusammengesetzte Leitzellen und Festigungszellen.

Abteilung: Farnpflanzen oder Gefäßsporenpflanzen (etwa 12 000 Arten). Die Farnpflanzen haben mit den Moosen den scharf ausgeprägten Generationswechsel in der Fortpflanzung gemeinsam, unterscheiden sich aber von ihnen besonders durch den Besitz echter Wurzeln und gut ausgebildeter Leitbündel.

Der Körper der Farnpflanzen ist stets deutlich gegliedert. Zahlreiche dünne Faserwurzeln dienen zur Aufnahme von Wasser und Nährsalzen. Der Stamm trägt als Assimilationsorgane Blätter. Auch die Zellen sind weitergehend differenziert. Die Blätter gleichen im inneren Bau denjenigen der Samenpflanzen. Der ganze Pflanzenkörper ist von Leitbündeln durchzogen. Bei der Fortpflanzung wechseln zwei Generationen miteinander ab. Die Geschlechtsgeneration als thallusähnlicher *Vorkeim* (Gametophyt) bildet die Keimzellen oder Gameten aus, die eigentliche Pflanze (Sporophyt) erzeugt in Sporenständern oder -kapseln durch Meiose die Sporen.

a) **Bärlappe.** Kleine, krautige, vielfach kriechende Pflanzen mit gabelig verzweigten Wurzeln und Stengeln und spiralig gestellten, kleinen, schuppenförmigen Blättern. Ährenförmige Sporenständer am Ende der Sprosse. Ausgestorbene Bärlappe sind die *Schuppen- und Siegelbäume* (Lepidodendren, Sigillarien) der Steinkohlenzeit.

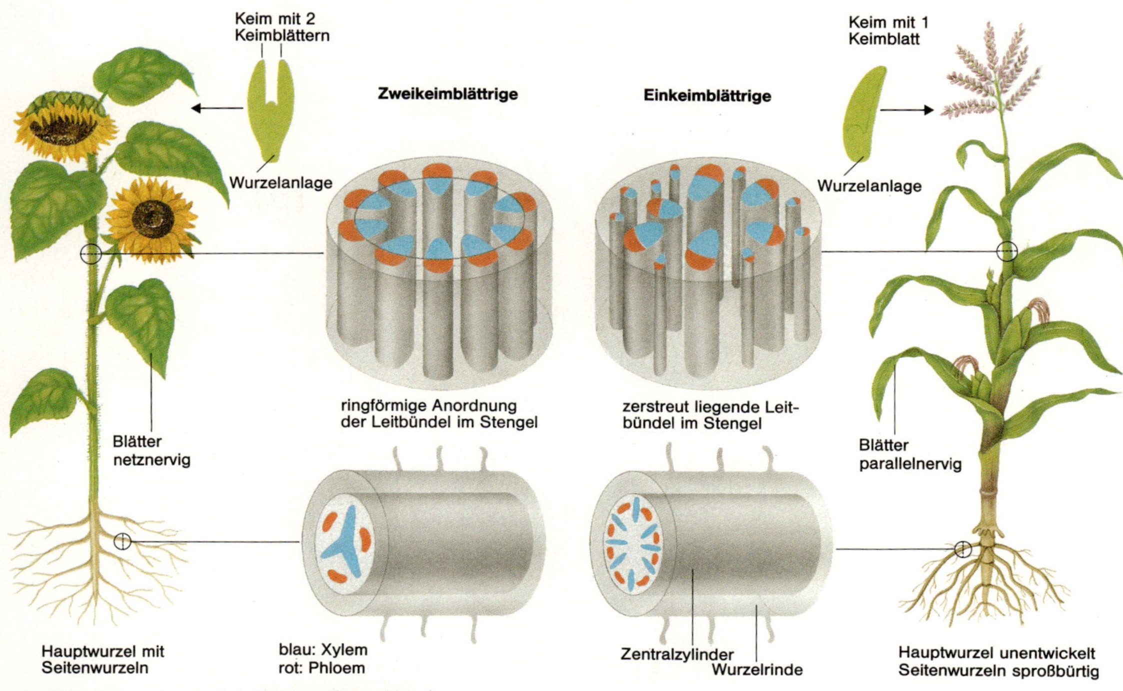

Abb. 507.1: Aufbau einer zweikeimblättrigen (Sonnenblume) und einer einkeimblättrigen Pflanze (Mais); beide sind Bedecktsamer. Nacktsamer s. Abb. 327.3 und 449.1.

b) **Schachtelhalme.** Unterirdisch kriechender Wurzelstock und hohler, aus ineinandergeschachtelten Gliedern bestehender Halm, welcher quirlförmig an Knoten entspringende Seitenäste tragen kann. Winzige, schuppenförmige Blätter zu Scheiden um die Knoten verwachsen. Zapfenförmige Sporenstände an der Spitze der Sprosse. Ausgestorbene Riesenschachtelhalme sind die *Calamiten*.

c) **Farne.** Wasser- und landbewohnende, formenreiche Gruppe meist krautiger, aber auch baumartiger Pflanzen mit großen, oft stark zerteilten und reich mit Adern versehenen Blättern (Wedeln), welche am Ende eines Wurzelstockes oder Stammes eine Rosette bilden und anfangs eingerollt sind. Sporenbehälter meist auf der Unterseite der Blätter.

Abteilung: Blüten- und Samenpflanzen. Als **Blütenpflanzen** bezeichnet man die höchst entwickelten, vollständig an das Landleben angepaßten Sproßpflanzen, deren Kennzeichen der *Besitz von Blüten* und die *Ausbildung von Samen* ist. Man stellt ihnen deshalb alle übrigen Pflanzen (die Lagerpflanzen, Moose und Farne) als **blütenlose Pflanzen** oder, weil die meisten von ihnen Sporen ausbilden, als **Sporenpflanzen** gegenüber.

Ihr Körper weist eine ausgesprochene Gliederung auf (s. auch Abb. 507.1 bis 509.1) in Organe für die Aufnahme von Wasser und Bodensalzen (Wurzeln), Organe für die Assimilation (Blätter), Organe zur Ausbreitung derselben im Licht (ein mannigfaltig verästelter Stamm) und Organe für die Fortpflanzung (Blüten); ein leistungsfähiges System von Leitbündeln besorgt den Stofftransport. Bei den Holzpflanzen ist der Stamm durch Holz gefestigt. Die Fortpflanzung ist nicht mehr vom Wasser abhängig und verläuft scheinbar ohne Generationswechsel, da der Gametophyt auf dem Sporophyten verbleibt. Die leicht erkennbaren Blüten enthalten als wesentliche Bestandteile die Staubblätter und die Fruchtblätter. Die Staubblätter erzeugen in den Staubbeuteln die Pollenkörner, aus denen die zur Befruchtung dienenden Zellen bzw. Kerne hervorgehen. Die Fruchtblätter tragen die Samenanlagen mit der Eizelle. Nach der Befruchtung wächst die Samenanlage zum Samen aus; er enthält die Anlage der jungen Pflanze nebst Nährgewebe und löst sich von der Mutterpflanze ab.

Die Unterteilung bei den Blütenpflanzen erfolgt zunächst nach der Stellung der Samenanlagen.

a) **Nacktsamige Pflanzen** (etwa 800 Arten). Die Samenanlagen sind nicht in einem Fruchtknoten eingeschlossen, sondern stehen offen auf den Fruchtblättern. Die eingeschlechtlichen, nur aus Staubblättern oder aus Fruchtblättern bestehenden Blüten oder Blütenstände haben meist Zapfenform. Strauch- oder baumförmige Holzpflanzen mit im Sproß ringförmig angeordneten Leitbündeln. Gefäß- und Siebteile sind durch eine Schicht teilungsfähigen Gewebes (Kambium) getrennt. Die bekanntesten Vertreter sind die *Nadelhölzer* mit meist unverzweigtem Stamm, stockwerkartig in Quirlen stehenden Seitenästen und meist mit Nadelblättern; die weiblichen Blütenstände werden nach der Befruchtung meist zu holzigen Zapfen. Ausländische Vertreter: tropische *Palmfarne (Cycas)* und der *Ginkgo*.

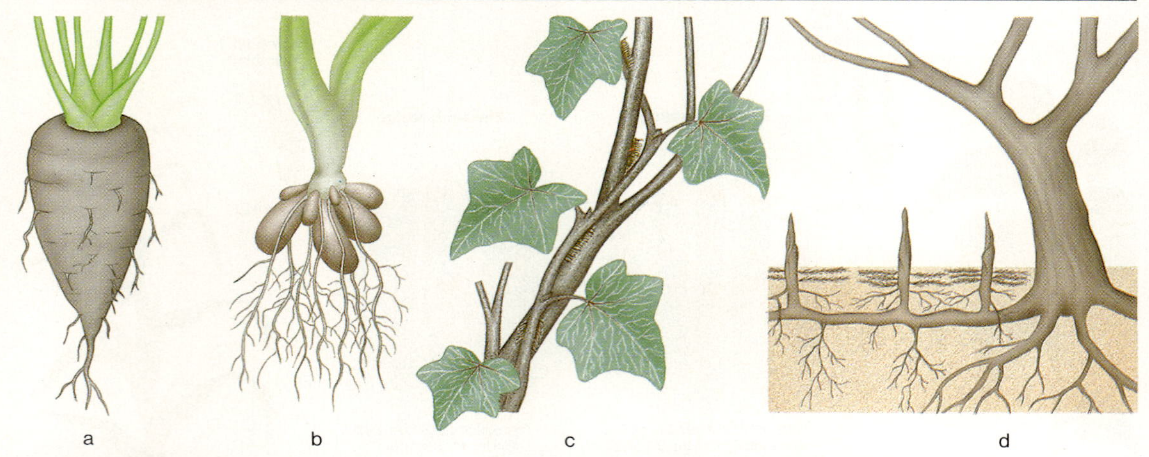

Abb. 508.1: Umgewandelte Wurzeln.
a Rübe (Zuckerrübe),
b Wurzelknollen (Scharbockskraut),
c Haftwurzeln (Efeu),
d Atemwurzeln (Mangrovebaum).

Alle dargestellten Organe sind einander homolog, d.h. im Verlauf der Evolution aus dem Grundorgan Wurzel durch Anpassung an unterschiedliche Funktionen hervorgegangen. Diese Abwandlungen pflanzlicher Grundorgane bezeichnet man als Metamorphosen.

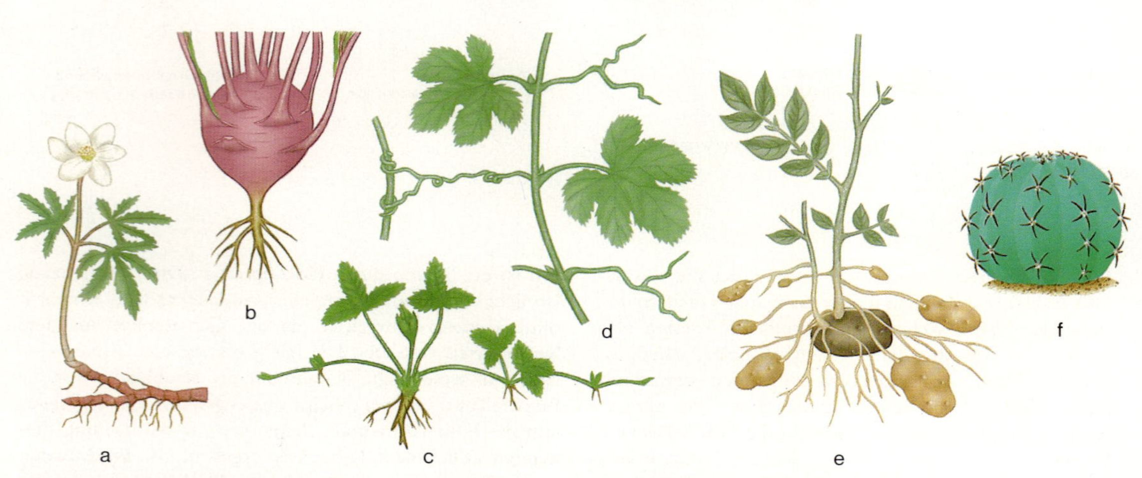

Abb. 508.2: Umgewandelte Sprosse.
a Unterirdischer Wurzelstock (Buschwindröschen), verdickte oberirdische Stengel (b Kohlrabi, f Kugelkaktus), c oberirdischer Ausläufer (Erdbeere), d Ranke (Weinrebe), e Sproßknollen (Kartoffel).

Auch diese Sproßorgane sind einander homolog. Analog sind dagegen die aus verschiedenen Organen hervorgegangenen aber funktionsgleichen Knollen der Kartoffel und des Scharbockskrautes, analog sind auch Kohlrabi und Rübe.

b) **Bedecktsamige Pflanzen** (etwa 270 000 Arten, s. auch Abb. 507.1). Die Samenanlagen sind in einem Fruchtknoten eingeschlossen, der aus einem Fruchtblatt durch Faltung oder aus mehreren durch Verwachsung gebildet wird und eine Narbe zur Aufnahme des Blütenstaubes trägt. Der Fruchtknoten wächst nach der Befruchtung zu einer die Samen umschließenden Fruchthülle aus und wird zur Frucht. Die meist zwittrigen Blüten besitzen häufig eine aus Kelch- und Blütenblättern bestehende Blütenhülle und sind oftmals zu Blütenständen vereinigt.

Die Bedecktsamigen gliedert man nach der Zahl der Keimblätter in:

Einkeimblättrige Pflanzen: Keimlinge mit *einem* Keimblatt; die meist ganzrandigen, ungestielten Blätter zumeist mit *parallel* verlaufenden Adern. Blüten vorwiegend dreizählig. Leitbündel über den Stengelquerschnitt verstreut angeordnet (s. Abb. 507.1). Kennzeichnende Vertreter: Gräser, Riedgräser, Liliengewächse, Orchideen, Palmen.

Zweikeimblättrige Pflanzen: Keimlinge mit *zwei* Keimblättern; *netzartiger* Verlauf der Adern in den mannigfaltig geformten, einfachen oder zusammengesetzten Laubblättern. Blüten meist vier- oder fünfzählig. Leitbündel auf dem Stengelquerschnitt im Kreis angeordnet (vgl. Abb. 507.1). Vertreter: die Laubbäume, viele krautige Pflanzen.

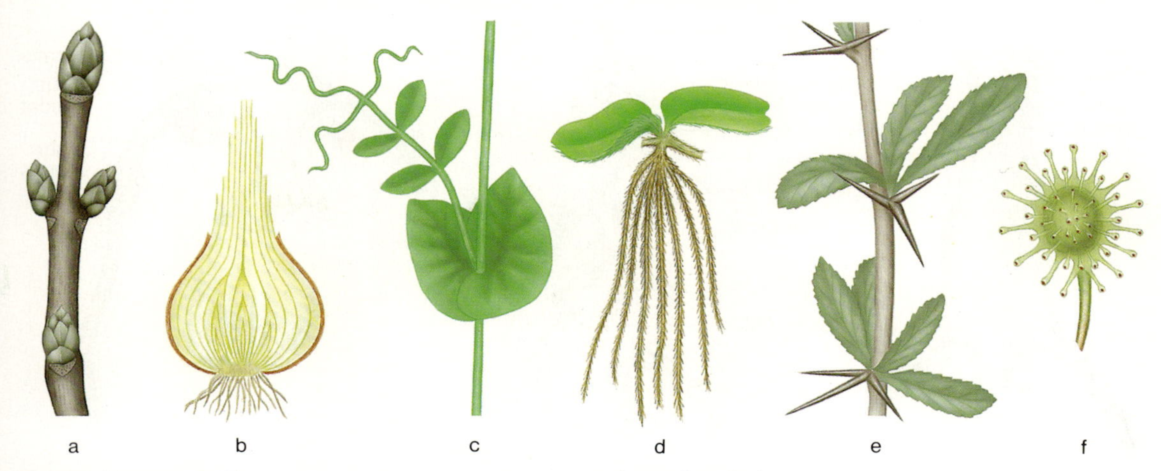

Abb. 509.1: Umgewandelte Blätter.
a und b Niederblätter (a Knospenschuppen, b Zwiebel),
c Blattranken (Erbse),
d Wasserblätter des Schwimmfarns Salvinia mit Wurzelfunktion,
e Dornen (Sauerdorn),
f Fangblatt mit Drüsenhaaren (Sonnentau).
Die Blätter sind gestaltlich umgebildet.
Hier liegt eine Reihe homologer Bildungen vor.

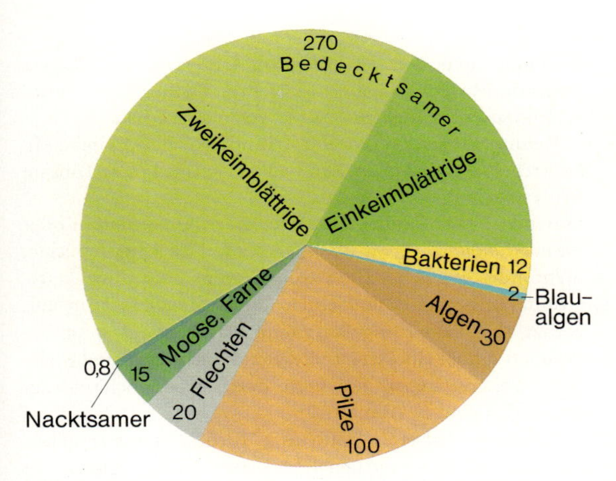

Abb. 509.2: Anzahl der Arten (in Tsd) an den Pflanzen-Gruppen

2. Gliederung und Baupläne des Tierreichs

Tiere, die sich in der äußeren Gestalt, dem inneren Bau und der Entwicklung ähneln, faßt man zu **Stämmen** zusammen; sie stellen die Hauptgruppen des Tierreichs dar. Alle Angehörigen eines Tierstammes weisen denselben Bauplan auf und lassen sich auf eine gemeinsame Grundform zurückführen.

Den Einzellern, deren Körper nur aus einer einzigen Zelle besteht, stellt man alle übrigen Tiere als **Vielzeller** oder, da bei ihnen die Zellen zu Geweben vereinigt sind, als **Gewebetiere** gegenüber.

Unterreich und Stamm: Einzeller (Urtiere, Protozoen, etwa 30 000 Arten).

Ihr nackter oder durch allerlei Gehäusebildungen geschützter Körper besteht aus einer einzigen Zelle mit einem oder mehreren Kernen und ist häufig mit besonderen Einrichtungen (Organellen) zur Nahrungsaufnahme (Zellmund), Verdauung (Nahrungsbläschen) und Ausscheidung (pulsierendes Bläschen, Zellafter) ausgerüstet.

Man unterscheidet:

a) *Geißelträger* (Flagellaten) mit Geißeln als Bewegungsorganellen (Augentierchen, Trypanosomen). b) *Wurzelfüßler* (Rhizopoden) mit Scheinfüßchen zur Fortbewegung und Nahrungsaufnahme (Amöben, Foraminiferen, Radiolarien). c) *Sporentierchen* (Sporozoen), Parasiten, die sich durch Bildung von Sporen vermehren (Malaria-Erreger). d) *Wimpertierchen* (Ciliaten) mit Wimpern zur Bewegung und Nahrungsaufnahme und zwei Zellkernen (Pantoffeltierchen, Glockentierchen).

Unterreich: Vielzeller (Metazoen) oder Gewebetiere.
Stamm: Schwämme (Poriferen, etwa 5000 Arten).

Die wasserbewohnenden Schwämme sind die einfachst gebauten Vielzeller (vgl. Cytologie 10.2). Geschlechtliche Vermehrung durch Keimzellen; durch Knospung entstehen Schwammkolonien.

Kennzeichnende Vertreter der Schwämme sind: Badeschwamm, Süßwasserschwamm. Größte Art: *Spheciospongia* (2 m Durchmesser).

Die beiden folgenden Stämme werden häufig als Hohltiere *(Coelenteraten)* zusammengefaßt.

Stamm: Nesseltiere (*Cnidarier,* etwa 9000 Arten). Sie besitzen keine inneren Organe; ihre Körperwand besteht aus zwei Zellschichten mit einer dazwischenliegenden Stützschicht, doch sind die Gewebe schon stark differen-

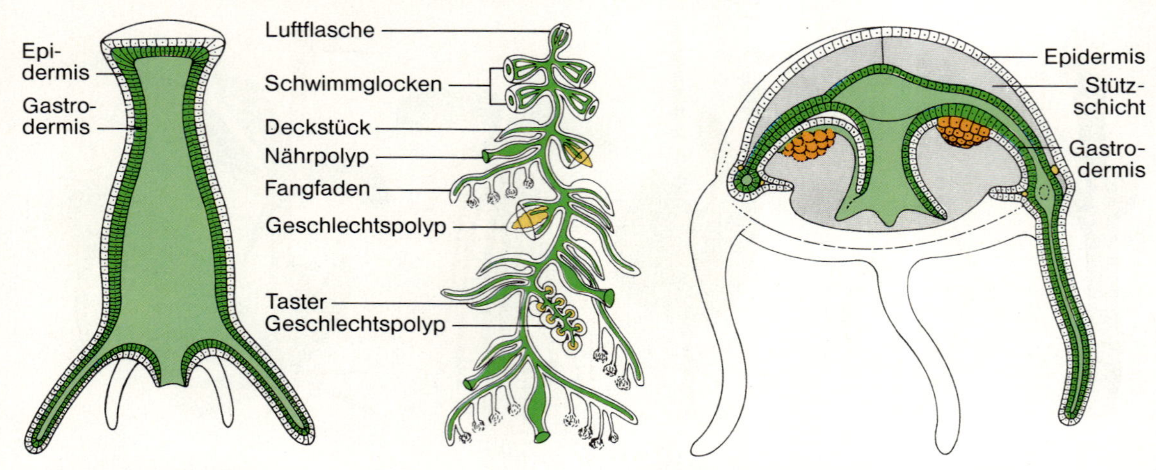

Abb. 510.1: Bauplan der Hohltiere.
Links: Längsschnitt durch einen Süßwasserpolypen;
Mitte: Staatsqualle.
Luftflasche, Schwimmglocke, Deckstück, Fangfaden, Taster sind für eine spezifische Funktion umgewandelte Polypen.
Rechts: Schnitt durch eine Qualle.

Farbenerklärung für diese und die folgenden Bauplanbilder.
Gelb: Nervensystem; Grün: Darm; Hellblau: Atmungsorgane;
Violett: Ausscheidungsorgane; Orange: Fortpflanzungsorgane;
Karmin: Muskulatur;
Rot: Kreislauforgane und Gefäße mit arteriellem (sauerstoffreichem) Blut;
Blau: Gefäße mit venösem (sauerstoffarmem) Blut

ziert (vgl. Cytologie 10.2). Die Nervenzellen sind zu einem Nervennetz verbunden. Der von der Körperwand umschlossene innere Hohlraum, die Darmleibeshöhle, dient der Verdauung. Durch Knospung bilden sich oft sehr kompliziert gebaute Tierstöcke. Die Fortpflanzung erfolgt häufig unter *Generationswechsel,* wobei geschlechtlich erzeugte, festsitzende *Polypen* schirmförmig gebaute, freischwimmende *Medusen* oder *Quallen* abschnüren, aus deren Eiern wieder Polypen entstehen.

Bekannte Vertreter: Süßwasserpolyp (s. Abb. 63.1 und Abb. 510.1), Quallen (s. Abb. 510.1), Korallen. Größte Art: die Dörnchenkoralle *Cirripathes* (6 m).

Stamm: Rippenquallen (*Ctenophoren,* etwa 80 Arten). Sie sind ähnlich wie die Quallen der Nesseltiere gebaut. Über den Körper verlaufen 8 Wimpernleisten, die als »Rippen« bezeichnet werden. Generationswechsel fehlt. Größte Art: *Venusgürtel* 1,5 m).

Alle folgenden Tierstämme sind (bis auf die Stachelhäuter) bilateral-symmetrisch gebaut. Die bilaterale (zweiseitige) Symmetrie kann in einzelnen Gruppen nachträglich durch Metamorphose während der Larvenentwicklung wieder verlassen werden (so z.B. bei den Stachelhäutern und Manteltieren).

Stamm: Plattwürmer. Würmer ohne Leibeshöhle, Plathelminthen; etwa 15 000 Arten).

Als niedere Würmer ohne Leibeshöhle faßt man die im Wasser lebenden *Strudelwürmer* (Turbellarien) sowie die in anderen Tieren schmarotzenden *Saugwürmer* (Trematoden) und *Bandwürmer* (Cestoden) zusammen. Es sind gliedmaßenlose Tiere mit abgeplattetem Körper (s. Abb. 511.1). Der meist stark verästelte Darm der Strudel- und Saugwürmer hat keinen Ausgang. Ausscheidungsorgane und Keimdrüsen sind über den ganzen Körper verteilt. Dagegen fehlt ein Blutgefäßsystem. Längsstränge von Nervenfasern, die durch Querstränge verbunden sind, bilden ein einfaches Nervensystem. Der Bewegung dienen mehrere Muskellagen unter der Haut sowie von der Ober- zur Unterseite des Körpers ziehende Muskelstränge. Fast alle sind Zwitter. Die schmarotzenden Formen zeigen häufig veränderten Bau.

Kennzeichnende Vertreter: Strudelwurm (freilebend), Leberegel (s. Abb. 178.2), Bandwurm (s. Abb. 178.1). Längste Art: Fischbandwurm (15 m).

Stamm: Faden- oder Rundwürmer (*Aschelminthen* oder *Nemathelminthen,* etwa 12 000 Arten). Der langgestreckte, drehrunde, gliedmaßenlose Körper weist eine flüssigkeitserfüllte Leibeshöhle und einen durchgehenden Darm auf, besitzt aber kein Blutgefäßsystem. Das Nervensystem besteht aus einem Rücken- und einem Bauchstrang und mehreren Seitensträngen, die vorn durch einen Schlundring verbunden sind (s. Abb. 511.2).

Bekannte Vertreter: Spulwurm, Trichine. Hierher gehören auch die Rädertierchen *(Rotatorien).* Größte Art: der in den Pottwalen lebende *Placentonema gigantissima* (bis 8 m).

Stamm: Schnurwürmer (*Nemertinen,* etwa 1000 Arten). Langgestreckte, zylindrische Meereswürmer mit Rüssel. Sie besitzen ein geschlossenes Blutgefäßsystem. Größte Art: *Lineus longissimus* (27 m lang bei 9 mm Durchmesser).

Stamm: Gliedertiere *(Articulaten).* Als Gliedertiere faßt man heute die *höchst entwickelten Würmer,* die *Ringelwürmer* und die von ihnen abstammenden *Gliederfüßler* zusammen. Für sie ist kennzeichnend, daß ihr Körper durch Ringfurchen in hintereinanderliegende, ursprünglich gleichgebaute Abschnitte (Segmente) gegliedert ist. Das auf der Bauchseite liegende Nervensystem besteht aus zwei Längssträngen mit paarigen, durch Querstränge verbundenen Nervenknoten (Ganglien) in jedem Abschnitt (Strickleiternervensystem) und einem vorderen, über dem Schlund liegenden Gehirnganglion (Oberschlundganglion). Auch ist bei allen ein Blutgefäßsystem mit einem muskulösen, über dem Darm liegenden Rückengefäß vorhanden, welches das Blut von hinten nach vorne treibt. 75% aller Tierarten gehören zum Stamm der Gliedertiere.

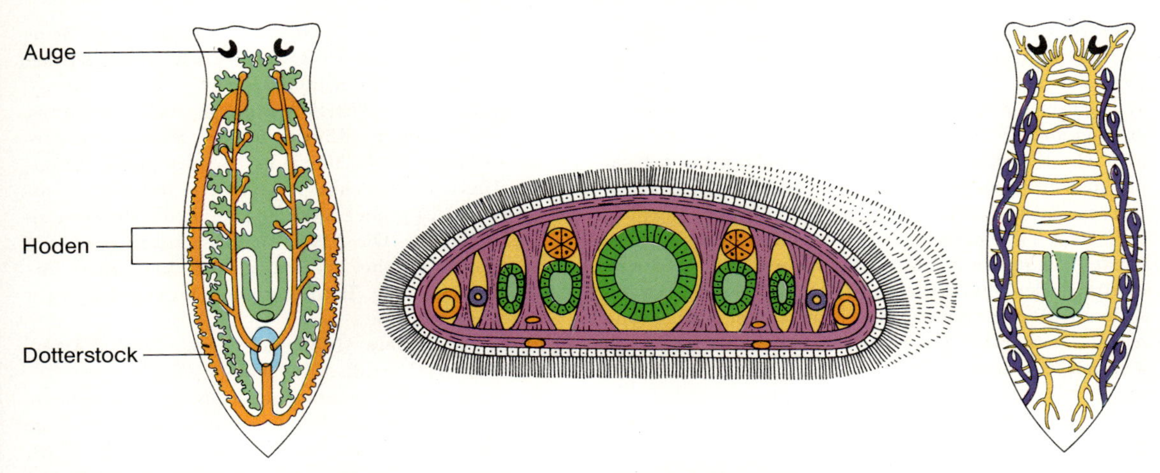

Abb. 511.1: Bauplan der Plattwürmer (Strudelwurm); links eingezeichnet sind die beiden Augen, Darm, zahlreiche Hodenbläschen, vorne die Eierstöcke, von denen die randlich gelegenen Dotterstöcke (braun) ausgehen. Rechts eingezeichnet sind Nervensystem und Ausscheidungsorgane. Mitte: Querschnitt (Bindegewebe gelb-braun).

Farbenerklärung s. Abb. 510.1

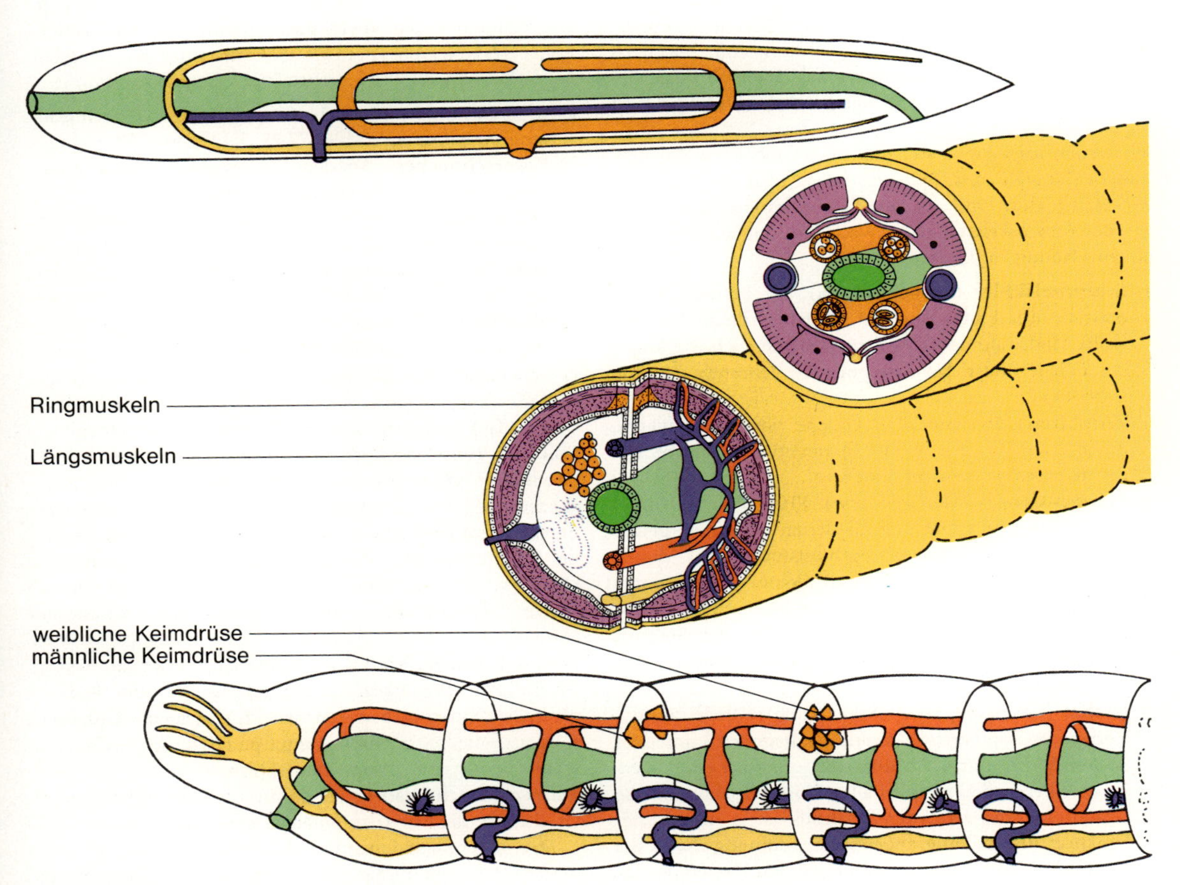

Abb. 511.2: Oben: Bauplan der Fadenwürmer in Seitenansicht, darunter Querschnitt. Unten: Bauplan der Ringelwürmer in Seitenansicht, darüber Querschnitt.

Farbenerklärung s. Abb. 510.1

Unterstamm: Ringelwürmer (Anneliden; etwa 9000 Arten). Der langgestreckte, meist runde Körper ist stets in Ringe (Segmente) gegliedert (s. Abb. 511.2 unten) und trägt an den einzelnen Segmenten oft ungegliederte, borstentragende Stummelfüße und bei wasserlebenden Arten auch Kiemen. Die Körperabschnitte sind weitgehend gleich gebaut; der äußeren Ringelung entspricht meist eine innere Kammerung. Kennzeichnend ist ferner der aus der drüsenreichen Haut und einer Ring- und Längsmuskelschicht bestehende Hautmuskelschlauch. Die Leibeshöhle wird von einem geraden, durchgehenden Darm durchzogen. Das geschlossene Blutgefäßsystem besteht aus einem Rücken- und einem Bauchgefäß, die in jedem Körperabschnitt durch Ringgefäße verbunden sind; außerdem sind in jedem Abschnitt zwei einfache Ausscheidungsorgane vorhanden.

Bekannte Vertreter: Regenwurm, Köderwurm, Blutegel. Größte Art: *Eunice gigantea* (3 m).

Unterstamm: Gliederfüßler (Arthropoden; etwa 900 000 Arten). Größte Art: der Krebs *Macrocheira* (Beinspannweite 3 m). Der Körper dieser Tiere zeigt eine ausgeprägte Gliederung. Kennzeichnend für sie ist der Besitz eines äußeren Chitinskeletts zur Stütze und zum Schutz des Körpers sowie ursprünglich je eines Paares gegliederter Gliedmaßen an jedem Körperabschnitt, die auf mannigfaltige Weise zu Sinnesorganen, Mund- und Bewegungswerkzeugen umgewandelt oder ganz rückgebildet sein können. Die mit Flüssigkeit gefüllte Leibeshöhle ist einheitlich; das offene Blutgefäßsystem besteht nur aus einem als Herz dienenden Rückengefäß und einigen Adern. Der Darm ist vielfach durch die Ausbildung besonderer Verdauungsdrüsen weiter ausgestaltet. Bei den höchststehenden Gliederfüßlern (Honigbienen, Spinnen) findet man ein hoch entwickeltes Gehirn und gut ausgebildete Sinnesorgane. Wegen des Außenskeletts ist das Wachstum nur unter wiederholten Häutungen möglich.

a) **Stummelfüßler (Onychophora).** Sie besitzen Stummelfüße mit Endklauen und zeigen in ihrem Bau sowohl Merkmale der Ringelwürmer wie auch Merkmale der Gliederfüßler. Kennzeichnender Vertreter: *Peripatus* (Abb. 443.2).
b) **Trilobiten.** Ausgestorbene Gruppe von Meerestieren, die manche Merkmale mit Spinnentieren, andere mit den Krebsen gemeinsam hatten.
c) **Spinnentiere** (*Cheliceraten*, etwa 40 000 Arten). Körper in Kopfbruststück und ungegliederten Hinterleib geteilt (s. Abb. 513.1 unten). Am Kopfbruststück 2 Paar Mundwerkzeuge und 4 Paar gegliederte Beine. Atmung durch Tracheen und Tracheenlungen. Entwicklung meist ohne Metamorphose. Hierher gehören außer den Spinnen auch die Milben, die Skorpione und die Schwertschwänze *(Limulus)*.
d) **Krebse** (*Crustaceen*, etwa 25 000 Arten). Gliederung des Körpers in Kopfbruststücke und gegliederten Hinterleib (s. Abb. 513.1 oben). Außenskelett oft durch Kalk verstärkt. Gliedmaßen meist in allen Körperabschnitten; die Grundform, der zweiästige Spaltfuß, ist je nach seiner Funktion mannigfaltig abgewandelt. Atmung durch die Haut oder durch Kiemenanhänge an den Beinen. Kennzeichnende Vertreter: Flußkrebs, Krabbe, Wasserfloh.
c) **Tausendfüßler** (*Myriapoden*, etwa 10 000 Arten). Körper in zahlreiche gleichartige Abschnitte gegliedert, von denen jeder außer dem letzten ein oder zwei Paar Beine trägt. Kopf mit einem Paar Fühlern und zwei oder drei Kieferpaaren, Tracheenatmung.
f) **Insekten** (etwa 825 000 Arten, vgl. auch Abb. 515.1). Scharfe Teilung des Körpers in Kopf, Brust und gegliederten Hinterleib (s. Abb. 513.2). Bei den geschlechtsreifen Tieren je ein Beinpaar an den drei Brustringen, außerdem meist je ein Flügelpaar am 2. und 3. Brustring als Neuerwerbung. Die 3 Paar Mundgliedmaßen sind sehr verschieden gestaltet und ermöglichen verschiedene Arten der Ernährung. Tracheenatmung. Entwicklung meist mit Metamorphose.

Stamm: Weichtiere (Mollusken; etwa 130 000 Arten). Größte Art: der Tintenfisch *Architeuthis* (18 m).

Die wenig gegliederten und gliedmaßenlosen Weichtiere besitzen fast alle eine äußere oder innere Kalkschale, die vom Mantel, einer den Rumpf umhüllenden Hautfalte, ausgeschieden wird (s. Abb. 514.1). Bauchwärts vom Rumpf liegt als Bewegungsorgan der »Fuß«. Den Muscheln fehlt der Kopf. Die Leibeshöhle ist stark verkleinert und auf den »Herzbeutel« beschränkt; dort beginnen auch die paarigen Ausscheidungsorgane. Das Blutgefäßsystem ist offen, ein Herz setzt das Blut in Bewegung. Der Anfang des durchgehenden Darms ist außer bei den Muscheln mit Kiefern und einer mit Chitinzähnchen besetzten Reibeplatte bewaffnet. Die Atmung erfolgt meist durch Kiemen in der Mantelhöhle. Das Nervensystem ist in Form einzelner Ganglien entwickelt, die durch Nervenstränge verbunden sind.

a) **Einschaler.** Ursprüngliche Gruppe, heute nur noch Gattung *Neopilina* (vgl. Abb. 477.2).
b) **Käferschnecken.** An den Meeresküsten in der Brandungszone, mit 8 beweglichen Schalenplatten.
c) **Schnecken** *(Gastropoden)*. Fuß mit breiter Kriechsohle. Schale unpaar.
d) **Kahnfüßler** *(Scaphopoden)*. Mit röhrenförmiger, an beiden Enden offener Schale.
e) **Muscheln** *(Lamellibranchier)*. Fuß beilförmig. Schale zweiteilig, Kiemen blattartig. Kopf fehlt.
f) **Tintenfische** *(Cephalopoden)*. Fuß in Trichter und Fangarme umgewandelt. Schale meist zum rückwärts unter der Haut liegenden Schulp rückgebildet oder fehlend.

Stamm: Tentakelträger (*Tentakulaten*, etwa 5000 Arten). Größte Art: *Phoronopsis*, ein Hufeisenwurm (30 cm). Festsitzende Tiere mit bewimperten Fangarmen (Tentakeln), durch die sie Nahrung herbeistrudeln. Leibeshöhle zweiteilig. Hierher gehören die koloniebildenden Moostierchen *(Bryozoen)*, die Hufeisenwürmer *(Phoronis)* und die Armfüßler *(Brachiopoden)* mit zweiklappiger Kalkschale (Abb. 477.1).

Stamm: Borstenkiefer (*Chaetognathen*, etwa 50 Arten). Größte Art: Pfeilwurm *Sagitta gazellae* (10 cm). Runde, glashelle Planktonlebewesen von fischartigem Aussehen. Körper gegliedert in Kopf, Rumpf und Schwanz, jeder Abschnitt besitzt eine paarige Leibeshöhle.

Stamm: Stachelhäuter (*Echinodermen;* etwa 6000 Arten). Größte Art: die Seewalze *Stichopus variegatus*, 1 m.

Die meeresbewohnenden Stachelhäuter weisen eine fünfstrahlige Symmetrie auf (s. Abb. 514.2), doch sind ihre Larven zweiseitig-symmetrisch gebaut. Sie verdanken ihren Namen dem unter der Haut liegenden Innenskelett aus fest oder gelenkig verbundenen Kalkplättchen mit aufgesetzten

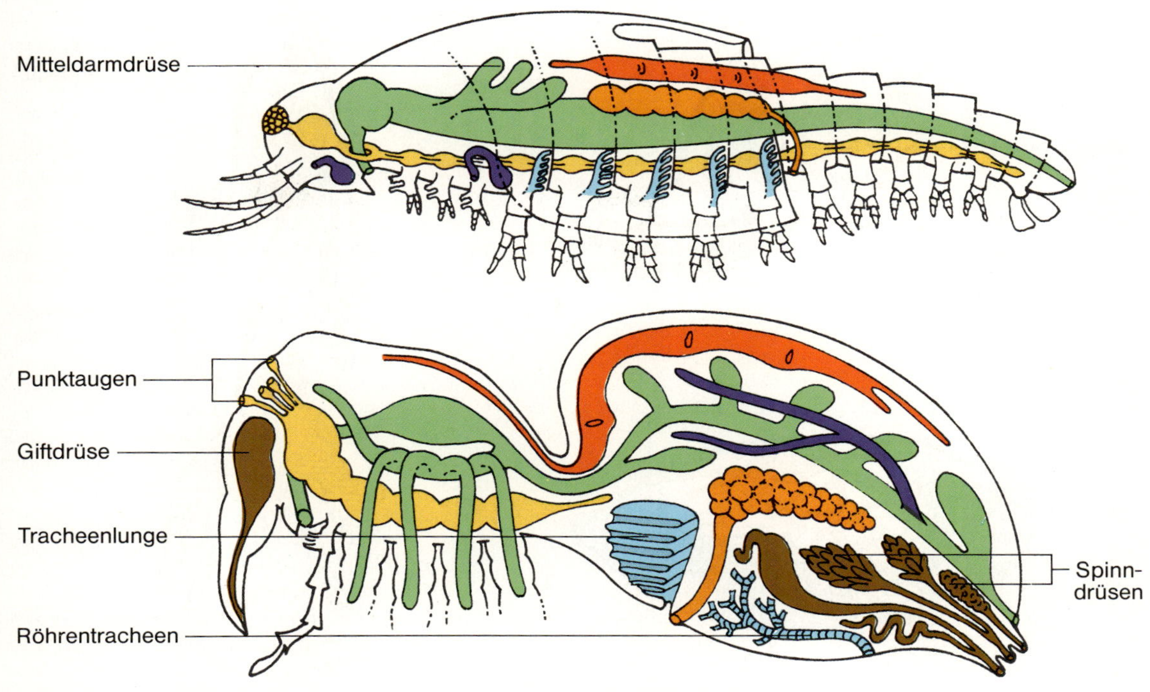

Abb. 513.1: Bauplan der Krebse (oben) und der Spinnen (unten).

Farbenerklärung s. Abb. 510.1

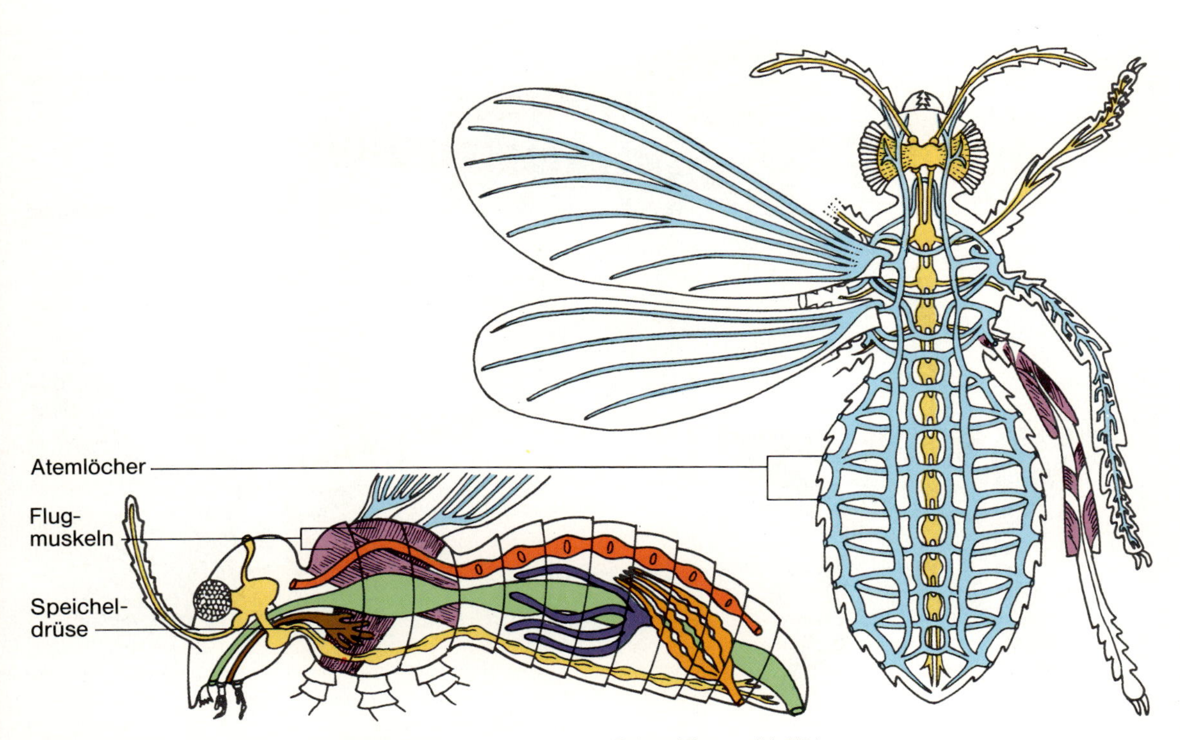

Abb. 513.2: Bauplan der Insekten: im ersten Fuß sind Nerven, im zweiten Atemröhren, im dritten Muskeln eingezeichnet.

Farbenerklärung s. Abb. 510.1

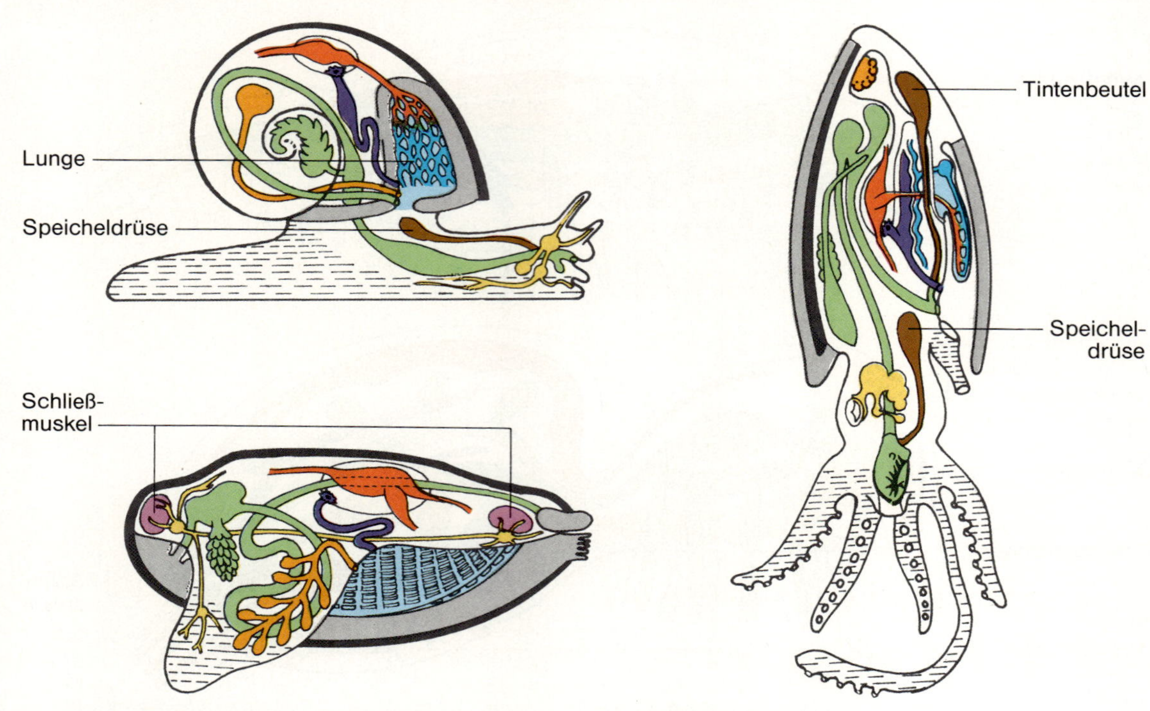

Abb. 514.1: Bauplan der Weichtiere.
Schnecke (Lungenschnecke), Muschel, Tintenfisch.
Mantel grau, Eingeweidesack weiß, Fuß waagerecht gestrichelt.

Farbenerklärung s. Abb. 510.1

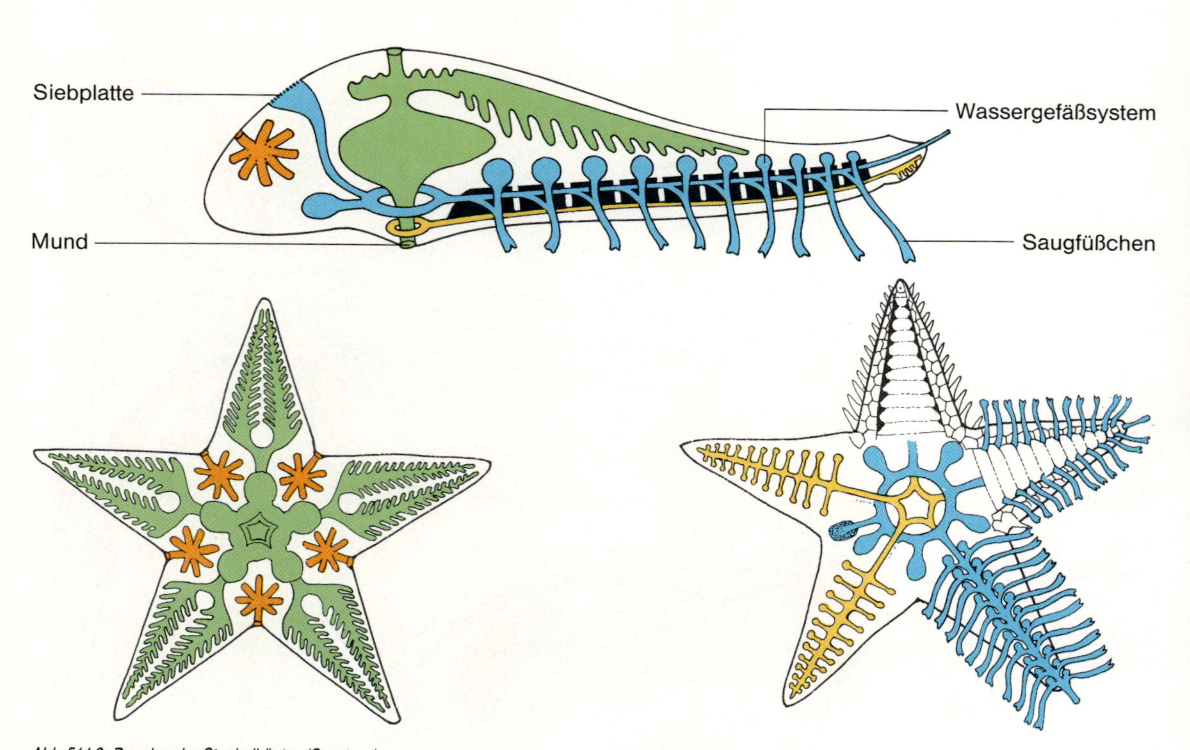

Abb. 514.2: Bauplan der Stachelhäuter (Seestern).
Oben: Längsschnitt durch Körper und Arm,
links: Verdauungsorgane und Keimdrüsen,

rechts: Skelett (oberer Arm),
Wassergefäßsystem (Mitte und rechte Arme), Nervensystem (linke Arme).
Farbenerklärung s. Abb. 510.1

Kalkstacheln, die oft über die Körperoberfläche hinausragen. Zur Bewegung dient das nur in diesem Stamm vorkommende Wassergefäßsystem. Die Leibeshöhle wird von dem meist durchgehenden Darm durchzogen; besondere Ausscheidungsorgane fehlen. Das Nervensystem besteht aus einem zentralen Nervenring um den Mund und Nervensträngen in den Radien. Hierher gehören *Seesterne, Seeigel, Schlangensterne, Seelilien* und *Seewalzen*.

Stamm: Kragentiere (*Hemichordaten,* etwa 150 Arten). Größte Art: Großer Eichelwurm (2,5 m). Am Meeresboden lebende Organismen von wurmähnlichem Aussehen. Sie haben einen Kiemendarm wie Manteltiere und Lanzettfischchen, ihre Leibeshöhle ist in drei Abschnitte gegliedert. Hierher gehören die *Eichelwürmer* und die ausgestorbenen koloniebildenden *Graptolithen*.

Stamm: Manteltiere (*Tunikaten,* etwa 1600 Arten). Meerestiere mit Kiemendarm, in den die Nahrung eingestrudelt wird. Der Schwanz (meist nur bei der Larve vorhanden) hat eine Chorda und ein Rückenmark, also Merkmale, die bei Wirbeltieren auftreten. Der Körper ist von einem Mantel aus Cellulose umhüllt. Hierzu zählen die *Seescheiden,* die *Salpen* und die *Feuerwalzen*.

Stamm: Wirbeltiere *(Vertebraten)*. Größte Art: Blauwal, 30 m.

Der Körper der Wirbeltiere ist in Kopf, Rumpf und Schwanz gegliedert und trägt zwei im einzelnen sehr verschieden ausgebildete Gliedmaßenpaare. Allen Wirbeltieren gemeinsam ist ein knorpeliges oder knöchernes Innenskelett, dessen Grundlage die gegliederte Wirbelsäule ist. Als Vorstufe der Wirbeltiere gelten die **Schädellosen,** bei denen der Grundbauplan des Wirbeltierstammes am einfachsten ausgeprägt ist. Als Achsenskelett durchzieht ein elastischer Stab den ganzen Körper, die Rückensaite oder Chorda; sie ist bei den eigentlichen Wirbeltieren durch die Wirbelsäule ersetzt. Über ihr liegt das Zentralnervensystem in Form eines Nervenrohres, unter der Chorda das Darmrohr, dessen vorderer Teil von Kiemenspalten durchbrochen ist. Im geschlossenen Blutgefäßsystem wird das Blut auf der Bauchseite nach vorn geführt und in die Kiemen gepreßt. Vertreter: Lanzettfischchen (*Branchiostoma,* früher *Amphioxus* genannt) (s. Abb. 476.1 und 516.1).

a) **Kieferlose** oder **Rundmäuler:** Aalförmige Wassertiere, die keine Kiefer, sondern einen Saugmund und 7 Kiemenöffnungen besitzen. Kennzeichnende Art: *Neunauge*.

b) **Fische** (etwa 23 000 Arten). Wechselwarme Wassertiere von meist stromlinienförmiger Gestalt. Schwanzflosse als Hauptfortbewegungsorgan, die paarigen Gliedmaßen ebenfalls als Flossen entwickelt. Einheitliche Leibeshöhle. Einfacher Blutkreislauf; Herz aus einer Kammer und einer Vorkammer. Kiemenatmung. Meist eierlegend.
Knorpelfische (Haie und Rochen). Skelett knorpelig. Oberkiefer nur lose mit der Schädelkapsel verbunden. Mund an der Unterseite des Kopfes (s. Abb. 516.1). Die 5 (bis 7) Paar Kiemenspalten sind außen sichtbar. Zahnartige »Schuppen« (Hautzähne) in der Haut. Schwanzflosse unsymmetrisch. Keine Schwimmblase.
Knochenfische. Skelett knöchern, Oberkiefer dicht an den Schädel angelagert. Mund endständig (s. Abb. 516.1). Die 4 Paar Kiemen sind vom Kiemendeckel verdeckt. Knochenschuppen in Hauttaschen. Schwanzflosse meist symmetrisch. Schwimmblase vorhanden.

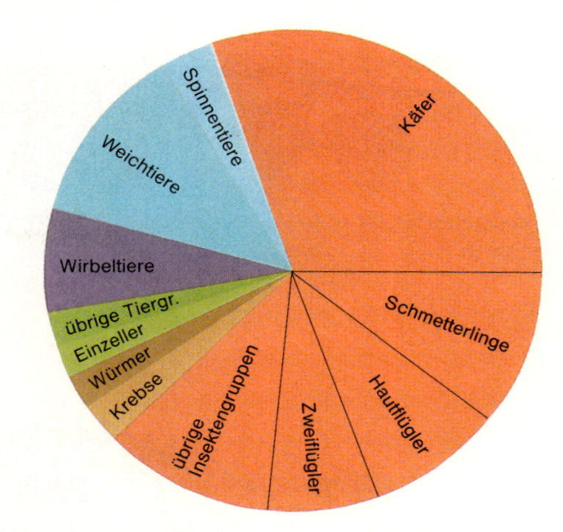

Abb. 515.1: Anteil der Insekten am Verhältnis der Tierstämme

c) **Lurche** (*Amphibien,* etwa 2000 Arten). Wechselwarme Wasser- oder Feuchtlufttiere. Gliedmaßen als Beine entwickelt (s. Abb. 516.1). Nackte, drüsenreiche Haut. Einheitliche Leibeshöhle. Doppelter Blutkreislauf; Herz mit 2 Vorkammern, aber nur einer Herzkammer. Als Larven durch Kiemen, erwachsen durch Lungen atmend; daneben Hautatmung. Entwicklung mit Umwandlung.

d) **Kriechtiere** (*Reptilien,* etwa 5000 Arten). Wechselwarme Wirbeltiere. Haut drüsenarm. Körper mit Hornschuppen oder -platten bedeckt. Einheitliche Leibeshöhle. Doppelter Blutkreislauf; Herz mit zwei Vorkammern, die Herzkammer mit unvollkommener Scheidewand. Nur Lungenatmung. Meist eierlegend.

e) **Vögel** (etwa 8600 Arten). Gleichwarme Wirbeltiere. Körper mit Federn bedeckt (s. Abb. 517.1); Haut drüsenarm. Vordergliedmaßen zu Flügeln umgebildet. Mund zahnlos, Hornschnabel. Einheitliche Leibeshöhle. Zwei getrennte Herzhälften mit je einer Vorkammer und Herzkammer; Körperkreislauf vom Lungenkreislauf vollkommen getrennt. Lunge mit Luftsäcken; Knochen hohl, lufterfüllt. Gehirn, auch Kleinhirn, gut entwickelt. Vermehrung durch Eier, die bebrütet werden. Brutpflege.

f) **Säugetiere** (etwa 4500 Arten). Gleichwarme Wirbeltiere. Körper mit Haaren bedeckt (Abb. 517.2), drüsenreiche Haut in Schüppchen verhornend. Leibeshöhle durch Zwerchfell in Brust- und Bauchhöhle getrennt. 2 getrennte Herzhälften mit je einer Vorkammer und Herzkammer; Körperkreislauf vom Lungenkreislauf vollkommen getrennt. Gut entwickeltes Gehirn. Lebendgebärend, Jungen werden mit Milch gesäugt.
Die niederen Säugetiere bilden noch keine Plazenta aus. Bei den eierlegenden *Kloakentieren* (Ameisenigel, Schnabeltier) münden wie bei den Kriechtieren und Vögeln Harnleiter und Ausführungsgang der Geschlechtsorgane gemeinsam in den Endabschnitt des Darmes (Kloake). Bei den *Beuteltieren* (Känguruh) werden die winzigen Jungen in wenig entwickeltem Zustand geboren und in einem Beutel an der unteren Bauchgegend gesäugt.
Den höheren Säugetieren ist die Entwicklung einer Plazenta eigentümlich: *Plazentatiere*.

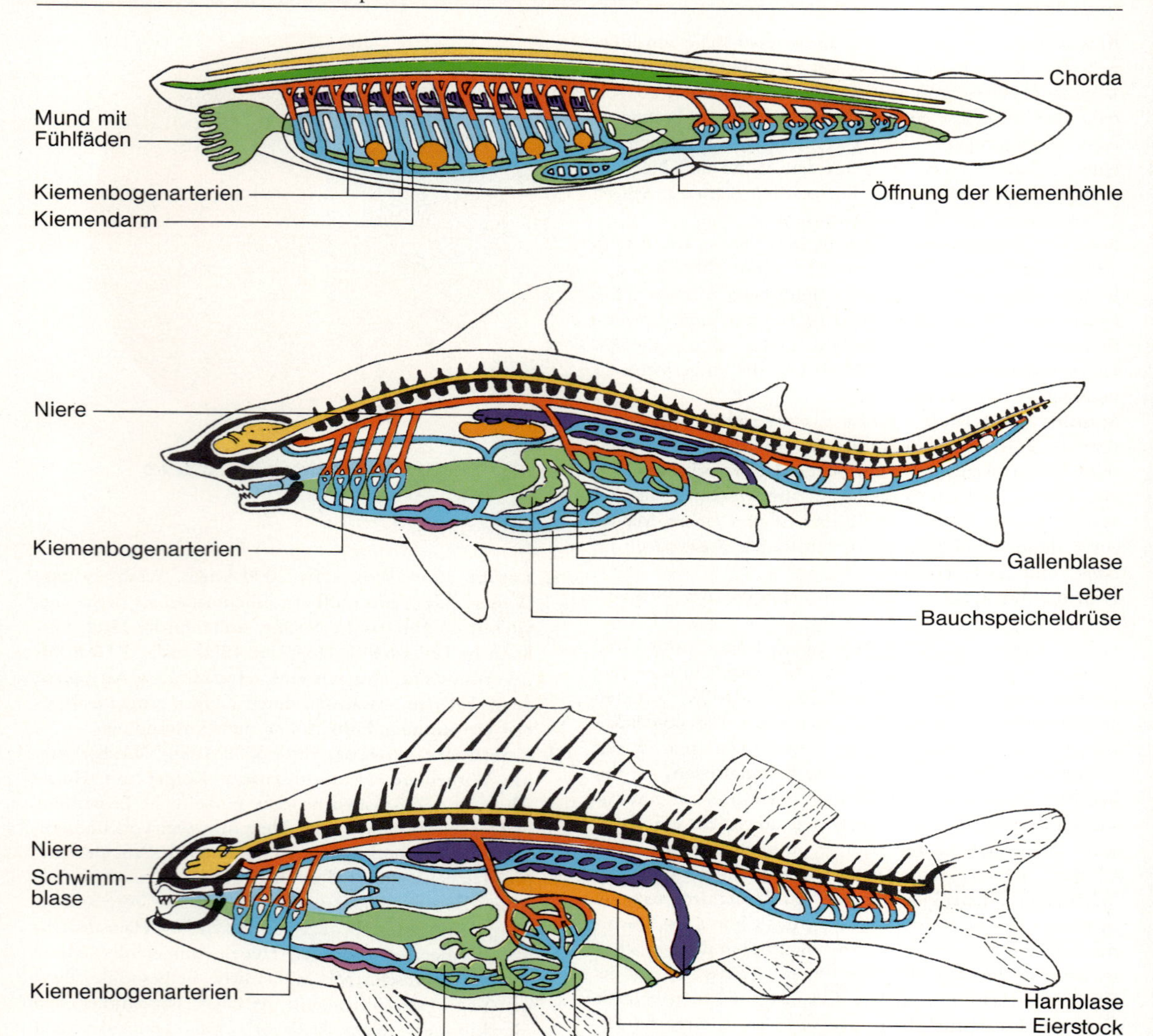

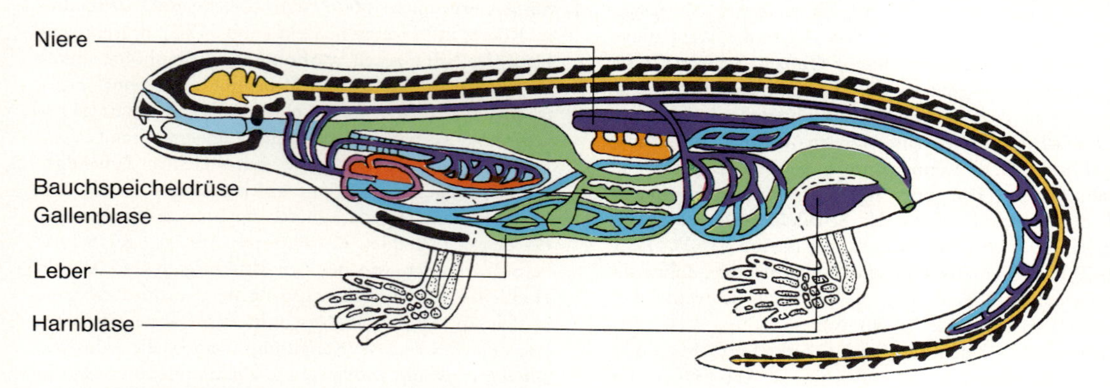

Abb. 516.1: Bauplan des Lanzettfischchens und niederer Wirbeltiere. Von oben nach unten: Haifisch, Knochenfisch, Lurch. Farbenerklärung s. Abb. 510.1

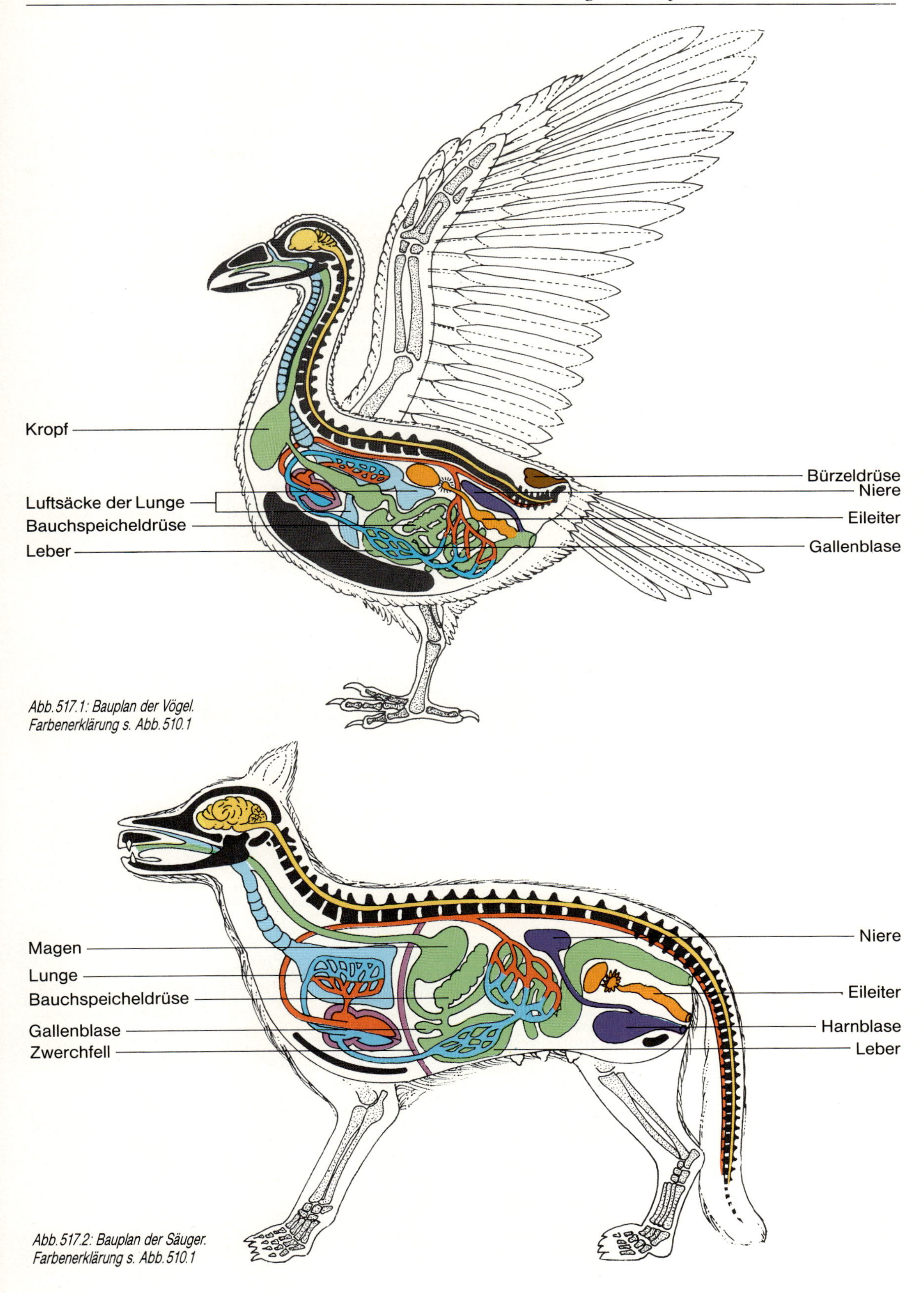

Abb. 517.1: Bauplan der Vögel. Farbenerklärung s. Abb. 510.1

Abb. 517.2: Bauplan der Säuger. Farbenerklärung s. Abb. 510.1

Sprachliche Erklärung wissenschaftlicher Begriffe

Die *kursiv* gedruckten Wortstämme stammen aus der griechischen, die übrigen aus der lateinischen Sprache. Die Herkunft aus dem Englischen oder dem Französischen ist gesondert angegeben.

Absorption: absorbere verschlingen
Abyssal: *abyssos* Abgrund
Adaption: adaptare anpassen
adäquat: ad an; aequare gleichen
Adrenalin: ad an; renis Niere
Äquationsteilung: äquare gleichmachen
aerob, Aerobiont: *aer* Luft; *bios* Leben
afferent: affere hintragen
Agglutinin: agglutinare anleimen
Aggregation: aggregare anhäufen, versammeln
Aggression: aggredi angreifen
Agnosie: *agnos* nicht kennend
Akkommodation: accomodare anpassen
Akrosom: *akros* spitz; *soma* Körper
Albumin: albus weiß
Allantois: *allas* Wurst, wurstförmiger Sack
Allele: *allelon* wechselseitig
Allergie: *allos* anders; *ergon* Empfindung
Allosterie: *allos* anders; *stereos* fest
Ammonit: Schalenform ähnlich den Widderhörnchen des ägypt. Gottes Ammon
Amnion: wörtlich Schafhaut, von *amnos* Lamm
Amöbe: *amoibe* Wechsel
Amphibien: *amphi* auf beiden Seiten; *bios* Leben
Amylase: amylum Stärke
analog: *ana* gemäß; *logos* Wort, Lehre
anaphylaktisch: *ana* daneben; *phylaxie* Schutz
Anisogamie: *a, an* nicht; *isos* gleich; *gamein* vermählen
Anneliden: annulus Ringlein
Antheridium: *antheros* blühend
Anthocyan: *anthos* Blüte; *kyanos* blau
Anthropus: *anthropos* Mensch
Antibiotikum: *anti* gegen; *bios* Leben
Antigen: Abkürzung von Anti-somato-gen Antikörper-Erzeuger
Aorta: *aorte* Hauptschlagader
Aphasie: *a* nicht; *phanai* sagen
Appetenz: appetere verlangen, erstreben
Archaebakterien: *archaios* uralt; *bakterion* Stäbchen
Archaeocyten: *archaios* uralt; kytos Zelle
Archaeopteryx: *archaios* uralt; *pteryx* Flügel, Vogel
Archegonium: *archi* ur-, anfangs; *gonos* Geburt
Artefakt: ars Kunst; facere machen
Arterie: *arteria* Schlagader
Arthropoden: *arthron* Gelenk; *pus, podos* Fuß
Articulare: articularis zum Gelenk (articulum) gehörig
Assimilation: assimilatio Angleichung
Assoziation: associare vereinigen
Astigmatismus: *a* ohne; *stigma* Punkt (Brennpunkt)
Atavismus: atavus Vorfahr
Attrappe: franz. attrape Fopperei
Australopithecus: australis südlich; *pithecos* Affe
autonom: *autos* selbst; *nomos* Gesetz
autotroph: *trophe* Nahrung
Auxin: *auxanein* wachsen lassen
Bakterien: *bakterion* Stäbchen
Bakteriophagen: *ephagon* ich aß
Bastard: franz. Mischling
Bathyal: *bathys* tief
Benthal: *benthos* Tiefe
Biologie: *bios* Leben; *logos* Wort, Lehre, Wissenschaft
Biotop: *bios* Leben; *topos* Ort
Biozönose: *bios* Leben; *koinos* gemeinsam
Blastula: *blastos* Keim, Sproß; *holos* ganz
Botanik: *botane* Kraut
Bronchien: *bronchos* Luftröhre
Calamiten: *kalamos* Rohr
Carcinom: *karkonos* Krebs
Cellulose: cellula Kämmerchen, Zelle
Cephalopoden: *kephale* Kopf, *pus, podos* Fuß
Chiasma: chiasmus kreuzweise
Chimäre: *chimaira* griech. Sagenungeheuer, ursprüngl. Ziege
Chiral: *chiros* Hand
Chitin: *chiton* Gewand
Chlorophyll: *chloros* grün; *phyllon* Blatt
Chloroplast: *plastis* Bildnerin
Cholin, Cholesterin: *chole* Galle
Chorda: *chorde* Saite
Chorion: *chorion* Haut, Haut um die Eingeweide, Eihaut (Zottenhaut)
Chromatide: *chroma* Farbe; *ides* Abkömmling von
Chromatophor: *chroma* Farbe; *pherein* tragen
Chromomer: *chroma* Farbe; *meros* Teil
Chromoplast: *chroma* Farbe; *plastos* geformt; Stamm *plat* bilden
Chromosom: *soma* Körper
Chylus: *chylos* Saft, Nahrungssaft
Cilie: cilia Augenwimper
circadian: circa ungefähr; dies Tag
Coelom: *koilos* hohl
Coelenteraten: *koilos* hohl; *enteron* Darm, Eingeweide
Columelle: columella kleine Säule, Pfeiler
Cornea: cornu Horn
Cortin: cortex Rinde
Crossing-over: engl. Überkreuzung
Cupula: cupula Fruchtbecher
Cycas: *kykan* mischen, umrühren
Cytochrom: *kytos* Zelle; *chroma* Farbe
Cytokinin: *kinein* bewegen
Cytologie: *logos* Wort, Lehre, Wissenschaft
Cytoplasma: *plasma* das Gebildete
Cytostatika: *statikos* stehen machend
Deduktion: deducere ableiten
Definition: definire bestimmen
Degeneration: degenerare entarten
Dendrit: *dendron* Baum
Depolarisation: de ent-; *polos* Pol
Destruent: destruere vernichten
Deszendenztheorie: descendere absteigen, abstammen
Determination: determinare bestimmen
Deuterostomier: *deuteros* der andere, *stoma* Öffnung, Mund
Detritus: tritus zerrieben
Diastole: *diastelein* auseinanderziehen
Diät: *diaita* Lebensweise
Dictyosomen: *dictyon* Netz; *soma* Körper
Diffusion: diffusio Ausbreitung
diploid: *diploos zweifach, doppelt; -eides* gestaltig
Diskordanz: discordans nicht übereinstimmend
Dissimilation: dissimilis unähnlich
dominant: dominari beherrschen
Drosophila: *drosos* Tau; *philos* liebend
Echinodermen: *echinos* Igel; *derma* Haut
Ecdyson: *ekdysis* Puppe
Edaphon: *edaphos* Boden
efferent: effere wegtragen
Ektoderm: *ektos* außen; *derma* Haut
ektotroph: *trophe* Nahrung
Elektroencephalogramm: *enkephalos* Gehirn; *graphein* schreiben
Elektrophorese: *phorein* tragen
Embolie: *embolos* Pfropf
Embryo: *embryon* Keimling im Mutterleib
Emulsion: emulgere ausmelken
endergonisch: *endon* innen; *ergon* Werk, Arbeit
endogen: *endon* innen; *genos* Abstammung, Geschlecht
endokrine Drüse: *endon* innen; *krinein* sondern
Endoplasmatisches Reticulum: *endon* innen; reticulum Netzchen
Endorphin: *endon* innen; *Morpheus* griech. Gott des Traumes
endotroph: *trophe* Nahrung
Entelechie: *entelecheia* ununterbrochene Wirksamkeit
Enthalpie: *endon* innen; *thalpos* Wärme
Enterokinase: *enteron* Darm; *kinein* bewegen
Entoderm: *entos* drinnen; *derma* Haut
Entropie: *entrepein* umkehren
Enzym: *zyme* Hefe, Sauerteig
Eozän: *eos* Morgenröte; *kainos* neu
Epidermis: *epi* auf; *derma* Haut
Epigenesis: *epi* auf; *genesis* Entstehung, Schöpfung (etwa Hinzuentstehung)
Epiphyse: *epi* auf; *physis* Natur, Geschöpf; *epiphysis* Auswuchs
Epithel: *epi* auf; *thele* Warze (Hautbildung)
Epitop: *epi* auf; *topos* Ort
Erepsin: *ereipein* niederreißen, zerstören
Erythrocyt: *erythros* rot; *kytos* Zelle, Höhlung
essentielle Aminosäure: essentia Wesen
Ethologie: *ethos* Gewohnheit, Sitte
Etiolement: franz. etioler verkümmern
Eucyte: *eu* gut; *kytos* Zelle
Eukaryoten: *eu* gut; *karyon* Nuß, Kern
Eugenik: *eu* gut; genos Abstammung, Geschlecht
eutroph: *eu* gut; *trophe* Nahrung
Evolution: evolvere herauswickeln
Exkret: excernere ausscheiden
Exon: ex aus, heraus
Facette: franz. face Antlitz, geschliffene Fläche eines Edelsteins
Ferment: fermentum Gärung, Sauerteig
Fibrille: fibra Faser
Filament: filum Faden
Finalität: finis Ende; finalis das Ende, den Zweck betreffend
Funktion: functio Tätigkeit
Flagellaten: flagella Geißel
Follikel: folliculus Schläuchlein
Formatio reticularis: forma Form; reticulum Netzchen
Fossil: fossilis begraben
Gamet: *gamein* vermählen; *gametes* Gatte; *gamos* Ehe
Gametophyt: *phyton* Pflanze
Ganglion: *ganglion* Knoten
Gastrula: *gaster* Bauch; gastrula Becherchen, bauchförmiges Gefäß
Gel: gelare gefrieren, verdicken
Gen: *genesis* Entstehung, Zeugung; *genos* Abstammung, Geschlecht
Genotypus: *typos* Gepräge, regelmäßige Wiederholung, Form
Geotropismus: *ge* Erde; *tropein* wenden
Gestagen: gestus Trächtigkeit; *genesis* Entstehung, Zeugung
Globulin: globulus Kügelchen
Glomerulus: glomus Knäuel
Glykogen: *glykys* süß; *genesis* Entstehung, Zeugung
Glykolyse: *glykys* süß; *lyein* auflösen
Glykokalyx: *glykys* süß; *kalyx* Kelch
Gradient: gradus Schritt, Änderung einer Größe
Granum: granum Korn
Hämoglobin: *haima* Blut; globus Kugel, Ballen
haploid: *haploos* einfach; *-eides* gestaltig
Helixstruktur: *helix* Schnecke, Struktur ähnlich den Windungen eines Schneckenhauses
Heredität: hereditas Erbschaft, Erblichkeit
Heroin: *heros* Held; heroisch früher gleichbedeutend mit stark wirkend bei Medikamenten
Heterogonie: *heteros* anders; *genos* Abstammung, Geschlecht
Heterosis: *heteros* anders
heterotroph: *trophe* Nahrung
heterozygot: siehe Zygote
Histologie: *histos* Gewebe
Hierarchie: *hieros* heilig; *arche* Herrschaft
homöotisch: *homoios* ähnlich
homoiotherm: *homoios* ähnlich; *therma* Wärme
homolog: *homos* gleich; *logos* Wort, Lehre, Wissenschaft
Homöostase: *homoios* ähnlich; *stasis* Zustand
homozygot: *homos* gleich; siehe Zygote
Hormon: *horman* antreiben, reizen
humorale Abwehr: humor Saft (Abwehr in Blut und Lymphe)
Hybride: hibrida Mischling
Hydrolyse: *hydor* Wasser, *lyein* auflösen
Hygiene: *hygieinos* gesund (Gesundheitslehre)
Hygrophyt: *hygros* feucht; *phyton* Pflanze, Gewächs
Hyperpolarisation: *hyper* über hinaus; *polos* Pol
Hypertelie: *hyper* über hinaus; *telos* Zweck, Ziel
Hyperventilation: *hyper* über; ventus Wind
Hyperzyklus: *hyper* über; *kyklos* Kreis, Kreislauf
Hyphe: *hyphe* Gewebe
Hypophyse: *hypo* unter; *hypophysis* Nachwuchs, Zuwachs
Hypothalamus: *hypo* unter; *thalamos* Gemach, Raum
Hypothese: *hypothesis* Unterstellung, Annahme
Ichthyosaurus: *ichthys* Fisch; *sauros* Eidechse, Reptil
Ichthyostega: *ichthys* Fisch; *stegein* bedecken
immun: immunis unberührt, frei, unempfänglich
Individuum: in un-; dividere teilen (das Unteilbare)
Induktion: inducere hineinführen
Infektion: inficere hineinbringen, vergiften
infraspezifisch: infra unterhalb; species Art
Inhibition: inhibere bremsen
Instinktverhalten: instinctus Antrieb
Intentionsbewegung: intentio Absicht
Interferenz: inter zwischen; ferre tragen
Interferon: engl. interference Einmischung
intermediär: inter zwischen; medius mittler (dazwischenliegend)
Intron: intra innerhalb
in vitro: im Glase, d.h. im Laborversuch
Isogamie: *isos* gleich; *gamein* vermählen
Kalorimeter: calor Wärme; *metron* Maß
Kambium: cambiare wechseln
Kausalität: causa Grund, Ursache
Kapillare: capillus Haar (Haargefäß)
Kardiogramm: *kardia* Herz; *graphein* schreiben
Karotin: *karoton* Möhre
Karyon: *karyon* Nuß
Katalyse: *katalysis* Auflösung
kinästhetisch: *kinesis* Bewegung; *aisthesis* Empfindung, Sinn

Kinetochor: *kinesis* Bewegung; *choros* Platz, Ort
Klon: *klon* Schößling, Zweig
Kollagen, Kolloid: *kolla* Leim; *genesis* Entstehung, Zeugung; *eides* gestaltig
Kommentkampf: franz. comment wie (im Sinne von Brauch)
Kommissur: committere verbinden
Kompartiment: franz. compartiment Abteilung, abgeteiltes Feld
komplementär: complementum Ergänzung
Konditionierung: conditio Bedingung
Konkordanz: concordans übereinstimmend
Konnektiv: connectere zusammenknüpfen
Konvektion: convehere zusammen fahren
Konvergenz: convergere sich hinneigen
Kormophyt: *kormos* Sproß, Stamm; *phyton* Pflanze, Gewächs
Kryptogamen: *kryptos* geheim; *gamein* vermählen
Kutikula: cutis Haut; cuticula Häutchen
Kybernetik: *kybernetes* Steuermann
Labyrinth: *labyrinthos* Irrgarten
Lamellibranchier: lamella Blättchen; branchia Kieme
laterale Inhibition: latus Seite; inhibere hemmen
Letalfaktor: letalis tödlich
Leukocyten: *leukos* weiß; *kytos* Zelle
Ligase: ligare binden
Lignin: lignum Holz
Limbisches System: limbus Rand, Saum
Lipid, Lipase: *lipos* Fett
Litoral: litus Ufer
Lymphe: *lymphe* Wasser (wasserhell aussehend)
Lyse: *lyein* auflösen
Lysozym: *lyein* auflösen; *zyme* Hefe, Sauerteig (s. Enzym)
Macula: macula Fleck
Makromolekül: *makros* groß
Matrix: matrix Stammutter
Mechanismus: *mechane* Hilfsmittel, Maschine
Meiose: *meion* weniger
Membran: membrana Häutchen
Mesoderm: *mesos* mitten; *derma* Haut
Mesomerie: *mesos* mitten; *meros* Teil
Metamorphose: *metamorphosis* Verwandlung
Metabolismus: *metabolein* wechseln, umsetzen
Metaphysik: *meta* nach, hinter; *physis* Natur
Methode: *methodos* Weg der Untersuchung
Micelle: mica Körnchen
Mikrotom: *mikros* klein; *tome* Schnitt
Mikroskop: *mikros* klein; *skopein* betrachten
Mimese: *mimesis* Nachahmung
Mimikry: engl. mimicry Nachahmung
Miozän: *meion* weniger; *kainos* neu
Mitochondrien: *mitos* Faden; *chondrion* Körnchen
Mitose: mitos Fäden
Modifikation: modificare abmessen, abändern
Mollusken: mollis weich
monophyletisch: *monos* einzig, allein; *phyle* Stamm
Morphium: *Morpheus* griech. Gott des Traumes
Morphogenese: *morphe* Gestalt; *genesis* Entstehung
Morula: morum Maulbeere; morula kleine Maulbeere
Motivation: movere bewegen
motorisch: motus Bewegung
Muskel: musculus Mäuschen
Mutation: mutatio Veränderung
Mycel: *mykes* Pilz
Myelin: *myelos* Rückenmark
Mykorrhiza: *mykes* Pilz; *rhiza* Wurzel
Myoglobin: *myos* Muskel; globus Kugel
Myxödem: *myxa* Schleim; *oidema* Geschwulst
Narkose: *narkosis* Betäubung
Nastien: *nastos* zusammengeballt
Nekton: *nein* schwimmen
Neoplasmen: *neos* neu; *plasma* das Gebildete
Nephridium: *nephros* Niere
Neuroleptikum: *lepsis* Nehmen
Neuron, Neurit, Neuralrohr: *neuron* Nerv
Nukleus: nucleus Kern, von nux Nuß
Ödem: *oidema* Schwellung
Östrogen: *oistros* Brunst; Wortstamm *gen* erzeugen
oligotroph: *oligos* wenig; *trophe* Nahrung
Oligozän: *oligos* wenig; *kainos* neu
Ommatidium: *omma* Auge
Onkogen: *onkos* Masse; *genos* Abstammung
Ontogenie: on, plur. onta das Seiende; *genos* Abstammung, Geschlecht
operante Konditionierung: operans wirksam; conditio Bedingung
Optimum: optimum das Beste
Organ, Organelle: *organon* Werkzeug
Osmose: *osmos* Antrieb, Stoß
Oszillograph: oscillare sich schaukeln; *graphein* schreiben
Paläolithikum: *palaios* alt; *lithos* Stein
Paläontologie: *palaios* alt; *on* das Seiende; *logos* Wort, Lehre, Wissenschaft
Papille: papilla Brustwarze
Parasexualität: para neben; sexus Geschlecht
Parasit: *para* neben; *sitos* Speise (Mitesser)
Parasympathikus: *para* neben; *sympathein* mitempfinden
Parthenogenese: *parthenos* Jungfrau; *genesis* Zeugung, Schöpfung
Pelagial: *pelagos* offene See
Pellicula: pellis Fell; pellicula Fellchen, Häutchen
Pepsin: *pepsis* Verdauung
Peptid, Pepton: *peptein* verdauen
peristaltisch: *peri* umherum; *peristaltikos* zusammendrückend, -ziehend
Phage: *phagein* fressen
Phanerogamen: *phaneros* sichtbar; *gamein* vermählen
Phänotypus: *phainein* erscheinen; *typos* Form, Gestalt
phasisch: *phasis* Mondphase, Erscheinung
Photorezeptor: *phos* Licht; recipere aufnehmen
Phototropismus: *phos* Licht; *tropein* wenden
Phylogenie: *phyle* Stamm; *genos* Abstammung, Geschlecht
Physiologie: *physis* Natur; *logos* Wort, Lehre, Wissenschaft
Phytochrom: *phyton* Pflanze, *chroma* Farbe
Pinocytose: *pinein* einsaugen; *kytos* Zelle
Pithecanthropus: *pithekos* Affe; *anthropos* Mensch
Plankton: *planktos* umherirrend, treibend
Plasmalemma: *plasma* das Gebildete; *lemma* Haut
Plasmodium: *plasma* das Gebildete; *oidan* schwellen machen
Plasmolyse: *plasma* das Gebildete; *lysis* Lösung
Plastide: *plassein* bilden; *plastos* geformt
Plastocyanin: *plastos* geformt; *kyanos* blau
Plazenta: placenta Kuchen
Pliozän: *pleion* mehr; *kainos* neu
Polygenie: *polys* viel; *genos* Geschlecht, Abstammung
Polymer: *polys* viel; *meros* Teil
Polyphänie: *polys* viel; *phainein* erscheinen
Polyploidie: *polys* viel; *polyploos* vielfach
Population: populus Volk
Potential: potentia Macht, Kraft
Präadaption: prae vor; adaptare anpassen
Präformation: prae vor; formare bilden
präsumptiv: praesumptus mutmaßlich
Präzipitin: praecipitare herunterfallen
Prokaryoten: *protos* erster, Ur; *karyon* Nuß
propriorezeptiv: proprius eigen; recipere empfangen
prospectiv: prospectus Aussicht
Protein: *protos* der erste
Protocyte: *protos* der erste; *kytos* Zelle
prosthetisch: *prosthesis* Zusatz
Protoplasma: *protos* der erste; *plasma* das Gebildete, Geformte, der Stoff
Protozoen: *zoon* Tier
Psilophyt: *psilos* nackt; *phyton* Pflanze
Psychologie: *psyche* Seele; *logos* Wort, Lehre, Wissenschaft
Ptyalin: *ptyalon* Speichel
Puff: engl. puff Aufblähung
Quantifizierung: quantitas Menge, Größe; facere machen
Recycling: engl. recycling Abfallverwertung; re wieder; cycle Kreislauf
Reduktionsteilung: reducere zurückführen
Reflex: reflectere zurückbeugen, zurückwerfen
refraktär: refractarius widersetzlich
Regeneration: regenerare wiedererzeugen, erneuern
Regression: regressus Rückkehr
Releasing-Hormon: engl. release freigeben, auslösen
Repression: reprimere unterdrücken
Resistenz: resistere widerstehen
Resorption: resorbere wieder aufsaugen
Restriktionsenzyme: restrictio Einschränkung
Retina: rete Netz
Reticulum: reticulum Netzchen
Revertase: reversio Umkehrung
Rezeptor: recipere empfangen, aufnehmen
rezessiv: recedere zurückgehen, sich zurückziehen
Ribosom: *soma* Körper
Ritualisierung: ritus feierlicher Brauch
Rhabdom: *rhabdos* Stab
Rhizoid: *rhiza* Wurzel; *-id, -eides* gestaltig
rudimentär: rudimentum Rest
Sacculus: saccus Sack; sacculus Säckchen
saltatorisch: saltare tanzen, hüpfen
sapiens: sapiens weise, verständig
Saprophyt: *sapros* faulend; *phyton* Pflanze
Sarkomer: *sarx* Fleisch; *meros* Teil
Saurier: *sauros* Echse
Schizophrenie: *schizein* spalten; *phren* Zwerchfell, nach griech. Vorstellung Sitz des Geistes
Sekret: secretio Absonderung
Selektion: selectio Auswahl, Auslese
sensibel: sensibilis empfindlich
sensorisch: sensus Sinn
Separation: separare trennen
Serum: serum Flüssigkeit, Blutwasser
Sinanthropus: sinia chinesisch; *anthropos* Mensch
Sinus: sinus Bucht
Sklerose: *skleros* hart
Soma: *soma* Körper
Soziologie: socius Genosse; *logos* Wort, Lehre, Wissenschaft
Spermatozoon: *sperma* Same; *zoon* Tier
Spinalganglion: spina Dorn; spina dorsalis Rückgrat; *ganglion* Knoten
Spirochäte: speira Windung, Spirale; chaite fliegendes Haar, Mähne
spontan: spontaneus freiwillig, aus sich heraus
Statocyste, Statolith: *statos* stillstehend, ausruhend; *kystis* Blase; *lithos* Stein
stenohalin: *stenos* schmal; *hals* Salz
Streß: strictus verwundet
Stroma: *stroma* Lager, Unterlage
Substrat: substratus untergelegt
Sukkulent: succulentus saftig
Sukzession: succedere nachrücken, ablösen
Symbiose: *sym* mit, zusammen; *bios* Leben
Symbol: *symbolon* Zeichen
Synapse, Synapsis: *synapsis* Verbindung
Sympathikus: *sympathein* mitempfinden
Syndrom: *syndrome* Zusammenlauf (Gesamtheit der zu einer Krankheit gehörenden Symptome)
System: *systema* aus mehreren Teilen zusammengesetztes Ganzes
Systole: *systelein* zusammenziehen
Taxien: *taxis* Stellung, Ordnung
Taxonomie: *taxis* Stellung, Ordnung; *nomos* Gesetz
Teleonomie: *telos* Ziel; *nomos* Gesetz
Tetanus: *tetanos* Spannung
Thalamus: *thalamos* Gemach, Raum
Thallus: *thallos* Trieb, Zweig, Lager
Thrombocyt: *thrombos* Klumpen, Gerinnsel; *kytos* Zelle
Thrombose: *thrombos* Klumpen, Gerinnsel
Thylakoid: *thyllakos* Sack
Thymus: *thymos* Brustdrüse
Thyroxin: *thyreos* Schild
Tonus: *tonos* Spannung, Gespanntes
Toxin: *toxon* Bogen, Pfeil; *toxikon* Pfeilgift
Tracheen, Tracheiden: *tracheia* Luftröhre; *-eid, -eide* ähnlich
Transduktion: transducere hinüberführen
Transferase: transferre übertragen
Transformation: transformare umwandeln
Transkription: transcribere umschreiben
Translation: translatio Übertragung
Transmitter: transmittere übertragen
Transpiration: trans durch; spirare atmen
Transplantation: transplantare verpflanzen
Trichocyste: *trichos* Haar; *kystis* Blase
Trilobiten: *tris* dreimal; *lobos* Lappen
Triplett: triplex dreifach
Trochophora: *trochos* Rad, Reifen; *phora* Lauf, Bewegung von *pherein* tragen
Tropismus, Tropophyt: *trepein* sich wenden
Trypanosoma: *trypanon* Bohrer; *soma* körper
Trypsin: *tryptein* zerreiben, zermalmen
Tuberkulose: tuber Beule, Höcker, Geschwulst, Knoten; tuberculum kleine Beule
Tubulin: tubus Röhre
Tumor: tumor Geschwulst
Turgor: turgescere aufschwellen
Uterus: uterus Gebärmutter
Utriculus: uter Schlauch; utriculus Schläuchlein
Vagus: vagari umherschweifen
Vakuole: vacuus leer
Vektor: vector Träger; vehere tragen
Vene: vena zum Herzen führende Ader
Ventrikel: venter Bauch; ventriculus Bäuchlein
Vernalisation: ver Frühling; vernalis frühlingsmäßig
Vertebrata: vertebra Gelenk, Wirbel
Virus: virus Saft, Schleim, Gift
Vitalismus: vita Leben
Vitamin: vita Leben; Amin (chemisch) Ammoniakbase
Volvox: volvere wälzen, sich drehen
Xanthophyll: *xanthos* gelb; *phyllon* Blatt
Xerophyt: *xeros* trocken; *phyton* Pflanze
Zellkompartiment: franz. compartiment abgeteiltes Feld
Zoologie: *zoon* Tier; *logos* Wort, Lehre, Wissenschaft
Zygote: *zygon* Gespann, Joch
Zyste: *kystis* Blase, Behälter

Sach- und Namenverzeichnis

Fette Seitenzahlen weisen auf ausführliche Behandlung im Text hin.

B

L

M

Q

R

S

T

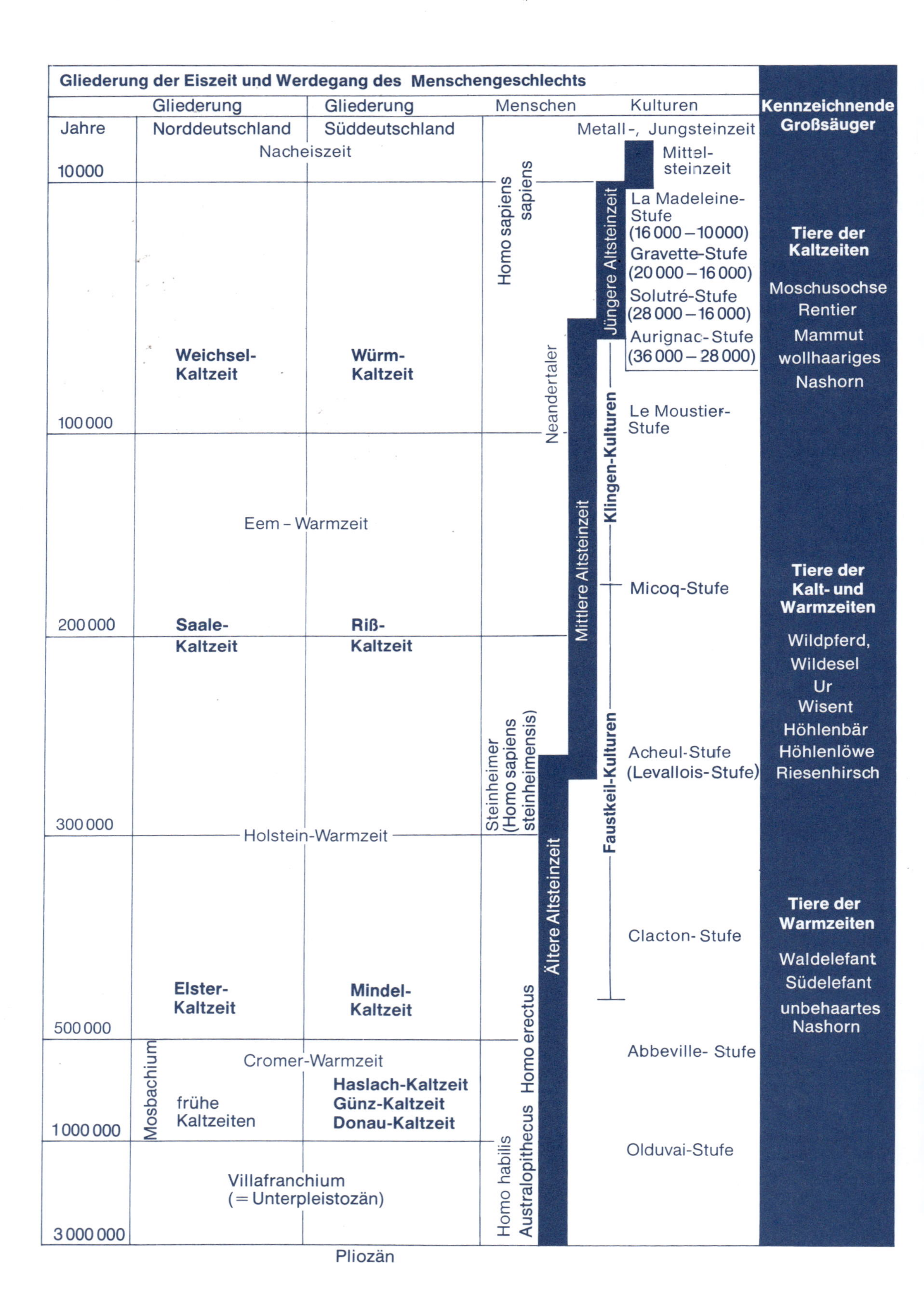

Gliederung der Eiszeit und Werdegang des Menschengeschlechts
Jahre
Gliederung Norddeutschland
Gliederung Süddeutschland
Menschen
Kulturen
Kennzeichnende Großsäuger
Metall-, Jungsteinzeit
Nacheiszeit
Mittel-steinzeit
10000
Homo sapiens sapiens
Jüngere Altsteinzeit
La Madeleine-Stufe (16000 – 10000)
Gravette-Stufe (20000 – 16000)
Solutré-Stufe (28000 – 16000)
Aurignac-Stufe (36000 – 28000)
Tiere der Kaltzeiten
Moschusochse
Rentier
Mammut
wollhaariges Nashorn
Weichsel-Kaltzeit
Würm-Kaltzeit
Neandertaler
Klingen-Kulturen
Le Moustier-Stufe
100000
Eem – Warmzeit
Mittlere Altsteinzeit
Micoq-Stufe
Tiere der Kalt- und Warmzeiten
200000
Saale-Kaltzeit
Riß-Kaltzeit
Wildpferd,
Wildesel
Ur
Wisent
Höhlenbär
Höhlenlöwe
Riesenhirsch
Steinheimer (Homo sapiens steinheimensis)
Faustkeil-Kulturen
Acheul-Stufe (Levallois-Stufe)
300000
Holstein-Warmzeit
Ältere Altsteinzeit
Clacton-Stufe
Tiere der Warmzeiten
Waldelefant
Südelefant
unbehaartes Nashorn
Elster-Kaltzeit
Mindel-Kaltzeit
500000
Homo erectus
Abbeville-Stufe
Mosbachium
Cromer-Warmzeit
frühe Kaltzeiten
Haslach-Kaltzeit
Günz-Kaltzeit
Donau-Kaltzeit
1000000
Homo habilis
Australopithecus
Olduvai-Stufe
Villafranchium (= Unterpleistozän)
3000000
Pliozän